2021年度江苏高校哲学社会科学研究重大项目
"宋金元时期海州职官群体研究"(2021SJZDA117)成果

宋金元时期海州职官考述

张家超　著

东南大学出版社
SOUTHEAST UNIVERSITY PRESS
·南京·

内容提要

本书是研究宋金元时期海州(今连云港)职官群体的学术专著,以史籍和地方志等传世文献为基础,挖掘史志中已有职官的生平信息,补正史志中失收误收的职官信息,并从年龄、籍贯、出身(入仕途径)、任职年限、政绩等诸方面,对海州职官群体进行全方位考察,发掘宋金元时期海州的自然、政治、社会、经济、文化诸方面的发展情况,以及海州职官的历史贡献,为当代连云港的社会发展提供历史人文环境和历史文化视角。

本书既是宋金元时期连云港的历史区域地理与人文地理学术著作,涉及历史学、文化学、民俗学、社会学以及文化人类学等方面内容,可供相关领域学者参考;也是一本通俗的历史文化普及读物,有助于文史爱好者了解连云港的历史文化。

图书在版编目(CIP)数据

宋金元时期海州职官考述 / 张家超著. —南京:东南大学出版社,2023.10
 ISBN 978-7-5766-0896-0

Ⅰ. ①宋… Ⅱ. ①张… Ⅲ. ①官制-研究-连云港-宋代 ②官制-研究-连云港-金元时代 Ⅳ. ①D691.42

中国国家版本馆 CIP 数据核字(2023)第 186066 号

责任编辑:张绍来　封面设计:顾晓阳　责任校对:张万莹　责任印制:周荣虎

宋金元时期海州职官考述
Song-Jin-Yuan Shiqi Haizhou Zhiguan Kaoshu

著　者	张家超
出版发行	东南大学出版社
出 版 人	白云飞
社　址	南京市四牌楼 2 号(邮编:210096)
网　址	http://www.seupress.com
经　销	全国各地新华书店
印　刷	苏州市古得堡数码印刷有限公司
开　本	787 mm×1092 mm　1/16
印　张	38
字　数	1000 千字
版　次	2023 年 10 月第 1 版
印　次	2023 年 10 月第 1 次印刷
书　号	ISBN 978-7-5766-0896-0
定　价	150.00 元

本社图书若有印装质量问题,请直接与营销部联系。电话(传真):025-83791830

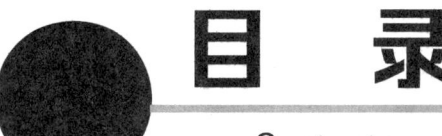

目 录
Contents

绪论 ··· 001
  一、问题的提出及研究意义 ··· 002
  二、学术史回顾 ·· 004
  三、研究方法与思路 ·· 005

第一章 宋金元前后时期海州概况 ·· 007
  第一节 "海州"之名的由来 ·· 008
  第二节 北宋以前的海州 ·· 010
  第三节 明清以后的海州 ·· 022

第二章 北宋时期（960—1127）海州概况 ······························ 027
  第一节 北宋时期海州地理沿革 ···································· 028
  第二节 北宋时期海州社会与经济 ·································· 029
  第三节 北宋时期海州文化 ··· 038
  第四节 北宋时期海州军事防御 ···································· 043

第三章 北宋时期海州职官群体研究 ···································· 047
  第一节 北宋时期海州职官设置情况 ································ 048
  第二节 北宋时期海州职官群体出身研究 ························· 054
  第三节 北宋时期海州职官群体籍贯研究 ························· 057
  第四节 北宋时期海州职官群体年龄研究 ························· 060
  第五节 北宋时期海州职官群体任离（迁转）情况研究 ········· 062
  第六节 北宋时期海州职官群体政绩及评价研究 ················· 067

第四章 南宋（金、元）时期（1127—1279）海州概况 ················ 071
  第一节 南宋（金、元）时期的海州 ································ 072
  第二节 南宋（金、元）时期海州社会与经济 ····················· 076
  第三节 南宋（金、元）时期海州文化 ······························ 081
  第四节 南宋（金、元）时期海州军事防御 ························ 086

第五章 南宋（金、元）时期海州职官群体研究 ······················· 091
  第一节 南宋（金、元）时期海州职官设置情况 ··················· 092

第二节　南宋(金、元)时期海州职官群体出身研究 ············ 096
  第三节　南宋(金、元)时期海州职官群体籍贯研究 ············ 098
  第四节　南宋(金、元)时期海州职官群体年龄研究 ············ 100
  第五节　南宋(金、元)时期海州职官群体任离(迁转)情况研究 ···· 101
  第六节　南宋(金、元)时期海州职官群体政绩及评价研究 ········ 106
  第七节　南宋(金、元)时期忠义军首领研究 ················ 107

第六章　元朝时期(1279—1368)海宁州概况 ····················· 117
  第一节　元朝时期海宁州地理沿革 ························ 118
  第二节　元朝时期海宁州社会与经济 ······················ 119
  第三节　元朝时期海宁州教育和文化 ······················ 123
  第四节　元朝时期海宁州军事防御 ························ 125

第七章　元朝时期海宁州职官群体研究 ························· 127
  第一节　元朝时期海宁州职官设置情况 ···················· 128
  第二节　元朝时期海宁州职官群体研究 ···················· 132

第八章　宋金元时期海州职官题名考述 ························· 135
  第一节　北宋时期海州职官题名考述 ······················ 136
  第二节　南宋(金、元)时期海州职官题名考述 ·············· 461
  第三节　元朝时期海宁州职官题名考述 ···················· 554

余论 ··· 587
附录　职官索引 ··· 589
参考文献 ··· 595
后记 ··· 603

绪 论
Foreword

一、问题的提出及研究意义

在中国古代官僚政治体制中,州县职官作为地方治理的主要责任人,在国家政治和社会生活中扮演着重要的角色,起到上请朝廷,下率百姓的作用。海州(今连云港市)①作为"古名郡","其地僻居海隅"②,"近连邹鲁,昔在边陲"③,此为明隆庆《海州志》载元明时期人物的论述,但在宋金元时期,海州亦实为远离政治中心的滨海偏远州郡,除北宋中期一段时间政局相对稳定外,其他时间皆处于社会动荡状态,尤其是南宋(金、元)朝代更迭时期,海州位于南宋、金、元三方政权及地方武装割据势力在淮北交战的主要战场,在政治、经济、文化等方面长期处于相对落后状态。其表现之一就是在文化方面,尤以海州地方志的编写在时间上要明显落后于其他地区为甚,而地方职官及宦绩(名宦)为方志所记内容的重要种类,方志纂修之迟滞、简略,很大程度上影响了海州职官及宦绩的记载。

中国自周代以来就有修国史、方志、家谱的传统。国史以记国家之史,方志以记诸侯(后来的州县)地方之史,家谱以记家族之史。海州亦不例外,其地方志的编写最早可追溯至宋初。清嘉庆《海州直隶州志》(以下简称清嘉庆《海州志》)卷三一《拾遗四·杂说》载:"《太平寰宇记》于海州屡引(海)州旧记及旧经,是海州当宋初已有图经矣。……今志乘之可见者,以惠安张氏之书为最先。"④然《太平寰宇记》所引"旧志"有《宋志》(为南北朝时期梁沈约撰刘宋史书《宋书》)、《续郡国志》(为晋人司马彪撰《续汉书·郡国志》)、《舆地志》(为南北朝末期顾野王所编)、《汉志》(为东汉班固编撰《汉书·地理志》)、《太康志》(为晋《太康地理志》)、《后魏地形志》(为北齐魏收撰《魏书·地形志》)、《十三州志》(为北魏阚骃撰,又名《十三州记》)等7种,无一能证明为海州"旧志";所引"旧经"亦不能证明是海州"旧(图)经"。《太平寰宇记》"海州"条所引"经"有《水经注》《山海经》,二者皆为中国传世古籍;亦引《旧经》,如"朐山"条载:"朐山,在县南二里。按《旧经》云:'秦始皇东巡至朐山界。'此时已有朐山之名。"⑤《旧经》史籍不存,海州本地亦不见记载,故不知何种书籍,当也不能断定为海州"图经"。

目前所见存世最早的海州地方志为明隆庆《海州志》,清嘉庆《海州志》卷三一所载"今志乘之可见者,以惠安张氏之书为最先"的"张氏之书"即为明隆庆《海州志》之源本。明隆庆《海州志》成书于明穆宗隆庆六年壬申(1572),为时任知州郑复亨主持修撰。《海州志》其先为知州廖世昭于明世宗嘉靖元年壬午(1522)初修,由同知张峰于嘉靖四十三

---

① 按:本书所指的"海州"是指宋金元时期海州所辖的地理区域,主要包括现今连云港市所辖的海州区、连云区、赣榆区、东海县、灌云县、灌南县等三区三县以及现今隶属宿迁市的沭阳县,在金朝省入的现今隶属淮安市的涟水县以及其他临时性省入的区域不在本书研究范围内。

② [明]金铣:《海州修造庙学记》,[明]隆庆《海州志》卷10《词翰》,上海:上海古籍书店,1962年,第336-338页。

③ [元]李师道:《海宁州重建庙学记》,[明]隆庆《海州志》卷10《词翰》,第328-332页。

④ [清]嘉庆《海州直隶州志》卷31《拾遗四·杂说》,南京:江苏古籍出版社,1991年,第517-518页。

⑤ [宋]乐史:《太平寰宇记》卷22《河南道二二·海州》,文渊阁《四库全书》第469册,台北:台湾商务印书馆影印本,1986年,第190-198页。

年甲子(1564)重修,至刊刻时已历官数任,历时50余载。正如清唐仲冕在主持刊行清嘉庆《海州志》时在书末《自叙》中所说:

> 方志之久而不修,未有如海州之甚也。《州志》自顺治十七年至今百四十四年,《沭阳志》自康熙十三年至今百三十一年,文献无征,可谓旷远矣。惟《赣榆志》修于嘉庆元年,然其书一本康熙十二年俞《志》之旧,而增附以近事,中间由淮郡改隶于州,前后各数十年,犹之谱系能溯高曾以上,而祖父以来反无传焉,则亦《州志》阙略之由也。①

上述记载涉及的清顺治《海州志》(实为清康熙《海州志》)及海州属县志《沭阳县志》《赣榆县志》等,纂修时间亦旷日持久,重修间隔时间较长。《海州志》长期搁置不得纂修,诸多文献和地情资料无法征引,使得职官资料亦不完备。明清两代已然如此,何况宋金元期间的战乱时期,海州职官任免频繁,记录在案者甚少,所存史料也损毁严重。明隆庆《海州志》卷四《治典·郡守佐》中仅记北宋海州知州孙洙、张叔夜、魏胜等3人,通判赵概、李清臣、石曼卿等3人,属县朐山县令刘彝1人;南宋通判侯畐1人;元代知州魏荣、赵雍、张衡等3人。② 其中孙洙、张叔夜、魏胜、李清臣、石曼卿、侯畐、刘彝等7人在卷六《名宦》中有传,内容皆节选自《宋史》。③ 清康熙《海州志》为明隆庆《海州志》后的第二部海州志,成书于百年后的清康熙九年庚戌(1670),由时任知州毕秀再版刊刻,其先为知州庞宗圣于清顺治十五年戊戌(1658)在明隆庆《海州志》基础上的重修未完本,后知州刘兆龙于清顺治十七年庚子(1660)重修刊刻。虽然清康熙《海州志》补充了明隆庆后百年的社会发展史料,但对于宋金元时期的职官情况并未有新的补充。④

150年后,第三部较为完备的《海州志》——清嘉庆《海州志》问世。该志由时任知州唐仲冕于清嘉庆九年甲子(1804)主修,清嘉庆十三年戊辰(1808)刊刻问世,清嘉庆十六年辛未(1811)知州孙源潮又补刻刊印。该志体裁齐全、结构严谨、内容丰富、记事翔实、品位最高,相比前两部《海州志》,对历朝海州职官记录都较为详细,并专设两卷三表分别记录州县属官、盐官和武秩官;⑤对于宋金元时期海州职官的记录亦较为详备,但仍存在姓名缺漏、任职时间舛误等情况。仅从海州知州看,该志记录北宋时期知州胡旦等25人,南宋魏胜等9人,金代术甲臣嘉等同知4人,元代孟德等8人,占本书研究所得人数的40%至60%不等。

至于海州属县朐山县、赣榆县、沭阳县的方志,如明万历、清康熙、清嘉庆、清光绪、民国等五部《赣榆县志》以及清康熙、民国两部《沭阳县志》,都专设《职官》(或治典)卷和《良吏》(或名宦)卷来简述包括宋金元等历史时期海州职官的姓名及履历情况,也是非常不

---

① [清]嘉庆《海州直隶州志》卷32《叙述录二·自叙》,第534-535页。
② [明]隆庆《海州志》卷4《治典·郡守佐》(以下频繁使用《郡守佐》,仅在正文中说明,不再出注),第146-147页。
③ [明]隆庆《海州志》卷6《名宦》,第196-205页。
④ [清]康熙《海州志》卷4《治典·郡守佐》,高金吉、张卫怀、汤兆成标点,北京:中国科学技术出版社,第33页;卷6《名宦》,第73-75页。
⑤ [清]嘉庆《海州直隶州志》卷4《职官表一·州县属官》、卷5《职官表二·盐官》、卷5《职官表三·武秩》(以下频繁使用《职官表》,仅在正文中说明,不再出注),第71-75、107-108、112-133页。

全面，缺漏甚多。据初步统计，宋金元时期海州属县职官人数仅占本书研究所得人数的40%不到。而三部正史《宋史》《金史》《元史》中记录海州职官的数量亦极为有限。因而有进一步拓展、深化对宋金元时期海州职官群体研究的必要。

本书以宋金元时期海州职官群体为研究对象，涉及政治、社会、经济、文化等社会生活的各个层面，将运用史籍与考古相互参证、综合与个案相互融合的方法，来考察宋金元时期海州职官群体结构及职官个案的情况，对考古学、社会学、文献学、金石学等的研究皆具有重要的学术价值。

本书在研究过程中，搜集到了过去希望找到但一直没有条件找到的有关宋金元时期海州职官的传世文献，弥补了对宋金元时期海州职官基础性研究中的资料缺失；通过研究这些资料，可以弥补地方志、史籍等文献对宋金元时期海州职官的记录缺失，提供宋金元时期海州职官治理下政治、社会、经济、文化等方面的发展情况，为申报国家历史文化名城提供史料佐证。

二、学术史回顾

海州地区宋金元时期职官群体的全面综合研究，是一个复杂的、全新的，也是难度较大的课题，目前尚无学者对此开展研究。同类课题中，职官个体研究和群体研究都有学者涉足，研究成果颇丰；本书中职官个体及群体中部分领域也有学者在研究其他课题时有所涉及，但不够全面、详细。这些研究的特点如下：

第一，同类课题中的职官个体和群体研究为本课题研究在研究方法、研究思路等方面提供了重要参考。如李之亮《宋代郡守通考》十卷本之一的《宋两淮大郡守臣易替考》（巴蜀书社，2001年）中，将两宋时期海州职官（郡守）按照年代列出，并指出史料出处，详及卷数。该书共收录两宋时期刺史2人，知州61人次（其中张叔夜、魏胜皆两任，皆计2次），但因宋代郡守数量繁多，且由于史料不足、记载失误或考述不严等，任免、交割时间难免有所错讹或疏漏。另有一批历史学硕博士研究生也在研究过程中涉及两宋时期各地"知州"群体研究，如卢萍《宋代广州知州群体研究》（暨南大学2010年博士研究生论文）、田虎《宋代定州知州群体研究》（广西师范大学2012年硕士研究生论文）、吴丽萍《北宋渭州知州研究》（西北师范大学2020年硕士研究生论文）、蒋荣飚《北宋仁宗、英宗、神宗三朝扬州知州研究三题》（扬州大学2020年硕士研究生论文）、张悦《南宋赣南知州（军）研究》（四川师范大学2021年硕士研究生论文）、龚琴《南宋明州（庆元府）知州（府）研究》（四川师范大学2022年硕士研究生论文）等，但对州县职官中除"知州"外的其他职官均未有涉及。针对金元两朝的职官研究成果无论从数量上还是质量上也都与北宋时期职官研究差距较大。

第二，在整体研究古代海州地区历史、文化、地理等方面时，从不同的侧面或多或少地论及了宋金元时期的职官情况，但考察的职官因素不够全面、详细，仅限于铺陈事实。如李洪甫《连云港地方史稿》（上海社会科学院出版社，1990年），俞素娥、张良群主编《古今连云港》（中国文史出版社，1998年），张传藻《连云港地理与经济》（河海大学出版社，1999年），沈永明所撰的作为"中国地理百科"丛书之一的《连云港》（世界图书出版广东有限公司,2017年),杨东升主编《连云港简史》(商务印书馆,2018年),古龙高、周一云所著的作为"丝路百城传"丛书之一的《连云港传》(新星出版社,2019年),杨东升《连云港文化论纲》(文汇出版社,2019年),张家超《印象海州——以二十世纪初海州影像为背景的考察》(东南大学出版社,2020年)等,基本上都基于包括海州地方诸志在内的传世文献,或多或少地对包括宋金元等历史时期海州职官的姓名及履历情况做了介绍,相互之间既有大篇幅的重复,也因对史料的理解不同出现诸多矛盾之处,职官姓名等遗漏、舛误颇多,还没有从整体上对宋金元时期海州职官的情况进行全方位的阐述。

第三,在专题研究古代海州地区历史、文化、地理等方面时,涉及了宋金元时期的职官情况,但个体研究较多,学术观点比较分散,整体性较为欠缺,难以管窥职官全貌。如韩世咏主编《海州名人》(中国文史出版社,2017年)中,北宋时期的名人仅有石曼卿、张叔夜、魏胜等3人,研究内容涉及生平及在海州任职期间的政绩和遗迹等,因限于篇幅也并没有很好地展开。

以上这些学者的研究,在方方面面为本课题的研究提供了基础素材、研究视角以及研究方法等方面的重要参考,也为本课题研究提供了极大的拓展空间和深入研究的余地。

三、研究方法与思路

本书除主要参考海州地方志及《宋史》《金史》《元史》《续资治通鉴长编》(以下简称《长编》)、《宋会要辑稿》《建炎以来系年要录》(以下简称《系年要录》)等传世文献外,还参考了宋金元时期以及明清时期的方志、笔记、文集、石刻、墓志以及新近考古资料,先采宋金元人文献,后补以宋金元后资料,从中爬梳出宋金元时期海州职官脉络,简述其出身、籍贯、年龄、任离状况、政绩及评价等,特别是在海州任职期间的游宦履历。

本书采用的研究方法主要是文献法、考据法和统计法,兼以田野调查法,将群体研究与个体研究相融合。

文献法主要是通过检索与本书有关的纸质版、电子版以及石质木质版文献,搜集整理所需要的内容并加以分析、归纳和综合,从而得出所需要的结论。从内容上看,本书所采用的资料主要以宋金元时期史料为主,兼以后代史料为辅,并参阅今人相关研究成果。宋金元时期的史料包括二类:一是后代所编写的宋金元时期史乘,含官修正史及方志,如《宋史》《金史》《元史》、清嘉庆《海州志》,以及虽然是私修但参考了当时皇帝《实录》《起居注》等并得到官方认可的历史书籍,如《长编》《系年要录》等;二是宋金元时期私人记录,含各类文集、笔记、墓志铭等。从载体上看,主要是电子稿、纸质本、金石类及少量竹简木牍等。具体史乘可参见书后所列参考文献目录。

考据法是一种实证方法,主要用于职官个体研究。将前述文献法所搜集到的传世文献及有关资料,通过分析、归纳、分类等逻辑推理,达到辨证海州职官个体的真伪,以增删海州职官个体的目的,完善海州职官在人名、离任时间、个人履历、政务及文学成就等方面的史实,最大限度地保证史料的真实性和完整性。

田野调查法主要是通过实地考察宋金元时期海州地区的金石碑刻实物或拓片遗存,

获得纸质文献记载有所缺失或舛误的历史资料,以弥补并完善纸质文献史载的内容。

统计法主要用于职官群体研究。将上述考据法获得的海州职官个体情况按不同的分类标准进行统计分析,以期得到海州职官在出身、籍贯、年龄、任离状况、政绩及评价等方面的一般性结论。

本书人名、地名用惯用字。古代纪年首次出现时采用"朝代+庙号+年号+年份+甲子纪年(公元纪年)"的格式,如"北宋太宗淳化三年壬辰(992)",其后在不引起误解的情况下采用简记格式,即省略"朝代"和(或)"庙号""年号""甲子纪年""(公元纪年)"等,如"太宗淳化三年(992)""淳化三年""三年"等,无"庙号"的以"谥号"代替;"中华民国"纪年采用"民国+年份(公元纪年)"的格式,如"民国10年(1921)",或直接使用公元纪年,如"1921年";中华人民共和国成立之后的纪年采用公元纪年,如"1962年";所引材料若为干支纪年、甲子纪日,皆从原文,若需考据现今对应时间,则依据陈垣《二十史朔闰表》(中华书局,1978年)推算;月、日如无特殊说明,皆为农历;生年为周岁,享年为虚岁。

本书所列职官姓名及生平,皆于史籍中进行考述,言必征之,略者详之,误者正之,对所征引文献出处加以详细说明,以便后继学者进一步研究。若无确证任职年限,则依时代背景约列于某年;若某年无确证任职者,则空出。

本书所引古籍、碑刻或文物中文字用简体字,出现字迹漫漶无法辨识者,以"□"号代替,多字以"⋯"代替;空白处以"○"代替;经作者据上下文意或其他文献考证可释读者,以加边框代替,如"补"。为便于直观对照,本书所引古籍卷宗数正文中用汉字数字,页下注中用阿拉伯数字。

本书正文分8章,另有绪论和余论、职官索引及参考文献。

正文8章分5个部分。第一部分是第一章,介绍宋金元前后各历史时期(主要指古代社会部分)海州地区的自然地理状况、经济社会发展、人文交流以及建置与职官设置等情况。第二、三、四等三个部分分别对应北宋、南宋(金、元)、元代三个时期,这主要是由海州的地理区位决定的。海州处于淮河北岸,在南宋、金、元对峙之际,这里是三方军政及地方武装割据势力犬牙交错之地,互有攻防,因此时而属宋,时而属金,时而属元,时而归地方武装割据势力,故将这段时期专列为南宋(金、元)时期。每个部分各包含二章,首章研究该时期海州概况,包括历史地理的演进和职官设置情况,从而对该时期海州地区的地理特点、政治形势和职官情况有一个总体的认识;次章研究该时期海州职官群体,按照不同的分类标准,将海州职官群体分为多种不同的类型,依此展开分析研究,例如:按职官的籍贯、家族背景分类,按职官的入仕途径、文秩武秩等出身分类,按职官任离状况分类,按职官在海州任职期间的政绩分类,按职官的终官、社会评价分类等。第五部分为第八章,主要研究宋金元时期海州职官题名及考述,为职官个体研究,以海州及领县隶属朝代时间为准,分北宋、南宋(金、元)、元朝三个时期,时间上限为北宋太祖建隆元年庚申(960),下限至元顺帝至正二十八年戊申(1368),以编年的方式呈现。

为便于读者快速检索职官姓名,书后提供附录"职官索引",按职官品秩排序,姓名按拼音升序排列,栏目包括"职官""姓名""页码"。

第一章 宋金元前后时期海州概况

第一节 "海州"之名的由来

"海州"作为一级行政机构的名称最早出现于南北朝时期(420—589),由北朝(439—581)东魏武定七年(549)侨置于郁洲岛(今连云港市云台山)上的青、冀二州改名而成,至今已有1470余年的历史。

侨置州郡县始于东晋(317—420),是在有大量北方南渡士民的南方本地实土州郡县,以北方原籍州郡县命名的临时性行政管理机构,但因为战乱持久,存续时间长达260余年,直至隋朝统一后被废除。西晋怀帝永嘉五年(311)发生"永嘉之乱"后,中国北方四分五裂,世家大族及百姓纷纷南渡。司马睿在南方建康(今江苏南京)建立东晋政权后,为维护华夏正统地位,有效管理南渡后的北方士族,并彰显收复失地的决心,在南方各地设置侨置州郡县。东晋烈宗元熙二年(420),刘裕凭军功总揽东晋军政大权,以相国代东晋自立称帝,国号"宋",史称南朝"刘宋"(420—479),改元"永初",中国历史进入了南北朝时期。

《宋书·州郡志二》载:"青州刺史,治临淄。江左侨立,治广陵。……明帝失淮北,于郁洲侨立青州,立齐、北海、西海郡。"①《宋书·州郡志一》又载:

> 自夷狄乱华,司、冀、雍、凉、青、并、兖、豫、幽、平诸州一时沦没,遗民南渡,并侨置牧司,非旧土也。……分青为冀,……太宗初,索虏南侵,青、冀、徐、兖及豫州淮西,并皆不守;自淮以北,化成虏庭。于是,于钟离置徐州,淮阴为北兖,而青、冀二州治赣榆之县。②

作为古九州之一、位于山东境内的青州首先在广陵(今江苏扬州)侨置。宋文帝元嘉九年(432),"六月甲戌,以左军谘议参军申宣为青州刺史。分青州置冀州"③,即将古九州之首、位于河北境内的冀州也侨置于广陵。

自此以后,虽南朝(420—589)相继更替为萧齐(479—502)和萧梁(502—557)两朝,青冀二州大部分时间段内皆共一刺史。如《宋书·文帝本纪》载:宋文帝元嘉十年(433)"夏四月戊戌,青州刺史段宏加冀州刺史"。④《南齐书·郁林王本纪》载:隆昌元年(494)闰二月,"乙丑,以南东海太守萧颖胄为青、冀二州刺史"。⑤《梁书·武帝本纪下》载:梁武帝大同六年(540),"五月戊寅,以前青、冀二州刺史元罗为右光禄大夫",⑥等等。直到萧梁武帝太清三年(北朝东魏武定七年,549)四月,在北朝东魏的强大攻势下,郁洲岛上青、

---

① [南朝梁]沈约:《宋书》卷36《州郡志二》,北京:中华书局,1974年,第1093页。
② 《宋书》卷35《州郡志一》,第1028页。
③ 《宋书》卷5《文帝本纪》,第81页。
④ 《宋书》卷5《文帝本纪》,第82页。
⑤ [南朝梁]萧子显:《南齐书》卷4《郁林王本纪》,北京:中华书局,1972年,第71页。
⑥ [唐]姚思廉:《梁书》卷3《武帝本纪下》,北京:中华书局,1973年,第84页。

冀二州刺史明少遐举州归附东魏,侨置的青、冀二州才被裁撤。①

由于海州地区位于淮北的最东北角,地处南北交界之际,南北双方互有攻防,政权更迭频繁,海州时而属北朝,时而属南朝。宋明帝泰始二年(466)底,淮北被北魏占据,但郁洲岛位于海中,此时仍属刘宋;六年,因"郁州在海中,周回数百里,岛出白鹿,土有田畴鱼盐之利"②,刘宋将青州侨置于郁洲岛。这也是海州境内自秦设郡县制以来首次出现州级建制。又依此可知,此时的赣榆县治在郁洲岛上。

《魏书·地形志二中》载:"海州(刘子业置青州,武定七年改。治龙沮城)。领郡六,县十九。"③北朝东魏武定七年(549),北朝东魏统御该地区,先设置青州,刘子业为青州刺史,后改为海州,治龙沮城。"龙沮"即今灌云县龙苴镇,位于海州古城正南方大约20公里处。"郡六"指的是东彭城(今灌云县大部)、东海(今东海县与赣榆区西南部地区)、海西(今灌南县大部)、沭阳(今宿迁市沭阳县大部)、琅琊(今海州古城周边地区)、武陵(今赣榆区东南部地区)六郡。其中东彭城、琅琊、武陵三郡是侨置郡。东彭城郡原郡彭城郡在今江苏徐州一带,琅琊郡原郡在今山东临沂一带,武陵郡原郡在今湖南湖北一带。海州境内的龙沮、安乐、渤海三县,隶东彭城郡;赣榆县,隶东海郡;海西县,隶海西郡;下城、临渣、怀文、服武四县,隶沭阳郡;朐县,隶琅琊郡;上鲜、洛要二县,隶武陵郡。这与之前的郡领州县不同,开创了州领郡县的先河。这些郡看似很大,实际上跟现在的县、区大小差不多,个别的甚至还更小,郡所辖的县更小,面积相当于现在的镇。隋人杨尚希记述道:"见当今郡县,倍多于古,或地无百里,数县并置,或户不满千,二郡分领"④,真实反映了当时的情况。

与北宋的海州相比,此时的海州所辖区域少了现今赣榆区东北部地区(是时,隶南青州义塘郡)。《魏书·地形志二中》载:"南青州(治国城。显祖置,为东徐州,太和二十二年改)。领郡三,县九。……义塘郡(武定七年置,治黄郭城)。领县三,户七百六十四口二千二百六十五。义塘(武定七年置)、归义(武定七年置。有卢山、盐仓)、怀仁(武定七年置。有吴山、魏山、莒城)。"⑤其中,义塘县在今赣榆区徐福镇附近,归义县在今赣榆区海头镇盐仓城附近,怀仁县在今赣榆区城头镇附近。

与现在的连云港市相比,当时的海州所辖区域除少了现今赣榆区东北部地区,多了现今的宿迁市沭阳县(是时,隶沭阳郡)外,其他大部分地域都在现在连云港市境内。

海州之名设立之后,除元朝更名为海宁府、海宁州之外,一直沿用至民国初,期间行政建置、隶属关系、所辖区域等相对比较稳定,变化较小。

---

① 《梁书》卷3《武帝本纪下》,第95页。
② 《南齐书》卷14《州郡志》,第259-260页。
③ [北齐]魏收:《魏书》卷106中《地形志二中》,北京:中华书局,1974年,第2556页。
④ [唐]魏征等:《隋书》卷46《杨尚希传》,北京:中华书局,1973年,第1253页。
⑤ 《魏书》卷106中《地形志二中》,第2550页。

第二节 北宋以前的海州

一、史前时期

据考古资料发现,海州地区在旧石器时代已经有早期人类活动的痕迹。20世纪70~80年代,在东海县马陵山的大贤庄和爪墩一带发现了人工打制的石块,经专家鉴定为旧石器时代晚期的产物,属于中石器时代的细石器,距今16000~10000年。① 在海州古城南面锦屏山桃花涧遗址(将军崖)亦发现了一批打制石器(图1-1),与大贤庄遗址和爪墩遗址出土的细石器,以及鲁东南沿海地区同一时期出土的细石器,在技术传统、石器选材和挖掘地层方面有着十分相似之处,经鉴定距今约3万年。②

旧石器时代晚期,人类尚处于山顶洞人时期,社会生产方式主要以采集、狩猎、捕鱼为主,社会组织处于原始聚居群落状态,是海州地区东夷文化的发展源头。

随着磨制石器及陶器的出现,海州地区也萌生了原始农业和畜牧业。人类逐渐由原始聚居群落进入氏族社会,这就是新石器时代。自20世纪50年代末至80年代,海州地区相继挖掘出30多处新石器时代的典型遗址。考古学上将这些遗址分为三个时期。

图1-1　桃花涧出土的旧石器时代的打制细石器
(来源:高伟)

图1-2　东海县粢湖遗址下层早段遗址出土的新石器时代的磨制石斧和陶鬲
(来源:尤振尧)

---

① 李炎贤、林一璞,等:《江苏省东海县发现的打制石器》,《古脊椎动物与古人类》1980年第3期,第239-246、272-273页;张祖方:《爪墩文化——苏北马陵山爪墩遗址调查报告》,《东南文化》1987年第2期,第1-18、131-134页;葛治功、林一璞:《大贤庄的中石器时代细石器——兼论我国细石器的分期与分布》,《东南文化》1985年第6期,第2-17、257页。

② 李洪甫:《连云港市桃花涧旧石器时代晚期遗址试掘报告》,《东南文化》1989年第3期,第209-213、235页;房迎三、惠强,等:《江苏连云港将军崖旧石器晚期遗址的考古发掘与收获》,《东南文化》2008年第1期,第14-19、97页。

第一时期为发生期,属北辛文化类型,代表性遗址有位于海州古城南面锦屏山东南麓锦屏镇岗嘴村的二涧遗址下层、位于海州区花果山街道南云台山西麓的大村遗址下层和位于连云区朝阳街道朝阳水库北面的朝阳遗址下层,以及陶湾遗址、马腰岭遗址、东海燊湖遗址下层早段遗址、灌云县大伊山石棺葬遗址等。这些遗址中皆出土了一批具有新石器时代文化早期特征的磨制石器、陶器(图1-2),甚至是玉器等遗物。经考古专家们鉴定,这些出土器物与山东滕县(今滕州市)北辛遗址出土器物具有极大的同质性,距今7400~6200年。①

第二时期为成长期,属大汶口文化类型,代表性遗址有赣榆苏青墩遗址和东河北遗址,距今6200~5600年。②

第三时期为极盛期,属龙山文化类型,代表性遗址有藤花落古城遗址,以及二涧遗址中层、赣榆大台子遗址、青庙墩遗址、下庙墩(庙台子)遗址第三层、朝阳遗址第二到第五层等,距今4600~4000年。③

对于在世界岩画史上占有一席之地的将军崖岩画,学者们多次采用微腐蚀断代法进行研究,结果显示:"将军崖岩画并非在一个时期内完成,它的制作是一个持续几千年的过程。"第五组基岩凹穴岩画属旧石器时代产物,距今约11000年,刻以凹穴岩画的石棚属北辛文化类型,距今7300~6100年;第二、三、四组岩画属大汶口文化类型,距今6500~4500年;第一组岩画属龙山文化类型,距今4500~4000年。④

新石器时代,人类依次进入母系氏族社会和父系氏族社会,社会形态以血缘关系为纽带,但也逐步出现了贫富分化,部分墓葬中出土了具有装饰作用的陪葬品,如灌云县大伊山石棺葬遗址出土了玉璜(在颈部)、玉玦(在耳部)、玉珠和绿松石耳坠等。生产力虽然很低下,但在采集、狩猎的基础上发展了原始农业和畜牧业,诸多遗址皆出土了可用于农业生产和狩猎用的石斧、石锄、石镞、穿孔石刀等,以及二涧遗址出土了成对牛角及猪骨的遗存,将军崖岩画中出现成辐射线状的禾苗(图1-3)、动物头骨图案及兽面纹等。同时也出现了早期的原始宗教信仰,如二涧遗址、大村遗址和灌云县大伊山石棺葬遗址皆

---

① 王英:《江苏新海连市锦屏山地区考古调查和试掘简报》,《考古》1960年第3期,第21-24页;尤振尧、陈克猷:《江苏新海连市大村新石器时代遗址勘察记》,《考古》1961年第6期,第321-323、11-12页;南京博物院、连云港市博物馆:《江苏连云港市朝阳遗址发掘简报》,《东南文化》2004年第2期,第32-48页;尤振尧:《江苏新海连市和东海县新石器时代、商、汉遗址》,《考古》1961年第6期,第319-320、10页;纪达凯:《江苏灌云大伊山新石器时代遗址第一次发掘报告》,《东南文化》1988年第2期,第37-46页;吴荣清:《江苏灌云大伊山遗址1986年的发掘》,《文物》1991年第7期,第10-27、100页;伍人:《山东地区史前文化发展序列及相关问题》,《文物》1982年第10期,第44-56页。

② 尹焕章、张正祥、纪仲庆:《江苏邳海地区考古调查》,《考古》1964年第1期,第19-25页;吴山菁:《略论青莲岗文化》,《文物》1973年第6期,第45-61页;徐军:《连云港新石器时代人类聚居遗址分布与海岸线变迁关系的剖析》,《第四纪研究》2006年第3期,第353-360页;赣榆县档案局编:《古邑春秋》(内刊JSE-1004506),2013年,第268页。

③ 王英、尤振尧:《江苏连云港市二涧村遗址第二次发掘》,《考古》1962年第3期,第111-116、3-4页;南京博物院、连云港市博物馆编著:《藤花落——连云港市新石器时代遗址考古发掘报告》上《代序》,北京:科学出版社,2014年,第i-x页。

④ 汤惠生、梅亚文:《将军崖史前岩画遗址的断代及相关问题的讨论》,《东南文化》2008年第2期,第11-23页;张嘉馨:《岩画研究中的断代问题——以将军崖岩画的年代研究为例》,《中央民族大学学报(哲学社会科学版)》2018年第5期,第69-77页。

出土了覆盖脸部的红陶钵（图1-4）。

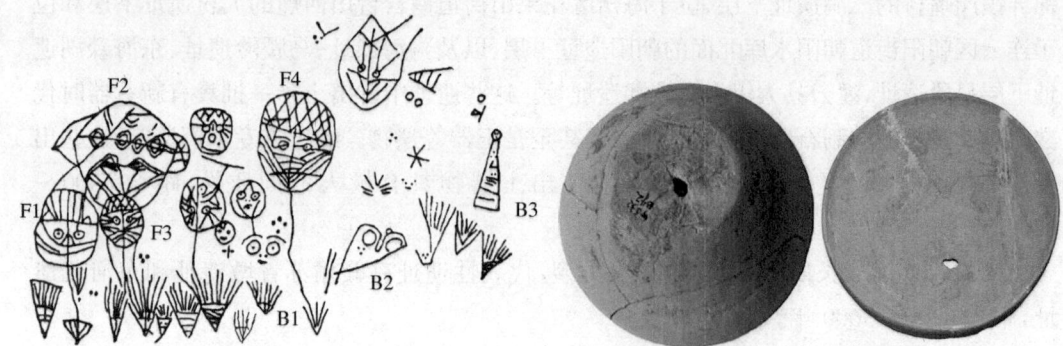

图1-3　将军崖岩画中第一组线图
（来源：高伟）

图1-4　灌云县大伊山石棺葬遗址墓号M28内出土的底部带有小孔的红陶钵
（来源：灌云县博物馆）

图1-5　考古工作人员正在藤花落古城遗址挖掘埋置于屋基中的一只猪的遗骸
（来源：高伟）

考古发现，藤花落古城遗址已经具备早期城市国家的雏形，是一座包括居住、生产、宗教祭祀等多种功能区的核心聚落，距今4600～4000年。南京博物院、连云港市文管会、连云港市博物馆组成的考古队在1996年、1998—1999年、1999—2000年、2003—2004年共进行了4次考古发掘，出土了大量生产、生活等各类遗物；生活物资包括初步驯养的家猪（图1-5）、家牛和家犬，生产物资包括水田、水沟和水坑组成的农业生产遗迹以及碳化稻粒等。①

史前时期，人类社会处于原始社会状态，"在氏族制度内部，权利和义务之间还没有任何差别"，存在一种"原始的自然产生的民主制"。② 氏族首领或部落酋长，也只是官吏的早期萌芽，尚未形成具有一定约束力和规范性的官职制度。

二、夏商周时期

随着生产力的进一步提高，私有财产和阶级出现了，原始社会的氏族部落联盟制开始瓦解，中国进入奴隶制社会时期。在夏王朝时代（约前2070—前1600），海州地区在地域上属"九夷"之一的"夷方"，又称"人方"，在文化上属岳石文化地方类型。③ 代表性遗址

---

① 南京博物院、连云港市博物馆编著：《藤花落——连云港市新石器时代遗址考古发掘报告》，北京：科学出版社，2014年。

② [德]恩格斯：《国家、私有制和国家的起源》，《马克思恩格斯选集》第4卷，北京：人民出版社，1972年，第164页。

③ 高广仁、邵望平：《中华文明发祥地之一——海岱历史文化区》，《史前研究》1984年第1期，第7-25、6页。

有赣榆下庙墩遗址、藤花落古城遗址(图 1-6)和沭阳万北遗址①,分别为岳石文化早、中、晚期。另外在海州地区的二涧、朝阳、大伊山、东海燊湖等遗址也发现了零星的岳石文化遗存。

位于中原地区的夏王朝已初步奠定了奴隶社会的政治制度,但官僚体制仅具雏形,尚不完备。最高统治者称"夏王",《尚书·汤誓》曰:"夏王率遏众力,率割夏邑,有众率怠弗协。"夏王下设行政和军事管理机构,《尚书·甘誓》曰:"(夏后启)九战于甘,乃召六卿。"夏王朝的官制是以血亲为纽带的父传子、兄及弟方式,其下各类官职亦如此,具有鲜明的"家天下"特征。海州地区虽然远离中原王朝,处于遥远的东方海滨,但在历次夏王朝征战的过程中,其东夷文化也逐渐受到夏文化的冲击,社会组织形态及政治制度也不断受其影响。

图 1-6　藤花落古城遗址出土的岳石文化时期青铜刀
(来源:高伟)

后来,商王朝(约前 1600—前 1046)取代夏王朝。商族最初来自东方,与东夷诸部有着政治、军事上的联盟关系。商族灭夏后,商文化,特别是商中晚期文化也深刻地影响着东夷文化。海州地区出土了大量的商代文物,代表性遗址有锦屏山九龙口遗址、锦屏山白鸽涧土船顶遗址、东海燊湖遗址及赣榆盐仓城遗址等。这些遗址中出土了商代灰陶绳纹鬲足、铜箭镞等文物。② 商王朝实施君主专制制度,最高统治者称"商王",从制度上巩固和发展了"家天下"及官吏任用上的世卿世禄制。因海州地区位于东部沿海边隅,商文化传播到此呈减弱之势,影响甚微。商代中晚期,由于人口规模的扩大,对食盐的需求随之增加,商王朝与东方的联系逐渐加强。

周武王灭商后,建立西周王朝(前 1046—前 771),实施封建制,开始分封诸侯国。诸侯国除了与周王室有着密切的血缘关系和从属的政治关系外,也有一定的独立性,内部治理与周王室大致相同,有一套自己的职官制度。海州境内有郯(今赣榆区西北部、东海县北部)、莒(今赣榆区北部)、祝其(今赣榆区中西部)、疆③(今东海县中南部)等诸侯国。代表性遗址有朝阳遗址和大村遗址,朝阳遗址的西周墓葬中发掘灰坑 2 座,出土了带有绳纹的陶器鬲;大村遗址西周墓葬中出土了 4 件铜鼎、3 件铜甗(图 1-7)。④

---

① 袁颖:《江苏赣榆新石器时代至汉代遗址和墓葬》,《考古》1962 年第 3 期,第 129-131 页;南京博物院,连云港市博物馆编著:《藤花落——连云港市新石器时代遗址考古发掘报告》,北京:科学出版社,2014 年;南京博物院:《江苏沭阳万北遗址新石器时代遗存发掘简报》,《东南文化》1992 年第 1 期,第 124-133、257-259 页。

② 尤振尧:《江苏连云港市九龙口商和战国遗址》,《考古》1962 年第 3 期,第 132-133 页;连云港市文管会:《海州白鸽涧土船顶发现商周时代遗址》,《东南文化》1986 年第 2 期,第 224 页;尤振尧:《江苏新海连市和东海县新石器时代、商、汉遗址》,《考古》1961 年第 6 期,第 319-320、10 页。

③ 刘凤桂:《疆国地望考略》,《淮海工学院学报(人文社会科学版)》2017 年第 10 期,第 47-77 页。

④ 南京博物院、连云港市博物馆:《江苏连云港市朝阳遗址发掘简报》,《东南文化》2004 年第 2 期,第 32-48 页;尤振尧、陈克猷:《江苏新海连市大村新石器时代遗址勘察记》,《考古》1961 年第 6 期,第 321-323、11-12 页。

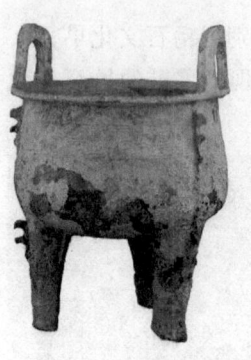

图 1-7　大村遗址出土的西周青铜器鼎和甗
（来源：连云港市博物馆）

"况其"在文献记载中为"祝其"，为诸侯国名。西汉有"祝其"县，《汉书·地理志》载："（东海郡）祝其（县），《禹贡》羽山在南，鲧所殛。莽曰犹亭。"①而20世纪80年代中后期至90年代后期，分别在东海出土了尹湾汉墓简牍，在连岛最东端羊窝头峰北坡和苏马湾发现了2块新莽时期的界域刻石，明确记载西汉时期海州境内有"况其"县，"况"同"况"，即"况其"，而无"祝其"县。

东海尹湾汉墓简牍于1993年2月底至4月底出土于连云港市东海县温泉镇尹湾村的6座汉墓中，简牍《东海郡吏员簿》记载西汉成帝永始二年至元延元年（前15—前12）期间东海郡郡府及各县（邑、侯国）盐（铁）官职官名称、人数、俸禄等情况，其中：

况其。吏员五十五人：长一人，秩四百石；丞一人，秩二百石；尉二人，秩二百石；令史四人；狱史二人；官啬夫二人；乡啬夫五人；游徼三人；牢监一人；尉史三人；官佐六人；乡佐二人；亭长廿三人。凡五十五人。②

简牍《东海郡下辖长吏名籍》记载同时期东海郡郡县二级时任职官姓名、原籍、迁转前任及原因等情况，其中：

况其长，沛郡蕲陈胜，故阴陵右尉，以功迁。况其丞。况其左尉，琅邪郡柔侯国宗良，故侯门大夫，以功次迁。况其右尉，琅邪郡石山王奉，故侯仆，以功迁。③

连岛羊窝头界域刻石因距离海岸较近，受海风及海潮影响，风化严重，断裂成两块，刻字漫漶不清，但大部分仍能释读，刻文为：

东海郡朐与琅邪郡柜为界。朐北界尽头，因诸山山南，水以北属柜，西直况其，朐与柜分高栢为界，东各承无极。

苏马湾界域刻石刻文为：

东海郡朐与琅邪郡柜为界。因诸山以南属朐，水以北属柜，西直况其，朐与柜分高栢为界，东各承无极。始建国四年四月朔乙卯，以使者徐州牧治所书造。

因二者地理位置相距不远，石质皆为花岗片麻岩，书写风格一致，刻文大部分相同，因而断定为同一时期产物，即新莽始建国四年（12）的产物。④

依此可推知，"况其"为西汉时期东海郡海州境内属县，其源头应为西周时期的诸侯国"况其"国。"祝"与"况"在字形上极为相似，传世文献皆记载为"祝其"，有极大的可能

---

① ［汉］班固：《汉书》卷28上《地理志第八上》，北京：中华书局，1962年，第1588页。
② 张显成、周群丽：《尹湾汉墓简牍校理》，天津：天津古籍出版社，2011年，第10页。
③ 张显成、周群丽：《尹湾汉墓简牍校理》，第22页。
④ 按：羊窝头界域刻石的部分刻文据苏马湾界域刻石刻文推知。参见刘凤桂、丁义珍：《连云港市西汉界域刻石的发现》，《东南文化》1991年第1期，第232-236页；孙亮、周屹，等：《连云港市东连岛东海琅邪郡界域刻石调查报告》，《文物》2001年第8期，第22-30页。

是误抄误刻所致。①

夏商周三代，连云港地区上古文化既保有自身的文化基因，又在与中原文化的长期接触中不断吸收中原文化的积极因素，到西周晚期，逐步形成了具有地域特色的文化类型，行政机构仍很简单，职官设置也不健全，职官制度处于初创期。

三、春秋战国时期

西周末期，各诸侯国实力增强，相互征伐兼并，周王室的权威受到极大挑战，周平王将都城从镐京（今陕西西安）东迁至雒邑（今河南洛阳），史称东周（前770—前256），中国历史由统一的西周王朝时期进入分裂的春秋战国时期，奴隶社会也逐步土崩瓦解，向封建社会转变。在春秋时期，各诸侯国尚能在名义上尊称周王室，但独立性进一步增强。至战国时期，周王室已名存实亡，各诸侯国已经演变成独立性国家，封建官僚行政机构得以逐步完善，职官制度初步建立。春秋战国时代，海州地区为列国争战之地。春秋时期，海州境内土地被郯国（今赣榆区西北部、东海县北部）、莒国（今赣榆区北部）、况其国（今赣榆区中西部）瓜分，属鲁；战国时期，吴越争霸，境内各诸侯小国先属吴，后归越；楚简王元年（前431），北伐灭莒，楚国势力进入海州区。1990年，在海州锦屏山陶湾村的一座小型战国楚墓中发现3件青铜戈（图1-8），推测为军伍士卒的陪葬器物。其中最小的一件（图中下方）戈柄上竖刻两行铭文，文曰："向寿之岁，襄城公竞胚所造。"背景是秦武王四年（楚怀王二十二年，前307）秦将甘茂和副将向寿攻陷韩宜阳（河南省洛阳市宜阳县）后，又派为秦守宜阳的向寿出使楚国，以合楚抗韩。该戈是楚国北方襄城（秦称"新城"，其间秦楚双方曾反复争夺。今河南省许昌市襄城县）的县公"竞胚"为"以事纪年"而作，"向寿之岁"即楚怀王二十三年（公元前306）。② 该组"向寿戈"的出土说明海州地区已为楚地，即"彭城以东，东海、吴、广陵，此东楚也"。③ 除短暂归越国、齐

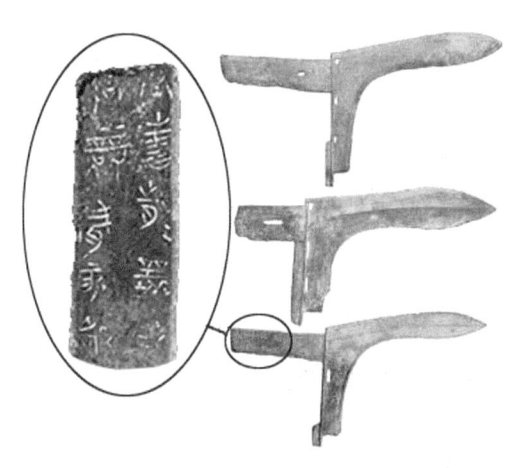

图1-8 锦屏山陶湾出土的3件带有楚国铭文的青铜戈
（来源：连云港市博物馆）

---

① 按：本书以下内容皆将传世文献中的"祝其"改为"况其"，不再出注。
② 按：自"向寿戈"出土以来，众多学者撰文对戈铭文的释读及认识皆作了深入的探讨，本书从董珊文。参见董珊：《向寿戈考》，《考古》2006年第3期，第65-70页；郑威：《襄城公戈新考》，《考古》2013年第3期，第86-90页；陈隆文：《向寿戈再考》，《考古》2008年第3期，第81-85页；黄盛璋：《连云港楚墓出土襄城公竞尹戈铭文考释及其历史地理问题》，《考古》1998年第3期，第64-70页；周晓陆，纪达凯：《江苏连云港市出土襄城楚境尹戈读考》，《考古》1995年第1期，第75-77页。
③ ［汉］司马迁：《史记》卷40《楚世家》，北京：中华书局，1959年，第1719页；卷129《货殖列传》，第3267页。

国所有外,其余约200年间此地皆属楚。

海州地区受到鲁、齐、吴、越、楚文化相继浸淫,促使不同区域的文化在本地区汇聚、融合,残存的东夷小部族文化开始走向最后的消亡,一种崭新的、具有勃勃生机的地域文化出现了。代表性遗址有东海庙墩遗址春秋早中期的墓葬、孔望山南麓遗址楚式贵族墓葬和朝阳遗址战国晚期楚式墓葬。①

春秋初期,诸侯国的行政机构尚有西周遗风。如齐桓公元年(前685),管仲依据西周制度推行的"叁国伍鄙"制度,"叁国"即国都城邑之地,"伍鄙"即乡野地方。在"伍鄙"之地施行"五家为轨,轨为之长;六轨为邑,邑有司;十邑为卒,卒有长;十卒为乡,乡有良人;三乡为属,属有大夫。五属五大夫。武政听属,文政听乡,各报而听,毋有淫佚者。"②

春秋中后期,郡县组织开始萌芽,各诸侯国在争战中经常灭亡一些小国后将其改为县。战国时期,郡县组织已经日趋完备,邑、县、郡等相继出现,这为秦统一后设立完备的郡县制提供了制度上的准备。郡设郡守,为一郡之长,由诸侯国朝廷任命,掌管一郡之行政、军事、财赋等大权。县设县令(长、尹、公),掌管一县之行政;佐官设县丞,协助县令处理有关事务,县尉处理有关军务等。虽然在传世文献和出土文物中未曾发现这一时期有关海州地区的邑、县、郡等职官信息,但隶属楚国时,在西部不远处的秦代同属东海郡的兰陵县曾有县令名为荀卿,即诸子百家中的著名学者荀子。《史记·孟子荀卿列传》载:

荀卿,赵人(索隐:名况。卿者,时人相尊而号为卿也)。年五十始来游学於齐。齐人或谗荀卿,荀卿乃適楚,而春申君以为兰陵令。③

春秋战国时期,海州地区当有纪、况其等县存在。《左传·昭公十九年(前614)》载:"秋,齐高发帅师伐莒,莒子奔纪鄣。……七月丙子,齐师入纪。"④纪鄣为莒国城邑,纪即纪鄣,在今赣榆区东北,已没入海中。《左传·定公十年(前500)》载:"夏,公会齐侯于况其,实夹谷。"⑤夹谷,位于今赣榆区班庄镇夹山乡境内。齐国灭莒国后,为加强控制,将这些位于侯国东南部边缘的城邑改为县是极其可能的。

四、秦汉时期

秦(前221—前206)统一以后,施行郡县制,海州境内分属二郡,辖三县,北部(今赣榆区大部)有赣榆县,属琅琊郡;西北部(今赣榆区西北部、东海县北部)有郯县,南部有朐县(今海州区、灌云县和灌南县大部),属东海郡。

汉代施行郡国二元制。西汉时期,海州境内分属二郡,辖九县,在汉武帝之后皆属徐州

---

① 尤振尧、周晓陆:《江苏东海庙墩遗址和墓葬》,《考古》1986年第12期,第1073-1078页;中国国家博物馆田野考古研究中心,南京博物院考古研究所,连云港市文物管理委员会办公室,连云港博物馆编著:《连云港孔望山》,北京:文物出版社,2010年,第25-37页;南京博物院,连云港市博物馆:《江苏连云港市朝阳遗址发掘简报》,《东南文化》2004年第2期,第32-48页。
② 《管子》,李山译注,北京:中华书局,2009年,第128页。
③ 《史记》卷74《孟子荀卿列传》,第2348页。
④ 《春秋左传新注》,赵生群注,西安:陕西人民出版社,2008年,第853页。
⑤ 《春秋左传新注》,赵生群注,第982页。

刺史部,北部设赣榆(今赣榆区东北部),属琅琊郡;北部设况其(今赣榆区西北部)、利成(今赣榆区中西部),中部设朐(今海州区、灌云县),南部设海西(今灌南县),西部设东安(今东海县大部)、厚丘(今沭阳县西北部)、建陵(今沭阳县西部)等县,属东海郡。

两汉时期,郡县职官承秦制。郡有郡守或太守,掌管一郡事务。佐官有丞,掌管军马;尉或都尉,掌管武职甲卒。县有令或长,掌管一县事务。侯国有王、相等。佐官长吏有丞、尉,少吏有斗食、佐史。亭有长,里有正,乡有三老、秩、啬夫、游徼,三老掌教化,啬夫职听讼、收赋税,游徼徼循禁贼盗。《汉书·百官公卿表》载:"郡守,秦官,掌治其郡,秩二千石。……郡尉,秦官,掌佐守典武职甲卒,秩比二千石。……关都尉,秦官。……县令、长,皆秦官,掌治其县。"①

东海尹湾汉墓6号墓出土的木牍上,一是记载了墓主即木牍拥有者的信息,墓主为师饶,字君兄,生前为东海郡功曹吏;二是抄写纪年,木牍上有"(西汉成帝)永始二年(前15)十月十六日""永始四年(前13)"和"元延元年(前12)三月十六日"等明确纪年;三是内容有《集部》(1枚,正反面书写)《东海郡吏员簿》(1枚,正反面)《东海郡下辖长吏名籍》(2枚,正反面)《东海郡下辖长吏不在署、未到官者名籍》(1枚,1面)《东海郡属吏设置簿》(1枚,1面)等5种东海郡行政文书,非常明确、详细地记载了东海郡的吏员情况。

西汉时期(前206—25),东海郡设置太守和丞两位郡官,下有卒史9人、属5人,书佐9人、门兵佐1人、小府啬夫1人;又设都尉1人、都尉丞1人、卒史2人、属3人,书佐4人、门兵佐1人。东海郡有县18、邑2、侯国18,共计38个属县,其中海州地区属县有况其(邑)、利成、东安、朐(邑)、平曲、厚丘、曲阳、海西(隶广陵郡)、平曲侯国及沭阳地域的司吾县和建陵侯国,且有伊卢、北蒲、郁洲3个盐官和朐铁官。②

东汉时期(25—220),光武帝建武十七年(41)封长子刘彊为东海王,以郡为国,境内分属二郡一国,辖七县。一国为东海国(今赣榆区西南部),七县为隶属东海郡的赣榆(今赣榆区北部,由琅琊郡改属)、况其(今赣榆区中北部)、利成(今赣榆区西北部)、朐(今海州区、灌云县)、曲阳(今东海县大部)、厚丘(今沭阳县北部),以及改属广陵郡的海西(今灌南县大部)。汉桓帝和平元年(150)复置东海郡,郡治在郯。汉献帝建安三年(198),废赣榆县,拆分后归利成、况其二县,另设利成郡,治利成(今赣榆区班庄镇古城村)。汉献帝建安十七年(212)又复为东海国。

与秦代不同的是,两汉时期的县按照采邑官员的级别可分为县、邑、国和道四类。《汉书·百官公卿表》载:"列侯所食县曰国,皇太后、皇后、公主所食曰邑,有蛮夷曰道。"③20世纪80年代末90年代初,在赣榆发现一件西汉时期的带有铭文的铜鼎,铜鼎通高21.2厘米、足高10厘米、腹径21.5厘米、腹深12厘米、壁厚0.2厘米、口径14.1厘米,残重约4050克。铜鼎上的铭文为"朐邑铜鼎。容斗四升。重廿斤"。④ 意思是,该铜鼎为朐

---

① 《汉书》卷19上《百官公卿表第七上》,第742-743页。
② 张显成、周群丽:《尹湾汉墓简牍校理》,第7-16页。
③ 《汉书》卷19上《百官公卿表第七上》,第742页。
④ 李克文:《赣榆发现朐臣铜锅》,《东南文化》1990年第4期,第217页;曹锦炎:《〈赣榆发现朐臣铜锅〉读后》,《东南文化》1990年第5期,第439页。

邑所有，容量一斗四升，自重 20 斤。可见，该铜鼎是一件实用度量容器。两汉时期的"朐"县为"朐邑"。

两汉时期海州所辖县域皆是空间较小，人口较少，县官为"长"。汉代的县官级别按照人口的多寡分为令、长两种。《汉书·百官公卿表》载："县令、长，皆秦官，掌治其县。万户以上为令，秩千石至六百石。减万户为长，秩五百石至三百石。"①目前所见出土的官印"朐长之印""柜长之印""厚丘长印""利成长印"等②，也佐证了这一点，如朐邑人口较少，不足万户，所以朐邑长官为朐长或朐邑长。

东海尹湾汉墓简牍记载，县设县令（长）1 人、丞 1 人。况其县为邑，设"况其长"，可见况其县较小，人口不足万户。朐县为邑，设"朐邑令"，可见朐县较大，人口在万户以上，但这与上文出现的"朐长之印"相左，推测"朐长之印"的使用时间可能要早于西汉成帝永始二年（前 15），是时，朐县的户数在万户以下，因未发现新的文献来佐证，故尚须进一步考察。佐吏依县之大小设尉、官有秩、乡有秩、令史、狱史、官啬夫、乡啬夫、游徼、牢监、官佐、乡佐、亭长、邮佐等不同的名目及人数。侯国设相 1 人代替令（长）、丞 1 人，佐吏设尉 1 人，令史、狱史、乡啬夫、游徼、牢监、尉史、官佐、亭长、侯家丞 1 人，仆、行人、门大夫、先马、中庶子等。

伊卢盐官设长 1 人、丞 1 人；佐吏设令史 1 人、官啬夫 2 人、佐 25 人。北蒲和郁州盐官皆不设长，只设丞 1 人，佐官名目同伊卢，人数不等，推测为伊卢的下属分支机构。朐铁官亦不设长，只设丞 1 人，佐官名目同伊卢，推测也是某地铁官的下属分支机构。③

东海尹湾汉墓简牍《集簿》中还记载东海郡有"里二千五百卅四，正二千五百卅二人"，境内"里"的数目不详，但出土文物中发现了几个本地区的"里"。1978 年 7 月，在花果山下云台砖厂取土区，出土了一批汉代简牍，文字漫漶者多，可辨者少；也由于当时条件所限，未能保存实物及照片，但考古工作者仍然在现场作了文字辨认记录，并保存了现场线描图。其中 1 号简牍记录了几起用刀刺伤人的事件，标明了这些人的住所，分别为"荣成里""西长里""宣梁里""永昌里""衢满里""利成里"等。④

东海尹湾汉墓简牍所记有关职官与《汉书》中《地理志》《百官公卿表》相比，在东海郡级层面的记载基本相同；在郡级佐官、县级及佐官层面，无论在职官名目上还是在人数上，都相差很大，前者更为详细、准确，可以从属县名称、职官名目、职官人数等方面佐证、订正或补充后者的有关记载，为研究两汉时期基层行政管理制度提供了翔实的文献资料。

五、魏晋南北朝时期

三国时期（220—280），海州地区属曹魏（220—265）之徐州。曹魏沿袭了东汉的行政

---

① 《汉书》卷 19 上《百官公卿表第七上》，第 742 页。
② 连云港市博物馆：《连云港历史建制沿革》，南京：江苏凤凰文艺出版社，2020 年，第 11 页。
③ 张显成、周群丽：《尹湾汉墓简牍校理》，第 3-42 页。
④ 李洪甫：《江苏连云港市花果山出土的汉代简牍》，《考古》1982 年第 5 期，第 476-480 页；张廷皓：《江苏连云港市出土的汉代法律版牍考述》，《文博》1984 年第 3 期，第 29-32,82 页。

制度,施行郡县制,郡有太守,县有县令、丞,国有王、相等。境内分属三郡,辖六县。三郡为东海郡(废东海国后复)、下邳郡和广陵郡。六县为隶属东海郡的况其(今赣榆区北部)、利成(今赣榆区西北部)、朐(今海州区、灌云县北部)、厚丘(今沭阳县大部),隶属下邳郡的曲阳(废曲阳国后改,今东海县大部),以及隶属广陵郡的海西(今灌云县南部、灌南县大部)。刘备继室糜夫人就是东海郡朐县人。东汉献帝建安元年(196),吕布攻陷下邳,将刘备妻子掠去。刘备辗转来到广陵郡海西县,朐县富豪糜竺带无数金银货币前去劳军,并将妹妹许配给刘备,陪嫁2000家奴。刘备得解一时之困,后重整旗鼓,三分天下。① 魏文帝太和六年(232),又复东海郡为东海国。

西晋(265—316)初,废东海国复东海郡;晋泰始九年(273),又复为东海国;晋武帝太康元年(280),又复为东海郡,亦复赣榆县(今赣榆区东部沿海地区),治所在郁洲岛上的艾不城(今墟沟),并隶东海郡。② 东海郡辖郯、况其、朐、襄贲、利成、赣榆、厚丘、兰陵、承、昌虑、合乡、戚等12县。③ 海州地区境内有况其、朐、襄贲、利成、赣榆、厚丘等6县隶东海郡,曲阳县隶属下邳国析出的临淮郡。

五胡十六国时期,海州地区境内先后属后赵(328—351)、冉魏(350—352)、前燕(352—356)、前秦(351—394)等政权。

东晋(317—420)在南方建康建立政权后,于烈宗太元九年(384)攻打前秦,收复淮北,海州地区境内属东晋。东海郡辖郯、况其、朐、襄贲、利成、赣榆、厚丘等7县,境内辖县与西晋时基本相同。

南北朝时期,南朝宋泰始六年(470),在境内郁洲岛上侨置青冀二州。北朝东魏武定七年(549),罢青冀二州设立海州,治龙苴,始为州、郡、县三级行政建制。北朝齐(550—577)代东魏后,海州治所改迁至朐山,境内有六郡十二县。广饶、怀仁二县隶东海郡,上鲜、洛要二县隶武陵郡,朐县隶侨置琅琊郡,襄贲、海西二县隶海西郡,下城、临渣、服武、怀文四县隶沭阳郡,义塘县隶南青州义塘郡。东魏孝静帝天平元年(534),"于沧、瀛、幽、青四州之境,傍海置盐官,以煮盐,每岁收钱,军国之资,得以周赡。"④海州境内亦应设置盐官。

北周(557—581)代北齐后,海州境内有六郡十二县。广饶、东海二县隶东海郡;武陵郡隶属不变;北周武帝建德六年(577),改朐县为朐山县,改侨置琅琊郡为朐山郡;襄贲县隶海西县;沭阳县隶沭阳郡;另改南青州为莒州,境内怀仁县、义塘县隶莒州。北周太祖宇文觉在任北齐相时,即创制六官,其中之一就是"掌盐"官。"掌盐,掌四盐之政令。一曰散盐,煮海以成之;二曰监盐,引池以化之;三曰形盐,物地以出之;四曰饴盐,于戎以取

---

① [晋]陈寿撰,[南朝宋]裴松之注:《三国志》卷38《蜀书八·糜竺传》,北京:中华书局,1964年,第969页。
② 按:"赣榆,令,前汉属琅邪,后汉属东海,魏省,晋武帝太康元年复立。"参见《宋书》卷35《州郡志一》,第1049页。
③ 按:"武帝分沛、东阳置临淮郡,……徐州,统楚国及东海、琅邪、临淮、广陵四郡。宣帝……改临淮为下邳国。及太康元年,复分下邳属县在淮南者置临淮郡"。参见[唐]房玄龄等:《晋书》卷15《地理志下》,北京:中华书局,1974年,第451-452页。
④ 《隋书》卷24《食货志》,第675-676页。

之。凡监盐形盐,每地为之禁,百姓取之,皆税焉。"①海州境内亦应有盐官。

六、隋唐五代十国时期

隋(581—618)统一全国后,于隋文帝开皇三年(583)废天下诸郡,改州、郡、县三级为州(郡)、县二级行政建制,并将州郡县按人口多寡、土地美恶及军事地位高低等分为"上上、上中、上下、中上、中中、中下、下上、下中、下下"九类。隋炀帝大业三年(607)又"罢州为郡",改海州为东海郡,治朐山,境内有怀仁(今赣榆区)、朐山、东海、沭阳等四县,另外还下辖涟水县。② 初期,海州作为隋代周后南下平陈的战略要地,其军事价值显得尤为重要。隋代仍沿袭旧制将海州作为刺史州,委派重要武秩镇守。

王谟于隋文帝开皇三年(583)前后任海州刺史。任上,王谟曾以"使持节、上仪同、海州诸军事、海州刺史、南阳县开国侯"的身份于开皇三年四月十七日巡历沿海防线,登上北云台山(又名后云台山)庙岭码头孙家山,并在西汉萧望之钓台(又称钓鱼台)崖壁上题刻(20世纪70年代末80年代初,该石刻毁于开山建港)留念。

海州为刺史州,即"上上州"。《隋书·百官志下》载:"上上州,置刺史,长史,司马,录事参军事,功曹,户、兵等曹参军事,法、士曹等行参军。"又"州,置总管者,列为上中下三等。总管刺史加使持节",王谟任海州刺史时"使持节",故海州在隋代亦可能置总管府。所属县"置令,丞,尉,正,光初功曹,光初主簿,功曹,主簿,西曹,金、户、兵、法、士等曹佐,及市令等员。""又盐州牧监,置监及副监,置丞。"③海州濒海产盐,应为"盐州",如同两汉一样设置盐官,即设置盐监、副盐监、盐丞等盐官管理盐务。

唐朝(618—907)立国后,于高祖武德四年(621)废东海郡,复置海州,置海州总管府,下辖四州,境内有海州、环州(今云台山,后裁撤),境外有涟州(今涟水县,后裁撤)和东楚州(今淮安市,后改属扬州府)。海州领怀仁、新乐(怀仁析置)、利城、厚丘、朐山、龙沮、曲阳(朐山析置)、沭阳等八县;环州以东海县置,领东海县析置的赣榆、青山、石城等三县。武德六年,改新乐为况其。武德七年,改海州总管府为海州都督府,东楚州改属扬州府,又以沂州来属。武德八年,废环州及龙沮、况其、曲阳、厚丘、利城等六县,仍以废环州之东海县来属。武德九年,废涟州,经裁撤合并后,海州领朐山、东海、沭阳、怀仁四县,基本奠定了后期海州地区的行政建制和地域格局。太宗贞观元年(627),罢都督府。玄宗天宝元年(742)又改海州为东海郡,直到肃宗乾元元年(758)复为海州。唐朝亦从隋制将州郡县进行分类,将京畿之地的州县定为"赤、畿",将京畿之外的州郡分为"望、紧、上、中、下"五类。海州初为中州,天宝后,为上州,属河南道。④ 设有刺史1人,从三品;别驾1人,从四品下;另有长史、司马、录事参军事、录事、司功、司户、司田、司兵、司法、司士参军事、参军事、市令、丞、

---

① 《隋书》卷24《食货志》,第679页。
② 《隋书》卷31《地理志下》,第871-872页。
③ 《隋书》卷28《百官志下》,第783-784页。
④ [后晋]刘昫:《旧唐书》卷38《地理志一》,北京:中华书局,1975年,第1445-1446页。

文学、医学博士等职官。①

著名书法家、文学家李邕曾于唐玄宗开元十一年（723）前后任海州刺史。李邕（678—747），字泰和，扬州江都（今江苏扬州）人。少年时，以博学多才闻名，尤长碑颂。初授校书郎，历官左拾遗、户部郎中、殿中侍御史、陈州括州刺史、汲郡北海太守，史称"李括州""李北海"。因恃才傲名，得罪朝廷重臣，屡遭贬谪，后为中书令李林甫构陷，含冤杖死，追赠秘书监。② 在海州刺史任上，李邕曾于开元十一年四月为海州大云寺禅院撰写《海州大云寺禅院碑》，碑已不存，但碑文存世。③ 李邕又于同年十月二日为楚州淮阴县一棵娑罗树撰文并书写行书碑文《楚州淮阴县娑罗树碑并序》，该碑毁于明隆庆年间，但有宋拓本（图1-9）传世。

图1-9　宋拓唐李邕文并书《楚州淮阴县娑罗树碑并序》
（来源：马成名）

清淮安知府陈文烛依据吴承恩家藏原碑拓本重勒刻石将其保存下来，④让我们得以窥见李邕"风度闲雅"的书法艺术风采。

唐朝末期，藩镇割据势力剧增。唐哀帝天祐四年（907），朱温篡位，自立为帝，改国号为"梁"，史称"后梁"。其他藩镇亦纷纷独立称王，中国进入五代十国时期（907—960）。海州境域先后属南吴（902—937）、南唐（937—975）、后周（951—960），领县东海县改为东海监，隶朐山县，海州领县为朐山、沭阳、怀仁三县，⑤辖域基本未变，州设刺史、别驾，县置县令、县丞等职。

唐昭宗天复二年（902）三月，淮南节度使杨行密受唐昭宗册封为吴王，后独立，史称南吴，是时海州属南吴。南吴睿帝天祚三年（937）十月，徐知诰代南吴，后改国号为唐，史称"南唐"。后周世宗显德二年（南唐烈祖保大十三年，955），部署伐南唐；"五年春正月丁亥，取海州。"⑥海州归后周。

---

① ［宋］欧阳修、宋祁：《新唐书》卷49下《百官志四下》，北京：中华书局，1975年，第1317-1318页。
② 《新唐书》卷202《李邕传》，第5754-5757页；《旧唐书》卷190中《李邕传》，第5039-5043页。
③ ［唐］李邕：《李北海集》卷4，文渊阁《四库全书》第1066册，第29-31页；［宋］李昉：《文苑英华》卷858，文渊阁《四库全书》第1341册，第456-457页。
④ 马成名：《宋拓唐李邕〈娑罗树碑〉一册》，《寰宇读碑书系·海外所见善本碑帖录》，上海：上海书画出版社，2014年，第81-87页。
⑤ ［宋］潘自牧：《记纂渊海》卷11，文渊阁《四库全书》第930册，第288-289页。
⑥ ［宋］欧阳修：《新五代史》卷12《周本纪》，北京：中华书局，1974年，第122页。

第三节 明清以后的海州

一、明代

明代(1368—1644),海州属淮安府,领赣榆一县。元惠宗至正二十六年(1366),吴王朱元璋夺取淮安路后,四月便改淮安路为淮安府;次年十一月,征虏大将军徐达攻陷沂州(今山东省临沂市),海州及三属县朐山、沭阳、赣榆归降。① 明太祖洪武元年(1368)改海宁州为海州,废朐山县,州治朐山,至此,自北周武帝建德六年(577)改朐县为朐山县以来,存在了近800年的朐山县消失了;原属县沭阳县改属淮安府。境内南部(今涟水县西北一小部分)属安东州;洪武二年,安东州降为安东县,仍属淮安府。②

《明史·职官志》载:明代州有属州和直隶州两类,属州相当于县,直隶州相当于府,但品秩相同。海州为属州,设知州1人,从五品,掌一州之政;同知1人,从六品;判官1人,从七品;吏目1人,从九品;儒学学正1人,训导3人;阴阳学典术1人;医学典术1人。赣榆县设知县1人,掌一县之政;县丞、主簿各1人,分掌粮马、巡捕之事;典史1人;儒学教谕1人,训导2人,皆未入流。③

海州设有三个巡检司,各置巡检一人,从九品,主缉捕盗贼,盘诘奸伪。一为高桥巡检司,在州城西北(今东海县博望镇),洪武元年(1368)创建;二为惠泽巡检司,在州城南张家店(今灌南县张家店),洪武三年(1370)创建;三是东海巡检司,原在东海城南(今海州区南城),洪武二年(1369)建,后倾圮,嘉靖十六年(1537)在新坝镇重建。赣榆县设2个巡检司,一为荻水镇,在县东北;二为临洪镇,在县南。④

海州在各大盐场先后设盐课提举司6个,各置大使1人,副使1人(后裁撤),皆洪武元年(1368)开设,隶两淮运司淮安分司。一是临洪场盐课司,在今新浦一带;二是板浦场盐课司,在今板浦;三是徐渎浦场盐课司,在今南城;四是莞渎场盐课司,在今灌云县莞渎镇;五是天赐场盐课司,在莞渎场之天赐沟,成化七年(1471)开设,嘉靖二年(1523)裁撤;六是兴庄场盐课司,在临洪场北,今猴嘴台北盐场附近,嘉靖二年裁撤天赐场盐课司后开设。

为加强海防,备倭防寇,海州设守御千户所2个。一是守御海州中前千户所,置正千户2人,副千户3人,镇抚1人,在州治北,洪武二十三年(1390)建;二是守御东海中千户

---

① 按:海州治与朐山县治同在海州城内,海州降,朐山县亦应降。参见[清]毕沅:《续资治通鉴》卷220,北京:中华书局,1957年,第6003页。
② [清]张廷玉,等:《明史》卷40《地理志一》,北京:中华书局,1974年,第915-916页。
③ 《明史》卷75《职官志四》,第1846-1852页。
④ [明]隆庆《海州志》卷4《治典》,第126-137页。

所,置正千户 3 人,副千户 5 人,百户 10 人,在东海城(今南城),洪武十七年(1384)创置。设墟沟城、宿城营寨 2 个,各置千户 1 人,皆为洪武二十六年开创。设守备署,置备倭守御东西二海指挥 1 人,隶淮安卫。①

海州设有常平仓 2 个,各置副使 1 人,未入流,明隆庆年间已废。一是通济仓,在州治西北,洪武三年(1370)建;二是永济仓,在东海守御千户所,洪武二十一年(1388)建。设预备仓四处,洪武二十三年(1390)知州李敬德创建,分别为新坝仓、大伊镇仓、博望镇仓和平陵埠仓(今平明镇)。

海州有驿站,负责邮传迎送之事。明隆庆《海州志·舆图》载:海州在州城内州衙前设"总铺",下设二条递铺线路,一条为西北线,接递赣榆县,其间有顾家庄、王家沟、高桥、石潭等铺;另一条为西南线,接递沭阳县,其间有驼峰(洪武二十三年建,景泰三年裁革)、南留庄、房山、兴国庄(洪武九年创建,弘治七年裁革)、青伊等五铺。原有朐山和东海二铺,接递东海千户所(在今南城),明隆庆时已废。②

二、清代

清代(1636—1912),海州为直隶州,属淮安府,隶淮扬海道(初隶淮徐道,嘉庆八年改),领赣榆、沭阳二县。清顺治二年(1645)八月,清兵占领海州,属江南省淮安府。清康熙六年(1667),海州从江南省分出,属江苏省淮安府。清雍正二年(1724),海州升为直隶州,割淮安府之沭阳县来属。境内南部(今涟水县西北一小部分)属淮安府下辖的安东县。

清代承明制,也将州分为散州和直隶州,散州相当于县,直隶州相当于府,但品秩相同。又将府州县划分"要、冲、繁、疲、难、倚"等六个等级。"要、冲"即军事地位较高,交通较为繁忙者,为军事要冲之地;"繁"即行政事务较多,政治地位敏感之地;"疲"即地处偏僻,经济实力较弱,税赋难以征集之地;"难"即历史悠久,治理难度较大之地;"倚"为清后期增补,即政治地位较高之地。海州处于东部濒海之地,定级为"繁、难",赣榆县与沭阳县皆定级为"难"。③

《清史稿·职官志三》载:海州为直隶州,知州 1 人,正五品,掌一州治理;州同 1 人,从六品,州判 1 人,从七品,分掌粮务、水利、防海、管河诸职;吏目 1 人,从九品,掌司奸盗、察狱囚、典簿录;儒学学正 1 人,正八品,训导 3 人(后裁撤为 1 人),从八品;医学典科、阴阳学典术、僧正司僧正、道正司道正各 1 人,皆未入流。

赣榆、沭阳二县各置知县 1 人,正七品,掌一县治理,决讼断辟,劝农赈贫,讨猾除奸,

---

① [明]隆庆《海州志》卷 4《治典》,第 126-137 页。
② 按:隆庆《海州志》载"六铺接递赣榆县",加上州前"总铺"实记 5 铺;卷 4《治典》载"卢家庄递运所(去州治西七十里,洪武十六年建,景泰三年裁革)"。嘉庆《海州志》载"七铺",除上述 5 铺外,还有"上林铺"和"蔷薇铺",隆庆《海州志》失载的 1 铺,必定是"卢家庄""上林"和"蔷薇"三铺之一,极大可能是"卢家庄"铺。参见[明]隆庆《海州志》卷 1《舆图·铺舍》,第 42-44 页;卷 4《治典》,第 142 页;[清]嘉庆《海州直隶州志》卷 14《建置考五》,第 275-277 页。
③ [清]嘉庆《海州直隶州志》卷 2《表第一·沿革》,第 41 页;赵尔巽,等:《清史稿》卷 58《地理志五》,北京:中华书局,1976 年,第 1991-1992 页。

兴养立教；县丞1人，正八品，掌粮马、征税、户籍、缉捕诸职；典史1人，未入流，掌稽检狱囚；儒学教谕1人，正八品；训导1人（沭阳县训导2人），从八品；医学训科、阴阳学训术、僧正司僧会、道正司道会各1人，皆未入流。沭阳县另设主簿1人，从八品。①

清嘉庆《海州志·职官表》载：海州设2个巡检司，各置巡检1人，从九品，掌捕盗贼，诘奸宄，原东海巡检司裁撤。一为高桥巡检司，分防驼峰镇；另一为惠泽巡检司，分防新安镇。赣榆县改荻水镇巡检司为青口巡检司，改防青口镇，置巡检1人，从九品，原临洪镇巡检司裁撤。

海州盐场原隶两淮运司淮安分司，乾隆二十八年（1763）设海州分司，驻板浦，置运判1人，从六品。各大盐场设盐课提举司3个，各置大使1人，从八品。一是板浦场，原徐渎场"初设于徐渎浦（原注：在大村西北），明嘉靖十八年（1539）后，节被海潮冲荡，遂移建于大村"②，因禁海裁海于顺治十八年（1661）裁撤，康熙二十年（1681）又复，后并入板浦场；二是中正场，原莞渎场于乾隆元年（1736）裁撤，新设中正场，以原莞渎废场并入；三是临兴场，原临洪场、兴庄场，康熙元年（1662）裁撤，雍正六年（1728）合并为临兴场。③

海州设东海、海州2个水师营，隶治淮安府的漕运总督。海州营，驻海州城，顺治四年（1647）置副将1人。顺治八年改设游击1人，从三品；中军守备1人，正五品，驻防赣榆县青口镇；千总2人，正六品，1人驻防海州城，1人驻防海州东南路汛；把总3人，正七品，1人驻防海州西北路汛，1人驻防赣榆县城，1人驻防沭阳县城。东海营，驻今南城，顺治初年（1644）设，顺治十八年裁撤，康熙十八年（1679）复，设守备、把总各1人。

海州设有常平仓，在明通济仓旧址重修而成。有盐义仓2个，一在州治东，属临兴场；二在板浦，属中正场。赣榆与沭阳二县亦设常平仓。④

海州设有驿站，掌邮传迎送。海州在州城内州衙前设"总铺"，下设二条递铺线路，一条为西北线，接递赣榆县，其间有顾家庄、王家沟、高桥、石潭、上林铺和蔷薇铺等6铺；另一条为西南线，接递沭阳县，其间有驼峰镇、南留庄、房山、兴谷庄和青伊等5铺。赣榆县在县衙前设"总铺"，下设二条递铺线路，一条为东南线，接递海州，其间有张家庄、仙丘、单家庄、卢家埠、蒋家庄、张埠墩和上庄等7铺；另一条为东北线，接递山东，其间有顾家庄、中冈站、歇马台、九里七、柘汪、林子里和旦头等7铺。沭阳县在县衙前设"总铺"，下设二条递铺线路，一条为南路，接递淮安府桃源县崇河铺，其间有生流、蒲沟、读书等3铺；另一条为北路，接递海州衙前总铺，其间有扎下、宣差、官庄、桑墟等4铺。⑤

三、中华民国时期

中华民国（1912—1949）成立后，实施州改县制度，废海州直隶州，改为东海县，县府

---

① 赵尔巽，等：《清史稿》卷116《职官志三·外官》，第3349-3350、3357-3360页。
② [清]崔应阶：《云台山志》卷1《城村》，台北：文海出版社，1975年，第107页。
③ [清]嘉庆《海州直隶州志》卷17《食货考六·盐课》，第307-312页。
④ [清]嘉庆《海州直隶州志》卷17《食货考五·仓储》，第304-307页。
⑤ [清]嘉庆《海州直隶州志》卷14《建置考五·铺递》，第275-277页。

设在海州古城；原属海州的赣榆县和沭阳县实行分治，隶江苏省。民国元年（1912）四月又海灌分置，将东海县大致上以海州东部东盐河为界一分为二，在50镇中划出东部11个镇成立灌云县（因南有灌河北有云台山而得名），县府设在板浦；其余部分为东海县下辖，县府仍设在海州古城。从此，自南北朝时期东魏武定七年（549）始设、作为"州"级建置的"海州"存在了1364年后一去不返，但人们还是习惯称此时的东海县和灌云县为"海州"地区，加上分治出去的赣榆县和沭阳县，合称"海属"或"海赣沭灌"地区。"海州"后来以行政区划"海州区"的形式存在，而大多数情境下，"海州"只是借用了历史上的名称，指代范围只是古代海州州治海州古城及周边很小范围的区域。沭阳县也再次脱离了"海州"的管辖。

随着陇海铁路的东延，连云港（因北有连岛南有云台山而得名）码头于1933年7月在东西连岛与北云台山之间的老窑开始兴建。为达到"以港兴市"的目的，民国江苏省政府于1934年6月决议规划连云港埠市政，省土地局组队对云台山前后土地进行测绘；7月即通过了土地测量办法；1935年1月18日，第718次会议决定在连云港埠设立普通市，从东海县和灌云县东部靠近港口的地方各析出一部分，其水陆区域以临洪口以南、烧香河以北、东西连岛以西、新浦板浦以东为范围；4月23日，第737次会议上决议，在墟沟镇成立连云市政筹备处，负责市政规划及港口设施。1945年抗日战争胜利后，民国政府建立连云市政府。[①] 1948年3月，沭阳县解放；6月赣榆县（时称竹庭县）解放；11月初，东海县、灌云县等海属地区全境解放；11月28日，设立新海连特区，隶属山东省鲁中南行政公署，下辖新海市（新浦、海州）、连云市、云台办事处。原海州境内赣榆县、沭阳县隶属关系不变。

四、中华人民共和国成立后至今

1949年，中华人民共和国成立。11月底，新海连特区改称为新海连市，辖新华区、民主区、锦屏区、浦西区、云台区、连云区等7个区。1953年，新海连市由山东省划归江苏省，与东海县和赣榆县一起，同归徐州行政专员公署管辖，沭阳县归淮阴行政专员公署管辖。1957年11月，东海县由海州古城迁治今牛山镇。1961年，新海连市因港得名改称连云港市；次年，成为江苏省省辖市。

1983年，国家实施地市体制改革，将原隶徐州地区的赣榆、东海和原隶淮阴地区的灌云等3县划归连云港市，沭阳县隶淮阴市；1996年，又将原隶淮阴市的灌南县划归连云港市，形成四县四区（新浦区、海州区、连云区、云台区）的行政格局，沭阳县亦改隶新成立的地级宿迁市；2001年，撤销云台区，辖区分别就近归并于新浦区和连云区。

2014年5月，进一步调整行政区划，将原海州区和新浦区裁撤，合并成立新的海州区，原赣榆县撤改为赣榆区，从而形成了连云港市下辖海州、连云区、赣榆区以及东海县、灌云县和灌南县等三区三县的区域行政格局。

---

① 《国民政府令：派张振汉为江苏省连云市市长》，《国民政府公报》1945年渝字904，第1页。

第二章 北宋时期（960—1127）海州概况

后周恭帝显德七年(960)正月,赵匡胤发动陈桥兵变,黄袍加身,逼后周皇帝柴宗训禅位,定国号为"宋",史称北宋(960—1127),改元建隆,都城为开封(今河南开封)不改。自此至宋廷南渡,海州地区摆脱了自唐末以后约60年的战乱动荡,进入一段长达167年之久的稳定发展时期,海州的政治、经济、社会、文化等方面都达到了空前的繁荣。

第一节　北宋时期海州地理沿革

北宋统一全国后,实施路、州(府、军、监)、县(军、监)三级制。宋太宗"至道三年(997),分天下为十五路,天圣(1023—1032)析为十八,元丰(1078—1085)又析为二十三。……崇宁四年(1105),复置京畿路。……宣和四年(1122),又置燕山府及云中府路,天下分路二十六"。[1] 北宋初,海州属淮南路。太宗太平兴国元年(976)分东、西两路,后并一路;仁宗皇祐三年(1051),仍分为东、西两路,淮南东路治在扬州,淮南西路治在庐州[2],海州属淮南东路,治在朐山县,领朐山(今海州区、东海县、灌云县和灌南县)、怀仁(今赣榆区)、沭阳和东海(云台山一带,治所在今南城)四县,境内南部(今涟水县西北部一小部分)隶涟水军。[3] 东海县原为朐山县东海监,太祖开宝三年(970)改。[4]

宋神宗元丰时期,王存编纂《元丰九域志》,记述元丰以前北宋州县沿革、户口、土贡及四至情况,其中海州的情况为:

　　上,海州,东海郡,团练(治朐山县)。

　　地里:东京一千四百六十里。东至海五十二里;西至本州界一百五十里,自界首至徐州三百三十里;南至本州界一百四十里,自界首至楚州一百六十里;北至本州界一百二十里,自界首至密州一百三十里;东南至海一百五十里;西南至本州岛界二百七十里,自界首至徐州三百四十里;东北至海一十五里;西北至本州岛界一百里,自界首至沂州八十里。

　　户:主二万六千九百八十三,客二万六百六十。

　　土贡:绢一十四,獐、鹿皮三百张。

　　县四。开宝三年(970),升朐山县东海监为县。

　　紧,朐山。三乡,有朐山、郁州山。

　　中,怀仁。州北八十里,一乡,临洪一镇,有夹山、义水、光水。

　　中,沭阳。州西南一百八十里,一乡,厚丘一镇,有韩山、沭水。

---

[1] [元]脱脱,等:《宋史》卷85《地理志一》,北京:中华书局,1977年,第2094-2095页。
[2] [清]徐松辑,刘琳、刁忠民、舒大刚,等校点:《宋会要辑稿》方域6之9、10,上海:上海古籍出版社,2014年,第9384页。
[3] 《宋史》卷88《地理志四》,第2178-2180页。
[4] 《宋会要辑稿》方域6之12,第9386页。

中,东海。州东一十里,一乡,有苍梧山、捍海堰。

古迹:羽山,舜殛鲧于羽山,是也。孝妇庙,又有墓,见《唐十道图》。麋竺冢,俗名鬼市,见《郡国志》。①

北宋亦从隋唐州县分类等级管理,除将京畿内各县定为"赤、次赤、畿、次畿"外,将京畿外的县按人口多寡分为"望、紧、上、中、中下、下"六个等级。太祖建隆元年(960),将后周时期各等级户数递增千户(原中等五百户升为千户),"四千户已上为望,三千户已上为紧,二千户已上为上,一千户已上为中,不满千户为中下",并根据人口的增减情况三年一评估,以便升降等级。到徽宗政和五年(1115),因人口增长过快,遂将各等级的人口户数提高,"一万以上为望,七千户以上为紧,五千户以上为上,三千户以上为中,不满三千户为中下,一千五百户以下为下"。太祖乾德元年(963),将州按军事地位之轻重分为节度、防御、团练、刺史(即军事)四等,按人口多寡分为"望、紧、上、中、下"五等,后又在望州之上增"辅、雄"二等,中、下州之间增"中下"州。②

《元丰九域志》载:神宗元丰年间(1078—1085),海州有主客户总数为五万七千六百四十三;《宋史·地理志四》载:徽宗崇宁年间(1102—1106),海州有户数五万多,人口二十多万。海州为"上州""团练州",海州属县朐山县为"紧县",怀仁、沭阳和东海三县皆为"中县"。③

北宋近170年间,海州地区行政建置与区划几乎无变化。

第二节　北宋时期海州社会与经济

一、农业经济

北宋一朝对农业发展极为重视,无论在制度层面,还是在政策及具体实施层面都持续地鼓励农民兴修水利、垦种荒田,减免农税,大大提高了农民的生产积极性,使得农业

---

① [宋]王存:《元丰九域志》卷5《海州》,文渊阁《四库全书》第471册,第108-109页;《边疆建制资料初编》编委会编:《中国边疆研究资料文库·边疆行政建制初编·综合》第6册,北京:知识产权出版社,2011年,第223-225页。

② 按:《宋会要辑稿》原文载北宋初次"升降天下县望"时间为"乾德二年(964)十月六日",从《长编》改。参见《宋会要辑稿》方域7之24,25,第9419页;方域7之28,29,第9421-9422页;[宋]李焘:《长编》卷1,太祖建隆元年十月壬申,北京:中华书局,1985年,第26页;《长编》卷4,太祖乾德元年十一月丙寅,第109页。

③ 按:《宋史·地理志》原文"崇宁户五万四千八百三十,口九万九千七百五十",记录北宋徽宗崇宁时期海州人口数,户均不足2人,与全国户均人口数严重不符。有关学者研究认为,此"口"数只是承担赋役的人口数,不包括妇孺、僧道、残疾人等;北宋人口峰值出现在靖康之乱前夕的徽宗宣和六年(1124),全国约有户数2340万,人口12600万,户均5.4人,因而推测崇宁时期海州地区人口数约20万人。参见《宋史》卷88《地理志四》,第2180页;吴松弟:《中国人口史》第三卷《辽宋金元时期》,上海:复旦大学出版社,2000年,第407-410页;张家超:《印象海州——以二十世纪初海州影像为背景的考察》,南京:东南大学出版社,2020年,第245页;王瑞来:《纵横辨"丁""口"——宋代人口问题再考察》,《社会科学战线》2022年第12期,第105-115页。

经济迅速发展,人口倍增。

首先,在制度层面作了保障。北宋在吏、户、礼、兵、刑、工六部之首的吏部专设"考功"一职,"掌文武官选叙、磨勘、资任、考课之政令。……以七事考监司:一曰举官当否,二曰劝课农桑、增垦田畴,三曰户口增损,四曰兴利除害,五曰事失案察,六曰较正刑狱,七曰盗贼多寡"。① 所考七事之一就有"劝课农桑、增垦田畴"。另外还让州县地方官员兼职"劝农事",以利于朝廷政策的落实,如神宗熙宁九年(1076),罗恺知海州时的官职就是"知海州军州兼管内劝农事"。

其次,在政策及具体实施方面进行了推动。"(太祖)建隆以来,命官分诣诸道均田,苛暴失实者辄谴黜。……又诏所在长吏谕民,有能广植桑枣、垦辟荒田者,止输旧租;县令、佐能招徕劝课,致户口增羡、野无旷土者,议赏。"神宗熙宁年间,王安石主持变法,推出《农田水利法》,规定"吏民能知土地种植之法,陂塘、圩、埠、堤、堰、沟洫利害者,皆得自言,行之有效,随功利大小酬赏"。并"分遣诸路常平官,使专领农田水利"。② 对不能劝农耕种、垦辟荒田,虚报田亩的官员加以惩处,如太祖建隆三年(962)被责授海州司法参军的左赞善大夫段昭裔,就是因虚报田亩数而被谪官的。这些制度方面的安排和政策措施的推行,以及不断地根据具体的实施情况在政策和税赋方面所做的适当调整,进一步推动了北宋农业经济的发展。典型的如至和元年(1054)秋冬沈括在任沭阳县主簿时,就参与管理农民疏浚河道工程。

海州处于东部濒海地区,除传统的渔业和盐业发展外,大量的滩涂盐碱地被开垦成了粮田,使得海州地区成为粮食、海产、山果、土布、药材的重要输出地。其中有"土产:绫、绢、海味、盐、楚布(以其地当楚分,其布精好,故名)、紫菜(产在郡东北五十里海畔石上,旧贡也)"③,以及"贡绢、獐皮、鹿皮"④,不仅保留了唐代非常有名的贡品"绫、楚布、紫菜"⑤,还在品种上有所增加。

海清寺阿育王塔,位于花果山西麓,复建于北宋仁宗天圣元年(1023),⑥竣工于天圣九年(1031)。阿育王塔形仿阁楼式,九级八面,相对高度40.58米(不含基座),纯砖结构。建塔时间持续较长,历时10年,说明了建塔资金并不充裕。但据阿育王塔内外17通功德碑记载,建塔期间,居士多有馈赠捐助。捐助人有官员、会首,有全家也有个人;捐助对象有建造某一层的,有雕琢佛像的,有铸造铁罗汉的,也有购买铃铛、砖块的;捐助物

---

① 《宋史》卷163《职官志三》,第3839页。
② 《宋史》卷173《食货志上一·农田》,第4157-4156,4167页。
③ [宋]乐史:《太平寰宇记》卷22《河南道二十二·海州》,北京:中华书局,2008年,第484页。
④ 《宋史》卷88《地理志四》,第2179-2180页;《元丰九域志》卷5《海州》,第108-109页。
⑤ 《新唐书》卷38《地理志二》,第996页;[唐]李吉甫:《元和郡县图志》,北京:中华书局,1983年,第301-303页。
⑥ 按:民国时期,应邀担任灌云县县志局采访专员的许绍蘧曾采访到海清寺塔内一通石碑《宋海清寺塔壁记》,石碑记载建隆元年(960)清信女弟子高平郡米氏捐助修塔一事,虽之前海州诸地方志无载,之后亦未见原碑,但可断定海清寺塔在宋代以前已经存在;清嘉庆志载《海清寺塔柳峦记碣》碑,记载天圣元年(1023)柳峦等捐助修塔一事,其中有"窃以此塔前镇在海州城灵基山东南角,大唐第二之尊"句,虽无其他实证,但此时宋朝距离唐朝也不过116年之久,记忆大致不误,海清寺塔在唐代已经存在。参见[清]许绍蘧:《连云一瞥》,无锡:协成印务局,1936年,第105-106页;[清]嘉庆《海州直隶州志》卷28《金石录》,南京:江苏古籍出版社,1991年,第466-477页。

品有小麦、油、米、钱等;捐助方式有按月的,有一次性的;捐助最多的是《千人都会首董隐记碣》碑所记会首唐荣一家"合家施银一十万文"。20 世纪中叶,在对阿育王塔的调查过程中发现,因年久失修,破败不堪,"各层券门及转角皆有裂缝,部分内廊地面亦上下洞穿"①,"刹顶崩塌,檐宇残脱,门窗破败,塔身剥落"。70 年代初,政府部门开始对海清寺塔进行修复,在修复过程中,于塔心柱内发现一长方形砖室,出土了石函、铁匣、银棺、鎏金银棺、银方匣、青瓷葫芦瓶、佛牙、铜币等 27 件文物。② 虽然不能确定这些佛教艺术精品文物就是在海州地区制造的,但其价值不菲,也需要一定的经济实力来购买。依此可见,北宋仁宗天圣年间,海州地区百姓崇尚佛教、家庭富足的状态。

据地下考古资料发现,连云港当地,特别是在海州古城东部出土的北宋时期文物相当丰富,从墓葬的形制、材料以及出土文物等诸方面反映出北宋时期海州地区经济发展状况。

1971 年,在朝阳水库施工现场发掘出一处古代窖藏,内藏古代钱币 343 千克,共 43 种,包括秦代半两,汉代五铢、货泉,唐代开元通宝,五代十国开元通宝,金代正隆元宝,南宋建炎通宝等,其中北宋时期从宋元通宝到宣和通宝等各年代的钱币就有 31 种。③ 1973、1982 年,海州南门外大成砖厂扩建晒坯场时发掘出 15 座砖室古墓,其中汉墓 3 座,宋墓 12 座。宋墓中出土了较多的瓷器及部分北宋晚期钱币(包含淳化通宝、圣宋元宝)等随葬器物 45 件。④ 2013 年,在朐山西山水库附近、吴窑村发现许多宋墓。

2018 年 3 月,在海州古城东门外张庄发现 118 座古墓,墓葬时代涵盖汉、五代、北宋、明代、清代,以汉墓及五代、北宋墓为主,其中北宋墓葬 16 座。北宋墓葬形制有土坑木椁墓、砖石混合墓、砖室墓(图 2-1)、土坑墓等不同种类,砖室墓又有单室和双室墓。出土了少量的漆木器、陶瓷器、银器和铜器。⑤

图 2-1 张庄北宋 Ⅱ M32 墓葬左南右北方向俯视图
(来源:朱良赛)

图 2-2 孔望山村北宋 M360 墓葬上北下南方向俯视图
(来源:朱良赛)

---

① 陈从周:《海州古建筑海清寺塔园林寺正殿勘查记》,《同济大学学报》1956 年第 1 期,第 68-77 页。
② 刘洪石:《连云港海清寺阿育王塔文物出土记》,《文物》1981 年第 7 期,第 31-38 页。
③ 向明:《江苏连云港市朝阳公社出土大批古钱币》,《考古》1972 年第 5 期,第 30 页。
④ 钱锋:《江苏连云港市宋代墓葬的清理》,《考古》1987 年第 3 期,第 232-237、293 页;胡顺利:《关于〈江苏连云港市宋代墓葬的清理〉的意见》,《考古》1987 年第 11 期,第 1055 页。
⑤ 朱良赛、惠强、杜平,等:《江苏连云港海州区张庄五代至宋墓葬发掘简报》,《东南文化》2021 年第 2 期,第 54-78、99-100 页。

2020年6月至2021年6月,在海州古城东部孔望山村南侧台地上(孔望书苑二期项目地块),共发现清理古代墓葬371座,时代上至周代,下达明清,以汉代、晚唐至北宋墓葬为主,其中北宋时期墓葬84座,墓葬形制有砖石混合墓、砖室墓等,砖室墓又有单室和双室墓(图2-2),垒砌方式皆为长方形平砖和小条砖混用,其中M360墓葬棺内出土了铜钱"咸平元宝"和"淳化元宝"。①

这些北宋时期的墓葬,既有一般平民家庭的,也有富裕家庭的;既有单室墓,也有合葬双室墓。大部分为砖室混用墓,可见墓主的经济条件比较丰盈;但出土器物都比较少,而且大多为常用物品,显示北宋时期海州地区丧葬从简的习俗。

作为农业生产和运输命脉的水利建设在北宋时期也得到了比较大的发展。唐武则天垂拱四年(688)开挖的官河(图2-3)将海州与隋炀帝大业元年(605)开挖的大运河连接起来,形成了一条盐运通道,实际上也是沟通南北的客、货航运通道。官河即今盐河,南端位于淮安市淮阴区杨各庄,经涟水县以东的涟河接入淮河,并由淮河进入邗沟(今京杭大运河),沟通南方区域;北端"下通板浦,为淮北三场盐课运道"②,汇蔷薇河、临洪河而入海,其间经沭河、沂河、泗水等诸水北上,沟通沂州、密州等北方区域。北宋时期不断对官河进行疏浚,官河成为淮东地区沟通南北的重要水道,为海州成为盐、茶等大宗商品的集散地提供了物流保障。

图2-3　清代盐河图
(来源:连云港市博物馆)

二、盐业经济

盐业是海州地区最为重要的经济产业,为全国,尤其是淮南东路的重要税赋来源。海州地区海岸线南北绵延100多公里,滩涂面积巨大,为盐业生产提供了丰富的盐业资源。徽宗宣和年间(1119—1125),海州境内有盐场"板浦、惠泽、洛要三场",每年产量"四十七万七千余石",隶属于淮安府。在更早的仁宗天圣年间(1023—1032),有"海州场二"③,虽然没有明确盐场的名称,但基于汉代海州地区盐官的设置可以推知,海州所辖的这两个盐场可能为板浦和惠泽(今灌南县张店镇周边)。

东海尹湾汉墓简牍《东海郡属县乡吏员定簿》和《东海郡下辖长吏名籍》记载,海州地

---

① 朱良赛:《孔望山村墓地:连云港地区发现迄今数量最多古墓群》,"文博中国"微信公众号,2021.07.26。
② [清]嘉庆《海州直隶州志》卷12《山川考二·水利》,第210-211页。
③ 《宋史》卷182《食货志下四·盐中》,第4438页。

区设有三处盐务管理机构,分别是盐官伊卢,置长、丞各一名,以及分支机构"盐官别治北蒲"和"郁州",各置丞一名。① 宋乐史《太平寰宇记》载:"伊卢山,一名大伊莱山,在(朐山)县南七十五里。"②该书成书于太宗太平兴国年间(976—983),详细记述了北宋初期全国十三道范围内的行政区建置,伊卢山在朐山县(海州治所,今海州古城)南 75 里(今约 66 里,唐宋时期的一里大约相当于现在的 442.5 米),与现在测量的直线距离大约 60 里基本相当。清顾祖禹《读史方舆纪要》亦载:"伊卢山在(海)州东南八十二里,近伊卢乡,一名大伊莱山。"③相距 82 里(今约 73 里)的测量参照系是海州的州城,而海州城南为锦屏山,因而需要绕行。故可推知伊卢山就是现在的灌云县东北部、海州古城东南部的"伊芦山"。学界研究表明,海州地区自远古时代就反复不断地发生海侵海退,大约 5600 年前,海侵使得海岸线基本稳定在"郑园—洪门—锦屏山东—大伊山西"一线;大约 4000 年前,海岸线向前推进了约 10 公里,"大致北起赣榆青口东—临洪河闸东—中云台山东—伊芦山东",板浦、大伊山一带已经处于海岸线之内侧,处于滩涂状态;唐宋时期虽有间歇性的海侵,但大部分时间板浦以北海州湾一线基本稳定,以南一线处于海退状态。④ 因此,至北宋仁宗天圣年间(1023—1032),伊芦山一带可能尚处于海岸线生长初期,而惠泽一带因海退形成滩涂而适合制盐。因而推知,此时的"海州场二"不应包含"伊卢"。南北朝时期,"郁州在海中,周回数百里,岛出白鹿,土有田畴鱼盐之利。"⑤郁州,即郁洲岛,今云台山,宋代仍在海中,经过隋唐大一统,郁洲岛上的生产生活形式已经完全不能与海州周边的平原地区相当,何况南北朝后期临时性的侨置政权也逐渐转移到平原地区,郁洲岛的逐渐衰落是必然的趋势。因而,宋代的"海州场二"也不应该包含"郁州"。

　　宋代以后海盐的生产采用的是晒盐法,即利用自然阳光和风力将盐池中的水分蒸发后,得到盐卤,然后结晶成盐。而在宋代以前,采用的制盐方法主要有两种,一种是"引池为盐",实际上就是湖盐,西北内陆地区有许多盆地,雨水冲刷周边的岩石,将矿物质带入盆地,形成大湖。由于没有出水口,湖水经年暴晒蒸发,矿物质累积饱和,析出后凝结成盐,雨水成卤水,湖遂成盐湖。人们将湖边耕地(或干涸的湖面)开垦成畦陇,灌入清水将盐卤析出,待水分蒸发后得到咸盐,主要通行于陕西、山西、宁夏、青海、新疆等地区。第二种是煮盐法,即"煮水为盐"或"淋卤煎盐",所煮的盐水来源有三,"或煮海,或煮井,或煮硷",淮南等六路主要是煮海为盐,而淮南煮盐的主力是"通、泰、楚、海"四州和涟水军。北宋时期,"鬻盐之地曰亭场,民曰亭户,或谓之灶户。户有盐丁,岁课入官,受钱或折租赋。"⑥煮盐之前,先刮取海滩咸土,上铺草木灰以吸取盐水,然后用水冲洗形成卤水,最后

---

① 张显成、周群丽:《尹湾汉墓简牍校理》,第 15、29 页。
② 《太平寰宇记》卷 22《河南道二十二·海州》,第 495 页。
③ [清]顾祖禹:《读史方舆纪要》卷 22《南直四·海州》,北京:中华书局,1999 年,第 1095 页。
④ 徐军:《连云港新石器时代人类聚居遗址分布与海岸线变迁关系的剖析》,《第四纪研究》2006 年第 3 期,第 353-360 页;黄志强:《全新世云台山的海陆变迁》,《徐州师范学院学报(自然科学版)》1992 年第 2 期,第 28-33 页;张传藻:《云台山的海陆变迁》,《海洋科学》1980 年第 2 期,第 36-38 页;张传藻、葛殿铭:《海州湾岸线变化特征》,《海洋科学》1982 年第 3 期,第 11-17 页。
⑤ 《南齐书》卷 14《州郡志上》,第 259 页。
⑥ 《长编》卷 97,真宗天禧五年十二月戊子,第 2260-2261 页;《宋史》卷 181《食货志下三·盐上》,第 4413-4414 页。

取卤水置于铁锹之上,铁锹周边以石灰围起,下面烧火,水分蒸发后获得咸盐。《太平寰宇记》记载唐代与海州同在淮南道(后改为淮南东路)的海陵监所属盐场的"刺土成盐法":

> 凡取卤煮盐,以雨晴为度,亭地干爽。先用人牛牵挟,刺刀取土。经宿铺草籍地,复牵爬车,聚所刺土于中上成溜,大者高二尺,方一丈以上。锹作卤井于溜侧,多以妇人、小子执芦箕,名之为黄头,歆水灌浇,盖从其轻便。食顷,则卤流入井,取石莲十枚,尝其厚薄,全浮者全收盐,半浮者半收盐,三莲以下浮者则卤未堪,须欲刺开而别聚溜。卤可用者,始贮于卤漕,载入灶屋,别役人丁驾高车,破皮为窄连,络头皮绳,挂着牛犊,铁杈钩搭,于草场取采芦柴苅草之属,旋以石灰封盘角,散皁角,于盘内起火煮卤。一溜之卤,分三盘至五盘,每盘成盐三石至五石。既成,人户疾着水履上盘,冒热收取,稍迟则不及收讫。接续添卤,一昼夜可成五盘。住火而别户继之。上溜已浇者,摊开□□,刺取如前法。若久不爬溜之地,必锄去蒿草,益人牛自新耕犁,然后刺取。大约刺土至成盐不过四五日,但近海亭场,及晴雨得所,或风色仍便,则所收益多。盖久晴则地燥,频雨则卤薄,亭民不避盛寒隆暑,专其生业,故也。然而,收溜成盐,故不恒其所也。①

而这种铁锹却不是灶户们随意拥有的。早在汉代,朝廷就已经对铁质煮盐器具进行了管制。《史记》载:"敢私铸铁器煮盐者,釱左趾,没入其器物。"②朐山县就专置铁官进行管

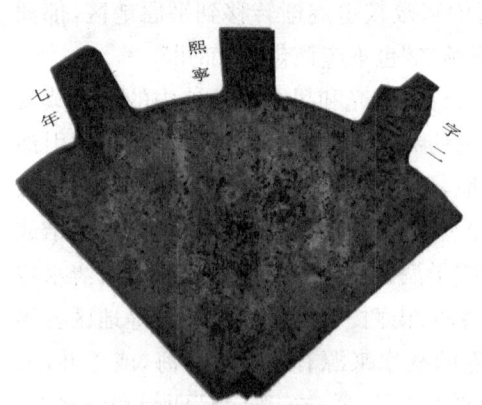

图 2-4 铁盐锹
(来源:连云港市博物馆)

理。除了不能私自铸造,对于官方已有的煮盐铁器也要分开铸造,将同一个煮盐铁器的不同部分分配给不同的灶户,并编号登记,等需要煮盐时,再同时取出使用,这样也就避免了私自煮盐、损失税赋的情况出现。神宗熙宁七年(1074)所制的铁质盐锹(图 2-4)就是例证。该铁锹是完整煮盐器具的四分之一,铁锹上面三个齿上自右至左分别竖刻"字二""熙宁""七年"。由"字二"推测该片盐锹的编号为第二片,掌握在二号灶户手中,另外三片掌握在另外三家灶户手中;"熙宁""七年"为该盐锹制造的年份,即神宗熙宁七年(1074)。

北宋与历代一样,对食盐施行专卖管制,称"官盐"。除对产地的生产进行控制外,还在销售环节加以限制。一是限制销售数量。"(太祖)建隆二年(961),始定官盐阑入法,禁地贸易至十斤、鬻碱盐至三斤者乃坐死,民所受蚕盐以入城市三十斤以上者,上请。"以后多次修订,提高限制数量,但惩罚力度也逐渐加强。③ 二是限制销售区域。即根据盐场所属的行政区域划定销售区域,不得逾越。海州所产盐除供应海州所在淮南东路外,主

---

① 《太平寰宇记》卷 130《刺土成盐法》,第 2569 页。
② 《史记》卷 30《平准书第八》,第 1429 页。
③ 《宋史》卷 181《食货志下三·盐上》,第 4415 页。

要通过涟水军搬运仓经大运河运往江南东西路、荆湖南北路等四路销售。《宋史·食货志下四》载：

> 海州板浦、惠泽、洛要三场岁鬻四十七万七千余石，涟水军海口场十一万五千余石，各给本州军及京东之徐州，淮南之光、泗、濠、寿州，两浙之杭、苏、湖、常、润州、江阴军。天圣中，……海州场二，涟水军场一，……以给本路及江南东西、荆湖南北四路，旧并给两浙路，天圣七年始罢。①

每年成交的"盐额"也记录在《宋会要辑稿》食货二二中："海州。在城：六百九十九贯三百七文；沭阳县：二百五十二贯九百二十五文；怀仁县：一百七十四贯八百九十六文；东海县：三百九十七贯一百一十一文；临洪镇：七十一贯六百四十四文。"②

天圣初，淮南东路在扬州和泗州涟水军设置"搬运仓"。涟水军搬运仓用于储存海州、楚州、涟水军盐场之盐，便于通过大运河运输。徽宗时，蔡京执政，废转般仓之法，采用钞盐法，即"（商贾）请钞于京师，商贾运于四方，有长引短引，限以时日，各适所适之地远近以为差"。③ 后虽根据税赋收取方式等利弊考虑多有变更，但盐业垄断的制度始终稳固不变。

三、茶业经济

茶业与盐业一样，也是北宋最为重要的经济产业，是税赋的主要来源，往往"茶盐"并举，无论在制度层面还是在生产流通层面，北宋对茶业的重视程度不输盐业。

在制度层面，北宋朝廷设各类官署，置相应官员管理茶务。《宋史·职官志》载：在漕淮、浙、江、湖等六路设发运使，除掌荐举考核当地官员外，还掌经度山泽财货之源，以便运往京师，并兼制茶、盐、泉宝之政；徽宗政和元年（1111），在江、淮、荆、浙等六路共设提举茶盐司，置一员，后诸路分别设置；在边境各路，设"都大提举茶马司，掌榷茶之利，以佐邦用。凡市马于四夷，率以茶易之"；在州一级，根据各州的具体情况，有的州置监当官，掌茶、盐、酒税场务征输及冶铸之事。④

在生产销售方面，朝廷不断出台各类政策措施，帮扶茶民，如旧茶园荒废或减产，产量不足时，可以减免征税；以茶代税，而无茶者，可以用其他物品代替茶等。规定严禁毁坏茶园、私茶贩卖、偷税漏税。《宋史·食货志》载：若园户毁坏茶树，则按预估产量论罪。官吏私自买卖官茶，价值达一贯五百者，及聚众持械贩卖私茶、遇官司擒拿拘捕者，皆死刑。后来根据具体的情况略加从轻处罚，如太宗太平兴国二年（977），若官吏私自买卖官茶，价值达三贯以上，也只是给予面部刺字、停职代阙的处罚。

北宋在边境贸易上实施"茶马互易"的交易方式，在南方则采用榷茶之制。太祖乾德二年（964），在产茶规模大、交通运输便利的江陵府、真州、海州、汉阳军、无为军、蕲州之

---

① 《宋史》卷182《食货志下四·盐中》，第4438页。
② 《宋会要辑稿》食货22之10，第6469页。
③ ［清］黄以周，等辑：《续资治通鉴长编拾补》卷38，上海：上海古籍出版社，1986年，第401页。
④ 《宋史》卷167《职官志七》，第3963、3968—3970、3983页。

蕲口等六州设榷货务,为茶叶的集散地,并设光州光山场、子安场、商城场,寿州麻步场、霍山场、开顺场,庐州王同场,黄州麻城场,舒州罗源场、太湖场,蕲州洗马场、王祺场、石桥场等十三山场,茶农分别隶属各茶场,称为"园户"。在京城汴梁亦设京城务,但不屯茶货,只负责向茶商提供买卖茶叶的凭证,是为"交引法",即茶商买卖茶叶需要到京城务购买交易的凭证"交引",然后凭交引收购和销售茶叶。太宗端拱二年(989),改"折中法",即茶商向边境军队输送粮草,来换取买卖茶叶的凭证,换算方法为三三开,根据粮草的价值,三分或四分给茶引,其他两个三分或四分给其他香药和犀象,亦称"三说法"。太宗淳化三年(992),又采用"贴射法",又称"通商法",即允许茶商与园户直接交易而榷货务和茶场不得干涉,朝廷从交易中收取税赋。朝廷对茶业的垄断,使得朝廷、茶商、园户在税赋、利益等方面存在不可调和的矛盾,这些制度时有更易。① 直到仁宗嘉祐四年(1059)"二月己巳,罢榷茶"②。榷茶制方结束长达近百年的历史使命。

海州作为六榷货务之一,是重要的茶叶集散地和贸易中心。沈括《梦溪笔谈·官政二》载:海州茶主要来自睦、湖、杭、越、衢、温、婺、台、常、明、饶、歙州等两浙十二州的片、散茶。北宋时期,茶分二类,一类是片茶,即现在所称的砖茶,主要产区为云贵川;另一类是散茶,即现在所称的绿茶、乌龙茶等,主要产区为淮南、江南等地区。仁宗嘉祐六年(1061),海州祖额钱达三十万八千七百三贯六百七十六文,十二州片散茶共四十二万四千五百九十斤。③ 海州茶来自两浙十二州,茶善而易售,受到茶商和茶客的青睐,价格较其他榷货务要高。《宋史·食货志》载:真宗景德二年(1005)诏茶商议定新法,凡购买海州茶者,百贯实茶,在京师须额外多付五千,即五十五千;在陕西缘边地区,须多付二千;而河北、河东缘边次边地区,则不得购买。真宗天禧中(1017—1021),在京师入钱八万给海州茶,后增至八万七千;仁宗天圣三年(1025),又降至七万七千。④

仁宗朝后期,时任殿中丞的李载之赴海州任榷务,诗人梅尧臣有诗《送李载之殿丞赴海州榷务》相赠,诗中有"茶官到有清闲味,海月团团入酒罍"之句。

那么,北宋时期,以"易售"而"入钱之数厚于他州"的"海州茶",因北可海运,南可经盐河通大运河航运的交通运输便利性,而为六个茶榷货务之一。但除了来自两浙十二州及十三茶场的茶叶外,是否还有产于海州地区的本地茶?如果有,是否成规模呢?

之所以称茶场为"山场",主要是由种植茶树的土地所决定的。一是平原、湖地为良田,二是海滩盐碱地茶树不易生长,只有在山地或丘陵地,不易种植粮食作物的地方,才开垦种植茶树。十三山场主要在南方各州,也是由气候和气温所决定的,淮河以北不易种植。

宋代《宋史》等史料自仁宗嘉祐四年(1059)罢榷茶后,未见录入海州地产茶,隋唐以前亦然。

金代《金史·食货志》载:金章宗承安四年(南宋宁宗庆元五年,1199)三月,"于淄、密、宁海、蔡州各置一坊,造新茶,依南方例每斤为袋,直六百文。以商旅卒未贩运,命山

---

① 《宋史》卷183《食货志下五·茶上》,第4477-4479页。
② 《宋史》卷12《仁宗本纪四》,第244页。
③ [宋]沈括:《梦溪笔谈》卷12《官政二》,北京:中华书局,2009年,第105-107页。
④ 《宋史》卷183《食货志下五·茶上》,第4480、4484页;卷184《食货志下六·茶下》,第4489页。

东、河北四路转运司以各路户口均其袋数，付各司县鬻之。买引者，纳钱及折物，各从其便。"①有学者将"宁海"州，断句为"宁、海"二州，误认为金廷在海州置坊造新茶。② 金代淄州（今山东省淄博市淄川区）、密州（今山东省潍坊市诸城市）、宁海州（今山东烟台市牟平区）与海州皆隶山东东路，蔡州（今河南省驻马店市汝南县）隶南京路。而宁州（今甘肃省庆阳市宁县）在金代初由宋彭原郡兴宁军节度改称，隶庆原路，"（金熙宗）皇统二年（1142）降为军，仍加'西'字，（海陵王）天德二年（1150）去'西'字，为刺郡。"③基于两点原因，《金史·食货志》中应句读为"宁海"州，而不应是"宁、海"二州。其原因一是金代设造新茶坊的时间为金章宗承安四年（南宋宁宗庆元五年，1199）三月，宁州已降为军；二是甘肃位于西北干旱地区，种植茶叶难以实现。

明隆庆《海州志》初修于明嘉靖元年（1522），成书于隆庆六年（1572），在卷二《土产·食货之类》的记载中有盐无茶，在卷三《土贡》的记载中亦无茶。④ 明黄一正在《事物绀珠》卷十四《茶类·今茶名》中记载了"海州茶"⑤，但不排除是援引了《宋史》的史料。

直到清代，海州地产茶叶才出现在史乘之中。清嘉庆《海州志》成书于嘉庆九年（1804），有二处记载了海州地产茶。一处是卷十《舆地考·物产·木属》中载："茶。出宿城山，味似武彝小品，以悟正庵者为最。"另一处在卷二十九《寺观录》中，是对悟正庵周边产茶的补充："悟正庵。顾志：在宿城山顶。庵多茶树，东海茶以此地为上，风味不减武彝也，其名曰'云雾茶'。"⑥这也是后来连云港市闻名于世的江苏四大名茶之一"云雾茶"的最早记录。云台山脉濒临海州湾，为石质山体，虽然存在着一个比较完整的暖温带森林生态系统，具有从暖温带向亚热带过渡的独特的气候环境，植物资源丰富，种类繁多，但能够用于种植茶树的场地极为局促，难以形成规模。正如清许乔林纂辑《云台新志》所云："云雾茶，岁可得一二斤，山僧秘之""山僧珍之如龙团凤饼"，主修嘉庆《海州志》的唐仲冕在游历云台山宿城村时也称赞山僧的"团茶"，并作诗《宿城早发》：

  晓光山色影交加，尽是岩居谷汲家。深涧护田多旅谷，寒云养洞有团茶。秋潮已落沙堤阔，野烧初开石径斜。海上居民自淳古，那知鹤盖与乌纱。⑦

清末，海州在籍士绅沈云沛于1898年筹资10万两创办云台茶叶树艺公司，在云台山上开垦荒山多达5万亩，广种云雾茶800万丛，3年内新茶便以质优价廉打入国际市场，并获得巴拿马国际博览会金奖。⑧

---

① 《金史》卷49《食货志四·茶》，第1107-1108页。
② 刘怀廉主编：《名茶区说茶》，北京：中国科学技术出版社，2005年，第20页；[唐]陆羽、[清]陆廷灿著：《茶经》下（珍藏版），北京：中国工人出版社，2004年，第290页；《中华饮食物语》编委会编：《中华饮食物语·饮之语》下，昆明：云南人民出版社，2004年，第291页；《中国乡镇·江苏卷》编委会编：《中国乡镇·江苏卷》（第3卷），北京：新华出版社，1997年，第1229页。按：《中国乡镇》还将"蔡"州误作"茅"州。
③ 《金史》卷25《地理志中》，第596、613页；卷26《地理志下》，第651页。
④ [明]隆庆《海州志》卷2《土产·食货之类》，第74页；卷3《土贡》，第113-114页。
⑤ [明]黄一正：《事物绀珠》卷14《茶类·今茶名》，《四库全书存目丛书》本，第10页。
⑥ [清]嘉庆《海州直隶州志》卷10《舆地考·物产·木属》，第180-181页；卷29《寺观录》，第494页。
⑦ [清]道光《云台新志》卷10《寺观下》，中国方志丛书，台北：成文出版社，1974年，第508页；卷11《物华·货属》，第537-538页；卷6《城村·宿城村》，第332-333页。
⑧ 沈云沛：《调查报告：海州各属农工商进步迟速表》，《商务官报》1906年第6期，第27-30页。

尽管如此,在明代,甚至可以上溯至唐宋,或更早的时期,海州就已在云台山地、赣榆的夹谷山以及沭阳的韩山一带有小规模的茶树种植,虽产量较低,但以品质上乘闻名于世。

第三节　北宋时期海州文化

北宋时期,海州地区经济发展,社会繁荣,也为教育和文化的发展和繁荣提供了强大的驱动力。

一、文化人才

明隆庆《海州志·教典》载:唐太宗贞观四年(630)创建海州儒学,在州治西。宋仁宗庆历(1041—1048)初,"诏诸路州军县立学,置教授、训导,诸生皆漕司自举。熙宁六年(1073),诏诸路学官并委中书门下选差。元丰(1078—1085)初,立试学官法。政和三年(1113)添差诸州教授。"虽然"明代以前州内无书院"①,但儒学也为海州地区培养了大量的人才。据史乘资料统计,北宋时期,海州地区举进士有徐天锡,李丕与李仲谟、李仲将、李仲杰父子4人,吴君庸与吴宿、吴元宾、吴元卿祖孙三代4人,陈经与陈察父子,王资深与王洋父子,孙傅,丘砺,胡松年,糜镕,宫声,国鼎臣等19人。而明隆庆《海州志·人物志》和清嘉庆《海州志·选举表》皆仅录孙傅和丘砺2人②,清光绪《赣榆县志·人物志》③和清康熙《重修沭阳县志·人物》仅录胡松年1人。④

海州进士徐天锡来自海州望族,为徐温第五世孙。徐天锡(985—1033),字日休,真宗天禧三年己未(1019)王整榜进士,初授筠州司理参军,历官祥符县主簿、著作佐郎、知宝应县,官至秘书丞。徐天锡卒后25年,外甥吕倚为其舅迁葬于扬州江都,并邀好友王令(1032—1059)撰《故秘书丞徐君墓志铭》,载《广陵集》卷二八:

> 嘉祐三年(1058),东平吕倚将葬其舅徐君于扬州江都县某乡某原,卜以某月甲子吉,语其游王令曰:舅讳天锡,字日休,故吴忠武王温之后,秘书丞某之子。秘书君之葬,南丰曾巩铭其墓,序其家世甚详。惟舅氏幼有奇志,方其少时,徐氏虽失势,然故将相大家子弟绝不近书,舅氏独为学以自业。天禧中,以进士起家,为筠州司理参军,主祥符县簿,荐者多论其材。至于廉,以谓可学而不可及也。改著作佐郎、知宝应县,改秘书丞。明道二年(1033)三月十二日,以疾卒,卒时年四十九。

---

① [明]隆庆《海州志》卷5《教典·学校》,第162-169页。
② [明]隆庆《海州志》卷7《人物志》,第248-249页;[清]嘉庆《海州直隶州志》卷6《选举表一·进士》,第120页。
③ [清]光绪《赣榆县志》卷11《人物上》,中国方志丛书,华东地方,第126号,台北:成文出版社,1970年,第342-347页。
④ [清]张奇抱:《重修沭阳县志》卷2《人物》,清康熙十三年(1674)刻本,第182-186页。

及舅氏时,倚尚幼,未尝从之以久,其为人沉深,终不自道其能,以故不能得其所为也。及其既卒,倚尝爱思其贤,惜其无所闻于后,而一时交游,无复在者。下从其家之故老遗隶,问其所为,又皆鄙俚贱人,无所纪识。独能道其富时,视财利无所爱惜,至其甚贫、廉,盖毫不假也。人有诬取其田者,不与之校,亦终不非其人。然此皆倚所已知,于舅氏之所为,乃其常耳,非其慷慨大节也。其治宝应,宝应之人饥,大疫,募民出米,为饘粥以食民,聚医药以治病者,其家屡戒之,使自爱,无身行民间,以切近病人,君以为为令当然,不听也。然竟卒以疫。后二十五年,倚过宝应而问之,吏民犹能记其卒之年月日时,盖其称念不忘也。卒而无子,先人痛伤之,至于倚而力及葬,葬宜有铭,而舅之为不传,此倚之所以问也。令谓之曰:古之志士仁人,号名施于后世,其行事无闻者盖多,徒以圣贤学士所尝推道之尔。后世信其人,谓其所称者不诬必然也。今子欲见其舅于后世,而不求人之道德可信者,乃以问令,此令之所以自惧其不肖也。虽然,徐君信佳士,其为不复见其详,今其所闻,犹足铭其人也。铭曰:

因其所有,辄推散之。不求其无,喜廉自持。以我任民,死弗顾辞。猗欤淑人,宜后之贻。①

海州徐氏家族起家于五代十国时期的徐温。徐温因辅佐自杨行密起的二代四位吴王而身居南吴政权高位,官至大丞相。徐温六子皆封王,养子徐知诰(李昇)后来还代南吴创立南唐,孙辈亦身居要职。

徐温(862—927),字敦美,海州朐山人,五代十国时期南吴大臣。为人奸诈多疑,善用将吏。年少时以贩盐为盗,后从淮南节度使杨行密起兵庐州,被列为"三十六英雄"之一。唐昭宗天复二年(902)三月,杨行密受唐昭宗册封为吴王后独立,史称南吴,时徐温为右衔指挥使。唐昭宗天祐二年(905),杨行密病逝,遂立杨行密长子杨渥,二年后杀渥立杨行密次子杨隆演,徐温遂独揽大权,迁昇州(今南京)刺史。天祐八年(911),迁行军司马、润州刺史、镇海军节度使、同平章事,后在昇州建大都督府。天祐十四年(917),徐温调养子徐知诰为润州(今镇江)团练使,自己移镇海军治所至昇州,遥控南吴国政。杨隆演卒后,徐温专权,立杨行密四子杨溥,先拜为金陵尹,次年拜为太师,后累官至大丞相。养子徐知诰为左仆射、参知政事,后为太尉兼侍中、中书令。徐温卒后,追封为齐王,谥忠武王。南吴睿帝天祚三年(937)十月,徐知诰(888—943,字正伦,原名李昇,徐州人)代南吴后改国号为唐,史称"南唐",恢复原名,尊称徐温为义祖。《新五代史》卷六一有本传。②

徐元榆为徐温重孙。徐温四子徐知谏生逊,逊生元榆,元榆生天锡。徐元榆,字仙材,好学,善属文,事南唐李煜,为秘书郎,赐绯鱼袋。南唐归宋后,为太常寺太祝,不乐,

---

① 按:《全宋文》"舅氏讳"应为"舅氏讳";"君以为为令当然"应为"君以谓为令当然"。参见曾巩撰徐天锡父徐元榆墓志铭,"秘书丞某之子"之"秘书丞某"与"秘书君之葬"之"秘书君"皆指"徐元榆"。[宋]王令:《广陵集》卷28《故秘书丞徐君墓志铭》,文渊阁《四库全书》第1106册,第547-548页;曾枣庄、刘琳主编:《全宋文》第80册,上海:上海辞书出版社,合肥:安徽教育出版社,2006年(以下频繁引用该版本,不再注明出版社和出版时间),第159-160页;[宋]曾巩:《元丰类稿》卷44《殿中丞监扬州税徐君墓志铭》,文渊阁《四库全书》第1098册,第715-716页。

② 《新五代史》卷61《吴世家第一·徐温》,第760-762页。

弃官归江南,久之为殿中丞、监扬州税,真宗大中祥符年间(1008—1016)去世。徐元榆之子徐天锡登北宋真宗天禧三年己未(1019)王整榜进士。徐元榆卒后四十余年,曾巩为其撰墓志铭《殿中丞监扬州税徐君墓志铭》,载《元丰类稿》卷四四。①

严格意义上讲,徐温为海州朐山人,但其子孙已经落籍他处,徐天锡之父徐元榆已定居扬州,故徐天锡应为扬州人。

二、科技文化

北宋时期,海州的科技也有所发展,纺织、滩涂养殖、筑坝、造船、造弩机等都有记录。"农业经济"一节指出的海州土产及贡品中,就有纺织的"绫、绢、楚布",滩涂养殖的"紫菜"等。海州濒海,为上导客水入海,下拦海潮毁田,历代都有在海边、河道筑坝(堤、堰)的记录,特别在唐代,如东海县令元暧于隋文帝开皇七年(587)筑捍海堰;海州刺史杜令昭于唐玄宗开元十二年(724)七月三日始建永安堤等。北宋时期也时常新建维修,如嘉庆《海州志》载:"石闼堰。《方舆纪要》:在州西南。或曰即石湫河上游。宋(真宗)天禧四年(1020),淮南劝农使王贯之导海州石闼堰水入涟水军以溉田。"②这些生产活动过程中都有可能采用了一些当时比较先进的技术。

海州的造船业也很发达。宋人李昉在《太平广记》李邕条下记录的一件轶事,反映了唐代海州造船业的情况:

> 唐江夏李邕之为海州也。日本国使至海州,凡五百人,载国信。有十船,珍货数百万。邕见之,舍于馆。厚给所须,禁其出入。夜中,尽取所载而沉其船。既明,讽所馆人白云:"昨夜海潮大至,日本国船尽漂失,不知所在。"于是以其事奏之。敕下邕,令造船十艘,善水者五百人,送日本使至其国。邕既具舟具及水工。使者未发,水工辞邕。邕曰:"日本路遥,海中风浪,安能却返?前路任汝便宜从事。"送人喜。行数日,知其无备,夜尽杀之,遂归。邕又好客,养亡命数百人,所在攻劫,事露则杀之。后竟不得死,且坐其酷滥也(出《纪闻》)。③

该条记录置于《贪》部下,说明李邕之贪。但正史无一记录,当为小说家言。只因李邕少年时以文闻名,尤善碑颂,亦工书法,常撰写碑文以谋利,家资丰厚。但侍才傲名,得罪朝廷重臣,受到朝廷贬谪和同仁嫉妒,此文极有可能是因嫉妒而编排之作。虽然记录的事件可能是虚假的,但其中仍然可能包含着真实的史料。"敕下邕,令造船十艘,善水者五百人",能在短时间内造船10艘,备齐水手500人,可能就是唐代海州造船业和航海业发展水平的一个缩影。

时间到了北宋,海州作为盐、茶、瓷器等大宗商品的重要集散地,不仅具有重要的内陆航运通道,还具有海外交流的海运通道,其造船业及水运业都得到了空前的发展。

另外,沈括《梦溪笔谈·器用》中还记录了当时出土文物"弩机"的情况:

---

① 《元丰类稿》卷44《殿中丞监扬州税徐君墓志铭》,第715—716页。
② [清]嘉庆《海州直隶州志》卷12《山川考二·水利》,第220页。
③ [宋]李昉:《太平广记》卷243《贪》,文渊阁《四库全书》第1044册,第575—575页。

余顷年在海州,人家穿地得一弩机,其"望山"甚长,"望山"之侧为"小矩",如尺之有分寸。原其意,以目注镞端,以"望山"之度拟之,准其高下,正用算家"句股法"也。《太甲》曰:"往省括于度则释",疑此乃"度"也。汉陈王宠善弩射,十发十中,中皆同处,其法以"天覆地载,参连为奇,三微三小。三微为经,三小为纬,要在机牙"。其言隐晦难晓,大意天覆地载,前后手势耳;参连为奇,谓以度视镞,以镞视的,参连如衡,此正是句股度高深之术也。三经三纬,则设之于栅,以志其高下左右耳。余尝设三经三纬,以镞注之,发矢亦十得七八,设度于机,定加密矣。①

该"弩机"采用"句股"法设置瞄准器,沈括仿制后,十发七八中。沈括认为如果制造得再精密些,命中率当会提高。当然,凭此并不能完全证明海州地区在北宋时期就能制造这么精密的弩机,但至少说明在沈括任海州东海县令的北宋仁宗至和二年(1055)以前,甚至有可能是汉唐以前,持有这种精密弩机的军队就在海州地区驻扎或战斗过,也至少说明那个时代的青铜冶炼、算术应用等已经发展到一定的高度。

三、对外文化交流

宋人李昉在《太平广记》李邕条下记录的该条轶事也从另一个侧面记录了唐代海州对外交流情况。北宋时期,海州的对外交流借助盐、茶、瓷器、丝绸等大宗商品的集散,得到极大的发展,其海外贸易的主要对象是朝鲜半岛和日本。神宗元丰七年(1084)朝廷下诏在京东路、淮南东路各沿海府州设"高丽亭馆",专门接待来自朝鲜半岛的官员和商人。次年九、十月间,苏轼第二次途经海州,就看到了海州的高丽亭馆,因见其富丽堂皇,不由欢欣鼓舞,遂赋诗《七绝·过海州》。

海州出土的宋代瓷器种类繁多、窑口复杂,南北几大瓷窑烧制的瓷器皆有发现。20世纪80年代中后期,在连云港墟沟北部海边的海滨浴场(今在海一方公园)西侧工地上,出土了"一大批瓷片堆集","有铜官窑、越窑、龙泉窑、邢窑以及景德镇窑等地产品的瓷片",另外在附近还发现过一条内有"开元通宝"钱币的木船;在连云港新海发电厂扩建工地上,出土了"大量的残破瓷器和堆集丰厚的瓷片""有邢窑白瓷、青白瓷、龙泉窑青瓷以及铜官窑、耀州窑瓷等",这两处瓷器的时代贯穿唐至元初。②墟沟北部紧邻大海,在北宋时期是重要的出海口,新海发电厂西边紧邻蔷薇河,是北通大海、南连官河至大运河的重要水道。这些出土的宋代瓷器既有北方的河北邢窑白瓷和定窑白瓷、河南巩县窑白瓷和三彩器、陕西耀州窑青瓷,又有南方的江西景德镇青白瓷(清末民初时称"影青"瓷)、浙江龙泉窑青瓷、安徽繁昌窑青白瓷和寿州窑黄釉瓷以及湖南长

图 2-5 海州体育馆二期工地 2021 年出土的宋代执壶
(来源:连云港市博物馆)

---

① [宋]沈括著,胡道静校证:《梦溪笔谈校证》卷19《器用》,上海:上海人民出版社,2016年,第635页。
② 刘洪石:《唐宋时期的海州与海上"陶瓷之路"》,《东南文化》,1990年第5期,第201—205页。

沙铜官窑的各种柱子（即执壶，图2-5）等。其中耀州窑青瓷、景德镇青白瓷、龙泉窑青瓷、长沙铜官窑柱子等除一部分内销外，主要部分用于外销，来满足海外市场的需求，是典型的外销瓷器，这表明北宋时期，海州是重要的对外贸易出口基地。朝鲜半岛和日本出土的瓷器中也都包含这些种类[1]，这足以说明包括海州在内的东部沿海地区是海上丝绸之路东向出口的重要节点。

四、宗教文化

北宋时期，海州地区长期处于社会稳定状态，经济和文化发展空前繁荣，宗教文化也进入了大发展时期。北宋皇帝每逢重大节日或重大事件，往往会到寺观去，即"幸寺观"，有时去看建新塔，有时去看铸新钟；也常常将先祖的画像赠送给某寺观悬挂张贴；还在自然灾害频发时，命宰相以下百官诣诸寺观祷雨、祷雪、祈晴等。仁宗时期有两次禁毁寺观事件，一次是仁宗天圣七年（1029）闰二月，皇太后刘娥下诏"禁京城创造寺观"，明道二年（1033）四月，仁宗亲政后亦"罢创修寺观"；第二次是次年闰六月乙亥，又"毁天下无额寺院"。但时间较短，影响都不大。而影响比较大的是两次下诏在全国兴建寺观，分别发生在真宗时期和徽宗时期。一次是真宗大中祥符元年（1008）十二月，"诏天下宫观陵庙，名在地志，功及生民者，并加崇饰"。次年十月甲午，"诏天下置天庆观"；另一次是徽宗崇宁二年（1103）九月，"癸巳，令天下郡皆建崇宁寺"。[2] 朝廷崇寺尊观，士大夫们无论在朝为官，还是退居休养，也都与僧道多有互动，许多佳话流传至今。百姓也上行下效，崇信释老，建寺修观。明隆庆六年（1572），新增修的《海州志》成书时，海州知州郑复亨在《杂志·寺观》文后就为此种现象发表感慨：

> 论曰：予观寺院多创于宋，当时士（大）夫喜谈禅学，而愚民因之崇信释老，以求福利；为浮屠者又能专精苦志，以图营建。盖其时，民物康富，财用饶足，故相率而为之也。[3]

据不完全统计，除了前代就已经存在的寺庙宫观之外，海州地区在北宋时期新创建或重修的有记录可查的宗教建筑有10余处（表2.1），有些在元初毁于兵燹。

表2.1 北宋时期新建（重修）寺庙宫观等宗教建筑一览表

宗教建筑名称	地理位置	新建（重修）时间	新建（重修）人	存续情况
观音寺	东海城南	仁宗天圣元年（1023）		
海清寺	大村东北	仁宗天圣元年（1023）		
永安寺	州城	仁宗景祐二年（1035）前		
古佛寺	大伊山北	仁宗皇祐二年（1050）	开山僧王香公	元至元十四年（1277）兵废

---

[1] 冯先铭：《中国古代外销瓷的问题》，《海交史研究》1980年第2期，第14-21页。
[2] 《宋史》卷9《仁宗本纪一》，第186页；卷10《仁宗本纪二》，第195、198页；卷7《真宗本纪二》，第139、142页；卷19《徽宗本纪一》，第368页。
[3] ［明］隆庆《海州志》卷8《杂志·寺观》，第311页。

(续表)

宗教建筑名称	地理位置	新建(重修)时间	新建(重修)人	存续情况
圣佛寺	龙苴镇	仁宗皇祐四年(1052)	开山僧惠明	元至元十五年(1278)兵废
法宁寺	张家店	仁宗至和二年(1055)	开山僧道住	
惠胜院	五丈河	仁宗嘉祐三年(1058)	开山僧青公	元季兵废
大悲(教)寺大慈寺	治西街北	仁宗嘉祐三年(1058)	僧传善	元至元十四年(1277)兵废
大云寺	州治东南八十里	仁宗嘉祐三年(1058)	开山僧了空	元至元十四年(1277)兵废
国清寺	板浦镇	神宗元丰七年(1084)	开山僧法郎	元至元十四年(1277)兵废
兴国寺	巨平山东北	哲宗元祐二年(1087)		
怀仁县重光寺	治南一里许	哲宗元祐五年(1090)		元季毁
沭阳县紫阳观	治河南百步	宋代	张道人	

资料来源：明清时期海州、赣榆县、沭阳县方志,《宋会要辑稿》等。

兴国寺,隆庆《海州志》载:"唐元和二十年建。唐末兵废。宋元祐二年重建;十四年,僧宗显重修。"①而唐宪宗元和(806—820)年号仅使用15年,整个唐代只有太宗贞观(627—649)、德宗贞元(785—805)和玄宗开元(713—741)三个年号使用超过了20年,其他年号的使用时间皆少于15年;宋哲宗元祐(1086—1094)年号的使用时间只有9年,南宋也只有高宗绍兴(1131—1162)、孝宗淳熙(1174—1189)和宁宗嘉定(1208—1224)三个年号使用超过了14年,因此这两个年号都有误,推测是因字形相似而误刻。

永安寺,嘉庆《海州志》载:"郁林观大观丁亥(1107)磨崖谭亨甫谓石曼卿濯缨泉诗,旧无石刻,好事者记于州之永安寺壁。今寺基已无矣。"②。

第四节　北宋时期海州军事防御

海州之地"东滨海道,西接徐邳;北控齐鲁,南蔽江淮;沧海渺沵,茫无际汇。高丽、百济、日本诸国直其东,风帆之便,不测可至。"③海州实为南北、海陆交通之襟要,军事地位十分重要,自古以来就是兵家必争之地。北宋时期,将海州定为团练州,在军事机构设置、城池建设等方面都给予高度重视。

一、军事机构

北宋初,海州为团练州,置刺史或团练(副)使,实际上就是军事州。后设知州,全称为知州军事,既掌管民政又掌管军事。知州所在"沿边州郡,或当一道冲要者,并兼兵马

---

① [明]隆庆《海州志》卷8《杂志·寺观》,第309页。
② [清]嘉庆《海州直隶州志》卷29《寺观录》,第486页。
③ [明]隆庆《海州志》卷1《舆图·形胜》,第29页。

钤辖、巡检。"后专设巡检司,"一州一县巡检,掌训治甲兵、巡逻州邑、擒捕盗贼事;又有刀鱼船战棹巡检,江、河、淮、海置捉贼巡检,及巡马递铺、巡河、巡捉私茶盐等,各视其名以修举职业,皆掌巡逻几察之事。"又"分置都巡检使、都巡检、巡检、州县巡检,掌土军、禁军招填教习之政令,以巡防捍御盗贼。凡沿江沿海招集水军,控扼要害及地分阔远处。"①海州设都巡检司,仁宗庆历二年(1042)置步军"澄海弩手"。②

海州驻扎的全国性军队除了上述的步军"澄海弩手"外,还有"禁军",名为"宣毅军",宋初从兵部选兵补缺差额,熙宁以后,基本从本地募兵补缺;还有"水军""壮武军",熙宁以后增加"广济军"③;海州还有地方军队,清嘉庆《海州志·职官表》载为"厢军",名为"拣中骑射军",用于维护州级治安、防海盗等;海州本地各区域还有"乡兵",主要维护区域性治安。

二、记里堠

1983年,连云港市第二次文物普查中发现一通"岩石堠三十里"摩崖石刻(图2-6)。该石刻位于连云区朝阳街道西山北坡山脚下一块独立的石崖(当地俗称"大招崖")上,刻石面东,刻面向上,宽26厘米、高92厘米,字径10厘米,楷书。其中"岩"字刻为"嵒"。因距离刻石南侧5米左右的崖面上另有一通附有纪年"时大宋绍圣戊寅(1098)岁夏四月上旬"的"古泉记"石刻,记述石刻旁有一古泉,甘凉奇绝,为过往行人取水饮用,然失于疏浚,年久淤塞,取水不便,有东海县苍梧乡诸韩村人范长功,带领包括3位妇女在内的8位村民捐资疏浚,并附加石栏井盖,以防污染泉水④,故而推知"岩石堠三十里"摩崖石刻为北宋绍圣以前产物。

"岩石堠"又称"计里石",中国古代在驿道旁用土堆筑成的里程标记称为"里堠",一般五里为一堠,逢五里称单堠,逢十里称双堠。堠又称堠程,一般逢双堠之地的土堆上往往设有草亭,是地方负责里程的小吏候望迎送官场大员的地方。堠是从古代瞭望敌情的哨楼——堠楼演变而来的,具有军事性质。

"岩石堠三十里"摩崖石刻坐落在一条唐宋时期的古道上。该古道为沟通云台山区北城(墟沟)与南城的海滨山路,因海防需要,古道上应设置多个"里堠"。"岩石堠三十里"距离南城恰好是30里,其他

图2-6 记里堠"岩石堠三十里"石刻
(来源:高伟)

---

① 《宋史》卷167《职官志七》,第3972—3973、3982页。
② 《宋史》卷187《兵志一·禁军上》,第4599页。
③ 《宋史》卷188《兵志二·禁军下》,第4622页;卷189《兵志三·厢兵》,第4650—4652、4681—4683页。
④ 连云港市重点文物保护研究所编著:《石上墨韵——连云港石刻拓片精选》,上海:上海古籍出版社,2013年,第49页。

"里堠"尚未被发现,极有可能因年久湮没。

三、城池

古代先民为了抵御野兽的攻击和自然灾害的侵袭,将相对弱小的个体力量聚集起来,往往集中而居,形成部落。进而将部落聚居点用树枝、石块、土堆等围起来,甚至挖掘壕沟,用于防御。随着部落生产生活条件进步,以及部落之间争夺生存空间的斗争加剧,为了保卫部落成员,防御敌方进攻,用石块、土堆垒砌的更加坚固的城墙出现了。2000年考古发现,大约在4600年前的龙山文化时期,海州地区就出现了比较完善的城池。藤花落古城遗址位于连云港市国家级开发区中云乡南部,面积约14000平方米,周围有内和外两道城垣,即双城墙结构,城垣周长1520米,由城壕、城墙、城门等组成,城壕在外城墙的外侧。① 城墙的高度虽然无法直接推知,但其防御功能体现得非常完备,这也说明海州地区自古就具有修筑城墙的传统。

据隆庆《海州志》载:海州古城发端于南北朝时期,"州城旧有土城,相传梁(武帝)天监十一年(北魏永平五年,512)马仙琕筑。"但只有东城,也即现在海州古城镇远楼的东部,唐宋时期,因人口膨胀及沿海防御的需要,扩城后将西城纳入州城的范围②,成为现在的规模。而"元末,西城因战事而废"。③ 明清时期海州古城北门如图2-7所示。

图2-7　明清时期海州古城北门"临洪"门
(来源:美国耶鲁大学神学院图书馆)

北宋东海县治在云台山上,即今南城,东、西、南三面被大海包围,无须城池防御;怀仁县治与沭阳县治旧无城池。

---

① 林留根、李虎仁:《解剖龙山时代城址的结构——江苏连云港藤花落古城址(代序)》,载南京博物院、连云港市博物馆:《藤花落——连云港市新石器时代遗址考古发掘报告》,北京:科学出版社,2014年,第4-8页。
② 张家超:《印象海州——以二十世纪初海州影像为背景的考察》,南京:东南大学出版社,2020年,第241-246页。
③ [明]隆庆《海州志》卷1《舆图·城池》,第30页。

第三章 北宋时期海州职官群体研究

第一节　北宋时期海州职官设置情况

一、海州州官

据《宋会要辑稿》职官四七之一载：

《两朝国史志》：知州、通判、判官、掌书记、推官、支使、录事参军、司户参军、司法参军、司理参军、知州府事各一员。府以朝官及刺史以上充，州以京朝官阁门祗候以上充。凡州之别有六：曰都督，曰节度，曰观察，曰防御，曰团练，曰军事。凡诸使赴本任或知他州，皆不签书钱谷事。通判州各一人，与长史均理州府之政，无不统治。……节度、观察、防御、团练、军事皆有推官，府则置司录，州则置录事参军而下各一人，户多事繁则置司理二人。自通判而下，州小事简，或不备置。又节度、防御、团练皆有副使，而节度、团练副使并以待左降官。诸州有司马、长史、文学、参军、助教，士人或有特恩而授不厘务，亦有以负犯人为之者，流外则止除别驾、司马。又有军、监使，掌同诸州，以京朝官及阁门祗候以上充，亦有称知军、监事者。①

北宋时期，海州作为上州、团练州、军事州，职官基本按照上述原则配置。

（一）团练使、团练副使、刺史、观察推官

海州置团练使或团练副使，从后期的研究看，二者似乎并不同时设置。大多是遥授官，并不实际到任。团练使主要是为武臣叙迁所设，团练副使主要是为谪贬官所设。如皇叔赵仲瑳授海州团练使时的制词标题为《皇叔右监门卫大将军、康州刺史仲瑳可特授海州团练使、依前右监门卫大将军制》，赵仲瑳是皇族，又是武臣，所授海州团练使是遥授官；朱师服知广州时因与苏轼交往甚密，被连累贬为海州团练副使。本研究考得海州团练使8人，仅1人实任；团练副使11人，仅2人实任。

有时根据需要置刺史，执掌一州军政事事。明隆庆《海州志》载："（州）置刺史知州事一员"。刺史既有遥郡，也有实际到任的，如太祖乾德四年（966）七月，因雷击官署，震塌房屋，时任海州刺史的梁彦超被砸伤，可见梁彦超是实际到任的。本研究考得刺史4人，2人实任。后来逐渐为知州所代替。

北宋初期，有京府、留守、节度、观察推官，为七等选人阶官之三等；有防御、团练、军事推官，为四等②。三司（盐铁、度支、户部）各部推官，掌各部日常事务；两府推官，掌案件审理；节度、观察、防御、团练、军事推官掌勘问刑狱诉讼。推官为幕职官，海州为团练州，团练使下置观察推官。表3.1显示了北宋时期海州职官数目。

---

① 《宋会要辑稿》职官47之1，第4265页。
② 《宋史》卷167《职官志七》，第3972—3973页。

表 3.1　北宋时期海州职官数目一览表　　　　　　　　　　　　　单位：人

海州职官	隆庆《海州志》	嘉庆《海州志》	李之亮《宋两淮大郡守臣易替考》	本书研究
团练使				8
团练副使		5		11
刺史		4	2	4
知州	2	25	47①	65
通判	3	6(8)②		26
判官				1
观察推官		2		4
幕职官(从事)		1		1
幕职官				1
儒学教授		1		5
录事参军				1
司法参军		3(1)③		4
司户参军				1
司理参军		0(1)		6
榷货务				5
监税		2		9
举监海州洛要场				1
兵马钤辖		2		3
驻泊钤辖				1
兵马都监				1
都巡检				1
巡检				1

资料来源：明隆庆《海州志》、清嘉庆《海州直隶州志》、李之亮《宋两淮大郡守臣易替考》及本书第八章。括号内为补正后的数目。

（二）知州

宋初，为革除五代时期藩镇割据之弊端，强化中央集权，府州军监的主管也改由朝廷临时委派朝臣担任，后逐渐演化为直接"差遣"文官担任。《宋史·职官志七》载：

宋初，革五季之患，召诸镇节度会于京师，赐第以留之，分命朝臣出守列郡，号权知军州事，军谓兵，州谓民政焉。其后，文武官参为知州军事，二品以上及带中书、枢密院、宣徽使职事，称判某府、州、军、监。诸府置知府事一人，州、军、监亦如之。掌总理郡政，宣布条教，导民以善而纠其奸慝，岁时劝课农桑，旌别孝悌，其赋役、钱谷、狱讼之事，兵民之政皆总焉。凡法令条制，悉意奉行，以率所属。有赦宥则以时宣

---

① 按：张叔夜两任海州知州，计2次，本书研究同。
② 按：含"海州别驾"2人，"别驾"即"通判"在唐代的旧称。
③ 按：含"司刑曹"1人，"司刑曹"即"司法参军"；其中穆修应为司理参军，许光应为幕职官。

读,而班告于治境。举行祀典。察郡吏德义材能而保任之,若疲软不任事,或奸贪冒法,则按劾以闻。遇水旱,以法振济。安集流之,无使失所。①

知军州事,简称知州,知海州军州事,简称知海州,或海州知州。除了执掌军政事务外,海州知州有时还兼劝农事、学事等职事。如罗恺担任海州知州时的职官全称是"知海州军州兼管内劝农事"。

知州的别称有多种,基本上是沿袭前代的习惯称呼,如"刺史""郡守""太守""守臣""守"等。如余授知海州时,曾到海州古城西南白虎山上游玩,并题刻纪念,题名为"郡守莆阳余授";神宗熙宁七年(1074),苏东坡第一次来海州,与时任知州陈如奭相聚于景疏楼,把酒言欢之时想起了刚刚在润州(今镇江)甘露寺多景楼分别的好友孙洙,遂作词《永遇乐·寄孙巨源》,词序中有"与太守会于景疏楼上"之句。

海州除置"知州"外,尚置佐僚"通判、推官各一员,军置知事一员,佥判一员",以及儒学教授、训导等。明隆庆《海州志》载:"宋庆历(1041—1048)初,诏诸路州军县立学,置教授、训导,诸生皆漕司自举。熙宁六年(1073),诏诸路学官并委中书门下选差。元丰(1078—1085)初,立试学官法。政和三年(1113)添差诸州教授。"②

清嘉庆《海州志·职官表》载:"又有别驾、推官、司法参军,掌议法断刑,品同司户、监税。""宋初,海州(有盐)场三,板浦、惠泽、洛要,后并为二,其设(盐)官不可考。"

(三) 通判

通判为通判军州事的简称,名义上在州级长官中位列第二,但准确地讲,通判并不是知州的副职或僚属,而是与知州共同处理政事,且承担监督考核知州及以下其他僚属之责的职官。《宋史·职官志七》载:

> 职掌倅贰郡政,凡兵民、钱谷、户口、赋役、狱讼听断之事,可否裁决,与守臣通签书施行。所部官有善否及职事修废,得剌举以闻。③

通判与知州一样,也有多种别称,基本上也是沿袭前代的习惯称呼,如"半刺""佐""佐贰""守贰""倅""通守""别驾""司马""同判"等。"同判"是为避刘皇后父"通"讳而改,《齐东野语》卷四载:"本朝章宪太后父讳通,尝改通直郎为同直郎,通州为崇州,通判为同判。"④如石曼卿通判海州,上任后,酒友刘潜前来拜访,有"到倅厅门,其阍者迎"之句,"倅厅"即通判官署大厅;盛侨通判海州后,好友强至寄书《海州倅书》与盛侨,内有"副车贰政,尚郁于贤图"之句。

知州和通判有时也合称"知通"。如《宋会要辑稿·食货志》载:"(绍兴三十年)八月十四日,臣僚言:'经总制钱多出于酒税头子牙钱分隶,岁之所入,半于常赋。然自建炎以来,议者不一,或欲专委守臣,或专委通判,或又欲知通同掌。'"⑤

---

① 《宋史》卷167《职官志七》,第3972-3973页。
② [明]隆庆《海州志》卷4《治典志·历代官制》,第140页;卷5《教典·建官》,第169页。
③ 《宋史》卷167《职官志七》,第3974页。
④ [宋]周密:《齐东野语》卷4《避讳》,文渊阁《四库全书》第865册,第670-671页;[宋]周密著,高心露、高虎子校点:《齐东野语》,济南:齐鲁书社,2007年,第38页。
⑤ 《宋会要辑稿》食货35之27,第6771页。

判官,全称为签书判官厅公事,省称"签判",一般选派京官充任,为幕职官。

(四)幕职官

《宋史·职官志七》载:

> 幕职官:签书判官厅公事,两使、防、团、军事推判官,节度掌书记,观察支使。
> 掌裨赞郡政,总理诸案文移,斟酌可否,以白于其长而罢行之。凡员数多寡,视郡小大及职务之烦简。初,政和改签书判官厅公事为司录,建炎初复旧。凡节度推、判官从军额,察推及支使从州、府名。凡诸州减罢通判处,则升判官为签判以兼之。小郡推、判官不并置,或以判官兼司法,或以推官兼支使,亦有并判官窠阙省罢。则令录参兼管。凡要郡签判及推官皆堂除。①

由此可见,《宋会要辑稿》职官四七之一所载"判官、掌书记、推官、支使"等皆属"幕职官",其职责是协助州官处理军政文书等事宜。《宋会要辑稿》职官四八亦载:"《哲宗正史·职官志》:幕职官掌助理郡政,分案治事。其簿书、案牍、文移付受催督之事,皆分掌之。凡郡事与守、倅通签书。"②幕职官省称幕官,时常与其他佐官互兼,本研究考得海州幕职官7人,包括判官1人,观察推官4人,从事1人,幕官1人。

南宋建炎初,同知枢密院事的郭三益(字慎求)在年轻的时候曾为"海州幕官"。

(五)诸曹官

诸曹官又称诸曹掾。《宋史·职官志七》载:

> 旧制,录事参军掌州院庶务,纠诸曹稽违;户曹参军掌户籍赋税、仓库受纳;司法参军掌议法断刑;司理参军掌讼狱勘鞫之事。中兴,诏曹掾官依旧,惟司理、司法并注经任及试中刑法人。乾道以来,间以司户兼司法。知录亦或兼职。③

海州置录事、司户、司法和司理等参军各一,其中司户参军又称户曹参军,司法参军又称司刑曹。据宋人陈耆卿《赤城志》卷一二《秩官门五》载:"司法参军一员,国朝沿唐置,大观改议刑参军,政和改司刑曹事。建炎仍旧。"④

海州古城外西南白虎山《张叔夜题刻》载,徽宗宣和二年(1120),王冶任海州司刑曹。

(六)儒学教授

《宋史·职官志七》载:

> 景祐四年,诏藩镇始立学,他州勿听。庆历四年,诏诸路州、军、监各令立学,学者二百人以上,许更置县学。自是州郡无不有学。始置教授,以经术行义训导诸生,掌其课试之事,而纠正不如规者。委运司及长吏于幕职、州县内荐,或本处举人有德艺者充。熙宁六年,诏诸路学官委中书门下选差,至是,始命于朝廷。元丰元年,州、府学官共五十三员,诸路惟大郡有之。军、监未尽置。元祐元年,诏齐、卢、宿、常等州各置教

---

① 《宋史》卷167《职官志七》,第3975—3976页。
② 《宋会要辑稿》职官48之8,第4312页。
③ 《宋史》卷167《职官志七》,第3972—3973页。
④ [宋]陈耆卿:《赤城志》卷12《秩官门五》,文渊阁《四库全书》第486册,第694—694页。

授一员。自是列郡各置教官。……若试教官,则始于元丰;添差教授,则始于政和。"①

明隆庆《海州志·教典》节引《宋史》载:"宋(仁宗)庆历(1041)初,诏诸路州军县立学,置教授、训导,诸生皆漕司自举。熙宁六年(1073),诏诸路学官并委中书门下选差。元丰(1078—1085)初,立试学官法。政和三年(1113)添差诸州教授。"②海州置教授,但不见训导。

(七) 监当官(茶盐酒)

海州以盐业为重,早在汉代就设立盐务管理机构,已出土的东海尹湾汉墓简牍《东海郡属县乡吏员定簿》和《东海郡下辖长吏名籍》记载,海州地区设有三处盐务管理机构,分别是"盐官伊卢",置长、丞各一名,以及分支机构"盐官别治北蒲"和"郁州",各置丞一名。③ 北宋在州级亦设置盐官"监当官",以"掌茶、盐、酒税场务征输及冶铸之事,诸州军随事置官,其征榷场务岁有定额,岁终课其额之登耗以为举刺。凡课利所入,日具数以申于州。"④

然清嘉庆《海州志·职官表》载:北宋时期"其设(盐)官不可考"。今考得"举监海州洛要场"1人,故板浦、惠泽二盐场也应有提举官。

海州作为宋初六个茶榷货务之一,也设置管理榷货事务的官员。虽明隆庆、清嘉庆《海州志》不载,今考得海州"榷货务"5人,如李载之出任海州榷货务时,梅尧臣赠诗《送李载之殿丞赴海州榷务》送行。

北宋时期,海州地区除了经济重心茶盐业外,酿酒业也较为发达,神宗熙宁十年(1077)征收的"酒曲岁额"近五万贯。据《宋会要辑稿》食货一九之一一载:"海州。旧在城及怀仁、沭阳县、临洪镇四务,岁四万五千二百五十二贯。熙宁十年,祖额四万八千二百二十一贯五百六十四文,买扑六千三百二十七贯七百五十六文。"⑤朝廷亦置监酒税务(简称监税)加以管理。北宋初期,朝廷就对酿酒和买卖实施管理,《宋会要辑稿》食货二〇之一载:"太祖建隆二年(961)四月,诏:'应百姓私造曲,十五斤者死;酝酒入城市者,三斗死;不及者等第罪之。买者减卖人罪之半;告捕者等第赏之。'"仁宗景祐元年(1034),就有人告发海州沭阳县酒务衙吏私自酿酒买卖,"四月二十四日,安平县主言:'夫吴守正父元宸元随范喜居涟水军,伏见海州沭阳县周穰村酒务衙吏榦酿,欲听喜添钱开酤。'诏开封府召喜及写状人,本官勾当人勘罪施行。"⑥本研究考得监税务(包括监商税和监酒税)9人。

(八) 武职

武秩方面,清嘉庆《海州志·职官表》载:海州除置团练(副)使、刺史、观察推官外,尚置兵马钤辖、驻泊钤辖、兵马都监、都巡检、巡检等武臣,以"掌治军旅屯戍、营房守御之政令",如海州古城外西南白虎山《张叔夜题刻》载:"(徽宗)宣和二年(1120),有前兵马钤辖赵子庄,兵马钤辖赵令懋。武臣一员充副钤辖;次要郡带本路兵马都监,白虎山石刻:宣和二年,有淮东兵马都监刘绳孙。武臣则充副都监。"另外,海州除了要为"禁军"招募兵员外,还设有"厢

---

① 《宋史》卷167《职官志七》,第3976-3977页。
② [明]隆庆《海州志》卷5《教典·学校》,第162-169页。
③ 张显成、周群丽:《尹湾汉墓简牍校理》,第15、29页。
④ 《宋史》卷167《职官志七》,第3983页。
⑤ 《宋会要辑稿》食货19之11,第6405页。
⑥ 《宋会要辑稿》食货20之1,第6417页;食货20之8,第6425页。

军"和"乡兵","一曰厢军,为诸州之镇兵,其将校则有马步军都指挥使、副都指挥使、都虞侯。海州有拣中骑射军。一曰乡兵,由选募,团练以为所在防守,有乡兵巡社。"

二、海州属县县官

北宋时期,海州属县四:朐山、东海、怀仁和沭阳,其职官数目见表3.2。清康熙《重修赣榆县志·官秩》载:"(怀仁县设)县令一,县丞、主簿、县尉、学主学。"①其中"学主学"即儒学教谕。

表3.2　北宋时期海州属县职官数目一览表　　　　　　　　　　单位:人

属县	职官名称	隆庆《海州志》	嘉庆《海州直隶州志》	光绪《赣榆县志》	康熙《沭阳县志》	本书研究
朐山县	县令	1	4			10
	主簿					1
	县尉		2			2
东海县	县令		2	2		6
	县尉兼主簿		2②	2		5③
怀仁县	县令		1	1		4
	主簿		1	1		5
	县尉					1
沭阳县	县令					1
	主簿		1		1	2
	县尉					1

资料来源:明隆庆《海州志》、清嘉庆《海州直隶州志》、清光绪《赣榆县志》、清康熙《沭阳县志》及本书第八章。明万历、清康熙、清嘉庆《赣榆县志》皆不载。

(一) 知县或县令

知县事也如知军州事一样,经宋初的临时任用逐渐成为具体"差遣"的官职。知县也称县令。《宋史·职官志七》载:

> 县令。建隆元年,令天下诸县除赤、畿外,有望、紧、上、中、下。掌总治民政、劝课农桑、平决狱讼。有德泽禁令,则宣布于治境。凡户口、赋役、钱谷、振济、给纳之事皆之,以时造户版及催理二税。有水旱则有灾伤之诉,以分数蠲免。民以水旱流记,则抚存安集之,无使失业。有孝悌行义闻于乡闾者,具事实上于州,激劝以励风谷。④

这就把县令的职责权限给确定下来了。海州属县皆设县令一员。

---

① [清]康熙《重修赣榆县志》,《连云港历史文献集成》(第二辑),扬州:广陵书社,2020年,第56页。
② 按:其中有1名县尉兼主簿。
③ 按:其中有3名县尉兼主簿。清光绪《赣榆县志》应录自清嘉庆《海州直隶州志》。参见[清]光绪《赣榆县志》,中国方志丛书,华中地方,第36号,台北:成文出版社,1970年影印版,第251—252页。
④ 《宋史》卷167《职官志七》,第3977页。

(二) 主簿

《宋史·职官志七》载：

> 主簿。(太祖)开宝三年(970)，诏诸县千户以上置令、簿、尉；四百户以上置令、尉，令知主簿事；四百户以下置簿、尉，以主簿兼知县事。……中兴后，置簿掌出纳官物、销注簿书，凡县不置丞，则簿兼丞之事。凡批销必亲书押，不许用手记，仍不许差出，以防销注。①

海州属县朐山、怀仁和沭阳三县皆置主簿，惟东海县不置簿，县尉兼之，如仁宗天圣八年庚午(1030)，刘太素为东海县县尉兼主簿。依此也可知东海县户数不满四百户，主要是因为东海县在郁洲岛上，北宋时期仍在海中，受地理条件约束，经济社会发展受限。

(三) 县尉

《宋史·职官志七》载：

> 尉。(太祖)建隆三年(962)，每县置尉一员，在主簿之下，奉赐并同。(仁宗)至和二年(1055)，开封、祥符两县各增置一员，掌阅羽弓手，戢奸禁暴。凡县不置簿，则尉兼之。②

第二节 北宋时期海州职官群体出身研究

一、海州州官

从表3.3可以看出，北宋时期，虽然海州是团练州、军事州，但朝廷派出的团练(副)使、刺史两类官员基本都是遥授官，刺史稍好一些，4人中有2人实际到任，占比50%。团练使和刺史主要由武秩担任，团练使中还出现了皇族和宦官担任的情况，可能是为了官职迁转所为。团练副使以进士出身为主，其中田锡为真宗太平兴国三年戊寅(978)胡旦榜榜眼，官至谏议大夫；朱师服为神宗熙宁六年癸丑(1073)余中榜榜眼；出身不详的有韩招和王蕃2人，从他们俩的前后任职看，极有可能是进士出身。

表3.3 北宋时期海州团练(副)使、刺史出身分布表　　　　单位：人

职官	进士	武秩	皇族	宦官	荫补	不详	合计	遥授官
团练使		5	2	1			8	7
团练副使	5	1			3	2	11	9
刺史	1	1				2	4	2

---

① 《宋史》卷167《职官志七》，第3978页。
② 《宋史》卷167《职官志七》，第3978-3979页。

表 3.4 北宋时期海州及属县职官出身分布表　　　　　　　　　　　　　单位：人

州县	职官	进士	荫补	不详	合计
海州	知州	47	11	7	65
	通判	16		10	26
	判官			1	1
	观察推官	2		2	4
	幕职官（从事）			1	1
	幕职官	1			1
	儒学教授	3		2	5
	录事参军			1	1
	司法参军	1	1	2	4
	司户参军			1	1
	司理参军	3	1	2	6
	榷货务	4		1	5
	监税	4	2	3	9
	举监海州洛要场	1			1
	兵马钤辖			3	3
	驻泊钤辖			1	1
	兵马都监			1	1
	都巡检			1	1
	巡检			1	1
朐山县	县令	3	1	6	10
	主簿			1	1
	县尉			2	2
东海县	县令		2	4	6
	县尉兼主簿			5	5
怀仁县	县令	1		3	4
	主簿	4		1	5
	县尉	1			1
沭阳县	县令	1			1
	主簿	1	1		2
	县尉	1			1

北宋时期，知海州的官员绝大部分都是进士及第，共有 47 人（表 3.4），占比 72%，其中沈锡 1 人先荫补入仕后中进士，曾布为仁宗嘉祐二年丁酉（1057）章衡榜进士，官至宰相；状元 2 人，胡旦为太宗太平兴国三年戊寅（978）状元，官至知制诰，叶祖洽为神宗熙宁三年庚戌（1070）状元，官至徽猷阁直学士；探花 2 人，祖无择为仁宗景祐五年戊寅（1038）

吕溱榜探花，罗恺为仁宗嘉祐二年丁酉（1057）章衡榜探花。共有11人为荫补入仕，占比17%，其中孟忠厚1人为国戚入仕，张叔夜和钱伯言2人因功赐进士出身；另有7人出身不详，其中陈文颢为南唐漳泉陈氏家族中人，随陈洪进归宋后历知州，但据其简单的仕宦经历看，除李溥外的其他4人也应是进士出身。

海州通判中有16人为进士出身，其中，荫补2人，为张宗海和胥元衡，后来都举进士；状元1人，王尧臣为仁宗天圣五年丁卯（1027）状元，官至参知政事；探花2人，陈俨为真宗咸平五年壬寅（1002）王会榜探花，赵概为王尧臣榜探花，官至参知政事。另有10人史载不详。海州判官仅得1人，出身不详。幕职官1人为进士。

海州观察推官中的张茂直和王务本2人为进士，另2人出身不详。海州儒学教授中有3人为进士，另2人出身不详，其中刘公彦之职乃因招安山东盗贾进而敕授。海州录事参军仅得周兴龄1人，生平不详，载锦屏山龙祠《蔡渊题刻》。海州司法参军中有1人为进士出身，1人为荫补入仕，2人不详。海州司户参军仅得邓绍密1人，出身不详。海州司理参军中有3人为进士出身，其中穆修为赐进士出身，1人以父荫补官，2人出身不详。

海州榷货务中4人为进士出身，1人出身不详。海州监税包括监商税、监茶税和监酒税，有4人为进士出身，其中李迪为真宗景德二年乙巳（1005）状元，官至宰相，王嘉言荫补后进士，杜起因进献《御戎策》及河北用兵十奇而赐进士出身，2人荫补，1人不详。举监海州洛要场1人为进士出身。

海州兵马钤辖考得官3人，驻泊钤辖、兵马都监、都巡检、巡检各考得1人，皆为武秩，除兵马都监武继隆外，其余职官信息皆采自海州摩崖石刻，生平史载不详。

二、海州属县县官

朐山县令中3人为进士出身，1人荫补入仕，6人出身不详。出身不详者中有4人姓名采自摩崖石刻，周何采自锦屏山龙祠《鲍粹题刻》，于宰采自白虎山《余授题刻》和锦屏山龙祠《蔡渊题刻》，闾丘君泽采自孔望山龙洞《田升之题刻》，阎质采自白虎山《张叔夜题刻》。朐山县主簿仅得1人，出身不详。朐山县尉得2人，出身不详，其中，沈钧锦采自屏山龙祠《鲍粹题名》，王大猷采自白虎山《张叔夜题刻》。

东海县令中有2人为荫补入仕，其中沈括荫补为沭阳县主簿，后来代沭阳县令事，半年后迁为东海县令，之后进士及第；郭僎为荫补初仕官。东海县令中苏可久和张德北，东海县尉兼主簿王淳和刘太素的信息，皆采自海清寺阿育王塔内修造捐助功德碑。其他皆不详。

怀仁县令中曾布1人为进士，官至宰相；主簿中有4人为进士，其中王渊为武举进士；县尉1人为进士。其他皆不详，其中主簿蒋仝采自白虎山《张叔夜题刻》。

沭阳县令王炳为进士；主簿李端方为进士，主簿、代县令沈括为进士；县尉王师心为进士。

第三节　北宋时期海州职官群体籍贯研究

一、海州州官

海州团练使中有3人籍贯为东京开封府(表3.5),其中2人为皇族,且为遥授官,这表明团练使是作为皇族官阶迁转的工具来使用的;团练副使中有4人来自两浙路,其中3人进士出身。刺史中有2人来自秦凤路,作为武秩,来自西北边塞地区也理所当然。

海州知州中有3人次来自东京开封府(张叔夜计2次),最多的来自两浙路,人数为16人,在得官中占比25%,其次是来自淮南路8人(其中淮南东路7人,淮南西路1人)、京西北路和福建路各7人,这也基本上反映了北宋时期各地对教育的重视程度。早在仁宗嘉祐(1056—1063)年间,江西人吴孝宗就曾在《余干县学记》中言:"古者江南不能与中土等,宋受天命,然后七闽二浙与江之西东,冠带《诗》《书》,翕然大肆,人才之盛,遂甲于天下。"①

海州通判中来自两浙路的人数最多,为6人,江南路和京东西路各3人,京城、淮南路和福建路各2人,与海州知州籍贯的地理分布基本重和。另有5人籍贯不详。海州判官1人籍贯不详。

表3.5　北宋时期海州职官籍贯分布表　　　　　　　　　　　　　　　单位:人

州县	职官	京城	京东路	京西北路	河北路	河东路	秦凤路	淮南路	两浙路	江南路	荆湖路	福建路	广南东路	成都府路	不详	合计
海州	团练使	3											1		4	8
	团练副使			1	1				4	2			1		2	11
	刺史			1			2								1	4
	知州	3	1	7	3			8	16	2		7	1	1	16	65
	通判	2	3		1			2	6	3	1	2		1	5	26
	判官														1	1
	观察推官		1						1						2	4
	幕职官(从事)														1	1
	幕职官								1							1
	儒学教授	1	1						2						1	5
	录事参军															1

---

① [宋]洪迈:《容斋四笔》卷5《饶州风俗》,北京:光明日报出版社,2014年,第125页。

（续表）

州县	职官	京城	京东路	京西北路	河北路	河东路	秦凤路	淮南路	两浙路	江南路	荆湖路	福建路	广南东路	成都府路	不详	合计
海州	司法参军			1		1			1						1	4
	司户参军														1	1
	司理参军	1	1					1	2						1	6
	榷货务	1							1	1	1				1	5
	监税	1		4	1	1		1	1							9
	举监海州洛要场									1						1
朐山县	县令		2	1					1	1		1			4	10
	主簿	京畿路1														1
	县尉														2	2
东海县	县令	1							1						4	6
	县尉兼主簿															5
怀仁县	县令							1	1	1					1	4
	主簿		1					1	1						2	5
	县尉								1							1
沭阳县	县令												1			1
	主簿								2							2
	县尉								1							1

海州观察推官中来自京东西路、江南西路的各有1人，2人籍贯不详。海州儒学教授中来自两浙路的有2人，来自京城和京东东路的各有1人，1人籍贯不详。海州司法参军中来自两浙路、京西北路和河东路的各有1人，1人籍贯不详。海州司户参军仅得邓绍密1人，籍贯不详。幕职官1人来自两浙路。

海州司理参军中来自两浙路的有2人，来自京城、京东西路和淮南东路的各有1人，籍贯不详者1人。

海州榷货务中来自京城、两浙路、江南西路、荆湖北路的各有1人，另1人籍贯不详。海州监税中来自京西北路的有4人，来自京城、河北西路、两浙路、河东路、淮南西路的各有1人。举监海州洛要场1人来自江南西路。

二、海州属县县官

朐山县令中来自京东东路的有2人，来自两浙路、江南西路、福建路、京西北路的各1人，4人籍贯不详。主簿仅得1人，来自京畿路。县尉2人籍贯不详。

东海县令中来自京城和两浙路的各有1人，其他皆籍贯不详。

怀仁县令中来自淮南西路、江南西路、两浙路的各有1人，籍贯不详者1人。主簿中来自京东东路、两浙路、淮南东路的各有1人，籍贯不详者2人。县尉潘及甫来自淮南东路。

沭阳县令王炳来自福建路;主簿沈括和李端方、县尉王师心都来自两浙路。

三、海州职官的家族传承

在海州为官者中,存在多起家族传承的现象。

一是直系亲属为官者6家。祖孙三代在海州为官者1家,有盛京、盛遵甫和盛仲孙。仁宗康定元年(1040)至庆历三年(1043),盛京知海州;10余年后,即仁宗嘉祐元年(1056)至四年(1059),盛京次子盛遵甫通判海州;又40余年后,即哲宗元祐三年(1088)七月至四年(1089),盛京之孙盛仲孙知海州。

父子在海州为官者2家,有谢景初和谢忱、鲍粹和鲍由。仁宗嘉祐五年(1060),谢景初通判海州;神宗元丰七年(1084),谢景初之子谢忱知海州怀仁县。哲宗绍圣四年(1097)前后,鲍粹知海州;10年后,徽宗大观二年(1108),鲍粹之子鲍由(原名鲍慎由)亦知海州。

叔侄在海州为官者1家,为沈叔通与二哥沈季长次子沈锡。哲宗元祐元年(1086),沈叔通知海州;25年后,政和二年(1112),沈锡亦知海州。

兄弟在海州为官者2家,有孟揆和孟扬、蒋长生和蒋之仪。徽宗宣和元年(1119),孟揆为海州团练副使、郴州安置;钦宗靖康元年(1126),弟孟扬为海州团练副使、全州安置。仁宗嘉祐七年(1062),蒋之仪监海州酒税;神宗绍圣二年(1095),堂兄蒋长生知海州。另外,蒋之仪长兄蒋之奇虽然没有在海州为官,但神宗熙宁四年(1071)至哲宗元祐四年(1089)之间,除有3年知潭州、广州外,在淮南东路为官长达15年之久,先后任权淮南东路转运判官,权发遣淮南东路转运副使、提举楚州市易司,权江、淮、荆、浙等路制置盐矾兼发运副使,江、淮、荆、浙等路发运使,并在刚上任淮南东路转运判官的次年,也就是神宗熙宁五年(1072)来海州巡视,并在孔望山龙洞内后壁上留下"蒋之奇来观海"的摩崖石刻。①

二是姻亲关系为官者5家。翁婿在海州为官者,有孙洙和李清臣。神宗熙宁四年(1071),孙洙知海州,李清臣通判海州,因前期二人同在馆职,一时在淮海间颂传为佳话。虽然孙洙仅较李清臣年长一岁,但二人归朝以后,李清臣在孙洙卒后迎娶孙洙女为妻。

连襟加子舅在海州为官者1家,为谢景初和胥元衡,二人为连襟。仁宗嘉祐五年(1060),谢景初通判海州;仁宗嘉祐八年(1063),谢景初离任后,胥元衡通判海州。谢景初次女嫁胥元衡子胥茂谌;谢景初为胥偃女婿,胥元衡姐夫,二人又为子舅,属亲上加亲。

舅甥在海州为官者2家,有刁约和胥元衡、王巩和吕嘉问。仁宗庆历四年(1044),刁约通判海州,刁约为胥元衡舅父。北宋哲宗元祐四年(1089),王巩和吕嘉问先后知海州。王巩是"三槐王氏",祖父王旦,大伯王雍,父亲王素;吕嘉问曾祖吕夷简之女嫁王雍,吕嘉

---

① 连云港市重点文物保护研究所编著:《连云港石刻调查与研究》,上海:上海古籍出版社,2015年,第48页。

问二叔祖，吕夷简之长子吕公弼续娶王旦之女，吕嘉问之父吕希杰娶王雍之女，吕嘉问又娶王雍之孙女。王氏与吕氏姻亲关系到吕嘉问一辈已经维持了四代，从辈分上看，王巩是吕嘉问的叔伯舅父。

姻叔侄在海州为官者1家，为田锡和许怡。真宗咸平三年（1000），田锡子田长城迎娶许逖女，许逖为许怡的父亲。太宗淳化三年（992）五月，田锡任海州团练副使；仁宗庆历四年（1044）十月前后，许怡任海州司理参军。

第四节　北宋时期海州职官群体年龄研究

一、海州州官

海州团练（副）使、刺史的年龄都比较大，集中在50岁以上，证实本章第一节推测是正确的，即有宋一代，这些官职是作为迁转或贬谪的工具来使用的。

海州知州任职年龄不详者多达32人，占比约49%，也就是说约有一半的海州知州年龄是不详的，这也与海州为滨海边州，地方志失载职官较多有关。在明确任职年龄的得官中，任职年龄集中度最高的是50岁至59岁之间，有14人，占比42.4%；若放大至69岁，得官中有22人，占比为66.7%。平均任职年龄为53.3岁，表明海州知州的年龄偏大，从一个侧面说明，海州知州的仕宦经历是比较曲折的。其中有2人在职辞世，有11人被贬责授，还有盛京1人年龄超过70，因"耄昏不任事"，被御史弹劾"令致仕"。30至39岁年龄段中有4人，其中状元胡旦最年轻，年龄为31岁，海州知州是他进士及第后任职的第三个地方官，前两个是通判昇州和淮南东路转运副使。

与海州知州一样，海州通判任职年龄不详者也较多，达14人，占比约54%。因州通判职位可以进士高第后直接任命，从表中也可以看出，海州通判中年龄在40岁以下的有6人，占比约为23%。其中，探花赵概与状元王尧臣同榜，两人先后通判海州。海州判官1人年龄不详。幕职官1人年龄不详。

海州观察推官中有1人在40～49年龄段，3人年龄不详，但其中王务本可能进士及第后即授海州观察推官，推测其年龄介于20～39岁之间。海州儒学教授中在30～39、40～49年龄段的各有1人，3人年龄不详，但其中赵资道进士及第后即授海州儒学教授，推测其年龄介于20～29岁之间。海州司法参军中有2人在30～39年龄段，2人年龄不详。海州司户参军仅得邓绍密1人，在30～39年龄段。海州司理参军中在29岁以下、30～39及40～49年龄段的各有1人，年龄不详者3人。

海州榷货务中有1人在40～49年龄段，其他4人不详。海州监税在20～29、60～69年龄段的各有2人，在30～39、50～59年龄段的各有1人，年龄不详者3人。举监海州洛要场1人，在30～39年龄段（表3.6）。

表 3.6　北宋时期海州职官年龄分布表　　　　　　　　单位：人

州县	职官	29以下	30～39	40～49	50～59	60～69	70及以上	不详	合计
海州	团练使					1		7	8
	团练副使		1	1	3	1		5	11
	刺史						1	3	4
	知州		4	6	14	8	1	32	65
	通判	2	4	2	2	2		14	26
	判官							1	1
	观察推官			1				3	4
	幕职官(从事)							1	1
	幕职官							1	1
	儒学教授		1	1				3	5
	录事参军							1	1
	司法参军			2				2	4
	司户参军			1					1
	司理参军	1	1	1				3	6
	榷货务			1				4	5
	监税	2	1		1	2		3	9
	举监海州洛要场		1						1
朐山县	县令		1	1				8	10
	主簿							1	1
	县尉							2	2
东海县	县令	1						5	6
	县尉兼主簿							5	5
怀仁县	县令		1					3	4
	主簿	1	1					3	5
	县尉							1	1
沭阳县	县令		1					3	4
	主簿	1	1						2
	县尉	1							1

二、海州属县县官

朐山县令中在30～39年龄段、40～49年龄段的各有1人,其余8人年龄不详。朐山县主簿1人、朐山县尉2人年龄亦皆不详。

东海县令中仅得沈括年龄为24岁,位于29以下年龄段,其他年龄皆不详。

怀仁县令中仅得曾布年龄为31岁;主簿傅卞19岁中第,入太学后初授本官,年龄在

29 以下年龄段,陈恺 32 岁。其他年龄不详。

沭阳县令王炳 33 岁,任职之前因"娶吕惠卿犹子(即侄女),避吕氏权,十年不调。后为沭阳令。"①主簿沈括 23 岁,荫补为本官,李端方 35 岁,进士及第后初授官;县尉王师心 21 岁,进士及第后初授官。

第五节 北宋时期海州职官群体任离(迁转)情况研究

一、海州职官任职年限

海州团练(副)使一般任职时间都较短,团练副使任职 1 年以下的占比达 64%。而刺史恰好相反,任职时间都较长,因史料欠缺,不易得到准确的时间,但大部分在 3 年以上(表 3.7)。

表 3.7 北宋时期海州职官任职年限分布表　　　　单位:人

州县	职官	半年以下	半年~1年	1年~1年半	1年半~2年	2年~2年半	2年半~3年	3年以上	不详	合计
海州	团练使		1		1			2	4	8
	团练副使	4	3	2				1	1	11
	刺史							3	1	4
	知州	8	5	6	14	5	26		1	65
	通判		2	4			19		1	26
	判官								1	1
	观察推官						2		2	4
	幕职官(从事)								1	1
	幕职官								1	1
	儒学教授			1			3		1	5
	录事参军								1	1
	司法参军						2		2	4
	司户参军								1	1
	司理参军						3		3	6
	榷货务						4		1	5
	监税						6		3	9
	举监海州洛要场						1			1

---

① [明]凌迪知:《万姓统谱》卷 44,文渊阁《四库全书》第 956 册,第 675 页。

(续表)

州县	职官	半年以下	半年~1年	1年~1年半	1年半~2年	2年~2年半	2年半~3年	3年以上	不详	合计
朐山县	县令								10	10
	主簿								1	1
	县尉								2	2
东海县	县令								6	6
	县尉兼主簿								5	5
怀仁县	县令								4	4
	主簿								5	5
	县尉								1	1
沭阳县	县令								1	1
	主簿	1							1	2
	县尉								1	1

注：前一位年数为包含关系，如1年~1年半，是指包含1年的但不包含1年半的。

海州知州能够任满2年半者有26人，占比为40%，其余大多任期不满2年，原因多种多样。一是卒于任上，有慎曷和罗恺，皆60余岁，在任不足2年；二是丁母忧，陈汝奭在任不足2年，洪拟在任不足1年；三是致仕，盛京年过70，因"耄昏不任事"，被御史弹劾"令致仕"；四是未赴任，多达8人，有因病未赴任的李况，有因元丰末元祐初政出多门而重复任命的王照、石麟之和沈叔通，有"未至而改"任其他职官的王襄，有只任虚职的孟忠厚等。

另外，有6位史载的海州知州实际上并没有知海州。一是将黄积知梅州的"梅"误刻为"海"，从而误认为黄积知海州；二是因对古文献的断句错误而将海州知州霍唐臣误为赵衮、卢航误为陈禾；三是将马瑊"夺官羁置海州"、黄策羁置海州误认为是知海州；四是因引用原文错误而误认为章绶知海州等。

海州通判满秩者多达20人，占比约74%。任期不满3年者中，胥元衡因病卒于任上。海州判官1人任职年限不详。幕职官1人任职年限不详。

海州观察推官中有2人秩满，2人任期不详。海州儒学教授中有3人秩满，1人任期不足2年，1人任期不详。海州司法参军中有2人秩满，2人不详。海州司户参军仅得邓绍密1人，任职时间不详。海州司理参军中秩满者有3人，任期不详者3人。

海州榷货务秩满者4人，1人任期不详。海州监税秩满者6人，3人任期不详。举监海州洛要场1人秩满。

惟沭阳县主簿沈括仅任职不到半年，即因平息疏浚工程现场民变而代行沭阳县令事，又半年升任东海县令。其他朐山县、东海县、怀仁县、沭阳县诸县官任职时间皆不详，但推测基本都是秩满后迁转。

二、海州职官迁转情况

海州团练使8人中仅有1人是降授，其余都是升迁（表3.8），也只有1人实际到任，其余皆为遥授。离任时只有潘璘因按兵不动,救援不利,致使前方陷落而被流放康州;刘仕稚不详;其余6人皆升迁。

海州团练副使11人全部为责贬,其中只有2人实际到任,其他人皆外州安置,再次证实在北宋时期,"团练副使"是专为降授官员的官阶迁转所设置的。离任情况皆不详。

刺史4人皆为升迁,其中有2人实际到任。离任情况不详。

海州知州升迁的人数为52人,占比为80%。其中有段从革1人以录事参军身份检举原通判贪污有功而越级升迁,其他人都是按资序迁转。

表3.8 北宋时期海州职官迁转情况表　　　　　　　　　　单位:人

州县	职官	升迁本官	降责本官	其他本官	离任升迁	离任贬责	其他离任	合计
海州	团练使	7	1		6	1	1	8
	团练副使		11				11	11
	刺史	4					4	4
	知州	52	10	3	56	4	5	65
	通判	21	5		24		2	26
	判官			1			1	1
	观察推官	2		2	1		3	4
	幕职官从事			1			1	1
	幕职官	1			1			1
	儒学教授	4		1	4		1	5
	录事参军						1	1
	司法参军	2	1	1	2		2	4
海州	司户参军			1	1			1
	司理参军	3		3	6			6
	榷货务	4		1	4		1	5
	监税	3	4	2	5	2	2	9
	举监海州洛要场	1			1			1
朐山县	县令	2		8			10	10
	主簿			1			1	1
	县尉			2			2	2
东海县	县令	1	1	5	1	1	4	6
	县尉兼主簿	1		4	2		3	5
怀仁县	县令	2		2	2		2	4
	主簿	4		1	4		1	5
	县尉			1			1	1
沭阳县	县令	1			1			1
	主簿	2			2			2
	县尉	1			1			1

海州知州有多达10人为贬责,占比约15%,贬责的原因多种多样。

一是坐贬,即受其他犯事官员的连累而受到贬责。其中,王曙因岳父寇准罢相遭贬;周嘉正因时任宰相丁谓"虑其材",丁谓遭撤职后受到牵连,先谪知金州,后知海州;陆佃参与修撰《神宗实录》,后"绍圣初,治《实录》罪,坐落职,知泰州,改海州";吕仲甫先入元祐党籍落职,后为臣僚劾"诡事奸党,助为纷更"而落职知海州。

二是与宰执意见相左而遭贬责。其中,洪拟为侍御史时,蔡京复拜相,因不愿依附蔡而"出知信阳军,未赴,改海州"。

三是职事不力而遭贬责。其中,王遵度领皇城司时,因缉盗不利而遭贬;梅挚任三司副使时,皇帝在紫宸殿宴请契丹使,梅因礼仪不周而遭贬责;刘湜先与梅挚一起因礼仪不周"谪知沂州,徙兖州。又坐沂州误出囚死罪,降知海州";王祖道任左司谏时,"言陕西兵未可减,徽宗谓其论事无足行,依阿苟容,出知海州。"

四是因贪赃枉法而遭贬责。其中,李溥在江淮发运使位上时,与宰相丁谓相表里,欺君罔上,私自调用兵将为姻亲林特修造房屋,用官船贩卖木材,收取利息等,被御史弹劾而"窜谪"知海州。

其他3人分别是王博文"以疾,请出知海州",盛京"以老(70岁左右)乞便郡"而知海州,孙洙因与王安石变法意见相左,"郁郁不能有所言,恳求补外,得知海州"。

海州知州离任后大都按资序迁转,共有56人,占比约86%。因各种原因被贬责的有4人。一是坐贬。其中,王曙因岳父寇准罢相再贬而连续遭贬,先贬为海州知州,再贬为郓州团练副使;周嘉正因时任宰相丁谓"虑其材",丁谓遭撤职后受到牵连,先谪知金州,后知海州,再知濠州。

二是因贪赃枉法而遭贬责。其中,李溥在被御史弹劾而"窜谪"知海州后,再贬为蔡州团练使。

三是职事不力而遭贬责。其中,钱伯言因徽宗皇帝认为其诞谩而落职,为提举亳州明道官。

其他5人中,卒于任上2人,丁母忧2人,致仕1人。

海州通判有21人升迁至本官,占比约81%,其中赵概和盛侨2人为进士及第后直接授官。有5人坐贬为本官,占比约19%。其中,张宗诲的父亲、前宰相张齐贤私下欲迎娶前宰相薛居正寡居的儿媳柴氏,因柴氏与两个继子有财产纠纷,张宗诲提供伪证而被贬;牛冕在知益州时,因兵变弃城逃跑,被罢职流放,后遇赦通判海州;刁约在馆阁时,因坐苏舜钦进奏院祠神饮酒事,出通判海州;李清臣随韩绛使陕西,遇庆州兵变,首领女眷当诛,李清臣请求韩绛宽大处理,将女眷配隶为奴婢,因朝廷认为处置不当,与韩绛一起被贬。

海州通判有胥元衡1人因病卒于任上,年仅39岁;有常溥1人秩满,有一天,常溥登景疏楼,感物赋诗,浩然有归意,遂申请致仕,得到批准后返乡养老。其他人都直接迁转。海州判官1人迁转情况不详。

海州观察推官中张茂直和王务本2人为进士及第后初授,另2人不详;张茂直离任后升迁,其他3人不详。海州儒学教授中有赵资道1人进士及第后初授,刘公彦1人因招抚贼寇有功敕授,孙宗鉴1人升迁,陆韶之1人为迁转,另1人不详;离任后,有4人迁转,1人不详。海州司法参军中有强渊明1人进士及第后初授,谢季康迁转,段昭裔因检视民田失实,由左赞善大夫责授海州司法参军,1人不详;离任后,强渊明迁转,谢季康因举荐升迁,另2人不详。海州司理参军中有蒋圆和李熙靖2人进士及第后初授,穆修1人调任,其他3人不详;离任后,6人皆升迁。幕职官1人,为升迁。

海州榷货务中4人为升迁,其中贾昌龄为江源县令时,因断狱条弊、修校治学,江源县时有举进士,而被江淮制置使举荐升迁;另1人不详。海州监税中有3人升迁,2人不详,4人坐贬,其中李迪通判兖州时,"坐尝解开封府进士失当"被谪贬,杜起通判宿州时,因"尝与郡守因议事不相合"被谪贬;王子京因被控在福建路转运副使任上施行茶盐新法"相承违法,过为督迫"而累谪贬;贾易因刚直自负,先劾文彦博、范纯仁,后斥苏轼、苏辙等,在知齐州任上被贬。举监海州洛要场1人升迁本职。离任海州本官后,海州榷货务中4人升迁,1人不详。海州监税中5人升迁,2人不详,2人累贬,其中贾易再贬为保静军行军司马,邵州安置;王子京再贬为管勾鸿庆宫,仍许于外州军任便居住。举监海州洛要场1人升迁。

朐山县令中有2人升迁本官;离任时有2人致仕,其中沈仁谅致仕后定居和州历阳,陈正致仕后返回家乡建昌南城,途经高邮时病故。其他皆不详,推测应皆为迁转。

东海县令中沈括因疏浚工程有功升迁,离任后,回宣州宁国县令哥哥沈披处备考科举①;张师尹任青州临朐县令时因陷入于寿"闲词讥诋朝政"案而被罚②,虽经申诉但并无结果,后转为本官,在为东海县令时,因犯"私罪杖"被降官,又犯"私罪徒"被停职,二罪并罚"家便差遣"③。县尉中,周化元因退居扬州的祖父、虞部员外郎周令环年迈无人养老,通过扬州府申请将其调回扬州;郭僎以荫补初授,离任时迁转。其他皆不详,推测应皆为迁转。

怀仁县令中2人升迁本官,其中曾布为进士及第后初仕官,离任时2人皆升迁。主簿中4人皆为进士及第后初仕官,离任时皆升迁。其他不详。

沭阳县令王炳进士及第后,因"娶吕惠卿犹子(即侄女),避吕氏权,十年不调。后为沭阳令。"④主簿沈括荫补为本官,李端方进士及第后初授本官。县尉王师心进士及第后初授本官。离任后,皆升迁。

---

① 吴以宁:《〈梦溪笔谈〉辨疑》,上海:上海科学技术文献出版社,1995年,第266-267页。
② [宋]蔡襄:《端明集》卷12,文渊阁《四库全书》第1090册,第436-436页。按《蔡襄全集》本中"寘于法议"为"置于法议","止降宫逵之联"为"止降宫撻之联",并出"校:'讥诋朝政'下:宋本有'降太子中允'五字,应据补。'宫撻':宋本作'宫坊',应据改。"参见[宋]蔡襄撰,陈庆元等校注:《蔡襄全集》,福州:福建人民出版社,1999年,第276页。
③ 《宋会要辑稿》选举10之4,第5455页。
④ [明]凌迪知:《万姓统谱》卷44,文渊阁《四库全书》第956册,第675页。

第六节 北宋时期海州职官群体政绩及评价研究

本研究考察海州职官政绩情况,发现无一例反面评价。为简化评价指标,本书将职官的军政事务浓缩为缉盗安民、治水劝农、兴学减赋、祈雨祷祠等四项正面评价,见表3.9。虽然史载人数不多,事务也多有重叠,但从中也可以窥见北宋时期海州职官在社会、经济、文化、军事等方面所做出的贡献。

表3.9 北宋时期海州职官政绩及评价分布表　　　　　单位:人

州县	职官	缉盗安民	治水劝农	兴学减赋	祈雨祷祠	总人数
海州	团练使				1	8
	团练副使					11
	刺史					4
	知州	2	1	2	1	65
	通判	1		1		26
	判官					1
	观察推官					4
	幕职官(从事)					1
	幕职官					1
	儒学教授	1				5
海州	录事参军					1
	司法参军					4
	司户参军					1
	司理参军					6
	榷货务			1		5
	监税					9
	举监海州洛要场					1
朐山县	县令	1	1			10
	主簿					1
	县尉					2
东海县	县令				2	6
	县尉兼主簿				2	5
怀仁县	县令					4
	主簿					5
	县尉					1

(续表)

州县	职官	缉盗安民	治水劝农	兴学减赋	祈雨祷祠	总人数
沭阳县	县令					1
	主簿	1				2
	县尉	1				1

一、缉盗安民

盛京、盛遵甫和盛仲孙祖孙三代皆官海州，政绩突出，当地百姓称"盛使君家儿世世循吏"。《古今图书集成·盛姓部》载：海州知州盛京"天资仁厚，不忍以法绳下，而吏民化服；亦不忍欺，以事去，久而民爱思之。终工部侍郎。后，子遵甫，以光禄丞通判海州，岁旱，发公私藏粟以廪民。又设方略，捕奸盗发，辄得。遵甫子仲孙，以朝奉大夫守海州。期年，州称治，邦人有'盛使君家儿世世循吏'之称。"①

仁宗皇祐五年（1053），张景宪知海州，时海州有富民，收养少年乞丐，教之与怨家纠缠诉讼，多年未得到解决。张景宪上任后，亲自审讯，终于为怨家及牵连的几百人申冤，将少年乞丐流放到偏远之地，百姓交口称赞，张景宪也得以升迁。

神宗熙宁七年至八年（1074—1075），陈汝奭知海州，时年灾荒，乃擅自发廪赈民。因未上报得到批准，被监司弹劾，陈如奭上奏只身受罚，不连累同僚。最后朝廷反而对陈如奭进行了嘉奖。

徽宗宣和七年（1125），洪拟知海州，时山东盗起，屡屡攻打海州城，洪拟率兵民坚守。②

神宗熙宁四年（1071），李清臣通判海州，以清俭自守，居官奉法，无敢挠以私者。与时任知州孙洙一起宽役法，免漕渠夫，去而民思之。③

徽宗宣和七年（1125），山东盗贾进，拥众逼淮，朝廷遣使招安，海州通判解世京赴难，客居解世京家的赵资道前去招抚，"降首领五十八人，盗众数千，舍兵而农者十万余人，郡守钱伯言与提举常平潘良贵上其功，敕授嘉州文学。"④后率军民多次抗击贼寇，安抚一方百姓。

英宗治平二年至四年（1065—1067），谢季康为海州司法参军，因执法严格，不屈从于权贵，而被举荐者推为海州朐山县令。

哲宗元祐六年（1091），蒋圆进士及第后初授海州司理参军，"治狱明恕，当死者必求

---

① ［清］陈梦雷：《古今图书集成·明伦汇编·氏族典》卷492《盛姓部》，北京：中华书局影印，1934年，第376册之28页。
② 《宋史》卷381《洪拟传》，第11748-11750、11753页。
③ ［宋］晁补之：《鸡肋集》卷62《资政殿大学士李公行状》，文渊阁《四库全书》第1118册，第924-931页。
④ ［宋］刘宰：《京口耆旧传》卷8，文渊阁《四库全书》第451册，北京：北京出版社，2012年，第205-208页。

生路,所全活甚众。"①

真宗景德二年(1005),沈仁谅为朐山县令时,"政肃典刑,德积庆余。"②

徽宗政和八年(1118),王师心进士及第后初授迪功郎、海州沭阳县尉,"时承平久,郡县无备,河北剧贼宋江者,肆行,莫之御,既转掠京东,径趋沭阳。公独引兵,要击于境上,败之,贼遁去。"③

二、治水劝农

神宗熙宁四年至六年(1071—1073),孙洙知海州,期间做了不少好事,《宋史》本传记载有三。其一是"免役法行,常平使者欲加敛缗钱,以取赢为功,洙力争之。"其二是"方春旱,发运使调民浚漕渠以通盐舸,洙持之不下,三上奏乞止其役。"其三是"旱蝗为害,致祷于朐山,澈奠,大雨,蝗赴海死。"④

神宗熙宁九年(1076)八月至十月,罗恺知海州,虽然上任不久就因病去世,但其生前仍然勤政为民。其墓志铭载:"狱有滞而未决者三十余事,公视其所因,立判析之。公虽病,缉治有条,民已爱公为政。及卒,老幼相率,哭之不去。"⑤

仁宗皇祐四年(1052),刘彝为朐山县令时,"治簿书,恤孤寡,作陂池,教种艺,平赋役,抑奸猾,凡所以惠民者无不至。邑人纪其事,目曰'治范'。"⑥

仁宗至和元年(1054),沈括以父荫为沭阳县主簿,"括新其(沭阳)二坊,疏水为百渠九堰,以播节原委,得上田七千顷。"⑦在冬季疏浚工程中,因县令施政朝令夕改,督工态度粗暴,招致民变。沈括在知州的支持下代行沭阳县令事,"辄解约束,易置什伍"⑧,将原来的利民政策固定下来,并更换督工,制定合理的施工方案,最终不仅平息了民变,疏浚工程也得以顺利实施。次年四月,沈括升迁海州东海县令。

三、兴学减赋

真宗景德(1004—1007)年间,孙冕知海州时为民办了不少实事。一是劝民勿要设置盐场,因官盐专卖"患在不售,不患盐不足。盐多而不售,遗患在三十年后。"但民不听,遂

---

① [宋]张守:《毘陵集》卷13《左中奉大夫充秘阁修撰蒋公墓志铭》,北京:中华书局,1985年,第189-191页。
② 郭预衡、郭英德主编:《唐宋八大家散文总集》卷4《曾巩》,石家庄:河北人民出版社,2013年修订本,第3346页。
③ [宋]汪应辰:《文定集》卷23《显谟阁学士王公墓志铭》,文渊阁《四库全书》第1138册,第807-810页;曾枣庄,刘琳主编:《全宋文》第215册,第270-273页。
④ 《宋史》卷321《孙洙传》,第10422-10423页。
⑤ 龙川县文化局编:《龙川县文物志》(内部资料),2004年,第53-56页;陈建华主编:《河源市文化遗产普查汇编》(龙川县卷),广州:广东人民出版社,2013年,第349-351页;罗河胜编著:《中华罗氏通史》,桂林:广西人民出版社,2014年,第210-212页。
⑥ 《宋史》卷334《刘彝传》,第10729-10730页。
⑦ 《宋史》卷331《沈括传》,第10653-10657页。
⑧ [宋]沈括:《长兴集》卷7《答李彦辅秀才书》,文渊阁《四库全书》第1117册,第288-288页。

设置洛要、板浦、惠泽三盐场。后来，三盐场售卖不畅，积盐如山，民始患之。二是劝民勿以土产代军器充折，朝廷下令从海州调发弩桩箭干之类军器，但海州素无此物，百姓无奈欲以鳔胶充折，被孙冕制止，若如此，则朝廷会年年征调。这两件事都被沈括记录在《梦溪笔谈》中。① 孙冕离任后，百姓感戴其功绩，在城内为其立生祠。仁宗庆历八年（1048），祖无择知海州后，重修海州社稷坛，并在坛内立孙冕像祠之，又亲题市桥名为"怀孙桥"。

真宗天禧初年（1017），王博文知海州，正逢天灾民饥，百姓多有盗取官盐出卖求生者，被官吏捕获后，按官盐禁法处死。王博文上书，请求暂时解除盐禁，等荒灾过后，丰年来临时再重新施行，被朝廷采纳②，海州地区百姓从而得以度过多年的荒灾。

仁宗乾兴元年（1022），贾昌龄被举荐为监海州榷货务，在任时"疏达利路，商贾便之。"③

四、祈雨祷祠

仁宗天圣九年（1031）年前后，海州团练使刘仕稚在任期间，捐助海清寺舍利宝塔（今阿育王塔）第五级的修造。

仁宗庆历八年（1048），祖无择知海州，上任即组织重修海州社稷坛，并在坛内为前海州知州孙冕立像祠之。

哲宗绍圣三年（1096），鲍粹知海州，时年大旱，鲍粹带领通判等州官及朐山县令等属县官员，夜宿朐山（今锦屏山）龙祠，斋戒祷雨，应验后又来还愿祭谢，并刻石留念。

徽宗崇宁元年（1102），蔡渊知海州，时年大旱，亦带领一众属官前往龙祠祷雨，应验后设宴祭天，并刻石留念。

仁宗天圣六年（1028），海清寺阿育王塔修建期间，时任朝散大夫、行东海县令苏可久与将仕郎、守东海县尉兼主簿王淳皆捐资购买"铃"和"砖"。④

仁宗天圣九年（1031），海清寺阿育王塔修建期间，时任承奉郎、守海州东海县令张德北与将仕郎、守海州东海县尉兼主簿刘太素皆捐资购买修塔之砖。⑤

---

① ［宋］沈括著、胡道静校证：《梦溪笔谈校证·补笔谈》卷2《官政》，上海：上海人民出版社，2016年，第946-947页。
② 《宋史》卷291《王博文传》，第9743-9745页。
③ 曾枣庄、刘琳主编：《全宋文》第19册，第51-54页。
④ ［清］嘉庆《海州直隶州志》卷28《金石录·海清寺塔县令苏可久等记碣》，第479页。
⑤ 按：原文落款时间为"辛酉"，为记载错误；其他部分文字及句读亦重新校勘。参见连云港市重点文物保护研究所编著：《连云港石刻调查与研究》，上海：上海古籍出版社，2015年，第110页；封其灿编著：《连云港金石图鉴》，北京：中国文史出版社，2018年，第95-96页。

第四章 南宋（金、元）时期（1127—1279）海州概况

南宋(金、元)时期,海州处于南北要冲之地,成为南北政权争夺的主要战场之一。宋廷南渡后,自高宗建炎二年(金太宗天会六年,1128)至理宗绍定六年(金哀宗天兴二年,元太宗五年,1233)十二月金军将海州降蒙之前,海州地区政权在南宋、金(含刘豫伪齐)和地方武装割据之间频繁更迭;之后又来回隶属于南宋、蒙古和地方武装割据,直至南宋恭帝德祐元年(元世祖至元十二年,1275),海州地区全境降蒙,政局才逐渐稳定下来。

南宋(金、元)这一长达 150 年之久的战乱时期,给海州地区的社会、经济、文化等都带来了沉重的打击,虽然宋金双方在南宋绍兴十一年(1141)签有"绍兴和议"、孝宗隆兴二年(1164)签有"隆兴和议",分别维持了近 20 年和近 60 年的息兵和平状态(期间,宋、金及地方武装割据三方亦间有攻伐),但并没有带来更好的稳定机会,海州地区的人口急剧减少,田地荒芜,自然灾害频繁,社会生产遭到极其严重的破坏,百姓生活极为贫苦。

第一节　南宋(金、元)时期的海州

据《宋史·地理志》载:

> 海州,上,东海郡,团练。建炎间,入于金,绍兴七年(1137)复。隆兴初(1163),割以畀金,隶山东路,以涟水县来属。嘉定十二年(1219)复。宝庆末(1227),李全据之。绍定四年(1231),全死,又复。端平二年(1235),徙治东海县。淳祐十二年(1252),全子璮又据之,治朐山。景定二年(1261),璮降,置西海州。崇宁(1102—1106)户五万四千八百三十,口九万九千七百五十。贡绢、獐皮、鹿皮。县四:朐山,紧。怀仁,中。沭阳,中。东海,中。①

《宋史·理宗本纪五》记"李璮降"的时间不同于《地理志》,是在理宗景定三年(1262)二月,原文为"庚戌,李璮以涟、海三城叛大元来归。"次月"辛未,诏升海州东海县为东海军。"②李璮降南宋后,改海州为"西海州",后来史料中出现的"东海州"应该也是由同一时期的东海县,即东海军改名而成。

宋廷南渡后次年,即高宗建炎二年(金太宗天会六年,1128),金军南下伐宋。《金史·斜卯阿里传》载:"天会六年,伐宋主,(斜卯阿里)取阳谷、莘县,败海州兵八万人,海州降。"③海州首次被金朝占据。

高宗建炎三年(1129)闰八月,《建炎以来系年要录》(以下简称《系年要录》)卷二七载:"丁亥,(金将)辅逵攻涟水军南寨,大掠之,杀涟水军使、朝请大夫郝璘,丞、修职郎吴深。……遂以其众降于淮南招抚使王璪。先是,太学博士孟健自海州率民兵数千勤王,至涟水军南寨,因留焉。逮攻之数月,及陷,(孟)健与其家皆死。""武功大夫、忠州刺史、知济南府宫仪屯盘石河,数与金战,胜负略相当。金人患之,……(宫仪被金人欺骗后)众

---

① 《宋史》卷 88《地理志四》,第 2179-2180 页。
② 《宋史》卷 45《理宗本纪五》,第 880 页。
③ 《金史》卷 80《斜卯阿里传》,第 1798-1801 页。

遂大溃。仪与京东经略安抚制置使刘洪道奔九仙山,敌又逼之,洪道以余兵二千奔海州,李逵、吴顺乃以密州降金。洪道过楚州,为(金将)郭仲威所败。"①显然,建炎三年闰八月之前数月,率民兵数千南下扬州勤王的太学博士孟健是从海州出发的,此时海州又在宋军掌握之中。

建炎四年(1130)五月,《宋会要辑稿》职官四二之七五载:"李彦先为海州、淮阳军镇抚使,兼知海州。"②但宋人熊克《中兴小纪》中载:"(五月乙丑,诏以)海、淮阳二郡授知海州李彦先,……并为镇抚使。"③可知李彦先知海州为遥授官,此时海州已经不在宋朝控制之下了。《宋史·高宗本纪三》又载:"(绍兴元年十二月辛巳,金)知海州薛安靖杀伪都巡检使王企中,率军民以城来归。"④前一年(1130),薛安靖南下途经海州,此时海州已被伪齐刘豫控制,遂被任命为金海州知州。

因此可以推知,海州陷入金人控制的时间应为高宗建炎二年(金太宗天会六年,1128)。

金朝灭北宋后,将北宋京东东路改为山东东路,治益都府(今山东省青州市);控制淮北后,将海州隶山东东路,为刺史州。据《金史·地理志》载:

> 海州,中,刺史。户三万六百九十一。县五、镇四:朐山;赣榆(本怀仁,大定七年更),镇二:获水、临洪;东海;涟水(本涟水军,皇统二年降为县来属),镇二:太平、金城。⑤

《金史》中记海州属县5个,仅记朐山、赣榆、东海和涟水4个,缺沭阳县。清人嵇璜在《钦定续通典·州郡》中考订:"考宋元二史《地理志》,海州并有沭阳县。《续舆地考》云:'金,海州领朐山、赣榆、东海、涟水、沭阳五县。'盖金志脱去'沭阳'字也。谨附识。"⑥涟水县仅在金朝时期隶属于海州,其他时期也只有涟水北部少部分区域属于海州,因此本书研究不包含涟水县。

海州属县怀仁县,于建炎三年(金太宗天会七年,1129)被山东盗刘忠占据。《系年要录》卷一九载:"山东盗刘忠,号'白毡笠',引众据怀仁县。御营平寇前将军范琼在京东,遣其统制张仙等击之,忠伪乞降。是日,仙与将佐入忠壁抚谕,忠留与饮,伏兵击杀之,遂并其众。琼怒,屡与忠战,皆败绩。忠自黥其额,时号'花面兽'。"⑦后刘忠附伪齐,任登、莱、沂、密都巡检使。绍兴三年(1133)十月,被其部下王林等所杀。⑧ 直到绍兴十年(1140)闰六月,淮南东路宣抚使韩世忠遣中军统制官王胜等收复海州及怀仁县。⑨

---

① [宋]李心传编撰,胡坤点校:《建炎以来系年要录》卷27,北京:中华书局,2013年,第816-817页。
② 《宋会要辑稿》职官42之75,第4108页。
③ [宋]熊克:《中兴小纪》,福州:福建人民出版社,1985年,第101页。
④ 《宋史》卷26《高宗本纪三》,第493页。
⑤ 《金史》卷25《地理志中》,第610-611页。
⑥ [清]嵇璜:《钦定续通典》卷132《州郡》,文渊阁《四库全书》第641册,第528页。
⑦ 《系年要录》卷19,第444页。
⑧ 《系年要录》卷64,第1267页。
⑨ 《宋史》卷29《高宗本纪六》,第545页。

海州属县沭阳县,直到建炎三年(1129)正月之前,还在韩世忠的控制之下。据《宋史·高宗本纪二》载,南宋高宗建炎三年己酉正月丙午,"御营平寇左将军韩世忠军溃于沭阳,其将张遇死,世忠奔盐城。金兵执淮阳守臣李宽,杀转运副使李跂,以骑兵三千取彭城,间道趣淮甸。戊申,至泗州"。"二月庚戌朔,……江、淮制置使刘光世阻淮拒金人,敌未至,自溃。金人犯楚州,守臣朱琳降"。①

海州属县东海县,在郁洲岛上,绍兴二年(1132)八月之前,仍归南宋。海州被伪齐占领后,为加强东海县防御力量,将东海县升为东海军。《系年要录》卷五一载:"(二月乙酉)升东海县为东海军。时海州复为伪齐所得,乃以成忠郎、阁门祗候葛玥为军使,将薛安靖部曲五百人往守之。"②卷五七载:"(八月辛亥)枢密院统制范温以所部至东海军。温在莱州福岛五年,至是食尽,遂与其徒二千六百余人,泛海来归。朝论嘉其忠,诏温以舟师屯青龙镇(屯青龙镇,在九月戊寅降旨)。"③

海州自高宗建炎二年(金太宗天会六年,1128)陷金人控制后,整个海州地区在宋、金、元及地方武装割据之间的反复争夺中,不断变换隶属关系。要统计这些隶属变换的准确时间,实在是一件徒劳的事情,但大致的时间段是可以统计出来的(表4.1)。

蒙古军首次进入海州地区是在金朝灭亡的前一年,即理宗绍定六年(金哀宗天兴二年,元太宗五年,1233)十二月,金军将海州及山东东部诸州降蒙古军。此后理宗宝祐元年(元宪宗三年,1253)至理宗景定三年(元世祖中统三年,1262),海州地区被李璮占据。直到恭帝德祐元年乙亥(元世祖至元十二年,1275)三月,蒙古军攻打西海州(即海州城),西海州不敌投降,东海州(即东海军,原东海县)随之亦降。海州地区全境为蒙古军所控制。

表4.1 南宋(金、元)时期海州地区隶属关系一览表

时间	隶属政权(典型事件)
高宗建炎二年(金太宗天会六年,1128)至 高宗绍兴十年(金熙宗天眷三年,1140)闰六月	金。高宗建炎二年,金将斜卯阿里"败海州兵八万人,海州降。"④四年(1130),沭阳县降金。绍兴十年闰六月丁酉,"韩世忠遣统制王胜、王权攻海州,克之,执其守王山。……己亥,金人救海州,王权等逆战,败之,复怀仁县。"⑤沭阳县亦归宋。
高宗绍兴十年(金熙宗天眷三年,1140)闰六月至 高宗绍兴十一年(金熙宗皇统元年,1141)六月	南宋。高宗绍兴十一年六月,"癸未,张俊、岳飞至楚州。俊以海州城不可守,毁之,迁其民,统韩世忠军还镇江,惟背嵬一军赴行在。"⑥
高宗绍兴十一年(金熙宗皇统元年,1141)六月至高宗绍兴三十一年(金世宗大定元年,1161)八月	金。割沭阳县与金。涟水县划入,本涟水军,皇统二年降为县来属⑦

---

① 《宋史》卷25《高宗本纪二》,第460页。
② 《系年要录》卷51,第1063页。
③ 《系年要录》卷57,第1159页。
④ 《金史》卷80《斜卯阿里传》,第1798—1801页。
⑤ 按:其间大部分时间归金,也有部分年份归南宋。参见[宋]熊克:《中兴小纪》,福州:福建人民出版社,1985年,第101页;《宋史》卷26《高宗本纪三》,第493页;《宋史》卷29《高宗本纪六》,第545页。
⑥ 《宋史》卷29《高宗本纪六》,第549页。
⑦ 《金史》卷25《地理志中》,第610—611页。

(续表)

时间	隶属政权(典型事件)
高宗绍兴三十一年(金世宗大定元年,1161)八月至 孝宗隆兴二年(金世宗大定四年,1164)七月	南宋。高宗绍兴三十一年"八月辛丑朔,忠义人魏胜复海州,李宝承制以胜知州事。"沭阳县复归宋。孝宗隆兴二年七月"乙巳,命海、泗州彻戍。""宋人弃海州遁去,焚官民庐舍且尽。(金将完颜)璋至海州。"①
孝宗隆兴二年(金世宗大定四年,1164)七月至 宁宗嘉定十三年(金宣宗兴定四年,1220)八月	金。再割沭阳县与金。大定七年(1167)改赣榆县为怀仁县。金章宗泰和六年(1206),"秋七月癸未,宋商荣复攻东海,(金)县令完颜卜僧复败之。还,中伏矢死,赠海州刺史。"金宣宗兴定元年(1217),东海县归地方武装割据李全。兴定四年三月"壬子,红袄贼于忙儿袭据海州,(金)经略使完颜陈儿以兵击败忙儿,复取之。"②
宁宗嘉定十三年(金宣宗兴定四年,1220)八月至 宁宗嘉定十五年(金宣宗兴定六年,1222)	南宋。沭阳县复入宋。宁宗嘉定十三年八月"甲申,复海州,以将作监丞徐晞稷知州事。"宁宗嘉定十五年二月,"(李)全请为朝廷取之,乃提师驻海州以迫(张)林(金元帅,宁宗嘉定十二年六月归宋,授武翼大夫、京东安抚兼总管)。"③
宁宗嘉定十五年(金宣宗兴定六年,1222)至 理宗绍定五年(金哀宗天兴元年,元太宗四年,1232)	地方武装割据李全。理宗宝庆三年(1227),沭阳县为李全占据。绍定元年(1228),"七月壬辰,(李)全使衍德提兵三万如海州。"④四年(1231),李全攻扬州兵败战死
理宗绍定五年(金哀宗天兴元年,元太宗四年,1232)至 理宗绍定六年(金哀宗天兴二年,元太宗五年,1233)十二月	金。金哀宗天兴元年六月,"(国)安用率兵入徐,……以其州归海州。"二年三月乙丑,"(完颜)官奴私与国用安谋,邀上幸海州,不从。"⑤
理宗绍定六年(金哀宗天兴二年,元太宗五年,1233)十二月至 理宗端平二年(元太宗七年,1235)春	元。元太宗五年,"十二月,(元)诸军与宋兵合攻蔡,败武仙于息州,金人以海、沂、莱、潍等州降。"⑥金哀宗天兴三年,金亡
理宗端平二年(元太宗七年,1235)春至 理宗宝祐元年(元宪宗三年,1253)三月	元。元宪宗三年,"三月,大兵攻海州,戍将王国昌逆战于城下,败之,获都统一人。"⑦
	南宋(东海县)。"(理宗)端平二年(1235),徙治东海县。"⑧

---

① 《宋史》卷32《高宗本纪九》,第602页;卷33《孝宗本纪一》,第627页;《金史》卷65《斡者(孙璋)传》,第1552页。
② 按:李全起兵于山东,南宋宁宗嘉定十年(金宣宗兴定元年,1217),李全被金军战败后退归东海县,"(李)全得收余众保东海",后归南宋;理宗宝庆三年(1227)三月,被元军围困青州一年后降元;后在南宋、金、元三方间周旋,但主要归南宋,海州地区也出现短暂的息兵时期;后因南宋朝臣疑李全必叛,派兵讨伐,理宗绍定四年(1231)正月,李全战败而死。参见《金史》卷12《章宗本纪四》,第277页;《金史》卷16《宣宗本纪下》,第352页;《宋史》卷476《李全传上》,第13818页。
③ 《宋史》卷40《宁宗本纪四》,第775页;《宋史》卷476《李全传上》,第13824页。
④ 《宋史》卷477《李全传下》,第13840页。
⑤ 按:国用安原为李全部将,李全战死后,国用安先降元,再降金,后归南宋,又降元,复归南宋,最后被元军围困徐州,兵败投水而死。参见《金史》卷117《国用安传》,第2561-2565页;《金史》卷18《哀宗本纪下》,第397页。
⑥ 《元史》卷2《太宗本纪》,第33页。
⑦ 《元史》卷3《宪宗本纪》,第46页。
⑧ 《宋史》卷88《地理志四》,第2179-2180页。

(续表)

时间	隶属政权(典型事件)
理宗宝祐元年(元宪宗三年,1253)三月 至 理宗景定三年(元世祖中统三年,1262)二月	元(李璮)。元宪宗三年(理宗宝祐元年,1253),李璮占据朐山。"癸丑,世祖在潜邸,受京兆分地,闻挺名,遣使征至盐州。入对称旨,字而不名。间陪宴语,因曰:'挺来时,李璮城朐山,东平当馈米万石。东平至朐山,率十反致一石,且车淖于雨,必后期,后期罪死。请输沂州,使璮军取食,便。'世祖曰:'爱民如此,忍不卿从。'"①元世祖中统元年(1260),李璮上书:"自立海州,今八载,将士未尝释甲,转挽未尝息肩,民力凋耗,莫甚斯时。"②
	南宋(东海县)。理宗宝祐二年三月"甲午,城东海,贾似道以图来上。"六年十一月"丁卯,东海失守,贾似道抗章引咎,诏令以功自赎,特与放罪。"③
理宗景定三年(元世祖中统三年,1262)二月 至 恭帝德祐元年(元世祖至元十二年,1275)三月	南宋。理宗景定三年二月"庚戌,李璮以涟、海三城叛大元来归,献山东郡县。诏改涟水为安东州。……(三月)辛未,诏升海州东海县为东海军。"④不久升东海军为东海州,改海州为西海州。沭阳县隶西海州
恭帝德祐元年(元世祖至元十二年,1275)三月 至 末帝祥兴二年(元世祖至元十六年,1279)	元。恭帝德祐元年三月"甲申,大元兵至西海州,安抚丁顺降。乙酉,知东海州施居文乞降于西海州。"《元史》记为:"(二月甲子)都元帅博鲁欢次海州,知州丁顺以城降。"⑤随后复西海州为海州,东海州为东海县

资料来源:《宋史》《金史》《元史》《系年要录》等。

第二节 南宋(金、元)时期海州社会与经济

一、农业经济

宋廷南渡后,为抵御金兵南下,高宗建炎二年(1128)冬,南宋东京留守杜充派兵扒开河南滑县李固渡西黄河大堤,使黄河自鱼台以北入泗水,进入淮水后入海。⑥黄河夺淮的路线经徐州、沭阳、楚州、安东,最后从云梯关入海,对海州地区没有直接的影响,但间接的影响在不久就显现出来。首先是不利的影响,黄河经淮河,通过官河、蔷薇河等流经海州后在海州湾入海,泛滥的黄河水对海州地区的水利工程造成严重的破坏,河道淤塞严

---

① 《元史》卷159《商挺传》,第3738-3741页。
② 按:李璮原为徐晞稷之子,为李全收养。李璮叛南宋后降金,后降元,再归南宋,最后被元军围困济南,兵败投水而死。《元史》卷206《李璮传》,第4591-4594页。
③ 《宋史》卷44《理宗本纪四》,第851、863页。
④ 《宋史》卷45《理宗本纪五》,第880页。
⑤ 按:《元史·世祖本纪五》亦有类似记载。《宋史》卷47《瀛国公本纪》,第823页;《元史》卷121《世祖本纪五》,第163页。
⑥ 《宋史》卷25《高宗本纪二》,第459页。

重,水旱灾害加剧,经济发展受到沉重的打击;其次是有利的影响,黄河水携带的大量泥沙在海州湾入海口沉积下来,使得海岸线逐渐后退,形成了大量的沿海滩涂,为盐业的发展和农业用地的垦牧提供了条件。

宋金元时期,由于连年争战,大量百姓成为流民,土地荒芜。《金史·地理志》载,金朝统治时期海州地区一州五县的人口户数为三万余户,考虑到涟水县相较沭阳县的地理区域要小许多,排除金朝属县涟水县的户数,海州地区的户数大致也有两万五千户左右。与北宋神宗元丰、徽宗崇宁年间的五万余户相比,减少了一半,也从人口数量这个侧面反映了当时处于宋金交战主战场的海州,形势是多么的残酷,经济是多么的衰败,百姓是多么的苦难。

为稳定生产,增加土地供应,提高粮食供给,增加税赋,南宋朝廷采取了多种措施加以促进农业生产,诸多措施皆记录在《宋史·食货志·农田》中,其中两点极为重要。

一是在政策上实施劝农耕种。"(高宗)建炎元年(1127)五月,高宗即位,命有司招诱农民,归业者振贷之,蠲欠租,免耕牛税。"(高宗)绍兴五年(1135)五月,"上谕辅臣曰:'淮北之民襁负而至,亦可给田,以广招徕之意。'""(绍兴)二十年(1150),诏:'两淮沃壤宜谷,置力田科,募民就耕,以广官庄。'""(宁宗)开禧二年(1206),以淮农流移,无田可耕,诏两浙州县已开围田,许元主复围,专召淮农租种。"对从北方归宋的归正人,也都给予田亩耕种、减免租税的宽厚待遇。(孝宗)乾道元年(1165),"二月,三省、枢密院言:'归正人贫乏者散居两淮,去冬淮民种麦甚广,逃亡未归,无人收获。'诏诸郡量口均给,其已归业者毋例扰之。……又诏楚州给归正人田及牛具、种粮钱五万缗。"①高宗建炎四年(1130),金海州知州薛安靖与通判李汇携城与军民归宋,因同为归正人,在南宋无家资田产,因而上书求之,得赐绍兴府上好官田各三顷,后又申请免租赋。绍兴三十二年(1162)十一月,朝廷同意了二十七日江淮东西路安抚司的申请:"海州涟水军归正忠义人有愿请闲田耕种,系开荒,宜宽税限。欲自来年为始,放免税租十年,贵各肯安业。"②

二是在制度上将劝农耕种与官员升迁考核相结合。高宗绍兴五年(1135)五月,制定《守令垦田殿最格》,详细规定垦荒致荒田亩数与官阶挂钩,并要求县逐月上报州,州按季上报转运司,转运司按年度上报户部,户部对官员实施考察。规定:

> 残破州县垦田增及一分,郡守升三季名次,增及九分,迁一官;亏及一分,降三季名次,亏及九分,镌一官。县令差减之。增亏各及十分者,取旨赏罚。其后以两淮、荆湖等路民稍复业,而旷土尚多,户部复立格上之;每州增垦田千顷,县半之,守宰各进一秩;州亏五百顷,县亏五之一,皆展磨勘年。诏颁之诸路。增,谓荒田开垦者;亏,谓熟田不因灾伤而致荒者。③

这些政策措施和制度的制定,确实发挥了比较好的效果,仅"(绍兴)十八年(1148),垦荒田至七万余亩。"④

金朝进入中原后,首先是劝女真人猛安谋克从事耕种。金朝统治初期,"猛安谋克户

---

① 《宋史》卷173《食货志上一·农田》,第4169、4047、4173、4188、4147页。
② 《宋会要辑稿》兵15之12,第7022页。
③ 《宋史》卷173《食货志上一·农田》,第4170-4071页。
④ 《宋史》卷173《食货志上一·农田》,第4172页。

之民,往往骄纵,不亲稼穑,不令家人农作,尽令汉人佃莳,取租而已。"而且常常将良田围成牧场。金廷不断下诏"计口授地,必令自耕,力不赡者,方许佃于人。""禁侵耕围场地",并对那些"不自种而辄与人者"给予重罚,"以不种者杖六十,谋克四十,受租百姓无罪。"保障耕地不被荒废,使其"精勤农务,各安其居。"①

其次是在边州实施屯田制。海州地区在金朝控制时期亦属于边州。屯田分为军屯和民屯,军屯为主,民屯为辅。军屯是为自种,收获为军饷;民屯是为租种,上缴租赋。章宗泰和四年(1204)九月,"壬申,定屯田户自种及租佃法。"②

第三是采取多种措施劝农耕田。一是鼓励女真人猛安谋克劝农耕作,赏罚分明。章宗明昌五年(1194)二月,规定"能劝农田者,每年谋克赏银绢十两匹,猛安倍之,县官于本等升五人。三年不怠者猛安谋克迁一官,县官升一等。田荒及十之一者笞三十,分数加至徒一年。三年皆荒者,猛安谋克追一官,县官以升等法降之。"二是限制官豪所占官地,以出租贫难者为先。"(世宗大定)二十七年(1187),随处官豪之家多请占官地,转与它人种佃,规取课利。命有司拘刷见数,以与贫难无地者,每丁授五十亩,庶不至失所,余佃不尽者方许豪家验丁租佃。"三是鼓励垦荒耕种,减免租赋。章宗泰和八年(1208)八月,为促进与南宋讲和,听从户部尚书高汝砺建议,诏诸路农民"请佃者可免三年(租赋),作已业者免一年,自首冒佃并请退滩地,并令当年输租,以邻首保识,为长制。"③四是重视水利工程建设,保障农业生产抗旱防涝。黄河在金朝时期决口数次,为维护京城安全和保障周边耕地生产,金廷也屡次对河堤加以整治。《系年要录》卷一五四载:绍兴十五年(1145)九月"河决李固渡。金主亶调曹、单、拱、亳、宋五郡民修之。民有田一顷者出一夫,不及者助夫之费,凡二万四千夫,五旬有四日而毕。"④《金史·河渠志》载:"(世宗大定)十三年(1173)三月,以尚书省请修孟津、荥泽、崇福埽堤以备水患,上乃命雄武以下八埽并以类从事。十七年(1177)秋七月,大雨,河决白沟。十二月,尚书省奏:'修筑河堤,日役夫一万一千五百,以六十日毕工。'"章宗明昌四年(1193),"十二月,敕都水监官提控修筑黄河堤,及令大名府差正千户一员,部甲军二百人弹压勾当。"⑤五是在农业耕种技术上采用"区种法",以提高作物抗旱能力,提高粮食产量。"区种法"自汉代始创,技术要求高,一要围田深耕,将大块土地分散成小块;二要等距点播,提高种子利用率和作物间距透气性。也因耕作技术要求高,农民不易掌握,加上各地土地贫瘠程度不一,实施时长及范围都不太理想。金章宗明昌三年(1192)三月,开始讨论采用此法,但朝臣观点不一。次年,参知政事胥持国认为"户口既多,费用亦厚。若区种之法行,良多利益。"⑥而参知政事夹谷衡持不同意见,认为"若苟有利,古已行之,且用功多而所种少,复恐荒废土田,徒劳民,无益也。"⑦但金廷仍然于明昌五年(1194)正月开始试行"区种法","敕谕农民使区种。"金章宗

---

① 《金史》卷47《食货志二·田制》,第1044-4047页。
② 《金史》卷12《章宗本纪四》,第369-370页。
③ 《金史》卷47《食货志二·田制》,第1048-1051页。
④ 《系年要录》卷154,第2912页。
⑤ 《金史》卷27《河渠志·黄河》,第671、675页。
⑥ 《金史》卷50《食货志五·区田之法》,第1123-1124页。
⑦ 《金史》卷94《夹谷衡传》,第2092-2093页。

承安元年(1196)四月,"戊午,初行区种法,民十五以上、六十以下有土田者,丁种一亩。"①
章宗泰和四年(1204),因"自春至夏,诸郡少雨",御史中丞孟铸上奏:"今岁愆阳,已近五月,比至得雨,恐失播种之期,可依种麻菜法,择地形稍下处拨畦种谷,穿土作井,随宜灌溉。"②之后,"区种法"得到全面推广,但因技术要求太高,施行不久即荒废。

尽管如此,因金朝统治者的租税繁重,养兵众多,百姓无法完成征税而流离失所者众,生活苦难深重。金宣宗兴定二年(1218)九月,权移邳州行省侯挚言"海(州)之民户曾不满百而屯军五千,……今兵多而民不足,……贫民失业者甚众,日食野菜,无所依倚。"③

蒙古军进入内地后,初以民田为牧地,后逐渐废止,并令各级官员劝农耕作。世祖中统元年(1260),"命各路宣抚司择通晓农事者,充随处劝农官。"④中统三年(1262)夏四月,"甲辰,命行中书省、宣慰司、诸路达鲁花赤、管民官,劝诱百姓,开垦田土,种植桑枣,不得擅兴不急之役,妨夺农时。"中统四年(1263)七月壬寅,"诏阿术戒蒙古军,不得以民田为牧地。"⑤世祖至元十六年(1279),宣徽院所辖淮东淮西屯田打捕总官府"募民开耕涟、海州荒地,官给禾种,自备牛具,所得子粒官得十之四,民得十之六,仍免屯户徭役,屡欲中废不果。"⑥尽管如此,但蒙古统治集团的压榨及各路义军对海州地区百姓的盘剥还是致使海州地区"民力凋耗"。⑦

二、盐茶经济

北宋仁宗天圣(1023—1032)年中,海州境内有"板浦、惠泽"二盐场,徽宗宣和年间(1119—1125),有"板浦、惠泽、洛要"三盐场。宋廷南渡后,海州处于宋金双方的战略前沿,是双方交战的主战场,境内盐场时而属金时而归宋,但大部分时间属金。

1978年冬,灌云县板浦镇水利工程中出土一方方形带矩形纽铜印,为金代"提控之印"(图 4-1),后为灌云县图书馆征集(现藏淮安市博物馆)。铜印边长为 7.7 厘米,

a. 侧面(来源:卢斌)

b. 印面(来源:卢斌)

c. 印面拓片(来源:尤振尧)

图 4-1　金代"提控之印"

---

① 《金史》卷50《食货志五·区田之法》,第 1123-1124 页;卷10《章宗本纪二》,第 238 页。
② 《金史》卷100《孟铸传》,第 2201-2203 页。
③ 《金史》卷108《侯挚传》,第 2388 页。
④ 《元史》卷93《食货志一·农桑》,第 2354 页。
⑤ 《元史》卷5《世祖本纪二》,第 84、93 页。
⑥ 《元史》卷100《兵志三·屯田》,第 2563 页。
⑦ 《元史》卷206《李璮传》,第 4592 页。

厚1.6厘米,通纽高5.3厘米,重975克,印面刻四字九叠篆书"提控之印"。印座一侧錾阴文"丁亥年行尚书省造",另一侧錾阴文"提控之印"。宋金时期,"丁亥"年有两个,一个是孝宗乾道三年丁亥(金世宗大定七年,1167),另一个是理宗宝庆三年丁亥(金哀宗正大四年,1227)。

从表4.1可以看出,理宗宝庆三年丁亥(1227)前后,海州地区归地方武装割据李全占据。而前者正好在"绍兴讲和"之后不久,海州地区被"割以畀金",因此可以推知该"提控之印"由金朝行尚书省于金世宗大定七年丁亥(1167)铸造,授予海州提控,来统管海州一切事务。① 安徽省阜阳市博物馆亦藏有同类型的"提控之印",尺寸大小相近,铜印侧面錾刻阴文"壬辰年四月□"。铸造时间当在孝宗乾道八年壬辰(金世宗大定十二年,1172),因为这个时间前后阜阳(宋代称顺昌府汝阴郡,金代称汝阴)为金朝控制,党怀英(1134—1211)曾于大定十五年(1175)迁汝阴县尹。②

金朝与历代一样,将盐作为十大榷货之首,金大定二十五年(1185)之后,只保留了"山东、沧、宝坻、莒、解、北京、西京七盐司",而且"视其地宜"规定了"行盐之界",即根据盐场所属的行政区域划定了售盐的势力范围。海州下辖朐山、赣榆、东海、沭阳、涟水五县,拥有独木场、板浦场、临洪场三个盐场,皆属莒州盐司,因此在海州古城南面的"板浦场"只能"行涟水、沭阳县",而北面的"临洪场"只能"行赣榆县","独木场"只能"行海州司候司、朐山、东海县"。③

虽然这种"行盐之界"有严格的规定,但也有例外。1994年,在今江苏省连云港市沙河镇城子村附近出土了6笏行人银铤,束腰式,两端呈弧形。其中一笏银铤(图4-2)刻文完整,正面腰处有以字模顺直砸印的两行各四字铭文,左边为"密州侯家",右边为"真花铤银",另有顺直錾刻戳记铭文"诸成县""伍拾两""买盐人刘祐""验匠成谨""使正""行人侯琦"及下部押记符"止"等,背面呈蜂窝状。④ "诸成县"即"诸城县",时为山东"密州"州治;"使正"极有可能是"盐课大使"正职官员。从形制、铭文等方面看,属金代产物。因此可以推知,这块银铤的使用情况大致是这样的,买盐人刘祐持该银铤在赣榆盐区买盐,该银铤为五十两真花银铤,由山东密州诸城县侯家银铺的侯琦铸造,质检员为银匠成谨,签字人为盐课大使。基于买盐资金的数量,"买盐人刘祐"也极有可能来自山东密州诸城县,这就打破了"行盐之界"的规定,这种情况亦有可能由金代末期混乱的

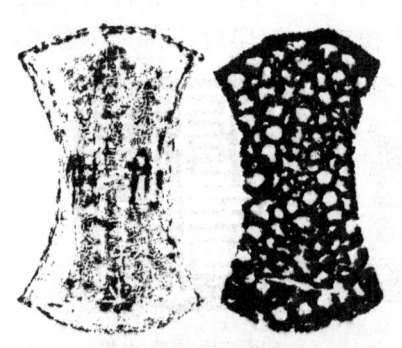

图4-2 江苏赣榆出土金代银铤正反面
(来源:李克文)

---

① 尤振尧:《江苏灌云县板浦出土"提控之印"》,《考古》1988年第2期,第188、178页。
② 卢斌:《阜阳市博物馆藏封泥印章选介》,《文物鉴定与鉴赏》2019年第3期,第34-35页;《金史》卷125《党怀英传》,第2726-2728页。
③ 《金史》卷49《食货志四·盐》,第1093-1094页。
④ 李克文:《江苏赣榆发现宋代大宗货币银铤》,《西安金融》1995年第2期,第70-71页;李克文:《江苏赣榆县出土宋代银铤》,《考古》1997年第9期,第84页。

社会政局所引发。①

元代,在扬州设置了正三品的两淮都转运盐使司,在下辖的二十九所盐场中皆配置从七品的司令一员,进一步提高了盐业管理的地位,其中就有"板浦场"以及海州(时称海宁州)所属的另外三个场"莞渎场""临洪场"和"徐渎浦场"。②"莞渎场"位于今灌南县新集镇莞渎。"徐渎浦场"即"徐渎场",元至正二十八年(1368)设置。

北宋时期,海州设茶榷货务,为天下六榷之一。因品质上乘,海州茶较其他地区的茶不仅价高,而且易售,为此,朝廷还规定某些地区不得买卖,如"河北次边、河东缘边次边,皆不得射海州茶。"但自仁宗嘉祐四年(1059)罢榷茶后,史料中未见录入海州地产茶。宋南渡后,由于海州地区成为宋、金、元及地方武装割据反复争夺之地,茶叶的交易亦销声匿迹。

第三节　南宋(金、元)时期海州文化

南宋(金、元)时期,海州地区连年战乱,和平稳定发展的时间较短,社会、经济、教育、科技、文化等遭到了空前的摧毁,对外经贸文化交流亦毫无建树。

一、文化人才

据史乘资料统计,南宋(金、元)时期,海州地区举进士的只有南宋的糜师旦、孙世臣、王元佐、丘岳和单公选5人。而明隆庆《海州志·人物志》仅录丘岳1人,清嘉庆《海州志·选举表》仅录孙世臣、丘岳和单公选3人,③清光绪《赣榆县志·人物志》仅录单公选1人。④

金朝统治时期无人中进士,元朝统治初期,没有科举考试,直到仁宗皇庆二年(1313)才下诏恢复,延祐二年(1315)第一次开科取士。

南宋海州进士糜师旦来自海州糜氏望族。东汉末年,朐县富豪糜竺与弟糜芳资助辗转前来海州的刘备,并将妹妹许配给刘备,成为糜夫人,糜竺也被刘备封为安汉将军,位列众臣之首。

糜师旦(1131—1198),字周卿,其先海州朐山人,建炎初,因父糜错迁居平江府吴县(今江苏省苏州市)。17岁登高宗绍兴十八年戊辰(1148)王佐榜进士,为第四甲(共

---

① 张家超:《印象海州——以二十世纪初海州影像为背景的考察》,南京:东南大学出版社,2020年,第131-132页。
② 《元史》卷91《百官志七》,第2312-2313页。
③ [明]隆庆《海州志》卷7《人物志》,第248-249页;[清]嘉庆《海州直隶州志》卷6《选举表一·进士》,第120页。
④ [清]光绪《赣榆县志》卷11《人物上》,中国方志丛书,华东地方,第126号,台北:成文出版社,1970年,第351页;卷7《贡举》,第185页。

122人)第92名,累官知富阳县;孝宗淳熙十三年(1186),为御史台主簿;光宗绍熙元年(1190)为江东转运主管;绍熙二年八月,除秘书郎;绍熙四年三月,知秀州;宁宗庆元元年(1195),以吏部郎官迁左司员外郎。糜师旦官至显谟阁学士、正议大夫,封成安郡开国侯,赠正奉大夫。

《绍兴十八年同年小录》详细记载了糜师旦参加科举时的个人信息和家庭情况,附录则简单介绍了宁宗庆元元年以后糜师旦的游宦经历:

> 糜师旦,字周卿,小名猪哥,小字辛儿。年十八,十月十七日生。外氏马,具庆下,第百八。兄弟十人。一举。未娶。曾祖文道,故,不仕;祖拱臣,故,赠右奉直大夫;父锴,见任左朝散大夫。本贯平江府吴县至德乡昌用里。父为户。
>
> 附录:糜师旦,第四甲第九十二人。庆元初,以左司郎中赴阙。适金贺生辰使至,迁显谟阁学士、提举万寿观兼侍读、充接伴使。卒于常州。官至正议大夫。爵成安郡开国侯。赠正奉大夫。①

明人凌迪知《万姓统谱》载:"糜师旦,字周卿,锴子,年十七登进士第。知富阳县,岁旱民饥,竭力拯救,多所全活,转朝奉大夫、秘书郎。绍兴五年(1135),知秀州。历显谟阁学士、政议大夫。"②其中有二处错误,一处是"绍兴五年",应为"绍熙五年(1194)",糜师旦绍兴十八年(1148)方中进士。第二处是"政议大夫",应为"正议大夫"。《宋史·职官志九》载:《元丰寄禄格》以阶易官,将"六曹侍郎"改名为"正议大夫",官阶为正四品上。③只有吕公著由执政出知定州时使用了"政议大夫",载《宋史·宰辅表》:神宗元丰五年壬戌(1082),"四月丁丑,吕公著自政议大夫、同知枢密院事以光禄大夫、资政殿大学士知定州。"④推测为误刻。

明人王鏊在《姑苏志·人物志》中则详细介绍了糜师旦的生平:

> 糜师旦,字周卿,其先朐山人。建炎间始来平江,遂为郡中大姓。父锴,字公范,登政和进士第,为确山县市易务,由博士持使节,与秦桧议不合,弃官去以终。赠金紫光禄大夫。师旦,年十七登进士第,历高邮、西安二县尉,通州、南康军、衢州三郡教授。授宣教郎、知富阳县,岁旱涝民饥,极力拯救;易盐官丞,究心荒政,两邑多所全活。淳熙十三年(1186),辟御史台主簿,转朝奉大夫,除秘书郎。绍熙三年(1192),权刑曹郎官;五年知秀州,赈恤荒灾,民不告病。庆元初,以尚书左司郎中召,适金国贺生辰使至,以显谟阁学士、正议大夫提举万寿观兼侍读、成安郡开国侯充接伴使。卒年六十七。累赠正奉大夫。⑤

明人记糜师旦知秀州时间为绍熙五年(1194),而宋人陈骙在《南宋馆阁录·秘书郎》中记为绍熙四年(1193)三月,文曰:"糜师旦,字周卿,吴县人。绍兴十八年(1148)王佐榜

---

① 按:《宋代登科总录》将"曾祖文道"误为"曾祖文道",将"父锴"误为"父错"。[宋]阙名:《绍兴十八年同年小录》,文渊阁《四库全书》第448册,第353、379、406页;龚延明,祖慧编:《宋代登科总录》第6册,桂林:广西师范大学出版社,2014年,第2901—2902页。
② [明]凌迪知:《万姓统谱》卷4,文渊阁《四库全书》第956册,第148页。
③ 《宋史》卷169《职官志九》,第4051—4052页。
④ 《宋史》卷211《宰辅表二》,第5493页。
⑤ [明]王鏊:《姑苏志》卷51《人物九·名臣》,文渊阁《四库全书》第493册,第892页。

进士出身。治诗。二年八月除(秘书郎),四年三月知秀州。"①应更为接近事实。

糜师旦亦卷入"庆元党禁"案,加入对道学集团的攻讦。宁宗庆元元年(1195),韩侂胄等为压制周必大、赵汝愚、朱熹等为首的道学集团,将之命名为"伪学"。六月,右正言刘德秀上书请求考核道学真伪,以辨邪正,实际上是为了打压道学,弹劾道学官员,从而拉开了"庆元党禁"的序幕,影响甚至扩大到南宋末年整个社会。当年七月,"吏部郎官糜师旦亦建言请考核真伪。未几,迁左司员外郎。"②

糜师旦未成年即进士及第,又善弈工诗,当有所成就,但终未显名。有一传说亦令人困惑,元人陆友仁《吴中旧事》引《夷坚志》云:

> 糜师旦,字周卿,吴人。绍兴戊辰(1148)登科。绍熙庚戌(1190),为江东转运主管。官蜀,相士杨生谓:"于相法,当有肉峰生顶上,愈壮则愈显。"后果有肉隆然。癸丑(1193)岁,为嘉禾守,杨复访之,则峰益高。糜尝历御史主簿、秘书郎,春秋几七十年矣,然才至左司郎中。卒于乙卯(1195)。③

据《绍兴十八年同年小录》载,糜师旦 10 月 17 日出生,高宗绍兴十八年戊辰(1148)登进士时为 18 岁,其他史料记为 17 岁。中国古代记年龄有虚、实之分,出生时算 1 岁,每年加 1 岁,则为实岁;若出生在上半年,则在实岁年龄上加 2 岁为虚岁,否则加 1 岁为虚岁。推测糜师旦登进士时的 18 岁为虚岁(17 岁为实岁),则糜师旦出生时间为高宗绍兴二年(1132);据《姑苏志·人物志》载,糜师旦卒年 67 岁(为虚岁),则糜师旦卒于宁宗庆元四年戊午(1198)。《吴中旧事》载糜师旦"卒于乙卯",即卒于宁宗庆元元年乙卯(1195),可能有误。当然,严格意义上来说,糜师旦应不算海州人。

二、宗教文化

南宋(金、元)时期,因战乱频繁,海州地区的宗教文化虽有继承,但亮点不多,大多是对前期毁损宗教建筑进行修复重建。史乘所载主要是南宋时期为祈雨、祷蝗而建,金朝和元初的宗教建筑则难觅踪迹(表 4.2)。

表 4.2　南宋(金、元)时期海州地区新建(重修)寺庙宫观等宗教建筑一览表

宗教建筑名称	地理位置	新建(重修)时间	新建(重修)人	存续原因
旌忠庙	州城察院西	理宗景定(1260—1264)中	南宋朝廷	侯畐通判海州,死节,立庙祀之,赐额"旌忠"
鱼骨庙	东海城北	理宗宝祐(1253—1258)中		黄公能刀厌虎,因祀之
佛陀寺	大伊山前	理宗景定元年(1260)		元初兵毁
关圣庙	东海城内西山	理宗景定四年(1263)	安抚使张汉英	

---

① [宋]陈骙:《南宋馆阁录》卷 8《官联二·秘书郎》,文渊阁《四库全书》第 595 册,第 516 页。
② 按:《苏州通史》在"糜师旦"条中将"刘德秀"误为"真德秀"。[宋]刘时举:《续编年资治通鉴》卷 12,文渊阁《四库全书》第 328 册,第 995—996 页;李峰:《苏州通史》人物卷上《先秦至宋元时期》,苏州:苏州大学出版社,2019 年,第 237—238 页。
③ [元]陆友仁:《吴中旧事》,文渊阁《四库全书》第 590 册,第 457 页。

(续表)

宗教建筑名称	地理位置	新建(重修)时间	新建(重修)人	存续原因
玉皇宫	凤凰城东山绝顶	理宗景定三年(1262)	安抚使张汉英	
清源庙	墟沟村	理宗淳祐二年(1242)		
东岳庙	龙苴镇	理宗宝祐(1253—1258)中		
东岳庙	新坝镇官河北	理宗淳祐二年(1242)		
洞真庵	伊庐山前	度宗咸淳二年(1266)		
遇真庵	伊庐山东	度宗咸淳八年(1272)		
普照寺	东海城隍庙基址	咸淳间(1265—1274)		"王信据城,毁塔为垒,寺遂废。"①

资料来源:明清时期海州、赣榆县、沭阳县方志等。

在如此残酷的战乱局势中,道教活动一直没有停止,就连全真教七子之一的王处一都在金朝控制的海州属县赣榆县留下了传教的足迹,这足以表明宋金时期海州地区全真教传播的繁盛。王处一(1142—1217),字玉阳,号玉阳子,一说号全阳子、华阳子,宁海东牟(今山东乳山)人。金世宗大定八年(1168)师事全真教王重阳,为"北七真"之一。王处一长期隐居昆仑山烟霞洞,后下山传真布道,足迹遍及山东、陕西、山西、北京等地,对中国北方的道教传播产生了极大的影响。著有《云光集》四卷存世。

王处一《云光集》中现存三首与赣榆有关的诗词,可见在金朝控制海州地区时,王处一曾到海州属县赣榆县传教。

第一首为七言绝句《赠赣榆县徐福店酒监》:

不舍尘清去又来,拔亡救苦免凶灾。化缘济度开心月,四序金莲火里栽。②

第二首为五言律诗《赣榆县诸王村下元黄箓醮赠众》:

谨设三元醮,同兴祝圣筵。香烟腾碧落,法事礼诸天。荐福遵黄箓,修真步白莲。存亡皆快乐,功德普周全。③

第三首为《木兰花幔》词《赣榆县诸王村三殿庙黄箓醮罢作》:

恣逍遥豁畅,乃容膝,小金山。用妙力加持,兴洪大醮,真圣临坛。恩光遍施下界,救存亡、离苦列仙班。明贯从容法体,宴居一味萧闲。

回还,诱演幽深,将内外,事都删。聚五蕴清凉,天宁地静,撞透三关。皇天助弘大道,度群生、万类不为难。指日金书诏下,永辞俗海尘寰。④

海州地区本地的宗教活动也有新的发展契机,出现了数个有名的宗教人物。

1. 蓑衣师者

蓑衣师者,俗姓张,名志朴,号严浮子,兖州泗水(今山东省济宁市泗水县)人。后因心慕东海奇秀山水,遂来海州隐居,修炼"玄黄飞炼之术",有预言、祈禳法术。事载明隆

---

① [清]嘉庆《海州直隶州志》卷29《寺观录》,第491页。
② [金]王处一:《云光集》卷之二连五,转引自[金]谭处端等著,白如祥辑校:《谭处端 刘处玄 王处一 郝大通 孙不二集》,济南:齐鲁书社,2005年,第315页。
③ [金]王处一:《云光集》卷之三连六,第317页。
④ [金]王处一:《云光集》卷之四连七,第347页。

庆《海州志·仙释》：

> 蓑衣师者，姓张，名志朴，号严浮子，兖州泗水人。性明悟，学玄黄飞炼之术。闻东海山水奇秀，遂隐于溪云山清霄洞。昼惟一食，身则一蓑衣，故呼为"蓑衣师者"。常山行，群鹿随之。有萧均者闻而见焉，师曰："尔，国器也，终当持节。"不逾年，以功授洪都统制。胶西守赵德义将之官，患航海，往祷之，师曰："吾助汝无忧也。"既登舟，白龙随之，一夕而达。淳祐间，夏旱，乡人扣之，师为之禳，已而大雨。严冬会客，指南园郁李曰："来日，可共观花。"及朝，视之，花已烂漫。又尝一日赴数斋会，皆题诗、书字与之，及人往谢，乃知师未尝出舍，盖神游也。宝祐间，有鹿衔竹枝献师，师语人曰："吾将逝，此其兆。"果终。葬之日，人见在涟水化斋，盖尸解去。今长春庵乃藏身之地。①

后人分别于世祖至元二十四年（1287）和仁宗皇庆元年（1312），在其所建"蓑衣庵"附近雕刻摩崖石刻两通，以示纪念。

2. 道士于氏

道士于氏（？—1231），名无考，海州朐山人。理宗初，因能占会卜，被地方武装割据李全尊为军师。理宗绍定四年（1231），李全叛宋，攻占扬州，焚毁朝廷诰敕。于氏预言李全必被杀，李全听后恼怒，杀于氏，次日李全亦被宋廷杀害。事载《宋史·李全传下》②，清嘉庆《海州志·方技》转引如下：

> 于道士，朐山人，已耄耋。李全据淮、海时，迎致之，全攻宋扬州，于初见全，即叹曰："我业债合在州偿。"全强之占事多验，尊为军师。及全因军败，焚诰敕，道士谓人曰："相公死明日，我无今日矣！"人问之，曰："朝廷以安抚、提刑讨逆，然为逆者，节度使也。岂有安抚、提刑能擒节度使哉？诰敕既焚，则一贼尔。盗固安抚、提刑所得捕，不死何为！"入见全曰："相公明日出帐门必死。"全怒斩之。翌日，果见杀。③

3. 蓑衣道人

蓑衣道人（？—1197），又称蓑衣道人，俗姓何，名立，一说名中立，海州朐山人。宋廷南渡后，为避战乱渡江至平江（今江苏省苏州市）。本为书生，屡试不中，后偶遇妙严僧舍，临池见影，豁然悟道，遂终年以蓑衣遮体，号"蓑衣道人"。孝宗因梦多次召见，不至；遂赐号"通神先生"，赐衣数袭，不受；淳熙三年（1176），筑"通神庵"赐之，不居。众人给予珍馐，在大街上吃饱后扬长而去。光宗即位，召之，亦不至。卒后，士人于宁宗庆元三年（1197）九月在天庆观（今玄妙观）为之立碑《通神先生何蓑衣事实》，以记录蓑衣道人的生平。碑高155厘米、宽108厘米、厚20厘米，碑额为孝宗赵昚手书"通神庵"，碑文由胡衮撰，共680余字，楷书。④《宋史》卷四六二有本传，明隆庆《海州志·仙释》亦节引《宋史》本传。⑤

---

① [明]隆庆《海州志》卷8《杂志·仙释》，第282—284页。
② 《宋史》卷477《李全传下》，第13847—13848页。
③ [清]嘉庆《海州直隶州志》卷25《人物传八·方技》，第435页。
④ 张晓旭：《苏州碑刻》，苏州：苏州大学出版社，2000年，第112页。
⑤ 按：《宋史》本传载蓑衣道人卒年为宁宗庆元六年（1200）。《宋史》卷462《方技下·蓑衣道人》，第13532页；[明]隆庆《海州志》卷8《杂志·仙释》，第281—282页。

第四节　南宋(金、元)时期海州军事防御

宋廷南渡后,清嘉庆《海州志·职官表》载:"诏诸路州军巡社,并以忠义巡社为名,隶宣抚司,后募乡民为之。乾道之末,各州有都统,领兵分屯列戍。又有水军,沿河江淮帅府各置水兵二军,要郡别置水兵一军,次要郡别置中军,号曰凌波楼船军。"海州兵马由兵马钤辖节制,为抗击金军、镇压群盗,又设海州镇抚使一职。李进彦曾担任海州兵马钤辖,李彦先曾担任海州镇抚使。

金朝将海州设为刺史州,即军事州,置经略使统管兵马。

蒙古军占领海州地区初期,将海州升为海州路总管府,隶山东宣慰司。清嘉庆《海州志·职官表》载:"(世祖)至元十二年(1275),置海州东海军,戍四千人。《续文献通考》载:至元中,敕习泛海者募水工至千人为千户,百人为百户。又择濒海沿江要害二十二所,分兵阅习,伺察诸盗。"

宋金元时期,军事防御设施主要是通过古城呈现的,尤其是南宋朝廷,将古城或者堡垒作为防守金、元及盗贼抢掠、攻击的主要军事设施。

1. 海州古城

海州古城发端于南北朝时期梁武帝天监十一年(北魏永平五年,512)马仙琕所筑土城①,范围仅限于东城,即东至东门、西至鼓楼的区域。到唐宋时期,因社会稳定、经济发展,人口增长迅速,加之城防需要,又扩至西城,即西至蔷薇河东岸。② 高宗绍兴末,魏胜率众抗金,占据海州城后,为与金军对峙,多次"筑城浚隍,塞关隘""负土填壕""修营垒,绝河道"。孝宗隆兴元年(1163),已任海州知州的魏胜为加强防守,将西南方向紧靠城池的孤山(今白虎山)圈入城内。《宋史·魏胜》载:"海州城西南枕孤山,敌至,登山瞰城中,虚实立见,故西南受敌最剧。胜筑重城,围山在内,寇至则先据之,不能害。"③

除史乘记载外,近年来的考古又有新发现。连云港市重点文物保护研究所(今连云港市文物保护和考古研究所)2017年的勘探报告称,目前,海州古城除了残存的明清两个时期的三段城墙遗址外,尚有宋金时期的城墙遗址四段。④

明清两个时期的城墙遗址有三段,现在都裸露表面,肉眼可见。一是东南角城墙拐弯处的一段土城墙遗址,位于城墙东门"镇海"门(今甲子桥)南部约200米处,东西长约150米、宽30~50米,地表最高处约8米;二是东城墙的一段夯土台基,位于甲子桥西边

---

① [明]隆庆《海州志》卷1《舆图·城池》,第30页。
② 张家超:《印象海州——以二十世纪初海州影像为背景的考察》,第244-246页。
③ 《宋史》卷368《魏胜传》,第11455-11462页。
④ 按:2017年连云港市重点文物保护研究所对海州古城遗址的勘探报告由原连云港市重点文物保护研究所所长高伟研究员提供,非敢掠美,诚挚感谢。参见张家超:《印象海州——以二十世纪初海州影像为背景的考察》,第244-256页。

"城墙巷",南北向约 1000 米,宽 10~12 米;三是原朐阳门以西的一段夯土台基,位于双龙井西北方向,中环南路北约 40 米,东西向约 45 米,宽 5~10 米,最高处约 4 米。

宋金时期的城墙遗址共有四段,仅残存城墙夯土台基,为考古发掘所见。一是东南部的一段,位于海州朐阳街道双龙村谢小楼桥北侧,在距明清海州城墙遗址南约 300 米、东风路北约 20 米处,东西向长约 230 米,宽 21~41 米,高 2~5 米;二是中南部的一段,位于海州中环中路观音巷内,双龙井西偏南方向,南大岭和观音庵交界处,距明清城墙遗址南约 30 余米,东西向长约 550 米,顶部最宽处 65 米,最高处 23 米;三是西南部的一段,位于原连云港市第四人民医院东墙南洋楼至白虎山山脚处,被院墙截断,东西长约 3 米,宽约 22 米,高 3~5 米;四是西南拐角处的一段,位于原连云港市第四人民医院院墙西南角,东至白虎山西侧,西至磐海名郡小区东大门对面,南北长约 36 米,宽约 10 米,高 3~4 米。这四段宋金时期的城墙基址皆位于明清时期城墙遗址的南部,与白虎山几近在一条东西线上。推测魏胜将白虎山扩入城中时,有可能在古城的东南部和南部也进行了扩城。另外,"(理宗)宝祐三年(1255),李瓒又加修筑。"①不能排除李瓒也加筑过这几段城墙的可能。

宋金元时期,海州古城为南宋、金、元及地方武装割据反复争夺的重地,不断被攻陷焚毁,又被重建重修。有时金军势力强大,南宋将领在权衡利弊之后,认为海州城不可守,即毁城迁民。高宗绍兴十一年(1141)六月,"癸未,张俊、岳飞至楚州。俊以海州城不可守,毁之,迁其民,统韩世忠军还镇江,惟背嵬一军赴行在。"②

金朝、蒙古军及地方武装割据控制时期,虽然海州有时也处于守势,对城池有所加筑,如李瓒,但总体来说,以掠夺为主,因此对城池的影响以毁损为主。

2. 东海县古城

东海县古城(图 4-3)位于今海州区南城街道,宋金时期位于郁洲岛上,东、南、西三面环海,南宋理宗宝祐二年(1254),由贾似道献捷筑。事载明隆庆《海州志·城池》:

> 东海城。旧有大小二城,宋宝祐中,贾似道献捷筑。西南二面控海,东北二面抵山,实为重镇,恃此以胜北虏。大城连接小城,东、南二面通为一城,周围一十三里皆砌以石,有东、南、北三门。

清嘉庆《海州志·城池》照录。③ 但清道光《云台新志·凤凰城》不仅照录上述内容,还载:"凤凰城。李普元《东海志》:即东海城,俗名南城。……又按:东海一县字六朝以来屡废屡置,建置随时,则崇墉设防,其来已久。旧志以为贾似道筑,不知宋元徽中,刘善明已累石为之,高八九尺矣。似道特因而崇之耳。"④意思是魏晋南北朝时期(即"六朝")就已经建城墙(即"崇墉")设防,但因战乱频繁,屡建屡废。南朝刘宋后废帝元徽四年(476)八月乙酉,西海太守刘善明以行侨置郁洲岛的青、冀二州刺史为青、冀二州刺史,⑤为抵御北朝

---

① [明]隆庆《海州志》卷 1《舆图·城池》,第 30 页。
② 《宋史》卷 29《高宗本纪六》,第 549 页。
③ [清]嘉庆《海州直隶州志》卷 14《建置考二·城池》,第 255 页。
④ [清]道光《云台新志》卷 6《城村·凤凰城》,中国方志丛书,台北,成文出版社,1974 年,第 315-316 页。
⑤ 《宋书》卷 9《后废帝本纪》,第 186 页。

北魏孝文帝组织的进攻,刘善明垒石为城,但一年后终为北魏所破。

《宋史》有多处记载东海县城事。理宗宝祐二年(1254)三月"甲午,城东海,贾似道以图来上。"六年(1258)十一月"丁卯,东海失守,贾似道抗章引咎,诏令以功自赎,特与放罪。"①理宗景定三年(1262)二月"庚戌,李璮以涟、海三城叛大元来归,献山东郡县。诏改涟水为安东州。……(三月)辛未,诏升海州东海县为东海军。"②

恭帝德祐元年(1275)三月"甲申,大元兵至西海州,安抚丁顺降。乙酉,知东海州施居文乞降于西海州。"《元史》记为:"(二月甲子)都元帅博鲁欢次海州,知州丁顺以城降。"③随后复西海州为海州,东海州为东海县。

图 4-3　东海县古城城墙局部
(来源:高伟)

3. 孔望山抗金古城

明隆庆《海州志·古迹》中记载,在孔望山南麓半坡有古城池,垒石而成,疑为古州城遗址。文及按语曰:

> 古州城。在今郡城东,前接高山,后枕积水。其山半垒石为城,东南面海。《地理新书》以为即古海州。其山之岭为孔望山,下有龙洞,东有浴龙池及古今题咏石刻。
>
> 按:《东汉书》:"王莽时,东海人董宪起兵据郡,光武追,破之,走保朐,吴汉下朐擒之。"注云:"海州朐山县西有故朐城,秦始皇立石以为东阙门,即此地也。"据此,则朐山县在孔望山下,朐城即今州治。秦始皇筑也,与朐山县先后二城。今以孔望山下故址即古州城,恐非是。④

---

① 《宋史》卷44《理宗本纪四》,第851、863页。
② 《宋史》卷45《理宗本纪五》,第880页。
③ 按:《元史·博罗欢伯都传》亦有类似记载。《宋史》卷47《瀛国公本纪》,第823页;《元史》卷8《世祖本纪五》,第163页;《元史》卷121《博罗欢伯都传》,第2988-2992页。
④ [明]隆庆《海州志》卷8《杂志·古迹》,第302-303页。

孔望山古城遗址为考古发掘所证实,但城垣断面上显示的叠压关系、城垣底部出土的碎瓷片、砌筑台阶的青砖以及城垣外所筑的马面,这些都是宋金时期的典型物件和筑城方式,故判断孔望山古城并不是秦汉时产物,而是宋金时期所筑,为南宋抗金的前沿堡垒,是一座军事城堡。

原连云港市重点文物保护研究所分别于1980年、2000至2004年多次对现场进行考古发掘,发现古城位于海州古城东面孔望山与凤凰山之间,东西长约640米,南北长约550米,南、北城垣皆沿两山山脊而建,东、西城垣则建在两山之间的平地上,并各有一座城门,西城门甚至还有瓮城,南、北、西城垣外筑马面(图4-4),南、西城垣外有护城壕,北、东城垣外无,原因可能是北面孔望山较高、东面临海。孔望山古城遗址于1982年被公布为连云港市第一批文物保护单位,2006年被公布为江苏省第六批文物保护单位。①

图 4-4　孔望山抗金古城遗址马面
(来源:高伟)

---

① 连云港市重点文物保护研究所编著:《连云港市文保单位图录》,北京:中国文史出版社,2017年,第96-99页。

第五章 南宋（金、元）时期海州职官群体研究

第一节　南宋(金、元)时期海州职官设置情况

一、南宋海州职官设置情况

史乘及本书研究所得南宋海州职官数目见表 5.1。

表 5.1　南宋海州职官数目一览表　　　　　　　　　　　　单位：人

州县	职官	隆庆《海州志》	嘉庆《海州志》	李之亮《宋两淮大郡守臣易替考》	本书研究
海州	团练使		1①		1
	团练副使				6
	知州	1	9	13②	15
	通判	1	2(3)③		8
	儒学教授				4
	司法参军				1
	镇抚使				2
	兵马钤辖		1		1
	龙沮(沮城)巡检		1		1
朐山县	县令	1	2		2
	主簿		1		3
东海县	县令				2
怀仁县	县令				1
沭阳县	县令		1		2

资料来源：隆庆《海州志》、嘉庆《海州志》、李之亮《宋两淮大郡守臣易替考》及本书第八章。万历、康熙、嘉庆、光绪《赣榆县志》，康熙《沭阳县志》皆不载。括号内为补正后的数目。

南宋延续北宋职官制度，但也根据宋金元交战的形势有所变化，主要有三：一是明确团练(副)使作为"左降官"使用，为遥授官。二是新设置镇抚使一职。"镇抚使。旧所无有，中兴，假权宜以收群盗。"④宋廷南渡后，今苏北鲁南地区群雄纷起，有起兵抗金抗蒙古军的忠义军，有趁乱打劫的盗匪，宋廷为了镇压或招抚这些人为抗金抗蒙古军服务，遂沿袭唐代在边陲设置藩镇之制，在淮南、京东、京西、湖北等路设置镇抚司，主管为镇抚使，下辖若干府、州(军)、县(监)，掌管官、兵、民以及除茶盐之外的财赋权。镇抚使有先废置

---

① 按：清嘉庆《海州直隶州志》将海州团练副使曲端误为海州团练使，失收海州团练使边顺。
② 按：魏胜两任海州知州，记 2 次，本书研究同。
③ 按：含"海州司马"1 人，"司马"即"通判"在唐代的旧称。
④ 《宋史》卷 167《职官志七》，第 3966-3967 页。

属僚、再上报朝廷备案之权,这使得海州职官资料留存极少,也是本研究得官较少的原因之一。后因群雄割据,或战死,或降金降蒙古军,遂罢。高宗建炎四年(1030)五月二十四日,李彦先诏为首任海州、淮阳军镇抚使兼知海州。三是上述诸路除盐茶归朝廷置官提举之外,其他监司皆罢。①

南宋在海州设巡检,地点在龙苴(今灌云县龙苴镇),名为龙苴巡检,后为避讳"龙"字改为苴城巡检,惜未得其名。据《宋会要辑稿》方域六之一八载:

> 绍兴元年(1131)四月八日,通判建昌军庄绰言:"窃见大观中忌讳日广,君、主、龙、天、万年、万寿之类,县邑称呼名字,例皆改易,有识观之,以为靖康之谶。欲乞应缘避前项众字所更县邑乡村寺院等名,并令如故。"进奏院供到元避字去处,海州龙苴巡检等处,诏并令改正,更有似此去处,令所属申尚书省。进奏院状:海州龙苴巡检今改为苴城巡检……②

二、金朝海州职官设置情况

本书研究所得金朝海州职官数目见表5.2。

表5.2 金朝海州职官数目一览表　　　　　　　　　　　　　　单位:人

州县	职官	嘉庆《海州志》	光绪《赣榆县志》	本书研究
海州	经略使	3		3
	权经略副使	1		1
	刺史	2		4
	海州守			1
	同知	4		6
	通判			1
	军事判官			2
朐山县	县令			3
	莞渎村巡路巡检	1		1
东海县	县令	2	2③	3
赣榆县	县令	1	1	2
	主簿			1
	县尉			1
	徐浦酒税都监			1

资料来源:嘉庆《海州志》及光绪《赣榆县志》。万历、康熙、嘉庆《赣榆县志》,康熙《沭阳县志》皆不载。

---

① 《宋会要辑稿》职官42之74、75,第4108页。
② 《宋会要辑稿》方域6之18,第9388页。
③ 按:清嘉庆《海州直隶州志》疑将朐山县令宋蟠误为东海县令,失收东海县令介侍;清光绪《赣榆县志》照录清嘉庆《海州直隶州志》。参见[清]光绪《赣榆县志》,中国方志丛书,华中地方,第36号,台北:成文出版社,1970年影印版,第252-253页。

金宣宗在位年间（1213—1223）以海州为边州，用兵频繁，设海州经略使及刺史，以武职充任。据《金史·百官志三》载：

> 诸刺史州。刺史一员，正五品，掌同府尹兼治州事。同知一员，正七品，通判州事。判官一员，从八品，签判州事，专掌通检推排簿籍。司军，从九品。知法一员。军辖兼巡捕使，从九品。
>
> 诸县。令一员，从七品。丞一员，正九品。主簿一员，正九品。尉一员，正九品。凡县二万五千户以上为次赤、为剧，二万以上为次剧，在诸京倚郭者曰京县。自京县而下，以万户以上为上，三千户以上为中，不满三千为下。中县而下不置丞，以主簿与尉通领巡捕事。下县则不置尉，以主簿兼之。（中县司吏八人，下县司吏六人，公使皆十人。）①

县令、丞、尉的职能在"赤县"一节作了一般性的规定：

> （县）令……掌养百姓、按察所部、宣导风化、劝课农桑、平理狱讼、捕除盗贼、禁止游惰，兼管常平仓及通检推排簿籍，总判县事。丞……掌贰县事。主簿……掌同县丞。尉……专巡捕盗贼。②

金沭阳县未得一官。另外，在史料中还发现有"海州守"这一职官，可能由武秩担任，掌海州军政事务。如金熙宗天眷三年（高宗绍兴十年，1140），王山在金海州守任上被南宋韩世忠属下京东淮东宣抚司都统制王胜攻克海州后活捉。

金占据海州时，设巡检司，置巡检使一员。《宋史·高宗本纪三》载："（绍兴元年十二月辛巳，伪齐）知海州薛安靖杀伪都巡检使王企中，率军民以城来归。"③《金史·地理志中》亦载：金章宗泰和八年（宁宗嘉定元年，1208），"设沿淮巡检使及朐山县完渎村（今连云港市灌南县莞渎村）创立巡路，置巡检。"④惜未得其名。金宣宗贞祐年间（1213—1217）在赣榆县置税务都监、徐浦酒税都监。⑤

三、元朝统一前海州职官设置情况

元朝统一前海州职官得官数目见表5.3。

表5.3 元朝统一前海州职官数目一览表　　　　　　　　　　单位：人

州县	职官	隆庆《海州志》	嘉庆《海州志》	本书研究
海州	海州守			1
	海州万户			1

南宋理宗绍定六年（金哀宗天兴二年，元太宗五年，1233），南宋与蒙古军达成协议，南北夹击金军。"十二月，（蒙古）诸军与宋兵合攻蔡，败武仙于息州，金人以海、沂、莱、潍

---

① 《金史》卷57《百官志三》，第1313、1315页。
② 《金史》卷57《百官志三》，第1314页。
③ 《宋史》卷26《高宗本纪三》，第493页。
④ 《金史》卷25《地理志中》，第599页。
⑤ 《宋会要辑稿》兵16之14、15，第8947页。

等州降。"①次年正月,金哀宗自杀,金朝灭亡。自此海州地区又成为南宋、蒙古军及地方武装割据势力征伐的战场,期间互有攻防。蒙古军或降蒙的地方武装占领期间,控制海州的主管称为"海州守",并设"海州万户"一职,今得海州守一员,名孟德;海州万户一员,名王昔剌。

元世祖至元八年(1271)十一月,忽必烈改国号大蒙古国为大元;十二年(1275)三月,东、西海州降元后,朐山、赣榆、沭阳等属县相继随西海州降元,元廷复东海州为东海县,西海州为海州,治朐山。海州仍辖朐山、东海、赣榆、沭阳四县;十三年(1276),元廷设江淮行省,治扬州,海州隶之;十五年(1278),将海州升为海州路总管府,隶江北淮海道,治在朐山县,领录事司与朐山、东海、赣榆、沭阳四县。据《元史·百官志》载:

> 诸路总管府,至元初置。二十年,定十万户之上者为上路,十万户之下者为下路,当冲要者,虽不及十万户亦为上路。上路,秩正三品,达鲁花赤一员,总管一员,并正三品,兼管劝农事,江北则兼诸军奥鲁,同知、治中、判官各一员。下路,秩从三品,不置治中员,而同知如治中之秩,余悉同上。②

诸路总管府属官儒学教授一员,秩九品;学正、学录各一员;蒙古教授一员,正九品;医学教授一员,阴阳教授一员,司狱司司狱一员、丞一员,平准行用库提领、大使、副使各一员,织染局局使一员、副使一员,杂造局大使一员、副使一员,府仓大使一员、副使一员,惠民药局提领一员,税务提领、大使、副使各一员。

所设录事司为秩正八品,以掌城中户民之事。中统二年(1261),诏验民户,定为员数。二千户以上,设录事、司候、判官各一员;二千户以下,省判官不置。

至元十六年(1279),元朝灭亡南宋后,旋改海州路总管府为海宁府。《元史·百官志》载:散府,秩正四品,设达鲁花赤、知府或府尹、同知、判官、推官、知事、提控案牍等各一员。③ 今以上诸官皆无考。

录事司与东海县一起并入朐山县。海宁州治朐山县,领朐山、赣榆、沭阳三县。

---

① 《元史》卷2《太宗本纪》,第33页。
② 《元史》卷91《百官志七》,第2316页。
③ 《元史》卷91《百官志七》,第2316-2317页。

第二节　南宋(金、元)时期海州职官群体出身研究

一、南宋海州职官出身情况

南宋海州职官出身情况见表5.4。

表5.4　南宋海州职官出身分布表　　　　　　　　　　　单位：人

州县	职官	进士	武秩	荫补	不详	合计	遥授官
海州	团练使		1			1	1
	团练副使	3	3			6	6
	知州		8	1	6	15	
	通判	乡进士1	1	2	4	8	
	儒学教授	1			3	4	
	司法参军	1				1	
	镇抚使		2			2	
	兵马钤辖		1			1	
朐山县	县令	2				2	
	主簿	2		1		3	
东海县	县令				2	2	
怀仁县	县令				1	1	
沭阳县	县令	2				2	

海州团练使边顺为武秩，遥授官。团练副使王元、曲端、刘锡等3人亦为武秩，遥授官，其中曲端和刘锡皆以父荫入仕；另3人为进士，其中钱伯言赐进士出身。

南宋时期，由于海州处于宋、金、元、义军的反复争夺之中，海州知州多为武将担任，有时还称为"海州守"。得官15人中有8人为武秩，贾涉1人为荫补，6人不详，其中，据仕宦经历推测，徐晞稷和侯忠信2人可能为进士出身。

海州通判中有武状元1人，为侯畐；乡进士1人，为吴文治；1人为乡人举荐，1人以父荫补；另4人不详。

海州儒学教授章樵1人进士及第，高夔为荐补本官兼权知朐山县主簿，刘公彦因功荐举本官，之后升任怀仁县令、东海县令，另1人黄更出身不详。海州司法参军陈子遇为进士出身。海州镇抚使李彦先，兵马钤辖、海州镇抚使李进彦皆为武秩。

朐山县令高敞为金朝进士，陈炤为南宋进士。朐山县主簿余时举和陈牵皆为进士，高夔被举荐为官。权东海县令莫正出身不详。沭阳县令汪义荣和陈诗川皆进士出身，其中陈诗川进士及第前以武功补沭阳县令。

二、金朝海州职官出身情况

金朝海州职官出身情况见表5.5。

表5.5　金朝海州职官出身分布表　　　　　　　　　　　　单位：人

州县	职官	进士	武秩	荫补	不详	合计	遥授官
海州	经略使		3			3	
	权经略副使		1			1	
	刺史		3		1	4	
	海州守		1			1	
	同知	1	4	1		6	1
	通判				1	1	
	军事判官	2				2	
朐山县	县令	1			2	3	
	莞渎村巡路巡检				1	1	
东海县	县令	1	1		1	3	
赣榆县	县令				2	2	
	主簿				1	1	
	县尉				1	1	
	徐浦酒税都监				1	1	

海州经略使完颜从坦、阿布哈努色尔、完颜辰尔皆为武秩，其中完颜从坦为皇族子弟。权经略副使完颜霆为武秩。海州刺史中完颜子忠、完颜牙哥、完颜阿喜3人为武秩，高文富不详。海州守王山1人为武秩。海州同知中张尧咨1人为金朝进士；有4人为武秩，其中通吉世显为遥授官；薛安靖1人以父荫补官。海州通判李汇出身不详。海州军事判官孙铎和胡景崧皆为进士。

朐山县令高敞为进士，另2人宋蟠和王义出身不详。朐山县莞渎村巡路巡检，金章宗泰和八年（宁宗嘉定元年，1208）年置，"其人不考"。① 东海县令支邦荣为进士，完颜绷森为武秩，介侍不详。赣榆县令张希召、夹谷秀，赣榆县主簿马禧，赣榆县尉徒单立，赣榆县徐浦酒税都监蒲察雄皆出身不详。

三、元朝统一前海州职官出身情况

海州守孟德初为邹平县令，应为文臣。海州万户王昔剌为武秩。

---

① ［清］嘉庆《海州直隶州志》，第73页。

第三节　南宋(金、元)时期海州职官群体籍贯研究

一、南宋海州职官籍贯情况

南宋海州职官籍贯情况见表5.6。

表5.6　南宋海州职官籍贯分布　　　　　　　　　　　　　单位：人

州县	职官	金山东东路	京东路	河东路	秦凤路	淮南路	两浙路	江南路	福建路	成都府路	不详	合计
海州	团练使										1	1
	团练副使		1		2		2				1	6
	知州		2				1			1	11	15
	通判		1			1	2		2		2	8
	儒学教授		1	1		1					1	4
	司法参军					1						1
	镇抚使										2	2
	兵马钤辖										1	1
朐山县	县令	1					1					2
	主簿					1		2				3
东海县	县令		1								1	2
怀仁县	县令		1									1
沭阳县	县令							2				2

海州团练使边顺籍贯不详。团练副使中各有2人来自秦凤路和两浙路，1人来自京东西路，另1人不详。海州知州中2人来自京东东路，各有1人来自两浙路和成都府路，其余不详。海州通判中各有2人来自福建路和两浙路，各有1人来自京东东路和淮南西路，另2人不详。海州儒学教授中章樵1人来自河东路，兼权朐山县主簿高夒1人来自淮南东路，海州儒学教授、怀仁县令、东海县令刘公彦来自京东东路，另1人黄更不详。海州司法参军陈子遇来自淮南东路。海州镇抚使李彦先，兵马钤辖、海州镇抚使李进彦皆籍贯不详。

朐山县令高敞来自金山东东路(南宋京东东路)，陈炤来自两浙路。朐山县主簿中另外2人余时举和陈牵皆来自江南东路。权东海县令莫正籍贯不详。沭阳县令汪义荣和陈诗川皆来自江南东路。陈诗川与陈牵父子，同登度宗咸淳元年乙丑(1265)阮登炳榜进士，之前陈诗川以武功补沭阳县令，官至枢密院丞，后陈牵为朐山县主簿，官终江东安抚使。

二、金朝海州职官籍贯情况

金朝海州职官籍贯情况见表5.7。

表5.7 金朝时期海州职官籍贯分布表　　　　　　　　　　　　　单位：人

州县	职官	中都路	上京路	北京路	东京路	京东西路	南京路	大名府路	河北西路	山东东路	福建路	不详	合计
海州	经略使											3	3
	权经略副使	1											1
	刺史		1	1								2	4
	海州守											1	1
	同知			1		1					1	3	6
	通判											1	1
	军事判官							1	1				2
朐山县	县令						1		1	1			3
	莞渎村巡路巡检											1	1
东海县	县令				1							2	3
赣榆县	县令											2	2
	主簿											1	1
	县尉											1	1
	徐浦酒税都监											1	1

海州经略使完颜从坦、阿布哈努色尔、完颜辰尔3人籍贯皆不详。权经略副使完颜霆来自中都路。海州刺史中完颜阿喜来自北京路,高文富来自上京路,完颜子忠和完颜牙哥不详。海州守王山1人籍贯不详。海州同知中薛安靖1人来自福建路,张尧咨1人来自京东西路,术甲臣嘉1人来自北京路,其他3人不详。海州通判李汇籍贯不详。海州军事判官孙铎来自大名府路,胡景崧来自河北西路。

朐山县令高敞来自山东东路,宋蟠来自河北西路,王义来自南京路。东海县令支邦荣来自东京路,另2人完颜绷森和介侍不详。赣榆县令张希召、夹谷秀,赣榆县主簿马禧,赣榆县尉徒单立,赣榆县徐浦酒税都监蒲察雄皆籍贯不详。

三、元朝统一前海州职官籍贯情况

海州守孟德,济南路总管府(今山东省济南市)人。
海州万户王昔剌,赐名昔剌拔都,大都路保定(今河北省保定市)人。

第四节　南宋(金、元)时期海州职官群体年龄研究

一、南宋海州职官年龄情况

南宋海州职官年龄情况见表5.8。

表5.8　南宋海州职官年龄分布表　　　　　　　　　　单位：人

州县	职官	29岁以下	30～39岁	40～49岁	50～59岁	60～69岁	70岁及以上	不详	合计
海州	团练使							1	1
	团练副使		1	2		1		2	6
	知州							15	15
	通判				2			6	8
	儒学教授	1			1			2	4
	司法参军							1	1
	镇抚使							2	2
	兵马钤辖							1	1
朐山县	县令				1			1	2
	主簿	1						2	3
东海县	县令				1			1	2
怀仁县	县令				1				1
沭阳县	县令			1				1	2

海州团练使边顺年龄不详。团练副使中郑望之和孙觌2人在40～49年龄段；钱伯言63岁，在60～69年龄段；曲端39岁，在30～39年龄段；另2人不详。

海州知州年龄皆不详。海州通判中徐普50岁，侯富52岁，2人在50～59年龄段，其余不详。

海州儒学教授兼权朐山县主簿高夔被举荐本官时年仅23岁，海州儒学教授、怀仁县令、东海县令刘公彦任职时已50余岁，另2人年龄皆不详，其中章樵为进士及第初授官，推测在30～39年龄段。海州司法参军陈子遇年龄不详。海州镇抚使李彦先，兵马钤辖、海州镇抚使李进彦年龄皆不详。

朐山县令陈炤任本官时年53岁，高敞年龄不详。朐山县主簿中另外2人余时举和陈奎年龄皆不详。权东海县令莫正年龄不详。沭阳县令陈诗川年龄在45岁左右，汪义荣年龄不详。

二、金朝与元朝统一前海州职官年龄情况

金朝海州军事判官胡景崧 30 岁,为进士及第初仕官,其他职官年龄皆不详。
金朝海州守孟德和海州万户王昔剌年龄皆不详。

第五节　南宋(金、元)时期海州职官群体任离(迁转)情况研究

一、南宋海州职官任职年限分布

南宋海州职官任职年限分布见表 5.9。

表 5.9　南宋海州职官任职年限分布表　　　　　　　　　　　单位:人

州县	职官	半年以下	半年～1年	1年～1年半	1年半～2年	2年～2年半	2年半～3年	3年以上	不详	合计
海州	团练使		1							1
	团练副使	4		1				1		6
	知州	2	2	1		2		2	6	15
	通判		2		2			1	3	8
	儒学教授		1					1	2	4
	司法参军							1		1
	镇抚使	1							1	2
	兵马钤辖				1					1
朐山县	县令	1		1						2
	主簿						2	1		3
东海县	县令			1					1	2
怀仁县	县令					1				1
沭阳县	县令					1		1		2

注:前一位年数为包含关系,如 1 年～1 年半,是指包含 1 年的但不包含 1 年半的。

海州团练使边顺正月因缉盗不利被贬官,九月因缉盗有功而复官,任职半年多。团练副使中只有刘锡秩满,王元任职不足 1 年半,其他 4 人皆不足半年。从中可以反映出南宋朝廷频繁使用任命团练副使的手段,来达到处理贬官的目的。

海州知州中任职满 3 年、2 年的各有 2 人,1 年左右的有 5 人,其余不详,因战乱频繁,推测也在 1 年左右。

海州通判中任职满 3 年的有 1 人,不足 2 年和不足 1 年的各有 2 人,其余不详。

海州儒学教授中章樵1人秩满;黄更任职不足1年,因娶寡妇,卷其家财,霸凌妻子而被罢免;兼权朐山县主簿高夔任职近4年;刘公彦任职海州儒学教授、怀仁县令、东海县令时间分别为4年、2年、1年。海州司法参军陈子遇秩满。海州镇抚使李彦先任职不足半年即与金军战死,李进彦任职兵马钤辖不足2年,接替战死的李彦先任职海州镇抚使时间不详。

朐山县令高敞任职本官时间不足半年,即随李宝水师南下钱塘;陈焰任职不足2年,因丁母忧离去。朐山县主簿中另外2人余时举和陈奎皆秩满。权东海县令莫正任职时间不详。沭阳县令汪义荣秩满,陈诗川任期不足2年。

二、南宋海州职官迁转情况

南宋海州职官迁转情况见表5.10。

表5.10 南宋海州职官迁转情况表　　　　　　　　　单位:人

州县	职官	升迁本官	降责本官	其他本官	离任升迁	离任贬责	其他离任	合计
海州	团练使		1					1
	团练副使		6		1	1	4	6
	知州	14		1	13	1	1	15
	通判	8			3		4	8
	儒学教授	4			3	1		4
	司法参军			1			1	1
	镇抚使	2			1		1	2
	兵马钤辖	1			1			1
朐山县	县令	2			1		1	2
	主簿	3			3			3
东海县	县令	1		1	1		1	2
怀仁县	县令	1					1	1
沭阳县	县令	1		1			1	2

海州团练使边顺在任职莱州防御使、主管侍卫马军司公事时,城中多劫盗,未能很好地维护临安城的治安,而被贬责本官。半年后,盗贼被抓,治安好转而复官。

团练副使中,钱伯言知镇江府时,贼寇张遇攻镇江,弃城而逃,被责授本官、永州安置;一个月后再贬为提举江州太平观、严州安置。郑望之三使金营,逐次言金人"意在金币""求割三镇""势强大",持议讲和遭否决,被贬为提举亳州明道宫;后京师留守李纲又奏郑望之"张皇敌势,沮损国威,以致祸败",遂再贬为本官、连州居住;李纲罢相后,郑望之复为户部侍郎。孙觌知和州时因"支军粮、赏赐不平"且"受伪楚官爵与商"被贬为本官、归州安置;四个月后,召试中书舍人兼侍讲资善堂撰文官。王元任管军期间,主亲军,御营使司正副都统制苗傅和刘正彦叛乱,被密令出禁旅击贼,但"畏懦不职",被贬为本官、英州安置;又因持议讲和,再贬远州。曲端为陕西节制司都统制时,屡与敌角,但与川陕宣抚处置使张浚在御敌策略方面意见相左,遂被贬为阶州居住;一月后,再贬为本官、万州安置;四个月后,张浚承制复曲端为左武大夫、兴州居住。刘锡为熙河经略使时,张浚冒险发动"富平之战",刘锡败于金人,遂被贬为本官、合州安置;二年后,被再贬为鼎州团练使、提举江州太平观。

海州知州中 14 人为升迁本官,魏胜 1 人在任时为复官。离任升迁 13 人,李彦先 1 人战死,魏胜 1 人首任被罢职。李彦先反叛韩世忠后被招抚,因解楚州被金军围,迁为海州、淮阳军镇抚使兼知海州;五个月后金军再围楚州,李彦先乘舟解楚州之围,被金军前后夹击战死。魏胜在绍兴三十一年(1161)八月率义军从金军手中夺取海州,因功授阁门祗候、武功大夫、知海州兼山东路忠义军都统制;孝宗隆兴元年(1163),因同僚构陷被罢职;后镇江府查明真相,复知海州;二年,因与金朝议和撤海州戍,魏胜知楚州。

另外,有 2 位史载海州知州实际上并没有到任或知海州。一是吴顺之被举荐知海州时,海州尚在金朝控制之下,故改知连州;二是将缪朝宗知梅州的"梅"误刻为"海",从而误认为缪朝宗知海州,缪朝宗知梅州时海州已经在蒙古军的控制之下。

海州通判 8 人皆升迁本官。离任时有 3 人升迁,王邁 1 人因淮东制置贾涉弹劾其无功攫赏,脂韦避事,不畏简书,被罢黜海州通判、道州居住。① 侯畐 1 人因率官兵抵御蒙古军攻城而遭杀害。林松 1 人致仕或卒于任上,其他 2 人不详。

海州儒学教授中,章樵为进士及第后初仕官,黄更为迁转本官,兼权朐山县主簿高夒被举荐为本官,刘公彦因招安山东盗贾进而敕授海州儒学教授,之后又升迁为怀仁县令、东海县令。离任时,章樵、高夒皆升迁;黄更因娶寡妇,卷其家财,霸凌妻子而被罢免。② 海州司法参军陈子遇迁转情况不详。海州镇抚使李彦先,兵马钤辖、海州镇抚使李进彦皆升迁本官;李彦先战死,李进彦离任海州镇抚使后亦升迁。

朐山县令高敞原任金朐山县令,归宋后续任,后随李宝水师南下钱塘,添差建康签判;陈焰亦升迁本官,因丁母忧离去。朐山县主簿另外 2 人中,余时举为进士及第初仕官,陈牵升迁本官;离任时皆升迁。权东海县令莫正因金东海县守王山劝其降金不从而被杀。③ 沭阳县令陈诗川因武功补本官,后进士及第升迁;汪义荣任职本官情况不详,因拒不降金被杀。

三、金朝海州职官任离(迁转)情况

海州经略使完颜从坦任职不足 2 年,阿布哈努色尔、完颜辰尔皆秩满。权经略副使完颜霆秩满。海州刺史中完颜牙哥任职 3 年以上,其他 3 人不详,但从任职经历看,至少都在 2 年以上。海州守王山 1 人任职时间不详。海州同知中蒙恬与术甲臣嘉 2 人秩满,薛安靖和张尧咨 2 人不足 2 年,其他 2 人不详。海州通判李汇任职不足 2 年。海州军事判官孙铎和胡景崧皆秩满。金朝海州职官任职年限及迁转情况见表 5.11 和表 5.12。

---

① 《宋会要辑稿》职官 75 之 27,第 5087 页。
② 《宋会要辑稿》职官 75 之 32,第 5089 页。
③ 《系年要录》卷 153,第 2890 页。

表 5.11 金朝海州职官任职年限分布表　　　　　　　　　　单位：人

州县	职官	半年以下	半年~1年	1年~1年半	1年半~2年	2年~2年半	2年半~3年	3年以上	不详	合计
海州	经略使				1		2			3
	权经略副使						1			1
	刺史							1	3	4
	海州守								1	1
	同知				2		2		2	6
	通判				1					1
	军事判官						2			2
朐山县	县令						2		1	3
	莞渎村巡路巡检								1	1
东海县	县令						2		1	3
赣榆县	县令								2	2
	主簿								1	1
	县尉								1	1
	徐浦酒税都监								1	1

注：前一位年数为包含关系，如1年~1年半，是指包含1年的但不包含1年半的。

朐山县令高敞和王义秩满，另1人宋蟠不详。东海县令支邦荣和完颜绷森秩满，另1人介侍不详。赣榆县令张希召、夹谷秀，赣榆县主簿马禧，赣榆县尉徒单立，赣榆县徐浦酒税都监蒲察雄任职时间皆不详。

表 5.12 金朝海州职官迁转情况表　　　　　　　　　　单位：人

州县	职官	升迁本官	降责本官	其他本官	离任升迁	离任贬责	其他离任	合计
海州	经略使	3			3			3
	权经略副使	1			1			1
	刺史	3		1	1		3	4
	海州守	1					1	1
	同知	3		3	3		3	6
	通判	1			1			1
	军事判官	2			2			2
朐山县	县令	1		2	2		1	3
	莞渎村巡路巡检			1			1	1
东海县	县令	3		1			2	3
赣榆县	县令			2	2			2
	主簿			1	1			1
	县尉			1	1			1
	徐浦酒税都监			1	1			1

海州经略使完颜从坦、阿布哈努色尔、完颜辰尔皆升迁本官,离任后亦皆升迁。权经略副使完颜霆升迁本官,离任后亦升迁。海州刺史中任职本官皆不详,但从任职经历看,皆为升迁;离任时,完颜阿喜迁转,高文富在魏胜攻陷海州后被擒,完颜牙哥卒,完颜子忠不详。海州守王山升迁本官,后被南宋将领活捉。海州同知中蒙恬、术甲臣嘉、张尧咨3人皆升迁本官;独吉世显因招集猛安余众及义军,打退李全进攻,保全潍州,从潍州刺史致仕后被遥授本官;薛安靖本为北宋河北制置使,京城失陷后降金,建炎末,与沙河簿李汇南下,伪齐刘豫以其子为质胁迫薛安靖为同知,李汇为通判;温特赫安住1人不详。离任后有3人升迁,其中术甲臣嘉1人秩满后升迁;薛安靖和通判李汇诱杀金人,率海州军民归宋;张尧咨在海州城北南宋军攻陷后归宋;蒙恬被魏胜伏击,战死;温特赫安住和独吉世显2人不详。海州军事判官孙铎和胡景崧皆为进士及第初仕官,离任后皆升迁。

朐山县令高敞归宋后为南宋朐山县令;王义以功迁宣武将军、朐山令,离任后升迁,另1人宋蟠不详。东海县令3人任职本官前状况不详。支邦荣与朐山县令高敞在金世宗大定元年(南宋高宗绍兴三十一年,1161)魏胜攻陷海州时归宋,在归宋前有人劝其败退,"邦荣曰:'我本大宋之民,今将安归?'遂以县降。禹将其家之淮甸,颇能言金国利害。"①归宋后升迁。完颜绷森击退攻打东海县的南宋将领商荣,但在回城途中被宋军埋伏,中箭而亡。②赣榆县令张希召任职前不详,后迁为某州通判。赣榆县令夹谷秀,主簿马禧,县尉徒单立,徐浦酒税都监蒲察雄任职前不详,归宋后皆升迁,其中,金怀远大将军、海州赣榆县令夹谷秀特补忠训郎,金宣武将军、海州赣榆县主簿、权税务都监马禧特补承节郎,金信武将军、海州赣榆县尉、权忠孝义军都统徒单立特补保义郎,金昭信校尉、海州赣榆县徐浦酒税都监蒲察雄特补进义校尉,皆到福建州军任职。③

四、元朝统一前海州职官任离(迁转)情况

海州守孟德任职年限约3年,自元宪宗五年至七年(1255—1257)。任职前为万户,因攻占濠、蕲、黄等州,积有战功,升迁本官;在任时,击败南宋安抚使吕文德以兵扰边,俘获太尉刘海。离任时,从伯颜攻襄樊,后从征李璮,平叛后致仕。

海州万户王昔剌任职约4年,自元世祖至元六年至十年(1269—1273)。任职前为武卫亲军千户,因在济南征讨反叛蒙古的李璮有功,赐虎符,升迁本官;离任时,升为东川行枢密院同佥。

---

① 《系年要录》卷192,第3727-3728页。
② 《金史》卷12《章宗本纪四》,第277页。
③ 《宋会要辑稿》兵16之14、15,第8647-4948页。

第六节　南宋(金、元)时期海州职官群体政绩及评价研究

一、南宋海州职官群体政绩及评价

宁宗嘉定十五年(1222),侯忠信知海州,期间极力振兴百业,安抚百姓,修浚城池。因为在此前数年里,海州一直处于南宋、金、北方忠义军的裹挟之下,战乱频繁,百废待兴。侯忠信还将前任知州姓名刻碑立传,以遗后世,并请魏了翁撰写《海州太守题名壁记》。①

高宗绍兴三十一年(1161),魏胜率义军从金军手中收复海州并知海州后,减免税赋,释放被金军关押的义军,开仓放粮,严整军纪;并扩修城池,将城西南的白虎山纳入城中,以免金军登山窥城。②

理宗景定二年(1261),张汉英知海州,期间重修石㳇堰、修桥铺路、修官舍等。

宁宗嘉定十五年(1222)前后,徐普被淮东制置使贾涉推荐为海州通判,期间修造官府,制造军器,修筑城壕,疏浚石㳇河等,不仅不拿一分钱俸禄,所有工程及日常费用都自备。这也是徐氏家族捐资纾国的一贯作风。③

理宗宝祐五年(1257),侯畐通判海州。次年,蒙古将领李璮攻打海州,侯畐率官兵抵御,终寡不敌众,城破后侯畐一家八口及众将士惨遭杀害。朝廷下诏在海州赐庙"旌忠",谥曰"节毅",亦在其原籍立庙。④

二、金朝和元朝统一前海州职官群体政绩及评价

因流传史料较少,金朝与元朝统一前海州及属县的主要职官得官较少,他们在海州地区的施政措施也难以觅得,现仅发现二处。

金卫绍王大安二年(1210),王义"以功迁宣武将军、朐山令,有善政。"⑤

蒙古人王昔剌"(元世祖)至元六年(1269),赐虎符,升海州万户。引兵攻盐林山寨,多所俘获。"⑥

---

① 曾枣庄、刘琳主编:《全宋文》第310册,第332页。
② 《宋史》卷368《魏胜传》,第11455-11462、11467页。
③ 曾枣庄、刘琳主编:《全宋文》第334册,第207-209页。
④ 《宋史》卷454《侯畐传》,第13346页。
⑤ [元]王旭:《兰轩集》卷16《故宣武将军朐山令王公墓碣铭》,文渊阁《四库全书》第1202册,第883页。
⑥ 《元史》卷166《王昔剌传》,第3911-3912页。

第七节　南宋(金、元)时期忠义军首领研究

自宋廷南渡后,山东、楚海地区涌现出众多的农民起义军,他们也在海州地区抗击金军、蒙古军。但因为海州地区处于南宋、金、蒙古军三方政权犬牙交错之地,起义军虽然被南宋朝廷利用,被称为"忠义军",但也常常得不到信任而被称为"盗""匪",作为异己势力受到打击。起义军为了生存,也为了在三方政权之间获取短暂的利益,扩大自己的地盘及生存空间,常常在三方政权之间左右摇摆,首鼠两端,极大地降低了起义军的正当性,也很难完成他们最初始的抗争诉求,其结局不是降金,就是降蒙古军,虽然有部分起义军首领英勇战死,但大多数首领的下场都极其悲惨。

一、刘忠

高宗建炎三年(1129),山东的抗金起义军刘忠占据海州属县怀仁县,南宋称之为"山东盗刘忠",御营平寇前将军范琼多次派军招讨。《系年要录》卷一九载:"山东盗刘忠,号'白毡笠',引众据怀仁县。御营平寇前将军范琼在京东,遣其统制张仙等击之,忠伪乞降。是日,仙与将佐入忠壁抚谕,忠留与饮,伏兵击杀之,遂并其众。琼怒,屡与忠战,皆败绩。忠自黥其额,时号'花面兽'。"①后刘忠附伪齐刘豫,任登、莱、沂、密都巡检使。绍兴三年(1133)十月,被其部下王林等所杀。②

二、徐元、张旺、史整

高宗绍兴三十一年(1161)三月,海州属县东海县民徐元、张旺、史整等率众起义,反抗金军的横征暴敛。在控制东海县城后,向宋廷求援。但宋廷受"绍兴讲和"之约束,不愿出兵。徐元等据守城池半年后,被金军水陆夹攻击破,徐元、张旺、史整等起义军主要首领被杀,东海县城亦惨遭屠戮。《宋史》没有记载此次起义的任何信息,只有元人所纂《金史》中有四处、元人陈桱《通鉴续编》中有一处记载,皆与水路征讨金将徐文有关。明人胡广也注意到了这一点,特撰写《记徐元、张旺、史整》一文,载《胡文穆杂著》:

绍兴十九年(1149)冬,完颜亮弑其主亶。明年,营都燕山。二十九年,又治汴京,渐谋南侵。三十年(1160)春,东海民徐元、张旺、史整共起义师,以帛书求援于宋。宋守盟约不敢报。(徐)元等婴城半年,金师水陆夹攻,破之,诛戮极其惨酷。亮由是益疑宋得中原心,决策入寇,起蕃、汉兵二十七万,僸人不预焉。仿唐制分二十七军。明年(1161),自将,巡洛至汝,遣高景山、王全来衅。此周益公文集所载,而

---

① 《系年要录》卷19,第444页。
② 《系年要录》卷64,第1267页。

《宋史》记不见。陈桱《通鉴续编》载"金东海民张旺作乱,使徐文率舟师平之。"常慨宋失中原,忠义之士婴城固守,力竭城陷,并遭屠戮者何限?如徐元、张旺、史整之徒,志本为宋,乃不能救,又不得一书于史,以见其起义之忠。而乃书曰金民作乱,使千古之下负冤受抑,何由获伸!(陈)桱之书法大抵若此,有不可凭,要当据(周)益公所记为定,因表著其事,以雪(徐)元辈之枉。①

徐元、张旺等起义时,县人房真等三人经海州跨海逃往山东东路治所益都总管府,上报事变情况。总管府和海州皆派人随房真到东海县城了解情况,结果都被起义军杀害,府、州遂派兵镇压,攻城数月不下。

时金主完颜亮筹谋已久,决策南下攻宋,委派行都水监徐文在通州(今江苏省南通市)监造战船,在各路征招水手三万余人。完颜亮来通州观造战船,听闻徐元等起义,恼羞成怒,便委派徐文与马步军指挥张弘信、同知大兴尹李惟忠、宿直将军萧阿窊率战船九百艘,从海路前往东海县镇压。临行前,完颜亮对徐文说,这次讨伐,并不在意东海县一城的得失,而是要试一试战船与水军的战斗力如何,以便用于下一步对宋廷的征讨。六月,徐文攻破东海县城池,杀害五千余人,生擒徐元、张旺等人,其余人尽数投降。七月,下诏将投降者尽数释放;张弘信在接到讨伐命令时,称病在莱州驻留,不赴前线,日与妓乐饮宴,被杖责二百;从东海县逃出报信的房真等三人亦按功劳大小赏赐;凡杀死起义军者,皆升官三级,赐银百两、绢百匹;徐文亦升迁为丁海军节度使。

三、李全

李全(? —1231),潍州北海(今山东省潍坊)人,初为抗金红袄军首领,自宁宗嘉定十年(金宣宗兴定元年,1217),李全武装被金军击溃后退归东海县,为忠义军,至理宗绍定四年(金哀宗正大八年,1231)正月,李全反宋在扬州战败而死,再到六月,李全妻杨妙真从海州退归山东,除中间有几年海州被金朝、南宋占据外,李全势力盘踞海州地区达10年之久。期间,李全在南宋、金、蒙三方政权之间左右摇摆,先是抗金反蒙附宋,后又降蒙联金反宋,充分利用三方政权皆欲假借其势力对抗其他政权的心理,借机扩张并巩固自己的势力,体现了农民起义军的妥协性和不坚定性。

《宋史》与宋人周密《齐东野语》皆有李全本传,《齐东野语》记李全原为淄州人,所载事件大致相同,但时间等细节稍有不同。李全出生时为三胞胎之老三,长的"锐头蜂目"。少年时即习武,善弓马。后以贩牛马来到青州,继而贩至涟水。金朝统治下,沿途盗匪出没频繁,所贩牛马及钱物皆被劫掠,遂以弓箭手身份由忠义人朱裕引荐,投奔镇江都统戚拱。宁宗开禧元年(1205)五月受命劫掠涟水县。② 李全好结义士、屡立战功,被称为"李三统辖"。复归淄州后,以屠宰为业。曾在河中洗牛马,于淤泥中获铁枪杆,锻打成铁枪头。日日练习刺杀之术,终熟能生巧,时称"李铁枪",渐率众横行淄、青地区,打家劫舍。

---

① [明]胡广:《记徐元、张旺、史整》,任继愈主编,[明]程敏政编:《中华传世文选·明文衡》,吉林:吉林人民出版社,1998年,第537页。

② 《宋史》卷38《宁宗本纪二》,第738页。

金宣宗贞祐三年(宁宗嘉定八年,1215)五月,蒙古军攻破金朝都城中都(今北京),金朝迁都南京(今河南省开封市),更加横征暴敛,致使各地起义不断,因起义军衣着红袍,故名"红袄军"。山东境内有泰安的刘二祖,二祖死后有霍仪、彭义斌、夏全、时青等附之;有淄青地界的杨安儿与其母舅刘全和妹"四娘子"等。"四娘子"又称"小姐姐",后又称为"姑姑""杨姑""杨妙真"等,时年二十岁,臂力过人,能马上挥舞双刀,所向披靡。因蒙古军攻击山东时将其母和长兄杀害,李全遂与次兄李福携刘庆福、国用安等数千人加入杨安儿部。蒙古军退出山东后,金宣宗委任完颜霆为山东行省,派仆散安贞率花帽军三千精锐前去镇压,杨安儿战死。李全娶杨妙真后,率杨安儿万余部转战山东东南地区。

宁宗嘉定十年(金宣宗兴定元年,1217),李全遭金军重兵围攻,退至东海县。十一年,在前期已归宋的杨安儿旧部季先的撮合下,李全率部归宋抗金。首战即率五千人与宋将高忠皎合兵一处攻克海州,但因粮援不继,退屯东海。后又二度围攻海州,皆被金军击退。累战至武翼大夫、京东副总管。十二年六月,金人欲诏安,李全回书曰:"宁作江淮之鬼,不为金国之臣。"并率轻兵前往潍州,将其父母兄嫂之骨殖迁往淮南,以示抗金决心。期间,因屡败金军,杀金将数名,得金朝四驸马金牌;劝降金元帅张林以青、密、潍、淄、青等二府九州四十县来归。宋廷遵守淮东制置使贾涉战前许"杀驸马,(赏)观察使"之诺,授李全为武卫大将军、广州观察使、京东忠义军都统制、马步军副总管,特赐银、绢、缗钱等,并屯兵楚州。此后,李全以楚州为据点,纵横捭阖,控制苏北鲁东南广大地区长达15年之久。也因贾涉、许国、刘琸等几任淮东制置使的私心与误判,李全不仅用计除掉其他忠义军首领,军力逐渐增强,而且在南宋、金、元三方政权之间左右权衡。南宋朝廷为拉拢李全,不仅供给粮饷,而且许以高官厚禄,授李全左武卫大将军。

十四年,李全以胶西(今山东省青岛市胶州市)为登州、宁海州南北交通之要地,派其兄李福据守。时宋金刚刚恢复互市贸易,金人特别喜欢南宋货物,常常以十倍的价钱购入。李全诱骗商人将货物从楚州乘船入海,从中抽取一半的红利。后其兄李福又觊觎张林之山东六盐场,欲分利一半,并声言让李全杀之,迫使张林复降蒙古军。十五年十二月,加授李全为保宁军节度使、右金吾卫上将军、京东路镇抚副使。①

十六年,贾涉病逝后,宋廷委任许国为朝议大夫、淮东安抚制置使兼知楚州。之前,许国为武阶,曾数次上书言李全必反。时淮东制置司参谋徐晞稷将许国的奏疏注释后寄给李全,李全读后甚为恼怒,遂与许国结下仇怨。次年正月,许国到任,极力压制忠义军,凡忠义军与南宋军有矛盾,许国皆归罪忠义军,且克扣忠义军粮饷。宝庆元年(1225)二月,李全部将刘庆福在楚州哗变,许国寡不敌众,登城楼,攀援城墙而下,后在逃亡途中自缢而卒。李全所属各部与南宋军相互攻伐,宰相史弥远唯恐激怒李全,担心事态扩大,欲引而后发,因徐晞稷尝通判楚州、知海州,尝在贾涉撮合下将其子过继给无子的李全,与李全交好,对楚海形势比较熟悉,遂委任徐晞稷为淮东制置使,曲意安抚,着意调停,才平息了此次战火。

宝庆二年三月,蒙古军攻打青州,李全据守一年,大小数百战,粮道断绝,城内战死、

---

① 《宋史》卷40《宁宗本纪四》,第779页。

饿死者不计其数,为保全计,李全送其兄李福出城南归,自己降蒙。时淮东盛传李全在山东被蒙古军所杀,宋廷遂撤掉李全好友徐晞稷,以盱眙知县刘琸代为淮东制置使兼知楚州、镇江副都统彭忔代知盱眙。十一月,刘琸到楚州上任,因自知资历不足以制驭时青、夏全、张惠及范成进等四总管,惟以南宋军为亲兵,并欲除李全所部。这引起忠义军将领的不满,尤其是夏全,他从驻地盱眙移师楚州城内,在杨妙真的诱使下,发动叛乱。宝庆三年二月,夏全率众围攻州治山阳,焚烧官衙民舍,杀害守军官吏,抢夺官财民物。夏全叛军与南宋镇江军皆死伤各半,刘琸以十万贯犒军求和,被夏全连夜送出城外,逃往扬州,不久自刭身死。夏全率众欲归淮阴,被驻守淮阴的时青击败,所掠财物七巨艘尽为时青所获。至盱眙时,张惠、范成进紧闭城门不纳,并杀夏全母妻于军中,夏全被逼狼狈降金。三月,宋廷以姚翀为军器少监、淮东制置使兼知楚州。

驻守楚州的李全兄李福与李全属下都统制刘庆福发生内讧,因刘庆福与原金朝元帅、高阳公张甫曾密谋降金,故李福用计皆杀之。后李福因姚翀拨付忠义军粮草不济,与杨妙真设计谋害,姚翀被国用安救之得免,去发须缒城夜走,徒步归明州后卒。自此,宋廷认为淮东战乱频繁,所派遣的淮东制置使皆不善而终,无人敢来任职,遂轻淮而重江,撤销淮东制置司,以杨绍云兼制置使,改楚州名为淮安军,视之如羁縻州,并有剿灭淮东忠义军之意。自此,宋廷断绝忠义军粮草军饷,国用安、阎通、张林、邢德、王义深五位忠义军将领共议杀李福及杨妙真以献宋廷。是役,李福及李全次子、姜杨氏皆被杀,杨妙真幸得易服逃往海州。杨绍云得李福等首级后,派彭忔、张惠、范成进、时青等率兵前往楚州,消灭李全在楚州的余党。因宋廷谓时青威望较高,委任时青掌管楚州军队,张惠与范成进认为怠慢了自己,遂归盱眙谋杀彭忔以城降金,后与夏全、王义深一同被金朝封为郡王。①

李全得时青密报后,极为悲痛,以断一指明誓蒙古军大将南归复仇,遂承制授山东、淮南路行尚书省,专制山东,而岁献金币。十月丙辰,李全身穿蒙古服装,与张姓宣差并通事数人至楚州。之后,国用安杀张林和邢德安以自赎,其他与李福案有关人员皆或斩或下狱,时青亦因将李全冠蒙古服装事上报宋廷而被李全杀之,并祸及妻子。自此,李全得楚州忠义军全部,纵横于涟水、海州地区。

理宗绍定元年(1228)春,李全以丰厚的待遇招兵买马,不限南(指南宋占据的淮东)北(指蒙古军占据的山东)人,又造大船,训练水师,自楚州至海州沿海一带船只首尾相望。时李全因山东经理未定,每年都要上交蒙古军岁币,故表面上恭顺于宋廷,以获钱粮;又与金朝勾结,游离在三方政权之间以图获利。二年四月,李全以粮少为词,派海船直达平江(今江苏省苏州市)、嘉兴,意图熟悉海道,窥探临安。又派部将劫掠高邮、宝应、天长等地。三年二月,李全密使人纵火南宋御前军器库,使宋军兵甲丧尽,意图控制通、泰,以获盐利;借运粮船过盐城被宋军抢夺之事,以捕盗为名,李全率水陆数万占据盐城。宋廷为安抚李全不要叛乱,委任李全为彰化、保康军节度使,开府仪同三司,京东镇抚使兼京东忠义军诸军都统制,又授左右金吾卫上将军。②但被李全拒绝,同时,造舟

---

① 《金史》卷17《哀宗本纪上》,第378页。
② 《宋史》卷41《理宗本纪一》,第793页。

益急,并招沿海亡命之徒为水手,抓紧备战。虽然权相史弥远一直主张"内图战守、外用调停",但李全反叛事实明显,故宋廷决议讨伐李全,派赵善湘为江淮制置大使总领诸军,赵范为淮东安抚副使,赵葵为淮东提点刑狱,皆节制军马,驻军扬州。同时以供给人马粮草军饷为条件安抚李全,劝李全返回楚州。但李全的目标是攻占通州、泰州、扬州,因此全然不顾,持续攻击宋军。虽败多胜少,但也一路杀至扬州城外,扎营围困扬州,中军帐设于平山堂。四年正月十五日,宋将赵范、赵葵用计将李全诱出营寨,用精锐数千堵其退路,李全败走新塘。新塘自决水后,水深数尺,李全坐骑陷入泥淖不能自拔,被宋军群卒乱枪刺死。李全败亡后,余党一部降宋,一部随杨妙真先退回海州,后归山东,投降了蒙古军。①

四、国用安(国安用、完颜用安)

国用安(？—1234),小名咬儿,原名安用,降金后赐姓完颜,改名用安,金朝淄州(今山东省淄博市)人。自幼聪颖,成人后身短无须,有勇有谋。初为红袄军,为李全麾下大将。后随李全归宋,为忠义军首领。自宁宗嘉定十年(金宣宗兴定元年,1217),国用安随李全退归东海县,至理宗绍定四年(金哀宗正大八年,1231)正月,李全反宋在扬州战败而死,再到理宗端平二年(1235)正月,国用安在徐州战败投水而死,除中间有几年海州被南宋、金、蒙古军占据外,国用安势力盘踞海州地区达15年之久。期间,国用安在南宋、金、蒙古军三方政权之间左右摇摆,李全死后,国用安先随李全遗孀杨妙真降蒙古军,为都元帅、行山东路尚书省事;后降金,为开府仪同三司、平章政事兼都元帅、京东山东等路行尚书省事,特封兖王;再降蒙古军,金亡后复归宋,为浙东总管,直至被蒙古军灭亡。《金史》卷一一七有本传。②

宁宗嘉定初年(金宣宗贞祐初年,1213年左右),李全率众抗金,国用安追随李全加入红袄军杨安儿部,逐渐成为李全麾下大将。嘉定十年,李全遭金军重兵围攻,退至东海县。次年归宋,是为忠义军。宝庆二年(1226)三月,蒙古军攻打青州,因城内粮草断绝,李福出青州南归楚州,李全投降蒙古军。时淮东忠义军和宋军中盛传李全在山东被蒙古军所擒或被杀,李全部属各怀心思,意欲分裂独立;宋廷亦因忠义军各首领拥兵自重,遂断其粮草军饷,意欲剿灭;李福回楚州后又与李全部属交恶。国用安等李全部属共议后,杀李福、李全次子、妾杨氏(误为杨妙真)及李全在楚州一众亲兵。李全得密报后,于十月身穿蒙古服装,在张姓宣差并通事的陪同下,以山东淮南路行尚书省事返回楚州,将李福案有关人员或斩或下狱,国用安亦杀同僚向李全表忠心。

绍定三年(1230),李全反宋。宋廷下诏进剿讨伐,在诏书中将国用安等李全部属与李全区分开来,对国用安网开一面,说国用安虽然是李全的属下将领,但屡次向宋廷表达效忠之意,心向朝廷,因此如果率众投降,就可以得到重用。四年正月十五,李全在围攻

---

① 《宋史》卷476《李全传上》,第13817-13832页;《宋史》卷477《李全传下》,第13835-13851页;[宋]周密:《齐东野语》卷9,第145-151页。
② 《金史》卷117《国用安传》,第2561-2564页。

扬州城时被宋军围剿。国用安闻讯后，悲愤交加，痛哭流涕，遂引五百骑且战且退，欲回淮安奉李全妻杨妙真为首。随着宋军的不断进剿，淮安失守，国用安随杨妙真退回海州，被蒙古军授为都元帅、行山东路尚书省事。

绍定五年（1232）六月，金徐州埽兵总领王祐、义胜军都统封仙、总领张兴等夜烧草场作乱，驱逐元帅徒单益都。国用安从海州率兵至徐，将张兴等一众党羽十余人，斩于市，以封仙为元帅，兼节度使，主徐州。随后，宿州、邳州等州亦皆归附国用安。蒙古军大将阿术鲁听闻国用安占据徐、宿、邳三州，率兵进军攻取，国用安与金徐州总帅王德全联合，将进逼徐州的蒙古将领张进和杨妙真派出的海州元帅田福等数百人劫杀，屯兵邳州，从此与杨妙真反目。随后其与山东各州及徐、宿、邳州主帅盟誓，共同降金，并委托从宜众僧奴上书金廷；之后，率兵万人前去攻打海州，还未到达，人已散去大半。金宿州东面总领刘安国趁机劝说国用安应该一心一意降金，国用安亦觉得反复无常不是大计，只好降金，于是重新穿起金朝服装，以示降金决心。杨妙真对于国用安的背叛非常恼怒，又惧怕国用安的势力，遂将国用安在海州的家属悉数杀害。国用安得知家人惨遭不幸后，遂选兵分将，在淮海大地反复争夺，势必活捉杨妙真，杨妙真被逼无奈，在盘踞海州三年之后逃往山东益都（今山东省青州市），归附蒙古军。① 国用安占据徐、宿、邳、海等州广大区域。

不久，金廷接受了国用安的归附，派近侍局直长因世英与都事高天祐持手诏到邳州，进封国用安为开府仪同三司、平章政事兼都元帅、京东山东等路行尚书省事，特封"兖王"，赐号"英烈戡难保节忠臣"，还赐姓"完颜"，为皇室属籍，改名为"用安"。并另赐金镀银印、驼纽金印、金虎符、世袭千户宣命、敕样、牌样、御画体宣、空头河朔山东敕文，便宜从事，而且让国用安以彭王妃的诰命封号招降杨妙真。国安用起初对金廷使者非常谨慎，先让总领杨懋将使者迎入官厅，监视起来。经盘问后得知原委，颇合心意，但王德全与义胜军总领杜政等将帅都不愿意降金，欲杀使者。第二天，国用安才出面会见使者，并以国礼招待对方。双方坐定后，国用安对因世英抱怨说：当年，我随蒙古兵攻打金朝汴京时，曾在开阳门与侯挚密议内外夹击蒙古军。那时，蒙古兵病死者众多，且其十七位主要将帅皆在京城北京，若听从我的计策行事，金朝中兴早成功了。但金廷满朝文武无一人敢于决策出兵的，现在后悔也来不及了。说罢就站起来，派人取来金廷所赐之物，遍观后喜形于色。然后与使者因世英商议，欲不用金廷礼仪接受这些封号和赏赐，但被因世英拒绝，不得不接受因世英的安排，设宴拜授，并派主事随使者奉表入朝谢恩。

金哀宗再派因世英、高天祐前来赏赐国用安，带来铁券1张、虎符6对、龙文衣1套、玉鱼带1条、弓矢2个和封赠其父母妻子的诰命，以及郡王宣、世袭宣、大信牌、玉兔鹘带各10件，任由国用安代表金廷赐给他的同盟者。使者到达邳州后，国用安以臣子之礼接受这些赏赐，并有意去入朝保驾。在得知金廷从归德迁往蔡州的决定后，上书提出七

---

① 按：理宗绍定四年（1231）正月，李全败亡后，杨妙真尽掠南宋官员北去，淮阴令林兴宗亦在此列。林兴宗在海州流落3年，后在山东7年半，后时任淮东制置使兼知扬州的赵葵设法营救，在敌10年后终归宋。故推知，杨妙真从淮安退回海州后，盘踞达3年之久。参见［宋］刘克庄：《后村集》卷157《林韶州墓志铭》，转引自曾枣庄、刘琳主编：《全宋文》第331册，第372-375页。

点建议，认为不可迁往蔡州，大意是：一是归德有护城河，难以攻击，而蔡州无；二是归德虽缺乏粮食储备，但鱼和可食用的水草很丰足，而蔡州若被包围，存粮有限，难以支撑；三是蒙古军撤出围困归德之兵，并不是因为害怕，而是想放出我军而追杀，舍弃难攻之城而置我军于易攻之处；四是蔡州离南宋不足百里，万一南宋资助蒙古军粮草，金朝将会大祸临头；五是若归德保不住，可沿水路向东退去，蔡州若不保，将无路可退；六是现在正是酷暑雨季，道路泥泞不堪，难以行军，皇上贵体较胖，不堪车马劳顿，如果中途遇敌，作为臣子难以预料到后果；七是陛下若一定要离开归德，不如暂且到山东地界。那里富庶甲天下，我也占据了一大片区域，东连沂州、海州，西接徐州、邳州，南扼盱眙县、楚州，北控淄州、齐州。如果陛下能来此暂住，我必定仰仗陛下天威，将黄河以北的地区立刻收复平定。万望陛下明察，速作决断。

金哀宗将国用安的以上建议遍示宰臣，宰臣们上奏说，国用安反复无常，原无匡扶朝廷之志，上述建议必定是国用安的谋士参议张介谋划的。金哀宗遂以早已决定迁蔡为由，否决了国用安提出的这些建议。

国用安降金后，金廷对其封官许愿，派因世英等再次对国用安加以封赏，带来郡王宣、世袭宣、大信牌、玉兔鹘带各 10 件，任由国用安对亲信封赏，但国用安只拿到 8 件。原来，金廷使者因世英路过徐州时，被王德全和刘安国以朝廷施恩不应出自国用安之手为由截留 2 套，这种行为显然得罪了国用安，但又怕受到国用安的算计，故而不再听从国用安的命令。后来，国用安代表金廷封赏了李明德、封仙、张瑀、张友、卓翼、康琮、杜政、吴歪头等另外 8 名郡王。国用安决心攻取整个山东地界，以勤王保驾之名，多次征调徐州王德全、宿州刘安国所属军兵，但都遭到了拒绝。国用安大怒，派杜政率兵三千，以取粮为名，袭击徐州、宿州。王德全在杜政进入徐州城后才发觉事有蹊跷，于是扣留了杜政、封仙，不许走漏消息。国用安更加恼怒，认为王德全和刘安国必有阴谋，于是将与二人关系密切的桃源帅吴某等八九人下狱拷问。二人得情后，派温特罕张哥到邳州告诉国用安，他们并无反心，只是因为杜政和封仙要袭取徐州，才将他们扣留。但国用安并不相信他们，将吴帅和张哥等 9 人杀害。温特罕张哥临死时大骂国用安为"国咬儿"，说国用安无尺寸之功，却受金廷高官厚禄；金廷也没有对不起国用安的地方，但国用安却与杜政相互勾结作乱；现在又杀害无罪之人，虽死亦不放过国用安。

理宗绍定六年癸巳（1233）三月，国用安在海州时，曾携一众金廷官员登上东海县东面凤凰山游览并视察防御公事，留下摩崖石刻一通（图 5-1）。刻文为：

> 时岁次癸巳丙辰月初五日，因领大军收复东海，勠立修筑城池。与郡王萧银青、

图 5-1　国用安《兖王国开府记》题刻拓片
（来源：《金石图鉴》）

国公刘荣禄,同游至此兖王国开府记。①

其中,"兖王国开府"指国用安被金廷封为"兖王",授"开府仪同三司",余官不详。

此时,金廷在蒙古军的攻击下摇摇欲坠,金哀宗密派臧国昌持诏来东方征调勤王之师,国用安遂借口发兵救援,发檄文命刘安国为前锋,又亲率三千精锐驻徐州城下,招王德全同赴蔡州。王德全始终对国用安持怀疑态度,拒不出城,还将原先扣留的封仙杀于狱中,只派杜政出城。刘安国从徐州回到宿州后,国用安又让他回徐州,刘安国不仅不听从命令,还单独与众僧奴率兵奔赴蔡州救驾。国用安在刘安国大军途经涣临龙山寺时派人劫杀,然后攻打徐州,但历经三个月未能攻破,遂退回到涟水。

不久,国用安粮草殆尽,无奈之下向南宋军借粮,便也表面上服南宋衣冠,但私下里仍与金廷保持密切联系。不久,粮草又用尽,军民逃亡严重,国用安便派亲信萧均对逃亡者施以严刑,被杀者无数,血流满道。

蒙古军东平万户查剌率军来到涟水,国用安随即投降蒙古军。查剌率国用安度过淮河,欲攻取蔡州,国用安用计摆脱查剌,返回涟水,并以涟水归南宋,被授予浙东总管、忠州团练使,隶属淮东制置司统辖,接着又除顺昌军承宣使、右武卫将军。② 国用安遂乘机向南宋朝廷提出收复中原的建议,促成南宋发动了三京(东京、南京、西京)战役。结果南宋军被蒙古军击败,蒙古军遂对徐州、邳州、海州等地发动了大规模的围攻。

理宗端平元年(1234)正月,国用安听闻蒙古军围攻沛县,立即率兵前去救援,兵败后退回徐州。蒙古军又派兵攻打徐州,国用安自知无力扭转战局,投水自尽。被国用安杀害的原杨妙真部将海州元帅田福的属下为主帅报仇,将国用安的尸体打捞上来,剥下面皮系在马尾上,将尸体分而食之。③

五、李璮

李璮(?—1262),字松寿,本为衢州(今浙江省衢州市)人徐晞稷之子,宁宗嘉定十三年(1220)前后,徐晞稷先通判楚州、后知海州,李全初无子,占据楚州、海州后,在淮东制置使贾涉的撮合下,徐晞稷将儿子过继给李全,遂为潍州(今山东省潍坊市)人。④ 十五年,李全在青州被蒙古军围困一年之久后投降,授山东淮南行尚书省事。理宗绍定四年(元太宗三年,1231),李全在扬州兵败而亡,其妻杨妙真率众退归山东,授益都行尚书省事。杨妙真死后,李璮继任。宝祐元年(元宪宗三年,1253),李璮占据海州治朐山⑤,自此,至景定三年(元世祖中统三年,1262)李璮在济南兵败投水被俘而诛,李璮控制海州地区达10年之久。《元史》卷二〇六有本传。

李璮继任杨妙真行益都尚书省事后,专制山东达30年。每次蒙古军征调出兵,皆谎

---

① 封其灿:《连云港金石图鉴》,第231—232页。
② [宋]洪咨夔著,侯体健点校:《洪咨夔集》中,杭州:浙江古籍出版社,2015年,第537页。
③ 《金史》卷117《国用安传》,第2561—2564页。
④ 按:原文为"后更名璮"。[宋]周密撰:《齐东野语》,上海:上海古籍出版社,2012年,第90—91页。
⑤ 《元史》卷159《商挺传》,第3738—3741页。

称有事推辞不从。元宪宗七年(理宗宝祐五年,1257),又调其兵赴皇帝出行的住地,李璮亲自向皇帝表明,益都(今山东省潍坊市青州市)是南宋航海的重要港口,不宜分散兵力。皇帝同意了他的意见,并命令李璮攻取涟水、海州等四处南宋城池。

元世祖中统元年(理宗景定元年,1260),加李璮为江淮大都督。不久,李璮上书曰,南宋正调兵欲攻打涟水,且在许浦、射阳湖上训练水师,准备在胶西登陆,进攻益都。请允许修缮益都城墙,以备不测。世祖忽必烈信以为真,乃下诏赐给李璮金符10个、银符5个、银300锭,用于犒赏有功将士,并下令当地蒙古军、汉军皆听李璮节制。此后,李璮多次上书奏事,不是报宋军举兵数十万欲攻涟水,列舰万艘欲侵益都,就是报宋人来信欲劝其降,请节制诸路军马,请给兵器粮草,总之是谎报军情,恐吓朝廷,邀功请赏。虽有朝臣以南北方通议和,应防止用间为由劝谏,但世祖忽必烈仍不断赏赐。

中统三年正月,李璮在朝中充当人质的儿子李彦简乘私车逃回。二月,李璮叛蒙古归宋,杀尽驻守涟水、海州等地的蒙古军,将城池献给南宋,被授保信宁武军节度使、督视京东河北等路军马、齐郡王,李璮遂率大军自海州乘船直奔益都。元世祖忽必烈听闻李璮叛乱后,征求时为大司农的姚枢的意见,姚枢说,如果李璮利用蒙古军北征阿里不哥叛乱的时机,直接攻打燕京(今北京),封锁居庸关,就会搞得人人恐惧,这是他的上策;如果李璮与南宋军联合,固守扰边,使蒙古军迫于奔命,这是中策;如果李璮出兵攻占济南,等待山东各路人马支援,就只能等着被擒获了,这是下策。而李璮果然选择了下策,前去攻占了济南。忽必烈听后非常高兴,并询问对王文统的看法。王文统是李璮的岳父,时任中书平章政事,对蒙古典章制度的规划颇有贡献。姚枢说,王文统也会跟从李璮叛乱的。① 忽必烈遂命令蒙古军、汉军各路大军前去济南征讨李璮,将王文统诛杀。

五月,济南城被蒙古大军团团围住,因南宋军无意支持李璮,河北、山东军民响应者寥寥,故李璮相当于孤军据守济南,城内粮草逐渐匮乏,军心涣散。为稳定局面,李璮命人将城中女子赏给将士,以悦其心;将士兵们分配到百姓家中吃饭,甚至到了以人为食的地步。蒙古军中汉人将领又不断劝降李璮部将,城内军民纷纷缒城而出。七月,李璮自知陷入穷途末路之境,便亲手杀死自己的爱妾后,投大明湖自杀未遂,被蒙古军活捉,宰相史天泽下令处死。② 自此,控制海州地区先后达20年之久的李全、李璮父子和半个世纪的地方武装割据势力,终于退出历史舞台,从而进入南宋、蒙古军相互征伐的新阶段。

---

① 《元史》卷158《姚枢传》,第3711-3716页。
② 《元史》卷206《李璮传》,第4591-4594页。

第六章 元朝时期（1279—1368）海宁州概况

蒙古军控制海州地区后,于元世祖至元十五年(1278)将海州升为海州路总管府,治朐山县,隶山东宣慰司。① 次年,灭南宋后统一全国,旋改为海宁府。二十年(1283),降为海宁州,东海县省入朐山县,领朐山、赣榆、沭阳三县,并一直延续至明初。二十九年(1292)闰六月,改隶淮安路。② 元廷终结了宋金元时期海州地区长达近150年的战乱,完成了全国统一,实现了百姓期盼已久的安定与和平,出台了多种鼓励耕种和免赋政策,在经济、社会、文化等方面都有了一定的发展。但由于蒙古统治阶级的残酷统治和民族歧视,人民的抗争连年不断,统一的王朝并没有为海州地区的百姓带来安定的生活,极大地制约了海州地区的经济、社会、文化等方面的进一步发展。

第一节　元朝时期海宁州地理沿革

元朝控制淮北后,将南宋淮南东路改为淮东路,隶淮东道宣慰司、江北淮东道肃政廉访司。据《元史·地理志》载:

> 海宁州,下。唐海州。宋隶淮南东路。元至元十五年(1278),升为海州路总管府,复改为海宁府,未几降为州,隶淮安路。初设录事司,二十年(1283),与东海县并入朐山。领三县:朐山,中。沭阳,下。赣榆,下。③

《元史·百官志》载:"录事司,秩正八品。凡路府所治,置一司,以掌城中户民之事。"④ 海州初设录事司,是因为海州初为海州路总管府或海宁府,初设时间当在元世祖至元十五年(1278)。

元朝在朝廷设立中书省总理朝政,在地方分设行中书省(简称行省),代理中书省对地方实施管理,在行省下才设路、府、州、县四级行政机构。与宋朝一样,元朝亦对州县实施等级管理,按户数设为上、中、下三个等级。《元史·百官志》载:

> 中统五年(1264),并立州县,未有等差。至元三年(1266),定一万五千户之上者为上州,六千户之上者为中州,六千户之下者为下州。江南既平,二十年(1283),又定其地五万户之上者为上州,三万户之上者为中州,不及三万户者为下州。
>
> 至元三年,合并江北州县。六千户之上者为上县,二千户之上者为中县,不及二千户者为下县。二十年,又定江淮以南,三万户之上者为上县,一万户之上者为中县,一万户之下者为下县。⑤

海宁州为下州,户数不及3万。领县朐山县为中县,户数多于1万,不足3万。元代将东海县(云台山一带,治所在今南城)并入后,朐山县又恢复至唐末宋初的状态,管辖范围相当于

---

① 《元史》卷16《世祖本纪十三》,第348页。
② 《元史》卷17《世祖本纪十四》,第364页。
③ 《元史》卷59《地理志二》,第1416页。
④ 《元史》卷91《百官志七》,第2317页。
⑤ 《元史》卷91《百官志七》,第2317-2318页。

现在的海州区、东海县、灌云县和灌南县，州治在朐山县，即现在的海州古城。领县赣榆县与沭阳县皆为下县，户数皆不足1万，这应该是元代后期的统计数字。由于元代对户口分为民户、军户、站户、匠户等，户口统计时亦分别统计，研究人口学的学者们大多数认为，元代统计的户口数只包括民户①，因而海州地区的人口总户数应该略超3万。这与北宋神宗元丰、徽宗崇宁年间的5万余户相差很大；与金朝统治时期的3万余户几近相同，也从人口数量这个侧面反映了元朝统治期间海州地区的经济发展受到制约的程度。

元顺帝至正二十六年（1366）四月，义军王宣发兵沂州（今山东省临沂市），攻陷海宁州、朐山县；吴王朱元璋夺取淮安路以后，四月便改淮安路为淮安府；次年十一月，征虏大将军徐达攻陷沂州（今山东省临沂市），斩王宣，"于是峄、莒、海州及沭阳、日照、赣榆、沂水诸县皆来降。"②海州州治与朐山县治同在海宁州城内，海宁州降，朐山县亦应降。明太祖洪武元年（1368）改海宁州为海州，废朐山县，州治朐山；沭阳县改属淮安府。

第二节　元朝时期海宁州社会与经济

一、农业经济

元朝政府亦非常重视农业生产，在全国实行军队屯田和募民垦田。首先在制度层面，元朝在路一级设屯田打捕总管府，以"掌献田岁入，以供内府，及湖泊山场渔猎，以供内膳"，在州一级"分置提举司"，海宁州另在新坝设分场提领所。③府州县官都要兼任"劝农事"，以劝导、帮助、监督农民垦荒种田。如元仁宗延祐六年（1319）前后，蒙古人小云失帖木儿在赣榆县任职时的职官全称为"承事郎、淮安路海宁州赣榆县达鲁花赤兼劝农事"；元武宗至大四年（1311），知州魏荣的职官全称为"奉议大夫、淮安路海宁州知州兼劝农事、提调学校官"。元初，元军南下"用兵征讨，遇坚城大敌，则必屯田以守之。……以资军饷。……由是而天下无不可屯之兵，无不可耕之地矣。"全国统一后，两淮地区受黄河夺淮影响，沃野千里，但因宋金元时期连年战争，人口凋敝，元军遂在两淮地区屯田耕种。为有效管理当地屯田，宣徽院所辖淮东淮西屯田打捕总管府在海宁州等19个州县设屯田打捕提举司，后逐渐裁撤合并为12处，最终至8处。"（世祖至元）二十七年（1290），所辖提举司一十九处并为十二。其后再并，止设八处，为户一万一千七百四十三，为田一万五千一百九十三顷三十九亩。"④

其次在政策层面，不断推出鼓励屯田与农耕的政令，规定垦牧农户一至三年免征课

---

① 吴松弟：《中国人口史》第3卷《辽宋金元时期》，上海：复旦大学出版社，2000年，第9页。
② ［清］毕沅：《续资治通鉴》卷220，北京：中华书局，1957年，第6003页。
③ 《元史》卷87《百官志三》，第2204-2205页。
④ 《元史》卷100《兵志三·屯田》，第2558、2563页。

税,这些屯田募民皆归"总管府及提举司领之"。①"世祖至元十六年(1279),募民开耕涟、海州荒地,官给禾种,自备牛具,所得子粒官得十之四,民得十之六,仍免屯户徭役,屡欲中废不果。"②十七年七月戊午,又"用(宣慰使)姚演言,开胶东河及收集逃民屯田涟、海。"十八年六月,"癸未,命中书省会计姚演所领涟、海屯田官给之资与岁入之数,便则行之,否则罢去。"③直到元世祖至元十九年(1282)九月庚申,"(平章政事、行省扬州)游显乞罢涟、海州屯田,以其事隶管民官,从其请。"④元朝才在海州地区终止军队屯田,逐渐变更为屯户和农户种田,并在二十一年(1284)十月,"壬子,定涟、海等处屯田法。"次月癸卯,又下令"以江淮间自襄阳至东海多荒田,命司农司立屯田法,募人开耕,免其六年租税并一切杂役"⑤,从而确保了民屯的合法性,提高了广大百姓开垦荒地的积极性,增加了可耕种面积,提高了粮食生产总量,推动了海州地区农业经济的恢复与发展。

但因蒙古统治者掠夺压榨的本性,海州地区百姓的生活仍然非常贫困,何况海宁州及其属县朐山、赣榆和沭阳县先后于文宗至顺二年(1331)正月己亥和宁宗至顺三年(1332)十一月庚午,被赐予宪宗曾孙彻彻秃(先为武宁王,后进为郯王)作为其食邑⑥,海州地区百姓的赋役更加沉重。

元初,由于政局不稳,社会动荡,内河淤积严重,漕运受到很大的威胁。负责漕运的军人和水手因待遇较低,有时会上岸劫掠,造成漕运两岸百姓恐慌;也时有漕运两岸的饥民和盘踞的盗贼打劫运粮官船的事件发生。在多年试运行之后,元廷于至元二十四年(1287),逐步减少漕运,加大海运的规模。海宁州地处南北要冲,南北双向的海运皆停留海宁州,呈现商贸繁盛的局面。《元史·食货志一·海运》载:

> 初,海运之道,自平江刘家港(今江苏省苏州市太仓市刘家港)入海,经扬州路通州海门县黄连沙头、万里长滩开洋,沿山屿而行,抵淮安路盐城县,历西海州(今海州古城)、海宁府东海县(今海州区南城街道)、密州、胶州界,放灵山洋投东北,路多浅沙,行月余始抵成山。计其水程,自上海至杨村马头,凡一万三千三百五十里。至元二十九年(1292),朱清等言其路险恶,复开生道。自刘家港开洋,至撑脚沙转沙觜,至三沙、洋子江,过匾担沙、大洪,又过万里长滩,放大洋至青水洋,又经黑水洋至成山,过刘岛,至芝罘、沙门二岛,放莱州大洋,抵界河口,其道差为径直。明年,千户殷明略又开新道,从刘家港入海,至崇明州三沙放洋,向东行,入黑水大洋,取成山转西至刘家岛,又至登州沙门岛,于莱州大洋入界河。当舟行风信有时,自浙西至京师,不过旬日而已,视前二道为最便云。然风涛不测,粮船漂溺者无岁无之,间亦有船坏而弃其米者。至元二十三年始责偿于运官,人船俱溺者乃免。然视河漕之费,则其所得盖多矣。⑦

---

① 《元史》卷10《世祖本纪七》,第212页。
② 《元史》卷100《兵志三·屯田》,第2558、2563页。
③ 《元史》卷11《世祖本纪八》,第225、231页。
④ 《元史》卷12《世祖本纪九》,第245页。
⑤ 《元史》卷13《世祖本纪十》,第269、270页。
⑥ 《元史》35《文宗本纪四》,第774页;卷37《宁宗本纪》,第813页。
⑦ 《元史》卷93《食货志一·海运》,第2365-2366页。

元初,从苏州到辽东的运粮船只都是沿着海岸线北上的,但因为靠近海岸,一路上浅沙居多,险恶重重,需要绕道而行,费时费工。世祖至元二十九年(1292)后,另辟海上航线,海运船只都远离海岸线,在东部深海中航行,虽然偶遇风涛,船沉粮没人亡,但总的来说,损失都在可控范围之内,海运费用也优于漕运。此后海宁州的海运盛况才有所回落,但元末,仍然有海运经停海宁州的记载。如顺帝至正二十三年(1363)四月,就有一次福建行省参知政事罗良从漳州海运粮食至辽东经停海宁州的记录,事载明代闽南海洋学者吴朴的《龙飞纪略》"罗良遣其将由海道运粮给行在"条中:

> 漳州虽曰僻郡,去京师八千里,然其为郡也上。自龙溪中经漳浦下抵诏安,海行一日有半,陆行三日有半。由海南行,自太武经大小柑屿、彭山、大星、东姜、乌猪、七州、独珠、外罗、交杯、羊屿、大佛灵山,前后历漳、潮、惠、广、琼、万、顺化、占城诸处;自太武而北,经乌丘、牛屿、东沙、三樵、官圹、五虎门与夫;南巴东落黄裙、岐山、真谷、箕山、东西鸡坛、头沉礁、九山乱礁、孝顺、双屿、崎头、升罗庙洲、滩山、姑山、大小七山、茶山、洪港、宝山;东出海门、刘家港、黑水、沙门,直抵成山,所历泉州、兴化、福州、福宁、温州、台州、宁波、太仓、海州、青州、莱州、宁海、文登,东至成山。从实讨之,灵、成二山,当南北之冲,漳州中立,实华夷之要。①

另外,吴朴在《龙飞纪略》"封占城国王及遣使祭高丽山川"条中记录的南方北向海外航线亦经过海宁州:

> 海门、刘家港、三沙、黑水、琅牙、沙门、成山,前后经沿海府州,如苏州、海州、青州、莱州、登州、宁海州、文登县,已四府二州一县矣。自成山东北济海,历大海龟、歆未、乌湖,水程共三百里;自乌湖至马石山、都里镇,水程二百里;起都里镇,历桃花浦、杏花浦、石人注、橐驰湾、乌骨江,水程八百里;自乌骨江、过乌牧县江、椒岛、长口镇,历秦王石桥、麻田古寺、得物四岛,水程千里,乃抵鸭绿江唐思浦口。②

终元一代,海宁州作为海运航线上重要的经停港口虽时有盛衰,但持续存在,为海宁州的经济贸易发展提供了极好的窗口。

二、盐业经济

元朝亦对盐业实施垄断经营,在全国逐渐设立大都(成宗大德元年裁撤,并入河间)、河间、山东、两淮、两浙、福建、四川7处都转运盐使司来管理盐务。元初,以提举马里范章专掌盐课之事;两淮都转运盐使司始设于世祖至元十四年(南宋端宗景炎二年,1277),治所在扬州。③ 两淮盐场共有29所,海宁州占4所,为莞渎场、板浦场、临洪场、徐渎浦场。④

元朝也规定了都转运盐使司下辖盐场的销售区域,不得逾越,包括海宁州在内的两

---

① [明]吴朴:《龙飞纪略》,转引自陈自强:《明清时期闽南海洋文化概论》,厦门:鹭江出版社,2012年,第69-70页。
② [明]吴朴:《龙飞纪略》,转引自陈自强:《明清时期闽南海洋文化概论》,第76页。
③ 《元史》卷94《食货志二·盐法》,第2386-2387、2390-2391页。
④ 《元史》卷91《百官志七》,第2312-2313页。

淮盐场行销区域为"江浙、江西、河南、湖广所辖路分"。① 海宁州4个盐场主要通过南城、板浦等港口装船，经盐河运至新坝中转，然后运至扬州东关。盐的具体销售办法采用"盐引"法。世祖至元十三年(1276)，每引重300斤，值中统钞8两。十四年，两淮都转运使司成立后，改每引重400斤。但因元统治者横征暴敛，加之官商勾结，致使盐引价格逐年暴涨。"至元十三年既取宋，而江南之盐所入尤广，每引改为中统钞九贯。二十六年(1289)，增为五十贯。元贞丙申(1296)，每引又增为六十五贯。至大己酉(1309)至延祐乙卯(1315)，七年之间，累增为一百五十贯。"②除此之外，元廷还经常将盐引赐给皇家内眷和朝廷重臣，让他们获得极大的经济利益。如致和元年(1328)三月"辛巳，(泰定帝)赐寿宁公主盐价钞万引"；十一月己未，"(文宗)帝谓中书省臣曰：'朕在琼州、建康时，撒迪皆从，备极艰苦，其赐盐引六万，俾规利以赡其家。'"③

盐商买入盐引后，直接到盐场取盐。后因"场官逼勒灶户，加其斛面，以通盐商，坏乱盐法。大德四年(1300)，中书省奏准，改法立仓，设纲攒运，拨袋支发，以革前弊。……客商买引，关给勘合，赴仓支盐。……运至扬州东关，俟候以次通放。"由于盐商众多，通关时间较长，盐商所雇船工脚力经常肆意偷盗，盐商损失惨重，即使报官追查，亦无法挽回损失。故又允许盐商自行在扬州东关外择地建仓备用，随支随取。"如蒙听从盐商自行赁买基地，起造仓房，支运盐袋到场，籍定资次，贮置仓内，以俟通放。临期用船，载往真州发卖，既防侵盗之患，可为悠久之利，其于盐法非小补也。"④

元廷对盐务的管理还体现在法律层面，对官民倒卖盐引、贩卖私盐等行为都规定了具体的惩罚措施。元世祖至元二十年(1283)四月甲午，"申私盐之禁，许按察司纠察盐司"。成宗时，也多次明令禁止官民贩卖私盐，大德三年(1299)四月"庚午，申严江浙、两淮私盐之禁，巡捕官验所获迁赏"；七年二月壬午，从御史台臣言，"禁内外中书省户部转运司官，不得私买盐引。"⑤盐法更是明确规定："凡伪造盐引者皆斩，籍其家产，付告人充赏。犯私盐者徒二年，杖七十，止籍其财产之半；有首告者，于所籍之内以其半赏之。行盐各有郡邑，犯界者减私盐罪一等，以其盐之半没官，半赏告者。"⑥"提点官禁治不严，初犯笞四十，再犯杖八十，本司官与总管府官一同归断，三犯闻奏定罪。如监临官及灶户私卖盐者，同私盐法。"⑦

三、茶业经济

元朝茶业管理沿袭宋之旧制，实施榷茶制，但包括海州茶在内的江淮茶已经式微。元世祖至元十七年(1280)，"置榷茶都转运司于江州，总江淮、荆湖、福广之税，而遂除长引，专用短引。每引收钞二两四钱五分，草茶每引收钞二两二钱四分。"所谓"长引短引"是指至元十三年制定的"长引短引之法"，也是元初茶叶销售的"茶引"之法的一种变形。

---

① 《元史》卷97《食货志五·盐法》，第2494—2495页。
② 《元史》卷94《食货志二·盐法》，第2386—2387页。
③ 《元史》卷30《泰定帝本纪二》，第685页；《元史》卷32《文宗本纪一》，第718页。
④ 《元史》卷97《食货志五·盐法》，第2494—2495页。
⑤ 《元史》卷12《世祖本纪九》，第253页；卷20《成宗本纪三》，第427页；卷21《成宗本纪四》，第448页。
⑥ 《元史》卷94《食货志二·盐法》，第2386—2387页。
⑦ 《元史》卷104《刑法志三·食货》，第2647—2648页。

"以三分取一。长引每引计茶一百二十斤,收钞五钱四分二厘八毫。短引计茶九十斤,收钞四钱二分八毫。"①在"各路出茶之地设立提举司七处,专任散据卖引,规办国课"。②对于贩卖私茶者往往"杖七十",并没收私茶。甚至运输超过时限也要受到"杖六十"的处罚。茶法规定:

> 客旅纳课买茶,随处验引发卖毕,三日内不赴所在官司批纳引目者,杖六十;因而转用,或改抹字号,或增添夹带斤重,及引不随茶者,并同私茶法。但犯私茶,杖七十,茶一半没官,一半付告人充赏,应捕人同。若茶园磨户犯者,及运茶船主知情夹带,同罪。有司禁治不严,致有私茶生发,罪及官吏。茶过批验去处不批验者,杖七十。其伪造茶引者斩,家产付告人充赏。诸私茶,非私自入山采者,不从断没法。③

第三节 元朝时期海宁州教育和文化

一、文化教育

元朝以铁骑武力征服天下,拥有了中国历史上最广阔的国土面积,再一次形成了统一的、多民族的国家。在进入中原的初期,元廷最高统治者就在汉族士人的帮助下,逐渐认识到文治天下的重要性,不仅招引汉族儒学士人进入统治阶层内部,制定符合儒家传统的典章制度,而且在文化教育方面顺应时势,进一步适应汉化的要求。

终元一朝,自仁宗皇庆二年(1313)下诏恢复科举考试,延祐二年(1315)第一次开科取士,以后三年一次,直到元亡,共举行了十六次科举考试(简称"元十六考")。期间,元顺帝时期,因丞相伯颜擅权,执意废科举,1336年和1339年两次科举考试停办。但在元朝统治时期,海宁州史乘记载无一进士。

尽管如此,海宁州的儒学教育还是受到了相当的重视。唐贞观四年(630)创建的儒学,"元皇庆二年(1313),知州魏荣重修,学正李师道记。元末毁于兵。"④这次重修的过程记录在海宁州儒学学正李师道撰写的《海宁州重建庙学记碑》碑文中。四年后,上任二年的知州张衡不仅重修了庙学,还新创建了小学,创建过程记录在儒学学正陈一凤撰写的《海宁州创建小学记》碑文中。

二、宗教文化

元代,海州地区的宗教文化继承并发扬光大了宋代的宗教文化,虽然历经宋末元初的

---

① 《元史》卷94《食货志二·茶法》,第2393-2394页。
② 《元史》卷97《食货志五·茶法》,第2504-2505页。
③ 《元史》卷104《刑法志三·食货》,第2648页。
④ [明]隆庆《海州志》卷5《教典·学校》,第162-163页。

兵燹,但寺庙宫观等宗教建筑有增无减,佛教和道教相得益彰。据不完全统计,除了元代以前就已经存在寺庙宫观之外,元代新创建的有记录可查的就达19处之多(表8.1)。

表8.1 元代新建(重修)寺庙宫观等宗教建筑一览表

宗教建筑名称	地理位置	新建(重修)时间	新建(重修)人	存续情况
沭阳县方广院	建陵山①	世祖至元十二年(1275)	僧时公	
蓑衣庵	连云区中云街道	至元二十四年(1287)	道士张真人	
沭阳县招德寺	治东五里	成宗大德二年(1298)	僧德贵	
蓬莱庵	州城西白虎山之阳	大德九年(1305)②	道士骆道一	
东岳庙	东海城东北三里	仁宗皇庆二年(1313)	知州魏荣	清嘉庆时已废
石佛寺	大伊山	皇庆二年(1313)	开山僧印空	至正十五年(1355),兵废
赣榆县洪福寺	班里庄东南	仁宗延祐六年(1319)	僧德琛	至正年间废
玉泉庵	马耳山	延祐七年(1320)		年深倾圮
东岳庙	博望镇	泰定帝泰定五年(1328)	乡人侯名	
大普寺	西城内	致和元年(1328)③	山僧杜行友	至正十五年(1355),兵废
东岳庙	州城西白虎山之左	文宗天历二年(1329)④		兵废
龙祠⑤	伊庐山西畔	顺帝至正元年(1341)		
崇福院	上林河村	至正元年(1341)	开山僧永忠	兵废
普安寺	南岗镇	至正元年(1341)	开山僧道兴	
白龙王庙	伊庐山西	至正元年(1341)		
龙神庙	州治东五里网疃村	至正二年(1342)		
观音寺	州治东门街	至正三年(1343)	尼姑刚姑	元季兵废
长安寺	西城阜民坊街西北	至正三年(1343)	尼姑张岩	至正十五年(1355),兵废
观音寺	伊庐山前	至正二十七年(1367)		清嘉庆时已废

资料来源:明清时期海州、赣榆县、沭阳县方志等。

"蓑衣庵"不见地方志书记载,仅见"蓑衣庵"遗址附近摩崖石刻两通。一通是"岩溪"题刻,记录"蓑衣庵"始建道人"张真人",落款日期为"至元丁亥",即元世祖至元二十四年丁亥(1287);另一通是"重修正堂记"石刻,记录重修蓑衣庵正堂的时间,落款日期为"大

---

① 按:清康熙沭阳县志《寺院》记为"张仓山",嘉庆志《寺观录》记为"张苍山",《金石录》记为"建陵山",又名"嶂嶒山",实指同一座山,元代隶沭阳县,今隶新沂市新安街道。[清]张奇抱:《重修沭阳县志》卷2《职官·古迹·寺院》,清康熙十三年(1674)刻本,第171页。[清]嘉庆《海州直隶州志》卷29《寺观录》,第497页;卷28《金石录》,第475—476页;

② 按:原文为"元至德九年",元朝无"至德"年号,有"大德"年号,"至""大"形似,推测为刻写错误所致。

③ 按:原文为"元致和三年",元泰定帝"致和"年号仅有"元年"一年,"三""元"形似,推测为刻写错误所致。

④ 按:原文为"元泰定六年",元泰定帝"泰定"年号仅有五年,方志中经常有改元后仍延续上一个年号继续纪元的情况出现,故推测"元泰定六年"即"天历二年"。

⑤ 按:"龙祠"作为"杂祠"记录在明隆庆《海州志·杂志》中:"龙祠:在伊庐山西畔。至正元年(1341)创建。石罅有水科甚多,俗传有龙潜于内。旱祷辄应,隣境咸赖。弘治十四年(1501),知州侯镗岁增二祭,迄今不废。"参见[明]隆庆《海州志》卷8《杂志·杂祠》,第298页。

元皇庆元年四月一日",即元仁宗皇庆元年壬子(1312)。①

另外,云游在外的本地宗教人士,也为当地宗教文化的传播做出了贡献。如阎志夷,道号希真子,为峰山道教随山派刘处玄之徒,云游至今山东省邹城市境内,卒后由其弟子刘太生等于元成宗大德五年(1301)七月九日立《阎公墓记碑》纪念。该碑位于小阿房宫正南道士茔地,面南,高185厘米、宽75厘米。②

第四节 元朝时期海宁州军事防御

清嘉庆《海州志·职官表》载:元朝将"镇守各路者曰万户府,列为上、中、下三等,所管军上府七千之上,中府五千之上,下府三千之上,……典兵。"在海宁州设海宁州安东州分镇万户,张汉英曾担任万户。

元朝军事防御设施除上述万户府之外,在不同时期还通过连珠营、古城或者堡垒的形式来防守南宋的攻击及盗贼的抢掠。

一、连珠营

元顺帝至正十六年(1356),淮北义军蜂起,淮安作为军事重地,对于元朝控制淮北地区,重要性显得尤为突出,时同金淮南行枢密院事董抟霄建议,为避义军骚扰,从南面的沭阳县到北面的沂、莒、赣榆等州县,一路布设连珠营,三十里设一总寨,期间又设小寨,使斥堠烽燧相望,进退有据,士卒战时为兵,闲时屯田。因海州地区战火不断,百姓流离失所,可以设置军民防御司,屯兵备战,内固根本,外御海寇等,详载《元史》董抟霄本传:

> 淮安为南北襟喉、江淮要冲之地,其地一失,两淮皆未易复也。则救援淮安,诚为急务。为今日计,莫若于黄河上下,并濒淮海之地,及南自沭阳,北抵沂、莒、赣榆诸州县,布连珠营,每三十里设一总寨,就三十里中又设一小寨,使斥堠烽燧相望,而巡逻往来,遇贼则并力野战,无事则屯种而食。然后进有援,退有守,此善战者所以常为不可胜,以待敌之可胜也。

> 又海宁一境,不通舟楫,军粮惟可陆运,而凡濒淮海之地,人民屡经盗贼,宜加存抚,权令军人搬运。其陆运之方,每人行十步,三十六人可行一里,三百六十人可行一十里,三千六百人可行一百里。每人负米四斗,以夹布囊盛之,用印封识,人不息肩,米不著地,排列成行,日行五百回,计路二十八里,轻行一十四里,重行一十四里,日可运米二百石。每运给米一升,可供二万人。此百里一日运粮之术也。又江淮流移之民,并安东、海宁、沭阳、赣榆等州县俱废,其民壮者既为军,老弱无所依归者,宜设置军民防御司,择军官材堪牧守者,使居其职,而籍其民,以屯故地。于是练兵积

---

① 按:《金石图鉴》误读"岩(巖)"为"严(嚴)"。参见连云港市重点文物保护研究所编著:《连云港石刻调查与研究》,第81页;封其灿:《连云港金石图鉴》,第80页。

② 中国人民政治协商会议山东省邹县委员会编:《邹县文史资料》第6辑,1988年(内部资料),第211页。

谷,且耕且战,内全山东完固之邦,外御淮海出没之寇,而后恢复可图也。①

二、城池

元初,蒙古军依靠数十万铁骑横扫中原,但南下时却被诸府州县的城墙阻挡,为此下令"毁天下城郭"②,在攻下城池后,就把城墙给拆毁了。宋金时期,义军首领魏胜等人在海州城南扩城抗金,近几年考古发现的仅存的几处城墙基址,极有可能就是在元初被拆除的。元朝统一全国后,基于防盗及抵抗农民起义军的需要,又重新开始了筑城。赣榆县城就是在这样的背景下修建的。

赣榆县城原无城池,元顺帝至正二十四年(1364)始建。明正德《淮安府志》载:"赣榆县城,旧有土城,高二丈,周围四里一十一步。元至正二十四年,平章王信修筑,有西、南、北三门,池深四尺。"③

王信(生卒年不详),元顺帝至正二十七年(1367)八月丙午,受总天下兵马的皇太子诏喻,以其"本部兵马,固守信地,别听调遣。""信地"即沂州(今山东省临沂市)。十月"乙巳,皇太子奏以淮南行省平章政事王信为山东行省平章政事兼知行枢密院事。"④依此可知,王信在元顺帝至正二十七年(1367)之前任淮南行省平章政事,这与赣榆县城始建时的记载基本吻合。吴王朱元璋拜徐达为征虏大将军,常遇春为副,帅步骑二十五万人,北取中原。⑤辛未,王信接到吴王朱元璋征虏大将军徐达的劝降信,遂与其父王宣诈降,虽获授江淮行省平章政事,但诈降被吴王识破;十一月,王宣逃往莒州搬兵回救,徐达攻陷沂州,斩杀王宣。《续资治通鉴》卷二二〇载:

> (十月)辛未,沂州王信既得徐达书,乃遣使纳款于吴,且奉表贺平张士诚。吴王遣徐唐、李仪等赴沂州,授信江淮行省平章政事,麾下官将皆仍旧职,令所部军马悉听大将军节制。时信与其父宣,阴持两端,外虽请降,内实修备。王知之,乃遣人密谕徐达勒兵趋沂州以观其变。……(十一月)徐唐等至沂州,王宣不欲行,乃使其子信密往莒州募兵,为备御计,而遣其员外郎王仲纲等诈来犒师以缓攻,徐达受而遣之。仲纲等既还,宣即以兵劫徐唐等,欲杀之,唐得脱,走达军,达即以师抵沂州,营于北门。达犹欲降之,遣梁镇抚往说,宣阳许之,寻复闭门拒守,达怒,遂急攻其城,宣待信募兵未还,自度不能支,乃开西门出降。达令宣为书,遣镇抚孙惟德招降信,信杀惟德,与其兄仁走山西。于是峄、莒、海宁州及沭阳、日照、赣榆、沂水诸县皆来降。达以宣反覆,并怒其子信杀惟德,执宣戮之,命指挥韩温守沂州。⑥

---

① 《元史》卷188《董抟霄传》,第4306-4310页。
② [清]顾祖禹著,贺次君、施和金点校:《读史方舆纪要》卷26《南直八》,北京:中华书局,2005年,第1272页。
③ 按:清嘉庆《海州直隶州志》、清光绪《赣榆县志》所载内容基本相同。参见[明]薛斅修、陈艮山纂,荀德麟、陈凤雏、王朝堂点校:正德《淮安府志》,北京:方志出版社,2009年,第49页;[清]嘉庆《海州直隶州志》卷14《建置考一·城池》,第254页;[清]光绪《赣榆县志》,中国方志丛书,华中地方第36号,台北:成文出版社,1986年,第65页。
④ 《元史》卷47《顺帝本纪十》,第979、981页。
⑤ 《明史》卷125《徐达传》,第3726页。
⑥ [清]毕沅:《续资治通鉴》卷220,第6002-6003页。

第七章 元朝时期海宁州职官群体研究

第一节　元朝时期海宁州职官设置情况

蒙古军控制海州后,于元世祖至元十五年(1278)将海州升为海州路总管府,设录事司;元朝灭亡南宋后,旋改为海宁府。至元二十年(1283),降为海宁州,录事司与东海县一起并入朐山县。海宁州治朐山县,领朐山、赣榆、沭阳三县。

据《元史·百官志》载:诸路总管府下设录事司,秩正八品,掌城中户民之事。海宁州不足三万户,为下州,置达鲁花赤、知州各一员,皆从五品;同知一员,正七品;判官一员,正八品,兼捕盗之事;吏目一员,儒学学正一员。清嘉庆《海州志·职官表一》另载阴阳学正一员,(中)官医提领所管勾二员。

海宁州有盐场四所,分别是莞渎场、板浦场、临洪场、徐渎浦场,置"每场司令一员,从七品;司丞一员,从八品;管勾一员,从九品。办盐各有差。"

海宁州属县三,其中朐山县为中县,户口数在二千至六千之间,秩正七品,置达鲁花赤一员,县尹一员,主簿一员,县尉一员,县尉主捕盗之事,别有印,典史二员,不置丞。赣榆、沭阳皆为下县,户口数不及二千,秩从七品,除典史为一员外,其他置官同朐山县。所有县皆设巡检司,秩九品,置巡检一员。① 清嘉庆《海州志·职官表一》另载赣榆临洪镇巡检一员、积仓官四员,所有县置儒学教谕一员,巡尉司吏一(或二)员,疑巡尉司即为巡检司,专事巡逻、捕盗。

淮东淮西屯田打捕总管府下辖海宁州河泊提举司、海宁州屯田打捕提举司。海宁州屯田打捕提举司,秩从五品,"设达鲁花赤一员,提举一员,并从五品;同提举一员,从六品;副提举一员,从七品;吏目二人。"海宁州屯田打捕提举司设海宁州新坝分场提领所,"设提领一员、同提领一员、副提领一员,俱受宣徽院劄付。"②

清嘉庆《海州志·职官表》载:海宁州安东州分镇设万户府,海宁州为下州,置达鲁花赤一员,万户一员,俱从三品,佩金虎符;下辖万户所,置千户一员,从四品,金牌。③

一、达鲁花赤

有元一代,路、府、州、县四级行政管理机构的主管为达鲁花赤。达鲁花赤,蒙古语(Darugaci)的音译,又译为"答鲁合臣""达鲁噶齐",相当于突厥语的巴思哈(Basqaq),意思是镇压者、制裁者、钤印者,地位在其他官员之上,掌握最后裁定的权力。为保障蒙古大汗和贵族的统治,元廷将全国的臣民划分为蒙古人、色目人(西域及中亚东欧各族人)、汉人(大致为长江以北地区各族人)、南人(大致为南宋地区的汉人)四个等级。蒙古初兴

---

① 《元史》卷91《百官志七》,第2312—2318页。
② 《元史》卷87《百官志三》,第2204—2205页。
③ 《元史》卷98《兵志一》,第2508页。

时期,担任达鲁花赤的民族成分限制较少,《元史》中记载担任达鲁花赤的汉人也有不少。如宪宗八年(1258)十一月,蒙古首领哥汗率10万大军攻陷鹅顶堡(今四川省广元市剑阁县鹤龄镇),"以彭天祥为达鲁花赤治其事,王仲副之",彭天祥为汉人,王仲原为南宋知县,城破前降元;世祖中统三年(1262)二月,李璮叛蒙归宋,并向各地发出讨蒙檄文,接到檄文的就有太原达鲁花赤、汉人戴曲薛等等。①

但随着蒙元政权的逐步确立,特别是李璮叛蒙,其岳父王文统被指与李璮暗通款曲被杀,引起元世祖忽必烈对汉人在政府中担任重要职务的警惕,从而使得汉人担任达鲁花赤的限制也逐步严格起来。自元世祖至元二年(1265)二月始,至十六年(1279),元廷接续颁布诏令,汉、契丹、女真等族人不能担任达鲁花赤,专由蒙古人充任,在缺少蒙古人时,允许由门第高贵的色目人(回回、畏兀、乃蛮、唐兀)充任;总管、知州由汉人担任,同知由色目人担任。另外还安排了世袭的制度,世祖至元七年(1270)四月壬午,敕"诸路达鲁花赤子弟荫叙充散府诸州达鲁花赤,其散府诸州子弟充诸县达鲁花赤,诸县子弟充巡检。"②

但实际执行过程并没有那么严格,史料中还是发现了由汉、契丹、女真等族人担任达鲁花赤的案例,但主要是因战功或在藩属国或在少数民族地区。③ 如"(七年二月乙未)又诏令国王头辇哥等举军入高丽旧京,以脱朵儿、焦天翼为其国达鲁花赤,护送禃还国。"④还有汉人吕天麟官至中书参知政事、段贞官至中书平章政事等。⑤ 以及元泰定帝致和元年(1328)前后,以忠显校尉为朐山县达鲁花赤兼劝农事的曾寿,和同期以奉训大夫为海宁州达鲁花赤兼劝农事的畏兀人廉青山。

二、万户、千户

据《元史·百官志一》载:元初"惟以万户统军旅"⑥,设右、中、左三万户,统领属下军民。《元史·兵志一》又载:

> 考之国初,典兵之官,视兵数多寡,为爵秩崇卑,长万夫者为万户,千夫者为千户,百夫者为百户。世祖时,颇修官制,内立五卫,以总宿卫诸军,卫设亲军都指挥使;外则万户之下置总管,千户之下置总把,百户之下置弹压,立枢密院以总之。遇方面有警,则置行枢密院,事已则废,而移都镇抚司属省。万户、千户、百户分上中下。万户佩金虎符,符跌为伏虎形,首为明珠,而有三珠、二珠、一珠之别。千户金符,百户银符。万户、千户死阵者,子孙袭爵,死病则降一等。总把、百户老死,万

---

① 《元史》卷3《宪宗本纪》,第52页;卷5《世祖本纪二》,第85-86页。
② 《元史》卷6《世祖本纪三》,第106、118页;卷10《世祖本纪七》,第216页;卷7《世祖本纪四》,第129页。
③ 蔡春娟:《元代汉人出任达鲁花赤的问题》,《北大史学》2008年,第122-146、525页;潘修人:《元代达鲁花赤用人述论》,《内蒙古民族师院学报(哲学社会科学版)》1992年第4期,第62-66页;赵秉崑:《达鲁花赤考述》,《北方文物》1995年第4期,第64-72页。
④ 《元史》卷7《世祖本纪四》,第128页。
⑤ 《元史》卷18《成宗本纪一》,第391页;卷19《成宗本纪二》,第402页。
⑥ 《元史》卷85《百官志一》,第3119页。

迁他官,皆不得袭。是法寻废,后无大小,皆世其官,独以罪去者则否。①
万户开府为万户府,诸路万户府分为:

  上万户府,管军七千之上。达鲁花赤一员,万户一员,俱正三品,虎符;副万户一员,从三品,虎符。

  中万户府,管军五千之上。达鲁花赤一员,万户一员,俱从三品,虎符;副万户一员,正四品,金牌。

  下万户府,管军三千之上。达鲁花赤一员,万户一员,俱从三品,虎符;副万户一员,从四品,金牌。其官皆世袭,有功则升之。每府设经历一员,从七品;知事一员,从八品;提控案牍一员。

万户府下辖千户所,置官千户。千户所分为:

  上千户所,管军七百之上。达鲁花赤一员,千户一员,俱从四品,金牌;副千户一员,正五品,金牌。

  中千户所,管军五百之上。达鲁花赤一员,千户一员,俱正五品,金牌;副千户一员,从五品,金牌。

  下千户所,管军三百之上。达鲁花赤一员,千户一员,俱从五品,金牌;副千户一员,正六品,银牌。②

千户所下辖百户所,置官百户。百户所分为:

  上百户所,百户二员,蒙古一员,汉人一员,俱从六品,银牌。

  下百户所,百户一员,从七品,银牌。③

海宁州为下州,在海宁州安东州分镇设下万户府,万户府下设千户所,千户所下设百户所。

三、州县其他属官

  海宁州虽然是在元初由海州路总管府先改为海宁府后降级而来,但在属官设置方面仍有别于一般的州,其州府属官仍然保留了只有诸路总管府或散府才设置的一些官职,如税务官,置提领、大使、副使各一员;有些只是品秩降低了一等,如诸路总管府置医学教授、阴阳教授,海宁州则置中官医提领所管勾、阴阳学正等。④ 除此之外,在《海宁州重建庙学记碑》文中还发现了州级"学吏""司吏"、县级"司吏"等职官⑤;在《创建洪福院记》碑

---

  ① 《元史》卷98《兵志一》,第2508页。
  ② 《元史》卷91《百官志七》,第2310—2312页。
  ③ 《元史》卷91《百官志七》,第2310—2312页。
  ④ 《元史》卷91《百官志七》,第2316—2317页。
  ⑤ [元]李师道:《海宁州重建庙学记碑》,[清]嘉庆《海州直隶州志》卷28《金石录》,第472—474页;[明]隆庆《海州志》卷10《词翰》,第328—332页。

文中发现了州级"司吏"、县级"尉吏"等职官[1]；在《海宁州创建小学记》《沭阳方广院碑》《廉青山题名》石刻以及《曾寿题名》石刻中也都发现了海宁州及属县的部分职官，但绝大部分人于史无考。元朝时期海宁州职官得官数目见表7.1。

表7.1 元朝时期海宁州职官数目表　　　　　　　　　　　单位：人

州县	职官		隆庆《海州志》	嘉庆《海州志》	光绪《赣榆县志》	康熙《沭阳县志》	本书研究
海宁州	达鲁花赤			1[3]			2[2]
	知州		3[1][2][3]	7			7
	同知			3[1][2][3]			3
	判官			3[1][2][3]			3
	儒学学正			4[1][2]²[3]			4
	阴阳学正			1[4]			1
	学吏						1[1]
	司吏						8[1]
	吏目			2[1]²			3[3]
	税务官提领、大使、副使			3[1]³			3
	打捕提领			2[1]²			2
	中官医提领所管勾			2[1]²			2
	海宁州安东州达鲁花赤			1[1]			1
	海宁州安东州分镇万户			2[1]			2
	海宁州安东州分镇千户			1[1]			1
盐场	板浦场	司令		1[1]			1
	临洪场	司令		2②[1]			1
		司丞		2[1]			2
		管勾		1[1]			1
		盐运判官		1[1]			1
	莞渎场	司令		1[1]			1
		司丞		1[1]			1
		管勾		1[1]			1
	徐渎浦场	司令		2[1]			2
		司丞		1[1]			1
		管勾		1[1]			1

---

① 连云港市重点文物保护研究所编著：《连云港石刻调查与研究》，第129-130页；封其灿：《连云港金石图鉴》，第288页；[清]嘉庆《海州直隶州志》卷28《金石录》，第474-475页。

② [清]嘉庆《海州直隶州志》载"临洪场"盐官，皆录自《海宁州重建庙学记碑》，其中"司令"有2位"苑承事"，从上下文任职时间及同僚看，应该是同一人。参见[元]李师道：《海宁州重建庙学记碑》，[清]嘉庆《海州直隶州志》卷28《金石录》，第472-474页；[明]隆庆《海州志》卷10《词翰》，第328-332页。

(续表)

州县	职官	隆庆《海州志》	嘉庆《海州志》	光绪《赣榆县志》	康熙《沭阳县志》	本书研究
朐山县	达鲁花赤		3[1]²			3
	主簿		1[1]			1
	县尉		1[1]			3
	典史		2[1]²			2
	儒学教谕		1[1]			1
	司吏					6[1]⁶
	巡尉司吏		1[1]			1
赣榆县	达鲁花赤		2[1][4]	2①		2
	县尹		1[4]			1
	主簿		2[1][4]	2		2
	县尉		2[1][4]	2		2
	临洪镇巡检		1[4]	1		1
	儒学教谕		1[1]	1		1
	司吏					4[4]
	尉吏					1[4]
	巡尉司吏		2[1]²	2		2
	椿积仓官		4[1]⁴	4		4
沭阳县	达鲁花赤		2[1][5]			2
	县尹		3[1][5]		1	4
	主簿		1[5]			1
	县尉		1[1]			1
	典史		1[1]			1
	司吏					4[1]⁴
	巡尉司吏		1[1]			1

资料来源：隆庆《海州志》，嘉庆《海州志》，光绪《赣榆县志》，康熙《沭阳县志》及本书第八章。万历、康熙、嘉庆《赣榆县志》皆不载。数字后标号分别表示其中有 n 人录自[1]"《海宁州重建庙学记碑》文，或[2]"《海宁州创建小学记》文，或[3]"《廉青山题名》石刻，或[4]"《创建洪福院记》碑，或[5]"《沭阳方广院碑》，无上标表示 1 人。

第二节　元朝时期海宁州职官群体研究

元朝时期，因传世文献中记载海宁州职官较少，本研究虽广为搜寻，结果并不令人满

---

① 清光绪《赣榆县志》应录自嘉庆《海州直隶州志》。参见[清]光绪《赣榆县志》，中国方志丛书，华中地方，第36号，台北：成文出版社，1970年影印版，第253-255页。

意,得官仍然较少,群体研究受到一定的制约,难以形成有价值的规律。

一、元朝时期海宁州职官群体出身研究

海宁州知州7人中,臧梦解1人为南宋末年进士,赵雍为元代著名书画家赵孟頫次子,以父荫补官,其他5人不详。

海宁州判官3人中,赵筼翁1人为进士出身,其他2人不详。

沭阳县尹3人中,宋文瑞1人以父荫入仕,其他2人不详。

二、元朝时期海宁州职官群体籍贯研究

海宁州知州臧梦解1人来自庆元路,魏荣1人来自兴元路,张衡1人来自太平路,赵雍1人来自湖州路,其他3人赵霁、可温和萧谧籍贯皆不详。

海宁州判官3人中,赵筼翁1人来自晋宁路,其他2人不详。

沭阳县尹3人中,宋文瑞1人来自汴梁路,其他2人不详。

三、元朝时期海宁州职官群体年龄研究

海宁州知州赵雍任职本官时年龄为59岁,其他6人年龄不详。

海宁州安东州分镇达鲁花赤帖木儿不花任职本官时年龄为26岁。

四、元朝时期海宁州职官群体任离(迁转)情况研究

海宁州及属县所有职官任职年限皆不详。

海宁州达鲁花赤2人任职本官前仕宦经历不详,廉青山离任后,累迁为集庆路总管府治中,撒昔离任后不详。海宁州知州中有3人任职本官为迁转,其中臧梦解因浙东宣慰司举荐"才兼儒吏,可试州郡"而升迁为本官,其他4人不详;离任时有2人升迁,其中臧梦解因"刚直廉慎,而学有渊奥""才德兼备"和"廉能"被淮东按察副使和御史台举荐,其他5人不详。海宁州判官中赵筼翁迁转本官,其他2人不详,离任时,赵筼翁升迁,其他2人不详。沭阳县尹宋文瑞以父荫入仕本官,其他3人不详,宋文瑞离任后不久去世,其他3人不详。

五、元朝时期海宁州职官群体政绩及评价研究

元世祖至元二十二年(1285)之前,浙东宣慰司举荐臧梦解知海宁州;"时淮东按察副使王庆之,按行至其州,见梦解刚直廉慎,而学有渊奥,自任职以来,门无私谒,官署萧然,凡有差役,皆当其贫富,而吏无所预。于是民以户计者,新增七百六十有四;田以顷计者,

新辟四百四十有三;桑柘榆柳,交荫境内,而政平讼简,为诸州县最。乃举梦解才德兼备,宜擢清要,以展所蕴。而御史台亦以其廉能,抗章荐之。"①

元武宗至大四年(1311),魏荣知海宁州,"能以学校为重,而起废兴新;以圣道为尊,而敦教励俗。""割己俸为倡,重新建造"海宁州庙学。②

元仁宗延祐二年(1315),张衡知海宁州,重修海宁州庙学,并创建小学。③

元顺帝至元二年(1336),沂川为沭阳县尹,"规创县治,增修学宫,招徕流亡,教之树、畜。民到于今称之。"④

---

① 《元史》卷177《臧梦解传》,第4128—4130页。
② [元]李师道:《海宁州重建庙学记碑》,[清]嘉庆《海州直隶州志》卷28《金石录》,第472—474页。
③ [元]陈一凤:《海宁州创建小学记》,[明]隆庆《海州志》卷10《词翰》,第324—328页。
④ [明]薛赟修、陈艮山纂,荀德麟、陈凤雏、王朝堂点校:正德《淮安府志》卷12《官守》,第273页。

第八章 宋金元时期海州职官题名考述

第一节　北宋时期海州职官题名考述

北宋太祖建隆三年壬戌（962）

【海州司法参军：段昭裔】

段昭裔（生卒年不详），生平史载阙。太祖建隆三年（962）十二月责授海州司法参军，事载《长编》卷三："（太祖建隆三年）十二月丙戌，左赞善大夫段昭裔坐检视民田失实，责授海州司法参军。"①离任时间不详。

北宋太祖乾德四年丙寅（966）

【海州刺史：梁彦超】

梁彦超（生卒年不详），生平史载阙。太祖乾德四年（966）七月前后任海州刺史，事载《宋史·五行志》："（太祖乾德）四年七月，海州雷震长吏厅，伤刺史梁彦超。"②《文献通考·物异考》亦载："（太祖乾德）四年七月，海州雷震长吏厅，土木多圮，伤刺史梁彦超。"③《文献通考》成书于元成宗大德十一年（1307），《宋史》成书于元惠宗至正五年（1345）十月，因而《文献通考》多出来的"土木多圮"应该可信。也就是说，这次长吏厅遭到雷击，破坏还是很严重的，房屋多处损坏，甚至坍塌，刺史梁彦超也受重伤。

清嘉庆《海州志·职官表一》载："梁彦超，太祖乾德年（963—968）任，见《宋史·五行志》。"李之亮在《宋两淮大郡守臣易替考》中认为梁彦超任海州刺史的时间为北宋太祖建隆元年庚申（960）至乾德五年丁卯（967）。④

北宋太祖乾德五年丁卯（967）

【海州刺史：孙方进】

孙方进（生卒年不详），生平史载略，莫州清苑（河北省保定市）人。历官海州刺史、德州刺史、郴州刺史、右领军卫将军等。

孙方进任海州刺史的时间在太祖开宝二年（969）前后，事载《十国春秋·北汉睿宗本

---

① 《长编》卷3，太祖建隆三年十二月丙戌，第76页。
② 《宋史》卷62《五行志一下·水下》，第1350页。
③ ［元］马端临：《文献通考》卷307《物异考十三·雷震》，文渊阁《四库全书》第616册，第114页。
④ 李之亮：《宋两淮大郡守臣易替考》（以下频繁使用，仅在正文中说明，不再出注），成都：巴蜀书社，2001年，第113-131页。

纪》北汉天会十三年(宋太祖开宝二年)三月条,"是月,宋又遣海州刺史孙方进围沧州,守陴者声言,且夕契丹兵至。"①

《宋史·太祖本纪》：开宝二年(969)，太祖亲征太原，四面围城，并筑长堤欲引汾水灌城。三月，"辛亥，遣海州刺史孙方进率兵围汾州。"②此处时间有误，应该为"四月辛亥"，即四月四日。依此可知，孙方进任海州刺史的时间在太祖开宝二年前后。《宋会要辑稿》兵七之三二载："四月四日，遣海州刺史孙万进率兵数千人围汾州，以判四方馆事翟守素监其军。"③《续资治通鉴》卷五与《资治通鉴后编》卷五载相同："(四月)辛亥，遣海州刺史孙万进领军数千人围汾州。"④《长编》卷一〇载：四月，"辛亥，遣海州刺史孙万进领军数千人围汾州，以判四方馆事任城翟守素监其军。"⑤后四部文献皆载事件发生于四月辛亥，即四月四日，增加率兵(领军)人数"数千人"，并将"孙方进"误记为"孙万进"。

孙方进任德州刺史，事载《宋史·审进传》："(太宗太平兴国)四年(979)，上亲征河东，审进与岚州团练使周承晋、德州刺史孙方进、成州刺史慕容福起皆上言愿率所部击太原。上以审进耆年，不许。"⑥

《宋太宗实录》卷二七载：太平兴国八年(983)十一月，"辛巳，以郴州刺史孙方进为右领军卫将军。"⑦

嘉庆《海州志·职官表一》载："孙方进，太祖开宝年任，见《宋史》本纪。"李之亮在《宋两淮大郡守臣易替考》中认为孙方进任海州刺史的时间为太祖乾德五年(967)至太祖开宝七年(974)。

北宋太祖开宝二年己巳(969)

【海州观察推官：张茂直】

张茂直(927—1001)，字林宗，北宋兖州瑕丘(今山东省济宁市兖州区)人。太祖开宝二年己巳(969)安德裕榜进士，初授海州推官。历官司农寺丞、通判泰州，梓州富国监，通判静安军，著作佐郎，秘书丞，益王元杰府记室参军，度支员外郎，三迁本曹郎中，知制诰，秘书少监，知颖州等。《宋史》卷二九六有本传。

> 张茂直，字林宗，兖州瑕丘人。父延升，以经术教授乡里。茂直方弱冠，慕容彦超据州城，驱之守陴。及周师破敌，拥城守者列坐，将斩之。有卒挟刃谓茂直曰："汝发甚鬒，惜为颈血所污，可先断之。"茂直许焉。刃未及发，会得释。后励志

---

① [清]吴任臣：《十国春秋》卷105《北汉睿宗本纪》，文渊阁《四库全书》第466册，第282页。
② 《宋史》卷2《太祖本纪二》，第28—29页。
③ 《宋会要辑稿》兵7之32，第8752页。
④ 《续资治通鉴》卷5，太祖开宝二年四月辛亥，第125页；《资治通鉴后编》卷5，文渊阁《四库全书》第342册，第64页。
⑤ 《长编》卷10，太祖开宝二年四月辛亥，第220页。
⑥ 《宋史》卷463《审进传》，第13537页。
⑦ [宋]钱若水撰，燕永成点校：《宋太宗实录》卷27，兰州：甘肃人民出版社，2005年，第18页。

于学。

开宝中,州将器其为人,首荐之,且给钱五万,以助其装。二年(969),登进士第,解褐海州推官,进司农寺丞、通判泰州。为转运使韦务昪诬奏,徙监梓州富国监。代还,自陈得雪,复通判静安军。军不领县,城堙之外,即深州之下博,茂直奏割下博隶焉。进秩著作佐郎。扈蒙荐其才,改秘书丞。

会福州民讼田,命茂直按之,将行,留不遣。参知政事李至称其端实,命入益王元杰府为记室参军。王好学,多为诗什,遇茂直甚厚。虽受时果之赐,亦分饷焉。王尝遣使征诗,茂直援笔而就,甚称赏之。

端拱元年(988),召对,赐金紫。数日,改度支员外郎,三迁本曹郎中。真宗居藩时,茂直与朱昂并在诸王府,每预宴集,屡因酬唱识其名。即位,选用旧臣,得茂直及昂,与梁周翰、师顽辈相继知制诰。茂直既入西合,会元杰生旦,遣持礼币为赐,复至旧府,时人荣之。

茂直淳至寡言,晚年多疾,才思梗涩不称职。改秘书少监,出知颍州。咸平四年(1001),卒,年七十五。子:成列,端拱二年进士及第;成务,比部员外郎。

本卷末"论曰"给予张茂直比较高的评价:

以……茂直之淳厚,俾领词职,固无忝矣。①

《宋史》本传载,后周太祖郭威(时为后汉枢密使)攻打兖州,兖州节度使慕容彦超帅军民抵抗,城破后,守城的张茂直等被俘将斩,因张茂直方弱冠(20岁),有士卒惜其发会被颈血污染,要先割掉。尚未动手,被大赦释放。见《新五代史·慕容彦超传》,时年后周广顺元年(951)五月。② 此时张茂直已经24周岁,显然不是"方弱冠"。

张茂直死里逃生后,潜心学习,闻名乡里,被州官推荐参加科举考试,并资助行装,最后考中进士。

张茂直为人敦厚,忠于职守。诗文出众,才思敏捷。在担任益王元杰府记室参军时,益王曾派人征诗,张茂直挥笔一蹴而就,甚得益王称赞。真宗即位后,被选为知制诰。晚年因病才思枯竭。

张茂直任职海州观察推官的时间为太祖开宝二年(969),嘉庆《海州志·职官表一》载:"张茂直,太祖开宝二年(969)进士,任见《宋史》。"离任时间不详。

北宋太祖开宝七年甲戌(974)

【海州知州:段从革】

段从革(生卒年不详),生平史载简略。太祖开宝七年(974)二月,在延州录事参军任上告发原通判胡德冲贪污有功,改任左赞善大夫、权知海州,事载《长编》卷一五:"(太祖开宝七年二月)乙巳,太子中舍胡德冲弃市,坐通判延州隐没官钱一百八十万,为录事参

---

① 《宋史》卷296《张茂直传》,第9861—9862、9881页。
② 《新五代史》卷53《慕容彦超传》,第601页。

军段从革所发故也。从革寻改左赞善大夫、权知海州。"①赞善大夫,职官名,有左右之分,隶属太子官署,主要职责是"掌传令,讽过失,赞礼仪,以经教授诸郡王",相当于谏议大夫。唐初设,宋沿袭。②

太宗雍熙元年(984)十二月,段从革被追官为秘书丞、分司西京,事载《宋会要辑稿·职官四六》:"(太宗)雍熙元年(984)十二月,追官人段从革为秘书丞,分司西京。"③

从上述史料看,段从革知海州的时间为太祖开宝七年(974)二月,离任时间不详。李之亮在《宋两淮大郡守臣易替考》中认为,段从革权知海州时间为太祖开宝七年(974)至太宗太平兴国二年(977)。

北宋太宗太平兴国六年辛巳(981)

【海州知州:胡旦】

胡旦(955？—1034？),字周父,滨州渤海(今山东省滨州市惠民县)人。胡旦少有隽才,博学能文辞。太宗太平兴国三年戊寅(978)状元,初为将作监丞、通判昇州(今南京),迁左拾遗、直史馆;六年七月,出为淮南东路转运副使,九月,知海州;八年十二月,献《河平颂》,忤太宗意,即贬殿中丞、商州团练副使。雍熙二年(985),上《平燕议》,建议出兵收复燕云十六州,受太宗赏识,起为左补阙,复直史馆。迁修撰,预修国史,以尚书户部员外郎知制诰,迁司封员外郎。端拱元年(988),坐支使佣书人翟颖改名为马周上书妄言时政,贬坊州团练副使④;坐擅离所部谒宋白于鄜州,既被劾,特释之,徙绛州;至道二年(996)十二月,复工部员外郎、直集贤院,迁本曹郎中、知制诰、史馆修撰。真宗即位,胡旦为宦官王继恩草拟行庆制词,文辞过美,并与参知政事李昌龄、殿前都指挥使李继勋、王继恩谋立楚王元佐,败露后被贬为安远军行军司马,又削籍流浔州,抄没家财。⑤ 咸平四年(1001),移通州团练副使,徙徐州。⑥ 景德元年(1004),以祠部员外郎分司西京,又为保信军节度副使。久之,以司封员外郎通判襄州。封泰山,改祠部郎中,服母丧,既除,乃言父卒时尝诏夺哀从事,请追行服三年。不久双目失明,天禧元年(1017)以秘书省少监致仕,居襄州。⑦ 仁宗天圣二年(1024)再迁秘书监。卒年八十多岁。著述颇丰,有《国史》一百二十卷、《汉春秋》一百卷、《五代史略》四十二卷、《将帅要略》二十卷、《易演圣通论》十六卷、《尚书演圣通论》七卷、《毛诗演圣通论》二十卷、《演圣通论》六十卷、《唐乘》七十卷、

---

① 按:罗从彦将"左赞善大夫"误为"赞善大夫";缪荃孙将"二月"误为"三月";李之亮将"胡德冲"误为"胡德中",将"左赞善大夫"误为"赞善大夫"。详见缪荃孙等编撰:《江苏省通志稿大事志》卷14《宋(一)》,南京:江苏古籍出版社,1991年,第202—230页;[宋]罗从彦:《罗豫章集》(第1—2册),上海:商务印书馆,1985年,第9页;《长编》卷15,太祖开宝七年二月乙巳,第318页。
② 《新唐书》卷49上《百官志四上》,第1293页。
③ 《宋会要辑稿》职官46之1,第4259页。
④ 《续资治通鉴》卷14,第332—335页。
⑤ 《长编》卷41,太宗至道三年四月辛酉,第865页。
⑥ 《长编》卷49,真宗咸平四年九月戊子,第1073页。
⑦ 《宋会要辑稿》职官46之2,第4259—4260页;职官77之33,第5160页。

《名贤遗范录》十四卷、《胡旦集》十六卷等三百余卷传世。一生褒贬不一,晚年居襄阳时,还"斫大砚,方五六尺,刻而瘗之,曰'胡旦修《汉春秋》砚。'""尤黩货,干扰州县,持吏短长,为时论所薄。"也因家无资财,天圣五年(1027)十二月上书"乞给赐钱米,充纸札之费,仍乞男彤赐一名目。诏襄州旧俸外,月特给米麦各三石,彤与文资官。"①去世后家人因无力安葬,直至皇祐五年(1053)闰七月,"甲戌,赠秘书监致仕胡旦为工部侍郎,仍赐其家钱三十万,令襄州为营葬事。卫尉少卿、知州马寻言旦家贫,久不克葬,故恤及之。"②《宋史》卷四三二有本传。③

胡旦知海州为状元及第后初仕官。《续资治通鉴》卷九载:"(太宗太平兴国三年)九月,甲申朔,帝御讲武殿,覆试礼部合格人,进士加论一首。自是常以三题为准。得渤海胡旦以下七十四人。"④《文献通考》卷三〇载:"三年,七十四人,胡旦以下四人将作丞,余并为评事,充通判及监当。"⑤《宋会要辑稿》食货四九之五载:六年,"七月,又以左拾遗胡旦、赵化成、张宏、魏庠、许骧、杨缄分为淮南西路、京东、峡路、两浙西南、陕府南北及御河转运副使。九月,……三十人并为诸州知州;……胡旦海州。"⑥《宋史》本传云:"出为淮南东路转运副使、知海州,逾年召归。"⑦可知胡旦在知海州任上只有一年多,即胡旦知海州时间为太宗太平兴国六年(981)九月至七年(982)底,至晚在八年十二月前,因《长编》卷二四载:"(八年十二月)丁未,责旦为殿中丞、商州团练副使。"⑧

嘉庆《海州志·职官表一》载:"胡旦,滨州渤海人,太祖开宝(968—976)初任",任职时间误。李之亮在《宋两淮大郡守臣易替考》书中认为是982—983年。

胡旦知海州的经历并无详细记录,不过《宋史·胡旦传》载:胡旦献《河平颂》后,"太宗览颂有'逆逊、奸普'之语,召宰相谓曰:'旦知海州日,为部下所讼,狱已具,适会大赦,朕录其材而舍其过,尚令在近列,又领史职,乃敢恣胸臆狂躁如此,其亟逐之!'即贬殿中丞、商州团练副使。"⑨虽不见被"部下所讼"为何事,但加上其后勒物索财以及晚年退居襄阳后"尤黩货",即特别贪财索贿的经历,可以断定这些已经严重到足以下狱的讼事必定不轻。

史书上胡旦生卒年语焉不详。据《长编》卷一一五载:仁宗景祐元年(1034)七月,"壬辰,胡旦妻盛氏上旦所撰续演圣论。录其侄拱辰为太庙斋郎。"而卷一〇五载:仁宗天圣五年(1027)十二月庚寅,"秘书监致仕胡旦复上其所撰《演圣通论》七十二卷、《唐乘》七十卷、《五代史略》四十三卷、《将帅要略》五十三卷。辛卯,以旦子彤为将作监主簿,仍诏襄

---

① 《长编》卷105 增补五年时还上其所撰"《唐乘》"七十卷",其子彤的任职为"将作监主簿"。详见《长编》卷105,仁宗天圣五年十二月庚寅,第2457-2458页;《宋会要辑稿》崇儒5之21,第2847页。
② 《长编》卷175,仁宗皇祐五年闰七月甲戌,第4223页。
③ 《宋史》卷432《胡旦传》,第12827-12830页。
④ 《续资治通鉴》卷9,第227页。
⑤ 《文献通考》卷30《选举考三》,文渊阁《四库全书》第610册,第661页。
⑥ 《宋会要辑稿》食货49之5,第7096页。
⑦ 《宋史》卷432《胡旦传》,第12827页。
⑧ 《长编》卷24,太宗太平兴国八年十二月丁未,第561页。
⑨ 《宋史》卷432《胡旦传》,第12828页。

州增旦月给米麦各三石。"①可推知1027年12月胡旦尚在人世,1034年7月前不久已经去世。《宋史·赵昌言传》:"赵昌言,字仲谟,汾州孝义(今山西省吕梁市孝义市)人。……知制诰胡旦、度支副使董俨皆昌言同年。……大中祥符二年(1009)卒,年六十五岁。"②《宋史·董俨传》:"董俨,字望之,河南洛阳人。……大中祥符初(1008),会赦,起知郓州,病疽卒,年五十四。"③可知胡旦与赵昌言、董俨皆是太宗太平兴国三年(978)进士。董俨出生于955年,进士及第时年24岁;赵昌言出生于945年,进士及第时年34岁。因而,大致可以推知胡旦于945至955年间出生,仁宗景祐元年(1034)去世,年龄介于80至90岁之间,这样,胡旦考中状元时年龄为24至34岁之间,也比较合理。

胡旦年轻的时候就以文采著称于世,但也过于轻狂,"尚气凌物,尝语人曰:'应举不作状元,仕宦不为宰相,乃虚生也。'及随计之秋,郡守座中闻雁,旦赋诗曰:'明年春色里,领取一行归。'"④意思是明年的科考中必定能够考中第一。有时也不免得罪于人,欧阳修在《归田录》中就曾记录一事:

> 吕文穆公未第时,尝游一县。胡大监方随其父宰是邑,遇吕甚薄。客有誉吕,曰:"吕君工于诗,宜少加礼。"胡问诗之警句,客举一篇。其卒章云:"挑尽寒灯梦不成。"胡笑曰:"乃是一渴睡汉尔。"吕闻之,甚恨而去。明年(指太平兴国二年丁丑,977)首中甲科,使人寄声语胡曰:"渴睡汉状元及第矣。"胡答曰:"待我明年第二人及第,输君一筹。"既而次榜亦中首选。⑤

宋人笔记《玉壶清话》卷三亦载胡旦与柳仲涂⑥文人相轻之事:

> 柳仲涂开知润州(980—984),胡旦秘监为淮漕,二人者,俱喜以名鹜于时。旦造《汉春秋编年》,立五始、先经、后经,发明凡例之类,切侔圣作。书甫毕,邀开于金山观之,颇以述作自矜。开从其招而赴焉。方拂案开编,未暇展阅,开拔剑叱之曰:"小子乱常,名教之罪人也。生民以来,未有如夫子者,至若丘明而下,公、穀、邹、郏数子,止传述而已。尔何辈,辄敢窃圣经之名冠于编首?今日聊赠一剑,以为后世狂斐之戒!"语讫,勇逐之。旦阔步摄衣,急投旧舰,锋几及身,赖舟人拥入,参差不免,犹研数剑于舷,聊以快愤。⑦

《渑水燕谈录》卷四载胡旦晚年"操刀宰天下"语录:

> 胡旦文辞敏丽,见推一时。晚年病目,闭门闲居。一日,史馆共议作一贵侯传,其人少贱,尝屠豕猪。史官以为,讳之即非实录,书之即难为辞,相与见旦,旦曰:"何不言'某少尝操刀以割,示有宰天下之志'。"莫不叹服。⑧

---

① 《长编》卷115,仁宗景祐元年七月壬辰,第2688页;卷105,仁宗天圣五年十二月庚寅,第2457-2458页。
② 《宋史》卷267《赵昌言传》,第9194-9196页。
③ 《宋史》卷307《董俨传》,第10123-10124页。
④ [宋]王辟之著,吕友仁点校:《渑水燕谈录》卷4,北京:中华书局,2006年,第40页
⑤ 按:吕文穆公即吕蒙正(944—1011),北宋名臣,官至宰相,谥号文穆。王水照、王宜瑗选注:《欧阳修散文选集》,天津:百花文艺出版社,2009年,第234页。
⑥ 按:柳仲涂(947—1001),名开,以字行,号东郊野夫,又号补亡先生,大名(今河北省邯郸市)人。年轻时即以文名世。开宝六年(973)举进士,历官知常州、润州等职,官至殿中御史。详见四川大学古籍整理研究所、四川大学宋代文化研究资料中心编:《宋代文化研究》第3辑《柳开年谱》,成都:四川大学出版社,1993年,第113-147页。
⑦ 朱易安等主编:《全宋笔记》第1编,郑州:大象出版社,2014年,第112-113页。
⑧ 周续赓:《历代笔记选注》,北京:北京出版社,1983年,第211-212页。

胡旦除了有才之外,也是出了名的爱财之辈,除正史记载以外,宋人笔记也有记载。《玉壶清话》卷三载:

> 胡大监旦知明州,道出维扬。时同年董给事俨知扬州,遇之特欢,截篙投橹以留之。一日,延入后馆,出姬侍,列肴馔,其宴豆皆上方贵器。饮酹,胡谓董曰:"吾辈出于诸生,所享若此,粗亦悉矣。敝舟亦有衷鬘二三,容止玩饰,不侔同年之家。人生会合难得,或不弃,来日能枉驾敝舟数杯可乎?"董感其意,大喜。徐又曰:"上品珍器,贫家平生未识,可略假舟中,聊以夸示荆钗,得否?"董笑曰:"状元兄见外之甚也。"亟命涤濯,以巨查尽贮之,对面封讫,令送舟中。明日五鼓,张帆乘风,瞥然不告而行。不旬至杭州,薛大谏映亦榜下生也,首问胡曰:"过维扬见董同年否?"胡曰:"见。"又曰:"董望之材器英迈,奇男子也,然止是性贪。"一日尊前,胡谓薛曰:"聊假二千缗,创立鉴湖别墅,鄞麾才罢,便当谢病。一扁舟钓于越溪,岂能随蜗蝇竞吻角乎?"薛公不得已,赠白金三百星,聊为钓溪一醉。旦颙颙领之,不为少谢。后知制诰,王继恩平蜀有功,恃勋徼宠,潜溢怨谤,将加恩,以银数千两赂旦,托为褒诏,事败,旦削籍为典午,窜浔州安置焉。①

北宋太宗端拱元年戊子(988)

【海州团练副使:董俨】

董俨(955—1008),字望之,北宋河南洛阳(今河南省洛阳市)人。太宗太平兴国三年(978)胡旦榜进士,初授大理评事、通判饶州。历官左右拾遗,淮南西路转运副使,知光州,刑部员郎中、三司度支副使,海州团练副使,知泰州,户部员外郎,知泉州,知扬州,潭州,广州,岳州,洪州,江陵府,鄂州等。《宋史》卷三〇七有本传:

> 董俨,字望之,河南洛阳人。太平兴国三年(978)进士,解褐大理评事、通判饶州,加著作佐郎。五年(980),授左拾遗、直史馆。转右补阙,充淮南西路转运副使。会罢使,就命知光州。俨狂躁务进,不乐外郡,上书乞还京师。太宗怒,降为秘书丞,削史馆职,徙知忠州。复为右补阙,俄复直史馆。会并水陆发运为一,俨与王继升同领其事,就转刑部员外郎。
>
> 端拱初,进郎中、三司度支副使。坐翟马周事,左授海州团练副使,移知泰州。逾年,以户部员外郎知泉州,召为京东转运使。时三司改易制度,置三计使,因留拜右谏议大夫,充右计使。使罢,出知扬州,迁右谏议大夫。徙潭州,转给事中,历知广岳洪三州、江陵府。
>
> 景德中,归朝。会开封府系囚二百余人,朝议以其稽滞,命俨与韩国华、张雍同虑问,裁决之。俄判吏部铨,加工部侍郎。时黄观罢西川转运归阙,俨与知杂御史王济姻家,因托济言于观,求荐己知益州。未几,观复领陕西转运,得对便殿,俨谓其必荐己。他日,面陈:"自以孤直不为权要所容,况黄观庸浅无操持,恐为执政所使,妄

---

① 倪进选注:《唐宋笔记选注(上)》,上海:上海教育出版社,2016年,第229-231页。

有论荐,俾臣远适,惟陛下察之。"真宗不之诘。数日,王济得对,因述俨尝有私托,且言:"俨性本矫诈,臣语观不可许之。"真宗不欲暴其事,乃出俨知青州。俨复请对,言为权臣所摈,上慰遣之,久而不去,乃谓之曰:"尔自告黄观求知益州,复有何人排斥乎?"俨即瞿然,且言:"观、济尝议益州须得臣往弹压之。"上以其词不类,因令条析以闻,复遣使陕西质问黄观。观具述俨托王济求荐之事,且言俨素待臣非厚。初,淳化中,俨为计使,观为判官。俨知观不饮酒,一日聚食,亲酌以劝观,观为强饮之。有顷,都监赵赞召观议事,观即往。赞曰:"饮酒耶?"观以实对。翌日,俨与赞密奏观嗜酒废职,故观因是及之。乃诏枢密直学士刘综与御史杂治之,俨方引伏,坐责授山南东道节度行军司马,不署州事。

大中祥符初(1008),会赦,起知郓州,病疽卒,年五十四。俨俊辩有材干,不学无操行,所至厚纳货赂。尝令引赞吏改制朱衣,每夕纳俨第,而潜以轻帛制衣易之。在铨司,命胥吏市物,及请其直,则呵责之,其鄙屑如此。又广畜姬滕,颇事豪侈。用倾狡图位,终以是败,士大夫丑之。东封恩,复其官。子仲容、仲宗,并为太子中舍。兄伟至殿中丞致仕。①

其他有关史料的记载可补《宋史》本传在事件详情和时间上的不足。

董俨知光州的时间为太宗太平兴国六年(981),事载《宋会要辑稿》食货四九之五:"九月,诏选留朝臣……三十人并为诸州知州:……董俨光州。"②《长编》卷二四太宗太平兴国八年(983)五月条载:丁巳,"右补阙、直史馆洛阳董俨罢淮南转运使,就知光州。俨狂躁务进,不乐外官,上疏求还京师,上怒,己巳,削史职,黜为秘书丞,仍知光州。"③

《宋史·王继升传》载:"雍熙四年(987),以诸道水陆发运并为一司,命继升与刑部员外郎董俨同掌其事,号为称职。"④

董俨左授海州团练副使的时间和原因记录在《长编》卷二九太宗端拱元年(988)正月条中:

枢密副使、工部侍郎赵昌言与盐铁副使陈象舆厚善,度支副使董俨、知制诰胡旦皆昌言同年生,右正言梁颢常在大名幕下,故四人者日夕会昌言第,京师语曰:"陈三更,董半夜。"有佣书人翟颖者,奸险诞妄,素与旦亲狎,旦知颖可使,乃为作大言狂怪之辞,使颖上之,仍为颖改名马周,以为唐马周复出也。其言多排毁时政,自荐可为天子大臣,及力举十数人皆公辅之器,昌言内为之助,人多识其辞气,知旦所为也。李昉既坐黜,赵普秉政,深疾之。开封尹许王元僖使亲吏仪赞廉得其事,白上,捕马周系狱,开封府判官张去华亲穷治之,马周具伏。上怒,诏决杖流海岛。甲戌,责昌言为崇信节度行军司马,象舆复州团练副使,俨海州、旦坊州、颢虢州司

---

① 《宋史》卷307《董俨传》,第10123-10124页。
② 《宋会要辑稿》食货49之5,第7096页。
③ 《长编》卷24,太宗太平兴国八年五月丁巳,第545页。
④ 《宋史》卷276《王继升传》,第9406-9407页。

户参军。①

依此可知，董俨任海州团练副使的时间为太宗端拱元年(988)三月十五日，离任时间虽然没有明确记载，但《宋史》本传载："左授海州团练副使，移知泰州。逾年，以户部员外郎知泉州，召为京东转运使。"可知其在任时长为一年多一点，离任时间为太宗端拱二年(989)。嘉庆《海州志·职官表》载："董俨，河南洛阳人，太平兴国三年(978)进士，端拱初左授。"

董俨充右计使的时间载《续资治通鉴》卷一七太宗淳化四年(993)条中："(十月)庚午，从判三司魏羽言，始分天下州县为十道，曰河南、河东、关西、剑南、淮南、江南东、西、两浙东、西、广南。以京东为左计，京西为右计。魏羽为左计使，董俨为右计使，中分十道以隶，而各道则署判官以领其事。"②《宋史·陈恕传》亦载："召恕为工部侍郎，充总计使，判左右计事。左右计使分判十道事，凡议论、计度并令恕等参预。恕以官司分隶，政令互出，难以经久，极言其非使。岁余，果罢，复以恕为盐铁使。"③

董俨知寿州的时间载《长编》卷四七真宗咸平三年(1000)五月丙寅条中："先是，以殿中少监李昌龄知梓州。是月，又以给事中董俨知寿州。……诏追还俨敕，余悉选官代之。"④

《宋史·真宗二》载：景德三年(1006)八月，"庚辰，工部侍郎董俨坐躁竞倾狡，责授山南东道行军司马。"⑤

《宋史》本传对董俨的评价不够友好，诸如"狂躁务进，不乐外郡"，虽"俊辩有材干"，但"不学无操行，所至厚纳货赂"等，除此之外，"广畜姬媵，颇事豪侈"也载《友会谈丛》中："给事中董俨，蓄妓妾二十余人，饰珠翠、曳纨绮、食粱肉，自比于王公家。而身没未浃旬，为寿阳豪民王氏纳钱三百万易之，以二犊车载归。诸妓妾辈悉无戚容，欣然而去。见者无不叹惋。夫生共其乐，死忘其哀，是董之恩，无一日可思，而别姓之室，喜于再聚矣。此岂女子之心耶，岂厥裔贪其直耶？"⑥

董俨留下的诗文不多，现觅得七绝《齐山》一首："千里远木笼秋浦，万里澄江浸落晖。醉恨春深输杜牧，满头无菊戴将归。"残句一联："白云深处访禅扉，一簇楼台锁翠微。"⑦《两宋名贤小集》中载同僚杨亿赠诗《董给事知洪州》一首："豫章南国一都会，夕拜东台最上流。捧诏暂辞青锁闼，携家便汎木兰舟。褰帷听讼民谣洽，解榻延宾主礼优。只恐征黄在朝暮，西山灵药未容求。"⑧

---

① 《长编》卷29，太宗端拱元年正月己酉，第650-651页。
② 《续资治通鉴》卷17，第393页。
③ 《宋史》卷267《陈恕传》，第9196-9204页。
④ 《长编》卷47，真宗咸平三年五月丙寅，第1020页。
⑤ 《宋史》卷7《真宗本纪二》，第131页。
⑥ [宋]上官融撰：《友会谈丛》卷中，明刻本，第48页。
⑦ [宋]王象之编著，赵一生点校：《舆地纪胜》第3册(卷21-32)，杭州：浙江古籍出版社，2012年，第727页。
⑧ [宋]陈思编，[元]陈世隆补：《两宋名贤小集》卷2《杨文公集》，文渊阁《四库全书》第1362册，第368页。

北宋太宗淳化三年壬辰（992）

【海州团练副使：田锡】

田锡（940—1003），原名继冲，字表圣，五代后蜀眉州洪雅县（今四川省眉山市洪雅县）人。太宗太平兴国三年戊寅（978）胡旦榜进士，榜眼，除将作监丞、通判宣州（今安徽省宣城市），迁著作郎、京西北路转运判官，改左拾遗、直史馆，赐绯鱼；六年，为河北南路转运副使，九月徙知相州（今河南安阳），为右补阙；九年，移睦州（今浙江建德）。雍熙四年（987），转起居舍人，还判登闻鼓院，转知制诰。端拱元年（988），加兵部员外郎；二年十二月，因言罢知制诰，以户部郎中出知陈州（今河南省周口市淮阳区）。淳化三年（992），坐事责授海州团练副使，不签署州事；四年，责授单州（今山东省菏泽市单县）团练副使；五年，起为工部员外郎，召还直集贤院。至道元年（995），复为户部郎中；三年四月，改为礼部郎中，八月，同勾当审官院、通进银台封驳司。真宗咸平元年（998）二月，出知泰州；四年，诏归阙；五年，兼门下封驳事、侍御史知杂事，先后擢左谏议大夫、右谏议大夫；六年十二月十一日病卒于私第，享年六十四。范仲淹撰《田司徒墓志铭》，司马光撰《田司徒神道碑阴》。著有《咸平集》五十卷，今存三十卷，苏轼为其作序。①

《宋史》卷二九三本传载：田锡"幼聪悟，好读书属文。"入仕后，"好言时务"，对边境事务、法令制度、治国方略等皆提出谏议。田锡为人"耿介寡合，未尝趋权贵之门，居公庭，危坐终日，无懈容。慕魏征、李绛之为人，以尽规献替为己任。"②"田锡一生进谏忠直之言，倡树君子之党，以儒术为己任，以古道为事业，辨明文道，转益多师，觉有宋斯文之先。"③但也因言获罪或与同僚意见相左而屡次被外放。

端拱二年（989）十二月二十七日，田锡被罢知制诰，以户部郎中出知陈州，起因是田锡在九月的上疏中有"调燮倒置"等语，太宗皇帝不悦，宰相亦怒。《长编》卷三〇载："（端拱二年）自三月不雨，至于五月。""（七月）戊子，有彗（星）出，……凡三十日至亢没。上避正殿，减常膳。"因此差田锡"在太一宫用青词致醮祈雨"，并上疏奏，内有"自今岁以来，天见星妖，秋深雷震，继以旱暵之沴，可虞饥馑之灾。此实阴阳失和，调燮倒置，上侵下之职而烛理未尽，下知上之失而规过未能。""此乃天意尚欲垂诫，圣心谅亦深思"等语。④

田锡出知陈州后，好友及同僚或出于友情或出于宽慰，皆以诗文相赠并唱和。其中王禹偁最为典型。王禹偁（954—1001），"字元之，济州巨野（今山东省菏泽市巨野县）人。世为农家，九岁能文。""词学敏赡，遇事敢言喜臧否人物，以直躬行道为己任。""太平兴国八年（983）擢进士，授成武主簿。徙知长洲县，就改大理评事。"端拱二年，"拜左司谏、知制诰"，与田锡同僚。⑤ 田锡罢知制诰后，王禹偁作诗二首相赠，一首为《送田舍人出守

---

① ［宋］田锡：《咸平集》提要，文渊阁《四库全书》第1085册，第353-358页。
② 《宋史》卷293《田锡传》，第9787-9792页。
③ 姜西良：《田锡年谱》，北京：北京语言大学出版社，2015年，第7页。
④ 《长编》卷30，太宗端拱二年九月戊子，第680-690页。
⑤ 《宋史》卷293《王禹偁传》，第9793-9800页。

淮阳》：

　　　　药树吟多且握兰，蔼然公誉满朝端。西垣罢直苍苔冷，南郡行春绿野宽。蒨斾出过应琏墓，棠阴潜上伏牺坛。乡心休梦峨嵋雪，会顾青蒲忆史丹。①

另一首为《酬赠田舍人》：

　　　　君不见，天上星辰拱环极，忽然陨地变成石；又不见，云中鹰隼横高秋，有时塌翼化作鸠。人生进退甚类此，左迁右转谁自由。忆昔逢君在邹鲁，翰林丈人东道主。一言得意便定交，数日论文暗相许。迩来倏忽十余年，共上赤霄连步武。禁中更直承明庐，深喜蒹葭依玉树。两制惟君最清慎，笔力辞锋有余刃。方期夜直金銮坡，谁知共理淮阳郡。官衔新换版曹郎，腰佩初悬列侯印。西垣三字班列闲，南面百城资望峻。且应尽意颁诏条，岂复回头顾文阵。下车果有讴谣生，卖刀买犊民归耕。黄发老农鼓腹唱，雪花双鹿挟辀行。棠阴露浓滴朱绶，麦秋风冷吹红旌。行春多暇吟情发，闲作长歌寄同列。歌中首写明君语，指点神仙为旧侣。严徐虽合在蓬瀛，召杜已闻为父母。重来便恐调金铉，无复区区掌文翰。直如经岁未徵黄，道在何劳重嗟叹。入则步苍苔，咏红药，了事舍人孙处约；出则张皂盖，拥朱轮，贤明太守召信臣。请君屈指数交友，似此宦名能几人。逢时谁不欲行道，遇主我亦思庇民。功名富贵皆待命，出处语默聊卫身。一车甘雨方建节，万国淳风莫泣麟。他时宣室召贾谊，贤人事业当并伸。檐间忽见乌兔走，鉴里星星将白首。休躭铃合家藏书，且酌郡斋官给酒。婴儿稚女满眼前，莫负时光笑开口。②

其中"忆昔逢君在邹鲁，翰林丈人东道主。一言得意便定交，数日论文暗相许。迩来倏忽十余年，共上赤霄连步武"叙述了他与田锡十余年前相识的过程。并以《和陈州田舍人留别》为题与田锡相互唱和诗作五首，以排戚戚责贬之愤，抒依依惜别之情：

　　　　宛丘分理藉贤明，暂辍词臣抚百城。职罢披垣人共惜，郡连京辅自为荣。休吟红药增前色，且听长淮枕上声。驻马都门别处，柳黄莎碧上林莺。

　　　　东风初暖酒难销，五马行春罢趁朝。道畔棠阴同召伯，堦前蓂荚别唐尧。下车正是尝新笋，得句何妨寄旧僚。预想郡斋公宴处，桃花凝露柳垂条。

　　　　演纶多暇每封章，暂去颁条道更光。郡吏好排红粉妓，史君曾是紫微郎。楼台有月新诗出，囹圄无人绿草长。地接清淮足佳致，水村烟坞似鱼乡。

　　　　淮阳冰绽柳条新，风物暄妍土俗淳。捧诏暂辞双阙路，劝农深入四郊春。茶烟静拂听琴鹤，谷雨轻笼锄麦人。赢得褰帷恣吟兴，落花飞絮满车茵。

　　　　颁条京辅近吾君，政术高于召信臣。道服日斜披鹤氅，药畦春暖步龙鳞。归朝莫惜三年调，化俗应苏一郡人。愿作淮阳去思颂，与君刊石慰陈民。③

淳化三年（992），田锡又因言责授海州团练副使，不签书州事，五月丁未发出诏令《责

---

① 按：《全宋诗》中有多处不同，《全宋诗》中"出守淮阳"为"出牧淮阳"，"公誉"为"公议"，"应琏墓"为"应曜墓"，"峨嵋"为"峨眉"；亦有文献中"青蒲"为"青薄"。[宋]王禹偁：《小畜集》卷7，文渊阁《四库全书》第1086册，第57页；《全宋诗》第二册，北京：北京大学出版社，1991年，第703页。

② [宋]王禹偁：《小畜集》卷12，文渊阁《四库全书》第1086册，第121页。

③ [宋]王禹偁：《小畜集》卷7，文渊阁《四库全书》第1086册，第59页。

田锡等诏》：

> 户部郎中、知陈州田锡，通判殿中丞郭渭等，辄自通班，委之共理。听讼之际，所宜尽心。近者，部民张矩杀人，系狱殆逾两月，曾不虑问，以至稽留。逮捕证左，数百千章。寻令遣使鞫核，论报弥年。次下宪司，方见情状。枉挠刑狱，职汝之由。宜申谴黜之文，以惩简慢之罪。锡可责授海州团练副使，渭可责授郢州团练副使。①

《宋会要辑稿》职官六四之九记载被贬的原因更为详细一些：

> （淳化）三年（992）五月十四日，户部郎中、知陈州田锡责海州团练副使，……不签书州事。……先是，部民王裕被酒，与里中民张矩相诟，是夕为矩所杀。方舆尸弃野次，裕婿孙忠适见矩，问矩妻父何在，矩诡以对，因又杀忠。家人诉于州，凡禁系七十日，长吏不虑问。家人不胜其冤，诣阙击登闻鼓，诏遣熙绩驰传就鞫之，具得其状。狱已具，大理疑其词未尽，遣日宣再劾之。日宣平反张矩，云王裕、孙忠非其所杀。裕家甚冤，其子福诣阙应募为军，因引对自言曰："臣非愿隶军籍，盖家冤求见县官自诉耳。"备陈本末。帝怒，命御史府鞫之，张矩果杀人，置于法，而锡等皆抵于责。②

而在前一年九月二日，王禹偁在左司谏、知制诰、判大理寺官任上被"免所居官，仍削一任"，继而责为商州团练副使。原因是：

> 坐庐州尼道安尝诣开封府讼兄萧献臣、嫂姜氏不养母姑，府不为理，械系道安送本郡。至是，道安复系登闻鼓，自言尝诉兄嫂不孝，嫂姜氏，徐铉妻之兄女，铉以尺牍请托张去华，故不为治；且诬铉与姜奸。帝颇骇其事，以道安、献辰、姜氏及铉、去华鞫吏。狱具，大理寺以铉之奸罪无实，刑部详复，议与大理寺同，尼道安当反坐。帝疑其未实，尽捕三司官吏系狱，而又是命。③

看到好友兼同事的同等遭遇，王禹偁不免感到同病相怜，相继作诗二首相送，以示宽慰。一首为《奉寄海州副使田舍人》：

> 系即匏瓜转即蓬，可怜踪迹与君同。眼前有酒长须醉，身外除诗尽是空。闲采紫芝饥可疗，欲浮沧海道应穷。声名官职相磨折，休忆西垣药树红。④

另一首为《寄田舍人》：

> 出处升沉不足悲，美君操履是男儿。左迁郡印辞纶阁，直谏书囊在琐帷。未有金谐徵贾谊，可无章疏雪微之。朝行孤立知音少，闲步苍苔一泪垂。⑤

之后的一二年内，在写给其他同僚的古调长诗中也有提到田锡的诗句。如《送姚著作之任宣城》："紫微田郎次登科，东枢受代传厅事。第三榜中第二人，今在乌台为察视。"《寄题陕府南溪兼简孙何兄弟》："近闻田紫微，涟水许就俸（田舍人《量移单州表》《乞就涟水居》。诏许之）。援例苟得请，申湖当入用。终老占溪居，卧看秋泉涌。"⑥

---

① 《宋大诏令集》卷203《政事五十六·贬责一·责田锡等诏》，北京：中华书局，1962年，第756页。
② 《宋会要辑稿》职官64之9，第4769—4770页。
③ 《宋会要辑稿》职官64之8，第4769页。
④ ［宋］王禹偁：《小畜集》卷9，文渊阁《四库全书》第1086册，第83页。
⑤ ［宋］王禹偁：《小畜集》卷7，文渊阁《四库全书》第1086册，第59页。
⑥ 按：田锡《谢量移单州表》《乞住涟水军寄居》《谢许涟水寄居》载《咸平集》。详见［宋］王禹偁：《小畜集》卷3，文渊阁《四库全书》第1086册，第20页；卷24，第510—511页；卷27，第528—529页。

田锡到任海州后,上《海州谢恩表》:

  臣锡言:伏蒙圣慈,以臣莅事疏遗,录问淹滞,尚宽恩宥,责授检校右散骑常侍、海州团练副使,已于今月十一日到州讫。祇膺朝命,感惧难任。中谢。臣闻,惩劝欲行,赏刑必正,示无私于天下,表至理于区中。实圣明所守之先,纲纪有常之始。臣素无才识,本乏声尘,每念生于剑南,鄙在草野。父母训励,早令读书;乡里荐称,遂谋干禄。相继数举,未成一名。泊朝廷书轨混同,文物光被,臣始携持老幼,涉历艰险,往来咸秦,羁旅京阙。值陛下嗣登宝位,振起儒风,微才不遗,群英咸至。臣年三十九及第,便授官资;达不因人,骤升华贯。合下三载,每愧忝尘;淮阳二年,遂致遗旷。据其罪戾,合窜遐荒,尚蒙宥过之恩,俾列副戎之秩。东海之郡,去京不遥,南风之熏,顺流而下。程途自便,骨肉随行。罪重责轻,恩深感极。泄涕知幸,惊魂省躬。循过咎之所因,荷生成之周极。披陈悃悃,虽在表章;叙謦感怀,合贡歌咏。谨奉表称谢,并进五言《感圣恩》诗二十二韵,干冒宸严以闻。①

淳化四年(993)春季,田锡随例量移单州团练副使。在海州任上不足一年,地方史志对其政务并无记载,诗作也难觅踪影。田锡离开海州去单州赴任,途径涟水,恰逢其侄昌裔为涟水主簿②,加之"纲运稍并,河道未通,孤舟深惮于溯流",遂上《乞住涟水军寄居》状,希望暂时寄住在涟水。得到允许后,上《谢许涟水寄居》状。

《乞住涟水军寄居》曰:

  右,臣近蒙恩泽,量移单州。荣庆之怀,寻具表章称谢;行迈之次,辄有衷恳披陈。臣昨离海州,今至涟水,访闻纲运稍并,河道未通,孤舟深惮于溯流,尽室复当于畏景。乞从私便,须至上言,进退忧虞,不知所措。夙夕循省,岂合徼求?但以君亲之恩,所祈或遂;日月之照,洞鉴无遗。臣素以窭贫,又无兼力。所到之处,既阙人船;出陆之时,仍乏鞍乘。欲乞且寄涟水,以俟后时郊禋,庶令亲属之间,稍遂便安之望。干冒疏宸。

《谢许涟水寄居》曰:

  右,臣今月十四日,伏睹敕下涟水军状,蒙圣慈依臣所奏,为乞于涟水军暂住,以俟后时郊禋,兼蒙恩便于涟水军请给料钱者。臣伏念请求之恳,虽上达于天聪,忧惕之心,虑有烦于圣听。方虞罪戾,难逃铁钺之诛;岂谓允俞,俯降丝纶之命。加以天慈曲被,月俸仍霑,悯其羁旅之人,遂以便安之志。省躬怀感,聚族知恩。白日近于帝乡,举头虽见;沧波远于魏阙,回首犹赊。恭俟凤历三周,鸡竿肆赦,已遂量移之志,例该牵复之恩。当补过以输忠,冀酬恩而展效。③

由上述史料可知,田锡任职海州团练副使的时间为太宗淳化三年(992)五月十四日,

---

  ① [宋]田锡:《咸平集》卷24,文渊阁《四库全书》第1085册,第510页。

  ② 按:在《谢侄男昌裔加阶》中,有"臣侄男、前涟水主簿昌裔""臣昨因谪宦,已遂量移,寻蒙圣慈,许寄涟水,忽睹丝纶之命,荣庆既同"等语,可知田锡途径涟水时,昌裔尚在任。详见[宋]田锡:《咸平集》卷27,文渊阁《四库全书》第1085册,第529页。

  ③ 按:《全宋文》"伏睹敕下涟水军状,蒙圣慈依臣所奏"为"伏睹敕下涟水军,伏蒙圣慈依臣所奏",但前面已经有"伏",故采信《咸平集》。详见[宋]田锡:《咸平集》卷27,文渊阁《四库全书》第1085册,第528-529页;曾枣庄、刘琳主编:《全宋文》第5册,第191页。

离任时间为淳化四年（993）春。

北宋太宗至道三年丁酉（997）

| 海州刺史 | 乔维岳 | 海州通判 | 陈彭年 |

【海州刺史：乔维岳】

乔维岳（926—1001），字伯周，后周陈州南顿（今河南省项城市南顿镇）人。后周世宗显德初（954）登第，授太湖主簿。在后周历官平舆令、太子中舍，知高邮军，通判扬州、常州和升州等。宋代后周后，历官殿中丞，通判襄州、泉州，淮南转运副使，右补阙，淮南转运使，知楚州，户部员外郎，度支判官、郎中，两浙转运使，知怀州、沧州，开封府推官兼左谕德，太常少卿，权知开封府，太常少卿，给事中、知审官院，海州刺史，知苏州、寿州等。卒后赠兵部侍郎。《宋史》卷三〇七本传载：

乔维岳，字伯周，陈州南顿人。治《三传》。周显德初（954）登第，授太湖主簿。四年（957），迁平舆令。开宝中，右拾遗刘稹荐其才，擢为太子中舍、知高邮军，通判扬州，徙常州。金陵平，又移升州，改殿中丞。太平兴国初（976），徙襄州，俄丁内艰。三年（978），陈洪进表纳疆土，以其子文显为泉州留后，朝议择能臣关掌郡事，即起维岳为通判。会盗起仙游莆田县、百丈镇，众十余万攻城，城中兵裁三千，势甚危急。监军何承矩、王文宝欲尽屠其民，燔府库而遁。维岳挺然抗议，以为："朝廷寄以绥远，今惠泽未布，盗贼连结，反欲屠城，岂诏意哉。"承矩等因复坚守，既而转运使杨克让率福州兵破贼，围遂解，诏褒之。

归朝，为淮南转运副使，迁右补阙，进为使。淮河西流三十里曰山阳湾，水势湍悍，运舟多罹覆溺。维岳规度开故沙河，自末口至淮阴磨盘口，凡四十里。又建安北至淮澨，总五堰，运舟所至，十经上下，其重载者皆卸粮而过，舟时坏失粮，纲卒缘此为奸，潜有侵盗。维岳始命创二斗门于西河第三堰，二门相距逾五十步，覆以厦屋，设县门积水，俟潮平乃泄之。建横桥岸上，筑土累石，以牢其址。自是弊尽革，而运舟往来无滞矣。

尝按部至泗州，虑狱，法掾误断囚至死。维岳诘之，法掾俯伏，且泣曰："有母年八十余，今获罪，则母不能活矣。"维岳悯之，因谓曰："他日朝制按问，第云转运使令处兹罪。"卒如其言，获免；维岳坐赎金百二十斤，罢使职，权知楚州。迁户部员外郎。代还，为度支判官，转本曹郎中，出为两浙转运使，历知怀州、沧州。

会考课京朝官，召还。属真宗以寿王尹京，精择府僚，留为开封府推官。或言维岳在淮南，决狱不平允，左右有知其事者辨之，太宗特加赏异。储闱建，兼左谕德，转太常少卿。京府事繁，维岳评处详敏。有王陟为司录，真宗亦称其明干。及践祚，即命维岳与毕士安权知开封府，拜给事中、知审官院。维岳体肥年衰，艰于拜趋，陈乞外迁小州。上嘉其静退，特授海州刺史。

咸平初（998），知苏州。素病风，上以吴中多食鱼蟹，乃徙寿州，仍命太医驰疗之。四年(1001),卒,年七十六。赠兵部侍郎,官给其葬。大中祥符中,录其孙世昌、献之,并赐同学究出身。维岳明习吏事,有治剧才。在怀州,王钦若始举进士,维岳知其贵;又善待陈彭年,自刺郡连奏为通判,皆称荐之。①

乔维岳授海州刺史的时间在知开封府之后,知苏州之前。任海州刺史的原因是"知开封府,拜给事中、知审官院"时政事繁多,而"维岳体肥年衰,艰于拜趋,陈乞外迁小州。""真宗亦称其明干。及践祚,即命维岳与毕士安权知开封府"。"践祚"即登基,真宗于太宗至道三年(997)三月登基,即乔维岳知开封府的时间在至道三年三月之后不久。而乔维岳在"咸平初(998),知苏州。"因而可知乔维岳授海州刺史的时间为太宗至道三年(997)。

乔维岳离任海州刺史的时间应该是去世那年,即真宗咸平四年(1001)。据《姑苏志·宦迹三》载:"咸平初,自海州刺史知苏州,仍带前任。"②也就是说咸平初(998)乔维岳知苏州时仍然兼任海州刺史,而他身患痛风,苏州一带又"多食鱼蟹",上表后又去了寿州,直到去世。

嘉庆《海州志·职官表一》载:"乔维岳,真宗时任,有传。"《良吏传》载:"乔维岳,字伯周,陈州南顿人。周显德中登第。真宗践祚,权知开封府,陈乞外迁小州。上嘉其静退,特授海州刺史。明习吏事,有治剧才。节《宋史》本传。"③

【海州通判:陈彭年】

陈彭年(961—1017),字永年,南唐抚州南城(今江西省抚州市南城县)人。太宗太平兴国中,不足二十岁即参加殿试,但因"佻薄好嘲咏",常使主考官不满而落榜,直到雍熙二年乙酉(985)才中梁颢榜进士。《宋史》卷二八七本传载:

> 陈彭年,字永年,抚州南城人。父省躬,鹿邑令。彭年幼好学,母惟一子,爱之,禁其夜读书。彭年篝灯密室,不令母知。年十三,著《皇纲论》万余言,为江左名辈所赏。唐主李煜闻之,召入宫,令子仲宣与之游。金陵平,彭年师事徐铉为文。太平兴国中,举进士,在场屋间颇有隽名。尝因京城大酺,跨驴出游构赋,自东华门至阙前,已口占数千言。然佻薄好嘲咏,频为宋白所黜,雍熙二年(985)始中第。调江陵府司理参军。因监决死囚,怖之,换江陵主簿,历澧、怀二州推官。在怀,深为知州乔维岳倚任。④会樊知古为河北转运,以亲嫌,徙泽州,丁内艰免。御史中丞王化基荐其才,改卫尉寺丞,迁秘书郎,为大理寺详断官。坐事出监湖州盐税,寻又停官。彭年素贫窭,居丧免职,赖仆人佣贩以济。真宗即位,复为秘书郎。乔维岳刺史海州,及知苏、寿二州,并表彭年通判州事。

咸平三年(1000),屡上疏言事,召试学士院,迁秘书丞、知阆州。未行,改金州。四年(1001),上疏曰:"夫事有虽小而可以建大功,理有虽近而可以为远计者,其事有五:一曰置谏官,二曰择法吏,三曰简格令,四曰省冗员,五曰行公举。此五者,实经

---

① 《宋史》卷307《乔维岳传》,第10117—10119页。
② 《姑苏志》卷39《宦迹三》,文渊阁《四库全书》第493册,第696页。
③ 按:改《宋史》"周显德初登第"为"周显德中登第",不知何据。[清]嘉庆《海州直隶州志》卷21《良吏传第一·牧令》(以下频繁使用《牧令》,仅在正文中说明,不出注),第371—375页。
④ 按:原文为"乔惟岳",从《宋史》乔维岳本传改,下同。详见《宋史》卷307《乔维岳传》,第10117—10119页。

世之要道,致治之坦涂也。"会诏举贤良方正,翰林学士朱昂以彭年闻,召之,辞以贫乏,请终秩。

景德初(1004),代还,直秘阁。杜镐、刁衎荐其该博,命直史馆兼崇文院检讨。又代潘慎修起居注,赐绯鱼。献《大宝箴》曰:

二仪之内,最灵者人。生民之中,至大者君。民既可畏,天亦无亲。所辅者德,所归者仁。恭己御下,辉光益新。载籍斯在,谋猷备陈。内绥万姓,外抚百蛮。治乱所始,言动之间。观之则易,处之甚难。由是先哲,喻彼投艰。苟能虑未,乃可防闲。审求逆耳,无恶犯颜。

既庶而富,教化乃施。慈俭之政,富庶之基。鳏寡孤独,人之所悲。发号施令,宜先及之。黄发鲐背,心实多知。左右侍从,何尚于兹。

瞻言百辟,咸代天工。傥无虚授,可建大中。克彰慎柬,惟藉至公。知人则哲,听德则聪。才固难备,道亦少同。菲菲罔舍,杞梓乃充。

不扶自直,惟蓬在麻。非拣莫见,惟金在沙。参备顾问,必辨忠邪。献替以正,裨益无涯。自匿草泽,亦有国华。访此髦士,可拒朋家。

三章之立,庶民作程。钦哉恤哉,可以措刑。七代之建,奸孽是平。本仁本义,可以弭兵。是为齐礼,亦曰好生。有教无类,自诚而明。

宗庙社稷,飨之以恭。宫室苑囿,诚之在丰。春鬼秋祢,不废三农。击石拊石,用格神宗。使人以悦,乃克成功。治国以政,罔或不从。

济济多士,用之有光。硁硁小器,谋之弗臧。忠言致益,岂让膏粱。六艺为乐,宁后笙簧。任贤勿贰,尧所以昌。改过不吝,汤所以王。

六合至广,万汇尤多。风俗靡一,嗜欲相摩。如驭朽索,若防决河。左契斯执,六辔遂和。导之以德,民免婴罗。不懈于位,俗乃偃戈。

先王之训,固不咸然。吾君之治,亦取斯焉。小心翼翼,终日乾乾。三灵降鉴,百禄无愆。由兹率土,永戴先天。巍巍洪业,亿万斯年。

顷之,预修《册府元龟》。三年(1006),迁右正言,充龙图阁待制,赐金紫。先是,诏谏官御史举职言事,唯彭年与侍御史贾翱数有章奏,建白弹射,真宗令中书置籍记之。加刑部员外郎。与晁迥同知贡举,请令有司详定《考试条式》。真宗因命彭年与戚纶参定,多革旧制,专务防闲。其所取者,不复拣择文行,止较一日之艺,虽杜绝请托,然置甲等者,或非宿名之士。

大中祥符中,议建封禅,彭年预详定仪注,上言辨正包茅之用。礼成,进秩工部郎中,加集贤殿修撰。三年(1010),改兵部郎中、龙图阁直学士。迁右谏议大夫兼秘书监,诏就赐食厅编次《太宗御集》,赐勋上柱国。

尝因奏对,真宗谓之曰:"儒术污隆,其应实大,国家崇替,何莫由斯。故秦衰则经籍道息,汉盛则学校兴行。其后命历迭改。而风教一揆。有唐文物最盛,朱梁而下,王风浸微。太祖、太宗丕变弊俗,崇尚斯文。朕获绍先业,谨导圣训,礼乐交举,儒术化成,实二后垂裕之所致也。又君之难,由乎听受;臣之不易,在乎忠直。其君以宽大接下,臣以诚明奉上,君臣之心皆归于正。直道而行,至公相遇,此天下之达理,先王之成宪,犹指诸掌,孰谓难哉!"彭年曰:"陛下圣言精诣,足使天下知训,伏愿躬演睿思,著之篇翰。"真宗为制《崇儒术》、《为君难为臣不易》二论示之。彭年复请示辅臣,刻石国子监焉。

六年(1013),召入翰林,充学士兼龙图阁学士,同修国史。彭年尝诣王旦,旦辞不见。翌日,见向敏中。敏中以彭年所上文字示旦,旦瞑目不览,曰:"是不过兴建符瑞,图进取耳。"真宗奉祀亳州太清宫,丁谓为经度制置使,以彭年副之。又与谓同知礼仪院,礼成,加给事中。时谓恳让进秩,彭年亦辞之,不许,又为天书同刻玉副使。国史成,迁工部侍郎。九年(1016),拜刑部侍郎、参知政事,判礼仪院,充会灵观使。

天禧大礼,为天书仪卫副使。又为参详仪制奉宝册使。正月九日,侍真宗朝天书,将诣太庙,退就中书阁中如厕,眩仆,肩舆还家。遣中使挟医诊疗,旦夕存问。进兵部侍郎,表求罢奉,不许。二月,卒,年五十七。真宗亲临,涕泗久之。又睹所居陋弊,叹息数四。废朝,赠右仆射,谥曰文僖,录子佺期大理寺丞,孙彦先太常寺奉礼郎。真宗前后赐彭年御制歌诗凡六篇。彭年妻入谒,出彭年像示之,锡赉甚厚。

彭年性敏给,博闻强记,慕唐四子为文,体制繁靡。贵至通显,奉养无异贫约。所得奉赐,惟市书籍。大中祥符间,附王钦若、丁谓,朝廷典礼,无不参预。其仪制沿革、刑名之学,皆所详练,若前世所未有,必推引依据以成就之。故时政大小,日有谘访,应答该辩,一无凝滞,皆与真宗意谐。

及升内阁,李宗谔、杨亿皆在后。宗谔卒,亿病退,而彭年专任矣。事务既丛,形神皆耗,遂举止失措,颠倒冠服,家人有不记其名者。奉诏同编《景德朝陵地里》《封禅》《汾阴三记》《阁门》《客省》《御史台仪制》。又受诏编《御集》及《宸章》,集《历代妇人文集》。所著《文集》百卷,《唐纪》四十卷。

本卷末论曰:

陈彭年以辞藻被遇,上表献箴,详练仪制,若可嘉尚。①

《长编》对陈彭年的评价不像《宋史》的"若可嘉尚",而是采用了二分法:

彭年性敏给彊记,尤好仪制沿革、刑名之学。平居手不释卷,属词顷刻而就,未尝抒思,慕唐四子为文,体制繁靡。上多令检讨典故,自大中祥符后,礼典交举,彭年无不参预,或别殿访对,或中使手札临问,彭年从宜应答,无所疑滞,皆合上意。凡典章文法之事,每密有询访。自升内阁,即以翰墨为己任,不欲领他务。然李宗谔、杨亿皆在朝,及宗谔卒,亿病退,则彭年专文翰之任矣。事务益繁,愈复勤职,以固恩宠。手披简策,口对宾友,胥吏白事满前,或密答诏问,晓夕若是,形神皆耗。劳心既久,举止多失措,至有颠倒冠服,手撮果馔,虽暑汗沾体,不暇澣濯,家人左右有不记其名者。书字甚急,日可万余,人不能晓。惟起居院吏赵亨识之,上亦知其姓名,后特补三班。前后赐御制歌诗凡六篇,其恩遇如此。性卑俭,每得体赐,多市坟籍,虽处贵显,无改平素。及卒,上甚追悼,其妻每入谒,多获赐赉,尝出彭年画像示之。又尝语王钦若曰:"彭年善人,何意遽此沦丧。至于兼才博学,今罕其比。自在左右,服

---

① 《宋史》卷287《陈彭年传》,第9661—9666页。

劳凤夜,忧职太深,未尝休憩。朕每谕其游息,然赋性勤谨,行之弥笃,不幸而陨,得非命欤。"

然彭年素奸谄,时号"九尾野狐"。在翰林日,尝诣中书谒宰相王旦,辞不见,翌日复至,自言有当启白,旦谕令见向敏中。他日,敏中命吏取彭年所留文字示旦,旦瞑目索纸封之。敏中曰:"何不一览?"旦曰:"不过兴建符瑞,图进取耳。"始彭年仕未达,求为大理寺详断官,张齐贤时实当国,一见,辄不可,人问其故,齐贤曰:"此人在朝,必乱国政。"或疑齐贤过甚,后乃服其知人。①

真宗大中祥符六年(1013)六月己巳,陈彭年为翰林学士兼龙图阁直学士,从此开启学士可以兼职的历史,事载《长编》卷八〇:

以右谏议大夫陈彭年为翰林学士兼龙图阁直学士。学士兼职,自此始。甲戌,上作歌赐彭年,因谓向敏中等曰:"顷命学士,罕曾赐歌诗,彭年不同他人,故有是作。"因曰:"彭年词笔优长,擢居清近,久益谨密,多闻好学,人鲜偕者。平居日写万余言,复精详典礼,深明法令,人或请益,应答如流,皆有依据。常令检讨典故,质正文义,每一事必具载经史子集所出,备而后已。自非强记,何由至此。"敏中曰:"彭年兼有器识。"丁谓曰:"彭年全才也,岂止以文雅雍容待从,至如参酌时务,详求物理,皆出人意表。"上然之,因曰:"详定所事无大小,皆俟彭年裁制而后定,此一司不可废也。往者参酌典礼,虽偏历攸司,而所见皆出胥吏,今已为定式矣。"②

陈彭年通判海州的时间可与乔维岳任职海州刺史的时间相对照。陈彭年在怀州任职推官的时候,"深为知州乔维岳倚任"。后来"乔维岳刺史海州,及知苏、寿二州,并表彭年通判州事。"乔维岳任海州刺史的时间为太宗至道三年(997),知苏州的时间为真宗咸平元年(998),因此可知陈彭年通判海州时间为太宗至道三年(997)至真宗咸平元年(998)。

北宋真宗咸平四年辛丑(1001)

【海州团练使:潘璘】

潘璘(生卒年不详),武秩,开封府(今河南省开封市)人,为太祖赵匡胤和太宗赵光义之弟赵廷美岳父。历官御前忠佐马军都军头,邠宁环庆灵州路副部署兼安抚使,海州团练使,右领军卫将军,福州驻泊都监、提举本路诸州军兵马巡检公事等。

潘璘任海州团练使,事载《宋史·杨琼传》:咸平四年(1001),杨琼以鄜州观察使、充灵环十州军副都部署兼安抚副使,曾上奏朝廷曰,如果贼寇攻打清远及青冈、白马砦,就合兵与战。是秋,果长围清远,顿积石河。清远派人请杨琼出兵救援,杨琼"乃止命副部署、海州团练使潘璘,都监西京左藏库刘文质率兵六千赴之",并要求他们不要妄动,等待杨琼到来后再做决定。结果杨琼或按兵不动或行动迟缓或焚城驱民,致使清远、青冈等

---

① 《长编》卷89,真宗天禧元年二月,第2047页。
② 《长编》卷80,真宗大中祥符六年六月己巳,第1830-1831页。

地皆陷。因而杨琼被"削官,长流崖州"。①《长编》卷五〇中有更多的记述:"(真宗咸平四年)闰十二月戊辰朔,……杨琼等狱具,罪当死。诏五品以上集议,兵部尚书张齐贤等请如律,上特赦之。丁丑,并除名,琼流崖州,潘璘康州。"②

真宗咸平四年(1001)之前,潘璘曾任邠宁环庆灵州路副部署兼安抚使,事载《宋史·张凝传》:"明年(即真宗咸平二年),契丹兵大至,车驾幸大名,(张)凝与范廷召于莫州东分据要害,断其归路。契丹宵遁,凝纵兵击之,尽夺所掠生口、资畜。徙镇、定、高阳关路前阵钤辖,迁赵州刺史。四年,召还,代潘璘为邠宁环庆灵州路副部署兼安抚使。"③

依上述史料可推知,潘璘初任海州团练使时间为真宗咸平四年(1001),即潘璘的邠宁环庆灵州路副部署兼安抚使一职被张凝取代之后。离任时间当在当年的闰十二月,即被流放康州之时。从上述史料记载的潘璘的经历看,潘璘的主要活动区域在开封府及西部区域,因而海州团练使为遥授官,并未实际到任。

太宗太平兴国七年(982)前后,潘璘曾任御前忠佐马军都军头,事载《长编》卷二三:"阎怀忠尝为廷美所遣,诣淮海王俶求犀玉带、金酒器,怀忠受俶私遗白金百两、扣器、绢扇等,廷美又尝遣怀忠赍银盎、锦彩、羊酒,诣其妻父、御前忠佐马军都军头、开封潘璘营燕军校。"④

潘璘流放康州后不久就被召回,任右领军卫将军,事载《宋会要辑稿》职官四九之一:"(真宗景德)三年(1006)六月,诏以六宅使康继英、如京使苗忠、右领军卫将军潘璘、右司御率府率刘文质充升、洪、杭、福逐州驻泊都监,各提举本路诸州军兵马巡检公事。"⑤

北宋真宗咸平五年壬寅(1002)

| 海州通判 | 张宗诲 | 怀仁县主簿 | 王渊 |

【海州通判:张宗诲】

张宗诲(969—1045),字习之,北宋洛阳(今河南省洛阳市)人。以荫为秘书省正字,四迁至太子中舍,贬为海州通判。召试,赐进士第,迁秘书省著作郎,出通判河阳,知富顺监。入为开封府判官、三司度支勾院。出京东转运使,徙河北。罢知徐州,更刑部兵部二郎中,太常少卿,除检校工部尚书,文州刺史。知代州,徙卫州,加果州团练使,永兴军兵马钤辖,移鄜延路钤辖兼知鄜州。加兴州防御使,复永兴军钤辖兼知邠州,以秘书监致仕。《宋史》卷二六五《张齐贤传》附本传载:

> 宗诲,字习之,齐贤第二子也。少喜学兵法,阴阳、象纬之书无不通究。以父任

---

① 《宋史》卷280《杨琼传》,第9501-9502页。按:《长编》记"是秋"为"九月"。详见《长编》卷49,真宗咸平四年九月癸酉,第1071-1072页。
② 《长编》卷50,真宗咸平四年闰十二月戊辰,第1100-1101页。
③ 《宋史》卷279《张凝传》,第9479-9481页。
④ 《长编》卷23,太宗太平兴国七年四月丙寅,第517页。按:《宋史·卢多逊传》记"营燕军校"为"营宴军校"。参见《宋史》卷264《卢多逊传》,第9120页。
⑤ 《宋会要辑稿》职官49之1,第4403页。

为秘书省正字，迁至太子中舍，贬海州别驾。尝通判河阳，徙知富顺监。会夷人斗郎春叛，群獠皆骚动，宗诲将郡兵攻破之。擢开封府判官、三司度支勾院。宗诲在开封日，御史王沿劾其嗜酒废事，及为河北转运使，乃发沿居丧假官舟贾贩，朝论恶之。

会以调发扰民，徙知徐州。累迁太常少卿，后为永兴军兵马钤辖，又徙鄜延路兼知鄜州。元昊寇延安，刘平、石元孙败没，钤辖黄德和遁还，延州不纳，又走鄜州。宗诲曰："军奔将无所归，激之则为乱矣。"乃纳之，拘德和以闻。是时鄜城不完，且无备，传言寇兵至，人心不安。宗诲乃严斥候，籍入而禁出，使老幼并力守御之，敌亦自引去。领兴州防御使，复徙永兴钤辖兼知邠州，以秘书监致仕。

尝事干谒，其子曰："昔贺秘监以道士服东归会稽，明皇赐以鉴湖，以为休老之地。今洛下虽无鉴湖，而嵩、少、伊、瀍天下佳处，虽非朝廷所赐，皆闲逸之人所有尔。大人盍衣羽服以优游，何必更事请谒乎？"宗诲曰："吾作白头老监秘书而眠，何以贺老流沙之服为哉？"时以为名言。

初，齐贤守代州，宗诲尝预计画，其保任亲族不问疏近，以年为先后。然性贪，虽谢事，犹事货殖，以至于卒。①

《张宗诲墓志铭》记录行迹更为详细，载尹洙《河南集》卷一七《故金紫光禄大夫、秘书监致仕、上柱国、清河县开国子、食邑六百户食、实封一百户张公墓志铭》：

公讳宗诲，字习之，其先曹州宛句人。大父讳冀，避乱徙河南，遂为河南人；父讳齐贤，以道德名望相太宗、真宗，赠太师、尚书令、中书令、英国公。母崔氏，秦国太夫人。公以荫为秘书省正字，四迁至太子中舍。监骐骥仓、西京左藏库、在京左藏金银库。召试，赐进士第，累迁秘书省著作郎，太常博士，尚书屯田、都官、职方三司员外郎。历监香药榷易院，同判国子监，判尚书祠部吏部南曹、登闻鼓院。出通判河阳，知富顺监。入为开封府判官，进祠部郎中、判三司度支勾院。出京东转运使，徙河北，罢知徐州。更刑部、兵部二郎中，太常少卿。除检校工部尚书、文州刺史。充四方馆使、知代州，徙卫州，加果州团练使、永兴军兵马钤辖。移鄜延路钤辖兼知鄜州、加兴州防御使，复永兴军钤辖，未至，改知邠州。抗章请老，以秘书监致仕。庆历五年闰五月一日，薨于河南会节坊之私第，年七十有七。

公未冠，从英公镇代地，属杨继业初没，敌数出扰边，英公败之城下，邀击于土墱，又败之。复用奇兵，破其数万众于繁畤。当是时，代兵骤胜，朝廷倚重英公。公朝夕左右，预参密画，或俾按视行列，传布号令。公亦善骑射，驰突往返，几危者数矣。由是，以智勇闻。太宗尝遣使代郡，谕英公曰："善视此儿，吾将用之。"会英公以功入辅，深抑子弟私恩，故前勤不叙。公与仲弟宗礼举进士，有文称，复罢之，不令与寒士争名。讫英公再秉政，仕不出筦库。景德初，制以六科取士，公上《安边议》，求以武足安边科目试，不报。大中祥符中，增前议为三十卷，诏学士院召试。初，英公论符瑞及修宫事，有大臣之言，颇与当时得幸者意异。至是，公止改署国子监事。天禧中，河决东郡，并河千里输茭薪，完复故道，暴吏严期，民力不能致，将以稽违取罪，

---

① 《宋史》卷265《张齐贤子宗诲传》，第9158—9159页。

有持金钱自经者。公请少缓之,且损其数。章三上,言益激至,颇采用焉。在富顺监,会夷人斗郎春叛,群丑寝骚,公遣吏抚之,不即从。公曰:"夷恬吾抚安,谓吾兵力不制,怠甚矣。"自将州兵攻之。夷众数千来战,公分兵为二,一鼓破之,进拔其四栅,夷僚遂定。监司害其功,不即闻。及代还,朝廷褒之,为开封府判官。自是,数进见,所论多边事,尝曰:"敌贪而尚战,国家羁縻二方,予厚而备弛,非久策也。然羌必先叛,其酋悍而不仁,始嗣而用其众,西凉故地且尽之矣,恃其武,必肆于大国。"及换使职,不三年,夏贡不至。朝廷思公前议,进领团结,往复西师。辞日,对数刻,访以九事,一国体,二《易》义,余悉兵家奇正之说。公敷答明审,上慰遣之。在鄜州,范忠献公镇于延安,以旧臣密访计议。公以敌势未易轻,凡战斗,戒在趋利。未几,刘平、石元孙败没,黄德和遁还延州,不纳,又走鄜州。公曰:"军奔将惧而无归,所以取乱也。"乃纳之,拘德和于馆,抚其伤夷。鄜城大而不完,公方议新之,会敌兵骤至。是时天下久安,人不知兵,上下惴恐,将奔窜山谷。公举错不失常度,号令齐一,严外候,谨门防,籍入而禁出,索材简器,补茸罅漏,耆幼疲癃,使之各任其力,一夕而城守皆具,外奸莫能窥其隙。敌知有备,乃去。以功有兴州之拜,且许便宜从事。初,公在代,告老,不允。会兴西师,遂以疆事自力。至是,朝廷益发屯兵,增遣近臣护军,公复内徙,乃曰:"吾当得请矣。"卒如初志。公渐英公之训,以爱民恕物为任。凡治民,必本风俗,尚俭节,教之植木艺谷,以资其生。故民蒙其利而怀其爱。其刺举外部,吏属不职者直其罪,不挟隐微。数议刑章,或引律比者,多传于世。故号称宽平。通经术,明治乱,阴阳象纬之书;蕞词萃说,错见幻出,世所难晓者,公钩渊发原,贯穿条理,无不浃洽。尤长于军志,前古用兵,皆能辨其所以为胜负,施于今若无穷。惜其被遇已晚,不究其用,良可悲已。宗族因公官者十余人。其保任,不间疏近,皆以年为先后,故诸孙多未仕者。初,公以雍熙甲申(984)始官秘书局,逮康定庚辰(1040),凡五十七年,以大秘书还第,体强力完,神清识明,康宁寿考,时罕其比。有文集若干卷,别著《刻漏记》《花木缩》二卷。

夫人吕氏,封冯翊县君,以次子让例恩追封东平郡君。子七人:长子皋,终司封员外郎、直史馆;次未名,早世;次子宪,刑部郎中;次子文,终大理评事;次子庚,大理寺丞;次子定,屯田员外郎;次不育。女三人:二早亡,一适崇仪副使马成美。庆历七年二月某日,刑部及二弟奉公、夫人之丧葬于河南某乡之某原。其铭曰:

在昔夏方,王贡以共。众恬于安,讳兵为凶。公奋独议,备兹寇戎。公守于鄜,敌侵其封。保无坚壁,战无选锋。公实始至,群心未通。士民惴恐,谁谋之从?公一号令,其趋如风。鼓金其声,旌旗其容。敌知我备,莫予敢攻。内外安堵,繄公之功。公识孰先,公才孰雄。孰艰其位,有志弗充。于昭太师,元台上公。公实嗣之,显而未融。世德益茂,阳报其丰。有子有孙,庆流无穷。①

---

① [宋]尹洙:《河南集》卷17,文渊阁《四库全书》第1090册,第95—98页。按:原文为"宗海,字某""大父讳某""监香药权易院""天禧中""良宗族",从《宋史》本传、《全宋文》、宗海长子《张子皋墓志铭》改。参见《宋史》卷265《张齐贤子宗海传》,第9158页;曾枣庄、刘琳主编:《全宋文》第28册,第114—118页;[宋]尹洙:《河南集》卷17《故朝奉郎、司封员外、直史馆、柱国、赐绯鱼袋张公(子皋)墓志铭》,文渊阁《四库全书》第1090册,第98—99页。

张宗诲贬海州别驾,即海州通判,时间在真宗咸平五年(1002)十月丁亥。起因是一桩寡妇改嫁财产纠纷案,除时任太子中舍的张宗诲深陷其中外,还波及前朝宰相薛居正、张宗诲的父亲、前宰相张齐贤以及当朝宰相向敏中。前朝宰相薛居正无子,收惟吉为养子,但教子无方,惟吉力大,不喜文,常混迹于市井间。薛居正卒后,惟吉改过自新,以武秩升任左领军卫将军。惟吉有二子安上、安民,继室柴氏无子。薛氏兄弟亦不思进取,与柴氏矛盾日久。四十二岁正值盛年的惟吉卒后,柴氏收拾薛居正和薛惟吉父子俩为官时的金银财宝三万缗以及书画等遗产,准备改嫁。三年前刚被罢相的张齐贤看中了柴氏,准备择日迎娶。薛安上不干了,将此事上诉公堂,说是柴氏欲卷走家中巨资。开封府收到诉状一看,双方都是宰相门第,不敢造次,遂上报真宗皇帝。真宗皇帝亦欲息事宁人,仅命司门员外郎张正伦暗中去讯问柴氏,结果发现,柴氏的说法与薛安上讼词大相径庭。真宗皇帝只得将该案移交御史台审理。不料,柴氏又反戈一击,说是当朝宰相向敏中暗中教唆薛安上诬告其母,原因是向敏中低价购买薛家宅第,并说要娶柴氏,而柴氏没有同意。真宗皇帝因薛家三代皆不善治家,薛家兄弟又互争财产,曾下诏不得变卖家产,因此非常生气,诏来向敏中质问。向敏中回复说,自己确实以五百万购买了薛安上宅第,也确实丧偶,但并没有再婚的意思,也没有向柴氏求婚。柴氏不服,又上诉,遂下柴氏于御史狱审理。柴氏招供说上述讼词都是张宗诲教她写的,而张宗诲是张齐贤的儿子,自然是利益相关方。经发掘,还起获了柴氏埋藏的二万缗钱财。盐铁使王嗣宗一向与向敏中不睦,因此揭发说向敏中私下里正议娶已故驸马都尉王承衍的妹妹,只是尚未纳彩。真宗皇帝了解实情后,痛批向敏中,不该违诏购买薛家宅第,不该说谎。该案最后审理结果为,向敏中罢相,为户部侍郎、出知永兴军;张齐贤责授太常卿、分司西京;张宗诲贬为海州通判;柴氏罚铜八斤;薛安上因违诏卖房,被判鞭刑,用起获的柴氏赃款赎回房产,并责令御史台和开封府严加管教。事载《长编》卷五三。①

　　张宗诲离任通判海州时间不详,清嘉庆《海州志·职官表一》载:"张宗诲,贬授此官(指海州通判),见《宋史》。"

【怀仁县主簿:王渊】

　　王渊(生卒年不详),生平史载阙,真宗咸平五年(1002)中武举进士,十月,为怀仁县主簿,事载《宋会要辑稿》选举一七之五:"(真宗咸平)五年(1002)十月四日,以应武举进士王渊为海州怀仁县主簿。"②离任时间不详。

　　王渊父王砺,事母甚谨,太宗太平兴国五年(980)进士,官至屯田郎中。真宗咸平四年(1001)十二月,在知淮阳军任上献芝草三本。育有五子,涣、渎、渊、冲、泳。涣子稷臣,渎子尧臣,并进士及第。涣子梦臣,进士出身。③

---

① 《长编》卷53,真宗咸平五年十月癸未,第1157-1158页。
② 《宋会要辑稿》选举17之5,第5586页。
③ 《宋史》卷63《五行志二上·火上》,第1388页;《宋史》卷457《王砺传》,第13419-13420页。

北宋真宗景德元年甲辰（1004）

【海州知州：孙冕】

孙冕(950—1025?)，字伯纯，北宋临江军新淦（今江西新干）人。太宗雍熙二年乙酉(985)梁灏榜进士①，初授秘书丞。历官勾当京兆府，直史馆著作佐郎，三司度支勾院判官，左正言，知海州，梓夔等州巡抚使，荆湖南路转运使，知寿州、苏州等。

至道元年(995)，在著作佐郎任上。《宋史·河渠志四》载：正月，"时著作佐郎孙冕总监三白渠。"②

《长编》卷四二载：至道三年(997)十二月，"戊午，秘书丞、勾当京兆府三白渠孙冕上疏言九事：一择贤才，二询谠议，三远邪佞，四务节俭，五明赏罚，六慎号令，七重使介，八审荐举，九推恩信。赐诏奖之，寻召试，授直史馆（直馆在明年九月，今并书）。"③由此可知，太宗雍熙二年(985)孙冕进士及第后的初授官应该是秘书丞，至道元年(995)"总监三白渠"时任职"勾当京兆府"。真宗咸平元年(998)九月授直史馆并赐绯鱼袋，事载《宋会要辑稿》选举三一之二四："七日，舍人院试秘书丞孙冕杂文，诏直史馆。冕监三白渠，上书言事，召入，赐绯鱼袋，且令知制诰王禹偁试文，命之。"④

咸平四年(1001)五月戊子，孙冕任三司度支勾院判官，事载《长编》卷四八："乃诏同知枢密院事冯拯、陈尧叟举常参官干敏者，与三司使议减冗事，及参决滞务，拯等请以秘书丞、直史馆、判度支勾院孙冕同领其事。"⑤"遂与判度支勾院孙冕省帐牍二十一万五千本，并废冗官十五员。"⑥

咸平五年(1002)，孙冕为左正言，事载《宋会要辑稿》职官一一之六："八月十六日，以秘书丞、直史馆、判三司度支勾院孙冕为左正言，……先是，京朝官任中外职事，受代考课引对，多获叙迁，而计司、三馆不预兹例，有久次者。内出姓名，故有是命。"⑦

景德三年(1006)四月二十一日，孙冕为梓夔等州巡抚使，事载《宋会要辑稿》职官五〇之二："左正言、直史馆孙冕为梓夔等州巡抚使，阁门祗候郭盛副之。……内出名香付冕等，令所经名山大川及古圣先贤祠宇，精虔至祷，为民祈福。"⑧

大中祥符四年(1011)六月庚辰，"诏奖……荆湖南路转运使孙冕，……以规画供修玉

---

① [清]谢旻：《江西通志》卷49《选举》，文渊阁《四库全书》第514册，第577页；诸葛忆兵编著：《宋代科举资料长编（北宋卷）》上，南京：凤凰出版社，2017年，第65-68页。
② 《宋史》卷94《河渠志四》，第2347-2348页。
③ 《长编》卷42，太宗至道三年十二月戊午，第901页。
④ 《宋会要辑稿》选举31之24，第5853页。
⑤ 《长编》卷48，真宗咸平四年五月戊子，第1061页。
⑥ 按：与冯拯本传记载略有不同，《宋史》陈尧叟本传记为："凡省去烦冗文帐二十一万五千余道，又减河北冗官七十五员。"《长编》记载更加详细："同省去三司积滞文帐及谙州无例施行文字二十一万五千余道，减河北勾当京朝官使臣、幕职七十五员。"详见《宋史》卷285《冯拯传》，第9609页；《宋史》卷284《陈尧佐兄尧叟传》，第9585-9586页；《长编》卷52，真宗咸平五年五月庚子，第1130页。
⑦ 《宋会要辑稿》职官11之6，第3309页。
⑧ 《宋会要辑稿》职官50之2，第4413-4414页。

清昭应宫材木无阙故也。"七年(1014)九月乙巳,"度支副使、刑部员外郎、直史馆孙冕,坐前接伴契丹使被酒不谨,丙午,责知寿州。"①

明人王鏊《姑苏志》载:孙冕在"天禧(真宗年号,1017—1021)中,以大中大夫行尚书礼部侍郎(一作郎中,原文注)、直史馆、上柱国、赐紫金鱼袋知苏州。治狱不滥,断讼如神。弛张在已,无所吐茹,吏畏而民爱之。尝病痛,州人争为诣佛寺祈福,复立生祠于万寿寺。"②生祠名为"孙学士祠"。③"天禧二年(1018),江淮发运副使张纶同知苏州孙冕疏五湖,导诸港浦(时有水患经画于昆山、常熟,疏五湖,导太湖水入海,复岁租六十万斛,原文注)。"④宋人陈郁(1184—1275)《藏一话腴》载:

> 孙冕,临江军新淦人,擢进士第。天禧末,守苏州。会乡里素交罢相,以宾傅出判临杭,舟泊苏台,欢歙甚密。谓孙曰:"老兄淹迟日久,且宽衷,予当致拜闻。"冕正色答曰:"君二十年出处中书,以素交潦倒江湖,不预一点化笔。今事权属它人,去庙堂千里,为方面,始以此话见说,得为信乎!"里人愧谢,夜半解舟潜遁。冕大书一诗于厅壁,拂衣归九华。诗云:"人生七十鬼为邻,已觉风光属别人。莫待朝廷差致仕,早谋泉石养闲身。去年河北曾逢李,今日西淮又见陈。寄语苏州孙刺史,也须抖擞老精神。"清节高操,可羞百执事之颜。朝廷闻之,令再任,诏下已归,竟不出矣。⑤

"乡里素交"即王钦若(963—1025)⑥,字定国,北宋临江军新喻(治今江西新余)人,淳化三年(992)举进士。天禧元年(1017)首次拜相,三年(1019)罢相,事载《宋史·宰辅表一》:"八月庚午,王钦若自枢密使、同平章事加尚书左仆射兼中书侍郎、同平章事,依前会灵观使。""六月甲午,王钦若自中书侍郎、同平章事以太子太保免。"⑦王钦若出判杭州时乘舟路过苏州,与同乡好友孙冕饮酒欢好。另宋人祝穆《方舆胜览》载:孙冕题诗于厅壁,时间为知苏州后"甫及引年"⑧,古代官员常把70岁称为"引年",即临近致仕的年龄。

由上述史料可知,孙冕出生于950年左右,知苏州时间为天禧二年(1018),离知苏州时间为天禧三年(1019),是年近70岁。宋人阮阅《诗话总龟》载:"天圣(1023—1032)中,礼部郎中孙冕刻三英诗——刘元载妻、詹茂光妻、赵晟之母《早梅》《寄远》《惜别》三诗。刘妻哀子无立,詹妻留夫侍母病,赵母惧子远游。孙公爱其才以取之。"⑨可推知孙冕享年近80岁。清康熙五十二年(1713)编校的《御纂朱子全书》载朱熹《白鹿洞赋》,在其中的"旋锡冕以华其归,琛亦肯堂而诒孙"后注云:"郭祥正《书院记》云:祥符初,直史馆孙冕以疾

---

① 《长编》卷76,真宗大中祥符四年六月庚辰,第1728页;卷83,真宗大中祥符七年九月乙巳,第1897页。
② 按:宋人蔡襄《瑞昌县君孙氏墓志铭》中载:"夫人之父,故礼部郎中、直史馆讳冕,在祥符间少直言,有声名。数更剧郡,治用严明,当世推重。"可知孙冕为"礼部郎中"。详见[明]王鏊:《姑苏志》卷39《宦迹三》,文渊阁《四库全书》第493册,第697页;[宋]蔡襄:《端明集》卷39《墓志铭》,文渊阁《四库全书》第1090册,第672-673页。
③ [明]王鏊:《姑苏志》卷27《坛庙上》,文渊阁《四库全书》第493册,第478页。
④ [明]张国维撰:《吴中水利全书》卷10《水治》,文渊阁《四库全书》第578册,第329页。
⑤ [宋]陈郁:《藏一话腴(内编卷上)》,文渊阁《四库全书》第865册,第540页;[元]阙名:《氏族大全》卷5,文渊阁《四库全书》第952册,第172页。
⑥ [清]谢旻:《江西通志》卷73《人物八》,文渊阁《四库全书》第515册,第515页。
⑦ 《宋史》卷210《宰辅表一》,第5443-5445页。
⑧ [宋]祝穆:《方舆胜览》卷2,文渊阁《四库全书》第471册,第595页。
⑨ [宋]阮阅:《诗话总龟》卷10,文渊阁《四库全书》第1478册,第406页。

辞于朝,愿得白鹿洞以归老,诏从之。冕未及归而卒。皇祐五年(1053),其子比部郎中琛即学之故址,为屋榜曰'书堂',俾子弟居而学焉。四方之士来者亦给其食。"① "祥符"为真宗年号,起止时间为1008年至1016年,与孙冕天禧三年(1019)离知苏州后"拂衣归九华"矛盾。

孙冕卒后,葬江西省九江市庐山五老峰南麓白鹿洞侧,事载明人李贤《明一统志》:"孙冕墓(在白鹿洞侧)。"②

孙冕知海州时间史载不详。明人王鏊《姑苏志》卷三九《宦迹三》载:"孙冕,字伯纯,新淦人。咸平(真宗年号,998—1003)中,为两浙转运使。"③咸平四年(1001)十一月,"己卯,秘书丞、直史馆孙冕上言:'茶盐之制,利害相须,令江南、荆湖通商卖盐……'"④综合真宗在位期间海州知州任职情况,可大致推知孙冕知海州时间为景德年间,即景德元年至三年(1004—1006)。

孙冕知海州期间的政绩载宋人沈括《梦溪笔谈·补笔谈》卷二《官政》:

> 孙伯纯史馆知海州日,发运司议置洛要、板浦、惠泽三盐场,孙以为非便。发运使亲行郡,决欲为之。孙抗论排沮甚坚。百姓遮孙,自言置盐场为便,孙晓之曰:"汝愚民,不知远计。官买盐虽有近利,官盐患在不售,不患盐不足。盐多而不售,遗患在三十年后。"至孙罢郡,卒置三场。近岁,连、海间,刑狱、盗贼、差徭比旧浸繁多,缘三盐场所置积盐如山,运卖不行,亏失欠负,动辄破人产业,民始患之。

> 朝廷调发军器,有弩桩箭干之类,海州素无此物,民甚苦之,请以鳔胶充折。孙谓之曰:"弩桩箭干,共知非海州所产,盖一时所须耳。若以土产物代之,恐汝岁岁被科,无已时也。"其远虑多类此。⑤

孙冕离知海州后,百姓感念其善待,为其立生祠。仁宗庆历八年(1048)三月祖无择知海州,到任后就组织人力重修海州社稷坛,并"毁淫祀而貌前守之贤者孙公冕而祠之,又亲题其市桥曰'怀孙桥'。"⑥徽宗政和二年(1112)七月,赐庙额"思仁",事载《宋会要辑稿》礼二〇之四二:"孙冕祠。在海州。徽宗政和二年(1112)七月,赐庙额'思仁'。"⑦理宗淳祐八年(1248),又为孙冕"新立庙,……韩琦在中山,范仲淹在庆州,孙冕在海州,则以政有威惠者也。"⑧

嘉庆《海州志·职官表》载:"孙冕,有传。"《良吏传》引宋人沈括《梦溪笔谈》并参《江西通志》:"孙冕,字伯纯,新淦人。雍熙二年(985)进士,知海州。"

---

① [宋]朱熹:《御纂朱子全书》卷66,文渊阁《四库全书》第721册,第768-769页。
② [明]李贤等撰:《明一统志》卷52,文渊阁《四库全书》第473册,第73页。
③ [明]王鏊:《姑苏志》卷39《宦迹三》,文渊阁《四库全书》第493册,第697页。
④ 《宋史》卷182《食货志下四·盐中》,第4438-4439页。
⑤ 按:《梦溪笔谈》各版本皆为"恐汝岁岁被科",参考宋人赵善璙《自警编》补为"恐汝岁岁被науки"。详见[宋]沈括著,胡道静校证:《梦溪笔谈校证·补笔谈》卷2《官政》,上海:上海人民出版社,2016年,第946-947页;[宋]赵善璙撰:《自警编》卷8,文渊阁《四库全书》第875册,第443页。
⑥ 崑晓霞、郑卫、赵振华:《北宋官员文士祖无择生平仕履疏证(上)——以〈祖无择墓志〉和妻〈黄氏墓志〉为中心》,《洛阳考古》2016年第4期,第81-89、93页。
⑦ 《宋会要辑稿》礼20之42,第1008页。
⑧ 《宋史》卷105《礼志八》,第2562页。

北宋真宗景德二年乙巳（1005）

【海州通判：陈俨】

陈俨（生卒年不详），字君望，南剑（今福建省南平市）人，真宗咸平五年壬寅（1002）王会榜进士，探花。累官至海州通判，迁兵部员外郎。大中祥符九年（1016），丁父忧。服除，由南安主簿迁为太祝。天禧二年（1018），迁太常，中丞。仁宗天圣六年（1028），为尚书右仆射兼中书侍郎。卒后赠尚书吏部侍郎。生平载《福建三明明溪陈氏族谱》：

> 笃志诗书，博学洽闻，文章典雅，才术过人。王旦公尝器之。登甲后，旦公喜曰："不辱吾笔也"。

> 公性质端厚，处事谦和，在朝廷未尝言人过失，平居宴言笑，凡遇士大夫于途，必引车以避之。居官三十余载，身虽贵显，深自损抑，恒以盛满为戒，自奉则简俭若素。又喜诲诱后进，其清约如寒士泊如也。然刚介寡合，王钦若每恶之。公有先知之明，善保其身，终不为奸狡之陷害也。①

陈俨《宋史》无传。胡宿任知制诰的时间为仁宗庆历八年（1048）至皇祐五年（1053），曾制词《郭祐、侯瑾并可太常博士，陈俨可国子博士，侯欣可殿中丞制》：

> 敕某等：夫一闰之法，天气小备，施于人事，故可以较官成、懋台赏。以尔等拱治朝之次，有著在廷；宣外服之劳，弗懈于位。竭一官之智效，上三最而岁优。膺中陟科，差进荣秩，宠以博通之士，丞诸盾尚之联。就服褒华，益思清约。②

可知，陈俨在仁宗庆历八年（1048）至皇祐五年（1053）期间迁国子博士，但在《族谱》中，天圣六年（1028），陈俨已经高升为尚书右仆射兼中书侍郎，两种记载显然有矛盾，鉴于族谱常常有拔高祖先地位的倾向，因此推测，不排除《族谱》中陈俨后期的仕宦经历在时间上的记载有误。

明溪县在明嘉靖年间为陈俨建"探花祠"，清乾隆四十四年重修，名"德馨堂"，又名"瑞峰祠"，"壬山丙向，建筑面积2000平方米。东西排连三厅两边回廊，左右边横厢各连厅12间。正厅中祀宋探花及第、授礼部侍郎祖陈俨公，妣陆氏夫人。"③

陈俨父亲陈世卿（953—1016），字光远，太宗雍熙二年乙酉（985）梁颢榜进士，官至知广州，卒后赠吏部尚书。《宋史》卷三〇七有本传。④陈世卿在三明市有"忠山尚书第"，又名"绳武堂"，建于明成化三年（1467），清雍正年间改址重建。"占地面积达1 500平方米，五直上下二堂，分三厅两廊，华表门，两煞巷。门外上下二坪，二大门，坪外围墙。""正厅奉祀宋吏部尚书陈世卿公神像，附祀历代宗亲神牌。"⑤

---

① 陈及霖主编：《闽台陈氏文化·祠堂》卷2，2009年（内部资料），第301、373页。
② ［宋］胡宿：《文恭集》卷14，文渊阁《四库全书》第1088册，第735页；曾枣庄、刘琳主编：《全宋文》第21册，第175页。
③ 陈及霖主编：《闽台陈氏文化·祠堂》卷2，2009年（内部资料），第373页。
④ 《宋史》卷307《陈世卿传》，第10132-10133页。
⑤ 陈及霖主编：《闽台陈氏文化·祠堂》卷2，2009年（内部资料），第301页。

据陈俨进士及第时间,及其通判海州前后的经历,大致推知,陈俨任职海州通判时间为真宗景德二年至四年(1005—1007)。

北宋真宗景德四年丁未(1007)

| 海州通判 | 牛冕 | 朐山县令 | 沈仁谅 |

【海州通判:牛冕】

牛冕(947?—1010?),字君仪,徐州彭城(今江苏省徐州市)人。太宗太平兴国三年戊寅(978)胡旦榜进士,初授将作监丞、通判郴州,徙和州,官至右谏议大夫。《宋史》卷二七七本传载:

> 牛冕,字君仪,徐州彭城人。太平兴国三年进士,解褐将作监丞、通判郴州,徙和州。加左赞善大夫,迁太常丞、知滁州,以勤政闻。召归,转监察御史。
>
> 端拱元年(988),召试文章,迁左正言、直史馆。出知润州,徙泉州,未至,就命为福建转运使,加左司谏。建议废邵武军归化金坑,土人便之。至道初,召入,进秩兵部员外郎,知潭州。至郡才数日,复召拜兼侍御史知杂事。
>
> 真宗在东宫,冕尝奉使赐生辰礼币,即位尚记其名,改工部郎中。永熙陵复土,会阙中丞,命为仪仗使。时三司各设官局,多不均济。冕请合为一使,分设其贰,则事务不烦而办,其后卒用冕议。
>
> 咸平元年(998),选知益州,仍拜右谏议大夫。两川自李顺平后,民罹困苦,未安其业,朝廷缓于矜恤,故戍卒乘符昭寿之虐,啸集为乱。冕与转运使张适委城奔汉州,诏遣赴阙,至京兆,劾其罪,并削籍,冕流儋州,适为连州参军。冕遇赦,移钦、英二州,历鄂、海二州别驾,淮南节度副使。
>
> 大中祥符初,真宗语宰相曰:"冕素纯善,黜弃久矣,量宜甄叙。"即起知涟水军,俄复为祠部员外郎。卒,年六十四。子昭俭至殿中丞。

本卷末论曰:

> 冕之弃其城守,……则君子所不予也。①

牛冕任职海州别驾(唐代郡守副职的称谓,宋代称通判,后代时有沿用前朝称谓)史载不详,嘉庆《海州志·职官表一》亦不详,仅载:"牛冕,太宗时任,有传。"牛冕因益州兵变,弃城逃跑,被罢益州之后,削籍流放儋州,时间为真宗咸平三年(1000)四月壬申,事载《宋史·真宗本纪一》②。后遇赦得到朝廷任用。一般来说,朝廷大赦的主要因素是改朝换代,或者是更改年号。牛冕这次遇赦只可能遇上更改年号。考察前后任职时间,也只可能是真宗咸平六年后改元景德而进行了大赦,即景德元年(1004),牛冕遇赦复官。考光绪《淮安府志》:"(牛冕)祥符初知涟水军"③,与《宋史》本传记载同。大中祥符为真宗年

---

① 《宋史》卷277《牛冕传》,第9439-9440、9447页。
② 《宋史》卷6《真宗本纪一》,第112页。
③ [清]光绪《淮安府志》,南京:江苏古籍出版社,1991年,第121页。

号,时间为 1008 年至 1016 年。大中祥符初当为大中祥符元年(1008)。即在景德四年至大中祥符元年这头尾 5 年期间,牛冕前期知钦、英二州,通判鄂州,后期还任职淮南节度副使,因而可推知,牛冕通判海州的时间大约在景德四年(1007)年前后。

虽然牛冕在知益州时有弃城逃跑的经历,为"君子所不予",但其人品、吏能、诗文等前后都得到朝廷和同僚的称许。前期,朝廷"以勤政闻"而将牛冕由地方召归京城,多次采纳其合理建言。流放遇赦复官后,真宗对牛冕仍念念不忘,对宰相言其"素纯善,黜弃久矣,量宜甄叙"等等。

牛冕在出知润州时,原直史馆同僚王禹偁①作《送牛冕序》相送,对牛冕给予了很高的评价,载《小畜集》卷一九:

> 今天下之士,由科试入仕者,以第进士为美名;隶京官者,以游三馆、两制为近职;厘外务者,以任刺史二千石为亲民;语名郡者,以丹阳为重地。畴能兼之,吾友陇西牛君有是夫! 君尝倅贰郡,牧一州,所在称理,有龚、黄之政焉;又尝佐秋官,详庶狱,事无枉挠,有于、张之风焉;游馆、殿,专笔削,褒善贬恶,有班、马之辞焉;好风什,多吟咏,寒苦清丽,有元、白之思焉。求外官能得大郡,向所谓美名、近职、亲民、重地者,君兼而无愧矣。君是行也,上有垂白之亲,下有趋庭之子,家人嘻嘻而内辑,兄弟怡怡而外和。含饴弄孙,尽高堂之乐;腰金拖紫,居百城之长。为儒之荣至矣,为子之道光矣。其当报吾君而惠吾民者乎,勿使采诗者听《伐檀》之刺也。②

王禹偁在文中用了很多典故来称赞牛冕为官之道。

称赞牛冕"有龚、黄之政",是说牛冕在通判郴州、和州,知滁州期间,政绩突出。其中"龚"指龚遂,字少卿,西汉山阳郡南平阳县(今山东省邹城市)人,为渤海太守时,以善政收服盗寇、选用良吏、开仓赈饥、劝民桑农等。"黄"指黄霸(? —前51),字次公,西汉淮阳郡阳夏县(今河南太康县)人,官至丞相,为官劝善防奸、清正廉洁、兴利除害。因二人为政宽和,吏治卓越,《汉书》卷八九将其列入《循吏传》。③后世并称"龚黄",泛指循吏。

称赞牛冕"有于、张之风",是说牛冕在任职监察御史时,能断案审慎、执法公正。其中"于"指于定国(? —前40),字曼倩,西汉东海郡郯(今江苏省连云港市,一说今山东省郯城)人。其父于公为县狱吏、郡决曹,为东海孝妇平反昭雪,郡人立生祠"于公祠","东海孝妇祠"位于今连云港市朝阳镇。于定国少从父学法,历御史中丞、廷尉、御史大夫,甘露中,代黄霸为丞相,封西平侯。于定国决疑平法,务在哀鳏寡,罪疑从轻。"张"指张释之(生卒年不详),字季,西汉南阳郡堵阳县(今河南省方城县)人。历谒者仆射,拜为中大夫,为廷尉,官至淮南相。张释之认为"法者,天子所与天下公共也。"周亚夫见释之持议

---

① 按:太宗端拱元年(988)正月至二年(989)正月,王禹偁为右拾遗、直史馆。《长编》卷 29 载:"太宗端拱元年(988)春正月丙寅,以大理评事王禹偁为右拾遗,罗处约为著作佐郎,并直史馆。"《宋史》卷 293 王禹偁本传载:"(端拱)二年,亲试贡士,召禹偁,赋诗立就。上悦曰:'此不逾月遍天下矣。'即拜左司谏、知制诰。"参见《长编》卷 29,太宗端拱元年正月丙寅,第 646 页;《宋史》卷 293《王禹偁传》,第 9793—9800 页。

② [宋]王禹偁:《小畜集》卷19,文渊阁《四库全书》第 1086 册,第 189 页。按:《全宋文》"家人嘻嘻而内辑"之"辑"为"燨","其当报吾君而惠吾民者乎"失"者"。参见曾枣庄、刘琳主编:《全宋文》第 7 册,第 429 页。

③ 《汉书》卷89《龚遂传》,第 3637—3641 页;卷89《黄霸传》,第 3627—3635 页;卷89《序》,第 3624 页。

平,乃结为亲友。二人皆有《汉书》本传,朝廷称赞于定国时认为:"张释之为廷尉,天下无冤民;于定国为廷尉,民自以不冤。"①

称赞牛冕"有班、马之辞",是说牛冕在任职直史馆时,能秉笔直书,褒善贬恶。其中"班"指汉代史家班固(32—92),字孟坚,东汉扶风安陵(今陕西省宝鸡市)人,东汉史学家、文学家,为兰台令史,撰《汉书》。"马"指汉代史家司马迁(前145—?),字子长,西汉夏阳(今陕西省韩城市)人,西汉史学家、文学家、思想家,汉武时为太史令,撰《史记》。

称赞牛冕"有元、白之思",是说牛冕诗文"寒苦清丽",颇多吟诵,昔今不存。其中"元"指唐代诗人元稹(779—831),字微之,河南(今河南省洛阳市)人,九岁能属文,宪宗元和元年(806)四月,二十八岁时应制举才识兼茂、明于体用科,登第者十八人,为第一,除右拾遗。历监察御史、祠部郎中、知制诰,拜平章事(宰相),罢为同州刺史,改授越州刺史、兼御史大夫、浙东观察使,终检校户部尚书,兼鄂州刺史、御史大夫、武昌军节度使。"白"指唐代诗人白居易(772—846),字乐天,太原(今山西省太原市)人,年幼时即聪慧绝人,襟怀宏放,与元稹同年登制举入第四等,官至太子少傅、刑部尚书。二人皆有《旧唐书》本传,元稹曾曰:"稹与同门生白居易友善。居易雅能诗,就中爱驱驾文字,穷极声韵,或为千言,或五百言律诗,以相投寄。"《元稹传》亦言:"稹聪警绝人,年少有才名,与太原白居易友善。工为诗,善状咏风态物色,当时言诗者,称元、白焉。自衣冠士子,至闾阎下俚,悉传讽之,号为'元和体'。"②

【朐山县令:沈仁谅】

沈仁谅(生卒年不详),北宋越州剡县(今浙江省绍兴市嵊州市)人,致仕后归和州历阳(今安徽省马鞍山市和县历阳镇),历官儒林郎、昭德县令、海州朐山令等。

沈仁谅生平史载不详,本人及家族源流主要载子孙后代墓志铭中。沈仁谅有二子,长子沈岌,次子沈平(?—1024)。沈岌于真宗景德年间(1004—1007)中进士,沈平虽与兄沈岌"为文章、通书史",但未入仕,而是"养亲乎历阳""辟田畴,因物适变,遂以富饶。"沈平早卒,其长子沈立(1007—1078),字立之,仁宗天圣八年庚午(1030)王拱辰榜进士。历官签书益州判官,官终右谏议大夫。善治水,藏书数万卷。《宋史》卷三三三有沈立本传。③

沈仁谅次子沈平墓志铭载宋人蔡襄《端明集》卷四〇《赠光禄少卿沈君墓志铭》,其中载有:"(沈平)曾祖曰籍,衢州常山令;祖曰德饶,越州剡县丞;父曰仁谅,海州朐山令。其先吴人,剡县丞卒,葬会稽。后朐山退老于和州,因而家焉。"④

沈仁谅孙、沈平长子沈立墓志铭载宋人杨杰《无为集》卷一二《故右谏议大夫赠工部侍郎沈公神道碑》,其中载有:"沈氏之先,出于周文王之子聃季,食采于沈,因而命氏。汉光禄勋戎,徙居会稽之乌程,后改乌程为吴兴郡,故沈氏以吴兴为望。由汉以来,世为右族。宋有庆之,梁有休文。至唐,润州司兵参军岌生愉,为怀州都团练判官。愉生僎,为

---

① 《汉书》卷71《于定国传》,第3041-3045页;卷50《张释之传》,第2307-2312页。
② 《旧唐书》卷166《元稹传》,第4327-4339页;卷166《白居易传》,第4340-4358页。
③ 《宋史》卷333《沈立传》,第10698-10699页。
④ [宋]蔡襄:《端明集》卷40《赠光禄少卿沈君墓志铭》,文渊阁《四库全书》第1090册,第681-682页;[宋]蔡襄撰,陈庆元等校注:《蔡襄全集》,福州:福建人民出版社,1999年,第777-778页。

同州冯翊尉。僎生师举,为太常协律郎。师举生籍,为衢州常山令;讳籍即公(指沈立)之高祖考。越州剡县丞讳德饶,公曾祖考也。海州朐山令讳仁谅,公祖考也。赠工部尚书讳平,公烈考也。"①

沈仁谅重孙女、沈平孙女、沈立长女、曾巩舅母沈氏墓志铭载曾巩《元丰类稿》卷四五《沈氏夫人墓志铭》,其中亦载有:"夫人姓沈氏,其先家于越之会稽。曾祖仁谅,令海州之朐山,徙家于和州历阳,故今为历阳人;祖平,赠尚书刑部侍郎;父立,今为右谏议大夫,判都水监。"②

沈仁谅任儒林郎、昭德县令的时间在太宗端拱二年(989)前后,事载《响堂山石窟碑刻题记总录》:"(太宗)端拱二年(989)三月日报顾罗知远。……儒林郎、守昭德县令沈仁谅。"③

沈仁谅任朐山令时间不详。《赠光禄少卿沈君(平)墓志铭》载:"既而伯兄(沈岌)景德及第以仕,而朐山致政事还归。"由此可知,沈仁谅离任朐山令致仕,定居和州历阳之时,其长子沈岌即进士及第,时间在真宗景德年间(1004—1007),即沈仁谅任朐山令的时间在真宗咸平四年(1001)至景德四年(1007)之间。

另《故右谏议大夫赠工部侍郎沈公(立)神道碑》载:"逮于朐山,政肃典刑。德积庆余,我公以生。"既指出沈仁谅任职朐山令时的政绩"政肃典刑",也指出沈立的出生地点——海州,及时间——沈仁谅任职朐山令期间。据《长编》卷二八七载:"神宗元丰元年(1078)春正月。甲寅,右谏议大夫、提举崇禧观沈立卒。"④《宋史》沈立本传云卒年七十二,故沈立生于真宗景德四年(1007)。依据上述史料推知,沈仁谅任职朐山令的时间在真宗景德二年至四年(1005—1007)之间,沈岌为真宗景德四年丁未(1007)进士。

北宋真宗大中祥符元年戊申(1008)

| 海州知州 | 陈文颢 | 海州监税 | 李迪 |

【海州知州:陈文颢】

陈文颢(945—1015),泉州仙游(今福建省莆田市仙游县)人,《宋史·漳泉世家陈氏传》有本传:"文颢,始为泉州衙内都指挥使、知漳州。洪进归朝,授滁州刺史,仍旧知州。俄召归,奉朝请。景德(1004—1007)中,换光州,以久次,领和州团练使,历知海、濮、潍、沂、黄五州、信阳军,所至无能称。卒年七十一。录其子宗绶为大理评事,孙永弼、永升为三班借职;次子宗缵太子中舍。"⑤陈文颢在历任上都没有什么建树,官职也不高,但其子孙官位都比他高。

陈文颢为漳泉世家陈洪进之三子。陈洪进(914—985),字济川,"幼有壮节,颇读书,习兵法。及长,以材勇闻。"年少时投军五代十国时期闽国泉州散指挥使留从效麾

---

① 〔宋〕杨杰《无为集》卷12,文渊阁《四库全书》第1099册,第749-751页;〔宋〕杨杰撰,曹小云校笺:《无为集校笺》,合肥:黄山书社,2014年,第423-427页。
② 郭预衡、郭英臣主编:《唐宋八大家散文总集》卷4《曾巩》,石家庄:河北人民出版社,2013年修订本,第3346页。
③ 张林堂主编,许培兰副主编:《响堂山石窟碑刻题记总录》第1册,北京:外文出版社,2007年,第102页。
④ 《长编》卷287,神宗元丰元年正月甲寅,第7011页。
⑤ 《宋史》卷483《漳泉世家陈氏传》,第13964页。

下,历补副兵马使、马步行军都校、统军使。留从效死后,陈洪进杀清源军节度副使张汉思,遣使请命于南唐后主李煜,被授予清源军节度使、泉南等州观察使,一时割据漳、泉二州。宋太祖南下荡平荆湖,四海威震,陈洪进大惧,乃奉表称臣;太宗即位后,加检校太师。太平兴国元年(976)四月入朝,"又增其食邑,以其子文颢为团练使,文颢、文顼并为刺史";三年四月,得授武宁军节度使、同平章事,留京师开封,奉朝请;六年,封杞国公。雍熙元年(984),进封岐国公,后致仕;二年,以疾卒,年七十二,赠中书令,谥曰"忠顺"。①

陈文颢生卒年不详。据《宋史·漳泉陈氏传》载,其大哥陈文显于"(咸平)六年(1003),卒,年六十五。"可知大哥陈文显生于939年。二哥陈文颢于"(大中祥符)六年(1013),卒,年七十二。"可知二哥陈文颢生于942年。二哥大哥出生相差3年,合理推知老三陈文颢的出生也与二哥相差3年左右,即生于945年,卒于1015年。

《长编》卷一九载:太宗太平兴国三年(978)四月,"癸未,以陈洪进为武宁节度使、同平章事,洪进子前漳州刺史文颢为房州刺史,前顺州刺史文顼为登州刺史。寻复以平海节度副使文显为通州团练使,仍知泉州;泉州衙内都指挥使文颢为滁州刺史,仍知漳州。(文显、文颢除官在戊子,今并书之。)"②

嘉庆《海州志·职官表一》载:"陈文颢,泉州仙游人,真宗景德(1004—1007)中任。见《宋史》。"知海州时间在王博文之后,应为记载错误。

李之亮认为陈文颢知海州时间为996—999年,应该有误。《宋史》中记载,陈文颢于景德(1004—1007)中知光州,"以久次,领和州团练使",说明陈文颢在知光州的位置上很多年后才领和州团练使,之后才知海州,即知海州时间不会早于大中祥符元年(1008)。在大中祥符八年(1015)去世之前的8年间,又连续知濮、潍、沂、黄四州及信阳军等2个州县,每个地方平均位居时间不足2年,因此可以大致推知,陈文颢知海州的时间应不足2年,即离任时间不会迟于大中祥符二年(1009)。

从上述史料看,陈文颢知海州的时间为真宗大中祥符元年(1008)之后,离任时间为大中祥符二年(1009)。

【海州监税:李迪】

李迪(971—1047),字复古,北宋濮州(山东省菏泽市鄄城县)人。真宗景德二年乙巳(1005)举进士第一,钦点为状元,授将作监丞。历通判徐、兖州,累官至翰林学士,拜给事中、参知政事,太子太傅,官至宰相。三次被贬,第一次因解送开封府进士失当,被贬为海州监税;第二次因进宰相丁谓擅权,被罢相左迁户部侍郎;第三次,仁宗即位,太后预政,因与被贬宰相寇准相好,被贬为衡州团练副使。太后崩,复拜相。《宋史》卷三一〇本传载:

> 李迪字复古,其先赵郡人,后徙幽州。曾祖在钦,避五代乱,又徙家濮。迪深厚有器局,尝携其所为文见柳开,开奇之曰:"公辅材也。"

---

① 按:李煜授陈洪进为"泉南等州观察使"疑为"泉漳等州观察使",因陈洪进称臣后,太祖"乾德二年,制改清源军为平海军,授洪进节度、泉漳等州观察使、检校太傅,赐号推诚顺化功臣,铸印赐之。以(其子)文显为节度副使,文颢为漳州刺史。"详见《宋史》卷483《漳泉世家陈氏传》,第13959—13965页。

② 《长编》卷19,太宗太平兴国三年四月癸未,第427页。

举进士第一，授将作监丞，历通判徐、兖州。改秘书省著作郎、直史馆，为三司盐铁判官。东封泰山，复通判兖州，坐尝解开封府进士失当，谪监海州税。改右司谏，起知郓州，召纠察在京刑狱，迁起居舍人，安抚江、淮，以尚书吏部员外郎为三司盐铁副使，擢知制诰。

真宗幸亳，为留守判官，遂知亳州。亡卒群剽城邑，发兵捕之，久不得。迪至，悉罢所发兵，阴听察知贼区处，部勒骁锐士，擒贼，斩以徇。代归，会唃厮啰叛，帝忧关中，召对长春殿，进右谏议大夫、集贤院学士、知永兴军。城中多无赖子弟，喜犯法，迪奏取其甚者，部送阙下。徙陕西都转运使，入为翰林学士。

尝归沐，忽传诏对内东门，出三司使马元方所上岁出入材用数以示迪。时频岁蝗旱，问何以济，迪请发内藏库以佐国用，则赋敛宽，民不劳矣。帝曰："朕欲用李士衡代元方，俟其至，当出金帛数百万借三司。"迪曰："天子于财无内外，愿下诏赐三司，以示恩德，何必曰借。"帝悦。又言："陛下东封时，敕所过毋伐木除道，即驿舍或州治为行宫，裁令加涂塈而已。及幸汾、亳，土木之役，过往时几百倍。今蝗旱之灾，殆天意所以儆陛下也。"帝深然之。

他日，又召对龙图阁，命迪草诏，徐谓迪曰："曹玮在秦州，屡请益兵，未及遣，遽辞州事，第怯耳。谁可代玮者？"迪对曰："玮知唃厮啰欲入寇，且窥关中，故请益兵为备，非怯也。且玮有谋略，诸将皆非其比，何可代？陛下重发兵，岂非将上玉皇圣号，恶兵出宜秋门邪？今关右兵多，可分兵赴玮。"帝因问关右兵几何，对曰："臣向在陕西，以方寸小册书兵粮数备调发，今犹置佩囊中。"帝令自探取，目黄门取纸笔，具疏某处当留兵若干，余悉赴塞下。帝顾曰："真所谓颇、牧在禁中矣。"

未久，唃厮啰果犯边。秦州方出兵，复召迪问曰："玮此举胜乎？"对曰："必胜。"居数日，奏至，玮与敌战三都谷，果大胜。帝曰："卿何以知玮必胜？"迪曰："唃厮啰兵远来，使谍者声言以某日下秦州会食，以激怒玮。玮勒兵不动，坐待敌至，是以逸待劳也。臣用此知其胜。"帝益重之，自是欲大用矣。

初，上将立章献后，迪屡上疏谏，以章献起于寒微，不可母天下。章献深衔之。天禧中，拜给事中、参知政事。周怀政之诛，帝怒甚，欲责及太子，群臣莫敢言。迪从容奏曰："陛下有几子，乃欲为此计。"上大寤，由是独诛怀政等。仁宗为皇太子，除太子太傅，迪辞以太宗时未尝立保傅，止兼太子宾客，诏皇太子礼宾客如师傅。加礼部侍郎。寇准罢，帝欲相迪，迪固辞。一日，对滋福殿，有顷，皇太子出拜曰："陛下用宾客为宰相，敢以谢。"帝顾谓迪曰："尚可辞邪！"拜吏部侍郎兼太子少傅、同中书门下平章事、景灵宫使、集贤殿大学士。

初，真宗不豫，寇准议皇太子总军国事，迪赞其策，丁谓以为不便，曰："即日上体平，朝廷何以处此？"迪曰："太子监国，非古制邪？"力争不已。于是皇太子于资善堂听常事，他皆听旨。准既贬，谓浸擅权用事，至除吏不以闻。迪愤然语同列曰："迪起布衣至宰相，有以报国，死犹不恨，安能附权幸为自安计邪！"自此不协。时议二府皆进秩兼东宫官，迪以为不可。谓又欲引林特为枢密副使，而迁迪中书侍郎兼尚书左丞。故事，宰相无为左丞者。既而帝御长春殿，内出制书置榻前，谓辅臣曰："此卿等兼东宫官制书也。"迪进曰:"东宫官属不当增置,臣不敢受此命。宰相丁谓罔上弄权,私林特、钱惟演而嫉寇准。特子杀人,事寝不治,准无罪罢斥,惟演姻家使预政,曹利用、冯拯相为朋党。臣愿与谓俱罢,付御史台劾正。"帝怒,留制不下,左迁迪户部侍郎。谓再对,传口诏入中书复视事,出迪知郓州。

仁宗即位,太后预政,贬准雷州,以迪朋党傅会,贬衡州团练副使。谓使人迫之,或讽谓曰:"迪若贬死,公如士论何?"谓曰:"异日诸生记事,不过曰'天下惜之'而已。"谓败,起为秘书监、知舒州,历江宁府、兖州、青州,复兵部侍郎、知河南府。来朝京师,时太后垂帘,语迪曰:"卿向不欲吾预国事,殆过矣。今日吾保养天子至此,卿以为何如?"迪对曰:"臣受先帝厚恩,今日见天子明圣,臣不知皇太后盛德,乃至于此。"太后亦喜。以尚书左丞知河阳,迁工部尚书。太后崩,召为资政殿学士、判尚书都省。未几,复拜同中书门下平章事、集贤殿大学士。①

李迪被贬为海州监税,时间在真宗大中祥符元年(1008)八月,事载《长编》卷六九:

丙申,以三司户部判官、殿中侍御史王好古监润州商税,工部员外郎、直集贤院刘鹭监涟水军商税,太常丞、判三司催欠凭由司王曙监庐州盐务,著作郎、直史馆、通判兖州李迪监海州商税。先是,好古等解送国子监秋试举人,有初场十不者,准法当停官,会赦,故薄责之。自是,诸州率以为例(王好古、刘鹭,未见)。②

李迪离任海州监税的时间在真宗大中祥符三年(1010)十月,事载《长编》卷七四:"丁卯,命右司谏、直史馆李迪为契丹主生辰使,六宅使、合州团练使白守素副之。"③

嘉庆《海州志·职官表一》载:"李迪,坐事谪监海州税,后同平章,谥文定。见《宋史》。"

北宋真宗大中祥符二年己酉(1009)

【海州司理参军:穆修】

穆修(979—1032),字伯长,北宋郓州汶阳(今山东省济宁市汶上县)人,文学家、易学家。真宗大中祥符二年(1009),赐同进士出身,调任海州司理参军。历颍州、蔡州文学参军。有《穆参军集》传世。《宋史》卷四四二本传载:

穆修字伯长,郓州人。幼嗜学,不事章句。真宗东封,诏举齐、鲁经行之士,修预选,赐进士出身,调泰州司理参军。负才,与众龃龉,通判忌之,使人诬告其罪,贬池州。中道亡至京师,叩登闻鼓诉冤。不报。居贬所岁余,遇赦得释,迎母居京师,间出游匄以给养。久之,补颍州文学参军,徙蔡州。明道中,卒。

修性刚介,好论斥时病,诋诮权贵,人欲与交结,往往拒之。张知白守亳,亳有豪士作佛庙成,知白使人召修作记,记成,不书士名。士以白金五百遗修为寿,且求载

---

① 《宋史》卷310《李迪传》,第10171—10175页。
② 《长编》卷69,真宗大中祥符元年八月丙申,第1555页。
③ 《长编》卷74,真宗大中祥符三年十月丁卯,第1692页。

名于记,修投金庭下,俶装去郡。士谢之,终不受,且曰:"吾宁糊口为旅人,终不以匪人污吾文也。"宰相欲识修,且将用为学官,修终不往见。母死,自负椟以葬,日诵《孝经》《丧记》,不饭浮屠为佛事。

自五代文敝,国初,柳开始为古文。其后,杨亿、刘筠尚声偶之辞,天下学者靡然从之;修于是时独以古文称,苏舜钦兄弟多从之游。修虽穷死,然一时士大夫称能文者必曰"穆参军"。

庆历中,祖无择访得所著诗、书、序、记、志等数十首,集为三卷。①

穆修任职海州司理参军,不载《宋史》,《宋史》记为"赐进士出身,调泰州司理参军",而载王称《东都事略》卷一一三本传:

> 穆修字伯长,汶阳人也。师事陈抟而传其《易》学,少豪放,举进士,调海州理掾。修恃才,尝忤监郡者,由是,捃摭其罪,坐削籍,隶池州。遇赦,叙颍州文学参军,故当时呼之曰"穆参军"。初,丁谓与修有布衣旧,修每轻之。谓既显官,而修尚未仕,相遇于汉上,一揖而去,谓衔之。真宗尝问侍臣:"穆修有文,公卿何以不荐?"谓对曰:"修行不逮文乃已。"修老而益贫,家有唐韩、柳集镂板,鬻于京师,有儒生数辈辄取阅。修谓曰:"先辈能读得一篇,当以一秩为赠。"自是,经年无售者。明道初,修卒,年五十四。识者哀怜之。方是时,学者从事声律,未知为古文。修首为之倡。其后,尹源与其弟洙始从之学古文,又传其《春秋》学。②

"理掾"即司理参军的别称。

嘉庆《海州志·职官表一》载:"穆修,真宗时任,有传。"列"司法参军"条下,应为记载错误。《良吏传》节引《宋史》本传。

穆修以古文见长,尹源尹洙兄弟、苏舜元苏舜钦兄弟、祖无择等皆从之学。沈括在《梦溪笔谈》中记穆修等以"古文"记述"奔马践死一犬"事:

> 往岁士人,多尚对偶为文,穆修、张景辈始为"平文",当时谓之"古文"。穆、张尝同造朝,待旦于东华门外。方论文次,适见有奔马践死一犬,二人各记其事,以较工拙。穆修曰:"马逸,有黄犬,遇蹄而毙。"张景曰:"有犬,死奔马之下。"时文体新变,二人之语皆拙涩,当时已谓之工,传之至今。③

穆修《易》学亦称于当世,上承陈抟,下传周敦颐、程颢程颐兄弟、杨时、罗从彦、李侗,直至朱熹,其传承载《东都事略》卷一一三《李之才传》:

> 李之才,字挺之,青州人也。倜傥不群,师事穆修,举进士,为孟州司户参军,共城令。时邵雍筑室苏门山,百丈源之上,布衣疏食。之才闻雍苦志好学,自造其庐,问雍曰:"子何所学?"雍曰:"为科举进取之学。"之才曰:"科举之外有义理之学,子知之乎?"雍曰:"未也,愿受教。"之才曰:"义理之外有物理之学,子知之乎?"雍曰:"未也,愿受教。"之才曰:"物理之外,有性命之学,子知之乎?"雍曰:"未也,愿受教。"于是雍传其学。之才后为殿中丞、金书泽州判官以卒。泽人刘羲叟晚出其门,受历法,

---

① 《宋史》卷442《穆修传》,第13069—13070页。
② [宋]王称:《东都事略》卷113《穆修传》,文渊阁《四库全书》第382册,第737—738页。
③ [宋]沈括著,金良年、胡小静译:《梦溪笔谈全译》,上海:上海古籍出版社,2013年,第143页。

亦为名士。《易》学唯雍得之。初，华山陈抟读《易》，以数学授穆修，修授之才，之才授雍；以象学授种放，放授许坚，坚授范谔昌。①

以及《宋史·朱震传》：

（朱）震经学深醇，有《汉上易解》云："陈抟以《先天图》传种放，放传穆修，穆修传李之才，之才传邵雍。放以《河图》《洛书》传李溉，溉传许坚，许坚传范谔昌，谔昌传刘牧。穆修以《太极图》传周惇颐，惇颐传程颢、程颐。是时，张载讲学于二程、邵雍之间。故雍著《皇极经世》书，牧陈天地五十有五之数，惇颐作《通书》，程颐著《易传》，载造《太和》《参两篇》。臣今以《易传》为宗，和会雍、载之论，上采汉、魏、吴、晋，下逮有唐及今，包括异同，庶几道离而复合。"②

北宋真宗大中祥符七年甲寅（1014）

【海州监税：王嘉言】

王嘉言（989—1035），字仲谟，北宋济州巨野（今山东省菏泽市巨野县）人，故翰林尚书王禹偁次子，以父恩特授鄂州司户参军。真宗大中祥符五年壬子（1012）徐奭榜进士，改扬州江都尉。历大理评事、监海州税，知庐州舒城县、苏州长洲县，通判齐州，监察御史，殿中侍御史，判三司开拆司，福建、京东转运使，卒于广济军之官舍，赠兵部侍郎。《宋史·王禹偁传》载：

（王禹偁）子嘉祐、嘉言，俱知名。……嘉言以进士第为江都簿，真宗尝观禹偁奏章，嗟美切直，因访其后，宰相以嘉言闻。即召对，擢大理评事，至殿中侍御史。曾孙汾（为王嘉言从孙）举进士甲科，仕至工部侍郎，入元祐党籍。③

王嘉言详细生平载宋人刘攽《彭城集》卷三七《赠兵部侍郎王公墓志铭》：

公讳嘉言，字仲谟，翰林尚书元之之次子。翰林以文章正直，著名两朝。而公幼好学，未尝嬉戏，翰林最爱之人，亦以为宜其家儿也。生十三岁，而丁翰林丧，哀毁过甚，有成人之风。事母福昌太君，以孝闻。翰林之亡，遗言不为子孙乞官。真宗闻而嗟悼，赐公同学究出身。后数岁，公益成人，贫无以养，调官于吏部，而年未及格。判铨事周起以闻于朝，特授鄂州司户参军。祥符五年，举进士第，改扬州江都尉。七年，上阅书龙图阁，得翰林奏疏，爱其切直，因访后嗣孰贤。近臣以公名闻，而曰能世其家，遂迁大理评事、监海州税。天禧元年，用荐者言，徙知庐州舒城县，兼榷茶税。丁福昌忧，服除，知苏州长洲县。县既翰林旧治。而公年与官又皆同，士大夫赋诗荣美之。迁大理寺丞。仁宗即位，迁殿中丞、徙知南雄州。代还，迁太常博士、通判齐州。工部侍郎李及荐御史，以公洎张锡二人应诏。故事，当择用其一，而上谓执政曰："及清慎，少许可，此皆时俊也。"遂并用之。召为监察御史，迁殿中侍御史、判三

---

① ［宋］王称：《东都事略》卷113《李之才传》，文渊阁《四库全书》第382册，第738页。
② 《宋史》卷435《朱震传》，第12907—12908页。
③ 《宋史》卷293《王禹偁传》，第9793-9800页。

司开拆司。奉诏案信州狱,还赐牙绯。明年,出为福建转运使,赐金紫。明道元年,恭谢礼毕,迁侍御史,入为兵部员外郎、三司盐铁判官。景祐二年,出为京东转运使。夏四月,感疾卒于广济军之官舍,享年四十七。

公性厚重宏深,不妄喜怒,外严内恕,善于为治。守南雄时,开大庾岭故道,往来便。郡当二广之冲,行者交错,去水即陆,易舆以舟,有至者辄滞留旬浃,公一皆善视之,以己俸给费,未尝毫发扰人。通判齐州时,郡守性刚烈,视僚佐蔑如也。公正色持法,不为少屈,郡事赖以平允。守后徙治他郡,坐事下狱,每叹曰:"同僚得如王御史,无此咎矣。"其为御史,所论列必时政大体,未尝掇拾小过,抉发阴事。天圣中,洞真宫、寿宁观灾,两宫有意修复,公力谏止之。信州铅山富民程氏,献石绿数万斤,诏蠲本户徭役。公争以谓所献有限,而所蠲无穷,天下豪族皆以货得蠲,则贫民将独受其弊。上用公言,复程氏三岁而已。为转运使,部吏有过失,屏人面数之,皆惭服悔谢,得自改,郡县大治。其荐举士,尤推精鉴。故参知政事吴公奎初调福州古田主簿,天章杜公杞以廷尉评监建州茶,公皆荐之,其后显达,人谓公知人。平居阅书史,为辞章,以嗣续前烈为志。手写翰林《小畜集》三十卷,藏于家。献《翊政论》十篇,究切世事。仁宗尝锡宴苑中,时得唐明皇刻石山水字,使群臣赋之,皆不能下笔,奏篇才十数。上令宰臣铨次之,公第为优。初,丁晋公举进士,时翰林为推挽延誉,卒使成名。及其当国,尝语公曰:"先正引荐之德,未有以报。"公曰:"相公逢时得位,当以直道报国,无恤私恩也。"晋公不悦,公亦不复至其门。逮朱崖之贬,捕治党人,公独不预焉。岂所谓上交不谄,其知几者邪! 惜其蕴蓄未及大施,中年而陨,其命矣夫! 朝廷闻其丧,赐一子官,又命其长子自大名尉易右班殿直,监曹州税,使不以丧去,有禄以济其贫云。

公娶周氏,先公亡。公卒后三十余年,以子贵累赠兵部侍郎,周夫人追封仙居县太君。以熙宁二年七月二十一日,葬于开封府开封县宰辅乡凤池里先茔之次。公四子:长曰延度,前潭州观察使;次曰延禧,库部员外郎、通判荆南府;次庚、庚,未仕。二女:长适故寿州录事参军杜襄,次适进士张诱。孙七人:鸿、浩、淮、汧、渐、淑、沈。浩为广州东莞尉,余未仕。公之葬,公从孙度支员外郎、集贤校理、同知太常礼院汾实与襄事,集贤君以某同官,使来请铭。某叔父秘书监往为建州从事,公荐之升朝,是某世有旧,乃为铭曰:

翰林之生,正直自信。骤进无愧,屡黜不愠。宜有后人,嗣守其训。譬彼川流,其源已浚。公幼而学,守其家法。天子矜之,始优以禄。文施于谋,智劾于职。果其世贤,罔有不克。遂司风宪,奉使察举。施未及光,业其有绪。天夺其年,有蕴有贮。四方驰驱,踬于中路。公殁余庆,覃后昆矣。赠官贰卿,由子恩矣。祔于先茔,屹其坟矣。请铭惟谁,公从孙矣。①

---

① [宋]刘敞:《彭城集》卷37,文渊阁《四库全书》第1096册,第362—364页。按:《全宋文》改原文"判铨事周起以闻于朝"之"判铨事"为"判铨事",深以为然。《职官分纪》载:吏部有"判铨"官。《全宋文》改"某叔父秘书监往为建州从事"之"某叔父"为"其叔父",意为"王汾的叔父",实不然,改后与下文"公(指王嘉言)荐之升朝,是某世有旧"文意不通,应为刘敞的叔父,原文正确。参见[宋]孙逢吉:《职官分纪》卷9,文渊阁《四库全书》第923册,第232页;曾枣庄、刘琳主编:《全宋文》第69册,第232—234页。

王嘉言以大理评事监海州税的时间在真宗大中祥符七年(1014),离任时间在天禧元年(1017),离任后"徙知庐州舒城县,兼榷茶税"。

北宋真宗天禧元年丁巳(1017)

| 海州知州 | 王博文 | 东海县尉 | 周化元 |

【海州知州:王博文】

王博文(973—1038),字仲明,曹州济阴(今山东省菏泽市)人,《宋史》卷二九一有本传:

> 王博文,字仲明,曹州济阴人。祖谦,给事太宗藩邸,为西京作坊副使。博文年十六,善属文,举进士开封府,以回文诗百篇为公卷,人谓之"王回文"。淳化三年(992),太宗亲试进士,以年少罢归。后谦卒官庐州,州守刘蒙叟为言,召试舍人院,为安丰主簿,历丰尉,有能名。调南剑州军事推官,改大理寺丞,监荆南榷货务,迁殿中丞。陈尧咨荐之,试中书,赐进士第,擢知濠州,历真州。真宗幸亳,权江、淮制置司事。改监察御史、梓州路转运使。以疾,请出知海州,徙密州。负海有盐场,岁饥,民多盗鬻,吏捕之,辄抵死。博文请弛盐禁,候岁丰乃复,从之。除殿中侍御史。
>
> 天禧中,朱能、王先在长安伪为《乾祐天书》,事觉,能既败死,先与其徒就禽,诏博文乘驿按劾。博文唯治首恶,胁从者七人,得以减论。还为开封府判官,丁母忧。
>
> 始,博文幼丧父,其母张氏改适韩氏。及博文在朝,谓子无绝母礼,请得以恩封之。母死,又谓古之为父后者不为出母服,以废宗庙祭也。今丧者皆祭,无害于行服。乃请解官持服,然议者以丧而祭为非礼。服除,为三司户部判官。出为河北转运使,迁侍御史、陕西转运使。
>
> 属羌撒逋渴以族落数千帐叛,既又寇原州柳泉镇、环州鹁鸽泉砦,梧州刺史杜澄、内殿崇班赵世隆战没。博文劾奏内侍都知周文质、押班王怀信为泾原、环庆两路钤辖,提重兵驻大拔砦,玩寇逗留,耗用边费,请用曹玮、田敏代。既而文质、怀信坐法,遂以玮知永兴军,使节制边事。会玮病不行,又用敏为泾原路总管,寇遂平。
>
> 迁尚书兵部员外郎,为三司户部副使,再迁部郎中、龙图阁待制、判吏部流内铨,权发遣三司使事。与监察御史崔暨、内侍罗崇勋同鞫真定府曹汭狱。及还,权知开封府,进龙图阁直学士、知秦州。为走马承受贾德昌所毁,徙凤翔府,又徙永兴军。明年,德昌以赃败,改枢密直学士,复知秦州。
>
> 初,沿边军民之逃者必为熟户畜牧,又或以遗远羌易羊马,故常没者数百人。其禽生羌,则以锦袍、银带、茶绢赏之。间有自归,而中道为夏人所得,亦不能辨,坐法皆斩。博文乃遣习知边事者,密持信纸往招,至则悉贷其罪,由是岁减殊死甚众。朝廷下其法旁路。

又言河西回鹘多缘互市家秦、陇间,请悉遣出境,戒守臣使讥察之。再迁右谏议大夫,以龙图阁学士复知开封府。都城豪右邸舍侵通衢,博文制表木按籍,命左右判官分撤之,月余毕。出知大名府,迁给事中。召权三司使,遂同知枢密院事,逾月而卒。帝临奠,赠尚书吏部侍郎。

博文以吏事进,多任剧繁,为政务平恕,常语诸子曰:"吾平生决罪,至流刑,未尝不阴择善水土处,汝曹志之。"然治曹汭狱,议者多谓博文希太后旨,纵崇勋傅致其罪。①

王博文卒于仁宗景祐五年(1038)四月,事载《宋史·仁宗本纪》:"(仁宗景祐五年)三月戊戌朔,王博文、陈执中同知枢密院事。""夏四月癸酉,王博文卒。"②

王博文的生年有以下两种推测。一是生于太宗太平兴国二年(977),享年62岁。《宋史》本传载:"年十六,善属文,举进士开封府",又太宗"淳化三年(992),太宗亲试进士,以年少罢归。"二是生于太祖开宝六年(973),享年66岁。《东都事略》卷五五载:仁宗"景祐元年(1034),除龙图阁学士,再知开封府。久之,知真定府,迁给事中,岁余,召为三司,使拜同知枢密院事,凡三十六日而卒,年六十六。"③如此,王博文在太宗亲试进士时也近19岁,"以年少罢归"亦成立。

王博文何时知海州,史籍无明确记载。嘉庆《海州志·职官表》载:"王博文,真宗(998—1022)时任,有传。"《良吏传》节引《宋史》本传,时间跨度太大。

《宋史》本传记载了王博文知海州前后的任职,"真宗幸亳,权江、淮制置司事。改监察御史、梓州路转运使。以疾,请出知海州,徙密州。……除殿中侍御史。"

真宗天禧元年(1017)四月,王博文在监察御史任上。《长编》卷八九载:夏四月,"戊寅,监察御史济阴王博文言"事。④ 王博文出任梓州路转运使时间不详,知海州时间应在真宗天禧元年(1017)四月之后。

《皇宋通鉴长编纪事本末》(以下简称《长编纪事本末》)卷二四载:真宗天禧四年(1020)九月,在处理"朱能、王先在长安伪为《乾祐天书》"案时,"命殿中侍御史王博文与内臣岑守素等乘传诣永兴按劾,具狱以闻,而降之诏。初遣博文,人谓连逮者必众。博文唯治首恶,协从者皆为请,得以减论。"⑤《长编》卷九五载:二月,"甲午,密州莒县马耆山九经杨光辅为国子四门助教,加赐束帛,诏长吏常存问之。光辅聚徒讲授三十余年,知州王博文为言,故命以官。"六月壬辰,"殿中侍御史王博文言:'密州民有经大中祥符九年(1016)后累岁灾沴饥乏,亲属散在民间,为人所收养及奴婢、妻口,本无契券离书者,望令画时放还。如有诉认,官司不为理者,并论违制罪。'从之。"⑥可知王博文六月已经回朝在殿中侍御史任上了,离知密州最晚在真宗天禧四年(1020)六月。

---

① 《宋史》卷291《王博文传》,第9743-9745页。
② 《宋史》卷10《仁宗本纪二》,第203-204页。
③ [宋]王称:《东都事略》卷55《王博文传》,文渊阁《四库全书》第382册,第345页。
④ 《长编》卷89,真宗天禧元年四月戊寅,第2054页。
⑤ [宋]杨仲良撰,李之亮校点:《皇宋通鉴长编纪事本末》卷24,哈尔滨:黑龙江人民出版社,2006年,第388-389页。
⑥ 《长编》卷95,真宗天禧四年六月壬辰,第2182、2196页。

由上述资料可推知王博文知海州时间大约在真宗天禧元年(1017)至三年(1019)之间。李之亮在《宋两淮大郡守臣易替考》中引《宋史》本传，认为王博文知海州时间为真宗景德四年(1007)，离任时间为大中祥符二年(1009)。应为记载错误。

《宋史》本传亦记载了王博文在知海州(以及密州)期间的政绩。"负海有盐场，岁饥，民多盗鬻，吏捕之，辄抵死。博文请弛盐禁，候岁丰乃复，从之。"

【东海县尉：周化元】

周化元(生卒年不详)，真宗天禧元年(1017)任海州东海县尉，载《宋会要辑稿》职官七七之三三：

> (真宗天禧元年)八月，扬州言："虞部员外郎致仕周令环年逾九十，无人供侍，有孙男化元见任海州东海县尉，乞移授扬州判司簿尉，以慰衰残。"许之。①

退居扬州的虞部员外郎周令环，因年迈无人养老，通过扬州府申请将孙子周化元调回扬州，得到朝廷同意。是年真宗天禧元年(1017)，即为周化元离任海州东海县尉时间，其初任时间当在前三年之内。

北宋真宗天禧三年己未（1019）

【海州观察推官：王务本】

王务本(生卒年不详)，生平史载阙，仅南宋人委心子撰《分门古今类事》、明万历《吉安府志》、清光绪《江西通志》等有部分记载。王务本，北宋庐陵(今江西省吉安县)人，真宗天禧三年己未(1019)王整榜进士，历海州推官，为幕职官。

南宋人委心子撰《分门古今类事》卷一二《卜兆门下》载《利用极贵》：

> 致政少师赵公平叔，尝话海州推官王务本，顷在筠州依祀郡守。一日，闻有术者颇精，郡守乃召宾寮，呼术者令遍视座客何如。座中有一班行为巡检，术者云："巡检极贵，众官皆不及。"坐客皆哂之。郡守因问王秀才何时登第。术者顾而言曰："须是巡检入两府方成名。"座间无不哈笑而罢。后王累举不第，忽闻巡检者以和房功为阁门使，王颇思前事。又十余岁，巡检者拜枢密使。王生殿试下，遂往谒枢密，因语当日术者之言。翌日，因对，面陈其事于上前，乃召试殿庭，特赐第一甲及第。巡检者，乃侍中曹利用也。②

清光绪《江西通志》卷一〇六《方技》在"瑞州府"条下亦载类似故事。③

明万历《吉安府志》卷二一《选举志》在宋"天禧三年己未王整榜"进士条下载："王务本，庐陵人。"④清光绪《江西通志》卷四九《选举》所载同《吉安府志》。⑤

---

① 《宋会要辑稿》职官 77 之 33，第 5160 页。
② [宋]委心子：《分门古今类事》卷 12《卜兆门下》，文渊阁《四库全书》第 1047 册，第 117-118 页。
③ [清]光绪《江西通志》卷 106《方技》，文渊阁《四库全书》第 516 册，第 512 页。
④ [明]万历《吉安府志》卷 21《选举志·进士·宋》，转引自龚延明、祖慧编：《宋代登科总录》，桂林：广西师范大学出版社，2014 年，第 328 页。
⑤ [清]光绪《江西通志》卷 49《选举》，文渊阁《四库全书》第 514 册，第 579 页。

宋代进士初授官"有如太平兴国二年、三年,第一等、第二等并授通判,而五年则前二十三名授通判,八年则第一甲授知县,雍熙二年第一等为节察推官"①,虽然时有变化,但总体变化不大。王务本任海州推官,极有可能是"特赐第一甲及第"后初仕官,即王务本任海州推官的时间为真宗天禧三年己未(1019),离任时间不详。

北宋真宗天禧四年庚申(1020)

【海州知州:王曙】

王曙(963—1034),字晦叔,河南人。太宗淳化三年壬辰(992)孙何榜进士,初授定国军节度推官。真宗咸平四年(1001),举贤良方正科,迁秘书省著作佐郎、知定海县。历官群牧判官,尚书工部员外郎,河北、淮南转运使,知开封府、益州、汝州、襄州、汝州、海州、潞州、河南府、永兴军,御史中丞兼理检使,尚书工部侍郎、参知政事,官至枢密使,同中书门下平章事(宰相)。《宋史》卷二八六本传载:

> 王曙,字晦叔,隋东皋子绩之后。世居河汾,后为河南人。中进士第,再调定国军节度推官。咸平中,举贤良方正科,策入等,迁秘书省著作佐郎、知定海县。还,为群牧判官。考集古今马政,为《群牧故事》六卷,上之。迁太常丞、判三司凭由理欠司。坐举进士失实,降监卢州茶税,再迁尚书工部员外郎、龙图阁待制。以右谏议大夫为河北转运使,坐部吏受赇,降知寿州。徙淮南转运使,勾当三班院,权知开封府。
>
> 以枢密直学士知益州。绳盗以峻法,多致之死。有卒夜告其军将乱,立辨其伪,斩之。蜀人比之张咏,号"前张后王"。入为给事中。仁宗为皇太子,与李迪同选兼宾客,复坐贡举失实,黜官。复为给事中兼群牧使。其妻,寇准女也。准罢相且贬,曙亦降知汝州。准再贬,曙亦贬郢州团练副使。起为光禄卿、知襄州,又徙汝州。复给事中、知潞州。州有杀人者,狱已具,曙独疑之。既而提点刑狱杜衍至,事果辨。曙为作《辨狱记》以戒官吏。
>
> 徙河南府、永兴军,召为御史中丞兼理检使,理检置使自此始。玉清昭应宫灾,系守卫者御史狱。曙恐朝廷议修复,上言:"昔鲁桓、僖宫灾,孔子以为桓、僖亲尽当毁者也;辽东高庙及高园便殿灾,董仲舒以为高庙不当居陵旁,故灾;魏崇华殿灾,高堂隆以台榭宫室为戒,宜罢之勿治,文帝不听,明年,复灾。今所建宫非应经义,灾变之来若有警者。愿除其地,罢诸祷祠,以应天变。"仁宗与太后感悟,遂减守卫者罪。已而,诏以不复缮修谕天下。
>
> 又请三品以上立家庙,复唐旧制。以尚书工部侍郎参知政事。以疾请罢,改户部侍郎、资政殿学士、知陕州,徙河阳。再知河南府,迁吏部。召为枢密使,拜同中书门下平章事。逾月,首发疽,卒。赠太保、中书令,谥文康。
>
> 曙方严简重,有大臣体,居官深自抑损。喜浮图法,齐居蔬食,泊如也。初,钱惟演留守西京,欧阳修、尹洙为官属。修等颇游宴,曙后至,尝厉色戒修等曰:"诸君纵

---

① 《宋会要辑稿》选举1之6,第5249页。

酒过度，独不知寇莱公晚年之祸邪！"修起对曰："以修闻之，莱公正坐老而不知止尔！"曙默然，终不怒。及为枢密使，首荐修等，置之馆阁。有集四十卷，《周书音训》十二卷，《唐书备问》三卷，《庄子旨归》三篇，《列子旨归》一篇，《戴斗奉使录》二卷，集《两汉诏议》四十卷。①

王曙生卒年《宋史》本传不详载。《长编》卷一一五：仁宗景祐元年（1034）八月，"癸亥，枢密使、吏部侍郎、检校太傅、同平章事王曙卒，赠太保、中书令，谥文康。"②《东都事略》卷五三进一步记载王曙的寿龄："景祐元年，加同中书门下平章事，薨于位，年七十二。"③可知王曙生于太祖建隆四年/乾德元年（963）。

王曙"中进士第"的时间《宋史》本传亦不载，仅载王曙"中进士第"后"再调定国军节度推官"。宋代实施路、州、县三级政府管理体制，北宋时期设二十三路，路下设府、州、军、监二级地方行政管理机构，县下设乡、里等基层单位。府是州的别名，地位略高于州。军设于军事要地，属于军事管理部门，定国军节度属陕西路同州（今陕西渭南市）。监设于某些特殊的经济要地，专管某一经济的任务，如盐铁之地等。可见王曙担任的是军事推官。据《宋史·选举志一》载："（太宗）雍熙二年（985），廷试初唱名及第，第一等为节度推官。"④后来，王曙又以"定国军节度推官"的身份参加了真宗咸平四年（1001）四月的"举贤良方正科""策"试，获得殿试第五等，事载《长编》卷四八："辛未，上御崇政殿试制举人，命翰林学士承旨宋白等充考官，得秘书丞查道、进士陈越入第四等，定国军节度推官王曙入次等。以道为左正言、直史馆，越将作监丞，曙著作佐郎。越，尉氏人。曙，河南人绩之后也。"⑤《宋史·选举志四》载："（太祖）乾德二年（964），命陶谷等议：'凡拔萃、制举及进士、九经判中者，并入初等职官，判下者依常选。初入防御、团练军事推官、军事判官者，并授将仕郎，试校书郎。周三年得资，即入留守两府节度推官、军事判官，并授承奉郎，试大理评事。'"⑥即升改官既需要一定年资（低级官员一般一到三年）的磨勘，也需要进行考试。因而大致可以推知王曙举进士的时间在太宗淳化年间（990—994）。

宋代科举继承唐制，《宋史·选举志一》载："宋初承唐制，贡举虽广，而莫重于进士、制科，其次则三学选补。"⑦后期进行多次改革，使得科举制进一步发展。进士科取士分为乡试、省试和殿试三个阶段，分别对应府州县举人选拔，尚书省礼部进士选拔和皇帝亲御殿廷覆试等次确定。殿试录取的进士又分为赐进士及第、赐进士出身和赐同进士出身三甲，其中一甲第一名为状元，第二名为榜眼，第三名为探花。殿试录取的进士就正式具有任官的资格了。制举科取士最初不限资历，但须地方推荐，后来逐步放宽条件，允许自荐。《长编》卷五载：太祖乾德二年（964）正月，"壬辰，诏曰：'先所置贤良方正能直言极谏、经学优深可为师法、详闲吏理达于教化等三科，并委州府解送吏部，试论三道，限三千

---

① 《宋史》卷286《王曙传》，第9632—9633页。
② 《长编》卷115，仁宗景祐元年八月癸亥，第2693页。
③ ［宋］王称：《东都事略》卷53《王曙传》，文渊阁《四库全书》第382册，第334页。
④ 《宋史》卷155《选举志一·科目上》，第3608页。
⑤ 《长编》卷48，真宗咸平四年四月辛未，第1058页。
⑥ 《宋史》卷158《选举志四·铨法上》，第3696页。
⑦ 《宋史》卷155《选举志一·科目上》，第3604页。

字以上。而自曩及今未有应者,得非抱倜傥者耻肩于常调,怀谠直者难效于有司,必欲兴自朕躬乎?继今不限内外职官、前资见任、布衣黄衣,并许诣阁门投牒自荐,朕当亲试焉。'"①《长编》卷四八载:真宗咸平四年(1001)二月,"丙寅,诏:'学士、两省、御史台五品、尚书省诸司四品以上,于内外京朝、幕职、州县官及草泽中,举贤良方正、能直言极谏各一人,不得以见任转运使及馆阁职事人应诏。'"②王曙参加的就是这次制举科。因制举科举办次数少,参加制举科出身的士人名望地位皆比进士科出身的要高,升迁也快,因而许多进士及第甚至在职官员都再次参加制举科考试。据谢青等人统计,北宋百余年间,制举科共录取三十九人,其中有十人官至宰相、参知政事,如王曙等,五人官至翰林院学士,如苏轼等。③

王曙离知海州事载《长编》卷九八:真宗乾兴元年(1022)二月戊辰,"知海州王曙授郓州团练副使。"④可知王曙离知海州的时间是1022年二月。之前,真宗天禧四年(1020)七月,王曙的岳父寇准因与丁谓忿争被贬,王曙受牵连落职枢密直学士,被贬知汝州,事载《长编》卷九六:"丁丑,太子太傅寇准降授太常卿、知相州。翰林学士盛度、枢密直学士王曙并落职,度知光州,曙知汝州,皆坐与周怀政交通,而曙又准婿也。"⑤可知王曙知海州的时间不早于1020年七月。

嘉庆《海州志》记载缺。李之亮在《宋两淮大郡守臣易替考》中认为,王曙知海州的时间为真宗天禧四年(1020)至真宗乾兴元年(1022)。

北宋真宗乾兴元年壬戌(1022)

乾兴元年二月,宋真宗戊午崩于延庆殿,年五十五,在位二十六年。二月,宋仁宗即皇帝位,次年改元天圣。

| 海州通判 | 郎简 | 海州榷务 | 贾昌龄 |

【海州通判:郎简】

郎简(968—1056),字叔廉,一字简之,自号武林居士,北宋杭州临安(今浙江杭州)人。《宋史》卷二九九本传载:

> 郎简字叔廉,杭州临安人。幼孤贫,借书录之,多至成诵。进士及第,补试秘书省校书郎、知宁国县,徙福清令。县有石塘陂,岁久湮塞,募民浚筑,溉废田百余顷,邑人为立生祠。调随州推官。及引对,真宗曰:"简历官无过,而无一人荐,是必恬于进者。"特改秘书省著作佐郎、知分宜县,徙知窦州。县吏死,子幼,赘婿伪为券冒有其资。及子长,屡诉不得直,乃讼于朝。下简劾治,简示以旧牍曰:"此尔翁书耶?"

---

① 《长编》卷5,太祖乾德二年正月壬辰,第119-120页。
② 《长编》卷48,真宗咸平四年二月丙寅,第1051页。
③ 谢青、汤德用主编:《中国考试制度史》,合肥:黄山书社,1995年,第132页。
④ 《长编》卷98,真宗乾兴元年二月戊辰,第2276页。
⑤ 《长编》卷96,真宗天禧四年七月丁丑,第2210页。

曰："然。"又取伪券示之，弗类也，始伏罪。

徙藤州，兴学养士，一变其俗，藤自是始有举进士者。通判海州，提点利州路刑狱。官罢，知泉州。累迁尚书度支员外郎、广南东路转运使，擢秘书少监、知广州，捕斩贼冯佐臣。入判大理寺，出知越州，复归判尚书刑部，出知江宁府，历右谏议大夫、给事中、知扬州，徙明州。以尚书工部侍郎致仕。祀明堂，迁刑部。卒，年八十有九，特赠吏部侍郎。

简性和易，喜宾客。即钱塘城北治园庐，自号武林居士。道引服饵，晚岁颜如丹。尤好医术，人有疾，多自处方以疗之，有《集验方》数十，行于世。一日，谓其子絜曰："吾退居十五年，未尝小不怿，今意倦，岂不逝欤？"就寝而绝。幼从学四明朱頔，长学文于沈天锡，既仕，均奉资之。后二人亡，又访其子孙，为主婚嫁。平居宴语，惟以宣上德、救民患为意。孙沔知杭州，榜其里门曰"德寿坊"。然在广州无廉称，盖为絜所累。絜，终尚书都官员外郎。

卷末论曰：

> 郎简……（等六人）并以文辞高第，累侍从，历方州，始为名臣，终鲜大过，考其行事可见也。①

郎简生卒年史载不详，《宋诗纪事》卷六二为牟子才《南园》诗注曰：

> 《齐东野语》：庆历六年（1046），吴兴太守马大卿会六老于南园，酒酣赋诗，教授湖学安定胡先生为序。其事六人者，工部侍郎郎简，年七十九；司封员外郎范说，年八十六；卫尉寺丞张维，年九十一，俱致仕。刘维庆，年九十二；周守中，年九十五；吴琰，年七十二，皆有子弟列爵于朝。诗及序刻石园中，后园废，为牟氏之居。《存斋》诗云云。②

此次"吴兴六老之会"唱和的诗刻虽已不存，但据此注可知，庆历六年（1046）时郎简已经七十九岁，《宋史》又载其卒时八十九岁，故推知郎简生于太祖开宝元年（968），卒于仁宗至和三年（1056）；又退居十五年后卒，故致仕时间为仁宗庆历二年（1042），时年七十五岁。《宋代人物辞典》等皆误为"郎简（975—1063）"。③

郎简为真宗景德二年乙巳（1005）李迪榜进士，事载元人袁桷撰《延祐四明志》卷六④。

除《宋史》记载所任官职外，郎简曾任祠部员外郎，事载《宋会要辑稿》职官四七之七：仁宗天圣六年（1028），"九月，祠部员外郎郎简言：'兴元府、利州知州，今后乞选差人。'从之。"⑤

---

① 《宋史》卷299《郎简传》，第9926—9927、9950页。
② 按：《浙江通志》记为会在"庆历九年（1049）"，一老为"刘余庆"，皆为记载错误。参见[清]厉鹗：《宋诗纪事》卷62，文渊阁《四库全书》第1485册，第297页；[清]嵇曾筠：《浙江通志》卷42，文渊阁《四库全书》第520册，第202页。
③ 杨倩描主编：《宋代人物辞典（上）》，保定：河北大学出版社，2015年，第326页；[清]全祖望：《甬上族望表》，宁波：宁波出版社，2008年，第59页；苏小露注译：《王安石文》，武汉：崇文书局，2017年，第185页；高海夫主编：《唐宋八大家文钞校注集评·临川文钞》，西安：三秦出版社，1998年，第3010页。
④ [元]袁桷：《延祐四明志》卷6，文渊阁《四库全书》第491册，第432页。
⑤ 《宋会要辑稿》职官47之7，第4268页。

郎简知广州的时间为明道元年（1032）十一月至景祐二年（1035），事载《北宋经抚年表》："明道元年（1032），郎简知广州。《志》：'是年十一月。'至景祐二年（1035）方离任。"① 任右谏议大夫时间在景祐四年（1037）前，事载《宋会要辑稿》职官一五之三一："四月九日，右谏议大夫郎简乞今后详断刑名未得允当，许勾断官赴院详议。诏审刑院有公事须商量，即详议官与知院同书字勾唤。"② 五月，知扬州，事载宋人施宿等撰《会稽志》卷二："郎简，景祐四年（1037）五月以右谏议大夫知，宝元二年（1039）七月（由范仲淹以吏部员外郎）替。"③

郎简通判海州时间史载不详。嘉庆《海州志·职官表》载："郎简，杭州临安人，进士及第，真宗时任。见《宋史》。"郎简通判海州前徙藤州（今广西藤县），光绪《藤州志》卷一一《职官志》载："郎简，杭州临安人，真宗时任。兴学养士，一振民风。详名宦。"④卷一二《名宦志》载：郎简在藤州任职期间，能"兴贤育才，移风易俗，藤文学因以振兴。后去任，士民咸慕之（祀名宦）。"⑤

郎简通判海州后提点利州路刑狱，据李之亮《宋代路分长官通考》考证，郎简提点利州路刑狱时间在仁宗天圣三年至五年（1025—1027）之间。因而可推知郎简通判海州时间大约在真宗乾兴元年（1022）至仁宗天圣三年（1025）之间。

郎简致仕，源于上任途中碰到的一件异事，载宋人张师正《括异志》：

> 郎侍郎简致政之年，将赴阙，更图一郡，然后悬车，途次奔牛，宿于堰下。时盛暑，月色澄亮，命从者皆寝，辟船门默坐。乙夜，闻岸侧有人语云："吾儿明日过此，幸若曹悉力曳船，渠齿幼，恐致惊怖。"郎大讶，登岸四顾，人皆酣寝，惟群牛卧龁于屋下。翌日，郎驻舟以伺，俄有称监簿者，年甫弱冠，由途于此。船既及堰，群牛不待呵捶，旋转如风，顷刻而过堰。郎太息曰："吾平生历官治民，自谓无冤抑，安能垂老更黾勉于王事乎！"即抗章告老，南归余杭。牛之子不传名氏者，郎为之讳也。⑥

郎简致仕后，"居里中，筑别馆径山下，善服食，得养生之术。即径山涧旁，种菖蒲数亩，岁采以自饵，山中人目之'菖蒲田'。"⑦ 因是"庆历间能吏""性和易，喜宾客"，好医术，救病于乡里，"杭人德之"，有桥以"侍郎桥"命名。⑧

郎简对佛学亦有深研，与方外好友僧人契嵩交往甚密。致仕时，契嵩作《郎侍郎致仕》诗以赠：

> 平时独高谢，道胜欲韬光。白发辞明主，青山恋故乡。
> 药畦容鹤到，吟径恐云藏。更爱禅林卧，时来拂石床。⑨

---

① 高海夫主编：《唐宋八大家文钞校注集评·临川文钞》，第 3009-3011 页。
② 《宋会要辑稿》职官 15 之 31，第 3424 页。
③ ［宋］施宿等撰：《会稽志》卷 2，文渊阁《四库全书》第 486 册，第 48 页。
④ ［清］光绪《藤县志》卷 11《职官志》，中国方志丛书第 124 号，台北：成文出版社，1968 年，第 330 页。
⑤ ［清］光绪《藤县志》卷 12《名宦志》，第 389 页。
⑥ 齐豫生、夏于全主编：《中国古典文学宝库》第 65 辑《志怪小说》，延吉：延边人民出版社，1999 年，第 346 页。
⑦ ［明］董斯张：《吴兴备志》卷 13，文渊阁《四库全书》第 494 册，第 423 页。
⑧ ［清］厉鹗：《宋诗纪事》卷 7，文渊阁《四库全书》第 1484 册，第 187 页。
⑨ ［清］陈焯：《宋元诗会》卷 59，文渊阁《四库全书》第 1464 册，第 139 页。

得知契嵩作《坛经赞》后，郎简出资赞助刊刻契嵩以曹溪古本为底本校刊的《六祖法宝记》，并于去世前夕为之作序《六祖法宝记叙》：

按《唐书》曰：后魏之末，有僧号达磨（即达摩，下同）者，本天竺国王之子，以护国出家，入南海，得禅宗妙法。自释迦文佛相传，有衣钵为记，以世相付受。达磨赍衣钵，航海而来，至梁，诣武帝。帝问以有为之事，达磨不说。乃之魏，隐于嵩山少林寺，以其法传慧可。可传僧璨，璨传道信，信传弘忍，忍传慧能，而复出神秀。能于达磨，在中国为六世，故天下谓之《六祖法宝记》，盖六祖之所说其法也。

其法乃生灵之大本。人焉、鬼神焉、万物焉，遂与其清明广大者纷然而大异。六祖悯此，乃谕人，欲人自求之，即其心而返道也。然天下之言性命者多矣，若其言之之至详，理之之至当，推之之至悉，而释氏得之矣。若其示之之至直，趋之之至径，证之之至亲，而六祖之于释氏，又其得之也。六祖于释氏教道，可谓要乎至哉。今天子开善阁记，谓以本性证乎了义者，未有舍六祖之道而有能至于此者也。是则六祖者，乃三界之慈父，诸佛之善嗣欤！伟乎！惟至圣而能知至道也。

然六祖之说，余素敬之，患其为俗所增损，而文字鄙俚繁杂，殆不可考。会沙门契嵩作《坛经赞》，因谓嵩师曰："若能正之，吾为出财模印，以广其传。"更二载，嵩果得曹溪古本，校之，勒成三卷，粲然皆六祖之言，不复谬妄。乃命工镂板，以集其胜事。至和三年（1056）三月十九日序。①

郎简诗文及与好友交游唱和今存不多，现觅得《访徐冲晦》诗一首，载清人厉鹗辑《宋诗纪事》卷七：

湖上访高士，径深行绿苔。应闻山犬吠，知是野人来。
岸帻出相接，柴门自为开。林间清话久，薄暮榜舟回。②

王安石父亲王益生前与郎简交好，王益去世后，王安石兄弟受到郎简的照顾。因而王安石于仁宗庆历八年（1048）知鄞县时作诗《寄郎侍郎》、两简《上郎侍郎书》及两启《上郎侍郎启》：

《寄郎侍郎》

两朝人物叹贤豪，凛凛清风晚见褒。江汉但归沧海阔，丘陵难学太山高。
放怀诗酒机先息，回首功名世自劳。久愿作公樽俎客，恨无三亩黐蓬蒿。③

《上郎侍郎书》其一

某启：伏念先人为韶州，明公使按其部，存全挽进，谊固已厚。先人不幸，诸孤困蹶，而又遭明公于此时，闵闵煦煦，视犹子侄。两世受惠，缺然不报，唯其心不敢一日置也。

身贱地远，又不敢辄以书通左右。得邑海上，道当出越，庶几进望庭下，解积年企仰之意。失于问听，到越而后知安车迁在杭也。不敏之罪，无所辞诛，伏惟尊明赦之，不遽弃绝，以终夙昔之赐，幸也，不敢必然觊也。既到职下，拘于法，不得奔走以诃下从者。伏惟以道自寿，下情不任倦倦之至。

---

① [宋]释契嵩：《镡津集》卷12，文渊阁《四库全书》第1091册，第528-529页。
② [清]厉鹗：《宋诗纪事》卷7，文渊阁《四库全书》第1484册，第187页。
③ [宋]李壁：《王荆公诗注》卷33，文渊阁《四库全书》第1106册，第238页。

《上郎侍郎书》其二

某启：昔者幸以先人之故，得望步趋，伏蒙抚存教道，如亲子侄。而去离门墙，凡五六年，一介之使，一书之问，不彻于隶人之听。诚以苛礼不足报盛德，空言不能输欲报之实，顾不知执事察不察也。

去年得邑海上，途当出越，而问听之谬，谓执事在焉。比至越，而后知车马在杭。行自念父党之尊，而德施之隆，去五六年而一书之不进，又望门不造，虽其心之勤企而欲报者犹在，而执事之见察，其可必也，且悔且恐，不知所云。辄试陈不敏之罪于左右，顾犹不敢必左右之察也。不图执事遽然贬损手教，重之蜀笺、兖墨之赐。文辞反复，意指勤过，然后知大人君子仁恩溥博，度量之廓大如此。小人无状，不善隐度，妄自悔恐，而不知所以裁之也。一官自缀，势不得去，欲趋而前，其路无由。唯其思报，心尚不怠。①

《上郎侍郎启》其一

伏蒙过采浮议，使承乏官。借宠则荣，循涯而惧，愿留平听，得究下情。顽疏之人，滞固于事，席先子之绪业，玷太常之寺名。备位于兹，历年无状，安全者幸，废去乃宜。何言误知，欲观颂试。审处私计，追惟旧闻。不越俎以代庖，盖言有守；未操刀而使割，可必无伤。辄敢用是固辞，诚愿易而他使。依违王事，虽名理之未安；妄冒人知，亦生平之不欲。高明在上，恛愊发中，临启怔忪，果于得请。

《上郎侍郎启》其二

某备官有守，望履无阶，职是簿书之忧，缺然竿牍之献。顾惟薄陋，最荷庇存，实赖盛恩之临，不诛苛礼之废。惟春且暮，于气已暄，伏惟养福有经，卫生无恙。伏惟某官望隆先进，德茂老成，言归典刑，动应的表。早收功于要路，晚得谢于明时。贵而能贫，恬以养智，为时所向，于义可师。伏惟顺序节宣，慰人祈望。②

另见后人凭吊郎简诗四首，皆由清人厉鹗辑，第一首载《南宋杂事诗》，后三首载《宋诗纪事》：

徐敦立《无题》

七宝山头一俊人，侍郎桥识旧京臣。谁知竹暗云深处，更著梅亭句绝尘。③

张瑰《寄题径山怀郎简侍郎》

天地一洲渚，北平南皷危。幽并深以厚，江浙清且奇。武林颇幽秀，川汇仍山卑。应接殚天巧，类非人力为。径山最佳处，有岩称玉芝。居防俗士驾，地乃贤人宜。郎公留名德，平时为羽仪。引年归故里，不复衣朝衣。留侯黄石心，白傅香山期。结宇名胜外，日与尘事违。泉石景物状，尽在诸贤诗。伊余来东藩，滥持使者麾。平生爱山水，弗惮命驾之。当候秋风高，远造岩下扉。澣濯缨上尘，散步松间

---

① ［宋］王安石：《临川文集》卷76，文渊阁《四库全书》第1105册，第637-638页。
② ［宋］王安石：《临川文集》卷80，文渊阁《四库全书》第1105册，第666页。按：启一中"玷太常之寺名""不越俎以代庖"，唐武标据南宋龙舒本载为"玷太常之等名""不越俎以待庖"；"欲观颂试"，李之亮《皇朝文鉴》载为"欲观小试"。参见［宋］王安石著，唐武标校：《王文公文集（上）》（卷1-36），上海：上海人民出版社，1974年，第265页；［宋］王安石撰，李之亮笺注：《王荆公文集笺注（下）》，成都：巴蜀书社，2005年，第1475-1478页。
③ ［清］厉鹗：《南宋杂事诗》卷6，文渊阁《四库全书》第1476册，第605页。

慕。未能继高躅，聊用慰所思。①

牟子才《南园》

买家喜傍水精宫，正是南园故址中。我欲筑堂名六老，追还庆历太平风。②

僧人元肇《菖蒲田》（郎简侍郎所种）

一从神武挂冠缨，便入千峰适性情。已向耆英逃姓字，肯因杨柳作歌行。石田水冷菖蒲节，茅屋云深薜荔萦。白发山僧知其意，时时来听野泉声。③

【海州榷务：贾昌龄】

贾昌龄（？—1040），字延年，北宋开封府（今河南省开封市）人。登进士第，初授饶州浮梁县尉。历开封府功曹参军，许州郾城主簿，大理丞、知江源县，监海州榷货务，通判泉州，知卫州，提点京西路刑狱，荆湖北路转运使等职，官终太常少卿、直昭文馆、知广州。贾昌龄生平史载阙，《宋史》卷二八五《贾昌朝·附伯祖父琰传》中载有少量信息："贾昌朝（998—1065），字子明（仁宗庆历五年至七年拜相），……昌朝伯祖父琰，……琰子湜、汾，……汾子昌龄，第进士，为屯田员外郎。"④其详细生平主要见宋范仲淹《范文正集》卷一三《太常少卿直昭文馆知广州军州事贾公墓志铭》：

> 公讳昌龄，字延年，其先镇阳人。以仕宦迁徙，今为开封人也。曾祖讳某，唐末起家，备尝险阻。属文之外，长于撰述，以唐武宗而下至僖、昭皆无实录，乃以传闻并诸家之说，著《唐年补录》六十五卷，识者称之。居石晋朝，知制诰，至周，为给事中，史有本传。祖讳琰，有才识宇量，太宗在藩邸，相得有素，领开封尹，辟为推官。及即位，擢拜正谏大夫，枢密直学士，期以辅相。将讨河东，与大臣议将帅，上曰："非琰不可。"会寝疾不起，上轸悼之，忧形于色，赠尚书左丞，国史有传。父讳汾，以气义称，位不充量，终于殿中丞。
>
> 公少孤，太夫人爱之，以待其成。公天然好学，甘于清苦。时翰林李公宗谔有望于朝，名实之士多出其门，公依之有年，以文行自立，门下士咸推重之。一上登进士第，释褐为饶州浮梁尉。彼俗阴狡，与人有怨，往往食毒草而后斗，即时毙仆，以诬其怨者。公至，必反复省视，自此被诬之人多昭雪焉。秩满，除开封府功曹参军。在职修举，府中常推委之。会太夫人寝疾，公执药饵，不斯须去左右者数月。以忧解官，哀毁之过，宗党称嗟。服除，为许州郾城主簿，本郡牧与外计使皆以文学政事交荐于朝廷。改大理丞、宰蜀之江源县。人繁地狭，积多田讼。公曰："听讼之明，曷若使无讼乎？"及正其疆，条其弊，以示于民，自兹无争焉。时天下学校未兴，公修本邑孔子庙，起学舍，俾邑之秀民群居焉，公旦暮往劝导之。自此，江源始有举进士者，邑人于今称之。皇上即位，升殿中丞、知宣州宣城县。未至，有江淮制置使举公监海州榷货务，疏达利路，商贾便之。朝廷奖其劳，改太常博士。又迁屯田员外郎。既而三司使以公可通天下之利，荐之领京师榷货务。三年称职，特除都官员外郎，赐五品服。往

---

① ［清］厉鹗：《宋诗纪事》卷9，文渊阁《四库全书》第1484册，第214页。
② ［清］厉鹗：《宋诗纪事》卷62，文渊阁《四库全书》第1485册，第297页。
③ ［清］厉鹗：《宋诗纪事》卷93，文渊阁《四库全书》第1485册，第772页。
④ 《宋史》卷285《贾昌朝·附伯祖父琰传》，第9613—9622页。

倅泉州,远人赖之。迁职方员外郎。俄拜屯田郎中、知卫州。会州长不利,继亡者数人,人无敢往。士大夫惜公之行,或教以易其府署。公曰:"吉凶人乎,死生天乎!"于是,弗辞厥命,弗易厥居,而终亦无咎。郡之共城有稻田,以供尚食,水利有余,而民不与焉。公使岁溉之外,与百姓共之。天子以钦恤之怀,忧及万邦,复先朝提点刑狱使。两省近臣交上封奏,举公充职,朝廷从之,命提点京西路刑狱事。公性仁恕,小大之狱必尽心以听,郡邑之幽远,使车所不至者,躬亲焉,不事风威,州县九品,必延见与语,得其善,则画一以闻,见其过,则教之使悛。虽职居按察,而不忍摘人之恶,搢绅称其长者。改度支郎中、荆湖北路转运使。下车,访能吏,彻冗官。部中诸郡例以公用馈遗者,一切不受。西南夸人下溪州刺史彭仕义,隶于辰州,而骄蹇狙诈,尝因入贡,诉州官于登闻,辞皆不实。朝廷弗欲较之,责吏而已。仕义益横,求割近边土民。公遣吏直告之曰:"天子恩信及尔,尔狡而无厌,我当择于众族,求其可代汝者,请之于朝,汝其图之!"仕义始知惧,盟不复敢讼。改知潭州。潭,荆湖之剧府,人物繁会,素为难治。以公神明之照,虽千百其讼,无毫发之隐,吏服民爱,歌于道路。朝廷知公之重,拜太常少卿、直昭文馆、就镇南海。始登舟感疾,召诸子授以治命,神思不乱。以康定元年八月二十三日不起。公长厚之性,资以明达。颠沛造次,弗离中道。宽而不懈,直而不讦。与人交,久而能恭。当官而行,未尝违其正,士大夫无不爱其风度。居家有节,与亲族同其有无。常谓诸子曰:"吾家清白可传,何生业之为?"启手足之日,门中索然。君子谓公之践言矣。

娶三夫人:高阳许氏、中山刘氏,封长安县君;广平宋氏,封某县君。生八男:长曰寅,有文学,履业,登进士第,为绛州防御推官,与次子廉,俱不幸早世;次曰蕃,开封府封丘县主簿;次曰常,将作监主簿;次曰当、堂、京、冈,并幼。女五人:长适大理寺丞李㲄,次适庐州舒城县主簿王宗悫,次适河中府万泉县令高良佐,次适孟州河阴县主簿、州学教授盖沂;一女尚幼。以某年某月日葬于郑州新郑县抱章山之东南,三夫人祔焉。某既交而亲,从其孝子之请而作铭云:

邦之令人,道醇德懿。芝兰之室,瑚琏之器。禀孝含忠,播仁殖义。位乎一方,未博其施。弗遐厥寿,苍苍曷意。君子惜贤,小人夺惠。葬于郑国,卜云善地。子产在焉,魂兮相慰。①

其中"拜太常少卿、直昭文馆、就镇南海"之"镇南海"即知广州,时间在仁宗康定元年(1040)元月,事载《宋会要辑稿》选举三三之五:"(仁宗康定元年)六月二十五日,知潭州、度支郎中贾昌龄为太常少卿、直昭文馆、知广州。"②

贾昌龄监海州榷货务,为"江淮制置使举"荐,时间在"皇上即位",即仁宗于乾兴元年(1022)二月即位时。在任时,能够"疏达利路,商贾便之。"

---

① 曾枣庄、刘琳主编:《全宋文》第19册,第51—54页。
② 《宋会要辑稿》选举33之5,第5882页。

北宋仁宗天圣元年癸亥（1023）

【海州知州：周嘉正】

周嘉正（970—1033），字斡之，北宋泰州（今江苏省泰州市）人。进士及第，初授通州军事推官。历官广州通判，提点福建刑狱，知寿州，三司盐铁判官，河北转运使，知金州、海州、濠州，工部郎中、监泰州茶盐商税务、分司南京，官至刑部郎中。

周嘉正生平在正史中记载较少，仅见四条。《宋会要辑稿》食货三九载：真宗大中祥符六年（1013）时，任太常博士，"十一月五日，诏：'陕西州军平籴斛斗，宜令太常博士周嘉正与本道转运司勘会，如合储积州郡，即速令收籴，仍许就便输纳；其不须准备州郡，即勿一例施行。'"①《长编》卷九九载：因时任宰相丁谓"虑其材"，丁谓遭撤职后周嘉正受到牵连。真宗乾兴元年（1022）七月壬申，由权盐铁判官、工部郎中贬谪知金州；②《宋会要辑稿》职官四六载：仁宗天圣"七年（1029）十月，工部郎中、监泰州茶盐商税务周嘉正分司西京，泰州居住。嘉正言兼男茂先近授楚州司户参军，乞改授泰州倚郭县簿尉或判司。从之。"③《广东通志》在《职官志》中载：周嘉正，泰州人，进士，广州通判。④

而其比较详细的生平出现在王安石为周嘉正祖孙三代四人所撰写的墓志铭中。其中周嘉正本人的墓志铭为《尚书刑部郎中周公墓志铭》：

周氏其先自华阴入蜀，蜀孟氏时。公之皇考讳敬述，以文章知名，尝至要官任事矣。孟氏亡，因不复仕。而天子召以为寿州下蔡令，由下蔡以为太子中允、知江州、赐紫衣金鱼，使抚初附之民。其后为秘书丞，知泰州以卒，而得州之北原以葬。有子四人，其卒皆位于朝，而公第二。

公讳嘉正，字斡之，少与其昆弟俱以进士甲科起家，为通州军事推官。其后通判广州，提点福建刑狱，知寿州，为三司盐铁判官。故宰相丁谓虑其材，天子以为河北转运使，而公不就。已而，谓得罪，公坐出知金州，又知海州，又知濠州，而以工部郎中分司南京，归治疾于海陵之第。明道元年（1032），以恩迁刑部。二年，年六十四以卒。

公宽厚而廉清，而其才尤长于政事。自为推官时，已能有所建易，为士民所记。及奉使福建，狱有冤轳辨，有疑若可贷辄以闻，所活至数十人，而其治大抵遇奸吏为独急。

子男五人：曰象先，今为武康军节度推官，监台州税；曰彦先，为右侍禁，知循州兴宁县；曰茂先，为泰州司法参军；曰行先，为山南东道节度推官，知江州彭泽县；曰嗣先，为进士。女七人，皆嫁为士大夫妻。嘉祐三年（1058）三月壬申，公子与孙葬公皇考秘书丞、赠尚书工部侍郎之兆东，以安喜县君钱氏祔县君实左右，公以有家者也。铭曰：

---

① 《宋会要辑稿》食货39之7，第6855页。
② 《长编》卷99，真宗乾兴元年七月壬申，第2292页。
③ 《宋会要辑稿》职官46之4，第4261页。
④ ［清］郝玉麟：《广东通志》卷26《职官志》，文渊阁《四库全书》第563册，第57页。

周迁于蜀,爰自先人。考有四子,发于海滨。公有令闻,贵维次子。归宽民人,施刻在巳。方飞方骞,方升于天。既铄以归,既陨于泉。有高其后,有光其前。作为铭诗,兆此新阡。①

另外三块墓志铭分别是周嘉正的次子周彦先的《右侍禁周君墓志铭》、三子周茂先的《泰州司法参军周君墓志铭》和周彦先长子周涛的《尚书屯田员外郎周君墓志铭》。② 周彦先还是后来也知海州的盛京的女婿。

从以上史料中,可以看出,周嘉正谪知金州的时间为真宗乾兴元年(1022)七月,之后才知海州,然后知濠州,以工部郎中分司南京的时间为仁宗天圣七年(1029)十月,因此,周嘉正知海州的时间应该在真宗乾兴元年(1022)七月和仁宗天圣七年(1029)十月之间。

《长编》卷一〇二载:仁宗天圣二年(1024)春正月,"庚戌,降知邓州、给事中寇瑊为少府监、知金州,……皆坐失保任也。"③可知周嘉正离任金州知州的时间为仁宗天圣元年(1023),这也正是他上任海州知州的时间。

由后文材料推测王遵度知海州的时间为仁宗天圣五年(1027),故推知这也是周嘉正离任海州知州的时间。

北宋仁宗天圣五年丁卯(1027)

| 海州知州 | 王遵度 | 海州通判 | 赵概(赵槩) |

【海州知州:王遵度】

王遵度(生卒年不详),前枢密使王继英之三子,其生平经历散落在各种宋代史料文集中,从其经历看,王遵度可能是荫补武秩。

自真宗景德元年(1004)至乾兴元年(1022),累官内殿崇班、权易使、西八作使、皇城使、翰林使、阁门使等宫廷内部诸司职务,负责皇帝出行时,担任"行宫四面巡检""栏前收后巡检""车驾前后、拦前收后巡检"以及皇城的保卫工作等。《宋会要辑稿》职官四载:"(真宗)景德元年(1004),再幸澶州。十月……二十九日,以……内殿崇班王遵度(等四人)为行宫西面巡检。……四年(1007),朝拜诸陵。正月……九日,以……权易使王遵度……(等八人)并充行宫四面同巡检。……大中祥符元年(1008),封禅。……十月,……以……权易使王遵度……(等四人)并为栏前收后巡检。……三年(1010),将祀汾阴。十二月……二十三日,以……西八作使王遵度……(等三人)充车驾前后拦前收后巡检,监给诸色人请受。……二十九日,诏以……西八作使王遵度……(等二人)勾当行在弓弩院。"④《长编》卷九四载:天禧三年(1019)七月,"壬戌,责授……皇城使王遵度为

---

① [宋]王安石:《临川文集》卷96,文渊阁《四库全书》第1105册,第804-806页。按:文渊阁版《临川集》铭中"方升于天"之"升""有光其前"之"光"阙,依据《笺注》补。参见[宋]王安石撰,李之亮笺注:《王荆公文集笺注》下,成都:巴蜀书社,2005年,第2033-2034页。
② [宋]王安石:《临川文集》卷96,文渊阁《四库全书》第1105册,第806-812页。
③ 《长编》卷102,仁宗天圣二年正月庚戌,第2349页。
④ 《宋会要辑稿》职官4之36至41,第3113-3116页。

翰林使，……坐翰林司药童挟刃入本署，杀其同类故也。"①《宋会要辑稿》礼二九载："乾兴元年（1022）二月十九日，真宗崩于延庆殿。……二十日，……命……阁门使王遵度为皇城四面巡检，新旧城巡检各权添差，益以禁兵器仗，城门亦设器甲，以辨奸诈。"②

《长编》卷一〇三载：仁宗天圣三年（1025）八月，"辛酉，降遵度为曹州都监。"原因是之前戊午时，"东上阁门使、会州刺史王遵度领皇城司，遣卒刺事。有沈吉者，告贾人张化等为契丹间谍，即捕系本司狱，所连逮甚众。命殿中侍御史李纮覆讯，纮悉得其诬，抵沈吉罪。……时有奸人伪为皇城司刺事卒，恐民以取赇者，权知开封府王臻募得其主名，黥窜三十余人，都下肃然"③。后来作为"真宗宫邸攀附者，……王遵度至磁州团练使"④。

王遵度知海州，时间未见记载，但由宋朝《事实类苑》卷四七《休祥梦兆》中记录的一个梦可得一线索。该梦与王尧臣中状元有关。

> 天圣四年（1026）夏，海州书表司隽宗远尝梦有人告云："来年状元，是王尧臣。"乃题司房之北壁。是年秋试，开封府解榜到，隽见王之姓名，谓同列曰："此是明年状元也。"洎南省榜出，又见王预奏名，隽愈喜，应再题于壁。未几，果魁多士。逾时，授海州通判，路逢前知郡事王遵度馆使，首语此事，后到又呼隽询之，果不谬。此神欲使人知魁多士者，必前定矣。⑤

由此可知王遵度在天圣四年（1026）前知海州。

而天圣三年（1025）八月，王遵度刚刚因为一起冤案被贬为曹州都监。因此可知，王遵度知海州的起始时间应不早于1025年。

嘉庆《海州志》记载缺。李之亮在《宋两淮大郡守臣易替考》中认为，王遵度知海州时间为真宗乾兴元年（1022）至仁宗天圣三年（1025），可能有误。所引用的《宋朝事实类苑》卷四五也与文渊阁本有四处不同，一是"有人告云"改为"有神告曰"；二是"应题于壁"改为"应再题于壁"；三是"逾时，授海州通判"改为"愚时授海州通判"；四是"首语此事"改为"首话此事"。⑥尽管如此，也改变不了这样一个事实，即王尧臣通判海州时，正是王遵度离知海州之时。但遍考史籍，"逾（或愚）时，授海州通判"之后的句子，仅文渊阁《四库全书》本《事实类苑》载，其他史料不存；⑦而记录此梦兆的是至和（1054—1056）中知海州的毕景儒之父，在记述"怪奇可喜之事"的《幕府燕闲录》中："至和中，毕景儒仲询之父知海州，亲访其事，备载之于《幕府燕闲录》。"⑧故上述推知又存疑，须有更新的史料来佐证。

---

① 《长编》卷94，真宗天禧三年七月壬戌，第2160页。
② 《宋会要辑稿》礼29之18，第1328页。
③ 《长编》卷103，仁宗天圣三年八月戊午，第2387页。
④ 《宋史》卷279《王继忠传》，第9472页。
⑤ [宋]江少虞：《事实类苑》卷47《休祥梦兆》，文渊阁《四库全书》第874册，第401页。
⑥ [宋]江少虞：《宋朝事实类苑》卷45《休祥梦兆》，上海：上海古籍出版社，1981年，第598-599页。
⑦ [宋]委心子：《分门古今类事》卷8《梦兆门下》，文渊阁《四库全书》第1047册，第77页；《续修四库全书》编纂委员会编；[明]陈士元增制，[明]何栋如重辑：《续修四库全书·子部·术数类·梦林玄解》卷32，上海：上海古籍出版社，1996年，第379页。
⑧ [宋]委心子：《分门古今类事》卷8《梦兆门》下，文渊阁《四库全书》第1047册，第77页。

【海州通判：赵概(赵槩)】

赵概(998—1083),字叔平,北宋南京虞城(今河南省商丘市虞城县)人。仁宗天圣五年丁卯(1027)王尧臣榜进士,为探花。后来同榜进士中出现了许多名臣名相,除赵概本人任职参知政事(即副相)外,还有拜相的状元王尧臣、榜眼韩琦和文彦博,以廉洁公正留名的包拯,以及知海州的梅挚和章岷等,该榜也被称为"宰执榜"。《宋史》三一八本传载:

> 赵概,字叔平,南京虞城人。少笃学自力,器识宏远,为一时名辈称许。中进士第,通判海州,为集贤校理、开封府推官。奏事殿中,仁宗面赐银绯。
>
> 出知洪州,州城西南薄章江,有泛溢之虞,概作石堤二百丈,高五丈,以障其冲,水不为患。僚吏郑陶、饶奭挟持郡事,为不法,前守莫能制。州之归化卒,皆故时群盗。奭造飞语曰:"辛得廪米陈恶,有怨言,不更给善米,且生变。"概不答。卒有自容州戍逃归而犯夜者,斩之以徇,因收陶、奭抵罪,阖府股栗。
>
> 加直集贤院、知青州。坐失举滍池令张诰免,久乃起,监密州酒。知滁州,山东有寇李二过境上,告人曰:"我东人也,公尝为青州,民爱之如父母,我不忍犯。"率众去。
>
> 召修起居注。欧阳修后至,朝廷欲骤用之,难于越次。概闻,请郡,除天章阁待制、纠察在京刑狱,修遂知制诰。逾岁,概始代之。郊祀,当任子进阶爵,乞回其恩,封母郡太君。宰相谓曰:"君即为学士,拟封不久矣。"概曰:"母年八十二,愿及今拜君赐以为荣。"乃许之,后遂为例。
>
> 苏舜钦等以群饮逐,概言:"预会者皆馆阁名士,举而弃之,触士大夫望,非国之福也。"不报。求知苏州,终母丧,入为翰林学士。聘契丹,契丹主会猎,请赋《信誓如山河》诗。诗成,亲酌玉杯为概劝,且授侍臣刘六符素扇,写之纳袖中,其礼重如此。还,兼侍读学士。谏官郭申锡论事忤旨,帝欲加罪,概曰:"陛下始面谕申锡毋面从,今黜之,何以示天下?"乃止。
>
> 以龙图阁学士知郓州、应天府,代韩绛为御史中丞。绛以论张茂实不宜典宿卫罢,概至,首言之,茂实竟去。御药院内臣有寄资至团练使者,谓之暗转。概请明限以年,诏俟出院优迁之,毋得累寄。擢枢密使、参知政事。数以老求去。熙宁初,拜观文殿学士、知徐州。自左丞转吏部尚书,前此,执政迁官,未有也。以太子少师致仕。退居十五年,尝集古今谏争事,为《谏林》百二十卷上之。神宗赐诏曰:"请老而去者,类以声问不至朝廷为高。唯卿有志爱君,虽退处山林,未尝一日忘也。当置于坐右,时用省阅。"元丰六年(1083)薨,年八十六①。赠太子太师,谥曰"康靖"。
>
> 概秉心和平,与人无怨怒。虽在事如不言,然阴以利物者为不少,议者以比刘宽、娄师德。坐张诰贬六年,念之终不衰,诰死,恤其家备至。欧阳修遇概素薄,又蹑知制诰,及修有狱,概独抗章明其罪,言为仇者所中伤,不可以天下法为人报怨。修

---

① 按:原为八十八,据王珪《康靖赵公墓志铭》以及龙坡涛文改。参见龙坡涛:《〈全宋文〉疑误考辨》,《古籍整理研究学刊》2021年第6期,第18-22、17页。

得解,始服其长者。为郓州时,吏按前守冯浩侵公使钱三十万,当以职田租偿。概知其贫,为代以己奉。其平生所为类此。

概初名槩,尝梦神人金书名簿有"赵概",遂更云。①

卷末论曰：

……赵概雅量过人,……考其立朝大节,皆磊落为良执政。②

赵概生前好友王珪和苏轼分别为其撰写的《康靖赵公墓志铭》③《赵康靖公神道碑》(代张文定公作)④,则更为详细地记录了赵概的一生,赞扬了他惩恶扬善、以德报怨的人品,对其历官治民作了很高的评价。

赵概通判海州是进士及第后初仕官,在仁宗天圣五年(1027),离任海州通判时间载《宋会要辑稿》选举三一之二八；"(天圣)八年(1030)十月二十二日,学士院试将作监丞王尧臣,诗、赋并稍优,赵概赋稍堪、诗平,诏尧臣为著作佐郎、直集贤院,概为著作郎、集贤校理。以上所业命试。"⑤海州地方诸志不载,隆庆《海州志》卷四《治典》:"赵概,通判海州,官至太子少师致仕。谥康靖。"⑥康熙《海州志》卷四《治典》与隆庆《海州志》同。⑦ 嘉庆《海州志》卷四《职官表一》载:"赵概,南京虞城人,进士,仁宗时任。谥号康靖。见《宋史》。"原因极有可能是淮安府知府陈文烛在"欲修郡志,檄二州(海州和邳州)九邑各采其事"时发现,"始知其(指海州)无志,间有之,岁久脱误不可读。"⑧隆庆《海州志》刊行于明隆庆六年(1572),由时任知州郑复亨在其先二任知州纂修材料的基础上增补而成,知州廖世昭初修于嘉靖元年(1522),权知州事的张峰重修于嘉靖四十三年(1564)。

---

① 按：该传说在宋代已经颇为流行。王珪《康靖赵公墓志铭》以及宋人王辟之《渑水燕谈录》、宋人吴曾《能改斋漫录》等皆有记载,尤以宋人叶梦得《避暑录话》记载为详:"赵康靖公,初名槩。直史馆黄宗旦名知人,一见公曰：'君他日当以笃厚君子称于世。'因使改名'约'。已而,忽梦有持文书示之,若公牒者,大书'赵槩'二字。初弗悟,既又梦有遗之者书,题云：'秘书丞、通判汝州赵槩'。疑其或谕己,乃改后名。后六年登科,果以秘书丞通判海州,但'汝'字不同尔。议者或谓'汝'字篆文与'海'字相近,公梦中或不能详也。既稍显,又梦与王文安公同入一佛寺,文安题壁云:'刑部郎中、知制诰赵槩'。后十年,亦以此官入掖垣,遂为学士。礼部王文安公为三司使,同会,偶为书题名记,云:'自刑部郎中、知制诰召入',两人相顾大笑。此尤可怪,故康靖平生大信梦。"[宋]王辟之《渑水燕谈录》卷7《先兆》,文渊阁《四库全书》第1036册,第508页；[宋]吴曾《能改斋漫录》卷18,文渊阁《四库全书》第850册,第838页；[宋]叶梦得《避暑录话》卷下,文渊阁《四库全书》第863册,第717—718页。

② 《宋史》卷318《赵概传》,第10392—10395、10396页。

③ [宋]王珪、王云五主编,丛书集成初编《华阳集》卷38,上海：商务印书馆,1935年,第503—504页。

④ 按：张文定即张方平(1007—1091),字安道,北宋南京人,与赵概同乡。累官至参知政事,加太子太保。神宗元丰二年(1079)七月,宣徽南院使、检校太傅,东太一宫使张方平为太子少师、宣徽南院使致仕。卒后,赠司空。遗令毋请谥。尚书右丞苏辙为请,乃谥曰"文定"。赵概卒时,张方平已致仕,撰《祭赵少师文》,另委托苏轼撰铭。参见《宋史》卷318《张方平传》,第10353—10359页；[宋]张方平《乐全集》卷35,文渊阁《四库全书》第1104册,第392页。二子"郭绪",王珪等作"敦绪",唯宋人吕祖谦作"宏绪",今任继愈主编又作"宠绪"；曾孙男"韡",唯王云五与任继愈主编作"韠"；余"敦尚义旧"又作"敦尚契旧"、"帝识其心"又作"帝嘉其心",不改。参见[宋]苏轼著《东坡全集》卷87,文渊阁《四库全书》第1108册,第408—412页；[宋]吕祖谦编著《吕祖谦全集》第14册,杭州：浙江古籍出版社,2008年,第837—842页；任继愈主编,[宋]吕祖谦编《中华传世文选·宋文鉴》下,长春：吉林人民出版社,1998年,第1303—1306页；王云五主编,[宋]苏轼著《苏东坡集》(第9册),《万有文库·第一集一千种·0811》,上海：商务印书馆,1930年,第53—57页；[宋]苏轼著《苏东坡全集》,北京：燕山出版社,2009年,第1718—1720页。

⑤ 《宋会要辑稿》选举31之28,第5855页。

⑥ [明]隆庆《海州志》卷4《治典》,第63页。

⑦ [清]康熙《海州志》卷4《治典》,第33页。

⑧ [明]隆庆《海州志·序》,第1—4页。

赵概生前与范仲淹、欧阳修、韩琦、赵抃等诸多当朝士大夫均有共事或交游,相互酬唱颇多,史料中见他人寄诗、和诗三十余首,可见赵概本人作诗亦颇多,但今存不多,现觅得四首二句,散落在好友文集中,兹录如下:

第一首是嵌入在欧阳修所作《来燕堂与赵叔平、王禹玉、王原叔、韩子华联句》诗中的前八句:

> 贤侯谢郡归,从游乐吾党。林泉富余地,卜筑疏陈莽。是时春正中,来燕音下上。若贺大厦成,喜留众宾赏。①

后面的诗句分别是欧阳修、王珪、王洙和韩绛所作。"贤侯"是指李端愿(?—1091),《宋史》李遵勖本传载:李端愿,字公谨,北宋开封府(今河南省开封市)人,驸马都尉李遵勖(字公武,尚万寿长公主,卒后赠中书令,谥和文)次子。② 据宋人陈鹄《耆旧续闻》卷五转引赵子崧《中外应事》载:仁宗嘉祐二年(1057)春,李端愿离知庐州返回京师后修"来燕堂",招待翰林学士赵概(字叔平)、欧阳修(字永叔)、王珪(字禹玉)与侍读王洙(字原叔)、舍人韩绛(字子华)等,并联句唱和。由欧阳修题韵,王洙题榜,联句刻之石。③ 另李之亮在《欧阳修集编年笺注》中认为"贤侯谢郡归"是李端懿(李端愿长兄)自知郓州卸任归京师④,应为记载错误。

第二首是《送梵才大师归天台》:

> 建刹存真意,崇台表大因。中藏般若偈,外护赤城神。花雨长霏昼,松风自扫尘。愧心同范宁,莲社阻相亲。(自注云:"昔远公尝招范宁入社,宁乃以养亲从官,愧谢而已。")⑤

梵才大师,即僧长吉(生卒年不详),北宋台州(今浙江省台州市)人,与范仲淹、梅尧臣等著名诗人皆有唱和。宋人胡宿《文恭集》卷二九《临海梵才大师真赞》载:"以实性会道,以余力工诗。天圣中,至自台山,馆于辇寺。朝之名臣胜士,莫不欣挹其风,日至于室,参评雅道,间印禅理。寻被诏译馆,订正智者、慈恩二教,及同编《释教总录》三十卷。七年(1029),书成奏御,赐紫方袍。未几,归临海北山,扫净名庵居之。"⑥宋人宋庠《元宪集》卷三六《台州嘉祐院记》⑦亦载其事。梵才大师辞京归浙江天台山之际,在京友朋以诗相赠者极多。

第三、四首是《老苏先生挽词》一题二首:

> 称谓栾城旧,潜光谷口栖。雄文联组秀,高论吐虹霓。遽忽悲丹旐,无因祀碧鸡。徒嗟太公丘,德位不至圭。

> 侍从推词伯,君王问《子虚》。早通金匮学,晚就曲台书。露泣时难驻,琴亡韵亦

---

① 张春林编:《欧阳修全集》,北京:中国文史出版社,1999年,第118-119页。
② 《宋史》卷464《李遵勖传》,第13567-13572页。
③ [宋]陈鹄:《耆旧续闻》卷5,文渊阁《四库全书》第1039册,第611页。
④ [宋]欧阳修著,李之亮笺注:《欧阳修集编年笺注》(第3册),成都:巴蜀书社,2007年,第498-499页。
⑤ [宋]李庚等著,郑钦南、郑苍钧点校:《天台集》,上海:上海古籍出版社,2018年,第172页。
⑥ 曾枣庄、刘琳主编,四川大学古籍整理研究所编:《全宋文》第11册,成都:巴蜀书社,1992年,第552-553页。
⑦ [宋]宋庠:《元宪集》卷36《台州嘉祐院记》,文渊阁《四库全书》第1087册,第681页。

疏。臧孙知有后,里闬待高车。①

老苏先生即苏洵(1009—1066),字明允,号老泉,北宋眉州眉山(今四川省眉山市)人,唐宋八大家之一,有《嘉祐集》(又称《苏洵集》),该诗收录于此集中。

二句是《题怀嵩楼》诗中的二句:

滁水西偏郡,丰山北际楼。②

怀嵩楼,在今安徽省滁州市,唐文宗开成元年(836),时任滁州刺史李德裕所建,并作《怀嵩楼记》。③

赵概求学应天书院时,正值范仲淹主管应天书院。仁宗天圣四年(1026),38岁的范仲淹丁母忧,在南京应天府(今河南省商丘市)居住。时晏殊罢枢密副使,出守应天府,遂延聘范仲淹执掌应天书院,直至天圣六年十二月,范仲淹丁忧期满。范仲淹掌教应天书院期间,管理严格,训导有法度,培养了一大批安邦兴国的人才。赵概亦深受范仲淹人格魅力的影响,在此后的仕途中忧国忧民、直言敢谏。起初范仲淹对赵概的为官能力并不认可④,但并不影响赵概与范仲淹的交游关系。史料中记载赵概与范仲淹联系的材料不多,除上述仁宗宝元二年(1039)范仲淹与赵概书三封《知郡职方》外,另见范仲淹知邓州时,与时任"纠察在京刑狱"赵概等一众官员游览百花洲,踏雪赏梅,酬唱和诗四首。一首是《祠风师酬提刑赵学士见贻》,以祭祀风师祈求风调雨顺的场景出发,描写了邓州的风土民情;另三首是同题咏梅诗《和提刑赵学士探梅三绝》。⑤

赵概被时人广为传诵的交游有两次,一次是去颍州(今安徽省阜阳市)与致仕的欧阳修相会,是年75岁,跋涉千里;一次是去杭州与时任杭州知州的赵抃相会,是年81岁,跋涉千里有余。

赵概与欧阳修相会起因于二人致仕前的相约和致仕后欧阳修的相邀。赵概与欧阳修的关系在《宋史》《墓志铭》和《神道碑》中都有详细记载,淋漓尽致地体现了赵概"秉心和平""雅量过人"的胸襟。因赵概"性重,厚寡言",欧阳修又是少年及第,文章出名,起初"意轻之",但赵概在对待欧阳修外甥犯案一事的态度及处理上,秉公直言,其他同僚"疾韩、范者皆欲文致修罪","上怒,狱急,群臣无敢言者",唯赵概独自上皇帝书曰:"修以文学为近臣,不可以闺房暧昧之事轻加污蔑。臣与修踪迹素疏,修之待臣亦薄,所惜者,朝廷大体耳。""书奏,上不悦,人皆为之惧。概亦淡然如平日。"⑥欧阳修获释复官后,深受感动,之后数十年,与赵概成为挚友。神宗熙宁五年(1072)三月,赵概以75岁高龄,从居住地南京(今河南省商丘市)乘舟千里来到颍州与66岁的欧阳修相会。之前两年,二人书

---

① 曾枣庄、舒大刚主编:《三苏全书》(第6册),北京:语文出版社,2001年,第281-282页。
② [宋]王象之编著,赵一生点校:《舆地纪胜》(第4册)卷33-47,杭州:浙江古籍出版社,2012年,第1296页。
③ 滁州市地方志编纂委员会编:《滁州市志(下)》,安徽省地方志丛书,北京:方志出版社,2013年,第1889页。
④ 按:"原叔(即王洙,字原叔)曰:'赵概与欧阳修同直馆及同修起居注,概性重,厚寡言,修意轻之。及修除知制诰,是时,韩(琦)、范(仲淹)在中书,以概为不文,乃除天章阁待制。概淡然,不以屑意。及韩、范出,乃复除知制诰。"参见[宋]司马光:《涑水记闻》卷3,文渊阁《四库全书》第1036册,第343页。
⑤ [宋]范仲淹:《范文正集》卷2,文渊阁《四库全书》第1089册,第569页;卷4,第591页。
⑥ [宋]司马光:《涑水记闻》卷3,文渊阁《四库全书》第1036册,第343页。

信唱和来往不断,因欧阳修"衰病"日久,想念老友益甚。熙宁三年,欧阳修致信赵概相邀曰:

> 某衰病退藏,人事旷废,理无足怪,然亦不承问,不胜倾驰。屡得君贶书及见唱和新篇,粗审动静,喜承台候万福。向尝辱许枉顾,虽日企伫,乃出于乘兴,不敢坐邀。然又思颍之请,决在此春,若得自乘一鹿车造门求见,亦未为晚。未间春暖,惟冀以时卫重。(《与赵康靖公书》八)①

熙宁四年,欧阳修收到赵概相约次年春天来颍相会的回信后,心情无比激动,欣喜之情,溢于言表,认为如能成行,此次相会必能"垂名后世,以继前贤,其幸其荣,可胜道哉",遂又致信道:

> 所承宠谕,春首命驾见访。此自山阴访戴之后,数百年间,未有此盛事。一日公能发于乘兴,遂振高风,使衰病翁因得附托,垂名后世,以继前贤,其幸其荣,可胜道哉!在公勉强而成之尔。余具别纸。(《与赵康靖公书》九)②

赵概如约而至后,欧阳修喜不自禁,将居家"六一堂"西堂腾出供赵概居住。时翰林学士、知颍州吕公著亦来探望欧阳修,三人相聚西堂,酒酣之际,唱和不绝。欧阳修以诗句"古来交道愧难终,此会今时岂易逢。出处三朝俱白首,凋零万木见青松。公能不远来千里,我病犹堪酹一钟。已胜山阴空兴尽,且留归驾为从容。"表示对赵概此行的欢迎,并吟出"金马玉堂三学士,清风明月两闲人"二句,将欧阳、赵、吕三个荣登朝堂的翰林学士和欧阳、赵两个已经享受晚年的致仕闲人嵌入诗句,一时成为佳话,广泛流传。为纪念此次三人相聚,欧阳修遂将西堂题名曰"会老堂",并将上述作诗分别题名曰《会老堂》《会老堂致语》。③

此后月余,二人饮酒赋诗、流连忘返。待赵概返乡时,欧阳修承诺,明年身体康复后即回访。不料,七月底,欧阳修病故,此次相会竟成永诀。

送别赵概后,欧阳修意犹未尽,在一个风清的日午,独自端坐会老堂,看到眼前的景色,想起远方潇洒自适的老友,写下诗句《叔平少师去后会老堂独坐偶成》:

> 积雨荒庭遍绿苔,西堂潇洒为谁开?爱酒少师花落去,弹琴道士月明来。鸡啼日午衡门静,鹤唳风清昼梦回。野老但欣南亩伴,岂知名籍在蓬莱。④

不久又模拟唐韩愈《剥啄行》首联"剥剥啄啄,有客至门"的格调,作诗《拟〈剥啄行〉寄赵少师》,追记这次千里相会的盛况:

> 剥剥复啄啄,柴门惊鸟雀。故人千里驾,信士百金诺。搢绅相趋动颜色,闾巷欢呼共嗟愕。顾我非惟慰寂寥,于时自可警偷薄。事国十年忧患同,酣歌几日暂相从。酒醒初不戒徒驭,归思瞥起如飞鸿。车马阒然人已去,荷锄却向野田中。⑤

这次聚会及后续的酬唱和诗传开后,与他们交好的士大夫们纷纷赋诗唱和。其中苏

---

① 张春林编:《欧阳修全集》,第333页。
② 张春林编:《欧阳修全集》,第333页。
③ 张春林编:《欧阳修全集》,第145、908页。
④ 张春林编:《欧阳修全集》,第145页。
⑤ 张春林编:《欧阳修全集》,第117页。

轼的和诗有《和欧阳少师会老堂次韵》《和欧阳少师寄赵少师次韵》①《和南都赵少师》三首②，苏颂有《和欧阳永叔少师会老唱和诗三首》，分别是寄欧阳修的《寄汝阴少师》、赵概的《和南都赵少师》以及和吕公著的《和汝阴侍读》③，苏辙作献诗《赵少师自南都访欧阳少师于颍州，留西湖久之，作诗献欧阳公》④，韩琦亦作献诗《闻致政赵少师远访欧阳少师于颍川》⑤等等。

神宗元丰元年（1078）春末夏初，赵概受好友，时以资政殿大学士、右谏议大夫知杭州的赵抃的邀请，以81岁高龄自南都跋涉千里有余来到杭州，度过整个夏天。⑥ 此次相会发端于二人同朝共事多年，志趣相投。期间有张先、程师孟、林希、吴天常和吴评等多位好友陪赵概游览酬唱。⑦

北宋仁宗天圣六年戊辰（1028）

| 东海县令 | 苏可久 | 东海县尉兼主簿 | 王淳 |

【东海县令：苏可久】

苏可久（生卒年不详），生平史载阙，以朝散大夫为东海县令，仅见海清寺阿育王塔《东海知县碑记》：

> 朝散大夫、行东海县令苏可久，舍铃一口，砖七百三十三口，资荐亡妣亡父。妻蔡氏，舍砖一百五十口，追荐亡妣亡父；舍铃一口，追荐亡男二郎。长女苏氏三娘，舍铃二口，保扶父母。将仕郎、守东海县尉兼主簿事王淳并妻刘氏，共舍铃二口、大砖三百口。天圣六载岁次壬辰六月一日题记。手分倪文忠书。

碑文中的"口（kou）"是量词的略写，依据前面事物的种类确定具体的度量单位。如"铃一口"的"口"可作"口""枚"等，"砖七百三十三口"的"口"可作"块""个"等。该碑已不在原位，今尚未发现。海清寺阿育王塔在20世纪70年代曾经修缮，可能当时已被动过。⑧

碑文内容最早见于嘉庆《海州志》卷二八《金石志》，标题为"海清寺塔县令苏可久等记碣"，碑文后还补记曰：

---

① ［宋］苏轼：《苏东坡全集》，第177-178页。
② 郑福田主编：《永乐大典》第5卷，北京：远方出版社，2006年，第27页。
③ ［宋］苏颂：《苏魏公文集》卷8，文渊阁《四库全书》第1092册，第179-180页。
④ 逸凡点校：《唐宋八大家全集》第12卷《苏辙》第1册，北京：新世纪出版社，1997年，第62页。
⑤ ［宋］韩琦：《安阳集》卷17，文渊阁《四库全书》第1089册，第309页。
⑥ 按：赵抃在《次韵程给事寄献赵少师》诗中云："暮春船舣浙西州，且喜樽前两白头。"在《次韵赵少师寄程给事二首》之一中亦有"轻舟来蜀暮春时，便向钱塘咏花微。"可知赵概是"暮春"时节来杭；赵抃在《陪赵少师游西湖兼简坐客》次韵中有"安车盛暑盘桓好，况是人间一散仙。"句，可知"盛暑"时赵概仍在杭游历。除特别说明外赵抃诗作皆录自赵抃：《赵清献公集》卷2至卷5，文渊阁《四库全书》第1094册，第755-815页。
⑦ 张家超：《北宋名臣赵概通判海州及晚年杭州四老会考述》，《连云港职业技术学院学报》2022年第3期，第31-37页。
⑧ 按："天圣六载"疑为"天圣六季"，即"天圣六年"。参见张家超：《印象海州——以二十世纪初海州影像为背景的考察》，第288-292页。

右碣嵌塔内西隅壁，高二尺许，额曰："东海知县碑记"，六字三行，文十一行，并真书。案：记内题名，先姒而后父，幼高而长卑，当非知县、县尉所记，盖委诸手分倪文忠书，而刻之手分不知何等人。①

　　道光《云台新志》卷一四《金石志》的记载与嘉庆《海州志》唯一不同的是补记按语最后一句，《云台新志》为"盖委诸手分倪文忠书而刻之者。"②《云台新志》认为该碑是倪文忠丹书并镌刻，疑为断句误读，因仅从碑文看，只有"手分倪文忠书"。纵观海清寺塔内碑刻，至少有17块，落款除日期外，各有不同。落款全无者，如《礼会记碣》《单和记碣》《胡仁矩记碣》；只有镌刻者，如《徐遇记碣》为"泗州汤龙山成守元镌"，《董隐记碣》为"河沙滨珠成守元镌"等；有书丹及镌刻者，如《盛延德等记碣》为"沛国子朱湘书，长安邓文吉镌"；撰写、书丹及镌刻齐全者，如《柳峦记碣》为"书记俗士牛景，写碑俗士牛道宁，……泗水成守元镌"，《清信女弟子高平郡米氏记碣》为"寄福王、前石州军事判官王知止述，史巩书，匠人詹瑶镌"，《葛真记碣》为"施主葛真镌石记，武陵郡龚洞奇书，长安邓文吉镌字"等③。因而不能断定该碑为倪文忠所镌刻。

　　该碑记时间为"天圣六载岁次壬辰六月一日"，因而苏可久以朝散大夫知东海县的时间在仁宗天圣六年（1028）前后。嘉庆《海州志·职官表一》载："东海令。苏可久，仁宗天圣年任，见《海清寺塔碑碣》。"

【东海县尉兼主簿：王淳】

　　王淳（生卒年不详），仁宗天圣六年（1028）前后，以将仕郎守东海县尉兼主簿，仅见上述海清寺阿育王塔《东海知县碑记》。

　　嘉庆《海州志·职官表一》载："东海县尉。王淳，天圣年任，兼主簿，事见《海清寺塔碑碣》。"

　　另《宝庆四明志》卷一八载："（定海县令）王淳。以大理寺丞知，天圣七年（1029）四月到任，九年（1031）六月满。"④

　　依此可推知，王淳始任东海县尉兼主簿的时间在仁宗天圣四年（1026）至七年（1029）四月之间。

北宋仁宗天圣八年庚午（1030）

海州司理参军	郭恺	提举海州洛要场	陈肃
海州监酒税	杜起		

---

① ［清］嘉庆《海州志》卷28《金石志·海清寺塔县令苏可久等记碣》，第467-468页。
② ［清］道光《云台新志》卷14《金石志》，中国方志丛书，台北：成文出版社，1974年，第630-632页。
③ 连云港市重点文物保护研究所编著：《连云港石刻调查与研究》，第106-110页；封其灿：《连云港金石图鉴》，第86-97页。
④ ［宋］罗濬：《宝庆四明志》卷18，文渊阁《四库全书》第487册，第289页。

【海州司理参军：郭慥】

郭慥（生卒年不详），生平史载阙。仅宋人范祖禹撰《范太史集》卷四八《皇族墓志铭》中记有《右千牛卫将军妻崇德县君郭氏墓志铭》，墓主曾祖郭慥任职海州司理参军一事，录文如下：

  君郭氏，曾祖慥，海州司理参军；祖珪，承奉郎；父履祥。年十八，适北海郡王之子、右千牛卫将军仲爰。性淡素，善《书》《礼》。勤孝尽妇道，与夫相待如宾，平居无戏言。元祐七年（1092）二月甲子，卒，年二十有一。一女早夭。九年二月己酉，葬河南永安县。铭曰：

  冀妻馌耨，梁妇举案。幽人之正，中不自乱。家道尚严，圣哲所叹。①

墓主郭氏生于神宗熙宁五年（1072），大致按每代 25 年计算，其曾祖郭慥的出生年代大致在 1000 年左右，即在真宗咸平年间。司理参军为低级官员，一般为初仕官，推测任职时间大约在仁宗天圣年间（1023—1032）。

【海州监酒税：杜起】

杜起（961—1032），生平史载阙。其行状见宋人韩琦《安阳集》卷四七《故尚书都官员外郎赠工部郎中杜公墓志铭》：

  公讳起，字齐贤，其先京兆杜陵人。曾祖合，唐末徙家蜀郡成都县，祖祚，皆以世乱不仕。父崇，幼以文行称，值孟氏据蜀，耻就伪禄。乾德三年（965），太祖平两川，乃尽室来京师。未几，以疾亡。公登朝，累赠尚书屯田员外郎。公倜傥有大志，涉猎经史，好读《左氏春秋》，孙、吴兵书。举进士，两上不中第。常谓人曰："大丈夫当学文武之道，立大功以取贵仕。章句篆刻，不足为也！"

  景德初，契丹犯塞，真宗皇帝议亲征，将幸澶渊。公曰："此吾时也！"乃携所著《御戎策》诣阙以献，大抵举汉、唐制房之失，以质当今之宜，且言契丹可屈之状。上览而奇之。翌日，以褐衣诏对便殿，公又面进十奇，陈河北用兵形势。上大嗟赏，将试以官，且问其欲。公以母老，寓居寿州之寿春县，愿便于就养。于是，特赐进士第，授寿春县主簿以荣之。公至县，属岁大歉，乃出家财，犒亲旧，尽率其赢以哺饥者，为诸县倡。旁邑豪闻风，始竞纳粟，民赖以济。郡守周公绛表称其能，自以为不及，公繇是益知名。再调越州山阴尉。满岁，补舒州望江令。县之丁版，自李氏纳土五十年间，数登者增其赋，亡者不除籍，民甚苦之，而不敢诉。公以非国家意，悉蠲除之。又以大水害民田，流殍者众，即发县廪以赈民。既而白州，自劾其专，州将愧而不敢诘，远近称之。秩满，授静江军节度推官。丁太夫人梁氏忧，去职。服除，用交静吕公夷简荐章，改秘书省著作佐郎、知蕲州蕲春县事。在县疏治坏塘，溉田数千顷，民感其惠。县有唐史君杜公生祠，乃图公像于庙而配食焉。今上即位，迁秘书丞，赐五品服。寻以谋葬寿春，请换近邑，徙知濠州定远县事。俄转太常博士、通判兴元府事。代还，进秩尚书屯田员外郎、通判宿州事。尝与郡守因议事不相合，时章献皇后临朝，中贵人过郡，知而奏之，乃与郡守两得罪，公即授海州监税。明道改元，以恩迁

---

① ［宋］范祖禹：《范太史集》卷 48，文渊阁《四库全书》第 1100 册，第 514-515 页。

尚书都官员外郎、通判信州事。途次杭州,览湖山之胜,喜谓家人曰:"吾得终焉之所矣!"亟上章请老,未报,感疾,终于杭州之碧波亭,享年七十二。

公素负器业,以功名自许。当草泽赐对之辰,首乞复有唐识洞韬略等科以拔异材,后卒施用。罢山阴,又上书言和戎之利,不可以恃而安也,愿益讲武备,为长辔远驭之策。会时方承平,不克伸其志,乃屈于郡县之治,故其善政遗爱及民者多矣。昔汉文叹李广之才,以谓当高祖世,万户侯岂足道哉! 其命也夫!

公娶杨氏,故礼部尚书昭俭之孙,殿中丞正之女,累封永安县君。事夫治家,动有法度。后公再月而亡。子昉,博学能政,初叙公致政恩,补郊社斋郎,今为太子中舍。女三人:长适进士穆震,次适左侍禁、阁门祗候王中立,次适屯田员外郎于房。孙五人:曰伟,中进士乙科,泉州清溪县尉;曰仪,郊社斋郎;曰僎,曰伍,曰偕,悉举进士。中舍君登朝,赠公工部郎中,夫人追封天水县太君。皇祐三年(1051)八月六日,中舍君自杭举公与夫人之丧归寿州,以十一月二十五日葬于寿春县仙乡张直村,从先屯田之兆。葬之前,中舍君具述先烈,请铭其实。予以友婿之分,义不可让,乃为铭曰:

呜呼杜公! 何材业之备兮,位则不充;岂所蕴者大兮,不时之逢。著其事于官政兮,挹循吏之高风。有子克家兮,命则考终。庆流厥后兮,与休声而曷穷!①

杜起任职海州监税在仁宗明道改元前。《长编》卷一一一载:"(仁宗明道元年)十一月甲戌,上以修内成,恭谢天地于天安殿,遂谒太庙,大赦,改元。"②依此推知杜起任职海州监税时间在仁宗天圣八年(1030)至明道元年(1032)之间。

【提举海州洛要场:陈肃】

陈肃(992—1054)字仲容,北宋建昌南城(今江西省抚州市南城县)人。仁宗天圣五年丁卯(1027)王尧臣榜进士,初授郴州军事推官。历官盐铁判官,提举海州洛要(盐)场,洪州观察推官,大理寺丞、知袁州宜春,知雅州卢山、抚州临川,殿中丞,知信州贵溪,太常博士、屯田员外郎、知洪州丰城县。官至都官员外郎。生平载同乡李觏为其撰写的《墓碣铭》和《墓志铭》,收录于李觏《盱江集》卷三〇。③ 其中《宋故朝奉郎尚书都官员外郎上骑都尉赐绯鱼袋陈公墓碣铭并序》:

南城治之右,麻姑山前左,麻源东南,其地曰某,是惟邑人陈公之墓。公讳某,字某,天圣五年(1027)进士及第。历郴、宁、洪州推官,五迁为都官员外郎,知宜春、临川、贵溪、丰城县,年六十有三而终,实至和元年(1054)。公少好学,以其才,有乡曲誉。性重慎,不易出言,视之若无白黑。及逢其人则蠢蠢,是非必中。与人交,外澹泊,然其义分,虽白首如初。在官文理坚著,罔有蟠兆,其所持操亦不可夺。郴有土茶,既贡而卖其余,公言其贼民,转运使以闻,及其贡者皆免。洪有久狱,逮证不已,公与守争,守怒而起,终以公为能,遂举之。临川民有以庶弟为异姓者,买吏得直,莫克为辨。公召语之,不刑而服。其行事多此类,故在幕职时,举者十有七人,张伯起、

---

① 曾枣庄、刘琳主编:《全宋文》第40册,第93-95页。
② 《长编》卷111,仁宗明道元年十一月甲戌,第2591页。
③ [宋]李觏撰,王国轩点校:《李觏集》卷30,北京:中华书局,1981年,第369-370页。

吴安道、苏仪甫、赵叔平,皆世名臣。居家孝友,亲既没十年,与其弟某居,无间言。若亲若故,或旁以生,要之言行,一有绳准,乡人畏之。晚意吟咏,久而益工。不善饮酒,发怀散忧必以诗,其存者若干首。将老于山林,未及言而疾作。哀哉!葬礼有碣,宜为之铭。其系世则志诸圹。铭曰:

楚之东兮吴之西,山雄石俊兮盱之湄。公将退兮隐于诗,鸾鹄兮裼兰芝。志不就兮以丧归,曰天与命兮窈难知。千万年兮识者谁?公之美句其传之。

李觏《盱江集》卷三〇文内,将《墓碣铭》和《墓志铭》中墓主和相关人员名讳、下葬地点或(和)时间、陈父的官职、陈母及妻子的封诰等处以"某"代替,这是铭文撰写的通行做法,留白是便于丧家自行补充。① 幸好,该《墓志铭》被发现,对文集中缺失的上述信息以及墓志铭的撰文者、书丹者、篆盖者和镌刻者做了较为完整的补充,其他文字相同。

1989年6月,在江西省抚州市南城县万坊乡朱家排村西南约500米的山坡上,发现了一座墓葬,出土了墓志铭、盖(图8-1)各一通,志、盖以母子卯榫相扣合,皆红石质,方形,边长102厘米、厚23厘米。墓志盖篆文,曰:"宋故都官陈公墓志铭",竖刻3行,每行3字,字径14×24厘米。墓志铭竖刻18行,满行21字,字径约5厘米,楷书。墓志铭录文如下:

宋故朝奉郎尚书都官员外郎上骑都尉赐绯鱼袋陈公墓志铭并序

同郡李觏撰。蔡通书。陈备篆盖。

公讳肃,字仲容,建昌南城人。进士及第,为郴州军事推官。罢,得宁州,未行,以盐铁判官举监海州洛要场。遭母忧,复常,权洪州观察推官。除大理寺丞,知袁州宜春,移雅州卢山。父老,改抚州临川。除殿中丞,又以忧解。既而知信州贵溪。除太常博士。

明堂礼毕,迁屯田员外郎,替知洪州丰城。除都官员外郎。至和元年(1054)二月乙卯卒,年六十三。以其柩归,明年及此月丙申,葬于太平乡长平里仙人石。

曾王父式,王父承嗣,不仕。父文藻,赠殿中丞。母周氏,南城县太君。妻黄氏,封寿安县君。长男璎,广文生,再就礼部试;次君俞,不应举;次琥,一举下第,死于京师。女嫁黄宗谊、范赓、黄冽。孙六人,尚幼。铭曰:

官六品非贱,年六十非夭。生而鲜悔后有绍,左神右仙维宅兆,天之福公夫岂少。

黄奕镌。②

陈肃以盐铁判官举监海州洛要场时间史载不详,《墓志铭》载是在进士及第初授郴州军事推官之后,故推知陈肃初任提举海州洛要场时间在仁宗天圣八年(1030)。由于其后"权洪州观察推官"之前,"遭母忧",故推知离任时间当在3年之内,即在仁宗明道二年(1033)之前。

海州洛要场指的是位于宋代海州怀仁县境内的盐场洛要场(今江苏省连云港市赣

---

① 全相卿:《北宋碑志文形成中的丧家因素——以石本、集本对比为重心》,河南大学学报(社会科学版),2018年第6期,第84—93页。

② 霍晓冰:《南城宋陈肃墓清理记》,《江西文物》1989年第2期,第25—26、122页。

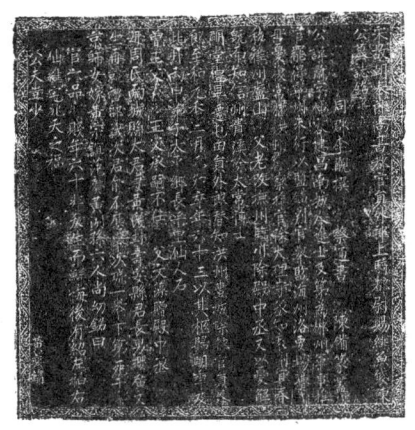

图 8-1 陈肃墓志盖、墓志铭拓片
（来源：《江西文物》）

榆区宋庄镇附近），是宋仁宗天圣（1023—1032）中期"海州场二"①之一，另一个应该是板浦场②。陈肃以盐铁判官举监海州洛要场，是目前发现最早的"举监海州洛要场"的史料。

北宋仁宗天圣九年辛未（1031）

海州团练使	刘仕稚	东海县尉兼主簿	刘太素
海州通判	王尧臣	怀仁县主簿	傅卞
东海县令	张德北		

【海州通判：王尧臣】

王尧臣（1003—1058），字伯庸，北宋应天府虞城（今河南省商丘市）人。仁宗天圣五年丁卯（1027）状元及第，同榜的有官至宰相的榜眼韩琦、官至参知政事的探花赵概等。初为将作监丞、通判湖州；八年十月，召试，改秘书省著作佐郎、直集贤院。景祐二年（1035），为右正言；三年，出知广州；丁父忧，服除为三司度支判官、右司谏；五年，擢知制诰、同知通进银台司、提举诸司库务，知审刑院，为翰林学士，知审官院。康定二年（1041）正月，为陕西安抚使，八月还，十二月为翰林学士兼龙图阁学士、兵部员外郎、知制诰、判集贤院；二年十月，为泾原路安抚使；三年四月，以兵部郎中权三司使，后兼户部郎中；六年，罢三司使，为翰林学士承旨兼端明殿学士、群牧使。皇祐元年（1049）九月，为右谏议大夫；三年十月，自给事中、翰林学士承旨除枢密副使。嘉祐元年（1056）闰三月，除户部侍郎、参知政事；仁宗欲除枢密使，被学士胡宿劝止，进吏部侍郎；三年八月，卒，赠尚书左仆射，谥文安。神宗元丰三年（1080），加赠太师、中书令，改谥文忠。《宋史》卷二九二有

---

① 《宋史》卷182《食货志下四·盐中》，第4438页。
② 张家超：《印象海州——以二十世纪初海州影像为背景的考察》，第129-134页。

本传，对王尧臣评价极高："尧臣以文学进，典内外制十余年，其为文辞温丽。""尧臣论议铿铿，正谊而不谋利，其最优乎。"①

王尧臣有军事才能。在陕西用兵李元昊时，作为陕西安抚使，能够审时度势，根据双方军力、边塞地形，以及"贼之犯边""利在房掠""不患不能入，患不能出"的特点，提出"控扼要害""备御轻重"以及"量敌奋击，毋得轻出"等五大制敌之策，为范仲淹所采用。又极力推荐武将狄青等人为帅才，使得宋军挽回败绩，屡战屡胜。在为泾原安抚使时，因前任将帅给兵士田地以耕战自守，时任将帅失约于兵士，造成兵变，王尧臣射书城内，晓以大义，遂解兵乱。广东侬智高叛乱后，与狄青谋划平息。

王尧臣有吏能。知光州时，"岁大饥，群盗发民仓廪，吏以法当死。尧臣曰：'此饥民求食尔，荒政之所恤也。乃请以减死论。'其后，遂以著令，至今用之。"②

王尧臣忠于职事。因仁宗皇帝无嗣，晚年与韩琦、赵概等力劝立英宗为嗣。

王尧臣通判海州史载不详，海州诸地方志不载，唯见宋朝《事实类苑》中的《休祥梦兆》（参见"北宋仁宗天圣四年丙寅海州知州王遵度"条）有"愚时授海州通判，路逢前知郡事王遵度馆使，首话此事"③句，故推知王尧臣通判海州时间在仁宗天圣九年（1031）至明道二年（1033）。

又及，仁宗天圣五年（1027），王尧臣状元及第后通判湖州，八年（1030）十月召试后入朝官，景祐二年（1035）为右正言，在仁宗天圣九年（1031）至景祐二年之间有四年的空档期，王尧臣的为官经历史载不详，因此，上述推断是极有可能成立的。

【怀仁县主簿：傅卞】

傅卞（1012—1069），字守正，北宋高密莒（今山东省日照市莒县）人。仁宗天圣五年丁卯（1027）王尧臣榜进士，因年龄仅为十六岁，未满足授官条件，遂入国子监听读。初授海州怀仁主簿，历抚州、泗州参军，殿中丞，尚书兵部员外郎，天章阁侍讲，宝文阁待制，怀州、相州知州。傅卞详细生平载《傅卞墓志铭》中。该墓志铭为方形，边长 81 厘米，周边线刻卷云纹。文 35 行，满行 35 字，字径 7 厘米，楷书。因风化剥蚀，人为破坏，碑面残泐不堪。经与传世文献对照，录文并校勘如下：

宋故朝散大夫、尚书兵部员外郎、充宝文阁待制、□□、知相（原文为"郓"）州兼管内劝农使、上轻车军都尉、清河县开国男、食邑三百户、赐紫金鱼袋傅卞墓志铭并序。

推诚保德功臣、资政殿学士、朝请大夫、守尚书礼部侍郎、知郓州军州事及管内河堤劝农使兼充京东西路安抚监牧使、提举青、济、濮、曹、济、单、兖州等七州兵马衣甲巡检公事、上轻车都尉、丹阳郡开国侯、食邑一千三百户、赐紫金鱼袋邵亢撰。

□□□郎、守尚书水部员外郎、骑都尉、赐绯鱼袋致仕苏唐卿篆盖。

公讳卞，字守正，高密莒人也。其先盖汉祖功臣阳陵景阳侯。阳陵开国，传数

---

① 《宋史》卷 292《王尧臣传》，第 9772-9776、9784 页。
② ［宋］董煟：《救荒活民书》卷下《王尧臣乞饥民减死》，文渊阁《四库全书》第 662 册，第 279 页。
③ ［宋］江少虞：《事实类苑》卷 47《休祥梦兆》，文渊阁《四库全书》第 874 册，第 401 页。

世而绝。其后有徙清河者,由清河徙沂水,又由沂水徙莒,因为莒人。曾大夫水,大夫能,皆不仕;父现以 侍讲 公故,累赠工部侍郎。公幼明晤,十六举《书》《易》中第,以齿少格,未应试吏,得听读国子监。久之,调海州怀仁主簿。再调抚、泗州参军,擢大理丞、知婺州兰溪县。迁太子中舍,徙眉州丹棱县。丁 父艰 。 服除 ,天子大飨明堂,迁殿中丞、通判隰州。改国子博士、徙登州。举贤良□□□□□朝廷,公卿惜其去。迁尚书虞部员外郎,得入秘阁校书。未几,遂□□□□□入殿阁,以经义进授天子,士人荣之。迁金部员外郎、判太府寺□□□□□还旧职,权判尚书刑部。时先帝初即阼,降意求公□。公兼起居 舍人 、 同知谏 院。公既以□为官,思有以报人主选用之、厚事之,当言者无不言, 言 无不尽。先帝嘉之,尝(原文为"当")谓公曰:"顷所上章,非付外,则置坐侧,以便观览也。"公顿首谢。仍判国子监、加直龙图阁。今上践位,迁兵部员外郎。会集录仁宗圣制,藏之宝文阁,阁置官如龙图、天章。故事,乃以公为侍制、判太常寺吏部流内铨。俄出知怀州。期岁,徙相州。二州号难治,公务为简洁不挠,使无所厝其奸。先是,弟丧厥目以卒。公哀之,抚其孤,过所生,既长,将为之娶,而孤复夭(原文为"天")。公哭之,悲□□□□,顷之得疾,遂不起,年五十八,实熙宁二年(1069)七月二十九日也。公性浑厚质直,其□□□□□通,与人谈,亹亹终日。旧史之治乱,当世所损益,如视诸掌焉。其为政大略以□□□□,丹棱民为之立祠,其著于讴谣,以颂公之美者,数十百篇;邑子史兼馔□□□□去,河内民相与结缯彩遮公马,使不得前,至相携持牵挽。知不可还,及朝歌而后去。其为人所爱乐如此,虽古所谓循吏无愧焉。自奉养至薄陋,及为天子从官,而饮食衣服如平时。人或笑之,公曰:"我自乐,此不恶也。"事侍郎府君及母夫人以(原文为"似")孝著,昆弟友睦,东人称□。

娶虞部郎中逢冲之女,封安吉县君。子男四人:曰实,早卒;曰向,太庙斋郎;曰回、曰同,皆守将作监主簿。女二人,未嫁。以五年(1072)十二月初十日葬于莒之善政里。公弟、国子博士充,状公出处之略来请铭。亢尝(原文为"当")同公为谏官,知公为最详。铭曰:

呜呼! 守(原文为"子")正。人凡有为,莫不曰时。亦既时矣,而不究施。自廷徂藩,亶是正直。吏逃于明,民载其德。孰哀不平,而疾之贻。孰往不返,而丧以归。有贤者季,相是幽宅。篆兹铭章,虽昧而赫。

弟、国子博士、新差通判夔州事充书。①

傅卞初为海州怀仁主簿时间不详。当年与傅卞同时年少中第的还有吴奎和于大问。据收录于宋人刘敞为吴奎所撰墓志铭《吴公墓志铭》载:"吴奎,年十六,业成,州郡举以充贡。明年,遂中第,与傅卞、于大问同时。三人者,皆以年少既命以官,而许其归养亲。公

---

① 苏兆庆、夏兆礼、刘云涛编著:《莒县文物志》,济南:齐鲁书社,1993年,第145—147页。按:文中加方框字原文为未释读字,括下文史乘改;括号(原文为某)前文字据文意改。因未见原碑和拓片,所改亦恐有误。亦参见政协莒县委员会:《莒县文史资料》第8辑(内部资料),1995年,第103—107页。

时授施州清江县主簿,不赴。后数年,年二十,始调福州古田县主簿。"①

依此可知,吴奎十六岁中第后,二十岁时"始调福州古田县主簿"。因而亦可推知,傅卞"久之,调海州怀仁主簿"亦当在二十岁时。故傅卞初任海州怀仁主簿时间在仁宗天圣九年(1031),离任时间不详。

《傅卞墓志铭》所记傅卞任职和经历可补史乘不足,仅存的史料亦可在任职时间和缘由等方面为《傅卞墓志铭》提供具体实证。

仁宗庆历七年(1047),傅卞丁父艰,事载《傅现墓志铭》:"(傅现)卒于庆历七年七月二十二日,享年六十有四。"②服除时间在三年后,即仁宗皇祐二年(1050),遂迁殿中丞、通判隰州,之后改国子博士,秘阁校书。《长编》卷一八九载:"(仁宗嘉祐四年六月)太子中允王陶、大理评事赵彦若、国子博士傅卞、于潜县令孙洙并为馆阁编校书籍官。"③可知傅卞为国子博士时间在嘉祐四年(1059)之前。

傅卞为天章阁侍讲在英宗治平元年(1064)前。《长编》卷二〇三载"(英宗治平元年十月壬子)天章阁待制兼侍读李受、天章阁侍讲傅卞言"事④。

傅卞为起居舍人、同知谏院时间在英宗治平三年(1066),事载《长编》卷二〇八:"(英宗治平三年四月乙未)金部员外郎、直龙图阁、天章阁侍讲傅卞为起居舍人、同知谏院。卞议濮王典礼,与执政意合,故骤进。"⑤

傅卞与欧阳修、赵抃等交好。嘉祐初,傅卞骑马上朝时马受惊,误入禁卫,应当定为私罪,判刑一到三年。在好友欧阳修和赵抃的斡旋下,定为公罪,仅罚铜八斤。傅卞案定罪依据及欧阳修论奏事载范镇《东斋记事》卷二:

> 禁卫。凡五百里亲从官为一重,宽衣天武官为一重,御龙弓箭直弩直为一重,御龙骨朵子直为一重,御龙直为一重。凡入禁卫一重,徒一年至三年;止误者,减二等。傅卞尝误入禁卫,定私罪。永叔再为论奏,为公罪,得应制举。⑥

赵抃为其所上奏折《奏状乞释傅卞罪(十月十日)》载赵抃《清献集》卷七:

> 臣伏见国子博士傅卞,近因所乘马惊逸,冲冒禁卫,系宪台勘鞫,法寺议谳次。窃缘卞经明行修,士誉推服,今其所犯,众知讹误。《书》曰:"眚灾肆赦。"《易》曰:"赦过宥罪。"此皆圣贤用忠恕之道,以为凡人孽非自作以过误而获累者,则赦之而勿疑。伏惟陛下,至仁至圣,尧舜其心,凡百用刑,必原情实。臣愚,欲乞圣旨指挥,明下之误,释卞之罪,申恩屈法,则涵容广大之德,日益隆盛也(诏:傅卞罚铜八斤,理为公罪)。⑦

在任同知谏院后与外放亳州的欧阳修书信来往。欧阳修回信《回谏院傅龙图卞攀违

---

① [宋]刘攽:《彭城集》卷37《吴公墓志铭》,文渊阁《四库全书》第1096册,第359-362页。
② 苏兆庆、夏兆礼、刘云涛编著:《莒县文物志》,济南:齐鲁书社,1993年,第141-144页。
③ 《长编》卷189,仁宗嘉祐四年己亥六月己巳,第4569页。
④ 《长编》卷203,英宗治平元年甲辰十月壬子,第4912页。
⑤ 《长编》卷208,英宗治平三年丙午四月乙未,第5049页。
⑥ [宋]范镇:《东斋记事》卷2,文渊阁《四库全书》第1036册,第591页。
⑦ [宋]赵抃:《清献集》卷7,文渊阁《四库全书》第1094册,第857页。按:《全宋文》"法寺议谳次"无"次"字。参见曾枣庄、刘琳主编:《全宋文》第22册,第358-359页。

书》,对傅卞在朝堂为自己辩护而表达感激之情:

> 修猥以非才,久窃重任,报效初无于毫发,怨仇已积于丘山。近蒙睿恩,曲徇诚请,与之近郡,俾养衰年。荷圣主之保全,赖公朝之议论,俾获奉身而退,方怀去德之思。谏院龙图舍人深闵孤危,特迁诲翰。意爱勤甚,有逾平时;风义凛然,可激薄俗。仰止门仞,莫遑叙违;铭之肌肤,永以佩赐。瞻依之恩,敷道奚周。①

傅卞由天章阁侍讲迁宝文阁待制由郑獬制词《兵部员外郎、天章阁侍讲、知谏院傅卞可宝文阁待制制》,收录于《郧溪集》卷三:

> 惟予之仁祖皇帝,以人文陶一世,云章炳炳,下烛乎万物,藏之内阁,以与夫伏羲尧舜氏之遗书并传乎无穷。宜得闲雅敦敏之士,以需诏命。具官某,挺身检行,不怼于义。劝讲金华,授学有师法;与于谏列,数进忠言。盖有夙夜挟维之劳。首被兹选,孰不为宜?惟其执经便坐,发明圣人之义者,则不易汝职。可。②

傅卞知怀州时间在英宗治平四年(1067),事载《宋会要辑稿》职官六五之二八:"(英宗治平四年)十月三日,兵部员外郎、宝文阁待制傅卞知怀州,以侍御史张纪、里行张唐英言卞素禀奸邪,阴相附会,处在经筵,不厌朝议,故有是命。"③傅卞谪放怀州是因遭侍御史弹劾,王安石制词《赐特放怀州傅卞待罪诏》,收录于《临川文集》卷四八:

> 敕:傅卞,先王教民,长幼有序。厥或不率,归之义刑。卿,受任方州,罪人既得。闵斯弗迪,引责在躬。美俗之成,盖非朝夕。一夫抵冒,未足以言。④

傅卞去世前曾上表为三子傅回和四子傅同荫补官职,傅卞去世后,朝廷下诏二子"并守将作监主簿"。制词《兵部员外郎、充宝文阁待制、知相州傅卞遗表男回、次男同,并守将作监主簿,令持服》由时任知制诰的苏颂制,收录于《苏魏公文集》卷三二:

> 敕某:近着之臣,忽伤于徂谢;恤终之典,宜异于常规。属览遗章,祈尔世禄。命擢升于京寺,俾不坠于家声。祇服优恩,勉思负荷。可。⑤

《傅卞墓志铭》书丹者为傅卞六弟傅充,诸科及第。《傅亢墓志铭》载:"(傅亢)随六兄充于辽州辽山令之官舍。卒,享年二十三,实至和二年七月十四日也。"即至和二年(1055)前后,傅充知辽州辽山县。其父《傅现墓志铭》载,傅现下葬时,即嘉祐八年(1063)十月,傅充在太子中舍、知蔡州上蔡县任上。王安石任知制诰时间在仁宗嘉祐六年(1061)六月至七年(1062)十月,这期间制诰《方苹、高安世、张混、傅充并太子中舍制》,收录于《临川文集》卷五一:"敕某等:吾于爵禄甚慎,闵仁百姓甚笃。尔等或专一县,或佐一军,而皆列于卿丞之籍,盖尝有所试矣。今有司序功,当得迁位。吾虽甚慎爵禄,而于尔

---

① 张春林编:《欧阳修全集》,北京:中国文史出版社,1999年,第304页。
② [宋]郑獬:《郧溪集》卷3,文渊阁《四库全书》第1097册,第133页;曾枣庄、刘琳主编:《全宋文》第67册,第249-250页。
③ 《宋会要辑稿》职官65之28,第4813页。
④ [宋]王安石撰:《临川文集》卷48,文渊阁《四库全书》第1105册,第366页;[宋]王安石撰,李之亮笺注:《王荆公文集笺注》上,成都:巴蜀书社,2005年,第367-368页。
⑤ [宋]苏颂:《苏魏公文集》卷32,文渊阁《四库全书》第1092册,第376-377页;曾枣庄、刘琳主编:《全宋文》第60册,第336页。

等无所爱焉。其勉思拊循百姓,以称吾闵仁甚笃之意。可。"①撰《傅卞墓志铭》时,即傅卞下葬时的神宗熙宁五年(1072),傅充刚刚以国子博士通判夔州。

《傅卞墓志铭》撰文者为邵亢。邵亢(1014—1074),字兴宗,丹阳(今江苏省镇江市丹阳市)人。受范仲淹举茂才异等,除建康军节度推官。历颍州团练推官、国子监直讲、馆阁校勘、同知太常礼院、提点开封县镇公事、知制诰、知谏院、龙图阁直学士、枢密直学士、知开封府等,官至枢密副使。后以资政殿学士知越、郑、郓、亳州。卒后赠礼部尚书,谥安简。《宋史》卷三一七有本传②。

据《莒县文物志》载,《傅卞墓志铭》出土于莒县于家村傅家庙子傅氏茔地,1959年后陆续出土的傅氏家族墓志尚有傅卞之父傅现、长兄傅高、八弟傅亢、夫人逄氏、长女傅向于等7通,除《傅现墓志铭》较完整外,其余皆因风化或人为刻画,残泐不堪,部分文字难以释读。目前皆藏于莒县博物馆。尽管如此,仍能从中窥见莒县傅氏家族的有关信息③。

傅卞之父傅现(984—1047),字宝之。《宋赠尚书驾部员外郎傅府君墓志铭并序》载:"为人检朴谨厚。始见,虽贤者亦颇易之;及与款曲,莫不服其识虑。性尤谦约,里社庆吊,常就下坐,其自奉甚薄。至赴人之患难,虽厚与而无所爱惜。天禧、明道,岁大饥,尽所储积,扪捄亲党,赖之全活者,五百余人。"④傅现育有八子二女,其中长子傅高和八子傅亢早卒,皆有墓志铭;除傅卞外,另外五子禀、褒、亶、充、立亦相继以九经、五经及两经及第。后傅现因傅卞为天章阁侍讲而获赠尚书驾部员外郎。

傅卞长兄傅高(1006—1043),聪明过人,生性至孝,带领诸弟诵读。卒后由二弟傅卞撰《傅高墓志铭》,内载,傅卞及第,"实兄之功也"。育有二子,长子傅宪,次子傅察。因傅高早逝,时间为仁宗庆历三年(1043)二月,故傅察出生时间不晚于该年。而今世学者因对史料未加审慎甄别,将之与宋金时期的傅察相混淆⑤。宋金时期的傅察(1089—1126),字公晦,孟州济源(今河南省济源市)人;徽宗崇宁五年丙戌(1106)蔡薿榜进士,时年十八岁,初为青州司法参军;历永平、淄川丞,太常博士,兵部、吏部员外郎;徽宗宣和七年(1125)十月,出使金国遇害,赐谥忠肃;有诗文集《忠肃集》三卷传世,《宋史》卷四四六有本传,入忠义传⑥。

傅卞八弟傅亢(1033—1055),五岁失明,但聪敏绝伦,过耳不忘。早卒,有《傅亢墓志铭》。

傅卞夫人逄氏,为时为尚书郎的逄冲(字仲仕)之女。以孝事姑,和睦宗族,勤劳家

---

① [宋]王安石撰:《临川文集》卷51,文渊阁《四库全书》第1105册,第400页;曾枣庄、刘琳主编:《全宋文》第63册,第105页。
② 《宋史》卷317《邵亢传》,第10335—10337页。
③ 苏兆庆、夏兆礼、刘云涛编著:《莒县文物志》,济南:齐鲁书社,1993年,第141—150页。
④ 按:《考释》较《莒县文物志》在个别字的释读方面为优。于联凯、马庆民:《〈宋赠尚书驾部员外郎傅府君墓志铭并序〉考释》,《临沂师专学报》1997年第2期,第26—29页。
⑤ 刘英华主编:《沂蒙文化发展研究》,济南:山东人民出版社,1994年,第75页;于联凯、于澎著:《沂蒙文化研究》,长春:吉林人民出版社,2002年,第100页;于联凯、韩延明主编:《沂蒙教育史》(古代卷),北京:中央文献出版社,2007年,第148—151页。
⑥ 《宋史》卷446《傅察传》,第13165—13166页。

事。有《宋故宝文阁待制傅公大人逄氏墓志铭》,元祐间去世,享年七十五。

傅卞长女傅向于(1059—1072),幼小聪慧,精神休爽。善书颜体大字。早卒,与沂水贾氏之子冥婚。有《傅向于墓志铭》,四叔傅褒撰文,六叔傅充丹书。

【东海县尉兼主簿:刘太素】【东海县令:张德北】【海州团练使:刘仕稚】

刘太素(生卒年不详)以将仕郎守海州东海县尉兼主簿,张德北(生卒年不详)以承奉郎守海州东海县令,刘仕稚(生卒年不详)为海州团练使,仅见海清寺阿育王塔内的东海县尉刘太素乣劝助缘记碑和功德簿碑。东海县尉刘太素乣劝助缘记碑位于海清寺阿育王塔内五层南门东侧壁,首两行分别记载碑名"助缘同修舍利宝塔第五级记"和功德簿碑位置"其诸施主姓名尽在西面石上",末两行分别记载刻碑时间"皇宋天圣九年岁次辛未四月日"和撰文者信息"将仕郎、守海州东海县尉兼主簿事刘太素";功德簿碑位于海清寺阿育王塔内五层南门西侧壁,记载了捐助者姓名和捐钱额,前三行记载了参与捐助的海州及属县东海县官员三名,分别是"将仕郎、守海州东海县尉兼主簿事刘太素""承奉郎、守海州东海县令张德北"和"(海州)团练使刘仕稚",末两行记载刻碑时间"皇宋天圣九年岁次辛未四月日"和刻碑工匠"张文秀"。①

两通碑记为同一时间镌刻,皆为"皇宋天圣九年岁次辛未四月日",因而可知刘太素以将仕郎守海州东海县尉兼主簿、张德北以承奉郎守海州东海县令和刘仕稚为海州团练使,任职时间在仁宗天圣九年(1031)年前后,但其生平皆无考。

北宋仁宗天圣十年/明道元年壬申(1032)

【海州知州:李溥】

李溥(生卒年不详),河南人,生活年代在太宗末,真宗、仁宗初。初为三司小吏,阴狡多智数。太宗时,献书七十一事,论及财赋、国事,有四十四事被当即采纳,太宗认为是能吏,遂赏官赐钱。历官左侍禁,提点三司孔目官,阁门祗候,提举在京仓草场,崇仪使,制置江、淮等路茶盐矾税兼发运副使,发运使,西京作坊使,北作坊使,顺州刺史,奖州团练使,宫苑使,知潭州,忠武军节度副使,知淮阳军、光黄二州,蔡州团练副使,监徐州利国监等,官至千牛卫将军。《宋史》卷二九九有本传②。

《宋史》本传言李溥"多智数",是有理由的。太宗末,"与李仕衡使陕西,增酒榷缗钱岁二十五万"。真宗景德二年(1005),崇仪副使李溥与盐铁副使林特(与李溥为姻亲)等参与制定茶商新法,以革旧法之弊端,李溥后以淮南制置发运副使的身份督促执行。茶商新法中有关海州茶的条款为,凡购买海州茶者,百贯实茶,在京师须额外多付五千,即五十五千缗钱;在陕西缘边地区,须多付二千;而河北、河东缘边次边地区,则不得购买。茶商新法施行二年后,朝廷茶税收入逐年减少。新法前,景德元年(1004)岁课五百六十

---

① 连云港市重点文物保护研究所编著:《连云港石刻调查与研究》,上海:上海古籍出版社,2015年,第109-110页;封其灿:《连云港金石图鉴》,北京:中国文史出版社,2018年,第95-96页。

② 《宋史》卷299《李溥传》,第9938-9940页。

九万贯;新法后,景德二年,岁课四百一十万贯,景德三年(1006)二百八十万贯。但新法后的岁课"乃实课也,所亏虚钱耳"。大中祥符三年(1010),李溥与林特等又提出新法二十三策,施行后效果凸显。"五年,岁课二百余万贯,六年至三百万贯,七年又增九十万贯,八年又增百六十万贯。"①

《宋史》本传又言李溥"阴狡""既专且贪,缘是浸为不法",记有十多件。李溥在江淮发运使位上,与宰相丁谓相表里,欺君罔上;私自调用兵将为姻亲林特修造房屋;用官船贩卖木材,收取利息等。沈括在《梦溪笔谈》也对李溥不法事记有一笔:

> 李溥为江淮发运使,每岁奏计,则以大船载东南美货,结纳当途,莫知纪极。章献太后垂帘时,溥因奏事,盛称浙茶之美,云:"自来进御,唯建州饼茶,而浙茶未尝修贡。本司以羡余钱买到数千斤,乞进入内。"自国门挽船而入,称"进奉茶纲",有司不敢问,所贡余者,悉入私室。溥晚年以赃败,窜谪海州。然自此遂为发运司岁例,每发运使入奏,舳舻蔽川,自泗州七日至京。予出使淮南时,见有重载入汴者,求得其籍,言两浙笺纸三暖船,他物称是。②

《宋史》本传载,李溥晚年因赃败,被贬为蔡州团练副使。与此不同的是,沈括记为"赃败,窜谪海州"。今人吴以宁在《〈梦溪笔谈〉辨疑》中以《宋史》本传为据,认为"李溥因赃败,贬蔡州团练使,非'贬海州'"③。虽然没有其他史料佐证,但李溥"窜谪海州"是有可能的。理由有三。一是,沈括撰写《梦溪笔谈》时,距离李溥生活的年代,不足50年;二是,沈括在仁宗至和元年(1054)至嘉祐三年(1058)期间,相继担任海州属县沭阳县主簿、代沭阳县令和东海县令,而李溥在"仁宗即位,起知淮阳军,历光、黄二州"后,才"赃败,窜谪",时间当在沈括任职之前不久,沈括对海州州官的情况应该比较熟悉;三是,沈括也曾因淮南水灾闹荒,被使察访④,因而对李溥为江淮发运使时的所作所为也应相当清楚。故推测,李溥曾被贬海州。因仁宗即位后,又经历过三个地方的郡守,故时间大致在仁宗天圣十年(1032)至景祐元年(1034)之间。此后,又被贬为蔡州团练使。

北宋仁宗明道二年癸酉(1033)

【海州监酒税:王诲】

王诲(生卒年不详),字规父,北宋真定(今河北省石家庄市正定县)人。祖父王化基,父王举正,皆官至参知政事。王诲累官至大理评事、监海州酒税、光禄寺丞。仁宗嘉祐末,为驾部员外郎、虞部郎中。神宗熙宁初,为群牧判官;三年(1070)五月上《马政条贯》即《群牧司编牧》十二卷,迁度支判官、尚书司勋郎中;四年(1071)八月,以正旦使出使辽;六年(1073),以朝散大夫知苏州。元丰五年(1082)知明州。哲宗元祐元年(1086),知河中府。

---

① 《宋史》卷183《食货志下五·茶上》,第4480-4482页。
② [宋]沈括著,胡道静校证:《梦溪笔谈校证》卷22《谬误》,上海:上海人民出版社,2016年,第721页。
③ 吴以宁著:《〈梦溪笔谈〉辨疑》,上海:上海科学技术文献出版社,1995年,第196-197页。
④ 《宋史》卷331《沈括传》,第10653-10657页。

王诲任职大理评事、监海州酒税后升任光禄寺丞,制诰《大理评事、监海州酒税王诲可光禄寺丞制》由宋人宋庠制,事载《元宪集》卷二六:

> 敕:具官王诲,世禄妙年,相门余庆。比从外掌,克服攸箴。满岁叙劳,倍官有秩。宜参膳卿之属,且酬海邦之笺。勉履宝训,无忝茂恩。可。①

宋庠(996—1066),初名郊,字伯庠,后改字公序。宋庠任知制诰时间在仁宗景祐元年(1034)至宝元元年(1038)。王诲监海州酒税时间当最早在天圣十年(1032),至晚在景祐二年(1035)。据后文考知杜起于天圣八年(1030)至明道元年(1032)监海州税务,故王诲监海州酒税时间在明道二年(1033)至景祐二年(1035)。

王诲由驾部员外郎升任虞部郎中,制诰《驾部员外郎王诲可虞部郎中》由宋人沈遘制,事载《西溪集》卷五:

> 敕某:夫公卿之世,能保其家,以不失其继者,朕皆欲安护之,以始终大臣之恩。况汝诲学行纯固,克济其美,有闻于时,而有司方言汝功状当陟,实有以称朕之意。其迁诲正于郎位。往祗厥服,思永终誉。可。②

沈遘(1028—1067),字文通,钱塘(今浙江省杭州市)人。从弟为沈括。沈遘任知制诰时间在仁宗嘉祐六年(1061)至英宗治平二年(1065)。依此可推知王诲由驾部员外郎升任虞部郎中时间在仁宗嘉祐末、英宗治平初。

王诲由群牧判官、尚书比部郎中升任尚书司勋郎中,制诰《三司度支判官、尚书刑部郎中、充集贤校理王瓘可尚书兵部郎中,依前集贤校理、充三司度支判官;群牧判官、尚书比部郎中王诲可尚书司勋郎中,依前群牧判官》由苏颂制,事载《苏魏公文集》卷三三:

> 敕:夫考功黜陟之法,自有虞以来,未之或废。我朝稽古,其令甚明。虽职列台阁之华,任登要近之地,必由校课,然后议迁。以尔具官王瓘,文敏学优,才通用博。服勤铅椠之业,振务计财之繁。以尔具官王诲,仕富吏资,行循家法。稔誉郊畿之政,赞司庶牧之良。而皆久次郎台,荐登最格。稽其功状,应进上阶。武部冠于右曹,勋书次于大选,用酬尔善,各俾序升。若其治迹之殊尤,材资之美茂,则朕所考察,不在有司之比。往服休命,尔其勉哉。可。③

苏颂(1020—1101),字子容,泉州同安(今福建省厦门市同安区)人,徙居丹阳。苏颂任知制诰时间在神宗熙宁元年(1068)至熙宁三年(1070)。

王诲以朝散大夫、尚书司勋郎中知苏州,事载明人王鏊《姑苏志》卷三《古今守令表中》:

> 王诲,字规父,朝散大夫、尚书司勋郎中。熙宁六年(1073)任,七年,引嫌去郡。④

王诲知明州,时间在神宗元丰三年至五年(1080—1082),事载宋人罗浚《宝庆四明志》。卷一七《寺院》载:"香山智度寺,县东三十五里。……元丰三年(1080),守王诲以祷

---

① 曾枣庄、刘琳主编:《全宋文》第20册,第246页。
② 曾枣庄、刘琳主编:《全宋文》第74册,第235页。
③ 曾枣庄、刘琳主编:《全宋文》第60册,第341页。
④ [明]王鏊:《姑苏志》卷3《古今守令表中》,文渊阁《四库全书》第493册,第41页。

雨有验闻于朝。"卷一《郡守》载:"王诲,曾任宗正少卿,元丰五年。"①

王诲知河中府,制诰《王诲知河中府》由苏轼制。

敕具官王诲:汝以名臣子,老于治郡,所至安静,吏民宜之。河东,吾股肱郡,方唐之盛,世有贤守。风流未远,图像具存。勉思古人,以绍前烈。可。②

王诲与苏轼为好友,常相往来唱和。神宗熙宁三年(1070),苏轼在京任直史馆时,作《次韵王诲夜坐》:

爱君东阁能延客,顾我闲官不计员。策杖频过知未厌,卜居相近岂辞迁。莫将诗句惊摇落,渐喜樽罍省扑缘。待约月明池上宿,夜深同看水中天。③

熙宁六年至七年(1073—1074),王诲知苏州时,苏轼早已于熙宁四年(1071)任杭州通判,在熙宁七年调知密州前,苏轼在近二年的时间内多次赴苏州相会王诲,好友相聚,不免诗酒唱酬一番。仅熙宁七年,苏轼就三次赴苏。虽未见史载,但有理由推测王诲应该也有诗词唱和,也极有可能去杭州回访苏轼。熙宁六年,苏轼以事至姑苏,席间,王诲取出仁宗庆历年间,皇帝御赐其父王举正的"端敏"二字书法和《飞白》书法一篇,请苏轼作记,以刻石传世。苏轼遂作《仁宗皇帝御飞白记》。④

熙宁七年(1074)五月,苏轼至苏州,王诲陪同游虎丘寺。苏轼作《虎丘寺》诗:

入门无平田,石路细穿岭。阴风生涧壑,古木翳潭井。湛卢谁复见,秋水光耿耿。铁花绣岩壁,杀气噤蛙黾。幽幽生公堂,左右立顽矿。当年或未信,异类服精猛。胡为百岁后,仙鬼互驰骋。窈然留清诗,读者为悲哽。东轩有佳致,云水丽千顷。熙熙览生物,春意破凄冷。我来属无事,暖日相与永。喜鹊翻初旦,愁鸢蹲落景。坐见渔樵还,新月溪上影。⑤

又作《刘孝叔会虎丘时王规父斋素祈雨不至二首》:

白简威犹凛,青山兴已稣。鹤闲云作氅,驼卧草埋峰。跪履若可教,卜邻应见容。因公问回老,何处定相逢。

太常斋未解,不肯对纤秾。只遣三千履,来游十二峰。林空答清唱,潭净写衰容。归去瑶台路,还应月下逢。⑥

同年冬,苏轼又至苏州,这是苏轼在知密州前最后一次来到苏州。在王诲雅集上,喝着陈年的老酒,听着歌者的诉说,回忆着过去的好时光,不免有些许的伤感,遂应王诲之邀赋词《阮郎归·苏州席上作》:

(一年三过苏,最后赴密州时,有问这回来不来,其色凄然。太守王规父嘉之,令作此词。)

---

① [宋]罗濬:《宝庆四明志》卷17《慈溪县志第二·寺院·禅院六》,文渊阁《四库全书》第487册,第16页;卷1《郡守》,文渊阁《四库全书》第487册,第279-280页。按:李之亮认为王诲知明州时间在神宗元丰五年至七年(1082—1084),误。参见李之亮:《宋两浙路郡守年表》,成都:巴蜀书社,2001年,第266页。
② 曾枣庄、刘琳主编:《全宋文》第85册,第173页。
③ [宋]苏轼著:《苏东坡全集》,北京:燕山出版社,2009年,第120页。
④ [宋]苏轼著:《苏东坡全集》,北京:燕山出版社,2009年,第1513-1515页。
⑤ [宋]苏轼著:《苏东坡全集》,北京:燕山出版社,2009年,第272页。
⑥ [宋]苏轼著:《苏东坡全集》,北京:燕山出版社,2009年,第272-273页。

一年三度过苏台。清尊长是开。佳人相问苦相猜。这回来不来？

　　情未尽，老先催。人生真可咍。他年桃李阿谁栽？刘郎双鬓衰。①

苏轼即使不在苏州与王诲相会，也时常关注王诲的动向。在滞留镇江，无法在正月十五灯会之际赶往苏州时，亦与王诲隔空相和，作《和苏州太守王规父侍太夫人观灯之什，余时以刘道原见访，滞留京口，不及赴此会，二首》：

　　不觉朱旛辗后尘，争看绣幰锦缠轮。洛滨侍从三人贵，京兆平反一笑春。但逐东山携妓女，那知后阁走穷宾。滞留不见荣华事，空作赓诗第七人。

　　翻翻缇骑走香尘，激激飞涛射火轮。美酒留连三夜月，丰年倾倒五州春（公自注：时浙西皆不熟罢灯，惟苏独盛），安排诗律追强对，蹭蹬归期为恶宾。堕珥遗簪想无限，华胥犹见梦回人。②

王诲能与苏轼等文士交往，成为挚友，除了有官至参知政事的祖父王化基和父王举正的影响之外，更主要是王诲本人能文工诗。依此推知，王诲亦进士出身。

北宋仁宗景祐二年乙亥（1035）

| 海州知州 | 吕蒙巽 | 海州通判 | 石延年 |

【海州知州：吕蒙巽】

吕蒙巽（生卒年不详），北宋河南府（今河南洛阳）人。太宗淳化元年（990），以乡贡进士授沈邱县（今河南省周口市沈丘县）主簿。历任苏州吴县县令、海州知州，累官至虞部员外郎，赠太常少卿。

吕蒙巽的祖父吕梦奇生二子。长子吕龟图，生子蒙正。次子"龟祥，殿中丞、知寿州。子蒙亨，举进士高等，既廷试，以蒙正居中书，故报罢。后历下蔡、武平主簿。至道初，考课州县官，蒙亨引对，文学、政事俱优，命为光禄寺丞，改大理寺丞，卒。次子蒙巽，虞部员外郎；蒙周，淳化进士及第。蒙亨子即夷简也。次子宗简，亦进士及第"③。

吕蒙巽所在吕氏家族自其祖父吕梦奇始，后代延绵13代均在政坛有所建树，先后有三代（吕蒙正、吕夷简及吕夷简三子吕公著）荣登相位，甚至父兄同列朝堂④。

吕蒙巽授沈邱县主簿，是得到了其堂兄、时居宰相的吕蒙正的请命。《长编》卷三一载：太宗淳化元年（990），"九月戊寅，以乡贡进士吕蒙叟为郾城县主簿，蒙庄楚邱县主簿，蒙巽沈邱县主簿，皆宰相蒙正诸弟，从其请而命之"⑤。

吕蒙正（944—1011），字圣功，北宋河南府人。太平兴国二年（977）状元及第，授将作监丞，通判昇州（今南京）；进授著作郎、直史馆，加左拾遗；五年，拜左补阙、知制诰。端拱元年（988）拜中书侍郎兼户部尚书、平章事、监修国史。首次拜相后，因故三罢二拜。历

---

① ［宋］苏轼著：《苏东坡全集》，北京：燕山出版社，2009年，第1160页。
② ［宋］苏轼著：《苏东坡全集》，北京：燕山出版社，2009年，第267页。
③ 《宋史》卷265《吕蒙正传》，第9145-9150页。
④ 杨松水：《北宋寿州吕氏家族成员考述》，《巢湖学院学报》2008年第5期，第116-122页。
⑤ 《长编》卷31，仁宗淳化元年九月戊寅，第705页。

任知制诰、翰林学士、参知政事。真宗大中祥符四年(1011)夏四月,去世,年六十八,赠中书令,谥曰文穆。①

吕夷简(974—1044),字坦夫,寿州(今安徽寿县)人,吕蒙巽大哥吕蒙亨的长子。真宗咸平三年(1000)进士及第,补绛州(今陕西新绛县)军事推官,稍迁大理寺丞。乾兴元年(1022),以龙图阁直学士知开封府,参知政事。仁宗天圣七年(1029)二月起在相位上三拜三罢,居相位前后计十年六个月。庆历四年(1044)卒,赠太师、中书令,谥文靖。②

吕蒙巽的部分生平经历载王珪《华阳集》卷四〇《寿安县太君吕氏墓志铭》:

夫人姓吕氏,其先并州人。曾大父讳梦奇,赠太师、尚书令;大父讳龟祥,赠太师、中书令;父讳梦巽(即蒙巽),尚书虞部员外郎、知海州,赠太常少卿,夫人实第三女也。海州之从兄宫师文穆公,太平兴国中,策进士第一,未几,致位宰相,被两朝顾遇,固隆贵矣。与海州(指吕蒙巽)素相友爱,故久留毂下,不得补官于外。

夫人既生相家,文穆见,每奇之,以谓殊非诸女之俪。太尉文靖公,海州之兄子也。少时,尝亲师诸子弟厉志于学。夫人方幼,见文字辄喜,于是汎通诗书百家之学。文靖叹曰:"信矣,诸父之言。"吾祖尚书,有重名天下,为两浙转运使。方是时,海州宰苏之吴县,夫人遂归我伯父少卿。少卿讳覃,字庆之,尚书次子也。潜心经术,尝疾世之诡随,故持论方介,不为势少屈。

海州之婿,共五人。有过郡者率陈以钟鼓觞豆之娱,及遇少卿,则肃其衣冠,终日语不及私。少卿天性孝笃,侍尚书左右二十余年,未始一日违去。而夫人佐蒸尝之事,春秋益虔。少卿临事素严,夫人治家亦有法,闺内肃然如官廷。不幸,少卿暴疾早世,夫人方年三十余,躬治丧于广陵。既而携诸孤往依庐江伯父侍郎之官下。一日,泣谓诸子曰:"汝父病且革,犹语我且善勉汝等,汝钟罚不天,何以奉遗言?"诸子号顿,咸自言愿夙夜勉力,不敢坠先人之绪业。夫人于是尽屏珠玉之饰,市书环室,亲授经义,日月渐劘,卒至于有成。其后,昆弟仕稍进。夫人或岁过,诸子始至,必进寿于堂,子妇拜于庭,诸孙诜诜于前。夫人喜甚,因曰:"其益思尽,忠于迺事。若夫极嘉旨之奉,殆匪亲意也。"夫人素贵,能谦下,其德举得宗族之欢心。晚尤爱洛之风,长子因请蠲之太康。未几,夫人感疾,终于官第,实嘉祐四年(1059)三月某日也,享年七十,封"寿安县太君"。明年,卜葬少卿于扬州某县某乡之原,以夫人祔焉,其用十月壬申之吉。

子三人,琎,尚书比部员外郎;珣,尚书职方员外郎;璩,杭州南新县令。孙男十五人,仲均,举进士;仲歔,太庙斋郎;次仲邻、仲说、仲蒙、仲威,余尚幼。孙女三人。珪,昔之髧两髦,蒙夫人器奖之甚异,逮珪之尘二禁,犹见夫人无恙。时今将葬矣,而不得引车绋于墓下,追惟平昔之知音,徽永已痛,孰甚哉!泣以铭曰:

嫄彼夫人,文穆贤之。归我伯父,佐祀以时。山阳之终,其节介介。谁勉诸子,话言犹在。仕既及亲,安舆屡适。匪乐嘉旨,又饬以职。晚爱京师,顾怀逶迤。卒陨

---

① 《宋史》卷265《吕蒙正传》,第9145—9150页。
② 《宋史》卷311《吕夷简传》,第10206—10210页。

于甃,如达之归。灵龟食郊,葬则同穴。其后以延,德芬勿绝。①

撰写墓志铭的是墓主吕氏(990—1059)丈夫王覃的侄子王珪。王珪(1019—1085),字禹玉,成都华阳(今四川成都)人。

吕蒙巽后两次任职事载墓志铭,一次是任苏州吴县县令:"海州宰苏之吴县,夫人遂归我伯父少卿。"另一次是知海州:"父讳梦巽(即蒙巽),尚书虞部员外郎、知海州。"但皆无任职时间记录。吕蒙巽任苏州吴县县令期间,将三女吕氏嫁给王覃。此时吕氏年龄一般不足20岁,时间在真宗大中祥符二年(1009)之前,此时间也即吕蒙巽任吴县令的时间。至于知海州的时间则要靠后一些。

李之亮在《宋两淮大郡守臣易替考》中认为吕蒙巽知海州时间为仁宗景祐二年至四年(1035—1037)间,卒于仁宗嘉祐(1056—1063)年间。

【海州通判:石延年】

石延年(994—1041),字曼卿,旧字安仁,号葆老子,祖籍幽州(今河北涿州),后迁居宋城(今河南省商丘市睢阳区),北宋政治家、文学家、书法家。石曼卿是北宋诗文改革的先驱者,诗风克服浮艳之风,追求自然、豪放、飘逸,他的才气在当时广为人知,著有《石曼卿诗集》《五胡十六国考镜》等,皆佚,现存诗集一卷,为后人辑录。《宋史》卷四四二本传载:

> 石延年,字曼卿,先世幽州人。晋以幽州遗契丹,其祖举旅南走,家于宋城。延年为人,跌宕任气节,读书通大略,为文劲健,于诗最工而善书。
>
> 累举进士不中。真宗录三举进士,以为三班奉职,延年耻不就。张知白素奇之,谓曰:"母老,乃择禄耶!"延年不得已就命。后以右班殿直改太常寺太祝,知金乡县,有治名。用荐者通判乾宁军,徙永静军,为大理评事、馆阁校勘,历光禄、大理寺丞,上书章献太后,请还政天子。太后崩,范讽欲引延年,延年力止之。后讽败,延年坐与讽善,落职通判海州。久之,为秘阁校理,迁太子中允,同判登闻鼓院。
>
> 尝上言天下不识战三十余年,请为二边之备,不报。及元昊反,始思其言,召见,稍用其说。命往河东籍乡兵,凡得十数万,时边将遂欲以捍贼,延年笑曰:"此得吾粗也。夫不教之兵,勇怯相杂,若怯者见敌而动,则勇者亦牵而溃矣。今既不暇教,宜募其敢行者,则人人皆胜兵也。"又尝请募人使唃厮啰及回鹘举兵攻元昊,帝嘉纳之。
>
> 延年喜剧饮,尝与刘潜造王氏酒楼对饮,终日不交一言。王氏怪其饮多,以为非常人,益奉美酒肴果,二人饮啖自若,至夕无酒色,相揖而去。明日,都下传王氏酒楼有二仙来饮,已乃知刘、石也。延年虽酣放,若不可樱以世务,然与人论天下事,是非无不当。
>
> 初,与天章阁待制吴遵路同使河东,及卒,遵路言于朝廷,特官其一子。②

欧阳修《石曼卿墓表》记载更为详细:

---

① [宋]王珪:《华阳集》卷40《寿安县太君吕氏墓志铭》,丛书集成初编本,1935年,第556-558页。
② 《宋史》卷442《石延年传》,第13070-13071页。

曼卿，讳延年，姓石氏，其上世为幽州人。幽州入于契丹，其祖自成，始以其族间走南归。天子嘉其来，将禄之，不可，乃家于宋州之宋城。父，讳补之，官至太常博士。幽燕俗劲武，而曼卿少以气自豪，读书不治章句，独慕古人奇节伟行、非常之功，视世俗屑屑无足动其意者。自顾不合于时，乃一混以酒，然好剧饮大醉，颓然自放，由是益与时不合。而人之从其游者，皆知爱曼卿落落可奇，而不知其才之有以用也。年四十八，康定二年二月四日，以太子中允、秘阁校理卒于京师。

　　曼卿少举进士不中。真宗推恩，三举进士，皆补奉职。曼卿初不肯就，张文节公素奇之，谓曰："母老，乃择禄耶！"曼卿矍然起就之，迁殿直。久之，改太常寺太祝，知济州金乡县，叹曰："此亦可以为政也。"县有治声。通判乾宁军。丁母永安县君李氏忧，服除，通判永静军，皆有能名。充馆阁校勘，累迁大理寺丞，通判海州，还为校理。

　　章献明肃太后临朝，曼卿上书请还政天子。其后太后崩，范讽以言见幸，引尝言太后事者，遽得显官，欲引曼卿，曼卿固止之乃已。

　　自契丹通中国，德明尽有河南，而臣属遂务休兵，养息天下，然内外弛武三十余年，曼卿上书言十事，不报。已而元昊反，西方用兵，始思其言，召见，稍用其说。籍河北、河东、陕西之民，得乡兵数十万。曼卿奉使籍兵河东，还，称旨，赐绯衣银鱼。天子方思尽其才，而且病矣。既而闻边将有欲以乡兵捍贼者，笑曰："此得吾粗也。夫不教之兵，勇怯相杂，若怯者见敌而动，则勇者亦率而溃矣。今或不暇教，不若募其敢行者，则人人皆胜兵也。"

　　其视世事，蔑若不足为；及听其施设之方，虽精思深虑，不能过也。状貌伟然，喜酒自豪，若不可绳以法度，退而质其平生，趋舍大节，无一悖于理者。遇人无贤愚，皆尽忻欢，及间而可否天下，是非善恶，当其意者无几人。其为文章，劲健称其意气。有子济、滋。天子闻其丧，官其一子，使禄其家。既卒之三十七日，葬于太清之先茔。其友欧阳修表于其墓曰：

　　呜呼！曼卿，宁自混以为高，不少屈以合世，可谓自重之士矣。士之所负者愈大，则其自顾也愈重；自顾愈重，则其合愈难。然欲与共大事，立奇功，非得难合自重之士，不可为也。古之魁雄之人，未始不负高世之志，故宁或毁身污迹，卒困于无闻；或老且死，而幸一遇，犹克少施于世。若曼卿者，非徒与世难合，而不克所施，亦其不幸，不得至乎中寿，其命也夫！其可哀也夫！①

王称《东都事略》卷一一五则择其大要录之②。

石延年落职通判海州时间在仁宗景祐二年（1035）二月，事载《长编》卷一一六"丁卯，……光禄寺丞、馆阁校勘石延年落职通判海州"，原因为：

　　先是，（庞）籍为御史，数劾（范）讽，宰相李迪右讽弗治，反左迁籍。籍既罢，益追劾讽不置，且言讽放纵不拘礼法，苟释不治，则败乱风俗，将如西晋之季，不可不察。

---

① ［宋］吕祖谦编：《宋文鉴》卷145，任继愈主编：《中华传世文选》，长春：吉林人民出版社，1998年，第1270-1271页。

② ［宋］王稱：《东都事略》卷115，文渊阁《四库全书》第382册，第754-755页。

会讽亦请辨,乃诏即南京置狱,遣淮南转运使黄总、提点河北刑狱张嵩讯之。籍坐所劾讽有不如奏,法当免,讽当以赎论。讽不待论报,擅还兖州。吕夷简疾讽诡激多妄言,且欲因讽以倾迪,故特宽籍而重贬讽。凡与讽善者皆黜削。延年尝上书请章献太后还政,讽任中丞,欲引延年为属,延年力止之,竟坐免。人谓籍劾讽不置,实夷简阴教之云。讽请辨,据王珪所为籍神道碑,他书并无有也。①

石曼卿离任通判海州时间不详,但《长编》卷一二七载:仁宗康定元年(1040)夏四月丁亥,"大理寺丞、秘阁校理石延年往河东路同计置催促粮草"②。又《宋史》本传载:"久之,为秘阁校理。"宋代通判一般需要任职三年,两任通判后才能升任更高一级的知州或朝官,故推知石曼卿离任海州通判时间在仁宗景祐四年(1037)末五年(1038)初,在入为秘阁校理之前可能还在他处任职。

北宋仁宗景祐五年/宝元元年戊寅(1038)

【朐山县令:陈正】

陈正(?—1038?),北宋建昌南城(今江西省抚州市南城县)人,后寓居高邮(今江苏省扬州市高邮市)。擢进士第,任朐山令。陈正生平载元人薛致玄为其四子陈景元所撰《道德真经藏室纂微篇开题科文疏》卷一,其中记载"(陈正)解朐山令,寓居高邮,以疾终",即陈正离任朐山令后,向南迁徙,返回家乡建昌南城,途经高邮时生病,遂暂居高邮,而后卒。其妻因家贫,携四子遂居留高邮。陈景元为其第四子,长子和次子相继去世。陈景元目睹家庭接连变故,遂有出家之意。仁宗庆历二年(1042),陈景元时年18岁,即拜高邮天庆观礼崇道大师韩知止为师,是年,也是在陈正"除祥"之后③。"除祥"即后辈为长辈去世守孝三年完毕,宋人王观国在为《礼记·杂记篇·服》作注时云:"此礼,乃为父三年,为母三年,当各持其服,不并日而计也。设有父之丧未终,而又有母之丧,则当俟父之丧三年除祥已毕,然后反服母丧之服,又三年始毕。此所谓各持其服,不并日而计也。"④依此可推知,陈正去世时间至晚在庆历二年之前三年,即景祐五年(1038)。故陈正任朐山令时间当在仁宗天圣五年(1027)至景祐五年(1038)之间。

陈景元(1025—1094),字太虚,师号真靖,自称碧虚子,建昌南城人,因父寓居高邮,为北宋著名道士,著述甚多,其诗、书、画皆闻名于世。元人赵道一《历世真仙体道通鉴》卷四九亦有陈景元本传。⑤

---

① 《长编》卷116,仁宗景祐二年二月丁卯,第2721页。
② 《长编》卷127,仁宗康定元年四月丁亥,第3004页。
③ [元]薛致玄:《道德真经藏室纂微篇开题科文疏》卷1,张继禹主编:《中华道藏》第13册,北京:华夏出版社,2004年,第730页。
④ [宋]王观国、罗璧:《学林识遗》,长沙:岳麓书社,2010年,第142-143页。
⑤ [元]赵道一:《历世真仙体道通鉴》卷49《陈景元传》,转引自[宋]佚名:《宣和书谱》,杭州:浙江人民美术出版社,2019年,第61-62页。

北宋仁宗宝元三年/康定元年庚辰（1040）

【海州知州：盛京】

盛京（生卒年不详），余杭（今浙江省杭州市）人，有吏能。真宗咸平元年戊戌（998）孙仅榜进士，初知单州武城县，历官夔州路提点刑狱、劝农使副，司封员外郎，知扬州①，谏议大夫，知江宁府、海州，以尚书工部侍郎致仕。《宋史》无本传，在其从弟盛度传末附有盛京简单介绍："从兄京，有吏能，以尚书工部侍郎致仕，卒。"②而在盛京子盛遵甫的夫人王氏墓志铭中记载为，王氏嫁给盛度（谥文肃）弟弟盛京（谏议大夫）的儿子盛遵甫，即盛度为盛京兄③，此当更为可信。

南宋洪迈《容斋随笔》卷一三载：洪迈家藏盛京进士及第时的中榜单，唐宋时称"金花帖子"，南宋时已经废弃很久了。

> 唐进士登科，有金花帖子，相传已久，而世不多见。予家藏咸平元年（998）孙仅榜盛京所得小录，犹用唐制，以素绫为轴，贴以金花，先列主司四人衔，曰：翰林学士、给事中杨，兵部郎中、知制诰李，右司谏、直史馆梁，秘书丞、直史馆朱，皆押字。次书四人甲子、年若干、某月某日生、祖讳某、父讳某、私忌某日。然后书状元孙仅，其所纪与今正同。别用高四寸绫，阔二寸，书"盛京"二字，四主司花书于下，粘于卷首，其规范如此，不知以何年而废也。但此榜五十人，自第一至十四人，惟第九名刘烨为河南人，余皆贯开封；其下又二十五人，亦然。不应都人士中选若是之多，疑于方外人寄名托籍，以为进取之便耳。四主司乃杨砺、李若拙、梁颢、朱台符，皆只为同知举。④

真宗乾兴元年（1022），盛京任职夔州路提点刑狱、劝农使副，事载《宋会要辑稿》职官四二之三："五月，仁宗即位未改元。诏许夔州路提点刑狱、劝农使副盛京、赵文蔚每岁一至归州省视家属。"⑤

仁宗天圣三年（1025）八月，盛京任职司封员外郎。《宋会要辑稿》食货载：仁宗天圣三年（1025），"八月，司封员外郎盛京言"万州民货免税事，"九日，司封员外郎盛京言"忠州盐事，仁宗诏令悉除之⑥。而忠州盐事亦载《长编》卷一〇三："戊午，夔州路提点刑狱盛京言。"⑦可知忠州言事之前盛京已离任夔州路提点刑狱。

仁宗康定元年（1040），盛京以谏议大夫出守江宁⑧。《古今图书集成·盛姓部》载：

---

① [清]赵宏恩：《江南通志》卷101《职官志》，文渊阁《四库全书》第510册，第55页。
② 《宋史》卷292《盛度传》，第9759-9761页。
③ [宋]晁说之：《景迂生集》卷20《崇德县太君王氏墓志铭》，转引自曾枣庄、刘琳主编：《全宋文》第130册，第343-344页。
④ [宋]洪迈撰，穆公校点：《容斋随笔》上，上海：上海古籍出版社，2015年，第249-250页。
⑤ 《宋会要辑稿》职官42之3，第4072页。
⑥ 《宋会要辑稿》食货17之19，第6356页；食货23之33，第6505-6506页。
⑦ 《长编》卷103，仁宗天圣三年八月戊午，第2386-2387页。
⑧ 杭州市余杭区地方志编纂委员会编：《余杭通志》第4卷，杭州：浙江人民出版社，2013年，第349页。

"按《万姓统谱》:(盛)京,余杭人,登进士第,入官荐至谏议大夫,出守江宁,以老乞便郡,诏移海州。"①可知盛京知海州时间在1040年之后。

盛京兄盛度(968—1041),字公量,端拱二年(989)进士及第,历任封丘县主簿、光禄寺丞、尚书右丞,累擢知制诰、右谏议大夫、翰林学士、兵部郎中,景祐二年(1035)任参知政事,四年(1037)知枢密院事。累官至太子少傅,卒后赠太子太保,谥号文肃。由此可知盛京的出生要晚于968年。

《长编》卷一三七载:仁宗庆历二年(1042)六月甲戌,"权御史中丞贾昌朝言:'臣僚年七十而筋力衰者,并优与改官,令致仕。年虽七十而未衰及别有功状,朝廷固留任使者,勿拘此令。……在外若给事中盛京,……皆耄昏不任事,请并令致仕。'诏……在外者进奏院告示之。……京,寻致仕"②。可知庆历二年(1042)盛京已经年过七十岁了,但仍在知海州任上,不过不久就致仕了。由此可知,盛京离知海州大致在仁宗庆历二年(1042)末三年(1043)初。若盛京出生在968年之后,则此时,盛京已经七十多岁了。

盛京在知海州期间政绩显著,祖孙三代都官海州,当地百姓称"盛使君家儿世世循吏"。《古今图书集成·盛姓部》载:盛京"天资仁厚,不忍以法绳下,而吏民化服;亦不忍欺,以事去,久而民爱思之。终工部侍郎。后,子遵甫,以光禄丞通判海州,岁旱,发公私藏粟以廪民。又设方略,捕奸盗发,辄得。遵甫子仲孙,以朝奉大夫守海州。期年,州称治,邦人有'盛使君家儿世世循吏'之称"③。

嘉庆《海州志》缺。李之亮在《宋两淮大郡守臣易替考》中引《古今图书集成·明伦汇编·氏族典》卷四九二:"盛京,余杭人。出守江宁,以老乞便郡,诏移海州。"认为盛京知海州时间为1040—1043年。

北宋仁宗庆历二年壬午(1042)

【海州监榷货务:张绚】

张绚(995—1050),字圣休,北宋余杭(今浙江省杭州市)人。生平载王安石《临川文集》卷九八《朝奉郎尚书司封员外郎张君墓志铭》:

朝奉郎、尚书司封员外郎、知安州军州兼管内劝农事、骑都尉、赐绯鱼袋借紫张君,年五十六,以皇祐二年(1050)十二月十一日卒,以熙宁元年(1068)某月某日葬。

君讳绚,字圣休,余杭人。曾祖曰浩,祖曰文宝,弗仕;考曰延遇,仕至左侍禁,赠官至左骁骑将军。君少孤,与其弟祇,皆文行知名。以布衣教授宗室。后中进士第,历宣州宣城县主簿、抚州司法参军。用举者迁大理寺丞,知雅州名山、洪州奉新两

---

① 《古今图书集成·明伦汇编·氏族典》卷492《盛姓部》,北京:中华书局影印,1934年,第376册之28页。
② 《长编》卷137,仁宗庆历二年六月甲戌,第3276页。
③ 《古今图书集成·明伦汇编·氏族典》卷492《盛姓部》,北京:中华书局影印,1934年,第376册之28页。

县,监海州榷货务,通判池、广两州。乃自尚书屯田员外郎召拜殿中侍御史,用磨勘迁侍御史。劾奏殿前都指挥使郭承祐恃恩骄嫚,论宦官虽高不当坐侍燕而谪请求者,又论不当禁谏官御史风闻言事,仁宗皆以为然。君之为吏也,数决疑狱,所至称辨治。及是,言事又能举其职。方是时,为御史者拔举多不次。君宽裕静退,耻以弹治人得用。未几,即称疾求出,乃知安州,州大治。会卒,人追丧车恸哭。

初,骁骑府君监湖州兵,遂葬下山,至是君从葬,以夫人京兆县君施氏祔。施氏生一子,稚恭,为进士;一女,适信州司理参军王汶。孙:大正、大成、大亨、大钧,今尚幼。君事母孝,友其弟甚笃。于权势财利能廉。吏治尤可纪。在广州奏请城之,未及筑外郭而召。后侬智高反,州人赖君所筑活,以不卒功为恨。铭曰:

有嘉张君,质静宽徐。进非所好,人用称誉。视利在前,蹲循弗趋。退施一州,用智之余。嘻其葬矣,次有铭书。①

仁宗皇祐元年(1049)春正月,当朝廷意欲禁止"以风闻弹奏"时,张揭上书不应该禁止谏官、御史"风闻言事"。"风闻言事"即据传闻弹劾、进谏或举荐官吏。事载《长编》卷一六六:

辛酉,诏曰:"自古为治,必戒苛察。近岁风俗,争事倾危,狱犴滋多,上下睽急,伤累和气,朕甚悼焉。自今言事者,非朝廷得失、民间利病,毋得以风闻弹奏,违者坐之。"殿中侍御史张揭言不当禁谏官、御史风闻言事,不报。揭,余杭人也。王安石志揭墓,七月乙未,揭以侍御史出知安州。②

张揭的墓地在湖州府乌程县下山,事载清人嵇曾筠《浙江通志》卷二三七《陵墓三》:

宋司封员外郎张揭墓。《吴兴掌故》:在(湖州府乌程县)下山,揭,字圣休。③

张揭监海州榷货务之后,知安州之前,尚通判池、广两州,自尚书屯田员外郎召拜殿中侍御史。张揭迁侍御史之后很短的时间即出知安州,时间在仁宗皇祐元年(1049)七月乙未,是年正月,张揭以侍御史身份言事,依此可推知张揭迁侍御史时间在庆历八年(1048)。张揭是磨勘迁侍御史,若通判广州亦是按正常磨勘升迁,那么,张揭监海州榷货务时间当在仁宗庆历二年至四年(1042—1044)。

北宋仁宗庆历四年甲申(1044)

| 海州通判 | 刁约 | 海州司理参军 | 许怡 |

【海州通判:刁约】

刁约(994—1075),字景纯,北宋润州丹徒(今江苏镇江)人,仁宗天圣八年庚午(1030)王拱辰榜进士,与欧阳修、刘沆同榜。历任诸王宫教授、学士院试大理寺丞。宝元

---

① 郭预衡、郭英德主编:《唐宋八大家散文总集》卷5《王安石》修订本,石家庄:河北人民出版社,2013年,第4135页。
② 《长编》卷166,仁宗皇祐元年正月辛酉,第3983页。
③ [清]嵇曾筠:《浙江通志》卷237《陵墓三》,文渊阁《四库全书》第525册,第394页。

二年(1039)五月充馆阁校勘①。庆历元年(1041)年十二月,以馆阁校勘、殿中丞与太子中允欧阳修等并为集贤校理。四年(1044)十一月,以太常博士、集贤校理通判海州。还,以校理权吏部南曹,寻为开封府推官、祠部员外郎。至和元年(1054)十月,提点在京刑狱②。出为两浙转运使,知越州、扬州、宣州等。《宋史》无本传,但在其祖父刁衎本传中附带简单介绍。刁衎(945—1043),字元宾,昇州(今江苏南京)人。原仕南唐,以父荫为秘书郎、集贤校理,官至昭武军节度。归宋后,任太常寺太祝,知睦州桐庐县,迁大理寺丞,授殿中丞、通判湖州,知婺州、光州、庐州等。刁约之父刁湛登进士第,官至刑部郎中③。刁约行迹载宋人刘宰(1167—1240)撰《京口耆旧传》卷一《刁衎传》：

> 约字景纯,少有盛名。擢天圣八年(1030)进士第,为诸王宫教授。时南班之制未立,宗子非遇殊恩,无迁官法。景祐中,宗室欲缘大礼推恩,命约草表。丞相王公曾爱其文词,遂得旨,有南班之授。宗室以千缣谢,辞不受。宝元中,入为馆阁校勘。庆历初,与欧阳公修同知太常礼院。其冬,又与修等并为集贤校理、管当三馆秘阁。四年(1044),坐苏舜钦进奏院祠神饮酒事,出通判海州。奉亲以行作戏彩亭,邦人荣之。李清臣赋诗,所谓"传闻彩服朱颜客,已作金章白发翁"盖以属约。皇祐中,仍以校理权吏部南曹,寻为开封府推官。至和中,温成皇后上仙,约以厚葬为非。未奏疏,为内臣所白,出提点京西刑狱。时知太常礼院、校理吴充、鞠真卿皆以议温成事黜,时论然之。太常丞、直集贤院冯京上言："三人者不当去。"亦坐落同修起居注。嘉祐初,还朝,判度支院,假太常少卿、直史馆使敌。归涂戏用契丹"匹裂、貔狸"等为诗,虽一时谐谑,亦为当世传诵。还判度支院。四年(1059),出为两浙转运使,还判三司盐铁院,出提点梓州路刑狱。八年(1063),再判盐铁院,迁户部。

> 治平中,出知扬州,移宣州。熙宁初,判太常寺。议讲读官当赐坐,与吕公著等合。后虽不行,识者是之。

> 约性殷勤笃至,急人之急,甚于已私。在京师,宾客无贵贱少长,有谒必报,日不足,继之以夜。故馆中颇有"走马多罗"之诮。而约实未尝一登权要之门,故同时辈流躐进骤迁,而约独四十年周旋馆学。天下士无问识不识,皆称之曰"刁学士"。而一世名德、相望前后如范公仲淹、欧阳公修、司马公光、王公安石、王公存、苏公轼,皆爱敬之。其告老而归,存以诗送之曰："平生胸怀笃风义,往还不论贱与贵。骑马都城四十年,未尝一毫为身计。"比其死也,轼哭之以诗曰："平生为人耳,自为薄如缟。"安石祭之以文,亦曰："坦然制行之平,裕然与人之周。既贵贱以同观,亦始终以相侔。"盖《实录》云。

> 约家世簪缨,故所居颇有园池之胜。至约,更葺园曰"藏春坞"。坞西临流为屋,曰"逸老堂"。又西,有山阜,植松其上,曰"万松冈"。凡当世名能文者皆有诗,故"藏春坞"之名闻天下。

---

① 《宋会要辑稿》选举31之30,第5856页。
② 《长编》卷134,仁宗庆历元年十二月庚寅,第3207页;卷153,仁宗庆历四年十一月甲子,第3715页;卷177,仁宗至和元年十月癸丑,第4287页。
③ 《宋史》卷441《刁衎传》,第13051-13054页。

约从容里闬,年八十余。元丰五六年间,卒。①

刁约少卓越刻苦,学问能文章,工诗。沈括在《梦溪笔谈》卷二《故事二》载:

> 宗子授南班官,世传王文正太尉为宰相日,始开此议,不然也。故事,宗子无迁官法,唯遇稀旷大庆,则普迁一官。景祐(1034—1038)中,初定祖宗并配南郊,宗室欲缘大礼乞推恩,使诸王宫教授刁约草表上之闻。后约见丞相王沂公,公问:"前日宗室乞迁官事何人所为?"约未测其意,答以不知。归而思之,恐事穷且得罪,乃再诣相府。沂公问之如前,约愈恐,不复敢隐,遂以实对。公曰:"无他,但爱其文词耳。"再三加奖,徐曰:"已得旨,别有措置,更数日当有指挥。"自此,遂有南班之授。近属自初除小将军,凡七迁则为节度使,遂为定制。诸宗子以千缣谢约,约辞不敢受。予与刁亲旧,刁尝出表藁以示予。②

虽然这是沈括以亲身经历来考据"宗子授南班官"的来历,但也引申出刁约入仕初期上表中的"文词"之美。《宋会要辑稿》选举三一之三〇亦载刁约诗之优:"宝元二年(1039)五月十一日,学士院试大理寺丞刁约,赋三下、诗三上,诏充馆阁校勘。"③

仁宗嘉祐元年(1056)八月,"侍御史范师道为契丹国母正旦使,寻以祠部员外郎、判度支勾院、集贤校理刁约代师道,师道被疾故也"④。刁约使辽回京后,曾作四句戏言诗,流行朝野,事载沈括《梦溪笔谈》卷二五《杂志二》:

> 刁约使契丹,戏为四句诗曰"押燕移离毕,看房贺跋支。饯行三匹裂,密赐十貔狸",皆纪实也。移离毕,官名,如中国执政官。贺跋支,如执衣、防阁。匹裂,似小木罂,以色绫木为之,加黄漆。貔狸,形如鼠而大,穴居,食果谷,嗜肉,狄人为珍膳。味如㹠子而脆。⑤

刁约诗文现存不多,现觅得记一篇、诗九首。一篇记是嘉祐六年(1061)时所作《望海亭记》,记述越中山水形胜⑥;九首诗皆收录于《全宋诗》,除上述《使契丹戏作》诗外,其中有三首《游五泄山》《过渔浦作》《过溪口广慈院》载宋人孔延之撰《会稽掇英总集》⑦,二首《方氏清芬阁》《严陵山》载宋人董弅《严陵集》⑧,一首《送梵才大师归天台》载宋李庚等编《天台续集》卷上⑨,一首《春集东园赋得翠字》载宋人宋祁《景文集》卷五⑩,一首《如归亭》载《全宋诗》⑪。

---

① [宋]刘宰:《京口耆旧传》卷1《刁衎传》,文渊阁《四库全书》第451册,第121-125页。按:关于刁约卒年有不同说法。吴雪涛认为刁约生于太宗淳化五年(994),卒于神宗熙宁八年(1075),享年八十二岁;李之亮《苏轼年谱》及苏轼《祭刁景纯墓文》认为刁约卒于熙宁十年(1077)。参见吴雪涛:《苏文系年考略》,呼和浩特:内蒙古教育出版社,1990年,第110页;[宋]苏轼著,李之亮笺注:《苏轼文集编年笺注》诗词部8,成都:巴蜀书社,2011年,第411页。
② 按:"诸王宫教授"原为"诸王官教授",从《长编》改。参见[宋]沈括著,金良年、胡小静评:《梦溪笔谈全译》,上海:上海古籍出版社,2013年,第13页;《长编》卷117,仁宗景祐二年十一月丙午,第2763-2764页。
③ 《宋会要辑稿》选举31之30,第5856页。
④ 《长编》卷183,仁宗嘉祐元年八月丙寅,第4438页。
⑤ [宋]沈括著:《梦溪笔谈全译》,上海:上海古籍出版社,2013年,第244页。
⑥ [宋]孔延之撰:《会稽掇英总集》卷19,文渊阁《四库全书》第1345册,第160-161页。
⑦ [宋]孔延之撰:《会稽掇英总集》卷4,第35-35页;卷5,第42页;卷9,第71页。
⑧ [宋]董弅:《严陵集》卷5,文渊阁《四库全书》第1348册,第565页。
⑨ [宋]李庚等编,郑钦南、郑苍钧点校:《天台集》,上海:上海古籍出版社,2018年,第171页。
⑩ [宋]宋祁撰:《景文集》卷5,文渊阁《四库全书》第1088册,第47页。
⑪ 陈去病著:《陈去病全集》第4册《外编一·吴江诗绿二编》卷22,上海:上海古籍出版社,2009年,第2187页。

《京口耆旧传》言,刁约"殷勤笃至,急人之急,甚于已私",在馆四十年,交游甚广,天下士无问识不识,皆称之曰"刁学士"。前后如范仲淹、欧阳修、司马光、王安石、王存、苏轼等,皆爱敬之。

刁约与欧阳修同榜,曾"同修礼书",同为"馆阁校勘""集贤校理",相互之间亦有间接的姻亲关系,常书信来往诗酒唱和。《宋史·胥偃传》载,胥偃(983?—1039),字安道,北宋潭州长沙(今湖南长沙)人。大中祥符五年(1012)进士,未仕时,家有良田数十顷,既贵,悉以予族人。授大理评事、通判湖州。累迁尚书刑部员外郎,遂知制诰,迁工部郎中,入翰林为学士,权知开封府。"欧阳修始见偃,偃爱其文,召置门下,妻以女。偃纠察刑狱,范仲淹尹京,偃数纠其立异不循法者。修方善仲淹,因与偃有隙。……偃妻,直史馆刁约之妹。"①也就是说欧阳修的妻子是刁约妹婿胥偃的女儿。欧阳修曾在仁宗宝元二年(1039)修《与刁景纯学士书》寄在朝任职馆阁校勘的刁约,为"及首登门,便被怜奖,开端诱道,勤勤不已"表达感激之情;至和元年(1054)夏,服除回朝后修《与刁学士(约)书》邀刁约喝茶相会;在刁约致仕归润州后,又赋诗《寄题景纯学士藏春坞新居》:"清才四纪擅时名,晚卜丘林遂解缨。欲借青春藏向此,须知白首尚多情。水浮花出人间去,山近云从席上生。漫说市朝堪大隐,仙家谁信在重城?"②以示敬仰之情。

刁约与王安石之间关系较为密切。王安石与刁约的哥哥刁绎交往深厚,庆历三年(1043)刁绎去世时,王安石签书淮南节度判官厅公事,作《祭刁博士绎文》。据《京口耆旧传》卷一《刁衍传》载:"(刁约)兄绎,擢天圣二年(1024)进士第,授太常博士,历仕楚蜀,最后通判扬州,卒。王安石时签书淮南节度判官厅公事,有祭文。"③王安石在祭文中表示"昔之同升,泰亦众已",二人早年同时入仕,后来刁绎通判扬州,可惜英年早逝,并发问:"良者弗寿,谓旻天何!"④刁约还是王安石变法的支持者。神宗熙宁元年(1068)四月,王安石回京应对,受到神宗皇帝的赞许,欲用其法实施改革。改革之初,王安石首先提出"赐座"改革。自汉唐始,朝廷实施御前讲席制度,就是安排一些翰林学士或馆阁臣僚定期为皇帝讲解儒学经典、治国之策等,在宋代称为"经筵"。过去主讲官员都是坐着的,从真宗乾兴开始,主讲官员才开始站立讲课,王安石等人认为应该恢复旧制,为主讲官员"赐座",以示对礼法的尊崇。事载《续资治通鉴》卷六六:

> 庚申,吕公著、王安石等言:"故事,侍讲者皆赐坐;自乾兴以来,讲者始立,而侍者皆坐听。臣等窃谓侍者可使立,而讲者当赐坐。"礼官韩维、刁约、胡宗愈言:"宜如天禧旧制,以彰陛下稽古重道之意。"刘攽曰:"侍臣讲论于前,不可安坐。避席言语,乃古今常礼。君使之坐,所以示人主尊德乐道也;若不命而请则异矣。"龚鼎臣、苏颂、周孟阳、王汾、韩忠彦皆同攽议,曰:"乾兴以来,侍臣立讲,历仁宗、英宗两朝,行之且五十年,岂可轻议变更!"帝问曾公亮,公亮曰:"臣侍仁宗书筵亦立。"后安石因

---

① 《宋史》卷294《胥偃传》,第9817-9819页。按:有关胥偃与欧阳修的关系可参见(日)东英寿著,王振宇译:《欧阳修的行卷——着眼于科举的考前活动中与胥偃的关系》,载(日)东英寿著,王振宇、李莉等译:《复古与创新——欧阳修散文与古文复兴》,上海:上海古籍出版社,2005年,第44-58页。
② 张春林编:《欧阳修全集》,北京:中国文史出版社,1999年,第273、384、145页。
③ [宋]刘宰:《京口耆旧传》卷1《刁衍传》,文渊阁《四库全书》第451册,第121-125页。
④ [宋]王安石撰:《临川先生文集》,上海:复旦大学出版社,2016年,第1508页。

讲赐留,帝面谕曰:"卿当讲日可坐。"安石不敢坐,遂已。①

虽然最后没有成功,但刁约对王安石变法的支持态度略见一斑。除政治上志同道合外,他们还经常书信来往,相互唱和。嘉祐中,王安石提点江东刑狱时曾与刁约唱和(诗序为"狄梁公、陶渊明俱为彭泽令,至今有庙在焉。刁景纯作诗见示,继以一篇"。):

> 梁公壮节就夔魑,陶令清身托酒徒。政在房陵成底事,年称甲子亦何须。江山彭泽空遗像,岁月柴桑失故区。末俗此风犹不竞,诗翁叹息未应无。

在刁约致仕归隐润州后,王安石作《奉和景纯十四丈三绝》《藏春坞诗献刁十四丈学士》等诗以寄;刁约去世后,王安石作《祭刁景纯学士文》以凭吊②。

刁约与苏轼为忘年之交,刁约归隐润州后,二人多有诗文唱和,今存十一首。如苏轼《刁景纯赏瑞香花忆先朝侍宴次韵》:

> 上宛天桃自作行,刘郎去后几回芳。厌从年少追新赏,闲对宫花识旧香。欲赠佳人非泛洧,好纫幽佩吊沉湘。鹤林神女无消息,为问何年返帝乡。

另外尚有《景纯见和,复次韵赠之,二首》《同柳子玉游鹤林、招隐,醉归,呈景纯》《寄题刁景纯藏春坞》等。刁约去世后,苏轼有《哭刁景纯》和《祭刁景纯墓文》③。

刁约与梅尧臣关系甚密,梅尧臣的继室刁氏为刁约之妹,欧阳修撰《梅圣俞墓志铭》载:"(梅尧臣)初娶谢氏,封南阳县君;再娶刁氏,封渤海县君,改恩平县君。"④二人交往亦为深厚,唱和颇多,仅梅尧臣《宛陵集》所载梅尧臣寄和刁约诗达十三首之多。如《送刁景纯学士赴越州》:

> 会稽迎太守,舟屋画粉膆。前舟载图书,后舟载女乐。月出镜湖心,长笛使孤作。还见渔者来,曾令李谟愕。吹裂比竹管,士果不可度。二分学宫装,艳色斗京洛。尝闻有西子,蒝蒝不相若。得郡考故迹,精绝古所作。慎莫为俗牵,乘闲数斟酌。⑤

该诗绘声绘色地想象了刁约赴任途中的形色,既学富五车,又喜于乐饮;还寄希望刁约能考故述作,"莫为俗牵"。

刁约之所以不能与"同时辈流躐进骤迁""独四十年周旋馆学",除与他"实未尝一登权要之门"有关外,还与另外一件事情有关,即刁约在仁宗那儿不受待见。时位列宰相第三的同年刘沆本欲举荐刁约,却听到仁宗称刁约"荒饮无度",举荐遂罢。事载江少虞《事实类苑》卷四《祖宗圣训》:

> 刘沆为集贤相,欲以刁约为三司判官,与首台陈恭公议,不合。刘言之再三,恭公始见允。一日,刘作奏札子,怀之与恭公上殿。未及有言,而仁宗曰:"益州重地,谁可守者?"二相未对。仁宗曰:"知定州宋祁,其人也。"陈恭公曰:"益俗奢侈,宋喜游耍,恐非所宜。"仁宗曰:"至如刁约,荒饮无度,犹在馆阁,宋祁有何不可知益州

---

① [清]毕沅:《续资治通鉴》卷66,第1621—1622页。
② [宋]王安石撰:《临川先生文集》,上海:复旦大学出版社,2016年,第444、658、517、1501页。
③ [宋]苏轼著:《苏东坡全集》,北京:燕山出版社,2009年,第260—262、327、375、2975页。
④ [宋]欧阳修:《梅圣俞墓志铭》,[宋]梅尧臣:《宛陵集》卷61《附录》,文渊阁《四库全书》第1099册,第433页。
⑤ 北京大学古文献研究所:《全宋诗》第5册,北京:北京大学出版社,1998年,第3318页。

也?!"刘公惘然惊惧。于是,宋知成都,而不敢以约荐焉。①

刁约通判海州是因"坐苏舜钦进奏院祠神饮酒事"。事载《长编》卷一五三:

(仁宗庆历四年十一月)甲子,监进奏院右班殿直刘巽,大理评事、集贤校理苏舜钦,并除名勒停。工部员外郎、直龙图阁兼天章阁侍讲、史馆检讨王洙落侍讲,检讨,知濠州;太常博士、集贤校理刁约通判海州。殿中丞、集贤校理江休复监蔡州税,殿中丞、集贤校理王益柔监复州税,并落校理。太常博士周延隽为秘书丞,太常丞、集贤校理章岷通判江州,著作郎、直集贤院、同修起居注吕溱知楚州,殿中丞周延让监宿州税,校书郎、馆阁校勘宋敏求签书集庆军节度判官事,将作监丞徐绶监汝州叶县税。

先是,杜衍、范仲淹、富弼等同执政,多引用一时闻人,欲更张庶事。御史中丞王拱辰等不便其所为。而舜钦仲淹所荐,其妻又衍女也,少年能文章,议论稍侵权贵。会进奏院祠神,舜钦循前例用鬻故纸公钱召妓女,开席会宾客。拱辰廉得之,讽其属鱼周询、刘元瑜等劾奏,因欲动摇衍。事下开封府治。于是舜钦及巽俱坐自盗,洙等与妓女杂坐,而休复、约、延隽、延让又服惨未除,益柔并以谤讪周、孔坐之,同时斥逐者,多知名士。世以为过薄,而拱辰等方自喜曰:"吾一举网尽矣!"

狱事起,枢密副使韩琦言于上曰:"昨闻宦者操文符捕馆职甚急,众听纷骇。舜钦等一醉饱之过,止可付有司治之,何至是。陛下圣德素仁厚,独自为是何也?"上悔见于色。②

该案史称"进奏院案"。大背景是由参知政事范仲淹等发起的庆历新政此时受到重大挫折,仁宗皇帝已然改变当初大力支持的态度,而发出了终止变革的信号。但是,一批支持变革的中下层官员,特别是以大理评事、集贤校理苏舜钦为代表的馆阁官员,大部分都受到过范仲淹等人的举荐,在政治上认同变革,在行动上积极为变革鼓与呼。然而,另一批反对改革的保守派官员也正在蠢蠢欲动,择机掀起更大的风暴。恰好此时,由苏舜钦发起的这次进奏院秋赛会,点燃了这一风暴的导火索。这次秋赛会也称赛神会,实际上是一次文人雅集,参加聚会的主要是一批馆阁官员。被抓住把柄的主要有四点:一是聚会的一部分费用相当于公款。进奏院过去常将拆下的旧公文封套卖了,收入作为日常开支用。这次聚会,苏舜钦和参与聚会的人虽然也都凑了点份子,但还是被指"监守自盗"。二是在办公场所伎乐。文人雅士聚会,免不了邀伎歌舞,放浪形骸,在朝堂办公场所就另当别论了。三是有人在除服期间伎乐,显然有违礼法。四是王益柔作《傲歌》诗,其中有"醉卧北极遣帝扶,周公、孔子驱为奴"句,意思是我喝醉了,躺在北极上,皇上啊,来,扶我一把;周公和孔子啊,来,做我的奴婢吧。体现了对皇权和圣贤的大不敬。这下,被保守派代表、御史中丞王拱辰抓住把柄,将参加聚会的十余名变革派代表"一举网尽",与会者皆被贬官。有人甚至"至列状言,益柔罪当诛",幸枢密副使韩琦言于帝"益柔狂语,何足深计"③,才得以幸免;事后,直集贤院赵概亦言:"预会者皆馆阁名士,举而弃之,触士大

---

① [宋]江少虞:《事实类苑》卷四《祖宗圣训》,文渊阁《四库全书》第874册,第31-32页。
② 《长编》卷153,仁宗庆历四年十一月甲子,第3715-3716页。
③ 《宋史》卷286《王益柔传》,第9634-9636页。

夫望,非国之福也",但并未得到重视。① "进奏院案"的后果是,庆历五年(1045),几位庆历新政的主要主政官员先后皆遭罢免,参知政事范仲淹罢知汾州,枢密副使富弼罢知郓州,枢密副使韩琦罢知扬州,为范仲淹辩护的欧阳修也罢知滁州。庆历新政烟消云散。

刁约通判海州在仁宗庆历四年(1044)十一月,但离任通判海州时间不详,离任通判海州后的任职及时间也不足以推知。如"皇祐(1049—1054)中,仍以校理权吏部南曹,寻为开封府推官"。刁约离任开封府推官在仁宗至和元年(1054)十月,事载《长编》卷一七七:"癸丑,开封府推官、祠部员外郎、集贤校理刁约提点在京刑狱。"②如按宋朝通判三年之后才能升迁的常规制度安排来看,刁约离任通判海州的时间大致应该在仁宗庆历七年(1047)。

【海州司理参军:许怡】

许怡(生卒年不详),宣州宣城人。以父荫为海州司理参军,历官太子中舍,签押淮南节度判官厅公事等。生平史载阙,在宋人笔记、文集或方志中收录有少量信息。据王珪《华阳集》卷四〇《望都县太君倪氏墓志铭》载:许怡祖母为倪氏,祖父为赠大理评事高阳许规;父亲为许逖,幼时即表现出才华,有诗学,得南唐后主李煜的器重,拜秘书郎,官至监察御史,入宋,补卫州汲县尉,以太常卿知鼎州,迁国子博士,两浙、江南转运使,出知兴元府,迁主客员外郎、京西转运使,徙荆湖南路,以度支员外郎选知府事,迁司封员外郎,赐金紫,徙扬州,以子赠至工部侍郎。庆历四年(1044)十月,许怡与兄弟六人将祖母棺柩葬于真州扬子县(今江苏省扬州市仪征市)。《望都县太君倪氏墓志铭》录文如下:

> 夫人姓倪氏,南唐主爵郎中弼之女,赠大理评事高阳许规之妻。高阳君死池阳官下,夫人携三子尚幼,寓宣城,日夜戒诸子,期有所树立。次子府君逖,时为儿童,秀警,已能作诗。尝憩大溪旁,方据石微吟,潮几没石,府君挥洒自若,诗成,顷乃去。夫人尝奇之。一日,从膝下,乃曰:"家世微,若不少激昂,何以大先君之后?"遂从学中茅山,穷《左氏春秋》。观战国危亡之际,未尝不慷慨太息。条二十事,皆切当世务,持见江南李煜。煜器其少年有诗学,拜秘书郎,即日怀其绶归。夫人感泣曰:"姑望吾子至是耶!"明年,天兵下秣陵,朝廷江东诸材望臣,府君以监察御史归。复献书天子,补卫州汲县尉。居亡何,夫人寝疾,终于官第,享年八十有五。夫人治家肃然,诸子候颜色,以时出入。居宣城,岁时与诸子贫食劳苦,意益自安。后府君来京师,取朝廷显用,以材识称,盖母氏之教然。诸子亦承其家。咸平中,故府君迁太常丞,守武陵,会郊报恩霈,追封夫人望都太君。庆历四年十月丙辰,孙通州司户恂、太子中舍恢、海州司理怡、江淮制置判官 元 、太庙斋郎平、进士会,奉望都柩于广陵,壬申,葬于真州扬子县甘露乡之原。诔某铭曰:
>
> 池阳之中,诸孤实幼。吁嗟夫人,介然其守。训子有立,果振于后。夫人之贤,宜识不朽。③

---

① 《宋史》卷318《赵概传》,第10364-10366页。
② 《长编》卷177,仁宗至和元年十月癸丑,第4287页。
③ [宋]王珪:《华阳集》卷40,载《丛书集成初编》,上海:商务印书馆,1935年,第553页。按:"岁时与诸子贫食劳苦""盖母氏之教然。诸子亦承其家"原文分别为"岁时与诸子食贫劳苦""盖母氏之教。然诸子亦承其家",从《全宋文》改。参见曾枣庄、刘琳主编:《全宋文》第53册,第227页。

许怡四弟原文阙名,为"江淮制置判官某",从《新安志》补为"元"。据宋人罗愿撰《新安志》卷六《许逖传》载:

> 许司封逖,字景山,歙州人(《题名碑》言:许逖,祁门人)。
>
> 五子:恂、恢、怡、元、平。恂,黄州录事参军;恢,虞部员外郎;怡,太子中舍,签押淮南节度判官厅公事;元,最显;平,字秉之,与兄元相友爱称天下,少卓荦不羁,善辨说,亦与元俱以《智略》为当世大人所器。宝元中,朝廷开方略之选以招异能,陕西大帅范文正公、郑文肃公皆以平所为书荐,召试为太庙斋郎,调海陵主簿。多荐其有大才,可试以事者。平亦慷慨自许,欲有所为。未及用,嘉祐中,卒,年五十七。子瑰、璋、琦、琳。璋,真州司户参军,琦太庙斋郎。自恂至平,皆孝友,如其先人,故士大夫论孝友者归许氏。①

由上述史料可知,许怡任海州司理参军,在仁宗庆历四年(1044)十月前后。时间亦由许怡四弟许元任职江淮制置判官的时间来佐证。庆历三年(1043)五月,江、淮岁漕供应不畅,致使京师粮草匮乏,大臣们深感忧虑,枢密副使范仲淹推荐时任国子博士的许元可担此重任,以畅通江淮漕运。事载《长编》卷一四一:"辛未,擢(许)元江、淮、两浙、荆湖制置发运判官。"②

许怡的父亲许逖与田锡(940—1003)不仅有仕宦交游,还有姻亲关系。田锡于真宗咸平元年(998)二月至四年(1001)正月,以吏部郎中、直集贤院出知泰州③。这期间,许逖虽知兴元府,但家住泰州,因而二人交往深厚。田锡子田长城迎娶许逖女,二人成为儿女亲家。田锡于咸平三年(1000)十二月的奏状记载了此事,事载田锡《咸平集》卷二七《泰州乞替》:"臣今在任已二年八个月,三逢圣节,以官秩未满,朝觐无由,不获随班上寿。……兼去年曾具奏闻,为臣男长城与即今知兴元府、国子博士许逖家结亲,于今年四月成迎讫。缘许逖始因官在泰州居住,臣久在任,虑非稳便,愿归京师,且在馆殿供职,伏望圣慈,允臣所奏。"④

许怡四弟许元"最显",《宋史》卷二九九有本传:

> 许元,字子春,宣州宣城人。以父荫为太庙斋郎,改大理寺丞,累迁国子博士,监在京榷货务,三门发运判官。元为吏强敏,尤能商财利。庆历中,江、淮岁漕不给,京师乏军储,参知政事范仲淹荐元可独倚办,擢江、淮制置发运判官。至,则悉发濒江州县藏粟,所在留三月食,远近以次相补,引千余艘转漕而西。未几,京师足食,朝廷以为任职,就迁副使。遂以尚书主客员外郎为使,进金部,特赐进士出身,迁侍御史。
>
> 尝欲与施昌言分行二浙、江南调发军食。仁宗闻之,语辅臣曰:"东南岁比不登,

---

① [宋]罗愿撰:《新安志》卷6《许司封(逖)传》,文渊阁《四库全书》第485册,第431-433页。按:《新安志》在许逖传之后附其长兄许遂之子许俞(字尧言)的传记《许长官(俞)传》和其三弟许迥(字光远)的传记《许承旨(迥)传》;《新安志》有关许逖的内容参考了欧阳修《居士集》卷38《司封员外郎许公(逖)行状》的内容,二者详略有异,《行状》对于许逖"知(汲)县事"与"知鼎州"期间的任职情况记载得较为详细:"又二岁,徙江华令,未行,转运使樊知古荐其材,拜太仆寺丞,磨勘钱帛粮草,监永城和籴,知海陵监。三岁,用盐最,迁大理寺丞,赐绯衣银鱼,监泗州排岸司。迁赞善大夫、监永兴军榷货务,迁太常丞。"参见张春林:《欧阳修全集》,北京:中国文史出版社,1999年,第521-522页。

② 《长编》卷141,庆历三年五月庚午,第3373页。

③ 《长编》卷43,咸平元年二月乙未,第909页;[宋]田锡:《咸平集》卷27《谢得替》,文渊阁《四库全书》第1085册,第532页。

④ [宋]田锡:《咸平集》卷27《泰州乞替》,文渊阁《四库全书》第1085册,第531-532页。

民力匮乏,尝诏损岁漕百万石,而元与昌言乃更欲分道而出,是必诛求疲民以自为功,非朕志也。"下诏戒饬。既而元欲专六路财赋,收羡余以媚三司,惮诸部不从,请以六路转运司自隶,既可之矣,而转运使多论其罪,事遂寝。擢天章阁待制,再迁郎中,以疾请还。历知扬、越、泰州,卒。

元在江、淮十三年,以聚敛刻剥为能,急于进取,多聚珍奇以赂遗京师权贵,尤为王尧臣所知。发运使治所在真州,衣冠之求官舟者,日数十辈。元视势家贵族,立榷巨舰与之;即小官茕独,伺候岁月,有不能得。人以是愤怨,而元自以为当然,无所愧惮。①

北宋仁宗庆历五年乙酉(1045)

【东海县令:张震】

张震(生卒年不详),生平史载阙,任海州东海令事载范仲淹《范文正集》卷一三《太子右卫率府率田公墓志铭》:

公娶李氏,赠福昌郡君,前十五年而亡。生八男:经略,即长子也;次曰渊,有词业,举进士,以兄荫补试秘书省校书郎、许州郾城主簿;次曰沃蕿,幼亡;次曰洵,颍上主簿;次曰浃,登进士第,唐州团练推官;次曰洸,太庙斋郎;次曰泳,皆业进士;次小字宝哥,尚幼。三女:长适海州东海令张震,次适辰州理掾高崈,次适鄂州咸宁令张子方,皆以妇道称于宗族。某尝与公会于丹阳,见公气貌话言,刚而质,毅而恭,使人信而爱之。又与经略之游旧矣,俾序而铭云:

公复其家,去狄而华。公教其嗣,挺国之器。厥后既隆,又寿而终。天子赠焉,大夫吊焉。非积德而胡然。②

张震任职海州东海令时间不详。墓主田绍方(972—1045),享年74岁,墓志铭由范仲淹撰写,墓主的长婿为时任海州东海县令的张震。故张震任职海州东海县令时间在仁宗庆历五年(1045)前后。

墓主田绍方育有八男三女计11子。若以二年为平均生育期,墓主20岁左右娶妻生子,则至少需要22年,即墓主首子生育时间在992年(即太宗淳化三年)前后,末子生育时间至早在1012年(即真宗大中祥符五年),特殊情况下也不太会晚于50岁,即1022年,真宗乾兴元年。张震为田绍方长婿,娶妻时当在20岁左右,年龄与墓主长女相仿,则张震出生时间至早为太宗端拱末淳化初,即990年前后,至晚为真宗大中祥符末,即1016年前

---

① 《宋史》卷299《许元传》,第9944—9945页。
② [宋]范仲淹:《范文正集》卷13,文渊阁《四库全书》第1089册,第702—704页。按:"次曰沃蕿",《名臣碑传琬琰之集》与《四库提要著录丛书》皆为"次曰天蕿",曾枣庄与王瑞来等认为"次曰沃蕿"(《四部丛刊》本)若为二人,则共有九男,与文中所说"生八男"之数不合,故类如后文幼子小名"宝哥"一样,也是未成年尚未正式命名,而记以小字,而经辩证认为应是"天蕿",即"天护"。参见[宋]杜大珪编:《名臣碑传琬琰之集》中卷39《范仲淹:田公绍芳墓志铭》,文渊阁《四库全书》第450册,第502—503页;《四库提要著录丛书》编纂委员会编:《四库提要著录丛书》集部338,北京:北京出版社,2010年,第258—259页;曾枣庄、刘琳主编:《全宋文》第19册,第55—57页;王瑞来:《〈范仲淹集〉校读札记》,载《天地间气——范仲淹研究》,太原:山西教育出版社,2015年,第229—230页。

后,故其主要活动时间在北宋真宗至神宗朝之间,即大约在990年至1085年之间。

北宋仁宗庆历六年丙戌(1046)

海州知州	王信臣	海州监榷货务	萧映、张子谅
海州驻泊	訾文明	怀仁县尉	潘及甫
海州巡检	曹元礼		

【海州知州：王信臣】

王信臣(生卒年不详),生平史载阙。仅《宋会要辑稿》选举一○之一载:"乾兴元年(1022)四月十三日,翰林学士李谘等以准敕试幕职、令录六十五人身言书判,等第来上,引对便殿。……前知郓州观察支使王信臣等四人,加阶勋检校官试衔。"①至于与朱熹(有《跋王信臣行实》②)、杨万里(有《答王信臣》尺牍③)等交往甚厚之王信臣乃南宋时人。

21世纪初,连云港市重点文物保护研究所开展了不可移动文物调查工作,在海州古城南面的锦屏山马耳峰下的岩洞内发现了一组摩崖石刻,其中一通石刻上有"知州王信臣"字样④,而在史乘及地方志书上并没有记录。

该摩崖石刻记载的是仁宗庆历六年丙戌(1046)六月十九日,知州王信臣,通判刁约,监榷货务萧映、张子谅,驻泊訾文明,巡检曹元礼等当地官员,带领涟水新任守备逢冲登锦屏山游玩,之后在云石庵前品茗休息的经历。

依此可知,王信臣知海州时间在仁宗庆历六年(1046)前后。其中驻泊訾文明,巡检曹元礼,涟水新任守备逢冲等无其他史料考证。

【海州监榷货务：萧映】

萧映(生卒年不详),字仲景,北宋新喻(今江西省新余市)人。天圣年间进士,历监海州榷货务,知吉水县、道州,职方员外郎。官终屯田郎中。萧映生平史载简略,仅见三条史料记载。

第一条即上述《王信臣题名》石刻中所载,萧映为海州监榷货务,时间在仁宗庆历六年(1046),因排名在监榷货务张子谅之前,推测应该是上一任监榷货务,上任时间大约在庆历四年(1044)前后。

第二条是宋人沈遘《西溪集》卷五《职方员外郎萧映可屯田郎中,太子中舍路谏可殿中丞》载:

> 敕某等:夫臣能奉职以效于上,上能念功以报于下,则万事其有赖,而百工其有惰哉。然则爵赏虽贵,不得而吝也。今吾按有司之奏,各进尔等秩一等。其往祗服

---

① 《宋会要辑稿》选举10之1,第5452页。
② [宋]朱熹:《晦庵集》卷84,文渊阁《四库全书》第1145册,第755页。
③ 曾枣庄、刘琳主编:《全宋文》第238册,第2-3页。
④ 连云港市重点文物保护研究所编著:《石上墨韵——连云港石刻拓片精选》,上海:上海古籍出版社,2013年,第53页。

益思所以善其职,而取报之宠者亦惟休哉! 可。①

第三条是清人谢旻《江西通志》卷七三《人物八》载萧映生平简介:

> 萧映,字仲景,新喻人,天圣进士。筮仕吉水,威惠并行,邑大治,每岁输诣,郡皆溯流而上。映请筑仓近郭,以便输将,后知道州,终屯田郎中(《林志》)。②

【海州监榷货务:张子谅】

张子谅(生卒年不详),字中乐,生平史载简略,北宋汉阳(今湖北省武汉市汉阳区)人。仁宗庆历末皇祐初举进士,历大理寺丞,通判河阳(今河南省焦作市孟州市),监海州榷货务,太常博士,知永州,太常礼直官,议礼局检阅文字官,四方馆使。

张子谅为海州监榷货务,载上述《王信臣题名》石刻,时间在仁宗庆历六年丙戌(1046)。因排名在监榷货务萧映之后,推测应该是新任监榷货务,离任时间大约在庆历八年(1048)前后。

【怀仁县尉:潘及甫】

潘及甫(1013—1093),字宪臣,北宋扬州府泰兴县(今江苏省扬州市)人。仁宗庆历六年丙戌(1046)贾黯榜进士,与兄潘希甫、后来官至中书舍人的刘攽同榜,初授海州怀仁县尉。任袁州宜春主簿,通判筠州,知分宁县,迁著作佐郎,知寿州霍县、青州寿春县,秘书监丞,充楚王宫太学教授,以屯田员外郎通判江州等。官至左朝散郎。著有《潘朝散文集》三十卷,已佚。生平主要载地方史志中。

清嘉庆《重修扬州府志二》卷四六《人物一》引《雍正志》载:

> 潘及甫,字宪臣,江都人。博通经史,厉志文行,闻胡瑗倡学于湖,往从之。瑗见其文喜曰:"非诸生比也。"遂补学职,妻以女弟。庆历中,与兄希甫同登进士,为怀仁尉,筠州判官。及知分宁、霍邱、寿春三县,所至皆著政绩。迁秘书丞、充楚王宫太学,教授律宗室以礼法。神宗嘉之。后以屯田员外郎通判江州。迁左朝散郎。亲族之贫寡孤幼者,皆赖其抚恤。晚得目疾,每命子侄执策读于前,终日倾耳危坐,无倦容。未卒前一日,犹卧听《周书》《汉史》,口占诗而卒。③

潘及甫从学胡瑗,被胡瑗喜称"非诸生比也""遂补学职,妻以女弟",后进士及第等,是经常被后人用来称道并赞颂胡瑗治学成就的,明黄宗羲即将此收录于《宋元学案》④。

清道光《泰州志》卷一五《选举表》则记录了潘及甫进士及第的具体年代:"潘及甫、潘希甫,丙戌榜。"⑤丙戌即仁宗庆历六年(1046)。

潘及甫任海州怀仁县尉是进士及第后初仕官,时间在仁宗庆历六年(1046),离任时

---

① 曾枣庄、刘琳主编:《全宋文》第 74 册,第 227 页。
② [清]谢旻:《江西通志》卷 73《人物八》,文渊阁《四库全书》第 515 册,第 518 页。
③ [清]嘉庆《重修扬州府志二》卷 46《人物一》,南京:江苏古籍出版社,1991 年,第 31 页。
④ [明]黄宗羲著:《黄宗羲全集》第 3 册《宋元学案一》,杭州:浙江古籍出版社,2012 年,第 88 页。
⑤ [清]道光《泰州志》卷 15《选举表(上)》,南京:江苏古籍出版社,1991 年,第 139 页。按:现代泰州文史资料及有关报刊文章中皆认为潘及甫中举时间为仁宗庆历二年壬午(1042),误。参见泰州市政协学习文史委员会编:《泰州古村》,北京:方志出版社,2015 年,第 127-130 页;戚正欣:《潘及甫初仕"怀仁"考》,《泰州晚报》2017 年 6 月 11 日第 A05 版等。

间不详。

潘及甫迁著作佐郎时间在仁宗嘉祐六年(1061)六月至七年(1062)十月之间,其制诰由王安石制,王安石任知制诰的时间即在此期间。该制诰收录于王安石《临川文集》卷五一:

> 敕某等:选于吏部久矣,皆能以才自奋,为在位者所称。稽状有司,列官省寺。往须器使,无替厥修。可。①

潘及甫与同时代的士大夫交游唱和甚为广泛,所著收录在《潘朝散文集》中,有三十卷,今已不存。现觅得潘及甫诗二首,友人赠诗一首。一首为潘及甫《送程给事知越州》:

> 积年欣慕逸群才,今日皇都喜重陪。行著绣衣归茂苑,醉挽仙履上蓬莱。青云有路千峰见,碧海无波万里开。我欲傍淮先卜筑,隔江招隐望胥台。

此诗作于熙宁十年(1077)十月。是时程师孟以给事中、集贤殿修撰知越州,在京官员王安石、陈升之、冯京、元绛等众多士大夫皆赋诗唱和,成一时佳话。另一首为《送友》:

> 聚首浑无益,送君将奈何。已经贫病后,一任别离多。鬓发新霜雪,衣裳旧薜萝。不堪明月夜,挥手唱骊歌。

该两首诗皆收录于清人陆心源撰《宋诗纪事补遗》卷一一②。

同年进士刘攽在潘及甫迁任秘书监丞时,作诗《酬潘及甫同年秘丞》以贺:

> 困学那知三代英,定交良愧十年兄。断鸿陈迹悲朝露,乔木孤飞念友生。樽酒相逢开口笑,风波远别使人惊。海边春色青青柳,泪落阳关最后声。③

北宋仁宗庆历七年丁亥(1047)

【海州知州:梅挚】

梅挚(995—1059),字公仪,成都府新繁县(今四川省成都市)人。仁宗天圣五年丁卯(1027)王尧臣榜进士,初授大理评事、知蓝田上元县。历官知昭州,通判苏州,殿中侍御史,开封府推官、判官,度支判官,侍御史,户部副使,知海州、苏州,三司度支副使,天章阁待制,陕西都转运使,龙图阁学士,知滑州、杭州,右谏议大夫,知江宁府、河中府等。《宋史》卷二九八本传载:

> 梅挚,字公仪,成都新繁人。进士,起家大理评事、知蓝田上元县,徙知昭州,通判苏州。二浙饥,官贷种食,已而督偿颇急,挚言借贷本以行惠,乃重困民,诏缓输期。
>
> 庆历中,擢殿中侍御史。时数有灾异,引《洪范》上《变戒》曰:"'王省惟岁',谓王总群吏如岁,四时有不顺,则省其职。今日食于春,地震于夏,雨水于秋。一岁而变及三时,此天意以陛下省职未至,而丁宁戒告也。伊、洛暴涨漂庐舍,海水入台州杀人民,浙江溃防,黄河溢埽,所谓'水不润下'。陛下宜躬责修德,以回上帝之眷佑。阴不胜阳,则灾异衰止,而盛德日起矣。"

---

① [宋]王安石撰:《临川文集》卷51,文渊阁《四库全书》第1105册,第401-402页。
② [清]陆心源撰:《宋诗纪事补遗》第1册,太原:山西古籍出版社,1997年,第243-244页。
③ [宋]刘攽:《彭城集》卷13,载王云五主编:《丛书集成初编》,上海:商务印书馆,1935年,第175页。

徙开封府推官,迁判官。僧常莹以简札达宫人,挈官郑玉醉呼,欧徼巡卒,皆释不问,挚请悉杖配之。改度支判官,进侍御史。论石元孙:"不死行陈,系缧以还,国之辱也,不斩无以厉边臣。"再奏不报。李用和除宣徽使,加同中书门下平章事。挚言:"国初,杜审琼亦帝舅也,官止大将军;李继隆累有战功,晚年始拜使相。祖宗慎名器如此,今不宜亟授无功。"以户部员外郎兼侍御史知杂事、权判大理寺。言:"权陕西转运使张尧佐非才,繇宫掖以进,恐上累圣德。"及奏减资政殿学士员,召待制官同议政。复百官转对,帝谓大臣曰:"梅挚言事有体。"以为户部副使。

会宴契丹使紫宸殿,三司副使当坐殿东庑下。同列有谓曲宴例坐殿上,而大宴当止殿门外尔。因不即坐,与刘湜、陈洎趋出。降知海州,徙苏州,入为度支副使。初,河北岁饥,三司益漕江、淮米饷河北。后江、淮饥,有司尚责其数,挚奏减之。

擢天章阁待制、陕西都转运使。还判吏部流内铨,进龙图阁学士、知滑州。州岁备河,调丁壮伐滩苇,挚以疲民,奏用州兵代之。河大涨,将决,夜率官属督工徒完堤,水不为患,诏奖其劳。勾当三班院、同知贡举。请知杭州,帝赐诗宠行。累迁右谏议大夫,徙江宁府,又徙河中。卒。

挚性淳静,不为矫厉之行,政迹如其为人。平居未尝问生业,喜为诗,多警句。有奏议四十余篇。①

梅挚知海州是因事被贬,时间在庆历七年(1047)春正月。《长编》卷一六〇载:"壬午,降盐铁副使、礼部员外郎刘湜知沂州,度支副使、吏部员外郎陈洎知濠州,户部副使、户部员外郎梅挚知海州。旧制,紫宸殿燕契丹使、三司副使当坐东庑下,阁门吏以告,而湜等谓曲燕例坐殿上,今但当止殿门外尔,因不即坐趋出。阁门使张得一奏之,上怒,故黜湜等。"②

梅挚离知海州徙知苏州的时间记载在《姑苏志》卷三上:"庆历八年(1048)正月丙戌,自知海州徙苏。皇祐元年(1049)正月己亥,入为三司度支副使。"③

梅挚在知海州期间,曾于庆历七年(1047)春携同僚和友人同去海州城南锦屏山龙祠祈雨,并留下石刻一方。

李之亮在《宋两淮大郡守臣易替考》中引《长编》卷一六〇及《姑苏志》卷三郡守题名,认为梅挚知海州时间为仁宗庆历七年至八年(1047—1048)。

北宋仁宗庆历八年戊子(1048)

海州知州	祖无择	朐山县令	李良辅
海州观察推官	韩炳		

【海州知州:祖无择】

祖无择(1011—1084),字择之,河南上蔡(今河南省驻马店市上蔡县)人,北宋政治家、诗

---

① 《宋史》卷298《梅挚传》,第9901-9902页。
② 《长编》卷160,仁宗庆历七年正月壬午,第3859页。
③ [明]王鏊:《姑苏志》卷3《古今守令表》中,文渊阁《四库全书》第493册,第39页。

人。仁宗景祐五年戊寅(1038)吕溱榜进士第三名(即探花)①,初授大理评事、通判齐州。历官著作郎,知南康军,秘书丞,提点淮南刑狱,知黄州、海州,提点广东刑狱,广南转运使,直集贤院,知袁州,同修起居注,知制诰,龙图阁直学士,权知开封府,龙图阁学士,知郑、杭二州,知通进、银台司等。因与王安石有隙,被御史王子韶廉罪下狱,谪忠正军节度副使。不久,复官光禄卿、秘书监、集贤院学士,主管西京御史台,移知信阳军,卒于官。著有《洛阳九老祖龙学文集》(又名《龙学文集》)十六卷等②。《宋史》卷三三一本传载:

  祖无择,字择之,上蔡人。进士高第。历知南康军、海州,提点淮南、广东刑狱,广南转运使,入直集贤院。时封孔子后为文宣公,无择言:"前代所封曰宗圣,曰奉圣,曰崇圣,曰恭圣,曰褒圣;唐开元中,尊孔子为文宣王,遂以祖谥而加后嗣,非礼也。"于是下近臣议,改为衍圣公。

  出知袁州。自庆历诏天下立学,十年间其敝徒文具,无命教之实。无择首建学官,置生徒,郡国弦诵之风,由此始盛。同修起居注、知制诰,加龙图阁直学士、权知开封府,进学士,知郑、杭二州。

  神宗立,知通进、银台司。初,词臣作诰命,许受润笔物。王安石与无择同知制诰,安石辞一家所馈不获,义不欲取,置诸院梁上。安石忧去,无择用为公费,安石闻而恶之。

  熙宁初,安石得政,乃讽监司求无择罪。知明州苗振以贪闻,御史王子韶使两浙,廉其状,事连无择。子韶,小人也,请遣内侍自京师逮赴秀州狱。苏颂言无择列侍从,不当与故吏对曲直,御史张戬亦救之,皆不听。及狱成,无贪状,但得其贷官钱、接部民坐及乘船过制而已。遂谪忠正军节度副使。安石犹为帝言:"陛下遣一御史出,即得无择罪,乃知朝廷于事但不为,未有为之而无效者。"寻复光禄卿、秘书监、集贤院学士,主管西京御史台,移知信阳军,卒。

  无择为人好义,笃于师友,少从孙明复学经术,又从穆修为文章。两人死,力求其遗文汇次之,传于世。以言语政事为时名卿,用小累锻炼放弃,讫不复振,士论惜之。

  论曰:……李大临官居缴驳,克举其职;祖无择治郡所至,能修校官,是皆班班可纪者。然大临以论李定绌,无择以忤安石废弃终身,即是亦足以知二人之贤矣。③

祖无择卒年载其墓志铭:"(神宗)元丰七年(1084)正月十五日薨于正寝,享年七十有四。"④墓志铭由范纯仁撰文,鲜于侁书丹,好友、同科进士、史学家司马光(甲科进士第

---

 ① [宋]祖无择:《〈龙学文集〉并源流始末》,文渊阁《四库全书》第1098册,第882—883页。
 ② 按:熙宁、元丰年间,王安石变法,许多大臣抨击新政,其中就有祖无择、司马光等九人,他们成立"真率会",一时闻名洛阳,时人称"洛阳九老";祖无择累官龙图阁直学士,简称"龙学"。《龙学文集》由其曾孙袁州军事判官祖衍编辑整理而成,又称《焕斗集》。详见陆俊青《北宋祖无择事迹考述(一)》,《上海师范大学学报(哲学社会科学版)》1987年第3期,第97—98、146页;[宋]祖无择:《〈龙学文集〉提要》,文渊阁《四库全书》第1098册,第791—792页。
 ③ 《宋史》卷331《祖无择传》,第10659—10660页。
 ④ 扈晓霞、郑卫、赵振华《北宋官员文士祖无择生平仕履疏证(上)——以〈祖无择墓志〉和妻〈黄氏墓志〉为中心》,《洛阳考古》,2016年第4期,第81—89、93页。

六名)①篆盖,现存河南洛阳博物馆。

祖无择知海州的经历可从其约请浔州知州余靖所撰写的《海州社稷坛记》中寻知,"范阳祖君择之,庆历戊子由兰台丞佩郡印,既下车之三月,以为群神之在祀典者众矣"②,即祖无择于仁宗庆历八年戊子(1048)三月知海州。上任后就组织人力重修了海州社稷坛。坛成后,请余靖撰文记其事,并立碑纪念。

祖无择离任海州的时间可从他任职广南东路提点刑狱的时间点上推知。《龙学文集》卷二《经剑池》诗标题后面的题记中记述了写作此诗的缘由:"皇祐元年(1049)八月晦日题,时以秘书丞为广东提刑经过。"③即皇祐元年(1049)八月三十日,祖无择在赴任广南东路提点刑狱的路上经过"剑池",因此祖无择离任海州的时间应在皇祐元年(1049)八月之前。

嘉庆《海州志·职官表》载:"祖无择,仁宗庆历时任,有传。见《宋史》。"《良吏传》依据《宋史》作了简单介绍。李之亮在《宋两淮大郡守臣易替考》中引《武溪集》卷五认为祖无择知海州时间为1048—1050年。

祖无择在知海州前曾到访过海州并在郁林观题刻。仁宗庆历四年(1044),祖无择提点淮南刑狱,治扬州。七月,来海州巡视,到宋代尚在海中的苍梧山(今云台山)游玩,并在郁林观题刻"三言诗"留念,这就是著名的"宋篆"题刻④,因集诗(祖无择撰)、书(以篆书著称的苏唐卿)、刻(王公衮)于一体,故世称"三绝碑"。

【海州观察推官:韩炳】

韩炳(生卒年不详),生平史载阙,为海州观察推官载祖无择《龙学文集》卷一四《家集》:"海州观察推官韩炳言:'尝为陇州从事……'"⑤。因是祖无择知海州期间所录一件趣事,故推知,韩炳为海州观察推官时间在仁宗庆历八年(1048)至皇祐二年(1050)之间。

又及,南宋有同名韩炳者,主要生活在高宗、孝宗两朝,但亦有学者将南、北宋两同名韩炳相混淆⑥。南宋韩炳(1124—?),字道山,仙井监仁寿县(今四川省眉山市仁寿县)归惠乡加宁里人。高宗绍兴十八年戊辰(1148)王佐榜进士,为第四甲第二十八名。官陇州

---

① 按:在《仁宗科举取士》宝元元年(1038)春注释中列出,祖无择第三名,司马光第六名。"宝元元年春,试礼部奏名进士,三百十人及第,赐诸科四百十四人及第并出身,特奏名被恩赐者又九百八十四人,琼林晏初试《太学篇》(吕溱、李绚、祖无择、石祖休、王异、司马光、吕大临、范镇、吕晦、吴中伏、吴充、陈执中)。"详见[宋]彭百川:《太平治迹统类》卷27《仁宗科举取士》,文渊阁《四库全书》第408册,第684页。

② 中华文化复兴运动推行委员会、四库全书索引编纂小组主编:《四库全书文集篇目分类索引·杂文之部》,台北:台湾商务印书馆,1989年,第707页。

③ 按:农历每月的最后一天为晦(大月三十日、小月二十九日),因为是次月初一的前一天,即新月的前一天,月亮随太阳同升落,晚上就看不到月亮,会很黑,所以为晦日。[宋]祖无择:《龙学文集》卷2,文渊阁《四库全书》第1098册,第799页。

④ 连云港市重点文物保护研究所编著:《石上墨韵——连云港石刻拓片精选》,上海:上海古籍出版社,2013年,第38页。

⑤ [宋]祖无择:《龙学文集》卷14《家集》,文渊阁《四库全书》第1098册,第861-862页。

⑥ 按:田萌萌"据杨万里所撰《宋故左丞相节度使雍国公赠太师谥忠肃虞公神道碑(虞允文)》载:'上察公意不可夺,于是有少保、节度使、宣抚四川之命,……上赋诗践行,……幕府再招人士,如韩晓、王元、李昌图、韩炳、陈季习、陈损之、李舜臣。后朝廷皆赖其用。'以及'此外,虞允文幕府幕僚还有韩炳、陈季习、陈损之等人,皆为时所称'"的注释中引用《西斋话记》云:'海州观察推官韩炳言,尝为陇州从事。'",认为"可知,韩炳曾为海州观察推官"。并指出:"韩炳,字道山,仙井监仁寿人。年二十五,中绍兴十八年(1148年)进士。《宋史》无传。"详见田萌萌:《宋金对峙中兴幕府及诗歌创作》,《石家庄学院学报》2017年第2期,第86-92、118页;[宋]杨万里:《诚斋集》卷120,文渊阁《四库全书》第1161册,第539页。

（今陕西省宝鸡市陇县）从事，知兴元府，任直秘阁、利州路转运副使等。

【朐山县令：李良辅】

李良辅（生卒年不详），历知海州朐山县、知庐州等职。余靖《武溪集》卷五《海州社稷坛记》载有"（海州社稷坛）督役者，朐山令李良辅云"①。可知李良辅知朐山县时间在仁宗庆历八年（1048）前后。

李良辅有关仕宦另见曾巩于元丰五年（1082）所作《李良辅知庐州、张纾陕州、崔度蔡州、王说徐州制》，载《元丰类稿》卷二二：

> 敕具官某：朕董正治官，自朝廷始。至于六服，群吏莫不考循其名，以督课其实。夫宣恩德以逮下，厚风俗以承上，其选为重者，非长民之任乎！尔惟其人，属以兹位。盖奉职遵礼，以有循良之称。苟能自勉，则宠劳录最，以明国家之典，朕敢忘哉！往钦厥司，方稽尔效。可。②

其他史料所载李良辅另有其人。如宋人王明清撰《挥麈录》③《系年要录》卷一二一④以及朱熹《伊洛渊源录》卷一三《胡文定公行状略》⑤等所载李良辅的主要活动皆在南宋时期。

北宋仁宗皇祐元年己丑（1049）

【海州知州：刘湜】

刘湜（生卒年不详），字子正，徐州彭城（今江苏徐州）人。真宗天禧（1017—1021）年间进士及第，初授澶州观察推官。任湖南节度推官，以秘书省著作佐郎知益都县、阴平县，以太常博士通判剑州，知耀州，除监察御史、开封府推官、三司盐铁判官、殿中侍御史、尚书礼部员外郎兼侍御史知杂事、同判吏部流内铨、盐铁副使，知沂州、兖州、海州，任河东转运使、户部员外郎、盐铁副使兼领河渠事，以天章阁待制知江宁府，以户部郎中知广州，以左司郎中知郓州，以龙图阁直学士知庆州、密州。卒于任上。《宋史》卷三〇四本传载：

> 刘湜，字子正，徐州彭城人。举进士，为澶州观察推官，再调湖南节度推官，改秘书省著作佐郎、知益都县，徙阴平。再迁太常博士、通判剑州。审阆州狱，活死囚七人。王尧臣安抚陕西，荐之，擢知耀州。富平有盗掠人子女者，既就擒，阳死，伺间逸去；捕得，复阳死，守者以报，湜趣焚其尸。拜监察御史，王德用自随州诏还，近臣言其有反相，湜保右之。历开封府推官、三司盐铁判官，迁殿中侍御史。上言："转运使椅摭郡县，苛束官吏，人不得骋其材，宜稍宽假，不为改者绳治之。"诏诣渭州劾尹洙

---

① ［宋］余靖：《武溪集》卷5，文渊阁《四库全书》第1089册，第45—46页。
② 郭预衡、郭英德主编：《唐宋八大家散文总集·苏洵 曾巩》，石家庄：河北人民出版社，2013年修订本，第3211页。
③ ［宋］王明清撰：《挥麈录》，上海：上海古籍出版社，2012年，第110页。
④ 《系年要录》卷121，第2266—2267页。
⑤ ［宋］朱熹：《伊洛渊源录》卷13，文渊阁《四库全书》第448册，第515—516页。

私用公使钱,颇傅致重法,以故洙坐废。还,为尚书礼部员外郎兼侍御史知杂事,同判吏部流内铨,除盐铁副使。议者谓湜探宰相意,深致洙罪,故得优擢焉。

明年,宴紫宸殿,副使当坐殿东庑,湜不即坐,趣出。阁门奏之,坐谪知沂州,徙兖州。又坐沂州误出囚死罪,降知海州。起为河东转运使,迁户部员外郎,复为盐铁副使兼领河渠事。汴水绝,凿河阴新渠,通漕运如故。会江南饥,擢天章阁待制、知江宁府,奏运苏州米五十万斛,以贷饥民。除户部郎中、知广州。侬智高初平,湜练士兵,葺械器,作铁锁断江路。有盗据山,敕贷罪招之,不肯降。湜知并山民资之食,即徙民绝饷,盗困麾乞降,民安之。居二年,母老求内徙,遂徙徐州。湜喜曰:"昔布衣随计,今以侍从官三品复典乡郡,过始望矣。"又以左司郎中知郓州,迁龙图阁直学士、知庆州。

湜少贱,母更嫁营卒,既登第,具袍笏趋卒舍迎母,里人观叹。然嗜酒,持法少恕,改知密州,以病卒。①

刘湜出身贫贱,父亲去世后,母亲改嫁给一名普通士卒。刘湜进士及第后,穿着进士服去士卒的家里拜见母亲,周围百姓都甚为叹服。母亲年老后,希望能徙徐州回家孝敬,得到批准后,"以侍从官三品复典乡郡"。然嗜酒,亦疾恶如仇,持法少恕。刘湜知耀州时,有一个拐卖人口的人,被捕后装死,后伺机逃跑,再次被捕后,还装死,刘湜就放火将装死的人给焚烧了;刘湜知广州时,训练士兵,装备械器,用铁链封锁江面水路,有盗贼盘踞山上,不肯招安受降,刘湜就坚壁清野,断其粮饷,最后盗贼不得不乞降,当地百姓才得以安宁。

刘湜与包拯、范仲淹等同朝共事,苏轼亦有诗词《次韵高要令刘湜峡山寺见寄》唱和:

新闻妙无多,旧学闲可束。犹当隐季主,未遽逃梅福。空肠吐余思,静似蚕缀族。寸田结初果,秀若铜生绿。荆棘扫诚尽,梨枣忧不熟。高人宁铸金,下士乃服玉。君看岭峤隘,我欲巾筥蓄。曾攀罗浮顶,亦到朱明谷。旋观真历块,归卧甘破屋。故人老犹仕,世味薄如縠。偶从越女笑,不怕蛮江浴。惊闻尺书到,喜有新诗辱。应怜五管客,曾作八州督。骨销谗口铄,胆破狱吏酷。

陇云不易寄,江月乃可掬。遥知清远寺,不称空明腹。蹇驴步武碎,短瑟弦柱促。仰看泉落珮,俯听石响毂。千峰泻清驶,一往无回躅。狂雷失晤语,过电不容目。要知僧长饥,正坐山少肉。人闲无南北,蜗角空出缩。仇池九十九(公自注:"仇池"有九十九泉,余尝梦至有诗),嵩山三十六(子由近买田阳翟北,望嵩山甚近)。天人同一梦,仙凡无两录。陋邦真可老,生理亦粗足。便回爇天焰,长作照海烛("爇天焰"见退之诗,近黄鲁直寄诗云:"莲花合里一寸烛,牝马海中烧百川。"鲁直盖近有得也)。②

诗中基本概括了刘湜的游宦经历,"曾作八州督"是说刘湜之前做过八个州的知州。"子由"是苏轼弟弟苏辙的字。"退之"是"唐宋八大家"之首韩愈的字。"鲁直"是"苏门四学

---

① 《宋史》卷 304《刘湜传》,第 10075-10076 页。
② 按:括号内为原书内容。[宋]苏轼撰,[宋]施元之原注,[清]邵长蘅删补:《施注苏诗》卷 36,文渊阁《四库全书》第 1110 册,第 618 页。

士"黄庭坚的字(其他三人为张耒、晁补之、秦观)。

刘湜知海州的时间史载不详,《宋史》本传记载了刘湜知海州前后的任职情况,即刘湜"降知海州"是在"徙兖州"后,"坐沂州误出囚死罪"。离任海州后,"起为河东转运使,迁户部员外郎,复为盐铁副使兼领河渠事"。

刘湜"谪知沂州"的时间和缘由载《长编》卷一六〇:仁宗庆历七年(1047)正月八日,"降盐铁副使、礼部员外郎刘湜知沂州,度支副使、吏部员外郎陈洎知濠州,户部副使、户部员外郎梅挚知海州",原因是"旧制,紫宸殿燕契丹使、三司副使当坐东庑下,阁门吏以告,而湜等谓曲燕例坐殿上,今但当止殿门外尔,因不即坐趋出。阁门使张得一奏之,上怒,故黜湜等"①。这也说明刘湜知海州在梅挚之后,而梅挚出知海州的时间记载在《姑苏志》卷三上:"庆历八年(1048)正月丙戌,自知海州徙苏。"②随后,祖无择除知海州,离任时间大致应为仁宗皇祐元年己丑(1049)中。可见刘湜知海州的时间应为仁宗皇祐元年己丑(1049)中。

刘湜"领河渠事"记载在《长编》卷一七〇中:仁宗皇祐三年(1051)五月二十三日,"初置河渠司,隶三司。命盐铁副使、户部员外郎刘湜,判官、金部郎中邵饰领之"③。之前,刘湜还"起为河东转运使,迁户部员外郎",因此刘湜离任海州的时间当在仁宗皇祐三年(1051)五月之前。

嘉庆《海州志·职官表》载:"刘湜,徐州彭城人,举进士,仁宗时(1023—1063)任。见《宋史》。"任期在祖无择之前,有误。李之亮在《宋两淮大郡守臣易替考》引《宋史》卷三〇四本传:"谪知沂州,徙兖州,又坐沂州误出囚死罪,降知海州。起为河东转运使。"认为刘湜知海州的时间为仁宗皇祐二年庚寅(1050)至仁宗皇祐四年壬辰(1052),有误。

北宋仁宗皇祐三年辛卯(1051)

【海州知州:谢微】

谢微(985—1053),初名桢,为避仁宗赵祯讳而改,泉州晋江(今福建省泉州市晋江市)人。真宗大中祥符八年乙卯(1015)蔡齐榜进士,初授抚州临川(今江西省抚州市临川区)军事推官。知容州北流县,知雷州,通判福州,知建州、开封府祥符县、海州。累官大理丞、尚书职方郎中。在知海州任上去世,享年69岁。

谢微详细生平载蔡襄为其所撰墓志铭《尚书职方郎中谢公墓志铭》。《蔡襄年谱》载:仁宗皇祐五年(1053),"春,撰书《尚书职方郎中谢公墓志铭》"。谢微卒于知海州任上,其次子谢仲规是蔡襄的女婿,官越州萧山县尉。在谢微去世未入葬之前,谢仲规请岳父蔡襄为其父谢微撰写了墓志铭④。蔡襄(1012—1067),字君谟,兴化仙游(今福建莆田市仙游县)人。进士及第,为北宋书法家(与苏轼、黄庭坚、米芾齐名)、政治家、文学家。历官

---

① 《长编》卷160,仁宗庆历七年正月壬午,第3859页。
② [明]王鏊:《姑苏志》卷3《古今守令表》中,文渊阁《四库全书》第493册,第39页。
③ 《长编》卷170,仁宗皇祐三年五月壬申,第4092页。
④ 蒋维锬编著:《蔡襄年谱》,厦门:厦门大学出版社,2000年,第108页。

西京留守推官、馆阁校勘、知谏院、进直史馆、兼修起居注、龙图阁直学士、翰林院学士、权三司使、端明殿大学士等。任福建路转运使，知舒州、英州、福州，知开封府，再知福州、泉州、杭州。卒后被追谥"忠惠"。蔡襄为人耿直，主张去邪恶，进贤才，支持推行"庆历新政"，曾作《四贤一不肖》诗，为四位刚正不阿遭贬的忠臣（范仲淹、余靖、尹洙、欧阳修）鸣冤。著有《端明集》（又称《蔡忠惠集》）①。墓志铭今未见碑刻，铭文为镌刻前文稿，故其中具体的姓名、地名、日期等皆用"某"代替，现兹录如下：

君讳某，字某，泉州晋江人。曾祖某，祖某，父某，以信义称于乡。太夫人徐氏生三子，君最少。祥符八年，举进士，历抚州临|川县|□□军事推官。太守受赇贿舞法，君据平无所，挠讼者，不之守，而之君。州政得不败，守亦善去，改大理寺丞，知龙溪县。县人曰：是故，州从事，持守正，使无害，有恩于我。相与喜，具酒食，相过从，为庆贺者至，则决滞讼条划旧，蠹民以便安。徙容州北流县，城郭、仓庾、廨舍、道梁，一皆新之。就知雷州军州事，州傅海，有蛮夷风，不知学为。葺孔子庙，聚诸子弟，教以儒术，雷人业进士自君始。大豪李郁筑城，得古印，立盗契，夺民田百余家，五十年不能直。有诉于君者，即捕系庭下，问状具，伏而郁，老当赎，君条其甚恶，不可假，卒致以法。通判福州，画购巨盗，悉诛其党。谏议大夫方公谨言治广州，辟君二政廉，取番舶输官之利，以招其来，至罢去，夷人涕泣思之。知建州，岁无留狱，长老纪焉。又知开封府之祥符，治愈精微，有声名。朝廷用荐者言，将任以刑狱钱谷，而君恳求便藩，得海州。会岁旱，有蝗过境，一昔拱穗死，吏民惊叹，以为异政之应。皇祐五年正月十四日，卒于官。其孤护全柩以归。某年某月某日，葬某县某里。

娶黄氏，故直史馆宗旦从妹也。再娶其弟，封永康县君。子四人：彦辅，太庙斋郎，先卒；仲规，举进士第，越州萧山尉；叔矩，未仕；季成，太庙斋郎。女八人：适余晒、祝嘏、杨璟、刘鼎臣、黄世永、朱仲、陈大雅、陈箴。

君性乐易，无贵贱，亲疏接之，皆尽其衷。故人多喜爱之，数官岭表，不以僻陋自失，所至喜设施，为民赖利。在海州，尝谓其子曰："谢氏居闽，未有仕者，吾起家州县，自大理丞，八迁为尚书职方郎中，赠吾父都官郎中，母长寿县太君，斯亦荣矣。历官三十九年，无小过失，实吾谨畏然尔。汝曹念之故，其子益循笃学，皆可以大其家者。"铭曰：

六十九为巳寿位，郎官才未究政在。民斯不朽。②

从墓志铭中可知，谢微卒于知海州任上，时间为仁宗皇祐五年（1053）正月十四日，享年69岁，推知生年为太宗雍熙二年（985）。知海州应为刘湜继任。

谢微有吏能，每官一地皆有政绩。在知建州任上，兴学助学，赠学田，事载《淳熙三山志》卷一二："皇朝景祐四年（1037），通判谢微摄州事，始表建州学，仍请赐田五顷。诏下，

---

① 《宋史》卷320《蔡襄传》，第10397-10401页。
② ［宋］蔡襄：《端明集》卷39《尚书职方郎中谢公墓志铭》，文渊阁《四库全书》第1090册，第674-675页。按："历抚州临|川县|□□军事推官"原文为"历抚州临□□□□军事推官"，并在其后注名"阙四字"。考《宋史·地理志四》，抚州领县五，其中之一为临川县。故推测可能只缺"川县"二字，后两字为衍字。详见《宋史》卷88《地理志四》，第2190页。

微寻罢去。"①补充了墓志铭的记载。

李之亮在《宋两淮大郡守臣易替考》中认为谢微知海州时间为仁宗皇祐四年至五年（1052—1053）。

北宋仁宗皇祐四年壬辰（1052）

| 海州团练使 | 史吉 | 朐山县令 | 刘彝 |

【海州团练使：史吉】

史吉（生卒年不详），历官延州（今陕西省延安市）指挥使、京东路第二将副、海州团练使、左骁卫大将军等。

史吉任海州团练使，事载胡宿撰制词《赐海州团练使史吉敕书》，收录于《文恭集》卷二六：

> 汝肃绾戎团，分持军簿。并缘任子，来贡维驹。庆赏所延，勤诚可尚。②

制词撰写者胡宿任知制诰时间在仁宗庆历八年（1048）至皇祐五年（1053），故史吉任海州团练使时间应在此期间。

史吉致仕时，王珪撰制词《海州团练使史吉可左骁卫大将军致仕制》，收录于《华阳集》卷三九：

> 敕某：尔壮而奋于戎马之间，逮年之至也。自审力之不能，愿还君事，以保其衰癃。朕有嘉高谊，且不忘尔旧劳，其以大将军之绶，归宠于家，尔其持绅蹈和，永怀天禄。可。③

在这之前，史吉任延州指挥使，时间在仁宗康定元年（1040）前后。是年二月，西夏李元昊攻打延州，占领金明寨后，继续攻打安远、塞门、永平等寨。永平寨主欲敛兵退入深山以避敌，指挥使史吉率兵数百人，立马挡住城门，截住溃兵，遂据守而完城。事载《长编》卷一二六：

> 永平寨主、监押初欲敛兵匿深山避敌，指挥使史吉帅所部数百人，遮城门立于马前曰："寨主、监押欲何之？"二人以其谋告，吉曰："如此，兵则完矣，如城中百姓刍粮何？此往还之迹何可掩？异日，为有司所劾，吉为指挥使不免于斩。愿先斩吉于马前，不然，不敢以此兵从行也。"寨主、监押惭惧而返。敌至，围城，吉率众拒守，卒完城。寨主、监押以功各迁一官。吉曰："幸不丧城寨，吾岂论功乎！"（《记闻》云：吉后官至团练使，女为郭逵夫人。）④

事实上，司马光《涑水记闻》除记载《长编》该段内容外，还交代了史吉女儿的情况："（史吉）女为郭逵夫人，亦有明识。逵善治生，家甚富。夫人常规之曰：'我与公俱老，所衣食

---

① ［宋］梁克家：《淳熙三山志》卷12《版籍类三·赡学田》，文渊阁《四库全书》第484册，第217页。
② ［宋］胡宿：《文恭集》卷26《内制》，文渊阁《四库全书》第1088册，第849页。
③ ［宋］王珪：《华阳集》卷39《制》，丛书集成初编本，第117-118页。
④ 按：《记闻》即《涑水记闻》。《长编》卷126，仁宗康定元年二月癸卯，第2977-2978页。

几何?!子孙皆有官,公位望不轻,胡为多藏以败名也!'"①《太上感应篇》进一步补充道:"寨主、监押皆以完城迁一官,二人及赏,非非义乎?呜呼,吉虽身不及赏,其后官至团练使,三子皆受命,一女嫁郭达,为郡夫人,是尤愈于二人,非义一官之赏也。"②

史吉任京东路第二将副时间在神宗元丰七年(1084)前后,事载《长编》卷三四八:

> (神宗元丰七年八月癸巳)枢密承旨司比较京东、京西路诸将、副、押队训练官、军员教头赏罚。诏:"京东第八将、副梁最、赵潜,京西第五将、副张选、孙琏,各减磨勘三年。京东第二将、副欧育、史吉,京西第一将、副苏赟、王政殿,各展三年。"③

依此也可推知,史吉离任海州团练使不会晚于神宗元丰七年(1084)。因史吉的主要活动经历皆在京师开封府以西区域,因而海州团练使为遥授官,并不到任。

【朐山县令:刘彝】

刘彝(1017—1086),字执中,北宋福州闽县(今福建省福州市)人。仁宗庆历六年丙戌(1046)贾黯榜进士,初授邵武尉,调高邮簿,移朐山令。历制置三司条例官属,都官员外郎,都水丞,荆湖北路、两浙路转运判官,知虔州,直史馆,知桂州。以祠部郎中坐贬均州团练副使,随州安置。又除名为民,编隶涪州,徙襄州。元祐元年(1086),复以都水丞召还,病卒于道。赠银青光禄大夫。著有《七经中义》等。《宋史》卷三三四本传载:

> 刘彝,字执中,福州人。幼介特,居乡以行义称。从胡瑗学,瑗称其善治水,凡所立纲纪规式,彝力居多。第进士,为邵武尉,调高邮簿,移朐山令。治簿书,恤孤寡,作陂池,教种艺,平赋役,抑奸猾,凡所以惠民者无不至。邑人纪其事,目曰"治范"。
>
> 熙宁初,为制置三司条例官属,以言新法非便罢。神宗择水官,以彝悉东南水利,除都水丞。久雨汴涨,议开长城口,彝请但启杨桥斗门,水即退。为两浙转运判官。知虔州,俗尚巫鬼,不事医药。彝著《正俗方》以训,斥淫巫三千七百家,使以医易业,俗遂变。加直史馆,知桂州。禁与交人互市,交址陷钦、廉、邕三州,坐贬均州团练副使,安置随州。又除名为民,编隶涪州,徙襄州。元祐初,复以都水丞召还,病卒于道,年七十。著《七经中义》百七十卷,《明善集》三十卷,《居阳集》三十卷。

本传后论曰:

> 兵,凶器也,虽圣人犹曰未学。轻敌寡谋,鲜有不自焚者。永乐之陷,安南之衅,死者百万,罹祸甚惨,良由数人者不自量度,以开边衅。……彝不能行所学,而规规然蹈前车之辙,以济其过,焉得无罪?④

---

① [宋]司马光:《涑水记闻》卷9,文渊阁《四库全书》第1036册,第394页。另《事实类苑》将"郭逵"误为"郭进","常规"误为"尝规"。详见[宋]江少虞:《事实类苑》卷55《忠孝节义》,文渊阁《四库全书》第874册,第465页。
② 按:此处将"郭逵"误为"郭达"。[宋]李昌龄:《太上感应篇》卷9《赏及非义》,转引自赖永海主编:《中国古代禁书文库》第7卷《元代禁书》,北京:大众文艺出版社,2010年,第3062页。
③ 《长编》卷348,神宗元丰七年八月癸巳,第8352页。
④ 《宋史》卷334《刘彝传》,第10729-10730页。

刘彝任职朐山令的时间史载不详。若按宋代升迁前一般需磨勘三年的制度安排计算,刘彝前期已任邵武尉和高邮簿,因此推知任朐山令的时间在仁宗皇祐四年(1052),离任时间在皇祐六年(1054)。嘉庆《海州志·职官表一》载:"刘彝,神宗时任,有传。"

神宗熙宁元年(1068),刘彝以都官员外郎为湖北(即荆湖北路)转运判官,事载福州于山顶峰程师孟题名的石刻(图8-2)。是年冬季,知福州的程师孟携一众官员游于山后题刻留念。刻文为:

> 光禄卿、直昭文馆、知军州程师孟公辟,同刑部郎中、充秘阁校理陈襄述古,提点刑狱、都官郎中沈绅公仪,转运判官、屯田郎中湛俞仲谟,新湖北转运判官、都官员外郎刘彝执中,同提点刑狱、内殿承崇班杜该伯通,通判军州、都官员外郎马益损之游。熙宁元年冬题。①

图8-2 程师孟题刻
(来源:《福州十邑摩崖石刻》)

刘彝早年从胡瑗学。胡瑗(993—1059),字翼之,泰州海陵(今江苏省泰州市)人,后世称之为安定先生,为北宋时期学者,理学先驱、思想家和教育家。胡瑗提倡"以仁义礼乐为学",讲求"明体达用",开宋代理学之先声;有气节,专经术,通音律,深受范仲淹赏识器重,多次举荐提携。景祐三年(1036),范仲淹荐之入朝,造钟磬,较钟律。授试秘书省校书郎、丹州推官,后以保宁节度推官教授湖州。庆历中,为太子中舍、殿中丞。皇祐四年(1052),授光禄寺丞、国子监直讲。入太学后,授徒颇众。嘉祐初,擢太子中允、天章阁侍讲,仍治太学。既而因病以太常博士致仕,归老于家。《宋史》卷四三二有本传②。

胡瑗去世十余年后,刘彝借与神宗皇帝召对的时机对胡瑗的学术与为人作了极高的评价:

> 神宗熙宁三年(1070),召问:"从学何人?"对曰:"臣少从学于安定胡瑗。"神宗

---

① 按:林思明将刘彝(字执中)的任职"都官员外郎"中的"官"漏释。黄荣春将杜该(字伯通)的任职释读为"内殿承□制",林思明则直接释读为"内殿承制",漏释"内殿承"后一字。据《淳熙三山志》:"杜该,同提刑、内殿崇班,熙宁元年至三年。移知黔州,后不差武臣。"杜该曾担任过"内殿承制",苏颂于熙宁元年(1068)至三年(1070)五月期间任知制诰,曾制《内殿承制杜该、许士臻可并供备库副使》,虽制诰时间不详,但大致可推知在杜该游历于山前后。又北宋前期武臣有"内殿承制""内殿崇班"(简称"崇班")职,前者高后者一阶,《宋史》卷169《职官志九》载:"内殿崇班,转内殿承制。内殿承制转供备库使。"无"内殿承崇班"职,极有可能是误刻"承"字。参见黄荣春主编:《福州十邑摩崖石刻》,福州:福建美术出版社,2008年,第36-37页;林思明:《名山石上文——程师孟帅闽前后交游碑刻与诗作欣赏》,《闽都文化》2020年第2期,第70-76页;[宋]梁克家:《淳熙三山志》卷25,文渊阁《四库全书》第484册,第346页;《宋史》卷169《职官志九》,第4043页。

② 《宋史》卷432《胡瑗传》,第12837-12838页。

曰："其人文章与王安石孰优？"彝曰："胡瑗以道德仁义教东南诸生，时王安石方在场屋修进士业。臣闻圣人之道，有体、有用、有文。君臣父子、仁义礼乐，历世不可变者，其体也；诗书史传，垂法后世者，文也；举而措之天下，能润泽其民，归于皇极者，其用也。国家累朝取士，不以体用为本，而尚其声律浮华之词，是以风俗偷薄。臣师瑗，当宝元、明道间，尤病其失。遂明体用之学，以授诸生，夙夜勤瘁，二十余年，专功学校。始自苏、湖，终于太学，出于门者，无虑二千余人。故今学者，明夫圣人体用，以为政教之本，皆臣师之功也。"神宗曰："其门人今在朝为谁？"对曰："若钱藻之渊笃、孙觉之纯明、范纯仁之直温、钱公辅之简谅，皆陛下所知也。其在外，明体适用，教于民者，殆数十辈。其余政事文学，粗出于人者，不可胜数。此天下四方所共知，而叹美之不足者也。"神宗悦。①

北宋仁宗皇祐五年癸巳（1053）

| 海州知州 | 张景宪 | 海州通判 | 李氏（郎中）、盛侨 |

【海州知州：张景宪】

张景宪（1015—1081），字正国，河南人。以父荫授将作监主簿。知并州榆次县，通判棣州、齐州，以尚书虞部员外郎知海州，任淮南转运副使，京西、东转运使，户部副使，集贤殿修撰，河东都转运使，知瀛州、河阳、同州，官终太中大夫。《宋史》卷三〇四本传载：

张景宪，字正国，河南人。以父师德任淮南转运副使。山阳令郑昉赃累巨万，亲戚多要人，景宪首案治，流之岭外，贪吏望风引去。徙京西、东转运使。王逵居郓，专持吏短长，求请贿谢如所欲，景宪上其恶，编置宿州。熙宁初，为户部副使。

韩绛筑抚宁、啰兀两城，帝命景宪往视。始受诏，即言城不可守，固不待到而后知也。未几，抚宁陷。至延安，又言："啰兀邈然孤城，凿井无水，将何以守。臣在道，所见师劳民困之状非一，愿罢徒劳之役，废无用之城，严饬边将为守计。令边郡召生羌，与之金帛、官爵，恐黠羌多诈，缓急或为内应，宜亟止之。"陕西转运司议，欲限半岁令民悉纳钱于官，而易以交子。景宪言："此法可行于蜀耳，若施之陕西，民将无以为命。"其后卒不行。

加集贤殿修撰，为河东都转运使。议者欲分河东为两路，景宪言："本道地肥硗相杂，州县贫富亦异，正宜有无相通，分之不便。"议遂寝。改知瀛州，上言："比岁多不登，民积逋欠。今方小稔，而官督使并偿，道路流言，其祸乃甚于凶岁。愿以宽假。"帝从之，仍下其事。

元丰初年，知河阳。时方讨西南蛮，景宪入辞，因言："小丑跳梁，殆边吏扰之耳。且其巢穴险阻，若动兵远征，万一馈饷不继，则我师坐困矣。"帝曰："卿言是也，然朝廷有不得已者。"明年，徙同州，以太中大夫卒，年七十七。

---

① ［明］何乔远编撰：《闽书》第3册，福州：福建人民出版社，1995年，第2133—2134页。

景宪在仁宗朝为部使者,时吏治尚宽,独多举刺;及熙宁以来,吏治峻急,景宪反济以宽。方新法之行,不劾一人。居官不畏强御,非公事不及执政之门。自负所守,于人少许可。母卒,一夕须发尽白,世以此称之。①

张景宪知海州时间史料尚缺,但宋代范纯仁所撰《范忠宣集》中有一篇《大中大夫充集英殿修撰张公行状》(以下简称《张景宪行状》)的文章为我们提供了线索,尤其是神宗熙宁三年(1070)之前的可补《宋史》《长编》之不足,兹录文如下:

曾祖谊,皇任中书舍人,累赠左仆射。曾祖母太君李氏。祖去华,皇任尚书工部侍郎,累赠司徒。祖母郡君王氏、郡君王氏、郡君高氏。父师德,皇任左谏议大夫,累赠太尉。母郡君潘氏、陇西郡太君李氏。本贯开封府襄邑县锦绣乡濯锦里。

公讳景宪,字正国,太尉公第二子。其先,河朔人。七代祖达,唐末为亳州刺史,遂家于襄邑。至司徒公,始为洛阳人。

公天圣四年(1026)以太尉公薨,授守将作监主簿。明道元年(1032),迁太常寺太祝、监西京商税院局事修举,吏不敢欺,迁大理评事、卫尉寺丞。康定初,河东始籍民兵,慎择令宰,公以安抚使、天章阁待制吴遵路,秘阁校理石延年荐,擢知并州榆次县。榆次素号剧邑,前令多以不职免。公至,则大治,改大理寺丞。庆历四年(1044),丞相杜正献公、参政丁文简公,连章荐公,超迁通判棣州,改太子中舍,以本路职司避亲,就移通判齐州。齐多盗贼,而狱讼繁伙。公谓:"民迫于饥寒,不能远罪。若一置于法,则何所措其手足。"由是,原其情之轻者,皆释不问。自此,盗贼衰而狱讼简少。公以辞学尝预贡士之选,而见遗于礼部,遂不复再举。后丞相程文简公两荐公,乞召试出身。公曰:"君子进以道、仕以义,何必假此而后奋乎?"卒辞不就。八年(1048),改殿中丞、知梁山军。梁山介于川陕,民俗乖戾,至有父子异居,而杀人以祭鬼者。公以谓:"虽远方,亦当齐其风教。"即峻加惩革。未期月,而民不敢犯。以祀明堂恩,迁国子博士,赐五品服。

皇祐五年(1053),以尚书虞部员外郎知海州。州有富民,丐子以养,而为凶人,教其怨家讼之,累岁不决。公亲讯其事,尽得诬枉之状,即流所教人于远州,其连系几百人尽释之,莫不欢呼,而去迁比部。

嘉祐初,仁宗患茶税不均,遣使诸路较定。公被命湖北,凡一年,悉按园户虚实以定其税,所入不减旧,而民无不均之患。四年(1059),使还权三司,开坼司兼提点,催驱公事。未几,改开封府判官。天府浩穰,自非通才敏识则不足以胜其任。公发奸摘伏,洞见情伪。老胥猾吏,傍视惕息,畏之犹神明。时豪宗大姓犯法者,尝请托于府僚,有与故尝往还者,亦阴为之地。公持之益坚,而于法终不少挠。自是,都下翕然,称之以为一府之望。开封捕盗赏法,获贼于旧城者,比新城为厚。时有杀人于新城外,而捕者乃云获于旧城,以觊厚赏,辞已具。公密讯其囚,乃捕者日以饮食恩意,诱使杀人,且邀于旧城而执之,遂置捕者于法。有忌公者,乃讽言路,谓公侵擅尹权。仁宗察公之直,而不听,迁驾部充淮南转运副使。山阳令郑昉,贪赃累十万,监

---

① 《宋史》卷330《张景宪传》,第10622-10623页。

司以其亲族多在显要，莫敢按。公曰："法当先于贵权，而于凭借声势者，有所不行，则法尚可存哉？"乃穷治其状。会英宗登极赦，昉得以不死，犹除籍，流窜岭南。自是，贪吏震畏，引去者数人。淮南发运司常预借滨淮廪米，以充诸路上供之数，虽有文具，而不即偿。公以谓："诸路漕挽，各有所职，不容相侵。"即戒郡县不复得借。因此，衔怨构飞语于三司，务为中伤。公曰："我职当尔，岂可诡随以苟自安？设三司不我察，我何恤哉！"八年（1063），英宗即位，迁主客郎中，又迁金部。九年（1064）①，移京西转运使。丁母忧，公至性过人，一夕号恸，髭发尽白，终丧哀毁，若不胜服。治平三年（1066），服除，授京东转运使。今上即位，恩迁司、勋某官。王逵尝累任监司，以苛酷闻，致仕还乡里，而贪恣不法，为乡邑之害，妄称受朝廷密旨，察郡县过失，以胁持上下。因取贿货，一路畏之，莫敢与校。公悉条其罪上之，遂羁徙宿州，乡邑莫不称快。所部郡守，有以贪污闻者，未至官，先谒公。公曰："君昔在齐州，已为民患，今又欲为兖州患耶。"其人惧，即请老而归。未逾年，移江南东路。因奏议："漕挽之弊，盖由主者皆三司冗吏，本无廉，隅与舟人侵攘，为奸甚者沈（通"沉"）其舟以灭迹，宜代以命官，且明其赏罚之格，则可以绝其弊。"朝廷行其议，迄今为便。熙宁二年（1069），移成都府转运使，过阙，上嘉公才，留为三司户部副使。未几，奉使北敌。还，复使西陲，按视啰兀、府宁二城。公受命即奏曰："二城不可守，臣固不待到而后知。"既而行，未半道，而府宁果已失守。及还朝，更陈啰兀不可守之状，且曰："边防本无事，皆王人生事邀功，罔惑朝听，以至于罪。非严行惩戒，则疆场无由安静一日。"上谓公曰："河东凋瘵，卿当出总漕事。"授集英殿修撰、河东都转运使，仍赐金紫。时朝廷方行民输钱免役之法，议法者有希司农旨，欲以佣直之外，广增其数，以宽剩为名者。公折之曰："免役之法，正欲惜民力，可因以重敛乎？况河东地多山瘠，民情俭啬，多取之则虐矣。迨所议定，总一路岁费佣直之外，才取数万缗，以备凶岁。"朝廷从之。暨常平新法之行，州县多不晓法意，而失于宣布。司农奏请下诸路监司，覆按所部行之，差谬者悉俾正之，他路或即加按劾。群吏讻讻，唯公所部，但改正而已，未尝有所劾也。议者欲以河东分为两路，朝廷以问公。公曰："河东之田，肥硗不同，郡县财赋两属，不能相通而用矣，分路为不便。"朝廷从之。时民力疲困，仓廪虚匮，公均其税赋，乘岁丰为储积。未逾年，民力遂宽，而兵食有羡。逮公之去，虽穷边小垒，皆有数年之蓄。六年（1073），改太常少卿。七年（1074），擢授右谏议大夫，再任。明年，移高阳关路安抚使，兼马步军都总管、知瀛州。先是，雄霸之间，岁出金帛，购谍者以揣知虏情。公下车未久，谍者自雄，逾莫而至。公谓幕府曰："谍者远来，徒觊厚赏，若不抑之，殆且生事。"即醉以酒，夜遣亲信吏，载还雄州，俾雄守以状闻。他日，王人锡冬服部将，有被酒后至，公召立庭下责之。由是，军中肃然。有掌庾吏曹，諓恃戚里，不法累赃至死，监司庇之，犹欲荐举。公悉按其罪，无所顾避。元丰二年（1079），召赴阙，因登对具奏："熙宁以来，岁多凶歉，百姓积逋甚众。今岁，一小登州县督促使，偿累岁之负，道路流言，以谓其害，甚于凶岁。愿少假以纾元

---

① 按：仁宗朝无嘉祐九年（1064）。嘉祐八年（1063）三月，仁宗赵祯崩。四月，赵曙即帝位，次年改元治平，庙号英宗。是年为英宗治平元年（1064）。

之急。"天子可其奏,以付有司。因自乞便郡就差,知河东。陛辞日,从容奏曰:"臣愚,误蒙陛下拔擢,狠备法从,常愧绵力不能补报。今犬马齿衰,恐一旦捐沟壑,不复再望清光。区区之诚,终欲竭尽。臣闻,圣人以天下为度,其于四夷何所不容。以陛下英武,宜无不服。比来西南远羌,乃敢跳梁犯边,殆边臣扰之耳,若进兵远讨,则恐粮饷不继,坐困我师,亦恐交相杀伤,干犯和气,将致饥疫之菑,则迩人先受其弊矣。"上曰:"卿言是也,盖朝廷有不得已耳。"三城为京辅要郡,每郡岁秋夏,常以大河为忧。水官务省近费而不计远功,故连年决溢,以为民害。公至,请增岁费,又展北塘,以当水冲,其害遂息。俄以本路转运使亲嫌,乞移他郡。元丰三年(1080),徙知同州。坐失举左迁朝议大夫、知房州。逾岁,上惜其才,复大中大夫、知兖州,未赴。感疾,以是年十月十五日考终于房陵之正寝,享年六十有七。

公天资英特,少有大志。方为儿时,从母夫人过外氏李文靖公家,与群儿游,独不好戏弄,外家异之。太尉公捐馆,公方十二岁,处丧已如成人。母夫人尝有疾,公忧形于色,寝食兼废,躬治药剂,为杵伤指,亟以衣覆之,惧贻母夫人之忧。母夫人李氏父太傅公,有人伦之鉴,尝抚公背曰:"此儿风骨秀异,发言不妄,必能大张氏之门。"相国王沂公亦以太傅公言为然。及长,侍奉母夫人,竭力养志,凡四十余年,未尝少有颜色之忤。龙图尹公师鲁,负天下重名,爱公之才,两以女配之。公既游师鲁门,益好春秋学,与朋友论辨古今,至忠义名节之际,必慨然叹息,常欲身行之。故历官所至,无不称治,虽有积弊素不振者,于谈笑间决之,莫不当理。退食宴坐,披玩图史,淡然视轩冕,若无足以动其心者。又其自奉甚薄,所得俸禄皆均施内外亲族,故历仕虽久,而家无余资。视兄弟之子,情均己子,有少孤者,必先己子而保任之。家居有法度,尝戒诸子曰:"汝曹立身行己,当以孝悌忠信为先,苟不由礼义而进,虽富且贵,亦吾所耻矣。"方其副三司也,士论已为,即当进用,而公守道自信,非公事未尝及执政之门,故居三司最久而不迁。凡出仕五十年,历敭三朝,其所设施皆可为法,然公性谦厚,既不自矜,异复不妄许可。故独为当世贤者所知,杜祁公、富韩公,尤所信重。及坐失举,谪守房陵,虽僻陋无医药,怡然顺适。家人不见有忧愠之色。疾革,召诸子属(通"嘱")以后事,神色不乱。

先夫人追封天水郡君,今夫人封长乐郡君。子五人:长塾,通直郎、河东转运使勾当公事;次量,前定州唐县主簿;次益,承务郎、权知郓州寿张县;次重,承务郎;次直,夏进士。女六人:长适宣德郎、签书集庆军节度判官厅公事石熙,次适前颍州团练推官李坚,次适通直郎、审官西院主簿李士京,次适承务郎韩宗质,二女在室。孙男三人,孙女七人。将以元丰六年(1083)某月某日,卜葬公于北邙之原,以先夫人天水郡君祔焉。

公之大节,始终可纪。以直道事君,方正率下传家,清白而信于朋友。位虽居两禁,犹未足以究其才。今不幸已矣,某勉从诸孤之请,直叙所闻,为公行状,托当世名。公大人以为之志,而垂不朽焉。谨状。①

---

① [宋]范纯仁:《范忠宣集》卷16《大中大夫充集英殿修撰张公行状》,文渊阁《四库全书》第1104册,第710—715页。

《张景宪行状》中的"大中大夫"即"太中大夫"。《长编》卷二五四载：神宗熙宁七年（1074）六月，"河东都转运使、太常寺少卿、集贤殿修撰张景宪为右谏议大夫"①。《宋史·选举志四》："谏议大夫，于阶官为太中大夫。"②

《张景宪行状》中记载，张景宪元丰四年（1081）去世时为67岁，而《宋史》记载为77岁。考《张景宪行状》中，天圣四年（1026），张景宪因父亲去世以荫"授守将作监主簿"，时年仅12岁。因而，《张景宪行状》记载张景宪的年龄为67岁是准确的。

《张景宪行状》中称"皇祐五年（1053），以尚书虞部员外郎知海州。……（因吏能）而去迁比部。嘉祐初，仁宗患茶税不均，遣使诸路较定。公被命湖北，凡一年……四年（1059），使还权三司，开坼司兼提点，催驱公事"。由此可知，张景宪知海州时间为皇祐五年（1053），离任时间在嘉祐初，即1056年之前。

又宋代王珪撰《华阳集》卷二五《敕书》中载：嘉祐二年（1057），"赐权知海州章诚获军贼奖谕敕书"③。可知张景宪嘉祐元年（1056）离任后章诚继任。

《张景宪行状》中也记录了张景宪知海州期间的一件吏治。当时海州有一家富豪，将乞丐收养为儿子，让他杀害仇家，并告诉他如何与仇家在公堂上周旋，官府一年都没有解决。张景宪任知州后亲自审讯，最后查清原为，申冤昭雪，将教唆犯富豪流放到偏远之地，将一干有联系的人全部释放，百姓欢呼雀跃，莫不信服。

李之亮在《宋两淮大郡守臣易替考》中认为张景宪知海州时间为1053—1056年。

【海州通判：李氏（郎中）】

李氏（生卒年不详），生平史载不详。仅知以某司郎中通判海州，事载沈括《长兴集》卷七《上海州通判李郎中启》。

仁宗皇祐五年（1053），沈括以父荫任海州沭阳县主簿。是年冬，利用农闲时节征调数万农民疏浚沭水河道。但因知县计划不周，相互之间的施工分界也不明确，从而浪费大量人力、物力；负责巡视、监督疏浚工程的巡检对河工态度粗暴；政令反复，"前后使帖二十一通，其间约束常数日一易，或再易"；工程进展缓慢，工期逐步延长，最终导致民心动摇，加之知县处置不当，两次爆发动荡。为平息事态，遂急命沈括代理知县，继续主持疏浚工程。沈括接任后，迅速赶到施工现场，进行调查研究。在分析了前期形势及当地民风民情后④，沈括果断罢免监工"巡检"，去掉不合理的政令"约束"，重新编制施工单位"什伍"，与河工签订"要约"，因春种很快到来，遂缩减工期四十日为三十日。这些措施的施行，既平息了动荡，又使得疏浚工程得以顺利、圆满地完成⑤。《上海州通判李郎中启》就是在这种情况下写就的，有现状描述、原因分析、施政措施、效果推知等，完全可以看成一篇规范的履新施政报告。

---

① 《长编》卷254，神宗熙宁七年六月辛未，第6206页。
② 《宋史》卷158《选举志四》，第3707页。
③ ［宋］王珪：《华阳集》卷25《敕书·赐权知海州章诚获军贼奖谕敕书》，丛书集成初编本，第149-150页。
④ 曾枣庄、刘琳主编：《全宋文》第77册《上海州通判李郎中启》，第292-293页。
⑤ 曾枣庄、刘琳主编：《全宋文》第77册《答李季彦辅秀才书》，第289-290页。按：曾枣庄等校正时认为《上海州通判李郎中启》后半段的内容与前半段的内容文意不相联属，而与《答李季彦辅秀才书》后半段内容相通，虽然因为校正时"各本亦同，无从校正，姑仍其旧"，但经认真比对，曾枣庄等人的校正是正确的。

结合仁宗皇祐五年(1053)前后海州通判的任职情况,可以推知李氏通判海州前为某司郎中,时间在仁宗皇祐三年至五年(1051—1053)之间。

【海州通判:盛侨】

盛侨(？—1091),字晦之,北宋嘉禾(今浙江嘉兴)人。仁宗皇祐五年癸巳(1053)郑獬榜进士,初为某寺丞,通判海州。入仕前曾随楼郁、胡瑗学。任朝请郎,通判海州,知澧州澧阳县,监泰州如皋县盐仓,知涟水县、考城县。入为国子司业、上轻车都尉、赐绯鱼袋;为扬王府侍讲,旋复国子司业。为秘阁校理、徐王府记室参军。以左朝奉大夫为太常少卿,加直集贤院、知越州。哲宗元祐六年(1091)九月卒。著有《中庸讲义》一卷,已佚。

盛侨籍贯史载不详,据其孙侄女墓志考知。宋人楼钥《攻瑰集》卷一〇〇《盛夫人墓志铭》载:"孺人姓盛氏,世为余杭人。有曰蟠者,仕吴越,位通显。钱氏纳土,始居严之建德,又徙嘉禾,因家焉。曾大父偕,德兴令。大父兑,赠通直郎。父师圣,迪功郎,尤户部经界所措置官。德兴公且老,犹提五子试场屋,各明一经,号六经家。孺人年十有八归于洪氏,夫曰怀祖,今为通直郎,赐绯鱼袋,实吏部尚书文宪公之次子也。元祐中,孺人之伯祖侨,以名儒为国子司业,文宪公从之游,雅相器重,遂为忘年交,既铭德兴之墓,又缔婚焉。"①

光绪十九年癸巳(1893)七修本《鄞塘楼氏宗谱》卷六《艺文》录"盛侨所撰的楼郁续配《和义郡夫人朱氏墓志铭》""曾为同治《鄞县志·楼郁传》《楼常传》分别引用"②,其中有"(楼郁)皇祐进士也,予尝会出其籍下,故诸子以志见属,文不得辞"③。可知盛侨青年时期为楼郁弟子。楼郁(？—1078),字子文,号城南,因居城南月湖边,学者称西湖先生,为《攻瑰集》作者、南宋学者楼钥之祖父。"其先婺人,后居奉化,徙居鄞(今浙江宁波)。以财雄于乡里,以古学为乡里所重。庆历中,州县立学,掌教县庠者数年,郡学寻又延请至十余年。登皇祐五年(1053)郑獬榜进士第,调舒州崖江主簿,禄不及亲,不欲出官。以继母无以养,弟妹未成立,遂致仕,授大理评事归。又主郡庠十余年。为州县士子师,前后凡三十余年,成就一时人物甚众。为四明五先生之一。"④

又《宋元学案》卷一《安定学案》载:"(胡瑗)先生世居安定,流寓陵州。父讷,为宁海节度推官。随任生于泰州宁海乡,先生故址也。人称之为安定先生,溯其源也。先生在太学,其初,人未信服,使其徒之已仕者盛侨、顾临辈分置执事,又令孙觉说《孟子》,中都士人稍稍从游。日升堂讲《易》,音韵高朗,旨意明白,众皆大服。《五经》异论,弟子记之,目为《胡氏口义》。""司业盛先生侨。盛侨,未详爵里。安定在太学,先生已仕,安定使为堂长。《中庸讲义》一卷,先生所述。"⑤可推知盛侨入仕前从胡瑗学,入仕后,仍能为胡瑗在太学讲学声望的提高殚精竭虑。

盛侨在入仕早期受到判祠部陈襄的推荐。当时韩琦刚拜相(1058—1067)不久,向社

---

① 曾枣庄、刘琳主编:《全宋文》第 266 册,第 23-24 页。
② 骆巧凤:《家谱:补充订正史实的特殊档案》,《宁波大学学报(人文科学版)》2008 年第 1 期,第 127-130 页。
③ 张如安著:《北宋宁波文化史》,北京:海洋出版社,2009 年,第 60 页。
④ 曾枣庄、刘琳主编,四川大学古籍整理研究所编:《全宋文》第 25 册,成都:巴蜀书社,1992 年,第 298 页。
⑤ [明]黄宗羲著:《黄宗羲全集》第 3 册《宋元学案一》,杭州:浙江古籍出版社,2012 年,第 57-58 页。

会求贤,陈襄向韩琦推荐了包括"前澧州澧阳县令、监泰州如皋县盐仓盛侨"在内的十七位"有文行经术之士""强志力行之士""奇伟之材""干能之吏"①。事载陈襄《古灵集》卷一五《与太原韩丞相手书》。可推知,盛侨在嘉祐三年(1058)左右知澧州溧阳县,监泰州如皋县盐仓。

神宗熙宁七年(1074)九月,苏轼由杭州通判以太常博士、直史馆权知密州军州事,赴任途中经楚州、涟水、海州等地。在离开楚州至涟水的途中,苏轼步刚卸任海州知州的孙洙韵作诗《次韵孙巨源寄涟水李盛二著作并以见寄五绝》,在其四"云雨休排神女车,忠州老病畏人夸。诗豪正值安仁在,空看河阳满县花"后自注"盛为邑宰",即盛为涟水令。清人查慎行注:"李著作,未详。盛著作,名侨,见乌台诗案。又《栾城集》有《盛侨授国子司业告词》。"又注曰:"《续通鉴长编》:元丰二年十二月,知考城县盛侨,罚铜二十斤,以收受苏轼讥讽朝政文字也。元祐六年,为太常少卿,直集贤院、知越州。九月,侨卒。"②另,熙宁七年,张耒授临淮县(今江苏省洪泽县临淮镇)主簿,次年去东海办事,路过涟水县。在涟水县令盛侨处见到苏轼在密州所作《后杞菊赋》,遂作《杞菊赋》,其序中云:"予到官之明年,以事之东海。道涟水,涟水令盛侨以苏子瞻先生《后杞菊赋》示予。"③可知熙宁七年左右,盛侨知涟水县。

元丰二年(1079)十二月,受乌台诗案连坐,"知考城县盛侨""罚铜二十斤",因"受苏轼谤讪诗不缴""特与除落"。哲宗元祐二年(1087)正月,"司封员外郎盛侨为国子司业。国子司业旧止一员,于是更增其一,侨与黄隐并为之"④。其制词《盛侨国子司业》由苏辙拟稿:

> 敕具官某:先帝肇新辟雍,以养多士,于兹,历年。学者云集,师儒之任,比益重焉。是以增命乐正之官,以辅司成之教。尔以老成端厚,久于郎曹。往祗厥职,勉于训励,无使阳城、韩愈之流,专美于前世。可。⑤

元祐三年(1088)七月,"为扬王府侍讲",旋于二十六日,诏朝请郎盛侨"依旧国子司业",因"侨自司业除扬王府侍讲,国子监奏留,从太学生之请也"⑥。在国子监任职期间,盛侨以"朝请郎、守国子司业、上轻车都尉、赐绯鱼袋"的身份参与了刊刻注释汉张仲景的《伤寒论》,事载四部丛刊本《伤寒论注释》序言中⑦。四年(1089)六月,"为秘阁校理,除王府记室参军"⑧。

元祐五年(1090)三月,盛侨还参加了一次雅集,由时任秘书少监的王仲至(即王钦臣)召集,参加者中还有晁补之无咎、张耒文潜等16人,受邀但因故未到者有黄庭坚鲁直、余中行老、(刘)槩仲平等9人,计27人。这一盛会由孔武仲记录在《信安公

---

① 曾枣庄、刘琳主编,四川大学古籍整理研究所编:《全宋文》第50册,成都:巴蜀书社,1992年,第132-133页。
② [宋]苏轼著:《苏东坡全集》,北京:燕山出版社,2009年,第288-289页。
③ 崔铭著:《张耒年谱及作品编年》,上海:同济大学出版社,2019年,第62页。
④ 《长编》卷301,神宗元丰二年十二月庚申,第7333页;卷394,哲宗元祐二年正月乙丑、辛未,第9592、9602页。
⑤ [宋]苏辙:《栾城集》卷28,文渊阁《四库全书》第1112册,第302页。
⑥ 《长编》卷412,哲宗元祐三年七月丙辰、丙寅,第10026、10031页。
⑦ 杨守敬撰:《日本访书志》,沈阳:辽宁教育出版社,2003年,第151-153页。
⑧ 《长编》卷429,哲宗元祐四年六月乙卯,第10373页。

园亭题名记》石刻中①。

六年(1091)正月，"左朝奉大夫、秘阁校理、徐王府记室参军盛侨为太常少卿"。同年闰八月庚午，"左朝奉大夫、秘阁校理、太常少卿盛侨为直集贤院、知越州，各从其请也。侨寻卒，赠绢百匹"②。

盛侨通判海州时间史载不详，海州诸志缺。宋人郑獬在《郧溪集》卷二六中存诗《送盛寺丞》：

> 萧相关中守，元瑜邺下豪。秋风嘶白马，路草照青袍。地入参旗近，河连积石高。当年兵战处，尊酒属吾曹。③

郑獬(1022—1072)，字毅夫，号云谷，北宋安州安陆(今湖北省孝感市安陆市)人。仁宗皇祐五年(1053)状元及第，五月，为将作监丞、通判陈州。至和二年(1055)入直集贤院、度支判官、修起居注、知制诰。英宗即位，出知荆南。还，判三班院。神宗初，拜翰林学士。权发遣开封府，因与王安石交恶，出为侍读学士、知杭州。未几，徙青州。后引疾祈闲，提举鸿庆宫。著《郧溪集》三十卷等存世④。

《送盛寺丞》诗作于状元及第后通判陈州与任职馆阁期间，"强烈的功名事业心使诗人关照那些苍健、雄劲、高远的景色，在壮景中抒发今昔盛衰的感慨"，有"雄浑、豪纵之境"⑤。制词《海州通判盛寺丞状》由强至撰，载《祠部集》卷二〇：

> 遽违英范，增郁尘襟。徒然燕语之倾，缺尔笺滕之致。岂图情照，首占音书。意在远而弥亲，礼由谦而益厚。仰衔勤抑第切铭藏，歆溽向阑，标仪犹邈，勉绥寝练，前荷宠荣。⑥

此后二人还书信来往，其中强至寄盛侨的《海州倅书》，收录于《祠部集》卷三〇：

> 出承吏乏，阻备宾荣。当淮洲嚚冗之冲，有官簿沉迷之虑。营职亡状，贡书不时。恭以某官文章世家，忠谅许国。副车贰政，尚郁于贤图；细札须才，行膺于帝简。⑦

同时还致信问候时任海州知州，让盛侨代为转达，《代问候海州知州书》亦收录于《祠部集》卷三〇：

> 近被台移，远承官乏。企仁候之幕下，时恋恩晖；供冗职于淮壖，日驰俗状；门墙

---

① 按："余中行老、(刘)槩仲平"原为"余中行老槩、仲平"，断句误。曾枣庄、刘琳主编：《全宋文》第100册，第316-318页。另孙永选校点时断为"余中行、老槪仲平"，亦误。[宋]孔文仲等著，孙永选校点：《清江三孔集》，济南：齐鲁书社，2002年，第243-244页。宋人马永卿载："余中行老、朱服行中、邵刚刚中、叶唐懿中夫、何执中伯通、王汉之彦昭。彦昭常于期集处自叹曰：'某独不幸，名字无中字，故为第六。'行老应之曰：'只为贤不中。'时以为名答。"[宋]马永卿：《懒真子》卷4，文渊阁《四库全书》第863册，第431页。元人董真卿载："林氏，疑独慎微与吴子进、袁志行、李元量、刘仲平、路纯中、洪成季、陈子明、郑正夫、阎彦升共成一书，共十二卷，号《太学十先生易解》。""刘氏，槩仲平，东明人。"推知"槩仲平"即"刘槩仲平"，与前面人名的书写方式一样，为前名后字，疑漏姓氏"刘"。参见[元]董真卿：《周易会通》，文渊阁《四库全书》第26册，第80页。
② 《长编》卷454，哲宗元祐六年正月壬午，第10884页；卷465，哲宗元祐六年闰八月庚午，第11111页。
③ 丛书集成续编编委会：《丛书集成续编》第101册《集部》，上海：上海书店出版社，1994年，第511页。
④ 《宋史》卷321《郑獬传》，第10417-10419页。
⑤ 郄丙亮：《郑獬诗歌研究》，河北师范大学硕士学位论文，2008年。
⑥ 曾枣庄、刘琳主编：《全宋文》第66册，第189页。
⑦ 曾枣庄、刘琳主编：《全宋文》第67册，第53页。

且邀,笺牒弗时。伏惟镇抚善藩,绥宁泰宇。恭以某官郎垣硕德,王国伟才。领麾沧海之城,岂容满岁;奏课甘泉之府,行擢茂功。①

依此推知,盛侨为仁宗皇祐五年(1053)郑獬榜进士,初为某寺丞,通判海州,离任时间不详。

北宋仁宗皇祐六年/至和元年甲午(1054)

【沭阳县主簿、代沭阳县令:沈括】

沈括(1031—1095),字存中,仁宗至和元年至二年(1054—1055)为沭阳县主簿、代县令(参见"北宋仁宗至和二年乙未东海县令沈括"条)。

北宋仁宗至和二年乙未(1055)

海州知州	毕氏	东海县令	沈括
海州榷务	李载之		

【海州知州:毕氏】

毕氏(生卒年不详),姓名生平皆不详,历官会稽税官、海州知州。

毕氏为会稽税官,事载宋人施宿《会稽志》卷一九《杂记》:

> 毕景儒仲荀言:其先人天圣中为会稽税官。夏夜,暴风震霆而无雨,空中有人马声,终夜方息,阖城皆闻之。明日,禹庙令申州。是夜二鼓,殿门关锁,忽自擘开,风霆自殿中起,直西南去。州遣官验之,百里间林木禾稼皆颠仆。②

毕氏为海州知州唯见其子毕景儒(字仲询)在其《幕府燕闲录》载一梦兆《隽宗神告》中提及(参见"北宋仁宗天圣四年丙寅海州知州王遵度"条,"北宋仁宗天圣九年辛未(1031)海州通判王尧臣"条)。

【海州榷务:李载之】

李载之(生卒年不详),生平史载阙,仅见宋人梅尧臣《宛陵集》卷四九《送李载之殿丞赴海州榷务》:

> 瓜蔓水生风雨多,吴船发棹唱吴歌。槎从秋汉下应快,人忆故园归奈何。世事静思同转毂,物华催老剧飞梭。茶官到有清闲味,海月团团入酒螺。③

梅尧臣(1002—1060),字圣俞,宣州宣城(今安徽省宣城市)人。少工诗,欧阳修与之为诗友,与苏舜钦并称"苏梅"。以父荫为河南主簿,历德兴县令、知建德、襄城县,监湖州税,签书忠武、镇安判官,监永丰仓。仁宗皇祐三年(1051),以国子博士赐同进士出身,改

---

① 曾枣庄、刘琳主编:《全宋文》第67册,第65页。
② [宋]施宿:《会稽志》卷19《杂记》,文渊阁《四库全书》第486册,第412页。
③ [宋]梅尧臣:《梅尧臣集》,朱东润编年、校注,上海:上海古籍出版社,1980年,第883页。

太常博士，累迁尚书都官员外郎。著有《宛陵集》四十卷。《宋史》卷四四三有本传①。梅尧臣在京为官时间大致应在仁宗皇祐三年（1051）至嘉祐五年（1060），该诗应作于这期间，李载之任海州权务时间也大致应在此期间。

【东海县令：沈括】

沈括（1031—1095），字存中，号梦溪丈人，北宋钱塘（今浙江省杭州市）人。出身仕宦之家，幼年时随父宦游，以父荫为沭阳县主簿、代行沭阳县令事，知海州东海县。仁宗嘉祐八年癸卯（1063）许将榜进士，授扬州司理参军。任大理寺丞、馆阁校勘、太子中允、检正中书刑房、提举司天监、史馆检讨、集贤校理、太常丞、同修起居注、右正言、知制诰、河北西路察访使、翰林学士、三司使，以集贤院学士知宣州，擢龙图阁待制、知审官院，知青州、延州，加龙图阁学士。后坐贬均州团练副使，元祐初，徙秀州，继以光禄少卿分司，移居润州梦溪园，卒年六十五。著有《梦溪笔谈》《长兴集》传世，与苏轼合著《苏沈良方》一五卷。《宋史》卷三三一有堂兄《沈遘传》，并附沈括本传：

> 括字存中，以父任为沭阳主簿。县依沭水，乃职方氏所书"浸曰沂、沭"者，故迹漫为汙泽，括新其二坊，疏水为百渠九堰，以播节原委，得上田七千顷。
>
> 擢进士第，编校昭文书籍，为馆阁校勘，删定三司条例。故事，三岁郊丘之制，有司按籍而行，藏其副，吏沿以干利。坛下张幔，距城数里为园囿，植采木、刻鸟兽绵络其间。将事之夕，法驾临观，御端门、陈仗卫以阅严警，游幸登赏，类非斋祠所宜。乘舆一器，而百工侍役者六七十辈。括考礼沿革，为书曰《南郊式》。即诏令点检事务，执新式从事，所省万计，神宗称善。
>
> 迁太子中允、检正中书刑房、提举司天监。日官皆市井庸贩，法象图器，大抵漫不知。括始置浑仪、景表、五壶浮漏，招卫朴造新历，募天下上太史占书，杂用士人，分方技科为五，后皆施用。加史馆检讨。
>
> 淮南饥，遣括察访，发常平钱粟，疏沟渎，治废田，以救水患。迁集贤校理，察访两浙农田水利，迁太常丞、同修起居注。时大籍民车，人未谕县官意，相挻为忧；又市易司患蜀盐之不禁，欲尽实私井而榷解池盐给之。言者论二事如织，皆不省。括侍帝侧，帝顾曰："卿知籍车乎？"曰："知之。"帝曰："何如？"对曰："敢问欲何用？"帝曰："北边以马取胜，非车不足以当之。"括曰："车战之利，见于历世。然古人所谓兵车者，轻车也，五御折旋，利于捷速。今之民间辎车重大，日不能三十里，故世谓之太平车，但可施于无事之日尔。"帝喜曰："人言无及此者，朕当思之。"遂问蜀盐事，对曰："一切实私井而运解盐，使一出于官售，诚善。然忠、万、戎、泸间夷界小井尤多，不可猝绝也。势须列候加警，臣恐得不足偿费。"帝领之。明日，二事俱寝。擢知制诰，兼通进、银台司，自中允至是才三月。
>
> 为河北西路察访使。先是，银冶，转运司置官收其利，括言："近宝则国贫，其势必然；人众则囊橐奸伪，何以检颐？朝廷岁遗契丹银数千万，以其非北方所有，故重而利之。昔日银城县、银坊城皆没于彼，使其知凿山之利，则中国之币益轻，何赖岁

---
① 《宋史》卷443《梅尧臣》，第13091-13092页。

饷,邻衅将自兹始矣。"

时赋近畿户出马备边,民以为病,括言:"北地多马,而人习骑战,犹中国之工强弩也。今舍我之长技,强所不能,何以取胜。"又边人习兵,唯以挽强定最,而未必能贯革,谓宜以射远入坚为法。如是者三十一事,诏皆可之。

辽萧禧来理河东黄嵬地,留馆不肯辞,曰:"必得请而后反。"帝遣括往聘。括诣枢密院阅故牍,得顷岁所议疆地书,指古长城为境,今所争盖三十里远,表论之。帝以休日开天章阁召对,喜曰:"大臣殊不究本末,几误国事。"命以画图示禧,禧议始屈。赐括白金千两使行。至契丹庭,契丹相杨益戒来就议,括得地讼之籍数十,预使吏士诵之,益戒有所问,则顾吏举以答。他日复问,亦如之。益戒无以应,谩曰:"数里之地不忍,而轻绝好乎?"括曰:"师直为壮,曲为老。今北朝弃先君之大信,以威用其民,非我朝之不利也。"凡六会,契丹知不可夺,遂舍黄嵬而以天池请。括乃还,在道图其山川险易迂直,风俗之纯庞,人情之向背,为《使契丹图抄》上之。拜翰林学士、权三司使。

尝白事丞相府,吴充问曰:"自免役令下,民之诋訾者今未衰也,是果于民何如?"括曰:"以为不便者,特士大夫与邑居之人习于复除者尔,无足恤也。独微户本无力役,而亦使出钱,则为可念。若悉弛之,使一无所预,则善矣。"充然其说,表行之。

蔡确论括首鼠乖剌,阴害司农法,以集贤院学士知宣州,明年,复龙图阁待制、知审官院,又出知青州,未行,改延州。至镇,悉以别赐钱为酒,命廛市良家子驰射角胜,有轶群之能者,自起酌酒以劳之,边人欢激,执弓傅矢,唯恐不得进。越岁,得彻札超乘者千余,皆补中军义从,威声雄他府。以副总管种谔西讨援银、宥功,加龙图阁学士。朝廷出宿卫之师来戍,赏赉至再而不及镇兵。括以为卫兵虽重,而无岁不战者,镇兵也。今不均若是,且召乱。乃藏敕书,而矫制赐缗钱数万,以驿闻。诏报之曰:"此右府颁行之失,非卿察事机,必扰军政。"自是,事不暇请者,皆得专之。蕃汉将士自皇城使以降,许承制补授。

谔师次五原,值大雪,粮饷不继,殿直刘归仁率众南奔,士卒二万人皆溃入塞,居民怖骇。括出东郊饯河东归师,得奔者数千,问曰:"副都总管遣汝归取粮,主者为何人?"曰:"在后。"即谕令各归屯。及暮,至者八百,未旬日,溃卒尽还。括出按兵,归仁至,括曰:"汝归取粮,何以不持军符?"归仁不能对,斩以徇。经数日,帝使内侍刘惟简来诘叛者,具以对。

大将景思谊、曲珍拔夏人磨崖葭芦浮图城,括议筑石堡以临西夏,而给事中徐禧来,禧欲先城永乐。诏禧护诸将往筑,令括移府并塞,以济军用。已而,禧败没,括以夏人袭绥德,先往救之。不能援永乐,坐谪均州团练副使。元祐初,徙秀州,继以光禄少卿分司,居润八年卒,年六十五。

括博学善文,于天文、方志、律历、音乐、医药、卜算,无所不通,皆有所论著。又纪平日与宾客言者为《笔谈》,多载朝廷故实、耆旧出处,传于世。

后附论曰:

> 沈括博物洽闻，贯乎幽深，措诸政事，又极开敏。①

沈括为沭阳县主簿时间史载不详，但可以从他以父荫补仕，即父亲去世的时间，以及在沭阳主簿任上的几封书信和刚到任东海县令时的游记《苍梧台记》中记述的时间推知。

一是沈括的父亲沈周去世时间。沈括是熙宁变法的坚定支持者，并作为王安石助手积极参与，受到王安石的看重。作为回报，王安石为沈括父亲沈周作《太常少卿分司南京沈公墓志铭》，收录于《临川文集》卷九八，其中有"皇祐三年十一月庚申，太常少卿分司南京钱塘沈公卒，明年，子披、子括葬公钱塘龙居里"②句，说明沈括父亲的去世时间为仁宗皇祐三年（1051）十一月。沈括服丧三年后以父荫为沭阳县主簿，大致时间在皇祐五年（1053）至皇祐六年（至和元年，1054）之间。

二是《上海州通判李郎中启》时间。沈括在沭阳县主簿任上，参与管理农民疏浚河道工程，平息民变，继续疏浚工程并加快进度，在农事来临之前完工。《上海州通判李郎中启》即是沈括被命代理县令职权后向沭阳县的上级海州通判的回函。其中有"况今而后，责且在某"句，说明代为行使沭阳县令职权的任命已经下达；"然月且半，农事日急"句，说明疏浚工程在冬季，现在已经临近春季农事③。可知，沈括为沭阳县主簿，大致时间在皇祐五年（1053）或皇祐六年（至和元年，1054）秋冬。

三是为东海县令时间。沈括知东海县时，到任第九天，就出游苍梧山（今云台山），并作游记《苍梧台记》，描述了苍梧山的秀丽风景，其中有"予始至海州，入其境，闻有朐、羽之山，……其明年，东海令以事去，而予得摄其官。其往也，以岁之四月，方草木修茂"④句，说明沈括任沭阳县主簿的次年四月即任东海县令。故推知，沈括为沭阳县主簿，时间在至和元年（1054）秋冬，代行沭阳县令事在年末岁初，为东海县令时间在至和二年（1055）四月。

沈括到任沭阳县主簿后，与诸多好友有书信来往，其中《答崔肇书》叙其虽因家贫急于禄仕为"最贱且劳"的主簿，"不得复若平时之高视阔步，择可为而后为"，但仍能持年少时为学之志，"专心致意，毕力于其事"，并坚持"审问之，慎思之，笃行之"。《答崔肇书》收录在《长兴集》卷七：

> 某再拜崔君足下：人之于学，不专则不能。虽百工其业至微，犹不可相兼而善，况君子之道也？若某则不幸所兼者多矣。众人之所患而某之所取，心虽劲而力屈，功虽益而业悖。求乎其人而不似，考乎其艺而不信。日侈月肆，卒至无其所而归。足下不欲其终舍君子而小人是求也，挽焉而不行，则推焉而欲其进也。然某少之时，其志于为学虽专，亦不能使外物不至也。复不幸家贫，丞于禄仕。仕之最贱且劳，无若为主簿。沂海淮沭，地环数百里，苟兽蹄鸟迹之所及，主簿之职皆在焉。然既已出身为吏，不得复若平时之高视阔步，择可为而后为，固宜少善其职矣。所职如是，皆善固不能也。欲其粗善，必稍删其多岐，专心致意，毕力于其事而后可也。而又间有

---

① 《宋史》卷331《沈括传》，第10653-10657、10660页。
② ［宋］王安石：《王文公文集》下，上海：上海人民出版社，1974年，第967页。
③ ［宋］沈括：《长兴集》卷7《上海州通判李郎中启》，文渊阁《四库全书》第1117册，第290页。
④ ［宋］沈括：《长兴集》卷9《苍梧台记》，文渊阁《四库全书》第1117册，第300-301页。

往还吊问,岁时腰腊,公私百役,十常兼其八九。乍而上下,乍而南北,其心憃憃跦跦,不知天地之为天地,而雪霜风雨之为晦明燠凉也。势既如此,而又将求乎其所不可至,慕乎其所不可求,见其亡未见其得,见其往未见其至也。语不云乎:"夫子之求之也,其诸异乎人之求之与。"某之不竞,不敢有希于是。苟才之所及,敢不惟吾子之诏。虽实不能,愿学焉。审问之,慎思之,笃行之,不至则命也。不宣。括再拜。①

《上海州通判李郎中启》收录在《长兴集》卷七:

某启:某承帖之明日,伏奉十七日教令。惟不肖不获奔走之惧,安敢有所辞托,以贻幕府之念?某皇恐死罪。沭阳之民已再叛矣,不谓能再集,其心皆不坚,处置小不如理,亦终叛耳。始之所谓,皆无预于某。然月且半,农事日急,而河役搔动如此,为县吏者不得不虑。况今而后,责且在某。使某自为计,不过败某其职,谒归非义,不可也。为百姓计,则岂但一端而已?齐鲁之民,其天性陆梁倔强。平日居家,常椎牛劓豖,蹶强挽满,未可以无术御也。某未至河上,吏人持前后使帖二十一通,其间约束常数日一易,或再易。虽未皆施行如帖之说,民心不能无摇。且与数万人之后,而号令不坚,分界不明,是所以促其乱也。必欲使某为之,自石龙尽金墩二十九里,【若如诸君者而交焉。今又幸辱君子之招,纵不暇敛薄书、摄衣冠而先焉,又岂至于拒而不往也?方今丞相士大夫皆出于诸生。丞相士大夫职治礼乐教化,系天下根本,其取友不宜反轻。孟子曰:其交也以道,其接也以礼。交不以道,馈且不可以受,况可受于师友耶?某非独自解,亦所以为诸君谋也。】不宣。某再拜。②

《全宋文》在校勘沈括书启《上海州通判李郎中启》《答同人书》《答李彦辅秀才书》时认为,这三封书启的后半段(文中以【】标识)与前半段内容,其文意上下不相联属,相互错录,虽然校勘所用各底本皆同,无从校正,仍沿用其旧。本人经过仔细核对,诚以为然。即《上海州通判李郎中启》后半段自"若如诸君者而交焉"始,应为《答同人书》后半段,接"古之人以友天下之善士为未足"之后;《答同人书》后半段自"犹将极心虑之所及"始,应为《答李彦辅秀才书》后半段,接"今欲悉取于书之间"之后,替换"听某之所为,……合下无以沭阳为念也",但疑接文处有阙文;《答李彦辅秀才书》后半段"听某之所为,……合下无以沭阳为念也",应为《上海州通判李郎中启》后半段,接"自石龙尽金墩二十九里"之后,但疑接文处亦有阙文③。

为清晰对照见,兹录《答同人书》《答李彦辅秀才书》如下:

答同人书

某再拜诸君足下:某观古之为人友者,其乡人则相与率其子弟而从事之,至于推于朝廷,达于天下,议论喟然,感动后生。然其人皆聪明博通,卓然魁奇,其就之若扬雄所谓"晦斯光,窒斯通,亡斯存"。不如是,所传亦不久而消。是其不得于心者,卒亦不得于人,其势可必也。某尝以谓礼义可为,古人可求也,乃益感激奋观百世之

---

① [宋]沈括:《长兴集》卷7《答崔肇书》,文渊阁《四库全书》第1117册,第288-289页。
② 曾枣庄、刘琳主编:《全宋文》第77册,第292-293页。按:曾枣庄等校正时认为自"若如诸君者而交焉"始,其后内容与其前内容文意不相联系,疑错置其他书启内容,诚以为然。
③ 曾枣庄、刘琳主编:《全宋文》第77册,第289-293页。

上,礼乐治乱之端,所居必少行其心。及今为吏,则与乡人之为吏者校能洁艺,不能有以异也,而筋力谋虑先之而衰。虽年日加长,气日加折,未至耄悖如此之速也。岂非学不益进,劳不耗其思虑,无善友以琢磨其心,未至于浩乎其沛然也。古之人以友天下之善士为未足,【犹将极心虑之所及,摩寞寞之无穷,抽万世之潜默,况而又吾之所疑理?理之所在,某不知也。彼说焉,此说焉,审别其是非而取之。以吾子之心信其是,无信其多。虽失之,某犹必谓得之。范晔之称张楷曰:"学者随之,所居成市。"随者成市,晔遽何以知楷为贤耶?扬子云曰:"后世复有扬雄,必好之矣。"其自取之明而无信于多者如此。使楷而在,随之虽万人,吾犹与雄也。虽然,先王之制确然不可移,如吾子之说者,盖其法也。援而加之,后世可效之而不可必用,如是,则沛然过古人远矣。足下其思之,谓之何如?】某再拜。①

答李彦辅秀才书

某再拜彦辅足下:雨后道绝,连日阻见。示及《封建书》及再辱简,以某之不敏,而足下问之,非所以问也。求欲奉咨,顾有所未得者二说焉。书之为理无以复加矣。其取后世延促盛衰以为得失之验,恐子亦失之也。荀卿曰:"君子道其常,小人计其功。"此非吾子斩然特起之论,惜乎古人以发之,则固宜某之不乐为足下取也。与足下无语天下之大,而语之其身,所以为君子小人之异,而又求必于贵贱穷达之效,在足下固以谓不可,夫岂不与封建之理同哉?观其所操设,则天下之法得矣,延促盛衰,非所谓验也。某始未得柳子厚之书,闻其有《非国语》《夫子庙碑》《对贺者》之说,固知宗元文不足与已矣。其学如是,而语之以圣人之取舍,宜不知也。道为知者传,其所不知,君子无憾于焉。学者于其所未睹,吾不知其可不可也,则于书而求知之。求欲得吾之决,不求得吾之疑。今欲悉取于书之间,【听某之所为,如前日之请,而罢巡检之吏四十日之功,以某计之,可三十日良毕。有不集者,某任其责。二说者不行,巡检不去,成败之责,某不敢任也。府符以某代令,非谓才能过之也。以某前日之来,民皆自附,去则复溃,以谓民情少安于某,则宜听其所为。民怀其惠,不怀其人。今或一拘以法,如前日之为,则某与县令未见能异也。某今日至屯,已辄解约束,易置什伍,众稍安集。某无他技能,至于与民要约,粗有一日之信,合下无以沭阳为念也。】教命不许离部,窃比门下诸生,不自疏外,辄用实封启闻,幸赐报可。不胜惓惓。某再拜。②

沈括为东海县令时间在至和二年(1055)四月。嘉庆《海州志·职官表一》载:"东海县令,沈括,天圣间任,有传。"任职时间误。

沈括到任第九天即出游苍梧山,作游记《苍梧台记》,收录在《长兴集》卷九:

予始至海州,入其境,闻有朐、羽之山,书于经,见于传记、小说,疑其为非常,而未睹其为物也。东望有山,蔚然立于大海洪波之中,日月之光蔽映上下,疑此为二山者。问之,则二山顾在其西,痹薄秃陋,不充所望。向予所睹蔚然者,乃独在其海中,故琅琊赣榆之墟,而今之东海县也。予过海州,登朐山而壮之。其望大海,若吾之左右臂,天地日月之游动出没,可俯而窥也。朐山,昔予小之而不顾者,能尚可以如此,况

---

① [宋]沈括:《长兴集》卷7《答同人书》,文渊阁《四库全书》第1117册,第289—290页。
② [宋]沈括:《长兴集》卷7《答李彦辅秀才书》,文渊阁《四库全书》第1117册,第288页。

其瞠然意可以无胸山者!予得从而登焉,岂不益壮吾观耶!于是有职不得往。其明年,东海令以事去,而予得摄其官。其往也,以岁之四月,方草木修茂,山气秀蔚,下磲口,帆海而渡,以至邑之九日,登苍梧之山,望大海之津。晨鸡初鸣,夜漏未极,而东方云骞,气如渥朱,幡悬帙罗,烟炎四发。久之,溟波洞赤,郁扬沸腾,爓如洋金,而朝日始放。倏焉乍安,茫茫扶舆,光景仰射,隙酺上指,人动马行,影在霄汉。反顾海之为州,仅在苍烟晦雾杳蔼之间,藐然如一浮萍之不可分。此其卑者,犹有大山焉。曰"由吾关山",予虽得至其下,竟不果登而归。闻其多猛兽异物,往尝有死于游者。其言未必信然,而予固未可以与猛兽异物辨之也。苍梧之为孤秀挺绝,四游八鹜,仰高俯下,日月之所徧,耳目之所接,吾得而尽于此山矣,盖可以无求于彼而足也。乃谋筑观其上,以与邑人岁时彷徉翺翔,游乎浩渺混茫之中,以忘吾忧。势不能遽成,而予之不久于此也。粗记其一日之游,使后之人,可以迹予言而为之,犹足乐其不废也。①

沈括任职期间还经过考证,认为"二疏墓"位于海州东海县是原通判海州石曼卿的误会所致,实位于山东"承县";"东海孝妇"亦非东海人物,收录于《梦溪笔谈》卷四《黄儿墓》。参见"北宋仁宗景祐二年乙亥(1035)石延年"条,且听一家之言吧。

某年秋天,作诗《海州观放鹘搏兔不中而飞去》:

秋霜濯空林,暮日在峰顶。冥冥起长风,稍稍绝遗影。骁禽值猛搏,俯取不待顷。岂非求者乖,矫翩成远骋。未能谢榛莽,那用遽悻悻。此心竟可怜,得失未宜病。②

神宗熙宁四年(1071),时任"大理寺丞、馆阁校勘"③的沈括也给我们留下了宋代海州进士陈经的史料《故信阳军罗山县令陈君墓志铭》,收录在《长兴集》卷一六④中。

沈括离任东海县令时间史载不详。嘉祐六年(1061),在任职宣州宁国县令的哥哥沈披处备考科举⑤。时间不详,推知离任东海县令时间在嘉祐二年末三年初(1057—1058),离任后又他处任职。

北宋仁宗嘉祐二年丁酉(1057)

海州知州	章诚	海州兵马都监	武继隆
海州通判	盛遵甫		

【海州知州:章诚】

章诚(生卒年不详),生平史载阙。知海州仅见宋人王珪撰《华阳集》卷二五《赐权知

---

① [宋]沈括:《长兴集》卷9《苍梧台记》,文渊阁《四库全书》第1117册,第300-301页。按:"而朝日始放。倏焉乍安"原文为"而朝日始放焉。乍妥",从《全宋文》改;原文"痹薄秃陋""烟炎四发"《全宋文》为"庳薄秃陋""烟光四发",未改。参见曾枣庄、刘琳主编:《全宋文》第77册,第333-334页。
② [宋]吕祖谦编著:《吕祖谦全集》第12册《宋文鉴》卷18,杭州:浙江古籍出版社,2008年,第331页。
③ 《长编》卷228,神宗熙宁四年辛亥十一月丙戌,第5542页。
④ [宋]沈括:《长兴集》卷16《故信阳军罗山县令陈君墓志铭》,文渊阁《四库全书》第1117册,第339-340页;曾枣庄、刘琳主编:《全宋文》第74页,第345-346页。
⑤ 吴以宁著:《〈梦溪笔谈〉辨疑》,上海:上海科学技术文献出版社,1995年,第266-267页。

海州章诚获军贼奖谕敕书》：

敕：某，日者，徼巡之官失于驭下，致起畔卒，欻惊海隅。汝职守邻疆，力当贼锐。募徒应猝，擒捕有方。外台列功，久而未省。再览来牍，良深汝嘉。①

该敕书制于嘉祐二年(1057)，可知章诚是年在知海州任上。

李之亮在《宋两淮大郡守臣易替考》中认为章诚知海州时间为1056—1058年。

【海州通判：盛遵甫】

盛遵甫(生卒年不详)，字仲袞，北宋余杭(今浙江杭州)人，光禄寺丞，通判海州，知邵武军，赠金紫光禄大夫。

咸淳《临安志·人物志》"盛京"条附带盛遵甫通判海州以及部分宦绩信息："盛京，上世本宋之虞城人，唐末徙余杭。曾祖尝仕钱氏为本县令。父豫，兴国初随偒入朝，终度支郎中。京登进士第。康定初为谏议大夫，出守江宁，以老乞便郡，诏移海州。天资仁厚，不忍以法绳下，而吏民化服；亦不忍欺，以事去。久而闾巷犹忧思之，终于工部侍郎。后十年，子遵甫，尝以光禄寺丞通判海州。岁旱，发公私藏以廪民，全活甚众。又设方略，捕奸盗发，辄得。又四十余年，遵甫之子仲孙，以朝奉大夫守海州。期年，州称治，邦人有'盛使君家儿世世循吏'之称。"②依此可知盛京祖孙三代都官海州，吏治显著。

盛遵甫通判海州时间史载不详，海州诸志不载。盛京知海州时间大约在仁宗宝元三年(1040)至庆历三年(1043)，据上述咸淳《临安志》载，盛遵甫以光禄寺丞通判海州是在盛京知海州之后十年，大约在1053年，即仁宗皇祐五年。但该年盛侨通判海州，故盛遵甫通判海州大约在仁宗嘉祐元年(1056)至四年(1059)之间。

盛遵甫的字来自一通庐山石刻"万杉寺题刻"(图8-3)。在庐山万杉寺遗址后的一块石壁上刻有"龙、虎、岚、庆"四个大字，在"龙"字右下方石壁上刻许多小字，曰：

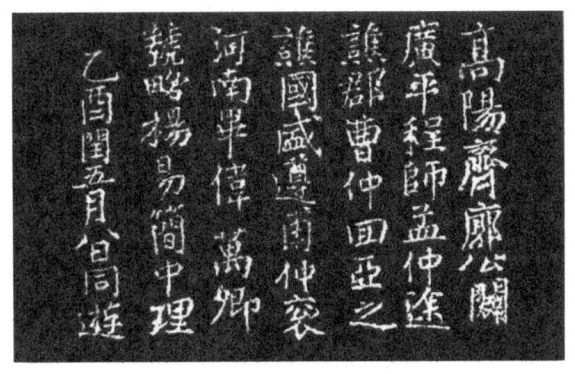

图8-3　庐山"万杉寺题刻"拓片
[来源：《江右刻石书法大观(晋唐两宋卷)》]

高阳齐廓公辟、广平程师孟仲途、谯郡曹仲回亚之、谯国盛遵甫仲袞、河南毕伟

---

① ［宋］王珪：《华阳集》卷25《敕书·赐权知海州章诚获军贼奖谕敕书》，《丛书集成初编》，第149-150页。
② 浙江省地方志编纂委员会编：《宋元浙江方志集成》第3册，杭州：杭州出版社，2009年，第1124-1125页。

万卿、虢县杨易简中理。乙酉闰五月八日同游。①

该通题名石刻,为仁宗庆历五年乙酉(1045)闰五月八日,六位好友同游庐山所题,其中就有盛遵甫,字仲衮,郡望为谯国。

盛遵甫其他任职载宋人晁说之《景迂生集》卷二〇《崇德县太君王氏墓志铭》:

> 本朝父子参知政事,俱以厚德称者,唯王氏,是谓惠献公、若安简公。惠献公之子、安简公之弟、尚书驾部郎中讳举善,娶丞相文定张公之孙。生女淑静,得内外奕世之美,嫁谯国文肃盛公弟谏议公之子、太子左赞善大夫、知邵武军、赠金紫光禄大夫讳遵甫。……男曰:……仲孙,左朝议大夫、知沂州;……说之先妣,文肃公之孙也,得以为夫人铭……②

从墓志铭可知,墓主王氏的父亲是尚书驾部郎中王举善,母亲是丞相张齐贤(谥文定)之孙女,伯父是参知政事王举正(谥安简),祖父是亦任参知政事的王化基(谥惠献)。墓主王氏的丈夫盛遵甫生前官至"太子左赞善大夫、知邵武军",去世后"赠金紫光禄大夫"。盛遵甫的父亲盛京为谏议大夫,伯父是盛度(谥文肃)。撰写墓志铭的晁说之(1059—1129)的生母是盛度的孙女③。

【海州兵马都监:武继隆】

武继隆(生卒年不详),武秩。仁宗天圣五年(1027)之前,武继隆已官至北作坊使,《宋会要辑稿》方域一〇之二载"(仁宗天圣)五年九月二十七日,北作坊使武继隆言"事④。《长编》卷一一二载:明道二年(1033)四月癸丑,因"罢上御药并上御药供奉",以"上御药供奉"转为"供备库副使",旋于"丙辰"出"为蕲州都监"。庆历五年(1045),以北作坊使遣往淮南路选汰羸兵,《长编》卷一五四载:"二月戊子朔,分遣内臣往诸路选汰羸兵,……北作坊使武继隆淮南路。"至和元年(1054),官至皇城使、陵州团练使、内侍押班,《长编》卷一七七载:"(至和元年十一月)戊辰,命盐铁副使、司封员外郎李参,皇城使、陵州团练使、内侍押班武继隆,相度黄河故道。"⑤其间还被赐"加食邑三百户",制诰《皇城使、内侍省、内侍押班、陵州团练使武继隆可加食邑三百户制》由蔡襄制词,收录于《端明集》卷一五:

> 敕某:朕练时日,祀泰元,躬事坛丘,执荐菹篚。百灵歆留,翻昇永福。念惟官师,陪侍兢栗,敷与鸿惠,以昭庆赉。以尔材备烦使,志务恭饬。总司禁省,亲迹轩闼。自临阳畤,还御端闱,凤夜之劳,弥用信倚。进疏公社,益埤国田。良思施之行,毋忘祗荷。⑥

---

① 徐新杰:《庐山金石辨讹补遗》,《江西历史文物》1985 年第 1 期,第 114-117 页。按:邱振中释读并断句为"河南毕伟、万卿,号略,杨易简中理",皆误。题名中游览者皆按照郡望、姓名、字来进行记录,因而"万卿"一定是"毕伟"的字;所谓的"号略"一定是后面"杨易简"的郡望,而"号略"不可能是古地名,是"虢县"的误读。参见邱振中:《江右刻石书法大观(晋唐两宋卷)》,南昌:江西美术出版社,2019 年,第 159 页。

② [宋]晁说之:《景迂生集》卷 20《崇德县太君王氏墓志铭》,转引自曾枣庄、刘琳主编:《全宋文》第 130 册,第 343-344 页。

③ 张兴武著:《两宋望族与文学》,北京:人民文学出版社,2010 年,第 309 页。

④ 《宋会要辑稿》方域 10 之 2,第 9464 页。

⑤ 《长编》卷 112,仁宗明道二年四月癸丑、丙辰,第 2611-2612 页;卷 154,仁宗庆历五年二月戊子,第 3744 页;卷 177,仁宗至和元年十一月戊辰,第 4291 页。

⑥ [宋]蔡襄:《端明集》卷 15,文渊阁《四库全书》第 1090 册,第 466 页;[宋]蔡襄著,吴以宁点校:《蔡襄集》,上海:上海古籍出版社,1996 年,第 293 页。

武继隆任皇城使的制诰《任守忠可宫苑使、加轻车都尉,宗志聪可左骐骥使、加食邑,邓保信可右骐骥使、加食邑,武继隆可皇城使、加上骑都尉制》由胡宿制词,收录于《文恭集》卷一七:

> 敕:祀,所以孚诚昭孝通神明者也。朕考宗祀于古,复孝飨于朝,袤对上灵,昭升尊配。翕受敷锡,缉熙纯嘏,则亦亲信之任,有忠力焉。以尔守忠性则谨孚,材本强济;以尔志聪笃在诚亮,敏有干局;以尔保信精明适用,端粹自持;以尔继隆习练事经,休有风力,并用劳旧,参试剧烦。入司宿卫之严,预我斋祠之事。乘舆所次,部分有条,行在肃如,拱卫颙若,逮成熙事,寔有勤庸。均穆祥厘,大伸茂典,并优使范之陟,兼从井赋之加。且旌陟恪之勤,往服褒华之宠。①

胡宿任知制诰时间在仁宗庆历八年(1048)至皇祐五年(1053),故可推知,武继隆任皇城使时间大约在仁宗庆历九年(1049)。

至和二年(1055)二月,武继隆领果州防御使,《长编》卷一七八载:"(至和二年二月丁酉)皇城使、陵州团练使、内侍押班武继隆领果州防御使。"三月,为内侍副都知,《长编》一七九载:"(至和二年三月)丙子,……皇城使、果州防御使、内侍押班武继隆,左骐骥使、荣州防御使、内侍押班邓保信,并为内侍副都知。"②

嘉祐二年(1057)五月,武继隆迁宣政使,寻罢,事载《长编》卷一八五:"(嘉祐二年五月辛巳)内侍副都知、昭宣使、果州团练使武继隆迁宣政使,寻罢之。"③十月,再降为海州兵马都监,事载《宋会要辑稿》职官六五之一六:"(仁宗嘉祐二年)十月十四日,降内侍省内侍副都知、昭宣使、果州防御使武继隆为海州兵马都监,翰林侍读学士、新知郓州赵槩罚铜三十斤。坐私役兵葺园亭,当追一官勒停,免之。尝与继隆同提举诸司库务,继隆既被劾,上言营救,为御史所弹。"④而《长编》卷一八八载,武继隆寻改海州都监之前尚先降为单州都监,时间为嘉祐三年(1058)十月,谪贬原因同。"(嘉祐三年十月)己未,降内侍副都知、昭宣使、果州防御使武继隆为单州都监,寻改海州都监。坐故出内侍省吏阑入御在所死罪,及私役兵匠计庸至百二十二匹,及受洪福寺僧馈遗事,为谏官所奏,当追一官勒停,特免之。翰林学士、兼侍读学士赵槩同继隆提举诸司库务,继隆既被劾,槩亦为御史所弹。庚申,槩罚铜三十斤。时槩已罢翰林学士出知郓州,未行也。"⑤《宋会要辑稿》职官六五之一六在校注中"从《实录》",认定武继隆降为海州兵马都监时间在嘉祐二年十月。

嘉祐四年(1059)十二月,武继隆为京东西路钤辖,《长编》卷一九〇载:"(嘉祐四年十二月)癸未,海州都监、昭宣使、果州防御使武继隆为京东西路钤辖。"但诰敕下达后,被"同知通进银台司兼门下封驳事何郯封还",并上奏"继隆素非善良,早年不尽心于陛下,已降充江州监当,不可授以一道兵权。……伏望圣明上存国体,下慰人言,开至公之路,

---

① [宋]胡宿《文恭集》卷17,文渊阁《四库全书》第1088册,第766页;曾枣庄、刘琳主编:《全宋文》第21册,第238页。
② 《长编》卷178,仁宗至和二年二月丁酉,第4308页;卷179,仁宗至和二年三月丙子,第4323页。
③ 《长编》卷185,仁宗嘉祐二年五月辛巳,第4478页。
④ 《宋会要辑稿》职官65之16,第4806页。
⑤ 《长编》卷188,仁宗嘉祐三年十月己未,第4530-4531页。

抑近幸之势,继隆改除一州钤辖,……因继隆本州岛官僚素有忿隙,尝以言语激发军心,致成后患。当时其事在远,朝廷不知,不曾推究其实,然众口云云,自今未息,事深可疑。今授以一道兵权,尝被罪谪,必怀怨望。若旧恶不悛,又以一言摇众逞憾,则为害非细"①。这也是武继隆离任海州兵马都监的时间,即嘉祐四年十二月。

北宋仁宗嘉祐三年戊戌(1058)

【海州知州：慎昛】

慎昛(997—1059),字仲素,河南开封人,生平史载阙。但在宋人杨杰撰《无为集·碑志》中载《故通议大夫慎公墓志铭》,记录了慎昛的生平,兹录如下:

公讳昛,字仲素,为吴越著姓,后居三衢。曾祖讳知礼,工部侍郎,赠左仆射。祖讳从吉,给事中,赠工部尚书。父讳钧,大理寺丞,赠尚书屯田员外郎。尚书娶钱氏忠懿王之女,公其长子也。初,命试秘书省校书郎,迁国子监主簿、太常寺奉礼郎。诣阙,上书,赐五品服。历卫尉、光禄、大理、殿中丞、国子博士。入省为库部、水部司门员外郎,迁三部郎中,知窦州,通判邵州,擢知楚州、海州。以嘉祐四年(1059)夏四月戊子,终于山阳,享年六十有三。至七年(1062)秋八月,归葬于开封府开封县苏封之先茔。

夫人冯氏,先公而终,铭以祔焉。公初守窦,窦素无兵备,交趾蛮僚数百人,暴至城下,城中扰攘,计无所出。公曰:"贼势方锐,守与战皆不可。"因设疑兵,被甲持满,传呼开城门,金鼓大作,贼望风遁去。使者上章称之,赐金紫。邵有溪洞酋首龚行详者,恃险恣暴,前后吏莫能禁。公通守是郡,命捕以戮,内外畏服。公廉正自持,不妄喜怒,其貌甚温,临事毅然有不可犯之色。守山阳,以母丧去官,富人有以重币为赗者。公曰:"吾家以清白相传,急持去无污我仕宦四十年。"及终,无负郭之田、环堵之室,以遗其子孙,人以为难。枢密田公况、内相王公洙,知公甚深,以为其才可备台省,力言于朝,其后名臣交章荐举,自二公始也。

子男三人:宗杰,见任朝奉大夫,才识公廉,有家世之风,自升朝,累赠公至通议大夫;宗道、宗诲,有学行,皆早世。女子四人:皆出适。孙:瓛,太庙斋郎;修、洁,有文,早世。大夫以铭见托,铭曰:

慎氏之源发东阳,三衢分秀派益长。祖祢显仕炜有光,通议入省为名郎。应机破贼保土疆,屏恶扶善称循良。传家清白著义方,子孙承继百世昌。②

慎昛知海州的时间不详,从墓志铭中可知,慎昛知海州的时间在知楚州之后。宋初,海州与楚州同属淮南路,楚州治在属县山阳县(大致在今淮安市淮安区内),因此有"守山阳"之说。慎昛在知楚州任上"以母丧去官",一般首尾需要守孝三年,才可复用,而且往往是异地任用。慎昛复用后极有可能就是知海州。慎昛于嘉祐四年(1059)夏四月在山

---

① 《长编》卷190,仁宗嘉祐四年十二月癸未,第4602页。
② [宋]杨杰:《无为集》卷12《碑志·故通议大夫慎公墓志铭》,文渊阁《四库全书》第1099册,第751-752页。

阳去世，也即可能慎昺在知海州的任上去世。

李之亮在《宋两淮大郡守臣易替考》中认为慎昺知海州时间为1058—1059年。

北宋仁宗嘉祐五年庚子（1060）

【海州通判：谢景初】

谢景初（1020—1084），字师厚，号今是翁，北宋富阳（今浙江省杭州市富阳区）人。祖父谢涛，太子宾客，赠礼部尚书。父谢绛，尚书兵部员外郎、知制诰，赠司徒。谢景初以祖父荫为太庙斋郎，再除试将作监主簿，监苏州茶盐务，不赴，签书武胜军节度判官公事。仁宗庆历六年丙戌（1046）贾黯榜进士甲科，曾知余姚县，累迁提点成都府路刑狱公事，坐失官，家居数年，后为屯田郎中，通判襄州，以朝散大夫卒，累勋上柱国。《宋史》卷二九五有其父谢绛和弟谢景温传，无本传，史籍记载简略，行迹载范纯仁《范忠宣集》卷一三《朝散大夫谢公墓志铭》：

> 公讳景初，字师厚。谢氏，本姜姓，世为阳夏人，其子孙显于江左。公之先出于江左之谢，十世祖宾始居河南。缑氏六世祖希图，因官家吴越，葬钱塘，遂为钱塘人。自君之考阳夏公始葬邓，今为邓人。曾祖讳崇礼，泰宁军节度掌书记，赠尚书礼部郎。祖讳涛，太子宾客陈留公，赠礼部尚书。阳夏公讳绛，尚书兵部员外郎、知制诰，赠司徒。公以陈留公荫为太庙斋郎，再除试将作监主簿，陈留公遗表恩为守主簿。初监苏州茶盐务，不赴，签书武胜军节度判官公事。中进士甲科，迁大理评事、知越州余姚县。九迁至司封郎中，历通判秀州、汾州、唐州、海州，湖北转运判官，成都府路提点刑狱。为怨者所诬，坐免司封都官郎中，又坐举官免屯田郎中。复除职方员外郎，以病求分司西京，权通判许州，不赴。改权通判襄州，复屯田郎中。会改官制，迁朝散大夫以卒，累勋上柱国。
>
> 公少奇俊，七岁能属文，十三从师受《礼》，通其义，讲解无滞。陈留公语阳夏公曰："此儿必大吾门。"时阳夏公通判河南，欧阳文忠公、梅圣俞见公所为文，相顾而惊，持以示留守钱文僖公。文僖公叹曰："真奇童也。"十六游京师，赫然有声，群公共称之。翰林学士胥公偃一见公，异之，许妻以女。丁阳夏公忧。阳夏公赒急宗族之无依者几百口，及捐馆，家无资，公抚给孤遗如阳夏公之存。有田在苏杭，岁入千斛，悉留以给宗族之在南者。
>
> 在武胜时，贼张海扰京西，屡败县邑，而州无城与兵。州官或称疾避事，或疲老去郡，公兼众职，不劳而治。是时，朝廷忧贼，使者旁午，号令肆出，人益劳扰。公上书，乞择用守令，精选使人，宽胁从以购首恶，皆中时病。
>
> 朝廷始建北京，公作《魏谱》以献，士大夫争传写。李邯郸公以文名天下，深称重之。公登科，时宋元献公较殿试，尚以不得真公第一为恨。
>
> 余姚滨海，民喜盗煮盐，利厚而法不能禁。公明立约束，刑不加肃，而民自戢，盐课美于常岁。又为塘岸，以御湖涨之患，民得安居。是时，荆公王介甫宰明之鄞县，知枢密院韩玉汝宰杭之钱塘，公弟师直宰越之会稽，环吴越之境，皆以此四邑为法，

处士孙侔为文以纪之。

浙东和籴之法，官以钱与茶易民刍粮，民既输，而有司虐下，不畀其直，民以为病。公在邠州，上疏极言其弊。至海州，毁淫祠三百余所。时州郡敢辄羁置罪人，公上言乞加禁止，于法当坐者，亦限以岁年而释之。又言郡接京东，多寇攘，而海路通夷貊，宜增戍兵，以戒不虞。治平中，京师大水，朝廷求直言。公上章极言得失，其辞见于文集。公在湖北，吏有以公田租勞人，致于他郡而求善价者。法虽无禁，公移文喻之，以革其心，因请立以为法。每岁五月，下诏恤刑，独不及转运司。公以职兼刑赏，乞预赐诏。熙宁初，河北大水，公上疏言灾异之所致，且缓郊礼，大忤建议者。蜀以远方，凡大狱之疑者，皆钤辖司专决。公数上言，此当奏谳于朝，非臣下可专，朝廷遂立以为天下法。是岁，剑门减配隶，出关罪人之半。钤辖司措置边事，多不关提刑司，公亦论正之。永康军嘉州连接蛮徼，公请举择守臣。成都路公田有无不均，公请均之，以息贪竞，朝廷从之。属县尉佐，有皆以入资流外得官者，不能为政，公因奏请县唯许注流外，若入资，官一员。初行苗役之法，且擢属邑宰为之使，而专其事。公上言："远人乐安静，愿罢使勿遣。"及使至，公谮其为人，因裁抑其过当。使者遂怨公，诬公燕饮事上之。执政乃公向所忤者，因入其言，将置诏狱。公耻于对吏，乃自引咎。及坐免，公逍遥里中，杜门读书，未尝以谴谪为戚。筑室郊外，时游息其中，每叹曰："讵知昨非而今是乎，昨是而今非乎！"因自号"今是翁"，为堂曰"三疾"，曰"我亦古之遗民也"。参知政事元厚之与近臣十人，雪公罪于朝。冯当世守成都，还知枢密院，又讼公冤。及除襄州，公不得已之官，多以病卧家。大水，州城几没，公叹曰："民如此，我何病乎？"力疾以出，筑堤捍水，城卒获完。

公既少有才名，天下皆闻风企服，而性刚直，不与俯仰。遇事明锐，勇于敢为，奖善嫉恶，出于天资。于书无所不该，详练本朝典故，宋次道最为博洽，每叹以为弗如。为文简重雄深，出言落笔，皆有章采，若不经思，而人莫可及。尤喜为诗，梅圣俞与公少长相陪，而为酬唱之友。晏元献公、杜正献公、先君文正公，皆器待之，与之议论，不敢以年少之。公与人交，始终不渝，穷悴者顾之益勤。虽贵显，至于是非不少借也。与欧阳文忠公、刘原甫尤相善。参知政事胡武平最重之，屡荐于朝。士人多从学，公教人以明义理为本，而重尚气节。不妄许与，故特立寡合，平居罕笑语。

夫妇相待如宾。幼丧母真定郡夏侯太君，事继母丹阳郡高太君至孝。与兄弟深相友爱。上之登极，当遣子进奉而例得补官，公舍子而畀甥李掖。公自襄还邓，属疾，即戒左右治后事，而妻子不知。自疾至终，语言情思如平常。实元丰七年（1084）四月乙酉，享年六十有五。妻兰阳县君，胥氏翰林之女。子四人：忱，知海州怀仁县；愔，郢州长寿主簿；惊，蔡州汝阳主簿；悱，假承务郎。女四人：长早夭，次适湖州乌程主簿胥茂谌，次适宣德郎黄庭坚，皆先公而亡；幼未嫁。孙四人：元、曾、基，一未名。孙女七人。有文集五十卷。诸孤将以某年月日葬公于邓州穰县五龙山阳夏公之墓次，使以状来请铭。铭曰：

申邑于谢，氏自南国。以及于公，世有显德。英才异禀，敏学博闻。百代典制，心罗口陈。爰自宰邑,以暨出使。落落任职,坦坦由义。众所畏缩,公勇无难。辛困于仇,公则不患。公之所有,百未一试。赍蕴而终,志士挥涕。葬于穰郊,阳夏是从。刻辞幽圹,以谂无穷。①

谢景初次女、胥茂谌夫人去世后,谢景初三女婿黄庭坚为其撰写墓志铭,载《山谷集》外集卷八《湖州乌程县主簿胥君夫人谢氏墓志铭》,在叙述谢氏生前之贤淑的同时,也记述了谢家的源流:"太子宾客、赠礼部尚书讳涛者,曾大父也。兵部员外郎、知制诰、赠司空讳绛者,大父也。尝任司封郎中、提点成都府路刑狱公事,或以疑似中之坐失官,家居者数年。已而有大臣冤其狱,天子直之。今为屯田郎中、通判襄州,名景初者,父也。……夫人方室处,靖深婉嫕,言动皆顾绳墨,父母曰:'吾女材,必择所宜归。'则以嫁胥君茂谌。茂谌敦厚敏达,学问自将,调湖州乌程县主簿以卒。"②

谢景初通判海州的时间史载不详,海州诸地方志不载。《朝散大夫谢公墓志铭》记载谢景初通判海州前后任职情况,即"历通判秀州、汾州、唐州、海州,湖北转运判官,成都府路提点刑狱",任职时间亦皆不详。

谢景初提点成都府刑狱时,刘挚曾赋诗《送益路提刑谢师厚郎中三首》以赠,载刘挚《忠肃集》卷一九,其二为:

叱驭灵关万里行,爰书丹笔刺祥刑。过家旧社瞻卿绣,入蜀何人识使星。梅福上封推变异,望之雅意在朝廷。华阴道过行台路,共醉西湖赋鹈鹕(原注:公之弟领漕京西,今往过之)。③

其中"益路"应为益州路,也即成都府路。据《宋会要辑稿》方域七之一载:"(太祖)乾德三年(965)平两川,并为西川路。开宝六年(973)分峡路。(真宗)咸平四年(1001)分益、梓、利、夔四路。(仁宗)嘉祐四年(1059)以益州路为成都府路。"④诗中"万里行""入蜀"等语也暗示谢景初到成都府任职,而诗后的自注则直接提示谢景初任职的时间。"公之弟"即谢景初的二弟谢景温。谢景温(1021—1097),字师直,仁宗皇祐元年己丑(1049)冯京榜进士,通判汝、莫二州,历京西、淮南转运使,官至宝文阁直学士、知开封府⑤。"领漕京西"即任职京西转运使。据《宋会要辑稿》食货一之二七载:熙宁元年(1068)"十二月四日,权京西转运使谢景温言"事⑥,可知谢景温在熙宁元年前后权京西转运使,刘挚即在这期间拜访谢景温,并获知谢景初"入蜀",遂赋诗三首。考《宋史·王益柔传》得知,王益柔"熙宁元年,入判度支审院"之前"出为两浙、京东西转运使"⑦。由此可推知谢景初入川提点成都府路刑狱在熙宁元年(1068)。

而罢任成都府路提点刑狱的原因是"(熙宁三年十二月甲子)御史薛昌朝言成都府路

---

① [宋]范纯仁:《范忠宣集》卷13,文渊阁《四库全书》第1104册,第676-679页。
② 曾枣庄、刘琳主编:《全宋文》第108册,第125-126页。
③ [宋]刘挚:《忠肃集》卷19,文渊阁《四库全书》第1099册,第664-665页。
④ 《宋会要辑稿》方域7之1,第9403页。
⑤ 《宋史》卷295《谢绛子谢景温传》,第9847-9848页。
⑥ 《宋会要辑稿》食货1之27,第5957页。
⑦ 《宋史》卷286《王曙子益柔传》,第9632-9636页。

自监司以下,饮宴过多,无复忌惮。诏提点刑狱薛缜、李元瑜密体量以闻"①。四年二月丁丑,"兵部郎中陈经为成都府路转运使,新知果州、度支员外郎、秘阁校理雍子方提点成都府路刑狱兼常平等事。仍令经等密体量监司范纯仁、谢景初、李杲卿、薛缜燕饮逾违事以闻"。这次任命是因为"先是,权发遣同提点刑狱李元瑜言:'纯仁等更相会饮,用妓至夜深,至有掷砖石者,不敢根究,而景初、杲卿尤无仪检,尝有逾违事。'故也"②。由此可推知,雍子方提点成都府路刑狱,时间在熙宁四年(1071)二月丁丑;薛缜极有可能与李元瑜一样也是权发遣同提点刑狱,因陈经为转运使,"密体量"的人中有"薛缜",而之前,李元瑜上奏时没有薛缜。又"(熙宁四年六月)戊寅,前权发遣提点成都府路刑狱兼常平等事李元瑜特与一子官。元瑜死,王安石甚惜之",并上言"元瑜在成都,以一身抗范纯仁、谢景初、李杲卿及部内承望监司风旨之人,纯仁等皆莫能屈,而其党与多为元瑜奏其沮坏新法之罪被按劾"。神宗皇帝因曰:"元瑜尽力,宜与一子官。"③王安石的上言中也没有提到"薛缜",因而薛缜任职必定在李元瑜卒之后;李元瑜权发遣提点成都府路刑狱兼常平等事,卒于任上,当在熙宁四年初,初任时间不详,当在谢景初罢任之后,大致应在熙宁三年(1070)底④。该案审理颇费周折,从熙宁三年十二月被弹劾,到熙宁五年(1072)才得出结论,"(六月壬子)司封郎中谢景初追两官,都官郎中李杲卿一官,勒停,并坐前任成都府监司逾滥故也"。之前"杲卿先服罪,景初未服",又"诏利州选差官就成都置勘",也就是说要在其他地方选派官员到成都继续审理谢景初一案。虽然冯京、贾谊等朝官提出异议,认为不能将一路高级官员在原地受审,但神宗皇帝却说一锤定音:"景初自无廉耻,如此更困辱之,亦无伤。所谓'刑不上大夫'者,既刑,即不可使复为大夫。贾谊所言恐非是。兼景初在本路桀骜不奉朝廷法令,其自为乃如此,何足恤!"⑤因此定案。

谢景初为湖北(即荆湖北路)转运判官,时间当在提点成都府路刑狱之前,即熙宁元年(1068)之前。是年冬天,刘挚为湖北转运判官。因而可推知谢景初卸任荆湖北路转运判官时间在熙宁元年冬季。据文彦博于治平二年(1065)所举荐张宗益文看,张宗益任职湖北转运判官可能至治平三年(1066)左右。《举张宗益(治平二年)》:

> 臣切见湖北转运判官、都官员外郎张宗益,学识精深,议论宏博,莅官为政,所至有声。臣今保举堪充台阁清近之职,所举不如状,臣甘谬妄之坐。⑥

谢景初新任荆湖北路转运判官时间当在治平三年之后,通判海州时间在之前。而盛遵甫通判海州时间在仁宗嘉祐元年至四年(1056—1059)之间,后文分析,胥元衡通判海州时间在仁宗嘉祐八年(1063)至英宗治平三年(1066)之间,因此,谢景初通判海州时间只能在仁宗嘉祐五年至八年(1060—1063)之间。长子谢忱后来知海州怀仁县。

谢景初在屯田员外郎之后任都官员外郎,制词《屯田员外郎谢景初可都官员外郎制》

---

① 《长编》卷218,神宗熙宁三年十二月甲子,第5296页。
② 《长编》卷220,神宗熙宁四年二月丁丑,第5357页。
③ 《长编》卷224,神宗熙宁四年六月戊寅,第5462页。
④ 按:李之亮认为李元瑜任职在谢景初之前,且缺漏薛缜。参见李之亮:《宋代路分长官通考》,成都:巴蜀书社,2003年,第1804—1805页。
⑤ 《长编》卷234,神宗熙宁五年六月壬子,第5672页。
⑥ [宋]文彦博著:《文潞公集(下)》,太原:山西人民出版社,2008年,第368页。

由王安石制,时王安石任知制诰,为嘉祐六年至七年(1061—1062),事载王安石《临川文集》卷五〇:

> 敕某:《周官》司士,三岁则稽士任,进其爵禄,而方今审官之法用焉。尔名臣之子,操行修洁。文学政事,有称于时。审官序劳,当以时进。往践尔位,厥维懋哉。可。①

谢景初有吏能。进士及第前,签书武胜军节度判官公事,身兼数职,抵御贼寇;知越州余姚县时,针对百姓有喜盗煮盐之习,能宽严相济,明立约束,利民利国,又能率众构筑塘岸,防湖涨之患,与时知明州鄞县的王安石(字介甫)、知杭州钱塘县的韩缜(字玉汝)、知越州会稽县的二弟谢景温(字师直)齐名于吴越,并称"四贤"。

谢景初通判海州后,至少做过三件好事。一是毁淫祠三百余所。"国之大事,在祀与戎",历代统治者都非常重视祭祀,对民间凡不在祀典的祠庙皆统称为"淫祠",对其祭祀的行为则统称为"淫祀"。各级官员,特别是有吏能的正统士大夫官员都对其予以取缔。海州地处东部海滨,民间宗教与信仰极为盛行,在任能"毁淫祠三百余所"即是明证。二是严格执法,禁止关押疑犯,禁止延期关押犯人。三是增兵防寇防倭。海州地处僻壤,贼寇频发,又滨海,"海路通夷貊",通过海陆与海外诸国相联系,但海州又地接京东,对京师安全构成威胁,因而上书宜增兵防卫,以戒不虞。

谢景初在知余姚县时,"为塘岸,以御潮涨之患,民得安居"。所修海堤"二万八千尺"②。时知明州鄞县的王安石在海堤建成的次年,即庆历八年(1048)七月应谢景初之约为之撰写《余姚县海塘记》:

> 自云柯而南,至于某,有堤若干尺,截然令海水之潮汐不得冒其旁田者,知县事谢君为之也。始堤之成,谢君以书属予记其成之始。曰:"使来者有考焉,得卒任完之以不隳。"谢君者,阳夏人也,字师厚,景初其名也。其先以文学称天下,而连世为贵人,至君遂以文学世其家。其为县,不以材自负而忽其民之急。
>
> 方作堤时,岁丁亥(1047)十一月也。能亲以身当风霜氛雾之毒,以勉民作而除其灾,又能令其民翕然皆劝趋之,而忘其役之劳,遂不逾时,以有成功。其仁民之心,效见于事如此,亦可以已,而犹自以为未也。又思有以告后之人,令嗣续而完之,以永其存。善夫! 仁人长虑却顾图民之灾,如此其至,其不可以无传。而后之君子考其传,得其所以为,其亦不可以无思。
>
> 而异时,予尝以事至余姚,而君过予,与予从容言天下之事。君曰:"道以闳大隐密,圣人之所独鼓万物以然,而皆莫知其所以然者,盖有所难知也。其治政教令施为之详,凡与人共,而尤丁宁以急者,其易知较然者也。通涂川,治田桑,为之堤防沟浍渠川,以御水旱之灾;而兴学校,属其民人相与习礼乐其中,以化服之,此其尤丁宁以急,而较然易知者也。今世吏者,其愚也固,不知所为,而其所谓能者,务出奇为声威,以惊世震俗,至或尽其力以事刀笔簿书之间而已。而反以谓古所为尤丁宁以急者,吾不暇以为。吾曾为之,而曾不足以为之,万有一人为之,且不足以名于世而见

---

① 曾枣庄、刘琳主编:《全宋文》第 63 册,第 84-85 页。
② [宋]施宿:《会稽志》卷 10,文渊阁《四库全书》第 486 册,第 219-220 页。

谓材。嘻！其可叹也。夫为天下国家且百年，而胜残去杀之效，则犹未也，其不出于当时。"予良以其言为然。既而闻君之为其县，至则为桥于江，治学者以教养县人之子弟。既而又有堤之役，于是又信其言之行而不予欺也。已为之书其堤事，因并书其言终始而存之，以告后之人。庆历八年（1048）七月日记。①

谢景初出生于北宋士大夫世家，其祖父谢涛、父谢绛也都能诗。谢景初本人性倜傥劲峭，博学能文，诗作有"杜（甫）诗"之风。其三女嫁黄庭坚，曾自言"本从谢公得句法"；次女嫁胥茂谌，胥茂谌为名臣胥偃之孙、后来亦通判海州的胥元衡之子，而谢景初又是胥偃女婿，属亲上加亲。

谢景初博学能文，"尤喜为诗，梅圣俞与公少长相陪，而为酬唱之友"。与欧阳修、王安石、范纯仁等人均有交游。

据欧阳修《南阳县君谢氏墓志铭》载，梅尧臣之妻为"故太子宾客讳涛之女，希深之妹"②，即谢景初的姑姑。

梅尧臣一生所作诗文甚多，自己没有整理成集，谢景初"取其自洛阳至于吴兴以来所作，次为十卷"。梅尧臣去世后，欧阳修因"尝嗜圣俞诗，而患不能尽得之"，去梅家索"遗稿千余篇，并旧所藏，掇其尤者六百七十七篇，为一十五卷"③。名曰《梅圣俞诗集》，又名《宛陵集》。在《宛陵集》中梅尧臣与谢景初的唱和诗达21首。其中有送别诗，如卷七《送师厚归南阳会天大风遂宿高阳山寺明日同至姜店》、卷一八《送谢寺丞知余姚》、卷二八《送谢师厚归南阳》《寄送谢师厚余姚宰》、卷五六《送谢师厚太博通判汾州》等；有赠贺诗，如卷六《师厚生日因以诗赠》、卷二七《喜谢师厚及第》；有寄和诗，如卷一一《依韵和师厚别后寄》；有思念诗，如卷七《思远寄师厚》；甚至还有戏谑诗，如卷一一《同谢师厚宿胥氏书斋闻鼠甚患之》《戏寄师厚生女》、卷二四《师厚云虱古未有诗邀予赋之》等④。其中《戏寄师厚生女》描述了生男生女的不同待遇和境遇，尤为生动：

生男众所喜，生女众所丑。生男走四邻，生女各张口。男大守诗书，女大逐鸡狗。何时某氏郎，堂上拜媪叟。

范仲淹亦有《送谢景初廷评宰余姚》诗，载《范文正集》卷二⑤。

范纯仁在《范忠宣集》中存有多首唱和诗，如卷二卷三中各收录《和谢师厚见寄》一首；在谢景初去世后，不仅为之撰写墓志铭，另外还撰挽词四首，卷五中收录《谢师厚挽词》三首、卷十一中收录《祭谢大夫文（元丰七年，祭谢师厚）》⑥。明人曹学佺在《石仓历代

---

① ［宋］王安石：《临川文集》卷82，文渊阁《四库全书》第1105册，第688-689页。
② 郭预衡、郭英德主编：《唐宋八大家散文总集》卷3《欧阳修（二）》，石家庄：河北人民出版社，2013年修订本，第2345-2346页。
③ ［宋］欧阳修：《梅圣俞诗集序》，载［宋］梅尧臣：《宛陵集》，文渊阁《四库全书》第1099册，第6-7页。
④ ［宋］梅尧臣：《宛陵集》，文渊阁《四库全书》第1099册，卷7，第57页；卷18，第137页；卷28，第208、212页；卷56，第396页；卷6，第48页；卷27，第201-202页；卷11，第90页；卷7，第57页；卷11，第89、91-92页；卷24，第179页。
⑤ ［宋］范仲淹：《范文正集》卷2，文渊阁《四库全书》第1089册，第572页。
⑥ ［宋］范纯仁：《范忠宣集》，文渊阁《四库全书》第1104册，卷2，第556页；卷3，第571页；卷5，第591页；卷11，第655-656页。

诗选》中收录范纯仁《谢师厚寄同黄婿鲁直唱和》一首①。

刘攽在《彭城集》中有《和谢师厚鹆诗》《送谢师厚知唐州》二首②。

蒲积中《岁时杂咏》卷四〇有答谢诗《冬至日，得谢师厚、宋次道、中道书》③。

谢景初与黄庭坚之间的关系既是翁婿，又是师生，还是诗友，二人的诗学交往非常密切，诗文唱和内容涉及生活和公务中的诸多琐细层面，主要载黄庭坚《山谷外集》卷一、卷二、卷三和卷六中，达23篇52首之多。如卷一中《寄南阳谢外舅》，卷二中《次韵师厚食蟹》《次韵谢外舅食驴肠》《和答师厚黄连桥坏大木亦为秋雹所碎之作》，卷三中《次韵师厚病间十首》，卷六中《次韵师厚萱草》《次韵师厚雨中昼寝忆江南饼曲酒》《和师厚接花》《和师厚栽竹》等诗文④，都散发着浓郁的生活情趣。另《山谷集》卷八收录诗题《和师厚秋半时复官分司西都》，一题"二诗，一云夏雨眠起，一云秋半然，未详作诗，先后姑以时序同附"⑤。

韩维在《南阳集》卷一中有《观龙和谢师厚》《讲武池和师厚》二首⑥。

谢景初工诗，其七言绝句可比类杜甫，"但人少知之耳"⑦。从上述交游唱和诗之多来看，谢景初作诗应该不少，但在南宋宁宗嘉泰三年（1203）之前早已佚失。陆游在其朋友所藏墓刻中发现谢景初遗文，遂《跋谢师厚书》，载《渭南文集》卷二九：

　　谢师厚早岁与欧阳兖公、王荆公、梅直讲、江记注诸人游，名甚盛。晚更蹭蹬，居穰下二十余年。学愈进，文章愈成，独后诸公死。子憕、惊，甥黄鲁直，皆知名天下。然年运而往，士大夫鲜能知师厚者。今观吾友傅汉孺所藏其上世墓刻，实师厚遗文。至送行诗杂之，宛陵诗中殆不可辨，字则宋宣献父子之流亚也，为之太息。嘉泰癸亥（1203）立春后四日，笠泽陆某书，时年七十九。⑧

谢景初诗文今存不多，散落在宋及后人文集和地方志书中，计4篇11首1联1联句，现辑录如下。

谢景初曾与梅尧臣联诗一首《冬夕会饮联句》，载梅尧臣《宛陵集》卷一一：

　　与君数夜饮，唯恐酒盏空。今我苦欲浅（尧臣），语志难此同。陈编侑欢适（谢景初），间谑何魁雄。婢子寒且倦（尧臣），主人哦不穷。灯青屡结花（景初），煎响时鸣虫。穴鼠暗出没（尧臣），风雁高雍容。冰霜覆瓦屋（景初），貂狐输贵翁。孤床乏暖质（尧臣），苦语有淡工。咀嚼患炙小（景初），煨炮惊壳红。落蟾斜入窍（尧臣），远漏微递风。醉心欺睡魄（景初），细书刺昏瞳。吽呀闻争犬，哮吼厌啼𪅂。拨火乱颓豆，附灸双弯弓。干果硬迸齿（尧臣），寒斋酸满胸。枯蛤擘无肉，淡脯烧可饔。语必造圣贤，乐已过鼓钟。纸窗幸未曙（景初），絮被令旋缝。冻痹两股铁，跑抓双鬐蓬。脬

---

① ［明］曹学佺：《石仓历代诗选》卷131，文渊阁《四库全书》第1389册，第48页。
② ［宋］刘攽：《彭城集》，文渊阁《四库全书》第1096册，卷4，第30页；卷14，第131页。
③ ［宋］蒲积中：《岁时杂咏》卷40，文渊阁《四库全书》第1348册，第470页。
④ ［宋］黄庭坚：《山谷外集》，文渊阁《四库全书》第1113册，卷1，第337-338、340页；卷2，第341-342页；卷3，第359、385页；卷6，第397、400、406-407页。
⑤ ［宋］黄庭坚撰：《山谷集》卷8，文渊阁《四库全书》第1113册，第847页。
⑥ ［宋］韩维：《南阳集》卷1，文渊阁《四库全书》第1101册，第504-505页。
⑦ ［宋］胡仔：《渔隐丛话》前集卷28，文渊阁《四库全书》第1480册，第205页。
⑧ ［宋］陆游：《渭南文集》卷29，上海：上海古籍出版社，1987年影印本，第536-537页。

尿既懒溺,裈虱唯欲烘。器皿足缺齾,捧执无妖袄。儿女寒不寝(尧臣),僮仆困欲昏。岂无富贵徒,笑此饥寒踪。丈夫固有负,道义久已充。墨子不黔突,齿辈且得封。勉哉梅夫子,塞者终自通(景初)。①

宋人陈师道在《后山诗话》中存谢景初诗一联。谢景初居住在邓州,其妹婿左丞王存奉使荆湖,绕道夜至其家,谢景初有诗云:"倒着衣裳迎户外,尽呼儿女拜灯前。"②

宋人施宿在《会稽志》记载谢景初在境内题诗颇多,但仅收录三首。其中卷八《隆庆院》中收录两首③,一首为《题余姚上林湖山》:

  山水有奇秀,何必耳目亲。兹地世未知,偶游良可珍。平湖瞰其中,翠巘围四垠。青松千万植,落瀑如悬巾。佛庙笋殿塔,装点绘画新。清溪与断崖,水石声磷磷。峰巅见苍海,日出尝先晨。花草时节异,宁问秋夏春。陵谷千万古,岂无称道人。得微言不信,又恐远故堙。尊酒且乐我,醉来事事均。

一首为《题观仙居山瀑布》:

  落泉下峭壁,斗绝千万丈。溅急雪片飞,望若匹练广。曲岭隔青松,三里已闻响。其旁有巨石,平润可俯仰。愚俗所不道,我辈偶来赏。须期秋色清,攀萝将尔上。

卷一〇《余姚县堤塘》中收录一首《董役海塘》:

  五行交相陵,海水不润下。处处坏堤防,白浪高于马。董众完筑塞,跋履率旷野。④

宋人孔延之在《会稽掇英总集》收录七首,分别收录在卷五、卷一三、卷一五。其中卷五收录四首⑤,有二首重复,内容与《会稽志》所收录同,标题不同,分别为《寻余姚上林湖山》和《观仙居山瀑布》;第三首为《观余姚海氛》:

  海上风与雨,未联先气升。泽卤杂山云,蓊郁相熏蒸。交语面已障,安辨丘与陵。衣濡带革缓,臭腥殊可憎。自非昌其阳,疾疠得以乘。君子却阴邪,何必医师能。

第四首为《余姚董役海堤有作》:

  五行交相陵,海水不润下。处处坏堤防,白浪大于马。顾予为其长,恐惧敢暂舍。董众完筑塞,跋履率旷野。使人安于生,兹不羞民社。调和阴与阳,自有任责者。

卷一三收录一首《观上林垍器》:

---

① [宋]梅尧臣:《宛陵集》卷11,文渊阁《四库全书》第1099册,第93页。
② [宋]陈师道撰:《后山诗话》,文渊阁《四库全书》第1478册,第283页。
③ [宋]施宿:《会稽志》卷8,文渊阁《四库全书》第486册,第158页。按:卷18重复收录这两首,但仅其半。参见[宋]施宿:《会稽志》卷18,文渊阁《四库全书》第486册,第391页。另:明黄宗羲所录诗文略有不同:"飞泉悬峭壁,斗绝千万丈。奔流天上来,望若匹练广。曲岭隔青林,未挹先闻响。其傍有巨石,平润可俯仰。俗士所不到,我辈固来赏。须期秋色清,攀萝溯其上。"参见[明]黄宗羲著:《黄宗羲全集》第2册《四明山志》,杭州:浙江古籍出版社,2012年,第378页。
④ [宋]施宿:《会稽志》卷10,文渊阁《四库全书》第486册,第214页。
⑤ [宋]孔延之:《会稽掇英总集》卷5,文渊阁《四库全书》第1345册,第44-45页。

作灶长如丘,取土深于堑。踏轮飞为模,覆灰色乃绀。力疲手足病,欲憩不敢暂。发窑火以坚,百裁一二占。里中售高贾,斗合渐收敛。持归示北人,难得曾周念。贱用或弃扑,争乞宁有厌。鄙事圣犹能,今予乃亲觇。①

卷一五收录一首《粤俗》:

粤俗嗜海物,鳞介无一遗。虾蠃味已厚,况乃蟹与蜞。潮来浦屿涨,遮捕张簿篱。潮去沙满滩,拾掇盈篱箕。杀烹数莫记,琐碎臭且奇。苟务贪咀嚼,宁识暴殄悲。蛟蜃吐云气,腹以人为饴。呀口日肥大,洪波谁敢窥。②

宋人蒲积中在《岁时杂咏》卷一三中收录一首《禁烟即事》:

时节一百五,疾风收雨天。鸟催青帝驭,人重子推钱。蹴鞠逢南陌,秋千送晚烟。墦间无限醉,唯我独萧然。③

宋人吕祖谦在《宋文鉴》卷一八中收录三首诗,除《观余姚海氛》《余姚董役海堤有作》与上述重复外,另有一首《法喜堂》:

虚堂庇风雨,结构不务壮。外饰无鬌髦,置物况容长。开箧药剂灵,拈棋白黑抗。阶花淡亦天,庭石碧交向。出门鸟雀喧,燕处物我丧。吴俗夸有素,佛徒侈相尚。独能守质静,坐以矫流宕。栖之果自喜,何须山海上。④

清人汪灏在《御定佩文斋广群芳谱》卷四三中收录诗一首:

萼跌琲珠圆,碎篌柔梢垂。蔫然经月余,艳色愈不衰。始疑神功化,火结丹砂为。⑤

宋人扈仲荣等编《成都文类》卷三收录一首《和吴中复〈江渎泛舟〉》,作于谢景初提点成都府刑狱时:

雨飞暑馆变秋堂,息驾林祠意绪长。笋脱万苞风韵玉,莲开百亩水浮香。楸盘力战棋忘味,筠簟清吟扇递凉。心惜吏闲文酒乐,雅欢未既即离觞。⑥

清人觉罗石麟在《山西通志》卷一九四中收录谢景初《魏文侯墓碑》碑文一篇,该墓碑位于介休县(今山西省晋中市介休市),碑文曰:

嘉祐戊戌(1058)岁,予为吏汾州,既至,考图牒,则曰:"魏文侯都之,墓在孝义县西五里。东汉郭泰林宗之墓在介休县东二里,蔡邕作《林宗碑》,在墓之侧。"他日,涉郡守园池,见唐开元二十年(732)孝义令杨仲昌所作《魏文侯碑》在焉。其旁记:"墓在胜水之阳,与其周旋,高大甚备。"至大中十年(856),刺史崔骈自孝义移于此,且尽

---

① [宋]孔延之:《会稽掇英总集》卷13,文渊阁《四库全书》第1345册,第99页。
② [宋]孔延之:《会稽掇英总集》卷15,文渊阁《四库全书》第1345册,第110-111页。按:宋人高似孙在《蟹略》中收录该诗前两联,题名为《越蟹》,首句前两字为"越俗"。谢景初曾知余姚县,属越州,"粤""越"读音同,疑《会稽掇英总集》撰写"越"为"粤",以《越蟹》为确。参见[宋]高似孙著:《高似孙集》下,杭州:浙江古籍出版社,2017年,第820页。
③ [宋]蒲积中:《岁时杂咏》卷13,文渊阁《四库全书》第1348册,第315页。
④ 按:《中华传世文选》文为"阶花淡亦天",四库本为"阶花淡亦夭",花虽淡雅但仍妖娆,似更传神,亦和诗意,从四库本。参见[宋]吕祖谦编:《宋文鉴》上,载任继愈主编:《中华传世文选》,长春:吉林人民出版社,1998年,第167页。
⑤ [清]汪灏:《御定佩文斋广群芳谱》卷43,文渊阁《四库全书》第846册,第346页。
⑥ [宋]扈仲荣等编:《成都文类》卷3,文渊阁《四库全书》第1354册,第319-320页。

叙魏之世系始卒于下。而于州城之东、大中佛寺北庑,得《林宗碑》,备刻二辞,其一蔡邕之文,其一记林宗后裔纤息,不刻立碑之年载。推本似隋唐间,不知何时移置州城也。予遂摹二碑,畀孝义李令复、介休间邱令访求二墓。已而,得魏文侯之藏,而林宗亡之矣。盖杨氏所建文侯墓侧载述之详也,惜乎人知爱其碑,恐暴露毁折而徙之,不知其碑徙而墓夷也。今林宗墓既不可得,幸而得文侯之墓,如不表识,久之则亦削平磨灭如林宗无疑也。于是,使李令改石别刻杨氏之碑,与其所记,墓之所在周环高大,并崔骃所列者,尽镵而立之墓侧。予是为记其由,庶几可考矣。①

《魏文侯墓碑》今不存,仅存部分拓片。拓片篆额有残缺,录文与上述碑文个别字存在差异②。

另外,《全宋文》还从《宋会要辑稿》《长编》中析出二篇奏文《请置簿籍拘管余姚陂湖奏》《成都以便宜释诛多不当奏》,从《山右石刻丛编》中择出《汾州别立大宋摩崖碑文记》③。

谢景初工书,今不存,但留下其制作一种书纸的佳话。据元代费著《岁华纪丽谱》载:

> 纸以人得名者,有谢公、有薛涛。所谓谢公者,谢司封景初师厚。师厚创笺样以便书尺,俗因以为名。薛涛,本长安良家女,父郧因官寓蜀而卒,母孀,养涛及笄,以诗闻外。又能扫眉涂粉,与士族不侔,客有窃与之宴语。时韦中令皋镇蜀,召令侍酒赋诗,僚佐多士,为之改观。期岁,中令议以校书郎奏请之,护军曰"不可",遂止。涛出入幕府,自皋至李德裕,凡历事十一镇,皆以诗受知。其间与涛唱和者,元稹、白居易、牛僧孺、令狐楚、裴度、严绶、张籍、杜牧、刘禹锡、吴武陵、张祜,余皆名士,记载凡二十人,竟有酬和。涛侨止百花潭,躬撰深红小彩笺,裁书供吟,献酬贤杰,时谓之薛涛笺。晚岁居碧鸡坊,创吟诗楼,偃息于上,后段文昌再镇成都。太和岁,涛卒,年七十三,文昌为撰墓志。谢公有十色笺,深红、粉红、杏红、明黄、深青、浅青、深绿、浅绿、铜绿、浅云,即十色也。杨文公亿《谈苑》载:韩浦寄弟诗云:"十样蛮笺出益州,寄来新自浣花头。"谢公笺出于此乎!涛所制笺,特深红一色尔,伪蜀王衍赐金堂县令张蠙霞光笺五百幅,霞光笺疑即今之彤霞笺,亦深红色也,盖以胭脂染色最为靡丽,范公成大亦爱之。然更梅溽则色败萎黄,尤难致远,公以为恨,一时把玩,固不为久计也。涛以笺名可矣,虽良家女乃失身为妓,韦尹欲官之,段尹志其墓焉,何哉?时幕府宾客多天下选一,时纵适不少敛,大抵唐藩镇不度,皆习然也。涛固得之,而诸公似以涛失云。④

北宋仁宗嘉祐七年壬寅(1062)

| 海州监酒税 | 蒋之仪 | 东海县尉兼主簿 | 韩伯庄 |

---

① [清]觉罗石麟:《山西通志》卷194,文渊阁《四库全书》第549册,第361页。
② 侯丕烈编著:《史话春秋:卜子夏在孝义》,太原:山西古籍出版社,2006年,第30-34页。
③ 曾枣庄、刘琳主编:《全宋文》第60册,第140-143页。
④ [元]费著:《岁华纪丽谱》,文渊阁《四库全书》第590册,第438-439页。

【海州监酒税：蒋之仪】

蒋之仪（1039—1096），字表叔，北宋常州宜兴（今江苏省无锡市宜兴市）人。以荫授将作监主簿，历官太常寺大祝、监海州酒税，大理评事、监衢州盐税、尉、丞，知青州临淄县、信之弋阳县、庆成军使、广德军等，卒于官。生平史载阙，仅见其堂兄，时任大中大夫、知枢密院事蒋之奇为之所撰《朝奉大夫之仪公墓志铭》，兹录如下：

绍圣二年（1095），吾弟表叔任庆成军使，终更，代还京师。时之奇蒙恩召为尚书户部侍郎，亦到辇下，方恳丐辞免，未就职，寓居于城北乾元福圣院。数日，公自城中不远十余里，日一来，虽风雨晦冥不渝也。至疾，犹往往扶掖以至，其意盖伤契阔之易久，惜晤言之难值，笃于情好而忘其来之勤也。之奇既不得辞，遂入就职。未几，弟长生永伯又罢泉悴到阙，三人者僦居皆不远。于是，朝会、郊祀往往接缕连裀，朝夕得以会聚，而其乐有不可胜言者矣。居数月，之奇首被命帅镇洮。而公与永伯又出饯于城西之普安寺，已闻公选知广德军矣，而永伯亦擢守海州，明日皆当过门下省，遂亟以别，各受命之官。之奇到镇汎（疑为洮）未久，而公之讣音至矣。东望号恸，不能胜哀。即日上书，求罢帅东归，以送公葬，庶几预执绋之列，以终天伦之戚，而疏奏不报。呜呼！勤于王事而不得从其私者，此古人所以悲于仕宦也！盖弟卒以三年（1096）七月乙未，葬以是年十一月甲申，墓在义兴蒋庄之原，享年五十有八。既葬之明年，诸孤乃遣价赍永伯所撰行状，走万里，抵绝塞，来求铭。呜呼！其尚忍铭吾弟耶！遂泣而铭之。

公讳之仪，字表叔，常州宜兴人。蒋氏系出后汉亢亭乡侯澄之后，其得姓之始与迁徙之由，语在家谱。曾祖讳宏谨；大父讳九皋，累赠兵部尚书；父讳康，以兄堂仕至太子洗马致仕，累赠中大夫。母沈氏，由吴兴郡太君皇祐中进封长寿、长安二邑太君。伯考，太尉，守苏州，会乾元节得推恩官子孙，奏授守将作监主簿。是年，祀明堂，泛恩迁太常寺大祝、监海州酒税，改大理评事、监衢州盐税、尉、丞。中大夫府君捐馆既二年，复承尉，知青州临淄，徙丞大理。裕陵即位，泛恩进太子中舍、签书颍州团练判官事，授殿中丞、知信之弋阳，为国子博士、兵部员外郎。新官制以阶寓禄，换朝奉郎。吴兴即世，终丧，得通判亳州，转朝散郎，俄以劳为朝请郎。除庆成军使，仍旧阶。加右朝奉大夫，知广德军。累勋至上柱国，赐银绯。

公熟精吏职，自初任已用详练称。监海州酒、衢州盐，上官交誉之。兼他局，至三四人不堪其劳而公沛然有余裕焉。衢守高赋治严明，他吏皆怖栗，独公不为屈。以课美迁宰临淄，赏罚公而号令明，奸吏缩首不敢弄法。其治抑强扶弱，邑人宜之。强盗七人夜伏城东谋入为盗，尉魏道接者方出。公微知之，躬往掩获，逸其一，摘魏捕之，并与其六。尉辞弗受，公曰："君寒士无援，可藉此以进。"尉用是，得移令。上官益贤公，连章称荐，遂签书颍州判官事。时吕申公著自御史中丞出守颍上，以公敦实，可倚办事，事必问决于公。有应下他司审覈者，必曰："已经判官矣。"借之即建请调颍、汝阴、沈邱三邑民夫完筑，亲为寝之。境内有焦、铜二陂，为民利甚溥而久废不治，公立表度其高卑，而环堤为二埭、五斗门，以时蓄洩启闭，凡溉田十余万顷，民大便之。宰弋阳，邑大事丛，久缺官不治，俗喜翼讼。公至，弹戢奸豪，奖进秀彦，吏民敬以事。闵寇廖恩聚党千人剽掠江南，公集民之拳勇者联以什伍之法，严为设备，恩闻之不敢入公境。恩所过，自守令官、捕盗官皆被责，而公独完一邑，功为多，监司才之。

用荐者移倅濠州，避亲不行。复移倅扬，以吴兴丧不赴。遂移倅亳。亳陪京辅郡，而守臣多执政或从官，数换易，吏缘为奸，异时，倅州者阴执熟视，不敢谁何。公曰："是安可哉！"吏奸赃必追治，一寘于法。于是，舞文吏不敢肆，而事得其平矣。守吕希道欲令民裡修天齐，费千万，公曰："破民常产以修神祀，吾不忍为也。"力沮止之。亳连年大水，公躬视城堞，补苴罅漏，与城存亡，水退而民不告勤。监司列其劳，得淑名。半年，又以除庆成，得粟及六十万，格应赏，得减二年磨勘。庆成濒河多盗，公严赏格，禁藏匿，尽知其囊橐区处，盗发辄得，皆屏迹奔于他境。蒲宗孟闻而荐之。

迨制许大中大夫以上荐通判又入知州，兵部侍郎赵彦若曰："吾得其人矣。"即以公充荐，而公已前授庆成矣。及罢，彦若又欲以监司荐，公恳辞之。江州缺守，众劝公可授，公病于涉远不就。会广德有阙，距乡里数舍而近，遂就广德。及拜命，喜曰："官满，吾将老矣。"是年，与永伯同出都，谓永伯曰："我欲乘舟自常取便道苏湖以至治所，庶几与弟为一月之会。"至苏而公病矣，馆于太尉之东圃。永伯日往问疾，尚冀其愈，而竟不起，哀哉！公在京师，之奇与永伯会饮公家，将罢，固留曰："后会安得必哉！不夜无归也。"然自此而死生分矣，今思之，然后知其言之悲也。

公天姿明敏，尤长吏道，在职勤恪，或夜不寝至旦。为治先教诲而后置于法。兴利革弊，必顺民心，故所居民爱，所去民思。廨舍一日必葺，先治学校，率士子上丁无废礼。亡兄叔清任南安户掾，卒官，之奇时帅广，致其器以归而未葬，及公赴广德，归扫先茔，合族人葬之，尽哀而去。申公守维扬，之奇时总六路漕事，时见屡称公之能，且言顷治颍上，赖其裨益，太守蒙成焉。元祐初，申公入相，或谓公稍因缘祈进，申公必且以雅故实力引拔，公曰："彼诚记我，安俟求也！不然，见何益。"终无一言干之。竟申公之卒，足迹不及其门。其恬于世利乃如是。

公娶高氏，封永嘉县君。高有贤行，奉承尊长，克尽妇道，乡间称之。男一人：曰瓒。女八人：四人嫁为士妻，余在室。铭曰：

惟我蒋氏，世家义兴。发闻于唐，于赫有声。五季不纲，四方促扰。李氏因吴，窃有江表。义兴伪邦，我家不扬。昇景之俎，煜臣真王。违命既侯，义兴王土。蒋氏始显，自我伯父。以儒起家，克绍厥绪。表表吾弟，弗坠其承。大夫之阶，古漳之城。画锦其归，为乡里荣。谓宜炽昌，寿考康平。曷云不淑，以殒厥龄。惟其不忘，伊德之馨。于赫无期，不在斯铭。①

蒋之仪监海州酒税时间在仁宗末年"祀明堂"时。蒋之仪在知青州临淄（今山东省淄博市临淄区）任上，因事得罪了京东东路安抚使司和转运使司的个别官员，受到排挤打压。时欧阳修因门生、蒋之仪堂兄、御史蒋之奇诬陷与长媳有染而被迫三上表乞罢。欧阳修先于英宗治平四年（1067）三月壬申，由尚书左丞、参知政事转观文殿学士、刑部尚书，知亳州②；

---

① 上海图书馆编，陈建华、王鹤鸣主编，王铁整理：《中国家谱资料选编》4《传记卷》，上海：上海古籍出版社，2013年，第3-4页。

② 《长编》卷209，英宗治平四年三月壬申，第5082页。

后于神宗熙宁元年(1068)八月,转兵部尚书,改知青州,充京东东路安抚使,虽然接连三上《辞免青州札子》,但仍然被诏"不允"①,九月到任,十月作《知青州谢上表》②;二年之后离知青州,于熙宁三年(1070)四月,由知青州、观文殿学士、兵部尚书转为宣徽南院使、判太原府③。这期间,蒋之仪作为青州临淄县令,正是知青州的欧阳修的下属。虽然二司官员利用蒋之奇诬告事件,极力撺掇欧阳修打压蒋之仪,但受到蒋之奇委托后,欧阳修不为个人私利和感情所累,客观公正地进行了周密调查,发现蒋之仪并无过错,并出面极力保全,使蒋之仪得以幸免④。依此可知,蒋之仪知青州临淄时间在神宗熙宁元年(1068)至三年(1070)前后,加上之前尚有多个任职,蒋之仪监海州酒税时间当在仁宗末年。

仁宗末年"祀明堂"时间在嘉祐七年(1062)七月,事载《宋史·礼志四》⑤。因此推知,蒋之仪监海州酒税时间大致在仁宗嘉祐七年(1062)至英宗治平元年(1064)。

【东海县尉兼主簿:韩伯庄】

韩伯庄(生卒年不详),生平史载阙,仅见王安石制诰《御前三礼及第韩伯庄海州东海县尉兼主簿制》,收录于《临川文集》卷五五:

> 敕某:尔幼而知学,能以决科。今也成人,往其从政,有猷有守,惟慎厥初。可。⑥

王安石任知制诰时间在仁宗嘉祐六年(1061)六月至七年(1062)十月。王安石在前一年多次辞受以"度支判官、刑部员外郎、直集贤院"升任"同修起居注"后⑦,是年直接迁知制诰,事载《长编》卷一九三:

> (仁宗嘉祐六年六月)戊寅,度支判官、刑部员外郎、直集贤院、同修起居注王安石知制诰。初,安石辞起居注,既得请,又申命之,安石复辞至七八乃受。于是径迁知制诰,安石遂不复辞官矣。⑧

王安石离任知制诰事载《长编》卷一九七:

> (仁宗嘉祐七年十月)甲午,知制诰王安石同勾当三班院。
> 先是,安石纠察在京刑狱。有少年得斗鹑,其同侪借观之,因就乞之,鹑主不许。借者恃与之狎昵,遂携去,鹑主追及之,踢其胁下,立死。开封府按其人罪当偿死,安石驳之曰:"按律,公取、窃取皆为盗,此不与而彼乃强携以去,乃盗也。此追而殴之,乃捕盗也。虽死,当勿论。府司失入平人为死罪。"府官不伏,事下审刑、大理详定,以府断为是。有诏安石放罪。旧制,放罪者皆诣殿门谢。安石自言"我无罪",不谢,御史台及阁门累移牒趣之,终不肯谢。台司因劾奏之,执政以其名重,释不问,但徒

---

① 张春林编:《欧阳修全集》,北京:中国文史出版社,1999年,第579-580页。
② [清]乾隆《山东通志》卷35之3,文渊阁《四库全书》第541册,第332页。
③ 《长编》卷210,神宗熙宁三年四月壬申,第5099页。
④ 王水照、崔铭著:《欧阳修传》,天津:天津人民出版社,2013年,第322页。
⑤ 《宋史》卷101《礼志四》,第2468页。
⑥ [宋]王安石撰,李之亮笺注:《王荆公文集笺注》中,成都:巴蜀书社,2005年,第685页。
⑦ 《长编》卷191,仁宗嘉祐五年四月己卯,第4620页;《长编》卷192,仁宗嘉祐五年十一月辛亥,第4652页。
⑧ 《长编》卷193,仁宗嘉祐六年六月戊寅,第4677页。

安石他官。①

"三礼"为宋初选举科目之一,为进士外诸科,与进士科皆春季考试,录取。《宋史·选举志一》载:

> 宋之科目,有进士,有诸科,有武举。……初,礼部贡举,设进士、九经、五经、开元礼、三史、三礼、三传、学究、明经、明法等科,皆秋取解,冬集礼部,春考试。合格及第者,列名发榜于尚书省。……凡三礼,对墨义九十条。②

依此可推知韩伯庄为嘉祐七年"三礼"科及第,初任海州东海县尉兼主簿。《宋代登科总录》认为"推韩伯庄当为嘉祐八年登科"③,实误,因嘉祐七年十一月王安石已不再知制诰任上,也就不可能作此制词了。韩伯庄离任时间不详。

北宋仁宗嘉祐八年癸卯(1063)

【海州通判:胥元衡】

胥元衡(1028—1066),字平叔,北宋潭州长沙(今湖南长沙)人。荫补为将作监主簿,六迁为殿中丞。仁宗嘉祐二年丁酉(1057),应锁厅试,得进士出身,与曾巩同榜。为太常博士、屯田员外郎、尚书都官员外郎。历监在京染院内衣库、皮角库,签书河南府判官公事,通判湖州、海州。治平三年(1066),因朝臣举荐,以为江西转运判官,敕命未到,人已亡矣,年三十九。其父为翰林学士、尚书工部郎中、赠尚书吏部侍郎胥偃,《宋史》有胥偃本传,传末附带胥元衡简单信息:

> 胥偃字安道,潭州长沙人。少力学,河东柳开见其所为文曰:"异日必得名天下。"举进士甲科,授大理评事,通判湖、舒二州。……累迁尚书刑部员外郎,遂知制诰,迁工部郎中,入翰林为学士,权知开封府。……欧阳修始见偃,偃爱其文,召置门下,妻以女……
>
> 子元衡,有学行,能自立,为尚书都官员外郎,并其子茂谌咸早卒。偃妻,直史馆刁约之妹,与元衡妇韩、茂谌妇谢皆寡居丹阳,闺门有法,江、淮人至今称之。④

胥元衡官至尚书都官员外郎,在通判海州任上去世,其子胥茂谌亦盛年时去世,加上父亲胥偃也早已去世,遗孀刁氏、韩氏、谢氏祖孙三代寡居镇江丹阳,能够严守妇道,闺门行事有法度,受到江、淮一带人民的称颂。

胥元衡更为详细的行状载曾巩《元丰类稿》卷四三《都官员外郎胥君墓志铭》:

> 君姓胥氏,讳元衡,字平叔,长沙人。皇考讳某,王考讳某,考讳某。王考赠尚书工部郎中,考为翰林学士、尚书工部郎中,赠尚书吏部侍郎。君少以荫为将作监主簿,六迁为殿中丞,赐绯鱼袋。锁厅应进士举,得出身。又三迁为尚书都官员外郎,历监在京染院内衣库、皮角库,签书河南府判官公事,通判湖州,又通判海州。治平

---

① 《长编》卷197,仁宗嘉祐七年十月甲午,第4783页。
② 《宋史》卷155《选举志一》,第3604页。
③ 龚延明、祖慧编:《宋代登科总录》第2册,桂林:广西师范大学出版社,2014年,第947页。
④ 《宋史》卷294《胥偃传》,第9817—9819页。

三年(1066)四月壬寅以疾卒于泗州。其年八月庚寅葬于许州阳翟县三封原翰林君之茔。君初娶李氏,太子少傅若谷之女。再娶韩氏,封成安县君,尚书刑部员外郎、知制诰综之女。子男二人,曰茂谌,太庙室长,次尚幼。女二人,长早夭。

君少孤,能自奋厉,力学问,工为文章。又谨畏洁廉,慕善而不自放。居官虽小,法未尝不慎,而不为察察,于人有所能容,其大意如此。故所至,士大夫爱其修,而百姓归其恕。其在染院二库,虽尚少,已有能名。及为通判判官,而能益显。盖所试者大,将岂可胜数哉!始,大臣荐其文章,宜在馆阁。近臣又荐其修洁,宜任御史。朝廷方向用之,以为江西转运判官。命始下,而君盖已死矣,死时年三十有九。闻其丧者,识与不识皆哀之。

盖天圣之间,翰林君方处显,好收奖天下之士,而名能知人。士之出于其时,有盛名于天下者,多翰林君发之。及其后,君既壮大,所与游士大夫,亦皆一时之隽。然自天圣至于今才四十年,翰林君之门下士多至大官,富贵尊宠。君所与游士大夫亦多重于时。而翰林君弃宾客已久,君又蚤世。独翰林君之夫人、建康郡太君刁氏年七十,与君之孥羁旅于闾巷。君之丧,合众人之赙,乃克葬。其盛衰之际如此,固所谓命者,非邪!君之葬,秘阁校理裴煜以茂谌之疏来请铭。予与君皆嘉祐二年(1057)进士,故不得辞。铭曰:

维艰而勤,以敏其继。维平而畏,以笃其义。考已无违,在人有赐。我志之良,孰曰非遂!我材之尤,谁曰非试!不申其期,不扩其施。有命则然,其又何悲!尚告后世,知者之辞。①

胥元衡初娶太子少傅李若谷之女。李若谷(970—1049),字子渊,徐州丰(今江苏丰县)人。真宗咸平二年(999)进士,补长社县尉。官至参知政事,以太子少傅致仕,卒后赠太子太傅,谥康靖。《宋史》卷二九一有本传②。

胥元衡后娶尚书刑部员外郎、知制诰韩综之次女。韩综(1009—1053),字仲文,真定灵寿(今河北省灵寿县)人。父韩亿,字宗魏,举进士,为大理评事。《宋史》卷三一五全传有韩亿祖孙三代九人本传,传末论曰:"王称曰:'昔袁安未尝以赃罪鞠人,史氏以其仁心,足以覃乎后昆。韩亿不悦据人小过,而君子知其后必大,皆盛德事也。亿有子位公府,而行各有适。绛适于同,维适于正,缜适于严。呜呼,维其贤哉!'"③张方平《乐全集》卷三九《朝奉郎、尚书刑部员外郎、知制诰、同知审官院、上骑都尉、赐紫金鱼袋昌黎韩君墓志铭》载"(韩综有)七女:适秘书丞刘攽,都官员外郎胥元衡"等④。

胥元衡称刁约为舅父,梅尧臣为姨父,欧阳修、谢景初为姐夫,与刘攽连襟。

胥元衡长子胥茂谌,"敦厚敏达,学问自将",为太庙室长,终湖州乌程主簿。胥茂谌之妻谢氏为谢绛之孙女、谢景初(参见"通判海州谢景初"条)之次女,亦为其祖母刁氏的

---

① 郭预衡、郭英德主编:《唐宋八大家散文总集》卷4《苏洵 曾巩》,石家庄:河北人民出版社,2013年修订本,第3303-3304页。
② 《宋史》卷291《李若谷传》,第9738-9740页。
③ 《宋史》卷315,第10297-10314页。
④ 曾枣庄、刘琳主编:《全宋文》第19册,成都:巴蜀书社,1991年,第609-611页。

外孙女,与黄庭坚连襟。黄庭坚为谢景初之三女婿。

嘉祐七年(1062),王安石任知制诰时为胥元衡作《太常博士胥元衡可屯田员外郎制》,载王安石《临川文集》卷五〇《外制》:"敕某:仕于朝廷者,有劳而无罪。至于三岁,则迁位一等,所以明有劝也。尔名臣之子,行焉修饬。以才自奋,从政有称。往服宠章,愈其思勉。可。"①

胥元衡通判湖州时,刘敞有诗《送胥元衡通判湖州》相赠:

> 平生笑山涛,非隐复非吏。今更欲似之,颠瞑老将至。美君负清识,于世寡所求。能从魏阙下,径取江湖游。扁舟驾长风,千里破高浪。倚樯一清啸,侠气横云上。酴碧箸下酒,红鳞苕溪鱼。彩衣起为寿,此乐天下无。谁不慕轩冕,顾多困朝市。人生难自谐,禄仕当若此。②

胥元衡在通判海州官任上去世,去世前,有调任江西运判的敕命,因此可推知英宗治平三年(1066)四月之前,胥元衡通判海州已近三年,通判海州时间为仁宗嘉祐八年(1063)至英宗治平三年(1066)。

北宋英宗治平四年丁未(1067)

海州通判	常溥	朐山县令	王知载、谢季康
海州司法参军	谢季康	怀仁县主簿	陈恺

【海州通判:常溥】

常溥(1000—1077),字用周,号鹤峰归老,北宋临邛(今四川省成都市邛崃市)人,仁宗景祐五年戊寅(1038)吕溱榜进士,该榜第三名祖无择曾于仁宗庆历八年(1048)至皇祐元年(1049)知海州,第六名为司马光。常溥生平史载不详,行状载宋人吕陶撰《净德集》卷二四《尚书屯田郎中致仕常公墓志铭》:

> 尚书屯田郎中致仕常公,享年七十有八,熙宁丁巳岁(1077)正月朔日,卒于成都孙男安民之官舍,即以三月壬申葬于大邑县多融乡安宁里先茔之次,从大夫礼也。公讳溥,字用周,其先居长安,自唐季有为唐要掾者,子孙因家焉。至高祖某,则又徙临邛;曾祖某,祖某,遂为邛大姓。父某,以信义著乡里。淳化盗起,能与众捍之,盗不敢犯;又能率士军迎王师以从,讨活污染者千人。蜀平,议赏,不愿仕,君子知其有后,洎公之贵,累赠工部侍郎,追封母杜氏长安县太君,继母费氏永康县太君。
>
> 公天资纯愿,少力学。既冠,从乡举,辄先诸进士。景祐五年(1038),始登第,调陕府陕县主簿。母丧,父继殁,服除,授成州南溪县尉。旁邑有地讼,指七木堰暮露滩为说,凡十七年不决,部使者委公听之。公考验图券,详辨讹误,所谓漆木墓路者,以折分争,人伏其明。官满,调鄂州节度掌书记。炭场吏私贷官缣,将陷重辟。公悯其非大恶,偶不知法,遂至是,谕以偿之,免九人死。改著作佐郎、知濠州定远县。县

---

① 曾枣庄、刘琳主编:《全宋文》第63册,第86页。
② [宋]刘敞:《公是集》卷10,文渊阁《四库全书》第1095册,第483页。

素多讼,吏积习为奸,号难治。公以简处剧,以严济恕,纲开条举,乃至无事。于是,修孔子祠,会诸生躬为课试。时旱蝗相仍,公祷之必应。独一县沾洽,蝗亦及境而毙。诚忱感格,如古循吏之效。转秘书丞、太常博士、通判彭州。属县鹤鸣堰岁岁冲溃,大破民产,公度视岸势,因水之性,凿高就下,得以不决,民蒙其利,乃用常公为堰之名。迁屯田员外郎、通判宁州。遇英皇践阼恩(按:英宗赵曙于嘉祐八年四月即位,次年改元治平),迁都官员外郎,亦以雩祀获报,郡人爱之,有号"都官雨"者,犹前世以御史称也。改职方员外郎,审官考其课在异等,荐为御史,不报。

今天子即位(按:神宗赵顼治平四年正月即位,次年改元熙宁),授屯田郎中、通判海州,提举楚、海、涟水盐纲,时年六十八矣。强明无恙,满岁赏劳,当自宰府除便郡。一日,登景疏楼,感物赋诗,浩然有归意,或劝之俟从心而去,公曰:"吾起白屋,位郎曹,于素志何负。士之进退,惟以义,必曰七十而谢,则非出于诚,出于法也。吾老矣,其西归乎。岁时,奉丘陇,旦暮会朋戚,啸歌觞咏,以佚吾生。其乐与官游,孰胜耶?"既得请,乃还临邛,号"鹤峰归老"。安车野服,惟所欲往。燕吟谐笑,终日欢然。凡如此者,十年而没。

公谦懿和裕,不忤于物。接人无少长贵贱,一以礼处事;无艰易巨细,一以诚真乐易。君子也。凡平生所著《杂文歌诗》若干篇,为一集传于家。今枢密冯公之未仕,公尝以台辅期之,既而贵显,则亦报公之德。议者谓公有知人之明,而冯公厚于义,莫不韪之。

公娶何氏,有妇德,封仁和县君,春秋七十七,后公二十六日而终,举祔焉。子二人:槭,黎州军事推官;构,尝举进士,已而退处,乐于名教。女六人:长适廖世乡,次适杜修辅,次适徐钧,次适宿松尉李寅,次适汉阳尉张伯遵,次适崔君平。孙男十人:长安道,预太学荐,早卒;次安义;次安石,遂州节度推官;次安民,成都府府学教授;次安雅、安中、安政、安节、安世、安术,皆务家学。孙女五人,重孙亦如之。公之葬也,教授君状其行,来求铭,某窃谓世之士大夫,或役于禄利,往往癃老未谢去;或谢而归,失素所嗜,则沮郁有闷容;或后裔慢于送往,以至暴棺累岁,不得即藏。如公之勇退,退而能自得,及其亡也,子孙又能时而葬之,亦可以警昏薄劝笃厚矣。敢不为之铭。铭曰:

仕而知止,请老以归。老而有终,葬不逾时。惟义保躬,公能履之。惟礼笃亲,子孙从之。吁嗟公乎,无憾于斯。①

常溥以屯田员外郎通判海州,且提举楚(州)、海(州)、涟水(县)盐纲,时间在神宗治平四年(1067),时年六十八岁。离任通判海州时间在神宗熙宁二年(1069),时年七十岁。原因是,"一日,登景疏楼,感物赋诗,浩然有归意",因而上奏请致仕,并获得批准。

常溥致仕时,范纯仁赋诗《寄临邛致政常郎中》感慨:

东海抛官勇退时,邦人留止任牵衣。三朝报国丹心尽,万里还乡一棹归。身向

---

① [宋]吕陶:《净德集》卷24,文渊阁《四库全书》第1098册,第197-198页。按:《丛书集成初编》版常溥字用周为周用,参见[宋]吕陶著:《净德集》卷24,载《丛书集成初编》,上海:商务印书馆,1937年,第269-270页。

清闲添寿考,德因潜隐更光辉。常思把酒亲高议,何日单车遂扣扉。①

常溥墓志铭是其第四孙、时任成都府府学教授的常安民携其行状请求吕陶撰写的。常安民(1049—1118),字希古,邛州(今四川省成都市邛崃市)人,神宗熙宁六年癸丑(1073)余中榜进士,选成都教授,官至御史大夫,特赠右谏议大夫,累赠光禄大夫,卒后谥敏节,《宋史》卷三四六有常安民本传②。常溥曾孙常同(1090—1149),字子正,号虚闲居士,徽宗政和八年戊戌(1118)王昂榜进士,官至御史中丞。《宋史》卷三七六有常同本传。常同墓志铭载汪应辰《文定集》卷二〇《御史中丞常公墓志铭》③。

【朐山县令：王知载】

王知载(？—1098),北宋营丘(今山东省潍坊市昌乐县)人,生平史载阙。黄庭坚《山谷集》卷二六《书王知载〈朐山杂咏〉后》借王知载《朐山杂咏》提出个人的诗论：

诗者,人之情性也,非强谏争于廷,怨忿诟于道,怒邻骂坐之为也。其人忠信笃敬,抱道而居,与时乖逢,遇物悲喜,同床而不察,并世而不闻;情之所不能堪,因发于呻吟调笑之声,胸次释然,而闻者亦有所劝勉,比律吕而可歌,列干羽而可舞,是诗之美也;其发为讪谤侵陵,引颈以承戈,披襟而受矢,以快一朝之忿者,人皆以为诗之祸,是失诗之旨,非诗之过也。故世相后或千岁,地相去或万里,诵其诗而想见其人所居所养,如旦暮与之期,邻里与之游也。营丘王知载,仕宦在予前。予在江湖浮沈,而知载已没于河外,不及相识也。而得其人于其诗。仕不遇而不怨,人不知而独乐,博物多闻之君子,有文正公家风者邪！惜乎不幸短命,不得发于事业,使予言信于流俗也。虽然,不期于流俗,此所以为君子者耶！元符元年(1098)八月乙巳,戎州寓舍退听堂书。江西黄庭坚责授涪州别驾、戎州安置,年五十四。④

乾隆《山东通志·人物二》亦载："王知载,青州人,所著有《朐山杂咏》,黄山谷序之。"⑤《朐山杂咏》惜不存。据《汉书·地理志第八上》载："北海郡,景帝中二年置。属青州,……县二十六：营陵,或曰营丘。"⑥《宋史·地理志一》载："潍州,上,团练。……县三：……昌乐。紧。本唐营丘县,后废。乾德中,复置安仁县,俄又改。"⑦故亦可称王知载为青州人。

王知载为朐山令时间不详。据黄庭坚记述,王知载仕宦在黄庭坚之前。依此可推知王知载为朐山令时间在英宗治平四年(1067)之前。"予在江湖浮沈,而知载已没于河外"句也暗示是年王知载已经不在人世。

【海州司法参军、朐山县令：谢季康】

谢季康(1027—1083),字和卿,北宋颍昌阳翟(今河南省许昌市禹州市)人。生平载

---

① [宋]范纯仁:《范忠宣集》卷3,文渊阁《四库全书》第1104册,第568页。
② 《宋史》卷346《常安民传》,第10988-10991页。
③ 曾燕主编:《嘉禾宋文钞》,上海:上海古籍出版社,2014年,第155-157页。
④ 曾枣庄、刘琳主编:《全宋文》第106册,第188页。
⑤ [清]乾隆《山东通志》卷28之2《人物二》,文渊阁《四库全书》第540册,第764页。
⑥ 《汉书》卷28上《地理志第八上》,第1583页。
⑦ 《宋史》卷85《地理志一》,第2109页。

宋人杨杰所撰《无为集》卷一二《故通直郎、签书商州军事判官厅公事谢君墓志铭》：

君讳季康，字和卿，其先河朔人，世力田。高祖讳兔，始以儒学自立，晋开运中，明经中第，至周任瀛州录事参军，赠国子博士；曾祖讳成之，皇朝任屯田员外郎，赠主客郎中；祖讳师颜，都官员外郎，赠吏部尚书；父讳晔，朝议大夫。三世皆进士及第。自主客游宦京师，寓居颍昌之阳翟，后为阳翟人。宋元宪景文，文章学术为天下宗师，女弟临洺君，博学能文，贤而有识，君之母也。知其子可以托门户，临终以属舅氏元宪。元宪亦素爱君孝友介洁，每谓人曰："真吾甥也。"及在政府，奏授秘书省正字，非所好也。与其兄公仪公序，益勤于学，偕有闻于时。

久之，调徐州司户参军、海州司法参军。君为掾，常以法自持，未尝少屈于权贵，闻者危之，而志不可夺。用荐者移朐山令。丁继母陈夫人忧，执丧尽礼。服除，授西平令、通山令，改大理丞、监大名府经城酒税。会官制行，迁通直郎、签书商州判官厅公事。时朝议高年，君愿解官就养，朝议固止之，君不忍去膝下，迟迟其行。宛丘太守周革谓君曰："尊君年虽高，而康强过人。君家贫族，众当勉力从仕，以承亲意，安可衣食于亲以就养乎？"君不得已而之官。及亲有疾，即解职归谒，未报，闻讣至。僚友知君之贫，有以资其行者，君力拒不受。奔丧哭不绝声，水浆不入口者累日。既克葬，后三日而卒，即元丰六年十一月二十三日也，享年五十有七。

君幼而好学，弱不好弄，行已清直。事亲孝恭，朋友尚信。莅官守正，不为势屈。命虽数奇，未尝诣以事上；家虽甚窭，未尝躁而有求。故所至有令闻，朝廷大臣如太师潞国文公、翰林侍读学士刘公、枢密直学士陈公，皆深知君之所存。前一夕，其弟文瓘梦君彩服簪绅曳履，袖文书以告之曰："予平昔之事，汝其为我著之。"逮旦，君逝矣。

娶刘氏，屯田员外郎异之女。有子五人：长曰收，中进士甲科，河南府推官；次早夭；次扬、次攸、次斅，皆力学，遵义方之训。女二人：长适渭州华亭县丞刘逢明，次适进士方增。孙男一人。以元祐八年四月二十四日卜葬于汝州郏城县安良原先茔之次，礼也。吾友太中大夫致仕宋盈祖，乃能道君所存，求予为铭。铭曰：

行过乎恭，丧过乎哀。观而知仁，斯贤人哉。①

谢季康任职海州司法参军时间不详，但可依据谢季康后期任职大致推算。神宗元丰三年至五年（1080—1082）实施了一系列官制改革，史称为"官制行"。谢季康在"会官制行"时"迁通直郎、签书商州判官厅公事"，且其于元丰六年（1083）卒于官，因而可推知其任职时间大约在元丰五年（1082）。谢季康此前尚任职朐山令、西平令、通山令、大理丞、监大名府经城酒税等职，宋朝一般三年一磨勘改官，因此可推知，谢季康任职海州司法参军的时间大约在英宗治平四年（1067）前后。任职朐山令在任职海州司法参军之后，由举者所荐，极有可能是连续任职。又上文推知王知载任职朐山令时间在英宗治平四年（1067）之前，故推知，谢季康任职海州司法参军时间在英宗治平二年至四年（1065—1067）之间，任职朐山令时间在英宗治平四年（1067）至神宗熙宁三年庚戌（1070）之间。

【怀仁县主簿：陈恺】

陈恺（1035—1100），字济公，北宋永康（今浙江省金华市永康市）人。英宗治平四年

---

① 曾枣庄、刘琳主编：《全宋文》第75册，第264-265页。

丁未(1067)许安世榜进士,初授海州怀仁县主簿。历官光州军事推官、庐州合淝县丞、司农寺丞、著作佐郎、淮浙两路转运使。哲宗立,复宣德郎、监福州海口镇盐税,徙光禄寺丞、分司南京。已而,选为郧国、忠正、武昌军三院大小学教授。通判熙州,未行,改管勾步军司差拨剩员所。累迁至朝散郎、飞骑尉。事载曾布为其撰写的《宋朝散郎飞骑尉赐绯鱼袋陈君墓志铭》,收录于宋人岳珂《宝真斋法书赞》卷二〇:

　　右银青光禄大夫、守尚书右仆射、兼中书侍郎、上柱国、鲁郡开国公曾布撰,
奉议郎、充江淮荆浙等路制置发运司管勾文字、武骑尉、赐绯鱼袋米芾书,
龙图阁学士、朝请大夫、知扬州军州事、兼管内观农使、上护军、曲阜县开国子、赐紫金鱼袋曾肇篆盖。

　　治平中,余为海州怀仁令,而永康陈君,实佐余为主簿。余与君皆少且壮,相得甚适。后六年,余以翰林学士判司农寺,荐君为勾当公事。余谕事贬番易,君亦以忧去。又二十年,余在政府,而君复官守京师。又七年,君以疾卒。明年,其子次中缞服自浙东来,再拜且哭,愿得铭也。余与君游四十年,而又以仲兄之孙妻次中,铭讵可辞。

　　君讳恺,字济公,婺州之永康人。曾祖思远,祖文授,父亿,皆不仕。父以君贵,赠朝奉郎。君力学有大志,少以文采知名。朝奉君与大父相继卒,君未及冠,家故贫无资,丧祭冠婚,悉倚君以办。其余力,已能嫁兄弟之女未嫁者。登治平四年进士第,初仕盖怀仁也。徙光州军事推官,知庐州合淝县丞事。熙宁中,神考肇新百度,弛徭役以宽民力,修水土以敦本业,更常平敛散之法,以恤贫弱。凡经画民事,一委之司农,故司农最号要地。为从事者,实一时高选。然经始之际,四方以利害言无虚日,君从容研究,织悉通解,时以为称职。迁著作佐郎,且命按察淮西农田保甲等事。召对便殿,复使淮浙两路。岁大旱,民转从于道,君移文郡县赈恤之。婺为甚,饥殍枕藉,君欲发常平之粟,以纾其急。部使者噤不肯从,君顾而言曰:"吾衔命使一方,民疾苦若是,傥不能尽力于斯,实辱君命;且君职在廉察,尔终能与我违戾耶!责固在我,尔安无恐。"乃大开仓廪,民赖以活,部使者由是衔之。君之出使,里人有击鲜酾酒以劳之者,而使者以在所部,乃以君为墨,而置之狱。有司传致,卒坐法免,议者以君为冤。哲宗践阼,以恩复宣德郎、监福州海口镇盐税,徙光禄寺丞、分司南京。已而,朝廷知其非辜,悉除其罪,以选为郧国、忠正、武昌军三院大小学教授。秩满,除通判熙州。未行,改管勾步军司差拨剩员所。今天子嗣位,赐五品服,累迁至朝散郎、飞骑尉。元符三年七月,属疾,谓其子曰:"吾且死,亟告老以归。"乃屏医药,不复询家事。旬日而卒,实癸巳日也,享年六十有六。以崇宁元年三月十七日壬申,葬于龙山之北原。

　　娶钱氏,封金华县君。子男五人:长曰次牧,太庙斋郎;次曰次公;次曰次中,擢进士第,为峡州安远县尉;次曰次仲、次道,与次公举进士。女三人:长适乡贡进士袁轮,次适乡贡进士李光祖,次适乡贡进士许操。孙男二人。女一人。

　　君词学爽迈,少以气自豪,而又敏于从政,所至辄治办。熙宁首被选擢,人实期以通显,然一遭横逆,诬服受诟,坐废几二十年,困踬有如是者。余自州县吏与君相好,逮余执政,君已垂老,而不用于世。方将从容荐于上,而君不幸死矣。岂命也夫!铭曰:

仕困于仇,而不克显。才屈于命,而不克施。有子而立嗣厥世,君则不朽刊吾诗。①

该墓志铭由书法家米芾书丹,曾布堂弟曾肇篆盖,其书法作品原件在南宋时期流传有序。在《宝真斋法书赞》录文之后,收藏人还记述藏品流传情况及评语:

> 右《陈朝散墓志》,丞相鲁公撰,先子晚年真迹。绍兴丙寅(1146)仲夏二十八日,获观友仁鉴定,谨书(行书四行):

> 右宝晋米公书曾文肃《陈济翁墓志帖》真迹一卷,谀墓之文,丰碑硕碣,相望于墙间,而世率不之录者书也。绍定戊子(1228)二月得之。雪川李氏赞曰:"予观柳少师在唐以能书闻,当时,碑志或非其笔,则人以不孝议其子孙。噫嘻!陈君之传,夫岂以文如宝晋者,亦庶几乎其人矣。"②

陈恺任海州怀仁县令时间在英宗治平四年(1067),离任时间不详。

北宋神宗熙宁元年戊申(1068)

海州刺史、海州团练使	王振	海州监酒税	陈修古
海州知州	蒋绩、章岷	怀仁县令	文勋

【海州刺史、海州团练使:王振】

王振(生卒年不详),历官海州刺史、左千牛卫大将军、海州团练使等。

王振任海州刺史、海州团练使,事载苏颂制词《海州刺史、充本州团练使王振可左千牛卫大将军、海州团练使》,收录于《苏魏公文集》卷三〇:

> 敕:内领诸卫,外总团兵,视武爵以甚高,非劳臣而弗处。将优旧望,使得兼荣。以尔具官某,拳勇之谋早司禁旅,公忠之守屡试边防。闵其年事之侵,思有华阶之宠。升之环列,仍彼使权。既遂处于安荣,尚不忘于报称。可。③

苏颂任知制诰时间在神宗熙宁元年至三年(1068—1070),依此可推知,王振任海州刺史时间在英宗治平末神宗熙宁初,即神宗熙宁元年(1068)前后;初任海州团练使时间在神宗熙宁初,离任时间不详。

范祖禹著《范太史集》在《皇族墓志铭》中载有两通与王振家族有关的墓志铭。一通是《赠洺州防御使、广平侯妻王氏墓志铭》,墓主为王振孙女王氏(1066—1086),记载王氏祖父王振为海州团练使,收录于《范太史集》卷五二:

> 夫人王氏,京师人。曾祖贵,赠左卫将军。祖振,海州团练使。父从善,内殿承制。母长寿县君张氏。年十五,适洺州防御使士颖。元祐元年(1086)七月己卯,卒,

---

① [宋]岳珂:《宝真斋法书赞》卷20,文渊阁《四库全书》第813册,第801-802页。按:"仲兄之孙"原文为"仲孙之孙","父亿"后"君力学有大志"前衍"知名,朝奉君与大父相继卒"并阙文。"有司传致""以选为郳国"原文为"有司传至""以迁为郳国","然一遭横"后阙"逆"字,皆从《全宋文》改。参见曾枣庄、刘琳主编:《全宋文》第84册,第288-290页。

② [宋]岳珂:《宝真斋法书赞》卷20,文渊阁《四库全书》第813册,第801-802页。

③ [宋]苏颂:《苏魏公文集》卷30《外制》,文渊阁《四库全书》第1092册,第355页。

年二十有一。一男,右班殿直。女一人,在室。夫人在家,孝于父母,既嫁,又能孝事。其姑,性温静,口不言人是非,尊属称之曰:如老成人。九年(1094)二月己酉,葬河南永安县。铭曰:妇道之勤如事父母,孝敬风成弗克遐寿。①

另一通是《右监门卫大将军、赠洺州防御使、广平侯墓志铭》,墓主为王振孙女婿、宗室子弟赵士颖(1063—1087),收录于《范太史集》卷四八:

> 侯讳士颖,字济叔,濮安懿王之曾孙,宁海军节度使、沂国公宗咏之孙,郓州防御使仲山之子。母临安县君王氏。初赐名,补太子右内率府副率,三迁至所终官。自能言至卅,性质和静。为儿戏,必陈书帙笔砚。七岁,从诸父兄择师友,以经史自课,日诵数百言。及冠,通大义,为词章,清警藻。赡王家故多前代名帖,心想手临,为人书石刻以百数。或报以珍玩,却而不受。风格整秀,内融外润。耻为膏粱之饰,顶破乌帽,策款段马,日奉朝请。出入闾巷,人莫知其王孙也。事母至孝,属疾恐贻亲忧,忍不治者累月。元祐二年(1087)九月丁丑,卒,年二十有五。娶王氏,男女各一人。九年(1094)二月己酉,葬河南永安县。铭曰:濮国子孙,众多蕃衍,广平好学,亦乐为善,纯素之行,虽隐而显。②

刘敞《公是集》卷三〇中记载了王振孙女婿、宗室子弟赵士颖卒后追封的制词《皇兄、故右监门卫大将军士颖可特赠洺州防御使、追封广平侯》:

> 敕:莫远具迹,所以厚睦族之恩;生荣没哀,所以隆宜赠之礼。眷惟近属,庸有加等。具官某,资性好善,始终寡尤,享年不永,早世无禄。兴悼于再,思有以称,俾崇恤典,下慰九泉。使麾领州之盛,侯印启封之贵。并疏密章,用光壤户。可。③

能够与宗室子弟联姻,王氏家族也一定不一般。从王氏墓志铭中也可以看出,其家族上溯至少三代都有官职。王氏曾祖父王贵赠左卫将军,祖父王振任海州团练使,父亲王从善任职内殿承制。因资料欠缺,只能依据王氏的年龄大致推知祖父王振的年龄。王氏去世时,年仅二十一岁,去世时间为哲宗元祐元年(1086)七月,但又过了8年之后,直到哲宗元祐九年(1094)二月才与夫婿合葬,并立碑镌铭,此时王氏祖父王振的职官为海州团练使。如果王振此时尚健在,若按二十岁为一代计,王氏亦为长子长孙女,则王振的年龄当在70以上,应当已经致仕。总之,大致可以推知,海州团练使应为王振的最后一任职官。而王氏父亲王从善的年龄当在50岁以上,出生至晚为仁宗康定元年(1040);王氏曾祖王贵早已去世,其出生至晚为真宗大中祥符六年(1013)。

北宋初期有"从善,内殿承制"语载《宋史·秦王德芳传》:"秦康惠王德芳,……子三人:惟叙、惟宪、惟能。……惟能字若拙。……子从古,袭安国公。从善,内殿承制。从贽,崇班。"④此"从善"为宗室子弟,因而不可能是王氏的父亲。

太宗朝有"特赐九经及第"王从善者载《长编》卷二六:太宗雍熙二年(985)三月,"青州人王从善应五经举,年始逾冠,自言通诵五经文注,上历举本经试之,其诵如流,特赐九

---

① [宋]范祖禹:《范太史集》卷52《皇族墓志铭》,文渊阁《四库全书》第1100册,第550页。
② [宋]范祖禹:《范太史集》卷48《皇族墓志铭》,文渊阁《四库全书》第1100册,第516页。
③ [宋]刘敞:《公是集》卷30《制诰》,文渊阁《四库全书》第1095册,第658页。
④ 《宋史》卷244《秦王德芳传》,第8685—8686页。

经及第,面赐绿袍、银带,钱二万。时左右献言尚有遗材,壬戌,复试,又得进士上元洪湛等七十六人,癸亥,得诸科三百二人,并赐及第。"①此王从善此时年龄刚过20岁,出生日期当在太祖乾德三年(965),年龄与王氏父亲不符。

仁宗朝有王从善。据《宋会要辑稿》方域一八之七载:"庆历元年(1041)十月三日,三司户部副使李宗咏、供备库使带御器械王从善往河东复修宁远寨。"②宋代选官年龄最低者为荫补初试官,亦要求20岁以上,因此该王从善此时的年龄至少在25岁以上,出生日期在真宗天禧元年(1017)之前,与王氏父亲的年龄比较符合,有可能就是王振的儿子、王氏的父亲王从善。

王从善除任供备库使、带御器械外,累官荣州刺史、曹州兵马都监、北作坊使、果州团练使、内侍押班、修河都钤辖、濮州兵马监押、文思使等。

《宋会要辑稿》职官三四之二三载:仁宗庆历八年(1048)闰正月,"王从善自供备库使、荣州刺史、带御器械落带御器械,为曹州兵马都监"③。

《长编》卷一八一载:仁宗至和二年(1055)十二月,"戊子,知澶州、天平留后李璋为修河都部署,河北转运使、兵部郎中、天章阁待制周沆权同知澶州、都大管勾应副修河公事,宣政使、果州团练使、入内副都知邓保吉为修河钤辖,殿中丞李仲昌都大提举河渠司,内殿承制张怀恩为修河都监,寻以北作坊使、果州团练使、内侍押班王从善代保吉"④。

《宋会要辑稿》职官六五之三载:嘉祐元年(1056)六月十一日,"修河都钤辖、北作坊使、果州团练使、内侍省内侍押班王从善为濮州兵马监押"。十一月二十六日,降"北作坊使、果州团练使、内侍省押班王从善为文思使"⑤。

王振任海州刺史、充海州团练使时间当在神宗熙宁元年至三年(1068—1070)之前,即神宗熙宁元年(1068)前后;任海州团练使时间当在这之后,离任海州团练使时间当在哲宗元祐九年(1094)之前。

【海州知州:蒋绩】

蒋绩(生卒年不详),知海州(郡守)载于本地方志中。蒋绩之名最早见于成书于明武宗正德十四年(1519)的《淮安府志》:"五龙潭,在朐山之岭。旧传:宋郡守蒋绩祈雨有感,申请于朝,赐以侯爵。"⑥成书于明穆宗隆庆六年(1572)的隆庆《海州志》有相似记载⑦。因隆庆《海州志》由时任知州廖世昭初修于明世宗嘉靖元年(1522),时任权知州事张峰重辑于嘉靖四十三年(1564),最后时任知州郑复亨增补后始得刊刻,而明代海州隶属于淮安府,因此可以推知正德《淮安府志》录自早期未刊行的《海州志》初稿。康熙《海州志》继承了隆庆《海州志》的记载,文后还补充到:"后州守庞公祈雨屡应,民受其赐,于己亥(1659)

---

① 《长编》卷26,太宗雍熙二年三月庚申,第595页。
② 《宋会要辑稿》方域18之7,第9630页。
③ 《宋会要辑稿》职官34之23,第3861页。
④ 《长编》卷181,仁宗至和二年十二月戊子,第4385页。
⑤ 《宋会要辑稿》职官65之3、之14,第4805页。
⑥ 正德《淮安府志》,荀德麟、陈凤雏、王朝堂点校,北京:方志出版社,2009年,第34-35页。
⑦ 按:明隆庆《海州志》中为:"锡以侯爵。"锡,赐也。详见[明]隆庆《海州志》卷2《山川·诸水》,第63页。

春捐俸建庙立碑。"①嘉庆《海州志·职官表一》载:"蒋绩,见张峰《州志·山川门》。"《山川考》载:"五龙潭。《张志》:在朐山。旧传宋刺史蒋绩祈雨有应,请于朝,锡以侯爵。"②这里将"郡守"改为"刺史",亦可能沿用知州的习惯性称呼。

另外有名为蒋续的人在部分文献中也作蒋绩。繁体字"績"和"續"形似,在古籍翻刻或抄录中是否有可能混淆,待考。

广东省肇庆市地方志等史料中提到蒋绩,但也有人认为是蒋续。包拯于康定元年(1040)知端州,有政绩于民。嘉祐七年(1062)五月,包拯去世。熙宁二年(1069),知端州蒋绩(一作续)因仰慕包拯为人,并且有感于包公善政,应百姓要求,在州衙附近(亦有称在州署内)建立"龙图公祠",专供在肇庆任职的官员纪念拜祭③。而《肇庆市端州区志》直接认为是蒋续,该志引康熙《肇庆府志》内明成化二十年(1484)进士张诩所撰《宋包孝肃公新祠记》中载:"端旧有祠以祀公,在郡署仪门之左,宋熙宁中郡守蒋续新建。"④蒋续于熙宁元年(1068)知端州⑤。

《姑苏志·宦迹三》载:"蒋续(一作结),堂之孙也,皇祐中,金判平江军。堂卒,续自言少孤育于祖,乞服衰以报,朝议以堂有子,不许。遂辞疾谒医,去职行服。嘉祐中,复知吴县事。"⑥《江南通志·人物志》载:"蒋堂,字希鲁,宜兴人。举祥符五年进士。官监察御史。禁中火,宫人多属吏。堂言:火起无迹,宜修德应变,归咎宫人,是重天谴。诏原之论郭后不当废。坐贬知越州。奏复鉴湖之为豪右侵者,为江淮制置发运使。历守苏、杭二州。以尚书礼部侍郎致仕。卒。清修好学,有《吴门集》二十卷。"⑦

又见《西溪集》载外制《大理评事蒋续可卫尉寺丞》:"敕某:吴,大县也。号为难治,今汝为令,蔼然有声。惟汝名臣之后,能济其美,吾甚嘉之,而有司方以大比之书来上,故陟汝丞于司卫,汝其懋哉。吾尚有以褒汝者,且无爱焉尔。可。"⑧《八闽通志·秩官》载:蒋续在元丰间(1078—1085),任福建提举常平茶司提举常平茶盐公事;元丰末,任福建转运司转运使⑨。又见《全宋文》载《乌石山题名》摩崖石刻铭文:"尚书右司郎中张汝贤按察福建,元丰乙丑(1085)孟冬二十一日,与朝议大夫、转运副使陈纮,朝议大夫、知福州谢卿材,承议郎、转运判官蒋续,宣议郎、按察司管勾文字王铉,会议长乐台。"⑩可知,蒋续元丰末确实在福建任职。

---

① 按:"州守庞公"指庞宗圣,号永华,山西文水(今山西省吕梁市文水县)人。贡生,清顺治十三年丙申(1656),自祁县迁知海州,请免旧逋,诏垦新田,士民皆有岂弟父母之颂。续修州志未成,以赋额不足被议去官。详见清康熙《海州志》卷2《山川·诸水》,张卫怀、汤兆成、高金吉标点,北京:中国科学技术出版社,1994年,第16页;清康熙《海州志》卷4《治典·新朝知州》,第42页。

② [清]嘉庆《海州直隶州志》卷12《山川考第二·水利》,第215-216页。

③ 华惠:《铁面无私包拯》,沈阳:辽宁人民出版社,2017年,第216-217页。

④ 肇庆市端州区地方志编辑委员会编:《肇庆市端州区志》,北京:方志出版社,2012年,第948-949页。

⑤ 肇庆市地方志编纂委员会:《肇庆宋代钩沉》,2006年(内部资料),第50页。

⑥ 按:"一作结"的"结"推知应为"绩"。[明]王鏊:《姑苏志》卷39《宦迹三》,文渊阁《四库全书》第493册,第700页。

⑦ 《江南通志》卷142《人物志·宦绩四·常州府》,文渊阁《四库全书》第511册,第140页。

⑧ [宋]沈遘:《西溪集》卷5,文渊阁《四库全书》第1097册,第42页。

⑨ 《八闽通志》卷30《秩官》,台北:台湾学生书局,1987年影印本,第25、18页。

⑩ 曾枣庄、刘琳主编:《全宋文》第46册,成都:巴蜀书社,1994年,第30页。

由上述史料可知,蒋绩(一作续),北宋常州宜兴人。仁宗皇祐中(1051年左右),金判平江军。仁宗嘉祐中(1060年左右),为吴县令。后历官大理评事、卫尉寺丞、承议郎,知宣州①。元丰间(1078—1085)任福建提举常平茶司提举常平茶盐公事、福建转运司转运使。

如果蒋绩与蒋续是同一人,根据其任职经历,知海州时间大致在神宗熙宁元年(1068)知端州之前,即在英宗治平三年(1066)至神宗熙宁元年(1068)之间。

【海州知州:章岷】

章岷(生卒年不详),字伯镇,浦城(今福建省南平市浦城县)人,仁宗天圣五年丁卯(1027)王尧臣榜进士②,初授太常丞、平江军节度推官。官集贤校理,睦州从事,通判江州,知湖州,以光禄卿、直秘阁知福州,知海州,兵部郎中,太常少卿。官至正议大夫、光禄卿③。

章岷生平正史记载仅见三条。《宋会要辑稿》在《选举三一》中记载了范仲淹举荐章岷一事:仁宗庆历四年(1044),"八月六日,学士院试太常丞章岷,论三上,殿中丞晁仲衍,赋、诗三下,诏岷充集贤校理,仲衍充秘阁校理。岷以参知政事范仲淹荐,仲衍献所业,并命试"④。《长编》卷一五三有一条庆历四年(1044)降职的记载:因卷入当年进奏院秋赛会,与众馆阁一道于十一月甲子,"降……太常丞、集贤校理章岷通判江州"⑤。《宋史·英宗本纪》中有一条章岷出使契丹的记载:"治平元年(1064),八月,乙卯,遣……刑部郎中章岷等四人充贺契丹主生辰、正旦使。"⑥

章岷的经历和诗文主要记载在地方志和宋人文集中。《姑苏志》卷三九《宦迹三》载:"(仁宗)天圣中,为平江(今苏州)军节度推官。"⑦《吴郡图经续记》卷下记载了章岷在平江军节度推官任上的一些政绩:

> 平江节度推官廨舍,昔甚隘陋。天圣中,武宁章岷伯镇居幕府,始广而新之。伯镇时名籍甚,初登第,翰林诸公赋诗赠行,其《廨舍记》并记刻犹存。当是时,盛翰林度、黄工部宗旦守郡,多以事委伯镇,而伯镇之弟伯瞻及今太守朝议公同侍亲居此,吴中士大夫多称之。伯瞻后至太常少卿、按漕广东云。
>
> 章太守尝言:"伯镇之在幕也,盛文肃公委之,遍阅经史,凡言吴事者录为一书,其书在盛氏,人不复见之,惜哉!"⑧

《吴都文粹》卷九记载,在吴县县治内有"延射亭",天圣七年(1029)建,章岷有《延射亭记》,落款为"天圣七年春三月二十有六日,吴郡从事、试芸台秘书郎、武宁张珉伯镇记"⑨。此处的"张珉"应为"章岷"音误。

平江军节度推官应该是章岷"初登第"后仕途中的第一个任职,时间当在仁宗天圣五

---

① 《江南通志》卷101《职官志·文职三》,文渊阁《四库全书》第510册,第59页。
② [宋]龚明之撰:《中吴纪闻》卷2,文渊阁《四库全书》第589册,第313页。
③ 按:在"天圣五年丁卯"条。参见[清]郝玉麟:《福建通志》卷33《选举》,文渊阁《四库全书》第529册,第13页。
④ 《宋会要辑稿》选举31之31,第5857页。
⑤ 《长编》卷153,仁宗庆历四年十一月甲子,第3715页。
⑥ 《宋史》卷13《英宗本纪》,第256页。
⑦ [明]王鏊撰:《姑苏志》卷39《宦迹三》,文渊阁《四库全书》第493册,第698页。
⑧ [宋]朱长文撰:《吴郡图经续记》卷下,文渊阁《四库全书》第484册,第46页。
⑨ [宋]郑虎臣编:《吴都文粹》卷9,文渊阁《四库全书》第1358册,第834-835页。

年(1027)至天圣十年(1032)之间。同时在朝中官职应该是"太常丞",因为之后屡次提到该官职。

章岷任睦州从事的具体时间不详。宋代陈公亮等纂修的《淳熙严州图经》"仁安灵应王庙"一条按语中载:"按天圣十年(1032),章岷所作庙碑,谓钱武肃王尝祷以济师有应。又云,年载浸远,无书靡存,护境之称,传于里俗,徒观题榜,莫究真伪,疑为钱氏所封。岷以无据不敢臆断,后人乃谓天圣中封爵,非也。"①可知章岷当年已经在睦州任职。范仲淹《范文正集》卷三《留题方干处士旧居》诗题记中载:"某(指范仲淹本人)景祐初典桐庐,郡有七里濑,子陵之钓台在。而乃以从事章岷往构堂而祠之,召会稽僧悦躬图其像于堂。"②可知,至晚到仁宗景祐元年(1034)章岷仍在任上。

仁宗皇祐四年(1052)十月到至和元年(1054)十一月章岷知湖州。章岷时为"度支员外郎,充集贤校理。皇祐四年(1052)十月到任,转司封员外郎,依前充职。至和元年(1054)十一月罢任"③。

英宗治平二年(1065)以光禄卿、直秘阁知福州,"八月六日到四年(1067)五月十日移知福州"④。

章岷知海州的时间记录在福州府县志中。南宋陈傅良等撰写、梁克家署名的《淳熙三山志》在介绍郡守程师孟时载:神宗熙宁元年戊申(1068),"八月,章岷移知海州。九月,师孟以光禄卿直昭文馆知"⑤。离任时间无据。李之亮在《宋两淮大郡守臣易替考》中认为章岷知海州时间为1068—1069年。

哲宗元祐二年(1087),时任兵部郎中的章岷任太常少卿,制词《兵部郎中、充集贤校理章岷,可太常少卿,依前充集贤校理》曰:

敕:奉常之职掌,凡礼乐之事,贰卿而治者,皆显官也。非清望美实不在是选。具官某,直谅疏达,和而有守。以学术之茂升在台阁,以政事之敏列于藩服。畴其已试之效宜,在当陛之典。往服休宠,诋烦多训。可。⑥

章岷为官清廉,有治绩,文声甚著,是北宋著名诗人,与同时代的欧阳修、司马光、范仲淹等交往深厚。

仁宗天圣十年(1032)后章岷任睦州从事,时范仲淹任郡守,在几年共事中两人也结下了深厚的友谊,经常携友遍访"钓台""竹阁"等古迹,并互相酬唱。他们一起游历承天寺"竹阁"后,章岷赋诗《陪范公登承天寺竹阁》:

古寺依山起,幽轩对竹开。翠阴当昼合,凉气逼人来。夜影疏排月,秋鞭瘦竹

---

① [宋]陈公亮修,刘文富纂:《淳熙严州图经》卷2,载方韦编著:《严州史话》,天津:天津古籍出版社,2008年,第262页。
② [宋]范仲淹:《范文正集》卷3,文渊阁《四库全书》第1089册,第583页。
③ [宋]谈钥:《嘉泰吴兴志》卷14《郡守题名》,载浙江省地方志编纂委员会编:《宋元浙江方志集成》第9册,杭州:杭州出版社,2009年,第2664页。
④ [宋]孔延之撰:《会稽掇英总集》卷18,文渊阁《四库全书》第1345册,第155页。
⑤ [宋]梁克家撰:《淳熙三山志》卷22《秩官类三》,文渊阁《四库全书》第484册,第322页。
⑥ [宋]韩维:《南阳集》卷16,文渊阁《四库全书》第1101册,第654页。

苔。双旌容托乘，此地举茶杯。①

范仲淹则以《和章岷推官登承天寺竹阁》来唱和：

> 僧阁倚寒竹，幽襟聊一开。清风曾未足，明月可重来。晚意烟垂草，秋姿露滴苔。佳宾何以佇，云瑟与霞杯。②

章岷"与范仲淹同赋斗茶歌，岷诗先就，仲淹览之曰'此诗真可压倒元白'"③。范仲淹《和章岷从事斗茶歌》，将斗茶的情景描述得绘声绘色④。

章岷于仁宗庆历四年（1044）以太常丞充集贤校理，是因为"岷以参知政事范仲淹荐，……并命试"⑤。之前范仲淹在《奏杜杞等充馆职》奏折中举荐杜杞、章岷等10人"堪充馆阁职"，理由是这些人有的"文词雅远可润皇猷"，有的"经术精通能发圣蕴"⑥，太常丞章岷当属前者；又在《再奏乞召试前所举馆职王益柔、章岷、苏舜钦等》奏折中提出录用考试的办法：

> 臣昨在枢密院日，举文行有名之士十人，堪充馆阁职事，乞取声称著闻者，先次召试。自臣过中书后商量，谓所举人多，不可一齐召试，欲候其中更有清望官举者，即先次施行。今所举人内：殿中丞王益柔，已有杜衍先曾举奏；太常丞章岷，又有王尧臣、蒋堂举奏；大理评事苏舜钦，亦有王拱辰举奏。此三人并有清望官举荐，又见已到京，及待阙未赴任，欲乞降圣旨，便与一试，仍乞指挥学士院各试文论二首，足以观其才识，不令更试诗赋，恐词艺小巧，无补大猷。况朝廷擢才之际，宁使滞淹？不同寻常陈乞之人，更延资考。⑦

仁宗庆历四年（1044）十一月，章岷被贬江州通判之前，与同为集贤校理的苏舜钦经常互相唱和，其中一首为《依韵和伯镇中秋见月，九日遇雨之作》：

> 众香爱春发枯菱，我知惟动儿女怀。天地昏酣醉梦里，人有爽思皆沈埋。岂如秋风劲利剧刀剑，刮破天膜清光开。衰根危蒂扫除尽，辨别松竹并蒿莱。青娥供霜洗夜月，兼以皓露驱纤埃。常年此夕或阴晦，今岁澄澈特快哉。是时呼宾赏此景，渐见照我白玉杯。清辉向人若有意，径历窗户犹徘徊。放歌狂饮不知晓，烂熳酌客山岳颓。时节飘流晦朔转，已觉九日来相催。北轩隙地破苍藓，带花移得黄金栽。倒冠露顶坐狂客，撷香咀蕊浮新醅。最怜小雨洒疏竹，爽籁飒飒吹醉腮。君时传诗颇精丽，意苦泥淖不得来。开缄文采自飞动，欲和但愧顽无才。久之黾勉强为答，嫌春爱秋真可咍。⑧

另一首为《丹阳子高，得逸少〈瘗鹤铭〉于焦山之下，及梁唐诸贤四石刻，共作一亭，以

---

① ［宋］董弅编：《严陵集》卷3，文渊阁《四库全书》第1348册，第551、549页。
② ［宋］范仲淹：《范文正集》卷3，文渊阁《四库全书》第1089册，第582页
③ 按："元白"指中唐诗坛上以元稹、白居易为代表的"元白诗派"，创作语言浅切顺畅、通俗易懂，创作宗旨遵循"文章合为时而著，歌诗合为事而作"，又称"新乐府诗派"。［明］董斯张撰：《吴兴备志》卷5，文渊阁《四库全书》第494册，第296页。
④ ［宋］范仲淹：《范文正集》卷2，文渊阁《四库全书》第1089册，第565页
⑤ 《宋会要辑稿》选举31之31，第5857页。
⑥ ［宋］范仲淹：《范文正集奏议》，文渊阁《四库全书》第427册，第59页。
⑦ ［宋］苏舜钦：《苏舜钦集编年校注》，傅平骧、胡问陶校注，成都：巴蜀书社，1990年，第745页。
⑧ ［宋］苏舜钦：《苏舜钦集编年校注》，傅平骧、胡问陶校注，成都：巴蜀书社，1990年，第157-158页。

"宝墨"名之,集贤伯镇为之作记,远来求诗,因作长句以寄》:

> 山阴不见换鹅经,京口今存《瘗鹤铭》。潇洒集仙来作记,风流太守为开亭。两篇玉蕊尘初渫,四体银钩藓尚青。我久临池无所得,愿观遗法快沉冥。①

章岷在与欧阳修的交往中,欧阳修留下了《与章伯镇》五封书简,分别写于庆历五年(1045)、六年(两封)和皇祐元年(1049,两封)。章岷被贬江州一年时,欧阳修即修书鼓励章岷:

> 某顿首。山郡僻绝,不与人通。每辱诲问,何胜感愧。某材薄宠过,得祸甚轻。获此优安,至为天幸。伯镇尚淹江郡,忽已逾年。大亨有时,先以小抑,亦通否之理然也。惟冀自爱,以副瞻祷。②

仁宗皇祐四年(1052)章岷以集贤校理除知湖州时,多位朝中同僚赋诗相送。"司马温公(即司马光)有《送章伯镇知湖州》诗"③云:

> 江外饶佳郡,吴兴天下稀。蒁羹紫丝滑,鲈脍玉花肥。星斗寒相照,烟波碧四围。柳侯还作牧,草树转清辉。④

梅尧臣有《送湖州太守章伯镇》诗为:

> 一夜北山云,吹作南湖雨。南湖迎使君,荷声竞笳鼓。频年吴境旱,吴侬相聚语。今日见贤侯,鱼虾亦跳舞。⑤

【海州监酒税:陈修古】

陈修古(1011—1081),字几道,北宋东平(今山东省泰安市东平县)人。生平载宋人刘挚《忠肃集》卷一四《国博陈几道墓志铭》:

> 公讳修古,字几道,姓陈氏,自太丘徙东平。曾祖某,祖咸卿,考肃,赠吏部侍郎。公少尝举进士,以兄任为郊社斋郎,调瀛州乐寿县主簿,改润州司理参军。丁母丧,服除,举监大名府酒,迁定武军节度推官。治平中,用荐者改大理寺丞、知虔州安远县,以亲嫌自陈,徙监海州税。今上登极,恩迁太子中舍,赐五品服,监开封考城县酒,转殿中丞、知博州聊城县事。未满,罢,又知剑州尤溪县事。不行,转国子博士,粜在京常平米,坐法免归。居七年,以元丰四年(1081)六月十二日卒,享年七十一。

> 公性孝谨,少孤,事母夫人无违,及执丧,乡人称之。精敏善治事。在乐寿,民大饥,州委公赈之,活者十九;在大名,课溢缗钱三十万;在武定,鞫正疑狱之久不决者;自聊城罢,县人遮道,久不得去,前后当路争荐之。晚节失官,退处里舍。和易宽静,以酒自娱。亲戚故旧相对,怡然无不足色。虽老,精力强壮绝过人。临终授治命其子,如无疾者。呜呼!公尚何所慊哉!

> 初娶梁氏,封仙居县君。生子二人,男丙,服儒;女嫁国子博士聂伯坚而亡。再

---

① [宋]苏舜钦:《苏舜钦集编年校注》,傅平骧、胡问陶校注,成都:巴蜀书社,1990年,第164页。
② 夏汉宁校勘:《欧苏手简》校勘,广州:中山大学出版社,2014年,第63页。
③ [明]董斯张:《吴兴备志》卷5,文渊阁《四库全书》第494册,第296页。
④ [宋]司马光:《温国文正公文集》卷14,文渊阁《四库全书》第1094册,第141页。
⑤ [宋]梅尧臣著:《梅尧臣集编年校注》,朱东润校注,上海:上海古籍出版社,1980年,第607页。

娶何氏,封福昌县君。遂以其年七月十一日葬于郓州须城县南留村先茔之西。某祖姁,仙源夫人,实公兄秘书监讳希古之子,以是知公之详,无若某者。丙,前葬,又以状来。谨序次而为之铭曰:

> 物有得丧,人用笑嘻。彼自来去,胡转而随! 公以是故,失也安之。既康既寿,世考所诒。①

墓志铭中云:"治平中,用荐者改大理寺丞、知虔州安远县,以亲嫌自陈,徙监海州税。今上登极,恩迁太子中舍。""治平"为英宗年号,时间为1064—1067;"今上登极"指的是神宗治平四年(1067)正月即位。故可推知陈修古监海州税时间在英宗治平三年(1066)至神宗熙宁元年(1068)。

【怀仁县令:文勋】

文勋(生卒年不详),字安国,庐江(今安徽省合肥市庐江县)人。历官温州瑞安县令、温州瑞金县尉,处州缙云县、海州怀仁县令,湖州签判,太府寺丞,福建路、广东路转运判官,广东路转运使等。

文勋生卒年不详,据其历官经历推测,大致应出生于仁宗庆历(1041—1048)初,卒于徽宗崇宁(1102—1106)初②。

仁宗嘉祐七年(1062)五月,包拯去世,文勋以"甥,将仕郎、守温州瑞安县令"的身份为包拯《宋枢密副使赠礼部尚书孝肃包公墓铭》篆盖③。依此可推知,文勋为包拯外甥,为温州瑞安县令时间在仁宗嘉祐七年(1062)前后。

文勋从温州瑞金县尉特迁为处州缙云县令,制词《守温州瑞金县尉文勋可特授处州缙云县令》由韩维撰,载韩维《南阳集》卷一七:

> 敕某:盗发,不得,有常罚;获者,顾可以不赏欤! 县令,朕之所重也。尔以劳处,其知自勉。可。④

韩维(1016—1096),字持国,英宗治平二年(1065)中至四年(1067)正月为知制诰。《长编》卷二〇三载:"(英宗治平元年十二月丙午)实录院检讨官、集贤校理宋敏求,诸王府记室参军、直集贤院韩维同修起居注。"⑤卷二〇六载:"(英宗治平二年八月乙卯)知制诰宋敏求、韩维同修仁宗实录。"⑥《宋会要辑稿》礼二九之四八载:"(治平四年正月,英宗去世,)十日,命宰臣韩琦为山陵使,龙图阁直学士李柬之为礼仪使,知制诰韩维为卤簿使,……(韩)维知汝州,以龙图阁直学士张掞代。"⑦

---

① [宋]刘挚:《忠肃集》卷14,文渊阁《四库全书》第1099册,第605-606页。按:"今上登极,恩迁太子中舍"句《全宋文》为"今上登极恩,迁太子中舍",句读误;"某祖姁,仙源夫人"句《全宋文》为"某姁,仙源夫人",少"祖",据文意未改。参见曾枣庄、刘琳主编:《全宋文》第77册,第171-172页。

② 按:陈志平对文勋的生平有比较详细的考证,认为文勋卒年大约在崇宁二年(1103),年龄与苏轼相近。详见陈志平:《包拯之甥文勋考》,《书画世界》2007年第5期,第54-56页;陈志平:《包拯之甥亦书家》,《书法》2011年第1期,第108-109页;陈志平:《黄庭坚书学研究》,北京:中华书局,2006年,第243页。

③ 徐畅:《文勋为包拯篆墓志盖》,《书法世界》2004年第5期,第52-53页。

④ [宋]韩维:《南阳集》卷17,文渊阁《四库全书》第1101册,第667页。

⑤ 《长编》卷203,英宗治平元年十二月,第4995页。

⑥ 《长编》卷206,英宗治平二年八月乙卯,第4995页。

⑦ 《宋会要辑稿》礼29之48,第1346页。

神宗熙宁元年(1068)四月,包拯妻董氏去世,十一月下葬,文勋此后以"外生,将仕郎、守海州怀仁县令"的身份为董氏《宋故永康郡夫人董氏墓志铭》篆盖①。故可推知,文勋为温州瑞金县尉时间在英宗治平二年(1065)前;特迁为处州缙云县令时间在英宗治平二年(1065);为海州怀仁县令时间大致在英宗治平三年(1066)末四年(1067)初,离任海州怀仁县时间在神宗熙宁元年(1068)末。

此处有一点疑问,就是文勋在任温州瑞安县令之后,为何又任低阶的温州瑞金县尉?需要有更新的史料加以解释。

神宗元丰八年(1085),文勋为湖州签判②。哲宗元祐元年(1086),为"奉议郎、签书昭庆军节度判官厅公事、赐绯鱼袋"。是年十二月,文勋为杭州《惠因院教藏记》(即《大宋杭州惠因院贤首教藏记》)碑篆额③。后迁太府寺丞。

哲宗元祐八年(1093)正月,以太府寺丞迁为福建路转运判官④。次年,以"承议郎、充福建路转运判官、飞骑尉、赐绯鱼袋"的身份为其表兄、包拯长子包绶妻崔氏《宋节妇永嘉郡君崔氏墓志铭》篆盖⑤。

哲宗元符三年(1100),文勋任广东路转运判官,转任广东路转运使⑥。

文勋工篆书,善山水,作品得到同时代人的称赞,尤其是苏轼及苏门弟子李之仪等。苏轼在《文勋篆赞》中评价文勋的篆字道:"世人篆字,隶体不除,如浙人语,终老带吴。安国用笔,意在隶前,汲冢鲁壁,周鼓泰山。"在《跋文勋扇画》中评价文勋的山水画道:"旧闻吴道子画'西方变相',观者如堵;道子作佛圆光,风落电转,一挥而成。尝疑其不然,今观安国作'方界',略不抒思,乃知传者之不谬。"⑦

苏轼本人在书法方面就很有成就,时人常请苏轼题词,但对于篆书,苏轼却常请文勋代笔。神宗熙宁八年(1075),苏轼知密州,见到秦始皇东巡时命丞相李斯篆刻《秦琅琊台颂词刻石》的拓本,因担心其磨灭,有意重新篆刻,以永传后人。年底,恰好文勋回京履新,途中绕道密州会晤苏轼,苏轼遂请文勋篆刻,并作《书琅琊篆后》⑧。现存国家博物馆的原石极有可能就是文勋篆刻⑨。

哲宗元祐八年(1093),龟山长老请苏轼书牌匾"海照堂",但"屡写皆不佳,不可用",因而请文勋代笔。苏轼在《答龟山长老四首》之二中回复道:

> 张君予都尉,闻是旧檀越,为奏"海照"之号。今托林承议附纳敕牒,请作一书致君予,贵知到也。本欲为书"海照堂"大字作牌纳去,屡写皆不佳,不可用。非久,待

---

① 徐畅:《文勋为包拯篆墓志盖》,《书法世界》2004年第5期,第52-53页。
② [明]董斯张:《吴兴备志》卷6,文渊阁《四库全书》第494册,第326页。
③ [明]李䕫辑撰:《慧因寺志》卷六《慧因院教藏记》,杭州:杭州出版社,2007年,第25-27页。
④ 《长编》卷480,哲宗元祐八年正月丁酉,第11424页;《八闽通志》卷30《秩官》,福州:福建人民出版社,2006年,第623页。
⑤ 徐畅:《文勋为包拯篆墓志盖》,《书法世界》2004年第5期,第52-53页。
⑥ [清]郝玉麟:《广东通志》卷26,文渊阁《四库全书》第563册,第30、27页。
⑦ [宋]苏轼著:《苏东坡全集》,北京:燕山出版社,2009年,第1785、3234页。
⑧ [宋]苏轼著:《苏东坡全集》,上海:上海仿古书店,1936年,第187页。
⑨ 朱仁夫著:《中国古代书法史》,贵阳:贵州教育出版社,2010年,第37页。

告文安国为作篆字也。①

哲宗元符三年(1100),广东东莞资福长老建五百罗汉阁,延请苏轼作记,苏轼遂邀请文勋为之篆额。苏轼在《朱行中舍人四首》之三中叮嘱道:

> 少事不当上烦,东莞资福长老祖堂者,建五百罗汉阁,极宏丽,营之十年,今成矣。某近为作记,公必见之矣。途中为告,文安国篆得阁额,甚妙。今封付去人。公若欲观,拆开不妨,却乞差一小心人赍附祖堂者。不罪!不罪!②

李之仪在《跋文安国篆》中论道:

> 景修谈金陵近事,叠叠皆可人意,非紬绎展转,不能中程度,谐律吕。文安国,予与之游三十年,善论难,剧谈切中,尤得于樽俎间为多。尝谓其宿构预计,不如是,必有脱略可指议处。然篆笔方严劲正,未尝妄下一笔,岂舌端笔次,自应相契故如是,抑机警敏悟,不谋而然耶!听言观书,如会兹境,可胜慨叹!③

文勋与苏轼、黄庭坚、李之仪等文士交好,相互诗文唱和。除了以篆书和扇画为媒介外,亦可能因出身、政见以及吏能等相互吸引。

据陈志平引《华阳国志》卷三考证,文勋所在的庐江文氏家族自汉代起就有家学传承,孝文帝末年,时任蜀守的文翁即立学授徒,这也是文氏家族与近邻包氏家族联姻的基础。

神宗熙宁九年(1076)立春日,苏轼病中邀请文勋等文友前来饮酒唱和,作七律二首,题注"立春日,病中邀安国,仍请率禹功同来。仆虽不能饮,当请成伯主会,某当杖策倚几于其间,观诸公醉笑,以拨滞闷也":

> 孤灯照影夜漫漫,拈得花枝不忍看。白发敧簪羞彩胜,黄耆煮粥荐春盘。东方烹狗阳初动,南陌争牛卧作团。老子从来兴不浅,向隅谁有满堂欢。
>
> 斋居卧病禁烟前,辜负名花已一年。此日使君不强喜,新春风物为谁妍。青衫公子家千里,白首先生杖百钱。曷不相将来问病,已教呼取散花天。④

文勋在密州时,苏轼在席间作《蝶恋花·帘外东风交雨霰》:

> 密州冬夜,文安国席上作。
> 帘外东风交雨霰。帘里佳人,笑语如莺燕。深惜今年正月暖,镫光酒色摇金盏。
> 掺鼓渔阳挝未编。舞褪琼钗,汗湿香罗软。今夜何人吟古怨,清诗未了冰生砚。⑤

次年正月,文勋辞行还朝,苏轼有《满江红·送文安国还朝》词相赠:

> 正月十三日,送文安国还朝。
> 天岂无情,天也解,多情留客。春向暖,朝来底事,尚飘轻雪。君过春来纤组绶,

---

① [宋]苏轼著:《苏东坡全集》,北京:燕山出版社,2009年,第4185页。
② [宋]苏轼著:《苏东坡全集》,北京:燕山出版社,2009年,第2756页。
③ [宋]李之仪:《姑溪居士前集》卷41,文渊阁《四库全书》第1120册,第586页;曾枣庄、刘琳主编:《全宋文》第112册,第151页。
④ [宋]苏轼著:《苏东坡全集》,北京:燕山出版社,2009年,第319页。
⑤ [宋]苏轼著:《苏东坡全集》,北京:燕山出版社,2009年,第1161页。

我应归去耽泉石。恐异时,怀酒忽相思,云山隔。

浮世事,俱难必。人纵健,头应白。何辞更一醉,此欢难觅。欲向佳人诉离恨,泪珠先已凝双睫。但莫遣,新燕却来时,音书绝。①

文勋能够以太府寺丞迁福建路转运判官,与苏轼及苏轼的弟弟苏辙的推荐密切相关。《长编》卷四八四载:哲宗元祐八年(1093)五月壬辰,也就是说文勋刚上任不久,除了三省通进董敦逸告苏辙四大罪状外,黄庆基告了苏轼三大罪状,其中之一就是:"太府寺丞文勋以篆字游于轼之门,初不以公正吏才称也,轼既援引,辙遂除为福建路转运判官。夫监司按察一路,寄委不轻,岂可以非才而授其职?徇私情而弃国法,乃至于此!"②

黄庭坚对文勋篆书虽也较为欣赏,但认为文勋篆书较秦代篆书家李斯和唐代李阳冰形似而缺神韵,他在《跋翟公巽所藏石刻》中评价道:"文章骰骸,而得韩退之;诗道敝,而得杜子美;篆籀如画,而得李阳冰。皆千载人也。陈留有王寿卿,得阳冰笔意,非章友直、陈晞、毕仲荀、文勋所能管摄也。"③尽管如此,黄庭坚仍然与文勋交游甚好,而且还合作完成《伯夷叔齐庙记》,黄庭坚亲自撰并书,文勋篆额④。

文勋去世后,黄庭坚连续作词三首悼念,来彰显文勋的家传、吏能和文才。一首是《文勋真赞》:

荣如辱如,谁丧谁得。萃如嗟如,不见声色。为吏不残,去其败群。好贤喜士,绳勉而勤。子克家,吾税驾。舍几而寝,漠然即化。眉目在图,慰尔时思。蔼然粹温,似无恙时。⑤

另二首是《文安国挽词二首》:

七闽家举子,百粤海还珠。往日推忠厚,穷年领转输。一床遗杖屦,万事委锱铢。岂有苍茫恨,归巢未拮据。

平生翰墨学,空走使臣车。瞿令能仓史,归公好古书。秦山刊日月,周鼓颂畋渔。不见龙蛇笔,新干研滴蜍。⑥

北宋神宗熙宁二年己酉(1069)

【怀仁令:曾布】

曾布(1036—1107),字子宣,北宋南丰(今江西省抚州市南丰县)人,长兄即为唐宋八大家之一的曾巩。兄弟俩与出生于南丰的"曾肇、曾纡、曾纮、曾协、曾敦"等七人合称"南丰七曾",为欧阳修、王安石所称。曾布为仁宗嘉祐二年丁酉(1057)章衡榜进士,与长兄曾巩、苏轼苏辙二兄弟等同榜,初授宣州司户参军。历官海州怀仁令,修起居注、知制诰,

---

① [宋]苏轼著:《苏东坡全集》,北京:燕山出版社,2009年,第1151页。
② 《长编》卷484,哲宗元祐八年五月壬辰,第11501页。
③ [宋]黄庭坚:《山谷集》卷28,文渊阁《四库全书》第1113册,第299页。
④ [宋]黄庭坚:《山谷集》卷17,文渊阁《四库全书》第1113册,第153-154页。
⑤ [宋]黄庭坚:《山谷集》卷14,文渊阁《四库全书》第1113册,第115-116页。
⑥ [宋]黄庭坚:《山谷集》卷12,文渊阁《四库全书》第1113册,第97页。

翰林学士兼三司使，知广州、桂州、秦州，官至宰相。卒后赠观文殿大学士，谥号文肃。《宋史》卷四七一本传载：

曾布字子宣，南丰人。年十三而孤，学于兄巩，同登第，调宣州司户参军、怀仁令。

熙宁二年（1069），徙开封，以韩维、王安石荐，上书言为政之本有二，曰：厉风俗，择人才。其要有八，曰：劝农桑，理财赋，兴学校，审选举，责吏课，叙宗室，修武备，制远人。大率皆安石指也。

神宗召见，论建合意，授太子中允、崇政殿说书，加集贤校理，判司农寺，检正中书五房。凡三日，五受敕告。与吕惠卿共创青苗、助役、保甲、农田之法，一时故臣及朝士多争之。布疏言："陛下以不世出之资，登延硕学远识之臣，思大有为于天下，而大臣玩令，倡之于上，小臣横议，和之于下。人人窥伺间隙，巧言丑诋，以哗众罔上。是劝沮之术未明，而威福之用未果也。陛下诚推赤心以待遇君子而厉其气，奋威断以屏斥小人而消其萌，使四方晓然皆知主不可抗，法不可侮，则何为而不可，何欲而不成哉？"布欲坚神宗意，使专任安石以威胁众，使毋敢言。故骤见拔用，遂修起居注、知制诰，为翰林学士兼三司使。韩琦上疏极论新法之害，神宗颇悟，布遂为安石条析而驳之，持之愈固。

七年（1074），大旱，诏求直言。布论判官吕嘉问市易掊克之虐，大概以为："天下之财匮乏，良由货不流通；货不流通，由商贾不行；商贾不行，由兼并之家巧为摧抑。故设市易于京师以售四方之货，常低卬其价，使高于兼并之家而低于倍蓰之直，官不失二分之息，则商贾自然无滞矣。今嘉问乃差官于四方买物货，禁客旅无得先交易，以息多寡为诛赏殿最，故官吏、牙驵惟恐裒之不尽而息之不伙，则是官自为兼并，殊非市易本意也。"事下两制议，惠卿以为沮新法，安石怒，布遂去位。

惠卿参大政，置狱举劾，黜布知饶州，徙潭州。复集贤院学士、知广州。元丰初，以龙图阁待制知桂州，进直学士、知秦州，改历陈、蔡、庆州。元丰末，复翰林学士，迁户部尚书。司马光为政，谕令增损役法，布辞曰："免役一事，法令纤悉皆出己手，若令遽自改易，义不可为。"元祐初，以龙图阁学士知太原府，历真定、河阳及青、瀛二州。绍圣初，徙江宁，过京，留为翰林学士，迁承旨兼侍读，拜同知枢密院，进知院事。

初，章惇为相，布草制极其称美，冀惇引为同省执政，惇忌之，止荐居枢府，故稍不相能。布赞惇"绍述"甚力，请甄赏元祐臣庶论更役法不便者，以劝敢言。惇遂兴大狱，陷正人，流贬镌废，略无虚日，布多阴挤之。披庭诏狱成，付执政蔽罪，法官谓厌魅事未成，不当处极典。布曰："驴媚蛇雾，是未成否？"众皆瞿然，于是死者三人。

惇以士心不附，诡情饰过，荐引名士彭汝砺、陈瓘、张庭坚等，乞正所夺司马光、吕公著赠谥，勿毁墓仆碑，布以为无益之事。又奏："人主操柄，不可倒持，今自丞弼以至言者，知畏宰相，不知畏陛下。臣如不言，孰敢言者？"其意盖欲倾惇而未能。会哲宗崩，皇太后召宰执问谁可立，惇有异议，布叱惇使从皇太后命。

徽宗立（1100），惇得罪罢，遣中使召蔡京锁院，拜韩忠彦左仆射。京欲探徽宗意，徐请曰："麻词未审合作专任一相，或作分命两相之意。"徽宗曰："专任一相。"京出,宣言曰:"子宣不复相矣。"已而复召曾肇草制,拜布右仆射,其制曰:"东西分台,左右建辅。"忠彦虽居上,明柔懦,事多决于布,布犹不能容。时议以元祐、绍圣均为有失,欲以大公至正消释朋党,明年,乃改元建中靖国(1101),邪正杂用,忠彦遂罢去。布独当国,渐进"绍述"之说。

明年,又改元崇宁(1102),召蔡京为左丞,京与布异。会布拟陈佑甫为户部侍郎,京奏曰:"爵禄者,陛下之爵禄,奈何使宰相私其亲?"布婿陈迪,佑甫子也。布愤然争辨,久之,声色稍厉。温益叱布曰:"曾布,上前安得失礼?"徽宗不悦而罢。御史遂攻之,罢为观文殿大学士、知润州。

京积憾未已,加布以赃贿,令开封吕嘉问逮捕其诸子,锻炼讯鞫,诱佐证使自诬而贷其罪。布落职,提举太清宫,太平州居住。又降司农卿,分司南京。又以尝荐学官赵谂而谂叛,责散官,衡州安置。又以弃湟州,责贺州别驾,又责廉州司户。凡四年,乃徙舒州,复太中大夫、提举崇福宫。大观元年(1107),卒于润州,年七十二。后赠观文殿大学士,谥曰文肃。①

曾布为海州怀仁令时间史载不详。上文提到海州怀仁县令文勋为包拯妻董氏《宋故永康郡夫人董氏墓志铭》篆盖的时间在神宗熙宁元年(1068)四月至十一月间(参见"海州怀仁县令文勋"条),因此曾布应是接替文勋任海州怀仁县令,时间在神宗熙宁元年(1068)底。

宋人王明清《挥麈录》卷一九载:

曾文肃。熙宁初,为海州怀仁令,有监酒使臣张者,小女甫六七岁,甚为惠黠。文肃之室魏夫人怜之,教以诵诗书,颇通解。其后,南北暌隔。绍圣初,文肃柄事枢时,张氏女已入禁中,虽无名位,以善笔札、掌命令之出入,忽与夫人相闻。夫人以夫贵,疏封瀛国,称寿禁庭,始相见叙旧。自后岁时遣问。夫人没,张作诗以哭云:"香散帘帏寂,尘生翰墨闲。空传三壶誉,无复内朝班。"从此绝迹矣。后四十年,靖康之变,张从昭慈圣献南渡,至钱唐。朱忠靖《笔录》所记,昭慈遣其传导反正之议。张夫人者,即其人也,年八十余终。(先娘子云)。②

熙宁为神宗年号,时间跨度为熙宁元年至十年(1068—1077)。熙宁初大约应该是熙宁元年(1068)前后,因熙宁二年(1069)曾布已徙开封。曾布徙开封府后,受到王安石的器重,上书神宗不仅符合王安石变法意图,而且深合神宗意。后连续升迁至知制诰。御史中丞杨绘因反对"助役法"而落职,为翰林侍读讲学士,出知郑州。杨绘四奏以自辨,事载《长编》卷二二五,其中还对曾布因为是王安石姻亲而升迁过快至知制诰提出疑问:

夫陈绎、王益柔皆累任转运使,陈襄历知杂御史、修起居注,资则深矣。勘会曾布熙宁二年九月二十一日自海州怀仁县令转著作佐郎,闰十一月十六日差看详街司条例;熙宁三年四月五日差编敕删定官,八月二十四日差编修中书条例,九月六日授太子中允、崇政殿说书,九月八日差权同判司农寺,九月十四日授集贤校理,九月二十三日差检正中书户房公事,十月四日差看详编修中书条例;熙宁四年二月五日差

---

① 《宋史》卷471《曾布传》,第13714-13717页。按:"八月乙卯,曾布卒。"参见《宋史》卷20《徽宗本纪二》,第378页。

② [宋]王明清著,王承略、聂济冬主编,王恒柱点校:《挥麈录》,济南:山东人民出版社,2018年,第297-298页。

直舍人院,二月八日检正中书五房公事,五月三日差详定编敕,七月十三日试知制诰。从选人至知制诰,止一年十个月。旧官太子中允班在尚药奉御之下,新官知制诰班在观察使、待制之上,可谓不次矣。夫贤能不待次而举,王者之善政也。臣窃见曾布之贤能未显著于天下,天下之人止知其缘王安石姻家而进。昔崔佑甫多用亲故而称允当,今亲故则用矣,而允当之论犹未该决也。以臣愚而观之,曾布专莞助役文字,前者以臣所言利害事,加之以邪诐欺罔,一切拒之,斯乃自用自专之人也,安有贤者而好自用哉?安有能者而好自专哉?①

南宋高宗绍兴八年(1138),曾布曾孙曾惇因献曾布著《三朝正论》真迹,由右奉议郎升迁为右承议郎。这事受到御史中丞常同的弹劾,事载《系年要录》卷一二〇:

> (绍兴八年六月)乙丑,御史中丞常同言:近关报,右奉议郎曾惇进曾祖曾布著《三朝正论》真迹,转右承议郎。臣闻,昔者神宗皇帝切于求治,锐然更化,付王安石以政事。安石孤负委任,创为新法。布于是时,实为腹心,其政皆出于布之谋,其法皆成于布之手,故自海州怀仁县令,一年半间,十三迁而至于制诰。安石尝语人曰:"终始言新法不便者,司马光也;终始言便者,曾布也;其余,出入而已。"②

依此可推知,曾布离任海州怀仁县令时间在熙宁二年(1069)九月,初任时间当在一年半之前。

曾布为其在海州怀仁令的同僚陈恺主簿所作的墓志铭上,自述任海州怀仁令的时间,事载宋人岳珂《宝真斋法书赞》卷二〇《宋朝散郎飞骑尉赐绯鱼袋陈君墓志铭》:"治平中,余为海州怀仁令,而永康陈君,实佐余为主簿。……君讳恺,字济公,婺州之永康人。……登治平四年进士第,初仕盖怀仁也。"③可知曾布初任海州怀仁令在神宗熙宁元年(1068)至神宗熙宁二年(1069)九月之间。

北宋神宗熙宁三年庚戌(1070)

【东海县令:张师尹】

张师尹(生卒年不详),生平史载简略,历青州临朐县令,海州东海县令等职,或著《孝经通义》三卷④。

张师尹任青州临朐县令期间因陷入于寿"闲词讥诋朝政"案而被罚,因而上诉朝廷称其冤枉,知制诰蔡襄承旨制诰《太子中舍于寿、京东转运司差勘青州临朐县令张师尹进状冤枉其于寿奏案中入闲词讥诋朝政制》,令青州临朐县上级京东转运司审理,事载蔡襄《端明集》卷一二:

> 具官某:以明经中选,治邑效官,承监司之符文,鞫部令之冤诉。证逮在远,时月

---

① 《长编》卷225,神宗熙宁四年七月丁酉,第5477-5488页。
② 《系年要录》卷120,第2235页。
③ [宋]岳珂:《宝真斋法书赞》卷20,文渊阁《四库全书》第813册,第801-802页。参见曾枣庄、刘琳主编:《全宋文》第84册,第288-290页。
④ 《宋史》卷202《艺文志一》,第5066页。

其延,辄恣谰词,编著具狱。始揽奏牍,嗟其易心,及兹问状之来,弥见得情之实。寘于法议,宜在严科,屏之仕途,用惩猖妄。尚念前王之德,或恕狂夫之言。止降宫逢之联,尚临征笺之局。体于宽大,益自修省。①

蔡襄为知制诰、起居舍人时间在仁宗皇祐四年(1052)至仁宗至和二年(1055)十二月。《长编》卷一七一载:"(仁宗皇祐三年十月丁酉)时上怒不可测,髃臣莫敢谏,右正言、直史馆、同修起居注蔡襄独进言,介诚狂直,然容受尽言,帝王盛德也,必望矜贷之。"卷一七三又载:"(皇祐四年十二月壬辰)乃令王洙书无逸,知制诰蔡襄书孝经,又命翰林学士承旨王拱辰为二图序,而襄书之。"可见蔡襄升任知制诰时间在仁宗皇祐三年(1051)十月至皇祐四年(1052)七月之间。蔡襄离任知制诰时间载卷一七九:"(仁宗至和二年三月)癸未,龙图阁直学士、起居舍人、权知开封府蔡襄为枢密直学士、知泉州,以母老自请也。"②

上述制诰时间应在这期间,张师尹任青州临朐县令时间也应在这期间或之前。

张师尹为海州东海县令时间在神宗熙宁三年(1070)五月前,事载《宋会要辑稿》选举一〇之四:

> 二十一日,诏:"举到淹废之人,第一等,……第三等,前吉州司户参军潘魏、前海州东海县令张师尹、前权郑州观察支使刘忠举……魏一犯公罪徒勒停,一犯私罪徒勒停,师尹一犯私罪杖冲替,一犯私罪徒勒停,宜并只与家便差遣,忠举等十二人,并与先次指射家便差遣……"③

张师尹为海州东海县令时因犯"私罪杖"被降官,又犯"私罪徒"被停职,二罪并罚"家便差遣"。所谓"私罪"即与"公罪"相对应。《宋会要辑稿》职官一一之九载:

> (仁宗天圣二年)八月十九日,帝问中书门下,凡铨曹磨勘选人中有私罪者如何。宰臣曰:"所犯罪情理各有轻重,只如坠笏、失仪、趁衙谢不到,但不缘公事,皆为私罪。"帝曰:"今后似此等私罪,并与相度升陟。"④

"公罪""私罪"针对的是官员犯罪。"公罪"是指官员在履行公务时发生了与公务执行相悖的过失和违法行为,如在朝堂上不按礼仪朝拜,玩忽职守等。"私罪"是指官员在履行公务时发生了与公务执行本身无关,但徇私谋利的罪行,如假公济私、滥用职权、阿谀奉承等,以及官员发生了非职务(即作为普通人)犯罪行为,如利用职权购买低于市场价的房屋等⑤。"私罪杖"就是犯私罪受到杖刑的处罚,即用木棍打脊背或臀部。"私罪徒"就是犯私罪受到判处徒刑若干年的处罚。

---

① [宋]蔡襄:《端明集》卷12,文渊阁《四库全书》第1090册,第436页。按:《蔡襄全集》本中"寘于法议"为"置于法议","止降宫逢之联"为"止降宫撻之联",并出"校:'讥诋朝政'下:宋本有'降太子中允'五字,应据补。'宫撻':宋本作'宫坊',应据改。"参见[宋]蔡襄撰,陈庆元等校注:《蔡襄全集》,福州:福建人民出版社,1999年,第276页。
② 《长编》卷171,仁宗皇祐三年十月丁酉,第4114页;卷173,仁宗皇祐四年十二月壬辰,第4184页;卷179,仁宗至和二年三月癸未,第4326页。
③ 《宋会要辑稿》选举10之4,第5455页。
④ 《宋会要辑稿》职官11之9,第3311-3312页。
⑤ 柏桦、葛荃:《公罪与私罪——中国古代刑罚政治观》,《政治与法律》2005年第4期,第149-155页。

北宋神宗熙宁四年辛亥（1071）

海州知州	孙洙	海州司理参军	晁仲景
海州通判	李清臣	梅州知州(非海州)	黄稹

【海州知州：孙洙】

孙洙(1031—1079)，字巨源，北宋真州广陵（今江苏仪征）人，仁宗皇祐元年己丑(1049)冯京榜进士，"十九举进士，调秀州（今浙江嘉兴）司户参军，于潜令"①。官集贤校理，知太常礼院兼史馆检讨，同知谏院，知海州，干当三班院，同修起居注，进知制诰，直学士院，翰林学士等。著有《褒恤杂录》三卷、《褒题集》三十卷、《张氏诗传》一卷②，以及《贤良进策》十卷③。《宋史》卷三二一本传载：

> 孙洙，字巨源，广陵人。羁丱能文，未冠擢进士。包拯、欧阳修、吴奎举应制科，进策五十篇，指陈政体，明白剀切。韩琦读之，太息曰："恸哭流涕，极论天下事，今之贾谊也。"再迁集贤校理、知太常礼院。

> 治平中，求言，以洙应诏疏时弊要务十七事，后多施行。兼史馆检讨、同知谏院，乞增谏员以广言路。凡有章奏，辄焚其稿，虽亲子弟不得闻。王安石主新法，多逐谏官、御史，洙知不可，而郁郁不能有所言，但力求补外，得知海州。免役法行，常平使者欲加敛缗钱，以取赢为功，洙力争之。方春旱，发运使调民浚漕渠以通盐舸，洙持之不下，三上奏乞止其役。旱蝗为害，致祷于朐山，澈暮，大雨，蝗赴海死。

> 寻干当三班院。三班员过万数，功罪籍不明，前后抵牾，吏左右出入，公为欺奸。洙革其甚者八事，定为令。同修起居注，进知制诰。先是，百官迁叙，用一定之词，洙建言："群臣进秩，事理各异，而同用一词；至或一门之内，数人拜恩，名体散殊，而格以一律。苟从简便，非所以畅王言、重命令也。"诏自今封赠荫补，每大礼一易，他皆随等撰定。

> 元丰初，兼直学士院。澶州河平，作灵津庙，诏洙为之碑，神宗奖其文。擢翰林学士，才逾月，得疾。时参知政事阙，帝将用之，数遣中使、尚医劳问。入朝期日，洙小愈，在家习肆拜跪，债不能兴，于是竟卒，年四十九。帝临朝嗟惜，常赙外赐钱五十万。

> 洙博闻强识，明练典故，道古今事甚有条理。出语皆成章，虽对亲狎者，未尝发一鄙语。文词典丽，有西汉之风。士大夫共以丞辅期之，不幸早世，一时悯伤焉。

> 论曰：熙宁行新法，轻进少年争趋竞进，老成知务者逡巡引退，何其见几之明耶？……洙为谏官不能言，至免役取赢，洙方力争，所谓不揣其本者欤！④

---

① [宋]王稱《东都事略》卷85，文渊阁《四库全书》第382册，第549-550页。
② 《宋史》卷209《艺文志八》，第5396、5403页。
③ 《江南通志》卷193，文渊阁《四库全书》第512册，第634页。
④ 《宋史》卷321《孙洙传》，第10422-10423、10426页。

孙洙知海州时间为神宗熙宁四年(1071)五月,事载《长编》卷二二三:"丙午,太常博士、集贤校理、同知谏院、直舍人院孙洙知海州,从其请也(合考《林希野史》载:洙所以出,事在六月十三日丙寅录系囚注内。洙旧传云:王安石以论青苗事逐谏官、御史,洙郁郁不能有所言,恳求补外,得知海州)。"①

孙洙离知海州时间史载不详,《宋史》本传仅在知海州后记载"寻干当三班院"。《长编》卷二六七载:神宗熙宁八年(1075)八月,"丙申,工部郎中、直龙图阁、判将作监谢景温为辽主生辰使,文思使高遵路副之。太常丞、集贤校理、直舍人院李定为正旦使,皇城使兼阁门通事舍人李惟宾副之。……后定免行,以祠部员外郎、集贤校理孙洙代之。"②本来派李定为正旦使,但因李定有事,便派孙洙代替,可知神宗熙宁八年(1075)八月之前,孙洙已经回朝为官了。

另外,孙洙离知海州的大致时间可从孙洙与苏轼等人的交往及诗文唱和中寻得。神宗熙宁四年(1071),因对王安石变法不满,孙洙与苏轼均被外放,孙洙出知海州,苏轼则出任杭州通判。熙宁七年(1074)九月,39岁的苏轼由杭州通判以太常博士直史馆权知密州军州事(州治在今山东诸城)。十月,上任途中经过润州(今江苏镇江),与孙洙相遇。此时的孙洙已经由海州知州升任京城开封"干当三班院",准备回京赴任。他们与胡宗愈(1029—1094)、王存(1023—1101)等众贤好友相聚于甘露寺多景楼,座中苏轼赋词《采桑子》:

多情多感仍多病,多景楼中。尊酒相逢,乐事回头一笑空。

停杯且听琵琶语,细捻轻拢。醉脸春融,斜照江天一抹红。

南宋人傅干《注坡词》为其添加的词题为"润州多景楼与孙巨源相遇",词尾小注引《本事集》云:润州甘露寺多景楼,天下之殊景也。甲寅仲冬,子瞻同孙巨源、王正仲参会于此。有胡琴者姿色尤好。三公皆一时英秀、景之秀、妓之妙,真为希遇。饮阑,巨源请于子瞻曰:'残霞晚照,非奇才不尽。'子瞻作此词"③。"甲寅"即熙宁七年(1074),可知神宗熙宁七年(1074)十月之前,孙洙已离任海州知州。

润州甘露寺多景楼聚会之后,苏轼与孙洙一起结伴向北同行,先至扬州,州守王居卿(1023—1084)宴于平山堂,赋诗论诗。再至高邮,一直到了楚州(今属江苏淮安),遇好友孙职方④。一番杯光筹措诗词唱和之后,各自散去。孙洙一路向西,直奔京城开封,苏轼向北去密州上任。在离开楚州至涟水的途中,苏轼步孙洙韵作诗《次韵孙巨源寄涟水李盛二著作并以见寄五绝》,其二云:"高才晚岁终难进,勇退当年正急流。不独二疏为可

---

① 《长编》原文断句为"洙所以出事,在六月十三日丙寅录系囚注内",误。参见《长编》卷223,神宗熙宁四年五月丙午,第5432页。

② 《长编》卷267,神宗熙宁八年八月丙申,第6545页。

③ 刘尚荣:《钞本〈注坡词〉考辨——兼谈〈东坡乐府笺〉》,载苏轼研究会编:《东坡词论丛》,成都:四川人民出版社,1982年,第163页。

④ 按:孙奕(生卒年不详),字景山,闽县(今福建福州)人,活动时间在真宗末年至哲宗初年,仁宗皇祐元年(1049)进士。历知南陵、海陵、吴县,权御史台推直官、屯田员外郎、迁监察御史,因论新法缺点,劾奏出监陈州酒税,辟为签判,移监泗州河南转般仓,哲宗元祐初,福建转运判官、转运使,卒。此时其官阶为"尚书都官员外郎",故称其为孙职方。参见[宋]梁克家:《淳熙三山志》卷26,文渊阁《四库全书》第484册,第357页;[宋]陈襄:《古灵集》卷1,文渊阁《四库全书》第1093册,第503页。

慕，他时当有景孙楼。"对孙洙给予很高的评价。之后苏轼第一次来到海州，第二次要再等十二年。神宗元丰八年（1085）六月，苏轼复起，以朝奉郎知登州军州事（治在今山东蓬莱），七月底由常州出发，赴登州任途中路过海州。

苏轼在与海州知州陈如奭相聚于景疏楼，把酒唱和时想起了刚刚分别的好友孙洙，遂填词《永遇乐·寄孙巨源》以寄，词序为"孙巨源以八月十五日离海州，坐别于景疏楼上。既而与余会于润州，至楚州乃别。余以十一月①十五日至海州，与太守会于景疏楼上，作此词以寄巨源。"由此可知，孙洙离任海州知州当在神宗熙宁七年（1074）八月之前。

孙洙知海州期间做了不少好事，《宋史》本传记载有三。其一是"免役法行，常平使者欲加敛缗钱，以取赢为功，洙力争之"。其二是"方春旱，发运使调民浚漕渠以通盐舸，洙持之不下，三上奏乞止其役"。其三是"旱蝗为害，致祷于朐山，澈奠，大雨，蝗赴海死"。

嘉庆《海州志·职官表》载："孙洙，神宗时任，有传。"《良吏传》节引《宋史》本传。李之亮在《宋两淮大郡守臣易替考》中认为孙洙知海州的时间为神宗熙宁四年（1071）至熙宁六年（1073）。

孙洙"羁丱能文"，与苏轼等诸多士大夫唱和颇多，著述颇丰，现觅得词二首。一首是《河满子·秋怨》：

怅望浮生急景，凄凉宝瑟馀音。楚客多情偏怨别，碧山远水登临。目送连天衰草，夜阑几处疏砧。

黄叶无风自落，秋云不雨长阴。天若有情天亦老，摇摇幽恨难禁。惆怅旧欢如梦，觉来无处追寻。

另一首是《菩萨蛮》：

（公于元丰间为翰苑，与李端愿太尉往来，尤数会。一日，锁院宣召者至其家，则出数十辈踪迹得之于李氏。时李新纳妾能琵琶，公饮不肯去，而迫于宣命入院，几二鼓矣。草三制罢，作此词记恨，迟明遣示李。）

楼头尚有三通鼓，何须抵死催人去！上马苦匆匆，琵琶曲未终。

回头凝望处，那更廉纤雨。漫道玉为堂，玉堂今夜长。②

【梅州知州（未知海州）：黄积】

黄积（1017—1096），字幾叔，一字知幾，闽清（今福建省福州市闽清县）人，仁宗皇祐元年己丑（1049）冯京榜进士。初授汀州主簿，知揭阳县，佥判曹州。神宗熙宁元年（1068），知循州；四年，知梅州；七年，通判广州；十年，以职方员外郎知潮州。元丰二年（1079），知漳州；五年，以朝奉大夫知汀州。官终朝请大夫，勋至上柱国。

---

① 按：诸文献中原皆为"十一月"，张志烈考苏轼《密州谢表》等文献认为"苏轼于十一月三日到密州任"，"十一月十五日苏轼尚在海州（在密州南四百多里）作此词之说，是不能成立的。"并依据苏轼的旅途时间计算，应该为"十月"。参见张志烈：《苏轼由杭赴密词杂议》，载苏轼研究会编：《东坡词论丛》，成都：四川人民出版社，1982年，第198-213页。

② [宋]黄昇：《花庵词选》卷3，文渊阁《四库全书》第1489册，第338-339页。

黄稹未曾知海州。黄稹知海州事载宋人梁克家《淳熙三山志》,但因该书"原刻本早已绝迹,悉赖明人手抄版刻,辗转流传于闽中及江、浙等地。积渐而来的抄误越来越多"①。其中明崇祯十一年戊寅(1638)林弘衍"越山草堂"刊本再抄本与郭柏苍藏"小草斋"抄本皆载:"皇祐元年(1049)己丑冯京榜:黄稹,字幾叔,闽清人。历知循、海、潮、汀、漳五州,终朝请大夫。"②明万历四十一年癸丑(1613)刊本载:"历知循、海、汀、漳五州"③,漏记"潮州"。四库全书文渊阁本载:"历知循、惠、潮、汀、漳五州"④,有"惠"而无"海"。清嘉道间浙江乌程(湖州吴兴县)程氏抄本载:"历知循、梅、潮、汀、漳五州"⑤,有"梅"无"海"。

张应斌在考察北宋梅州知州时认为,黄稹历知循、梅、潮、汀、漳五州,时间分别为:神宗熙宁元年到三年(1068—1070)知循州,四年至六年(1071—1073)知梅州,七年至九年(1074—1076)通判广州,十年(1077)以职方外郎知潮州,元丰二年(1079)知潮州,五年(1082)以朝请大夫知汀州⑥。但有一点误记,即所引用的《南海庙程师孟祷雨记》作者为富临,而非黄稹,事载道光《广东通志》卷二〇七《金石略》⑦。

清乾隆《福州府志》卷二三《冢墓》载:"(闽清县境内)黄柱国稹墓,在五峰桥。"卷九《津梁》载:"五峰桥,原名黄公桥。宋绍兴四年(1134),邑人黄稹建,郡守名曰'黄公桥'。"⑧"黄公桥"所建时间有误,否则,黄稹是年已经117岁了。

目前所见洪咨夔与黄稹唱和诗四首,收录于洪咨夔《平斋集》卷二。《和黄宰〈招饮〉》二首为:

大都春色三分耳,能得眉头几度开。见说东家酒初熟,不论今雨也须来。

(幕官相约观芳草于法曹之亭,黄宰病不至,以诗来,因次韵)

似无细雨还应有,欲落余花更复留。草际水边青未了,可禁杯酒为扶头。

《和黄幾叔墨梅》二绝为:

月暗云迷竹外枝,寒香未动便能奇。面如坡老南归后,骨似温公独乐时。

六月夜窗留取看,霜风萧飒堕林端。问渠底事青青晚,耻上寻常桃李盘。⑨

【海州通判:李清臣】

李清臣(1032—1102),字邦直,北宋魏(今河北省邯郸市大名县)人。英宗治平二年

---

① 卢美松:《芸窗谈故》,福州:福建美术出版社,2010年,第318-319页。
② [宋]梁克家:《三山志》,福建省地方志编纂委员会编,陈叔侗校注,北京:方志出版社,2003年,第643页;[宋]梁克家:《三山志》卷26《人物类一》,福州市地方志编纂委员会整理,福州:海风出版社,2000年,第318页。
③ [宋]梁克家:《三山志(明万历癸丑刊本)》卷26《人物类一》,福建省地方志编纂委员会整理,北京:方志出版社,2004年影印本,第228页。
④ [宋]梁克家:《淳熙三山志》卷26《人物类一》,文渊阁《四库全书》第484册,第357页。按:今人研究涉及北宋时期闽清进士者,大多从四库本,如傅蓉蓉等。参见傅蓉蓉:《走向盛宋——北宋前期南方经济圈形成与文学转型》,北京:光明日报出版社,2011年,第104页。
⑤ [宋]梁克家:《三山志》,福建省地方志编纂委员会编,陈叔侗校注,北京:方志出版社,2003年,第643页。
⑥ 张应斌:《北宋梅州知州钩沉》,《嘉应学院学报》2020年第5期,第1-8页。
⑦ [清]阮元主修:《广东通志·金石略》,梁中民校点,广州:广东人民出版社,2011年,第191页。
⑧ [清]乾隆《福州府志》卷9,上海:上海古籍出版社,2000年,第498、184页。
⑨ [宋]洪咨夔著:《洪咨夔集》上,侯体健点校,杭州:浙江古籍出版社,2015年,第24页。

乙巳(1065)彭汝砺榜进士,调邢州司户参军、和川令。累官至起居注、知制诰、门下侍郎,终知大名府。《宋史》卷三二八本传载:

李清臣,字邦直,魏人也。七岁知读书,日数千言,暂经目辄诵,稍能戏为文章。客有从京师来者,与其兄谈佛寺火,清臣从傍应曰:"此所谓灾也,或者其蠹民已甚,天固儆之邪?"因作《浮图灾解》。兄惊曰:"是必大吾门。"韩琦闻其名,以兄之子妻之。

举进士,调邢州司户参军、和川令。岁满,荐者逾十数,应得京官。适举将薛向有公事未竟,阁铨格,判铨张掞摭使自陈勿用。清臣曰:"人以家保己而已舍之,薄矣。愿待之。"掞离席曰:"君能如是,未可量也。"应材识兼茂科,欧阳修壮其文,以比苏轼。治平二年,试秘阁,考官韩维曰:"荀卿氏笔力也。"试文至中书,修迎语曰:"不置李清臣于第一,则谬矣。"启视如言。

时大雨霖,灾异数见,论者归咎濮议。及廷对,或谓曰:"宜以五行传'简宗庙,水不润下'为证,必擢上第。"清臣曰:"此汉儒附会之说也,吾不之信。民间岂无疾痛可上者乎?"即条对言:"天地之大,譬如人一身,腹心肺腑有所攻塞,则五官为之不宁。民人生聚,天地之腹心肺腑也;日月星辰,天地之五官也。善止天地之异者,不止其异,止民之疾痛而已。"策入等,以秘书郎签书平江军判官,名声籍甚。英宗知之,语王广渊曰:"韩琦固忠臣,但避嫌太审。如李清臣者,公议皆谓可用,顾以亲抑之可乎?"既而诏举馆阁,欧阳修荐之,得集贤校理、同知太常礼院。

从韩绛使陕西。庆辛乱,家属九指挥应诛,清臣请于绛,配隶为奴婢。绛坐贬,清臣亦通判海州。久之,还故官,出提点京东刑狱。齐、鲁盗贼为天下剧,设耳目方略,名捕且尽。作韩琦行状,神宗读之曰:"良史才也。"召为两朝国史编修官,撰河渠、律历、选举诸志,文直事详,人以为不减史、汉。同修起居注,进知制诰、翰林学士。元丰新官制,拜吏部尚书。清臣官右正言,当易承议阶,帝曰:"安有尚书而犹承议郎者?"乃授朝奉大夫。六年,拜尚书右丞。哲宗即位,转左丞。

时熙、丰法度,一切厘正,清臣固争之,罢为资政殿学士、知河阳,徙河南、永兴。召为吏部尚书,给事中姚勔驳之,改知真定府。班行有王宗正者,致憾于故帅,使其妻诣使者,告前后馈饷过制,因系数百人。清臣至,立奏解其狱,而窜。宗正帝亲政,拜中书侍郎,勔复驳之,不听。

绍圣元年,廷试进士,清臣发策曰:"今复词赋之选而士不知劝,罢常平之官而农不加富,可差可募之说杂而役法病,或东或北之论异而河患滋,赐土以柔远也而羌夷之患未弭,弛利以便民也而商贾之路不通。夫可则因,否则革,惟当之为贵,圣人亦何有必焉。"主意皆绌元祐之政,策士悟其指,于是绍述之论大兴,国是遂变。

范纯仁去位,清臣独颛中书,亟复青苗、免役法,除诸路提举官。觊为相,顾苏辙轧己,乃摭辙尝以汉武比先帝激上怒,辙罢。时召章惇未至,清臣心益觊之。已而惇入相,复与为异。惇既逐诸臣,并籍文彦博、吕公著以下三十人,将悉窜岭表。清臣曰:"更先帝法度,不为无过,然皆累朝元老,若从惇言,必大骇物听。"帝曰:"是岂无中道耶?合揭榜朝堂,置余人不问。"鄜延亡金明砦,主将张舆战没,惇怒,议尽戮全军四千人。清臣曰:"将死亦多端,或先登争利,或轻身入敌。今悉诛吏士,异时亡将必举军降虏矣。"于是但诛牙兵十六辈。

上幸楚王第,有狂妇人遮道叫呼,告清臣谋反,属吏捕治,本潭州娼而为清臣姑子田氏外妇者。清臣不能引去,用御史言,以大学士知河南,寻落职知真定府。

初,蔡确子渭上书诉父冤,造奇谮以危刘挚等,清臣心知其诬,弗之省,坐夺学士。徽宗立,入为门下侍郎。仆射韩忠彦与之有连,惟其言是听,出范纯礼、张舜民,不使吕希纯、刘安世入朝,皆其谋也。寻为曾布所陷,出知大名府而卒,年七十一。赠金紫光禄大夫。

清臣蚤以词藻受知神宗,建大理寺,筑都城,皆命作记,简重宏放,文体各成一家。为人宽洪,不忮害。尝为舒亶所劾,及在尚书,亶以赃抵罪,独申救之,曰:"亶信亡状,然谓之赃则不可。"再为姚勔所驳,当绍圣议贬,或激使甘心,清臣为之言曰:"以职事,所见或不同,岂应以臣故而加重?"帝悟,薄勔罪。起身穷约,以俭自持,至富贵不改。居官奉法,毋敢挠以私。然志在利禄,不公于谋国,一意欲取宰相,故操持悖谬,竟不如愿以死。后朝议以复孟后罪,追贬武安军节度副使,再贬雷州司户参军。

传中附:

论曰哲宗亲政之初,见虑未定,范、吕诸贤在廷,左右弼谟,俾日迩忠说,疏绝回通,以端其志向,元祐之治业,庶可守也。清臣怙才躁进,阴觊柄用,首发绍述之说,以隙国是,群奸洞之,冲决莫障,重为荐绅之祸焉。……清臣真小人之靡,三子抑其亚乎?①

李清臣通判海州时间为神宗熙宁四年(1071)四月,事载《长编》卷二二二:"(丙子)中书奏:检正中书吏房公事李清臣兼编修中书条例。诏罢之。寻自太子中允复为校书郎,通判海州。韩绛既责,清臣愿还旧秩,且求外任故也。"②《宋史》本传简单记述了李清臣通判海州的原因:"(李清臣)从韩绛使陕西。庆卒乱,家属九指挥应诛,清臣请于绛,配隶为奴婢。绛坐贬,清臣亦通判海州。久之,还故官,出提点京东刑狱。"《宋会要辑稿》职官四一之一九载:"熙宁三年(1070)九月八日,命吏部侍郎、参知政事韩绛充陕西路宣抚使,以直舍人院吕大防为宣抚判官,馆阁校勘李清臣掌机宜文字。"③但"(韩)绛素不习兵事,注措乖方,选蕃兵为七军,用知青涧城种谔策,欲取横山,令诸将听命于谔,厚赏犒蕃兵,众皆怨望;又夺骑兵马以与之,有抱马首以泣者。既城啰兀,又冒雪筑抚宁堡,调发骚然。已而二城陷,趣诸道兵出援,庆卒遂作乱。议者罪绛,罢知邓州"④。韩绛罢知邓州时间在熙宁四年(1071)三月丁未⑤,李清臣受此牵连,寻以旧秩馆阁校勘求外任为通判海州。

海州地方诸志记载时间不详或不确。隆庆《海州志》卷四《治典》:"李清臣,通判海州,有传。"卷六《名宦》节引《宋史》本传载:"李清臣,字邦直,少有学问。通判海州以清俭自持,居官奉法,无敢挠以私者。"康熙《海州志》卷四《治典》、卷六《名宦》与隆庆《海州志》

---

① 《宋史》卷 328《李清臣传》,第 10561-10564 页。
② 《长编》卷 222,神宗熙宁四年四月丙子,第 5410 页。
③ 《宋会要辑稿》职官 41 之 19,第 4007 页。
④ 《宋史》卷 315《韩绛传》,第 10301-10304 页。
⑤ 《宋史》卷 15《神宗本纪二》,第 279 页。

同。嘉庆《海州志·职官表一》载:"李清臣,英宗时任,有传。"《良吏传》节引《宋史》本传载:"李清臣,字邦直,魏人。举进士。治平中,通判海州,以清俭自守,居官奉法,无敢挠以私者。"任职时间误。

李清臣离任通判海州时间史载不详。《长编》卷二七七载:"(熙宁九年九月戊寅)诏前知虔州刘彝、知黄州路京等十五人,减磨勘年、升名次各有差;知池州郑雍、通判海州李清臣等十四人,降考、降名次各有差。以三司上比较诸路熙宁五年盐税增亏故也。"①依此可推知,李清臣至晚在神宗熙宁九年(1076)九月已离任通判海州。

宋人晁补之自称"出公门下",作《资政殿大学士李公行状》,收录于《鸡肋集》卷六二,其中记载李清臣通判海州时吏能:"(李清臣)因求还所迁秩补外,复以秘书郎通判海州。会直舍人院孙洙出守海州。与洙同制科、馆职,一时觞咏传淮海,为盛事。宽役法,免漕渠,夫去而民思之。"②宋人洪迈在《夷坚志》中收录《李邦直梦》就发生在这一时期:

> 孙巨源、李邦直少时同习制科。熙宁中,孙守海州,李为通判。倅厅与郡圃接,孙季女常游圃中,李望见,目送之。后每出,闻其声,辄下车便旋。邦直妻韩夫人于牖中窥见,屡矣,诘其故,李以实告,一夕,梦至圃,见孙女,蹑之,不可及。亟追之,蹑其鞋,且以花插其首。不觉惊寤,以语韩夫人。韩大恸曰:"簪花者,言定之象。鞋者,谐也。君将娶孙氏,吾死无日矣。"李曰:"思虑之极,故入于梦,宁有是?"未几,韩果卒。李徐令媒者请于孙公。孙怒曰:"吾与李同砚席交,年相若,岂吾季女偶邪?"李不敢复言。已而,孙还朝,为翰林学士,得疾将死。客见之,孙以女未出适为言。客曰:"今日士大夫之贤,无出李邦直,何不以归之?"曰:"奈年不相匹。"客曰:"但得所归,安暇它问!"未及绸缪,而孙亡。其家竟以女嫁之,后封鲁郡夫人。邦直作巨源墓志曰:"三女:长适李公彦,二在室。"盖作志时未为婿也。邦直行状,晁无咎所作,实再娶孙氏云。③

李清臣与苏轼苏辙兄弟俩年龄相仿,交游亦甚密切。熙宁七年(1074)十月,苏轼由通判杭州赴知密州途中,在润州与孙洙相会于多景楼,并相伴一路北上,过扬州,抵楚州。在楚州分别后,孙洙沿运河上溯赴京任职,苏轼仍继续北上。在海州,因新任知州陈如奭曾任苏轼家乡眉山县令,二人交谈甚欢。苏轼在陈如奭的陪同下游览包括乘槎亭、石曼卿读书的石室以及景疏楼等海州多处景点,诗酒唱和多篇,其中不仅涉及时任知州陈如奭,还涉及前任知州孙洙等,但未发现有李清臣的踪迹。在后来的岁月中,苏轼每每想起海州的山山水水,总能作诗唱和,如苏轼抵达密州后,在一次送别酒会上又思念起知海州陈如奭,并赋诗《送赵寺丞寄陈海州》;元丰六年(1083)写给好友、调任淮南转运副使蔡景繁的《与蔡景繁十四首》及《和蔡景繁海州石室》;元丰八年(1085),苏轼因赴知登州,第二次途经海州,写给孙奕(字景山)的《次韵孙职方苍梧山》等等,仍然没有李清臣的影子。

---

① 《长编》卷277,神宗熙宁九年九月戊寅,第6786页。
② [宋]晁补之:《鸡肋集》卷62《资政殿大学士李公行状》,文渊阁《四库全书》第1118册,第924-931页。按:杜大珪《名臣碑传琬琰之集》亦收录,但文字略有不同。参见[宋]杜大珪:《名臣碑传琬琰之集》卷49《李黄门清臣行状》,文渊阁《四库全书》第450册,第583-587页。
③ [宋]洪迈:《夷坚志》甲志卷11,《笔记小说大观》八编(第3册),扬州:江苏广陵古籍刻印社,1983年,第1407-1408页。

是否可以推知，熙宁七年（1074）十一月之前李清臣已经离任通判海州，即在"久之，还故官，出提点京东刑狱"还朝复任"集贤校理、同知太常礼院"之前，还有其他任职。但，这又与上述《长编》卷二七七熙宁九年（1076）九月戊寅条所载相冲突，因此需要更多的史料补充才能确定。

李清臣与苏氏兄弟交游并唱和频繁的时期是在熙宁十年（1077）前后，即李清臣提点京东路刑狱期间。熙宁九年（1076），苏轼在知密州任上，时李清臣提点京东刑狱，按部巡视青、密二州。苏轼有《答李邦直》《和李邦直沂山祈雨有应》《书李邦直〈超然台赋〉后》①等唱和诗作；苏辙亦有《和李邦直学士沂山祈雨有应》②等。当年十二月，苏轼由知密州赴任河中府，途中改知徐州。苏辙亦专程从汴京赶来徐州，并盘桓一百余天，于中秋次日离去。李清臣以提点京东刑狱按部徐州，与苏氏兄弟频繁相会。期间李清臣邀请苏辙对卧城南亭上，诗酒唱和，苏辙有《李邦直见邀终日对卧城南亭上二首》等诗作九首相赠③。苏轼亦有《次韵答邦直、子由五首》《台头寺雨中送李邦直赴史馆，分韵得忆字、人字，兼寄孙巨源二首》等诗作相送。④

李清臣"蚤以词藻"，为文"简重宏放""其学务探圣人意，以修身治心，而记览文章为余事。尤蚤为忠献韩公、欧阳文忠公所器异。未壮，连擢科第。一篇之出，后生争传去为式。""所著策、论、记、序、古律诗、制诰、册文、铭志一百卷，奏议三十卷，《平南事鉴》二十卷，藏于家。"⑤《宋文选》卷一八至卷二二主要收录其策、论。⑥《全宋文》收录《超然台赋并序》。⑦ 其他诗文散落在宋人文集中，兹录部分如下。

韩琦知中山时，李清臣前去拜访韩琦的侄子。下属通报说："太祝方寝。"李清臣遂作七绝《投韩太祝》：

  公子乘闲卧绛帱，白衣老吏慢寒儒。不知梦见周公否，曾说当时吐哺无。⑧

韩琦阅后，说："吾知此人久矣"，遂将兄长的女儿嫁给李清臣。宋人叶梦得《石林诗话》中记载，李清臣曾收藏世传唐代王维一幅蜡本《江干初雪图》真迹，"末有元丰间王禹玉、蔡持正、韩玉汝、章子厚、王和甫、张邃明、安厚卿七人题诗。"中李清臣亦题跋诗一首：

  此身何补一毫芒，三辱清时政事堂。病骨未为山下土，尚存遗墨话存亡。⑨

李清臣提点京东刑狱按部青州时作《沂山祈雨有应》：

  南山高峻层，北山亦嶒崒，坐看两山云出没。行如驱，归若呼，始觉山中有灵物。郁郁其焚兰，罩罩其击鼓。祝屡祝，巫屡舞。我民无罪神所怜，一夜雷风三尺雨。岭木兮苍苍，溪水兮泱泱，云散诸峰互明灭。东阡西陌农事忙，庙闭山空音

---

① [宋]苏轼著：《苏东坡全集》，北京：燕山出版社，2009年，第320、354、3102页。
② [宋]苏辙：《栾城集》卷7，文渊阁《四库全书》第1112册，第73页。
③ [宋]苏辙：《栾城集》卷7，文渊阁《四库全书》第1112册，第73-74页。
④ [宋]苏轼：《苏东坡全集》，北京：燕山出版社，2009年，第357、369-370页。
⑤ [宋]晁补之：《鸡肋集》卷62《资政殿大学士李公行状》，文渊阁《四库全书》第1118册，第924-931页。
⑥ [宋]阙名：《宋文选》，文渊阁《四库全书》第1346册，第260-329页。
⑦ 曾枣庄、刘琳主编：《全宋文》第78册，第289-290页。
⑧ [清]厉鹗辑撰：《宋诗纪事》，上海：上海古籍出版社，2013年，第486页。
⑨ [宋]叶梦得：《石林诗话》，文渊阁《四库全书》第1478册，第992页。

响绝。①

李清臣提点京东刑狱按部徐州时邀苏辙对卧城南亭上所作：

> 东来尝恨少朋游,得遇高人苏子由。已誓不言天下事,相看俱遣世间忧。新诗定及三千首,囊别几成二十秋。南省都台风雪夜,问君还记剧谈不?②

清人厉鹗在《宋诗纪事》中除收录李清臣上述三首外,还收录另外三首,一首是《南迁作》：

> 居近城南楼,步月时散策。小市早收灯,空山晚吹笛。儿呼翁可归,恐我意惨戚。从来坚道念,老去倦形役。皇天幸相予,休以南荒谪。宴坐及此时,聊观鼻端白。

第二首是《绝句》：

> 八尺方床织白藤,含风漪里睡瞢腾。若无万里还家梦,便是三湘退院僧。

第三首是《送刘贡父倅海陵》：

> 吾侪客京师,晨夕厌欢哗。僦舍八九椽,郁瀓增烦渴。有如辙中鱼,唊喝不可活。百鸟趋高门,趁趋互挥喝。论辩若难裁,气焰欻相夺。所丧或捐躯,所得未易撮。我闻江湖间,连山翠如抹。山下走沧波,山巅富松栝。凫鸭乱菰蒲,鱼鼋聚坡堨。世事剧飞电,人生真漂沫。谁其违乐游,而此就颦頞。君直秘书阁,日趋黄金闼。忽思云水行,飘然讵能遏。朝出都门东,襟胸迥披豁。放身下淮楚,天地顿空阔。莫苦道路难,暑令忺已末。君看日月疾,俯仰换裘葛。无谓监州微,孔孟犹短褐。时来发光华,春阳奋枯枿。惟君饱才术,流辈服颖脱。早作归朝期,岂学弦与筈。③

【海州司理参军：晁仲景】

晁仲景(生卒年不详),北宋开封祥符(今河南省开封市)人,生平史载阙,仅在曾巩为其父晁宗恪所撰墓志铭中存名,载曾巩《曾巩集》卷四六《光禄少卿晁公墓志铭》：

> 公姓晁氏,其先家济州之钜野,今为开封祥符人。皇考讳遘,尚书驾部员外郎,赠开府仪同三司、吏部尚书;皇祖讳佺,赠太傅;皇曾祖讳宪,赠官。公讳宗恪,字世恭。少以世父太子少保、赠某官、谥文元、讳迥恩,补将作监簿,十四迁至光禄少卿,历监单州、应天府酒税,知苏州之常熟、婺州之兰溪县事,通判安州、杭州事,知通州、虔州,提点广南东路刑狱公事,又知信州、泉州。享年六十有三,熙宁二年某月某甲子,卒于官,四年某月某甲子,与其夫人某县君闾丘氏合葬于扬州江都县之广陵乡。

> 公为人乐易慈恕,寡言笑,人不见其喜怒,遇事果于有为,人亦罕能及者。其为常熟,修学校,理沟防,人赖其利。为兰溪,绳奸宇穷,境内和洽。通判安州,安州政待公而决。通判杭州,州将矜己自肆,上下莫能变,公徐与之论可否,语平而气和,将畏且从也。由是,上下倚公以治,至今杭人称之。其为虔州,州近盐,多盗与讼,公

---

① [宋]苏轼著：《苏东坡全集》,北京：燕山出版社,2009年,第354页。
② [宋]苏轼著：《苏东坡全集》,北京：燕山出版社,2009年,第357-356页。
③ [清]厉鹗辑撰：《宋诗纪事》,上海：上海古籍出版社,2013年,第486-488页。

至,修弛废,督奸强,威信盛行,盗不敢发,而狱无系囚。及在广南,其用法常宽,而欲人自避,曰治有先后缓急者,谓此也。其视部吏,孜孜恐失一善,而恶人亦莫敢犯公法。其为通判,如广南;为信州、泉州,如虔州,所至人皆安公之政,而去常思之。盖公之行己居官而见于事者如此,而其大抵则以仁厚最隆也。

母张氏,寿安县太君。子男二人:曰仲景,海州司理参军;曰仲孺,试将作监主簿。孙男三人:曰端复,曰端俨,皆太庙斋郎;曰某,未仕也。女六人:长适太常博士、集贤校理曾巩,铭公墓者也;次适某官刘某、某官高元振、某官燕若济,今存惟燕氏妇,余早世。同丘夫人为身治家皆应仪度,卒于公殁之明年某月某甲子。公殁,家无余财,而仲景、仲孺皆谨厚自刻厉,能世其先人,于是又知公之教行于其家也。铭曰:

晁世来西,大自文元。有卿有公,继属绵绵。日卿谓谁?时维光禄。作其德音,光于外服。其光伊何?有善自身。匪饰匪雕,璞玉之纯。治有恩威,时其张弛。彼畏此怀,吾宁一理。于虔于泉,于岭之南。里安户扰,罔有不成。宜寿而昌,胡不百龄?尚兹介祉,维后之成。①

晁仲景父晁宗恪生于真宗景德四年(1007),于神宗熙宁二年(1069)卒于知泉州任上,于熙宁四年(1071)下葬,作为女婿的曾巩为其撰写墓志铭,时间当在熙宁二年至四年之间。时晁仲景尚在海州司理参军任上。依此可推知晁仲景任职海州司理参军时间在熙宁四年(1071)前后。

北宋神宗熙宁六年癸丑(1073)

| 海州知州 | 胡揆 | 怀仁县主簿 | 张汝贤 |

【海州知州:胡揆】

胡揆(生卒年不详),生平史载简略,仁宗天圣末举进士。历官蕲州司法参军,尚书屯田员外郎、通判桂州,都官员外郎,知襄州,太常少卿、知海州,梓州路提刑等。

仁宗景祐三年(1036),胡揆在任职蕲州司法参军时由于没有尽职尽责而被罚款。据《宋会要辑稿》刑法四之七三载:

八月十五日,知蕲州、虞部员外郎王蒙正责洪州别驾,坐故人林宗言死罪,合追三官勒停,特有是命。判官尹奉天、司理参军刘涣并坐随顺,奉天追两任官,涣曾有议状,免追官监酒。借职崔克明将酸黄酒入己,特免除名,追官勒停。通判张士宗随顺蒙正,虚妄申奏,追见任官。黄州通判潘衢不依指挥再勘林宗言翻诉事,罚铜三十斤,特勒停。权蕲水主簿郑照搜求宗言事,罚铜九斤;蕲春知县苏譚录问不当,罚铜十斤,并特冲替。宗言将官麻入己,罚铜八斤,特勒停。殿直皇甫振借银与蒙正,合

---

① [宋]曾巩撰:《元丰类稿》卷46,文渊阁《四库全书》第1098册,第740-741页。按:原文为"其家先济州""先于外服",根据其上下文意,从中华书局版分别改为"其先家济州""光于外服"。参见[宋]曾巩:《曾巩集》卷46《光禄少卿晁公墓志铭》,北京:中华书局,1984,第629-631页。

罚铜七斤。录事参军尹化南、司法参军胡揆，不驳公案，各罚铜五斤。①
意思是知蕲州、虞部员外郎王蒙正，因误将部下林宗言判为死罪，被贬为洪州别驾。一众官员或因审讯不当，或因附和，或因异议不明而被追责，轻则罚款，重则降二级使用。林宗言也因将"官麻"据为己有被罚款。作为蕲州司法参军的胡揆也因没有提出反对意见而被罚款。在宋代，司法参军的职责就是"掌议法断刑"，即对犯人量刑的众多法律条款予以核定。②

宋仁宗皇祐五年（1053），胡揆以尚书屯田员外郎通判桂州时，因"悉心疆事"、治边有方，"得绥边之道"③，而升任都官员外郎。据刘敞诰书《屯田员外郎胡揆除都官员外郎》称：

朝廷镇抚四夷，以绥中国，贵于息民，而不务佳兵，故常敕边吏毋邀奇功。五岭已南，蛮夷杂居，其俗剽悍，尤为易动，而桂州（今广西桂林）一都会也。前通判军州事、尚书屯田员外郎胡揆，承用诏旨，悉心疆事。终揆之任，恬然无虞，亦可谓善吏，能宣明威信者矣。夫守边之患，常在见小利不达大体，以侵迫驱夺之为，故至大乱，贻忧吾民。则若揆者，不可以不赏也。稍增其秩，以示褒宠。④

刘敞（1019—1068），字原父，临江新喻人，举进士，累官至集贤院学士，判南京御史台。学问渊博，尤长于春秋。弟邠、子奉世，皆知名，世号三刘。至和元年（1054）九月，"甲子，起居舍人、直集贤院、同修起居注吴奎为兵部员外郎，太子中允、直集贤院、同修起居注刘敞，并知制诰，仍以敞为右正言"。⑤之后刘敞才能上表以上诰书，可见胡揆通判桂州一定在至和元年（1054）九月之前。

在广西桂林七星公园月牙山瑶光峰西北麓被称为"桂海碑林"之一的"龙隐岩"（另一个是"龙隐洞"）里有一方摩崖石刻（图8-4），记录了胡揆在桂州的时间。石刻内容为："孙沔、朱寿隆、胡揆、陈钦明同游"，落款："皇祐癸巳二月。""皇祐癸巳"即仁宗皇祐五年（1053）。⑥古代官方规定，地方官员原则上不允许在任职期间出门远游，因此可以断定皇祐五年（1053）左右，胡揆通判桂州，离任时间应该在当年或次年。该石刻与"龙隐岩"内另三方石刻《平蛮三将题》《孙沔、朱寿隆等四人龙隐岩题记》和《贾师雄、余靖等八人龙隐岩题记》，亦勾勒出当年广西平蛮事件的历史脉络。皇祐四年（1052）夏，广西少数民族首领侬智高起兵反宋，自立为王。九月，朝

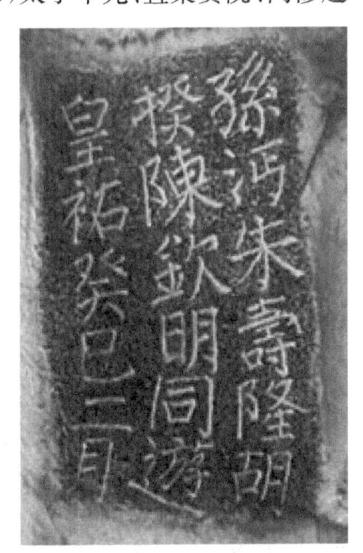

图8-4 广西桂林龙隐岩"孙沔、朱寿隆、胡揆、陈钦明同游"题刻
（来源：冼冬宁）

---

① 《宋会要辑稿》刑法4之73，第8485页。
② 《宋史》卷167《职官志七》，第3976页。
③ ［清］《圣祖仁皇帝御制文集》卷40，文渊阁《四库全书》第1299册，第305页
④ 按：原为"前通判军州事"，依《御选古文渊鉴》改。参见［宋］刘敞撰：《公是集》卷30，文渊阁《四库全书》第1095册，第653—654页；［清］《御选古文渊鉴》卷48，文渊阁《四库全书》第1418册，第364页。
⑤ 《长编》卷177，仁宗至和元年九月甲子，第4279页。
⑥ 《国宝档案》栏目组：《国宝档案》3《书法碑刻石刻案》，北京：中国民主法制出版社，2018年，第199页。

廷派兵平叛。次年正月"大破之",二月班师至桂林。①

仁宗嘉祐二年(1057),胡揆通判襄州,也因故被问责。据《宋会要辑稿》职官六五之一五载:

> 八月一日,知襄州、兵部员外郎、知制诰贾黯降知郢州。初,黯以父疾,辄委郡印归邓州。御史吴中复等言,黯父年高,不能解官就养乡庐,乃擅去官守,挠朝廷法。又通判襄州胡揆不待命而承权州事,请劾罪以闻。既降黯,而揆特释之。②

意思是时任知襄州、兵部员外郎、知制诰贾黯因父亲生病不告而别,挂印而去,被御史弹劾,贬知郢州。通判襄州的胡揆没有接到朝廷任命,就代理了知州事,一并遭到弹劾问罪,但很快就被赦免了。

胡揆知海州的时间记录在《长编》卷二四六中:神宗熙宁六年(1073)八月,"丙戌,知海州、太常少卿胡揆赎铜十斤"③。

李之亮认为胡揆知海州的时间为神宗熙宁六年(1073)至八年(1075)。有误。

与同时期文人交往仅见冯山《送梓宪胡揆少卿赴阙》一首五言古诗:

> 富贵一鼎味,谓尝须过食。功名万钧器,负趋少量力。不胜苦尔体,不厌伤尔臆。谁能达涯涘,百动靡一息。古人去我远,独公抱清识。进退处以道,始终完无隙。车马切严召,江湖正遥忆。贤达事如此,贪懦犹且惑。是岂时俗知,謦欬相缄默。④

冯山(？—1094),字允南,初名献能,安岳(今属四川)人。仁宗嘉祐二年(1057)进士,官终祠部郎中,哲宗绍圣元年(1094)卒,追赠太师。"在熙丰间,不能苟合于新法",长期不能得到重用,久被外放。后"辟台官不就,天下高之。元祐以来,用范醇夫(即范祖禹)荐,始立朝为郎"⑤。神宗熙宁中为秘书丞、通判梓州,时御史中丞邓绾荐为台官,神宗熙宁九年(1076)二月辛丑,冯山上书"乞免赴召"不就。《长编》卷二七三载:

> 通判梓州、秘书丞冯山言:"闻御史中丞邓绾举臣台官,蒙召赴阙上殿。臣生长远方,复久外任,未尝知朝廷事体,少识中外人物,素与邓绾迹疏,今虽公举,恐不知臣之愚拙。窃虑到阙,或令充职,有误任使。臣数任州县,惟簿书期会渐已谙晓。梓州节镇,九县户口,民事稍多,臣见管勾常平等事,亦能为陛下推行诏条,宣布恩施,乞免赴召。"从之。山,普州人也。⑥

从该诗中可能得出如下信息,冯山对胡揆评价甚高,交往必甚深;"梓宪"即梓州路提点刑狱,提示该诗作于冯山通判梓州时,即神宗熙宁九年(1076)二月前后;该诗在《两宋名贤

---

① 按:以下引文皆将官至"太常少卿"误为胡揆的"字少卿"。参见冼冬宁:《〈孙沔朱寿隆等四人龙隐岩题记〉石刻史实释证》,《岭南文史》2019年第2期,第56-59页;伍斑群:《略论蜀人冯山的交游及其诗歌》,《绵阳师范学院学报》2018年第4期,第75-81页;张益桂、张阳江著:《桂林历史人物录》,桂林:广西师范大学出版社,2013年,第163页。

② 《宋会要辑稿》职官65之15,第4806页。

③ 《长编》卷246,神宗熙宁六年八月丙戌,第5992页。

④ 按:原为"謦欬相缄嘿",依《两宋名贤小集》改。参见[宋]冯山撰:《安岳集》卷4,文渊阁《四库全书》第1098册,第305页;[宋]陈思撰,[元]陈世隆补:《两宋名贤小集》76,文渊阁《四库全书》第1362册,第790页。

⑤ [宋]冯山撰:《安岳集·提要》《刘光祖序》,文渊阁《四库全书》第1098册,第289页。

⑥ 《长编》卷273,神宗熙宁九年二月辛丑,第6683页。

小集》中标题后面注"方求宫观",极有可能是胡揆离任海州知州后赴职某宫观,该诗即写于此时。

【怀仁县主簿:张汝贤】

张汝贤(?—1087),字祖禹,世为庐陵(今江西省吉安市)人,后徙居真州(今江苏省扬州市仪征市)。神宗熙宁六年癸丑(1073)余中榜进士,初授海州怀仁主簿。历官刑部习学公事,监察御史,侍御史知杂事,吏部郎中,福建路察举盐事,直龙图阁、江淮东路制置发运使。官终左司郎中,卒于道中扬州。张汝贤生平载万历《扬州府志》卷一六《人物志中》:

> 张汝贤,字祖禹,世为庐陵人,徙居真州,第进士,初调赣榆簿。召充刑部习学公事。官制行,以御史中丞荐除监察御史治察事。善为章奏语约而意。至元丰间,除侍御史。以言尚书左丞王安礼,与俱罢。元祐初,复为吏部郎。后使闽粤,奏驰茶盐增价,而除其新额十之八,又赦令蠲民所负官钱米五十余万,闽人德之。淮南饥,除直龙图阁、充江淮等路制置发运使。居岁余,以左司郎中召还。会有疾,道卒扬州。①

张汝贤祖籍在《长编》卷三四二注释中记为"汝贤,吉州人也"②。吉州古称庐陵郡,《宋史·地理志四》载:"(江南西路)吉州,上,庐陵郡,军事。"③《江南通志》卷一一九《选举志》载:"(熙宁进士)张汝贤,仪真人。"④"仪真"即仪征。

张汝贤登进士时间记录在嘉庆《重修扬州府志一》卷三九《选举一》,文曰:"癸丑余中榜,张汝贤,仪征人。"

"初调赣榆簿"之"赣榆"即海州怀仁,北宋时期海州属县四,包括朐山、东海、怀仁和沭阳,金世宗大定七年(1167)复改"怀仁"为"赣榆"。张汝贤为海州怀仁主簿即为进士及第后初仕官,时间在神宗熙宁六年(1073),离任时间不详。

张汝贤为直龙图阁、江淮等路发运副使时间在哲宗元祐元年(1086)四月,事载《长编》卷三七五:"(哲宗元祐元年四月,己亥)承议郎、右司郎中张汝贤为直龙图阁、江淮等路发运副使。"⑤由苏轼制词《张汝贤可直龙图阁、发运副使》,载《东坡全集》卷一〇六:

> 敕具官张汝贤:朝廷于南方复置都漕者,所以均节诸路之有无,使岁课时入而已,非以求赢也。至俗吏为之,则多收羡财以幸恩宠,而民受其病。以尔昔为御史,号称敢言,奉使江表,罪人斯得,庶几知义利之分者。是以命尔。宠之新职,往惟钦哉。⑥

张汝贤为左司郎中时间在哲宗元祐二年(1087)十月,事载《长编》卷四〇六:"(哲宗

---

① [明]万历《扬州府志》卷16《人物志中》,北京图书馆古籍珍本丛刊25,北京:书目文献出版社,1991年,第278页。
② 《长编》卷242,神宗元丰七年正月壬戌,第8230页。
③ 《宋史》卷88《地理志四》,第2190页。
④ 《江南通志》卷119《选举志》,文渊阁《四库全书》第510册,第522页。
⑤ 《长编》卷375,哲宗元祐元年四月己亥,第9086页。
⑥ [宋]苏轼:《东坡全集》卷106,文渊阁《四库全书》第1108册,第667页;[宋]苏轼著:《苏东坡全集》,北京:燕山出版社,2009年,第2213页。

元祐二年冬十月丙午)承议郎、直龙图阁张汝贤为左司郎中。"①由苏辙制词《张汝贤左司郎中》,载《栾城集》卷一九:

> 敕某:东南都漕,出纳财赋,几半天下。左右都司,综执纲纪,与闻治要。虽有内外之异,而用人之慎,其选维均。尔比自文昌,出总馈运,治办之称,朕用嘉之。还尔旧司,益勉毋怠,以称朕委寄之重。可。②

以此可知,上述万历《扬州府志》卷一六《人物志中》所记"居岁余,以左司郎中召还。会有疾,道卒扬州",指的是张汝贤在赴京师为左司郎中途径扬州时因病去世,时间为哲宗元祐二年(1087)十月。

北宋神宗熙宁七年甲寅(1074)

【海州知州:陈汝奭】

陈汝奭(生卒年不详),字公武,丹徒(今江苏镇江)人,祖籍晋江。先以叔父荫补太社斋郎,仁宗宝元元年戊寅(1038)吕溱榜进士。历官睦州遂安县、眉州眉山县令,太常少卿,知秀州、邵武军、海州,分司西京等。陈汝奭生平详载宋代记录京口(今江苏镇江)明贤事迹的《京口耆旧传》卷一:

> 陈汝奭,字公武,丹徒人,自泉之晋江来居,即三司户部副使,诂之侄,用诂恩补太社斋郎。景祐中,擢进士第(案:元《至顺镇江志》作宝元元年登进士第)。尝以文谒范公仲淹,奇之。时光禄卿胡楷属仲淹择婿,仲淹言:"无逾汝奭者。"遂婿胡氏。为睦州遂安令,绳豪民杨氏以法,县以大治。改秩,知眉州眉山,治有能名。民歌之曰:"明月皎皎洞毫厘兮,陈公之政不可欺兮。"于时,嘉州不治,部使者张公掞檄汝奭摄通判,将使正郡守及其属之罪。汝奭到郡,得守之过,即讽使自改,事有当行,亦白守行之。郡以大治而守若属皆得善去。眉山士民请于使者:"宁毁吾庐,毋夺吾父。"使者以益州交子务出纳丛杂举为监务,益帅张公方平荐之通判郓州,郓守吴公奎亦荐之,选知秀州。求省松楸,得知邵武军。除知海州,以岁饥不俟报,发廪赈民,为监司所奏,汝奭亦上章请以身坐,毋及僚属。朝廷嘉之,置不问。母忧去官。汝奭性恬静,自熙宁初,官已至太常少卿,不求迁者十五年。及是叹曰:"仕本为养,养不及矣,何以仕为。"除丧,乞分司西京,遂告老,时年六十五。居闲日,以饮酒赋诗为乐,凡十有四年,乃卒,葬丹徒县义里乡之黄山。
>
> 中闲以覃恩及子,封叙转至太中大夫。卒之前一日,召子及孙戒以清白。忠恕曰:"行此足以保家。"子:龙辅。龙辅,字宝臣,登嘉祐二年(1057)进士第,为济州司法,衢州常山令。改秩,知开封府扶沟县,知兴化军、袁州、江州、建昌军。秩满,遂不仕。柳庭俊为撰墓志,称其赋性宽明,居官清谨,恬于名利,笃于孝养。自莆田易守宜春,时汝奭已休致,气体康强,安车迎侍,过晋江上家,人以为荣。晚年,集古今忠臣孝子,凡修

---

① 《长编》卷406,哲宗元祐二年十月丙午,第9890页。
② [宋]苏辙:《栾城集》卷19,文渊阁《四库全书》第1112册,第323页。

身治人可为法者,总三十卷,号曰《传家至宝》,以遗子孙。其卒亦葬黄山。

孙:孝友、孝恭、孝威,皆擢进士第。孝友,字恪仲,终奉议郎。孝威,字德仲,未改秩而卒。孝恭,字温仲,年十四入郡学,十八贡太学,有盛名,宣和三年(1121),以上舍擢第,为莱州胶水簿,婺州兵曹,掾改司理参军,监温州天富,监及永嘉盐场。改秩,知宣之泾县,秀之华亭教授,临江军,除诸王宫大小学教授,国子监丞丙外,得知岳州,卒于官。为人廉谨,死之日,家无余资,葬金坛县上元乡之西张庄。①

明代《闽书》载:"自汝奭徙居丹徒,孝友辈世为丹徒人矣。"②

陈如奭生卒年不详,从《京口耆旧传》记载可推知陈如奭享年七十九岁,主要生活经历在仁宗、英宗和神宗时期,大约去世于哲宗元祐(1086—1094)初年,出生于真宗大中祥符(1008—1016)初年。

"诂之侄"之"诂"即陈诂,陈如奭的叔父。陈诂(生卒年不详),字天经,晋江(今福建晋江)人。工诗,有吏能。真宗大中祥符元年(1008)进士,历官秘书丞、秘阁校理、同知太常礼院、太常博士、祠部员外郎,知祥符县,充三司户部副使;父陈在中(生卒年不详),字繇文,博物洽闻,尤深于《易》,景德中尝进所著《六十四卦赋赐释褐》,不仕;祖父陈元稷(生卒年不详),太宗淳化三年(992)登进士第。③ 仁宗天圣七年(1029),陈诂任祥符县令时,吏治严厉,使得一县官吏悉数离去,章献太后获悉后大怒,因陈诂是宰相吕夷简的妹婿,为避嫌遂责枢密院处置。时任枢密院副使的陈尧佐,为陈诂开脱罪责,免于责罚。后来吕夷简推荐陈尧佐取代自己担任了宰相。事载《长编》卷一○七:

> 祠部员外郎、秘阁校理陈诂知祥符县,治严急,吏欲动朝廷使罪诂,乃空一县逃去,太后果怒。而诂妻,宰相吕夷简妹也,执政以嫌不敢辨。事下枢密院,副使陈尧佐独曰:"罪诂则奸吏得计,后谁敢复绳吏者。"诂由是获免,徙知开封县。诂辞,乃命权判吏部南曹。④

元代《至顺镇江志》载:"(陈汝奭)宝元元年登进士第丙科"⑤;清代《晋江县志》载:"宝元元年戊寅吕溱榜,是载改元,第一甲皆赐绯。"⑥

李之亮撰《宋福建路郡守年表》载:陈汝奭知邵武军州事在熙宁元年(1068)至四年(1071)之间⑦。

陈如奭何时知海州,史书和地方志均语焉不详。清嘉庆《海州志·职官表》载:"陈阙名。神宗熙宁间任。见苏轼《次韵陈海州乘槎亭》诗。"此阙名的陈姓海州知州困惑了志书的编纂者清海州知州唐仲冕,他在《自题乘槎亭观日出图》诗中写下了"独怜诗和陈海

---

① [宋]刘宰:《京口耆旧传》卷1,文渊阁《四库全书》第451册,第125-126页。
② [明]何乔远编撰:《闽书》卷82《英旧志》,福州:福建人民出版社,1995年,第2468-2469页。
③ [明]黄仲昭著:《八闽通志》下册,福建省地方志编纂委员会主编,福州:福建人民出版社,2006年,第829页;龚延明、祖慧编:《宋代登科总录》1,桂林:广西师范大学出版社,2014年,第138页。
④ 《长编》卷107,仁宗天圣七年三月戊寅,第2503页。
⑤ [元]俞希鲁:《至顺镇江志》卷18,杨积庆等点校,南京:江苏古籍出版社,1999年,第744-745页。
⑥ [清]周学曾等纂修:《晋江县志》,晋江地方志编纂委员会整理,福州:福建人民出版社,2009年,第701页。
⑦ 李之亮撰:《宋福建路郡守年表》,成都:巴蜀书社,2001年,第216页。

州,陈公名字难搜求"①的诗句,这种遗憾持续了几百年。近年有学者参阅《京口耆旧传》《苏东坡全集》等诸文献考证认为,陈海州即陈如奭,任海州知州的时间为神宗熙宁六年(1073)。②

以唐仲冕的博学应该说考证陈阙名的真实姓名实属不难,除了海州偏于一隅,在清嘉庆(17~18世纪)时期搜集文献难度大以外,推测与苏轼几首诗词题名的误导有极大关系。

在《苏东坡全集》中,苏轼与陈海州有关的诗词寄赠唱和共有《永遇乐·寄孙巨源》《二疏图赞》《次韵陈海州乘槎亭》《浣溪沙·赠陈海州》《送赵寺丞寄陈海州》《次韵陈海州书怀》等六首,皆尊称知州为"陈海州"或"太守",并没有指出知州的真实姓名;遗憾的是陈海州的诗词目前在传世文献里并没有发现。

苏轼诗词中有二首直接点出了陈海州与陈如奭在游宦方面的直接关系。苏轼于熙宁七年(1074)以太常博士直史馆由杭州通判权知密州军州事(州治在今山东诸城),上任途中首次来海州。在知州陈海州的陪同下,游览海州美丽的山海风光,凭吊先贤,相聚相和,留下了《次韵陈海州乘槎亭》等多首诗词,并应陈海州之情,在景疏楼藏"二疏图"前作《二疏图赞》③。苏轼在离开海州赴密州任时,席间又作词《浣溪沙》相赠:

长记鸣琴子贱堂。朱颜绿发映垂杨,如今秋鬓数茎霜。

聚散交游如梦寐,升沉闲事莫思量。仲卿终不避桐乡。

该词词序云:"赠陈海州。陈尝为眉令,有声。"④

元丰七年(1084)三月,宋神宗赵顼亲书手札,授苏轼为检校尚书水部员外郎汝州(河南省)团练副使,本州安置,不得金书公事。苏轼申请辞职,经批准后就定居常州,未去赴任。期间八月路过润州,与早已辞官退居丹徒的陈海州相逢。时隔十年,二人再次相聚,不免相互唱和,苏轼作诗《次韵陈海州书怀》:

郁郁苍梧海上山,蓬莱方丈有无间(公自注:东海郁州山,云自苍梧浮来)。旧闻草木皆仙药,欲弃妻孥守市阛。雅志未成空自叹,故人相对若为颜。酒醒却忆儿童事,长恨双凫去莫攀。

该诗诗序为:"陈曾令乡邑。"⑤

相隔十年的二首诗词皆记载了陈海州曾任眉山县令的事实,也承载了苏轼对家乡、对家乡父母官的情怀。而《京口耆旧传》亦记载陈如奭知海州前曾任眉山县令。从而可推知陈海州即陈如奭。

苏轼知密州时,属县东武县(今山东诸城)令赵昶因故失官,于熙宁八年(1075)冬罢归海州,苏轼设宴相送并作词相赠《减字木兰花·送东武令赵昶失官归海州》,此时又想起了陈海州,因而又作诗《送赵寺丞寄陈海州》:

---

① [民国]徐世昌编:《诗歌总集丛刊(清诗卷)晚晴簃诗汇(上)》,退耕堂1929年刊本,第814页。
② 石荣伦、程嘉:《苏轼与宋代海州的文脉记忆》,《连云港职业技术学院学报》2020年第2期,第8-13页。
③ 按:前述两首诗词参见[宋]苏轼著:《苏东坡全集》,北京:燕山出版社,2009年,第287、1170页。
④ [宋]苏轼著:《苏东坡全集》,北京:燕山出版社,2009年,第1173页。
⑤ [宋]苏轼著:《苏东坡全集》,北京:燕山出版社,2009年,第286页。

景疏楼上唤蛾眉,君到应先诵此诗。若见孟公投辖饮,莫忘冲雪送君时。①

苏轼首次来海州与陈海州相聚于景疏楼时想起了刚刚在润州甘露寺多景楼分别的好友孙洙,遂作词《永遇乐·寄孙巨源》,词序为"孙巨源以八月十五日离海州,坐别于景疏楼上。既而与余会于润州,至楚州乃别。余以十月②十五日至海州,与太守会于景疏楼上,作此词以寄巨源。"由此可知陈海州上任海州知州的时间为神宗熙宁七年(1074)八月之前,前任是胡揆。

北宋神宗熙宁九年丙辰(1076)

| 海州团练使 | 温元裕 | 海州知州 | 罗恺 |

【海州团练使:温元裕】

温元裕(生卒年不详),武秩,历官供备库副使、邕州左江提举兵马贼盗、皇城使、海州团练使。温元裕任海州团练使时间为神宗熙宁九年(1076)二月,事载《长编》卷二七三:"(神宗熙宁九年二月庚寅)赠庄宅副使、广南西路都监张守节为成州团练使,供备库副使、邕州左江提举兵马贼盗温元裕为皇城使、海州团练使。"③

温元裕离任职海州团练使时间史载不详。而下文中苏利涉任海州团练使时间为神宗元丰元年(1078)正月,因此可知温元裕离任海州团练使的时间为神宗熙宁十年(1077)。

【海州知州:罗恺】

罗恺(1012—1076),字次元,号海如,广东省河源市龙川县人。仁宗嘉祐二年丁酉(1057)章衡榜进士第三名,初授大理评事、通判吉州。历官大理寺丞,知淮阳军,殿中丞,都官员外郎,知开封县,知陈留县,判登闻鼓院,知复州、鄂州、海州等。

罗恺生平史载简略,史料仅出现五条。《宋会要辑稿》选举二之九记载罗恺举进士时间:"嘉祐二年(1057)五月四日,以新及第进士第一人章衡为将作监丞,第二人窦卞、第三人罗恺并为大理评事、通判诸州。"选举三一之一七载:"(嘉祐)六年(1061)十一月二十一日,大理寺丞罗恺召试学士院,赋落韵犯不考式,诏与知军差遣,更候一年转官。"④《长编》卷一九五补充"知军差遣"为"权知淮阳军"。卷二〇九载:英宗治平四年(1067)三月,"丙辰,提点开封府界诸县镇公事、祠部郎中陈汝羲义判三司都磨勘司,知开封县、都官员外郎罗恺提点府界诸县镇事。恺入见,上问以开封事,皆不能知,上不悦。及见汝羲,问以府界事,应答详敏。翌日,谓执政曰:'恺不才,宜复用汝羲代之,仍与馆职。'执政言:'汝羲资序已高,复为提点,则下迁,宜但令试馆职而已。'上从之。知制诰邵必言:'陛下新即

---

① 按:两首诗词参见[宋]苏轼著:《苏东坡全集》,北京:燕山出版社,2009年,第1169、316页。
② 按:诸文献中原皆为"十一月",张志烈考苏轼《密州谢表》等文献认为"苏轼于十一月三日到密州任","十一月十五日苏轼尚在海州(在密州南四百多里)作此词之说,是不能成立的。"并依据苏轼的旅途时间计算,应该为"十月"。参见张志烈:《苏轼由杭赴密词杂议》,载苏轼研究会编:《东坡词论丛》,成都:四川人民出版社,1982年,第198—213页。
③ 《长编》卷273,神宗熙宁九年二月庚寅,第6678页。
④ 《宋会要辑稿》选举2之9,第5269页;选举31之17,第5848页。

位,以言语擢汝羲,如汉文赏上林啬夫,恐臣下争以利口求进,乞罢之.'不从。"①《续资治通鉴》卷六五记载同《长编》,仅"陳汝羲(陈汝羲)"误为"陳汝義(陈汝义)"。②

另外宋人庞元英在《文昌杂录》中记载了罗恺刚及第时的一件趣事:"余昔知安州,见时丙推官言:罗恺初及第,郑獬在翰林,以诗贺之。恺以公状为谢:'具位诗一篇右。伏蒙尊慈,特有宠惠。感荷之至,但切下情。'郑云:'赖此诗不是公用。'都下莫不传以为笑也。"③

罗恺详细的生平和政绩资料记载于墓志铭中。1980年,广东省河源市龙川县丰稔镇坳背村居民在挖房屋地基时发现一座宋墓,即罗恺墓。墓室长4米,宽2.5米,高2.7米,四壁用32×21×6厘米的火砖砌成,内有墓志铭(图8-5)一块,现存龙川县博物馆。

图 8-5 罗恺墓志铭实物
(来源:《河源市文化遗产普查汇编(龙川县卷)》)

墓志铭为石质,黑色,长 103 厘米、宽 97 厘米、厚 8 厘米。碑文阴刻楷书,自右至左竖刻 38 行,行 39 字,计 1349 字。碑文如下:

宋故朝奉郎、守尚书屯田郎中、知海州军州兼管内劝农事、轻车都尉、赐绯鱼袋借紫罗公墓志铭。

朝散大夫、行起居舍人、龙图阁待制、知广州军州事兼管内劝农市舶使、兼广南东路兵马都钤辖、兼本路经略安抚使、骑都尉、曲阜县开国男,食邑三百户、赐紫金鱼袋曾布篆盖。

朝奉郎、尚书刑部员外郎、提举舒州灵仙观、骑都尉、赐紫金鱼袋窦卞撰。

承奉郎、守大理寺丞、前知循州军州兼管内劝农事借绯卢侗书。

公讳恺,字次元,其先南昌人,五代末,徙循之龙川,仕刘氏,有显者,曾祖保强,皆隐德不仕。父晟,累赠都官郎中。母张追封永安县太君。公幼喜学,不为章句,孜孜经术,以循之学者不尚师友,乃走四远,求可以益己者,择其所长,而亲炙之。未冠,有闻于乡里。于是,傍州之学者来咨焉。再举礼部,归而念亲之老。叹曰:"曾子三釜而心乐,非乃亲之仕乎!"乃假版而官焉。连丁,内外艰,既终丧,读书为文,愈刻苦。逮十年,得昭州龙平主簿。锁其厅,试桂州,偕计而上。嘉祐二年(1057)春,仁宗皇帝临轩试进士,擢公第三。方唱第时,三人者,每折封,天子俯视其姓名,左右执政大臣、翰林、两禁,逮三馆诸公皆立殿上,间得陟降,无不引颈以观。盖糊名至公,无毫厘之洩,虽人主莫识其谁何,乃见公爵里,乃海陬万里,一日以文辞拔巍等,有

---

① 《长编》卷 195,仁宗嘉祐六年十一月庚午,第 4731 页;卷 209,英宗治平四年三月丙辰,第 5080—5081 页。
② 《续资治通鉴》卷 65,第 1591 页。
③ [宋]庞元英撰:《文昌杂录》卷 1,文渊阁《四库全书》第 862 册,第 655 页。

以见朝廷取士之不私，又以见声明文物之施及于远，莫不欢呼嗟叹，比比来视公颜，面问甲子者。公时年已四十五岁矣。授大理评事、通判吉州。会守将缺，或谓州剧，意公有不逮者。公摄守政一年，百事不劳而缉，多仁恕爱。利吏有犯，劾之严，上下畏肃，称神明。迁大理寺丞。六年（1061），罢归，试学士院。公笑曰："以赋取士已失之矣，又以赋试帖职乎？"不留意。已而，考官以所用韵误。上闻，遂知淮阳军。七年（1062），特除殿中丞。先是，禁林给札有戾礼部格者，诸公多喻而改正之。公于贵人无左右之助，独不得所喻，公亦恬然无动心者。至下邳，笑曰："是邦奚所为视事。"未及月，钱唐人慎东美尝客游，泊舟关外，见恶少酗酒相击者，徐曰："我与尔较奚不可，然负我公仁。"遂相释而去，其感人心也如此。英宗嗣位，泛恩为太常博士。治平二年（1065），知开封县。韩魏公面告之曰："雅闻君吏事已试赤县，治京师无以县道为。"抑右姓有怙势欲挠法者，公处之裕。如不作威厉，告之。以法当尔。人髞是信公，能誉翕然。其年，改屯田员外郎。熙宁元年（1068），今上登极，陟都官提点府界公事，赐五品服。召登对，公远人一日见清光，语时事不知有以称上意。知陈留县。钱公范捕蝗，捶村民，民号呼。上适遣中贵人取禾，视所伤，因知令所答非法，公坐不即劾，出守蕲春。四年（1071），迁职方秩满，入判登闻鼓院。五年（1072），乞补外，知复州。州废，徙鄂州。八年（1075），进屯田郎中。武昌还，复莅鼓院。公叹曰："吾所至，不少懈，畴克知我者，老矣。独无闲处，任其在天，以乐吾心耶。"九年（1076）八月，得海州。至未久，公病矣。十月十日终于州之正寝。

东海距下邳不远，闻公之来，喜曰："是前日淮阳罗公也。"狱有滞而未决者三十余事，公视其所因，立判析之。公虽病，缉治有条，民已爱公为政。及卒，老幼相率，哭之不去。本道使者，皆称其材。呜呼！士寒远而穷困者，患在朝廷不能取，取而有闻于时，其位反不克显，其命也。夫造物者果如何耶！公性重厚寡言，宽裕不泄。拉甲科至为郎，屡治郡，居处泊如，若未第时。所至无秋毫之犯，人尤咨其廉清，或誉之者。公曰："士小节，何足尚！"族人之贫者五，皆分俸以周之。家人告以月入，析之众，则已无以自给。公曰："犹多如若人者，何不可耶！"

前夫人张追封仙源县君，后夫人郑封寿昌县君。子：明远，抚州崇仁县丞，孝谨文雅，肯构弥恪。女二人：长适长史吉驾，次进士陈师况。一未笄孙曰兴孙，后卒。县丞君卜以元丰元年（1078）十二月十四日葬公于进贤乡宁仁里太君墓右，驰书叩予曰："公先子父之同年，敢泣血以请铭。"予怛曰："我与公当崇政唱名，相从相得之乐，视青云如俯拾地芥。二十年落魄为漫郎，公乃溘然。"泪潺潺不止。于是铭曰：

生遇方，志则强；学有闻，发以光。文饰吏兮政循良，去见思兮爱利长。白首一节兮为郎，有子贤兮后必昌。①

---

① 按：综合《龙川县文物志》（有实物图片和铭文，无句读）、《龙川县卷》（有实物图片和铭文，无句读）和《罗氏通史》（有铭文，有句读但多处误点）三种资料中的铭文（皆有漏字、误读等），参照墓志实物重新进行文字校对并句读。参见龙川县文化局编：《龙川县文物志》（内部资料），2004年，第53-56页；陈建华主编：《河源市文化遗产普查汇编》（龙川县卷），广州：广东人民出版社，2013年，第349-351页；罗河胜编著：《中华罗氏通史》，桂林：广西人民出版社，2014年，第210-212页。

上引地方志乘等资料皆认为该墓志铭为曾布所写,其实不然。墓志一般由两部分组成,上下叠放,上层为"盖",下层为"底"。上层的"盖"镌刻标题,常见篆体字,如罗恺墓志盖的标题应该为"宋故朝奉郎守尚书屯田郎中知海州军州兼管内劝农事轻车都尉赐绯鱼袋借紫罗公墓志铭",但未见实物和拓片;底层的墓志铭,镌刻墓主人的生平资料。罗恺墓志铭中已经明确说明了"曾布篆盖",即曾布用篆体字书写墓志"盖";"窦卞撰",即窦卞撰写的墓志铭;"卢侗书",即卢侗书写的墓志铭。只是墓志铭上未说明镌刻人的姓名。曾布、窦卞与罗恺都是宋仁宗嘉祐二年(1057)同科进士,其中还有曾布的哥哥、唐宋八大家之一的曾巩,当时窦卞是第二名榜眼,罗恺是第三名探花。

罗恺知海州的准确时间也记录在墓志铭中。神宗熙宁九年(1076)八月,罗恺知海州,同年十月十日病逝于任上。

北宋神宗元丰元年戊午(1078)

【海州团练使:苏利涉】

苏利涉(1019—1082),字公济,宦官,北宋广州(今广东省广州市)人。初为入内内品。历官给事东宫,东头供奉官,干当御药院,供备库使,皇城使、达州刺史、内侍押班,入内内侍省副都知,海州团练使等。卒后赠奉国军节度使,谥勤僖。《宋史》卷四六八本传载:

> 苏利涉,字公济。祖保迁,自广州以阉人从刘铱入朝。利涉初为入内内品。庆历中卫士之变,以护卫有劳,赏激加等。英宗为皇子,利涉给事东宫。及即位,迁东头供奉官,欲以为颍王府都监,力辞。干当御药院,迁供备库使。帝不豫,侍医药最勤,言辄流涕。及帝崩,乞与医官同贬,三上表待罪,不许。
>
> 神宗即位,授达州刺史。历内侍押班、副都知,转海州团练使。仙韶院火,营救甚力,赐袭衣、金带。卒,年六十四,赠奉国军节度使,谥曰勤僖。
>
> 利涉尝干当皇城司,循故事,厢卒逻报不皆以闻。后石得一代之,事无巨细悉以奏,往往有缘飞语受祸者,人始以利涉为贤。①

苏利涉任海州团练使时间《宋史》本传未载,《长编》卷二八七载为神宗元丰元年(1078)正月十二日,文曰:"(神宗元丰元年正月戊午)"皇城使、达州刺史、入内副都知苏利涉为海州团练使。时利涉校年止当迁官,而诏以利涉逮事先朝藩邸,故特有是命。"②离任时间当为去世时间。

苏利涉授达州刺史时,朝廷下《遥郡刺史制》和《入内内侍省供奉官苏利涉等可如京使、遥郡刺史制》,制词由郑獬撰写,收录于《郧溪集》卷五。《遥郡刺史制》曰:

> 本朝原唐制,以置使列至于职,劾尤异。则又以部刺史之秩兼之,在于武选,号为通显。以尔秉忠励操,明于方略;秉障于外敌,人绝警考之功状,宜有以酬之南粤方州寄之,左鱼凌霄之渐,由斯而始也。可。

---

① 《宋史》卷468《苏利涉传》,第13654页。
② 《长编》卷287,神宗元丰元年正月戊午,第7013页。

《入内内侍省供奉官苏利涉等可如京使、遥郡刺史制》曰：

> 尔以银珰左貂出入禁闼，小心忠密，并司剧要，积其劳阀，累擢使介。今兹迁外，可无增秩以嘉尔之夙夜乎！钦哉。往践无怠予之宠命。可。①

依此可以推知，苏利涉所任海州团练使亦为遥授官。《长编》卷三三〇载：神宗元丰五年（1082）十月丙辰，"皇城使、海州团练使、入内副都知苏利涉卒，赠奉国节度使，谥勤懿。上以利涉逮事英宗藩邸，特官其子孙六人，妻封崇德郡夫人"②。可知以上推知不确，即苏利涉任海州团练使时间在神宗元丰元年至五年（1078—1082）。

北宋神宗元丰五年壬戌（1082）

| 海州知州 | 崔公度 | 海州通判 | 朱行中 |

【海州知州：崔公度】

崔公度（？—1097），字伯易，自号曲辕先生，北宋高邮（今江苏省扬州市高邮市）人。以父荫补三班差使。历官直史馆，和州防御推官，国子直讲，光禄丞，知阳武县，集贤校理，知太常礼院，知海州，知颍、润、宣、通四州。官终直龙图阁。《宋史》卷三五三本传载：

> 崔公度，字伯易，高邮人。口吃不能剧谈，而内绝敏，书一阅即不忘。刘沆荐茂才异等，辞疾不应命。用父仕补三班差使，非其好也，益闭户读书。欧阳修得其所作《感山赋》，以示韩琦，琦上之英宗，即付史馆。授和州防御推官，为国子直讲，以母老辞。
>
> 王安石当国，献《熙宁稽古一法百利论》，安石解衣握手，延与语。召对延和殿，进光禄丞，知阳武县。京官谒尹，故事当拜庭下，公度疑尹辱己，径诣安石诉之，安石使邓绾荐为御史。未几，为崇文校书，删定三司令式，于是诵言京官庭谒尹非宜，安石为下编敕所更其制。加集贤校理，知太常礼院。
>
> 公度起布衣，无所持守，惟知媚附安石，昼夜造请，虽踞厕见之，不屑也。尝从后执其带尾，安石反顾，公度笑曰："相公带有垢，敬以袍拭去之尔。"见者皆笑，亦恬不为耻。请知海州。元祐、绍圣之间，历兵、礼部郎中，国子司业，除秘书少监、起居郎，皆辞不受。知颍、润、宣、通四州，以直龙图阁卒。③

崔公度工于诗赋，有《曲辕集》四十篇，目前仅见《金华神记》④和两篇长赋《感山赋》⑤、《珠湖赋》⑥，未见诗歌。《感山赋》原为"《太行山赋》，以太行近时忌，改《感山赋》"，全文七千

---

① ［宋］郑獬：《郧溪集》卷5，文渊阁《四库全书》第1097册，第152-152页。
② 按：谥号与《宋史》本传不同。《长编》卷330，神宗元丰五年十月丙辰，第7949页。
③ 《宋史》卷353《崔公度传》，第11152-11153页。
④ 王瑾琦著：《见梅思迁》，兰州：敦煌文艺出版社，2019年，第327页。
⑤ 按：陈元龙文和觉罗石麟文存在个别字词不同的现象。全文参见［清］陈元龙：《御定历代赋汇》卷17《地理》，文渊阁《四库全书》第1419册，第415-425页；［清］觉罗石麟：《山西通志》卷220《艺文》，文渊阁《四库全书》第550册，第293-305页。
⑥ ［清］陈元龙：《御定历代赋汇》卷27《地理》，文渊阁《四库全书》第1419册，第613-614页。

二百余字,分两部分,前半部分借铜鞋处士之口叙述太行山之形胜、气候与风物,后半部分则为曲辕先生与梁国公子之间的论难,盛景描述恢宏,论难说理透辟、议论恳切①,受到裴煜、韩琦以及欧阳修等文坛高士和朝廷重臣的好评。欧阳修评价此赋有"司马子长之流也"②。即具有汉代史学家司马迁(字子长)《史记》之风格。韩琦将《感山赋》推荐给英宗皇帝后,也得到英宗的肯定,崔公度得以升迁。崔公度还与王安石交好,王安石主持变法期间,崔公度上书《熙宁稽古一法百利论》力挺。除政见相同外,二人还在诗文方面相互欣赏,经常酬答唱和。王安石有《和崔公度家风琴八首》③,明写"风琴"实表"心语"。其中之三为:"万物能鸣为不平,世间歌哭两营营。君知此物心何欲,自信天机自有声。"通过描绘"风琴"的形貌姿态和"自有声"的必然自信,来表明自己目前变法改革过程中遇到的种种阻力,抒发胸中不平之意,并自勉和勉力,即使境遇不平,只要心怀坦荡、品质高洁,就能发出自己的声音,就能为世人所知。

《宋史》本传云崔公度出身布衣,攀附王安石;卷三五三亦论曰:"崔公度主王氏学以谄事安石,则搢绅所不齿也。"④但崔公度"常为故相刘沆所知,荐茂才异等科"⑤。宰臣韩琦言公度"博学多闻守道,其所为文章雄奇赡逸,当求比于古人,而时人未易得也"⑥。《长编》卷二二六载:在知阳武县时,发现过去"京官令初谒尹,拜庭下。公度上疏抗议,谓:'京官,天子省侍官属,岂宜北面拜伏,如见君之礼?'自是罢。上嘉其节,复召对,命以馆职"。《长编》编纂者李焘在此正文下注引《林希野史》的记录来贬低崔公度:"日夜造安石,或踞退以对,公度亦不惭。一日,从安石后而执带尾,安石愕然,公度笑曰:'相公带有垢,谨以袍拭去之。'客皆见。"与《宋史》本传的内容基本相同,但最后还是很客观地指出"按今《实录》公度传,载公度本末甚美。希云云当考"⑦。这种叙事基调极有可能与王安石变法失败以后尤其是南宋以后对王安石变法的否定批判是一脉相承的,连带对王安石的支持者,如崔公度等进行了全方位的否定批判。

崔公度何时知海州不详,据《宋史》本传,应在知太常礼院之后,哲宗元祐期间任兵、礼部郎中之前。

崔公度于神宗元丰元年(1078)九月知太常礼院,事载《长编》卷二九二:丁亥,"检正礼房公事、太子中允、集贤校理崔公度同知礼院、管勾国子监"⑧。元丰三年三月仍在任,事载《长编》卷三〇三:庚寅,御史何正臣认为在最近监督太庙祔飨祭的时候,发现而神主幄殿无侍卫之仪,各负责部门态度"简慢",请求对部门负责人进行惩治,以惩不恪。"诏御史台取勘以闻。后判……知礼院……崔公度,……各赎铜。"⑨

---

① 王友胜:《论宋代的辞赋》,载张廷杰、宋代文学学会编:《第三届宋代文学国际研讨会论文集》,西宁:宁夏人民出版社,2005年,第494-507页。
② [宋]孙升:《孙公谈圃》,文渊阁《四库全书》第1037册,第101页。
③ [宋]王安石:《临川文集》卷31,文渊阁《四库全书》第1105册,第229-230页。
④ 《宋史》卷353《崔公度传》,第11154页。
⑤ 《长编》卷205,英宗治平二年七月壬午,第4981页。
⑥ 《宋会要辑稿》选举34之39,第5929页。
⑦ 《长编》卷226,神宗熙宁四年九月丁亥,第5511-5512页。
⑧ 《长编》卷292,神宗元丰元年九月丁亥,第7135页。
⑨ 《长编》卷303,神宗元丰三年三月庚寅,第7373页。

崔公度任兵部郎官,事载宋刘攽《彭城集》卷一九《朝散郎、集贤校理崔公度可兵部郎官制》:"凭熊分虎,外则连城之宠;含香握兰,内则建礼之直。皆以材选,是为美仕。某:文行自将,劳伐夙著。出守千里,既有成最。入司五兵,实副遴柬。只服休宠,益励恪居。"①但时间不详,李之亮撰《宋代京朝官通考》认为是元祐二年(1087)。② 其后崔公度知颍州,由苏辙制,事载《栾城集》卷三十《崔公度知颍州》:"敕:某:汝阴土沃民鲜,有鱼稻之饶,而讼诉之烦,亦倍他郡。守得其人,则湖山之胜,足以为乐。苟非其人,犴狱烦多,日不遑给。尔蚤以文词备选,更践吏事,亦云久矣。勉勤政事,毋为颍俗所挠,以称朕命。可。"③苏辙于哲宗元祐元年九月十二日除起居郎、权中书舍人,十一月二十四日除中书舍人。④ 二年十一月二十六日迁户部侍郎。⑤ 中书舍人的职责就是起草官员的任命状(即制),因此《崔公度知颍州》应该制在哲宗元祐元年九月至二年十一月之间。也由此可知,崔公度任兵部郎官的时间在哲宗元祐元年,离知海州的时间不会晚于元祐元年。

嘉庆《海州志·职官表一》载:"崔公度,高邮人,英宗时任。见《宋史》。"李之亮在《宋两淮大郡守臣易替考》中认为崔公度知海州的时间为神宗元丰五年(1082)至元丰八年(1085)。

【海州通判:朱行中】

朱行中(生卒年不详),字正仲,南陵(今安徽省芜湖市南陵县)人。神宗元丰五年壬戌(1082)黄裳榜进士,初授朝请郎、海州通判。著有文集五十卷。《宋史》未载,见清《宁国府志》和民国《南陵县志》。⑥

北宋神宗元丰七年甲子(1084)

【怀仁县令:谢忱】

谢忱(生卒年不详),生平史载阙,仅见其父谢景初墓志铭,载范纯仁《范忠宣集》卷一三《朝散大夫谢公墓志铭》:"子四人:忱,知海州怀仁县。"⑦(参见"北宋仁宗嘉祐五年庚子通判海州谢景初"条)

谢忱知海州怀仁县时间可从其父墓志铭文推知。其父谢景初(1020—1084),以祖父谢涛荫为太庙斋郎,仁宗庆历六年丙戌(1046)贾黯榜进士,大约于嘉祐五年至八年(1060—1063)通判海州。谢景初去世时,谢忱在知海州怀仁县任上,故时间在神宗元丰七年(1084)前后。

---

① [宋]刘攽:《彭城集》卷19,文渊阁《四库全书》第1096册,第182-183页。
② 李之亮撰:《宋代京朝官通考(三)》,成都:巴蜀书社,2003年,第624页。
③ [宋]苏辙:《栾城集》卷30,文渊阁《四库全书》第1112册,第322页。
④ 《长编》卷392,哲宗元祐元年十一月戊寅,第9523页。
⑤ 《长编》卷398,哲宗元祐二年四月己亥,第9719页。
⑥ [清]洪亮吉、凌廷堪:《宁国府志(上)》,宣城市地方志办公室,合肥:黄山书社,2007年,第602页;[民国]徐乃昌等纂修:《南陵县志(下)》,合肥:黄山书社,2007年,第977页。
⑦ [宋]范纯仁:《范忠宣集》卷13,文渊阁《四库全书》第1104册,第676-679页。

北宋神宗元丰八年乙丑（1085）

海州知州	王照	怀仁令	陈德任
海州司法参军	强渊明		

元丰八年三月戊戌，宋神宗崩于福宁殿，年三十八，在位凡十八年。三月，宋哲宗即皇帝位，次年改元元祐。

【海州知州：王照】

王照（生卒年不详），北宋秀州（今浙江嘉兴）人，仁宗皇祐元年己丑（1049）冯京榜进士。① 生平史载阙，仅有一条涉及王照任职的资料出现在殿中侍御史吕陶的奏章《论堂除不当侵吏部差遣奏》中，事载《长编》卷三七〇："吏部差王照知海州"，但因吏部、堂除和中书三部门在任命各等级官员上出现交叉、错位等现象，使得王照在吏部任命为海州知州数月后，中书又"以石麟之知海州"，殿中侍御史吕陶于哲宗元祐元年（1086）闰二月上书，首先剖析这种混乱局面的原因：

> 伏谓朝廷差除之法，大别有三，自两府而下，至侍从官，悉禀圣旨，然后除授，此中书不敢专也；自卿监而下及已经进擢，或寄禄至中散大夫者，皆由堂除，此吏部不敢预也；自朝议大夫而下，受常调差遣者，皆归吏部，此中书不可侵也。法度之设，至详至密，所以防大臣之专恣，革小人之侥幸也。恭惟神宗在御，深究其弊，凡堂选、奏举之类，并悉罢去，以示大公之道。始因去年八月中，执政申请，以繁剧去处重法地分为词，收占吏部所用知州、通判、知县，并在京库务、寺、监丞阙六十余处，并归中书取旨选差之后，除吏之弊，私徇浸多。天下州郡，除别京大府，并元系堂除处，及取旨选差，并元属八路指射外，其归于吏部，以待常调者，数极少而员极多。待次之士，远至二三年，近须一岁。或有一阙可就，则中书取而差他人矣；或受一阙而去，则中书又夺而惠他人矣。

然后又举数例佐证上述弊端，其中：

> 吏部差王照知海州，栾子元通判瀛州，方蒙知咸平县，皆数月矣。中书乃以石麟之知海州（元年正月十八日），胡及通判瀛州，孙纯知咸平县，皆夺而惠之也。若谓……石麟之曾任太常官，皆非吏部可差之人，则当契勘堂除州郡而差，不当取吏部见使之阙，及夺他人已受者与之也。

最后在阐明利弊的基础上给出解决方案：

> 私曲纵横，莫甚于此。陛下黜之，则执政升之；陛下退之，则执政进之。怨归于上，而恩出于下，非今日之所宜有。夫威福者，天子之所得专；法度者，大臣之所当守。今大臣进退群吏，一出己意，不守法度，而欲专威福矣。臣恐朝廷不尊，而纪纲紊乱，当此之时，宜戒其渐也。伏愿圣慈，将合系堂除阙编为一等，今后如有合得堂除之人，只于前项去处定差。其曾经擢用而非次差替罢，或责降牵复，不送吏部者，

---

① ［元］徐硕编纂：《至元嘉禾志》卷15，文渊阁《四库全书》第491册，第129页。

于合得堂除人之下,别为一等,依名次先后差遣。并不得于吏部所使阙差授,及冲已授之人。所有元丰八年八月取旨选差条贯,乞赐删改。①

从上述史料看,王照知海州的时间为神宗元丰八年(1085)八月,由吏部任命,尚未上任,就被石麟之于哲宗元祐元年(1086)正月十八日给代替了,由中书任命。

李之亮在《宋两淮大郡守臣易替考》中认为王照知海州的时间为神宗元丰八年(1085)至哲宗元祐元年(1086)。

【海州司法参军:强渊明】

强渊明(1051? —1120),字隐季,北宋杭州钱塘(今浙江省杭州市)人。神宗元丰八年乙丑(1085)焦蹈榜进士,初授海州司法参军。《宋史》卷三五六本传载:

> 强渊明,字隐季,杭州钱塘人。父至,以文学受知韩琦,终祠部郎中。渊明进士第,调海州司法参军,历济、杭二州教授,知蔡州确山县,通判保定军。入为太府丞、军器少监、国子司业。与兄浚明及叶梦得缔蔡京为死交,立元祐籍,分三等定罪,皆三人所建,遂酿成党祸。渊明以故亟迁秘书少监、中书舍人、大司成、翰林学士。
>
> 大观三年,京罢相,以龙图阁直学士知永兴军,徙郑、越二州。召为礼部尚书,复拜学士,进承旨。翰林广直庐,帝书"摛文堂"榜赐之。兼太子宾客。以疾,改延康殿学士、提举醴泉观兼侍读、监修国史。卒,赠金紫光禄大夫、资政殿学士,谥曰文宪。浚明早死。②

强渊明与宰相蔡京为死交,协助蔡京确立元祐党籍名单。徽宗大观三年(1109),强渊明出知京兆府(今陕西省西安市),③向蔡京辞行时,蔡京双关语道:你到那里,是去吃冷茶的啊。一指长安习俗,茶舍内侍女步履细碎,行动缓慢,汤茶亦冷;二是强渊明本在朝中为官,到地方为官,视为降官。事载宋人周辉撰笔记《清波杂志》卷六《冷茶》:

> 强渊明帅长安,来辞蔡京,京曰:"公至彼,且吃冷茶。"盖谓长安籍妓步武小,行迟,所度茶必冷也。初不晓所以,后叩习彼风物者,方知之。④

嘉庆《海州志·职官表一》载:"强渊明,哲宗时任,见《宋史》。"

【怀仁令:陈德任】

陈德任(生卒年不详),生平史载阙,仅见苏轼诗《怀仁令陈德任新作占山亭二绝》诗题中提及,二首七绝为:

> 尚父提封海岱间,南征惟到穆陵关。谁知海上诗狂客,占得胶西一半山。
>
> 我是胶西旧使君,此山仍合与君分。故应窃比山中相,时作新诗寄白云。⑤

该二绝所作时间在神宗元丰八年(1085)九十月间。故陈德任为海州怀仁县令时间在神宗元丰八年前后。嘉庆《海州志·职官表一》载:"怀仁令。陈德任,见查慎行《苏诗补注》。"

---

① 《长编》卷370,哲宗元祐元年闰二月丁巳,第8964-8966页。
② 《宋史》卷356《强渊明传》,第11209页。
③ [清]刘于义:《陕西通志》卷21《职官二》,文渊阁《四库全书》第552册,第159页。
④ [宋]周辉撰:《清波杂志》卷6《冷茶》,上海:上海古籍出版社,2012年,第106页。
⑤ [宋]苏轼著:《苏东坡全集》,北京:燕山出版社,2009年,第654页。

北宋哲宗元祐元年丙寅（1086）

| 海州知州 | 石麟之、沈叔通、霍唐臣 | 海州通判 | 吕升卿 |

【海州知州：石麟之】

石麟之（生卒年不详），字南叔，北宋越州新昌县（浙江省绍兴市新昌县）人。仁宗皇祐元年己丑（1049）冯京榜进士，与孙洙、孙奕、王照等同科，①一说嘉祐二年（1057）进士，存疑。初授芜湖县尉，调万载令，知建平军，迁秘书校书郎，知灵台，再迁著作佐郎，吴王教授，又迁太常博士，通判寿州，寻迁屯田员外郎，召为太常丞、知兖州、海州等。官至祠部郎。以子贵，赠通奉大夫。②

哲宗元祐三年（1088）石麟之任开封府推官，由时中书舍人刘攽制诰《朝请郎工部员外郎石麟之可开封府推官制》：

> 邦畿千里，人以亿计。使万室焉，有一氓之。讼不为多矣，而不可胜听也。京兆之属，吾甚重之。以某：久吏老成，居有善誉。徙置幕府，宣布诏令。画婉决繁，足以期待。③

在开封府推官任上，与诉讼之人私下来往，通风报信，狱情上达后被罢官，但又被重新任命为郎官，时御史中丞苏辙认为这是当时官员有罪而不重罚的七种情况之二。事载苏辙《栾城集》卷四六：哲宗元祐六年春正月丁卯，"石麟之为开封府推官，与诉讼者私相往来，传达言语，狱上而罢，更为郎官。此有罪而不诛者二也"④。《长编》注曰："石麟之除郎官，政目六月二十一日；麟之兖州，……政目去年十八日。"⑤

石麟之知海州的时间载《长编》卷三七〇："中书乃以石麟之知海州"，之前"曾任太常官"，注曰："元年正月十八日"，即哲宗元祐元年（1086）正月十八日由中书省任命。由于吏部、堂除和中书省三部门在任命各等级官员上职责不清，分类不明，以致相互争权夺利，官职任命互有冲突。"或有一阙可就，则中书取而差他人矣。"⑥海州知州本由吏部数月前任命为王照，尚未到任，又由中书任命为石麟之。

时任殿中侍御史吕陶就上奏章《论堂除不当侵吏部差遣奏》，历陈其弊端，认为"石麟之曾任太常官，皆非吏部可差之人，则当契勘堂除州郡而差，不当取吏部见使之阙，及夺他人已受者与之也。……所有元丰八年八月取旨选差条贯，乞赐删改"。当日又上奏章《再论堂除不当侵吏部差遣奏》，言：石麟之"等差遣，亦乞勘当，如未到任，即乞改正施行"⑦。因此，石

---

① 诸葛忆兵编著：《宋代科举资料长编》（北京卷上），南京：凤凰出版社，2017年，第447页；龚延明、祖慧编：《宋代登科总录》2，桂林：广西师范大学出版社，2014年，第700页。
② 蒋廷锡等辑：《古今图书集成》（第379册），北京：中华书局影印，1934年，第44页。
③ ［宋］刘攽：《彭城集》卷22，文渊阁《四库全书》第1096册，第226页；李之亮撰：《宋代京朝官通考》（三）成都：巴蜀书社，2003年，第866页。
④ ［宋］苏辙著：《栾城集》卷46，文渊阁《四库全书》第1112册，第536-538页。
⑤ 《长编》卷454，哲宗元祐六年正月丁卯，第10879页。
⑥ 《长编》卷370，哲宗元祐元年闰二月，第8965页。
⑦ 曾枣庄、刘琳主编：《全宋文》卷1596《吕陶八》，第189-191页。

麟之亦未到任，很快就任他职。

李之亮在《宋两淮大郡守臣易替考》中认为石麟之知海州的时间始于哲宗元祐元年（1086）正月。

【海州知州：沈叔通】

沈叔通（生卒年不详），字道济，仪真（今江苏省扬州市仪征市）人。① 仁宗皇祐五年（1053）进士及第。② 生平史载简略，《长编》仅载三条，部分信息载地方志或家族墓志铭中。

唐宋八大家之一曾巩为沈叔通母亲撰写的《池州贵池县主簿沈君夫人元氏墓志铭》载："夫人年七十，以治平二年某月某日卒，……子男四人皆进士：曰伯庄，未仕；曰季长，越州司法参军；曰叔通，秘书省著作佐郎；曰次通，试将作监主簿。"③可知英宗治平二年（1065）前后，沈叔通任职秘书省著作佐郎。

《长编》卷二一二载：神宗熙宁三年（1070）六月，"辛巳，江、淮等路发运使、司勋郎中薛向为天章阁待制"。该任命得到了御史中丞冯京的反对，上疏曰："案待制，备天子顾问，陪扈游宴，是盖法从最亲，而日奉德音者也。非才智明亮，该洽古今，难以通选。"薛向前任转运使，不具备天章阁待制的资格。知杂事谢景温亦言："选任近职，非以德，则以劳。（薛）向在江、淮，未有分毫之效，不可谓有劳。"去年朝廷委派薛向做十件事，有些事都是让属下去做的，其中就让"沈叔通徧历淮南"，薛向有七八件事都没做好，提拔他显然不合适。④ 这是说沈叔通的苦劳。从后面任职荆湖北路转运判官的情况看，此时的沈叔通极有可能任职淮南路转运判官。

《长编》卷二五三载：神宗熙宁七年（1074）五月戊戌朔，"荆湖北路转运使、司封郎中、直昭文馆孙构为太常少卿、直龙图阁，知辰州、宫苑使石鉴为皇城使、忠州刺史。秘书丞、转运判官沈叔通，通判辰州石禹勤各减磨勘三年。章惇乞赏构等馈军之劳也"⑤。这是说沈叔通得到了奖励。九年，沈叔通升任福建路提刑司提点刑狱。⑥ 十年沈叔通"权发遣广南东路转运副使"⑦。此任职还可以从《曾布题名》石刻得以证实。民国《番禺县续志·金石志》记载，《曾布题名》石刻位于原广州督学署池西北大石之右，行5，行书，多字残泐不清，经考释后录文如下：

广东经略安抚使、起居舍人、龙图阁 待 制曾布子宣，转运副使、都官 员 外 郎 向宗旦公美，转运副使、屯田外郎 沈叔 通道济，前广西转运判官、太常 卿 石 赓声叔。元丰元年正月晦日游。⑧

---

① 《江南通志》卷119，文渊阁《四库全书》第510册，第517页。
② 诸葛忆兵编著：《宋代科举资料长编》（北宋卷上），南京：凤凰出版社，2017年，第467页。
③ 逸凡点校：《唐宋八大家全集》（第14卷）《曾巩集》卷45，北京：新世纪出版社，1997年，第501页。
④ 《长编》卷212，神宗熙宁三年六月辛巳，第5156页。
⑤ 《长编》卷253，神宗熙宁七年五月戊戌，第6187页。
⑥ ［宋］梁克家：《淳熙三山志》卷25《秩官类六》，文渊阁《四库全书》第484册，第346页。
⑦ 李之亮编：《宋代路分长官通考》中，成都：巴蜀书社，2003年，第1061页。
⑧ 番禺市地方志编纂委员会办公室主持整理：民国《番禺县续志》卷33《金石志》（点注本），广州：广东人民出版社，2000年，第600页。

《曾布题名》石刻给出如下信息,一是曾布(1036—1107),字子宣,唐宋八大家之一曾巩的弟弟,二人同时于嘉祐二年(1057)进士及第。元丰元年(1078)前后任职"广东经略安抚使、起居舍人、龙图阁待制"。《长编》卷二八〇载:神宗熙宁十年(1077)二月丙午,"起居舍人、知潭州曾布为集贤院学士、知广州"①。宋代路一级行政长官为"经略安抚使",一般由首府的知州兼任,《长编》卷二八三载:七月乙亥,"安抚使曾布"言事。② 元丰元年八月壬子,曾布离任,《长编》卷二九一载:"起居舍人、龙图阁待制、知广州曾布知桂州。"③九月癸未,曾布离任,"诏新差广南西路经略安抚使兼知桂州曾布,至桂州交割州事管勾",事载《长编》卷二九二,④也证实曾布知广州时兼任广南东路经略安抚使(简称广东经略安抚使)。二是沈叔通的字为"道济",这也与他二哥沈季长的字"道源(一作原)"⑤相合。三是石赓(生卒年不详),字声叔,泉州同安县(今属福建厦门)人。皇祐元年(1049)进士及第。熙宁五年(1072)至六年任广西转运判官。⑥

《长编》卷二九一载:神宗元丰元年(1078)八月己巳,"权发遣广南东路转运副使、屯田员外郎沈叔通追一官,仍勒停。坐提点福建路刑狱时,廖恩惊扨,措置乖方故也"⑦。这是说沈叔通得到了处罚。

宋人章如愚《群书考索》卷十一载:沈叔通在神宗时尚担任过"军器监丞"⑧,极有可能是神宗元丰年间(1079—1085)的事情。

沈叔通家族原为浙江世家大族。据王安石为沈叔通之父沈播撰写的《贵池主簿沈君墓表》记载,沈家"世家于杭州之钱塘,而其先湖州之武康(今浙江省德清县西)人也,武康之族显久矣"。自唐以降"三代世皆有名迹,列于国史",后历六代至沈叔通祖父沈玉,以"尚书屯田郎中,知真州(今江苏省扬州市仪征市)军州事",遂定居真州。沈叔通之父沈播(996—1031),"(仁宗)天圣二年(1024),以进士起家楚州司法参军,再调为池州贵池县主簿,年三十六,疾卒于京师之逆旅"⑨。沈叔通二哥沈季长(1027—1087),字道源(一作道原),为王安石小妹婿,与王安石交往甚密,治平二年(1065)"中进士甲科,补越州司法参军"。据王安石之弟王安礼为沈季长所作的《故朝奉郎、权发遣秀州军事兼管内劝农事、轻车都尉、借紫沈公墓志铭》载:沈季长"少长,即自奋励,闭门读书,家人有终岁不见其面者。年十七举进士,荐于乡,辞章典丽已可观。居数年,乃专取群经,深探而力索之,至忘寝食寒暑,遂又以经术称,学者归之"。官至"权发遣秀州事。卒于官舍""子三人:铢,和州防御推官,文学行义皆有可称;锡,读书举进士;鏻,亦孝谨,皆假承务郎"⑩。沈季

---

① 《长编》卷280,神宗熙宁十年二月丙午,第6869页。
② 《长编》卷283,神宗熙宁十年七月,乙亥,第6940页。
③ 《长编》卷291,神宗元丰元年八月壬子,第7115页。
④ 《长编》卷292,神宗元丰元年九月癸未,第7133页。
⑤ 王安礼撰:《故朝奉郎、权发遣秀州军事兼管内劝农事、轻车都尉、借紫沈公墓志铭》,载曾燕主编:《嘉禾宋文钞》,上海:上海古籍出版社,2014年,第35-36页。
⑥ 李之亮编:《宋代路分长官通考》中,成都:巴蜀书社,2003年,第1138页。
⑦ 《长编》卷291,神宗元丰元年八月己巳,第7126页。
⑧ [宋]章如愚:《群书考索》卷11,文渊阁《四库全书》第937册,第149页。
⑨ [宋]王安石撰;李之亮笺注:《王荆公文集笺注》下,成都:巴蜀书社,2005年,第1853-1856页。
⑩ 曾燕主编:《嘉禾宋文钞》,上海:上海古籍出版社,2014年,第35-36页。

长长子沈铢(？—1098)，字子平，自小师从王安石，熙宁六年(1073)进士高第，官至龙图阁待制知宣州；沈季长次子沈锡(生卒年不详)，字子昭，以王安礼荫补，为鄂州司户参军，政和二年(1112)知海州，以通议大夫致仕。①

沈叔通知海州的时间为哲宗元祐元年(1086)，事载《苏轼文集》卷三八《沈叔通知海州》制，该制为元祐元年(1086)苏轼任中书舍人、知制诰时作：

> 敕。朕嗣位以来，通商惠农，施舍已责，有不顺成，荒政毕举。而海滨之民，群聚剽掠，此吏不称职，备灾无素之过也。今选命汝，惟往安之，非胜之也。民苟有以生矣，其肯自弃于恶?！可。②

沈叔通离知海州的时间不详。李之亮在《宋两淮大郡守臣易替考》中认为沈叔通知海州的时间始于北宋哲宗元祐元年(1086)。

【海州知州：霍唐臣】

霍唐臣(生卒年不详)，生平史载简略，历知眉州、海州、濠州等官。

《长编》卷三九六载：哲宗元祐二年(1087)三月戊辰，"诏：'……其见任知怀州王子文、知海州霍唐臣、知彭州张尧士、知广安军赵笃，令逐路转运司体量治状以闻。'"③《宋会要辑稿》选举二八之二〇记载道：哲宗元祐二年(1087)三月，"十六日，诏：'……其见任知州王子文、霍唐臣、张尧士、赵衮不可为郡，令逐路转运司体量治状以闻。'"小字注说明了这次诏书的原因"先是，殿中侍御史吕陶言四人者治郡无状，请命从官以上荐，故有是诏"④。也就是说，包括知海州霍唐臣在内的这四位知州，因"治郡无状"遭时任殿中侍御史的吕陶弹劾而丢官。吕陶在其《净德集·奏乞降诏举郡守状》的奏折及此后的"贴黄"和补奏中清晰地剖析了"今日任官之弊，其轻且滥者，惟郡守为甚也"。由于论资排辈，低阶官职(如通判)两任后，凡有二人(《长编》卷三九六为"三")举荐即可升迁(为郡守)，而不问"其所为，即知可与不可为"，导致"侮法慢令，戕民害物，十郡之中，常有二三；阘茸不治，又有一二"。因此，建议"诏内外待制、太中大夫以上，于通判资序人内岁举堪知州者三人，朝廷更加审察，送吏部籍记名氏。凡遇有阙，先差有举主者；如资任未及，即差权知；其次方差资序合入人。庶几，牧守之职，有以庇民，循良之风，无愧前古"。也就是说，从通判升迁为郡守，除了资历(两任通判)和举荐(两人推荐)以外，还需要考察其能力。特别地，在补奏二中，略举王子文、霍唐臣、张尧士、赵衮等四位知州的劣行以兹佐证上述言论。其中：

> 霍唐臣者，知眉州，每公会设食，须留数品，折请估直。有法司姓孙为吏，其兄在提刑司祗厅，每法司有过，唐臣恕之，仍告云："我为尔兄，且放尔罪。"其猥下如此，今差知海州。⑤

由此可知，霍唐臣离知海州的时间晚至哲宗元祐二年(1087)三月，知海州之前知眉州。

---

① 《宋史》卷354《沈铢弟沈锡传》，第11157-11158页。
② [宋]苏轼著，李之亮笺注：《苏轼文集编年笺注》(诗词附4)，成都：巴蜀书社，2011年，第613-614页。
③ 《长编》卷396，哲宗元祐二年三月戊辰，第9657页。
④ 《宋会要辑稿》选举28之20，第5798页。
⑤ [宋]吕陶：《净德集》卷2，文渊阁《四库全书》第1098册，第18-20页。

朝廷因吕陶奏状下诏后,收效明显,前通判扬州和秦州的陈辅得以升迁为知邛州,事载宋晁补之撰《朝奉郎致仕陈君墓志铭》:

> 王子文、霍唐臣、张尧士、赵衮以治郡亡状得罪,诏大中大夫以上,以岁举堪知州一员。今门下侍郎许公将首以君应,诏差知邛州事。①

苏东坡诗《送贾讷倅眉二首》之一中有诗句"童子遥知颂襦袴,使君先已洗尊罍"。宋人王十朋为之注曰:"李大夫,眉之贤太守也。尧卿,元祐元年,李琪以朝散大夫知眉州。"②王十朋(1112—1171),字龟龄,号梅溪,温州乐清(今浙江省乐清市)人。南宋著名政治家、诗人,爱国名臣。王十朋在《东坡诗集注》序中道:"崇宁年间,仆年志于学,逮今三十年。……三十年中,殚精竭虑,仆之心力,尽于此书。今乃编写刊行,愿与学者共之。"③王十朋从徽宗崇宁年间(1102—1106)开始注疏此书,三十年后,也即高宗绍兴四年(1134)左右付印刊行。从始到终距离哲宗元祐元年(1086)不足五十年,因此所注疏内容应该是可信的。元祐元年,李琪以朝散大夫知眉州,补霍唐臣阙。

霍唐臣知濠州,制《霍唐臣知濠州》由苏辙拟,载《栾城集》卷二十九:

> 敕具官某:士奋于布衣,为列郡守,有民有社,可以言政。尔积累勤瘁,逮兹长人。濠虽小邦,而民物之繁、山川之胜,苟治之有道,亦足以观循良之效矣。可。④

苏辙于哲宗元祐元年(1086)十一月任职中书舍人,事载《长编》卷三九二:"哲宗元祐元年(丙寅,1086)十一月戊寅,起居郎苏辙、起居舍人曾肇并为中书舍人,肇仍充实录院修撰。"直到次年十一月迁户部侍郎,事载《长编》卷三九八:"辙十一月二十六日始迁户侍,是冬苦寒,无复旱矣。"⑤只有这一年内,苏辙才有草拟制书的资格。综上,《霍唐臣知濠州》制应在哲宗元祐二年(1087)三月之后十一月之前,亦补《苏辙年谱》之缺⑥。

从上述史料看,霍唐臣知海州的时间为哲宗元祐元年(1086)至元祐二年(1087)三月。

李之亮在《宋两淮大郡守臣易替考》中认为霍唐臣知海州的时间为哲宗元祐元年(1086)至元祐二年(1087)。

【海州通判:吕升卿】

吕升卿(生卒年不详),字明甫,北宋晋江(今福建省泉州市)人。神宗熙宁三年庚戌(1070)叶祖洽榜进士,与蔡京同榜。六年三月,以王安石荐,自常州团练推官召为馆阁校理、提举详定修撰经义所检;四月,察访京东路常平等事;十一月,为太子中允、权发遣京东路转运判官;十二月,为馆阁校勘、徙淮南东路。⑦七年五月,为崇政殿说书;九月,兼同

---

① [宋]晁补之:《鸡肋集》67《墓志铭》,文渊阁《四库全书》第1118册,第983—985页。
② [宋]苏轼著,[宋]王十朋注:《东坡诗集注》卷16,文渊阁《四库全书》第1109册,第306页。
③ [宋]苏轼著,[宋]王十朋注:《东坡诗集注》序,文渊阁《四库全书》第1109册,第3-5页。
④ [宋]苏辙:《栾城集》卷29,文渊阁《四库全书》第1112册,第310页。
⑤ 《长编》卷392,哲宗元祐元年十一月戊寅,第9523页;卷398,哲宗元祐二年四月己亥,第9719页。
⑥ 曾枣庄著:《苏辙年谱》,成都:巴蜀书社,2017年,第71-84页。
⑦ 《长编》卷243,神宗熙宁六年三月庚午,第5926页;卷244,神宗熙宁六年四月乙亥,第5931页;卷248,神宗熙宁六年十一月丙午、十二月壬辰,第6041、6062页。按:四月,吕升卿察访京东路常平等事,《宋会要辑稿》载有不同:"(五月,命)权定州推官、馆阁校勘吕升卿察访京东路。"参见《宋会要辑稿》职官42之62,第4103页。

修撰经义。八年六月，入直集贤院，并以修《诗》《书》《周礼、义》解毕；七月，罢为管句国子监，寻权发遣太常寺，兼修一司敕；十月，权发遣江南西路转运副使；十二月，落职，降授太常寺太祝、监无为军酒税。① 元丰三年(1080)正月，以大理评事、管勾崇福宫复馆阁校勘，权判登闻鼓院，后为太常寺丞。② 哲宗元祐元年(1086)五月，以吏部员外郎通判海州。绍圣四年(1097)十一月，自京东路转运副使徙河北路。元符元年(1098)正月，以朝奉郎、新除权发遣河北转运副使加直秘阁，寻为广南西路察访，三月罢；八月，改河东路转运副使；③二年正月，权发遣越州，寻改江宁府；三年离任。④《宋史翼》卷二〇有本传。⑤

吕升卿妻陈氏墓志铭由杨杰撰，载《无为集》卷一四《故仙源县君陈氏墓志铭》，内存吕升卿部分行状："温陵吕君升卿明甫……吕，大族也，内外百口……熙宁六年(1073)，明甫出使京东……熙宁七年(1074)，明甫为太子中允、直集贤院兼崇政殿说书，管句国子监。"⑥

吕升卿通判海州时间在哲宗元祐元年(1086)五月，海州诸志不存，事载《长编》卷三七八：

> 右正言王觌言："吏部员外郎吕升卿有状，引用朝旨及先帝德音，乞理知州资序。贪竞反复，乞行劾问。"诏吕升卿通判海州。⑦

诰词《贾种民知汉阳军、吕升卿通判海州》由苏轼撰：

> 敕贾种民等：天下有道，士知分义。流品清浊，各有攸处。如种民、升卿，亦不汝弃。往服宠命，益祗厥官。可。⑧

吕升卿离任通判海州时间不详，但据后文分析，郭时亮通判海州时间在哲宗元祐二年(1087)，因而这也是吕升卿离任通判海州的时间。

吕升卿善诗工书，而史载并不如此。《宋史》卷四七一《吕惠卿传》载："弟升卿无学术。"⑨《长编》卷二四四载："王安石知升卿经义非所长，请试以事。"《长编》卷二五三亦载："升卿素无学术，每进讲，多舍经而谈财谷利害、营缮等事。上时问以经义，升卿不能对，辄目

---

① 《长编》卷253，神宗熙宁七年五月丙辰，第6196页；卷256，神宗熙宁七年九月庚子，第6249页；卷265，神宗熙宁八年六月辛亥、癸丑，第6495、6514页；卷266，神宗熙宁八年七月癸未，第6532页；卷269，神宗熙宁八年十月己丑，第6582页；卷271，神宗熙宁八年十二月庚寅，第6634-6635页。
② 《长编》卷302，神宗元丰三年正月乙亥，第7344页。按：吕升卿任太常丞时间不详，唯见元丰六年(1083)十月庚辰"太常丞吕升卿言"事，载《长编》卷340，神宗元丰六年十月庚辰，第8181页。
③ 《长编》卷378，哲宗元祐元年五月甲申，第9191页；卷493，哲宗绍圣四年十一月乙丑，第11697页；卷494，哲宗元符元年正月壬子，第11726页；卷495，哲宗元符元年三月癸丑，第11768页；卷501，哲宗元符元年八月丙子，第11929页。
④ 《长编》卷505，哲宗元符二年正月壬子，第12033页。按：元至大《金陵新志》载："(元符)二年己卯(1099)，朝奉郎、直秘阁吕升卿知府事。三年庚辰(正月，哲宗崩，弟佶即位，庙号徽宗)，叶涛除集贤殿修撰、知府事；七月，蔡卞授资政殿学士、知府事；十一月，蔡京授端明殿学士、知府事，皆不至。京、卞寻落职，提举杭州洞霄。"参见[元]张铉撰：《至大金陵新志》卷3中之《金陵表五》，文渊阁《四库全书》第492册，第171-172页。
⑤ [清]陆心源撰，吴伯雄点校：《宋史翼(下)》，杭州：浙江古籍出版社，2016年，第1050-1051页。
⑥ [宋]杨杰：《无为集》卷14《故仙源县君陈氏墓志铭》，文渊阁《四库全书》第1099册，第764-765页；[宋]杨杰撰，曹小云校笺：《无为集校笺》，合肥：黄山书社，2014年，第470-471页。
⑦ 《长编》卷378，哲宗元祐元年五月甲申，第9191页。
⑧ [宋]苏轼：《苏东坡全集》，北京：燕山出版社，2009年，第2238页。
⑨ 《宋史》卷471《吕惠卿传》，第13707页。

季长从旁代对。"但正如本条注中所提疑问"升卿无学术,不能对上所问,不知《诗序》何以即全用升卿所解,当考"那样,吕升卿后来还入"直集贤院,并以修《诗》《书》《周礼,义》解毕。"吕惠卿上奏曰:"臣伏见王安石札子,奏乞《诗序》用吕升卿所解,诗义依旧本颁行。"① 可见,吕升卿并非不懂经义,也并非无诗书才能。

吕升卿诗书现几无留存。《全宋文》考索有《淮东役钱事奏》《乞不更删改周礼义等奏》《请先庙后郊奏》《大礼受誓戒事奏》等奏议四篇、《跋沈翰林帖》一篇、《谒李卫公神祠记》《还朝题记》等记二篇以及石刻《卧龙山题名》一通。②

除此之外,吕升卿尚有多篇仅存其名。一是《泰山真宗封禅碑阴题名》。《六艺之一录》卷九七载:"吕升卿为京东察访,游泰山,题名于真宗御制封禅碑之阴,刊刻拓本传于四方。后二年,升卿判国子监,会蔡承禧为御史,言其题名事,以为大不恭,遂罢升卿判监。"二是《销暑楼记》。《六艺之一录》卷九七载:"元祐五年(1090)吕升卿撰并书(自注:《吴兴掌故集》)。"③ 三是《历代帝王图》题名。据刘九洲等考证,现藏美国波士顿美术馆的《历代帝王图》卷后题名有"吕升卿""冯永功"和"韩琦 乙亥"等字样。④ 韩琦(1008—1075),仁宗天圣五年丁卯(1027)王尧臣榜进士第二名,官至宰相,期间只有仁宗景祐二年(1035)为乙亥。景祐元年九月,韩琦迁任开封府推官,二年十二月迁三司度支判官,授太常博士。⑤ 也就是说,韩琦为开封府推官时为《历代帝王图》题名,吕升卿题名时间不详。四是《和米芾题子敬范新妇唐摹帖》诗二首,载米芾《书史》。哲宗元祐二年(1087),米芾从苏辙家购买到王献之《范新妇帖》唐摹本,遂题诗并又自和二首,加上黄庭坚和诗一首、蒋之奇和诗三首、吕升卿和诗两首、林希和诗三首、刘泾和诗两首、余章和诗一首,共成一轴,可惜被林子虚借走未还,后不知去向。⑥

北宋哲宗元祐二年丁卯(1087)

| 海州知州 | 郭知章 | 海州通判 | 郭时亮 |

【海州知州:郭知章】

郭知章(1039—1111),字明叔,吉州龙泉(今江西省吉安市遂川县)人。英宗治平二年乙巳(1065)彭汝砺榜进士。历官知浮梁县、分宁县、海州、濮州,提点梓州路刑狱,监察御史,殿中侍御史,左司员外郎,左司谏,权工部侍郎,中书舍人,集贤殿修撰、知和州,宝文阁直学士、知太原府,刑部尚书、知开封府,翰林学士,知邓州。官至显谟阁直学士。

---

① 《长编》卷244,神宗熙宁六年四月乙亥,第5931页;卷253,神宗熙宁七年五月丙辰,第6196页;卷265,神宗熙宁八年六月丁未,第6495页;卷268,神宗熙宁八年九月辛未,第6565页。
② 曾枣庄、刘琳主编:《全宋文》第97册,第94-98页。
③ [清]倪涛:《六艺之一录》卷97,文渊阁《四库全书》第832册,第82页。
④ 刘九洲、吴斌著:《王维〈著色山水图〉研究》,北京:中国美术学院出版社,2018年,第54-55页。
⑤ 白寿彝总主编,陈振主编:《中国通史》第7卷《中古时代五代辽宋夏金时期》下(第2版),上海:上海人民出版社,2013年,第1157页。
⑥ 邓实:《中国古代美术丛书》第6册(二集)第1辑,北京:国际文化出版公司,1993年,第36-37页。

《宋史》卷三五五本传载：

  郭知章字明叔，吉州龙泉人。第进士，从刘彝广西幕府，知浮梁、分宁县。黄履荐为御史，以忧不克拜，知海州、濮州，提点梓州路刑狱。复以郑雍、顾临荐，为监察御史。

  哲宗亲政，上书请用淳化、天禧诏增谏官员，曰："馆职无所用，朝廷设之不疑；谏官最急，乃常不足。是急于所无用，缓其所当急也。又比岁选授监司，多緫寺监丞，不过知县资序。外官莫重于部使者，岂宜轻用若是？宜稍限以节。如转运判官择实任通判者，提点刑狱择实任郡守者，然后考其治理，简拔用之。"又言："自大河东、北分流，生灵被害。今水之趋东者已不可遏，顺而导之，闭北而行东，其利百倍矣。"

  迁殿中侍御史，言："先帝辟地进壤，建筑四砦，据高临下，扼西戎咽喉。元祐用事者委而弃之，愿讨赜议奏，显行黜罚。"史院究神宗实录诬罔事，知章请贬治吕大防等。绍圣复制科，知章校试，言："先朝既策进士，即废此科，近年复置，诚无所补。"遂复罢。又请复元丰役法，大抵迎合时好。

  进左司员外郎，改左司谏。尝言："爵禄庆赏，以劝天下之善，愿无以假借大臣，使行私恩；刑罚诛戮，以惩天下之恶，愿无以假借大臣，使快私忿。忠于陛下者，必见忌大臣；党于大臣者，必上负陛下。惟明主财察。"权工部侍郎，为中书舍人。

  辽使萧德崇来为夏人请还河西地，命知章报聘。德崇曰："两朝久通好，小国蕞尔疆土，还之可乎？"知章曰："夏人累犯边，法当致讨，以北朝劝和之故，务为优容。彼若恭顺如初，当自有恩旨，非使人所能预知也。"归未至，坐尝主导河东流议，以集贤殿修撰知和州。

  徽宗立，曾布用为工部侍郎，加宝文阁直学士、知太原府。召拜刑部尚书、知开封府，为翰林学士。言者又论河事，罢知邓州，旋入党籍。数年，复显谟阁直学士。政和初，卒。①

郭知章知海州，制词《郭知章知海州，江公著通判陈州》由苏辙拟，载《栾城集》卷二十九：

  敕某等：天下之士，非举无以知其贤，非试无以效其实。举之于众而试之以事，此先王所以求贤责实之方，后世之所不易也。尔等咸以才名荐于近臣，朕信而任之，使知章守东海，使公著佐淮阳。勉悉乃心，朕将观尔所为，以知言者之非妄。可。②

苏辙于哲宗元祐元年（1086）十一月至二年（1087）十一月任职中书舍人，上文提到霍唐臣离知海州、知濠州的时间为哲宗元祐二年（1087）三月，因此该制诰应该草拟于元祐二年三月之前或与《霍唐臣知濠州》制诰同时。故郭知章知海州时间为哲宗元祐二年（1087）三月，离知海州时间不详。

郭知章知海州时，郭祥正有《送郭晦叔知海州》诗相赠：

  凛凛汾阳秀，螺川旧徙居。文名动场屋，孝节冠乡闾。御史论才久，方州躐等

---

① 《宋史》卷355《郭知章传》，第11196-11198页。
② [宋]苏辙：《栾城集》卷29，文渊阁《四库全书》第1112册，第309页。

除。朝廷终器使,宗庙得璠玙。①

其中,郭晦叔即郭知章,"晦叔"是郭知章字"明叔"的误刻。② 郭祥正(1035—1113),字功父,一作功甫,自号谢公山人、醉引居士、净空居士、漳南浪士等,太平州当涂(今安徽省马鞍山市当涂县)人,仁宗皇祐五年癸巳(1053)郑獬榜进士。历知武冈县,签书保信军节度判官,权邵州防御判官,太子中舍,以军功迁殿中丞致仕,后复出,通判汀州,知端州。《宋史》卷四四四本传载:

> 郭祥正字功父,太平州当涂人,母梦李白而生。少有诗声,梅尧臣方擅名一时,见而叹曰:"天才如此,真太白后身也!"举进士,熙宁中,知武冈县,签书保信军节度判官。时王安石用事,祥正奏乞天下大计专听安石处画,有异议者,虽大臣亦当屏黜。神宗览而异之,一日,问安石曰:"卿识郭祥正乎?其才似可用。"出其章以示安石,安石耻为小臣所荐,因极口陈其无行。时祥正从章惇察访辟,闻之,遂以殿中丞致仕。后复出,通判汀州,知端州,又弃去,隐于县青山,卒。③

郭知章除《宋史》本传记载担任过的职官外,尚担任过以下职官。

在知海州之前,在京任奉议郎,事载《长编》卷三七八:哲宗元祐元年(1086)五月戊辰,"诏奉议郎郭知章令中书省记姓名。以江淮等路发运使张汝贤荐也"④。

在担任左司谏之前就右司谏,事载《宋会要辑稿》职官一七之一五:哲宗绍圣元年(1094),"六月十五日,诏:'差殿中侍御史井亮采就左司,郭知章就右司,同取索六曹四月以前未了文字,催促结绝。如违滞多日,或故作迂曲会问,或行遣不当者,人吏等第勘罪,郎官籍记姓名类欸闻奏。'从左司谏翟思请也"⑤。之后任左司谏并兼权给事中,事载《长编》卷四九三:哲宗绍圣四年(1097)十一月,"癸丑,左司谏郭知章兼权给事中"⑥。

郭知章在任刑部尚书之前任刑部侍郎,事载《宋会要辑稿》礼一五之五二:徽宗元符三年(1100)五月四日,"吏部侍郎陆佃、黄裳,刑部侍郎郭知章,中书舍人曾肇,天章阁待制枢密都承旨范纯礼奏。"⑦十一月,郭知章为永兴军,事载宋人彭百川撰《太平治迹统类》卷二四《元祐党事本末下》载:"十一月诏以来,年改元建中靖国,以新除贾易为谏议大夫,左司谏邹浩为起居舍人,蔡京知江宁,郭知章为永兴军,苏轼成都玉局观,苏辙提举太平宫、任便居住,黄庭坚知叙州,刘安世知郓州。"⑧

郭知章在罢知邓州时,还由翰林学士降为枢密直学士,时隔不足一个月,又被降为充龙图阁直学士。《宋会要辑稿》:徽宗崇宁元年(1102),"闰六月十四日,诏翰林学士郭知章为枢密直学士、知邓州,都水使者黄思放罢,皆以昔论河事尝主东流之议,为言者所弹故也。"七月,"八日,枢密直学士、朝奉大夫、新差知邓州郭知章降充龙图阁直学士。"徽宗

---

① 郭祥正撰,孔凡礼点校:《郭祥正集》,合肥:黄山书社,2014年,第316页。
② 毛建军:《郭祥正交游考述》,郑州大学硕士论文,2003年。
③ 《宋史》卷444《郭祥正传》,第13123页。
④ 《长编》卷378,哲宗元祐元年五月戊辰,第9174页。
⑤ 《宋会要辑稿》职官17之15,第3456页。
⑥ 《长编》卷493,哲宗绍圣四年十一月癸丑,第11693页。
⑦ 《宋会要辑稿》礼15之52,第865—866页。
⑧ [宋]彭百川:《太平治迹统类》卷24《元祐党事本末下》,文渊阁《四库全书》第408册,第614页。

大观二年(1108)三月二十八日,被打入元祐党籍,职官七六之二七:"续诏叶祖洽、郭知章、上官均、朱绂、种师极、钱景祥并出罪籍。"选举三三之二五载:"三年(1109)七月五日,……朝散大夫、提举南京鸿庆宫郭知章知汝州,……并除集贤殿修撰。"郭知章去世后赠通议大夫,仪制一一之八:"显谟阁直学士、朝请大夫郭知章政和元年(1111)十月赠通议大夫。"①并谥"文毅"②。由好友黄庭坚撰写的墓志铭残片以及墓中出土的十三件"鎏金荔枝纹银带板"等文物现保存在江西省博物馆。③

嘉庆《海州志·职官表》载:"郭知章,吉州龙泉人,第进士。哲宗时任,见《宋史》。"李之亮在《宋两淮大郡守臣易替考》中认为,郭知章知海州的时间为哲宗元祐二年(1087)至四年(1089)。

【海州通判:郭时亮】

郭时亮(生卒年不详),字明仲,北宋新淦(今江西省吉安市新干县)人。神宗熙宁六年癸丑(1073)余中榜进士,与后海州团练副使朱服(即朱师服)、后知海州余授和蔡渊以及苏门四学士之一张耒等同榜。④

神宗元丰初年,郭时亮为太原府推官,事载王明清《挥麈录》后录卷六:"元丰中,太原府推官郭时亮首教授余行之有文字结连外界。"⑤三年(1080)之前,为定州教授、颍州团练推官,该年正月郭时亮为定州韩琦祠落成撰写《韩忠献公祠堂记》⑥;四年,以为"通直郎,召对,时亮坚辞不受,听还旧任"⑦。《挥麈录》后录卷六补充道:"(余)行之既腰斩,时亮改京秩,辞不受。时人有诗云:'行之三截断,时亮一生休。'"⑧

"(哲宗)绍圣元年(1094)闰四月二日,诏复置提举常平等事官,以……左朝奉郎郭时亮河东路"⑨;四年十月辛丑,以金部员外郎权提点开封府界诸县镇事。元符元年(1098)八月己丑,为秘阁校理;二年正月庚戌,权发遣河东转运副使;二年十一月庚辰,"以本路提举常平陈琥言转运司行遣违戾,致恭乘钱不足故也",而以"朝请郎、充秘阁校理、权发遣河东转运副使""落秘阁校理,降授朝散郎"⑩。崇宁四年(1105),知泉州。⑪

郭时亮通判海州时间不详,其任职诰词载苏辙《栾城集》卷二九《郭时亮通判海州》:

---

① 《宋会要辑稿》方域15之21,第9580页;职官67之38,第4896页;职官76之27,第5111页;选举33之25,第5895页;仪制11之8,第2532页。
② 刘文源主编:《吉安古代名人传》,南昌:百花洲文艺出版社,1995年,第49页。
③ 刘禄山:《从北宋郭知章墓"金御仙花带板"探究革带演变》,《东方收藏》2012年第10期,第18-21页;江西省博物馆:《北宋鎏金荔枝纹银带板》,2019年7月4日,http://www.jxmuseum.cn/collection/ztsc/jyq/2eaf4b9-0d15-4d4-9718-abde8088c239/2eaf4b9-0d15-4d4-9718-abde8088c239,2021年8月8日。
④ 诸葛忆兵编著:《宋代科举资料长编》(北宋卷)下,南京:凤凰出版社,2017年,第715-716页。
⑤ [宋]王明清撰:《挥麈录》,上海:上海古籍出版社,2012年,第101页。
⑥ 曾枣庄、刘琳主编:《全宋文》第102册,第325-327页。
⑦ 《长编》卷312,神宗元丰四年四月壬申,第7565页。
⑧ [宋]王明清撰:《挥麈录》,第101页。
⑨ 《宋会要辑稿》职官43之6,第4114页。
⑩ 《长编》卷492,哲宗绍圣四年十月辛丑,第11687-11688页;卷501,哲宗元符元年八月己丑,第11937页;卷505,哲宗元符二年正月庚戌,第12027-12028页;卷518,哲宗元符二年十一月庚辰,第12327页。
⑪ [清]周学曾等纂修,晋江县地方志编纂委员会整理:《晋江县志》,福州:福建人民出版社,1990年,第531页。

敕具官某：朝廷之法，无言不酬，无德不报。尔昔在定武，首发奸谋，而义不受赏。岁月久矣，大臣犹以为言。东海名郡，往贰守事。益勉于政，将以观尔。可。①

苏辙任职中书舍人时间在哲宗元祐元年（1086）十一月至元祐二年十一月②，因此可以推知郭时亮通判海州时间在哲宗元祐二年至四年（1087—1089）。

郭时亮籍贯来自《江西通志》卷四九《选举》："郭时亮，新淦人。"③

（a）郭时亮《次韵奉和》诗碣拓片　　　　　（b）杨谟《题李长者旧居》诗碣拓片

图 8-6　诗碣拓片
（来源：《三晋石刻大全（晋中市寿阳县卷）》）

郭时亮字明仲采自晋中市寿阳县方山上郭时亮一通诗碣《次韵奉和》图 8-6（a）的跋文，该诗为绍圣二年（1095）提举河东路常平等事时所作。郭时亮诗碣为青石质，长 85 厘米、宽 43 厘米、厚 17 厘米，右下角残，无字，左侧断裂。竖刻 11 行，行 3 至 13 字不等，诗文字径约 3.4 厘米，跋文字径约 2.5 厘米，立石人字径约 0.6 厘米，行楷书。全文如下：

《次韵奉和》

李氏当年著佛书，此邦犹记旧居庐。因公寻访松生语，不识何人为守株。

绍圣二年十一月十二日，提举河东路常平等事郭时亮明仲题。

宣义郎、知寿阳县事孟天常立石。④

郭时亮《次韵奉和》的是杨谟《题李长者旧居》诗。杨谟诗碣图 8-6（b）亦位于方山，材质为青石质，长 77 厘米、宽 42 厘米、厚 18 厘米。竖刻 13 行，行 3 至 13 字不等，诗序字径约 3.2 厘米，诗文字径约 3 厘米，跋文字径约 2 厘米，立石人字径约 0.6 厘米，行楷书。全文如下：

予至寿阳道，因访造《华严论》李长者旧居。

方山百里路崎岖，按部因寻长者庐。伏虎已归天女去，陇头新见万松株。

松乃近年所生，以符长者之谶云。绍圣二年十一月七日。洛阳杨谟圣咨题。

---

① ［宋］苏辙：《栾城集》卷 29，文渊阁《四库全书》第 1112 册，第 306 页。
② 《长编》卷 389，哲宗元祐元年十月丙戌，第 9450-9451 页；卷 407，哲宗元祐二年十一月甲戌，第 9903 页。
③ ［清］谢旻：《江西通志》卷 49《选举》，文渊阁《四库全书》第 514 册，第 587 页。
④ 刘泽民总主编，史景怡主编：《三晋石刻大全（晋中市寿阳县卷）》，太原：三晋出版社，2010 年，第 43 页。

宣义郎、知寿阳县事孟天常立石。①

郭时亮和杨谟诗中提到的"李氏""李长者"为李通玄（635—730），是唐代一位研究《华严经》的著名学者，他研究过道学、易学，后来用易学来阐释《华严经》，将儒释会通、佛道杂糅、中西融通，从而形成一种新的易学流派——方山易学或华严易学。② 李通玄去世后葬于山西省晋中市寿阳县方山。

郭时亮在定州充州学教授时，韩绛任定州知州。为表达对前任定州知州韩琦的怀念和崇敬之情，韩绛于文庙一侧修建了"韩公祠"，历时三年，于元丰三年（1080）竣工，并刻石纪念，邀请"颖川（疑为颍州）团练推官、将仕郎、试秘书省校书郎、知太平州繁昌县事、充定州州学教授"郭时亮撰文《魏国韩忠献公祠堂记》③，书法名家"将仕郎、守将作监主簿、新差监瀛州仓草场"滕中书丹并篆额。

北宋哲宗元祐三年戊辰（1088）

【海州知州：盛仲孙】

盛仲孙（1037—1103），余杭人，生平史载简略，主要载地方志、宋人文集笔记以及墓志铭中。仁宗庆历二年（1042），以荫补将作监主簿，历官知衡州（今湖南衡阳）、海州、单州（今山东菏泽单县）、吉州、太平州等。官至左朝议大夫、知沂州，徽宗崇宁二年（1103）正月卒于官，年六十五。

曾祖"盛豫，余杭人，仕吴越为检校太傅，归朝后，赠太师。"④祖父盛京，仁宗康定元年（1040）至庆历三年（1043）知海州。据《古今图书集成·明伦汇编·氏族典》卷四九二载：盛京天资仁厚，不忍以法绳下，而吏民化服；亦不忍欺，以事去，久而民爱思之。终工部侍郎。父盛遵甫为盛京次子，在盛京知海州后十年，也即仁宗皇祐五年（1053）左右以光禄丞通判海州，岁旱，发公私藏粟以廪民，全活甚众。又设方略，捕奸盗发，辄得。在盛京知海州后，又过了四十余年，哲宗即位（1086）以后，盛仲孙以朝奉大夫守海州。期年，州称治，邦人有称"盛使君家儿世世循吏"之称。⑤伯祖盛度（963—1041），字公量，太宗端拱二年己丑（989）陈尧叟榜进士，《宋史》卷二九二有本传。

今存扬州博物馆的"盛仲孙墓志铭并盖""盛仲孙夫人刘氏墓志铭并盖"（图8-7）详细记载了盛仲孙夫妇的生平。盛仲孙夫妇墓志铭于1992年8月出土于江苏省扬州市城北乡新民村砖瓦厂，2002年国家图书馆入藏周绍良出让的拓片538种571件，其中就有"盛仲孙墓志铭并盖""盛仲孙夫人刘氏墓志铭并盖"四幅拓片，拓片皆上钤"周绍良印""长原手拓"印。《盛仲孙墓志铭》由宋人许端卿撰文、刘明仲书丹、杨廷臣篆盖，为横长方形，

---

① 刘泽民总主编，史景怡主编：《三晋石刻大全（晋中市寿阳县卷）》，太原：三晋出版社，2010年，第42页。
② 张志军：《河北佛教史》，北京：宗教文化出版社，2016年，第209页。
③ [民国]《定县志》卷19《金石篇中》，上海：上海书店，1996年，第657-658页。
④ [宋]潜说友：《咸淳临安志》，文渊阁《四库全书》第490册，第646页。
⑤ 《古今图书集成·明伦汇编·氏族典》卷492《盛姓部》，北京：中华书局影印，1934年，第376册之28页。

(a) 盛仲孙墓志铭拓片

(b) 盛仲孙墓志铭篆盖拓片

(c) 盛仲孙夫人刘氏墓志铭篆盖拓片

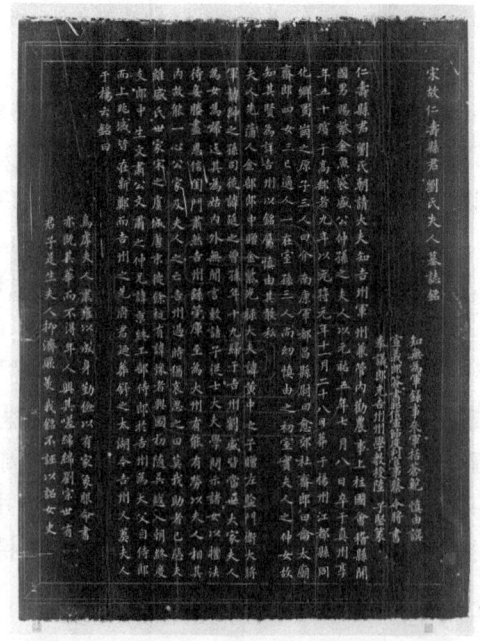

(d) 盛仲孙夫人刘氏墓志铭拓片

图 8-7　盛仲孙夫妇墓志铭并盖拓片
（来源：中国国家图书馆）

首题"宋故左朝议大夫新茎知沂州军州事兼管内劝农使上柱国会稽县开国伯食邑七百户赐紫金鱼袋盛公墓志铭",长120厘米、宽59厘米、厚4厘米,竖刻53行,行25字,楷书,拓片长118厘米、宽58厘米;盖题"宋故左朝议大夫盛公墓志铭",长120厘米、宽59.5厘米、厚5厘米,竖刻6行,行2字,篆书,拓片长117厘米、宽58厘米。《盛仲孙妻刘氏墓志铭》由宋人鲍慎由(即鲍由,盛仲孙之次女婿)撰文、蔡令将书丹、陆子坚篆盖,为纵长方形,首题"宋故仁寿县君刘氏夫人墓志铭",长71厘米、宽91厘米、厚4厘米,竖刻22行,行28字,楷书,拓片长69厘米、宽89厘米;盖题"宋仁寿县君刘氏夫人墓志铭",长56厘米、宽79厘米、厚3厘米,竖刻4行,行3字,篆书,拓片长55厘米、宽77厘米。

墓志铭录文如下:

《宋故左朝议大夫、新差知沂州军州事、兼管内劝农使、上柱国、会稽县开国伯、食邑七百户、赐紫金鱼袋盛公墓志铭》

降授通直郎、提点秦凤路刑狱公事、赐绯鱼袋许端卿撰
宣德郎、新茎知莱州掖县、兼管勾金银坑冶公事刘明仲书
承奉郎、签书州团练判官厅公事杨廷臣篆额

崇宁二年正月丁酉,左朝议大夫新知沂州盛公捐馆,将以其年三月乙酉葬扬州之江都县同化乡蜀冈之原,以先夫人刘氏祔焉。公子介等乃以宣德郎监扬州粮料院,向子渊所状公之行事来请铭。端卿兄子与公家通婚姻,义不得辞,故为序而铭之。序曰:盛氏之先受氏,于周至汉乃易今姓,而为谯郡虞城人。其后仕吴越钱氏,举国入朝。公曾王考,实以幕府从留京师,遂为开封人。曾王考讳豫,官至度支郎中,赠太师中书令。王考讳京,以工部侍郎致仕。考讳遵甫,官至太子右赞善大夫,累赠金紫光禄大夫。

公讳仲孙,字公嗣,庆历二年侍郎公薨,恩补将作监主簿。会明堂,恩迁太常寺太祝,监高邮军清酒务。丁金紫公忧,终丧,监杭州都盐务。英宗即位,恩迁大理评事,赐五品服。迁光禄寺丞,监永兴军军资库用盐务,课增减年格。迁大理寺丞。神宗即位,恩迁太子右赞善大夫、签书建昌军判官厅公事。迁殿中丞,知江州湖口县。迁国子博士,江东转运司举充管勾文字。迁尚书虞部员外郎。再任,官制行,改朝奉郎。迁朝散郎、用举者知衡州。哲宗即位,恩迁朝请郎、赐三品服。迁朝奉大夫、知抚州,未行,堂除知海州。迁朝散大夫、就除知单州。罢还,除知吉州,迁朝请大夫。岁满,知太平州。今上即位,恩迁右朝议大夫、知沂州。会朝廷移谪籍者治沂,因请祠馆,以自便得管勾西京嵩山崇福宫,以避祖讳,再乞治郡。迁左朝议大夫、复知沂州。未行,以疾终于扬州之私第。春秋六十有五,勋至上柱国,爵至会稽县开国伯,食邑至七百户。公行事可纪者甚众,姑论其一二。在建昌,会抚州奏大辟,命覆视。部使者檄公以往,公按见其实,奏当以杖闻。公不愿以是取赏,遂置前官吏不兼劾,坐是罚金,公欣然无悔。其长厚类如此。衡州尝因大火,屋比延烧,官府民居殆尽,守以是免。即有旨荐能者,监司以公应诏,遂除知衡州。公至,缮完有方。未几,合郡庐舍,焕然一新,而官府雄丽,则有加于昔。其治办类如此。由是,为朝廷所知,累除剧郡。江西号为难治,民玩宪法,而庐陵为甚。公至,裁决如神,庭无留事。吏民

至不敢欺,而卒德之。遂相与图公之像以祠。其威惠类如此。公少不好弄,笃学知书,而遇事强明。虽出公卿之后,而无富贵之习。谦慎勤约,仅同寒士。事继母至孝,友兄弟尤笃,皆其天性也。兄子傑,少孤,公养之如己子,于是先诸孙而官之。其为守治,尚清静,不苛娆,郡以无事。与人交忠而不阿,虽泊如而久益亲。平生无所嗜好,独喜藏书,其积至数百千秩。凡仕四十余年,未尝挂吏议,而建昌之坐,可以观过矣! 荐公者至六十余人,皆一时名士。呜呼! 可谓贤也已。

夫人封仁寿县君,先公十三年卒。子男三人:介,新授吉州吉水县丞;愈,新授抚州临川县尉;龠,太庙斋郎。女四人:适颍昌府司法参军钱悌;宣德郎鲍慎由;左班殿直王谅;明州鄞县主簿许纬。孙男二人:宏,太庙斋郎;完,未仕。孙女三人,皆幼。铭曰:

伊盛之宗,邈乎其始。由周暨唐,有显有晦。则笃其庆,世不乏人。逮朝议公,簪笏满门。惟公之才,无适不宜。尤长治郡,所去见思。孝友之行,自其天性。善与人交,久而益敬。凡世华胄,狃习浮侈。公乎不然,约以持己。由初筮仕,迄于终年。曾微一毫,与吏议干。位不酬德,又啬其寿。非此其身,将祉厥后。彼蜀之冈,松栢苍苍。呜呼伟矣,君子之藏。

《宋故仁寿县君刘氏夫人墓志铭》

  知无为军录事参军、括苍鲍慎由撰
  宣义郎、签书昭信军节度判官事蔡今将书
  奉议郎、充吉州州学教授陆子坚篆

仁寿县君刘氏,朝请大夫知吉州军州、兼管内劝农事、上柱国、会稽县开国男、赐紫金鱼袋盛公仲孙之夫人,以元祐五年七月八日卒于真州,享年五十。殡于高邮者九年,以元符元年十一月二十八日葬于扬州江都县同化乡蜀岗之原。子三人:曰介,南康军都昌县尉;曰愈,郊社斋郎;曰龠,太庙斋郎。四女:三已适人,一在室。孙三人,尚幼。慎由之初室,实夫人之仲女,故知其贤为祥,吉州以铭属慎由,其敢私!

夫人,先蒲人,金部郎中、赠金紫光禄大夫讳黄中之子,赠左监门卫大将军讳绅之孙,司徒讳延之曾孙,年十九归于吉州。刘、盛皆当世大家,夫人为女为妇,迄其为姑,内外无闲言。敕诸子从士大夫学问,示诸女以礼法。待妾媵尽恩信,闺门肃然。吉州鹾笔库至为大州,有能有劳,以夫人相其内,故能一心公家。及夫人之亡,吉州过时犹哀思之,曰:"莫我助者已,悲夫!"维盛氏世家,宋之虞城,唐末徙余杭。有讳豫者,兴国初,随吴越入朝,终度支郎中,生文肃公。文肃之仲兄讳京,终工部侍郎,于吉州为大父。自侍郎而上,兆域皆在新郑。而吉州之先府君,乃葬舒之太湖。今吉州又葬夫人于扬云。铭曰:

乌乎夫人! 肃雍以成身,勤俭以有家。象服命书,亦既其华。而不得年,人兴其嗟。绵绵刘宗,世有君子。是生夫人,抑济厥美。我铭不诬,以诏女史。①

  宋刘弇在其《龙云集》卷二五《送盛大夫仲孙归朝序(并诗)》一文中亦详述了盛仲孙

---

① 按:《宋故左朝议大夫盛公墓志铭并盖》《盛仲孙妻刘氏墓志铭并盖》,详见国家图书馆—中华古籍资源库—碑帖精华,馆藏信息分别为墓志7457和7456。

的有关情况：

> 余读《元祐九域志》，自国初距元丰末，天下生齿以户计者得一千八百万有奇，而潭与吉最，其蕃且息者，潭户客主三十五万。吉虽微为不若，然犹居潭十九已上，用此，故吉常为西（一作东，原注，下序同）南剧。南接赣北竟淦水，东西控临川长沙，环地几二千里。其间，皋缠壤束、水耰、陆垦之民，急角其力限尔疆，此界如一枰。上常窘边幅，舍居者非，皆尽得平川易野，则往往负湍溪，挂鸟道，诘曲间，关开明，阛昏至，聚落相枕，如带不绝。县官平日籾（京本作仞）廪廥，舳舻蔽川，取鱼贯而下，岁输中都，租亡虑五十万斛，以至修廛阃闬、绸直戢香、市声汹汹，正昼争奔，赴南商北、宦之去来，络绎旁午，迭盈而递、虚其憧憧，如此异时，射利之豪右（京本作民）、市井之轻薄。与夫博徒饮客过从，间阎相与约，结仇报怨间，失意杯酒，抽白刃立决，格斗披攘。而八邑武断窃发之奸，时时相仍，犴狱为之充斥，他诉讼略复称是。以故朝廷必得材太守，然后遣用，慎择付二三大臣至号堂选。士大夫甚者皆相谓"吉难治"，求脱者十常八九。曾不知一切烦委，实户口使然。盛侯之来为州也，尽得其风俗、山川之情状本末，则喜曰："是不难治，烹丝小鲜信挠之者有罪，我则静以仁之。"于是戢吏胥诋欺舞文，使狼噬鸱攫者夺气。谕属县，无得辄缘苛细，使触烦挂密者，后将知免行之。未几，民果趋便。一年，而抚字惠厚之恩浃。再期而慈祥，岂弟之俗，就维时春阳、风融、物熙。课成还朝，行色遽动。邦人将欲父母吾侯而不克久也，密图其像而祠之。既又相与惜其去，以为侯尝更海、单、衡三州，不忘其民，且吉将侯忘也，孰忍？小人则曰："辕攀辙卧，有吾属在。"君子则曰："志就而文不（京本作弗）抗，奈去思何！文丰而义弗迨（京本作迫），奈赠言何！"我则有诗在，于是，合中外属官与夫士而文者，得若干篇。谓弇辱侯之知为最旧，而吉其桑梓也。咸以序见属，觞三行序成，且别附诗左方云。绍圣四年二月上浣，刘弇序。

> 及瓜报官期，瞻斗动行色。二月江南春，曾波回暖碧。画船猎双旌，迅夺飞鸟翼。二年东道主，一日北归客。利器盘错空，生祠潇洒逼。清讹禽呼软，竹馆林英拆。屯云如有情，结恋低羃羃。裹蹄跋路远，太阿风雨隔。天浮彭蠡宽，月梦夷门直。悬想动前旒，吾君席方侧。①

《宋史》刘弇本传载："刘弇，字伟明，吉州（今江西省吉安市）安福人。……登元丰二年（1079）进士第。"②序文可知，盛仲孙移除知吉州赴京之时，因其政绩显要，当地百姓希望画其像，为其立祠祭拜。刘弇本人作诗一首相赠，吉州内外官员和文人纷纷作文以记，因刘弇是吉州人，又与盛仲孙相知日久，便委托刘弇为文集作序，时间为哲宗绍圣四年（1097）二月上旬。序文中亦记述了盛仲孙在知吉州前，还知衡州、海州、单州等三州。《盛仲孙墓志铭》中载，知吉州岁满后知太平州，可推知，盛仲孙知吉州时间为哲宗绍兴元年（1094），知太平州时间为哲宗绍圣四年（1097）二月。李之亮在《宋两江郡守臣易替考》中引《太平府志》："盛仲孙，以右朝议大夫知。"认为盛仲孙知太平州时间为哲宗元符三年

---

① [宋]刘弇：《龙云集》卷25《送盛大夫仲孙归朝序（并诗）》，文渊阁《四库全书》第1119册，第264-265页。
② 《宋史》卷444《刘弇传》，第13127-13128页。

(1100)至徽宗崇宁元年(1102)。① 误。

沈括《长兴集》中载有盛仲孙岳父刘黄中(999—1048)的墓志铭《开封府推官、金部员外郎刘志铭》,其中记载,刘黄中次女适"仲赞善大夫盛仲孙",可知立碑时,即神宗熙宁元年(1068)前后,盛仲孙为赞善大夫。②

宋《衡州府图经志》载:"盛仲孙,朝请郎。元丰七年三月到,元祐三年七月满。"③可知盛仲孙知衡州的时间为神宗元丰七年(1084)三月至哲宗元祐三年(1088)七月。

盛仲孙知海州在知衡州之后,在知单州、吉州、太平州之前,又在哲宗即位之后,因而盛仲孙知海州时间在哲宗元祐三年(1088)七月之后。盛仲孙夫人刘氏(1041—1090)墓志铭载,元符元年(1098),时知吉州的盛仲孙将刘氏墓迁往扬州江都。故盛仲孙离知海州的时间在哲宗元符元年(1098)之前。这个时间段也比较符合《古今图书集成》中有关"盛京"条的记载,即盛京知海州时间为仁宗康定元年(1040)至庆历三年(1043),十年后,次子盛遵甫通判海州,又四十余年后,孙盛仲孙守海州。故而推知盛仲孙知海州时间在哲宗元祐三年(1088)七月至四年(1089)。

李之亮在《宋两江郡守臣易替考》中认为盛仲孙知海州时间为神宗熙宁二年至五年(1069—1071),有误。

北宋哲宗元祐四年己巳(1089)

海州知州	王巩、李况、吕嘉问	海州监酒税	王子京
海州知州(未知海州)	赵衮		

【海州知州:王巩】

王巩(1048—1117),字定国,自号清虚居士,北宋大名府莘县(今山东聊城)人。出身世家大族"三槐王氏",自曾祖王祐(一说祜)始为第四代传人。祖父王旦(957—1017)真宗时拜相④,父亲王素(1007—1073)神宗时官至工部侍郎⑤,《宋史》皆有本传。王巩是否进士及第,史载不详,极有可能荫补得官,初为校书郎。历官承议郎、大理评事、太常博士、秘书省正字、监宾州盐酒务。司马光执政后于元祐元年(1086)三月荐为宗正寺丞,十

---

① 李之亮撰:《宋两江郡守臣易替考》,成都:巴蜀书社,2001年,第214-215页。
② [宋]沈括撰:《长兴集》卷13,文渊阁《四库全书》第1117册,第322-323页。
③ 周方高著:《〈永乐大典〉本南宋至明初湖南佚志辑校·衡州府图经志》,上海:上海古籍出版社,2015年,第112页。
④ 按:《宋史》王旦本传云:"王旦字子明,大名莘人。曾祖言,黎阳令。祖彻,左拾遗。父祐,尚书兵部侍郎,以文章显于汉、周之际,事太祖、太宗为名臣。"王旦,"(太宗)太平兴国五年(980),进士及第,为大理评事、知平江县"。真宗即位,拜中书舍人,历任知枢密院事、参知政事等职。景德三年(1006),官拜宰相,卒后赠太师、尚书令、魏国公,谥文正。参见《宋史》卷282《王旦传》,第9542-9553页。
⑤ 按:《宋史》王素本传云:"王素字仲仪,太尉旦季子(第三子)也。赐进士出身,至屯田员外郎。"仁宗皇帝曾与王素说:"朕真宗皇帝之子,卿王旦之子,有世旧,非他人比也。"历任侍御史、知鄂州、知谏院、淮南都转运按察使、知渭州,以枢密直学士知开封府等职。神宗熙宁四年(1071),以工部尚书致仕,卒后谥懿敏。参见《宋史》卷320《王素传》,第10402-10406页。

一月,以人言罢黜为河南府通判。后通判扬州,知海州、密州,罢归后管勾太平观。元祐五年(1090)权判登闻鼓院、知宿州,以通判扬州时交通州吏马守珍,违规办事而罢归,仍管勾太平观,改朝奉郎、管勾鸿庆宫。绍圣初(1094),"从吏部调签书荣州判官事"①。哲宗元符元年(1098),除名勒停,送全州编管。徽宗崇宁元年(1102),入元祐党人籍。清《王氏宗谱》载:"大观中,例还,遂致仕。晚年徙居高邮(今江苏高邮)。"②著述颇丰,今存笔记体《甲申杂记》《随手杂录》《闻见近录》等《清虚杂著》三编,其中许多材料不为史乘所载。《宋史》王素本传附载其长子王巩传云:

> 巩有隽才,长于诗,从苏轼游。轼守徐州,巩往访之,与客游泗水,登魋山,吹笛饮酒,乘月而归。轼待之于黄楼上,谓巩曰:"李太白死,世无此乐三百年矣。"轼得罪,巩亦窜宾州。数岁得还,豪气不少挫。后历宗正丞,以跌宕傲世,每除官,辄为言者所议,故终不显。

王巩知海州时间载《长编》卷四二四:哲宗元祐四年(1089)三月丁酉,"前通判扬州王巩知海州"。在海州古城东部孔望山(宋代称龙兴山)龙洞外西侧,有一通《王巩题名》石刻,记载"王巩罢守东武"后,于"元祐四年十二月四日",由时任海州知州吕嘉问率领一众好友游览龙兴山的情况③。可知王巩知海州后,又知密州。"东武"即今山东诸城。西汉初年,境内置东武县(治今城关古城子村)、诸县;隋文帝开皇十八年(589),改东武县为诸城县(取县西15公里汉故诸县城为名);北宋时期,诸城为京东东路密州安化军节度使治。④

离知海州事载《长编》卷四二九:六月丁未,"知海州王巩知密州"。离知原因载《长编》卷四五九:元祐六年(1091)六月丙申,(参知政事)刘挚曾说过,王巩"通判扬州,在任皎皎当事,府赖以治,更谢景温、王安礼二守皆相喜欢,于是有少年之过。代还,除知海州,不满意,有所干请。吕大防爱其才,怜其有志,改与密州"。注云:"除知海州在四年三月二十六日,改密州在六月八日,罢在九月二十二日。"⑤李之亮在《宋两淮大郡守臣易替考》中认为,王巩知海州的时间为哲宗元祐四年(1089)。

【海州知州:李况】

李况(1029—1090),字希荀,北宋泰州海陵(今江苏省泰州市)人。仁宗皇祐元年己丑(1049)冯京榜进士,初授真州司理参军。历湖州司理参军,端、太平二郡从事,秘书省著作佐郎,知潭州湘潭县,通判衡州,元丰官制行,由太常博士换承议郎,三转至朝请郎,历通判太平、秀州,同提举三门辇运,知海州,未行,次年卒。李况史载不详,主要行状记载于苏颂《苏魏公文集》卷六一《朝请郎致仕李君墓志铭》中,李况乃苏颂的二妹

---

① 《长编》卷510,哲宗元符二年五月戊辰,第12148页。
② [清]王国栋:《王氏宗谱》,清抄本,国家图书馆藏。转引自王雅琦:《北宋党争背景下的士人生活——以王巩为中心》,辽宁大学2019年硕士论文,第14页。
③ 连云港市重点文物保护研究所编著:《石上墨韵——连云港石刻拓片精选》,上海:上海古籍出版社,2013年,第44页。
④ [晋]司马彪撰,[南朝梁]刘昭注补:《后汉书志》第21《郡国三》,第3459页;《隋书》卷30《地理志中》,第862页;《宋史》卷85《地理志一》,第2108页;《宋史》卷3《太祖本纪三》,第37-39页。
⑤ 《长编》卷424,哲宗元祐四年三月丁酉,第10255页;卷429,哲宗元祐四年六月丁未,第10367页;卷459,哲宗元祐六年六月丙申,第10985页。

婿也:

朝请郎致仕、护军、赐绯鱼袋李君,讳沉,字希荀,泰州海陵人,予仲妹婿也。曾祖祥、祖载,家世力农自业,不求闻达,乡间有长者称。考容,少以豪义自奋,起家为三班官,非其志也。乃还乡,教二子以学问。为求良师友,躬自课厉,以至成就。使举进士,相继取科第,仕历州郡,卒用其升朝恩,累赠正议大夫。配朱氏,追封同安郡君。长子曰洙,累官朝奉大夫;次即希荀也。大夫宰邑典州,治有异等。其为政简而明,遇事乃断,不预为条教,故吏不能逆其意以用事,奸蠹以此亦自息。予治平中为淮南转运,尝荐其高邮最状,后得官多远僻,未及为朝廷应用而卒。希荀治行大抵相近,盖昆弟讲学有源,故政事皆不挠也。始予妹适宋氏,未久而寡,子幼未有所从。有言希荀家行慈睦可托,遂以归之。希荀视宋之子犹子也,恩勤鞠育,若出天性然。加之以矜怜恻怛,及长成,为之冠婚如礼,卒使宋孤视犹己父,无间然,人以为难也。咸谓推是心以施于有政,则安老抚弱,风化末俗易易也。希荀质性淑茂,襟量夷坦,与人交尽诚无隐,言谈洞见底里。于亲旧间虽狎侮造次,不失谦恭。急人之病,甚于切已。当官勇于敢为,用法主平恕而未尝失有罪。持议不阿,优柔尽礼。或所见异同,至于辨争,而同僚不以为忤,盖知其诚意非他也。初为真、湖二州掾,端、太平二郡从事,时年尚少,持文法,报期会,久更事变,不能过也。州委案芜湖县遗火事,迹火所起日烟燎无从来,悉众救撤,燉焰连日不息,此天灾也,岂人力可御乎。于是为之辨明白州,使官吏得免从坐。用荐举格,改秘书省著作佐郎,四岁,进本省丞,知潭州湘潭县,就徙通判衡州。每病衡守疾恶太过,徒隶为引,视民有犯,已决犹留州役,即有代乃释,为引《疮病律》白守罢之。屯戍禁卒贼杀有罪不殊,吏以戌兵肆恶,当军法从事。诋曰:"州县接蛮境,其实内地。卒非行军,犹在营也,自宜处以常法。"众不能夺。元丰官制行,由太常博士换承议郎,三转至朝请。历通判太平、秀州。有故人子为嘉兴主簿暴卒,知其贫不能举丧,为出已俸赒之,遂得还葬。未几,同提举三门辇运,以广济十军岁挽漕舟,最号重役,至冬当休,而白波常托河堤备虞,及期不遣,毙于冻馁者十六七。于是,为坐放冻令,签白波放还,得稍憩。洎外台计省交上其劳,朝廷稍欲试用,选知海州,未行,以疾请纳禄守本官致仕。诏下一日,而终于河清之官舍。时元祐五年(1090)十二月某甲子日,享年六十二。希荀自解巾褐,讫启手足,凡四十二年,历十一官,九更事任,并以资履叙进,未尝干功赏,幸超擢,所至皆有善课,而无毫毛过失。不与物竞而职事常办,年虽未寿,而克保终吉,岂积厚所来者远耶! 至今淮甸士大夫语人物者犹称二李,而云乐善好义,希荀又过之,可谓善人君子也。

初娶谯郡曹氏;继某县君;继以予妹,封海陵县君。一子曰峒,用致政补太庙斋郎,今为泗州临淮主簿。四女:三适人,一早卒。长婿,蕲州判官章观,次进士郭景亮,次宣德郎陈师常。一孙尚幼。李氏居海陵世数远矣,死皆葬焉。而城郭褊隘,岁久,居者益众,濒海舃卤埤薄,而葬者又少冈陵吉壤。希荀既仕宦,数归患其然,往来吴中,乐京口土风,且密迩海陵,盖有意居且葬也,未及而卒。峒探其遗志,遂谋葬丹徒,筮县之大慈乡道仙湾西山之原吉,以绍圣元年(1094)二月己未厝柩于幽堂。事已,奉母氏茔居郡城,遂著籍焉。一日,峒号泣谓予曰:"先人行义德业,早蒙重援,今去泰徙润,当有文以志所迁之由,非吾舅莫得其详。"予知希荀者也,平居爱其善论议,有推己及物之志,亦欲乘时施为。然安恬自信,不汲汲于进取。昔尝与故相蔡公共事,相期久远,情好尤笃。蔡公秉政,数招延,劳苦勤厚。希荀对之,但问无他,道旧故,笑语如平生,无一语及荣利,蔡公亦悉其雅志,终不及引用而去。其所以仕不至显大者,未必不由此也,可无述焉。铭曰:

　　君子恭宽,信敏而惠。悃愊无华,古之良吏。孰克有之,可以言治。我党荀也,其庶乎是。侃侃惟荀,气充貌温。有容雅度,可复诚言。在割能继,靡怨惟恩。浑纯笃厚,孰见涯根。江淮濯缨,王畿结绶。鸿干始渐,骥路俄骤。出将滫最,擢分符守。资适逢时,假年弗究。厥生海濒,其复河津。孤悰负枢,卜窆京原。民怀遗爱,士想清芬。德必有后,其在嗣人。①

《朝请郎致仕李君墓志铭》中载:"(李况)选知海州,未行,以疾请纳禄守本官致仕。诏下一日,而终于河清之官舍。时元祐五年(1090)十二月。"因而可以大致推知,李况知海州时间在元祐四年(1089),但因病未能赴任,以本官致仕,次年去世。

李况"初为真、湖二州掾"之"州掾",在宋代为州府中助理人员的统称,如录事参军、司理参军、司户参军、司法参军等。李况曾被"州委案芜湖县遗火事",即被派去处理一件失火案;也有去处理"(犯人)已决犹留州役"事等。且"当官勇于敢为,用法主平恕而未尝失有罪"。"持文法,报期会。"因而推知是协助知州掌管司法的人员,即司理参军。

李况与苏颂间互有唱和,李况曾寄诗给苏颂的第二十七侄苏庄,苏颂有《次韵李希荀寄念七侄庄,并用前韵和十七侄榖送其行》:

　　初从童丱祝千春,俄见骞腾祝更频。已喜吏资能可问,又嘉文笔速如神。室堂宜念承先构,乡里须教号善人。我待儿曹上霄汉,便归林下岸仙巾。

　　里闬相从秋复春,矜怜几类党频频。搞词已识言浮物,学艺兼知义入神。(自注:庄侄治《易》)纵使声名高世俗,直须慈惠及生人。吾家自有青毡在,岂美林宗垫角巾。②

【海州知州:吕嘉问】

吕嘉问(1031—1107),字望之,北宋寿州(今安徽凤台)人,以荫入官。历官权户部判官,提举京城市易务,知常州、江宁府、润州,吏部郎中、光禄卿,知淮阳,宝文阁待制、户部侍郎,宝文阁直学士、知开封府,知怀州。官终龙图阁学士、太中大夫。《宋史》卷三五五本传载:

　　吕嘉问,字望之,以荫入官。熙宁初,条例司引以为属,权户部判官,管诸司库

---

① 曾枣庄、刘琳主编:《全宋文》第62册,第165-167页。按:文渊阁《四库全书》本中有三处用字不同,一是"大夫宰邑典州"之"典"为"与",盖"典"与"与"的繁体字"與"形似,但"典州"与"宰邑"为用词工整;二是"朝廷应用"之"应"为"任",前已有任职,"应用"可理解为"重用",用词较为确切;三是"持议不阿,优柔尽礼"之"礼"为"理","持议不阿"已表达出有理有节的状态,"优柔"以示"以礼相待"。参见[宋]苏颂:《苏魏公文集》卷61,文渊阁《四库全书》第1092册,第662-664页。
② [宋]苏颂:《苏魏公文集》卷11,文渊阁《四库全书》第1092册,第197页。

务,行连灶法于酒坊,岁省薪钱十六万缗。王安石用魏继宗议,即京城置市易务,命嘉问提举。上建置十三事,其一欲于律外禁兼并之家辄取利,神宗去之,安石执不可。居二年,连以美课受赏。神宗闻其扰民。语安石。安石曰:"嘉问奉法不公,以是媒怨。"神宗曰:"免行钱所收细琐,市易鬻及果实,大伤国体。"安石伪辨自解,至讥神宗为丛脞,不知帝王大略,且曰:"非嘉问,孰敢不避左右近习?非臣,孰为嘉问辨?"神宗曰:"即如是,士大夫何故以为不便?"安石请言者姓名,令嘉问条析。

七年,旱,帝忧心恻怛,语韩维、孙永集市人问之,减坐贾钱千万。安石遂持嘉问条析奏曰:"此皆百姓所愿,不如人言也。"嘉问言:"朝廷所以许民输钱免行者,盖人情安于乐业,厌于追扰,若一切罢去,则无人祗承。又吏胥禄廪薄,势不得不求于民,非重法莫禁。以薄廪申重法,则法有时而不行。县官为给事,则三司经费有限,今取民于鲜,而吏知自重,此臣等推行之本意也。议者乃欲除去,是殆不然。民未尝不畏吏,方其以行役触罪,虽欲出钱,亦不可得。今吏禄可谓厚矣,然未及昔日取民所得之半,市易所收免行钱,亦未足以偿仓法所增之禄,以此推穷,则利害立见矣。"

初,市易隶三司,嘉问恃势陵使薛向,出其上。曾布代向,怀不能平。会神宗出手札询布,布访于魏继宗,继宗愤嘉问掠其功,列其与初议异者。布得实,具上嘉问多收息干赏,挟官府而为兼并之事。神宗将委布考之,安石言二人有私忿,于是诏布与吕惠卿同治。惠卿故憾布,至三司,召继宗及市贾问状,其辞同,乃胁继宗使诬布语言增加,继宗不从。布言惠卿不可共事,神宗欲听之,安石不可。神宗遂诏中书曰:"朝廷设市易,本为平准以便民,若《周官》泉府者。今顾使中人之家失业,宜厘定其制。"布见神宗曰:"臣每闻德音,欲以王道治天下,今所为骎骎乎间架、除陌矣。嘉问又请贩盐鬻帛,岂不诒四方笑?"神宗颔之。事未决,安石去位,嘉问持之以泣,安石劳之曰:"吾已荐惠卿矣。"惠卿既执政,前狱遂成,布得罪,嘉问亦出知常州。

明年,安石复相,召检正中书户房。安石罢,以知江宁府。岁余,转运使何琬劾嘉问营缮越法,徙润州,复坐免。久之,入为吏部郎中、光禄卿。言者交论市易之患,被于天下。本钱无虑千二百万缗,率二分其息,十有五年之间,子本当数倍,今乃仅足本钱。盖买物入官,未转售而先计息取赏;至于物货苦恶,上下相蒙,亏折日多,空有虚名而已。于是削嘉问三秩,黜知淮阳军,悉罪前被赏者。

绍圣中,擢宝文阁待制、户部侍郎,加直学士、知开封府。专附章惇、蔡卞,多杀不辜,焚去案牍以灭口。尝荐邹浩,浩南迁,坐罢知怀州。徽宗时,屡暴其宿恶,至分司南京,光州居住,郢州安置。然为蔡氏所右,其婿刘逵寨序辰、其死友邓洵武羽翼之,故不久辄起。以龙图阁学士、太中大夫卒,年七十七,赠资政殿学士。

初,嘉问窃从祖公弼论新法奏稿,以示王安石,公弼以是斥于外,吕氏号为"家贼",故不得与吕氏同传。①

吕嘉问出身安徽寿州吕氏大族。曾祖吕夷简(978—1044),真宗咸平三年(1000)进士;仁宗即位,以给事中参知政事;天圣七年(1029)二月首居相位,后两罢两拜;庆历二年

---

① 《宋史》卷355《吕嘉问传》,第11187-11190页。

(1042)改枢密使;三年九月以太尉致仕。祖父吕公绰(999—1055),为吕夷简长子,在仁宗朝官至知开封府、翰林侍读学士。二叔祖吕公弼(1007—1073),英宗时官至枢密副使,神宗熙宁初官至枢密使。三叔祖吕公著(1018—1089),神宗时官至参知政事、枢密使,哲宗时任宰相。其父吕希杰(生卒年不详,大约出生于真宗大中祥符末年)为吕公绰长子,历殿中丞、通判郑州。吕嘉问为吕希杰长子。吕嘉问在王安石熙宁变法期间,全力支持王安石,长期提举市易务,积极推行市易法,与吕氏家族极力反对变法形成了鲜明的对比。在变法关键时期,吕嘉问将时任枢密副使的二叔祖吕公弼的论新法奏稿偷出交给王安石,致使变法与反变法双方力量在朝廷中发生了严重倾斜,最终吕公弼被贬,吕氏家族的利益受到严重打击,故而将吕嘉问视为"家贼",不得与吕氏同传。但早期吕嘉问还是很受吕氏家族庇荫的。首先,从本传看,吕嘉问的仕途是从荫补入官开始的。其次,吕嘉问的婚姻也是受家族影响的。自吕蒙正始,吕氏家族与当时诸多名门望族和朝廷官僚有着世代联姻的传统,尤其是与"三槐王氏"之间的联姻,延绵至少四代。吕嘉问曾祖吕夷简之女嫁王旦之长子王雍,吕嘉问之二叔祖吕公弼续娶王旦之女,吕嘉问之父吕希杰娶王雍之女,吕嘉问又娶王雍之孙女①,而王雍是王巩父亲王素的大哥。王氏与吕氏姻亲关系到吕嘉问一辈已经维持了四代,从辈分上看,王巩是吕嘉问的叔伯舅父。这样看来,王巩在海州游玩由时任海州知州的吕嘉问陪同,是理所应当的了。后来"(吕)嘉问之子娶王雱之女,蔡卞娶王雱之妹"②,而王雱的父亲王安石后来做了宰相,蔡卞的哥哥蔡京徽宗时亦任宰相。

哲宗元祐四年(1089)十二月前后,吕嘉问知海州,事载《王巩题名》石刻。刻文中记载了王巩携诸好友一同登孔望山,在乘槎亭休息的情况,好友中就有"朐山太守吕望之"。"太守"是秦汉时一郡的最高长官,后世废郡为州,最高长官往往尊称太守。北宋时期海州下辖朐山、怀仁、沭阳、东海四县,"治朐山",③因而海州知州也称为"朐山太守"。

嘉庆《海州志·职官表》载:"吕望之,哲宗元祐年任,见龙兴山石刻。"

【海州知州(未知海州):赵衮】

赵衮(生卒年不详),字希甫,一作良弼,生平史载简略,主要活动时间在北宋仁宗、英宗、神宗年间。历右军巡判官、果州通判、权知荣州、知广安军,官至殿中丞致仕,隐居于秀州嘉禾(今浙江嘉兴)景德寺后,藏书万卷,好友陈舜俞乌程(今浙江湖州)人,为所居题曰"赵老园"。宋人张尧同有诗《赵老园》赞曰:"藏书几万卷,归老此林泉。不为寻莼鲙,于公亦有贤。"④

赵衮最早的任职记录是"右军巡判官",这可能是赵衮年轻时候的任职,由欧阳修记录在他的旅行日记《于役志》中。仁宗景祐三年(1036)五月,"戊戌,贬镇南节度掌书记、馆阁校勘欧阳修为夷陵县令。"⑤欧阳修从京师开封出发赴任夷陵(今湖北宜昌)令的途

---

① 李云根著:《宋代官僚士大夫家族婚姻圈考论》,天津:天津社会科学院出版社,2016年,第31—35页。
② 《长编》卷491,哲宗绍圣四年九月己卯,第11670页。
③ 《宋史》卷88《地理志四》,第2197—2198页。
④ [宋]张尧同:《嘉禾百咏》,文渊阁《四库全书》第1186册,第779页。
⑤ 《长编》卷118,仁宗景祐三年五月戊戌,第2786页。

中,将行程中的一些活动、交通、社情以及环境等记录下来,形成了《于役志》。其中有一段经过北宋南京(今河南商丘)的经历写道:"(五月)丁未。次南京。明日,留守推官石介、应天推官谢郛、右军巡判官赵衮、曹州观察推官蒋安石来,小饮于河亭。余疾不饮,客皆醉以归。"①

赵衮除善藏书外,尚工诗。现录诗一首《平江亭邀冯山允南同作》:

文公昔记滕王阁,气象终天拂寥廓。崔颢题诗黄鹤楼,今日声华还磊落。
安汉城头有佳处,江山清气归帘幕。少陵无人谪仙死,不遇才豪终寂寞。
苍苔满地荆棘生,梁栋尘埃喧鸟雀。风流贤守一登临,久倚栏干情不薄。
夜来风月觉澄清,天意人心如素约。仙葩当见浮空来,几百年来无此作。
嗟予好古今白头,到底支离材力弱。木桃或见致琼瑶,免对江山负惭怍。②

冯山(?—1094),字允南,初名献能,蜀之普州人(今四川安岳县)。仁宗嘉祐二年(1057)进士。熙宁末,为秘书丞、通判梓州,终祠部郎中。冯山本人的《安岳集》收入该诗,题名为《果倅赵衮良弼平江亭(良弼作)》。诗题中的"倅"有副、辅助的意思,作为官职,就是副官,"果倅"就是在果州(今四川南充)担任副职,宋代"州倅"就是通判的别称,即此时赵衮通判果州;"良弼"即为赵衮的字。

《安岳集》另外还收入与赵衮有关的两首诗,一首是冯山的唱和诗《允南和》(《两宋名贤小集》题名为《和果倅赵衮良弼平江亭》):

牛峰绝顶凌云阁,形胜潼江照开廓。涪水台中隐凡庵,坐对西山横碧落。
顷尝登览放怀抱,钩挂轩窗捲帷幕。气酣景熟状不起,一片风骚情索寞。
充城累身倦未出,无事门庭可罗雀。翠筠五瑞扫尘土,澄照清风易橡薄。
平江最好最后到,隐几凌云仅依约。屏星主人局闲散,长句森森邀我作。
漳滨病起吟魂耗,中散慵来笔锋弱。铿金入木将奈何,手把新篇空愧怍。③

另一首是冯山赠别赵衮的诗《送赵良弼知广安军》:

巴黔万山横楚封,洞庭碧海蛟龙宫。潜灵蓄秀天疏通,楚人自古多材雄。
江陵故都当其胸,人物萧爽驰英风。良弼崛起声其中,宏伟浑厚如山东。
才思婉娩春华融,论议慷慨无约丰。高步壮领辕不容,徊翔盘纡巫与嵩。
挈舟向蜀沿涪潼,嘉陵一曲城古充。鹰隼倒臂宁久笼,南荣霹雳醒愚聋。
归来破裳未及缝,籍才檄起如旋蓬。瞿唐故交复相从,始适抱子今皆翁。
天真逍遥饮量洪,世事历遍诗尤工。有时语酣笑未终,环顾四坐皆虚空。
寒飚威威凌疏桐,去路山远秋溟蒙。临老合散情易攻,岂免泪下如儿童。
髋髀始见斤斧功,鸱鸢一息荆棘丛。广安地卑局飞冲,席恐未暖行匆匆。
平时物理相磨舂,郡乐不在卑与崇。唱酬自可轻开忠,无事日夕翻邮筒。④

---

① [宋]欧阳修著,李之亮笺注:《欧阳修集编年笺注》7,成都:巴蜀书社,2007年,第92页。
② [清]厉鹗辑撰:《宋诗纪事》(第1册),上海:上海古籍出版社,2013年,第536-537页。
③ 按:两书引文略有差异,《两宋名贤小集》中为"几菴""卷帷幕""屏坐",今从《安岳集》。参见[宋]冯山:《安岳集》卷7,文渊阁《四库全书》第1098册,第313页;[宋]陈思编、[元]陈世隆补:《两宋名贤小集》卷75,文渊阁《四库全书》第1362册,第779页。
④ [宋]冯山:《安岳集》卷7,文渊阁《四库全书》第1098册,第313页。

此赠别诗亦提供了赵衮的诸多信息。一是赵衮曾知广安军(今四川广安)。宋人祝穆撰《方舆胜览》载:"皇朝初,置广安军,以合、果、渠三州相去差远,山川险僻,多聚寇攘,故置为军,领县四(渠江、新明、岳池、和溪),治渠江。"①元人马端临撰《文献通考》亦载:"宋(太祖)开宝二年(969),以合州农泗、渠州新明二镇建为军,以渠州之渠江、合州之新明、果州之岳池三县来属,属潼川路。"②由此推知赵衮离任果州通判后迁知广安军。二是赵衮善饮工诗,从该诗中"天真逍遥饮量洪,世事历遍诗尤工"句可知。

元祐二年(1087)三月,御史中丞吕陶上书《奏乞降诏举郡守状》,指出当时从通判迁升郡守(知州)存在弊端,仅仅依靠资历(两任通判)和举荐(两人推荐)就可升迁,而不管其能力如何,而郡守"封疆千里,生聚万众,休戚所系",因此必须要考察其能力,即"问能"。否则就会出现"侮法慢令,戕民害物,十郡之中常有二三;阘茸不治,又有一二"。并举四例加以说明,其中有赵衮:"霍唐臣者,知眉州,每公会设食,须留数品,折请估直。有法司姓孙为吏,其兄在提刑司祗应,每法司有过,唐臣恕之,仍告云:'我为尔兄且放尔罪。'其猥下如此。今差知海州。赵衮者,通判果州,权荣州事,一岁中,为盐井破败,决一千六百余人,昼监夜禁,常七八十人,略不存恤,以至为子决父,为妇决姑,及就两州繁处,各请供给,其贪暴如此。今知广安军。"③因四人"治郡无状",十六日诏书曰:"其见任知州王子文、霍唐臣、张尧士、赵衮不可为郡,令逐路转运司体量治状以闻。"④

以此可推知赵衮罢知广安军时间为哲宗元祐二年(1087)三月,之后归隐嘉禾,之前通判果州、权知荣州。

从上述史料看,赵衮知海州无据。李之亮在《宋两淮大郡守臣易替考》中认为赵衮知海州的时间为哲宗元祐四年(1089)至元祐六年(1091),有误,极有可能因断句出错,将霍唐臣的"今差知海州"断给后面的"赵衮者",从而推知赵衮知海州。

【海州监酒税:王子京】

王子京(生卒年不详),字硕甫,北宋太原(今山西省太原市)人。神宗熙宁八年(1075)八月,任两浙、淮南提举常平仓事。元丰三年(1080),任福建路转运判官兼觉察拘拦事;七年,为转运副使兼提举茶盐事;八年,知泰州,十一月罢,于扬州听旨。哲宗元祐元年(1086),谪监永州在城盐仓兼管酒税务;寻自朝请郎谪监海州酒税,四年,罢为管勾鸿庆宫;绍兴初,提举河北路籴便粮草、同措置籴便;三年八月,以朝奉大夫知庐州,次年,徙苏州。著《弹棋图》一卷。

王子京离任监海州酒税时间在哲宗元祐四年(1089)九月,事载《长编》卷四三三:"(己丑)诏责授秀州团练副使、黄州安置沈括叙朝散郎、光禄少卿……朝请郎、监海州酒税王子京管勾鸿庆宫,仍并许于外州军任便居住。括等并以该明堂赦恩,有司检举故也。"⑤上任时间大致在哲宗元祐三年(1088)前后。

---

① [宋]祝穆:《方舆胜览》卷65,文渊阁《四库全书》第471册,第1008页。
② [元]马端临:《文献通考》卷321,文渊阁《四库全书》第616册,第372页。
③ 曾枣庄、刘琳主编,四川大学古籍整理研究所编:《全宋文》第37册,成都:巴蜀书社,1994年,第134-136页。
④ 《宋会要辑稿》选举28之20,第5798页。
⑤ 《长编》卷433,哲宗元祐四年九月己丑,第10445页。

王子京与弟王子韶皆是王安石变法的坚定支持者。王子韶(生卒年不详),字圣美,弱冠举进士,入太学。神宗熙宁二年(1069),王安石执政后,王子韶按县令资序选入条例司,擢监察御史里行,官终集贤殿修撰、知明州。王安石与祖无择交恶,王子韶迎其意,构陷祖无择并下狱,后又陷祖无择于深文,遭士大夫唾弃,被视为熙宁初京城"十钻"之"衙内钻",指善于钻营之意。《宋史》卷三二九有王子韶本传。① 王子京也积极推动变法之措的落实,但常被守旧派反制。在提举两浙常平仓事期间,推动盐茶新法,但被认为"使者之刻剥害民"②。在提举淮南常平仓事期间,"提举开修运盐河,自泰州至如皋县,共一百七十余里,日役人夫二万九千余"③。在任福建路转运判官和副使期间,改行钞法为盐纲法,但被福建市舶司认为"不免有侵盗科扰之弊,且天下州县皆行钞法,独福建膺运盐之害"④。又行茶法,上奏曰:"建州腊茶旧立榷法,商贾冒贩利甚厚。自熙宁三年官积陈茶,遂听通商,自此茶户售客之茶甚良,官中所得唯常茶,税钱极微,南方遗利,无过于此。乞仍旧行榷法。建州岁出茶不下三百万斤,南剑州亦出二十余万斤,欲尽买入官,度逐州军民户多少及约邻州民用之数计置,即官场卖,严立告赏,禁建州卖私末茶。乞借丰国监钱十万缗为本。"⑤实施后,亦被劾为"民皆愁痛嗟怨,比屋思乱"⑥。且"相承违法,过为督迫"⑦。

　　王子京也犯下了许多过错。典型的有二,一是为父低价购买棺材板案,不仅涉及当事人王子京和时任苏州吴县令的王子韶,而且涉及王安石和吕惠卿。王子京在提举两浙常平仓事期间,为棺葬其父,与弟王子韶一起在秀州低价购买棺材板,被两浙转运使弹劾。经调查,棺材板老板说值三四十贯,周边路人说值三十贯,知州审理后称只值十五贯。法寺判王子韶犯杖六十私罪,而行房认为转运使奏劾违法。王安石认为王子韶依法追究,而王子京可判不觉察罪,得以豁免。原来支持王安石变法的吕惠卿因为在辩改经义及变法措施等问题上的分歧而两相不合,吕惠卿上奏不仅认为王子韶判决太轻,而且认为,王子京与弟同谋,不可能"不觉察",应判同罪。但最后还是神宗皇帝支持王安石,维持原判,而吕惠卿罢政⑧。二是在知苏州时,因"将发运司兵级公人借过钱米,判状缴申发运司,特罚铜二十斤"⑨。

北宋哲宗元祐六年辛未(1091)

| 海州知州 | 刘挚 | 海州司理参军 | 蒋圆 |

---

① 《宋史》卷329《王子韶传》,第10613-10613页。
② 《宋史》卷179《食货志下一》,第4357-4358页。
③ 《宋会要辑稿》方域17之8,第9615页;亦见《长编》卷275,神宗熙宁九年五月辛巳,第6736页。
④ 《宋史》卷183《食货志下五》,第4464页。
⑤ 《宋会要辑稿》食货36之32,第6802页。
⑥ 《宋史》卷337《范祖禹传》,第10799页。
⑦ 《宋会要辑稿》职官66之31,第4842页。
⑧ 《长编》卷268,神宗熙宁八年九月乙酉,第6573-6578页。
⑨ 《长编》卷516,哲宗元符二年闰九月辛巳,第12277页。

【海州知州：刘拧（拧读 huì，为撝的类推简体字）】

刘拧（生卒年不详），字行甫，北宋长兴（今浙江湖州长兴）人，英宗治平二年（1065）彭汝砺榜进士①。生平史载简略，历官沧州（今河北沧州）、定州（今河北定县）通判，知海州等职。官至兵部郎中。尚佛，曾手写《华严经》八十一卷。

《长编》卷四六四载：哲宗元祐六年（1091）八月己亥，因谏官姚勔在本月十二日上奏，说秘书省注《晋书》官邓忠臣所推举充检讨官的刘焘等四人，都是现任宰相、执政等大臣的子孙，邓忠臣阿谀奉承朝廷大臣，不应采纳，时任宰相刘挚上奏解释说，姚勔将刘焘指认为我的儿子刘蹈，是误听了谣言，沧州节度推官刘焘是新知海州刘拧之子，两浙人，与我不是亲戚，我的儿子名刘蹈，是宣德郎②。由此推知刘拧知海州时间为哲宗元祐六年（1091），离任时间不详。

李之亮在《宋两淮大郡守臣易替考》中认为刘拧知海州的时间为哲宗元祐六年至元祐七年。

另外还有一条有关刘拧的任命《新差通判沧州刘拧可通判定州制》，由刘攽制诰，载刘攽《彭城集》卷二二：

> 河朔重镇，威总兵要，而称帅府，定为极边，益加重焉。倅贰之职，厥惟艰矣，尔前以抡，选倅于渤海，今徙之中山，地雄望崇，宜有以称之。毋致弛懈，以孤休命。③

制诰中"倅贰之职"的"倅"指的是通判；"选倅于渤海，今徙之中山"中的"渤海"指的是"沧州"，历史上，沧州因东临渤海而得名；"中山"指的是定州，战国及汉朝时期，定州是中山国国都。刘攽任中书舍人在哲宗元祐元年（1086），事载《宋会要辑稿》职官三之一六："十二月十六日，朝议大夫、直龙图阁刘攽为中书舍人，仍免试。"④四年三月卒于官，事载《长编》卷四二三："乙亥，中大夫、中书舍人刘攽卒。"⑤刘攽只能在这期间撰写制诰，因此该制诰就是为刘拧撰写的。

苏轼有诗《送刘寺丞赴余姚》：

> 中和堂后石楠树，与君对床听夜雨。玉笙哀怨不逢人，但见香烟横碧缕。
>
> 讴吟思归出无计，坐想蟋蟀空房语。明朝开锁放观潮，豪气正与潮争怒。
>
> 银山动地君不看，独爱清香生雪（一作云）雾。别来聚散如宿昔，城郭空存鹤飞去。
>
> 我老人间万事休，君亦洗心从佛祖。手香新写《法界观》，眼净不觑登伽女。
>
> 余姚古县亦何有，龙井白泉甘胜乳。千金买断顾渚春，似与越人降日注。

宋人施宿在注该诗时云：

> 刘寺丞，名拧，字行甫，长兴人。弟谊，字宜翁。皆举进士。熙宁壬子（五年，1072）岁，行甫为杭州进士，考官东坡居士。自是，兄弟皆从公游。中和堂，盖校士所

---

① [清]嵇曾筠：《浙江通志》卷123《选举》，文渊阁《四库全书》第522册，第284页。
② 《长编》卷464，哲宗元祐六年八月己亥，第11078-11079页。
③ [宋]刘攽：《彭城集》卷22《制诰》，文渊阁《四库全书》第1096册，第222页。
④ 《宋会要辑稿》职官3之16，第3033页。
⑤ 《长编》卷423，哲宗元祐四年三月乙亥，第10232页。

也。后七载,公守湖州,行甫自长兴道郡城,赴余姚,公既赋此诗,又即席作《南柯子》词为饯,首句云"山雨潇潇过"者是也。后题元丰二年(1079)五月十三日吴兴钱氏园作。今集中乃指他词为送行甫,而此词第云湖州作,误也。真迹,宿(指施宿)皆刻石余姚县治(施宿于庆元二年,即1196年任余姚县令,石刻当刻于任职期间)。行甫手写《华严经》八十一卷,故诗云"手香新写《法界观》"。绍兴间(1131—1162),为兵部郎。宜翁提举广西、江西常平,上书极论新法,中其要害,得罪停废,书载国史。学道欲轻举,自称三茅翁。元祐间起知韶州,公行其词云:"汝昔为使者,亲见民病,尽言而不讳,厄穷而不悔,夫岂知有今日之报哉。"又尝有书从其问道云。①

施注云刘谊为刘挚之弟。诸多史料皆记载,刘焘为刘谊之子。② 刘挚上书云刘涛为刘挚之子,有误。

另有南宋同名人刘挚,孝宗淳熙十四年(1187)王容榜特奏名进士。③

【海州司理参军:蒋圆】

蒋圆(1043—1130),字粹仲,北宋毗陵(今江苏常州)人。哲宗元祐六年辛未(1091)马涓榜进士,初授海州司理参军。历知润州丹徒县,提举在京外诸司文字,宣德郎、知无为军无为县,提举西京北路学事司属官,枢密院编修官,开封府刑曹,知鄂州、濠州、沂州,开封府少尹,光禄卿,秘阁修撰、知通州,提举江州太平观,官至中奉大夫。事载宋张守《毗陵集》卷一三《左中奉大夫充秘阁修撰蒋公墓志铭》:

公讳圆,字粹仲,蒋氏系出周公。至汉,左卫司马、员外郎、散骑常侍郑领会稽郡,子孙因家既阳,公即其后也。郑弟函,亭乡侯澄,居义兴,故礼部侍郎堂、知枢密院之奇即其后也。冠冕相属,为毗陵右族。公曾祖某、祖某、考某皆隐不仕。考以公赠宣奉大夫,母邱氏赠淑人。初,宣奉遣公就学,年十五,诵书史,夜分不倦。宣奉尝异之,谓淑人曰:"他日必大吾门,恨老人不及见云!"宣奉卧疾,侍药糜不去侧,有为人所不能者。宣奉即世,毁不胜丧。

既冠,问学词采,日开月益,隽誉籍甚,邦人遣子弟师之,常百数十辈,毗陵故号多士。凡四预荐书,一为举首。中元祐六年进士第,调海州司理参军,治狱明恕,当死者必求生路,所全活甚众。迁润州丹徒令,有能名。夏不雨,行路多暍死。公凿井道傍九十有三人,人赖其惠,或号"蒋公泉"。曾丞相布买山于邑人,邻者讼之。曾为上邻,法当得,公直言之。时蔡京用事,怨于曾氏者不遗余力也。谓公夺民田为曾氏葬地,属漕臣刘何劾治甚急。何面诘公,公恬不为意,敛板进曰:"与曾公无一日雅,法当耳尔!"何怒,语侵公。公不少屈,何即悔悟,谓州曰:"丹徒奉法如此,吾其可诬人以徼福耶?"遂反荐公,时人两贤之。丁内艰,终丧,除提举在京外诸司文字。用举者改宣德郎、知无为军无为县。未赴,改提举西京北路学事司属官。知枢密院张公

---

① [宋]苏轼著,[宋]施宿注,[清]查慎行补注:《苏诗补注》卷18,文渊阁《四库全书》第1111册,第376页;[宋]苏轼著:《苏东坡全集》,北京:燕山出版社,2009年,第462页。
② [清]厉鹗:《宋诗纪事》卷32,文渊阁《四库全书》第1484册,第603页;[宋]苏轼著,[宋]施宿注,[清]查慎行补注:《苏诗补注》卷37,文渊阁《四库全书》第1111册,第740-741页;[宋]黄伯思:《东观余论》卷上《记与刘无言论书》,文渊阁《四库全书》第850册,第320页。
③ [宋]梁克家:《淳熙三山志》卷30《人物类五》,文渊阁《四库全书》第484册,第425页。

康国挽公为编修官,公谢曰:"足不登公门,姓名何自闻耶?"张公曰:"知公理曾氏田,不为时相屈也。"

修《经武要略》等,书成,赐对,上问天下所以安危,公曰:"唐李珏尝谓文宗曰:'安危如人之身,当四体平和,必顺寒暑之节;恃安自忽,则疾患旋生。朝廷无事,宜省阙失,从而补之,则祸难不作。'今承平久,愿陛下以珏之言为鉴。"上嗟美之,擢开封府刑曹。时京尹苛酷少恩,公约其过而济之以宽,吏民畏戴,府中为之语曰:"不畏府尹杖,但服刑曹笔。"尹亦德之,表公自代。

昭怀太后园陵,点检顿递桥道,进官,知鄂州。陛辞,上谕:"以荆湖多盗,卿何以治之?"对曰:"唐崔郾尝治鄂,谓土沃民剽,杂以猺俗,非威莫能服。臣虽能薄,敢不竭犬马,力称器使。"敷奏悉称上意。上谓辅臣:"蒋圆奏对有体,议论可观,武昌今得人矣!"至鄂,以军食不继,汹汹几变。公慰抚之,郡以无事。明年,辰、沅溪洞黄安俊叛,公以粮万斛饷二州,遣兵援之。贼平被赏,辞不受,终更,知普州。未行,徙知濠州。淮西大旱,濠为甚。公欲蠲赋,其僚惧漕臣之督过也,嗫不敢应。公独衔以闻,且乞蠲十之九。会周武仲察访淮右,凡州不以旱闻者劾治之。得公状,荐于朝,敕书奖谕。未几,徙知沂州。宋江啸聚亡命,剽掠山东一路,州县大震,吏多避匿。公独修战守之备,以兵扼其冲,贼不得逞,祈哀假道,公呿然阳应,侦食尽,督兵鏖击,大破之,余众北走龟、蒙间,卒投戈请降。或请上其状,公曰:"此郡将职也,何功之有焉?"除开封少尹,辄乘驿诣阙。陛见赐对,上问宋江事,公敷奏始末,益多其才。时年已七十矣。赞二浩稷,智力不少衰,以治办闻。被旨鞫浙寇方腊,毕,赐三品服。元夕从登楼,上命中贵人以宝杯宣劝,一府以为荣,御笔除大卿。翌日,拜光禄卿。以疾乞补郡,遂除秘阁修撰、知通州。复以疾辞,提举江州太平观,岁满,再任。素清俭,归即故居,人不堪其湫隘,公裕如也。子时欲极温清之奉,稍易而新之。公间与姻旧觞咏自娱,终日夜无倦容。子孙岁时为寿,极水陆甘羞,无一日不满意。优游八年,士大夫荣之。

靖康间,闻二圣蒙尘,号仆几绝,犹念太上皇眷知,郁郁不得志,疾浸革,遂上章致仕。尝戒子侄曰:"吾疾殆不起矣!历仕四朝,逾四十年,以廉约自持,虽无余资,伏腊粗给,慎勿嗜利,玷吾清规。"一日,趺坐,属后事讫,手加额上,诵佛而逝,首项坚直,经宿不变,非了了于生死之际,其能尔邪!实建炎四年七月十七日也,享年八十有八。积官至中奉大夫,爵宜兴县开国男,食邑三百户。

娶扶风马氏,再娶丹阳葛氏,皆有贤行,先卒,并赠令人。子男二人:时,右从事郎;旼,将仕郎。女、孙女并嫁为士人妻。孙男二人:逢吉,右迪功郎;永吉,登仕郎。遗表恩及其外孙,以其年九月二十六日祔葬于安乐山宣奉之域。

公姿醇茂,不妄语笑。始居穷约时,抚四女弟如其子,皆择配嫁之。好学,老不废卷,为文有《体要》《表章》《古今诗》等二十卷藏于家。后五年,门人邓侁状公行,求铭于某。念顷同里党,不辞,且考其实。宜铭之曰:惟得也茂,惟积也厚。以衍其寿,以大其后。①

---

① [宋]张守著:《毗陵集》卷13《左中奉大夫充秘阁修撰蒋公墓志铭》,北京:中华书局,1985年,第189-191页。

蒋圆任职海州司理参军为进士及第后初仕官,时间在哲宗元祐六年(1091),离任时间不详。

北宋哲宗元祐七年壬申(1092)

【海州知州:叶祖洽】

叶祖洽(1046—1117),字敦礼,北宋邵武(今福建南平市邵武市)人,神宗熙宁三年庚戌(1070)状元,初仕为大理评事、签书奉国军判官。历官判登闻检院,国子丞、知湖州,校书郎,职方、兵部员外郎,集贤校理,礼部郎中,提点淮西刑狱,左司郎中,起居郎,中书舍人,给事中,知济州、洪州,宝文阁待制,知定州,集贤殿修撰、提举冲佑观,知洪州、亳州。官至徽猷阁直学士。《宋史》卷三五四本传载:

> 叶祖洽,字敦礼,邵武人。熙宁初,策试进士,祖洽所对,专投合用事者,考官宋敏求、苏轼欲黜之,吕惠卿擢为第一。签书奉国军判官,判登闻检院,由国子丞知湖州,留为校书郎。
>
> 元祐初,历职方、兵部员外郎,加集贤校理,进礼部郎中。给事中赵君锡论其对策讪及宗庙,祖洽自辨,事下从官定议。苏轼、刘攽言:"祖洽谓祖宗纪纲法度,因循苟简,愿朝廷与大臣合谋而新之。可以为议论乖谬,若谓之讪则不可。"于是,但出提点淮西刑狱。
>
> 绍圣中,入为左司郎中、起居郎、中书舍人、给事中。祖洽性狠愎,喜谀附,密言王珪于册立时有异论。哲宗曰:"宣仁圣烈,妇人之尧、舜也。其于社稷大计,圣意素定,朕已令作告命,明述此旨。"祖洽复言:"若以珪为无迹,则黄履、刘拯相继论之矣,愿稽合群情,决之独断。"珪遂追贬。又言:"司马光、吕公著获终牖下,恩礼隆缛;蔡确受遗定策,而贬死岭外,乞恤其孤。"其论率类此。林希荐祖洽,谓其最向正,帝言不可大用,乃已。坐举王回出知济州,徙洪州,以牟利黩货闻。
>
> 祖洽与曾布厚,人目为"小训狐"。布用事,欲以吏部侍郎召,韩忠彦不可,白为宝文阁待制、知青州。未赴,布竟引为吏部。布罢,乃出知定州,且行,大言于上,至云:"当时蔡确稍失事几,王珪果遂奸谋,则神宗遂失正统,不知今日神器孰归。臣为朝廷宗社明确之功,正珪之罪,劝沮忠邪于千万年,以此报神宗足矣。"徽宗怒其躁妄,降集贤殿修撰、提举冲佑观,自是不复用。久之,知洪州,改亳州,加徽猷阁直学士。政和末,卒。

本卷末又加评论道:

> 论曰:自太宗岁设大科,致多士,居首选者蹑取华要,有不十年至宰相,亦多忠亮雅厚,为时名臣。治平更三岁之制,继以王安石改新法,士习始变。哲、徽绍述,尚王氏学,非是无以得高第。叶祖洽首迎合时相意,擢第一,自是靡然,士风大坏,得人亦衰,而上之恩秩亦薄矣。熙宁而后,讫于宣和,首选十八人,唯何栗、马涓与此五人有传,然时彦、端友龃龉,祖洽、俞栗、蔡薿憸邪小人。繇王氏之学不正,害人心术,横溃烂漫,并邦家而覆之,如是其憯焉,此孟子所以必辨邪说、正人心也。①

---

① 《宋史》卷354《叶祖洽传》,第11167—11168、11172页。

叶祖洽状元及第后，在邵武当地有众多先验传说，其中以宋人祝穆撰《方舆胜览》记载的《祠庙广佑庙》《古迹瑞榴之谶》二件谶事最为典型：

《祠庙广佑庙》

叶公祖洽，字惇（应为"敦"）礼，邵武泰宁人，先名光，字亨父。谒庙，梦王者令掌籍判官检簿与看，即无叶光，止有叶祖洽名字，遂用之。当年，果领举赴省，谒庙，王者将一片犬肉置于几上，命食之；又殿下有竹一束，王者指示云："此是题目。"莫晓其义。明年，作大魁，方悟："一片犬肉"乃"状"字，"置于几上"乃"元"字，"殿下竹一束"者以前廷对出赋题。殿试问策自祖洽时始，"竹一束"乃"策"字也。

《古迹瑞榴之谶》

（宋人叶庭珪撰）《海录碎事》："（邵武）郡庭有石榴，士人观所实之数，以为登科之信。熙宁间，结二实颇大。是年，叶祖洽、上官均名在一二。祖洽诗云：'已分桂叶争云路，不负榴花结露根。'"①

虽如此，叶祖洽状元及第却是颇费一波周折的，期间也反映出朝臣在熙宁变法时的立场，叶祖洽后来的仕途也一直受此影响。

神宗熙宁三年（1070），"三月，亲试举人，初用策，赐叶祖洽以下及诸科八百余人及第、出身有差。旧制，进士一日而兼试诗、赋、论，谓之三题；特奏人只试论一道。至是，罢三题，始用策。翌日，试特奏名进士亦制策也。自王安石得政，每赞上以独断，上专信任之。于是，考官苏轼发策云：'晋武平吴以独断而克，苻坚伐晋以独断而亡，齐桓专任管仲而霸，燕哙专任子之而灭，事同而功异，何也？'安石见之不悦。祖洽策言：'祖宗多因循苟简之政，陛下即位，革而新之。'初考为三等，覆考为五等，上令宰相陈升之面读，以祖洽为第一。"②

据苏轼于哲宗元祐二年（1087）十月二十二日上奏的《参定叶祖洽廷试策状二首》云："缘祖洽及第时，臣系编排官，据初考官吕惠卿等定祖洽为第三等中，合在甲科；覆考官宋敏求等定祖洽为第五等中，合是黜落。臣曾具事由闻奏，乞行黜落。"主要原因是苏轼等人认为"以谓祖宗拨乱反正，承平百年，纪纲法度，最为明备。纵使时异事变，理合小有损益，亦不当谓之因循苟简，便欲朝廷与大臣合谋而鼎新之"③。

考官吕惠卿之所以等定祖洽高等，是因为吕惠卿与王安石交旧，试策中"列阿时者在高等，讦直者乃居下"。即试策中凡有支持王安石语者都排名靠前。"李大临、苏轼编排，上官均第一，叶祖洽第二，陆佃第五。"后来，哲宗皇帝"令陈升之面读（上官）均等策，擢祖洽为第一"④。苏轼仍力辩"上言'陛下试士，将求朴直之人，而阿谀顺旨者率据上第，臣窃悲之'。是以不胜愤懑，拟《进士对御试策》以进"⑤。

苏轼当年虽不喜叶祖洽为状元，但当面对叶祖洽擢升受阻时，仍能仗义执言，秉公办

---

① [宋]祝穆：《方舆胜览》卷10，文渊阁《四库全书》第471册，第650、651页。
② [宋]陈均：《九朝编年备要》卷18，文渊阁《四库全书》第328册，第471-472页。
③ [宋]苏轼著：《苏东坡全集》，北京：燕山出版社，2009年，第1956-1958页。
④ [清]徐乾学：《资治通鉴后编》卷78，文渊阁《四库全书》第343册，第458页。
⑤ [宋]陈均：《九朝编年备要》卷18，文渊阁《四库全书》第328册，第471-472页。

事,不仅详查 18 年前叶祖洽的试策卷子,而且为叶祖洽所言辩之。上述《参定叶祖洽廷试策状二首》既是明证。哲宗元祐二年(1087)十月二十一日,苏轼与苏辙、刘攽一起上奏道:

> 准元祐二年十月十一日尚书省札子节文:"臣寮上言,近闻兵部郎中叶祖洽改礼部郎中,给事中赵君锡封驳,以为不当,兼论祖洽廷试对策,有讪及宗庙之语。臣恩今详君锡所驳,极未为允。臣取祖洽印本试策寻究,即无讥讪之言,不知君锡何以见其讥讪也。伏望陛下令君锡条具祖洽讥讪之言,下近臣参定,以明枉直,庶使策试之士、谋议之臣,悉心不回,毋悼后害。三省同奉圣旨,令翰林学士、中书舍人、谏议大夫同共参定闻奏者。"右臣等窃谓先帝亲策贡士,本欲人人尽言,无所回忌。士之论事,必欲究极始末,其语或及祖宗,事有是非,义难隐讳。但当考其所言当否,以为进退,不可一一指为谤讪。取到叶祖洽所试策卷子看,其略云:"祖宗以来至于今,纪纲法度,苟简因循而不举者,诚不为少。"又云:"与忠智豪杰之臣合谋,而鼎新之。"臣等以谓祖宗拨乱反正,承平百年,纪纲法度,最为明备。纵使时异事变,理合小有损益,亦不当谓之因循苟简,便欲朝廷与大臣合谋而鼎新之。详此,显是祖洽学术浅暗、议论乖缪,若谓之讥讪宗庙,则亦不可。

二十二日又补充道:

> 祖洽元试策卷子云:"祖宗以来至于今,纪纲法度,因循苟简而不举者,诚为不少。"今来祖洽上章自辩,却减落上件言语,只云:"祖宗已来至于今,纪纲制度,比之前古,亦有因循未举之处。"显见祖洽心知"苟简"之语为不可,故行减落。①

哲宗元祐四年(1089)五月,左谏议大夫梁焘在论蔡确和王安石之亲党姓名时亦牵扯出叶祖洽,"臣等窃谓,确本出王安石之门,相继秉政,垂二十年,群小趋附,深根固蒂,谨以两人亲党开具于后。确亲党:……曾肇……王觌……四十七人;安石亲党:……陆佃……吕嘉问、沈括……叶祖洽……三十人"②。徽宗崇宁三年(1104)六月,入元祐党人籍,列"元祐奸党文臣""待制以上官"(计 49 人)第 48 名③。大观二年(1108)三月出罪籍④。

叶祖洽知海州的时间在哲宗元祐七年(1092)二月,事载《宋会要辑稿》职官六七之六:"七年二月六日,礼部侍郎叶祖洽知海州,以御史言其贪鄙凡下、廉节不立故也。"⑤这次被贬是因为右正言姚勔于六年(1091)十二月三日和七年(1092)正月十二日二次所劾:"贪鄙无状,滛纵悍妻,薄于事父,不可令污省闼故也。"⑥离知海州时间不详。

叶祖洽知海州期间曾重建景疏楼,事载清人查慎行撰《苏诗补注》。熙宁七年(1074)九月,39 岁的苏轼由杭州通判以太常博士直史馆权知密州军州事(州治在今山东诸城)。十月在去海州途中的涟水之前,苏轼步孙洙韵作诗《次韵孙巨源寄涟水李盛二著作并以见寄五绝》,其二云:"高才晚岁终难进,勇退当年正急流。不独二疏为可慕,他时当有景孙楼。"对孙洙给予很高的评价,认为在海州有纪念疏广、疏受二叔侄的"景疏楼",也一定

---

① [宋]苏轼:《苏东坡全集》,北京:燕山出版社,2009 年,第 1956-1958 页。
② [清]徐乾学:《资治通鉴后编》卷 89,文渊阁《四库全书》第 343 册,第 641 页。
③ 《资治通鉴后编》卷 96,文渊阁《四库全书》第 343 册,第 757 页。
④ 《宋会要辑稿》职官 76 之 27,第 5111 页。
⑤ 《宋会要辑稿》职官 67 之 6,第 4850 页。
⑥ 《资治通鉴后编》卷 470,文渊阁《四库全书》第 322 册,第 157 页。

会有纪念孙洙的"景孙楼"。苏轼在尾联"他时当有景孙楼"后自注云:"巨源近离东海,郡有景疏楼。"清人查慎行补注曰:"《名胜志》:景疏楼,在海州治东北,石刻云'宋叶祖洽慕二疏之贤而建'。疏广、疏受,皆东海人也。"①当然叶祖洽所建景疏楼是复建,并不是苏轼所见到的景疏楼。

李之亮在《宋两淮大郡守臣易替考》中认为叶祖洽知海州的时间为哲宗元祐七年至元祐九年(1092—1094)。

北宋哲宗元祐九年/绍圣元年甲戌(1094)

| 海州知州 | 孙载 | 海州儒学教授 | 赵资道 |

【海州知州:孙载】

孙载(1035—1109),字积中,北宋苏州昆山(今江苏苏州昆山)人,英宗治平二年(1065)彭汝砺榜进士②,初授河中府司户参军。历官知湖州德清县,广东路提举常平事,承议郎,通判陕州,广东转运判官,提举河北西路常平事,知海州、沂州,朝奉大夫、知婺州,河东路转运判官,淮西路提点刑狱,朝请大夫、知亳州,提举杭州洞霄宫。官至朝议大夫。

孙载生平主要载宋人笔记或方志中。宋人龚明之《中吴纪闻》卷四记载最详:

> 孙载,字积中,其曾祖汉英仕钱氏,尝为苏州昆山镇防遏使,故为昆山人。公幼岐嶷如成人,既学,为师友所推誉。治平二年(1065),进士及第,为河中府户曹。更三守,皆立威严者,公独与之争曲直,矫矫不少下,终以此见知,或称荐之。中书检正官察访关中,辟公为官属,公务佽助之,亦不苟与之合。乾祐县去永兴最远,青苗法行,乾祐独不以予民。察访怒,移其令,檄公往案之。公还,言:"邑小民贫,其徒岁以禾麦博易为生;且立法之初,民未知称贷于公家为利。令无罪,宜复其任。"公用荐者迁官,知湖州德清县。公听断精明,不专任刑罚,开说其是非,出于至诚。讼有累年不决者,闻公一言,感悟相舍而去。熙宁八年(1075),吴越饥,独县中熟,公劝大家乘时倍籴,得米十余万斛。明年春,米价腾(《姑苏志》作翔)踊,公平其直使粜,赖以全活者不可数计。其他便民者,别有数十事,德清人至今德公。又用荐者迁官,知考城县。官制行,换奉议郎。其治考城,如德清于方田也,以最闻。县四邻皆重法,地素饶盗,公明赏格,严保伍,奸无所囊橐。一日,都监与尉来告,盗集境上,将以上元掠近郭。至期,公张灯与其僚乐饮,许民嬉游,不禁夜如故事。盗叵测,遂遁去。迨公受代,亦无复鼠窃者。府界提点荐公于朝,他使者亦相继上公治状。神宗出名氏付中书,盖欲用公矣。未几,除广东路常平,召见便殿以遣之。二广使者,春夏例简出。公至,则犯隆暑,偏行所部,宣布德意。哲宗即位(1086),转承议郎。诸路常平官废,公赴吏部,授通判陕州,移广东转运判官。于是,公去岭南五年矣。吏

---

① [宋]苏轼著,[宋]施宿注,[清]查慎行补注:《苏诗补注》卷12,文渊阁《四库全书》第1111册,第256-257页。
② [宋]范成大撰:《吴郡志》卷28,文渊阁《四库全书》第485册,第206页。

有尝不快于公者,颇欲弃官,公闻而慰留之,乃举焉。绍圣初,复诸路常平官,除公河北西路,改知海州,已而除沂州。兴学养士,走书币招礼宿儒,为学者师表,治务大体。迁朝奉大夫、知婺州,移河东路转运判官,又移淮西路提点刑狱。徽宗即位,迁朝请大夫、知亳州。言者谓公尝附荐元祐党人,得提举杭州洞霄宫,即归昆山,日与亲戚闾里置酒棋弈,道故旧为乐。任且满,本路使者等言:"孙某先朝所选擢,名在循吏。年虽高,精力幸未衰。愿使再任,以示优老之意。"诏从之。大观中,迁朝议大夫。未几,公亦自上章,乞守本官致仕。公体素无疾,先一月,至其先人坟垄,徧诣尝所往来者,若将别然。既亟,呼妻子与诀,属(同嘱)以后事,问日早晏,盥手焚香,即寝而逝,享年七十有五,葬高景山。公天资乐易,于吏治尤所长,使四路,典三大郡,咸著循迹。每遇物,无忮害。所至汲引其属,士大夫受荐者至四百余人,多知名且贵显于世者。自少喜读《易》,慕唐人为诗。著《易释解》五卷、《文集》五十卷,藏于家。①

孙载知考城县时间在神宗元丰六年(1083)之前,事载《宋会要辑稿》职官四八之三〇:神宗元丰六年闰六月十九日,权发遣提点开封府界诸县镇范峋上殿言:"奉议郎、知考城县孙载簿案严整,税课办集;通直郎、知咸平县朱勋朱满任而去,民至今思之。"②

孙载通判陕州由时任中书舍人的刘攽制诰《朝奉郎孙载可通判陕州制》,载刘攽《彭城集》卷二二:

  自关以东,分陕为重。水陆交凑,民俗繁多。郡治之佐,其亦难矣。以尔从仕,滋久劾力。可见,推择付之,实为妙选。甘棠之诗,美在听讼。景行贤杰,尚克有立。③

刘攽任中书舍人的时间在哲宗元祐元年(1086)十二月至四年(1089)三月卒于官,此制诰只能在这期间;另《广东通志》卷二六《名宦志》云:"元祐初,通判陕西州。"④故推知孙载通判陕州在哲宗元祐二年初。

孙载移广东转运判官在哲宗元祐六年,事载《广东通志》卷二六《职官志》⑤。

《中吴纪闻》载:"绍圣初(1094),复诸路常平官,除公河北西路,改知海州。"又《宋会要辑稿》职官六七之一〇载:"(哲宗绍圣元年)十一月一日,河北西路提举官孙载送吏部,坐不奏陈流民故也。"⑥因此可推知,孙载知海州的时间为哲宗绍圣元年(1094)末或二年(1095)初。

孙载遭弹劾,罢为提举杭州洞霄宫,并回归昆山,在徽宗崇宁二年(1103)十一月,事载《资治通鉴后编》卷九五:"乙酉,江南西路提举常平韩宗直、知亳州孙载,并放罢。臣僚

---

① 按:《姑苏志》《广东通志》为享年七十二,《易释解》五十卷,《文集》若干卷。[宋]龚明之撰:《中吴纪闻》卷4,文渊阁《四库全书》第589册,第335-337页;[明]王鏊:《姑苏志》卷49,文渊阁《四库全书》第493册,第917-918页;[清]郝玉麟:《广东通志》卷26《名宦志》,文渊阁《四库全书》第563册,第605页。
② 《宋会要辑稿》职官48之30,第4328页。
③ [宋]刘攽:《彭城集》卷22《制诰》,文渊阁《四库全书》第1096册,第220-221页。
④ [清]郝玉麟:《广东通志》卷26《名宦志》,文渊阁《四库全书》第563册,第605页。
⑤ [清]郝玉麟:《广东通志》卷26《职官志》,文渊阁《四库全书》第563册,第27页。
⑥ 《宋会要辑稿》职官67之10,第4852页。

论其尝附元祐奸党故也。"①

李之亮在《宋两淮大郡守臣易替考》中认为孙载知海州的时间为哲宗绍圣元年至二年（1094—1095）。

【海州儒学教授：赵资道】

赵资道（生卒年不详），北宋缙云（今浙江省缙云县）人。哲宗绍圣元年甲戌（1094）毕渐榜进士，初仕海州教授。迁辟雍博士，徽宗崇宁五年（1106）任点检试卷官。授朝请郎、直秘阁，政和七年（1117）七月知台州。宣和三年（1121）五月知端州，七年以朝奉大夫知袁州。

赵资道离任海州教授时间史载不详。宋人胡阶为胡份夫妻所撰《鄱阳守（胡份）嵩山先生暨配董夫人合葬志铭》为我们提供了线索："哲宗元符二年（1099），（胡份）乞辞请致仕而归。临行之日，友人朝散大夫詹适及进士授海州教授赵资道、歙州县令杨光祖等咸作诗以赠之，父老攀辕载道而送者塞于途。"②依此推知，赵资道离任海州教授时间在哲宗元符二年（1099）之后不远。

赵资道知台州事载《嘉定赤城志》卷九：

（政和）七年（1117），七月四日替：赵资道，七月四日，以朝请郎、直秘阁知。政和尽七年，《壁记》作八年。

（宣和）三年（1121），五月二十七日替：李景渊，五月六日，以朝奉大夫、直秘阁知。《壁记》云："以前此为通判，守御有功，奉御笔就差。"及按《滕户曹守台录》乃云："吕寇之难，滕欲死守，而太守赵资道、通判李景渊皆弃城而遁。"与前说不类，盖滕逊功于李，而有此命也。替日月未详。③

赵资道知台州末期，遇方腊起兵，不战逃遁。朱熹《晦庵集》卷八九《义灵庙碑》载：

庆元元年（1195）春二月敕："以台州士民所请故直秘阁滕侯之祠为义灵庙。"……往岁盗起帮原，连陷六州，戎毒所加，民无噍类。……闻乱之初，阖郡震恐，太守赵资道、郡丞李景渊，咸愕眙不知所为，谋欲遁去，它吏相顾，亦无敢出一语者。侯方司户曹事，乃独慨然请任其责，有异议者，辄面叱之。④

宋人游九言《默斋遗稿》卷上《义灵庙迎享送神曲（并序）》亦载：

宣和二年（1120）冬，清溪民方腊啸聚，首破睦州，二浙震动，知台州赵资道、通判李景渊闻乱忧顾，官吏骚然，独司户曹事睢阳滕侯膺力陈备御，守与丞迫大义，不敢违然，咸无固志。⑤

赵资道"文学优长，治郡有声"⑥。但文字留存较少，散落在宋人文集和地方志中，现觅得诗三首及友人唱和一首。三首诗皆为赵资道在知袁州时所作，一首是为州治内"劲节堂"所作：

---

① ［清］徐乾学：《资治通鉴后编》卷95，文渊阁《四库全书》第343册，第751-752页。
② 浙江省丽水市缙云县新碧街道志编纂委员会编：《新碧街道志》，北京：方志出版社，2017年，第505-506页。
③ ［宋］陈耆卿编，徐三见校点：《嘉定赤城志》，北京：中国文史出版社，2004年，第135页。
④ ［宋］朱熹：《晦庵集》卷89《义灵庙碑》，文渊阁《四库全书》第1146册，第101-103页。
⑤ ［宋］游九言：《默斋遗稿》卷上，文渊阁《四库全书》第1178册，第368-370页。
⑥ 曹懋极纂修：《康熙缙云县志》，上海：上海书店出版社，1993年，第349页。

为爱青青竹一林,旋开庭宇占清阴。风前萧瑟声敲玉,月下玲珑影碎金。

第二首是为州治内"清心堂"所作:

燕坐都忘尘虑萦,小桥横绝跨幽亭。涟漪池面银开鉴,涤荡庭心玉展屏。①

第三首是为"东湖清熙阁"所作:

满园桃李绕池阿,下瞰长江万顷波。昼尽无风澄古鉴,源深有路接天河。花菌草带随堤戢,渔唱樵吟隔岸多。政暇闲邀宾侣尝,夕阳归处引笙歌。②

赵资道好友郑侠唱和诗《次韵赵资道秋夜闻角》一首,载《西塘集》卷九:

萧索秋城五鼓前,月临残梦正团圆。彤楼一曲梅花落,玉枕谁家绣带连。歌酒梁园人散后,弓刀秦戍雁南天。一般凄咽西风下,转展空床夜不眠。③

另外赵资道所撰墓志铭尚存两通。一通是知台州时所撰《宋光祖公墓志铭》,是为助建县学的胡昭而撰。"胡昭(1029—1103),字光祖,万安乡寓明翟二都黄碧人。助建县学,创建东山书院六十楹,修兴教寺。"部分铭文如下:

故资政殿大学士张(躁)公尝宰是邑,欲建县学而乏材,植方且惠之。适公有数年所积,以木辄召而咨焉,欲售之以金。公欣然而对曰:"与其为私第以自庇,其身孰愈为乡校,教以利于人乎!"于是尽输其木,而卒不受金。张公乃叹之曰:"汝其后必昌。"谣是公自信愈笃为善。惟日不足以至自立儒馆于家之南,构舍辟宇凡六十楹,设饰完具。非特为之观美而已,经史文集无一不蓄。其微至于杂物器皿之末,亦克用备。择其士之朴茂有闻者为之领袖。以率其里闾之后学者居焉。俾切磋琢磨,朝夕讲于其间,而弦诵之声未尝少息。以致父兄之遣子弟来学于斯者,莫不以公为表率。④

另一通是为缙云乡党撰《宋故詹君伯常墓志铭》。该墓志铭于1990年夏出土于五云镇南塘庵,现藏缙云县博物馆,高58厘米、宽56厘米、厚18厘米,竖刻26行,正文行26字,字径1.5厘米,楷书。碑面风化严重,字迹残泐难以辨认,部分铭文如下:

天水赵资道撰,安定胡份书。

君讳交,字伯常,姓詹氏。其先钱塘人。高祖避钱氏,徙居缙云,因家焉;曾祖讳谅,隐迹不仕;祖讳象先,发儒业教子,咸登荣仕。聚括苍,遂为著姓。……簪缨联属,代不伐人。……父前仕涟水录事参军迥,有子五人。……君自得疾,医者屡易,而经岁不效。以元丰癸亥夏五月初二日卒家,享年四十。……宜得有道之士为之志铭,以显于后。君为余既亲且友,而余知君尤详,故君之父以此命我。其可辞乎!⑤

---

① [明]李贤:《明一统志》卷57《袁州府》,文渊阁《四库全书》第473册,第173页。
② 尹福生:《南轩书院》,载政协江西省宜春市第二届委员会文史资料委员会编:《宜春市文史资料》(第4辑),内部资料,1989年,第156页。
③ [宋]郑侠撰:《西塘集》卷9,文渊阁《四库全书》第1117册,第500页。
④ 浙江省丽水市缙云县新碧街道志纂委员会编:《新碧街道志》,北京:方志出版社,2017年,第438、288页。
⑤ 王泽玖:《胡份书法考论》,《艺术探索》2013年第3期,第30-33页;金兆法总纂,缙云县志编纂委员会编:《缙云县志》,杭州:浙江人民出版社,1996年,第554页;詹火忠主编:《漳州·南靖——双溪詹氏族谱》,内部资料,2013年,第45页。

北宋哲宗绍圣二年乙亥（1095）

| 海州知州 | 蒋长生 | 海州幕职官 | 郭三益 |

【海州知州：蒋长生】

蒋长生（1033—1124），字永伯，北宋常州宜兴（今江苏省无锡市宜兴市）人。历通判泉州，某部郎官，通判泉州，知海州、泉州等。生平史载简略，主要载名臣奏议、方志和墓志铭中。

蒋长生任某部郎官，事载明人杨士奇等编《历代名臣奏议》卷一四一《用人》：

> 谏议大夫龚夬论封驳差除状曰："臣伏闻新除程伯孙、王巚、蒋长生、黎珣、鲍朝宾等充郎官，给事中以伯孙等皆大臣姻戚，已行驳奏，未奉俞音，复命他官书，读侧闻清议，殊未为允。盖执政荐士，自当旁招俊乂，若有姻戚，果贤邪人自知之。今中外朝臣资任人材如伯孙者，何可胜数。又况贤俊如林，未蒙识擢，而首论用此数人，是以士论纷纷，不以为当。若大臣专引亲旧，多非其才，则朝廷不得无疑。若是，则后日虽欲进贤不可得也。于是，天下之真才，朝廷不可得而用矣。门下本以省审为职，若给事中所驳改付别官书，则是非不可不决。后官所书是耶，则前官不为无罪；若前官所驳是耶，则后官岂可谬书。若一切不问，惟命令之速行，则给事中之职，几于废矣。恐非建官设属转相维持补救政事之意。伏望圣慈，特赐详酌施行。"①

龚夬在谈用人的奏状中提到，给事中因为蒋长生等新任官员都是朝廷大臣的姻亲，所以上奏驳回，希望能改任他官，但没有回音。龚夬认为这对选拔人才不利，希望朝廷能支持给事中行使驳回不当任命的权利，这样才可以任人唯贤。龚夬（1057—1111），字彦和，北宋瀛州（今河北省沧州市河间市）人。清介自守，有重名。哲宗元祐三年戊辰（1088）李常宁榜进士第三，初授承事郎、签书河阳节度判官厅公事。历监察御史，通判相州，知洺州，殿中侍御史等职。崇宁元年（1102），因议复元祐皇后，遂坐罪削籍，编管房州，继徙象，又徙化。入元祐党人籍，后遇赦得归。卒后赠直龙图阁、右谏议大夫。该奏状所作时间参见同期《上哲宗乞六察官兼言事》②状文意，应是绍圣初龚夬为监察御史时。《宋史》卷三四六有本传。③

蒋长生通判泉州在哲宗元祐四年（1089）至绍圣二年（1095）。通判泉州，事载蒋长生堂兄、时任大中大夫、知枢密院事蒋之奇为堂弟蒋之仪所撰《朝奉大夫之仪公墓志铭》（参见"北宋仁宗嘉祐七年壬寅蒋之仪"条）："未几，弟长生永伯又罢泉倅到阙"，"倅"即"通判"；任职时间载《蒋长生题名》石刻（图8-8）④，该石刻位于福建省泉州市南安市九日山东峰南麓石刻群中央悬崖间，面南，高190厘米、宽80厘米，竖刻4行，行13字，楷书。文曰：

---

① ［明］杨士奇等编：《历代名臣奏议》卷141《用人》，文渊阁《四库全书》第436册，第872页。
② ［宋］赵汝愚编：《宋朝诸臣奏议》上，上海：上海古籍出版社，1999年，第611—612页。
③ 《宋史》卷346《龚夬传》，第10982—10984页。
④ 《九日山祈风石刻：凝固史书 世界唯一》，2021年11月27日，"泉州非遗"微信公众号，2022年5月10日。

图8-8 《蒋长生题名》石刻
（来源：泉州非遗微信公众号）

乐安蒋长生永伯、陈留谢仲规执方、吴与沈迈中行、济阳江与几伯达、京兆杜侄孟坚、延陵吴翊元升，元祐己巳仲秋晦日，同游延福寺。

其中：元祐己巳仲秋晦日，即哲宗元祐四年己巳（1089）八月三十日。谢仲规，字执方，时为福建转运判官、提举常平茶盐公事；沈迈，字中行，时为知泉州；江与几，字伯达，时为南安县令；杜至，字孟坚，史载不详；吴翊，字元晦，时为晋江县令。①

前期研究该通题名石刻时，皆不明蒋长生此时任职通判泉州。民国《福建通志》金石志载有该通石刻，在按中推测蒋长生"其时，当是以他官按泉也"，并有所疑问，何以任职福建"本路尊官"转运使的谢仲规在石刻中"名列蒋长生之下"②？答案只有一个，蒋长生此时为通判泉州，谢仲规为福建转运判官，而非转运使。近代学者亦有推测蒋长生此时可能"到过泉州"或不注官职③。

蒋长生知海州在哲宗绍圣二年（1095）。事载《朝奉大夫之仪公墓志铭》："绍圣二年（1095），吾弟表叔（蒋之仪，字表叔）任庆成军使，终更，代还京师。时之奇蒙恩召为尚书户部侍郎，亦到辇下，方恳丐辞免，未就职，寓居于城北乾元福圣院。""未几，弟长生永伯又罢泉悴到阙，三人者僦居皆不远。""居数月，之奇首被命帅镇洮。而公与永伯又出饯于城西之普安寺，已闻公选知广德军矣，而永伯亦擢守海州，明日皆当过门下省，遂亟以别，各受命之官。"④可知蒋之奇、蒋长生和蒋之仪兄弟三人同年被授新官，蒋之奇"帅镇洮"，蒋长生由通判泉州升任知海州，蒋之仪由庆成军使升任知广德军，时间在神宗绍圣二年（1095）。

蒋长生知泉州时间在哲宗绍圣四年（1097），事载清人周学曾《晋江县志道光本》卷二十八《职官志》："（宋，知军州事）蒋长生，（绍兴）四年（1097）任。"⑤时泉州录事参军为郑侠，《闽书》文艺志载：

蒋长生，长生以朝请大夫知郡。时郑侠为录事参军，上之书曰："阁下以不世之才知，加之学问之光明，足历仕途，名满天下。二十年间，繁要备更，关陕之雄，湖湘之重，皆按部廉莅之。在人之贤必举，在事之重必先。西汉夷羌，南荆蛋獠，向服威德，延颈稽首，咏歌颂愿，靡不爱戴。是以邸报方传，人知向服。"则长生之为政可

---

① 陈光田著：《闽南摩崖石刻研究》，北京：商务印书馆，2018年，第297页。
② ［民国］《福建通志》第43册《金石志》，福州：福建通志局，1922年，第181页。
③ 吴文良：《泉州九日山摩崖石刻》，《文物》1962年第11期，第33-47页；陈光田著：《闽南摩崖石刻研究》，北京：商务印书馆，2018年，第297页。
④ 上海图书馆编，陈建华、王鹤鸣主编，王铁整理：《中国家谱资料选编》4《传记卷》，上海：上海古籍出版社，2013年，第3-4页。
⑤ ［清］道光《晋江县志》卷28《职官志·文秩》，上海：上海书店出版社，2000年，第323页。

知也。①

郑侠(1041—1119),字介夫,福清(今福建省福州市福清市)人。受王安石称奖,感为知己。进士高第,调为光州司法参军。元祐初,苏轼荐为泉州教授。丁艰,还为泉州录事参军。元符年间,送英州编管。徽宗即位,知广州朱师荐复为泉州教授。卒后赠朝奉郎。著有《西塘集》,《宋史》卷三二一有本传。②

蒋长生卒于徽宗宣和六年(1124),享年九十二。事载《雪峰开山父母坟记》后之增文,"(老德士蒋)有朋师,字咸之,泉州南安蒋氏子,嗣承天子琦法。宋元符二年(1099),大夫蒋长生延住清果寺,宣和六年九月十一日示寂,寿九十二。"③

蒋之奇、蒋长生和蒋之仪兄弟三人之间的排行如何,学者有不同的看法。今人著述多用"蒋之奇哥哥(或兄长)蒋之仪""蒋之仪的弟弟蒋之奇""蒋之仪为蒋之奇胞兄"等,皆误。据《福建蒋氏通谱》载:奉旨入闽蒋氏第二支"莆仙衍派":

八十七世追慎,字宏谨。行谊著称。生于后周世宗显德三年(956),二十三岁早殇,卒于宋太平兴国三年(978),葬蒋墓。配史家荡史氏。生一子牛皋。

八十八世牛皋,字奉夫。宋仁宗朝以子堂贵赠兵部尚书。生于宋开宝六年(973),寿七十八,卒于仁宗庆历五年(1045),葬五牧故土,曰"尚书坟"。配尚公女,封广陵郡太君。生八子:常、堂、当、滂、昂、康、章、祥。

八十九世堂,字希鲁。宋大中祥符五年(1012)徐奭榜进士。累迁至枢密直学士兼吏部侍郎、太尉少师,赠吏部侍郎。生于太宗淳化二年(991),寿八十二,卒于神宗熙宁四年(1071),葬龙潭蒋墓。配张氏。生七子:群玉、长生、源、泽、渊、陆、咸。

八十九世滂,字孟傅。……生四子:之奇、之纯、之武、之美。

九十世……

长生。堂公次子。赠朝请大夫、知泉州,仕终中散大夫。

之奇,滂公长子,字颖叔,号氵山南……④

与《朝奉大夫之仪公墓志铭》所记载"曾祖讳宏谨;大父讳九皋,累赠兵部尚书"基本相合,仅区别二处,一是通谱记"宏谨"为"蒋追慎"的字;二是通谱记"九皋"为"牛皋"⑤。

另江苏宜兴《北店蒋氏宗谱》载:"始迁祖北宋蒋之勉、蒋之仪、蒋之袷等人之后,蒋之勉系蒋之奇堂兄,居蒋氏九十世之长,蒋之仪、蒋之袷系蒋之奇堂兄弟,其后人在两宋时亦显于一时,主要分布于宜兴西北部及丹阳、金坛、溧阳埤头、上黄等地。"⑥

蒋长生父蒋堂排行二,蒋长生(1033—1124)为次子;蒋之奇父蒋滂排行四,蒋之奇(1031—1104)为长子;蒋之仪父蒋康排行六,故蒋之奇为大,蒋长生次之,蒋之仪为堂弟。

---

① [明]何乔远编撰:《闽书》第2册,福州:福建人民出版社,1994年,第1390页。
② 《宋史》卷321《郑侠传》,第10434-10437页。
③ 吕荣哲、潘英南编:《南安碑刻》,北京:作家出版社,2003年,第223-224页。
④ 《福建蒋氏通谱》编纂委员会编:《福建蒋氏通谱》(内部资料),2011年,第70-72页。
⑤ 按:《富春蒋氏宗谱》载《朝奉大夫之仪公墓志铭》亦为"九皋"。参见《富春蒋氏宗谱》卷1(第1册),2009年(内部资料),第112-118页。
⑥ 吉育斌主编:《丹阳家谱提要》,成都:四川师范大学电子出版社,2012年,第286页。

也正与《朝奉大夫之仪公墓志铭》落款"兄之奇"及正文首句"吾弟表叔"相合。①

但《朝奉大夫之仪公墓志铭》记载的几个时间与史载不符,有待进一步研究确定。

一是蒋之奇任职尚书户部侍郎时间,《朝奉大夫之仪公墓志铭》记为"绍圣二年(1095)",而《长编》卷四七四载:"(哲宗元祐七年六月)甲戌,刑部侍郎范纯礼为吏部侍郎,宝文阁待制、知河中府蒋之奇为户部侍郎。"②

二是蒋之奇知熙州时间,《朝奉大夫之仪公墓志铭》载"之奇首被命帅镇洮",时间在"绍圣二年(1095)"。"镇洮"即"熙州",《宋史·神宗本纪二》载:"(熙宁五年八月)壬辰,以武胜军为镇洮军。……冬十月戊戌,升镇洮军为熙州、镇洮军节度,置熙河路。"③《宋史·地理志三》亦载:"熙州,上,临洮郡,镇洮军节度。本武胜军。熙宁五年收复,始改焉。寻为州。"④蒋之奇知熙州,《长编》卷四七八载:"(哲宗元祐七年十月)乙亥,户部侍郎、宝文阁待制蒋之奇知熙州。"⑤知熙州时间最晚至绍兴二年(1095)。《宋会要辑稿》蕃夷六之二八载:"(绍圣元年)八月十五日,知熙州蒋之奇言"事,⑥《宋会要辑稿》职官六七之一三载:"(绍圣二年十一月)十三日,太中大夫、充宝文阁待制、知开封府蒋之奇降授左朝议大夫。"⑦

【海州幕职官:郭三益】

郭三益(?—1128),字慎求,北宋常州府宜兴县(今江苏省无锡市宜兴市)人。哲宗元祐三年(1088)李常宁榜进士,其父郭璩为英宗治平二年(1065)彭汝砺榜进士⑧。累官至常熟县丞⑨。哲宗元符元年(1098),为台州府仙居县(今浙江省台州市仙居县)县令⑩。徽宗大观三年(1109)十一月,以承议郎为武进县令⑪;政和七年(1117)五月前后,为朝奉郎⑫。宣和元年(1119)五月前后,为吏部员外郎⑬。三年(1121)前后,为给事中⑭。六年(1124)前后,为工部尚书⑮。钦宗靖康元年(1126)六月十一日,以兵部尚书、蒋獻阁直学士与郡龙图阁学士、知洪州转任知潭州⑯;二年(1127)四月前后,为龙图阁学士、湖南路安

---

① 李道英著:《唐宋八大家的故事》,北京:金盾出版社,2013年,第169页;张兴璠著:《社稷良臣—醉翁——欧阳修传》,西宁:青海人民出版社,2003年,第214页;王水照、崔铭著:《欧阳修传》,天津:天津人民出版社,2013年,第322页。
② 《长编》卷474,哲宗元祐七年六月甲戌,第11311页。
③ 《宋史》卷15《神宗本纪二》,第282页。
④ 《宋史》卷87《地理志三》,第2162页。
⑤ 《长编》卷478,哲宗元祐七年十月乙亥,第11389页。
⑥ 《宋会要辑稿》蕃夷6之28,第9924页。
⑦ 《宋会要辑稿》职官67之13,第4854页。
⑧ [元]徐硕:《至元嘉禾志》卷15,文渊阁《四库全书》第491册,第129页。
⑨ [明]王鏊:《姑苏志》卷41《宦迹五》,文渊阁《四库全书》第493册,第744页。
⑩ [宋]陈耆卿:《嘉定赤城志》宋元方志丛刊,北京:中华书局,1990年,第7378页。
⑪ [宋]史能之:《咸淳毗陵志》卷10《秩官四》,中国方志丛书,华中地方第422号,台北:成文出版社,1983年,第3538页。
⑫ 《宋会要辑稿》刑法1之30,第8243页。
⑬ 《宋会要辑稿》职官69之2,第4898页。
⑭ 《宋会要辑稿》选举1之15,第5255页。
⑮ 《宋会要辑稿》职官48之55,第4352页。
⑯ [宋]阙名:《靖康要录》卷6,文渊阁《四库全书》第329册,第528页。

抚使①。六月甲子,以龙图阁学士、知潭州试为刑部尚书②。高宗建炎元年(1127)十一月乙未,自试刑部尚书迁中大夫、除同知枢密院事③;二年(1128)九月己酉卒④,葬常州府荆溪县(今江苏省无锡市宜兴市)横涧⑤。

郭三益家教极严。据宋人程俱《北山小集》卷三一《朝议大夫郭公宜人周氏墓志铭》载,其父郭璩"爱人勤职,信厚人也,而以清特闻",亦得益于郭三益母亲周顺之的贤助。郭三益为常熟县丞时,常平使者征调苏、常、湖、秀四州百姓分段疏浚青龙江。郭三益在自己承办的常熟地段完成之后准备撤离,但被常平使者要求必须全部留下来,协助其他地段按期完工。因从政经验不足,不知如何配合与协调常平使者的命令,郭三益很是烦恼。结果母亲为其解忧曰:青龙江疏浚工程涉及多个州县,每个施工分段都涉及施工进度、徭役粮草等,这些上级都是清楚的。现在,你的分段已经完工,怎么可能再返回继续施工,重复劳役呢?常平使者了解情况后,一定会撤回命令的。郭三益按照母亲的建议,按兵不动,果然,不久后常平使者就撤回了命令。郭三益"才高有器识""为人刚介自信,人固莫敢以事请顾"。在为武进县令时,有人想通过郭三益的母亲请托办事,结果被告以"吾妇人,不当知门外事"和"老人善忘,不记所言"为由拒绝⑥。

郭三益卒后第二年,即高宗建炎三年(1129)八月二十三日,生前所获赐赠的田宅被收缴一半,主要是因为朝臣认为"(郭)三益乃王黼死党,燕山之役,嘿无一语建明"⑦。皇上也仅认为"郭三益则善人而已"⑧。

郭三益为海州幕官(幕职官的省称)记录在宋人程俱《戏题郭慎求所寄书尾》诗的尾注中:

> 老罢归来寄一廛,交亲南北散如烟。诵君雪暗天涯句,离合升沉二十年。(慎求为海州幕官,行县尝有诗云:"晓乌啼哑哑,游子初去家。去家向何许,雪暗天一涯"云云。断句云:"举头语天公,殷懃推日车。"颇为吾党所推。)⑨

清许乔林撰《海州文献录·宦绩录》中亦载:"郭慎求:为海州幕官,行县有诗曰:'晓乌嘘哑哑,游子初去家。去家何所许,雪暗天一涯。'(宋程俱《北山小集》诗注)"。⑩ 二者皆不载郭慎求任职时间。

《宋史·职官志十二》载:庆历中,大一点的州郡,幕职官得"职田"四顷,像海州这样的团练州以下的幕职官得"职田"三顷;而"凡县令,万户以上六顷,五千户以上五顷,不满

---

① 《系年要录》卷4,第111页。
② [宋]熊克:《中兴小纪》卷1,文渊阁《四库全书》第313册,第793页。
③ 《宋史》卷213《宰辅表四》,第5545页。
④ 《宋史》卷25《高宗本纪二》,第457页。
⑤ 《江南通志》卷39《舆地志》,文渊阁《四库全书》第508册,第274页。
⑥ [宋]程俱:《北山小集》卷31《朝议大夫郭公宜人周氏墓志铭》,四部丛刊续编本,上海:商务印书馆,1934年。按:《全宋文》部分文字句读误,参见曾枣庄、刘琳主编:《全宋文》第155册,第403-405页。
⑦ 《宋会要辑稿》方域4之24,第9342-9343页。
⑧ 《系年要录》卷32,第738页。
⑨ [宋]陈思编,[元]陈世隆补:《两宋名贤小集》卷101《北山集》,文渊阁《四库全书》第1363册,第615页。
⑩ [清]许乔林:《海州文献录》卷10《宦绩录》,道光二十五年(1845),第153页。

五千户并四顷。"①由此可知,幕职官的品秩要低于县令。

从上述郭三益的任职情况看,推测郭三益为海州幕职官时间应在任职仙居县令之前,即在哲宗元符元年(1098)之前,大约为哲宗绍圣二年(1095)。

北宋哲宗绍圣三年丙子(1096)

海州团练使	赵叔牙	海州都巡检	李禹锡
海州知州	鲍粹	朐山县令	周何
海州通判	陈昇	朐山县尉	沈钧

【海州团练使:赵叔牙】

赵叔牙(生卒年不详),宋宗室子弟。历官右金吾卫大将军、泽州防御使、雄州防御使、海州团练使等。

《东都事略·世家三》载:太祖太宗皇帝兄弟五人,赵廷美行四。

> 魏王廷美,字文化,本名光美。宋兴,授嘉州防御使,迁山南西道节度使,加同平章事,徙镇永兴。太宗即位,加中书令,开封尹,封齐王,进封秦王。太宗北征,命廷美留守京师。太平兴国七年,出为西京留守。坐与宰相卢多逊交通,降涪陵县公,房州安置。廷美忧悸成疾,九年,卒,年三十八。太宗闻之,流涕,诏曰:涪陵公廷美,朕之同气也,宜追封涪王,谥曰悼。真宗即位,追复故官爵。②

赵廷美有十子,四子"德雍,天平军留后,赠广陵郡王,谥曰康简";五子"德钧,右监门卫大将军。""承简,德钧子也,于属为长,得封,官至保庆军留后,赠安定郡王,谥曰和懿。承简薨,德雍子承亮封昌国公。神宗即位,拜感德军节度使,改封荣。""承亮薨,赠乐平郡王,谥曰恭静。子克愉嗣,克愉卒,子叔牙嗣,徽宗即位(1100),秦王改封魏王。"③赵叔牙乃赵廷美第四世孙也。

赵叔牙任海州团练使时间在哲宗绍圣三年(1096)十一月,事载《皇叔叔牙降海州团练使制》,收录于《宋大诏令集·宗室十》:

> 皇叔、雄州防御使、秦国公叔牙。朕君临万邦,惇叙九族,亲亲之恩,惟虑不广。至于弗率训,抵冒宪章,亦不敢以私而置也。尔以公族尊属,位列御侮,而迺忘靖恭之义,怀侥觊之望,喧渎内朝,屡干非法。黜官一等,姑示小惩。往其省循,无重尤悔。可特降授海州团练使,依旧秦国公。④

该任命因赵叔牙"屡干非法"被"黜官一等",乃上书欲以遥郡防御使官转正任团练使而得。上书时间在哲宗绍圣二年(1095)四月,事载《宋会要辑稿》帝系五之九:

> (哲宗绍圣二年)四月五日,右金吾卫大将军、泽州防御使、秦国公叔牙言:"本秦王之后,承袭公爵,遇登极覃恩,转前件官。若使臣与诸袒免亲一例止官,窃恐未尽

---

① 《宋史》卷172《职官志十二》,第4146页。
② [宋]王稱:《东都事略》卷15《世家三》,文渊阁《四库全书》第382册,第113-114页。
③ 《宋史》卷244《魏王廷美传》,第8666-8676页。
④ 《宋大诏令集》卷50《宗室十·贬责》,司义祖整理,北京:中华书局,2009年,第255页。

先帝立宗子、隆本系之意。欲乞以遥郡防御使依例换正任团练使,即非在正官之上侥求恩命。"诏特与换正任团练使,余人不得援例。①

以上述史料可推知,赵叔牙任海州团练使时间为绍圣三年(1096)十一月,离任时间不详。

【海州知州:鲍粹】

鲍粹(生卒年不详),字公法,北宋处州龙泉(今浙江丽水市龙泉市)人,生平史载不详,英宗治平二年乙巳(1065)彭汝砺榜进士。鲍粹生平史载主要载方志中。哲宗元祐七年至八年(1092—1093)知潮州,绍圣四年(1097)前后知海州。十年后,徽宗大观二年(1108),鲍粹之子鲍由(字钦止,原名鲍慎由)亦知海州。

李之亮笺注《苏轼文集编年笺注》中对《与蔡朝奉二首之二》书简进行了编年:

> 某启:示谕《韩公庙记》。辄忙为了之,已付来人。来人日饭之,以需此文。其一乃遁去。足下书中云,王守六月替,此二人乃云二月替,不知果如何？若万一已得替,即请足下与勾当摹刻,已于太守书中细言矣。初到扬州,冗迫,书不尽所怀。

该书简是苏轼元祐七年(1092)知扬州时所作,王守即知潮州王涤②。《广东通志》卷二六《职官志一》云:王涤、鲍粹,俱元祐年任③。可知鲍粹是王涤的继任,于元祐七年(1092)知潮州。

在潮州西湖山东北面寿安岩下方,有一通《王持正题名》石刻,也载有鲍粹的信息。该石刻面北,刻面宽130厘米、高165厘米,竖刻6行,行10字,末行11字,字径约14×14厘米,楷书。刻文内容如下:

> 括苍鲍公发,龙溪王莘伯,长乐郑时可、方南功,郡人陈济叔、王希醇,大梁沈叔思、鹅城陈鼎臣,同饮李公亭,因游寿安岩。元祐八年二月十六日,大名王持正。④

其中"括苍鲍公发"既指明鲍粹的籍贯,即括苍,又指出鲍粹的字,即公发。"李公亭"为唐德宗时由御史中丞贬为潮州刺史的李宿所建。游兴之后,鲍粹赋诗一首《登前守李公亭》:

> 李公亭即鲍公亭,何事因仍旧日名。官守二年如过客,风流千古是虚名。
> 扣萝缘绕寻新径,隔水微茫认故城。陵谷变迁君莫问,此中气象转分明。

诗中"官守二年如过客"也点名了鲍粹知潮州的时间,即为哲宗元祐七年至八年(1092—1093)⑤。

哲宗绍圣四年(1097)前后,鲍粹知海州,事见"龙祠石刻群"中《鲍粹题名》石刻。该石刻位于海州区锦屏山马耳峰岩洞外壁东侧,记述的是一次求雨应验、还愿祭谢的事件。哲宗绍圣四年(1097)春天大旱,闰二月壬子(二十七日),海州知州鲍粹携通判陈昇、都巡检李禹锡、朐山县令周何、朐山县尉沈钧等一众官员夜宿龙祠,吃斋祷告求

---

① 《宋会要辑稿》帝系5之9,第126页。
② [宋]苏轼著,李之亮笺注:《苏轼文集编年笺注》第7册《诗词附》,成都:巴蜀书社,2011年,第473页。
③ [清]郝玉麟:《广东通志》卷26《职官志一》,文渊阁《四库全书》第563册,第41页。
④ 卢青青:《潮州西湖造园历史与特色研究》,华南理工大学硕士论文,2015年,第32-34页。
⑤ 黄挺、马明达著:《潮汕金石文征》(宋元卷),广州:广东人民出版社,1999年,第66-67页。

雨,第二天应验;三月辛酉(七日),又一起来龙祠还愿祭谢①。

除海州知州鲍粹外,余人皆无考。

嘉庆《海州志》与李之亮《宋两淮大郡守臣易替考》皆无鲍粹相关记载。

北宋哲宗绍圣四年丁丑(1097)

| 海州知州 | 陆佃 | 海州监酒税 | 贾易 |

【海州知州:陆佃】

陆佃(1042—1102),字师农,号陶山,北宋越州山阴(今浙江绍兴)人,是北宋著名语言学家和经学家、南宋著名学者陆宰的父亲、著名诗人陆游的祖父。陆佃年轻时跟从王安石学习经术,学术上是王安石"新学"的中坚,政治上虽对王安石变法持异议,但仍尊师守术。神宗熙宁三年庚戌(1070)叶祖洽榜进士,初授蔡州推官。历官郓州教授,国子监直讲,光禄丞,集贤校理、崇政殿说书,同修起居注,中书舍人、给事中,吏部侍郎,权礼部尚书,龙图阁待制、知颍州,知邓州、江宁府,朝散郎、知海州,集贤殿修撰、知蔡州,礼部侍郎、尚书,尚书右丞、左丞。官终中大夫、知亳州。卒后追复资政殿学士。《宋史》卷三四三本传载:

> 陆佃,字农师,越州山阴人。居贫苦学,夜无灯,映月光读书。蹑屩从师,不远千里。过金陵,受经于王安石。熙宁三年,应举入京。适安石当国,首问新政,佃曰:"法非不善,但推行不能如初意,还为扰民,如青苗是也。"安石惊曰:"何为乃尔?吾与吕惠卿议之,又访外议。"佃曰:"公乐闻善,古所未有,然外间颇以为拒谏。"安石笑曰:"吾岂拒谏者?但邪说营营,顾无足听。"佃曰:"是乃所以致人言也。"明日,安石召,谓之曰:"惠卿云:'私家取债,亦须一鸡半豚。'已遣李承之使淮南质究矣。"既而,承之还,诡言于民无不便,佃说不行。
>
> 礼部奏名为举首。方廷试赋,遽发策题,士皆愕然;佃从容条对,擢甲科。授蔡州推官。初置五路学,选为郓州教授,召补国子监直讲。安石以佃不附己,专付之经术,不复咨以政。安石子雱用事,好进者坌集其门,至崇以师礼,佃待之如常。
>
> 同王子韶修定《说文》。入见,神宗问大裘袭衮,佃考礼以对。神宗说,用为详定郊庙礼文官。时同列皆侍从,佃独以光禄丞居其间。每有所议,神宗辄曰:"自王、郑以来,言礼未有如佃者。"加集贤校理、崇政殿说书。进讲周官,神宗称善,始命先一夕进稿。同修起居注。元丰定官制,擢中书舍人、给事中。哲宗立,太常请复太庙牙盘食。博士吕希纯、少卿赵令铄皆以为当复。佃言:"太庙,用先王之礼,于用俎豆为称;景灵宫、原庙,用时王之礼,于用牙盘为称,不可易也。"卒从佃议。
>
> 是时,更先朝法度,去安石之党,士多讳变所从。安石卒,佃率诸生供佛,哭而祭之,识者嘉其无向背。迁吏部侍郎,以修撰《神宗实录》徙礼部。数与史官范祖禹、黄

---

① 连云港市重点文物保护研究所编著:《石上墨韵——连云港石刻拓片精选》,上海:上海古籍出版社,2013年,第52页。

庭坚争辨,大要多是安石,为之晦隐。庭坚曰:"如公言,盖佞史也。"佃曰:"尽用君意,岂非谤书乎!"

进权礼部尚书。郑雍论其穿凿附会,改龙图阁待制、知颍州。佃以欧阳修守颍有遗爱,为建祠宇。《实录》成,加直学士,又为韩川、朱光庭所议,诏止增秩,徙知邓州。未几,知江宁府。甫至,祭安石墓。句容人盗嫂害其兄,别诬三人同谋。既皆讯服,一囚父以冤诉,通判以下皆曰:"彼怖死耳,狱已成,不可变。"佃为阅实,三人皆得生。绍圣初,治《实录》罪,坐落职,知泰州,改海州。朝论灼其情,复集贤殿修撰,移之蔡。

徽宗即位,召为礼部侍郎。上疏曰:"人君践阼,要在正始,正始之道,本于朝廷。近时,学士大夫相倾竞进,以善求事为精神,以能讦人为风采,以忠厚为重迟,以静退为卑弱。相师成风,莫之或止。正而救之,实在今日。神宗延登真儒,立法制治,而元祐之际,悉肆纷更。绍圣以来,又皆称颂。夫善续前人者,不必因所为,否者赓之,善者扬焉。元祐纷更,是知赓之而不知扬之之罪也;绍圣称颂,是知扬之而不知赓之之过也。愿咨谋人贤,询考政事,惟其当之为贵,大中之期,亦在今日也。"徽宗遂命修《哲宗实录》。

迁吏部尚书,报聘于辽。归,半道闻辽主洪基丧,送伴者赴临而返,诮佃曰:"国哀如是,汉使殊无吊唁之仪,何也?"佃徐应曰:"始意君匍匐哭踊而相见,即行吊礼;今偃然如常时,尚何所吊?"伴者不能答。

拜尚书右丞。将祀南郊,有司欲饰大裘匣,度用黄金多,佃请易以银。徽宗曰:"匣必用饰邪?"对曰:"大裘尚质,后世加饰焉,非礼也。"徽宗曰:"然则罢之可乎?数日来,丰稷屡言之矣。"佃因赞曰:"陛下及此,盛德之举也。"徽宗欲亲祀北郊,大臣以为盛暑不可,徽宗意甚确。朝退,皆曰:"上不以为劳,当遂行之。"李清臣不以为然。佃曰:"元丰非合祭而是北郊,公之议也。今反以为不可,何耶?"清臣乃止。

御史中丞赵挺之以论事不当,罚金。佃曰:"中丞不可罚,罚则不可为中丞。"谏官陈瓘上书,曾布怒其尊私史而压宗庙。佃曰:"瓘上书虽无取,不必深怒,若不能容,是成其名也。"佃执政,与曾布比,而持论多近恕。每欲参用元祐人才,尤恶奔竞。尝曰:"天下多事,须不次用人;苟安宁时,人之才无大相远,当以资历序进。少缓之,则士知自重矣。"又曰:"今天下之势,如人大病向愈,当以药饵辅养之,须其安平;苟为轻事改作,是使之骑射也。"

转左丞。御史论吕希纯、刘安世复职太骤,请加镌抑,且欲更惩元祐余党。佃为徽宗言不宜穷治。乃下诏申谕,揭之朝堂。谗者用是诋佃,曰:"佃名在党籍,不欲穷治,正恐自及耳。"遂罢为中大夫、知亳州。数月卒,年六十一。追复资政殿学士。

佃著书二百四十二卷,于礼家、名数之说尤精,如《埤雅》《礼象》《春秋后传》皆传于世。

本卷后又论曰:

陆佃虽受经安石,而不主新法,元祐党人之罪,请一施薄罚而已,犹差贤于众人焉。①

---

① 《宋史》卷 343《陆佃传》,第 10917—10920、10923 页。

陆佃知海州时间史载不详，《宋史》本传载："绍圣初，治《实录》罪，坐落职，知泰州，改海州。朝论灼其情，复集贤殿修撰，移之蔡。"

陆佃离知海州为哲宗元符二年（1099）正月二十二日，事载《长编》卷五〇五："乙丑，朝散郎、知海州陆佃为集贤殿修撰、知蔡州。诏以佃系元祐余党，于同时人中情实有异，褫职已久故也。"①

嘉庆《海州志·职官表》载："陆佃，越州山阴人，熙宁三年（1070）甲科，哲宗绍圣初落职改官，见《宋史》。"李之亮在《宋两淮大郡守臣易替考》中认为陆佃知海州的时间为哲宗绍圣四年（1097）至元符二年（1099）。

【海州监酒税：贾易】

贾易（1036？—1108？），字明叔，北宋无为（今安徽省芜湖市无为市）人。仁宗嘉祐六年辛丑（1061）王俊民榜进士，初授常州司法参军。历太常丞、兵部员外郎、左司谏，知怀州、广德军，提点江东、淮东刑狱，殿中侍御史，知宣州、苏州、徐州，尚书刑、工、吏部侍郎。官至以宝文阁待制知邓州。徽宗崇宁元年（1102）八月入元祐党籍"曾任待制以上官"，排名第二十三位。《宋史》卷三五五本传载：

> 贾易字明叔，无为人。七岁而孤。母彭，以纺绩自给，日与易十钱，使从学。易不忍使一钱，每浃旬，辄复归之。
>
> 年逾冠，中进士甲科，调常州司法参军。自以儒者不闲法令，岁议狱，唯求合于人情，曰："人情所在，法亦在焉。"讫去，郡中称平。
>
> 元祐初，为太常丞、兵部员外郎，迁左司谏。论吕陶不争张舜民事，与陶交攻，遂劾陶党附苏轼兄弟，并及文彦博、范纯仁。宣仁后怒其讦，欲谪之，吕公著救之力，出知怀州。御史言其谢表文过，徙广德军。明年，提点江东刑狱，召拜殿中侍御史。遂疏彦博至和建储之议为不然，宣仁后命付史馆，彦博不自安，竟解平章重事而去。苏辙为中丞，易引前嫌求避，改度支员外郎，孙升以为左迁。又改国子司业，不拜，提点淮东刑狱。
>
> 复入，为侍御史。上书言："天下大势可畏者五：一曰上下相蒙，而毁誉不得其真。故人主聪明壅蔽，下情不得上达；邪正无别，而君子之道日消，小人之党日进。二曰政事苟且，而官人不任其责。故治道不成，万事隳废，恶吏市奸而自得，良民受弊而无告；愁叹不平之气，充溢宇宙，以干阴阳之和。三曰经费不充，而生财不得其道。故公私困弊，无及时预备之计，衣食之源日蹙；无事之时尚犹有患，不幸仓卒多事，则狼狈穷迫而祸败至矣。四曰人材废阙，而教养不以其方。故士君子无可用之实，而愚不肖充牣于朝；污合苟容之俗滋长，背上欺君之风益扇，士气浸弱，将谁与立太平之基。五曰刑赏失中，而人心不知所向。故以非为是，以黑为白，更相欺惑，以罔其上；爵之以高禄而不加劝，僇之以显罚而不加惧，徼利苟免之奸，冒货犯义之俗，将何所不有。
>
> 今二圣焦劳念治，而天下之势乃如此，任事者不可以不忧。是犹寝于积薪之上，火未及然，而自以为安，可不畏乎？

---

① 《长编》卷505，哲宗元符二年正月乙丑，第12042页；《宋会要辑稿》选举33之20，第5892页。

然则欲知毁誉真伪之情,则莫若明目达聪,使下无壅蔽之患。欲官人皆任其责,则莫若询事考言,循名责实。欲生财不逆其道,则莫若敦本业而抑末作,崇俭约而戒奢僭。欲教养必以其方,则莫若广详延之路,厉廉耻之节,使公卿大臣各举所知,召对延问,以观其能否,善者用之,不善者罢之。欲人心皆知所向,则莫若赏以劝善,刑以惩恶,不以亲疏贵贱为之轻重。则民志一定,而放僻邪侈不为矣。"

其言虽颇切直,然皆老生常谈,忐于抵阻时事,无他奇画。

苏轼守杭,诉浙西灾潦甚苦。易率其僚杨畏、安鼎论轼姑息邀誉,眩惑朝听,乞加考实。诏下,给事中范祖禹封还之,以谓正宜阔略不问,以活百姓。易遂言:"轼顷在扬州题诗,以奉上帝遗诏为'闻好语';草吕大防制云'民亦劳止',引周厉王诗以比熙宁、元丰之政。弟辙蚤应制科试,文缪不应格,幸而滥进,与轼昔皆诽怨先帝,无人臣礼,至指李林甫、杨国忠为喻。"议者由是薄易,出知宣州。除京西转运副使,徙苏州、徐州,加直秘阁。元符中,累谪保静军行军司马,邵州安置。

徽宗立,召为太常少卿,进右谏议大夫。陈次升论其为曾布客,改权刑部侍郎,历工部、吏部,未满岁为真。以宝文阁待制知邓州,寻入党籍。卒,年七十三。

论曰:

贾易初以刚直名,观其再劾文彦博、范纯仁,而斥苏轼、苏辙尤甚,何以刚直为哉?①

贾易监海州酒税务在哲宗绍圣四年(1097)二月,事载《宋会要辑稿》职官六七之一六:

(哲宗绍圣四年二月二十八日)知齐州贾易添差监海州酒税务。②

离任时间在哲宗元符二年(1099)闰九月一日,事载《长编》卷五一六:

(哲宗)元符二年闰九月庚午朔,朝请郎贾易,特授保静军司马,邵州安置,以易在元祐中尝任台谏,内怀比德,羽翼权臣,诬毁先猷,盗窃虚誉,故有是命。③

贾易生卒年不详。《宋会要辑稿》职官七六之二六、二七载:

(徽宗大观二年)三月二十八日,三省言:"检会今年正月一日八宝赦书:'元祐之初,奸臣放废,言念岁月之外,屡更赦宥,可议等第取情理轻者与落罪籍,特与甄收差遣。'具到孙固……贾易……四十五人,编写成册。"诏除孙固、安焘、贾易外,余并出籍。④

依此推知,徽宗大观二年(1108)三月前后,贾易仍在世,此后史料记载阙。贾易享年七十三岁,如果在此后几年去世,其出生时间当在仁宗景祐四年(1037)后。贾易于仁宗嘉祐六年(1061)中进士,年龄在二十六岁左右,也较为合理。

北宋哲宗元符二年己卯(1099)

| 海州知州 | 章授、曾肇 |

---

① 《宋史》卷355《贾易传》,第11173-11175、11185页。
② 《宋会要辑稿》职官67之16,第4856页。
③ 《长编》卷516,哲宗元符二年闰九月庚午,第12263页。
④ 《宋会要辑稿》职官76之26、27,第5111页。

【海州知州：章授】

章授(生卒年不详)，字荣之，北宋瓯宁(福建省南平市建瓯市)人，哲宗绍圣四年丁丑(1097)何昌言榜进士①，生平史载简略。历丹阳郡吏，知海州等。

清人李清馥《闽中理学渊源考》卷一一引《闽书》载："章授，得象从孙，少从得象游京师，学擅辞场。绍圣四年，省试第一。元符中，陈瓘荐其贤，除知海州。"②

章授祖父章得象(生卒年不详)，字希言，世居泉州。长而好学，美姿表，为人庄重。真宗咸平五年壬寅(1002)王曾榜进士，初为大理评事、知玉山县，迁本寺丞。官拜工部尚书兼枢密使、昭文馆大学士。仁宗庆历五年(1045)，拜镇安军节度使、同平章事，封郇国公，徙判河南府，守司空致仕。卒后谥文宪，皇祐中，改谥文简。③

章授元符中知海州。元符为哲宗年号，时间周期为哲宗元符元年至三年(1098—1100)，而这期间知海州者有陆佃(1097—1099)、曾肇(1099—1100)等，因此，知海州时间只能是在陆佃后曾肇前，即哲宗元符二年(1099)知海州，或有可能任命后未到任即改任他处，这种情况在两宋时期职官任命时并不少见。

李之亮在《宋两淮大郡守臣易替考》中引明嘉靖《建宁府志》卷一六："章授，字荣之，得象从孙。绍圣四年(1097)丁丑何昌言榜。用陈瓘荐，知海州。"认为"章授"知海州时间为徽宗崇宁元年(1102)，极有可能是与后期知海州的余授相混淆；又引用《福建通志》卷三三《选举》："章绶，绍圣四年(1097)进士，知海州。"而原文为"绍圣四年(丁丑)何昌言榜，……浦城县章授(知海州)"④。从而根据引用错误的原文，认为"章绶"知海州时间为徽宗宣和四年至六年(1112—1124)，将"章授"误为另一个"章绶"。

史料及有关研究亦时有将章授误认为是章惇(字子厚)之子章援(字致平)，章援乃哲宗元祐三年戊辰(1088)进士，是时，翰林学士、知制诰苏轼权知贡举⑤。

【海州知州：曾肇】

曾肇(1047—1107)，字子开，北宋建昌军南丰(今江西省抚州市南丰县)人，曾布、曾巩弟。英宗治平四年丁未(1067)许安世榜进士，初授黄岩簿。历官郑州教授，崇文校书、馆阁校勘兼国子监直讲、同知太常礼院，国史编修官，吏部郎中，右司，《神宗实录》检讨，起居舍人，中书舍人，宝文阁待制，知颍州，知邓、齐、陈州、应天府，吏部侍郎，刑部侍郎，知徐州、江宁府、瀛州、滁州、泰州、海州，中书舍人，龙图阁学士，提举中太一宫，知陈州、太原、应天府、扬州、定州、和州、岳州等。官终濮州团练副使，安置汀州。归润州后卒。《宋史》卷三一九本传载：

> 肇字子开，举进士，调黄岩簿，用荐为郑州教授，擢崇文校书、馆阁校勘兼国子监直讲、同知太常礼院。太常自秦以来，礼文残缺，先儒各以臆说，无所稽据。肇在职，

---

① 龚延明、祖慧编：《宋代登科总录》3，桂林：广西师范大学出版社，2014年，第1553-1554页。
② [清]李清馥：《闽中理学渊源考》卷11，第460册，第185页。
③ 《宋史》卷311《章得象传》，第10204-10205页。
④ [清]郝玉麟：《福建通志》卷33《选举》，文渊阁《四库全书》第529册，第31页。
⑤ 《宋会要辑稿》选举1之12，第5253页；诸葛忆兵编著：《宋代科举资料长编》(北宋卷)下，南京：凤凰出版社，2017年，第839、852页。

多所厘正。亲祠皇地祇于北郊,盖自肇发之,异论莫能夺其议。

兄布以论市易事被责,亦夺肇主判。滞于馆下,又多希旨窥伺者,众皆危之,肇恬然无慑。

曾公亮薨,肇状其行,神宗览而嘉之。迁国史编修官,进吏部郎中,迁右司,为《神宗实录》检讨。元祐初(1086),擢起居舍人。未几,为中书舍人。

论叶康直知秦州不当,执政讶,不先白,御史因攻之。肇求去,范纯仁语于朝曰:"若善人不见容,吾辈不可居此矣。"力为之言,乃得释。

门下侍郎韩维奏范百禄事,太皇太后以为谗毁,出守邓。肇言:"维为朝廷辨邪正是非,不可以疑似逐。"不草制。谏议大夫王觌,以论胡宗愈,出守润,肇言:"陛下寄腹心于大臣,寄耳目于台谏,二者相须,阙一不可。今觌论执政即去之,是爱腹心而涂耳目也。"帝悟,加觌直龙图阁。

太皇受册,诏遵章献故事,御文德殿。肇言:"天圣初,两制定议受册崇政,仁宗特改焉,此盖一时之制。今帝述仁宗故事,以极崇奉孝敬之诚,可谓至矣。臣窃谓太皇当此时特下诏扬帝孝敬之诚,而固执谦德,屈从天圣两制之议,止于崇政,则帝孝愈显,太皇之德愈尊矣。"坤成节上寿,议令百官班崇政。肇又言:"天圣三年(1025),近臣班殿廷,百官止请内东门拜表。至九年,始御会庆。今太皇盛德,不肯自同章献,宜如三年之制。"并从之。

四年(1089),春旱,有司犹讲春宴。肇同彭汝砺上疏曰:"天灾方作,正君臣侧身畏惧之时。乃相与饮食燕乐,恐无以消复天变。"翼日,有旨罢宴。蔡确贬新州,肇先与汝砺相约极论。会除给事中,汝砺独封还制书,言者谓肇卖友,略不自辨。以宝文阁待制知颍州,徙邓、齐、陈州、应天府。

七年(1092),入为吏部侍郎。肇在礼院时,启亲祠北郊之议。是岁当郊,肇坚抗前说,既而合祭天地,乃自劾,改刑部。请不已,出知徐州,徙江宁府。帝亲政,更用旧臣,数称肇议礼,趣入对。肇言:"人主虽有自然之圣质,必赖左右前后得人,以为立政之本。宜于此时选忠信端良之士,置诸近班,以参谋议,备顾问。与夫深处法宫,亲近亵御,其损益相去万万矣。"贵近恶其语,出知瀛州,与兄布易地。时方治《实录》讥讪罪,降为滁州。稍复集贤殿修撰。历泰州、海州。徽宗即位(1100),复召为中书舍人。

日食四月朔,当降诏求言。肇具述帝旨,诏下,投匦者如织。章惇恶之,欲因事去肇,帝不听。元祐臣僚被谴者,咸以赦恩甄叙。肇请并录死者,作训词,哀厚恻怛,读者为之感怆。迁翰林学士兼侍读。谏官陈瓘、给事中龚原以言得罪,无敢救,肇极力论解。时论者谓元祐、绍圣,均为有失,兄布传帝命,使肇作诏谕天下。肇见帝言:"陛下思建皇极,以消弭朋党,须先分别君子小人,赏善罚恶,不可偏废。"开说备至。已而诏从中出。布之拜相,肇适当制,国朝学士弟草兄制,唯韩维与肇,为衣冠荣。

建中靖国元年(1101),太史奏:"日又当食四月。"肇请对言:"比岁日食正阳,咎异章著。陛下简俭清净之化,或衰于前;声色服玩之好,或萌于心;忠邪贤不肖,或有未辨;赏庆刑威,或有未当。左右阿谀,壅蔽矫举,民冤失职,郁不得伸。此宜反覆循省,痛自克责,以塞天变。"言发涕下,帝悚然顺纳。

兄布在相位,引故事避禁职,拜龙图阁学士、提举中太一宫。未几,出知陈州,历太原、应天府,扬、定二州。崇宁初(1102),落职,谪知和州,徙岳州,继贬濮州团练副使,安置汀州。四年(1105),归润而卒,年六十一。

自熙宁以来四十年,大臣更用事,邪正相轧,党论屡起,肇身更其间,数不合。兄布与韩忠彦并相,日夕倾危之。肇既居外,移书告之曰:"兄方得君,当引用善人,翊正道,以杜惇、卞复起之萌。而数月以来,所谓端人吉士,继迹去朝,所进以为辅佐、侍从、台谏,往往皆前日事惇、卞者。一旦势异今日,必首引之以为固位计,思之可为恸哭。比来主意已移,小人道长。进则必论元祐人于帝前,退则尽排元祐者于要路。异时,惇、卞纵未至,一蔡京足以兼二人,可不深虑。"布不能从。未几,京得政,布与肇俱不免。

肇天资仁厚,而容貌端严。自少力学,博览经传,为文温润有法。更十一州,类多善政。绍兴初,谥曰"文昭"。子统,至左谏议大夫。

卷末史论曰:

肇以儒者而有能吏之才。宋之中叶,文学法理,咸精其能,若刘氏、曾氏之家学,盖有两汉之风焉。①

曾肇有《曲阜集》存世,其中卷四录有《行状》《神道碑》两篇,详细记载了曾肇及其先祖和子孙几代人的资料,也记载了曾肇知海州时间为哲宗元符二年(1099),《行状》云:"除知泰州。又二年,徙海州。"②十月丁卯,曾肇曾携刘握、乔甫、段缄、王律、满损之等同僚好友来海州城东面大约3公里处的孔望山(唐宋时称龙兴山)游玩,并刻石留念。该石刻为篆书,在海州摩崖石刻中不可多得,可惜的是石刻被明代安钝题刻所掩,但曾肇刻文仍依稀可辨③。

曾肇离知海州时间为哲宗元符三年(1100)正月二十八日,载《长编》卷五二〇;哲宗元符三年春正月乙未,"集贤殿修撰、知海州曾肇为中书舍人"。

嘉庆《海州志·职官表》载:"曾肇,哲宗时任,有传。"《良吏传》节引《宋史》本传。李之亮在《宋两淮大郡守臣易替考》中认为曾肇知海州的时间为哲宗元符二年(1099)至元符三年(1100)。

北宋哲宗元符三年庚辰(1100)

【海州知州:王祖道】

王祖道(1039—1108),字若愚,闽县(今福建省福州市区东部和闽侯县东南部地区)

---

① 《宋史》卷19《曾肇传》,第10392-10396页。
② [宋]曾肇:《曲阜集》卷4《行状》《神道碑》,文渊阁《四库全书》第1101册,第397-410页。
③ 按:下述文献在释读过程中不同程度地存在误读、漏读、句读错误、石刻断代错误等问题。参见连云港市重点文物保护研究所编著:《连云港石刻调查与研究》,上海:上海古籍出版社,2015年,第48页;连云港市重点文物保护研究所编著:《连云港文物研究(第3辑)》,北京:中国文史出版社,2015年,第10-11页;封其灿:《连云港金石图鉴》,北京:中国文史出版社,2018年,第279页;连云港市重点文物保护研究所编:《石上墨韵——连云港石刻拓片精选》,上海:上海古籍出版社,2013年,第90页。

人。英宗治平二年乙巳(1065)彭汝砺榜进士,与游师雄及前知海州郭知章、刘挚、孙载、鲍粹等人同榜,又举制科①。历官韩城尉,知松阳、白马二县,司农丞、监察御史,司封员外郎、知汀、泉、福三州,户部、吏部员外郎,左司谏,知海州,秘书少监,再知福州。加直龙图阁、知桂州,显谟阁待制,龙图阁直学士,兵部尚书,端明殿学士、三知福州。官至刑部尚书。卒后赠宣奉大夫。《宋史》卷三四八本传载:

> 王祖道,字若愚,福州人。第进士,又举制科,会罢,调韩城尉,知松阳、白马二县。为司农丞、监察御史。数言事,以论枢密承旨张诚一试补吏挟私,延州吕惠卿遣禁卒馈徐禧公使物非是,改司封员外郎、知汀、泉、福三州。历使诸路,入为户部、吏部员外郎,左司谏。言陕西兵未可减,徽宗谓其论事无足行,依阿苟容,出知海州。拜秘书少监,再为福州。加直龙图阁、知桂州。
>
> 蔡京开边,祖道欲乘时徼富贵,诱王江酋杨晟免等使纳土,夸大其辞,言:"向慕者百二十峒、五千九百家、十余万口,其旁通江洞之众,尚未论也。王江在诸江合流之地,山川形势,据诸峒要会,幅员二千里。宜开建城邑,控制百蛮,以武臣为守,置溪峒司主之。"诏以为怀远军,且颁诸司使至殿侍军将告命,使第补其首领。置二砦,为立学。
>
> 又言:"黎人为患六十年,道路不通。今愿为王民,得地千五百里。"遂以安口隘为允州,中古州地为格州,增提举溪峒官三员。又言羁縻知地州罗文诚、文州罗更晏、兰州韦晏闹、那州罗更从皆内附,请于黎母山心立镇州,为下都督府,赐军额曰静海,知州领海南安抚都监,徙万安军于水口。南丹州莫公佞独拒命,发兵讨擒之,遂筑怀远军为平州,格州为从州,南丹为观州,并允、地、文、兰、那五州置黔南路。擢祖道显谟阁待制,进龙图阁直学士。
>
> 召为兵部尚书,未行,与融州张庄谋,使庄奏言海南一千二十峒皆已团结,所未得者百七十峒,今黎人款化,则未得者才十之一耳。于是徭、黎渠帅不胜忿,蜂起侵剽,围新万安军及观州,杀官吏。初,祖道徙城时,言黎人伐木助役。及是诏问,不能对。京庇之,犹除端明殿学士、知福州,复以刑部尚书召。大观三年,卒,赠宣奉大夫。
>
> 祖道在桂四年,厚以官爵金帛挑诸夷,建城邑,调兵镇戍,辇输内地钱布、盐粟,无复齐限。地瘴疠,戍者岁亡什五六,实无尺地一民益于县官。蔡京皆自以为功,至谓:"混中原风气之殊,当天下舆图之半。"祖道用是超取显美。张商英为相,治其诞罔,追贬昭信军节度副使。京再辅政,复还之。然其所创名州县,不旋踵皆罢。是后庞恭孙、张庄、赵遹、程邻皆以拓地受上赏,大氐皆规模祖道。祖道起冗散,骤取美官,而朝廷受其敝云。②

王祖道知海州的时间是哲宗元符三年(1100)五月十六日,原因是徽宗认为"其论事无足行,依阿苟容。"《宋会要辑稿》职官六七之三〇载:元符三年(1100),五月"十六日,王

---

① 诸葛忆兵编著:《宋代科举资料长编》(北宋卷下),南京:凤凰出版社,2017年,第606-607页。
② 《宋史》卷348《王祖道传》,第11040-11042页。

祖道罢左司谏,知海州,坐阿谀苟容、略无献替也。"①

王祖道离知海州的时间为徽宗崇宁二年(1103)五月。乾隆《福州府志·职官四》载:"王祖道,(崇宁)二年(1103)五月,以朝请大夫再知(福州)。"②《寺观一》亦引《三山志》云:"报恩光孝寺在时升里。《三山志》:'崇宁二年,诏诸州建崇宁寺,王祖道守乡郡,创于浮桥之南,四年落成。政和元年,敕改天宁万寿禅寺。绍兴七年,以焚修故,改报恩广孝,十三年改为光孝。'"③

嘉庆《海州志·职官表》载:"王祖道,徽宗时任,见《宋史》。"李之亮在《宋两淮大郡守臣易替考》中认为王祖道知海州时间为哲宗元符三年(1100)至徽宗崇宁元年(1102),少算一年。

北宋徽宗建中靖国元年辛巳(1101)

海州团练副使	朱师服	海州监酒税	杜开
海州知州	王觌、余授	朐山县令	于宰
海州幕职官(从事)	许光		

【海州团练副使:朱师服】

朱师服(?—1109),又名朱服、朱师复,字行中,湖州乌程(今浙江湖州)人,一说海州人(极有可能是误刻湖为海)。神宗熙宁六年癸丑(1073)余中榜进士,榜眼。历官太学博士、通直郎、监察御史里行、馆阁校勘、知谏院、国子司业、奉议郎、起居舍人、龙图阁直学士、朝散郎、集贤殿修撰、朝请郎、中书舍人、礼部侍郎、朝奉大夫、集英殿修撰、宝文阁待制等。历淮南节度推官,知润、福、泉、婺、澶、宣、庐、寿、莱、滁、庐(再知)、广、袁州等地方官。徽宗即位后,坐与苏轼游,责贬海州团练副使、蕲州安置;崇宁元年(1102)八月甲辰,改授建安军节度副使、兴国军安置;四年(1105)九月己亥,由兴国军移秀州。高宗绍兴四年(1134),其孙朱秉文陈请,遂复官;五年(1135)六月十三日,又复宝文阁待制。著有《国子监支费令式》一卷,《朱服集》十三卷,校定《六韬》六卷、《孙子》三卷、《司马法》三卷、《吴子》二卷、《三略》三卷。④ 现觅得《渔家傲》词一首,存《泊宅编》,为朱师服哲宗元祐三年(1088)知婺州(即词中东阳,今浙江省金华市)时所作:

小雨纤纤风细细,万家杨柳青烟里。恋树湿花飞不起。愁无比,和春付与东流水。九十光阴能有几,金龟解尽留无计。寄语东阳沽酒市。拼一醉,而今乐事他年泪。⑤

---

① 《宋会要辑稿》职官 37 之 30,第 4864 页。
② [清]乾隆《福州府志》卷 31《职官四》,上海:上海书店出版社,2000 年,第 611 页。
③ [清]乾隆《福州府志》卷 16《寺观一》,第 387 页。
④ 《宋史》卷 204《艺文志三》,第 5141 页;《宋史》卷 208《艺文志七》,第 5372 页;《宋史》卷 207《艺文志六》,第 5277 页。
⑤ [宋]方勺:《泊宅编》卷上,文渊阁《四库全书》第 1037 册,第 510 页。

"朱师服""朱服""朱师复"三个姓名在不同的史籍中皆有出现,有时在同一种史籍中也同时出现,但从他们的经历看属于同一人。在"元祐党籍"中记载的是"朱师服",因此本书以"朱师服"称之。

姓名"朱服"主要出现在《宋史》《长编》《长编纪事本末》《续资治通鉴长编拾补》(以下简称《长编拾补》)《宋会要辑稿》《文献通考》等史籍中。嘉庆《海州志·职官表一》中引《宋史》朱服本传记载道:"朱服,湖州乌程人,熙宁进士甲科,哲宗时坐与苏轼游,贬授。按,服本传,亦未到官。"

《宋史·朱服传》载:

> 朱服,字行中,湖州乌程人。熙宁进士甲科,以淮南节度推官充修撰、经义局检讨,历国子直讲、秘阁校理。元丰中,擢监察御史里行。参知政事章惇遣所善袁默、周之道见服,道荐引意以市恩,服举劾之。惇补郡,免默、之道官。
>
> 受诏治朱明之狱。故事,制狱许上殿,非本章所云者皆取旨。服论其非是,罢之。俄知谏院,迁国子司业、起居舍人,以直龙图阁知润州,徙泉、婺、宁、庐、寿五州。庐人饥,守便宜振护,全活十余万口。明年大疫,又课医持善药分拯之,赖以安者甚众。
>
> 当元祐时,未尝一日在朝廷,不能无少望。值绍圣初政(1094),因表贺,乃力诋变乱法度之故,召为中书舍人。使辽,未反而母死,诏以其家贫,赐帛三百。丧除,拜礼部侍郎。湖州守马城言其居丧疏几筵而独处它室,谪知莱州。
>
> 徽宗即位,加集贤殿修撰,再为庐州;越两月,徙广州。哲宗既祥,服赋诗有"孤臣正泣龙髯草"之语,为部使者所上,黜知袁州。又坐与苏轼游,贬海州团练副使,蕲州安置。改兴国军,卒。①

其他史料可补《宋史》本传在任职及时间上的不足。

《长编》卷二四四载:神宗熙宁六年(1073)四月壬辰,"新赐进士及第……朱服为淮南节度推官"。卷三一〇载:神宗元丰三年(1080)十一月,"丁未,太学博士、通直郎朱服为监察御史里行"②。

《宋会要辑稿·选举三三》载:神宗元丰四年(1081)七月八日,"通直郎、监察御史里行朱服为馆阁校勘"③。

《长编》卷三二五载:神宗元丰五年(1082)四月丙子,"通直郎、馆阁校勘、知谏院朱服试国子司业"。卷三六九载:哲宗元祐元年(1086)闰二月庚戌,"右司谏苏辙言:'臣近奏论蔡京施行差役事,……臣窃见前者台官论朱服不孝事迹,服因乞外官,宰相除服直龙图阁知润州。'"随后注曰:"朱服,八年(即元丰八年,1085)六月二十七日,罢右史,直龙图阁知润州。"卷四〇二载:哲宗元祐二年(1087)六月戊申,"左谏议大夫孔文仲言:'知润州朱服在任偃蹇,不省职事,郡政一付属吏,独厚饰厨传,曲为迎奉,以沽使客之誉。希合观

---

① 按:从后续史籍看,朱师服所任知州中,《宋史》本传缺"福州、澶州、宣州、滁州",多出的"宁州"极有可能是"宣州"之误。详见《宋史》卷347《朱服传》,第11004-11005页。
② 《长编》卷244,神宗熙宁六年四月壬辰,第5939页;卷310,神宗元丰三年十一月丁未,第7514页。
③ 《宋会要辑稿》选举33之16,第5889页。

望,灭裂法令,张榜通衢,应公私债负一例倚阁。母、妻生日,当日合决罪人,并皆释放。乞体量施行,以肃骄慢之吏。'诏令两浙转运司体量诣实以闻"。随后注曰:"八月七日,服改福州。"卷四〇四载:哲宗元祐二年(1087)八月丙戌,"奉议郎、直龙图阁、权发遣润州朱服权发遣福州。言者寻攻其罪,改泉州"。随后注曰:"六月二十八日,孔文仲云云,九月十四日,又自福州改泉州,今并书。言者攻其罪,据政目。"①而道光《晋江县志》在《职官志》上载:泉州府知州事,"朱服三年(即哲宗元祐三年,1088)四月任。五月改知婺州"②。可知道光《晋江县志》记录朱师服知泉州时间有误。

《长编》卷四四五载哲宗元祐五年(1090)秋七月乙丑事,随后注曰:"政目六月八日,……朱服宣州。"卷四六四载:哲宗元祐六年(1091)八月癸卯,"诏左朝散郎、新知庐州贾易知宣州,知宣州、左朝奉郎、直龙图阁朱服知庐州"。卷四八四载:哲宗元祐八年(1093)五月戊寅,"知庐州朱服知寿州"。随后注曰:"服知庐州,在六年八月十六日。"卷五〇一载:哲宗元符元年(1098)八月辛巳,"中书舍人赵挺之言:'朱服除知澶州,服向因臣僚言其不孝,持母丧湖州,不与诸弟同处,惟节朔一到几筵,因削夺近职。今来牵复节镇,理实未安。'诏以服知宣州"。注曰:"绍圣四年(1097)闰三月十九日知莱州。""甲申,给事中范镗言:'朱服差知宣州,按服本缘不孝得罪,可南面长人乎? 若实贤行,体量者妄加此名,即朝廷当与辨正,乞明诏大臣审议服得罪名实而去取之。'"③可知朱师服在知宣州前、知婺州后知澶州。

《宋会要辑稿·选举三三》载:哲宗元符三年(1100)四月,"二十三日,朝散郎、知滁州朱服为集贤殿修撰、知庐州"④。可知朱师服再知庐州前、知莱州后知滁州。

姓名"朱师服"出现在《宋会要辑稿》《系年要录》《续资治通鉴》《资治通鉴后编》《宋史全文》《广东通志》等几部史籍中,也同时出现在《长编纪事本末》《长编拾补》两部史籍中。

《系年要录》卷六七载:高宗绍兴三年(1133)八月丙午,"故责授海州团练副使朱师服追复集英殿修撰,以元祐党人故也"。随后注曰:"师服,海州人,绍圣,中书舍人。待制以上第四十九人(即'曾任待制以上官'最后一名)。五年(1098)六月乙卯追夺。"⑤《宋史全文》卷一四载,徽宗元符三年(1100)六月甲辰,针对包括朱师服在内的五类309名元符元祐党人,下诏以后不许臣僚弹奏:

> 诏元符末奸党并通入元祐籍,更不分三等。应系籍奸党,已责降人并各依旧除,今来入籍人数外,余并出籍。今后,臣僚更不得弹劾(原为刻)奏陈。令学士院降诏:
> 元祐奸党,文臣曾任宰臣执政官司马光……蒋之奇;曾任待制已上官苏轼……朱师

---

① 《长编》卷325,神宗元丰五年四月丙子,第7827页;卷402,哲宗元祐二年六月戊申,第9792页;卷325,神宗元丰五年四月丙子,第7827页;卷369,哲宗元祐元年闰二月庚戌,第8915页;卷402,哲宗元祐二年六月戊申,第9792页;卷404,哲宗元祐二年八月丙戌,第9934页。

② [清]道光《晋江县志》卷28《职官志·文秩》,福州:福建人民出版社,1990年,第531页。

③ 《长编》卷445,哲宗元祐五年七月乙丑,第10710页;卷464,哲宗元祐六年八月癸卯,第11082页;卷484,哲宗元祐八年五月戊寅,第11493页;卷501,哲宗元符元年八月辛巳,第11931页。

④ 《宋会要辑稿》选举33之21,第5892页。

⑤ 按:哲宗绍圣五年六月改元元符,因此历史上亦称元符并元祐党人事件发生于元符元年。《系年要录》卷67,第1318页。

服;余官秦观……武臣张巽……内臣梁惟简……为臣不忠曾任宰臣王珪、故章惇（等2人）。秋七月乙亥,淮西提刑霍汉英言:"应天下苏轼所撰碑刻乞并令一例除毁。"从之。①

《长编纪事本末》卷一二二载:徽宗崇宁三年(1104)四月甲辰朔,朱师服被追贬为湖南北路建安军节度副使,兴国军安置②。该记载与后文记述"朱师复"的《长编拾补》卷二五注和《能改斋漫录》卷一二《责降朱师复制》相矛盾,因而可推知《长编纪事本末》卷一二二记载有误。即朱师服被追贬为建安军节度副使的时间为"徽宗崇宁元年(1102)八月甲辰"。

《资治通鉴后编》卷九六载,崇宁三年(1104)六月戊午,徽宗亲自手书元祐党人姓名,并刻碑立于端礼门之东壁,称为"元祐党人碑",又命宰相蔡京手书刻大碑颁行天下③。崇宁四年(1105)九月己亥,朱师服由"兴国军移秀州"。崇宁五年(1106)正月,因大赦天下,勒停人"朱师服叙复朝散郎、管勾洞霄宫"④。

《资治通鉴后编》卷九七载,徽宗大观二年(1108)三月戊寅,三省上表,依据徽宗敕书中元祐党人获罪的不同原因,将包括朱师服在内情节较轻者加以赦免,从元祐党人籍中移出:

> 门下、中书后省、左右司言:检会今年正月一日敕书:"元祐党人怀奸睥睨,报怨不已,公肆訿诬,罪在宗庙者,朕不敢贷。其或情轻法重,例被放弃;或非身自犯,因人得罪;或志匪诬谤,言有近似;或本缘辨理,语涉讥讪;或止因职事,偶涉更改,凡此之类不据元贬谪罪犯,审量其情分轻重等第,取情理轻者与落罪籍,甄叙差遣。"今将元编类册内依详敕文看,详到孙固等四十五人(孙固、陆佃、王存、蒋之奇、赵瞻、安焘、顾临、张问、朱师服、钱勰、王钦臣、杨畏、李之纯、王汾、马默、周鼎、向纲、李昭玘、欧阳棐、陈察、梁士能、杨彦璋、李贲、钟正甫、许端卿、赵彦若、贾易、姚勔、吕希绩、欧阳中立、叶伸、陈郛、朱光裔、苏嘉、吴俦、常立、李茂直、司马康、都贶、邓忠臣、廖正一、吕希哲、秦希甫、张耒、杜纯)。诏除孙固、安焘、贾易外,余并出籍。又看详到叶祖洽等六人(叶祖洽、郭知章、上官均、朱绂、种师极、钱景祥)诏并出籍。⑤

《宋会要辑稿》职官七六载:大观四年(1110)七月十九日,又诏"故朝请郎朱师服追复朝奉大夫"。绍兴三年(1133)八月,"二十四日,诏故责授海州团练副使朱师服,可特追复朝请郎,充集英殿修撰。至五年(1135)六月十三日,又诏追复宝文阁待制。师服绍圣初(1094)为中书舍人,后以党籍贬责,至其孙两经陈乞,故有是命"⑥。但朱师服追复为宝

---

① 《宋史全文》卷14,文渊阁《四库全书》第330册,第531—532页。
② 《皇宋通鉴长编纪事本末》卷122《徽宗皇帝·禁元祐党人下》,哈尔滨:黑龙江人民出版社,2006年,第2048页。
③ 按:"余官"实为177人,误为176人。文后附有"考异",认为在这之前还有一碑立于崇宁元年(1102)九月,"徽宗手书,刻石置端礼门,凡百有二十人,首文彦博,明年九月,臣僚请颁端礼门石刻于外路州军即此也。"《资治通鉴后编》卷96,第343册,第757—758页。
④ 《皇宋通鉴长编纪事本末》卷124《徽宗皇帝·追复元祐党人》,第2078、2081页。
⑤ 按:本为"向级",参考多个版本,从《宋史全文》《宋会要辑稿》等改为"向纲"。《后编》卷96前为"向训"后为"向级",《宋史》中"向训"为后周显德年间人,《宋史全文》《宋会要辑稿》皆为"向纲"。详见《资治通鉴后编》卷97,第343册,第777—778页;《资治通鉴后编》卷96,第343册,第757、768页;《宋史》卷250《罗彦瑰传》,第8827—8828页;《宋史全文》卷14,第330册,第531—532页;《宋会要辑稿》选举33之22,第5893页。
⑥ 《宋会要辑稿》职官76之62,第5130、5133页。

文阁待制直到四个月后的十月才落实。《系年要录》卷九〇记为"后旨在十月丙午"①。

姓名"朱师复"仅出现在少量几部文献中。景定《建康志·郑介夫传》载:"徽宗皇帝即位(元符三年,即1100年正月),大赦东归,知广州朱师复上表荐公(即郑介夫)。"②《西塘集》卷九引景定《建康志》同样记载③。《广东通志》卷五三载:番禺县古迹"斗南楼,在郡治后城上,东瞰扶胥,西望灵洲,南瞻珠海,北倚越台,宋建中靖国(1101)中,经略朱师复建"④。《大清一统志》亦有类似记载⑤。而《广东通志》卷二六又以"朱师服"于元符二年(1099)知广州记其事⑥,对照《宋史》及《宋会要辑稿》的记载可知,朱师服知广州的时间为元符三年(1100)六月,《广东通志》卷二六误。

《长编拾补》卷二五载:徽宗崇宁四年(1105)九月己亥,"朱师复兴国军移秀州"⑦。其注曰:"案:勒停建安军副,配兴国军。见元年(1102)八月甲辰。"《能改斋漫录》卷一二在《责降朱师复制》中记载朱师复复官过程最为详细:

崇宁元年(1102)八月,广州制勘院勘到前知广州朱师复赃私不法,及交通苏轼等事。制曰:"朝散郎知袁州朱师复。事上之义,莫先于首公;为臣之污,无甚于毁节。尔谄交轼、辙,密于唱和;媚傅安、李,阴图进迁。忘先帝识拔之恩,比奸臣腹心之党。素乏闲家之道,老无戒得之心。贿赂公行,贪赃具得。狱成来上,士听有孚。宜正常刑,投之散地。往思惩戒,毋重悔尤。可责受建安军节度副使,兴国军安置。"至绍兴四年(1134),其孙朱秉文陈请,遂复官。至绍兴五年(1135)八月,官员白札子:"伏睹朱秉文申请祖父朱师复,不合与苏轼往来,缘此入元祐党籍。六月十三日,奉圣旨复宝文阁待制者。朝廷哀悯元祐党籍之人,以直节正论,横为蔡京、蔡卞等挤陷。因下诏追复官职,禄其子孙。然其间却有偶得罪,于元符、绍圣间,其家子孙因肆欺罔。朝廷既无实籍考验,吏部止据平江府党人碑石。亶缘假借,例蒙推恩。如朱师复之流是也。绍圣初(1094),起知广州。内外臣寮,未有因改《元通贺表》者。师复独云:'建元易号,盖率由于旧章;纂圣锡名,示遹追于来孝。'又云:'龙去鼎湖,麟悲鲁国。遗弓未绝,弃舄犹新。蒐琐乘时,虽异伯高之复恶;朋邪害政,殆如伏氏之剧言。法度典章,废格几尽;朝野内外,谮譖交兴。盖义理出于人心,未之或改;而事业措之天下,焉可厚诬?'其《谢章惇启》云:'主辱臣死,古有是言;义重生轻,今无此士。恭惟神考,登用大儒,发挥圣经于世道交丧之余,新美百度于诞信相欺之际。岂特范围一世,固将冠冕百王。惜蒐琐之弗歼,致典章之不泯。宫车晚驾,陵土未干。旁招北阙之书,早副西台之笔。肆为谗诬,殆不忍闻。谁能劲赵婴之忠,行其所易;岂复慕包胥之志,誓以必行?'其《安置兴国军谢表》云:'首元祐之谪籍,二纪于兹;神考之从班,一人而已。亶缘轼、辙之度岭,初一承颜;前后安、李之当涂,未尝通

---

① 《系年要录》卷90,第1739-1740页。
② [宋]周应合:景定《建康志》卷48《郑介夫传》,第489册,第661页。
③ [宋]郑侠:《西塘集》卷9,文渊阁《四库全书》第1117册,第509页。
④ [清]郝玉麟:《广东通志》卷53,文渊阁《四库全书》第564册,第496页。
⑤ [清]嘉庆《大清一统志》卷340,钦定《四库全书》,四部丛刊版,第7页。
⑥ [清]郝玉麟:《广东通志》卷26,文渊阁《四库全书》第563册,第35页。
⑦ [清]黄以周等辑:《续资治通鉴长编拾补》卷25,北京:文物出版社,1987年,第22页。

问.'"奉圣旨:"追复宝文阁待制,更不施行。"①

从上述史料看,徽宗崇宁五年(1106)正月,勒停人"朱师服叙复朝散郎、管勾洞霄宫",可知朱师服这年仍在人世;到了大观二年(1108)三月二十八日,三省上表,依据徽宗敕书中元祐党人获罪的不同原因,将包括朱师服在内情节较轻者加以赦免,从元祐党人籍中移出,可知朱师服这年仍在人世;大观四年(1110)七月十九日,又诏"故朝请郎朱师服追复朝奉大夫",可知朱师服这年已经不在人世,因此推知朱师服去世时间在大观三年(1109)左右,出生时间不详。

朱师服责授海州团练副使、蕲州安置的时间史载不详,但任职前后时间线比较清晰。哲宗元符三年(1100)正月己卯崩,徽宗正月即位,四月二十三日朱师服以集贤殿修撰知庐州;"越两月,徙广州";"哲宗既祥"即哲宗十三个月或二十五个月的祭祀期已满,朱师服赋诗有"孤臣正泣龙髯草"之语而被弹劾,"黜知袁州",这个时间最早为徽宗建中靖国元年(1101)五月,最迟为徽宗崇宁元年(1102)七月;之后改授建安军节度副使、兴国军安置的时间为崇宁元年(1102)八月甲辰。因此可以推知朱师服责授海州团练副使的时间在为徽宗建中靖国元年(1101)五月与徽宗崇宁元年(1102)七月之间。

朱师服与苏轼交游甚密,这也是责授建安军节度副使、兴国军安置的罪状之一。哲宗元符三年(1100),苏轼自海南儋州北归,朱师服时知广州,期间不仅与苏轼诗文唱和,还互致书信问平安、祝健康,而且朱师服还派出二十余人帮助苏轼搬家,后在广州府邸款待苏轼,这一切都记录在苏轼《与朱行中十首》书简中②。苏轼对朱师服的帮助"言谢不尽,悚作而已"(之七),"感愧不在言也"(之八)。对朱师服寄送的几首新诗评价极高,认为"久矣不见斯作也。然世俗识真者少,独唱无和"(之二),遗憾的是今已不存。苏轼对朱师服的人品也通过《梦中作寄朱行中》表达出来,诗中以先秦几位先贤的行为映照朱师服的宦绩。诗曰:

> 舜不作六器,谁知贵玙璠。哀哉楚狂士,抱璞号空山。相如起睨柱,头璧与还。何如郑子产,有礼国自闲。虽微韩宣子,鄙夫亦辞环。至今不贪宝,凛然照尘寰。③

【海州知州:王觌】

王觌(1036—1103),字明叟,泰州如皋(江苏省南通市如皋市)人。仁宗嘉祐四年己亥(1059)刘辉榜进士。历官权许州观察推官④,编修三司令式删定官,润州推官,司农寺主簿、丞,检详三司会计,签书颍昌判官,太仆丞,太常博士,右正言,右司谏,右司员外郎,侍御史,右谏议大夫,知润州,直龙图阁,知苏州,江、淮发运使,刑、户二部侍郎,宝文阁直学士、知成都府,少府少监、分司南京,鼎州团练副使,知永兴军,工部侍郎,御史中丞,翰林学士,龙图阁学士、知润州、知海州。后罢为主管太平观、临江军安置。卒后追复龙图阁学士。著有《内制》《奏议》各三十卷、《王龙图文集》五十卷。《宋史》卷三四四本传载:

---

① 按:"轼、辙"指苏轼、苏辙,"安、李"指安焘、李清臣。[宋]吴曾:《能改斋漫录》卷12《责降朱师复制》,文渊阁《四库全书》第850册,第746-747页。
② [宋]苏轼:《苏东坡全集》,北京:燕山出版社,2009年,第2756-2758页。
③ [宋]苏轼:《苏东坡全集》,北京:燕山出版社,2009年,第527页。
④ 《长编》卷218,神宗熙宁三年十二月庚辰,第5308页。

王觌，字明叟，泰州如皋人。第进士。熙宁中，为编修三司令式删定官。不乐久居职，求润州推官。二浙旱，郡遣吏视苗伤，承监司风旨，不敢多除税。觌受檄覆按，叹曰："旱势如是，民食已绝，倒廪赡之，犹惧不克济，尚可责以赋邪？"行数日，尽除之。监司怒，捃摭百出。会朝廷遣使振贷，觌请见，为言民间利病。使者喜，归荐之，除司农寺主簿，转为丞。司农时为要官，进用者多由此选。觌拜命一日，即求外，韩绛高其节，留检详三司会计。绛出颍昌，辟签书判官。坐在润公免，屏居累年，起为太仆丞，徙太常。

哲宗立，吕公著、范纯仁荐其可大任，擢右正言，进司谏。上疏言："国家安危治乱，系于大臣。今执政八人，而奸邪居半，使一二元老，何以行其志哉？"因极论蔡确、章惇、韩缜、张璪朋邪害正。章数十上，相继斥去。又劾窜吕惠卿。朝论以大奸既黜，虑人情不安，将下诏慰释之，且戒止言者。觌言："诚出于此，恐海内有识之士，得以轻议朝廷。舜罪四凶而天下服，孔子诛少正卯而鲁国治。当是之时，不闻人情不安，亦不闻出命令以悦其党也。盖人君之所以御下者，黜陟二柄而已。陟一善而天下之为善者劝，黜一恶而天下之为恶者惧。岂以为恶者惧而朝廷亦为之惧哉？诚为陛下惜之。"觌言虽切，然不能止也。

夏主新立，有轻中国心。觌曰："小羌窥我厌兵，故桀骜若是。然所当忧者，不在今秋而在异日，所当谨者，不在边备而在庙谟。翕张取予之权，必持重而后可。"洮东擒鬼章，槛至阙下，觌曰："老羌虽就擒，其子统众如故，疆土种落未减于前，安可遽戮以贾怨。宜处之洮、岷、秦、雍间，以示含容好生之德，离其石交而坏其死党。"又言："今民力凋瘵，边费亡极，不可不深为之计。"于是疏将帅非其人者请易之，茶盐之害民者请革之，至逋债、振赡、赋敛、科须，皆指陈其故。

差役法复行，觌以为朝廷意在便民，而议者遂谓免役法无一事可用。夫法无新旧，惟善之从。因采掇数十事于差法有助可以通行者上之。遂论青苗之害，乞尽罢新令，而复常平旧法，曰："聚敛之臣，惟知罔利自媒，不顾后害。以国家之尊，而与民争锥刀之利，何以示天下？"又言："刑罚世轻世重。熙宁大臣，谓刑罚不重，则人无所惮。今法令已行，可以适轻之时，愿择质厚通练之士，载加芟正。"于是置局编汇，俾觌预焉。大抵皆用中典，元祐敕是也。

神宗复唐制，谏官分列两省。至是，大臣议徙之外门，而以其直舍为制敕院，名防漏泄，实不欲使与给舍相通。觌争之曰："制敕院，吏舍也。夺谏省以广吏舍，信腹吏而疑诤臣，何示不广也。"乃不果徙。

觌在言路，欲深破朋党之说。朱光庭评苏轼试馆职策问，吕陶辩其不然，遂起洛、蜀二党之说。觌言："轼之辞，不过失轻重之体尔。若悉考同异，深究嫌疑，则两歧遂分，党论滋炽。夫学士命词失指，其事尚小；使士大夫有朋党之名，大患也。"帝深然之，置不问。

寻改右司员外郎，未几，拜侍御史、右谏议大夫。坐论尚书右丞胡宗愈，出知润州，加直龙图阁、知苏州。州有狡吏，善刺守将意以挠权，前守用是得讥议。觌穷其奸状，置于法，一郡肃然。民歌咏其政，有"吏行水上，人在镜心"之语。徙江、淮发运使,入拜刑、户二部侍郎,与丰稷偕使辽,为辽人礼重。

绍圣初(1094),以宝文阁直学士知成都府。蜀地膏腴,亩千金,无闲田以葬,觌索侵耕官地,表为墓田。江水贯城中为渠,岁久湮塞,积苦霖潦而多水灾,觌疏治复故,民德之,号"王公渠"。徙河阳,贬少府少监,分司南京,又贬鼎州团练副使。

徽宗即位,还故职,知永兴军。过阙,留为工部侍郎,迁御史中丞。改元诏下,觌言:"'建中'之名,虽取皇极。然重袭前代纪号,非是,宜以德宗为戒。"时任事者多乖异不同,觌言:"尧、舜、禹相授一道,尧不去四凶而舜去之,尧不举元凯而舜举之,事未必尽同;文王作邑于丰而武王治镐,文王关市不征,泽梁无禁,周公征而禁之,不害其为善继、善述。神宗作法于前,子孙当守于后。至于时异事殊,须损益者损益之,于理固未为有失也。"当国者忿其言,遂改为翰林学士。

日食四月朔,帝下诏责躬,觌当制,有"惟德弗类,未足以当天心"之语,宰相去之,乃力请外。以龙图阁学士知润州,徙海州,罢主管太平观,遂安置临江军。

觌清修简澹,人莫见其喜愠。持正论始终,再罹谴逐,不少变。无疾而卒,年六十八。绍兴初(1131),追复龙图阁学士。①

王觌生性清修简澹,喜怒不形于色。不论实施新法旧法,惟善是从。也因政见不同,多次被贬,但初心不改,始终坚持善政,与政见相同、习性相近的朝中大臣多有交往,亦是曾布门人②。哲宗元祐三年(1088)五月十八日,朝廷下诏"承议郎、右谏议大夫王觌直龙图阁知润州"③。起因是"胡宗愈除尚书右丞,右谏议大夫王觌疏:'宗愈自为御史中丞,论事建言,多出私意,不可以执政。'内批:'王觌论列不当,落谏议大夫,与外任差遣,仍不得带职。'"朝中大臣诸如吕大防、范纯仁、文彦博、曾肇、刘挚等皆奏议上书说情。时任同知枢密院事的范纯仁撰文《奏乞宽王觌之罪》《又论王觌乞从文彦博等所言》④,时为中书舍人的曾肇撰文《上哲宗缴王觌外任词头》⑤等。

王觌诗文今不多见,现觅得《赏山茶梅花》诗一首,兹录如下:

望,与诸公会于大慈,闻海云山茶、合江梅花开,遂相邀同赏,虽无歌舞,实有清欢,因成拙诗奉呈。

野寺山茶昨夜开,江亭初报一枝梅。旋邀座上逍遥客,同醉花前潋艳杯。

秀色霜浓方润泽,暗香风静更徘徊。仙姿莫遣常情妒,不带东山妓女来。

该诗大约作于绍圣二年(1095)知成都府任上,春季某月(农历三月或四月)"望"日(农历十五),与时任成都府路转运副使的胡宗师⑥、徐彦孚、吴师孟、刘姓等诸公一起出游大慈

---

① 《宋史》卷344《王觌传》,第10941-10945页。
② 按:《谠论集》载:"右仆射曾布近荐引门人王觌为御史中丞。"详见[宋]陈次升:《谠论集》卷3,第427册,第358-359页。
③ 《长编》卷411,哲宗元祐三年五月庚午,第10007页。
④ [宋]范纯仁:《范忠宣集》《奏议》卷下,文渊阁《四库全书》第1104册,第771-773页。
⑤ [宋]赵汝愚:《宋名臣奏议》卷55《百官门·台谏》,文渊阁《四库全书》第431册,第677-678页。
⑥ 按:哲宗元祐八年(1093)二月,"甲戌,……户部员外郎胡宗师为成都府路转运副使"。详见《长编》卷481,哲宗元祐八年二月甲戌,第11459页;哲宗元符元年(1098)三月,"乙亥,宝文阁待制、知桂州胡宗师知永兴军"。详见《长编》卷496,哲宗元符元年三月乙亥,第11812页。

寺赏花,并相互唱和《和王公觌赏海云山茶合江梅花》①。"大慈"即大慈寺,位于成都市东风路一段;"海云"即海云寺,原位于成都东郊海云山(今狮子山),今不存;"合江"即合江亭,位于成都府河与南河交汇处。胡宗师和诗为:

  锦水黄金密印开,东南时望滞盐梅。得随剑外同为客,幸逐花前醉倒杯。
  白玉蕊高枝瘦碧,胭脂萼嫩叶低回。绮罗不识清诗骨,须趁春风摸石来。

徐彦孚和诗为:

  万蕊山茶傍腊开,一番春信入江梅。追游共按黄金辔,纵赏还倾白玉杯。
  浓艳迎风香断续,疏枝横月影徘徊。隼旟不负登临兴,更约携朋载酒来。

吴师孟和诗为:

  何处珍丛最早开,海云山茗合江梅。忽传诗帅邀肤使,不用歌姬侍宴杯。
  晓艳鲜明同绮靡,晚妆清淡奉徘徊。此时文酒风流事,岂似临江放荡来。

刘姓和诗为:

  百卉严寒未放开,山茶映发独江梅。解颜况有花经眼,取醉宁辞酒满杯。
  照日乱红光烂漫,漾流轻素影徘徊。樽前已得春消息,不待江南驿使来。②

王觌与苏轼交往深厚,苏轼曾"外制制敕":"王觌可右司谏。"③《宋史》本传记载,后来王觌想打破朋党的说法,借有人揭发苏轼《试馆职策问》有问题之际,向朝廷奏言为苏轼辩护,认为苏轼的言辞虽有失当之处,但是小事,如果过于深究,就会变成大事,引发朋党之争。他的建言得到了皇帝的同意。王觌与苏轼二人在诗文上也互有唱和,王觌任右正言期间,苏轼有和诗《次韵王觌正言〈喜雪〉》:

  圣人与天通,有诏宽狱市。好语夜喧街,湿云朝覆砌。纷然退朝后,色映宫槐媚。欲夸翦刻工,故人朱蓝袂。我方执笔侍,未敢书上瑞。君犹伏阁争,高论亦少慰。霏霏止还作,盎盎风与气。神龙久潜伏,一怒势必倍。行当见三白,拜舞欢万岁。归来饮君家,酣咏追既醉。④

另有世传《平江帖》(图8-9)书法尺牍一幅,纸本,长40.3厘米、宽34.1厘米,行书,凡10行,每行字数不一,共130字,书法有苏轼、米芾风格,真迹现藏台北故宫博物院,《石渠宝笈续编》等书著录⑤。经徐邦达等考辨实为孙觌所作⑥。

  觌再拜:平江酒、毛汝能,乃觌所辟置,天下之奇材,而汤德广诸人,不以法度御之,多取以供它费,小使臣不敢辄忤其意,至今循习不改。觌已请于朝,欲自使令。今已得数万缗酒本,方营求数十区屋材,兴治清和一坊,追复其旧,稍待三两月之期,'使司'必与享此利。欲望一差檄过杭,严戒以即日上道,幸甚。第勿令胡守知此意也。觌再拜。

---

① [清]厉鹗撰:《宋诗纪事》卷25,文渊阁《四库全书》第1484册,第499页。
② [明]曹学佺:《蜀中广记》卷61《方物记第三》,文渊阁《四库全书》第592册,第41页。
③ [宋]苏轼:《东坡全集》卷108《外制制敕》,文渊阁《四库全书》第1108册,第696页。
④ [宋]苏轼:《东坡全集》卷16,文渊阁《四库全书》第1107册,第243页。
⑤ [清]梁诗正等编:《三希堂法帖》2,杭州:浙江古籍出版社,1999年,第690-693页。
⑥ 徐邦达:《古书画伪讹考辨》下卷,南京:江苏古籍出版社,1984年,第218-219页。

覲再拜平江酒毛汝能乃
覲所辟置天下之奇材而
湯德廣諸人不以法度御
之多取以供官費小使臣不敢
輒忤其意至今循習不改
覲具請於
朝欲自使令今工淨數米緡
酒本方營求數十區屋材
興治清和一坊追復其舊
稍待三兩月之期
使司必與享此利欲望一
老檄過杭嚴戒以即日上道
幸甚第勿令胡守知此意也
覲再拜

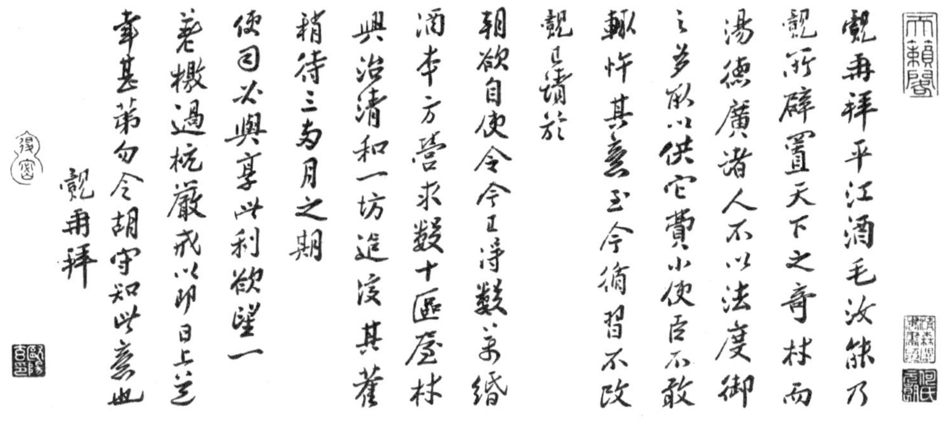

图 8-9 王觌《平江帖》尺牍

（来源：《三希堂法帖》）

王觌知海州的时间应该在“日食四月朔……以龙图阁学士知润州”与“安置临江军”之间。“日食四月朔”即农历四月初一发生了日食现象。王觌“安置临江军”的时间为崇宁二年(1103)春正月[①]，距该年最近的一次日食发生在建中靖国元年(1101)四月。据《宋史·曾肇传》载：

> 建中靖国元年，太史奏日又当食四月。肇请对言：“比岁日食正阳，咎异章著。陛下简俭清净之化，或衰于前；声色服玩之好，或萌于心；忠邪贤不肖，或有未辨；赏庆刑威，或有未当。左右阿谀，壅蔽矫举，民冤失职，郁不得伸。此宜反覆循省，痛自克责，以塞天变。”言发涕下，帝悚然顺纳。[②]

由此可知王觌知海州时间为徽宗建中靖国元年(1101)四月至崇宁元年(1102)之间。但前期考述，王祖道知海州时间为哲宗元符三年(1100)五月至徽宗崇宁二年(1103)五月，因此王觌在此期间“徙海州”只可能是一种虚职，甚至他都有可能没有来过海州。嘉庆《海州志·职官表》载：“王觌，徽宗(1101—1125)时任，见《宋史》。”李之亮在《宋两淮大郡守臣易替考》中认为王觌知海州时间为徽宗崇宁二年(1103)，有误，该年正月，王觌罢官安置临江军。

【海州知州：余授】

余授(1068—1077)，字传师，北宋仙游(今福建省莆田市仙游县，历史上曾称莆阳)人，为余象从子(一说子侄)。余象(生卒年不详)，仁宗庆历六年丙戌(1046)贾黯榜进士。历光禄寺丞，屯田郎中、南剑州通判，官至礼部郎中；好为诗，尤耽书[③]。余授为神宗熙宁六年癸丑(1073)余中榜进士，与前海州团练副使朱师服(即朱服)、后知海州蔡渊、同游孔望山淮南转运副使张励以及苏门四学士之一张耒等同榜[④]。初仕为福州侯官县尉，以捕

① [宋]陈均：《九朝编年备要》卷 26，第 328 册，第 716 页。

② 《宋史》卷 319《曾巩弟肇传》，第 10392-10396 页。

③ 傅庆定：《莆田市姓氏志》，北京：方志出版社，2010 年，第 310 页。

④ 诸葛忆兵编著：《宋代科举资料长编》(北宋卷)下，南京：凤凰出版社，2017 年，第 715-716 页。

盗功迁校书郎。历官朝散郎、主商旅检讨官，朝请大夫、提举京西路措置盐事，转淮南路判官，知黎州、海州。

余授博学能文，多所著述。现觅得诗二首，皆载宋人祝穆撰《方舆胜览》卷五六，一首为《藜厅》：

> 神僧曾西征，目览江山异。深林植杖藜，他日成州地。

另一首为《题咏偏城越巂东》：

> 绝塞邛崃外，偏城越巂东。山含初夏雪，林偃夕阳风。
> 地僻无参谒，民淳少讼争。睡余兵放教，衙退吏归耕。①

乾隆《福建通志》卷五一《文苑》载："（兴化府）余授，仙游人，熙宁六年进士，初调侯官尉，迁校书郎。博学能文，多所著作。官至京西提举。"②

余授因捕盗功迁秘书省校书郎，时任知制诰李清臣制词曰：

> 劳其大小之异而材志之所荐，俱可嘉也。尔奋力格贼，是亦忠勇为不孤所职矣。迁秩书省，以示劝焉。③

李清臣知制诰时间为神宗元丰元年至三年（1078—1080）④，依此可知，余授迁秘书省校书郎时间在神宗元丰元年至三年（1078—1080）之间。

徽宗崇宁元年（1102）八月四日，余授任朝散郎、主商旅检讨官，事载《宋会要辑稿》职官五之一三："（徽宗崇宁元年八月四日）于是以……朝散大夫韩敦立、朝奉大夫曾诜、朝散郎余授主商旅。"⑤《长编拾补》卷二〇："（徽宗崇宁元年八月丁巳）韩敦立、曾诜、余授充商旅检讨官。"⑥

同月，余授提举京西路措置盐事，事载《长编拾补》卷二〇："（八月）辛巳，讲议司检讨官李譓、韩敦立、郭昇、余授提举措置盐事。譓，陕西路；敦立，河北路；昇，京东路；授，京西路。"⑦

崇宁二年（1103）九月，余授因功转一官，迁京东路转运判官，后差淮南路转运判官。事载《长编拾补》卷二二："（徽宗崇宁二年九月壬午）诏：'……逐路提举措置官：陕西路李譓、河北路韩敦立、京东路郭昇、京西路余授，各转一官。譓先为陕西路转判官，仍升转运副使。'《纪事本末》卷百二二原注：八月二十九日差韩敦立、郭昇、余授、李譓、吕建中淮南。)"⑧本次转一官前，四人中的李譓已经从提举措置盐事迁陕西路转运判官，因此本次转一官升迁为陕西路转运副使。故推知余授此次转一官可能升迁京东路转运判官。接着，他们四人又被差往淮南路，也就是说，极有可能是李譓为淮南路转运副使，韩敦立、郭

---

① [宋]祝穆撰：《方舆胜览》卷56，文渊阁《四库全书》第471册，第953页。
② [清]郝玉麟：《福建通志》卷51《文苑》，文渊阁《四库全书》第529册，第725页。
③ 林祖泉：《莆阳进士录》，福州：海峡文艺出版社，2013年，第36页。
④ 《宋会要辑稿》礼56之8，第1969页；职官56之1，第4527页。
⑤ 《宋会要辑稿》职官5之13，第3127页。
⑥ [清]黄以周等辑：《续资治通鉴长编拾补》卷20，上海：上海古籍出版社，1986年，第236页。
⑦ [清]黄以周等辑：《续资治通鉴长编拾补》卷20，上海：上海古籍出版社，1986年，第237-238页。
⑧ [清]黄以周等辑：《续资治通鉴长编拾补》卷22，上海：上海古籍出版社，1986年，第360-361页。

异、余授皆为淮南路转运判官。

余授知黎州(今四川省雅安市汉源县北)时间不详,事载宋人祝穆撰《方舆胜览》卷五六,在描述黎族百姓穿行于马匹交易的集市之中时,身着黎族服饰"毡裘椎髻",并注曰:"郡守余授《朱樱堂记》:'蛮商越驵,毡裘椎髻,交错于阛阓中。'"①

余授知海州载两通《余授题名》石刻,落款皆为徽宗建中靖国元年(1101)。一通位于海州古城西南白虎山上,为九月初九重阳日,"郡守莆阳"余授携从事许光、朐山县令于宰和监酒税杜开,游白虎山所刻②;另一通位于海州古城正东3公里处孔望山龙洞外正上方,为十月八日,余授携友人张励游孔望山所刻,并提供了余授的字为传师③。

嘉庆《海州志·职官表》载:"余授,莆阳人。徽宗建中靖国年任,见白虎山石刻。"李之亮《宋两淮大郡守臣易替考》无余授相关资料。

【海州幕职官(从事):许光】

许光(生卒年不详),北宋濠梁(今安徽省滁州市凤阳县境内)人。生平史载阙,仅见白虎山"余授题刻"。

白虎山"余授题刻"中,同游人"从事濠梁许光",排名在郡守(海州知州)之下、朐山令(海州属县朐山县令)之上,应为海州幕职官。

嘉庆《海州志·职官表一》载:"许光,濠梁人,徽宗建中靖国年从事,见白虎山石刻。"列"司法参军"条下。

【海州监酒税:杜开】

杜开(生卒年不详),北宋颍川(今河南省许昌市禹州市)人。生平史载阙,任职海州监税仅见上述白虎山《余授题刻》和下文锦屏山龙祠《蔡渊题刻》(参见"北宋徽宗崇宁元年壬午"条)。《余授题刻》载:"监酒税颍川杜开",《蔡渊题刻》载:"承奉郎、监酒税杜开",依此推知杜开任职"承奉郎、海州监税"时间在徽宗崇宁元年(1102)前后。嘉庆《海州志·职官表一》载:"杜开,颍川人,建中靖国年监酒税,见白虎山石刻。"

【朐山县令:于宰】

于宰(生卒年不详),北宋渠丘(今山东省潍坊市安丘市)人。生平史载阙,任职朐山令仅见上述白虎山《余授题刻》和下文锦屏山龙祠《蔡渊题刻》(参见"北宋徽宗崇宁元年壬午"条)。《余授题刻》载:"朐山令渠邱于宰",《蔡渊题刻》载:"雄州防御推官、知县事于宰",可知于宰任职"雄州防御推官、朐山县令",时间在哲宗元符三年(1100)至徽宗崇宁元年(1102)或二年(1103)。嘉庆《海州志·职官表一》载:"于宰,渠邱人,徽宗建中靖国年任,见白虎山石刻。"

---

① [宋]祝穆撰:《方舆胜览》卷56,文渊阁《四库全书》第471册,第978页。
② 连云港市重点文物保护研究所编著:《连云港石刻调查与研究》,上海:上海古籍出版社,2015年,第45页。
③ 连云港市重点文物保护研究所编著:《石上墨韵——连云港石刻拓片精选》,上海:上海古籍出版社,2013年,第43页。

北宋徽宗崇宁元年壬午（1102）

海州团练副使	丰稷	海州通判	燕若霖
海州知州	毕仲游、蔡渊	海州录事参军	周兴龄

【海州团练副使：丰稷】

丰稷（1033—1107），字相之，北宋明州鄞（今浙江省宁波市鄞州区）人，仁宗嘉祐四年己亥（1059）刘煇榜进士，初任亳州蒙城县主簿。历官襄州谷城县令，开封府封丘县令，监察御史，提点利州、成都路刑狱，殿中侍御史，国子司业、起居舍人，刑部侍郎兼侍讲，集贤院学士、知颍州、江宁府，吏部侍郎，知河南府，龙图阁待制，御史中丞，工部尚书兼侍读等。蔡京拜相，因故怨被贬为海州团练副使、道州别驾，台州安置。列元祐党人，被除名勒停，福建路建州安置。卒后追复枢密直学士，谥曰清敏。著《浑仪浮漏景表铭词》四卷，《丰清敏公遗书》六卷，《中国丛书综录》中载有《丰清敏公诗文辑存》等。《宋史》卷三二一本传载：

丰稷，字相之，明州鄞人。登第，为谷城令，以廉明称。从安焘使高丽，海中大风，樯折，舟几覆，众惶扰莫知所为，稷独神色自若。焘叹曰："丰君未易量也。"知封丘县，神宗召对，问："卿昔在海中遭风波，何以不畏？"对曰："巨浸连天，风涛固其常耳，凭仗威灵，尚何畏！"帝悦，擢监察御史。治参知政事章惇请托事，无所移挠，出惇陈州。徙著作佐郎、吏部员外郎，提点利州、成都路刑狱。

入为殿中侍御史。上疏哲宗曰："陛下明足以察万事之统，而不可用其明；智足以应变曲当，而不可用其智。顺考古道，二帝所以圣；仪刑文王，成王所以贤。愿以《洪范》为元龟，祖训为宝鉴，一动一言，思所以为则于四海，为法于千载，则教化行，习俗美，而中国安矣。"刘奉世册立夏国嗣子乾顺，而乾顺来贺坤成节，奉世遽出境，稷劾之，奉世以赎论，迁右司谏。扬、荆二王为天子叔父，尊宠莫并，密令蜀道织锦茵。稷于正衙论曰："二圣以俭先天下，而宗王僭侈，官吏奉承，皆宜纠正。"既退，御史赵屼谓曰："闻君言，使屼汗流浃背。"

改国子司业、起居舍人，历太常少卿、国子祭酒。车驾幸太学，命讲《书·无逸篇》，赐四品服，除刑部侍郎兼侍讲。元祐八年（1093）春，多雪，稷言："今嘉祥未臻，沴气交作，岂应天之实未充，事天之礼未备，畏天之诚未孚欤？宫掖之臣，有关预政事，如天圣之罗崇勋、江德明，治平之任守忠者欤？愿陛下昭圣德，祗天戒，总正万事，以消灾祥。"帝亲政，召内侍居外者乐士宣等数人。稷言："陛下初亲万机，未闻登进忠良，而首召近幸，恐上累大德。"

以集贤院学士知颍州、江宁府，拜吏部侍郎，又出知河南府，加龙图阁待制。章惇欲困以道路，连岁巫徙六州。徽宗立，以左谏议大夫召，道除御史中丞。入对，与蔡京遇，京越班揖曰："天子自外服召公中执法，今日必有高论。"稷正色答曰："行自知之。"是日，论京奸状，既而陈瓘、江公望皆言之，未能动。稷语陈师锡等曰："京在朝，吾属何面目居此？"击之不已，京遂去翰林。又乞辨宣仁诬谤之祸，且言："史臣以王安石《日录》乱《神宗实录》，今方修《哲宗实录》，愿申饬之。"时宦官渐盛，稷怀《唐书·仇士良传》读于帝前,读数行,帝曰:"已谕。"稷为若不闻者,读毕乃止。

曾布得助擘昵,将拜相,稷约其僚共论之。俄转工部尚书兼侍读,布遂相。稷谢表有佞臣之语,帝问为谁,对曰:"曾布也。陛下斥之外郡,则天下事定矣。"改礼部。论宋用臣不当赐美谥,不为书敕。哲宗升祔,议功臣配享,稷以为当用司马光、吕公著。或谓二人尝得罪,不可用。稷曰:"止论其有功于时尔,如唐五王岂非得罪于中宗,何嫌于配享?"又言:"陛下以'建中靖国'纪元,臣谓尊贤纳谏,舍己从人,是谓'建中';不作奇技淫巧,毋使近习招权,是谓'靖国'。以副体元谨始之义。"禁内织锦缘宫帘为地衣,稷言:"仁宗衾褥用黄绢,服御用缣缯,宜守家法。"诏罢之。

稷尽言守正,帝待之厚,将处之尚书左丞,而积忤贵近,不得留,竟以枢密直学士守越。蔡京得政,修故怨,贬海州团练副使、道州别驾,安置台州。除名徙建州,稍复朝请郎。卒,年七十五。建炎中,追复学士,谥曰清敏。

初,文彦博尝品稷为人似赵抃,及赐谥,皆以"清"得名。稷三任言责,每草疏,必密室,子弟亦不得见。退多焚稿,未尝以时政语人。所荐士如张庭坚、马涓、陈瓘、陈师锡、邹浩、蔡肇,皆知名当世云。

论曰:熙宁行新法,轻进少年争趋竞进,老成知务者逡巡引退,何其见几之明耶?獬议论剀切,精练民事,青苗法行,獬独幡然求去,至窘迫不堪,弗恤也。襄奋起海隅,屡折不变,学者卒从而化,乃心民事,死犹不已。公辅以忤安石见黜,洙为谏官不能言,至免役取赢,洙方力争,所谓不揣其本者欤!稷劾蔡京,论司马光、吕公著当配享庭庭,盖亦名侍从也。①

由门人、同僚陈瓘撰写的丰稷墓志《宋礼部尚书叙复朝请郎提举亳州太清宫丰公墓志》对其一生的仕履及谱系作了大致记叙,某些内容可补《宋史》之不足:

公讳稷,字相之,明州鄞县人。曾祖衍,不仕。祖表,赠朝奉郎。父禄,赠通奉大夫。公,嘉祐四年(1059),及进士第。初任亳州蒙城县主簿,历真州六合主簿、襄州谷城县令。丁太夫人忧。服除,以宁海军节度推官知越州山阴县丞,未赴。河北京东安抚使安焘辟(高庙嫌讳)当公事,还朝,复用安焘辟。借著作佐郎,奉使高丽书状官。使还,迁著作佐郎,知开封府封丘县。召上殿,除太子中允、监察御史里行,官制行。易通直郎、监察御史,改秘书省著作佐郎,擢吏部员外郎。以尝言右丞王安礼避嫌不就,提点利州路刑狱。哲宗即位,再迁承议郎,移成都府路。召拜工部员外郎、殿中侍御史、右司谏,转朝奉郎、国子司业、起居舍人、太常少卿、国子祭酒,转朝散郎。上幸太学,命讲《尚书》《无逸》,而赐金紫,遂兼侍讲,迁权刑部侍郎。乞外郡。绍圣元年(1094),以集贤院学士知颍州,移知江宁府。过阙,拜龙阁待制,知广州,充广东经略安抚使,陛辞留拜吏部侍郎,复丐出,以待制知河南府,兼西京留守,移知郓州、京东西路安抚使。复知西京。明年,移成德军,兼真定路安抚使,转朝请郎,改知颍昌府、京西北路安抚使,徙知应天府,兼南京留守。复知西京,又知南京,以疾乞知湖州。俄徙知杭州、浙西兵马钤辖,转朝奉大夫。上即位,转朝散大夫。召拜左谏

---

① 《宋史》卷321《丰稷传》,第10423-10426页。

议大夫,未至。拜御史中丞,改工部尚书,兼侍读。迁礼部尚书,复乞乡郡,以枢密直学士知苏州,改越州、浙东兵马钤辖。降授宝文阁侍制,知明州,未至。落待制,知常州,贬海州安置。道州别驾,台州安置。除名,建州居住,移婺州居住。叙复朝请郎、提举亳州太清宫。以大观元年(1107)十二月二十九日,薨于正寝,享年七十有五。缵勋至上柱国,缙云郡开国候,食邑一千二百户。公娶李氏,太宁郡君,陈氏,文安郡君。男三人,长安常,试太学正;次大常,寿州寿春县主簿,皆早卒;次希仁,承奉郎。女二人,长适朝散大夫蔺中谨,次适奉议郎郭受。孙男四人,长济,辽山县尉;治,承奉郎;涣、渐,未仕。孙女一人,适承议郎张琪。希仁得迷罔之疾,不能当大事,济自辽州弃官承重而归。以三年(1109)十二月十五日庚寅,葬公于鄞县通远乡银山妙智之原。门人、叙复宣德郎、赐绯鱼袋陈瓘叙次。①

从墓志铭可知,丰稷去世时间为徽宗大观元年(1107),享年七十五岁,因此出生时间为英宗明道二年(1033);登进士第的时间为仁宗嘉祐四年(1059)。

尽管如此,在任职及经历的时间上仍然语焉不详,其他史料仍可补其不足。

丰稷任谷城令时间可从曾巩的年谱中获知。丰稷任襄州谷城令之前,"唐宋八大家"之一的曾巩已经在知襄州任上,是丰稷的直接上司。神宗熙宁六年(1073)九月曾巩由齐州徙知襄州军州事,九年(1076)权知洪州军州事,充江南西路兵马都钤辖②。可知丰稷任谷城令的时间在这三年之内。因丰稷为政清明廉洁,政绩突出,深受曾巩赏识。在丰稷被调离谷城时作《送丰稷》诗相送,在诗中给予丰稷高度评价:

> 桃华染破南山青,汉江此时春水生。客舟相语人夜起,劲艣乱江群雁声。
> 知君飘泊动归思,告我举装千里行。闳材壮思风雨发,绿鬓少年冰雪清。
> 读书一见若经诵,下笔千言能立成。精微自得有天质,操行秀出存乡评。
> 嗟从薄禄困流滞,能诱鄙俗销纷争。弦歌躬劝士强学,田里堵安人力耕。
> 嗟予据案但画诺,遇事缩手方蒙成。虽知璞玉难强献,欲挂尘榻空含情。
> 岁寒不变乃知确,物理先否终当亨。维舟且尽今夕语,明日帆随百鸟轻。③

丰稷为谷城令时的政绩亦记载在《宋史·叶康直传》中:叶康直"知光化县。县多竹,民皆编为屋,康直教用陶瓦,以宁火患。凡政皆务以利民。时丰稷为谷城令,亦以治绩显,人歌之曰:'叶光化,丰谷城,清如水,平如衡。'"④后来在知封丘县任上也深受吏民爱戴。时封丘"县为畿邑,素苦权要请托,稷亦不峻拒,第直其情,取平于法,终不以人为重轻。久之,人亦不敢干以私,吏民畏爱之"⑤。

---

① [宋]李朴撰:《丰清敏公遗事》,丛书集成初编,北京:中华书局,1985年,附录第1-2页。
② 李震:《曾巩年谱》,苏州:苏州大学出版社,1997年,第307、332页。
③ 按:"华"同"花","艣"同"橹"。后世文献在某些字上与之有出入。如《延祐四明志》中"艣"为"橹",皆同"橹";"嗟从"为"嗟徒";"案"为"桉",二者同。《浙江通志》中标题为"送丰稷归故里",诗中"知君"为"夫君","闳材"的"材"为"才","销纷争"的"销"为"消","空含情"的"含"为"谷",参见[宋]曾巩:《元丰类藁》卷5,文渊阁《四库全书》第1098册,第386页;[元]袁桷:延祐《四明志》卷20,文渊阁《四库全书》第491册,第671页;《浙江通志》卷43《古迹五》,文渊阁《四库全书》第520册,第241页。
④ 《宋史》卷426《叶康直传》,第12706-12707页。
⑤ [清]田文镜:《河南通志》卷55《名宦中·开封府》,文渊阁《四库全书》第537册,第241-242页。

《长编》记载了丰稷的大部分任职时间。丰稷在"迁著作佐郎"之前奉使高丽时为校书郎,神宗元丰元年(1078)闰正月丙申,"安焘等奏,乞差校书郎丰稷充书状官。并从之。稷,鄞人也"。冬十月壬子,"诏:'奉使高丽回,……书状官、前襄州谷城县令丰稷,……各循两资。'"三年(1080)五月癸亥朔,"知封邱县丰稷并为监察御史里行"①。五年(1082)六月,"二十七日,通直郎、监察御史丰稷为秘书省著作佐郎。先是,稷言:'吴安持以宰相子请属公事坐追官,今祥禫未除,即除太府少卿,恐执政家勒停、冲替子弟用为例。'又言:'方官制施行,章惇以罔上为门下侍郎,王安礼以秽德守尚书右丞,以至尚书、侍郎,至寺监丞、簿,不应轻法守,略清议,致谪籍之徒首与衰选。欲望令中书省条具职事官所犯罪,事理稍重者先放罢。'稷坐此故左迁"②。八月二十五日,"著作佐郎丰稷除吏部员外郎"③。

哲宗元祐二年(1087)秋七月辛亥,"承议郎丰稷为工部员外郎"④。制诰为苏辙撰:"敕具官某:《周官》司空之职,曰'居四民,时地利',盖宫室械器之事不及焉。朕方以恭俭自居,凡兴建百役有所未暇,而大河西流,水性未得,冬官之责,莫斯为重。尔性质方厚,居官可纪,往佐尔长,职思其忧,以称朕意。可。"⑤九月辛亥,"工部员外郎丰稷为殿中侍御史"⑥。制诰亦为苏辙撰:"敕具官某:孔子称:'有德者必有言'。德之无素而言以为责,则言有失当而听者惑矣。尔昔为御史,不得其言而去,出使诸道,入居郎曹,端良之声,予有闻焉。其尚一乃心,时有德言来告,俾予一人,获听德之助。可。"⑦"十二月庚辰,承议郎、殿中侍御史丰稷为右司谏。"三年(1088)二月"己丑,承议郎、左司谏丰稷为国子司业"⑧。原因是"稷为左司谏言:'扬王颢、荆王頵尝令成都路走马,承受宦者造锦地衣。仰惟二圣节俭朴素,欲化天下,而近奢侈僭靡至如此。'监察御史赵屼时与稷同进对,谓稷曰:'闻君言,使屼汗流浃背。'给事中赵君锡曰:'谏官如此,天下必太平。不数日,稷迁司业。'"⑨可见丰稷之刚正不阿,"知无不言,言无不尽,不畏权幸,不避谗毁"⑩。五年(1090)三月己卯,"国子司业丰稷为起居舍人"。六年(1091)正月丙戌,"起居舍人丰稷为太常少卿"。七月,"太常少卿丰稷为国子祭酒"⑪。"十月十五日,朝献景灵宫,退幸国子监,赐丰稷三品服。"⑫十一月"戊申,朝奉郎、国子祭酒丰稷兼侍讲"。七年(1092)六月甲戌,"国子

---

① 《长编》卷287,神宗元丰元年闰正月丙申,第7032页;卷293,神宗元丰元年十月壬子,第7151页;卷304,神宗元丰三年五月癸亥,第7392页。
② 《宋会要辑稿》职官66之18,第4833-4834页。
③ 《长编》卷329,神宗元丰五年八月己丑,第7928页。
④ 《长编》卷403,哲宗元祐二年七月辛亥,第9799页。
⑤ [宋]苏辙撰:《栾城集》卷30,文渊阁《四库全书》第1112册,第315页。
⑥ 《长编》卷405,哲宗元祐二年九月辛亥,第9861页。
⑦ [宋]苏辙撰:《栾城集》卷30,文渊阁《四库全书》第1112册,第320-321页。
⑧ 《长编》卷407,哲宗元祐二年十二月庚辰,第9904页;卷408,哲宗元祐三年二月己丑,第9925页。
⑨ [宋]陈均:《九朝编年备要》卷22,文渊阁《四库全书》第328册,第594-597页。
⑩ [明]郑纪:《东园文集》卷9《丰清敏公遗事序》,文渊阁《四库全书》第1249册,第813-814页。
⑪ 《长编》卷439,哲宗元祐五年三月己卯,第10580页;卷454,哲宗元祐六年正月丙戌,第10891页;卷461,哲宗元祐六年七月乙丑,第11022页。
⑫ 《宋会要辑稿》礼52之10,第1919页。

祭酒丰稷权刑部侍郎"①。八年(1093)冬十月,"侍讲丰稷亦以为言,出知颍州"②。

哲宗绍圣四年(1097)十二月"癸未,资政殿大学士、知河南府李清臣知成都府,龙图阁待制、知应天府丰稷知河南府"。元符元年(1098)正月"戊午,新知成都府李清臣依旧知河南府,丰稷依旧知应天府"③。元符三年(1100)十月,因论蔡京奸状,丁酉,迁工部尚书④。

徽宗建中靖国元年(1101)十一月"丰稷罢"礼部尚书,"出知苏州"。七月又诏"丰稷知随州"。九月,以元祐党人姓名"刻御书党籍端礼门"⑤。"崇宁元年(1102)三月以枢密直学士、朝散大夫知"会稽太守,"七月移常州"⑥,闰六月二十九日,"新知常州丰稷责授海州团练副使,睦州安置"。九月二十一日,"丰稷责授道州别驾,台州安置";二年(1103)五月七日,"责授道州别驾、台州安置丰稷除名勒停,建州居住"。"九月二十五日,臣僚上言:'乞具列奸党姓名,下外路州军、监司厅立石刊记,以示万世。'从之。"大观四年(1110)七月八日,诏追"丰稷、王古并为朝散大夫"⑦。

高宗建炎三年(1129)正月二十六日,诏《追复枢密直学士诰》:

朕,惟元祐之丕平,雅有仁皇后之至治,其魁杰之老,名德之臣,风声足以立儒而激贪,宇量足以镇浮而励薄。典刑尚在,想见其人,故朝散大夫丰稷,识趣恬夷,标度凝远。好学如颜子,能克己以为人;养气若孟轲,不动心而勇义。精忠峻节,直道危言,果见毙于奸朋。久投闲于散地,顾贤人之出处,岂为轩冕之去来。然君子之盛衰,实系国家之轻重。肆予纂绍,跂念老成。怀珍瘁以兴悲,咏憗遗而窃叹。载还枢直,并陟文阶。庶国是之攸归,见朕心之所向,尚期英爽,服此宠休,可特追复枢密直学士,依前朝散大夫。

并《赐谥清敏制》:

不迩声色曰清,务时成志曰敏。

敕:君子勇于为善,恃后世之不诬。朝廷厚以易名,本先王之成宪,参稽谥法六家之议,度越春秋一字之褒,其惟至公,可诏不朽。具官丰稷,养气如孟子,好古如杨雄,清如范丹,无近名之累,正如汲黯,有可续之言。身被二朝之知,望倾一代之士。乖逢既异,出处莫齐,秉心有常,世俗自变,直道不回,奸邪所憎。朕思古之有为,先急贤以自翼,文武欲尽,方下诏以旁求,典刑虽存,痛老成之不待,成帝怜丙吉之后,文宗叹魏证之贤,何必同时。乃获见异,尊其二美,以表大节,垂之百世,以励将来。惟尔不亡,知朕此意。可谥"清敏"。⑧

嘉庆《海州志·职官表一》载:"丰稷,明州人,登进士第,徽宗建中靖国时贬授,高宗

---

① 《长编》卷468,哲宗元祐六年十一月戊申,第11174页;卷474,哲宗元祐七年六月甲戌,第11311页。
② 《宋史纪事本末》卷10,文渊阁《四库全书》第353册,第282页。
③ 《长编》卷493,哲宗绍圣四年十二月癸未,第11707页;卷494,哲宗元符元年正月戊午,第11728页。
④ 《宋史纪事本末》卷11,文渊阁《四库全书》第353册,第295—296页。
⑤ [宋]陈均:《九朝编年备要》卷26,文渊阁《四库全书》第328册,第704、705、707、713页。
⑥ [宋]施宿:《会稽志》卷2,文渊阁《四库全书》第486册,第50页。
⑦ 《宋会要辑稿》职官67之38,第4869页;职官68之4、7、9,第4874、4876、4877页;职官76之62,第5130页。
⑧ [宋]李朴撰:《丰清敏公遗事》,丛书集成初编,北京:中华书局,1985年,附录第2—3页。

建炎中追复学士,谥清敏。"

从上述史料看,丰稷任海州团练副使的时间为徽宗崇宁元年(1102)闰六月二十九日,离任时间为同年九月二十一日。

【海州知州：毕仲游】

毕仲游(1047—1121),字公叔,其先为北宋代州云中(今山西省大同市)人,后徙郑之管城(今河南省郑州市)。神宗熙宁三年庚戌(1070)叶祖洽榜进士,与兄仲衍同榜,初授寿州霍丘主簿。历知罗山县,环庆转运司干办公事。元祐初,为军器卫尉,召试学士院,加集贤校理、开封府推官,提点河东路刑狱。召拜职方、司勋员外郎,改秘阁校理、知耀州。徽宗时,知郑、郓州,京东、淮南转运副使。入为吏部郎中。后入元祐党籍。出籍后,管勾西京留守御史台,提举南京鸿庆宫。致仕后,患难流离,贫病交加,卒时年75岁。著有《西台集》二十卷,原本已佚,今本系从《永乐大典》等书中辑录而成。《宋史》卷二八一有毕仲游曾祖毕士安及兄毕仲衍、弟毕仲俞和毕仲游本传①,而西水陈恬为毕仲游所撰《西台毕仲游墓志铭并序》较本传记载其生平更为详细：

> 公讳仲游,字公叔,其先代郡人,后徙郑之管城。维毕某世序绵远,代有显人。至公之曾大父文简公,以清德雅望相真宗皇帝,致天下于太平,勋在王室,书于史官,议于太常;与李文靖公、王文正公同朝,俱号贤宰相,天下至今思焉。大父讳世长,故任卫尉卿,赠尚书工部侍郎。考讳从古,尚书驾部郎中,赠金紫光禄大夫。皆以德业世其家。
>
> 公始以父任补太庙斋郎。少孤力学,以求自致。与兄仲衍俱试南庙,中高等,遂俱登进士第,声名藉甚。调寿州霍丘主簿,南京拓城主簿,权京都提刑司检法官,移信阳军罗山令,改宣德郎、知河南府长水县,辟环庆路转运司属官。以军功转奉议郎,又迁承议郎,丐监在京粳米第八界。
>
> 哲宗登极,恩迁朝奉郎,除军器监丞,改卫尉寺丞。召试学士院,除集贤校理,权太常博士。出为河北西路提点刑狱公事,除开封府推官,赐五品服。以太夫人疾,请罢府官,判登闻鼓院。丁内艰,服除,提点河东路刑狱。召还,为尚书职方员外郎。奏对,称上旨,迁司勋员外郎,权礼部郎中。出为秦凤路提点刑狱,又移永兴军路。改秘阁校理、知虢州,未行,改耀州。坐党与,落秘阁校理,调知阆州。
>
> 今上践祚,恩迁朝散郎、提点利州路刑狱,改知郑州,迁京东计度转运副使,权知郓州,除尚书吏部郎中。召对崇政殿。久之,为淮南路转运副使。置元祐占籍,知海州,改管江宁府崇禧观,降监西京嵩山中岳庙。已而出籍,管勾崇福宫。用八宝恩迁朝请郎,转朝奉大夫,得请再任。迁朝散大夫,赐服三品,管勾西京留司御史台,提举南京鸿庆宫,遂请致仕。宣和三年(1121)七月二十八日,以疾卒于西京,享年七十五。
>
> 始,司马温公、吕申公最为知公,皆不及用公而薨。范丞相平生期公可大用,比登庸,公持太夫人丧归郑。服除,范公已出牧,故公于元祐间不极其用,又不当言路,

---

① 《宋史》卷281《毕士安传》附《曾孙仲衍、仲游传》,第9517—9526页。

于国之大政无所预。

公于文章，升堂睹奥，风格同汉、魏。为古文奇而法，序事简而悉，诗篇遒壮，笺表丽密，虽片言只字皆有根蒂，而切于事理，不为浮夸诡诞与夫戏弄不庄之文。行于乡里，必可施之廊庙；用之当时，必可垂法将来。虽古作者不能过也。议论引据古今，出入经传百家，折衷历代之沿袭，不为尝试之说、一概之论；凡所建述，必可博利天下，稽考后世，虽前辈鸿博诙洽之士，无不仰公之奇论也。

公尝诣见欧阳文忠公颍州，公奇其才，使子弟来谒。少师张文定公亦以为才，褒荐公甚美。哲宗皇帝即位，召天下文学之士九人策试，乃就文馆。翰林学士苏公子瞻览公文惊异，擢公为第一；自黄庭坚、张耒、晁补之之徒，皆居下列。由是天下想闻公之风采。苏公则表公自代，谓公"学贯经史，才通世务，文章精丽，议论有余"；主上由是知公矣。范丞相之作《太皇太后哀册文》，公实代焉。摄太尉苏公子由跪读之，归以告其兄内翰曰："不意公叔文章一至于此！"内相曰："岂惟品藻，抑又实录矣。"丞相苏公子容，号为博学，通知古今，每以公为直谅多闻之益友。

公之在太常也，会太皇太后将受宝册，宰相申公召公及礼部侍郎、郎中、员外郎、太常卿、丞、博士至政事堂喻告，且订其论。公心知宰相欲遵用章献明肃皇后故事，受册文德殿也。堂吏持其目示座人，次至公，果然。公曰："愿与同列更议。"宰相曰："此先帝遗制，且故事也。奈何？"是时，群礼官无一人敢置议者，公惧其事遽上，即抗声白曰："外朝者，天子之明堂，非母后所宜居之。今于此受册，遂将垂帘听政；一失其位，无以示万世。且先帝遗制岂不曰'旧章阙失，更在讨论'耶？"宰相密谕其意，群礼官犹守旧不变。公退，独表请正之。宰相以闻，太皇太后乃下诏曰："以吾不德，岂可以充入旧贯之居？其受册宫中而已。"于是，缙绅大夫皆悚然伟公之建明。有诏详定皇太妃仪制。当是时，朝臣希世锐进者，则欲卑其礼以避东朝之尊；求宠于归政之后者，则欲极尊荣以尽天子之孝。而公独不然，援引经传及先代典礼，务稽古，不为偏私以迁就其说。于是缙绅大夫又服公之纯正。

会朝廷方重外，而有文学者必试以吏事，故遣公使河北，改佐开封，已而复刺诸路，又屡典藩。故公居外之日多，其宣力四方采勤。公为政刚明有断，而应卒遇变，从容详悉，虽文案山积，狱犴纠纷，而下本裁剂，划然一空。其在军旅，星驲交驰辐凑，羽书重迹狎至，而排难解纷，倏无留迹。其从太师高遵裕讨西夏，号令期日，皆从中出，严甚，无敢违者。前军行三日，众县之夫毕至，以馈军者乃三十万，一旦暴集，有司度受其赋而给之粮，必旷日持久乃可。自计台诸公及僚属，相对徨惑，不知所为，计未有以处。公独曰："此甚易耳。"转运使范公纯粹及李察曰："愿以此委公，惟公图之。"公乃召八十县官吏与其州倅至前，悉受所赋金银钱帛，令无启缄縢扃镝，召群吏簿其要，一以付众，令使为质，一以备计籍，而以其副质有司。群吏笔不停缀，俄顷赋毕集。拉众县官吏之半，行诣所次验遣之，众皆曰"善"。公则已饬有司，具舂锸锄镈及斗斛以数千矣。众骇曰："将焉用之？"公辄下令，尽撤去仓廪之墙壁，乃徇其众，令促诣群庾人，自斛粟六斗，持其半自给，挟其半供军，岂秫传焉。于是数十万之夫飚至云合，鳞萃鸟散。已而使视群庾，空无遗粒。庾吏初尚争之，公曰："必无少取以就赢,多持以自困也。"翌日,大军遂行。范公及李察诸僚吏皆叹伏,且谢曰:"非公,几败乃事。"军既行,而陕州夏县夫争遁去。诸公曰:"他县相视尽逃,奈何?"公请身往救之。至则尚有存者,而县令已将自到。公遽止之,喻以无恐,又慰勉其留者,而走白诸公,请荷令使追逃者,他县乃止。

耀州大旱,野无青草。公谓郡县拯济多后时,力愈劳而民不救。故先民之未饥也,多揭榜示之曰:"郡将赈施,且平粜若干万石。"实大张其数,劝喻以无出境,民欢然皆按堵。已而果渐艰食,乃出粟以赈,且平粜以给之。视邻境之民,流散殆尽,而耀民之当徙就食者乃十七万九千口,顾所发粟不及万石,以民粟继之而人足,无一人逃者。监司乃故搜于长安,得二人焉,曰:"此耀之流民也。"送还郡。公验问,皆中民之逐利者,所赍持自厚,非流民也。监司乃沮。有故吏以谴逐,辄诣阙下,唱言公救灾,倾囷倒廪,军无见粮。朝廷闻之,遣使按视。公上言自劾,且愿赦属县。朝廷察其诬也,而公治行益显。

公为监司,所至一路老奸宿赃皆怖骇曰:"毕公至矣。"及事丛至,公一寓目,必曰某事有弊,某人有欺,若鉴见而绳度者。其在京东,行郡至曹南,公一视其牍,曰:"吏狃故态耶?是欲尝试我也。"召吏会之,果得藏粟十万石。公曰:"非州县吏与吾计吏交通,不及此。其渐益长,调度纵横,将不胜其弊。"吏又当麦秋,上半岁和籴数。公不应,檄州县悉具出入多寡、道里辽密、盈亏登降之数,聚为图式;岁省和籴百万石。淮南岁计常窘,公至,乃更优裕。有老吏白公:"前负发运司僦直三十六万缗,有诏期三年毕偿。今三年矣,且得罪。"公曰:"乌有是哉?"吏以此迫公甚急,公则发某籍视之,乃往三十年以前,计司兼主漕盐,故僦直;后移之矣,而其目尚存不去也。老吏非不知,第以此剧上。公核得其实,皆叩头伏罪,以公为神明;虽同列号为强明精练者皆惊焉。

公为政未尝挠于大吏。钱内相甥,故尝荐公,后辟公京东宪司属官。及尹开封,公适为其佐。事有悖戾,必力争不置。有杀人者,吏受赇,谳用"犯时不知"给尹,赖公辩正。钱公尹京,吏不得欺,且赫赫显名者,多公所救正也;相知益深。韩丞相玉汝,以故元宰牧太原。公按视等列郡。韩公家奴朝童,自陈有卒剽劫其衣服黄堂之侧。韩公怒,下卒吏,将黥配之。公曰:"小童衣服鲜薄,而剽劫于大帅故相宇下,非人情。"易吏治之。有卒母自言八十余矣,所恃惟一子,而丞相遣戍河外。公命召还。其小者如此,大节可知。河东吏益畏恐,而韩丞相独善益厚。公比镇颍昌,以书抵公洛中曰:"我思公不忘,愿公一来临,我欲与公从容。"

公之威名动四方,然所至未尝发谪官吏,驭胥吏、棰楚几废不用;他人学者,终莫能及。郓之故俗,喜群聚讥诋夫吏;一经品目,辄传笑四方。先帝患之,喻守臣使禁止。而牧守踵至,搜挟治之,终不戢,乃益肆。公至,独晏然处之,劝善奖义,久之,人人自重,耻为不长厚也。其曹长乃来献颂德诗五百言,且修赞见礼。自公以来,郓风大格矣。

公还朝,因面对,论孔子庙自颜渊以降,皆爵命于朝,肖法服冠冕以居位,而鲤承训诗礼,仅以圣道传孟轲,非不肖也,今皆野服幅巾以祭,号二代、三代者,未有爵命。上嘉纳之,封鲤泗水侯,伋沂水侯。

太原铜器,精巧名天下。吏多捆载以归,公独不市一物。惧人之谓矫也,市二茶匕而去。韩丞相曰:"如公叔,可谓真清者。"

公笃于孝悌,若天性然,非勉强者。太夫人,丞相文忠公之孙,庄重谨严,先帝尝闻其风。公事亲孝谨,莫逆其意。公侍食于太夫人,视太夫人食之多寡而食,不敢过,退不敢更食于私室。公之兄起居,有孤儿未仕,太夫人念之。公为谢四方辟请,独丐为仓官。居京五年,置匦以论,且言于公卿万方,必官兄之孤,以慰母心乃已。公有女将嫁,会兄之女至,夺女资以嫁焉。为府官,俸尚薄,兄弟群从百口,至鬻农质旂以给。后官登闻,俸益薄,群从益众。比持丧归郑,资用乏绝,然犹举远近丧数十从葬,故茔无遗者,皆称贷鬻田以致之。自小官以半俸给亲族,终其身。公平生不自言有司求增秩者三十年,晚仍上一官,请封老娣。朝廷嘉之,封其娣蓬莱县君。先正文简公葬且百年,神道碑未立,追公建焉。

此皆人之所难能者,而度量恢廓,不思小怨。高遵裕之征西,与计司屡失期会,师老财费,公密疏论其事。有诏诘问,遵裕衔之次骨。军行,人为公危之,卒不能害公。公归朝,与遵裕子士充同考进士。士充暴病,公手和药以救。人曰:"故有郤,不便。"公曰:"吾知起其死,何暇念旧?"士充病愈,归与父相持泣德公;公更荐士充京局,使便养。有董嗣之者,治耀州救灾狱甚力,非朝廷诏止之,公几不免。后嗣之与其妻及子并卒,众以其狡,戕害善类,皆幸之,无收葬者。公为致其丧千里葬之,又赒恤其家焉。

公平居遇亲友故旧甚厚,忧人之忧,急人之急,至区处其家事,拯救其危难,甚下其家私者;所居气盖方。任谔以大夫致仕,妻死贫无以葬,公致具厚葬之。比谔卒,子弟皆远官,公亲治其丧事,不知者谓为公之亲戚骨肉也。邻居有书生与母俱病,公日夜调护,为远致医者。给使卒病及友人之老卒病,调护如书生。故无贵贱,德公者众。

公年逾七十,益康宁精悍,与士大夫持论,至终日不倦。为具致士大夫,从容言宴无辍阅。苏内翰尝曰:"吾听公叔辩论倾写,语音如钟,坐觉众士无精神矣。"

公平生荐士多至公卿者。后进如晁补之、李格非、李昭玘,皆公荐慰士也。出入门下久之,与公俱为同舍郎。馆中三人者,皆丈事公唯谨,不敢抗行。由是世以公为知人。

呜呼!士有文章者未必有学问,有学问者未必能政事,能政事者未必敦德义,敦德义者未必有文学。若公者,可谓兼之矣。公少时,有士为公推命者多验,故公晚节,益务闲退以安其命。呜呼!若公者,然后可以言命矣。

公有文集七十卷,总集古今医方甚众。娶张氏,封太和县君,改宜人,光禄卿铸之女,前公二十年卒。子男四人:曰大纯,宣教郎,永安军使,陵台令;曰大亮,登仕郎,均州司理参军;曰大能,迪功郎,监南岳庙;曰大拯,将仕郎。而大亮、大能皆好学,早世。大纯、大拯俱有才名,承公之世而大之者,将在兹乎?女三人:长适承义郎苏处厚,次适通直郎郭体仁,次适进士范淑而卒。孙男六人:曰少章,将仕郎,卒;曰少雅,将仕郎;曰少膺,举进士;曰少仪,将仕郎;曰少城、曰少虎,尚幼。孙女四人:长适迪功郎薛居安,次适承奉郎安自强以卒,余未嫁。

初,文简公葬管城,先卿、先大夫祔焉。至公地尽,乃改卜,以宣和三年(1121)九月乙酉,葬公于新郑县西颜村林禽原。公之先太夫人,恬先祖父亲妹也。及是,大纯、大拯以公治命来请铭,且曰:"吾父知之深,爱之厚,莫如吾子。以亲又甚戚,其不可以辞。"然则非恬,谁宜为公铭者? 铭曰:

皇矣真祖,茂跻群伦。有相文简,维皇宝臣。孰济厥美,实维曾孙。繄公生厚,祖德是循。刚健笃实,养之弥醇。震发暴耀,蔚为英文。辟去浮华,上规皇坟。济以雄辩,磅薄大均。浩无津涯,怀山吞云。欲溯从之,发源昆仑。较艺玉堂,忠说上闻。策冠群彦,晁董公孙。诵诗三百,于事懵焉。虽多奚为,孔圣有云。公当大事,其气益振。太母践朝,公预讨论。卒避正位,万世不刊。大妃薨章,议者纷纭。公无侧颇,典训是援。帝麾天戈,雷动星奔。欻至待哺,命县炊晨。吏惧失色,莫知所存。公为筹策,指扐若神。呼吸之间,亿万具飧。有绩京兆,有劳天宫。帝嘉其能,式屡典藩。民惮民怀,去久弗谖。先饥哺饲,忽如丰年。邻境尽逃,我无一奔。刺彼诸道,攸询攸宣。左绳右规,小物必勤。曰故丞相,我则不闻。退居汝洛,益与道遵。诗称老成,易尊大人。自以无愧,归于九原。公德不泯,公文有传。尚兹垂声,达于壤泉。(《永乐大典》卷二〇二〇五)①

毕仲游知海州,事载《西台毕仲游墓志铭并序》,而《宋史》本传不载,任职具体时间不详,应在徽宗登基"置元祐占籍"后,"改管江宁府崇禧观"前。《宋会要辑稿》职官六七之三五载:"(徽宗崇宁元年五月十六日)诏:'……朝奉大夫、淮南路转运副使毕仲游,……并送吏部与合入差遣。'"之四〇又载:"(八月二十五日)朝奉大夫毕仲游管勾江宁府崇禧观。"②《九朝编年备要》卷二六载:"(九月)刻御书党籍端礼门。奉御宝批,应元祐谪籍并元符末叙复过当之人,各具元籍、定姓名人数进入,仍常切觉察,不得与在京差遣。文臣:曾任宰相执政官文彦博……;曾任待制以上官苏轼……;余官秦观、毕仲游……;内臣张士良……;武臣王献可……,凡一百一十九人,御书刻石端礼门。寻诏党人子孙,有官无官,并不许到阙。明年,又诏宗室不得与党人子孙,及有服人为婚姻。又诏应责降人子弟令,参选人,于众状内,开其父亲兄弟,系与不系党籍之人。"③

而毕仲游知海州在为淮南路转运副使之后,因而推知毕仲游知海州时间在徽宗崇宁元年(1102)五月至八月,极有可能未赴任,即改管勾江宁府崇禧观。

【海州知州:蔡渊】

蔡渊(1034—1119),字子雍,丹阳(今江苏省镇江市丹阳市)人,神宗熙宁六年癸丑(1073)余中榜进士,与前海州团练副使朱师服、前知海州余授、与余授同游孔望山淮南转运副使张励以及苏门四学士之一张耒等同榜,初授婺州司户参军。历官晋州、卫州、河中府、魏王宫教授,通判荆南府,大宗正丞,知泰州、海州等。生平载在宋人刘宰《京口耆旧传》卷四:

蔡渊,字子雍,丹阳人。为人峭直,刺口论天下事,是是非非。闻人有过,面折无

---

① 吴雪涛、吴剑琴辑录:《苏轼交游传》,石家庄:河北教育出版社,2001年,第618-626页。
② 《宋会要辑稿》职官67之35,第4867页;职官67之40,第4870页。
③ [宋]陈均:《九朝编年备要》卷26,文渊阁《四库全书》第328册,第713页。

所隐。家故饶于财,兄弟以奢豪相尚。渊独担簦以游四方,若寒士窭人,其攻苦食淡,有人所不堪。或劝稍分兄弟之财以自赡,渊曰:"兄弟治产,吾治书,兄弟不以家事累吾,吾乌可以身计累兄弟乎?!"闻者愧之。遂从王安石学于金陵。时门人皆专经,惟渊听讲不倦,得兼通诸经。擢熙宁六年(1073)进士第。历婺州司户,晋州、卫州、河中府、魏王宫教授,通判荆南府,召为大宗正丞,出知泰州、海州。其教授专以王氏之学,政事亦惟守元丰法度,终始不变。奉祠十五年。宣和元年(1119),年八十六卒。家居治圃,与宾客把酒赋诗以自娱,醉墨淋漓,常满屋壁。毛友铭其墓有云:"公之凛凛,面折人者,虽亿劫人,犹畏公于梦寐,盖其峭直如此。"①

蔡渊教子亦有方。长子蔡肇,字天启,能为文,长于诗。神宗元丰二年己未(1079)时彦榜进士,初授明州司户参军。司户参军在宋代为初等官职,从八品,以后升迁难度大。蔡渊劝导说,你很有才,应该继续好好学习,现在就埋没在州县之中,我觉得很可惜啊。蔡肇因此随其父也跟从王安石学习,后又从苏轼游,历户部、吏部员外郎,兼编修国史,官至中书舍人。《宋史·文苑六》《京口耆旧传》卷四四四有蔡肇本传②。

蔡渊知海州期间亦因天旱而祈雨于龙祠,并摩崖题刻留念。《蔡渊题刻》位于海州锦屏山马耳峰岩洞外壁西侧,徽宗崇宁元年(1102)六月初十日,因大旱,知海州蔡渊携西京左藏库使、路分都监刘用章,奉议郎、通判军州事燕若霖,承奉郎、监酒税杜开,雄州防御推官、知县事于宰,录事参军周兴龄,司户参军邓绍密等一众官僚来龙祠求雨,六天后的十六日下午,海州全境普降大雨五六个小时,旱情缓解。随后找了个良辰吉日,他们在州衙南楼上设宴感谢神灵,并在龙祠刻石留念③。

蔡渊知海州,嘉庆《海州志》缺相关记载。李之亮在《宋两淮大郡守臣易替考》中认为蔡渊知海州时间为徽宗崇宁元年(1102)至崇宁二年(1103)。

刻文中同游者"西京左藏库使、路分都监刘用章""(海州)录事参军周兴龄",史载不详。同游者"承奉郎、监酒税杜开,雄州防御推官、知县事于宰"见"北宋徽宗建中靖国元年辛巳(1101)"条。

【海州通判:燕若霖】

燕若霖(生卒年不详)。生平史载阙,任职海州通判仅见锦屏山龙祠《蔡渊题刻》。之后通判和州,事载宋人陈长方撰《唯室集》卷三《先豫章公墓志铭》,该墓志铭是陈长方假借如村先生的名义为其父陈豫章所作,其中载陈豫章任和州司户参军时,与燕若霖在处理一件刑案意见相左的一段故事:

> 在和州,有狱不应死,守欲杀,久论不从。一日,同僚大集,抱牍与辨于座。守怒,以辞气相加,座上直者愤,弱者慑,错立引却。公色平言庄,徐理前语,卒得要领而退。有唁者,公曰:"历阳太守叱司户,何预我哉!苟杀不辜,不以天下易吾介也。"

---

① [宋]刘宰:《京口耆旧传》卷4,文渊阁《四库全书》第451册,第154-155页。
② 《宋史》卷444《蔡肇传》,第13120-13121页;[宋]刘宰:《京口耆旧传》卷4,文渊阁《四库全书》第451册,第155-156页。
③ 连云港市重点文物保护研究所编著:《石上墨韵——连云港石刻拓片精选》,上海:上海古籍出版社,2013年,第50页。

方暑,守与妇并卒,通判州事燕若霖挟怨不许治丧具,公为之尽力,不顾。燕怒,未有以发。守之子诉于朝,燕以罪去。①

北宋徽宗崇宁二年癸未(1103)

海州团练使	赵仲瑳	海州司理参军	李熙靖
海州知州	吕仲甫	羁置海州(未知海州)	马珹
羁置海州(未知海州)	黄策		

【海州团练使:赵仲瑳】

赵仲瑳(生卒年不详),皇族,北宋开封府(今河南省开封市)人。历官右监门卫大将军,康州刺史,海州团练使等。仁宗皇帝赵祯无子,将濮安懿王允让第十三子赵曙(原名赵宗实)养于宫内,入继为嗣。仁宗病重,立为太子,仁宗薨,太子继位,是为英宗。赵仲瑳父赵宗祐为英宗皇帝同母弟②。《宋史·英宗本纪》载:

> 英宗体乾应历隆功盛德宪文肃武睿圣宣孝皇帝,讳曙,濮安懿王允让第十三子,母曰仙游县君任氏。明道元年(1032)正月三日生于宣平坊第。初,王梦两龙与日并堕,以衣承之。及帝生,赤光满室,或见黄龙游光中。四岁,仁宗养于内。③

赵仲瑳任海州团练使,事载慕容彦逢撰《皇叔右监门卫大将军、康州刺史仲证可特授依前右监门卫大将军、荣州团练使,皇叔右武卫大将军、昌州刺史仲柔可特授依前右武卫大将军、贵州团练使,皇叔右监门卫大将军、昌州刺史仲华可特授泰州团练使、依前右监门卫大将军,皇叔右监门卫大将军、康州刺史仲瑳可特授海州团练使、依前右监门卫大将军制》,制词载《摛文堂集》卷六:

> 敕:具官某等,朕永怀孝思,念兹祖考,推原所自,褒显近亲,岂惟示敦睦之恩,亦以彰忠厚之化。尔等列于属籍,夙奉内朝,恪谨有常,只循宪度,宜锡命书之宠,进升团结之荣,尚体眷勤,克绥祉福。可。④

制词撰写者慕容彦逢(1067—1117),字叔遇,北宋宜兴(今江苏省无锡市宜兴市)人。生平详载中大夫、充徽猷阁待制、提举南京鸿庆宫蒋瑎撰《慕容彦逢墓志铭》,收录于《摛文堂集》附录⑤。

慕容彦逢两度任中书舍人,一是徽宗崇宁二年至三年(1103—1104)先为知制诰,后擢中书舍人;二是崇宁五年至大观元年(1106—1107)复为中书舍人。因暂未发现新的材料,故这两个时间段,皆有可能为赵仲瑳初任海州团练使的时间,离任时间不详。

---

① 曾枣庄、刘琳主编:《全宋文》第206册,上海:上海辞书出版社,2006年,第197-199页。
② 《宋会要辑稿》帝系2之39,第59页。
③ 《宋史》卷13《英宗本纪》,第253页。
④ [宋]慕容彦逢:《摛文堂集》卷6,文渊阁《四库全书》第1123册,第357页。
⑤ [宋]蒋瑎:《慕容彦逢墓志铭》,[宋]慕容彦逢:《摛文堂集》卷6《制》,文渊阁《四库全书》第1123册,第486-490页。

【海州知州：吕仲甫】

吕仲甫（生卒年不详），字穆仲，北宋河南（今河南洛阳）人，丞相文穆公吕蒙正四世孙。历官寺丞、户部侍郎、朝请大夫、直秘阁、集贤殿修撰等。历杭州教官、观察推官，提点河北东路刑狱，河东路转运司判官、发运副使，知荆南、应天府、邓州、海州等地方官。

最早记录吕仲甫经历的是宋晁补之《上杭州教官吕穆仲书》（录文于后）。该文是晁补之拜见吕仲甫和刚上任的苏轼时所写，苏轼是神宗熙宁四年（1071）十一月通判杭州的，可见此上书应作于当时①。

熙宁五年（1072），苏轼作诗《自径山回，得吕察推诗，用其韵招之，宿湖上》（录文于后），可知这年吕仲甫已经在杭州察推（即观察推官）任上了。

熙宁七年（1074），苏轼知密州（今山东省诸城市）。次年，作《寄吕穆仲寺丞》（录文于后），此时吕仲甫已经入朝任寺丞了。

神宗元丰七年（1084）八月，"乙亥，户部言：'提点河北东路刑狱吕仲甫乞二浙岁散和买绸绢，止用旧价支盐三分。本部下其事本路转运、盐司相度，言不便。'诏两浙转运、提点刑狱、提举盐事司同相度"②。在吕仲甫升任提点河北东路刑狱时，苏轼为之制诰：

> 敕：先帝立法更制，所以约束监司守令，使不得营私而害民者，可谓至矣。朕始罢赋泉之令，复征徭之法。凡先帝之约束，当益申而严之。使出力从政之民，无所复病。以尔穆仲等，或端静有守，敏于为政；或直谅多闻，志于仕道。而京东、河朔皆天下重地也。往修厥官，称朕意焉。可。③

哲宗绍圣四年（1097），夏四月，甲午，"河东路进筑葭芦寨毕功，本路转运司判官郭茂询、吕仲甫各转一官"。元符元年（1098），春正月，庚子，"户、工部言：'江、淮、荆、浙等路发运副使兼制置盐、矾、茶事吕仲甫奏，五指山铜矿饶衍，堪任铸钱，欲官自兴置场冶，委官监辖。乞下河东路提点刑狱司检踏施行，如堪置场，即关报转运司相度保明闻奏。'诏令河东路转运使相度措置"。同年，秋七月，戊辰，"江、淮、荆、浙等路发运副使吕仲甫为直秘阁，知荆南"。元符二年（1099），闰九月，"戊寅，朝请大夫、直秘阁、知荆南吕仲甫，特降一官，坐奉使淮浙等路，各用妓乐宴集，为察访司所纠故也"④。

徽宗建中靖国元年（1101）十二月，"十一日，权尚书户部侍郎吕仲甫为集贤殿修撰、知应天府"。崇宁元年（1102）八月，二十五日，"集贤殿修撰、知应天府吕仲甫落职"⑤。九月列端礼门外元祐党人碑⑥。

徽宗崇宁二年（1103）九月，诏令各路州军监司厅立元祐党人碑，吕仲甫以下21人出列，但"并令三省籍记，不与在京差遣"⑦。十月，吕仲甫"落职知海州"。《宋会要辑稿·食

---

① 孔凡礼撰：《三苏年谱》，第1册，北京：北京古籍出版社，2004年，第623页。
② 《长编》卷348，神宗元丰七年八月乙亥，第8345页。
③ [宋]苏东坡著：《苏东坡全集》，北京：燕山出版社，2009年，第2219页。
④ 《长编》卷485，哲宗绍圣四年四月甲午，第11527页；卷494，哲宗元符元年正月庚子，第11755页；卷500，哲宗元符元年七月戊辰，第11916页；卷516，哲宗元符元年闰九月戊寅，第12172页。
⑤ 《宋会要辑稿》选举33之22，第5893页；职官67之40，第4870页。
⑥ 《宋史纪事本末》卷49《蔡京擅国》，北京：中华书局，1977年，第482—483页。
⑦ 《通鉴续编》卷11，文渊阁《四库全书》第332册，第657页。

货一四》载：

(徽宗崇宁)二年(1103)十月二日，臣僚言："神宗皇帝稽古制法，以常平、免役所系尤重，绍圣纂承，推原美意，以谓常平之息，岁取二分，则五年有一倍之数；免役剩钱岁取一分，则十年有一年之备。阅岁愈久，其积愈多，遂立一倍、三科取旨蠲减之法。则凡取于民者有限，而止于为民而已，非利其入也。而集贤殿修撰、知邓州吕仲甫前为户部侍郎，谄事奸党，助为纷更，辄率其属以状申都省，言乞删去上条。伏望明示黜责。"诏仲甫落职，知海州。①

熙宁四年(1071)十一月二十八日，苏轼通判杭州到任，吕仲甫此时任杭州教官。晁补之时年19岁，来拜见苏轼时给吕仲甫《上杭州教官吕穆仲书》，表达了自己的求知欲望、奋发蹈厉的用世思想，并送给他们各一本描述钱塘山川风景人物的书《七述》。"轼先欲有所赋，读之叹曰：'吾可以搁笔矣！'又称其文博辩隽伟，绝人远甚，必显于世，由是知名。"晁补之(1053—1110)，字无咎，济州巨野(今山东省菏泽市巨野县)人，进士及第。"补之才气飘逸，嗜学不知倦，文章温润典缛，其凌丽奇卓出于天成。尤精楚辞，论集屈、宋以来赋咏为《变离骚》等三书。"②与张耒、黄庭坚、秦观一并成为"苏门四学士"。

《上杭州教官吕穆仲书》

补之闻，三代之前，天下无可治之事，而贤者无急仕之意。天子与其二三大臣终日接膝，都俞唱和于其上；而海内之民相与动心向风，欢欣鼓舞于其下。方是时也，政教平而赋敛轻，礼义行而刑罚止，天下已治。士虽有尊主庇民之业，而无所用之，则往往引手而去，括囊晦迹以尽其生，笑歌优游以乐其时；山巅、水涯、布衣、韦带、樵渔、衰老之人，负担行路之夫，与之语，有可惊之言，而施于政，有可见之效。若此者不知其几何人也！三代已降，世既多事，贤者不忍拱手以视天下之纷纭，而思有以治之，则争相奋厉，发于畎亩之间，挟奇策以干时君，曳长裾而游王门，以身任职，以职任事，各务有立于世，而士始有好功名之心。其不获知于斯时，而退伏于山林者，则皆当日之无能人也。故，人不知隐居之可尚，而皆以有用为贤。然而天下亦以治。其后，晋之士大夫不知为此者，将以趋时弊，而窃有慕乎隐者之名。于是乎，弃礼法、遗冠冕，以求为养高之术。而晋天下之事亦靡靡不振，无与治者，甚可叹也。陵夷至于唐，而终南、嵩少、至号为仕途捷径，则其失隐者之风为益远矣！夫君子非固为隐，亦非固为不隐也。三代之前，无可治之事，则隐而不失为高；三代而降，世为事矣，思有以治之，则不隐不失为贤矣。若夫居不可隐而固隐焉，则又何矫情拂道之甚也！晋、唐之士，其失以此。国家承平百年，政令日新。主上慨然思有以追两汉之余，而复三代之故。焦心以问治，降意以下贤，而士之怀瑾握瑜者，纷纷籍籍，云翔蜂起，奔走自劾，不待招来。盖补之尝游于齐、楚之郊，见夫带经而耕者，莫非求仕也。而后知今日之无隐者，设有之，亦皆今日之无能人尔。夫进不能少补于世，退以受无能之名，则与夫孟子之所谓自弃者，何以异哉？补之济北鄙人也，生十年而学，学九年矣。尝自谓幸出于有为之世，而耻矫晋、唐之风。故，尝历四方，以观郡邑之政治；游上

---

① 《宋会要辑稿》食货14之13、14，第6272页。
② 《宋史》卷444《晁补之传》，第13111-13112页。

庠,以服天子之教化;从士大夫论议,以知当日之施为措置;而稍稍自饬,以求去鄙野之容。窃闻执事以经术文章取上科,以开敏明辨入幕府,而有职乎庠序,见师于学者。故补之愿伏于门下而受教焉。继之以所为歌诗杂文一编投献于左右。凡此,非求果有用于今也,要以为不自弃而已。不识阁下以为何如? 夫没世而无闻者,君子之所疾,则夫士之区区以自言者,其亦无罪焉,可也。①

提刑吕仲甫在杭州任职期间,与苏轼相交甚密,经常一起出游杭州诸胜,互相唱和。苏轼上任后次年七月便循行属县,归来后得吕仲甫诗,遂邀出游,并留宿西湖望湖楼,作诗两首。一首为《自径山回,得吕察推诗,用其韵招之,宿湖上》:

多君贵公子,爱山如爱色。心随叶舟去,梦绕千山碧。新诗到中路,令我喜折屐。古来轩冕徒,操舍两悲慄。数朝辞簪笏,两脚得暂赤。归来不入府,却走湖上宅。宠辱吾久忘,宁畏官长诘。飘然便归去,谁在子思侧。君能从我游,出郭及未黑。

另一首为《宿望湖楼再和(吕察推)》:

新月如佳人,出海初弄色。娟娟到湖上,潋潋摇空碧。夜凉人未寝,山静闻响屐。骚人故多感,悲秋更慘慄。君胡不相就,朱墨纷黝赤。我行得所嗜,十日忘家宅。但恨无友生,诗病莫诃诘。君来试吟咏,定作鹤头侧。改罢心愈疑,满纸蛟蛇黑。

熙宁六年(1073)正月,苏轼第二次循行属县,到富阳、新城等地。二月返回杭州,约曾孝章与吕仲甫等一起游玩,结果吕仲甫失约未至。在游凤凰山灵化洞后,苏等六人在洞外石壁上留下石刻"陈襄、苏颂、孙奕、黄灏、曾孝章、苏轼同游",落款是"熙宁六年二月二十一日",现石刻损毁严重,字迹漫漶不清。曾孝章,字元恕,又字叔宪,福建晋江人,真宗大中祥符八年(1015)进士及第。在游龙山时,苏东坡赋诗破题《同曾元恕游龙山,吕穆仲不至》:

青春不觉老朱颜,强半销磨薄领间。愁客倦吟花似酒,佳人休唱日衔山。共知寒食明朝过,且赴僧窗半日闲。命驾吕安邀不至,浴沂曾点暮方还。

后来,苏轼又一次与吕仲甫同游灵化洞,并记《书游灵化洞》:

予始与曾元恕入灵化洞,迫于日暮,而元恕又畏其险,故不果尽而还。及此,与吕穆仲游。穆仲勇发过我,遂相与至昔人之所未至,而惊世诡异之观,有不可胜谈者。余欲疏其一二,以告来者,又恐为造物者所愠,后有勇往如吾二人至吾之所至,当自知之。

五月,苏轼与吕仲甫、时任钱塘县令的周邠以及惠勤等一众僧人游西湖北山,苏轼赋五言古诗一首《五月十日,与吕仲甫、周邠,僧惠勤、惠思、清顺、可久、惟肃、义诠同泛湖游北山》:

三吴雨连月,湖水日夜添。寻僧去无路,潋潋水拍檐。驾言徂北山,得与幽人兼。清风洗昏翳,晚景分秾纤。

---

① [宋]晁补之撰:《鸡肋集》卷 52《上杭州教官吕穆仲书》,文渊阁《四库全书》第 1118 册,第 826—827 页。

缥缈朱楼人,斜阳半疏帘。临风一挥手,怅焉起遐瞻。

　　世人骛朝市,独向溪山廉。此乐得有命,轻传神所歼。

席间并唱和两首,代人赠别诗三首。

熙宁七年(1074)九月,苏轼离杭除知密州,次年作《寄吕穆仲寺丞》:

　　孤山寺下水侵门,每到先看醉墨痕。楚相未亡谈笑是,中郎不见典刑存(杭有伶人,善学吕,举措酷似,别后,常令作之以为笑)。君先去踏尘埃陌,我亦来寻桑枣村。回首西湖真一梦,灰心霜鬓更休论。①

吕仲甫诗文现觅得二首,一首存南宋李庚《天台续集》卷中,名《题万年妙莲阁》:

　　千尺杉前帝释宫,种莲不用百花丛。石桥路近横天外,池水光寒坐槛中。

　　红日几窗新活计,白云香火旧家风。虎溪社客今憔悴,此意凭谁谢远公。

另一首存南宋林表民《天台续集·别编》卷一中,名《送罗正之年兄出使二浙》:

　　锡马恩随汴楫浮,过家身近石桥游。勤劳王事甘胼手,磨琢风骚苦白头。

　　浙水鱼龙移窟宅,浚郊陂泽变田畴。使君亮直人知少,好笑封侯曲似钩。②

罗正之(1029—1101),以字行,名适,号赤城,北宋台州宁海(今浙江宁波市宁海县)人,英宗治平二年乙巳(1065)彭汝砺榜进士,初授舒州桐城县尉。哲宗元祐六年(1091)提点开封府界刑狱,七年(1092)提点两浙刑狱,终朝散大夫③。

吕仲甫离知海州时间不详。李之亮在《宋两淮大郡守臣易替考》中认为吕仲甫知海州时间为1103—1105年。

【羁置海州(朱知海州):马珹】

马珹(?—1106),一作马瑊、一作马城④,字忠玉,一作中玉⑤,北宋茌平(今山东省聊城市)人。历大理评事,权熙河路转运判官,提举永兴、秦凤等路常平等事。神宗熙宁九

---

① 苏东坡与吕仲甫唱和六首诗文参见[宋]苏东坡著:《苏东坡全集》,北京:燕山出版社,2009年,第173、173、215、3268、221、309页。

② 吕仲甫诗二首转引自浙江省地方志编纂委员会编著:《宋元浙江方志集成》第14册,杭州:杭州出版社,2009年,第6786、6816页。

③ 龚延明、祖慧编:《宋代登科总录》第2册,桂林:广西师范大学出版社,2014年,第967页。

④ 按:因"瑊""珹""城"字形相似,史籍皆有记载。《宋史》卷328王韶本传记为"马瑊",上述蔡京传记为"马珹",卷181《食货志下三》与卷347朱服本传记为"马瑊";《长编》除卷468、503、卷506皆记为"马城",卷348所记"马城"非马瑊外,其余皆记为"马瑊";《宋会要辑稿》职官66之9与刑法3之21记为"马瑊"外,其余皆记"马瑊";《续资治通鉴》卷86、《资治通鉴后编》卷93以及苏辙《栾城集》、宋史容注黄庭坚《山谷内集诗注》卷15皆记为"马城";等等。参见《宋史》卷328《王韶传》,第10579-10582页;卷181《食货志下三》,第4424页;卷347《朱服传》,第11004-11005页。《长编》卷468,哲宗元祐六年十二月丁巳,第11182页;卷503,哲宗元符元年十月戊子,第11978页;卷506,哲宗元符二年二月丁丑,第12051页;卷348,神宗元丰七年九月庚申,第8360页。《宋会要辑稿》职官66之9,第4826页;刑法3之21,第8403页。《续资治通鉴》卷86,第2195页。《资治通鉴后编》卷93,文渊阁《四库全书》第343册,第715页。[宋]苏辙:《栾城集》卷30,文渊阁《四库全书》第1112册,第321页。[宋]黄庭坚,[宋]史容注:《山谷内集诗注》卷15,文渊阁《四库全书》第1114册,第182-183页。

⑤ 按:因"忠""中"读音相似,宋人文集中也多有记载。参见[宋]苏轼:《东坡词》,文渊阁《四库全书》第1487册,第123页;[宋]黄庭坚:《山谷集》卷10、27,文渊阁《四库全书》第1113册,第79-80、284页;[宋]张邦基:《墨庄漫录》卷10,文渊阁《四库全书》第864册,第99页;[宋]孔文仲:《清江三孔集》卷9《次韵马中玉春日偶成》,文渊阁《四库全书》第1345册,第275页;[宋]释道潜:《寒食》,[宋]蒲积中编:《岁时杂咏》卷13,文渊阁《四库全书》第1348册,第318页。

年(1076)四月,为太子中舍、权发遣江南西路转运判官。元丰元年(1078)三月,权发遣荆湖北路转运判官,六月,提举沅州屯田务,七月,罢屯田务;二年,降授太常寺丞、奉礼郎并勒停。哲宗元祐五年(1090)六月,以宣德郎提点淮南西路刑狱,八月改提点两浙路刑狱。绍圣元年(1094),江南西路转运副使;三年,知湖州。元符元年(1098)十月,以奉议郎、权知陕州降为通直郎;二年二月,罢新湖北转运副使,依旧知陕州;三年二月,以陕西转运副使兼制置解盐使提举开修解盐池。徽宗崇宁二年(1103)十一月,夺官羁置海州;五年,卒于贬所。

马瑊未曾知海州,因故"夺官羁置海州",时间可从他与黄庭坚的关系推知。黄庭坚之孙黄䚮《山谷年谱》详细记载了黄庭坚与马瑊被除名夺官,羁置偏州的经过:

崇宁二年癸未,先生是岁留鄂州。……十一月有宜州谪命。按《国史》先生本传:庭坚在河北与赵挺之有小怨,挺之执政,转运判官陈举承风旨,上其荆南所作《承天塔记》,指为幸灾,复除名,羁宜州。

䚮昔闻荆州族伯父仲贲尝言:"为儿童时,乃识先生。"备闻诸父闻善益,修谅正话及目击当时之事,笔记甚详。仲贲有《跋承天塔记》云:"先生初自蜀出峡,留荆州,待辞免乞郡之命,与府帅马瑊忠玉相从欢甚。闽人陈举自台察出为转运判官,先生未尝与之交也。承天寺僧智珠造七级浮图,乞记于先生。一日记成,忠玉饭诸部使者,于浮图下环观先生书碑,先生于碑尾但云:'作记者,朝奉郎、新知舒州事豫章黄庭坚;立石者,承议郎、知府事茌平马瑊'而已。举与转运判官李植、提举常平林虞相顾,遽请于前,曰:'某等愿记名不朽,可乎?'先生不答。举由此憾之。举知先生昔在河北与赵挺之有怨,挺之执政,遂以墨本走介戏于朝廷,谓幸灾谤国。先生遂除名,羁置宜州。忠玉亦以辰州徭贼寇边,监察御史席震继而劾之,夺官羁置海州。遂俱殁于贬所。呜呼!其亦不幸甚矣!其后不逾年,挺之去位,而举因指青虫为龙物奏为祥瑞,遂坐欺罔。"诚足以为小人陷君子之戒,今并附见。①

由此可知,黄庭坚羁管宜州起始时间在徽宗崇宁二年(1103)十一月。马瑊亦于同年"夺官羁置海州",起因除了与黄庭坚交好受连累外,还因往日上奏辰州徭贼寇边之事,主张调查研究,分清是非,反对滥杀无辜,从而与宰相蔡京处置有异,事载《宋史》卷四七二蔡京本传:

南开黔中,筑靖州。辰溪徭叛,杀溆浦令,京重为赏,募杀一首领者赐之绢三百,官以班行,且不令质究本末。荆南守马瑊言:"有生徭,有省地徭,今未知叛者为何种族,若计级行赏,惧不能无枉滥。"蒋之奇知枢密院,恐忤京意,白言瑊不体国,京罢瑊,命舒亶代之,以剿绝群徭为期。西收湟川、鄯、廓,取牂牁、夜郎地。②

【羁置海州(未知海州):黄策】

黄策(1070—1132),字子虚,祖籍为建宁府浦城县(今福建省南平市浦城县),后随父

---

① [宋]黄䚮撰:《山谷年谱》,《山谷集》卷29,文渊阁《四库全书》第1113册,第945-946页。
② 《宋史》卷472《蔡京传》,第13721-13728页。

为姑苏(今江苏省苏州市)人。哲宗元祐六年庚午(1091)马涓榜进士，①初授杭州司理参军。历开封府雍丘县主簿，齐州州学教谕。徽宗建中靖国元年(1101)，入元祐党人籍"余官"列，被夺官羁置登州；②崇宁二年(1103)，羁置海州；四年，元祐党人籍官员逐渐平反，返回苏州，读书赋诗。宣和中，为浙西提举司干办公事，移京东，改发运司主管文字。高总建炎二年(1128)，改宣教郎、通判严州；四年，除直秘阁。因刚直不阿，忤部使者意，被诬劾夺一官，左受宣义郎，罢去，归隐五湖之旁。其生平载沈与求《龟溪集》卷一二《黄直阁墓志铭》》③

黄策未曾知海州，因入元祐党人籍被夺官羁置海州，时间在徽宗崇宁二年(1103)至四年(1105)之间。

【海州司理参军：李熙靖】

李熙靖(1075—1127)，字子安，北宋常州晋陵(今江苏常州市)人。徽宗崇宁二年癸未(1103)霍端友榜进士，初授文林郎、海州司理参军。政和三年癸巳(1113)又中词学兼茂科，以开州观察推官选为辟雍录、太学正，升博士。历提举淮东学事，尚书兵部员外郎，右司员外郎，太常少卿、中书舍人，徽猷阁待制、知拱州，官至显谟阁待制、提举醴泉观、主管龙德宫。靖康二年(1127)初，徽钦二帝北狩，金人立张邦昌摄国，力拒出任直学士院，忧愤绝食而卒，后赠端明殿学士。《宋史》卷三五七本传载：

> 李熙靖，字子安，常州晋陵人，唐卫公德裕九世孙也。祖均，父公弼皆进士第。公弼，崇宁初通判潞州，以议三舍法不便，使者劾其沮格诏令，坐削黜以死。熙靖擢第，又中词学兼茂，选为辟雍录、太学正，升博士。以父老丐外，除提举淮东学事便养，命下，乃得河东；而为淮东者，臧祐之也。盖省吏取祐之赂，辄易之。或教使自言，熙靖曰："事君不择地，吾其可发人之私，求自便也？"宰相闻而贤之，留为兵部员外郎。遭父忧去，还，为右司员外郎。
>
> 王黼以太宰领应奉司，又方事燕云，立经抚房于中书独专之，他执政皆不得预。熙靖与言曰："应奉之职，非宰相所当预。尚书、枢密皆有兵房，足以治疆事，经抚何为者哉？"黼积不乐。同列五人皆躐跻禁从，独滞留四年。都水丞失职，移过于熙靖，贬其两秩，又将左转为国子司业，执政交言不可，仅迁太常少卿。黼罢，乃拜中书舍人，蔡攸又恶之，出知拱州。
>
> 越两月，复以故官召，入对言："燕山虽定，宜益谨思患豫防之戒。"徽宗曰："《诗》所谓'迨天之未阴雨，彻彼桑土，绸缪牖户'者是也。"熙靖进曰："孔子云：'为此诗者，其知道乎！能治其国家，谁敢侮之？'愿陛下为无疆之计。"帝嘉之。
>
> 靖康初，同谭世绩事龙德宫，改显谟阁待制、提举醴泉观。道君待之甚厚，常从容及内禅事，曰："外人以为吴敏功，殊不知此自出吾意耳，吾苟不欲，人言且灭族，谁敢哉？或谓吾似唐睿宗上畏天戒，故为之，吾有此心久矣。"熙靖再拜贺。敏闻而忌

---

① [宋]范成大：《吴郡志》卷28《进士题名》，文渊阁《四库全书》第485册，第207页。
② [宋]何薳：《春渚纪闻》卷4《杂记·宗威愍政事》，文渊阁《四库全书》第863册，第482页。
③ [宋]沈与求：《龟溪集》卷12《黄直阁墓志铭》，文渊阁《四库全书》第1133册，第249-250页。

之,以进对不时受罚。

　　既拒张邦昌之命,忧愤废食,家人进粥药宽譬之,终无生意。故人视其病,相持啜泣,索笔书唐王维所赋"百官何日再朝天"之句,明日遂卒,年五十三,与世绩同赠端明殿学士。①

《宋史·忠义传八》又列李熙靖传,主要记述靖康之后事:

　　李熙靖,晋陵人。提举醴泉观。(张)邦昌使直学士院,熙靖固拒,因忧愤不食,疾且笃,谓友人曰:"百官何日再朝天乎?"泣数行下。邦昌又命礼部侍郎谭世绩权直学士院,世绩亦称疾坚卧不起。熙靖寻卒。后并赠延康殿学士。②

李熙靖任职海州司理参军,为徽宗崇宁二年(1103)进士及第后初仕官,事载王稱《东都事略》卷一〇九本传:"举进士,调海州司理参军。"③离任时间不详。

北宋徽宗崇宁四年乙酉(1105)

| 海州知州 | 王襄 | 东海县尉 | 郭僎 |

【海州知州:王襄】

　　王襄(生卒年不详),字赞仲,初名宁,因有贼寇与之同名,请更名为宓,后于徽宗大观三年(1109)诏赐名襄。王襄出身世家大族"三槐王氏",自王祐始为第五代传人,其父王固是王巩的二哥。《王氏宗谱》载:王襄"赘南阳宋氏,居邓州(今河南省南阳市)"④,进士及第。历官军器监主簿,库部员外郎,光禄少卿,显谟阁待制、权知开封府,龙图阁直学士、吏部侍郎,知海州,知应天府、郓州,礼部、兵部尚书,知颍州、永兴军,知汝州,提举南京鸿庆宫,集贤殿修撰、知潭州,兵部侍郎,工部、吏部尚书,同知枢密院事,延康殿学士、知亳州,提举嵩山崇福宫,知郓州,资政殿学士、知淮宁府,提举崇福宫,河南尹,河南西道都总管,知河南府。金军围京师,因救援不利,降宁远军节度副使、永州安置。《宋史》卷三五二本传载:

　　王襄初名宁,邓州南阳人,擢进士第。崇宁二年(1103),以军器监主簿言事称旨,擢库部员外郎,改光禄少卿,出察访陕西。还,为显谟阁待制、权知开封府。府事浩穰,讼者株蔓千余人,缧系满狱。襄昼夜决遣,四旬俱尽;又阅月,狱再空。迁龙图阁直学士、吏部侍郎,出知杭州;未至,改海州;又改应天府,徙郓州。召为礼部尚书,移兵部,出知颍州,改永兴军。蒲城妖贼王宁适同姓名,请更名宓。为左司谏石公弼所劾,徙汝州,俄夺学士,提举南京鸿庆宫。

---

① 《宋史》卷357《李熙靖传》,第11228-11229页。按:"知拱州"在《东都事略》内记为"以徽猷阁待制知洪州",《全宋文》亦为"知洪州"。参见[宋]王稱:《东都事略》卷109,文渊阁《四库全书》第382册,第709-710页;曾枣庄、刘琳主编:《全宋文》第141册,第215页。

② 《宋史》卷453《忠义传八·李熙靖》,第13330-13331页。按:"延康殿学士"为"端明殿学士"旧称。"政和中,尝改为延康殿。建炎二年,都省言:延康殿学士旧系端明殿学士。"参见《宋史》卷162《职官志二》,第3817-3818页。

③ [宋]王稱:《东都事略》卷109《李熙靖传》,文渊阁《四库全书》第382册,第709-710页。

④ 李贵录著:《北宋三槐王氏家族研究》,济南:齐鲁书社,2004年,第187页。

大观三年(1109)，以集贤殿修撰知潭州，改兵部侍郎，使高丽。还对称旨，诏赐名襄。历工部、吏部尚书，拜同知枢密院事。坐荐引近侍，以延康殿学士罢知亳州；又坐交通郭天信落职，提举嵩山崇福宫。久之，起知郓州，复学士秩，寻加资政殿学士，徙知淮宁府。以言事忤王黼，复提举崇福宫。

宣和六年(1124)，起为河南尹。金人再入，出为西道都总管，张果副之。高宗开大元帅府，襄以所部兵会于虞城县。即位，命襄知河南府。襄初与赵野分总西北道诸军，金人围京师，征兵入援，二人故迁道宿留。至是，降宁远军节度副使，永州安置，卒。①

王襄知海州时间史载不详，但根据其经历可大致缩小到一个较窄的时间范围内。

在知海州前明确的纪年为崇宁二年(1103)。这一年，王襄在军器监主簿任上因"言事称旨，擢库部员外郎"，随后一系列升迁。特别在知开封府任上，政务繁杂，讼事众多，监狱满员，王襄"昼夜决遣，四旬俱尽；又阅月，狱再空"，之后才"出知杭州；未至，改海州；又改应天府，徙郓州"。这之前应该有几年时间。

在知海州之后的明确纪年为大观三年(1109)。这一年"以集贤殿修撰知潭州，改兵部侍郎"，紧接着《宋会要辑稿》刑法二之五〇载："十一月九日，兵部侍郎、详定一司敕令王襄等奏：'福建、荆湖南北、江南东西有生子不举者，近诏申严禁约，其刑名告实止行于福建而未及江湖诸路，乞一等立法。'从之。"②而在这之前，仍然有诸多任职，期间还因故被谏官弹劾被贬为"提举南京鸿庆宫"。故也应该有几年的经历。

因此，可大致推知王襄知海州的时间为崇宁四年(1105)至大观元年(1107)年之间。王襄知海州如同"知杭州，未至"一样而改，也"未至""又改应天府"，即王襄并未赴任知海州。

嘉庆《海州志》在《职官表》上载："王襄，初名宁，邓州南阳人。徽宗崇宁(1102—1106)时任，见《宋史》。"

【东海县尉：郭僎】

郭僎(？—1130)，字同升，北宋开封祥符县(今河南省开封市祥符区)人，以父荫调海州东海县尉；历权祥符县尉，滨州招安、亳州蒙城、鹿邑、咸平县丞，知宣城县，通判全州，权知饶州浮梁县、乐平县等职。时贼寇境，遂遇害于官舍。《宋史》卷四五二本传载：

郭僎字同升，开封祥符县人。以父任调海州东海县尉，权祥符县尉。时童贯子师闵死，敕葬邑境，僎任道途之役。贯命彻民屋之当道者，僎先籍童氏屋数十间欲毁之，贯遽令勿毁，由是民屋得免。

再调滨州招安丞，又为亳州蒙城丞。令以盐科邑民，僎争之不可。郡守以僎丞鹿邑，中贵人杨逢周率军士二百人，以捕寇为名入邑境，所至骚动。僎檄逢周取所受文书，逢周不与，僎令尉讥察之。逢周归，诉于徽宗，诏追僎赴开封府狱，狱以状闻，乃使还任。

---

① 《宋史》卷352《王襄传》，第11126-11127页。
② 《宋会要辑稿》刑法2之50，第8310-8311页。

辟权咸平县丞。靖康初,勤王兵有剽掠邑界者,儁率民兵击之,得犯者斩以徇。会金人大至,力不敌,其僚欲降之,儁走南京从赵野乞师,不从,恸哭而归。寻知宣城县。苗傅、刘正彦之变,吕颐浩传檄诸郡,儁说郡守刘珏,请募勇士倍道赴难,揭榜复用建炎年号,人皆韪之。

通判全州,权饶州浮梁宰,未行,时有贼张顶花者已逼县境,众止之,儁曰:"安逸则就,艰危则辞,非我所学。"径就道。至县,约束吏士,誓以死战。贼闻之,伪降,入邑为变。邑官窜伏,儁曰:"吾为宰,义不可去。"端坐公署,贼徒责儁,儁大骂不绝口,遂遇害。诏赠承议郎,录其后二人。①

郭儁任调海州东海县尉时间史载不详,嘉庆《海州志·职官表一》载:"东海县尉,郭儁,开封祥符人,以父任调是官,以浮梁宰死节,见《宋史》。"任职时间亦不载。

郭儁权祥符县尉时,童贯子童师闵死,时间在徽宗大观二年(1108)②。其先任东海县尉,以三年一考选任可推知,郭儁为东海县尉时间大约在徽宗崇宁四年(1105)前后。

郭儁生年不详,卒年为高宗建炎四年(1030)四月。《宋史》仅记载郭儁遇害事在浮梁县,不载年月。宋人王象之《舆地纪胜》载:"郭儁,开封人,待次全州通判,摄乐平县。会剧贼张琪犯县境,被执,骂不绝口,遂遇害,时建炎四年也。"③王象之不仅提供了郭儁"摄乐平县"的信息,而且提供了"张顶花"的真实姓名"张琪"。《乐平县志》载:"郭儁,四年任(乐平县事)。"④清康熙《浮梁县志》卷二载:"宋建炎四年(1130)四月,张花顶寇浮梁县,降入邑。见《郭儁传》。"⑤唯"张顶花"误为"张花顶",后世纂修《景德镇市志略》《景德镇市志》亦误⑥。由此可知郭儁遇害大致时间。

北宋徽宗大观元年丁亥(1107)

海州知州	卢航、张叔夜	沭阳县令	王炳
海州知州(未知海州)	陈禾	海州通判	潘祥

【海州知州:卢航】

卢航(生卒年不详),北宋贵溪(今江西省鹰潭市贵溪市)人,神宗元丰五年壬戌

---

① 《宋史》卷452《郭儁传》,第13307-13308页。
② 宋世荣著:《童贯》,北京:蓝天出版社,1998年,第148-150页。按:误认为是"童师礼"。童贯收养二子,一为童师礼,一为童师闵。《三朝北盟会编》载:"(宣和三年)五月十三日丙午,曷鲁至京师。是日,曷鲁入国门,差国子司业权邦彦、观察使童师礼馆之。未几,师礼传邦彦曰:'大辽已知金人海上往还,难以复加前议谕曷鲁等归。'邦彦惊曰:'如此则失其欢心,曲在朝廷矣。'令师礼入奏,复旨:'候童贯回。'曷鲁凡留三月余,凡见宴享犒,并如习鲁例,王黼议复国书,止付曷鲁等还,不遣他。"即宣和三年(1121)童师礼尚以观察使身份接待金国来使。参见[宋]徐梦莘:《三朝北盟会编》卷5,上海:上海古籍出版社,1987年,第32页。
③ [宋]王象之编著,赵一生点校:《舆地纪胜》第3册,杭州:浙江古籍出版社,2012年,第757页。
④ 华守煌总纂,乐平县志编纂委员会编:《乐平县志》,上海:上海古籍出版社,1987年,第91页。
⑤ [清]康熙《浮梁县志》卷2,中国科学院图书馆选编:《稀见中国地方志汇刊》第26册,北京:中国书店,2007年,第58页。
⑥ 景德镇市志编纂委员会编:《景德镇市志略》,北京:汉语大词典出版社,1989年,第178页;景德镇市地方志编纂委员会编,林景梧主编:《景德镇市志》第1册,北京:中国文史出版社,1991年,第178页。

(1082)黄裳榜进士。《宋史》无传,其生平散落在其他文献中,历官殿中少监、丞、御史中丞,知海州,龙图阁待制、知江宁府,工部侍郎等。

《江西通志·选举一》载:"元丰五年壬戌(1082)黄裳榜,……卢航,贵溪人,工部侍郎。"①

宋人慕容彦逢撰《摛文堂集》卷四载《右正言卢航除殿中少监制》:

> 敕:具官某。置监殿中,总六尚之政令,掌予御服,任属匪轻,惟尔学术行能,夙有闻,望回翔言路,宣力为多,宜服命书,往贰厥事,尚加勉励,以称宠荣可。②

该制是慕容彦逢大观元年(1107)任中书舍人时所行③。

《宋会要辑稿》职官六八之一五载:徽宗大观元年(1107),"闰十月七日,御史中丞卢航知海州,左正言陈禾送吏部添差、监信州盐酒务,开封尹李孝寿知虢州。航以无所建明,禾以论事诞谩,孝寿以朋邪纵奸,故责之"④。

李之亮在《宋两江郡守易替考》中引《建康志》载:大观二年(1108),"卢航以龙图阁待制知(江宁)府事",任期不足一年;政和四年(1114),"卢航以龙图阁待制知(江宁)府事",第二任期至政和六年(1116)⑤。

《宋稗类钞》记载,政和初(1111),卢航任中执法,与宦官童贯、黄经臣狼狈为奸:

> 四明陈秀实禾,政和初,为右正言,明目张胆,展尽底蕴,时称得人,除给事中。会宦官童贯、黄经臣,恃贵幸骄肆,且与中执法卢航相为表里,搢绅侧目,莫敢言者。禾曰:"吾备位台谏,朝廷有至可虑者,一迁给舍,则非其职,此而不言,后悔何及?"未受告命,即抗疏上言,力陈"汉唐之祸,不可不戒,此隙一开,异日有不可胜言者,惟陛下留意于未然。"论列既久,上以日晚颇饥,拂衣而起。禾牵挽上衣,泣奏曰:"陛下少留,容臣声竭愚衷。"上为少留。禾曰:"此曹今日受陛下之利,陛下他日受危亡之祸。孰为重轻,愿陛下择之。"上衣裾脱落,曰:"正言碎朕衣矣。"禾奏曰:"陛下不惜碎衣,臣又岂惜碎首以报陛下?"其言激切,上为之变色,且曰:"卿能如此,朕复何忧!"内侍请上易衣,上止之曰:"留以旌直节。"翼日,经臣率其党诉于上前曰:"国家极治如此,安得此不祥之语?"继而卢航上章,谓禾一介书生,言事狂妄,东台之除既寝,复责授信州监酒。久之,自便丐祠,奉亲还里,先是陈莹中寓居郡中。禾交游日久,又遣其子正汇来从学。后莹中论列蔡元长得罪,禾上书力为救解,及正汇告发蔡氏事,父子俱就逮。监狱者知莹中与禾游,谓言必自禾发,移文取证。禾答以事诚有之,罪不敢逃。人谓禾曰:"岂宜以实对。"禾曰:"祸福死生,吾自有处,岂肯以一死易不义耶?倘得分贤者罪,固所愿也。"朝廷指以为党,勒停。宣和中,起守龙舒以卒⑥。

《宋会要辑稿》礼四四之一七载:政和二年(1112),"龙图阁待制卢航(十二月,赙赠外

---

① [清]康熙《江西通志》卷49《选举一》,康熙22年(1683)近卫刻本。
② [宋]慕容彦逢撰:《摛文堂集》卷4,文渊阁《四库全书》第1123册,第339页。
③ 王兆鹏、王可喜、方星移著:《两宋词人丛考》,南京:凤凰出版社,2007年,第305页。
④ 《宋会要辑稿》职官68之15,第4880-4881页。
⑤ 李之亮著:《宋两江郡守易替考》,成都:巴蜀书社,2001年,第21页。
⑥ [清]潘永因编:《宋稗类钞》卷12,文渊阁《四库全书》第1034册,第387-388页。

特赐钱三百贯)"①。

卢航还是一位居士,是圆通道旻禅师的俗家弟子。宋人普济辑《五灯会元》载:

> 中丞卢航居士,与圆通拥炉次,公问:"诸家因缘,不劳拈出。直截一句,请师指示。"通厉声指曰:"看火。"公急拨衣,忽大悟,谢曰:"灼然,佛法无多子。"通喝曰:"放下著。"公应:"喏,喏。"②

卢航知海州时间为徽宗大观元年(1107)闰十月。离知海州时间不详,但从李之亮在《宋两江郡守易替考》中引《建康志》载:大观二年(1108),"卢航以龙图阁待制知府事"③,可推知,卢航离知海州时间为大观二年(1108)。

嘉庆《海州志》与李之亮《宋两淮大郡守臣易替考》皆无相关记载。李之亮认为陈禾知海州时间为1105—1107年,有误。李将《宋会要辑稿》职官六八之一五中所载"(大观元年)闰十月七日,御史中丞卢航知海州,左正言陈禾送吏部添差、监信州盐酒务"误断句为"(大观元年闰十月七日)知海州、左正言陈禾送吏部,添差监信州盐酒务",遂将卢航知海州误认为是陈禾知海州。另《宋史》卷三六三陈禾本传无知海州记载④。

【海州知州:张叔夜】

张叔夜(1065—1127),字嵇仲,北宋开封府(今河南省开封市)人,侍中张耆之孙。少喜言兵,以恩荫为兰州录事参军。戍边有功,使兰州再无羌患。历知襄城县、陈留县,知舒州、海州、泰州。徽宗大观四年庚寅(1110)赐进士出身,官至枢密院签书、观文殿大学士、醴泉观使⑤。靖康二年(1127),张叔夜随同徽、钦二宗被押解北上,在途中带着未酬的报国之志溘然逝去,终年六十三岁,被追赠为开府仪同三司,谥号忠文。高宗绍兴二十三年(1153)十一月葬衣冠冢于信州永丰县灵鹫寺侧,并建"旌忠张公祠"⑥。《宋史》卷三五三本传载:

> 张叔夜字嵇仲,侍中耆孙也。少喜言兵,以荫为兰州录事参军。州本汉金城郡,地最极边,恃河为固,每岁河冰合,必严兵以备,士不释甲者累月。叔夜曰:"此非计也。不求要地守之,而使敌迫河,则吾既殆矣。"有地曰天都者,介五路间,羌人入寇,必先至彼点集,然后议所向,每一至则五路皆耸。叔夜按其形势,画攻取之策,讫得之,建为西安州,自是兰无羌患。
>
> 知襄城、陈留县,蒋之奇荐之,易礼宾副使、通事舍人、知安肃军,言者谓太优,还故官。献所为文,知舒、海、泰三州。大观中,为库部员外郎、开封少尹。复献文,召试制诰,赐进士出身,迁右司员外郎。
>
> 使辽,宴射,首中的。辽人叹诧,求观所引弓,以无故事,拒不与。还,图其山川、城郭、服器、仪范为五篇,上之。从弟克公弹蔡京,京迁怒叔夜,撼司存微过,贬监西

---

① 《宋会要辑稿》礼44之17,第1702页。
② [宋]普济辑,朱俊红点校:《五灯会元》下,海口:海南出版社,2011年,第1634页。
③ 李之亮著:《宋两江郡守易替考》,成都:巴蜀书社,2001年,第21页。
④ 《宋史》卷363《陈禾传》,第11349-11350页。
⑤ 《宋史》卷24《高宗本纪一》,第445页。
⑥ 《宋会要辑稿》礼20之48,第1011页。

安草场。久之,召为秘书少监,擢中书舍人、给事中。时吏惰不虔,凡命令之出于门下者,预列衔,使书名而徐填其事,谓之"空黄"。叔夜极陈革其弊。进礼部侍郎,又为京所忌,以徽猷阁待制再知海州。

宋江起河朔,转略十郡,官军莫敢撄其锋。声言将至,叔夜使间者觇所向,贼径趋海濒,劫巨舟十余,载掳获。于是,募死士得千人,设伏近城,而出轻兵距海,诱之战。先匿壮卒海旁,伺兵合,举火焚其舟。贼闻之,皆无斗志,伏兵乘之,擒其副贼,江乃降。

加直学士,徙济南府。山东群盗猝至,叔夜度力不敌,谓僚吏曰:"若束手以俟援兵,民无噍类,当以计缓之。使延三日,吾事济矣。"乃取旧赦贼文,俾邮卒传至郡,盗闻,果小懈。叔夜会饮谯门,示以闲暇,遣吏谕以恩旨。盗狐疑相持,至暮未决。叔夜发卒五千人,乘其惰击之。盗奔溃,追斩数千级。以功进龙图阁直学士、知青州。

靖康改元,金人南下,叔夜再上章乞假骑兵,与诸将并力断其归路,不报。徙邓州。四道置帅,叔夜领南道都总管。金兵再至,钦宗手札趣入卫。即自将中军,子伯奋将前军,仲熊将后军,合三万人,翌日上道。至尉氏,与金游兵遇,转战而前。十一月晦,至都,帝御南薰门见之,军容甚整。入对,言贼锋方锐,愿如唐明皇之避禄山,暂诣襄阳以图幸雍。帝领之。加延康殿学士。闰月,帝登城,叔夜陈兵玉津园,铠甲光明,拜舞城下。帝益喜,进资政殿学士,令以兵入城,俄签书枢密院。连四日,与金人大战,斩其金环贵将二人。帝遣使赍蜡书,以褒宠叔夜之事檄告诸道,然迄无赴者。城陷,叔夜被创,犹父子力战。车驾再出郊,叔夜因起居叩马而谏,帝曰:"朕为生灵之故,不得不往。"叔夜号恸再拜,众皆哭。帝回首字之曰:"嵇仲努力!"

金人议立异姓,叔夜谓孙傅曰:"今日之事,有死而已。"移书二帅,请立太子以从民望。二帅怒,追赴军中,至则抗请如初,遂从以北。道中不食粟,唯时饮汤。既次白沟,驭者曰:"过界河矣。"叔夜乃矍然起,仰天大呼,遂不复语。明日,卒,年六十三。讣闻,赠开府仪同三司,谥曰"忠文"。①

宋人徐梦莘《三朝北盟会编》卷八八在"靖康二年三月二十九日己未"条亦载:

张叔夜,字嵇仲,开封人,侍中徐国公耆之后也。通经史,善属文,习兵法,长于诗咏,有文武大材。初为武职,内侍冯浩高其才,每荐之。叔夜亦上兵策及宫词百篇,上喜之,换文资。累迁太常少卿,赐同进士出身,擢中书舍人,礼部侍郎。宣和初,浩以谏赐死,臣僚又言叔夜乃亲党也,降三官罢之。后起知海州,破群盗宋江有功。宣和末,京东大盗四起,擢叔夜知济南府,与京东制置使梁方平协谋,屡平巨寇。②

张叔夜以荫补官,祖父张耆(?—1048),字元弼,原名旻,后改名耆。累官至枢密使,尚书左仆射兼侍中,封徐国公,以太子太师致仕,卒后赠太师兼侍中,谥荣僖,《宋史》卷二九〇有本传③。张叔夜直到任开封府少尹时才赐进士出身,事载《宋会要辑稿》选举九之

---

① 《宋史》卷353《张叔夜传》,第11140-11142页。
② 《三朝北盟会编》卷88,第653页。
③ 《宋史》卷290《张耆传》,第9709-9712页。

一五:"(徽宗大观)四年(1110)八月八日,赐承议郎、开封少尹张叔夜进士出身。"①

张叔夜首次知海州时间史载不详,《宋史》本传云在知舒州之后,知泰州之前。知海州前后有较为明确纪年的是知泰州后,"大观中,为库部员外郎、开封少尹"。故推知张叔夜首次知海州时间为徽宗崇宁(1102—1106)末至大观(1107—1110)初。嘉庆《海州志·职官表一》载:"张叔夜,徽宗宣和二年任,有传。"《良吏传》节引《宋史》本传,仅记载了张叔夜第二次知海州的大致时间。李之亮在《宋两淮大郡守臣易替考》中认为张叔夜首次知海州时间为徽宗大观元年至二年(1107—1108),再知海州时间为徽宗宣和二年至四年(1120—1122)。

张叔夜以徽猷阁待制再知海州是因为受宰相蔡京所忌惮。蔡京复相前,张叔夜从弟、御史中丞张克公弹劾蔡京,蔡京迁怒张叔夜②。蔡京复相后,择机将张叔夜贬谪。张叔夜起复后迁吏部侍郎,蔡京愈加顾忌,遂以徽猷阁待制再贬谪知海州。时宋江起事,于徽宗宣和三年(1121)二月率部侵入海州地域,张叔夜用计击败并招降宋江,事载《宋史·徽宗本纪四》:"是月,方腊陷处州。淮南盗宋江等犯淮阳军,遣将讨捕,又犯京东、河北,入楚、海州界,命知州张叔夜招降之。"③《资治通鉴后编》卷一〇一记载更为详细:

> 二月甲戌,降诏招抚方腊。……是月,方腊陷旌德县及处州,步军都虞候王禀复杭州。淮南盗宋江以三十六人横行河朔,转掠十郡,官军莫敢婴其锋。知亳州侯蒙上书言江才必过人,不若赦之,使讨方腊以自赎。帝命蒙知东平府,未赴而卒。又命张叔夜知海州。江将至,叔夜使间者觇所向,江径趋海滨,劫巨舟十余,载掳获。叔夜募死士,得千人,设伏近城,而出轻兵距海诱之战。先匿壮卒海旁,伺兵合,举火焚其舟。贼闻之,皆无斗志,伏兵乘之,擒其副贼,江乃降。④

张叔夜再知海州是何时史载不详,但今存海州白虎山上的一通《张叔夜题名》石刻提供了部分线索⑤。该石刻位于海州古城西南白虎山上牛眼洞上方小路东侧一块倾斜的崖石上,记录了徽猷阁待制、知海州张叔夜于徽宗宣和二年(1120)九月九日重阳日携淮东兵马都监刘绳孙,前兵马钤辖赵子庄,兵马钤辖赵令懋、前朐山令阎质、司刑曹王冶、怀仁主簿蒋仝、权朐山尉王大猷等一众同僚(大部分兼职军事及捕盗)登白虎山的事情,由此可推知,徽宗宣和二年(1120)九月,张叔夜已经在知海州任上了,也与《三朝北盟会编》卷八八"宣和初,……降三官罢之。后起知海州"的记载相印证。因此可推知张叔夜再知海州时间当在徽宗宣和二年(1120)九月之前。

白虎山紧靠海州古城西南,为战略要地,从次年的战役形势看,张叔夜携一众武将和州县主官(亦兼职军事及捕盗)登临白虎山,绝不像其他知州一样仅仅是来此游览古迹名胜的,更可能的是来勘查守备要冲,部署抗敌之策的。

---

① 《宋会要辑稿》选举9之15,第5440页。
② [宋]王稱:《东都事略》卷108《张叔夜传》,文渊阁《四库全书》第382册,第702-703页。
③ 《宋史》卷22《徽宗本纪四》,第407页。
④ [清]徐乾学:《资治通鉴后编》卷101,文渊阁《四库全书》第344册,第18页。
⑤ 连云港市重点文物保护研究所编著:《石上墨韵——连云港石刻拓片精选》,上海:上海古籍出版社,2013年,第47页。

在招降宋江之后,朝廷下诏,张叔夜因功宜进职一等,事载《宋会要辑稿》兵一二之二五:

> (宣和三年)五月三日,诏:"近缘诸州军守臣间非其人,以致盗贼窃发。唯徽猷阁待制、知海州张叔夜,直龙图阁、知袭庆府钱伯言,直龙图阁、知密州李延熙,能责所部斩捕贼徒,声绩著闻,寇盗屏迹,宜各进职一等,以为诸郡守臣之劝。"①

张叔夜离知海州后,《宋史》本传云"加(徽猷阁)直学士,徙济南府";《东都事略》卷一〇八《张叔夜传》云"拜徽猷阁直学士,知宣州,又知济南府"②。可推知张叔夜离知海州当在宣和三年五月之后,先知宣州,估计尚未成行,改知济南府,与《三朝北盟会编》卷八八"宣和末,京东大盗四起,擢叔夜知济南府"的记载相印证。而《山东通志》卷二七误载张叔夜"重和中(1118—1119)知济南府"③。

【沭阳县令:王炳】

王炳(生卒年不详),字景文,北宋南安(今福建省泉州市南安市)人。哲宗绍圣四年丁丑(1097)何昌言榜进士④。历官海州沭阳令,海陵丞,朝散郎、通判潮州,知汀州,提举洞霄宫。明凌迪知《万姓统谱》卷四四载:

> 王炳,字景文,南安人。绍圣中第进士。娶吕惠卿犹子(即侄女),避吕氏权,十年不调。后为沭阳令。秩满入都。时蔡京当国,登其门者通贵。以炳与惠卿连姻嘱使往见,炳不往,左授海陵丞而归。吕蔡之败,附丽者皆坐谪,炳独得全。通判潮州,改知汀州,未上,提举洞霄宫。辛。⑤

王炳为沭阳令时间史载不详。上述史料显示,王炳进士及第后,因娶了吕惠卿侄女,为避嫌而十年没有升迁,之后才为海州沭阳令。故可推知,王炳初为沭阳令时间大致在进士及第后十年,即徽宗大观元年(1107)。

王炳通判潮州时间在宣和三年之前,在任期间因监督平叛地方叛乱而转一官,事载《宋会要辑稿》兵一二之二六:

> (宣和三年)七月四日,广东经略司奏:"昨委潮州通判王炳等监督应干巡尉等官收捉刘花三一百余人。奉诏,并令本路安抚使疾速保奏,先次推恩。本司勘会到武翼郎、东南第十一副将霍迪身亡,已推恩;循州司录廖玖已转一官。"诏:"王炳(朝散郎)、朱缜(承议郎、惠州录事),各转一官。廖玖(降授承务郎、循州司录),减二年磨勘。"⑥

【海州通判:潘祥】

潘祥(生卒年不详),生平史载阙,新昌(今浙江省绍兴市新昌县)人。为海州通判事见《天台潘氏宗谱》所载曾孙潘时举条⑦。潘时举(生卒年不详),字子善,曾祖潘祥,自新

---

① 《宋会要辑稿》兵12之25,第8847页。
② [宋]王称:《东都事略》卷108《张叔夜传》,文渊阁《四库全书》第382册,第702-703页。
③ [清]岳濬:《山东通志》卷27,文渊阁《四库全书》第540册,第625页。
④ [清]乾隆:《泉州府志(一)》卷33《选举一》,上海:上海书店出版社,2012年,第129页。
⑤ [明]凌迪知:《万姓统谱》卷44,文渊阁《四库全书》第956册,第675页。
⑥ 《宋会要辑稿》兵12之26,第8847页。
⑦ 许尚枢著:《天台山历代名人传》,杭州:浙江人民出版社,2000年,第78页。

昌移居天台;祖潘大年,字祖道,迁往临海(今浙江省台州市临海市),遂为临海人,徽宗宣和三年辛丑(1121)何涣榜进士,官终从政郎、监南岳庙①。潘时举登宁宗嘉定十五年壬午(1222)上舍改恩释褐进士②,初授福清县训导,官至无为军教授。致仕后返回天台,筑书馆授徒,讲授《四书》《五经》。潘时举自幼好学深思,孝宗淳熙年间(1174—1189)从朱熹学于武夷精舍;光宗绍熙三年(1192)续学于建阳考亭沧洲精舍,有闻必识,为朱熹最得意门生之一;次年始笔录朱熹讲学言谈,有"朱子语录"数十条,涉及"言为学两路""命运辨惑"等,反映了朱熹晚年成熟的理学思想。潘时举精于《尚书》之说,著有《小学书图》二卷。明人黄宗羲《宋元学案·教授潘先生时举》载:

  潘时举,字子善,临海人。从晦庵游,有闻必记。其辨析《六经》疑义及问学大端,多为师门称许。每喜静坐,晦庵云:"专务静坐,又恐堕落那一边去。只是虚著此心,随动随静,无时无处不致其戒慎恐惧之力,则自然主宰分明,义理昭著矣。"先生服膺师语,造诣日深,故其论"求放心"有云:"日来觉得此理真无内外,外面有跬步不合道理,便觉此心已放。"嘉定十五年,以上舍释褐,终无为军教授。③

  中国古代教育有小学和大学之分,朱熹在总结和归纳前人教育的基础上认为,儿童8—15岁适合入小学教育开展启蒙,15岁之后入大学教育以穷理格致。朱熹在《大学章句序》中载:"人生八岁,则自王公以下,至于庶人之子弟,皆入小学,而教之以洒扫、应对、进退之节,礼乐、射御、书数之文。及其十有五年,则自天子之元子、众子,以至公、卿、大夫、元士之适子,与凡民之俊秀,皆入大学,而教之以穷理、正心、修己、治人之道。"④潘时举从朱熹学时间最早在孝宗淳熙年间(1174—1189),此时潘时举已经年满15岁。又及,光宗绍熙四年(1193),潘时举时记录朱熹与门人弟子的讲学言谈(推测时年30岁左右),宁宗嘉定十五年(1222)始上舍释褐举进士(推测时年50岁左右),故推测潘时举出生时间大约在孝宗乾道初年(1165—1170)。

  潘时举祖父潘大年,徽宗宣和三年辛丑(1121)何涣榜进士,排除极端的未满二十岁及四五十岁中进士的情况,潘大年中进士的年龄大约在二十五岁,出生大约在哲宗元祐末绍圣初。其父潘祥,即潘时举的曾祖父,其主要生活年代大致在神宗、哲宗、徽宗三朝,为海州通判时间在哲宗末徽宗初(1095—1110),暂推测潘祥通判海州时间在徽宗大观元年至三年(1107—1109),有待更新的资料来佐证。

宋徽宗大观二年戊子(1108)

海州知州	鲍由	沭阳县主簿	李端方

---

① [宋]陈耆卿:《赤城志》卷33《人物门二》,文渊阁《四库全书》第486册,第874页。
② [宋]陈耆卿:《赤城志》卷33《人物门二》,文渊阁《四库全书》第486册,第884页。
③ [明]黄宗羲:《宋元学案》卷69,转引自任林豪、马曙明:《台州编年史》第4卷《南宋卷》下,杭州:浙江古籍出版社,2017年,第206页。
④ [宋]朱熹:《四书章句集注》,杭州:浙江古籍出版社,2014年,第3页。

【海州知州：鲍由】

鲍由(生卒年不详),字钦止,原名慎由,北宋处州龙泉(今浙江省丽水市龙泉市)人,哲宗元祐六年辛未(1091)马涓榜进士。历官工部员外郎,监泗州转般仓,提举河东、福建路常平,广西、淮南转运判官,提点元封观,知明州、海州。《宋史》卷四四三本传载:

> 鲍由,字钦止,处州龙泉人。举进士。尝从王安石学,又亲炙苏轼,故其文汪洋闳肆,诗尤高妙。徽宗召对,除工部员外郎,居无何,以不合去,责监泗州转般仓。历河东、福建路常平,广西、淮南转运判官,复召为郎。以言者罢,提点元封观。起知明州,又知海州,复奉祠。卒,年五十六。尝注杜甫诗,有文集五十卷。①

《宋史》对鲍由的生平记述较为简略,而宋人汪藻在《鲍吏部集序》一文中对鲍由的文学才能给予较高的评价,全文如下:

> 括苍鲍钦止既卒若干年,其子延祖始裒钦止之诗为小集若干卷,属藻序。藻为之言曰:古之作者,无意于文也,理至而文则随之,如印印泥,如风行水上,纵横错综,灿然而成者,夫岂待绳削而后合哉?六经之书皆是物也。逮左氏传《春秋》,屈原作《离骚》,始以文自成为一家,而稍与经分。汉公孙弘、董仲舒、萧望之、匡衡,以经术显者也;司马迁、相如、枚乘、王褒,以文章显者也。当是时,已不能合而为一,况凌夷至于后世,流别而为六七,靡靡然入于流连光景之文哉?其去经也远矣!
>
> 本朝自熙宁、元丰,士以谈经相高,而黜雕虫篆刻之习,庶几复古矣!然学者用意太过,文章之气日衰。钦止少从王氏学,又尝见眉山苏公,故其文汪洋闳肆,粹然一本于经;而笔力豪放,自见于驰骋之间,深入墨客骚人之域,于二者可谓兼之。自黄鲁直、张文潜没,钦止之诗文独行于世,而诗尤高妙清新。每一篇出,士大夫口相传以熟。余尝恨未见其全书,晚得此集,读之曰:嗟乎!钦止于斯文可谓毫发无遗憾矣!
>
> 钦止,讳慎由,钦止,其字也。风度凝远,如晋、宋间人;谈笑风生,坐者皆屈。家藏书万卷,率手下雠黄,非雠得其真不止。故当时诸公交口称誉,且论荐之。崇宁中,天子召见者数人,上独伟视钦止,即日除尚书郎。居无何,不合去,出为郡守部使者。久之,方响用钦止,而钦止以疾废于家矣,故士大夫莫不惜其才。不克施而见于世者,特诗文而已也。故录钦止之生平大概而并见之。绍兴十年(1140)六月二十八日,新安汪某序。②

尽管如此,有关鲍由的生平仍然有几处待详解。

鲍由享年五十六岁,生卒年记述不详。王达钦根据宋人陈振孙《直斋书录题解》认为鲍由出生于神宗熙宁五年(1072),卒于高宗建炎元年(1127)③。而《直斋书录题解》中并不能完全推知出鲍由的生卒年,原文如下:

> 《夷白堂小集》二十卷、《别集》三卷,考功员外郎、括苍鲍慎由钦止撰。元祐初,以任子试吏部铨第一,复登六年进士乙科。甫脱选即为郎,然自是,数坐,累官竟不

---

① 《宋史》卷443《鲍由传》,第13105页。
② [宋]汪藻:《浮溪集》卷17《鲍吏部集序》,文渊阁《四库全书》第1128册,第152-153页。
③ 王达钦:《缙云文化研究》,杭州:浙江大学出版社,2008年,第154-156页。

进。其父粹,始居吴,故葬于吴兴。①

吴怀东等根据以上内容考证,认为鲍由"元祐(1086—1094)初,以任子试吏部铨第一",即以荫补官考得吏部第一名,年龄至少20岁;后"复登六年(1091)进士乙科",故推知鲍由出生于英宗治平四年(1067)至神宗熙宁四年(1071)之间,这是可信的。又据元好问《中州集》乙集《祝太常简》载:"(祝)简,字廉夫,单父人,宋末登科。国初倅某州。仕至朝奉郎太常丞,兼直史馆,有《鸣鸣集》行于世。其《诗说》有云:'予政和丁酉(1117)任洺州教官,是时,括苍鲍慎由钦止出所注杜诗。'"推知鲍由去世于政和七年(1117)至钦宗靖康元年(1126)之间②。

鲍由原名慎由,《宋史》无交代,实后人为避孝宗讳改。孝宗(在位时间1163—1189年),名赵眘,"眘"古同"慎"。

鲍由的籍贯《宋史》交代得很清楚,为"处州龙泉人",但《鲍吏部集序》和《直斋书录题解》等都言鲍由为"括苍"人。实际上,括苍与龙泉都是今浙江省丽水市龙泉市附近的古地名。《旧唐书·地理志》载:"处州:隋永嘉郡。武德四年,平李子通,置括州,置总管府,管松、嘉、台三州。括州领括苍、丽水二县。"③《宋史·地理志》:"处州,上,缙云郡,……县六:丽水,望。龙泉,望。"④

鲍由年少时即接受当朝显官、文学家王安石和苏轼的教诲,才华横溢,"诗尤高妙",亦喜藏书,"家藏书万卷"。鲍由注《杜诗》在宋代自成一家,著有多部文集,但遗存甚少,注、诗、文皆散见于后世文人著作中,兹收集诗文如下:

1. 《雨余》

础润雨欲作,好风每相先。萧萧清入帘,令我心洒然。闭门倦永夏,枕书日昏眠。快此风雨余,端如濯飞泉。盆山有佳趣,草木更幽妍。井华养文石,香篆横云烟。俯仰方丈间,胜事亦可怜。永怀触热子,我劳良独贤。

2. 《夜坐》

万卷堆中种眼花,睡魔亦厌夜深茶。平生不草长门赋,岂有黄金送酒家。

3. 《谢传神蔡景直》

驰誉丹青有古风,笔端及我未宜蒙。云台麟阁遥相望,枉写褒公与鄂公。⑤

4. 《与郑公华自朐山邻舟行》

舟行有后先,相去能几许。铿轰金鼓声,见面不得语。水花来幽香,岸柳过疏雨。登舻各乘风,解帆会联浦。闲携小龙团,睡起就君煮。⑥

---

① [宋]陈振孙:《直斋书录题解》卷17《别集类中》,文渊阁《四库全书》第674册,第832页。
② 按:原文将1067年误为英宗治平三年(1066),1126年误为徽宗宣和三年(1121)。详见吴怀东、徐昕:《宋代文学家鲍慎由生平、著述考》,《中国文学研究》2013年第3期,第37—42+47页。
③ 《旧唐书》卷40《地理志三》,北京:中华书局,1975年,第1596页。
④ 《宋史》卷88《地理志四》,第2176页。
⑤ 按:此处鲍由借用苏东坡诗句。"鄂公"指尉迟敬德,"褒公"指段志元。苏东坡曾有《赠写真何充》诗云:"黄冠野服山容客,意欲置我山岩中。勋名将相何限,枉写褒公与鄂公。"参见[宋]吴曾:《能改斋漫录》卷8,文渊阁《四库全书》第850册,第659页。
⑥ 按:以上4首参见《宋诗纪事》。详见[清]厉鹗:《宋诗纪事》卷32,文渊阁《四库全书》第1484册,第608页。

5. 《寄曾子开》时肇公谪台州,怅然有怀。

白发波波尚问津,可嗟志业在经纶。十年于此才三见,四海如公复几人?虎穴功名劳唾掌,醉乡风月且藏身。平安欲问无来使,何处荒山野水滨?①

6. 《王略帖赞》

昭回于天垂英光,跨颉历籀化大荒。烟华淡浓赋低昂,一噫万古称天章。鸾跨虬引鹄序行,洞天九九归辽阳。茫茫十二小劫长,玺完神诃命带藏。②

7. 《读〈汉书〉》

汉公事业比阿衡,纯用诗书致太平。它日何人颂功德,至今嘲笑亦诸生。③

8. 句 其一

三白岁可期,一饱分已定。④

9. 句 其二

学诗比登仙,金膏换凡骨。⑤

10. 句 其三

绕树寻花得得来。⑥

11. 句 其四

平池九曲在,春水萦弯碕。⑦

12. 《答李景夏书》

向辱书,勤甚。属差考试山阳,往返弥日。到家未弛担,小儿不幸,亲党亦有哭泣,忽忽无好怀。受代不远,俗事日加多,故因循不得为报,皇恐皇恐。师文到官,亦已暮年,靖共职事,当不素食。位无小大,必行其志,期于无愧而已。

世之士大夫,在下则卑其官,曰:此不足为也。皆偃然自高不事事,慕晋人恐不及。至登用于上,亦果肯有为乎?夫富贵在彼不可期,终身小官,亦终身不事事矣。然则食人之禄,独无愧耶?录事、参军,实郡纪纲,于事当无不统。今任用重轻,与古殊绝。文书行吏,或有以相关者,顾皆不急。然管库犴狱,率兼领之,尚号为烦碎。

---

① 按:曾子开,名肇,曾巩弟,哲宗元符二年至三年(1099—1100)知海州。详见采自浙江省地方志编纂委员会编著:《宋元浙江方志集成》册14《天台续集别编》卷2,杭州:杭州出版社,2009年,第6837页。
② 按:张淏在引诗文后补充道:"钦止自注云:'九九'谓帖有八十一字,'十二小劫'谓自晋至今十二代也。帖乃米元章(即米芾)所藏,故钦止于末句及之。此文(即该帖)辞语俊逸,笔力超诣,非后人所可企及,惜乎以洞天为九九尔。按:道家洞天,自十大洞天之外,有三十六小洞天,故世有'洞天六六'之语。钦止记之不审,误谓六六为九九也。"详见[宋]张淏:《云谷杂记》卷4,第850册,文渊阁《四库全书》第904页。
③ [宋]潘自牧:《记纂渊海》卷18,第930册,文渊阁《四库全书》第426页。
④ 按:胡仔文中有"永叔《喜雪》云:'常闻老农语,一腊见三白。是为丰年候,占验胜蓍策。''三白'事,古人不曾用,自永叔始,遂为故实。如鲍钦止《雪霁》云:'三白岁可期,一饱分已定。'吕居仁《雪诗》云:'看取一年三白,喜欢共入新年。'皆本此也。"详见[宋]胡仔:《渔隐丛话》后集卷23,第1480册,文渊阁《四库全书》第526页。
⑤ 按:吴曾文中有"鲍慎由《答潘见素》诗云:'学诗比登仙,金膏换凡骨。'盖用陈无己《答秦少章》中的'学诗如学仙,时至骨自换'之句。"详见[宋]吴曾:《能改斋漫录》卷8,第850册,文渊阁《四库全书》第647页。
⑥ 按:北宋诗人释绍嵩在《江浙纪行集句诗》中有"绕树寻花得得来,摩挲苍石更徘徊。题诗未有惊人句,邊想华光写照才。"其中首句来自鲍由。详见[宋]陈起编:《江湖小集》卷8,文渊阁《四库全书》第1357册,第57页。
⑦ 按:周应合文中有"鲍由《夷白堂小集》云:甲午(政和四年,1114)春,与李之仪、端叔、叶莱之、高秀实、茂华同过景阳台九曲池,辱井三品石,慨然成诗,有云:平池九曲在,春水萦弯碕"句。详见[宋]周应合:《景定建康志》卷19,文渊阁《四库全书》第489册,第90页。

钦止始至之日，与之立科条，坐曹不少休。或相劳苦，曰：公，儒者，翰墨职也，米盐且败公意；或相诋毁，曰：是锐始者，久必怠。然钦止为之，将三年也，盖如是而后安。夫材力不任其事，冒焉以居；材力足任矣，苟且以自便，小官可也。官益大，任责益重。又将冒焉，又将苟且焉，一身或免矣，如国何？此时俗习以为常，而古人所大惧。师文磊落远器，今乃局促于委吏之末，日与市井小人商榷铢两，惟恐无赢余，以登有司之课，诚若有可厌。顾官以是为职，钦止私忧执事之怠也。是以有前所陈，愿少察之。昨书推誉皆过其实，谨避席不敢当。置规皆中其病，谨再拜受赐。朋友道绝久矣，今为尤甚。平居接杯酒，出肺肝，非专道义之交，皆势利之求也。阳为道义，阴为势利，尚多此族，一临危机，真情乃见。若夫相期于寂寞之滨，见赏于岁寒之后，善以相称，不善以相戒。此前修之高风，而钦止非其人也，乃幸辱焉。

《诗》曰：中心藏之，何以忘之。敬诵此章，以为左右之报。冬候凛凛，未见，伏惟进学自爱。①

《与郑公华自朐山邻舟行》诗标题中的"朐山"和《谢传神蔡景直》诗中提到的"云台"极有可能是海州的两座山。嘉庆《海州志·山川考》载：

朐山，州城南四里，汉朐县以山得名。山名始见司马彪《续汉书·五行志》也。而《太平寰宇记》引旧经云："秦始皇东巡至朐山。"乐史谓此时已有朐山之名。顾祖禹《方舆纪要》："上有双峰如削，俗呼马耳峰。旁有龙潭，水甚清冽。"刘兆龙《州志》："此山在州治之前。明天启五年（1625），知州翁承选改名青龙山，下有青龙涧，之流于白虎山之左至龙口。"国朝康熙十三年（1674），知州孙明忠改名锦屏山。陈宣《州志》："山高九百丈，周围四十三里。"②

云台山位于海州古城东10公里处，宋代在海中，称苍梧山，清末海退后与陆地相连。

因此这两首诗应该是鲍由知海州时所写，虽然诗中的郑华和蔡景直两人无考，但必定是鲍由的同仁或极为熟悉之人。

鲍由尚有多篇墓志铭存世，与海州有关的有两通，一通是哲宗绍圣元年至二年（1094—1095）知海州的孙载（1035—1109），事载《姑苏志·冢墓》："朝议大夫孙载墓在高景山（大观三年葬，鲍钦止铭）。"③另一通是哲宗元祐三年至四年（1088—1089）知海州盛仲孙的妻子刘氏墓志铭并盖，该墓志铭并盖于1992年8月出土于江苏省江都市，镌刻于北宋哲宗元符元年（1098）十一月二十八日，由鲍慎由撰文，蔡令将书丹，陆子坚篆盖，现藏于扬州博物馆，拓片藏于国家图书馆（见图8-7c）。

同时期的文友也与鲍由多有互动。宋代傅察所著《傅察集》（又称《忠肃集》）中有《和鲍守次韵林德祖十四首》，诗末自注"沈和仲过郡，鲍钦止固留宴饮"④，以及代鲍由撰写的谢表、感谢信以及祈雨青词等八篇；葛胜仲所著《丹阳集》中有诗《赠鲍钦止慎由二首》⑤；

---

① 任继愈主编，[宋]吕祖谦编：《中华传世文选·宋文鉴》下册，长春：吉林人民出版社，1998年，第1054页。
② [清]嘉庆《海州直隶州志》卷11《山川考第二·山》，第189页。
③ [明]王鏊：《姑苏志》卷34《冢墓》，文渊阁《四库全书》第493册，第564页。
④ [宋]陈思న，[元]陈世隆补：《两宋名贤小集》卷128，文渊阁《四库全书》第1363册，第210-211页。
⑤ [宋]葛胜仲：《丹阳集》卷21，文渊阁《四库全书》第1127册，第631页。

同乡好友胡份在与鲍由互通书信时存有《钦止帖》(图8-10),该帖现收入《三希堂法帖》中,带有明显的北宋书法家蔡京的书体风格。该帖行书8行,63字,兹录文如下:

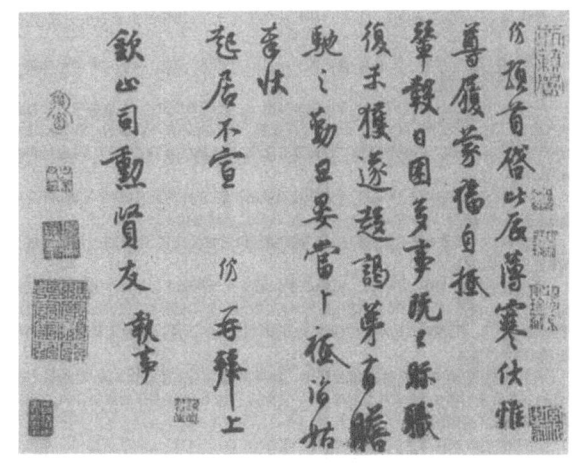

图8-10 胡份《钦止帖》
(来源:王达钦)

份顿首启。比辰薄寒,伏惟尊履蒙福。自抵辇毂,日因多事,既已视职,复未获遂趋谒,第有瞻驰之勤。旦晏当卜祗谐,姑奉状起居,不宣。份再拜上,钦止司勋贤友执事。①

虽然鲍由的文字"汪洋闳肆,诗尤高妙""每一篇出,士大夫口相传以熟",又师从王安石和苏轼,在以诗文为高取士的宋代,鲍由的官位并不高。《宋史》载:"徽宗召对,除工部员外郎,居无何,以不合去,责监泗州转般仓。"《宋会要辑稿·职官六八》亦载:政和五年(1115),"十一月六日,司封郎官陈之邵、吴开,考功员外郎鲍慎由,吏部员外郎叶唐稽,各降两官"②。可见,鲍由的政见与当朝执政者并不契合。从《答李景夏书》中鲍由对于当官的见解亦可窥见一二。

鲍由知海州的时间史载不详。嘉庆《海州志》在《职官表》上节选《宋史》载:"鲍由,处州龙泉人,举进士徽宗时任。见《宋史》。"清乾隆《江南通志》卷一〇一《职官志》将"鲍由"误为"鲍田"③。李之亮在《宋两淮大郡守臣易替考》中认为鲍由知海州的时间为徽宗大观二年至四年(1108—1110)。

【沭阳县主簿:李端方】

李端方(1073—1141),字靖之,北宋常州武进县(今江苏省常州市武进区)人。徽宗大观二年戊子(1108)王俣榜赐进士出身,初授海州沭阳县主簿。历通仕郎、宣教郎、平江府司士曹事,监沂州酒税,鸿胪寺丞,通判温州,知韶州,主管台州崇道观。官至左朝请大夫。李端方详细生平事载宋人孙觌为其撰写的墓志铭《宋故左朝请大夫李公靖之墓志铭》,收录于《鸿庆居士集》卷三五:

元符末,余始著籍乡校,识靖之与其兄宗子学博士,相之为同舍生。是时,方尊王氏《三经》《字说》之学,学者数百人,手抄口诵,连楹累笥,非王氏之书不读也。靖之兄弟魁垒豪健,有气节,强记洽闻。不专事举子业,间出东坡先生诗文,为余读之,音节欢亮耳目,醒然如挽天河、覆八溟,一洗先儒笺注虫鱼之陋,而一时诸老先生往往窃笑其迂。遇休告则出,从所厚善,抵掌剧谈,纵酒奕博,歌呼竟日而后已。真天

---

① 王达钦:《缙云文化研究》,杭州:浙江大学出版社,2008年,第154-156页。
② 《宋会要辑稿》职官68之35,第4892页。
③ 《江南通志》卷101《职官志·文职三》,文渊阁《四库全书》第510册,第54页。

下之奇男子也。后数年,余与靖之同登进士第,宦游四方,不相闻。又数年,余以御史斥靖之。亦由平江后事代还,相与握手,谈笑道旧,故以为乐。靖之意气索然无复,故时俊壮迈往之气,而相之亦病矣。余固怪之,靖之曰:"平江大都会,而朱勔以窦人子为蛇豕,侵暴一方,奴使将佐,与之驱除,惟恐后吾如彼,何哉?"已乃脱巾几上,怒发竦立,推床大叫。又复怅然以悲。自是,湛浮里中逾二纪,不复有进取意。尝一佐永嘉郡,以避建炎之乱。秩满,径归,筑室田间,不交人事。益复饮酒,时有感遇,作为歌诗,以自娱戏。卒不究所施,遂赍志。以没殁于绍兴十一年(1141)六月辛巳,年六十九。诸孤抵父友,乞铭识其葬,而以属余。呜呼!余与靖之游四十年,见其盛,而悲其衰,又哀其死,是不可以无铭也。

靖之,陇西李氏,讳端方。友今为常州武进县人。靖之,其字也。大观二年(1108),赐上舍赐出身,注海州沭阳簿。用举者迁通仕郎,又以盐最,改宣教郎,调平江府司士曹事。抑郁不自得。岁满,家居。久之,折资监沂州酒税,不赴,遂致仕。建炎初,近臣荐其材,召赴行在,除鸿胪寺丞,不拜。绍兴元年(1131),通判温州。八年,除知韶州,寻请宫祠,主管台州崇道观。积官至左朝请大夫。

靖之学博而辨,属文辞清丽有典,则而长于诗,乐善多爱,尤喜诵他人之工者,得一言一句,手录藏之,累数十编而探求,犹未已。见其人,则未始出一语称善,或问其故,则曰:"吾恶其近于谀也。"平生故人去为公卿,足不及门,不通馈问。若不可以亲疏者,居官洁,修自好。顾以所莅,皆丞佐不能有所为,以自表见于世。至于循道守官,则未尝屈意变节于一人,自谓贲育不能过也。朱勔用事,负贵骄横,士大夫献谀谀备使,令以济其恶。靖之如避垢污,不忍开眼视之。以故出仕,常欲去,而无留心。惜乎!仕不逢时,不得使其身一日立于朝廷之上。故文章不大传于世,行义不博闻于天下,而独为士友所记,可哀也已。

曾祖中立,永川零陵县令;祖士宗,赠承事郎;父镇,奉议郎,赠宣奉大夫。妻余氏、马氏,皆封宜人。生五子男:曰长裔,右迪功郎、前监浑州南岳庙;长茂,将仕郎。女适右从事郎、监临安府龙山税务施培;次适登仕郎吴萃;余一女在室。孙男女二人:长裔、长茂。卜以其年九月丙午,葬于武进县怀德南乡朱夏村之原上。

靖之晚喜诵佛书,不囿于因果名相之说,遇佳处则据榻卧读之。客曰:"奉佛当如是乎?"靖之曰:"福祸竟何在,适其意而已。"一日,忽书辛酉四月某日获麟于所居之壁。才逾月,遂属疾不起。嘻!亦异矣。铭曰:

猗欤靖之,瑚琏之器。以抵鹊而毁,以腊鼠而弃。秦柱晚而起,楚门撞而逝。呜呼!已矣!与瓦砾异。①

李端方任海州沭阳县主簿为赐进士出身后初仕官,时间在徽宗大观二年(1108)。又宋人慕容彦逢撰李端方岳母《单氏夫人墓志铭》,收录于《摛文堂集》卷一五:

深州文学余充甫之室曰单氏,常州宜兴儒家女也。……政和二年(1112)五月十九日,以疾终于家,享年七十有二。明年某月日,葬于邑之某乡某之原。

---

① [宋]孙觌:《鸿庆居士集》卷35《宋故左朝请大夫李公靖之墓志铭》,文渊阁《四库全书》第1135册,第376-377页。

曾祖某,祖某,考某。生六子:亡者四人,曰拭、曰京、曰大亨、曰大受。而京,元符三年赐进士出身。存者二人,曰授,再荐于乡,又预大观升贡;曰挒,为州学内舍生。女三人:其婿海州沭阳县主簿李端方,进士孙堘、焦翊。孙五人:曰似、曰侑、曰伙、曰仍,皆从学;曰儆,尚幼。孙女五人。①

李端方岳母单氏墓志铭撰写时间应为单氏去世后不久,时间在政和二年(1112)五月之后。此时李端方尚在海州沭阳县主簿任上,而且已任职三年,故推测李端方离任海州沭阳县主簿时间在政和二年(1112)底。

北宋徽宗大观四年庚寅(1110)

海州知州	田升之	海州司户参军	邓绍密
海州兵马钤辖	赵彦明	海州儒学教授	孙宗鉴、李去泰
海州通判	傅显道	海州判官	向持正
海州观察推官	吕永甫	朐山县令	闾丘君泽

【海州知州:田升之】

田升之(生卒年不详),生平史载不详,唯海州古城东约3公里处孔望山南麓"龙洞摩崖石刻群"中有两通《田升之题名》石刻②,记载了田升之在徽宗大观四年(1110)、政和元年(1111)前后知海州的史实。

其一为《田升之书》题刻,刻文记载,徽宗大观四年庚寅(1110)闰八月十二日,田升之与苏子骏、淮南东路路分兵马钤辖王舜文、王仲举及儒学教授孙少魏(名孙宗鉴,以字行)一起同游孔望山。

其二为《田升之题》题刻,刻文记载,徽宗政和元年辛卯(1111)八月九日,田升之与淮南东路路分兵马钤辖王舜文、海州兵马钤辖赵彦明、海州通判傅显道、朐山县令闾丘君泽③、儒学教授李去泰、海州判官向持正、海州观察推官吕永甫一起同游孔望山。

两通石刻中随行官员除海州儒学教授孙宗鉴外,余皆无考。

嘉庆《海州志·职官表》亦根据石刻内容载:"(海州知州)田升之,徽宗大观、政和间任,见龙洞石刻。""(以上随行官员皆)徽宗政和元年任,见孔望山石刻。"

【海州儒学教授:孙宗鉴】

孙宗鉴(生卒年不详),一作孙宗鑑(鑑同鉴),字少魏,号安隐道人,北宋开封府尉氏县(今河南省开封市尉氏县)人。徽宗建中靖国元年辛巳(1101)应试宏词科,考入次等;宣和六年甲辰(1124)沈晦榜进士。历颍昌府户曹参军、海州教授、武学博士、监察

---

① [宋]慕容彦逢:《摛文堂集》卷15《单氏夫人墓志铭》,文渊阁《四库全书》第1123册,第480-481页。按:《全宋文》为"又预大观优供""女三人,婿海州",不改。参见曾枣庄、刘琳主编:《全宋文》第136册,第294-295页。
② 连云港市重点文物保护研究所编:《石上墨韵——连云港石刻拓片精选》,上海:上海古籍出版社,2015年,第41-42页。
③ 按:嘉庆《海州直隶州志》将"闾丘"误释读为"闾邱"。"闾丘"为姓氏,或作"闾邱"。

御史、中书舍人、紫微舍人，以右文殿修撰致仕。今存所撰《东皋杂录》十卷，以游历纪闻、史迹考辨和诗文品鉴为主，属笔记类著作，内容涉及社会、生活、文化、宗教、医药、神异等。

孙宗鉴任海州教授时间史载不详，唯见上述孔望山龙洞摩崖石刻群内"田升之书"题刻。依此可推知孙宗鉴任海州教授时间在徽宗大观四年（1110）前后。其他任职及时间可考如下。

任职颍昌府（今河南省许昌市）户曹参军，起任时间在徽宗建中靖国元年（1101），事载《宋会要辑稿》选举一二之五："徽宗建中靖国元年（1101）三月，三省言：试宏词……新颍昌府户曹参军孙宗鉴，考入次等，各循一资。"①

任武学博士，时间在政和二年（1112）前后，事载《宋会要辑稿》崇儒三之三二：政和二年六月，"十七日，武学博士孙宗鉴言：'武士马射、射亲之格……'"②。

任监察御史，时间在徽宗政和五年（1115）前后，事载宋人方勺《泊宅编》：丞相李纲（1083—1140），字伯纪，在赴举赶考前，酒后梦见下雪，雪上有字不识。"试罢，往二相祠下求梦，梦立殿陛；少顷，帝中出三纸示之：一曰上舍登第，二曰监察御史孙宗鉴，三曰宋十相公。虽喜有成名之兆，而后二幅语叵测。……服阕，为太常少卿，岁在丙午（1126）。……初，公尝除察官，乃与宗鉴同制，今上登极，进拜上宰，以御营使抚军，实宋十叶后。"③李纲果中徽宗政和二年壬辰（1112）莫俦榜进士，应验一；后于徽宗宣和七年（1125）授太常少卿④。之前于政和五年（1115），调任监察御史兼殿中侍御史，应验二；高宗赵构即位（宋朝第10位皇帝）后拜宰相，应验三。其经历果如梦境。

孙宗鉴任中书舍人，时间在宣和元年（1119）前后，事载《宋会要辑稿》仪制三之四五："宣和元年九月四日，中书舍人孙宗鉴等奏'先奉诏，曾慥、孙宗鉴、卢襄、许翰并召试中书舍人。欲乞依给事中傅墨卿等，依元降诏除命先后序位'。从之。"⑤

孙宗鉴任紫微舍人，时间在宣和二年（1120）前后，事载宋人蔡绦《铁围山丛谈》卷一："政和间，东宫颇不安，其后日益甚。鲁公朝夕危惧，保持甚至。宣和庚子，有孙宗鉴者，时为紫微舍人，密语鲁公：公毋虑。昔哲庙恶百官班联不肃，而后台吏号知班者必赞言端笏立定，又顷有八宝矣。今复增而九之，且名之曰'定命宝'。春宫盖始封定王，世次为九，则立定之语，九宝之兆，天其命之矣。鲁公领之。后宗鉴之言信。"⑥

孙宗鉴中宣和六年甲辰（1124）沈晦榜进士，事载宋人彭百川《太平治迹统类》卷二七：宣和六年（1124）闰二月，"庚子，御集英殿策试，遂赐沈晦（一说晖）……孙宗鉴……等

---

① 《宋会要辑稿》选举12之5，第5497页。
② 《宋会要辑稿》崇儒3之32，第2806页。
③ ［宋］方勺：《泊宅编》，转引自姚玲飞编：《历代闽人轶事辑录》，福州：福建人民出版社，2015年，第147-148页。
④ 《泊宅编》载"为太常少卿，岁在丙午（1126）"，时间有误。《续资治通鉴》卷95载：徽宗宣和七年（1125）十二月己未，"给事中、直学士院吴"敏遂以札子荐太常少卿李纲"言事，任职太常少卿时间在徽宗宣和七年（1125）十二月之前。参见《续资治通鉴》卷95，第2495页。
⑤ 《宋会要辑稿》仪制3之45，第2354页。
⑥ ［宋］蔡绦：《铁围山丛谈》卷1，第1037册，第554页。

八百人及第(以贡士人众,特添省额一百人,赐御制诗)"①。

《宋会要辑稿》礼四四之一八载:"右文殿修撰致仕孙宗鉴(四月,赐银、绢各一百五十匹两)。"②

孙少魏与北宋词人赵鼎臣交好,赵鼎臣曾写诗次韵寄之。

> 余去冬赴南阳,过尉氏,以不获见孙少魏为恨,近于同僚处见孙诗,次韵寄之。
>
> 发如黑漆未成翁,野鹤孤高不受笼。跛足自疑天宇隘,举鞭可但冀群空。闲吟秀句邀诗客,自协新声按舞童。已卜异时干典谒,莫嫌俗士不教通。③

赵鼎臣(1070—1124),字承之,自号苇溪翁,卫城(今河南滑县)人。才气飘逸,记问精博,诗词工巧伶俐,与王安石、苏轼交好,常相唱和。哲宗元祐六年(1091),进士甲科。宣和元年(1119),度支员外郎。以右文殿修撰,知邓州。召为太府卿。为北宋后期文学家,著有《竹隐畸士集》120卷,今存20卷。

【海州司户参军:邓绍密】

邓绍密(1073—1129),生平史载简略。历海州司户参军,荆湖北路转运司提辖直达纲运官,提举东南九路检踏坑冶,直龙图阁,充金国和议使,以右文殿修撰知兴仁府,改知济南府,旋复知兴仁府,知寿春府,赠大中大夫。

任荆湖北路转运司提辖直达纲运官,事载《宋会要辑稿》食货四九之三〇:徽宗政和三年(1113)九月"二十三日,户部奏:'荆湖北路年额上供斛斗三十五万石,先次般发到都数已足备,除转运司官已蒙推恩外,有本司提辖直达纲运官邓绍密,伏乞特赐施行。'诏特转一官"。

邓绍密任职海州司户参军在任荆湖北路转运司提辖直达纲运官之前,故推测时间在徽宗大观四年(1110)至政和二年(1112)。

提举东南九路检踏坑冶,事载《宋会要辑稿》职官四三之一三九:徽宗宣和元年(1119)"二月十五日,新差提举东南九路检踏坑冶邓绍密奏:'前官徐禋被差之初,有申请到画一朝旨,已经勘当,今来复置,合行照用,欲乞先次并依徐禋已得指挥施行。'"直龙图阁,事载《宋会要辑稿》职官六九之一四:徽宗宣和六年(1124)"九月十三日,直龙图阁邓绍密落职,送吏部。以言者论其贪污,又为谭稹所荐故也"④。

充金国和议使,事载金人无名氏撰《大金吊伐录》卷二《宋谢过书》之《别幅》:靖康元年(1126)九月二十八日,"……本朝和议使邓绍密回日,皇子郎君令馆伴萧宝导意,欲得白花蛇。除已附一合送皇子郎君外,恐国相、元帅亦欲得之,以一合附送。酒五十瓶。果子四合。茶一合。风药一合。白花蛇一合。右请检留。白"⑤。

以右文殿修撰再知兴仁府,事载《续资治通鉴》卷一〇一:建炎二年(1128)正月辛丑,

---

① [宋]彭百川:《太平治迹统类》卷27,文渊阁《四库全书》第408册,第709页。
② 《宋会要辑稿》礼44之18,第1702页。
③ [宋]赵鼎臣:《竹隐畸士集》卷5,文渊阁《四库全书》第1124册,第156-157页。
④ 《宋会要辑稿》食货49之30,第7111页;职官43之139,第4180-4181页;职官69之14,第4905页。
⑤ 曾枣庄、刘琳主编:《全宋文》第206册,第31-32页。

"右文殿修撰邓绍密,依旧知兴仁府。初,济南阙守,而新知府事张悦迟留不行,乃以绍密知济南府。至是绍密留兴仁,更命中奉大夫刘豫"。知寿春府,赠大中大夫,事载《续资治通鉴》卷一〇三:高宗建炎三年(1129)二月甲寅,"御营平寇前将军范琼自东平引军至寿春,其部兵执守臣右文殿修撰邓绍密,杀之。……知下蔡县赵许之亦死。久之,赠绍密大中大夫"①。

又据宋人庄绰撰《鸡肋编》卷三载:"世之以五行星历论命者多矣。今录贵而凶终者数人,方其盛时,未有能言其未至之灾也。以此知阴阳家不足深泥,唯正己守道为可恃耳。……邓绍密,熙宁六年癸丑(1073)九月二十三日戌时。"②因而可知邓绍密生于神宗熙宁六年(1073),卒于高宗建炎三年(1129),享年五十七岁。

北宋徽宗政和二年壬辰(1112)

【海州知州:沈锡】

沈锡(1055?—?),字子昭,北宋真州扬子(今江苏扬州市仪征市)人。父沈季长为王安石妹婿,兄沈铢。沈锡以荫补为鄂州司户参军,后进士及第,历官讲议司检讨、卫尉丞、祠部员外郎,提点江东刑狱、知婺州,左司员外郎,兼定、嘉二王侍讲,太常少卿,兵部侍郎,徽猷阁待制、知应天府,知江宁府,知海、泰、汝、宣四州,以通议大夫致仕,卒后赠宣奉大夫,与其兄沈铢同葬于"仪征县西十五里"③。著有《沈锡集》12卷、《崇宁改修法度》10卷,已佚。沈锡父子三人皆长于经术,为王安石变法的积极支持者,参与崇宁、大观年间的官学改革活动。《宋史》卷三五四沈铢本传下列其弟沈锡传:

> 沈铢,字子平,真州扬子人。父季长,王安石妹婿也。铢少从安石学,进士高第,至国子直讲。季长领监事,改审官主簿,坐虞蕃事免归。元祐置诉理所,被罪者争自列,铢独不言。
>
> 绍圣初,起为太学博士、秘书省正字、崇政殿说书,受旨同编类元祐臣僚章疏。以进讲为解,拜右司谏,辞,改起居郎,权中书舍人。吴居厚除户部尚书,铢论其使京东时聚敛,诏具实状,不能对,罚金。讲《诗南山有台》,至"万寿无期",以为此太平之基,立而可久之应。哲宗屡首肯之。真拜中书舍人兼侍讲,俄引疾,以龙图阁待制知宣州。卒。弟锡。
>
> 锡字子昭,以王安礼任,为鄂州司户参军。崇宁初,为讲议司检讨。蔡京方铨次元符上书人,欲定罪,锡曰:"远方之士,未能知朝廷好恶,若概罪之,恐非敦世厉俗之道。"京不从。除卫尉丞,迁祠部员外郎,提点江东刑狱、知婺州。入为左司员外郎,兼定、嘉二王侍讲,进太常少卿,拜兵部侍郎,以徽猷阁待制知应天府,徙江宁。
>
> 张怀素诛,朝廷疑其党有脱者,江、淮间往往以诬告兴狱。锡至郡,有告者,按

---

① 《续资治通鉴》卷101,第2653页;卷103,第2715-2716页。
② [宋]庄绰撰,萧鲁阳点校:《鸡肋编》卷3,北京:中华书局,1983年,第14页。
③ 《江南通志》卷40《舆地志》,文渊阁《四库全书》第508册,第298页。

之,则妄也。具疏于朝,由是他郡系者皆得释。历知海、泰、汝、宣四州,以通议大夫致仕。卒。赠宣奉大夫。①

沈锡生卒年不详,但根据有关文献所记载的信息可以大概推知出一个时间范围。《宋史》所载沈锡"以王安礼任为鄂州司户参军",可知沈锡并非因科举取士,而是由荫补得官的,荫补资格来自王安礼。王安礼(1034—1095),字和甫,仁宗嘉祐六年(1061)进士及第,能勤吏事②。王安礼为王安石之弟,王安石有兄弟七人,妹三人,王安石行三,王安礼行六。王安石三妹嫁沈季长。沈季长(1027—1087),字道原,治平二年(1065)进士及第;官至知秀州,卒于官;著有《文集》十五卷、《诗传》二十卷、《论语解》十卷、《对问》五卷③。王安礼为沈季长所撰墓志铭载《王魏公集》卷八《故朝奉郎权发迁秀州军州兼管内劝农事轻车都尉借紫沈公墓志铭》:"公讳季长,字道原,……卒于官舍,实元祐二年(1087)十月十二日也,享年六十有一。……子三人:铢,和州防御推官,文学兴义皆有可称;锡,读书举进士;鏻亦孝谨。皆假承务郎。"④以上史料可知沈锡并不能以较低官阶的父辈荫补,而是以舅氏荫补,而且是"假承务郎",即是一种"试衔",后在父亲去世前参加考试"举进士"。

据《宋史·选举四·铨法上》:

> 凡选人阶官为七等:其一曰三京府判官,留守判官,节度、观察判官;其二曰节度掌书记,观察支使,防御、团练判官;其三曰军事判官,京府、留守、节度、观察推官;其四曰防御、团练、军事推官,军、监判官;其五曰县令、录事参军;其六曰试衔县令、知录事;其七曰三京军巡判官、司理、户曹、司户、法曹、司法参军、主簿、县尉。七阶选人须三任六考,用奏荐及功赏,乃得升改。
>
> 凡非登科及特旨者,年二十五方注官。⑤

沈锡初为"鄂州司户参军",属选人第七等阶官,此时沈锡应该年方二十五岁。

沈锡善书,工大字。清人孙岳颁撰《御定佩文斋书画谱》卷三四引宋人周必大《庐山后录》云:"三峡桥泉,为陆子泉,旁有沈锡大书'庐山'二字。"⑥与书家张阁互通信札,张阁有《致子昭知县学士尺牍》即《子昭帖》(图8-11)⑦云:

> 子昭知县学士:即日伏惟台候,动止万福。芜湖解后(同邂逅),今已三时矣。区区不胜仰德之诚。比承外台列荐,甚惬士论,朝廷方且以公为循良称首,柄用宜在朝夕,忽尔丐祠,何也? 不敢别书,未间,尚冀惠序节宣,无任倾祷。阁,再拜,上问。⑧

可知二人通信时沈锡已经在"知县"任上了,按"三任六考"的"升改"原则,沈锡应该是

---

① 《宋史》卷354《沈铢传》,第11157-11158页。
② 《宋史》卷327《王安礼传》,第10553-10557页。
③ [清]陆心源撰:《宋诗纪事补遗》卷26,太原:山西古籍出版社,1997年,第579页。
④ 刘成国:《王安石家族世系考述》,载周裕锴主编:《新国学》卷15(2),成都:四川大学出版社,2017年,第74-93页。
⑤ 《宋史》卷158《选举志四·铨法上》,第3694-3695页。
⑥ [清]孙岳颁:《御定佩文斋书画谱》卷34,文渊阁《四库全书》第820册,第399页。
⑦ 上海书店出版社编:《宋元尺牍》,上海:上海书店出版社,2000年,第271-272页。
⑧ 刘佩琳主编:《中国历代名臣墨宝》,石家庄:河北教育出版社,2000年,第192-193、1108-1109页;刘正成主编:《中国书法全集》卷41《北宋名家卷》,北京:荣宝斋出版社,2010年,第468页。

三年前"升改"为这个第五等阶的"知县",即县令。而现在,满三年后,沈锡又"比承外台列荐,甚惬士论,朝廷方且以公为循良称首"而要被"升改"官阶,此时沈锡应该年方二十八岁。

张阁(1068—1113),字室卿,北宋河阳(今河南省孟州市)人。进士及第,历官卫衡尉主簿、祠部员外郎,徙吏部、宗正少卿、起居舍人、给事中、殿中监、翰林学士、龙图阁学士、兵部尚书兼侍读。历知杭州。张阁工于书法,长于行书,是北宋著名的行书书法家。他的书风,追踪魏、晋,以帖学为主,清丽高雅,风流溢美,有华贵之气,深得"二王"笔意。该《子

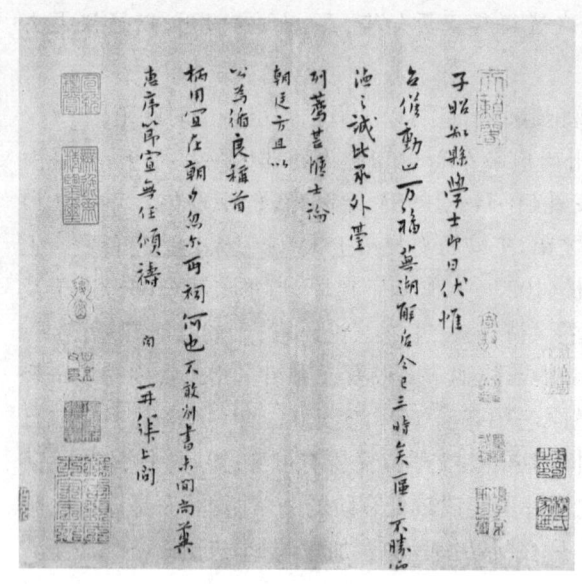

图 8-11 《致子昭知县学士尺牍》
(来源:《宋元尺牍》)

昭帖》即是其典型的行书作品,该帖约书于元符年间(1098—1100),纸本,长 36.2 厘米、宽 34 厘米,8 行,每行字数不一,共 87 字,行书,为《宋人法书册》中之一幅。题签宋张学士阁书,钤二枚杨士奇收藏印、九枚项元汴收藏印、加一枚半印、一枚安岐收藏印及二枚清内府鉴藏印玺。今藏台北故宫博物院。

至此,可推知:元祐二年(1087),其父沈季长去世,前一二年,沈锡举进士;三年前或更长,至晚于元丰八年(1085),官知县;再三年前,于元丰四年(1081),以舅氏荫补"鄂州司户参军",此时年方二十五岁,则出生于至和二年(1055)。此时其父 29 岁,沈锡又是次子,年龄误差不大。至于卒年,难以推知。

沈锡在元符年间(1098—1100)曾任陕西转运副使,事载清人刘于义撰《陕西通志》卷二一:"沈锡(真州人,元符中)。"①

《宋史》本传云:"崇宁初,(沈锡)为讲议司检讨。"《宋会要辑稿》职官五之一三可补任职详情:徽宗崇宁元年(1102)八月四日,"以……承奉郎乔方、鄂州司户参军沈锡主尹牧,皆为检讨官"。只因宰臣蔡京提举讲议司,望每一大者政事有三人主之②。

沈锡由知婺州转任吏部左司员外郎,时任中书舍人慕容彦逢制诰《承务郎前知婺州沈锡可吏部郎官制》,载《摛文堂集》卷四:

敕:具官某。中台六官,职总内外。考厥官属,必求畯良。惟尔材术之优,尝擢铨部。宜还故职,申锡命书。往务钦承,副予甄奖。可。③

徽宗大观元年(1107)十一月,沈锡任定王、嘉王府侍讲,事载宋人徐梦莘撰《三朝北盟会

---

① [清]刘于义:《陕西通志》卷 21《职官二》,文渊阁《四库全书》第 552 册,第 158 页。
② 《宋会要辑稿》职官 5 之 13,第 3127 页。
③ 按:《全宋文》中间两句"惟尔学识之优,擢于东观,宜膺部选,处以名曹"与《摛文堂集》文渊阁本不同。详见[宋]慕容彦逢:《摛文堂集》卷 4,第 1123 册,第 337 页;曾枣庄、刘琳主编:《全宋文》第 135 册,第 333 页。

编》卷二二八"绍兴三十一年（1061）五月二十二日丁未"条："大观元年（1107）十一月，……沈锡为侍讲国子司。"①三年，以徽猷阁待制徙知江宁府，当年即离任他就，由曾孝序以集贤殿修撰接任②。

沈锡知海州时间，史载不详。但据本传，沈锡知海州前徙知江宁府，且处理张怀素案后甚佳。张怀素，舒州人，自号落魄野人。崇宁元年（1102），张怀素入京师，自称道术通神，一时公卿皆惑之。至大观元年事败伏诛，许多达官贵人受牵连坐罪③。而捕获张怀素的是时任江宁知府姚祐，《宋史》姚祐本传云：

> 姚祐，字伯受，湖州长兴人。元丰末，第进士。……以亲老请郡，授显谟阁待制、知江宁府。时召捕张怀素，祐追获之，复为殿中监。④

由此可推知，沈锡知海州时间应该在大观三年或之后。嘉庆《海州志》在《职官表》上载："沈锡，崇宁（1102—1106）时任，见《宋史》。"有误。而大观三年（1110）至政和元年（1111）海州知州分别是鲍慎由和田升之，因此，沈锡知海州时间只能在政和二年或之后。沈锡离知海州时间不详，离知海州后知泰州、汝州、宣州等。

李之亮在《宋两淮大郡守臣易替考》中认为沈锡知海州时间为徽宗政和二年至三年（1112—1113）。

北宋徽宗政和三年癸巳（1113）

【海州知州：郑济】

郑济（生卒年不详），字兴梁，福建莆田人。神宗元丰五年壬戌（1082）黄裳榜进士，初授潮州司理参军。历官端溪令，知山阳县，太常博士、丞，兵部、考功、吏部员外郎，卫尉少卿，知海州、衢州、亳州、袭庆府，提点荆湖南路刑狱，知泉州。官至朝请大夫。郑济成年前即游学太学，"文艺颖拔，礼文一新"。因勤能吏事，"莅事详明，书考上等"，而受到当时的中丞石豫和蔡京的赏识，被多次荐官。《宋史》仅《兵志十一》中载有一条有关郑济的史料：

> 宣和元年（1119），权荆湖南路提点刑狱公事郑济奏："本路惟潭、邵二州，各有年额制造军器。今年制造已足，躬亲试验，并依法式，不误施用。"诏加旌赏，以为诸路之劝。然自是岁督军器率用御笔处分，工造不已而较数尝阙，缮修无虚岁而每称弊坏。大抵中外相应，一以虚文，上下相蒙，而驯致靖康之祸矣。⑤

而明代志书《重刊兴化府志》（兴化府，即今福建省莆田市）记录郑济的生平较为详细，也是引用前朝《何志》等书中的内容，推知主要是引用《古今图书集成·明伦汇编·氏族典》卷四九五或《万姓统谱》第一○部分中的内容：

> 郑济，字兴梁，露之后。未冠游太学，文艺颖拔。第元丰五年（1082）进士，调潮

---

① 《三朝北盟会编》卷228，第1638页。
② 李天石、潘清主编：《江苏通史》（宋元卷），南京：凤凰出版社，2012年，第94页。
③ [宋]刘宰：《京口耆旧传》卷5，文渊阁《四库全书》第451册，第167-168页。
④ 《宋史》卷354《姚祐传》，第11162-11163页。
⑤ 《宋史》卷197《兵志十一》，第4920页。

州司理,就移端溪令。先是,县官踵死,济至,询其故。曰:"县廨有古木妖,当具牲牢祷之。"济戒工伐木,妖遂绝①。秩满,知山阳县,入为太常博士,礼文一新。大观初(1107),迁丞。居数月,擢兵部员外郎。未逾年,迁考功员外郎,权吏部。有选人应改官,吏舞文沮格不行,济奏请特与改秩。以吏事祥明,书考上等。中丞石豫、蔡京客也,欲荐之台职,济力辞。居郎官不迁者四年。

政和初,除卫尉少卿。居三年,出知海州,移衢州,改亳州,皆出蔡意。亳境接陈、宿,盗贼满薮,济推行保伍之法,道无拾遗。召赴阙,除知袭庆府,改提点荆湖南路刑狱。陛辞,徽宗曰:"湖湘多盗贼,卿以何道处之?"济以元丰保伍为对。上曰:"神考此法,正为盗贼设也。卿其勉之!"济至湖湘,力推行之,盗贼屏息。受代赴阙,上慰劳甚厚,除知泉州。寻得祠,请致仕。卒于京师。累官至朝请大夫。(出《何志》等书)②

"露之后"的"露"即郑露,字恩叟,为郑济的先祖。明代所修《闽书》载:

郑露,字恩叟。其先出荥阳,过江入闽,居于永泰。远祖昭,过莆口,爱其风土,因迁葬其祖于莆口南山。莆至陈时,犹未为县,人未知学。露与其弟庄、淑来庐坟侧,据南山之胜,构书堂湖上,勤修儒业,莆人化之。皇朝吴四辅源谓露豪杰士也。业儒于比屋未为儒之时,事诗书于举国不事诗书之日,而后之"十室九书堂,龙门半天下",皆以湖山之绝响振之。露,大府卿;庄,中郎将;淑,常州别驾,后人称南湖三先生。③

《万姓统谱》载"政和初(1111),(郑济)除卫尉少卿。居三年(即政和三年,1113),出知海州","政和初"即徽宗政和元年(1111),"居三年"即任职三年,也就是到了徽宗政和三年(1113),郑济知海州。李之亮在《宋两淮大郡守臣易替考》中认为郑济知海州时间为徽宗政和三年至五年(1113—1115)。

北宋徽宗政和六年丙申(1116)

【海州知州:钱功】

钱功(生卒年不详),字功父,北宋杭州人,生平史载阙,历官知海州、兖州。钱功有关生平部分信息穿插在其笔记类著作《澹山杂识》中,因年幼时,见其父亲与成名后的苏轼、张耒和医家庞安时等有交往,故可推测钱功的主要生活年代在北宋神宗、哲宗、徽宗三朝。《澹山杂识》早已不存,其中有七段文字收录于明陶宗仪《说郛》④中,涉及钱功为知海州的文字为钱功撰写的《产鲤鱼》:

---

① 按:《中华大典》转引清人周亮工撰《闽小纪》卷五《郑伐妖木,王去淫祠》载:"济曰:'木讵能为妖耶? 非在祠典祭之,淫也。'戒工伐木,迄无他异。"补充了郑济的驳斥。参见《中华大典》工作委员会、《中华大典》编纂委员会编:《中华大典·林业典·森林利用分典》,南京:凤凰出版社,2013年,第44页。

② [明]周瑛、黄仲昭著,蔡金耀点校:《重刊兴化府志》,福州:福建人民出版社,2006年,第946-947页。

③ [明]何乔远编撰:《闽书》卷150《英旧志·缙绅·兴化府·莆田县一》,福州:福建人民出版社,1995年,第3157页。

④ [明]陶宗仪:《说郛》卷29,北京:中国书店,1986年,据涵芬楼1927年版影印,第136-139页。按:文渊阁《四库全书》本部分文字有不同。参见[明]陶宗仪:《说郛》卷28下,文渊阁《四库全书》第877册,第565-566页。

予为海州太守,或云郡门外有鱼羹饭店家一妇产鲤鱼,十四头相续而出,极为痛楚。生毕而毙,鱼独无恙。予初未之信,临行饭于天宁正,见其夫为作斋,呼来问之,信然。

清许乔林撰《海州文献录·宦绩录》中载:"钱功:知海州(宋钱功《澹山杂志》)。"① 两段文字皆未载钱功任职时间。

钱功撰写的《东坡借砖》载,钱功13岁时,苏轼与其父谈及在苏轼家乡眉山发生的一件奇事。苏轼返乡"节葬",葬期临近,墓砖却不足。有老乡推荐苏轼去拜访山中某位隐士,说可以马上解决。苏轼花了2天时间才找到隐士的居处,到了傍晚才见到一个少年率众人骑马而归。等得知拜访原因,少年说,小事情,必定如期办理,还请吃饭留宿。第二天送苏轼下山。三天无事,第四天派人挖掘墓穴,一直到晚上,也没见一块砖送来,苏轼很怀疑推荐的老乡。第五天拂晓,来到墓地一看,五万块砖整齐地摆放在那里,大家都非常惊奇感叹。后来,苏轼再去拜谢,始终不能相见。原文为:

> 某年十三岁时,见东坡过先君,具言:世有豪杰之士隐而不见于世者。吾乡隐居君子(予失其姓名),世居眉山之中,坡节葬时,会期日已迫,而墓砖未足,谋之于人,皆曰:当往见此君,则立可办也。但多游猎,又所居山林,夐绝未易见。试往图之。东坡凡两日始得至其居,又俟至日昃,伏于道左方,见其从数骑归,乃整少年也。既下马,始通谒,少年易服出迎于门外,执礼无违,坐定问其所以,东坡具以告。少年曰:"易事尔,已具饭,且宿于此,当令如期办所须。"少顷,数青衣童跪进盘餐,皆今日所击之鲜也。进酒数大白,饮啖旁若,食兼数人。饭毕,始从容对榻。翌日,遣仆马送坡下山。三日无耗。明日,且下手破土。坡甚疑,悔欲罪元告者。是夕至晚,砖犹无一口至者。明日晓,视其墓地之侧,则五万口斩斩然罗列矣。众皆惊叹。事毕,再往谒谢,卒不得见。送所直,亦不得达豪杰士哉。

文中记述苏轼"节葬",并没有表明是葬父还是葬母,也没有说谈论奇事的具体时间。苏轼母亲程夫人生于宋真宗大中祥符三年(1010),病逝于宋仁宗嘉祐二年(1057)。母亲去世时,苏轼正在父亲苏洵的陪伴下与弟弟苏辙在京应试,苏轼得中进士乙科第二名,为榜眼,弟弟苏辙第三名,待得知噩耗后,父子三人返乡奔丧。如果钱功记述的是苏轼丁母忧,则听奇事"是年十三岁"的钱功当至早生于宋仁宗庆历四年(1044)。苏轼父亲苏洵生于宋真宗大中祥符二年(1009),病逝于宋英宗治平三年(1066)五月,苏轼、苏辙兄弟扶柩还乡,守孝三年。如果钱功记述的是苏轼丁父忧,则钱功当至早生于宋仁宗皇祐五年(1053)。

又及,钱功撰写的《庞安时》载:

> 庞安时,蕲州蕲水人也,隐于医,四方之请者日满其门。安时亦饶于田产,不汲汲于利,故其声益高。余尝见其还自金陵,过池阳,先君命予往谒之。随行四五大官舟,行李之盛,侔部使者。一舟所载声乐也,一舟辎重也,一舟厨傅也,一舟诸色技艺人,无不有也。然其人自言重听,不肯入京,或谓不然。医之妙,亦近世所无也。

庞安时字安常,为北宋名医,与苏轼、黄庭坚等皆有交游,著有《难经解义》一卷、《伤

---

① [清]许乔林:《海州文献录》卷10《宦绩录》,道光二十五年(1845),第153页。

寒总病论》六卷、附《伤寒论音训》《修治药法》各一卷。《宋史》卷四六二有本传，列《方技下》①。钱功少年时受父命拜见过庞安时，此时，庞安时当在盛年，那么钱功至早生于宋仁宗嘉祐七年（1062）。

近有学者研究吴越钱氏家族世系时发现，钱功的父亲与苏轼等相交甚深，推测钱功的父亲是钱勰。又据明末清初黄生（字扶孟）《字诂》在解释"缙"时引用"钱功父《澹山杂识》云：'取笔榻子，榻其两中指。'榻即套也，盖古无套而缙字颇僻，故诗人随意取其声之相似者用之"②，认为钱功的字为功父③。

钱勰（1034—1097），字穆父，杭州人，吴越武肃王五世孙。神宗熙宁三年（1070年），中秘书阁选，廷对入等，因王安石恶孔文仲策，迁怒罢其科，遂不得第。哲宗元祐初，迁给事中，以龙图阁待制知开封府。出知越州，徙瀛洲。召拜工部、户部侍郎。进尚书，加龙图阁直学士，复知开封府。因宰相章惇与之有隙，罢知池州，卒于官。元符末，追复龙图阁学士。能诗文，工书法，长于楷、行书。《宋史》卷三一七有本传④。

综上，钱功大致出生于仁宗末神宗初，即宋英宗治平至神宗熙宁年间（1064—1077）。考虑到其他海州知州的任职时间情况，钱功知海州时间大约在徽宗政和六年（1116）至宣和二年（1120）之间。

钱功知兖州，应是其终官，载《维扬无燕子》：

> 予自少年爱维扬，欲卜居。自兖守罢，遂筑室于扬，亦既五年。忽春深，巢燕不归，意已疑之。默访诸寺，观州宅，皆不至。不二年，一城丘墟矣。

"一城丘墟"极有可能是扬州城被金军南下劫掠，"无燕子"只是一种隐喻。考《宋史·高宗本纪二》，建炎三年（1129）二月，"金人焚扬州"⑤，这是金军首次攻占扬州。故推测钱功离知兖州、定居扬州时间在徽宗宣和四年（1122）。

北宋徽宗政和八年/重和元年戊戌（1118）

海州通判	符授	沭阳县尉	王师心
海州儒学教授	陆韶之		

【海州通判：符授】

符授（1056—1139），字天启，北宋建昌南丰（今江西省抚州市南丰县）人。神宗元丰二年己未（1079）时彦榜进士，调兴国军司理参军。历邵州邵阳县主簿、筠州上高县令、彭州录事参军，知歙州婺源县、越州剡县，通判海州、唐州，官至朝议大夫、左中奉大夫，封南丰县开国男，食邑三百户。高宗绍兴九年（1139）十二月辛酉以疾终于正寝，享年八十四。符授行

---

① 《宋史》卷462《庞安时传》，第13520-13522页。
② ［清］黄生：《字诂》，文渊阁《四库全书》第222册，第583页。
③ 胡耀飞：《吴越国、两宋时期吴越钱氏家族世系综考》，包伟民主编：《中国城市史研究论文集》，杭州：杭州出版社，2016年，第511-514页。
④ 《宋史》卷317《钱勰传》，第10349-10350页。
⑤ 《宋史》卷25《高宗本纪二》，第461页。

状载宋人郑刚中《北山文集》卷一五《左中奉大夫致仕符公神道碑》(以下简称《神道碑》):

鲁顷公之后,有仕秦为符玺令者,以符为氏,传汉唐五代,家世可考。建昌南丰之符,盖今世之名族也。左中奉大夫致仕符公,是为南丰之贤。公讳授,字天启。曾大父俸,大父怀德,皆隐德弗耀。父明远,累赠金紫光禄大夫。金紫公已读书自奋,然庆喜之泽,犹涵闭未发,众知其必有子。

公生,果不群,器度明爽,洽闻强记,辞华如绮,场屋老生,敛笔避之。中元丰二年(1079)进士第,调兴国军司理参军。丁母南康郡夫人瞿氏尤,服除,调邵州邵阳县主簿,就移筠州上高县令,终更入远为彭州录事参军,改京秩。差歙州婺源县。丁金紫公尤,服除,知越州剡县。用年老升朝,赐五品服。秩满,差通判龙州,未行,户部辟主管在京左厢店宅务。又通判海州、唐州,旋提点西京崇福宫,再提点江南太平观。渊圣即位,覃恩转朝义大夫,赐三品服。今上嗣历,覃恩转左中奉大夫,遇郊恩封南丰县开国男,食邑三百户。公解褐入仕,历五朝六十年而归禄告老。绍兴乙卯,某为温州判官,公之子行中通守是邦,决除秕政,利敏难事,而又论议跸厉,志行峻洁,无一分巧宦计,僚士窃议,是必名教积习所致者。或曰:"此南丰符中奉子也。"中奉一生静退,雅不与躁进者争急流,至其耿耿胸次者,则贲育不能折。枢密吴公居厚尝荐之于朝,且使见宰相。公曰:"筦库何伤!自媒求进,其伤实多。"终户部官,足不至时政之门。逮题舆海邦,专务简约,凡推剥刻深之政,应奉媚悦之事,断然不为,而公亦低徊向老矣。某由是详公之为人。岁戊午,某备员行在所,闻公之夫人汤氏前一年卒,公已上章挂冠,亟遣书行中,慰其母夫人之尤,且使为偏侍节哀,善事中奉,致期颐安荣之养,则孝子之心尚有余乐。越庚申,行中以黄州童使君之状,为公丐神道碑矣。读其状,盖己未十二月辛酉以疾终于正寝,庚申四月己酉,已葬太平乡石榴原,合汤夫人之兆。悲哉!公为人端庄清净,有信义,无声色。蚤岁儒雅缘饰,翰林杨绘颇推重之。有《南丰居士诗》十二卷,平澹峻激,杂见于波澜动静之间,自成一家。当官号令简严,而遇繁必办,所至吏不敢逛,逛则锄尽之乃巳。民间爱慕,咸父母怀之。其在上高,尝与高安两令易,二邑之民争于境上,今犹以为美谈。晚年志意萧散,耳目聪明,对灯火读细字书。享年八十四。男五人:长建中,右承义郎、知信州贵溪县;次用中,皆前卒。大中,右迪功郎、监潭州南岳庙;行中,左朝奉郎、主管台州崇道观;幼未名而夭。女二人:长适右迪功郎、临江军清江县尉辛奭邦,次适右奉义郎、通判韶州上官闵,亦前卒。孙男十二人:勋、愿、懋、懋、慸,皆登仕郎;忞、宪、思、悥、恕、志、憁。孙女七人,皆幼。汤夫人,处士详之女,有贤行,与公齐年,归符公甲子凡一周。大中、行中才皆适用,久奉亲不肯出。每岁时,老人雍容堂上,二子帅诸妇孙子捧觞上寿,庭间炜然,人皆指为偕老之庆。呜呼!爵禄犹滋味也,人所同嗜,公独安义命,守澹泊,不为滋味所毒,而平生所享,比他人往往反为甚丰。彼有贪饕冒昧,足陷无厌之域者,一失所嗜,并与所当得者失之,闻中奉之风有愧矣。某既知公为详,而黄州之状复缄以来,其可辞?铭曰:

符氏德善,著于南丰。有闭其祥,发之自公。公之文章,以取科第。陶冶锻炼,亦传永世。公之政事,克振厥职。岂弟详明,为后之则。弗争而进,弗取而得。富贵寿考,众如公何！石榴之原,兆久窀矣。黄土苍苍,公则掩矣。镌彼金石,载此铭诗。维其邦人,实咏歌之。①

符授通判海州时间不详,《神道碑》所载通判海州前后任职时间亦不详。

符授通判海州之前,有两次任职经历。一次是"知越州剡县(今浙江省绍兴市嵊州市)。用年老升朝,赐五品服"。意思是符授已经年满60岁了,因此朝廷特赐五品服,是年应为徽宗政和五年(1115)。第二次是"秩满,差通判龙州(今广西崇左市龙州县),未行,户部辟主管在京左厢店宅务"。《宋史·徽宗本纪三》载:"(徽宗政和五年正月)甲午,改龙州为政州。"②因而符授越州剡县令秩满时间应在徽宗政和五年(1115),然后通判龙州,未行,主管在京左厢店宅务。之后最多任职3年,符授通判海州,故时间大致在徽宗政和七年(1117)之后。

符授通判海州之后唯确切时间是"渊圣即位,覃恩转朝义大夫,赐三品服"。"渊圣"即钦宗赵桓,徽宗宣和七年(1125)十二月,赵桓受禅即皇帝位,次年改元靖康。"建炎元年五月庚寅朔,兵马大元帅康王(赵构)即皇帝位于南京,改元建炎。""辛卯,尊靖康皇帝为孝慈渊圣皇帝,元祐皇后为元祐太后。"③其间符授还通判唐州(今河南省南阳市唐河县),"旋提点西京崇福宫,再提点江南太平观"。因而推测符授通判海州时间大致也为3年,即在徽宗重和二年(1119)年前后。

【海州儒学教授：陆韶之】

陆韶之(1080—1125),字虞仲,北宋钱塘(今浙江省杭州市钱塘区)人。哲宗元符三年庚辰(1100)李釜榜进士,初授复州景陵县尉。历苏州常熟县丞,宣教郎、知开德府卫南县。试教授,任真定府、海州教授。试词学兼茂科,任书局官。通判宣州,除太常丞,擢监察御史,未上,以疾致仕而卒。《宋史》无本传,行迹载宋人张守《毗陵集》卷一二《朝奉郎陆虞仲墓志铭》：

> 建炎三年(1129)春,金人犯淮南,余以史官扈属车南渡,抵钱塘,亡友陆虞仲之子景端与其仲过余,泣且请曰："不肖孤奉先君子之丧至自京师,既克葬,而未有铭。念先君子之友,无厚于君者,傥惠顾先君子之好,施及不肖孤,而赐之铭,则景端死且不朽。"余方扈跸行在,未果诺。明年冬,待罪政府。景端请益坚,念余与虞仲交久且笃,哀其生不遇而死,可悲也。乃以其实书之。
>
> 公讳韶之,虞仲其字也,世为钱塘人。曾大父滋,以高行闻仁宗朝,拜本州文学,赠宣教郎。大父逢休,不仕。父申,累赠中奉大夫。公幼孤,鞠于大父,器质严重如成人。大父卒,依诸父,皆爱重之。聪悟不凡。甫冠,举进士,为榜首。明年擢第,益刻意问学,时誉籍甚。调复州景陵尉,次苏州常熟丞,改宣教郎,知开德府卫南县。稍厌吏役,试教授,中之,除真定府、海州教授。讲说答问,多自得之旨。学晚益粹,发为文词,温厚典雅。试词学兼茂科,复首中,有旨除书局官。时宰相汩于势利,蔑

---

① 〔宋〕郑刚中：《北山文集》卷15《左中奉大夫致仕符公神道碑》,王云五主编：《丛书集成初编》,北京：中华书局,1964年,第189-191页。
② 《宋史》卷21《徽宗本纪三》,第394页。
③ 《系年要录》卷5,第131、133页。

侮寒俊,命久不下。公恬不介意,亦不为小屈。或勉之,则曰:"吾侪技有司而幸中,窃已愧矣。天子有命置之文字职,而执政者不我与,命也夫!"有直公于朝者,宰相乃曰:"彼欲自致富贵耳。"久之,除敕令所删定官。未上,会减员,罢,遂授公大晟府按协声律,公亦无愠色。或赋"简兮"讽公,公曰:"为贫而仕,岂曰能贤,矣敢沽激为高邪!"兼编集舒王遗文所检讨官。会有诏裁罢在京冗局,公敛板诣政事堂曰:"乐府有协律郎,又置按协声律,冗孰甚焉!宜罢。"后果罢。

通判宣州,且摄郡事数月,精明岂弟,吏民爱仰之。漕臣有挟宰相亲党榷剥为奸利,属邑迎意风靡,无敢迕者。时徽州新残蠲赋,俾邻郡输秫以酿,民方告病,而徽偶能自办,漕臣乃檄诸郡曰:"已取给他州矣,当以应输见偿,且转移之费斛追钱一千二百。"民益病之。公率太守张公叔夜闻于朝,宰相下其事,漕司反劾奏,夺一官。益纵褒敛无所惮,令民租以次色输十益六,及贱估均籴,追理积欠,民不堪命。一日,至宣城,公折之曰:"米之精粗,斗校十许钱尔,奈何欲十许钱取六升耶?均籴本路,唯以若干贯,不以若干石,盖朝廷不欲多取于民也。今斗米二百,而以半价售之,不太伤民矣乎?积欠尝蠲,且多亡绝,皆不可行。"漕臣怒,诬奏公四罪,寓家问中以闻。得旨冲替,人皆冤之。公自谓无愧,不复辨。由是,人益知公。时相既免,除太常丞。继擢监察御史,未上,以疾致仕而卒。

公端靖温厚,不轻愠喜,人有过失,不以挂口。燕居接下,未尝妄戏笑,见者必为之正容庄语。谈经论文,伦类该贯,妙极理致。所为诗文,以意为主,不事华靡。所著五百余篇,遭寇乱,仅存其半。贫而喜施,家人或难之,乃曰:"我贫不愈于彼耶?使我每有以予人,亦复何幸!"至于亲故婚姻,丧祭不能办,不待请而助之,坐是虽禄仕二十年,家无余资。与弟袭之,友爱特厚。妻俞氏,封安人。三男:长即景端,次景庄,次景宽。景端,迪功郎。二女,尚幼。积官至朝奉郎,赐绯衣、银鱼。宣和七年(1125)十一月二十七日,卒于京师年止四十六。景端护丧蕝于钱塘城外僧寺。建炎元年(1127)八月,陈通叛,近寺皆焚,而蕝涂所在独不及,人皆异之。以其年十月十六日壬申,葬于南山履泰乡之积庆原。铭曰:

天既生之,而弗殖之。才予之名,而复抑之。宜且有年,而又啬之。苍苍是非,谁其识之。①

陆韶之任职海州教授的起止时间可从《宋会要辑稿》选举一二之九记载推知:

宣和元年(1119)三月,贡士举院言:试词学兼茂科朝奉郎、海州州学教授陆韶之,从事郎、新冀州州学教授王俊,迪功郎、新泗州司士曹事李长民,(题曰《彰化军节度使熙州路经略安抚使授检校少保雄武军节度使制》《汉三雍颂》《新修龙德太一宫记》《唐太衍历序》)考入次等。诏依格与循两资减年外,韶之除书局官,王俊除博士,

---

① 曾枣庄、刘琳主编:《全宋文》第174册,第22—24页。按:《全宋文》与上海古籍版《毗陵集》原文皆为"除真定府海州教授",意为"海州为真定府属州",有误。《宋史》地理志载:真定府属河北西路,"庆历八年,初置真定府路安抚使,统真定府、磁相邢赵洺六州"。无"海州"之说,因而推此处的"真定府"与"海州"为并列关系。又上海古籍版《毗陵集》原文为"建炎三年春,女直犯淮南""施及不肖孤,乃赐之铭"。参见《宋史》卷86《地理志二》,第2126页;[宋]张守著:《毗陵集》,上海:上海古籍出版社,2018年,第170—172页。

李长民除宗学博士。①

这段记载的意思是,时任朝奉郎、海州州学教授的陆韶之参加徽宗宣和元年(1119)三月的词学兼茂科考试,与王俊、李长民皆"考入次等",根据规定可提前两年晋升职务,陆韶之任书局官。因而可推知,陆韶之任职海州州学教授的起止时间为徽宗政和八年(1118)至宣和元年(1119)三月。

在这次考试中,陆韶之作《新修龙德太一宫记》,载南宋人王应麟撰《玉海》卷一五八:

> 臣窃惟皇帝陛下,修诚悫祀,祗奉上真,登秩荐飨,昭备典策。乃政和八年戊戌之岁,龙德太一宫告成。宫直都城之西北隅,实龙潜之旧邸也。仰摹宸极,一新祠庭。前殿曰"黄秘之殿",次曰"统元之殿",次曰"神贶之殿",门曰"黄秘之门"。高真象设,次序分布,栋宇缪轕,甍桷飞骞,栖金浮翠,蔚跂崷崒。远而望之,祥烟佳气,若与庆霄,连接上下。既成,銮舆幸焉。躬执荐告之礼,祈为苍生致福。已而,敷大宥于天下,又诏儒臣为之记。而臣浅陋,得以笔札待罪,辞不获命。谨拜手稽首而言曰:"紫宫深严,天极当中,其一明者,太一常居。太一,盖天地之最贵者也。列宿森拱,五精密辅,天一犀锋,终旗晻暧。招摇左麾,摄提右楗,阳魂阴魄,上下承临。为一为九,称号随异,冥枢恍惚,靡得测知。而五福太一者,其十种之一也。运行有时数,次舍有分野。直其所临之方,则诸福往集,岁穰民阜,兵寇寝息。盖上天孚佑,下土以助,有天下国家者,致福于斯民也。我宋之兴,太宗肇建宫于东郊,仁宗复立宫于西郊,随其迁次,以昭奉事。逮神考在位,则又迎致中都,即都城而立宫焉。然则,祖宗致福斯民之意,概可见矣。今陛下嗣服膺统,而著雍阉茂之岁,太一适临于乾维。是岁,天道多在西北。元命之辰,兴王之地,适然契合。新宫之成,真莫大之庆。庞禧繁祉,是降是集,天子万年,子孙千亿。神灵之应如此,其意固可默谕矣。抑臣尝谓,乘时任数,集福于圣躬者,太一之福敷锡于天下,无东西南北之异者,陛下也。作新馆,御饬躬修款,意在于均福生民。所谓敷锡之于天下者是已。德意所在,虽不待户晓,而人皆知之。顾臣为记以诏万世,亦不敢略此。抑臣又尝闻周家文武之君,能下下以成其政,于时归之。《诗》曰:'俾尔单厚,俾尔多益。'继之言文武之事,其说以谓文武不自厚而厚下,故为天下所厚;不自益而益下,故为天下所益。福禄来归,文武固不得而辞之也。今陛下承太一贶施,其得福禄,亦当如天保所赋者。臣于此不能复赘其辞矣。"②

【沭阳县尉:王师心】

王师心(1097—1169),字与道,北宋婺州金华(今浙江省金华市)人。徽宗政和八年戊戌(1118)王昂榜进士,初授迪功郎、海州沭阳县尉。历知福州长溪县,太府寺丞,权工部侍郎,知袁州、泸州、洪州、江南西路安抚使,敷文阁待制、知荆南府、荆湖北路安抚使,显谟阁直学士、知绍兴府事、兼浙东安抚使,提举江州太平兴国宫。以左朝奉大夫致仕,卒年七十三。王师心生平详载《显谟阁学士王公墓志铭》,收录于宋人汪应辰《文定集》卷

---

① 《宋会要辑稿》选举12之9,第5499页。
② [南宋]王应麟撰:《玉海》卷158,文渊阁《四库全书》第947册,第144-145页。

二三：

公讳师心，字与道，世为婺州金华人。曾祖惟尧，故不仕。祖本，故赠宣教郎。考登，承议郎，赠特进；妣陈氏，太原郡夫人。公幼敏悟强记，而静重如成人。未冠，游乡校，数试艺，有声。登政和八年（1118）进士第，授迪功郎、海州沭阳县尉。时承平久，郡县无备，河北剧贼宋江者，肆行，莫之御，既转掠京东，径趋沭阳。公独引兵，要击于境上，败之，贼遁去。诏改承奉郎、监信州汭口排岸。丁外内艰。服除，绍兴元年（1131），知福州长溪县。政事详明，民便安之。盗起建宁，官军由永嘉浮海入闽讨之。道长溪，供亿百出，仓卒间皆不扰而办。宣抚使贤之，并以治状闻，除太府寺丞。寻例，罢职事官之待阙者，除干办诸司审计司，行大理寺丞。九年，金人以侵疆来归，诏签书枢密院事之臣往使陕西，宣谕德意，辟公干办公事。时多谓和好可久，公赞画之际，力陈敌必渝盟，宜蚤为备。初，大食国遣满亚里入贡，而广东市舶司例计置回赐，官吏并缘侵刻，讼久不决。诏公同御史往广州即讯，狱乃竟。除将作少监，迁枢密院检详诸房文字、右司左司郎中。十三年，郊祀，以为提点一行事务，迁权工部侍郎。充大金贺生辰使，还，未几，出知袁州。公勤于吏事，动有绳墨，州素匮乏，公撙节浮滥，检柅欺隐。久之，廪库盈溢。方秦丞相用事，监司郡守类，献羡余以希进。或谓公盖献诸，公笑不答，则以贷贫民之逋租者，犹沛然有余积也。寻提举江州太平兴国宫。二十三年，浙东大旱，衢州饥民啸聚，虽颇捕获，犹未定。则起公知州事，公镇以安静，民复安堵如故。时士大夫往往以告讦为功。通判州事汪召锡掎摭宗室令衿语言，以为谤讪。公闻而劝止之，不听。令衿谪居汀州，且置狱，通判迫其行，人无敢过门者，公独遣人慰安而阴调护之。除知泸州，中途改知洪州，充江南西路安抚使。转运判官张常先，笺注前帅张宗元所与张丞相诗，言于朝，欲并中之。狱辞所连，逮百余家。公随事救庇，赖以免者为多。会秦丞相薨，事亦熄。上躬揽权纲，一新政事，凡昔之无良，其挟持附丽以逞者，次第谴斥。于是，公独以不倚见知，除敷文阁待制、知荆南府、荆湖北路安抚使。湖南凋散久，流逋未复。公悉力拊摩，户口日增。奏言湖南上流重地，而兵力单弱，顷年茶商弄兵，一道骚然。乞分鄂渚重兵留屯，以示形势。从之。召为户部侍郎。上劳问甚渥，且曰："卿以不附秦桧，故去国久，朕知卿，未尝忘也。"公因奏，宜塞幸门，开言路。上语及国用，公谓生财不如节用，所条陈甚悉。又言："鄂渚戍兵市马北境，宜禁止之，以窒边衅。鼎、澧、归、峡产茶，民私贩入北境，利数倍，自知盐法，不复顾藉，因自弃为盗。由引钱太重，贫不能输，故抵此。乞别创凭由，轻立售价，既开其衣食之门，民必悔过改业。庶几，化诱愚民，消弭群盗。"上然之。迁给事中、兼详定一司敕令、兼侍读，迁权吏部尚书。进读《三朝宝训》终篇。公奏祖宗创业垂统，所以长虑却顾，为子孙万世计甚备。熙宁大臣，私意改作，流毒至今，不可不监。又奏帝王之于史，其要在于观得失，究治乱，今进读《汉书》，愿摘切于治体者读之。诏可。公从容进退，所以致尽规之义者，前后非一，恳切详尽，上皆嘉纳焉。二十八年，浙东水灾，上忧之，以公为显谟阁直学士、知绍兴府事、兼浙东安抚使。既至，询究疾苦，宽逋责，赈乏绝，民以不流亡。显仁皇后攒宫事毕，进显谟阁学士。时有献议者，持阴阳家说，欲于攒宫旧禁之外，广立四隅，以二十里为禁域。其间坟墓当徙者,殆且千数。公具奏言其不便。诏遣御史按验,获免者七百六十有奇。荐献之物,旧取于民,公谓圣孝通于神明,荐献极其诚敬,岂宜使民劳费,请以上供钱给其直。从之。和买缯绢,以资产为多寡之差,而县各不同,会稽偏重尤甚,公奏请捐之,后亦略如公言。三十年,知福州,充福建路安抚使。时敌有渝盟入塞意,道路汹汹。公早夜忧念,至忘寝食,条上三事:一曰求人材。谓任贤使能,乃自治之要,愿委宿望实才以筹边。二曰通下情。谓建炎维扬之难,起于臣下壅蔽,敌压境而不知,今当以为戒。三曰择将帅。谓朝廷宿将,军中新进,不为无人,愿加简拔。复移书执政,以蜀远缓急不能相应,请增重帅臣之权,使得以便宜从事。又请推行州县巡社法,以防盗贼。朝廷悉施行之。汀州鬻盐峻暴,民惊扰啸聚,州辄遣兵捕戮,复疑平民与关通,械系之,欲论以重辟。录事参军刘师尹争不能得,致仕去。公移文释其囚,荐师尹于朝。于是,州之守贰皆坐罢,而师尹复仕。今上隆兴元年(1163),提举江州太平兴国宫。二年,知湖州。时水旱之余,疾疫大作,道殣相属。公既为粥以食饿者,又遣僚属劝分,多所全活。乾道元年(1165),提举江州太平兴国宫。再上章告老,乃进左朝奉大夫致仕。五年十有二月戊戌,薨于里第,年七十有三,诏赠特进。六年十有一月甲申,葬于金华惠日乡常乐寺之东原。

公娶曹氏,封淑人。六子:涣,右通直郎、前权通判宁国府事;洗,右宣教郎、前福建路提举市舶司干办公事;浤,右承事郎、新两浙西路提点刑狱司干办公事,出后公之长兄师醇;注,右迪功郎、新监行在太平惠民局;淑,先亡;汾,右承务郎。三女,适仕族。孙男七人:柄,右承务郎;楷、杞、枏、梓、樕、朴。孙女十二人。曾孙男一人。公敦厚宽裕,词气穆然。不见喜愠,遇事精详。必审其可而后发,不为表襮,以求赫赫。抚兄之孙,如己子。族女之贫,不能行者,皆使之有归。虽自奉养俭薄,而亲旧困乏皆周之,久益不厌。既退居,自号适翁,所著诗文章奏藏于家。自公仕宦五十余年间,世之变故多矣,士方随时炎凉而为之俯仰,竭其巧力,以趋势射利,其他一切不暇顾恤也。公更阅夷险,出入中外,恬静凝重,雅有常德。表里相副,终始如一。而从容进退,自适其适,康宁寿考,郁为宿望。《洪范》所谓福者,殆无憾焉。观公之本末,其念虑操履,所以感应召致,夫岂偶然者哉!铭曰:

恂恂王公,率履由衷。不矫为异,不阿为同。在西柄臣,欲人同已。利诱威胁,翕然风靡。时方掊克,争进羡余。公散其积,代民逋租。时方告讦,人莫自坚。公独哀矜,劝以无然。皇明独断,屏除群邪。公以不倚,帝庸褒嘉。国计之重,尔其开阖。朕命之严,尔其出纳。乃侍经席,乃长天官。乃眷大邦,于蕃于宣。寒暑贸迁,谁能不移。中外出入,谁能具宜。公惟一意,秉此常德。更阅事变,其仪不忒。进退有余,寿考且宁。归安斯丘,始终哀荣。天道与善,人或疑之。视履考祥,其观此诗。①

王师心初为海州沭阳县尉时间为进士及第,即徽宗政和八年(1118),离任时间为三

---

① [宋]汪应辰:《文定集》卷23《显谟阁学士王公墓志铭》,文渊阁《四库全书》第1138册,第807-810页;曾枣庄、刘琳主编:《全宋文》第215册,第270-273页。

年后,即宣和三年(1121)。

北宋徽宗重和二年/宣和元年己亥(1119)

海州团练副使	孟揆	海州兵马钤辖	赵子庄
海州通判	刘居实		

【海州团练副使:孟揆】

孟揆(生卒年不详),祖籍分宁(今江西修水)人。历官都水使者、吏部侍郎、工部侍郎、龙图阁直学士、提举亳州明道宫、中奉大夫、光禄大夫等,知蕲州,历海州团练副使、郴州安置,黄州团练副使、永州安置,白州别驾、本州岛安置等。

孟揆的父亲孟昌龄有五子,孟揆是长子,另外四子分别为次子孟持、三子孟扬、四子孟扩、五子孟扶。孟氏家族在徽宗朝相继在都水监任职,长达二十多年。《宋史·河渠志三》载:"靖康元年(1126)二月乙卯,御史中丞许翰言:'保和殿大学士孟昌龄、延康殿学士孟扬、龙图阁直学士孟揆,父子相继领职二十年。'"①

孟昌龄(生卒年不详),《系年要录》载其为开封(今河南省开封市)人②。历官右宣德郎、提举措置官、朝请大夫、都水使者、中散大夫、将作少监、工部侍郎、户部侍郎③、户部尚书兼详定一司敕令④、延康殿学士、保和殿大学士、银青光禄大夫等。

孟昌龄乃哲宗朝皇后近亲,因此屡获推恩。哲宗元祐七年(1092),孟昌龄任右宣德郎时曾获推恩。据苏辙《龙川略志》卷六《皇后外家皆当推恩》载:"三省又具内殿崇班孟固、三班奉职孟陲、右宣德郎孟昌龄、荥阳县尉董桓皆以皇后亲,乞赴阙朝贺,今纳后礼毕,恐当择其亲近,依景祐元年曹传、曹佑例转官……皇后诸亲,将来年例恩典,自可渐及也。"⑤政和四年(1114)孟昌龄因治河有功获推恩,《宋会要辑稿》方域一五之二六:"十一月七日,都水使者孟昌龄奏:'伏政和四年经过夏秋涨水,河流上下并行中道,亦无泛溢紧急去处,堤岸平安。伏乞宜付史馆及称贺。'诏送秘书省,许拜表称贺,官吏依条推恩。""内孟昌龄许回授本宗有官、有服、亲人、吏等第支赐。"⑥

徽宗崇宁元年(1102),蔡京拜相,孟昌龄与蔡京关系密切。初任都水监丞,据《宋会要辑稿》方域一六之三二载:"徽宗政和二年(1112)十月四日,朝请大夫、行都水监丞孟昌龄奏:'承朝旨开淘含晖门外白沟河,寻就用创修堤岸人兵开淘了当,开堰放水,依旧通流。除昌龄乞不推恩外,具到官吏诸色人职位、姓名、功力等第。'"三年(1113)八

---

① 《宋史》卷93《河渠志三·黄河下》,第2315-2316页。
② 《系年要录》卷50,第1036页。
③ 按:政和"六年(1116)闰正月二十六日,户部侍郎孟昌龄言"事。参见《宋会要辑稿》职官54之29,第4483页。
④ 按:政和六年(1116)"六月五日,户部尚书、兼详定一司敕令孟昌龄等奏"事。参见《宋会要辑稿》刑法1之29,第8242页。
⑤ [宋]苏辙:《龙川略志》卷6《皇后外家皆当推恩》,丛书集成初编,第24页。
⑥ 《宋会要辑稿》方域15之26,第9583页。

月十九日,"诏提举措置官孟昌龄特转一官,仍许转行中散大夫、行将作少监"①。后受蔡京委任为都水使者,《宋史·蔡京传》载:蔡京"任孟昌龄为都水使者,凿大伾三山,创天成、圣功二桥,大兴工役,无虑四十万"②。任职时间当在"政和四年(1114)十一月"之前,因为《宋会要辑稿》方域一三之二五载:政和四年(1114),"十一月二日,都水使者孟昌龄言"事③。

孟昌龄与"苏门四学士"之一的黄庭坚还是郎舅关系,黄庭坚曾撰文对孟昌龄的三子孟扬和五子孟扶进行劝学。"孟扬,分宁人,扶弟,黄庭坚之甥。庭坚作《劝学》赠之,勉其奋发,以光前人。"④《山谷集》卷二十《劝学赠孟甥扶扬》记载了劝学的全文:"轲辟杨墨,功愈于禹,仲子论诗,汔绍厥绪。喜凿言易,亦自名家,一姓几坠,光绵其瓜。嘉出江夏,处浊而清,河润九里,外孙渊明。云卿浩然,爰及郊简,三诗连蹇,尚书则显。咨尔孟孙,望洋汉唐,其勤斯文,对前人光。"⑤此处记载孟昌龄三子孟扬为"分宁人",即今江西省修水县人,黄庭坚亦为分宁人,与孟昌龄结为姻亲,可见孟昌龄家族为分宁人的证据比较确凿。而《系年要录》卷五十记载孟昌龄为开封人,应该是误将孟昌龄为官的北宋都城汴梁(即东京开封府)作为了他的籍贯。

《宋史·河渠志三》载:五年(1115)七月,"昌龄迁工部侍郎"。从"十一月丙寅,都水使者孟揆言"⑥事,可知孟揆是年接替其父成为都水使者。孟揆在任职都水使者之前应该在都水监任职较长时间,期间还曾被李纲推荐为"干当舟船"。据李纲《梁溪集》卷五十一《乞差孟揆干当舟船札子》载:"臣契勘将来控扼河津,合通南北道,勾集舟船事务不少,欲乞差孟揆充军前构当舟船事,务贵得办集合具奏,知取进止。御笔:依奏。"⑦

孟揆四弟孟扩在其父孟昌龄担任工部侍郎期间,也于政和六年(1116)左右"提举三山天成桥河事"⑧,并在之后"以户部尚书孟昌龄奏,三山河桥经今涨水过,并无疏虞,其官吏委有劳效,乞行推赏故也"而"减三年磨勘"⑨。

《宋史·河渠志三》载:政和七年(1117),"六月癸酉,都水使者孟扬言"⑩事,可知孟扬最迟在该年已经接替孟揆任都水使者,并一直任职到宣和五年(1123)⑪。李之亮在《宋代京朝官通考》(五)中认为孟揆任都水使者的时间持续到宣和五年(1123),并将孟扬记作孟佶,在按语中加以确认,但无史料支撑⑫,皆误。

---

① 《宋会要辑稿》方域16之32,第9606页。
② 《宋史》卷472《蔡京传》,第13726页。
③ 《宋会要辑稿》方域13之25,第9546页。
④ 李致忠:《〈东京梦华录〉作者续考》,《昌平集》,上海:上海古籍出版社,2012年,第120-124页。
⑤ [宋]黄庭坚:《山谷集》卷20《劝学赠孟甥扶扬》,文渊阁《四库全书》第1113册,第199页。
⑥ 《宋史》卷93《河渠志三·黄河下》,第2313-2314页。
⑦ [宋]李纲:《梁溪集》卷51《表札奏议十三》,文渊阁《四库全书》第1125册,第918页。
⑧ 《宋会要辑稿》方域13之25,第9546页。
⑨ 《宋会要辑稿》方域15之27,第9583页。
⑩ 《宋史》卷93《河渠志三·黄河下》,第2314页。
⑪ 按:宣和五年(1123),"十一月二十九日,都水使者韩栩奏"事,详见《宋会要辑稿》方域15之31,第9586页。
⑫ 李之亮:《宋代京朝官通考》(五),成都:巴蜀书社,2003年,第546-547页。

《宋史·徽宗本纪三》载：徽宗政和七年（1117）十二月庚午，"命户部侍郎孟揆作万岁山"①。"以象余杭之凤凰山，号'万寿山'，后因'神降有艮岳排空'之语，因名'艮岳'。"起因是"上之初即位也，皇嗣未广，道士刘混康以法箓符水入禁中，建言宫城西北隅地协堪舆，倘形势加以少高，当有多男之祥。始命为数仞岗阜，已而，后宫占禖不绝，上甚喜，于是，崇信道教，土木之工兴矣。一时佞幸，因而逢迎，遂竭国力而经营之"。历时二十余年，于"宣和四年（1122）始告成"②。这也直接导致方腊起义，北宋国力渐衰。

宣和元年（1119），孟揆因故被贬出京城，其父孟昌龄亦受牵连。《宋会要辑稿》职官六九之三载：宣和元年（1119）五月，"十一日，吏部侍郎孟揆与小郡。以言者论其常讽台臣，令有所论奏故也"。"十九日，新知蕲州孟揆提举亳州明道宫，又责为海州团练副使，郴州安置。以言者论列不已故也。""六月七日，孟昌龄罢兵部尚书，依旧延康殿学士、提举上清宝箓宫、提举三山河桥，坐其子揆兼臣僚上言故也。"③

孟揆在知"小郡"蕲州之前，是有机会知扬、洪二州的，但因监察御史周宪之（名武仲）的奏言而罢。据杨时《龟山集》三十六《周宪之墓志铭》载：

> 扬、洪二州阙帅，朝廷起孟揆、应安道为之。公疏言："揆昨任吏部侍郎，与邓之纲有私隙，至诈传命，令讽张朴言之，坐此贬置。安道昨知平江府，政以贿成，公纳货赂，尝为臣僚论列。究观二人，固非忠实靖共、廉良恺悌者，岂可骤当方面之重？"皆罢领宫祠。④

孟揆被贬郴州安置一个月多一点，就被召回。《宋会要辑稿》职官七七之二六载："宣和元年（1119）六月二十五日，诏郴州安置孟揆放还，令侍养。"⑤

宣和七年（1125）正月，"二十五日，诏：'保和殿大学士、银青光禄大夫致仕孟昌龄宣劳颇多，可落致仕，除醴泉观使，应恩数、人从等，并依近例施行。'"⑥致仕之前孟昌龄官复原职，制诰《孟昌龄复官制》为："禁从之臣，恩礼所厚。其负瑕玷，每怀涤除。某官夙有劳能，服在宠显。昭奸弗至，诒累维公。于稽典彝，未应甄叙。朕嘉尔勤，承业匪懈。俾还故秩，爰示殊私。益图事功，是维报称。"⑦

宣和七年二月，孟揆已经在工部侍郎任上了。据《宋会要辑稿》食货四三之十二载："二月八日，诏：'燕山阙粮，可自京师运米五十万斛，令工部侍郎孟揆亲往措置。'"另《宋会要辑稿》职官六三之一一载："（宣和）七年（1125）五月四日，臣僚言：'都水监隶工部，孟今上御名为都水使者，其兄揆为工部侍郎；……皆以亲嫌，乞令回避，已绝党附之私。'从之"。注释云：孟昌龄前三子揆、扬、持，"皆不犯帝讳；或是另有一弟名'扩'，犯宁宗（名赵扩）讳。俟考"⑧。即孟揆的四弟孟扩在这之前亦做过都水使者。

---

① 《宋史》卷21《徽宗本纪三》，第399页。
② ［宋］陈均：《九朝编年备要》卷28《作万寿山》，文渊阁《四库全书》第328册，第770-771页。
③ 《宋会要辑稿》职官69之3，第4898页。
④ ［宋］杨时：《龟山集》36《周宪之墓志铭》，文渊阁《四库全书》第1125册，第441页。
⑤ 《宋会要辑稿》职官77之26，第5155页。
⑥ 《宋会要辑稿》职官54之11，第4470-4471页。
⑦ ［宋］许翰：《襄陵文集》卷1《制》，文渊阁《四库全书》第1123册，第501页。
⑧ 《宋会要辑稿》食货43之12，第6973页；职官63之11，第4760页。

十二月,钦宗即位。次年二月十九日,孟氏父子被追责。《宋史·河渠志三》载:

> 靖康元年(1126)二月乙卯,御史中丞许翰言:"保和殿大学士孟昌龄、延康殿学士孟扬、龙图阁直学士孟揆,父子相继领职二十年,过恶山积。妄设堤防之功,多张梢桩之数,穷竭民力,聚敛金帛。交结权要,内侍王仍为之奥主,超付名位,不知纪极。大河浮桥,岁一造舟,京西之民,犹惮其役。而昌龄道建三山之策,回大河之势,顿取百年浮桥之费,仅为数岁行路之观。漂没生灵,无虑万计,近辅郡县,萧然破残。所辟官吏,计金叙绩,富商大贾,争注名牒,身不在公,遥分爵赏。每兴一役,干没无数,省部御史,莫能钩考。陛下方将澄清朝著,建立事功,不先诛窜昌龄父子,无以昭示天下。望籍其奸赃,以正典刑。"诏并落职:昌龄在外宫观,扬依旧权领都水监职事,揆候措置桥船毕取旨。翰复请钩考簿书,发其奸赃。乃诏:昌龄与中大夫,扬、揆与中奉大夫。①

实际上在这之前,孟昌龄就有强占租屋、不肯交还的劣迹。《宋史·梅执礼》载:"孟昌龄居郓质人屋,当赎不肯与,而请中旨夺之。"②梅执礼上书请旨后孟昌龄才将租住的房子交还。

四月二十二日,孟昌龄孙孟钺亦受责罚。据《宋会要辑稿》职官六九之二三载:"……开封府仪曹孟钺,……皆以蔡京、攸、王黼、王安中、孟昌龄之子弟亲戚,言者论其倾附,为之心腹,未蒙斥免,故皆责之。"③五月,"五日,臣僚上言:'顷者奸臣用事,子弟亲戚本无才学,夤缘冒宠超躐显位,其甚者已赐罢黜,有幸免者,若……孟昌龄孙、开封府仪曹孟钺,或冒从官贴职之荣,或膺任使宫祠之职,未蒙斥免,士论怫郁伏,望褫罢送吏部。'"④

但《靖康要录》也记载了另一面的孟钺。《靖康要录》卷一载:靖康元年(1126)正月十八日,"孟钺上章荐范宗尹、朱梦说,圣旨依奏,并召赴阙"⑤。《三朝北盟会编》卷一五九引《中兴姓氏录·朱梦说》也证实了这一点:"朱梦说,字肖隐,严州,博学,有为国忧民之心。……后以进士及第。靖康初,开府仪曹孟钺乞召梦说而用之,未之召及,至金人陷京师后,累迁泰州军事推官、湖北京师宣抚使。"⑥《靖康要录》卷二载:

> 孟钺上言:"臣近乞召用朱梦说、范宗尹事,已蒙俞允,天下幸甚。臣更怀迫切之诚,望赐采纳。臣闻太常少卿李纲,推孤忠自许之诚,首决天下之大事,蒙陛下处以股肱之任,虽愚懵无知之人,亦皆鼓舞欣忭,况忠直有识之士哉!今日,忽闻李纲缘用兵少挫,已蒙加罪,以常情论之,固当如此,以大事论之,则臣别有愚见。夫李纲起自孤寒,奋不顾身,施骨鲠药石之论,当披坚执锐之敌,可谓忠孝之极,人所难能也。

---

① 《宋史》卷93《河渠志三·黄河下》,第 2315-2316 页。
② 《宋史》卷 357《梅执礼传》,第 11232-11234 页。
③ 《宋会要辑稿》职官 69 之 23,第 4910 页。
④ [宋]阙名:《靖康要录》卷 5,文渊阁《四库全书》第 329 册,第 502 页。
⑤ 《靖康要录》卷 1,文渊阁《四库全书》第 329 册版,第 421 页。
⑥ 按:《续考》引用时断句出现舛误,将朱梦说"后以进士及第"断句给后面的孟钺,导致"孟钺乃进士出身"的错误结论;实际上,这一段除了"靖康初,开府仪曹孟钺乞梦说而用之"一句外,其余都是介绍朱梦说的。详见《三朝北盟会编》卷 159,第 1152 页;李致忠:《〈东京梦华录〉作者续考》,《昌平集》,上海:上海古籍出版社,2012 年,第 120-124 页。

然一人之才,安能尽千万人所长?诸葛、萧、管之亚匹也,犹有治戎为长、奇谋为短之说。然先主不以其奇谋为短而不用也,惟在人君因所长而任之耳。陛下若谓李纲短于用兵,令罢行营使则已,若更夺右丞之职,民心定不安也。非特民心不安,又恐天下知李纲缘忠正大用,以微罪重责,使贤良之士畏惧,而不敢言,壅遏之弊,自此始矣。臣窃为陛下痛惜之,伏乞始终保全,令依旧裁决大事,专一进退人才,庶少裨陛下重光之明。仍候朱梦说、范宗尹到阙,亦行大用。"奉圣旨:依奏。①

从孟钺力荐贤臣能吏范宗尹、朱梦说,力保刚刚罢尚书右丞的李纲的奏言看,似乎并不像其前辈一样"误国害民",被"放罢"是受父辈牵连,甚或极有可能是党同伐异的结果。

靖康元年(1126)六月二十七日,父子四人又被追加贬责。《宋会要辑稿》职官六九之二十载:

六月二十七日,又责授(孟昌龄)昭信军节度副使,袁州;其子扬海州团练副使,全州;揆黄州团练副使,永州安置;知磁州孟持落直徽猷阁放罢,复有论列也。②

虽然钦宗和高宗即位初皆进行了大赦,但对孟氏父子及其后代"更不收叙"。《宋会要辑稿》职官七六之三七载:

高宗建炎元年(1127)五月一日赦:"应停降诸色人等未经叙用及永不收叙人,并特与叙元职名,已迁补者,额外收补。又命官流配、编管、羁管人永不移放者,并放逐便除名,追降官资,及勒停责授散官安置;或终身不齿,放归田里及永不收叙人,并与叙元官;落职人与复旧职,折资及降等差遣人,与复本等差遣。合检举者,刑部限三日检举。惟蔡京、童贯、王黼、朱勔、李邦彦、孟昌龄、梁师成、谭稹及其子孙,皆误国害民之人,更不收叙。"③

至绍兴元年(1131)正月,孟氏一族仍"系误国害民之人""系反逆之家,更不移放"④。十二月辛未,因其母东平郡夫人靳氏以与哲宗皇后昭慈太后孟氏为亲属的理由,上奏后孟揆、孟扬才"乃许自便",得以自由。《系年要录》卷五〇载:

责授海州团练副使孟扬、责授黄州团练副使孟揆,并放令逐便。先是,扬父(即孟昌龄)责授昭信军节度副使,昌龄既卒于封州(即袁州),而扬、揆犹在岭南,朝议以其蠹国害民,累赦不宥。昌龄妻东平郡夫人靳氏以昭慈近属诉于朝,乃许自便。昌龄,开封人,宣政间与二子继任水衡。昌龄仕至保和殿大学士,扬、揆皆光禄大夫。靖康初,坐奸赃废。⑤

绍兴四年(1134),因去年八月二十五日,"侍御史辛炳言:'伏见责授黄州团练副使孟

---

① 按:"诸葛"指诸葛亮,"萧"指萧何,"管"指管仲,"先主"指刘备。《靖康要录》卷2,文渊阁《四库全书》第329册,第427页。
② 按:《靖康要录》卷6记载孟氏父子安置地点有异:"孟昌龄责授昭化军节度副使、江州安置,孟扬责授海州团练副使、池州安置,孟揆责授黄州团练副使、抚州安置"。详见《宋会要辑稿》职官69之20,第4908页;《靖康要录》卷6,文渊阁《四库全书》第329册,第537—538页。
③ 《宋会要辑稿》职官76之37,第4114页。
④ 《宋会要辑稿》刑法4之42,第8469页。
⑤ 《系年要录》卷50,第1036页。

揆论诉浔州税务不合搜检随行私盐事。"①"诏孟揆依断,特责授白州别驾,本州岛安置。"据《宋会要辑稿》食货二六之二三载:

> 六月二十三日,刑部言:"浔州奏:勘到责授黄州团练副使孟揆为令干当人作客人李俊名姓,于梧州买官盐,因贼马奔避,装载卖不尽盐过藤州、龚州,到浔州岸下,被监税韩璜捡见事发,合徒三年,私罪荫减外,徒二年半,追一官,更罚铜三十斤,入官勒停放,情重奏裁。"②

《东京梦华录》由宋人孟元老撰写,书中详细记载了12世纪初期北宋都城东京(今河南开封)的城郭、河道、街坊、市容、店肆贸易以及宫廷生活、民间习俗以及各种制度、各类杂识杂闻等,是研究北宋时期都城社会生活的重要参考史料。关于孟元老身份,清人常茂徕在《读〈东京梦华录〉跋》中第一个提出孟元老是假托即为孟揆,认为元老是孟揆的字,幽兰居士是其号,时为户部侍郎;今人孔宪易先生和李致忠先生皆认为孟元老是孟揆后辈族人孟钺③;而顾传渥也认为是孟揆,但补充道孟揆的另一个字是景初;伊永文认为是宗室子弟赵子渲;何兆泉则认为孟元老并不是伪托④。

上述史料可知孟揆任海州团练副使、郴州安置的时间为徽宗宣和元年(1119)五月,离任时间为宣和元年(1119)六月。

孟扬任海州团练副使、全州安置的时间为钦宗靖康元年(1126)六月,离任时间不晚于高宗绍兴元年(1131)正月。

【海州通判:刘居实】

刘居实(生卒年不详),字德充,生平史载阙,徽宗重和二年(1119)前后通判海州,事载连云港市花果山郁林观石刻群《通判海州刘居实题名》石刻⑤。徽宗重和二年(1119)二月十一日,通判海州刘居实(字德充)到海州属县东海县所在的苍梧山(今云台山)巡视,路过妙云观,登上狮子岩,来到郁林观稍事休息后,到海清寺投宿。该石刻即记录了刘居实这一行程,恰似一篇简练有章的游记。

【海州兵马钤辖:赵子庄】

赵子庄(生卒年不详),生平史载阙,徽宗宣和二年(1120)前为海州兵马钤辖,仅见海州白虎山《张叔夜题名》石刻(参见"北宋徽宗大观元年丁亥海州知州张叔夜"条)。

---

① 《宋会要辑稿》食货26之15,第6564-6565页。
② 《宋会要辑稿》食货26之23,第6568页。
③ 孔宪易:《孟元老其人》,《历史研究》1980年第4期,第145-148页;李致忠:《〈东京梦华录〉作者续考》,《昌平集》,第120-124页。
④ 顾传渥:《何人孟元老》,《南充师院学报》(哲学社会科学版)1981年第1期,第17-22页;伊永文:《孟元老考》,《南开学报》(哲学社会科学版)2011年第3期,第78-86页;何兆泉:《〈东京梦华录〉作者问题考辨》,《浙江学刊》2015年第5期,第37-43页。
⑤ 连云港市重点文物保护研究所编:《石上墨韵——连云港石刻拓片精选》,上海:上海古籍出版社,2013年,第40页。

北宋徽宗宣和二年庚子（1120）

海州知州	张叔夜	朐山县令	阎质
海州兵马钤辖	赵令懋	权朐山县尉	王大猷
海州司法参军	王冶	朐山县主簿	赵泽
		怀仁县主簿	蒋全

【海州知州：张叔夜】

参见"北宋徽宗大观元年丁亥（1107）海州知州张叔夜"条。

【海州司法参军：王冶】

王冶（—1133？），生平史载阙，徽宗宣和二年（1120）前后为海州司刑曹，即司法参军，仅见白虎山《张叔夜题名》石刻所载（参见"北宋徽宗大观元年丁亥（1107）海州知州张叔夜"条）。嘉庆《海州志·职官表一》载："王冶，宣和二年任，见白虎山石刻。"

另见地方志中载有名为"王冶"的几条史料，虽未见与海州"司刑曹王冶"的直接联系，但据其任职时间推算，可能属同一人。

高宗建炎三年（1129），王冶知象山县（今浙江省宁波市象山县），事载宋罗浚《宝庆四明志》卷二一《象山县志·县令》："王冶，建炎三年。"①

王冶知南恩州（州治在阳江县，今广东省阳江市），事载宋人姚宽《西溪丛语》卷下："王冶知南恩州，其子苌臣云：'海边有石山觜，每蟹过之，则化为石，蛇亦然。'"②王冶知南恩州时间在高宗绍兴三年（1133）前后，事载清道光《肇庆府志》卷八《古迹志》："望海台，在阳江县南六里。《大清一统志》：宋绍兴三年（1133），知州王冶建，久废。宋胡铨《登望海台》诗：'君恩宽逐客，万里归听来。未上凌烟阁，聊登望海台。山为翠涛涌，潮拓碧天开。目断云飞处，终身愧老莱。'"③卷一六《宦绩》载其本传："王冶，字元化，太原人。绍兴初，知南恩州，仁厚勤敏。值岁荒，发粟赈饥，存活甚众。盗贼窃发，练兵以拒之，人赖以安。暇则诣学课，励生徒，以厚风俗。没后，州人立祠祀之。"④清郝玉麟《广东通志》卷五三《古迹志》亦载王冶祠："王守祠（位于阳江县），州人祀宋守王冶，今改，其址莫详。"⑤

据上述资料可知，王冶，字元化，太原（今山西省太原市）人。历海州司法参军（即司刑曹），象山令，知恩州，卒于官，大约在高宗绍兴三年（1133）后二三年。

【朐山县主簿：赵泽】

赵泽（生卒年不详），字季思，北宋郑州（今河南省郑州市）人，生平史载不详，生活年代为哲宗末、徽宗、钦宗及高宗朝。历迪功郎、海州朐山县主簿，赠承议郎。

---

① ［宋］罗浚：《宝庆四明志》卷21《象山县志·县令》，文渊阁《四库全书》第487册，第327页。
② 按：原文为"王冶"。［宋］姚宽：《西溪丛语》卷下，文渊阁《四库全书》第850册，第961页。
③ ［清］道光《肇庆府志》卷8《古迹志》，上海：上海书店出版社影印本，2010年，第283页。
④ ［清］道光《肇庆府志》卷16《宦绩》，上海：上海书店出版社影印本，2010年，第564页。
⑤ ［清］郝玉麟：《广东通志》卷53《古迹志》，文渊阁《四库全书》第564册，第510页。

赵泽任海州朐山县主簿，事载宋人刘宰为其孙赵蕃所撰《章泉赵先生墓表》，收录于《漫塘集》卷三二，其中载有"先生姓赵氏，讳蕃，字昌父。其先自杭徙汴，由汴而郑。南渡，居信之玉山。曾祖旸，朝散大夫、直龙图阁，提举江州太平观；祖泽，迪功郎、海州朐山县主簿，赠承议郎；父涣，奉议郎、通判沅州，赠朝奉郎"①。赵蕃（1143—1229），字昌父，号章泉先生，以曾祖赵旸致仕恩入仕，官至直秘阁，《宋史》卷四四五有赵蕃本传②。

赵泽字季思，来自南宋词人辛弃疾应赵蕃之邀赋词《哨遍·池上主人》，在题记中记述赋词缘由时所提及："赵昌父之祖季思学士，退居郑圃，有亭名'鱼计'，宇文叔通为作古赋。"邓广铭先生笺注《哨遍·池上主人》时引宋人周必大《平园续稿·跋鱼计亭赋》：

> 蜀人宇文公虚中，为荥阳赵公敏作《鱼计亭赋》，引物连类，开合古今，深得东坡、颍滨之笔势。……赵公子彦思，熙宁六年（1073）进士。其子讳旸，字义若，绍圣元年（1094）甲科。子泽，终朐山簿，生涣，终奉议郎，通判沅州。③

依此可知，赵泽父赵旸（生卒年不详），字义若，哲宗绍圣元年甲戌（1094）毕渐榜进士，出生时间大致在神宗熙宁三年（1070）前后。赵泽子赵涣（生卒年不详），奉议郎、通判沅州。推测赵泽出生时间大致在哲宗绍圣年间，即其父赵旸进士及第（1094）前后。主簿为低阶官员，极有可能是初仕官。即赵泽任职海州朐山县主簿时间在进士及第初仕或以恩荫官时，即徽宗宣和年间（1119—1125）。

【海州兵马钤辖：赵令懋】【朐山县令：阎质】【权朐山县尉：王大猷】【怀仁县主簿：蒋全】

赵令懋为海州兵马钤辖，阎质为朐山令，王大猷权朐山尉，蒋全为怀仁主簿，时间皆在徽宗宣和二年（1120）前后，仅见海州白虎山《张叔夜题名》石刻（参见"北宋徽宗大观元年丁亥海州知州张叔夜"条），嘉庆《海州志·职官表一》载："（以上职官）徽宗宣和二年任，见孔望山石刻。"

北宋徽宗宣和三年辛丑（1121）

| 海州团练副使 | 陈过庭 | 东海县令 | 刘逢 |

【海州团练副使：陈过庭】

陈过庭（1071—1130），字宾王，本名扬庭，出使辽国时徽宗改赐今名，越州山阴（今浙江绍兴）人，绍圣年间中进士第，初为馆陶（今河北省邯郸市馆陶县）主簿。历官澶州教授，知中牟县，宗子博士，祠部、吏部、右司员外郎，太常少卿、起居舍人，中书舍人，礼部侍郎，御史中丞兼侍读，海州团练副使，黄州安置，集英殿修撰，兵部侍郎，礼部尚书，尚书右丞，中书侍郎等。使契丹时被拘于军中，卒后赠开府仪同三司，谥忠肃。《宋史》卷三五三本传载：

> 陈过庭，字宾王，越州山阴人。中进士第，为馆陶主簿、澶州教授、知中牟县，除

---

① 曾枣庄、刘琳主编：《全宋文》第 300 册，第 319—321 页。
② 《宋史》卷 445《赵蕃传》，第 13146 页。
③ ［宋］辛弃疾著，邓广铭笺注：《稼轩词编年笺注》下，上海：上海古籍出版社，2018 年，第 710—712 页。

宗子博士。何执中、侯蒙器其才,荐之,擢祠部、吏部、右司员外郎。使契丹,过庭初名扬庭,辞曰,徽宗改赐今名。时人或传契丹主苦风痹,又箭损一目,过庭归证其妄,且劝帝以边备为念。迁太常少卿、起居舍人。

宣和二年(1120),进中书舍人;才七日,迁礼部侍郎;未尽一月,又迁御史中丞兼侍读。睦(睦州,方腊起义后改名严州,今杭州淳安)寇(指方腊)窃发,过庭言:"致寇者蔡京,养寇者王黼,窜二人,则寇自平。又朱勔父子。本刑余小人,交结权近,窃取名器,罪恶盈积,宜昭正典刑,以谢天下。"由是大与权贵迕,翻陷以不举劾之罪,罢知蕲州。未半道,责海州团练副使、黄州安置。三年(1121),得自便。

钦宗立(靖康元年,1126),以集英殿修撰起知潭州;未行,以兵部侍郎召,在道除中丞。初入见,帝谕以国家多难,每事当悉意尽言。于是节度使范讷丐归环卫,过庭因言:"自崇宁以来,建旄钺者多不由勋绩,请除宗室及将帅立功者,余并如讷例。"又乞辨宣仁后诬谤。姚古拥兵不援太原,陈其可斩之罪七,窜诸岭表。进礼部尚书,擢右丞、中书侍郎。议遣大臣割两河(指河东、河北)与金,耿南仲以老、聂昌以亲辞。过庭曰:"主忧臣辱,愿効死。"帝为挥涕叹息,固遣南仲、昌。及城陷,过庭亦行,金人拘之军中,因留不得还。

建炎四年(1130),卒于燕山,年六十,赠开府仪同三司,谥曰忠肃。①

《宋会要辑稿》职官四之二二载:徽宗政和七年(1117),"五月十日,中书省言:'勘会左、右司点检都茶场务收茶息钱及五百万贯,通共一千五百万贯,除都茶务官吏已推恩外,其本司官吏未曾推恩。'诏:'左、右司官各转一官,……朝散大夫、尚书右司员外郎陈过庭可特授朝请大夫。'"②

《九朝编年备要》卷二九载:徽宗宣和二年(1120),"十二月,以陈过庭为御史中丞"③。《宋史·徽宗本纪四》载:宣和三年(1121)五月三十日,"陈过庭、张汝霖以乞罢御前使唤及岁进花果,为王黼所劾,并窜贬"。陈过庭"罢知蕲州,未半道,责海州团练副使、黄州安置"。④

《宋史·宰辅表三》载:钦宗靖康元年(1126)八月二十六日,"陈过庭自太中大夫、试礼部尚书兼侍读除尚书右丞"。十一月十六日,"陈过庭自太中大夫、尚书右丞除中书侍郎"⑤。《宋宰辅编年录》卷一三载《陈过庭尚书右丞制》:

> 天下之事,会于文昌。惟时二丞,其责甚重。自昔方于管辖,实大总于纪纲,非练达国体守正不挠者,乌能胜其任哉。具官:陈过庭,聪明疏通而密于世用,信厚刚果而辅以学术。蚤生华于近列,荐执法于中司。险夷惟罄于一心,终始不亏于素履。乃摅忠奋,首建谠谋。了无比奸之私,具见弗欺之守。是用,擢于宗伯,进贰中台,序进文阶,增陪多邑尔。其体予一人,付托之意,慰彼四海倾望之情。以疆场之患,未

---

① 《宋史》卷353《陈过庭传》,第11139-11140页。
② 《宋会要辑稿》职官4之22,第3106页。
③ [宋]陈均:《九朝编年备要》卷29,文渊阁《四库全书》第328册,第786、788页。
④ 《宋史》卷22《徽宗本纪四》,第408页。
⑤ 《宋史》卷212《宰辅表三》,第5535-5536页。

殄为己忧；以生灵之困，未苏为己任。祖宗之法度未复，则务在于讲明；上皇之诏令未孚，则宜思于遵奉。惟举从于公议，庶浸格于丕平。往惟钦哉，无替朕命。"①

在这之前，南宋朝廷"时弃三镇（指中山、太原、河间）之议犹豫未决，而金使王芮在馆，且闻金人渡河之报日急，遂决弃三镇"②。

十一日壬午，御批：金人欲割地须两府二人，各令自陈。陈过庭以'主忧臣辱'首自请行，唐恪、冯澥皆依违不对，耿南仲以老辞，聂昌以亲老辞。寻出御批曰：过庭忠谊可嘉，特免奉使。差辞免人耿南仲、聂昌日下出门。十一月己卯，金人乞再遣使臣之两河督割地界，朝廷先命中书侍郎陈过庭往，金人拘之军前。初，过庭请行，上挥涕叹息，谕之不果，遣且手札嘉奖。及城陷，卒遣过庭行。二圣北狩（指靖康二年（1127）二月徽钦二宗同为金军所掳北上）。过庭已在河北，固留不遣。③

《宋史·高宗本纪二》载：建炎二年（1128）三月丙午，遥授"中书侍郎陈过庭为资政殿大学士"④"提举江州太平观，以须其归。四年（1130）冬，有近臣还自敌中，具道过庭守节不挠状，且言是年六月卒"⑤。

"绍兴元年（1131）四月己巳，参知政事秦桧言：'昨与何㮚、孙傅、陈过庭、张叔夜同扈二圣北狩，今臣偶获生还，而四人皆死异域，望依聂昌例赠官，仍给其家，以为死事者之劝，诏并特赠开府仪同三司，各与十资恩泽。'"⑥"谥忠肃。"⑦

陈过庭为人正直，不避权贵，任御史中丞期间多次行使弹劾权力，将蔡京、童贯、姚古等拉下马。《宋会要辑稿》职官六九之二三载：靖康元年（1126）四月，"十七日，蔡京移衡州安置，童贯责授昭化军节度副使，郴州安置。御史中丞陈过庭言'蔡京、王黼、童贯造为乱阶，均犯大恶，然窜殛之刑独加于黼，而京、贯止于善地安置，罪同罚异'故也"。之二四载："二十九日，诏'蔡京、童贯、朱勔久稽典宪，众议不容，京可移韶州，贯移英州，移循州，攸责授节度副使，永州安置'。以御史中丞陈过庭论列不已也。"之二五载：六月，"二十七日，诏河东制置使姚古责授节度副使，广州安置。以御史中丞陈过庭论古：'自太原被围，古提重兵于威胜、隆德逗遛弗进，致种师中之失利。虏方围太原，未有一骑一卒敢窥南北关，古辄退师，威胜士庶叩马恳诉，愿共守御，古乃夜半遁去。'故有是责"⑧。

陈过庭为官清廉，因与堂妹夫许景衡任职有直接隶属关系而上奏回避。《靖康要录》卷五载：靖康元年（1126）五月六日，"御史中丞陈过庭奏：'新除右正言许景衡乃臣同堂妹夫，早晚供职，于台谏事相关联，同在言路，实有妨嫌，欲乞罢免中丞职事。'奉圣旨，许景衡除太常少卿，殿中侍御史徐秉哲行右正言"⑨。

---

① [宋]徐自明：《宋宰辅编年录》卷13，文渊阁《四库全书》第596册，第487-488页。
② [宋]徐自明：《宋宰辅编年录》卷13，文渊阁《四库全书》第596册，第489页。
③ [宋]徐自明：《宋宰辅编年录》卷13，文渊阁《四库全书》第596册，第491-492页。
④ 《宋史》卷25《高宗本纪二》，第455页。
⑤ [宋]徐自明：《宋宰辅编年录》卷13，文渊阁《四库全书》第596册，第491-492页。
⑥ [宋]徐自明：《宋宰辅编年录》卷14，文渊阁《四库全书》第596册，第512页。
⑦ 《宋会要辑稿》礼58之103，第2072页。
⑧ 《宋会要辑稿》职官69之23、24、25，第4909-4910、4910、4911页。
⑨ 《靖康要录》卷5，文渊阁《四库全书》第329册，第505页。

嘉庆《海州志·职官表一》引《宋史》记载为："陈过庭,越州山阴人,徽宗宣和时谪授,后卒于燕山,谥忠肃。"

从上述史料看,陈过庭任海州团练副使、黄州安置的时间为徽宗宣和三年(1121)五月,离任时间为宣和七年(1125)四月。

【东海县令：刘逢】

刘逢(生卒年不详),为东海县令载洪迈《夷坚志·东海紫金竹》：

> 宣和间,海州东海县治内丛竹生笋,有紫金蛇一条,蟠绕一笋根,凝然不动,光彩射人,至于解箨乃不见。竹竿从本至末,如紫金线界道百许行。极可爱。县宰刘逢作诗表出之,其一联云："已疑引凤来何晚,却恐为龙去莫寻。"后不复有此种也。①

刘逢为东海县令时间不详,嘉庆《海州志·职官表一》所载亦是："东海令,刘逢,见洪迈《夷坚志》。""宣和"为北宋末年徽宗朝最后一个年号,时间自徽宗宣和元年己亥(1119)至七年乙巳(1125),计七年。

"东海紫金竹"的"竹竿从本至末,如紫金线界道百许行",这种竹子的特点与现在连云港市云台山上广泛分布的"金镶玉竹"的特点相一致,也就是说,在宋代海州属县东海县境内"金镶玉竹"已有分布。只因云台山尚在大海中,难以为人所知,故有"后不复有此种也"的感叹。而实质上,"东海紫金竹"或名"金镶玉竹"一直都在,延续至今。海州地方诸志皆有记载。

崔应阶撰,成书于清乾隆三十七年(1772)的《云台山志》在卷二《物产·竹属》中列出八种类型的竹子："慈竹、翠竹、紫竹、䇞竹(一名老人杖)、筱竹(遍山有之,土人市以为箒)、青黛竹、凤尾竹、金镶碧嵌竹",②最后一种"金镶碧嵌竹"就是"金镶玉竹"。

1993年,当时的邮电部发行了《竹子》(1993-7)特种邮票(图8-12),全套4枚、小型张1枚。其中的第二枚即为金镶玉竹,编号为(4-2)T,面值30分,发行量5 423.7万枚,一时争相竞购,洛阳纸贵之风再现。

图8-12 《竹子》(1993-7)特种邮票及小型张

(来源：自摄)

---

① [宋]洪迈著,李宏主编:《夷坚志》(文白对照全译本)下,北京：九州图书出版社,1998年,第1540页。
② [清]崔应阶:《云台山志》卷2《物产》,台北：文海出版社,1975年影印版,第177页。

北宋徽宗宣和四年壬寅（1122）

【海州知州（未知海州）：章绶】

李之亮在《宋两淮大郡守臣易替考》中引用《福建通志》卷三四《选举》："章绶，绍圣四年（1097）进士，知海州。"而原文为"绍圣四年（丁丑）何昌言榜，……浦城县章授（知海州）"，事载《福建通志》卷三三《选举》。从而根据引用错误的原文，认为"章绶"知海州时间为徽宗宣和四年至六年（1112—1124），误认"章授"为"章绶"（参见"北宋哲宗元符二年己卯海州知州章授"条）。

北宋徽宗宣和七年乙巳（1125）

海州团练副使	韩招	海州通判	解世京
海州知州	钱伯言、洪拟	海州儒学教授	刘公彦

【海州团练副使：韩招】

韩招（生卒年不详），生平史载阙，责授海州团练副使时间在徽宗宣和七年（1125）四月，事载《宋会要辑稿》职官六九之一八：

> （徽宗宣和七年四月）二十六日，中书舍人张灏提举亳州明道宫，提举亳州明道宫韩招责授海州团练副使，黄州安置。以言者论灏致身掖垣，尚领宣和库式贡司，阴助绦奸谋；招凭借绦势，肆为奸愿，祠宫自便，犹为轻典。故有是命也。①

其中"绦"，即蔡绦，蔡京三子。《宋史·蔡京传》载：宣和六年（1124），蔡京再拜相，但因"目昏眊不能事事，悉决于季子绦。凡京所判，皆绦为之，且代京入奏"②。

从上述史料看，韩招任海州团练副使、黄州安置的时间为徽宗宣和七年（1125）四月二十六日，离任时间应在下文王蕃任职之前，即靖康元年（1126）二月之前。

【海州知州：钱伯言】

钱伯言（1066—1138），字巽叔，又逊叔③，北宋会稽（今浙江绍兴）人，宣和元年己亥（1119）赐进士出身，为吴越钱氏后裔，其父为钱勰，字穆，元祐年间翰林学士。钱伯言历官中散大夫、知袭庆府，直秘阁，中奉大夫，直龙图阁，徽猷阁待制，提举南京鸿庆宫，知海州，知真定，提举亳州明道宫，开封尹，尚书吏部侍郎，龙图阁直学士、知杭州，知镇江府，枢密直学士，巡幸提点钱粮顿递官，军器少监，分司西京，澧州居住，海州团练副使、永州安置等。

---

① 《宋会要辑稿》职官 69 之 18，第 4906-4907 页。
② 《宋史》卷 472《蔡京传》，第 13727 页。
③ 按：钱伯言为其父钱穆向李纲求碑铭时，李纲与其通信《答钱巽叔侍郎书》。详见［宋］李纲：《梁溪集》卷 121，文渊阁《四库全书》第 1126 册，第 434-435 页；王明清在论钱氏家族时，有"穆子逊叔伯言至枢密直学士"一句，详见［宋］王明清：《挥麈前录》卷 2，郑州：大象出版社，2013 年，第 27 页。

《宋会要辑稿》选举三三之三三、三四载：宣和元年(1119)九月，"二十八日，赐中散大夫、知袭庆府钱伯言进士出身、直秘阁"。二年(1120)九月，"二十二日，中奉大夫、直秘阁、知袭庆府钱伯言直龙图阁"。兵一二之二六载：三年(1121)，"五月三日，诏：'近缘诸州军守臣，间非其人，以致盗贼窃发。唯徽猷阁待制、知海州张叔夜，直龙图阁、知袭庆府钱伯言，直龙图阁、知密州李延熙，能责所部，斩捕贼徒，声绩著闻，寇盗屏迹，宜各进职一等，以为诸郡守臣之劝'"。职官六九之一一载：宣和四年(1122)，"十二月三日，徽猷阁待制、知袭庆府钱伯言落职提举南京鸿庆宫。以托疾避事故也"①。

《宋史·徽宗本纪四》载：宣和七年(1125)三月十二日，"知海州钱伯言奏：招降山东寇贾进等十万人。诏：补官有差"②。可知钱伯言宣和七年(1125)三月前后已经在知海州任上。《宋会要辑稿》职官六九之一一载：四月二十一日，"徽猷阁待制、知海州钱伯言落职提举亳州明道宫。御笔：'……钱伯言诞谩。'故有是命"③。

《靖康要录》卷七载：靖康元年(1126)四月二日，颜岐赐出身、除中书舍人。七月二十八日，殿中侍御史胡舜陟上书《胡舜陟非颜岐撰制辞》，列举数例颜岐所撰制辞，历陈颜岐"之为文，初不知句法之律，古今所承用者，但肆意妄言，不中绳约，多或冗长，少或不足，褒或过实，贬或失真，固不足以润色皇猷，鼓舞天下"。其中有"《除钱伯言知真定》，乃曰：'增重运筹之胜'"④。又宋人李纲《梁溪集》卷五十二记载《乞令李邈权帅真定札子》："臣曾具札子，乞令李邈权帅真定，盖恐钱伯言到迟，有妨刘韐出入。李邈权帅真定，亦可倚以办事。伏望圣慈，早赐降旨施行。取进止。"⑤可知钱伯言靖康元年(1126)前后知真定。

《系年要录》卷六载：建炎元年(1127)六月壬戌，"徽猷阁待制、提举亳州明道宫钱伯言为开封尹"。卷七载：七月，"己酉，徽猷阁待制钱伯言试尚书吏部侍郎。"卷八载：八月丁丑，"尚书吏部侍郎钱伯言为龙图阁直学士、知杭州"⑥。《宋史·高宗本纪一》载："丁丑，以龙图阁直学士钱伯言知杭州，节制两浙、淮东将兵及福建枪杖手，讨陈通。"⑦由于钱伯言为吴越钱氏后人，故御史中丞许景衡上奏《乞罢钱伯言知杭州札子》，事载《横塘集》卷一一：

> 臣闻，自吴越钱氏纳国至今一百六十余年，其子孙显贵，甲于缙绅，然未尝有出守杭州者，于此，以见祖宗防微之意深矣。杭州近阙守臣，朝廷差吏部侍郎钱伯言。伯言有风干，若守他路，无不可者，惟杭州则非所宜，且违祖宗故事。臣愚，伏望圣慈特赐详酌，别选有才略重臣，以守杭州，或须人马，亦乞就便差拨。仍令星夜兼程前

---

① 《宋会要辑稿》选举33之33、34，第5901页；兵12之26，第8847页；职官69之11，第4903页。
② 《宋史》卷22《徽宗本纪四》，第415页。
③ 《宋会要辑稿》职官69之17，第4906页。
④ 《靖康要录》卷7，文渊阁《四库全书》第329册，第557-558页；[宋]吴曾：《能改斋漫录》卷14《胡舜陟非颜岐撰制辞》，文渊阁《四库全书》第850册，第770页。
⑤ [宋]李纲：《梁溪集》卷52《乞令李邈权帅真定札子》，文渊阁《四库全书》第1125册，第929页。
⑥ 《系年要录》卷6，第167页；卷7，第213页；卷8，第233页。
⑦ 《宋史》卷24《高宗本纪一》，第448页。

去,以拯一方危急。取进止。①

故是年十月甲子,"龙图阁直学士钱伯言移知镇江府。"事载《系年要录》卷一○②。

《宋史·高宗本纪二》载:建炎二年(1128)春正月庚子,"张遇陷镇江府,守臣钱伯言弃城走"③。《宋会要辑稿》职官七○之一九载:二月,"二十三日,龙图阁直学士、太中大夫、知镇江府钱伯言降两官。时张遇为寇,伯言弃官保于丹阳,寇退自劾,量行是罚"④。

《系年要录》卷二○载:建炎三年(1129)二月癸丑,"以龙图阁直学士、知镇江府钱伯言为枢密直学士、充巡幸提点钱粮顿递"。卷二一载:三月甲申,"端明殿学士、提举醴泉观黄潜厚,枢密直学士、巡幸提点一行钱粮顿递官钱伯言,并罢,仍夺职"。"(乙未)降授中奉大夫钱伯言责军器少监分司,澧州居住;秘阁修撰、江淮发运副使吕源除名,……伯言与黄愿皆弃城,源与梁扬祖皆拥兵而遁,今愿羁管,扬祖落职,而源、伯言未正典刑,故有是命。言者论伯言未已,遂责海州团练副使、永州安置"⑤。

钱伯言在绍兴年间尚知宿州,事载宋人王明清《挥麈录》:

> 钱逊叔伯言,穆父之子,临政有风采。知宿州日,有虹县士民陈词举留邑宰。宰贪酷之声,逊叔先已闻之。至是,众趋廷下,逊叔令吏卒举挺击出。左右言:"似不须如此。"逊叔笑云:"彼中打将来,此间打回去。"⑥

《系年要录》卷一二四载:绍兴八年(1138)十二月乙丑,"徽猷阁待制、提举江州太平观钱伯言,卒于严州"⑦。

综上,钱伯言知海州时间为宣和七年(1125)初至四月。嘉庆《海州志·职官表一》载:"钱伯言,宣和七年(1125)任,详《纪事表》"。《纪事表》抄录《宋史·徽宗本纪四》载:"(宣和)七年三月,知海州钱伯言奏:诏降山东寇贾进等十万人。诏:补官有差。"⑧可知,宣和七年(1125)三月前后,钱伯言在知海州任上。李之亮在《宋两淮大郡守臣易替考》中认为钱伯言知海州时间为徽宗宣和六年至七年(1124—1125),有误。

钱伯言任海州团练副使、永州安置,其时间为高宗建炎三年(1129)三月之后,离任时间不详,推知当官终该职。

钱伯言在任职期间经常因战事弃城逃跑或托疾避战而被降职处理。这种情况可能在宋金交战时期多有发生,如建炎三年(1129),御史中丞郑毂曾上表:

> 又论:"黄潜善、汪伯彦均于误国,而潜善之罪居多,今同以散官窜谪湖南;钱伯言与黄愿皆弃城,吕源与梁扬祖皆拥兵而逃,今愿罢官,扬祖落职,而源、伯言未正典刑,非所以劝惩。"诏窜削有差。⑨

---

① [宋]许景衡:《横塘集》卷11《乞罢钱伯言知杭州札子》,文渊阁《四库全书》第1127册,第266页。
② 《系年要录》卷10,第266页。
③ 《宋史》卷25《高宗本纪二》,第454页。
④ 《宋会要辑稿》职官70之19,第8804页。
⑤ 《系年要录》卷20,第457页;卷21,第491、510页。
⑥ [宋]王明清撰:《挥麈录》第3录卷2,田松青校点,上海:上海古籍出版社,2012年,第158页。
⑦ 《系年要录》卷124,第2332页。
⑧ [清]嘉庆《海州志》卷3《纪事表第二》,第57页。
⑨ 《宋史》卷399《郑毂传》,第12122页。

其中就有钱伯言、黄愿、吕源、梁扬祖等4人,皆弃城而逃。

徽宗宣和四年(1122),"十二月三日,徽猷阁待制、知袭庆府钱伯言落职提举南京鸿庆宫。以托疾避事故也"。七年(1125)四月二十一日,"徽猷阁待制、知海州钱伯言落职提举亳州明道宫。御笔:'……钱伯言诞谩。'故有是命"①。此记载可知钱伯言离知海州时间。

钱伯言首次弃城是知镇江府期间,建炎二年(1128)春正月庚子,"张遇陷镇江府,守臣钱伯言弃城走"②,跑到丹阳避祸,结果被降二级。"(二月)二十三日,龙图阁直学士、太中大夫、知镇江府钱伯言降两官。时张遇为寇,伯言弃官保于丹阳,寇退自劾,量行是罚",三年(1129)三月,"十七日,诏钱伯言责授军器少监,分司西京,澧州居住。以伯言常弃城而遁故也"③。

钱伯言也有尽职捕贼斩盗而进职一等或补官有差的记录。徽宗宣和三年(1121),"五月三日,诏:'近缘诸州军守臣,间非其人,以致盗贼窃发。唯徽猷阁待制、知海州张叔夜,直龙图阁、知袭庆府钱伯言,直龙图阁、知密州李延熙,能责所部,斩捕贼徒,声绩著闻,寇盗屏迹,宜各进职一等,以为诸郡守臣之劝'"。七年(1125),"三月十二日,中奉大夫、徽猷阁待制、知海州钱伯言奏招收山东贼贾进等静尽。诏补官有差"④。《宋史·徽宗本纪四》补充道"招降山东寇贾进等十万人"⑤,此记载亦可知钱伯言在宣和七年(1125)三月已经在知海州任上。

钱伯言工诗词,钱伯言与吕本中(字居仁)、韩驹(字子苍)、曾吉甫(字公衮)、孙觌(字仲益)、王之道(字彦猷)等南宋文坛诸多名人都有交游,常常相互唱和、互寄书简,在绍兴时期的临安(今杭州)诗名远扬,甚至后来的宰相周必大都于宁宗庆元四年戊午(1198)为他们的唱和诗集两度作序《跋韩子苍与曾公衮钱逊叔诸人唱和诗》《跋曾公衮钱逊叔韩子苍诸公唱和诗》⑥。目前发现《全宋诗》收钱伯言诗5首⑦,吕本中《东莱诗集》收与钱伯言唱和9首及挽诗1首⑧,韩驹《陵阳集》收与钱伯言唱和11首⑨,王之道《相山集》收赠诗1首⑩,孙觌与钱伯言书简3封⑪。

同期词人王以宁(字周士)有《蓦山溪》(和虞彦恭寄钱逊叔)一阕:

> 平山堂上,侧盏歌南浦。醉望五州山,渺千里、银涛东注。钱郎英远,满腹贮精神,窥素壁,墨栖鸦,历历题诗处。
>
> 风裘雪帽,踏遍荆湘路。回首古扬州,沁天外、残霞一缕。德星光次,何日照长

---

① 《宋会要辑稿》职官69之11,第4903页;职官69之17,第4906页。
② 《宋史》卷25《高宗本纪二》,第454页。
③ 《宋会要辑稿》职官70之19,第8804页;职官46之7,第4263页。
④ 《宋会要辑稿》兵12之26、31,第8847、8849页。
⑤ 《宋史》卷22《徽宗本纪四》,第415页。
⑥ 曾枣庄主编:《宋代序跋全编》(第6册),济南:齐鲁书社,2015年,第4199页。
⑦ 傅璇琮、倪其心、许逸民等主编:《全宋诗》(第24册),北京:北京大学出版社,1998年,第16229页。
⑧ [宋]吕本中:《东莱诗集》,文渊阁《四库全书》第1136册,第744、769、775-776、778、792页。
⑨ [宋]韩驹:《陵阳集》卷4,文渊阁《四库全书》第1133册,第799、802页。
⑩ [宋]王之道撰:《相山集》卷12,文渊阁《四库全书》第1132册,第601页。
⑪ 曾枣庄、刘琳主编:《全宋文》第159册,第275-276页。

沙,渔父曲,竹枝词,万古歌来暮。①

钱伯言善画,今不存。吕本中与钱伯言唱和诗中有4首与画有关,分别是《次韵钱逊叔清江图后二首》《次韵钱逊叔独鹤图三首》《次韵钱逊叔画图》《答钱逊叔访戴图》,皆存《东莱诗集》②。

【海州知州:洪拟】

洪拟(1071—1145),字成季,一字逸叟,北宋镇江丹阳(今江苏省镇江市丹阳市)人,哲宗元祐九年甲戌(1094)毕渐榜进士,初授国子博士。历官提举利州路、福建路学事,通判郓州,提举京西北路、湖南、河北东路学事,监察御史,殿中侍御史,知桂阳军、海州,秘书少监,起居郎、中书舍人,给事中、吏部尚书,龙图阁待制、知温州,礼部尚书,徽猷阁直学士、提举江州太平观,知温州,提举亳州明道宫等。官至左通议大夫,卒后赠左光禄大夫,谥文宪③。《宋史》卷三八一本传载:

洪拟,字成季,一字逸叟,镇江丹阳人。本弘姓,其先有名璆者,尝为中书令,避南唐讳,改今姓。后复避宣祖庙讳,遂因之。

拟登进士甲科。崇宁中为国子博士,出提举利州路学事,寻改福建路。坐谴,通判郓州,复提举京西北路学事,历湖南、河北东路。宣和中,为监察御史,迁殿中,进侍御史。时王黼、蔡京更用事,拟中立无所附会。殿中侍御史许景衡罢,拟亦坐送吏部,知桂阳军,改海州。时山东盗起,屡攻城,拟率兵民坚守。

建炎间,居母忧,以秘书少监召,不起。终丧,为起居郎、中书舍人,言:"兵兴累年,馈饷悉出于民,无屋而责屋税,无丁而责丁税,不时之须,无名之敛,殆无虚日,所以去而为盗。今关中之盗不可急,宜求所以弭之;江西之盗不可缓,宜求所以灭之。夫丰财者政事之本,而节用者又丰财之本也。"高宗如越,执政议移跸饶、信间,拟上疏力争,谓:"舍四通五达而趋偏方下邑,不足以示形势、固守御。"

迁给事中、吏部尚书,言者以拟未尝历州县,以龙图阁待制知温州。宣抚使孟庾总师讨闽寇,过郡,拟趣使赴援。庾怒,命拟犒师。拟借封桩钱用之,已乃自劾。贼平,加秩一等,召为礼部尚书,迁吏部。

渡江后,法无见籍,吏随事立文,号为"省记",出入自如。至是修七司敕令,命拟总之,以旧法及续降指挥详定成书,上之。

金人再攻淮,诏日轮侍从赴都堂,给札问以攻守之策。拟言:"国势强则战,将士勇则战,财用足则战,我为主、彼为客则战。陛下移跸东南,前年幸会稽,今年幸临安,兴王之居,未有定议,非如高祖在关中、光武在河内也。以国势论之,可言守,未可言战。"拟谓时相姑议战以示武,实不能战也。

绍兴三年,以天旱地震诏群臣言事,拟奏曰:"法行公,则人乐而气和;行之偏,则人怨而气乖。试以小事论之:比者监司、守臣献羡余则黜之,宣抚司献则受之,是行

---

① 朱德才主编:《增订注释全宋词》(第2卷),北京:文化艺术出版社,1997年,第54页。
② [宋]吕本中:《东莱诗集》,文渊阁《四库全书》第1136册,第775-776、778页。
③ 《宋会要辑稿》为"谥文定",据《宋史》本传改。参见《宋会要辑稿》礼58之99,第2069页。

法止及疏远也。有自庶僚为侍从者,卧家视职,未尝入谢,遂得美职而去。若鼓院官移疾废朝谒,则斥罢之,是行法止及冗贱也。榷酤立法甚严,犯者籍家财充赏,大官势臣连营列障,公行酤卖则不敢问,是行法止及孤弱也。小事如此,推而极之,则怨多而和气伤矣。"寻以言者罢为徽猷阁直学士、提举江州太平观。始,拟兄子驾部郎官兴祖与拟上封事侵在位者,故父子俱罢。起知温州,提举亳州明道宫。卒,年七十五,谥文宪。

初,拟自海州还居镇江。赵万叛兵逼郡,守臣赵子崧战败,遁去。拟挟母出避,遇贼至,欲兵之,拟曰:"死无所避,愿勿惊老母。"贼舍之。他贼又至,临以刃,拟指其母曰:"此吾母也,幸勿怖之。"贼又舍去。有《净智先生集》及《注杜甫诗》二十卷。

《宋史》本卷末《论曰》对洪拟评价甚高:

洪拟朴实端亮,……皆一时之良,为桧所忌而不挠者。语曰:"岁寒然后知松柏之后凋。"信哉!①

宋人刘宰《京口耆旧传》亦较为详细地记载了洪拟的生平,某些任职和事件发生原委可补《宋史》本传之不足:

洪拟,字成季,丹阳人。应上庠及选试南宫,皆为春秋第一,擢绍圣元年(1094)进士甲科。为忠正军节度推官,辟濠州团练推官。捧檄行县,宿禅窟寺,闻有僧聚书数千卷,诵读晨夜不休。拟识其奸,曰:"是非释子所为,异时必挟此以动众。"归语钟离,令遂出之。其后果谋不轨,即张怀素,人服其先见。改秩为邵武军常州教授,入为太学国子博士(按:《宋史》拟官国子博士,不载忠正军节度推官及濠州团练推官,当以此书补其阙。原按,下同)。以元祐内舍不为在势者所引,久次学省,出为利路提举学事,就移福建。罢归,差通判郓州,再除广西北路(按:《宋史》本传作京西北路,与此书所云广西北路异,广字当为京字之讹)②、荆南、河北东路,并提举学事。召为监察御史,迁殿中御史。

在福建时,以辟学门事为知邵武军柳庭俊所奏,罢任久闲。其后柳为侍从,拟为御史,一以诚待之,无几微见于颜面。柳后历典名藩,每对人自愧前事,而服其容德。京西,月给七十万钱,据旧籍取其半。会废京西铁钱,郡以拟俸入铁錭殆半,遣僚属献议易之官库,拟不可曰:"吾宁弃不用,不可以私紊公。"凡所居,月得廪粟亦必概量而后入,其清谨如此。

周旋三院,首尾六年。时王黼、蔡京更用事,京且复相,以拟不为黼所用,意且附己,使人微撼之。拟笑曰:"唯之与阿何以相远,吾知中立而已。"京怒,送吏部,出知信阳军,未赴,改海州。代归奉其母,居郡城以供甘旨。会赵万之变,郡不能御。时母年八十九,奉之以匿民间,夜遇风雨则以身覆之。再为贼所及,守死不去。贼感其义,竟母子俱全。高宗驻跸维扬,召为秘书少监,以母丧不赴。服除,召为起居郎。

---

① 《宋史》卷381《洪拟传》,第11748-11750、11753页。
② 按:一说洪拟提举广南西路学事,事载《宋会要辑稿》:徽宗政和四年(1114)八月"二十七日,新差提举广南西路学事洪拟言"事。参见《宋会要辑稿》崇儒2之24,第2775页。

执政李邴、富直柔等以李成兵盛、吕颐浩不能克请亲御六师,移跸饶信间以逼之。乃诏江湖川广所输上供,悉寄桩信上。拟谓:"舍四通五达之都,而趋偏方下邑,非所以示恢复形势。"上疏极论,议以是寝(按:《宋史》本传载,拟谏阻高宗驻跸饶信,事在迁中书舍人之后,此书载在前,与《宋史》本传异)。迁中书舍人。

诏台谏侍从条上弭盗之术,拟言:"兵兴累年,馈饷悉出于民,无屋而责屋税,无丁而责丁税,不时之须,无名之敛,殆无虚日,民所以去而为盗。今闽中之盗不可急,急则变益大,宜讲所以消之;江表之盗不可缓,缓则势益张,宜求所以灭之。"又谓:"丰财者,政事之本;节用,又丰财之本。以之屏盗,以之却敌,无不可者。"上皆然之。寻除给事中、兼侍读,迁吏部尚书。丐外,以龙图阁待制知温州。宣抚使孟庾总大军讨闽寇,道永嘉,拟以庾逗留趣庾赴援。庾怒,乃于馈饷外责以犒师。云:"犒已即行。"拟初以捕寇非本州事,故不为备。庾言:"甫脱口众。"即随拟入州,言语讻讻。拟亟借封桩钱用之事,已自劾。上嘉其识变,诏书慰劳,仍进一秩。明年,复召为礼部尚书,兼权吏部。

南渡,草创一时,礼文多所订正,省部条例出于"省记",吏缘为奸。至是,修《七司敕令》,拟实总之,凡所更定,众论惟允事经郎曹多有曲笔,长贰相承,不复可否。拟悉裁处其中。是年,淮甸再扰,问攻守之策。拟对:"国势未固,将士未练,财用未裕,可以言守,未可以言战。战守之备要在去冗食、节浮费时以为当。"三年(1129)秋,以地震求直言上疏,历诋政事之偏。谓:"非所以下顺民心、上答天变。"于是,执政切齿,即上章丐闲,遂以徽猷阁直学士奉祠。九年(1139),再知温州,既到任,复以前职奉祠。绍兴乙丑(绍兴十五年,1145)三月卒,年七十五。初,以避地居台之宁海因家焉。谥文宪。①

以上两种史料皆对洪拟知海州时间语焉不详,但都记载为在蔡京复相之后。时王黼与蔡京有矛盾,洪拟保持中立,谁也不依附。蔡京复任宰相后,认为既然洪拟不为王黼所用,那么就可以为己所用,就托人说辞。洪拟笑着说,他与我的处事相差太远了。蔡京听后大怒,将洪拟送交吏部,"出知信阳军,未赴,改海州"。

蔡京(1047—1126),字元长,北宋兴化军仙游(今福建省泉州市莆田市)人,神宗熙宁三年庚戌(1070)叶祖洽榜进士,与前知海州陆佃、弟蔡卞同榜。《宋史》本传云:"京至是四当国"②,指徽宗期间蔡京四次拜相。

蔡京首次拜相从崇宁元年(1102)七月至五年(1106)二月。《宋史·徽宗本纪一》载:崇宁元年(1102)秋七月,"戊子,以蔡京为尚书右仆射兼中书侍郎",是为右相,次年春正月,"丁未,以蔡京为尚书左仆射兼门下侍郎",是为左相。《宋史·徽宗本纪二》载:崇宁五年(1106)二月,"丙寅,蔡京罢为开府仪同三司、中太一宫使"。蔡京第二次拜相从大观元年(1107)正月至三年(1109)六月。《宋史·徽宗本纪二》载:"大观元年(1107)春正月……甲午,以蔡京为尚书左仆射兼门下侍郎",三年(1109)六月,"丁丑,蔡京罢"。蔡京第三次拜相从政和二年(1112)十一月至宣和二年(1120)六月。《宋史·徽宗本纪三》载:

---

① [宋]刘宰:《京口耆旧传》卷4,文渊阁《四库全书》第451册,第160-161页。
② 《宋史》卷472《蔡京传》,第13721-13728页。

政和二年(1112)十一月,"辛巳,蔡京进封鲁国公"。《宋史》本传云"召还京师,复辅政,徙封鲁国,三日一至都堂治事"。《宋史·徽宗本纪四》载:宣和二年(1120)六月,"戊寅,蔡京致仕,仍朝朔望"。蔡京第四次拜相从宣和六年(1124)十二月至七年(1125)四月。《宋史·徽宗本纪四》载:宣和六年(1124)十二月,"癸亥,蔡京落致仕,领三省事"。次年夏四月,"庚申,蔡京复致仕"①。

洪拟是在宣和年间由殿中侍御史罢知海州,因此可以推知是在蔡京第四次拜相期间被贬谪的。

又《宋史》本传云洪拟在许景衡之后几乎同时被罢殿中侍御史。许景衡(1072—1128),字少伊,北宋温州瑞安(今浙江省温州市瑞安市)人,哲宗元祐九年甲戌(1094)毕渐榜进士,与洪拟同榜。"宣和六年(1124),召为监察御史,迁殿中侍御史。是时,王黼、蔡攸用事。"许景衡因言"大忤黼意"又"因从子婿符宝郎周离亨以达,离亨缪以其书误致王黼,黼用是中景衡,逐之。钦宗即位,以左正言召,旋改太常少卿兼太子谕德,迁中书舍人"②。而钦宗即位于徽宗宣和七年(1125)十二月,可知许景衡与洪拟罢殿中侍御史的时间在蔡京第四次拜相,即徽宗宣和六年(1124)十二月至钦宗即位,即徽宗宣和七年(1125年)十二月之间,这也是洪拟知海州的时间。

洪拟离知海州时间不详。洪拟离知海州后,先回到镇江侍奉近九十岁的母亲。之后经历赵万叛乱,赵万叛乱"陷镇江府,守臣赵子崧弃城渡江保瓜洲"时间在高宗建炎元年(1127)九月乙卯,事载《宋史·高宗本纪一》③。洪拟携母避祸,虽幸免于乱,但因老母年高体弱,估计离去世不远。《京口耆旧传》云:"高宗驻跸维扬,召为秘书少监,以母丧不赴。服除,召为起居郎……迁中书舍人。"高宗驻跸维扬(今江苏省扬州市)时间在建炎元年(1127)十月至三年(1129)二月初南渡杭州之间④,可知洪拟母丧在这期间;另洪拟在建炎四年(1130)九月已经在中书舍人任上,事载《宋会要辑稿》职官二之八:"九月一日,中书舍人洪拟言"事⑤。一般丁忧前后需要三年,可推知洪拟母丧在建炎二年(1128)左右。综上,可推知洪拟离知海州时间至晚在高宗建炎元年(1127)九月。

嘉庆《海州志·职官表》载:"洪拟,宣和时任,有传。"《良吏传》节引《宋史》本传载:"洪拟,字成季,一字逸叟,镇江丹阳人。登进士甲科。宣和中,知桂阳军,改海州。时山东盗起,屡攻城,拟率兵民坚守。"李之亮在《宋两淮大郡守臣易替考》中无海州知州洪拟,认为章绶知海州时间为徽宗宣和六年(1124),有误。

【海州儒学教授:刘公彦】

刘公彦(1076—1132),字彦辅,北宋密州(今山东省潍坊市诸城市)人。历官海州儒学教授,权知怀仁县,以宣教郎辟淮扬军镇抚司参谋官,知东海县,江东安抚大使司干办

---

① 《宋史》卷13《徽宗本纪一》,第364、366页;卷20《徽宗本纪二》,第376、377、382、390页;卷22《徽宗本纪四》,第406、415、416页。
② 《宋史》卷363《许景衡传》,第11344-11346页。
③ 《宋史》卷24《高宗本纪一》,第449页。
④ 《中国野史集成》编委会、四川大学图书馆编:《中国野史集成》第5册《建炎维扬遗录》,成都:巴蜀书社,2000年,第572页。
⑤ 《宋会要辑稿》职官2之8,第2989页。

公事,提举江东安抚大使司水军措置公事,浙西宣抚司干办公事,通判镇江军府事,知真州。官至承议郎。高宗绍兴二年(1132)十二月,在长江捕贼路上,因暴风覆舟而亡,年五十七。刘公彦生平史载阙,主要载《京口耆旧传》卷八:

刘公彦,字彦辅,密人,家金坛,少读书。宣和六年(1124),客海州通判解世京家。明年,山东盗贾进,拥众逼淮,朝廷遣使招安,率不生还。最后命世京行,世京难之。公彦请代,因直抵贼营,谕以逆顺。贼喜听命。会辛昌宗提兵讨之,军败身没。贼曰:"是卖我。"将杀之。公彦曰:"嗟乎!吾得从郦生游地下,死不恨。"贼后知不相为谋,复善遇之,且愿奉约。因降首领五十八人,盗众数千,舍兵而农者十万余人,郡守钱伯言与提举常平潘良贵上其功,教授嘉州文学。

建炎二年(1128),魏稣知海州,所部怀仁县邻敌境,数入侵掠。稣檄公彦权县事。公彦知弓兵周弥者与敌通,斩以徇敌,不敢近。贼张遇、刘尚书犯海州,公彦率勇士七百余人破之城下。招讨韩世忠回自淮阳,其后军李彦先叛,掠船百艘,引众数千据东海。稣复倚公彦讨之。公彦搏战重伤,为贼所得,环之以刃,曰:"汝能使海州降,即释汝。不然,令汝肉骨异处。"公彦伪许之,执至城下,大呼以告城中,曰:"努力城守,贼兵无粮,势不能久。"贼挺刃反下,公彦曰:"吾本讨贼,乃为贼获,今死晚矣,岂复顾惜。"贼服其忠勇,遽自敛刃,劫之以过东海。遣人还扣城,以公彦意,取其孥。太守以下泣送之。妻王氏,尽散其家所有,曰:"毋以资贼。"独携二子及孤侄行。贼幽之古寺,饭以麦䵚。公彦语王氏曰:"我死,汝不可辱于贼。寺有井极深,是汝死所也。"王氏曰:"诺。"每贼召公彦,王氏辄率子侄坐井旁,以俟变。贼以公彦威信在人,更欲托之军事,公彦以死辞。一日,偕衣冠十余辈,载酒访之,欲伸前请,且以刃胁之,指阶下小松曰:"是不可用,当斩去。"公彦不为动。因请赋松诗,盖欲以观其意。公彦应声曰:"谁植苍官近短阶,青青不肯杂蒿莱。他时若有风雷便,拔向南山稳处栽。"贼知不可强而止。

会敌据海州,时时抄掠东海,贼死战以拒。公彦因说彦先曰:"公等本朝廷军马,仅一攻海州,他无大过。今数与敌战,胜不为功,败则身死。而又军无见粮,虽胜弗支计,无拙于此者。今楚围方急,为公等计,莫若出舟师解楚之围,朝廷舍过录功,富贵未可量。"彦先感悟,委军听命至楚,一战败敌。镇抚赵立即就便,改公彦宣教郎,奏辟彦先淮扬军镇抚使,就差公彦镇抚司参谋官,还守东海。敌遣战舰数百、精锐万人趋东海。公彦逆知之,出奇兵与战,擒其将徐聚等十余人,尽得其舟。自是,数与敌战,未尝败北。通商惠工,用度浸饶,民乐其生。

四年(1130),敌复围楚州,公彦与彦先率舟师破之。孙村浦、彦先乘胜欲以舟师赴楚,公彦谓水浅不可入,不如淮口。彦先不从,舟胶败绩,彦先死之。公彦收余军转战七十余里,得归东海。未几,诏赴行在。所遂以舟千余、兵数千趋朝,今采石水军是也。绍兴改元,被旨屯秀州青龙镇,以防海道。贼孙诚聚众劫掳,郡守邓根檄。公彦讨之,诚请降,收其众属麾下。除江东安抚大使司干办公事。督李进彦水军捕江寇,冒暑溯流,运漕不继。公彦料孙诚军必叛,密为之备。不数日,果叛,手斩诚,残余众于茅浦江行,遇贼郭大刀余党李遇等三十五人,众数百,尽擒之,曰:"此败群羊,留之无补。军实纵之,必为民害。"尽斩于小焦。贼邵清谋扰,建康师吕颐浩分遣耿进、李进彦水军讨之,而公彦提举。公彦以战舰横江,贼不敢进,乃降浙西帅刘光世。公彦曰:"贼在江东,而降浙西,此欲诡计以入海尔。"疏利害于光世,不听。邵清至镇江,果顺流而下,追捕不获。光世愧悔,乃请于朝,借公彦提举水军措置捕贼。公彦沿檄已过池州,颐浩被旨津发浙西。公彦以前言不用,难其行。颐浩贻公彦书曰:"公在军中累年,输忠竭力,众所共知。今朝廷以水贼邵清侵扰浙西,正赖左右特出奇计,克清大憝,军中岂可无剧孟也。"公彦不得已领军赴镇江,顺流七百余里,一日而至。光世得之大喜,邵清望风请降。

冬十月,叶梦得帅江东,趣公彦归,光世不从,辟公彦浙西宣抚使司干办公事,仍旧提举水军,奉敕授添差通判镇江军府事。时仓廪空虚,军无粮,交相攘夺,光世不能禁,从容问计。公彦曰:"兵以食为本,无食则死。人岂束手就死,其叛亡固宜。"因进足食足兵之计。光世即檄公彦权府事调度给足,军民妥安。

二年(1132),吕颐浩都督军马,至镇江,前军道亡,遣将王青追捕。公彦上书曰:"使人捕盗,不若使人不为盗。养兵之食既足,为盗之心自销。"颐浩事无巨细,必咨而后行。制置使仇悆上殿奏公彦之功,乞加召用。一月之间,诏凡三下光世。武人直奏云镇江大军屯札:"若去通判刘公彦,如失刘光世左右手。"乃止。秋八月,除知真州,以宣司委公彦措置收捕海贼余党,未赴。十二月某日,以捕贼溯风江行,失舟而没,年五十七。

公彦自宣和七年(1125)以招安贾进功补官、以说李彦先功转至承议郎,自后间关兵中六七年,屡有战功,未尝受赏,尝作《古镜》诗曰:"平生胆气忠于国,顾尔何曾照胆明。"盖亦有讽其为人刚正,有大节,料事明审,临机勇决,期以忠义取功名,故陷贼者再而不屈。妻王氏同陷贼营,亦以死自誓,先公彦没于江上。子三人:长曰简易,从公彦出入军中,刘光世欲以劝士奏迪功郎。公彦曰:"儿方童稚,何功效之有?"奏不上;次光世,名之曰尧叟,上一字与光世诸子同示,亲之也,许奏以官,以父功未录,不敢受;第三子,福褴,育于族人刘刺史家。公彦轻财重义,死之日,家无余财,军民争致赙,乃克敛,以光世命就金山寺地卜葬,迁王氏祔。

呜呼!忠义如公彦,功多如公彦,生不得一日离行阵,死不得一官庇子孙。可痛也矣!可痛也矣!①

刘公彦因平贼被知州钱伯言与提举常平潘良贵上其功,敕授嘉州文学。此"嘉州"应不是指具体的行政机构"嘉州",而是指"好的"州,推测即为"海州"。也即刘公彦被授海州文学教授,时间在北宋徽宗宣和七年(1125)至南宋高宗建炎二年(1128)。权知怀仁县时间在南宋高宗建炎二年至四年(1128—1130),以宣教郎知东海县时间在高宗建炎四年(1130)至绍兴元年(1131)。

刘公彦留存一首诗、一联句,皆表明自己坚定信念、忠诚卫国的赤诚之心,收录于清人陆心源所编《宋诗纪事补遗》。一首诗为《咏松》:

---

① [宋]刘宰:《京口耆旧传》卷8,文渊阁《四库全书》第451册,北京:北京出版社,2012年,第205-208页。

谁植苍官近短阶,青青不肯杂蒿莱。他时若有风雷便,拔向南山稳处栽。

一联句为:

平生胆气忠于国,顾尔何曾照胆明。①

【海州通判:解世京】

解世京(? —1125),生平史载阙,为海州通判仅见《京口耆旧传》卷八(参见"北宋徽宗宣和六年甲辰海州儒学教授刘公彦"条)。

刘公彦,字彦辅,密人,家金坛,少读书。宣和六年(1124),客海州通判解世京家。明年,山东盗贾进,拥众逼淮,朝廷遣使招安,率不生还。最后命世京行,世京难之。公彦请代,因直抵贼营,谕以逆顺。②

解世京初为海州通判时间推测在刘居实之后。

北宋钦宗靖康元年丙午(1126)

海州团练副使	王蕃、孟扬、折彦质、詹度	海州儒学教授	刘公彦
海州知州	施大伦、吴直夫、孟忠厚		

【海州团练副使:王蕃】

王蕃(生卒年不详)。历官左司员外郎、夔州(今重庆市北部)运判,户部侍郎,都大管干成都府等路茶事,宝文阁学士、充畿辅郡兵马制置副使兼都统制陕西刷兵,延康殿学士、京畿兵马制置使等。靖康元年(1126),责授海州团练副使、黄州安置,后琼州安置。

徽宗政和八年(1118),王蕃与广西转运副使燕瑛一起共同管理与交趾(今越南北部)的交易市场。《宋会要辑稿》蕃夷四之四一载:徽宗政和八年(1118)十月七日,"诏:'燕瑛乞委官措置交趾和市,稍宽其禁,以昭仁不异远之意。交人自熙宁以来,全不生事,良用嘉尚,可依所奏,差燕瑛兼广西转运副使,同王蕃措置,通其交易,务得其心,毋或阻抑,速具闻奏。燕瑛候了日罢。仍先谕交人知委,不得别致惊疑'"③。

宣和初,王蕃在职左司员外郎、夔州运判。《宋史·职官志一》载:"宣和二年(1120),左司员外郎王蕃奏"事④。《宋会要辑稿》选举二九之一四载:宣和二年(1120),"十二月二十七日,吏部言:'勘会涪州通判昨奉御笔,委王蕃奏举清强干敏官,具名闻奏。所准夔州运判王蕃奏举朝奉大夫常彦堪充上件差遣,其常彦于格应入。缘本官见年六十以上,不任选阙。'诏特差"⑤。三年,在职户部侍郎,《职官志十二》载:"宣和三年(1121),户部尚书沈积中、侍郎王蕃言"事⑥。六年,在职都大管干成都府等路茶事,《宋会要辑稿》职官四

---

① [清]陆心源撰:《宋诗纪事补遗》第2册,太原:山西古籍出版社,1997年,第855页。
② [宋]刘宰:《京口耆旧传》卷8,文渊阁《四库全书》第451册,北京:北京出版社,2012年,第205-208页。
③ 《宋会要辑稿》蕃夷4之41,第9795页。
④ 《宋史》卷161《职官志一》,第3790页。
⑤ 《宋会要辑稿》选举29之14,第5813页。
⑥ 《宋史》卷172《职官志一二》,第4130页。

三之一〇三载：宣和六年（1124）八月十九日，"都大管干成都府等路茶事王蕃状"事①。七年，任宝文阁学士、充畿辅郡兵马制置副使兼都统制陕西刷兵，《三朝北盟会编》卷二五载：宣和七年（1125）十二月二十二日己未，"又奉圣旨：姚古差充京畿辅郡兵马制置使兼都统制，王蕃除宝文阁学士、充畿辅郡兵马制置副使兼都统制陕西刷兵。令王蕃限一日选官，具名申尚书省"②。

靖康元年（1126），王蕃任延康殿学士、充京畿兵马制置使，《三朝北盟会编》卷四〇载，二月十八日甲寅，谏议大夫唐重在《又论制置使王蕃逃遁札子》中对王蕃的品行进行了抨击：

> 臣伏见，王蕃先任户部侍郎，乞往陕西等路募兵御寇，启行，除延康殿学士、充京畿兵马制置使。朝廷谓其陈御敌之策，特以是命之，宠至渥而任至重矣。自寇迫至近郊，都城戒严，已逾两旬，畿甸居民尽被劫掠，蕃既不捍御，以卫王室，乃拥卒旅，护妻孥，避敌逃遁，为自全之计。臣前具札子面奏，乞根究蕃所在，并台官论列。闻已降指挥，令疾速发来赴阙。谨按，蕃天资险诐，公肆诞谩，居丧污秽，冒哀求仕，屡辱吏议，案牍具存，不忠不孝，其罪著闻，难以殚举。今者专统制之权，乃避敌逃遁，以法绳之，是叛臣也。正误国之罪，肆两观之诛，尚未足以谢众怨。今赴阙之命，朝廷必有以处之矣。臣体访得王蕃部领兵马约两千余众，过颍昌前去，纵令兵徒劫夺，所至骚扰，甚于寇贼，居民奔逃。正月十九日，已宿唐州。二十日起发，不知所之。蕃避寇误国，臣知其为叛臣矣。若领兵越境而南，臣不知蕃之奸谋将何所图也。朝廷虽有指挥，令发来赴阙，臣窃谓蕃之叛，已不臣于陛下矣，其可召而至乎？伏乞陛下早加睿断，免贻后患。取进止。③

上述"闻已降指挥，令疾速发来赴阙"，是指当月八日，王蕃已被责授海州团练副使、黄州安置。据《靖康要录》卷二载：

> 八日，访闻辅郡兵马副统制王蕃置司本在畿内，今却领兵南去襄阳府，又移文州郡，称金人围闭京城，要江东西、湖南北、福建、广南、陕西等路兵三十万，唐州置司处交割。即今用兵，见在北方，及京师戒严之时，不委王蕃因何南渡汉江，去京城八百余里，不知蕃意所在。又蕃止绝州县不得将钱物入京，并令于置司处交割，领管卫护官属，日驰百五十里，故敢狂悖妄作，阻兵自营，实无勤王之意。奉圣旨："王蕃责授海州团练副使、黄州安置。所有见领兵马，令所在州军拘收责命，令吏部差使臣前去寻觅"。④

被责授之前，侍御史李光奏议《乞追究王蕃召姚古札子》：

> 臣等伏见，朝廷自闻金人入境，即差王蕃、姚古充京畿四面制置使，今姚古未闻来期，王蕃统领禁兵避敌远遁，不知所在。京畿诸邑及近京州县，例被劫掠，道路不通，都城闭关多日，民间百物窘乏，人情忧惧。欲乞先次选差将兵分屯城外，以御他

---

① 《宋会要辑稿》职官43之103，第4162页。
② 《三朝北盟会编》卷25，第189页。
③ 《三朝北盟会编》卷40，第302页。
④ 《靖康要录》卷2，文渊阁《四库全书》第329册，第434页。

寇。仍开南城一面门,多差将兵讥察守御,以通往来。仍乞差官趣召姚古,追究王蕃所在。取进止。①

三月,王蕃又被责授琼州安置。《三朝北盟会编》卷四三载:"三月五日,奉圣旨:王安中责授朝议大夫、秘书少监分司南京、随州居住,王蕃琼州安置,孙觌妄言太学生伏阙事可别与差遣。"②

从上述史料看,王蕃任海州团练副使、黄州安置的时间为钦宗靖康元年(1126)二月,离任时间应在孟扬任职之前,即靖康元年(1126)六月。

【海州团练副使:孟扬】

孟扬(生卒年不详),参见北宋徽宗重和二年/宣和元年己亥(1119)孟揆条。

孟扬任海州团练副使、全州安置的时间为钦宗靖康元年(1126)六月,离任时间不晚于高宗绍兴元年(1131)正月。

【海州团练副使:折彦质】

折彦质(1080?—1160),字仲古,号葆真居士,府州(今陕西省榆林市府谷县)人③。其父亲折可适屡御夏人有功,曾任淮康军(今河南汝南)节度使等职务,折彦质因而以荫补入仕,绍兴六年(1136),赐进士出身。历官徽猷阁待制,枢密都承旨,河北河东宣抚司勾当公事、宣抚副使,海州团练副使、永州安置,散官、昌化军安置,朝议大夫,龙图阁直学士,湖南路安抚使兼知潭州,知静江府(今广西桂林),试工部侍郎兼都督府参谋军事,兵部尚书兼都督府参谋,端明殿学士,签书枢密院事兼权参知政事,提举临安府洞霄宫,知福州、广州,移洪州,提举江州太平兴国宫等。高宗绍兴三十年(1160),卒于潭州,"十月赠左正议大夫"④。

《靖康要录》卷三载:靖康元年(1126)三月五日,"折彦质除徽猷阁待制充枢密都承旨"⑤。《宋史·钦宗本纪》载:十一月十二日,"金人至河外,宣抚副使折彦质领师十二万拒之。甲戌(十三日),师溃";"丙子(十五日),金人渡河,折彦质兵尽溃"⑥。《宋会要辑稿》职官六九之二九载:"十五日,龙图阁直学士、河北河东路宣抚副使折彦质责授海州团练副使,永州安置。"⑦《九朝编年备要》卷三〇载:当年十二月,与陈过庭、刘韐一起被钦宗作为两河割地使者派往金军⑧。十二月之前,折彦质当已离任海州团练副使。

《宋会要辑稿》职官七〇之五载:建炎元年(1127)六月,"二十七日,折彦质责授散官,昌化军安置"⑨。

《系年要录》卷五五载:绍兴二年(1132)六月,"丁酉,朝议大夫折彦质复龙图阁直学

---

① [宋]李光:《庄简集》卷8,文渊阁《四库全书》第1128册,第512页。
② 《三朝北盟会编》卷43,第322页。
③ 按:一说字中古,祖籍云中(今山西省大同市)。详见[清]厉鹗:《宋诗纪事》卷46,第1485册,第24页。
④ 《宋会要辑稿》仪制11之6,第2531页。
⑤ 《靖康要录》卷3,文渊阁《四库全书》第329册,第458页。
⑥ 《宋史》卷23《钦宗本纪》,第432页。
⑦ 《宋会要辑稿》职官69之29,第4913页。
⑧ [宋]陈均:《九朝编年备要》卷30,文渊阁《四库全书》第328册,第861页。
⑨ 《宋会要辑稿》职官70之5,第4916页。

士赴行在"①。《资治通鉴》卷一一一载：十二月甲午，"以龙图阁直学士折彦质为湖南安抚使"②。《系年要录》卷六一载：己亥，"时龙图阁直学士折彦质在广西即以彦质为湖南安抚使兼知潭州"③。时杨幺起义军势力所及，"火于澧、潭、岳之间，占据青草、洞庭湖一带巢穴"，折彦质不仅受命"节制鼎州并荆南镇抚司军马，疾速措置招捕"④，而且因为潭州城惨遭义军攻破，"楼橹摧塌，器具皆无，城围汗漫，难以守御"，因而上任后力排众议，策划"修城之计，科敷十二县应副物料，其数甚广"。《宋会要辑稿》方域九之一八载：

> 绍兴三年(1133)五月六日，左司唐辉言："潭州虽系帅府，城中凋残，自折彦质到任，大为修城之计，科敷十二县应副物料，其数甚广。守臣缮治城壁，固所当先，然不可不以其时而夺民之力。方农事兴作，耕者尚少，又使之往来般运，疮痍未平，复又科敛。乞今且治阙坏，使足以守，如欲兴筑，当俟农隙。其有科敛，乞赐约束。"诏检会已札下事理并今来臣僚上言，札与折彦质照会施行。彦质言："本州岛残破之后，官司仓库焚爇殆尽，楼橹摧塌，器具皆无，城围汗漫，难以守御。乞从臣斟酌，将空闲处裁截三分之一。都省勘会裁截一节，仰提刑、转运、安抚司同共审度保奏。臣契勘所乞钱物修葺，非为目下便要兴工，缘材植、竹木、砖灰所用浩瀚，若不逐旋收拾，将来农隙趁时下手，却致骚扰民间。又告敕、度牒亦非临期可变转之物，今来已是六月，去其时不远，望特降处分施行。"诏令礼部给降荆湖南路空名度牒二百道，专充修城支使。⑤

《系年要录》卷七七载：绍兴四年(1134)六月丁酉，"龙图阁直学士、知潭州折彦质知静江府"⑥。紧接着兼知潭州，《资治通鉴》卷一一四载：九月，"戊辰，龙图阁学士、知静江府折彦质充川、陕、荆、襄都督府参谋官，不许辞避，用赵鼎奏也"。十一月，"癸亥，龙图阁直学士、新除都督府参谋官折彦质为枢密都承旨，星夜兼程前来供职"⑦。

《宋会要辑稿》职官三九之一二载：绍兴五年(1135)二月壬辰，"枢密都承旨折彦质试工部侍郎，兼都督府参谋军事"。选举九之一八载：绍兴六年(1136)，"二月八日，赐右朝议大夫、试兵部尚书、诸路军事都督府参议军事折彦质进士出身"⑧。《宋史·高宗本纪五》载：是月"甲寅(十六日)，以兵部尚书、都督府参谋折彦质签书枢密院事。""壬戌(二十四日)，以折彦质兼权参知政事"。十二月，"丙午(十三日)，折彦质罢"。《宰辅四》载更多职务："折彦质自左朝议大夫、试兵部尚书、诸路军马事都督府参谋迁端明殿学士，除签书枢密院事。"之前，折彦质任职枢密院即为赵鼎所推荐，此时折彦质与赵鼎、张浚同掌朝政。《赵鼎传》载："浚在江上，尝遣其属吕祉入奏事，所言夸大，鼎每抑之"，"后浚因论事，语意微侵鼎，"二人遂有隙，从而导致赵鼎罢相，"以观文殿大学士知绍兴府"⑨。折彦质也

---

① 《系年要录》卷55，第1128页。
② 《资治通鉴》卷111，北京：中华书局，1957年，第2957页。
③ 《系年要录》卷61，第1214页。
④ 《宋会要辑稿》兵10之33，第8813页。
⑤ 《宋会要辑稿》方域9之18，第9396页。
⑥ 《系年要录》卷77，第1461页。
⑦ 《资治通鉴》卷114《宋高宗绍兴四年》，第3024、3040页。
⑧ 《宋会要辑稿》职官39之12，第3980-3981页；选举9之18，第5442页。
⑨ 《宋史》卷28《高宗本纪五》，第524、528页；卷213《宰辅表四》，第5554-5555页；卷360《赵鼎传》，第11290-11291页。

遭免职。

《系年要录》卷一一七载：绍兴七年（1137）十二月，"癸酉，端明殿学士、提举临安府洞霄宫折彦质知福州。赵鼎去位，彦质亦奉祠，至是复起"。卷一三〇载：绍兴九年（1139）七月壬午，"折彦质罢福州"。卷一三八载：绍兴十年（1140）十二月丙戌，"左朝议大夫折彦质复龙图阁学士，皆用明堂恩也"。卷一五四载：绍兴十五年（1145）十月，"甲午，左朝议大夫、提举临安府洞霄宫折彦质郴州居住，彦质寓居信州，侍御史汪勃希秦桧意，奏：'彦质顷任枢府，怀奸误国，今居冲要之地，与守臣吴说私相议论，妄及朝廷。'说坐免官，而彦质有是命"。卷一六五载：绍兴二十三年（1153）七月癸卯，"左朝议大夫、提举临安府洞霄宫、郴州居住折彦质特降一官领尝"①。

《续资治通鉴》卷一三〇载：绍兴二十五年（1155）十二月一日，"特进、提举江州太平兴国宫、永州居住张浚，降授左朝请大夫、提举临安府洞霄宫、郴州居住折彦质，降授左中大夫、提举江州太平兴国宫、沅州居住万俟卨，……并令任便居住"②。《系年要录》卷一七〇载：丙申，"降授左朝请大夫折彦质复端明殿学士、左朝议大夫"。卷一七一载：绍兴二十六年（1156）正月戊申，"端明殿学士折彦质知广州"。卷一七四载：八月，"壬辰，端明殿学士、知广州折彦质移知洪州"。卷一七八载：绍兴二十七年（1157）十二月丁巳，"端明殿学士、知洪州折彦质提举江州太平兴国宫，从所请也"。卷一八三载：绍兴二十九年（1159）七月，"戊申，端明殿学士、提举江州太平兴国宫折彦质告老，特迁左中奉大夫致仕"③。

《续资治通鉴》卷一三三载：绍兴三十年（1160）八月癸丑，"端明殿学士、致仕折彦质薨于潭州"④。

折彦质虽为武职，但诗文亦有流传，《全宋诗》录其诗18首⑤，《宋诗纪事》卷四六录其6首⑥。

从上述史料看，折彦质任海州团练副使、永州安置的时间为钦宗靖康元年（1126）十一月十五日，离任时间在靖康元年（1126）十二月之前。

【海州团练副使：詹度】

詹度（1075—1127），字世安，缙云城内（今浙江省丽水市缙云县）人。曾祖象先。祖迥，官至金紫光禄大夫、观文殿大学士兼权参知政事，赠少保齐国公。父文，官翰林学士、国子司业。詹度以父恩荫补仕。詹度历官将作丞，郊社令充京城茶场检点兼主管文字，登闻鼓院，提举京畿常平司，朝奉大夫、知真州，朝议大夫、直龙图阁、权发遣两浙路转运副使，直秘阁修撰，中大夫，徽猷阁待制、淮南江浙等路发运使，户部尚书，安中庆远军节

---

① 《系年要录》卷117，第2184页；卷130，第2439页；卷138，第2604-2605页；卷154，第2914页卷165，第3133页。
② 按：《续资治通鉴》中出现断句错误，误将折彦质的职务断给张浚，将万俟卨的职务断给折彦质。详见《续资治通鉴》卷130，北京：中华书局，1957年，第3462页。
③ 《系年要录》卷170，第3246页；卷171，第3253页；卷174，第3332页；卷178，第3419页；卷183，第3518页。
④ 《续资治通鉴》卷133，第3531页。
⑤ 曾庆江、周泉根、陈圣燕：《海南历代贬官研究》，海口：海南出版社，2008年，第280-281页。
⑥ ［清］厉鹗：《宋诗纪事》卷46，文渊阁《四库全书》第1485册，第24页。

度使,河北河东燕山府路宣抚使,知燕山府、河间府、中山府、荆南府,资政殿大学士,提举南京鸿庆宫等。靖康元年(1126)十一月,责授海州团练副使、彬州安置。

《宋会要辑稿》选举三三之二九载:政和五年(1115)十二月十二日,"朝奉大夫、知真州詹度直秘阁"。礼五之五载:政和八年(1118)五月二日,"诏两浙路漕臣詹度差提举本路神霄玉清万寿宫,通判带'同'字"。选举三三之三一载:政和八年(1118)七月,"七日,诏:'朝议大夫、直龙图阁、权发遣两浙路转运副使詹度职事修举,应奉有劳,特迁一职,充秘阁修撰,仍落'副'字"。职官七七之九载:"宣和元年(1119)二月十五日,诏:'持服前中大夫、徽猷阁待制、淮南江浙等路发运使詹度特起复,差遣如故。'"食货五六之四载:"二年(1120)六月二十一日,户部尚书詹度奏"事。蕃夷二之三四载:四年(1122)八月二十九日,"忽中山府詹度奏:耶律淳死,燕人越境而来者,皆以'契丹无主,愿归土朝廷'为言"①。

《资治通鉴后编》卷一〇一载:宣和五年(1123)正月,"辛酉,授安中庆远军节度使、河北河东燕山府路宣抚使、知燕山府,詹度、郭药师同知府事"②。《三朝北盟会编》卷一四载:二月十一日乙未,"河北燕山府路宣抚使、判燕山府、资政殿学士詹度为燕山府安抚使"。卷一八载:"(九月六日乙卯)知河间府蔡靖同知燕山府,与詹度两易其地。先是,六月中,御笔王安中知燕山府,詹度、郭药师同知,药师以节钺欲居詹度之上,度称御笔所书有序,不易,药师不从,兼常胜军横甚,药师右之,度不能制,屡闻朝廷,恐交恶日深,故有是命。"③

《宋史·钦宗本纪》载:钦宗靖康元年(1126)三月二十日,因守城有功,"知中山府詹度为资政殿大学士"④。《忠惠集》卷一《内制·赐新除资政殿大学士、中山西路安抚使詹度辞免恩命不允诏》:

> 敕:詹度,省所再上奏《辞免资政殿大学士恩命》事,具悉。卿以纵敌越境,缓其归师,引咎辞荣,可谓知耻。方今,边陲不靖,虞刘朔方,命卿总戎于艰难,非但洁己而廉谨。往服军事,肃将天威,戡强敌之分虞,摅中朝之凤愤。庶几,孟明报殽之役,追继曹沫复柯之盟。苟能慷慨以立功贤,于逡巡而避宠。所请宜不允。故兹诏示,想宜知悉。秋热,卿比平安好,遣书指不多及。⑤

《横塘集》卷七载詹度进职后朝廷对其祖母、父母、两任妻子的制诰⑥。其中詹度祖母的制诰《詹度祖母周氏特赠建安郡夫人刘氏特赠建康郡夫人制》:

> 敕:国家有大庆,则士大夫皆得叙封其亲,其于爵尊位重,则褒宠有至于再世三世。所以加惠臣下,而同其福禄者,不已厚乎!此近古所未有也。具官某祖母某氏,躬有懿德,作嫔庆门,克相其夫。以气节自重,辞荣早岁,养高邱园。积厚之施,乃在

---

① 《宋会要辑稿》选举33之29,第5898页;礼5之5,第468页;选举33之31,第5899页;职官77之9,第5144页;食货56之4,第7284页;蕃夷2之34,第9758页。
② 《资治通鉴后编》卷101,文渊阁《四库全书》第344册,第33页。
③ 《三朝北盟会编》卷14,第101页;卷18,第130页。
④ 《宋史》卷23《钦宗本纪》,第426页。
⑤ [宋]翟汝文:《忠惠集》卷1,文渊阁《四库全书》第1129册,第184页。
⑥ [宋]许景衡:《横塘集》卷7,文渊阁《四库全书》第1127册,第235-236页。

诸子,知名当世,更践要涂。亦有尔孙,以守边锁。粤从小君,进封大郡。尚惟不昧,以享此休显之明命。可。

詹度父亲的制诰《父文赠开府仪同三司制》：

敕：孝子之事,亲也。生则有养,没则有祭。而国家之于多士,自通籍以上,则又有追封之典焉。盖方责其尽忠之效,则徇夫罔极之报者,曷可已哉！某官父某,词艺之学,政事之林,更践中外,茂著风绩。未究施设,奄尔徂谢。乃克有子,衔训嗣事,司吾边锁,有守捍之功。叙赠之秩,已跻二品。兹用申命,进同三司。所以为泉壤之荣者,极矣！则为其后者,可不思称所蒙哉！可。

詹度母亲何氏的制诰《母何氏特赠荣国夫人制》：

敕：凡人富贵其身,则思显其父母。而国朝叙赠之典,非独为死者之宠,亦所以慰夫生者之情也。某官母某氏,生于令族,克配君子,闺德之懿,实昌其家。惟时庆嗣,为国连帅。褒崇之命,进封大邦。尚惟淑灵,享此休显。可。

詹度妻子王氏的制诰《故妻王氏特赠太原郡夫人制》：

敕：士之有劳于朝廷,则不独爵命其身,而又褒崇其家室。故虽已往,亦预斯荣焉。某官妻某氏,温柔静专,来媲庆阀,不幸夭折,弗终显荣。其以小君,追畀大郡。尚克有知,享此休宠。可。

詹度继室刘氏的制诰《妻刘氏可彭城郡夫人制》：

敕：周衰,法度废,名称浸讹,孔子患之,为正名焉。故邦君之妻,谓之夫人,称诸异邦,则曰小君。然非有懿行,亦何以称此名哉！具官某妻某氏,婉娩温恭,闻于族姻,作配巨室,克主馈事。进封名城,以正小君之号。尚其祗服,对此荣称。可。

《靖康要录》卷八载：靖康元年(1126)八月二十三日,"詹度罢中山府路安抚使"；九月二十三日,"詹度差知荆南府"；二十七日,"圣旨：詹度差提举南京鸿庆宫"①。《宋会要辑稿》职官五四之三三将此次罢官的原因记载得更为详细："九月二十七日,资政殿大学士、新知荆南府詹度提举南京鸿庆宫。先是,度罢中山,未几复以知荆南,中书舍人安扶缴还词头,极论其恶。且言童贯收复故地,度为率先附会建议之人,故首以帅燕,当行窜责。诏以度有保守中山之劳,以功赎过,令以次舍人刘珏行下。珏又言其不可,故有是命。"②《三朝北盟会编》卷六三载：十一月十三日,"奉圣旨,詹度责授海州团练副使、彬州安置"③。《斐然集》卷二五载：

中书后省论资政殿学士詹度罪恶,自金紫光禄大夫降两官。公奏曰："言者谓度首开燕山,罪不下于童贯；养成边患,使朝廷不为备,罪不下于王安中,广行贿赂,故庇之者众。今乃仍崇资,领优局,舍边境,就乡间,才削两阶,何名惩戒？昨日宸翰咨访御敌之计,圣心焦劳,群臣悚惧,莫知所出。追究乱原,无不切齿于度。望依王安中例施行,以厌公论,少释河北愤怨。"乃落度职。④

---

① 《靖康要录》卷8,文渊阁《四库全书》第329册,第566、578、580页。
② 《宋会要辑稿》职官54之33,第4486页。
③ 《三朝北盟会编》卷63,第471页。
④ [宋]胡寅：《斐然集》卷25,第1137册,第650页。

《靖康要录》卷一二载：靖康二年（1127）三月八日，"仍旧职李熙靖、詹度并权直学士院"；四月，"二日，詹度以孙觌自军前回，乞罢权直学士院，指挥孙觌日下供职礼部侍郎，谭世绩兼权直学士院"①。据民国辛巳《缙云詹度宗谱·历世事续传》载：五月二十五日，詹度去世，时年五十三岁。"詹度怨仇益忌。言者乘间，降光禄大夫奉祀（祠）。浮言不则，授散官，斥除湖外。建延改充（建炎改元），高宗即位。二十五日，有旨赴在所，将复用焉。官者至州，县迫，遂以死。谥信国公。"②

从上述史料看，詹度任海州团练副使、郴州安置的时间为北宋钦宗靖康元年（1126）十一月十三日，离任时间当在靖康二年（1127）三月八日之前。

【海州知州：施大伦】

施大伦（生卒年不详），北宋晋陵（今江苏省常州市）人，生平史载阙，北宋钦宗靖康元年（1126）前后以朝议大夫知海州，官至中大夫致仕，再仕后官至左中大夫。施大伦知海州事，载宋人葛胜仲为施大伦长兄施大任所撰《朝议大夫施公墓志铭》，收录于《丹阳集》卷一二：

> 公讳大任，字和叟，姓施氏。始名天任，有所避，更名某；又有所避，更今名。其受姓自鲁施父，至汉，雠为博士，延为太尉，其昆裔散居南土。公之先居建康，李氏时，徙常州，今为武进人。大王父某，不仕。王父某，赠殿中丞。父某，朝奉郎、知临江军，赠金紫光禄大夫，世称笃行君子。

> 公幼奇颖，视书一再过辄记；十一岁，以文见王平甫，大蒙赏识；长从王补之受业，时新传未出，诸儒于师说或未悟，退质于公，公为剖析奥境，人人得所未闻。……靖康元年（1126），年数七十有六，某月甲子，终于里第。……既以公没之年十二月癸酉，葬公武进县怀德南乡朱夏村之兆。而见属为之铭，某既辞不获命退，独念先人清孝公，与公并时擢第，伯兄大司成为公友婿。而公季、朝议大夫、知海州大伦，予妹夫也。③

该墓志铭撰写于施大任去世时的钦宗靖康元年（1126）十二月后，是时，施大伦以朝议大夫知海州。故此可知，施大伦知海州时间在钦宗靖康元年（1126）前后。

撰写《朝议大夫施公墓志铭》的葛胜仲与施家为同乡世交并姻亲，葛胜仲的父亲与施大任同年进士，伯兄为施大任女婿，妹妹为施大伦之妻。葛胜仲（1072—1144），字鲁卿，丹阳（今江苏省镇江市丹阳市）人。北宋哲宗绍圣四年丁丑（1097）何昌言榜进士，元符三年庚辰（1100），又中宏词科第一。历官杭州司理参军，知歙州休宁县，国子司业，太常少卿，除国子祭酒，知汝州、湖州、邓州，官至显谟阁。宋代词人，卒后赠特进，谥文康。著有《丹阳集》二十四卷存世。《宋史》卷四四五有本传。④

施大伦致仕后，宋廷又招其再仕，时间在南宋高宗绍兴元年（1131）三月，事载《要录》

---

① 《靖康要录》卷12，文渊阁《四库全书》第329册，第672、676页。
② 王达钦：《缙云宋代名将詹度·附：宋爱国名将——缙云詹度》，载《缙云文化研究》，杭州：浙江大学出版社，2008年，第195-204页。
③ 曾枣庄、刘琳主编：《全宋文》第143册，第69-72页。
④ 《宋史》卷445《葛胜仲传》，第13142-13143页。

卷四三：

> （绍兴元年三月）庚申，中大夫致仕施大伦令再仕。大伦，晋陵人，以给舍陈戩等荐其学行有闻，居官详谨也。①

施大伦再仕后，官至左中大夫，事载宋人汪藻为施大伦姐所撰《令人施氏墓志铭》，收录于《浮溪集》卷二八：

> 令人，毗陵施氏，朝奉郎、知临安军、赠少师讳辨之子，赠殿中丞讳洵之孙，归同郡孙氏，为朝请郎致仕、赠中奉大夫讳庭臣之继室；以夫封县君者，二以子封宜人、恭人、令人者，三以年赐冠帔者。一群从同居五世，合庖二千指，男女十五人，孙若、曾孙、元孙六十余人，寿九十四。东南士大夫治家教子，以令人为法，其寿考康宁，子孙蕃衍，闺门雍睦，兼诸福有之，则自宋兴二百年间如令人者，殆一二见也。绍兴十八年（1148）八月，忽告其诸妇曰："吾余日再决辰耳，将与而等别矣。"至期，精爽不乱，视子孙无恋嫪之色，以九月某甲子，奄然而逝。……以令人弟左中大夫大伦之状来请藻。……孙氏，自广陵君历年之多，春秋九十一而终；令人继之，至九十四；令人之冢妇葛氏，亦九十，比三世皆寿。考百年孙氏之积累，何其厚耶！②

《令人施氏墓志铭》可补《朝议大夫施公墓志铭》中所缺施大任、施大伦兄弟父辈之姓名。其父施辨，官至朝奉郎、知临江军，卒后累赠金紫光禄大夫、少师，世称"笃行君子"；祖父施洵，不仕，赠殿中丞。

【海州知州：吴直夫】

吴直夫（生卒年不详），生平史载阙，历员外郎、知海州等。

徽宗重和元年（1118）十二月九日，有臣僚上奏欲罢十六名员外郎，其中就有吴直夫，事载《宋会要辑稿》职官六九之一：

> 十二月九日，臣僚言："六曹郎官五十五员，谨按不容于公议者十有六人，汪师心、黄愿、汪希旦、李庄、李杨、成禔、张镐、常怀、梁子海、叶椿、唐作求、吴直夫、章芹、李与权、王良钦、强休甫，乞赐罢斥。"从之。③

宋人洪迈撰《容斋随笔》三笔卷五《郎官员数》对这 16 个人被"罢斥"即罢官的原因"不容于公议"做了更详细的记录：

> 绍熙四年（1193）冬，客从中都来，持所抄《班朝录》一编相示，盖朝士官职姓名也。读至尚书郎，才有正员四人，其他权摄者亦只六七人耳。因记绍兴二十九年（1159），予为吏、礼部时，同舍郎二十人，皆正官。今既限以曾历监司、郡守，故任馆职及寺监、丞者不可进步。其自外召用者，资级已高，曾不数月，必序迁卿、少，以是居之者益少。政和末，郎员冗溢，至于五十有五。侍御史张朴上殿，徽宗谕使论列，退而奏疏，劾十有六人，大略云："才品甚下，趋操卑污，有如汪师心者；性资草阘，柔佞取容，有如黄愿、汪希旦者；浅浮躁妄，为肾辈所轻，有如李庄者；轻倪喧嚣，漫不省

---

① 《系年要录》卷 43，第 921 页。
② [宋]汪藻：《浮溪集》卷 28，文渊阁《四库全书》第 1128 册，第 291-293 页。
③ 《宋会要辑稿》职官 69 之 1，第 4897 页。

职,有如李扬者;粗冗不才,褊忿轻发,有如成禔者;人才碌碌,初无可取,有如张高者;志气衰落,难与任事,有如常怀者;大言无当,诞诡不情,有如梁子诲者;资望太轻,士论不厌,有如叶椿、唐作求、吴直夫、章芹、李与权、王良钦、强休甫者。乞行罢斥。"从之。考一时标榜,未必尽当,然十六人者后皆不显,视今日员数,多寡不侔如是。秦桧居相位久,不欲士大夫在朝,末年尤甚。二十四司独刑部有孙敏修一员,余皆兼摄,吏部七司至全付主管告院张云,兵、工八司,并于一寺主簿。又可怪也!"①

意思是绍熙四年(1193)冬天,有朋友从中都带来一编抄有朝中官员姓名的《班朝录》,其中当朝的尚书郎官有正员4人,兼职的有六七人;想起自己任职吏部、礼部时,正员也有20人;而现在当朝的郎官因各种原因却很少。徽宗重和元年(1118),郎官冗员太多,达55人,徽宗听从了臣僚的上奏,将那些才能品格低下、肤浅急躁狂妄、碌碌无为、志气衰落等的16人予以裁撤,此后他们的仕途也都很不顺,没有人表现突出。吴直夫位资历名望太轻、士人议论不服之列。

《系年要录》卷一〇载:高宗建炎元年(1127)十一月,"丁未,户部尚书黄潜厚请许淮浙盐入京东,每袋纳借路钱二千许之。东京旧东北盐地分也,时滨海道不通金部,员外郎吴直夫以为言。潜厚因请令商人特纳借路钱就行在,送纳别储之,以待用焉"②。

吴直夫离知海州时间为靖康元年(1126)九月二十四日,事载《宋会要辑稿》职官六九之二八:"同日,知凤州赵令廛、知宁州向子伋、知海州吴直夫并罢新任。以言者论三人皆曾以有赃罪,或勘鞫,或停废,徒缘霈泽,复冒郡寄故也。"③知海州时间无考,但从"罢新任"来看,任职时间不长。

李之亮在《宋两淮大郡守臣易替考》中认为吴直夫知海州时间为钦宗靖康元年(1126),但排在孟忠厚之后,有误。

【海州知州:孟忠厚】

孟忠厚(?—1157),字仁仲,隆祐太后兄、追封咸宁郡王彦弼之子,以国戚入仕。历官将作少监,知海州,权卫尉卿,徽猷阁待制,提举一行事务兼干办奉迎太庙神主事,显谟阁直学士,常德军承宣使,干办皇城司,宁远军、镇潼军节度使,开府仪同三司,枢密使,判镇江府,判明州兼安抚使,判婺州,判绍兴府兼修奉攒宫事,判福州,判建康府,判绍兴府,保宁军节度使、判平江府,判绍兴府,提举秘书省等。封信安郡王。卒后赠太保。《宋史》四六五本传载:

> 孟忠厚,字仁仲,隆祐太后兄、追封咸宁郡王彦弼子也。后退居瑶华宫,哲宗恩眷不衰,故忠厚得以仕进。宣和中,官至将作少监。靖康元年(1126),知海州,召权卫尉卿。金人围城,后宫火,出居忠厚家,由是免北迁。金兵退,张邦昌迎后听政,后遣忠厚持书遗康王。王即位,将迎后,授忠厚徽猷阁待制,提举一行事务,寻兼干办奉迎太庙神主事。

---

① [宋]洪迈:《容斋随笔》下,穆公校点,上海:上海古籍出版社,2015年,第322-323页。
② 《系年要录》卷10,第176页。
③ 《宋会要辑稿》职官69之28,第4913页。

帝幸扬州，除显谟阁直学士，台谏交章论列，帝以太后故，难之。后闻，即命易武秩，遂授常德军承宣使，干办皇城司。未几，奉太后幸杭州。苗傅乱平，赵鼎谓张浚曰："太后复辟，其功甚大，当推恩外家。"浚乃奏忠厚宁远军节度使。寻奉太后幸南昌，归至越，以母忧解职。

顷之，后崩，以祔庙恩，起复镇潼军节度使、开府仪同三司。及后大祥，封信安郡王，充礼仪使，奉太后神御幸温州。绍兴九年（1139），判镇江府，改判明州兼安抚使，改判婺州。既而帝以太后攒会稽，乃命忠厚判绍兴府兼修奉攒宫事，加少保。三梓宫归，充迎护使。及营佑陵，秦桧当为总护使，惮往，乃除忠厚枢密使以代其行。桧与忠厚僚婿也，然心实忌之。山陵事毕，忠厚欲归枢密府，桧讽言路引故事论列，遂判福州。

时海寇猖獗，帝忧忠厚不能弭其患，改判建康府，又改判绍兴府。会郊赦加恩，谢表有"本无时才，出为世用"语。中丞詹大方希桧意，论忠厚表辞轻侮，谓今日不足与有为，遂罢为醴泉观使。桧死，召还行在，授保宁军节度使、判平江府，再改判绍兴府，过阙入见，复诏充万寿观使，提举秘书省。二十七年（1157），卒，赠太保。

忠厚奉昭圣太后训，避远权势，不敢以私干朝廷。明受之变，太后垂帘，忠厚乞裁节本家恩泽，如有夤缘，令三省执奏。御史劾秦桧当国，亲姻扳援以进，忠厚独与之忤。自越入见，语所善王铚曰："忠厚与桧虽有亲好，每怀疑心，今欲求一不伤时忌对札。"铚教之，但言乞免提举学事而已，然亦见废。帝以太后拥佑功，故眷忠厚特优。后在瑶华三十年，恩泽未尝陈请，诏赐忠厚田三十顷以赏之。既奉内祠，金使至，特命押班，且令月过局，如宰执例。及卒，三子皆除直秘阁，亲属六人各进以一官。①

《宋史》本传所列孟忠厚官职和经历事件在时间上比较模糊，《三朝北盟会编》等史籍尚有部分史料补充，刘云军《宋史·宰辅列传补正》对孟忠厚本传亦做了大量的补正工作②。

从《宋史》本传"靖康元年，知海州，召权卫尉卿"可知，孟忠厚知海州时间为钦宗靖康元年（1126）。知海州前，"宣和中，官至将作少监"。事载《宋会要辑稿》帝系二之二二："（徽宗宣和）六年（1124）正月二十八日，将作少监孟忠厚言"事③。

孟忠厚任职"卫尉少卿"的时间记载最早见于建炎元年（1127）四月。因徽钦二帝被金人所掳北迁，五月初一，时任河北兵马大元帅的康王赵构即皇帝位，之前，张邦昌等朝廷重臣及百姓纷纷劝进，"建炎元年（1127），夏四月……戊辰，……（元祐孟）皇后又遣兄子卫尉少卿孟忠厚持手书遗帝。"④"靖康二年（1127）四月九日戊辰，（张）邦昌遣谢克家来归'大宋受命之宝'于帅府。太后遣侄权卫尉少卿孟忠厚赍书劝进于大元帅。"⑤但适逢靖康之变，时局动荡，孟忠厚知海州时间并不长，或根本未到任。

---

① 《宋史》卷465《孟忠厚传》，第13585-13587页。
② 刘云军著：《〈宋史〉宰辅列传补正·孟忠厚传补正》，保定：河北大学出版社，2016年，第620-634页。
③ 《宋会要辑稿》帝系2之22，第50-51页。
④ 《宋史》卷24《高宗本纪一》，第442页。
⑤ 《三朝北盟会编》卷92，第679页。

靖康二年(1127)二月,元祐孟皇后所居延宁宫失火,孟皇后躲避至相国寺前孟忠厚家,孟忠厚前来相见。《九朝编年备要》卷三〇载:二月辛未(十一日),"延宁宫火,元祐孟皇后缘是出居相国寺前之私第"①。《三朝北盟会编》卷九〇载:"《别录》云:'太后先居瑶华宫,号华阳教主、玉清妙静仙师,道名冲真。城破,迎入延宁宫。二月二十八日,保康门东瓦子沿烧街西延宁宫。时太后急就天汉桥,南遇仙店门,垂帘幕以避,移居观音院西私第。'《靖康后录》曰:'元祐皇后居瑶华宫近二十余年,缘金人破城,移入旧城延宁宫。延宁宫火自东瓦子经五楼归私第。是时,太后脱身,都人亦不知其无恙,故金人独遗。'《记闻》曰:'初三日中,旨令开封府差察使人遍寻元祐皇后去处,闻先在延宁宫,因二月间遗火,烧却本宫,归在观音院。'卷九一载:"三月二日,延宁宫火,元祐皇后徬徨无所归,步入相国寺前军器少监孟忠厚家,忠厚来相见。"②《系年要录》卷四在"建炎元年夏四月戊辰"条下注曰:"秦湛《回天录》云:'三月二日,延宁宫火。元祐皇后徬徨无所归,步入相国寺中前军器少监孟忠厚家。'"③《靖康要录》卷一一载:"二十七日,军前取内侍五十人,晚退三十六人回,止要被上皇任用者。又索象齿三千株,犀角、香药倾尽府库所有。新宋门至曹门火,自旦至午。"④《续资治通鉴》卷九七载:丁亥(二十七日),"是日,建宁宫火。元祐孟皇后徒步出居相国寺前通直郎、军器监孟忠厚家"⑤。此处的"建宁宫"应是"延宁宫"之误。上述史料所载延宁宫失火具体时间有异,但基本可推知延宁宫失火在二月二十七日至二十八日之间,从而也可大致推知,靖康二年(1127)二月之前,孟忠厚在京。

　　孟忠厚以恩荫入仕。建炎元年(1127),"冬,十月,丁巳朔,帝登舟如淮甸"⑥。高宗至扬州后,孟忠厚授显谟阁直学士,是文职;建炎二年(1128)正月辛亥(二十六日),"改授显谟阁直学士孟忠厚为常德军承宣使"⑦,从此之后,一直充任武职,官至枢密使。其改武秩主要与滕康、卫肤敏和刘珏等人的上奏有关。在孟忠厚刚授显谟阁直学士时,滕康"除起居舍人、权给事中,进起居郎兼讨论祖宗法度检讨官,试中书舍人。会显谟阁学士孟忠厚乞用父任减年迁官,康言:'忠厚,隆祐太后之侄也,太宗以来,凡母后兄弟之子无为侍从者'"⑧;时右谏议大夫卫肤敏亦反复上奏,"后父邢焕除徽猷阁待制,太后兄子孟忠厚显谟阁直学士。肤敏言'非祖宗法。'焕寻换武职,忠厚自若。俄迁中书舍人,……恩奏言:……又言:……帝命宰相谕肤敏曰:'朝廷以次迁官,非因论事也。'肤敏犹不拜,居家逾月,及忠厚改承宣使,诏后族勿除从官,肤敏始拜命"⑨;刘珏时为中书舍人、给事中,因

---

① [宋]陈均:《九朝编年备要》卷30,文渊阁《四库全书》第328册,第865-866页。
② 《三朝北盟会编》卷90,第672页;卷91,第677页。
③ 《系年要录》卷4,第116页。
④ 《靖康要录》卷11,文渊阁《四库全书》第329册,第651页。
⑤ 《续资治通鉴》卷97,第2565页。
⑥ 《续资治通鉴》卷100,第2632页。
⑦ 按:《资治通鉴后编》在改武阶时间上与之相同,《宋会要辑稿》载:"三年(1129)正月十八日,诏后族自今不许任侍从官,著为申令。显谟阁直学士孟忠厚特与换授常德军承宣使。从臣僚之请也。"此诏令在孟忠厚改武阶后一年施行。详见《宋史》卷25《高宗本纪二》,第454页;《资治通鉴后编》卷106,文渊阁《四库全书》第344册,第117页;《宋会要辑稿》后妃2之2,第273页。
⑧ 《宋史》卷375《滕康传》,第11610-11611页。
⑨ 《宋史》卷378《卫肤敏传》,第11661-11664页。

刑焕换武阶而孟忠厚没变,且"帝曰:'忠厚乃隆祐太后族,宜体朕优奉太后之意。'珏持益坚,忠厚寻亦换武阶"①。

嘉庆《海州志》在《职官表》上载:"孟忠厚,洛州人,隆裕太后兄,钦宗靖康元年(1126)任,见《宋史》。"将隆裕太后兄之子孟忠厚误为"隆裕太后兄"。李之亮在《宋两淮大郡守臣易替考》中认为孟忠厚知海州时间为靖康元年(1126)。

北宋钦宗靖康二年/南宋高宗建炎元年丁未(1127)

【海州知州:魏歔】

魏歔(生卒年不详),生平史载阙,历官朝请郎、知海州等。

《续资治通鉴》卷九九载:

> (建炎元年七月)戊戌,朝请郎、知海州魏歔言:"海州至登、莱最近,而登、莱复与金人对境。近闻金人于燕山造舟,欲来东南。望造戈船,修楼橹,依登、莱例,屯兵二三千以备缓急。"许之。②

可知高宗建炎元年(1127)七月,魏歔在知海州任上。同一事件,《系年要录》卷七亦载:

> (戊戌)诏京东帅司相度自登、莱至海州,置斥堠、烽燧等事。先是,朝请郎、知海州魏歔言:"海州至登、莱最近,而登州与金人对境。近闻金人于燕山造舟,欲来东南。望造戈船、修楼橹,依登、莱例屯兵二三千人,以备缓急。"许之。至是歔代还复有此请。③

《宋会要辑稿》兵二八之九记载得更为详细,也说明海州已经处于宋金交战的前线,战争气氛浓厚:

> 光尧皇帝建炎元年七月十日,朝请郎魏歔言:"海州至登州最近,而登州与金人对境。海州城东沿海,旧无巡捕官置司,尝乞创置本州岛东沿海巡检官,招置水军百人,下两浙运司造舫鱼战船二十只;又乞修置楼橹,添置军器,并依登、莱屯兵三千人,以备缓急。得旨特依外,所有楼橹、军器、屯兵,乞下两路帅司相度自来。登、莱至海州,每十里或二十里置立斥堠,差人守宿。"诏令本州岛量度合用军器添造。其楼橹,仰如法修置。所有合置斥堠,并差人守宿去处,令两路帅司相度施行。④

《京口耆旧传》卷八载:"建炎二年(1128),魏歔知海州,所部怀仁县邻敌境,数入侵掠。"⑤可知高宗建炎二年(1128),魏歔在知海州任上。

综上可知,魏歔知海州时间在北宋钦宗靖康元年(1126)至高宗建炎二年(1128)。

清嘉庆《海州志·职官表一》载:"魏歔,高宗建炎元年任,详《纪事表》。"《纪事表》沿

---

① 《宋史》卷378《刘珏传》,第11665-11668页。
② 《续资治通鉴》卷99,北京:中华书局,1957年,第2607页。
③ 《系年要录》卷7,第201-202页。
④ 《宋会要辑稿》兵28之9,第9241页。
⑤ [宋]刘宰:《京口耆旧传》卷8,文渊阁《四库全书》第451册,第205-208页。

袭了《续资治通鉴》的记载,只是漏抄"修楼橹"三字。李之亮在《宋两淮大郡守臣易替考》中认为魏鯈知海州时间为北宋钦宗靖康元年至高宗建炎元年(1126—1127)。

第二节　南宋(金、元)时期海州职官题名考述

南宋高宗建炎元年/金太宗天会五年丁未(1127)

海州团练副使	郑望之、孙觌	海州儒学教授	刘公彦
海州知州	魏鯈		

【海州团练副使:郑望之】

郑望之(1078—1161),字顾道,彭城(今江苏徐州)人,徽宗崇宁五年丙戌(1106)蔡嶷榜进士,初授陈留(今河南省开封市陈留镇)主簿。历官枢密院编修官,开封府仪、工、户曹,驾部员外郎兼金部员外郎,提举亳州明道宫,海州团练副使、连州(今广东省清远市连州市)安置,户部侍郎,吏部侍郎兼主管御营司参赞军事,集英殿修撰再领亳州明道宫,知宣州(今安徽省宣城市)等。以徽猷阁直学士致仕,卒后赠中大夫。著有《靖康奉使录》一卷、《膳夫录》一卷。《宋史》卷三七三本传载:

郑望之,字顾道,彭城人,显谟阁直学士伋之子也。望之少有文名,山东皆推重。登崇宁五年进士第,自陈留簿累迁枢密院编修官,历开封府仪、工、户曹,以治办称。临事劲正,不受请托。宦寺有强占民田者,奏归之。蔡京子欲夺人妾,使人谕意,望之拒不受。除驾部员外郎兼金部。

靖康元年(1126),金人攻汴京,假尚书工部侍郎,俾为军前计议使。既还,金人遣吴孝民与望之同入见。望之言金人意在金币,且要大臣同议,乃命同知枢密院事李棁与望之再使,斡离不以朝廷受归朝官及赐平州张觉手诏为辞,遣萧三宝奴偕棁等还,以书求割三镇,欲得宰相交地,亲王送大军过河。

时高宗在康邸慷慨请行,遂与张邦昌乘筏渡濠,自午至夜分,始达金砦。又除望之户部侍郎,同棁再至金营,仍以珠玉遗金人。金人拘留望之逾旬。会姚平仲夜劫砦不克,斡离不以用兵诘责诸使者,邦昌恐惧涕泣,王不为动。金人遂不欲留王,更请肃王,乃以兵送望之诣国王砦诘问。会再遣宇文虚中持割地诏至,望之得还,因盛言敌势强大,我兵削弱,不可不和。既而金兵退,朝廷以议和非策,罢望之提举亳州明道宫。

建炎初(1127),李纲以望之张皇敌势,沮损国威,以致祸败,责海州团练副使、连州居住。纲罢,诏望之为户部侍郎,寻转吏部侍郎。论王云之冤,帝为感动,复云元官,与七子恩泽。寻兼主管御营司参赞军事。论航海不便,忤旨,以集英殿修撰再领亳州明道宫。起知宣州,逾年,以言章罢。

绍兴二年(1132),会赦,复徽猷阁待制,致仕。七年,落致仕,召赴行在。望之以衰老辞,帝谓大臣曰:"望之,朕故人也。"于是升徽猷阁直学士,复致仕。三十一年,卒,年八十四。赠中大夫。①

郑望之责海州团练副使、连州居住时间为高宗建炎元年(1127)五月,事载《宋会要辑稿》职官七〇之一:"(建炎元年五月十一日,责授)郑望之海州团练副使、连州安置。"②离任时间当在后文所考孙觌任职前,即建炎元年(1127)六月之前。

建炎三年(1129),李纲罢职后,郑望之为户部侍郎,制词《郑望之吏部侍郎制》由李正民撰,收录于《大隐集》卷一:

敕:唐制右列三铨,掌于武部;本朝肇分四选,总于天官。方时多虞,尤号难治。惟品流之庞杂,员患其多;矧典籍之散亡,吏得以肆。欲司厥事,必惟其人。具官某:识虑精明,材猷敏济。顷郎曹之分职,正戎马之在郊。奋身请行,抗节而出。遂陟近班之峻,以昭信誓之劳。旋徇公言,乃从远适。兹召还于著位,将协济于事功。俾参常伯之联,专掌武阶之众。尔其纠摘真伪,审核条章。人无滞留之嗟,吏绝欺罔之弊。斯为称职,尚勉之哉。可。③

郑望之授户部侍郎官后,作谢表,由綦崇礼撰《代郑望之谢除户部侍郎表》,收录于《北海集》卷二五:

备台中之郎属,姑试冗曹;庀左户之贰卿,遽升要任。饬兼衣而出笥,束宝带以华身。拜命非常,抚躬罔措。臣某,中谢,窃以冢宰制国用而出纳,归有司之责;司徒掌邦赋而度支,专左曹之繁。故在平时,最称剧部。矧此多虞之际,岂惟经费之艰。由边防失御狄之机,肆京甸萃勤王之旅。饵戎车之众,金缯殆竭于赢余;给貔虎之师,刍粟方劳于飞挽。必有裕民之长策,乃为足食之良图。如臣者风力不强,材资甚下。教忠有训,期黾勉以承家;见义当为,敢逡巡而避事。骇战尘之侵轶,逼都邑以震惊。和议初陈,敌情叵测。寇至君谁与守,彼忍偷安;兵交使在其间,臣奚恤死。赖真人之嗣极,致大敌之革心。惟肆贪求,卒归成好。繄圣神之所格,在臣子以何功。宜即严诛,顾叨异宠。歘自散郎之列,径跻法从之联。虽世服厥官,获继先臣之旧;而朝容幸位,惧尘初政之明。忱深徒切于循墙,令出终难于反汗。夫何孤远,乃尔遭逢。此盖伏遇皇帝陛下,躬大禹之俭勤,负成汤之勇智。无为而用天下,自销偷惰之风;不战而屈人兵,阴夺冠攘之计。属此纂图之始,遘兹猾夏之虞。德务好生,嘉与兆民之康乐;仁宁屈己,姑从一切之权宜。欲就远图,岂难小忍。共识人君之度,曾何使命之劳。犹录妄庸,令超躐。而臣比缘计议,数对威光。仰英断之无前,知睿谋之有在。侧身尝胆,愿无忘今日之忧;报国捐躯,顾敢爱他时之力。④

《系年要录》卷五八载:绍兴二年(1132)九月丙戌,"集英殿修撰、提举亳州明道宫赵

---

① 《宋史》卷373《郑望之传》,第11554—11555页。
② 《宋会要辑稿》职官70之1,第4915页。
③ [宋]李正民:《大隐集》卷1,文渊阁《四库全书》第1133册,第11—12页。
④ [宋]綦崇礼:《北海集》卷25,文渊阁《四库全书》第1134册,第686—687页。

子湮、郑望之,……并复徽猷阁待制,以赦叙也"①。《东牟集》卷七记载《郑望之复徽猷阁待制制》:

> 敕:同上。具官某,柔以有力,直而好谋,临难不回,惟祗厥事。所居见纪,克世其家。曩从散秩之卑,进贰铨曹之贵。殆有同于特起,盖以表其异材,觊竭嘉谋,共康庶务。及观夫艰难而避事,乌在乎颠沛以爱君。俾即真祠,仍镌要职。念屡更于岁籥,宜稍叙于官联。言升延阁之华,益对茂时之宠。其思论报,勿替疏恩。可。②

《系年要录》卷一五五载:绍兴十六年(1146)十二月,"辛丑,徽猷阁待制、提举江州太平观郑望之言老而多病,乞守本官致仕,许之,仍迁一官"③。卷一七六载:绍兴二十七年(1157)正月,"己丑,召徽猷阁待制致仕郑望之赴行在。望之以衰老疾力辞。上谓大臣曰:'望之不独君臣,乃是故人。'于是升徽猷阁直学士复致仕。时望之年八十矣"④。《海陵集》卷十六记载《郑望之落致仕召赴行在》:

> 朕蒐贤简能,穆布在位,犹惧其有遗才也。访故老于蒐裘之营,得所谓守善纯固,黄发不怠,可以表仪当世者,则又将襄轮以招之。具官某,一代耆英,安于静寿。簪橐之望,今三十年。散金丘园,固无愧乎止足之义矣。然昔之谢事者,或以陋巷与政议,或以岁时为朝臣。盖年弥高而德弥劭者世所尊,身之老而才之壮者,谋必审。朕意所属,卿宜未忘。盍亦膏已垂之车,纡既解之绂而来归也。伫观远用,入告嘉猷。可。⑤

《系年要录》卷一九一载:绍兴三十一年(1161)七月,"己亥,徽猷阁直学士致仕郑望之卒"⑥。

郑望之还是一位书法家,其书风受"宋四家"中苏轼和米芾(另两位是黄庭坚和蔡襄)的影响很大,字势变化丰富,运笔挥洒自如。现遗存的一幅《向过帖》(图8-13)藏于故宫博物院,纸本,长47、宽34.3厘米,行书,又称《婺源帖》或《向过婺源帖》⑦。释文为:

> 望之顿首再拜。向过婺源,山川草木,大胜饶信间。明日越芙蓉岭,到新安,江山气象,反不如属县。老兄前守

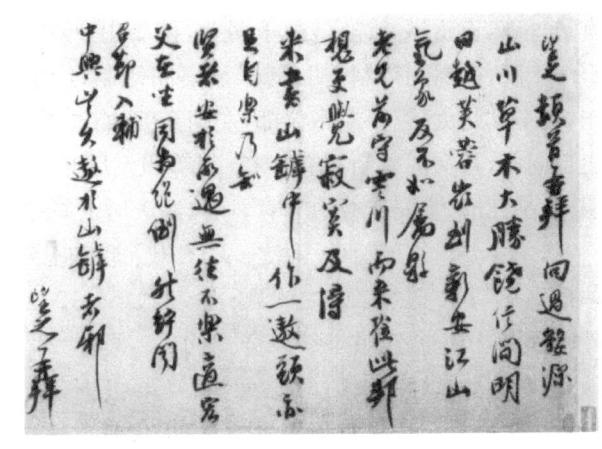

图 8-13　郑望之《向过帖》
(来源:《国宝·书法》)

---

① 《系年要录》卷58,第1177页。
② [宋]王洋:《东牟集》卷7,文渊阁《四库全书》第1132册,第412-413页。
③ 《系年要录》卷155,第2948页。
④ 《系年要录》卷176,第3365页。
⑤ [宋]周麟之:《海陵集》卷16,文渊阁《四库全书》第1142册,第128页。
⑥ 《系年要录》卷191,第3716页。
⑦ 刘炜、段国强主编:《国宝·书法》,济南:山东美术出版社,2012年,第187页。

雪川,而来莅此邦,想更觉寂寞,及得来书,山蟠中作一遨头,亦足自乐,乃知贤者安于所遇,无往不乐。适宏父在坐,同为绝倒,然竚闻召节入辅中兴,岂久遂于山蟠者邪。望之再拜。

帖中出现的地名"婺源""新安"宋代皆属于徽州,"芙蓉岭"位于现在的婺源县溪头乡;"饶信"即古代饶州和信州,今上饶市;"雪川"又称雪溪,是浙江湖州境内的一条河流,历史上往往作为湖州的别称。

帖中与郑望之同游的"宏父"为曾宏父。曾宏父(约1094—1156后),名惇,以字行,江西建昌南丰人。祖父为北宋宰相曾布、伯祖为文学家曾巩、叔祖为诗人曾肇,他们兄弟仨与苏轼、苏辙弟兄俩同科进士及第。曾宏父为南宋文学家,与当时文人互有诗词唱和。绍兴十六年(1146)十二月,郑望之告老致仕后,"居上饶,筑室名'寓居',盖取晋陶潜'寓形宇宙'之意"①。曾宏父此时亦寓居上饶,其外甥王明清在《挥麈后录》卷十一载:"舅氏曾宏父,生长绮纨,而风流蕴藉,闻于搢绅。长于歌诗,脍炙人口。绍兴中,守黄州,……后归上饶,时郑顾道、吕居仁、晁恭道俱为寓客,日夕往来。"②由此可见,《向过帖》是郑望之晚年时的作品。至于收信人有待进一步考证。

【海州团练副使：孙觌】

孙觌(1081—1169),字仲益,号鸿庆居士,晋陵(今江苏常州武进)人,以诗文名世,尤擅长四六,晚岁待人益和,厚里人,有求诗文者,皆忻然应之。徽宗大观三年(1109)贾安宅榜进士,政和四年(1114)以将仕郎冠辞学兼茂科。历官秘书省校书郎,宣教郎、尚书都官员外郎,充贡举参详官,国子司业,侍御史,承务郎,中书舍人兼侍讲资善堂撰文官,权直学士院,徽猷阁待制,朝奉郎,显谟阁待制,给事中,吏部侍郎,户部尚书,龙图阁直学士,提举江州太平观,左奉议郎,左朝奉郎,右文殿修撰、提举江州太平兴国宫,翰林学士,吏部尚书,敷文阁待制,龙图阁待制等职。历知和州、秀州,海州团练副使、归州安置,知温州、平江府、临安府等地方官。著《鸿庆居士集》四十二卷。

《宋会要辑稿》职官一八之一〇九载:政和七年(1117),"十一月十四日,秘书省校书郎孙觌奏"事。选举二〇之二载:宣和六年(1124)正月二十三日,以"宣教郎、尚书都官员外郎孙觌,……并充贡举参详官"③。

《靖康要录》卷一载:靖康元年(1126)正月二日,"国子司业孙觌除侍御史"。卷三载:三月二十一日,"孙觌差知和州"④。《宋会要辑稿》职官六九之三〇载:闰十一月,"二日,中书舍人孙觌降三官罢;……觌以支军粮、赏赐不平,……故皆责之"⑤。

《系年要录》卷四载:建炎元年(1127)四月辛酉,"权直学士院、中书舍人孙觌,令日下供职"。卷五载:五月辛卯,"中书舍人孙觌、张棣并依旧职"。卷六载:六月癸亥,"徽猷

---

① [宋]熊克:《中兴小纪》卷32,文渊阁《四库全书》第313册,第1118页。
② [宋]王明清:《挥麈录》,上海:上海古籍出版社,2012年,第141页。
③ 《宋会要辑稿》职官18之109,第3481页;选举20之2,第5635页。
④ 《靖康要录》卷1,文渊阁《四库全书》第329册,第413页;卷3,第469页。
⑤ 《宋会要辑稿》职官69之30,第4913页。

阁待制、知秀州孙觌。……(于是遂责)觌归州(安置)"①。《三朝北盟会编》卷一〇六载：六月五日，"孙觌责授海州团练副使、归州安置，并令所在州军差人管押前去。孙觌辨受伪官等状曰：'臣在宿州，见报，有臣僚言章称受伪楚官爵与商，议论有如孙觌、李擢者。奉圣旨散官安置，伏念臣自靖康元年八月，和州召还，十月蒙恩召试中书舍人兼侍讲资善堂撰文官。'"②

《系年要录》卷一〇载：十月庚寅，"降授承务郎、充徽猷阁待制孙觌复朝奉郎、试中书舍人。初张浚因劾李纲罪，论觌不当贬，由是复用"。卷一二载：建炎二年(1128)正月，"乙巳，新除中书舍人孙觌充显谟阁待制、知平江府。初，觌有除命，即上疏辞且言：'在靖康中，首论蔡京、蔡攸罪状，又论蔡行父子弃官而去，又论李纲不知兵，太学诸生诱众伏阙为乱、大臣之政专务姑息，于是京、攸之党，逃弃官守之人，行营司官属，太学诸生，朝廷大臣，莫不惟臣之怨，积致中伤，以陷大难，乞一宫观差遣。'故有是命"。卷一七载：八月戊午，"显谟阁待制孙觌试给事中"。卷二一载：建炎三年(1129)三月辛巳，"尚书吏部侍郎兼直学士院孙觌试户部尚书"。卷二二载：四月戊午，"户部尚书孙觌为龙图阁直学士、知温州，寻改知平江府。时浙西七州盗残者五，惟苏湖独存，群盗相传，号平江为金扑满。觌至，宫召诸大姓，谕以祸福，使挈其金帛远徙而藏之，一季不如令乃录入，官人苦其扰"③。《宋史全文》卷十七上载："闰八月戊寅，知平江府孙觌罢，以言者论：觌尝建明王安石常平聚敛之法也。时觌在平江，拘催民间崇宁以来青苗积欠，民苦其扰。上闻，亟下诏除之。"④《宋宰辅编年录》卷一四载：七月，"壬寅，李邴改授权知三省枢密院事(自参知政事权知)，……八月，……寻以资政殿学士李邴代孙觌知平江府"⑤。

《系年要录》卷三五载：建炎四年(1130)七月乙丑，"朝奉郎孙觌并复徽猷阁待制"。卷四一载：绍兴元年(1131)正月辛丑，"范宗尹因荐朝奉郎、提举江州太平观孙觌有才，乃复觌龙图阁待制、知临安府"⑥。《宋史全文》卷十八上载：二月，"辛巳，礼部尚书秦桧参知政事，龙图待制孙觌时知临安府，以启贺桧有曰：'尽室航海，复还中州；四方传闻，感涕交下。汉苏武节旄尽落，止得属国；唐杜甫麻鞋入见，乃拜拾遗。未有如公独参大政。'桧以为讥已，始大怒之"⑦。

《系年要录》卷四八载："冬十月甲子朔，龙图阁待制、知临安府孙觌提举江州太平观，以集英殿修撰、新知温州席益代之。觌不为吕颐浩、秦桧所喜，故引疾而有是命。"卷五三载：绍兴二年(1132)四月丁酉，"左朝奉郎、提举江州太平观孙觌除名，象州羁管。先是，李光为吏部侍郎，上疏论觌知临安府，盗用助军钱四万余缗。吕颐浩、秦桧削光名，下其章付大理，落觌龙图阁待制，至是狱成。觌以众证，坐以经文纸札之属馈过客，计直千八百缗，有司言觌自盗，当死。诏贷死，免决刺，所过发卒护送，连坐流徙者又三十余人。久

---

① 《系年要录》卷4，第105页；卷5，第134页；卷6，第170页。
② 《三朝北盟会编》卷106，文渊阁《四库全书》第351册，第38页。
③ 《系年要录》卷10，第173页；卷12，第315页；卷17，第404页；卷21，第482页；卷22，第550页。
④ 《宋史全文》卷17上，文渊阁《四库全书》第330册，第584页。
⑤ 《宋宰辅编年录》卷14，文渊阁《四库全书》第596册，第474页。
⑥ 《系年要录》卷35，第802页；卷41，第889页。
⑦ 《宋史全文》卷18上，文渊阁《四库全书》第330册，第585-586页。

之,二相(指吕颐浩和秦桧)免,觌上书诉枉,乃放还。"卷七九载:绍兴四年(1134)八月戊寅朔,"诏象州羁管人孙觌特放令逐便,觌始坐赃贷死,至是上书诉枉事下刑部,刑部言觌所犯未尝置,对止据众证定罪于法意人情委是未尽,故释之。"卷八六载:绍兴五年(1135)闰二月乙巳朔,"除名勒停人孙觌叙左奉议郎"①。

自此后归隐太湖二十年。

《系年要录》卷一七三载:绍兴二十六年(1156)六月壬午,"左奉议郎孙觌复左朝奉郎,觌既叙官。当秦桧秉政,畏祸深居者二十余年,及是始上书自诉,乃复旧秩。"《系年要录》卷一七五载:闰十月,"辛巳,左朝奉郎孙觌复右文殿修撰、提举江州太平兴国宫,觌上疏自诉不已,故复之"。卷一八五载:绍兴三十年(1160)四月丁卯,"右文殿修撰孙觌告老,复敷文阁待制致仕后,三日不行"。卷一九二载:三十一年(1161)八月癸卯,"右文殿修撰、提举江州太平兴国宫孙觌,复敷文阁待制致仕,觌年八十矣"。卷一九七载:三十二年(1162)二月,"戊申,上次常州荆溪馆,敷文阁待制致仕孙觌入见"②。

孝宗乾道二年(1166),敷文阁待制致仕孙觌落职,原因载《宋会要辑稿》职官七一之一三:

> 四月十三日,诏敷文阁待制孙觌落职。以殿中侍御史王伯庠论:'觌在宣和间,被遇徽宗皇帝,浸阶通显;钦宗皇帝擢授中书舍人,蒙恩最厚。及京城失守,车驾出城,觌于是时不能尽主辱臣死之节,乃背恩卖国,取媚房首。抚其事实,臣子所不忍言。太上皇帝扩天地覆载之恩,拔拭收用,位至尚书,授以方面。而觌天资小人,不能自改,又以赃罪除名勒停,窜斥岭外。遇赦放还,累经叙复,不带左字。为觌者自当屏迹人间,岂敢复施颜面见士大夫,而蝇营狗媚,攀援进取,既复修撰,又复待制。如觌之背君卖国,不忠不义,而处以侍从,可乎?乞降睿旨,将觌落职远贬,以为人臣不忠不义之戒。'故有是命。③

《宋会要辑稿》职官一八之六七载:

> (乾道三年)五月十一日,起居舍人、兼权中书舍人、兼同修国史实录院同修撰洪迈言:'得旨编修《钦宗实录》正史,除日历所发到《靖康日历》及汪藻所编《靖康要录》并一时野史杂说与故臣家搜访到文字外,缘岁月益久,十不存一。虽靖康首尾不过岁余,然徽宗朝大臣多终于是年,其在今录皆当立传,询之其家,已不可得。欲访之故臣遗老,则存者无几。浸浸不问,则史策脱略,漫无纲纪。窃见前敷文阁待制致仕孙觌在靖康中实为台谏、侍从,亲识当时之人,亲见当时之事。其年虽老,笔力不衰。乞诏觌以其所闻见撰为蔡京、王黼、童贯、蔡攸、梁师成、谭稹、朱勔、种师道、何栗、刘延庆、聂昌、谭世绩等列传;及一朝议论事迹,凡国史、实录所当书者,皆令条列,上送本院。庶几遗文故事得以毕集,不至放失旧闻,以阙大典。'从之。

> 八月十二日,左朝奉郎致仕孙觌奏:'被旨令撰蔡京、王黼等列传。伏见《神宗实

---

① 《系年要录》卷48,第1001页;卷53,第1099页;卷79,第1488页;卷86,第1633页。
② 《系年要录》卷173,第3306-3307页;卷175,第3357页;卷185,第3573页;卷192,第3719页;卷197,第3873页。
③ 《宋会要辑稿》职官71之13,第4954页。

录》藏之金匮久矣,绍圣以来,两经刊削,今有二书。臣今被旨,所当书者皆误社稷大恶,更无记注、日历为根据,而出于一夫之手。他日怨家仇人袭绍圣之迹,指为诽谤,吠声之众,群起而攻之,臣腰领不足以荐斧钺。奉诏惕然,以乐为惧。况列传之体,合得州里、世次、出身、践历岁月终始,移文所属督责报应,皆非臣所能办。欲望察臣衰谢,非宣力之时,而私家亦非修史之地。今欲自蔡京以下臣所亲睹事迹有实状者旋行记忆,每得十数事,则缮写续申实录院,以备史官采择。乞免臣下笔作传,以逭越职出位之咎。'从之。

十月十四日,诏:"孙觌缴到蔡京事实,降付国史实录院。"①

《直斋书录解题》卷一八载:

《鸿庆集》四十二卷:户部尚书、晋陵孙觌仲益撰。大观三年进士,政和四年词科。《代高丽谢赐燕乐表》,脍炙人口。生元丰辛酉,卒乾道己丑,盖年八十有九,可谓耆宿矣。而其平生出处,至不足道也。尝提举鸿庆宫,故以名集。②

可知孙觌生于神宗元丰四年辛酉(1081),卒于孝宗乾道五年己丑(1169),享年八十九岁。

从上述史料看,孙觌任海州团练副使、归州安置的时间为高宗建炎元年(1127)六月,离任时间建炎元年(1127)十月。

南宋高宗建炎二年/金太宗天会六年戊申(1128)

| 海州知州 | 魏稣 | 海州儒学教授、怀仁县令 | 刘公彦 |

南宋高宗建炎三年/金太宗天会七年己酉(1129)

| 海州团练副使 | 钱伯言、王元 | 海州兵马铃辖、海州镇抚使 | 李进彦 |

【海州团练副使:钱伯言】

钱伯言(参看北宋徽宗宣和七年乙巳钱伯言知海州条)任海州团练副使、永州安置时间为高宗建炎三年(1129)三月之后,离任时间在后文王元任职时间之前,即建炎三年(1129)四月之前。

【海州团练副使:王元】

王元(生卒年不详),生平史载简略。历官馆吏,国子司业主簿,承议郎,副都指挥使,管勾步军司公事,提举西京嵩山崇福宫,主管殿前司(管军、殿帅)等。建炎三年(1129)四月责授海州团练副使、英州安置,四年(1130)七月自便。

《长编》卷三三二载:神宗元丰六年(1083),"春正月丁丑朔,御大庆殿受朝。……及

---

① 《宋会要辑稿》职官18之67,第3517-3518页。
② [宋]陈振孙:《直斋书录解题》卷18,文渊阁《四库全书》第327册,第827页。

朝会毕，入馆中，正字邓谨思、馆吏王元云：'昨夕宿直，亲开馆门，内其辇木。至中夕，有三中贵视拆屋，方出四辂，遽遣百余人登屋而拆之，昏暗中又去其旁支之柱，以故屋摧而玉辂坏，百余人皆陨地，折手足，坏头面，号哭之声喧然。扶舆而出，死者四人，余皆困重将死。'"卷三三八载：八月二十二日，"礼部言：'国子监擅令主簿管勾钱库收支，监丞叶祖洽既准本监牒请监视开闭库，又再申令主簿管勾。'诏司业、通直郎朱服，丞、奉议郎叶祖洽，主簿、承议郎王元，各降一官，差遣如故，祖洽仍罚铜二十斤"。卷五〇二载：哲宗元符元年（1098）九月癸酉，在重新审理以往案件的时候，认为"国子司业朱服、监丞叶祖洽、主簿王元，承准朝旨：主簿专典簿书，各于监视钱库开闭收支，互相违戾，各特降一官，叶祖洽仍罚金二十斤，元祐并特除落，今看详诉理不当"①。

景定《建康志》载：徽宗"宣和年（1119—1125），（王元）除副都指挥使"②。

《宋会要辑稿》职官六九之一三载：宣和五年（1123）八月，"二十五日，管勾步军司公事王元提举西京嵩山崇福宫。以言者论其朋附权贵，沽誉希进，又招刺老弱充军故也"③。

《建炎复辟记》载：建炎三年（1129）二月五日，御营使司正副都统制苗傅和刘正彦叛乱，起因是"陛下信任中官，军士有功者不赏，私内侍者即得美官。……臣立功多，止作遥郡团练"④。三月，张浚、吕颐浩、刘光世、韩世忠等讨之。其间，翰林学士李邴"尝见管军王元，密令出禁旅击贼，元懦怯不能从"⑤。四月七日，"管军王元、左言，身为主辅，主亲军，当日扰攘，略无弹压，显属畏懦不职。王元责授海州团练（副）使、英州（今广东清远）安置，左言责授秀州团练副使、贺州（今广西贺州）安置"⑥。

《系年要录》卷三五载：建炎四年（1130）七月，"乙丑，诏：前宰相、责授建宁军节度副使李邦彦，责授单州团练副使李纲，并复银青光禄大夫；……前管军、责授海州团练副使、英州安置王元，责授秀州团练副使、贺州安置左言，皆许自便。……皆坐专守和议，及朋附（蔡）京、（王）黼、（张）邦昌、苗（傅）、刘（正彦），次第远贬"⑦。

从上述史料看，王元任海州团练副使、英州安置的时间为高宗建炎三年（1129）四月，离任时间为建炎四年（1130）七月。

【海州兵马钤辖、海州镇抚使：李进彦】

李进彦（生卒年不详），生平史载简略，累官武节郎、阁门宣赞舍人，海州、淮阳军兵马钤辖，江东安抚大使司统制官，海州镇抚使，建康府驻札御前水军中军统制等。

李进彦的出场颇有戏剧性。《三朝北盟会编》卷一四二在记载李彦先被杀时首次提到

---

① 《长编》卷332，神宗元丰六年正月丁丑，第7995-7996页；卷338，神宗元丰六年八月乙未，第8152页；卷502，哲宗元符元年九月癸酉，第11966页。
② [宋]周应合纂：景定《建康志》第3册，南京稀见文献丛刊，南京：南京出版社，2009年，第687页。
③ 《宋会要辑稿》职官69之13，第4904页。
④ 李之仪：《姑溪居士全集·建炎复辟记》，丛书集成初编本，北京：中华书局，1985年，第1-20页。
⑤ 《系年要录》卷21，第528页。
⑥ 按：《系年要录》卷3载：左言责授前亦"权主管前殿司公事"，与王元是主辅关系；《系年要录》卷35载：同时获得复官的朝臣前期皆被责授"团练副使"，并无"团练使"。因而推知王元责授的是"海州团练副使"。详见李之仪：《姑溪居士全集·建炎复辟记》，丛书集成初编本，北京：中华书局，1985年，第1-20页；《系年要录》卷3，第75页；《系年要录》卷35，第801-802页。
⑦ 《系年要录》卷35，第801-802页。

了李进彦的出身。高宗建炎四年(1130)九月二十五日,金人陷楚州。此时,海州、淮阳军镇抚使李彦先正率部于北神镇淮河中防守金人,结果于后二日被金人所杀。李进彦在东海县召集李彦先残部,渡海至秀州,投奔刚被罢相、时为江东安抚大使的吕颐浩。文曰:

> (建炎四年九月二十七日丙寅)金人攻李彦先于淮河,彦先被杀。
>
> 李彦先者,韩世忠后军管队使臣也。先是,有李进彦犯罪,配远恶,过江州,遇一道人曰:"汝异日当富贵。"指其口曰:"能容拳,则为公侯。"令进彦以拳内口中,才容半许。道人曰:"惜哉! 虽富贵,所得者,苦不多耳!"临去,语进彦曰:"汝不可自发心逃遁,候有人教尔去。去即无害。"进彦曰:"诺。"至衡山,防送者曰:"嗟呼! 生为兵士,传送罪人,何时已乎?"叱进彦曰:"汝自去,我亦亡矣。"进彦谢之而去。后投韩世忠军中,隶彦先队下。世忠溃于沭阳也。彦先与本队四十三人,得二舟下海,聚众数千。彦先、进彦分统之。赵立在楚州受围,彦先以舟船往来策应,与立刺臂为义兄弟,城陷之日,彦先舟船犹在北神镇淮河中,前后扼于金人,进退未得。至是,金人以舟船并力攻彦先,彦先所乘舟下碇石,急收不应,为金人舟船簇拥,彦先全家皆死于淮河。时进彦舟船在东海县,招集彦先余众,遂为首,后于许浦受刘光世招安。①

《系年要录》卷三七不录李进彦出身传说,而补充李彦先为"海州、淮阳军镇抚使",受韩世忠节制;李进彦因犯罪"配远恶"之地为流放"岭南";楚州被围之前,李进彦已"累官武节郎、阁门宣赞舍人,为海州、淮阳军兵马钤辖";李进彦召集李彦先余部,不是"后于许浦受刘光世招安",而是"后渡海至秀州之金山,遂受吕颐浩节制"②。

此后一段时间,李进彦率所统水军一直参与吕颐浩的平盗军事行动。绍兴元年(1131)三月,迁为江东安抚大使司统制官。事载《系年要录》卷四三:

> 绍兴元年三月戊戌朔,诏海州、淮阳军兵马钤辖李进彦,武义大夫耿进,各以所部舟师听吕颐浩节制,寻并以为江东安抚大使司统制官。③

依此推知,李进彦初为海州兵马钤辖时间在楚州被围之前、韩世忠溃于沭阳之后。而韩世忠溃于沭阳时间在高宗建炎三年(1129)正月,事载《宋史·高宗本纪二》:"御营平寇左将军韩世忠军溃于沭阳,其将张遇死,世忠奔盐城。"④故李进彦初为海州兵马钤辖时间大约在高宗建炎三年至四年(1129—1130)之间。李进彦离任海州兵马钤辖时间为绍兴元年(1131)三月。

不久,李进彦升为海州镇抚使,参与平定反复降叛的水军头目邵青,事载《宋史·高宗本纪三》:

> (绍兴元年六月癸未)邵青率舟师至镇江,甲申,复叛去。……已丑,邵青犯江阴军之福山。遣海州镇抚使李进彦、中军统制耿进,率舟师会刘光世讨之。⑤

依此推知,李进彦初为海州镇抚使时间在绍兴元年(1131)三月至六月间,离任时间

---

① 《三朝北盟会编》卷142,建炎四年九月二十七日丙寅,第179-180页。
② 《系年要录》卷37,第841页;《续资治通鉴》卷108,第2858页。
③ 《系年要录》卷43,第915页。
④ 《宋史》卷25《高宗本纪二》,第460页。
⑤ 《宋史》卷26《高宗本纪三》,第488-489页。

不详。

李进彦后累迁为建康府驻札御前水军中军统制,高宗绍兴二十四年(1154)五月,因功又迁一官,事载《系年要录》卷一六六:

> (绍兴二十有四年五月)丁巳,鄂州驻札御前前军统制李道、左军统制郝晸、建康府驻札御前水军中军统制李进彦、镇江府驻札御前右军副统制单德忠等十一人,各迁一官,亦用去年闰月辛丑诏旨也。①

南宋高宗建炎四年/金太宗天会八年庚戌(1130)

海州团练副使	曲端、刘锡	金海州同知	薛安靖
海州知州兼海州、淮扬军镇抚使	李彦先	金海州通判	李汇
海州兵马钤辖	李进彦		

【海州团练副使:曲端】

曲端(1091—1131),字正甫,又字平甫,镇戎军(今宁夏固原)人。以父功荫补三班借职,历秦凤路队将,泾原路通安寨兵马监押,泾原路第三将。官至威武大将军、宣州观察使、川陕宣抚处置使司统制官。少时聪明好学,善属文,长于兵略,屡有战功,威望甚重。然刚愎自用,恃才凌上,不识大体,劳效未著,动违节制,正值壮年即被张浚冤杀。《宋史》卷三六九本传载:

> 曲端字正甫,镇戎人。父涣,任左班殿直,战死。端三岁,授三班借职。警敏知书,善属文,长于兵略。历秦凤路队将、泾原路通安砦兵马监押,权泾原路第三将。
>
> 夏人入寇泾原,帅司调统制李庠捍御,端在遣中。庠驻兵柏林堡,斥堠不谨,为夏人所薄,兵大溃,端力战败之,整军还。夏人再入寇,西安州、怀德军相继陷没。镇戎当敌要冲,无守将,经略使席贡疾柏林功,奏端知镇戎军兼经略司统制官。
>
> 建炎元年(1127)十二月,娄宿攻陕西。二年正月,入长安、凤翔,关、陇大震。二月,义兵起,金人自巩东还。端时治兵泾原,招流民溃卒,所过人供粮秸,道不拾遗。金游骑入境,端遣副将吴玠据清溪岭,与战大破之。端乘其退,遂下兵秦州,而义兵已复长安、凤翔。统领官刘希亮自凤翔归,端斩之。六月,以集英殿修撰知延安府。
>
> 王庶为龙图阁待制,节制陕西六路军马。遂授端吉州团练使,充节制司都统制,端雅不欲属庶。九月,金人攻陕西,庶召端会雍、耀间,端辞以未受命。庶以鄜延兵先至龙坊,端又称已奏乞回避,席贡别遣统制官庞世才将步骑万人来会。庶无如之何,则檄贡勒端还旧任,遣陕西节制司将官贺师范趋耀,别将王宗尹趋白水,且令原、庆出师为援,二帅各遣偏将刘任忠、寇鲤来与师范会。庶欲往耀督战,已行,会庞世才兵至邠,端中悔,以状白庶,言已赴军前,庶乃止。师范轻敌不戒,卒遇敌于八公原,战死,二将各引去,端遂得泾原兵柄。
>
> 十一月,金谍知端、庶不协,并兵攻鄜延。时端尽统泾原精兵,驻淳化。庶日移

---

① 《系年要录》卷166,第3156页。

文趣其进,又遣使臣、进士十数辈往说端,端不听。庶知事急,又遣属官鱼涛督师,端阳许而实无行意。权转运判官张彬为端随军应副,问以师期。端笑谓彬曰:"公视端所部,孰与李纲救太原兵乎?"彬曰:"不及也。"端曰:"纲召天下兵,不度而往,以取败。今端兵不满万,不幸而败,则金骑长驱,无陕西矣。端计全陕西与鄜延一路孰轻重,是以未敢即行,不如荡贼巢穴,攻其必救。"乃遣吴玠攻华州,拔之。端自分蒲城而不攻,引兵趋耀之同官,复迁路由邠之三水与玠会襄乐。

金攻延安急,庶收散亡往援。温州观察使、知凤翔府王燮将所部发兴元,比庶至甘泉,而延安已陷。庶无所归,以军付燮,自将百骑与官属驰赴襄乐劳军。庶犹以节制望端,欲倚以自副,端弥不平。端号令素严,入壁者,虽贵不敢驰。庶至,端令每门减其从骑之半,及帐下,仅数骑而已。端犹虚中军以居庶,庶坐帐中,端先以戎服趋于庭,既而与张彬及走马承受公事高中立同见帐中。良久,端声色俱厉,问庶延安失守状,曰:"节制固知爱身,不知爱天子城乎?"庶曰:"吾数令不从,谁爱其身者?"端怒曰:"在耀州屡陈军事,不一见听,何也?"因起归帐。庶留端军,终夕不自安。

端欲即军中杀庶,夺其兵。夜走宁州,见陕西抚谕使谢亮,说之曰:"延安五路襟喉,今已失之,春秋大夫出疆得以专之,请诛庶归报。"亮曰:"使事有指,今以人臣擅诛于外,是跋扈也,公为则自为。"端意阻,复归军。明日,庶见端,为言已自劾待罪。端拘縻其官属,夺其节制使印,庶乃得去。

王燮将两军在庆阳,端召之,燮不应。会有告燮过邠军士劫掠者,端怒,命统制官张中孚率兵召燮,谓中孚曰:"燮不听,则斩以来。"中孚至庆阳,燮已去,遽遣兵要之,不及而止。

初,叛贼史斌围兴元不克,引兵还关中。义兵统领张宗谔诱斌如长安而散其众,欲徐图之。端遣吴玠袭斌擒之,端自袭宗谔杀之。

三年九月,迁康州防御使、泾原路经略安抚使。时延安新破,端不欲去泾原,乃以知泾州郭浩权鄜延经略司公事。自谢亮归,朝廷闻端欲斩王庶,疑有叛意,以御营司提举召端,端疑不行。议者喧言端反,端无以自明。会张浚宣抚川、陕,入辞,以百口明端不反。浚自收揽英杰,以端在陕西屡与敌角,欲仗其威声。承制筑坛,拜端为威武大将军、宣州观察使、宣抚处置使司都统制、知渭州。端登坛受礼,军士欢声如雷。

浚虽欲用端,然未测端意,遣张彬以招填禁军为名,诣渭州察之。彬见端问曰:"公常患诸路兵不合,财不足;今兵已合,财已备,娄宿以孤军深入吾境,我合诸路攻之不难。万一粘军并兵而来,何以待之?"端曰:"不然,兵法先较彼己,今敌可胜,止娄宿孤军一事;然将士精锐,不减前日。我不可胜,亦止合五路兵一事;然将士无以大异于前。况金人因粮于我,我常为客,彼常为主。今当反之,按兵据险,时出偏师以扰其耕获。彼不得耕,必取粮河东,则我为主,彼为客,不一二年必自困毙,可一举而灭也。万一轻举,后忧方大。"彬以端言复命,浚不主端说。

四年(1130)春,金人攻环庆,端遣吴玠等拒于彭原店,端自将屯宜禄,玠先胜。既而金军复振,玠小却,端退屯泾州,金乘胜焚邠州而去。玠怨端不为援,端谓玠前军已败,不得不据险以防冲突,乃劾玠违节制。

是秋，兀术窥江、淮，浚议出师以挠其势。端曰："平原广野，贼便于冲突，而我军未尝习水战。金人新造之势，难与争锋，宜训兵秣马保疆而已，俟十年乃可。"端既与浚异，浚积前疑，竟以彭原事罢端兵柄与祠，再责海州团练副使、万州安置。

是年，浚为富平之役，军败，诛赵哲，贬刘锡。浚欲慰人望，下令以富平之役，泾原军马出力最多，既却退之后，先自聚集，皆缘前帅曲端训练有方。叙端左武大夫，兴州居住。

绍兴元年（1131）正月，叙正任荣州刺史，提举江州太平观，徙阆州。于是浚自兴州移司阆州，欲复用端。玠与端有憾，言曲端再起，必不利于张公；王庶又从而间之。浚入其说，亦畏端难制。端尝作诗题柱曰："不向关中兴事业，却来江上泛渔舟。"庶告浚，谓其指斥乘舆，于是送端恭州狱。

武臣康随者尝忤端，鞭其背，随恨端入骨。浚以随提点夔路刑狱，端闻之曰："吾其死矣！"呼"天"者数声；端有马名"铁象"，日驰四百里，至是连呼"铁象可惜"者又数声，乃赴逮。既至，随令狱吏縶维之，糊其口，燴之以火。端干渴求饮，予之酒，九窍流血而死，年四十一。陕西士大夫莫不惜之，军民亦皆怅怅，有叛去者。浚寻得罪，追复端宣州观察使，谥壮愍。

端有将略，使展尽其才，要未可量。然刚愎，恃才凌物，此其所以取祸云。

卷末论曰：

  曲端刚愎自用，轻视其上，劳效未著，动违节制，张浚杀之虽冤，盖亦自取焉尔。①政和中，夏人多次入寇泾原，在众将皆失利的情势下，曲端力战有功，授知镇戎军兼泾原路经略司统制官。建炎初，金人内侵，曲端招流民溃卒，治兵甚严，所过人供粮秸，道不拾遗。建炎二年（1128）正月，金兵攻陷长安、凤翔、关、陇等地震惊。曲端命副将吴玠据清溪岭迎战，大败金军，并收复秦州；六月，以集英殿修撰、知延安府王庶为龙图阁待制，节制陕西六路军马，曲端为右武大夫、吉州团练使，充节制司都统制。但就在不久以前，东京留守司宗泽刚刚任命王庶权陕西制置使，曲端权河东经制使，二人官阶相同，而现在曲端受王庶节制。因此，"端雅不欲属庶""端弥不平"。在此后王庶的数次调兵遣将过程中，曲端以"未受告身""日前曾有公移往还，已奏乞回避"②等各种理由推脱不就。直到朝廷下令收回原有官印时，"端中悔，以状白庶，言已赴军前，庶乃止"，这才在明面上接受王庶的节制，但相互之间已心生不满。这也导致十一月壬辰延安府遭金人攻陷后，曲端以此理由拘捕知延安府王庶，"夺庶节制使印"，并欲杀之③，致使朝廷"疑其有反心"④。

建炎三年（1129）二月，王庶为陕西节制使、知京兆府，曲端为鄜延经略使、知延安府；张浚入主川陕宣抚司后，为了"收揽英杰，以端在陕西屡与敌角，欲仗其威声"，因而上奏朝廷"以百口明端不反"；九月，曲端迁康州防御使、泾原路经略安抚使；十二月，张浚筑坛，拜曲端为威武大将军、宣州观察使、宣抚处置使司都统制、知渭州。曲端登坛受礼，军

---

① 《宋史》卷369《曲端传》，第11489-11494页。
② 《三朝北盟会编》卷118，文渊阁《四库全书》第351册，第126-127页。
③ 《系年要录》卷18，第426页。
④ 《系年要录》卷25，第597页。

士欢声如雷,可知曲端深受部属敬重,加之二人在与金人对峙时战略攻守意见相左,张浚遂有嫌隙。

建炎四年(1130)正月,曲端与副将吴玠被金人败于彭原店,因双方备战意图相左而心生芥蒂。七月,曲端被张浚罢都统制,贬为阶州居住;张浚欲与金人决战,曲端认为不可,二人遂立下军令状,曲端曰:"若宣抚之兵不败,端伏剑而死",张浚曰"浚若不胜,当复以头与将军"。八月癸未,张浚复永兴军后,曲端再被贬为海州团练副使、万州(今重庆万州区)安置。张浚发动富平战役失败后,认为"泾原军马出力最多,既却退之后,先自聚集,皆缘前帅曲端训练有方"。因而于十二月,复曲端为左武大夫、兴州(今陕西略阳)居住。

绍兴元年(1131)正月,曲端复为荣州刺史、提举江州太平观,阆州居住。张浚本欲起用曲端,但吴玠因彭原店事"诉端不整师"①,并"书曲端谋反四字于手心"示浚②;王庶亦提醒军令状事,并指曲端曾作诗"不向关中兴事业,却来江上泛渔舟",有"指斥乘舆"之暗讽,"端有反心"③,加之当时还有很多蜀人上书为曲端鸣冤叫屈,张浚担心曲端得人心难以驾驭,始有杀曲端意,遂将曲端送恭州(今重庆)监狱关押。四月,张浚让武将康随提点夔路刑狱,而康随原是曲端部属,曾因过错受到鞭背的责罚,对曲端怀恨在心。康随一来到恭州监狱,即"命狱吏熬之维之,糊其口,燠之以火,端干渴而死。士大夫莫不惜之,军民亦皆怅恨"④。曲端卒后,追复宣州观察使,谥壮愍。

《宋史·曲端传》载:政和中,"夏人再入寇,西安州、怀德军相继陷没。镇戎当敌要冲,无守将,经略使席贡疾柏林功,奏端知镇戎军兼经略司统制官"⑤。

《系年要录》卷一六载:建炎二年(1128)六月,"以集英殿修撰、知延安府王庶为龙图阁待制、节制陕西六路军马,泾原经略使司统制官曲端为右武大夫、吉州团练使、充节制司都统制。……先是,温州观察使、河东经制使王燮既遁,……东京留守宗泽承制,以庶权陕西制置使,端权河东经制使"⑥。《宋史·高宗本纪二》载:三年二月,"以王庶为陕西节制使、知京兆府,节制司都统制曲端为鄜延经略使、知延安府"⑦。《宋史·曲端传》载:"三年九月,迁康州防御使、泾原路经略安抚使","会张浚宣抚川、陕,入辨,以百口明端不反。浚自收揽英杰,以端在陕西屡与敌角,欲仗其威声。承制筑坛,拜端为威武大将军、宣州观察使、宣抚处置使司都统制、知渭州。端登坛受礼,军士欢声如雷"⑧。《宋史·高宗本纪二》记载此承制在十二月甲申⑨。

《宋史·高宗本纪三》载:建炎四年(1130)正月,"金人犯邠州,曲端遣泾原路副总管

---

① 《宋史》卷361《张浚传》,第11302页。
② 《系年要录》卷43,第930页。
③ 《宋史》卷372《王庶传》,第11546—11547页。
④ 《系年要录》卷43,第930页。
⑤ 《宋史》卷369《曲端传》,第11489—11494页。
⑥ 《系年要录》卷16,第390页。
⑦ 《宋史》卷25《高宗本纪二》,第462页。
⑧ 《宋史》卷369《曲端传》,第11489—11494页。
⑨ 《宋史》卷25《高宗本纪二》,第471页。

吴玠拒战,败之于彭原"。七月乙巳,"张浚罢曲端都统制"。乙丑,"张浚贬曲端阶州居住"。八月癸未,"张浚复永兴军,再贬曲端海州团练副使、万州(今重庆万州区)安置"。十二月,"张浚承制复海州团练副使曲端左武大夫、兴州(今陕西略阳)居住"。绍兴元年(1131)正月,"张浚复曲端荣州刺史、提举江州太平观,阆州居住,寻移恭州(今重庆)"。七月庚戌,"张浚以曲端属吏,以武臣康随提点夔路刑狱,与王庶杂治之"。八月丁卯,"张浚杀曲端于恭州狱"①。

《宋会要辑稿》职官七六之六六载:"(绍兴)四年(1134)七月,十三日,诏故威武将军曲端,……特与追复旧官。"②礼五八之一〇八载:"追复宣州观察使曲端,谥壮愍。"③

嘉庆《海州志·职官表》将曲端记载于"海州团练使"条下:"海州团练使,治朐山。曲端,镇戎人,高宗建炎四年(1130)责授。本传云:万安州安置,是未到官也。"《连云港地方史稿》亦沿用④。但从上述史料看,曲端责授海州团练副使、万安州安置,时间为高宗建炎四年(1130)八月癸未,离任时间为建炎四年(1130)十月。

【海州团练副使:刘锡】

刘锡(? —1147),字禹珪,秦州成纪(今甘肃天水)人,武秩,父刘仲武官至泸川军节度使,弟刘锜官至江淮浙西制置使。徽宗大观二年(1108)刘锡以父功授阁门宣赞舍人,官至静江军承宣使。高宗建炎元年(1127)中迁明州(今浙江宁波)观察使,知沧州;三年二月,沧州被金人攻陷,刘锡败走,南渡临安(今浙江杭州),加入知枢密院事、川陕宣抚处置使张浚军;七月,随张浚入蜀,授龙神卫四厢都指挥使;九月,被张浚上奏任命为熙州经略安抚使兼知熙州、川陕宣抚处置司都统制,未几,授捧日天武四厢都指挥使;四年九月,受张浚指派,统帅五路军马与金人战于富平县(今陕西省渭南市富平县),兵败后,作为德顺军经略使遁去,被责授海州团练副使、合州安置。绍兴三年(1133)初改鼎州团练使、提举江州太平观;四年三月,复捧日天武四厢都指挥使、明州观察使、权主管殿前司公事;五年七月,据自请解军职特迁静江军承宣使、提举江州太平观;九年正月,知鼎州;十年,改知襄阳府;十三年二月,罢知襄阳,赴行在致仕。绍兴十七年(1147)正月卒,赠庆远军节度使。

《系年要录》卷六载:建炎元年(1127)六月乙酉,"阁门宣赞舍人刘锡知沧州"⑤。卷二〇载:三年二月戊午,"是日,金人陷沧州。先是,明州观察使刘锡知沧州,闻金兵且至,将数百骑弃城走。道遇葛进退兵,乃知青州尚为朝廷守,即趋青州。驻麻家台,留不进。刘洪道遣人邀入城。锡曰:'青州屡遭寇扰,人心未宁,不可。'洪道出见锡,且犒其师。锡竟不入城。青州人高其义。锡遂将其余众赴行在"⑥。《浮溪集》卷一〇载《刘锡可龙神卫四厢都指挥使制》:

---

① 《宋史》卷26《高宗本纪三》,第476-490页。
② 《宋会要辑稿》职官76之66,第5133页。
③ 《宋会要辑稿》礼58之108,第2076页。
④ 李洪甫:《连云港地方史稿》,上海:上海社会科学院出版社,1990年,第153-154页。
⑤ 《系年要录》卷6,第187页。
⑥ 《系年要录》卷20,第463页。

朕以中国之大而制四边,以九重之尊而临天下,宜有统督,用疆主威。具官某,躬沈鸷之资,任爪牙之责。早登勇爵,声望著于三军;旋总戎昭,精神行于万里。肆加异数,进董亲兵。尔其分朕夜之忧,俾朕获寝兴之佚。忠勤无斁,恩赏何涯。①

《系年要录》卷二八载:三年(1129)十月戊戌,

> 知枢密院事、宣抚处置使张浚至兴元,上奏曰:"窃见汉中实天下形势之地,号令中原,必基于此。谨于兴元积粟理财,以待巡幸。愿陛下早为西行之谋,前控六路之师,后据两川之粟,左通荆襄之财,右出秦陇之马,天下大计斯可定矣。"浚治兵兴元,欲易置陕右诸帅,乃徙端明殿学士、知熙州张深知利州、充利州路兵马钤辖、安抚使,而以明州观察使刘锡代之。于是,徽猷阁直学士、知成都府卢法原去利州路兵马钤辖,不兼利路,置帅成都。帅臣不兼利路,自此始。既而赵哲帅庆,刘锜帅渭,孙渥帅秦。于是,诸路帅臣悉用武人矣。锜,锡弟也。②

《浮溪集》卷一五载《刘锡辞免熙河路安抚使不允批答》:

> 朕,以卿屡禀庙谟,习知边锁,方时多故,未宽西顾之忧。藉尔一行,特付中权之任。兹为优眷,倚俟壮猷。何为固辞,殊咈予听。③

《北海集》卷三载《龙神卫四厢都指挥使、明州观察使、熙河兰廓路经略安抚使、知熙州刘锡可除捧日天武四厢都指挥使制》:

> 敕:朕,注意将臣,分忧边镇。建旗就道,已谐谋帅之求;出绅疏恩,申贲临戎之宠。具官某,性资英毅,智蕴深沈。风俗西山,勇烈称万人之敌;家声塞外,威名折千里之冲。自励材猷,荐膺任使。入备周庐之卫,出图方面之勋。践履既深,勤劳滋久。爰进军权之次,式增闳寄之雄。慨念疆陲,比多凋敝。抚循里俗,实资守土之良;绥附羌夷,宜讲和戎之利。务农积粟,蕃马练兵。共守卫于中原,期削平于外寇。副予所望,时乃之休。可。④

《系年要录》卷三七载:建炎四年(1130)九月,

> 癸亥,知枢密院事、宣抚处置使张浚以都统制刘锡及金人战于富平县,败绩。初,浚既定议出师,幕客将士皆心知其非,而口不敢言,唯诺相应和。会上亦以敌聚兵淮,上命浚出兵,分道由同州、鄜延以掎敌虚。时权永兴军路经略使吴玠已得长安,而环庆经略使赵哲收复鄜延诸郡。浚乃檄召熙河经略使刘锡、秦凤经略使孙渥、泾原经略使刘锜,各以兵会合,诸路兵四十万人,马七万,以锡为统帅。浚又贷民赋五年,金钱粮帛之运不绝于道,所在山积。⑤

《系年要录》卷四二载:"初,金人至,德顺军经略使刘锡遁去。"卷三八载:四年(1130)十月庚午朔,"遂责本司都统制、明州观察使、熙河路经略安抚使刘锡为海州团练副使、合

---

① 按:王智勇、曾枣庄文中皆为"制四夷"和"旋总戎昭"。详见[宋]汪藻:《浮溪集》卷10,文渊阁《四库全书》第1128册,第90—91页;王智勇、王蓉贵主编:《宋代诏令全集》第5册,成都:四川大学出版社,2013年,第2029页;曾枣庄、刘琳主编:《全宋文》第156册,第358页。
② 《系年要录》卷28,第658页。
③ [宋]汪藻:《浮溪集》卷15,文渊阁《四库全书》第1128册,第136页。
④ [宋]綦崇礼:《北海集》卷3,文渊阁《四库全书》第1134册,第543—544页。
⑤ 《系年要录》卷37,第838页。

州安置"。卷五八载：绍兴二年(1132)九月壬午，"召责授海州团练副使、合州安置刘锡赴行在"。卷六六载：三年(1133)六月庚寅，"(张)浚遂与子羽及参议官、左通议大夫王庶，主管机宜文字、兵部员外郎冯康国，鼎州团练使、提举江州太平观刘锡俱东"。卷七四载：四年(1134)三月，"乙亥，鼎州团练使、提举江州太平观刘锡复捧日天武四厢都指挥使、明州观察使、权主管殿前司公事"①。《华阳集》卷六载《刘锡复捧日天武四厢都指挥使、明州观察使、权主管殿前司公事》：

> 俨州庐而列卫势，克壮于宸居。提尺借以申威，权莫专于环尹。厥惟要地，宜付伟材。具官某，慷慨而喜奇谋，沉勇而多大节。抚臧宫之鸣，剑凤有志于功名；得黄石之遗，编信独传于韬略。起自将种，进超武阶。时属艰危，任当繁剧。佩边城之印，孤军屡抗于凶残；分帅阃之权，诸将敢违于纪律。既锡廉车之宠，旋膺部督之雄。辍统卫于亲兵，俾奋扬于西土。偶坐微累，颇镌要官。虽历时未久于废闲，岂一省遂忘于委任。尽还故秩，庸示新恩。摄扈殿岩，董司禁旅，以重爪牙之寄，以昭心膂之亲。匪惟尔私，实允公议。入王宫而假寐，无忘大亮之忠；冀虎贲之得人，尚谨周公之戒。②

《系年要录》卷八六载：绍兴五年(1135)闰二月癸亥，

> 降授龙神卫四厢都指挥使、建武军承宣使、神武前军统制王瓛权主管侍卫马军司公事。初，上在平江，侍御史张致远手疏论瓛乖谬，乞同诸将召归。上纳其言，命瓛全军驻镇江府，而以亲兵赴行在。既至数日，乃有是命。明州观察使、权主管殿前司公事刘锡奏："瓛，臣之友婿，虑于军政有嫌。"诏：不许回避。瓛请除在外宫观，上命以不允答之。然台谏方交章论其罪，已有废之之意矣。③

《北海集》卷一三载《赐捧日天武四厢都指挥使、明州观察使、权主管殿前司公事刘锡辞免恩命不允诏》：

> 敕：刘锡，省所奏辞免恩命事，具悉。卿才略天资，勋名世显。入典禁厢之旧，出分边阃之忧。克嗣前人，为时宿将。勤劳具在，艰险不渝。朕，听鼓鼙而有思，悼干戈之未戢。眷我爪牙之旧，困于口舌之烦。坐废远方，倏更累岁。用趣还于宿卫，俾尽复于官联。朕，不乃忘，卿当曷报，尚益图于忠力，毋过饰于谦辞。所请宜不允。故兹诏示，想宜知悉。④

《系年要录》卷九一载：五年(1135)七月，"乙未，神武中军统制杨沂中兼权主管殿前司公事，代刘锡也。诏：制造御前军器所依旧例不隶台察。丙申，……捧日天武四厢都指挥使、明州观察使刘锡，解军职特迁静江军承宣使、提举江州太平观，从所请也。"卷一二五载：九年(1139)正月庚寅，"静江军承宣使、提举江州太平观刘锡知鼎州"⑤。《南宋制

---

① 《系年要录》卷42，第911页；卷38，第847页；卷58，第1174页；卷66，第1290页；卷74，第1417页。
② [宋]张纲：《华阳集》卷6，四部丛刊版本，转引自王智勇、王蓉贵主编：《宋代诏令全集》第5册，成都：四川大学出版社，2013年，第2030页。
③ 《系年要录》卷86，第1644页。
④ [宋]綦崇礼：《北海集》卷13，文渊阁《四库全书》第1134册，第615页。
⑤ 《系年要录》卷91，第1762页；卷125，第2365页。

抚年表》载:"十年,由静江军承宣使知襄阳。十一年二月辛未罢。"①而《系年要录》卷一三九载:十三年(1143)二月辛未"召静江军承宣使、知襄阳刘锡赴行在"②。

《系年要录》卷一五六载:绍兴十七年(1147)六月,"丙辰,静江军承宣使、提举江州太平观刘锡卒"③。《宋会要辑稿》仪制一一之二三载:"静江军承宣使刘锡六月赠庆远军节度使。"④

从上述史料看,刘锡任海州团练副使、合州安置的时间为高宗建炎四年(1130)十月,离任时间绍兴三年(1133)初。

【海州知州兼海州、淮扬军镇抚使:李彦先】

李彦先(? —1130),生平史载简略。李彦先本为南宋御营平寇左将军韩世忠的后军管队官,建炎二年(1128),韩世忠回自淮阳,李彦先反叛,掠船百艘,引众数千据东海,并攻陷海州。海州知州魏稣命刘公彦讨之,不幸兵败被俘。时楚州被金兵所围,刘公彦力劝李彦先复归南宋朝廷,比受重用。李彦先遂解楚州之围,迁海州、淮扬军镇抚使,事载《京口耆旧传》卷八(参见"北宋徽宗宣和七年乙巳海州儒学教授刘公彦"条⑤)。建炎三年(1129)正月,韩世忠于沭阳境内遇金左副元帅完颜宗维兵,退走盐城,李彦先遂率本队四十七人,乘二船入海,聚众数千以抗金⑥。时宋金交战频繁,长江以北陷金州县皆有各类抗金力量,朝廷不能制。为收拢人心,并聚集力量抗金,南宋朝廷专设"镇抚使"一职,来招抚这些力量⑦。《宋会要辑稿》职官四二之七五载:

> (高宗建炎四年五月)二十四日,诏:以翟兴为河南府孟、汝、唐州镇抚使,兼知河南府;赵立为楚、泗州、涟水军镇抚使,兼知楚州;薛庆为承州、天长军镇抚使,兼知承州;刘位为滁、濠州镇抚使,兼知滁州;赵霖为和州、无为军镇抚使,兼知和州;吴翊为光、黄州镇抚使,兼知光州;李成为舒、蕲州镇抚使,兼知舒州;李彦先为海州、淮阳军镇抚使,兼知海州。⑧

《系年要录》卷三三载:"沿淮水陆都捉杀使李彦先在东海县,即以彦先为海州、淮阳军镇抚使,兼知海州。先是,秉义郎马士宗侨居海州,金人使持檄书招彦先投拜,彦先执士宗以闻。前一日,诏士宗除名,编管韶州,而彦先有此命。"⑨

建炎四年(1130)金左监军完颜昌围攻楚州,南宋军除岳飞军前来救援失败外,其他无军来救,"东海李彦先首以兵至淮河,扼敌不得进"。在金军围困下,楚州城内,"初,有野豆野麦可以为粮,后皆无生物,有凫茨芦根,男女无贵贱嚼之,后为水所没,城中绝粮,至食草木,有屑榆皮而食者"。完颜昌"用降人卫进言,专攻北壁,凡四十余日",乃于九月

---

① [清]吴廷燮:《南宋制抚年表》卷上《京西南路》,北京:中华书局,1984年,第61页。
② 《系年要录》卷139,第2614页。
③ 《系年要录》卷156,第2962页。
④ 《宋会要辑稿》仪制11之23,第2544页。
⑤ [宋]刘宰:《京口耆旧传》卷8,文渊阁《四库全书》第451册,北京:北京出版社,2012年,第205-208页。
⑥ 《系年要录》卷19,第450页。
⑦ [宋]李心传:《建炎以来朝野杂记》甲集卷11,文渊阁《四库全书》第608册,第324页。
⑧ 《宋会要辑稿》职官42之75,第4108页。
⑨ 《系年要录》卷33,第769页。

二十五日陷楚州①。楚州被困无粮,远在北方几百里的登州和莱州还在宋军控制之下,城内尚有很多余粮,此前五月就有朝臣建议海州知州李彦先海运回楚救急,但高宗皇帝因"登莱道梗,今既未能厚恤,乃反责其积粟以输行,在于理未安"②为由拒绝了,致使楚州绝粮城陷。二十七日,"彦先舟船犹在北神镇淮河中,前后扼于金人,进退未得。至是,金人以舟船并力攻彦先。彦先所乘舟下碇石,急收不应,为金人舟船簇拥,彦先全家皆死于淮河"③。

上述材料显示,李彦先知海州,并为海州、淮阳军镇抚使时间在高宗建炎四年(金太宗天会八年,1130)五月至九月。

有部分史料将李彦先与知陕州的李彦仙相混淆。如宋人范浚《香溪集》卷二一将李彦仙误写为李彦先:"初,光禄卿范寅敷陷敌中,后自拔由河东以归。上书行在,述敌曲折。且言敌人称南朝善战能坚守,惟晋宁徐徽言、陕州李彦先二人。道中见汾晋人被驱至晋宁攻城,折北创伤,归者系踵也。"④元人马端临《文献通考》卷三二○亦将李彦仙误写为李彦先:"建炎二年(1128),石壕尉李彦先举兵收复(陕州)。"⑤李之亮引用《系年要录》卷三三将李彦先误为李彦仙。

李彦仙(995—1030),字少严,初名孝忠,宁州彭原(今甘肃省庆阳市宁县)人,徙巩州。有大志,喜交豪侠,善骑射,曾为石壕尉,后知陕州。建炎四年正月,金人娄宿攻陷陕州,李彦仙力战不敌,死之。卒后赠彰武军节度使,建庙商州。《宋史》卷四四八将李彦仙列入忠义传⑥。

【金海州同知:薛安靖】

薛安靖(生卒年不详),北宋兴化县(今福建省莆田市仙游县)人。以父荫补官,历权北宋河北制置使,金朝同知海州,南宋武翼大夫,三班借职,阁门宣赞舍人,浙西兵马副铃辖,武义大夫,主管江州太平观,荣州刺史、知全州,武功大夫、文州团练使、充沿海制置司参议官措置海道事务等职。

其父薛奕(1037—1082),字世显。素业儒书,兼通武略。初以贡士入京,上书愿就武举。神宗熙宁九年(1076)武举状元,时同郡徐铎(邵武县人,邵武县与兴化县同属福建路)亦为进士第一。神宗皇帝特赐御制诗,其中有:"一方文武魁天下,四海英雄入彀中"句。授凤翔府都监,积功迁正将。元丰五年(1082),北宋与西夏爆发银川寨之战,薛奕隶大将高永能麾下,力战死之。赠防御使⑦。

薛安靖以父恩补官。钦宗靖康元年(1126),假河北制置使,为刘锡属官。京城失守后降金。高宗建炎末,薛安靖与沙河簿李汇在沧州会合,相约南下归宋。时刘豫被金册封为皇

---

① 《系年要录》卷37,第840-841页。
② [宋]熊克:《中兴小纪》卷8,福州:福建人民出版社,1985年,第101页。
③ [宋]徐梦莘:《三朝北盟会编》卷142,第1037-1038页。
④ [宋]范浚:《范浚集》,杭州:浙江古籍出版社,2015年,第200页。
⑤ [元]马端临:《文献通考》卷320,文渊阁《四库全书》第616册,第345页。
⑥ 《宋史》卷448《李彦仙传》,第13209-13212页。
⑦ 清乾隆《仙游县志》卷35《人物志三》,上海:上海书店出版社,2012年,第414页。

帝,国号大齐,辖京东、京西、淮南等路。薛安靖到海州后,其子被金据为人质,命知海州事,李汇为通判。一年后,于绍兴元年(1131)十一月①,二人"诱率签军盖谏等,杀金人所命沂南、淮北都巡检使王企中及伪齐之戍守者,率军民以城来归(南宋)"②。明人黄仲昭在《未轩文集》补遗卷下中论其父子曰:"薛奕,以武举第一人而死于王事,可谓不负于其科矣","若奕之子安靖,没于金房,而能杀守将,举郡来归,亦可谓不负其先烈者也"③。

高宗遣吏部侍郎傅崧卿赐以玺书,其略曰:"身虽屈于羯胡,心常存于王室。总领义师,擒灭丑类。凡陷没之郡,闻风响应,各籍土地奉上本朝者,实汝有以倡之也。"④以宗室右侍禁王卞女妻之,并迁武翼大夫、三班借职,制词《故右侍禁王卞女夫薛安靖可三班借职制》由慕容彦逢撰,收录于《摛文堂集》卷八:

敕具官某:尔之外舅,以身徇忠。推恩其家,尔名来上。锡兹命秩,往务钦承。可。⑤

入对后除阁门宣赞舍人,制词《薛安靖奏对可采除阁门宣赞舍人》由孙觌撰,收录于《鸿庆居士集》卷二五:

具官某:朕嗣服之初,开广言路,刍荛之贱,不以遐遗。尔才谞有闻,达于朕听,召对便殿,占奏详明。升上进阁之荣式,厚诸臣之劝勉。于自竭,以称异恩。⑥

十二月辛巳,"诏武翼大夫、阁门宣赞舍人、知海州薛安靖,朝散郎、通判州事李汇,并赴行在,令扬、楚等州宣抚使刘光世遣将统兵戍守(海州)。……寻以安靖为浙西兵马副铃辖,赐汇同进士出身、签书宁海军节度判官厅公事"。二年正月乙酉,薛安靖所属部曲五百人被派往海州东海县守备,相当于被罢兵权,事载《系年要录》卷五一:"升东海县为东海军。时海州复为伪齐所得,乃以成忠郎、阁门祗候葛玘为军使,将薛安靖部曲五百人往守之。"⑦

《系年要录》卷七二载:"(绍兴四年正月乙亥)武义大夫、阁门宣赞舍人、主管江州太平观薛安靖为荣州刺史、知全州,降授朝散郎李汇添差通判秀州,录海州之功也。"⑧薛安靖与李汇因同为归正人,在南宋无家资田产,因而上书求之,得赐绍兴府上好官田各三顷。事载《宋会要辑稿》兵一五之三:"(绍兴)四年二月二十五日,知全州薛安靖等奏:'自海州剿杀蕃酋等来归朝廷,茫然无寓止之地。'诏薛安靖、李汇:'令绍兴府于官田内各拨

---

① 《宋史》卷475《刘豫传》,第13793-13802页。
② 《系年要录》卷50,第1040页。
③ [明]黄仲昭:《未轩文集》补遗卷下,文渊阁《四库全书》第1254册,第617页。
④ 曾枣庄、刘琳主编:《全宋文》第202册,第90-91页。
⑤ [宋]慕容彦逢:《摛文堂集》卷8,文渊阁《四库全书》第1123册,第394页;曾枣庄、刘琳主编:《全宋文》第136册,第129页。
⑥ [宋]孙觌:《鸿庆居士集》卷25,文渊阁《四库全书》第1135册,第261页。
⑦ 《系年要录》卷50,第1040页;卷51,第1063页。
⑧ 《系年要录》卷72,第1390页。按:地方诸志在薛安靖刺史州名及任职时间上与《系年要录》不同,应从《系年要录》。《重刊兴化府志》载:"绍兴五年,除武节大夫、业州刺史、阁门宣赞舍人、知全州,充本州岛沿边溪洞事都巡检使";《闽书》载"绍兴五年,除叶州刺史、阁门宣赞舍人、知全州。"参见[明]周瑛、黄仲昭著:《重刊兴化府志》,福州:福建人民出版社,2007年,第1117页;[明]何乔远编撰:《闽书》第5册,福州:福建人民出版社,1995年,第3726页。

赐上色田三顷。'"①但"仍蠲其租赋"②。五年,二人又上奏乞待遇与其他归宋人同,以免田赋,事载《宋会要辑稿》兵一五之四:"(五年二月)二十日,新知全州薛安靖、新添差权通判秀州李汇奏:'先蒙指挥,于绍兴府管下各拨赐上色田三顷。缘安靖等陷虏三年,先任海州知通,首尾二年,尝立功,乞比类归明官及陷蕃投归人例,权营销阁税租。'从之。"③

《系年要录》卷一○四载:"(绍兴六年八月)辛酉,武节大夫、荣州刺史兼阁门宣赞舍人薛安靖为武功大夫、文州团练使、充沿海制置司参议官,仍与右朝奉大夫、通判明州李文渊,同共措置海道事务。"④

薛安靖知海州时间为金太宗天会八年(南宋高宗建炎四年,1130)至金太宗天会九年(南宋高宗绍兴元年,1131)。嘉庆《海州志·职官表一》载:"知海州。薛安靖,高宗绍兴元年任。见《宋史·高宗本纪》。"

【金海州通判:李汇】

李汇(生卒年不详),字推之,北宋覃怀(今河南省沁阳市)人。赐同进士出身,历朝散郎、沙河县(今河北省邢台市沙河市)主簿,通判海州,签书宁海军节度判官厅公事,通判秀州、台州,官终左朝请大夫,后定居临海县。

高宗建炎二年(1128)赐同进士出身,事载《宋会要辑稿》选举八之一至二:"八月二十三日,上御集英殿试礼部奏名进士。……是岁,以兵兴道梗,诸路进士赴殿试不及者,河北路李汇等二人,……并赐同进士出身。"⑤

李汇通判海州,是伪齐刘豫任命的,之前应该是北宋朝廷任命的朝散郎、沙河县主簿。《系年要录》卷五○载:"(绍兴元年十二月辛巳)诏武义大夫、阁门宣赞舍人、知海州薛安靖,朝散郎、通判州事李汇,并赴行在(即临安,今杭州),令扬、楚等州宣抚使刘光世遣将统兵戍守。安靖,本刘锡属官,汇尝为沙河簿,在沧州结约南归。会刘豫使守海州,至郡逾年,遂诱率签军盖谏等杀金人所命沂南、淮北都巡检使王企中及伪齐之戍者,率军民以城来归。寻以安靖为浙西兵马副钤辖,赐汇同进士出身、签书宁海军节度判官厅公事。"⑥《宋会要辑稿》兵一五之三载:"(绍兴五年二月二十日,薛安靖与李汇上奏)'缘安靖等陷虏三年,先任海州知通,首尾二年,尝立功'"⑦,因而可推知李汇赴行在前三年的行踪。高宗建炎三年(1129),李汇与薛安靖从河北沧州一起南下来到海州;四年,伪齐刘豫任命薛安靖知海州,李汇通判海州;绍兴元年(1131),李汇与薛安靖一起,杀掉金人任命的沂南、淮北都巡检使王企中以及伪齐兵将,率军民归附南宋朝廷,十二月受诏赴行在。故李汇通判海州时间在高宗建炎四年(1130)至绍兴元年(1131)十二月。嘉庆《海州志·职官表一》载:"李汇,高宗绍兴元年任,见《续通鉴》",有误。《续资治通鉴》卷第一一○记载李汇的

---

① 《宋会要辑稿》兵 15 之 3,第 8910 页。
② 《系年要录》卷 72,第 1390 页。
③ 《宋会要辑稿》兵 15 之 4,第 8911 页。
④ 《系年要录》卷 104,第 1964 页。
⑤ 《宋会要辑稿》选举 8 之 1、2,第 5409 页。
⑥ 《系年要录》卷 50,第 1040 页。
⑦ 《宋会要辑稿》兵 15 之 3,第 8911 页。

内容完全录自《系年要录》卷五〇①，并没有指出他们的任职时间。

绍兴四年(1134)正月，李汇通判秀州，事载《系年要录》卷七二："(绍兴四年正月乙亥)武义大夫、阁门宣赞舍人、主管江州太平观薛安靖为荣州刺史、知全州，降授朝散郎李汇添差通判秀州，录海州之功也。既而，二人言无家可归，乃各赐会稽田三顷，仍蠲其租赋。"②

绍兴九年(1139)三月，李汇通判台州。嘉定《赤城志·秩官门三》载："绍兴九年(1139)，台州添差通判李汇。三月，以左朝请大夫至，十一年三月替。"③

李汇通判台州期间，曾上天台山求雨。《桐柏仙域志》载："岁己未(1139)夏六月，天台郡大旱，禾稼将槁，遍走郡望不应，民以怨嗟。郡请通军州事李汇，诣桐柏山崇道观，迎元应善利真人像入城祈祷。将至山，云气四合，风雷倏起，左右骇观。及境，雨泽沾足，遂获秋成。"④

还曾为天台山撰《九天仆射祠记》。桐柏道士王灵宝受诏为太后医疾，治愈后，不受官职和金帛，只请宫中的伯夷、叔齐石像归天台山，并于高宗绍兴十一年(1141)建"九天仆射祠"供奉，李汇受邀撰《九天仆射祠记》，姑苏丁春书丹立碑⑤。

李汇在杭州时，曾到城郊九锁山游乐，并作诗二首，表达对九锁山自然风景的欣赏，以及对道家生活的向往。其中一首是《游洞霄》：

至真方域古今传，琳馆兴从汉武年。石作双门何突兀，山为九锁自回环。仙人隐迹留中路，处士灵坛闭远巅。甘洁三泉齐涌地，峥嵘一柱独擎天。群峰缭绕更相抱，五洞萦迁暗接连。当日高崖曾虎伏，于今深穴有龙眠。茂林葱郁曾鸣凤，邃宇清虚每聚仙。地贮金丹藏箬下，芝翻白鼠走岩前。宫随劫火虽灰矣，境异尘寰尚俨然。稍待升平名遂后，便来居此结良缘。⑥

另一首是《游九锁山》(一名《洞霄枯槐再生》)：

何人能识洞中天，胜地兴从汉武年。石作双门标俗驾，路为九锁折溪泉。四山松桧相回合，五洞烟霞暗接连。浮世功名何日已，挂冠来结此山缘。⑦

南宋高宗绍兴二年/金太宗天会十年壬子(1132)

【海州团练使：边顺】

边顺(？—1137)，武秩。历官龙神卫四厢都指挥使，权主管侍卫马军司公事，莱州防御使，海州团练使，主管殿前侍卫马步军司公事兼都巡检提举巡警，主管殿前侍卫步军司公事兼新城里都巡检等。

---

① [清]毕沅：《续资治通鉴》卷110，北京：中华书局，1957年，第2915页。
② 《系年要录》卷72，第1390页。
③ 马曙明、任林豪编著：《台州编年史》第3卷《南宋卷》上，上海：上海古籍出版社，2017年，第81-82页。
④ 赵子廉著：《桐柏仙域志》，北京：中央编译出版社，2012年，第245-246页。
⑤ 朱封鳌著：《天台山道教史》，北京：宗教文化出版社，2012年，第108页。
⑥ 钱钟书著：《宋诗纪事补正》第7—8册，沈阳：辽宁人民出版社，沈阳：辽海出版社，2003年，第3325页。
⑦ 俞金生编注：《洞霄宫诗选》，杭州：浙江文艺出版社，2000年，第125页。

高宗建炎三年(1129)六月,边顺权主管侍卫马军司公事,事载《系年要录》卷二四:"(高宗建炎三年六月辛酉)带御器械李质权同主管殿前司公事,边顺权主管侍卫马军司公事。"①

边顺在任莱州防御使之前,先授忠州防御使,因犯曾祖讳而改授。《宋会要辑稿·仪制一三》载:"边顺为龙神卫四厢都指挥使、忠州防御使、权主管侍卫马步司公事,言:'准告命,除授忠州防御使。内忠字犯曾祖讳,合行回避。'诏改授莱州防御使。"②边顺授莱州防御使时间应在绍兴二年(1132)春正月之前。

绍兴二年(1132)春正月,边顺因城中发生多起盗窃案而被贬官,但很快破案而复官。事载《系年要录》卷五一:"(庚寅)直龙图阁、知临安府宋辉,莱州防御使、主管侍卫马军司公事边顺,皆贬秩一等,坐城中多劫盗也,既而获盗复其官。"③贬官应该为海州团练使,因复官为莱州防御使前为"降授海州团练使",事载《系年要录》卷五八:"(绍兴二年九月)己卯,降授孟州观察使、权主管侍卫马军司公事兰整,降授海州团练使、权主管步军司公事边顺,并复旧官。"④复官制词《边顺复莱州防御使制》由王洋撰,收录于《东牟集》卷八:

> 敕:国家崇宥过之仁,宪网开自新之路。恩施浃洽下,逮幽微眚。惟先后之臣,可缓甄收之典。具官边顺,周旋军旅,练习艰难,出入禁庭,小心无过。在省方所底之地,有居民延烧之灾,曾春岳之弗,修致郁攸之煽害。尝镌旧秩,既沐新恩,用复正于官联,其益祗于乃事。可。⑤

依此推知,边顺任海州团练使时间为高宗绍兴二年(金太宗天会十年,1132)正月至九月。

绍兴二年(1132)四月后,边顺主管殿前侍卫步军司公事兼新城里都巡检,事载《宋会要辑稿》兵三之八:"四月二十二日,主管侍卫步军司公事边顺言:'久来东京马、步军司管军内,马军司兼旧城里都巡检,步军司兼新城里都巡检。近临安府略效京城设置铺分,及差置新城里六巡检。昨缘顺主管两司公事兼都巡检提举巡警,今来已差兰整主管马军司,所有兼都巡检职事,欲乞依旧例与马军司官分隶新旧城主管。'"⑥

绍兴六年(1136)正月"乙未,莱州防御使、权主管侍卫步司公事边顺乞外任。赵鼎曰:'祖宗旧制,三衙用边臣、戚里及军班出身各一人,所以示激劝也。'上曰:戚里未有可以当此任者。然近上戚里既擢用后,或有罪戾,罚之则伤恩,贷之则废法,故不得不慎也。唐用宗室至为宰相,本朝宗室虽有贤才,不过侍从而止,乃所以安全之也。"⑦七年(1137)五月,癸巳,"龙神卫四厢都指挥使、平海军承宣使、权主管行宫马军司公事兰整罢军职,

---

① 《系年要录》卷24,第577页。
② 《宋会要辑稿》仪制13之25,第2581页。
③ 《系年要录》卷51,第1065页。
④ 《系年要录》卷58,第1173页。按:后两种文献因断句错误,误为"兰整降授海州团练使"。参见任林豪、马曙明著:《宋台州崇道观祠禄官考释》,上海:上海古籍出版社,2019年,第65页;任林豪、马曙明:《台州编年史》第3卷(南宋卷)上,杭州:浙江古籍出版社,2018年,第68页。
⑤ [宋]王洋著:《东牟集》卷8《制诰下》,文渊阁《四库全书》第1132册,第425页。
⑥ 《宋会要辑稿》兵3之8,第8661页。
⑦ 《系年要录》卷97,第1858页。

提举台州崇道观,以坠马有伤故也。命主管步军司公事边顺兼权"①。七月己卯,"莱州防御使、权主管行宫步军司、兼殿前马军司公事边顺疾笃,留守吕颐浩以昭庆军节度使、开府仪同三司韦渊代之,及是奏至。上不欲以戚里管军,乃诏渊见,任使相难以差权,令颐浩别选将。顺,寻卒"②。

南宋高宗绍兴七年/金熙宗天会十五年丁巳(1137)

【金海州同知:张尧咨】

张尧咨(生卒年不详),北宋袭庆(今山东省济宁市兖州区)人,生平史载阙,为金朝同知海州仅见《系年要录》卷一四五:

> (绍兴十二年四月己丑)承议郎张尧咨为左朝散郎。尧咨,袭庆人,中进士第,仕伪齐,积迁朝散大夫,复受金人命同知海州,城破归朝,乃有是命。③

伪齐为金朝扶持刘豫(1073—1143)所建立的地方政权。"(高宗建炎)四年(金太宗天会八年,1130)七月丁卯,金人遣大同尹高庆裔、知制诰韩昉册(刘)豫为皇帝,国号大齐,都大名府。"绍兴七年(金熙宗天会十五年,1137)"十一月丙午,废(刘)豫为蜀王",刘豫在位凡八年④。伪齐统治海州地区期间,虽然金朝同知海州薛安靖于南宋高宗绍兴元年(金太宗天会九年,1131)十一月归宋,期间也有数次政权更迭,但直到高宗绍兴十年庚申(金熙宗天眷三年,1140),大部分时间归金朝控制。

因而,推测张尧咨为金朝同知海州时间在高宗绍兴七年(金熙宗天会十五年,1137)七月至绍兴十年(金熙宗天眷三年,1140)之间。

南宋高宗绍兴八年/金熙宗天眷元年戊午(1138)

【海州知州(未上任,改知连州):吴顺之】

吴顺之(1088—1163),字伯思,洛阳(今河南省洛阳市)人,生平史载宋人周必大为其所撰墓志铭《靖州太守吴君顺之墓志铭》,收录于《文忠集》卷三一:

> 公讳顺之,字伯思,其先建安人。曾祖太常丞方,天圣中,与兄正肃公育及京,俱以文章称,同年登进士第,欧阳文忠公所谓吴氏兄弟名闻天下者也。正肃以才猷议论被遇仁宗,入参大政,出殿藩辅。而弟正宪公充又以嘉谋直道相裕陵,遂为宋大家。惟奉常位不满德,累赠金紫光禄大夫。正肃既从其皇考葬郑州,正宪亦葬开封,于是,建安之吴多占籍北方,而公为雒阳人也。曾祖母陇西郡夫人李氏。祖安行,左朝议大夫。祖母恭人陈氏。父似,耀州三原县丞,累赠右银青光禄大夫。母武陵郡夫人程氏。

---

① 《系年要录》卷111,第2084页。
② 《系年要录》卷112,第2100-2101页。
③ 《系年要录》卷145,第2730页。
④ 《宋史》卷475《刘豫传》,第13793-13802页。

公初以祖荫补太庙斋郎,政和二年(1112),为将仕郎、凤州河池县尉。历监楚州在城清酒务,用举者升从政郎、宿州刑曹。椽吏误入民,死罪,公谳正之。改宣议郎、知醴州武功县,未赴。徙宿州司士曹事。钦宗登极,转宣教郎,赐服朱银。靖康初,添差徽猷阁待制宋映为江淮发运使,辟公干办公事。俄省员罢,迁通直郎。建炎覃恩,转奉议郎,选知福州侯官县。中原方挚兵,盗亦起剑、建间,军需急甚,公应办如无事。时转运判官鲁詹等列荐于朝,进承议郎以宠之。州岁赋荔枝扰民,又公帑取物无艺,公曰:"邑困矣,愿少裁其数。"守帅不乐,公遽请祠,得主管江州太平观。绍兴诏书求人材,前宰相李公纲、汪公伯彦皆荐公,擢知海州,改连州。奸盱邓礼聚众剽掠湖广,久之就降,号义丁,礼仍统之,常桀以肆,官吏无敢究切。公取尤暴戾者磔于市,余帖帖畏服。连故多坑冶,旁郡上供银率取给焉。岁久负繁,民破产莫能充。公力请蠲其半。免符下,吏民抃跃,绘像以祠。秩满,主管台州崇道观。寻知汀州,境素多盗,戍兵骄不可倚。公择勤卒千余昼夜阅习,未几,皆可用,盗以不作。郊恩赐三品服,于是,自承议郎积功次,五迁至右朝散大夫。去为邵武军,遂以右朝请大夫再知汀州,未上,复主管崇道观。起知复州,移靖州。州本夷境,一语不酬辄白刃相向,谓之仇杀,甚则合党群起,谓之结聑款。异时,守皆武臣,文法阔略。公初以文臣临之,下车语僚属曰:"蛮夷荒忽,不威制则玩,不静治则扰。"乃大修城池,集禁卒,教以挽强。徐召其酋长戒曰:"安尔巢穴,毋犯省地,犯且诛尔。"亦命守城寨吏:"彼不生乱,毋扰彼矣。"先是,数十里间有崖头蛮数相仇杀,畏公威不敢动。羁縻州有相率请输丁米如近地猓人,且岁时贡献于朝者。或谓是可通蜀道,宜纳之。公笑曰:"守边莫如安静,吾老矣,岂纷纭以求进哉!"期年,公知疆场既宁,则增辟学舍,以道艺进诸生,即城东葺社稷坛,凡可以化其民者未尝鄙夷之,风俗浸嬿矣。代还,卜居筠州。隆兴元年(1163)八月甲戌,以疾卒,享年七十有六。是岁十月乙酉,葬于隆兴府新建县洪崖乡招贤村之原。

公生名家,通经力学,早自植立,性极孝友。朝议公疾,躬治药饵,不斯须去左右。逮其卒,欲以适孙解官行服,仲父礼却之。公曰:"祖丧从厚,不亦可乎?"自言河南府,竟如刘辉故事。后当任子,推以与侄若侄孙。平居待人,一以宽恕。及在官,遇事则果敢能断,省讼牒,决疑狱,吏服其精敏。然声色未尝厉也。持已尤廉洁,公家财无丝发妄用,善钩校隐欺,故所至不加赋而用足。历守数郡,虽无赫赫名,去必见思。在仕途久,年除次补,不务速化,一其初终,有誉无瑕,可谓难也已。

初配宜人陈氏,翰林院学士绛之孙,前五十七年卒;再娶宜人雷氏,国初名臣德骧之后,前十年卒。至是,合葬招贤。二子:蔼,右文林郎;蔚,右从事郎,皆好学有吏能。一女,适右从政郎梁敞。孙:男二人,千乘、千秋,俱将仕郎;女二人,长适右廸功郎朱时中,次未行。昔我亡姑,实归文林君,故来请铭。乃为铭曰:

猗与吴公,圆外而方中,强其志而巽其容。人径而逢,已缓而从。不陁于穷,不极于通。以卒其功,以寿其躬。猗与吴公,可谓有终。①

---

① 曾枣庄、刘琳主编:《全宋文》第232册,第248-250页。

依此仅知吴顺之知海州时间在绍兴初,因朝廷"绍兴诏书求人材,前宰相李公纲、汪公伯彦皆荐公",具体任职时间不详。李纲为宰相时间在高宗建炎元年(1127)五月至八月,主政仅70天①。前宰相李纲举荐,亦可知吴顺之除知海州时间在建炎元年(1127)之后。而李纲去世时间为高宗绍兴十年(1140)正月②,可知吴顺之除知海州时间在高宗绍兴九年(1139)之前。而此时,海州已为金兵所占,吴顺之不可能上任,故改知连州。

清阮元主修《广东通志·金石略》存《吴顺之题名》摩崖石刻一通,该石刻位于连州大云洞(今广东省清远市连州市连州镇城西)内。刻文为:

> 郡守吴顺之阅兵西郊,拉僚属周敉、李域、孔元勋、张仲熊会余于大云石室,郡人新临贺守黄尚贤、乡贡进士陈宗谔预焉。绍兴九年夏五月端午□题。③

此刻文可知,高宗绍兴九年(1139)五月,吴顺之尚在知连州任上。故吴顺之除知海州、改连州时间在高宗绍兴九年(1139)五月之前。

吴顺之卒后,长子吴蔼为周必大姑父,遂请时为起居郎的周必大撰写墓志铭。周必大(1126—1204),字子充,自号平园老叟,南宋庐陵(今江西省吉安市)人,政治家、文学家。高宗绍兴二十年庚午(1150)进士,授左迪功郎、徽州司户参军。绍兴二十七年(1157)又中博学宏词科,教授建康府。历官守秘书省正字,兼国史院编修官,监察御史,权给事中,知南剑州,提点福建刑狱,权礼部侍郎、兼直学士院,中书舍人,敷文阁待制兼侍读,兼权兵部侍郎,吏部侍郎,翰林学士,参知政事,知枢密院,枢密使。官至左丞相,以少傅致仕。卒后赠太师,谥文忠。著有《文忠集》二百卷存世,《宋史》卷三九一有本传④。

吴顺之工诗文,现觅得为秦桧寿辰而作《寿太师》诗十首,收录于《新编通用启札截纲》卷四,兹录五首如下:

> 南北通和自古无,如今万里混车书。传闻每遣皇华使,外国人争问起居。
> 尧舜垂衣明日月,皋夔论道际风云。须知天地生成德,间世真儒辅圣君。⑤
> 下吏南州把郡符,除恩犹未放江湖。诞辰再拜无他祝,愿献蓬莱清浅图。⑥
> 当年崧岳降生申,底事先春五日期。要是穷冬正冰雪,斡回和气遍华夷。
> 群生无路答升平,只有年年善颂声。长愿遥天无点翳,台星两两倍光明。⑦

南宋高宗绍兴九年／金熙宗天眷二年己未(1139)

【海州知州:李子浩】

李子浩(生卒年不详),生平史载阙,知海州仅见淳熙《严州图经》卷一《贤牧·添倅题

---

① 《宋史》卷213《宰辅表四》,第5543-5544页。
② 《宋史》卷29《高宗本纪六》,第542页。
③ [清]阮元主修:《广东通志·金石略》,广州:广东人民出版社,2011年,第280页。
④ 《宋史》卷391《周必大传》,第11965-11972页。
⑤ 李凤飞、江培英主编:《中华历史名人全传》第4册《宦海风云·中华历史十大权臣全传》,北京:光明日报出版社,2002年,第105页。
⑥ [清]陆心源撰:《宋诗纪事补遗》第2册,太原:山西古籍出版社,1997年,第1154页。
⑦ 任林豪、马曙明著:《宋台州崇道观祠禄官考释》,上海:上海古籍出版社,2019年,第61-62页。

名》载:"李子浩。绍兴六年(1136)九月,以左朝奉郎到(通判严州);九年(1139)正月除知海州。"①离知海州时间不详。

南宋高宗绍兴十年/金熙宗天眷三年庚申(1140)

金海州守	王山	权东海县令	莫正
海州通判	吴文治		

【金海州守:王山】

王山(生卒年不详),生平史载阙。金熙宗天眷三年(高宗绍兴十年,1140),为金海州守。

高宗绍兴二年(1132)前后,王山在海州地区聚众为寇。《宋史·高宗本纪四》载:"(五月)戊寅,海州贼王山犯涟水军,总领苏复、副统制刘靖会兵击败之。"②

高宗绍兴十年庚申(金熙宗天眷三年,1140),王山为金海州守。《宋史·高宗本纪六》载:"(闰六月丁酉),韩世忠遣统制王胜、王权攻海州,克之,执其守王山。"③《系年要录》卷一三六亦记录这次收复海州的事件,经过更为详细:

> (绍兴十年闰六月丁酉)是日,京东淮东宣抚司都统制王胜克海州。先是,韩世忠命胜率统制官王权、王升等攻海州,守将王山以兵逆战,去城六十里,与官军遇,败走。夜二鼓,胜以舟师傅城北,(王)山乘城而守。胜命诸军分地而攻,火其北门。军士周成先入,生执(王)山。父老请裒金帛以犒军,胜不受。世忠每出军,必以秋毫无犯,军之所过,耕夫皆荷锄而观。④

依此可推知,有极大的可能是,王山先聚众为寇,后降金,为金海州守。又及,绍兴十五年(1145),宋廷在追赠已故迪功郎、权东海县令莫正为承务郎时也记录王山为金海州守。"二月丁丑朔,故迪功郎莫正赠承务郎,(莫)正尝权东海县,伪守王山招之,不从,为所杀。故录之。"⑤

【海州通判:吴文治】

吴文治(生卒年不详),莆田(今福建省莆田市)人,生平史载阙,高宗绍兴二年(1132)乡进士,授宣义郎,曾通判海州,仅载莆田吴氏家谱⑥。

因吴文治仅中乡进士,要达到任职通判海州的资序,如果没有特殊功绩的话,一般需要 10~15 年的时间。前期要有两任县级曹椽、两任县令的经历,再加上有上级官员推荐,才有可能升迁为州级通判。但在宋金交战的特殊时期,有可能对任用资序没有那么

---

① 浙江省地方志编纂委员会编著:《宋元浙江方志集成》第12册,杭州:杭州出版社,2009年,第5628页。
② 《宋史》卷27《高宗本纪四》,第498页。
③ 《宋史》卷29《高宗本纪六》,第545页。
④ 《系年要录》卷136,第2557页。
⑤ 《系年要录》卷153,第2890页。
⑥ 吴景銮主编:《福建莆田吴祭世系宗谱》,2002年(内部资料),第56、622、631页。

严格,故推测吴文治通判海州的时间在高宗绍兴十年至十一年(1140—1141)之间,因为该时间前后,海州被金朝控制。

【权东海县令:莫正】

莫正(?—1140),生平不详,高宗绍兴十五年(金熙宗皇统五年,1145)二月之前权东海县令,事仅载《系年要录》卷一五三:"(高宗绍兴十五年)二月丁丑朔,故迪功郎莫正赠承务郎,(莫)正尝权东海县,伪守王山招之,不从,为所杀。故录之。"①

依此可知,高宗绍兴十五年(金熙宗皇统五年,1145)之前莫正权东海县令。

《系年要录》卷一三六载:高宗绍兴十年(金熙宗天眷三年,1140)六月,王胜攻克海州后,金海州守王山败走北城(今连云区墟沟街道),王胜军乘船从北门突入,生擒王山。②

也就是说,金海州守王山招降权东海县令莫正不成,而杀之的时间必在高宗绍兴十年(1140)闰六月之前。

南宋高宗绍兴二十年/金海陵王天德二年庚午(1150)

【金海州刺史:完颜子忠】

完颜子忠(生卒年不详),任海州刺史事仅见《金史·秉德传》。金熙宗皇统九年(1149)十二月九日,时任右丞相的完颜秉德与左丞相唐括辩皆因事受到金熙宗的杖责,遂与大理卿完颜乌带等人弑杀残暴的金熙宗,拥立完颜亮为海陵王。海陵篡位,秉德为左丞相兼侍中、左副元帅,唐括辩为右丞相兼中书令,乌带为平章政事,其他一概合谋者皆有升迁。

乌带之妻唐括定哥原本就与海陵有染,秉德尝当着熙宗的面斥责其事,乌带遂与秉德有隙。海陵篡位后,猜忌颇多,经常生病不朝。乌带遂诬奏:"秉德有指斥语,曰:'主上数日不视朝,若有不讳,谁当继者?'臣曰:'主上有皇子。'秉德曰:'婴儿岂能胜天下大任,必也葛王乎?'"③海陵听后颇不悦,遂于天德二年(1150)正月乙巳将秉德外放为"领行台尚书省事"④。

金太宗三子完颜宗本原为"右丞相兼中书令,进太保,邻三省事。海陵篡立,进太傅,领三省事"。但海陵上位之前就对太宗诸子心存忌惮,认为太宗诸子权势过于强大。上位之后,猜忌益深。海陵又担心太宗诸子与秉德合流,于己不利。宗本与秉德本就交好,乌带又污蔑秉德与宗本会饮,约内外相应,有谋反状。加之,海陵篡位前,时为右丞相的秉德职位要高于时为平章政事的海陵,秉德起初不认为海陵能当大位,故海陵亦与秉德有隙。海陵遂密谋除之⑤。天德二年(1150),"四月戊午,杀太傅、领三省事宗本,尚书左

---

① 《系年要录》卷153,第2890页。
② 《系年要录》卷153,第2890页。
③ 《金史》卷132《乌带传》,第2821-2822页。
④ 《金史》卷5《海陵本纪》,第94页。
⑤ 《金史》卷76《完颜宗本传》,第1731-1734页。

丞相唐括辩，判大宗正府事宗美。遣使杀领行台尚书省事秉德，东京留守宗懿，北京留守卞及太宗子孙七十余人，周宋国王宗翰子孙三十余人，诸宗室五十余人"①。

至于乌带诬告秉德的奏状里，就含有子忠任职海州刺史的信息：

> 时秉德方在告（即休假），亟召之，限十日内发行（指去上任领行台尚书省事）。会海陵欲除太宗诸子，并除秉德，以秉德首谋废立，及弑熙宗下即劝进，衔之。乌带因言秉德与宗本谋反有状，曰："昨来秉德曾于宗本家饮酒，海州刺史子忠言，秉德有福，貌类赵太祖，秉德偃仰笑受其言。臣妻言秉德妻尝指斥主上，语皆不顺。及秉德与宗本相别时，指斥尤甚，且谓历数有归。秉德招刑部侍郎漫独曰'已前曾说那公事，颇记忆否'。漫独曰，'不存性命事何可对众便说'。似此逆状甚明。"海陵遣使就行台杀秉德，并杀前行台参知政事乌林答赞谋。②

依此可推知完颜子忠为海州刺史时间在海陵王天德二年（高宗绍兴二十年，1150）前后。

南宋高宗绍兴二十一年／金海陵王天德三年辛未（1151）

【金赣榆县令：张希召】

张希召（生卒年不详），生平史载阙，任赣榆县令事仅见金人王寂《送张希召出宰赣榆》诗题，收录于《拙轩集》卷二：

> 耐久谁如故国山，送君直过穆陵关。一川鱼鸟江淮近，千里农桑海岱间。
> 老骥未甘尘土厄，仙龟宜向水云闲。此行莫作三年别，考最当随紫诏还。③

张希召任赣榆县令时间不详，嘉庆《海州志·职官表一》载："赣榆令。张希召，世宗大定中任，有传。"亦不载具体时间。大定为金世宗年号，周期为金世宗大定元年（南宋高宗绍兴三十一年，1161）至金世宗大定二十九年（南宋孝宗淳熙十六年，1189）。

张希召与王寂交好，除上面王寂送别张希召出知赣榆县令诗外，王寂送别张希召诗还现存另外三首。其中《送张希召二首》收录于《拙轩集》卷二：

> 憔悴谈玄扬子云，如何耳冷百无闻。从来不识河南守，此去还空冀北群。
> 远别定须多作恶，相逢无惜重论文。勿卑小郡为无益，余润京师正赖君。
> 省台诸子例才兼，尽道超群未及髯。自苦折腰供吏役，谁怜白发困郎潜。
> 尘靴久厌踏红软，冰簟常思忽黑甜。好向水云乡里去，监州不恶有团尖。④

诗中有"监州不恶有团尖"句，可推知张希召去某州担任通判，时间在任海州赣榆县令之后。"从来不识河南守，此去还空冀北群"句，暗示张希召所任职地方在河南某地。

另一首《送张希召》，收录于《拙轩集》卷三：

> 见说东人若倒悬，正须老子与安然。预知和气千门溢，想见先声万口传。

---

① 《金史》卷5《海陵本纪》，第94页。
② 《金史》卷132《秉德传》，第2817-2819页。
③ 薛瑞兆、郭明志编：《全金诗》第1册，第399-400页。
④ 薛瑞兆、郭明志编：《全金诗》第1册，第400页。

>坐使游民羞佩剑,断无奸吏浪催钱。笑谈了却公家事,莫惜新诗寄百篇。①

从"坐使游民羞佩剑,断无奸吏浪催钱"句诗意看,王寂作诗时不仅有劝导张希召要"笑谈了却公家事,莫惜新诗寄百篇",而且很可能发乎情。金世宗大定二十六年(1186)八月,黄河卫州段决堤,时任户部侍郎的王寂被派往处置,结果因处置不当,被谪黜为蔡州防御使。疑此诗作于是年。事载《金史·河渠志八》:

>(金世宗大定)二十六年(1186)八月,河决卫州堤,坏其城。上命户部侍郎王寂、都水少监王汝嘉驰传措画备御。而寂视被灾之民不为拯救,乃专集众以网鱼取官物为事,民甚怨嫉。上闻而恶之。既而,河势泛滥及大名。上于是遣户部尚书刘玮往行工部事,从宜规画,黜寂为蔡州防御使。②

王寂(1127—1193),字元老,蓟州玉田(今河北省唐山市玉田县)人,金代文学家。金海陵天德三年(1151)进士。世宗大定二年(1162)为太原祁县令。十五年,尝奉使往白霫治狱。十七年,以父艰归。明年,起复真定少尹兼河北西路兵马副都总管,迁通州刺史兼知军事,又迁中都副留守。二十六年冬,由户部侍郎谪守蔡州防御使。二十九年,提点辽东路刑狱。章宗明昌初,召还。官终中都路转运使。享年六十七,谥文肃。著有《拙轩集》六卷③。

王寂卒年不详,今人一般确定为金章宗明昌五年(1194)④。据《金史·章宗本纪二》载:"(金章宗明昌五年正月)辛巳,前中都路都转运使王寂荐三举终场人蔡州文商经明行修,足备顾问。"⑤可见,王寂在金章宗明昌五年正月之前已经不在人世。另《金史·刑志第二六》载:

>明昌三年(1192)七月,右司郎中孙铎先以详定所校《名例篇》进,既而诸篇皆成,复命中都路转运使王寂、大理卿董师中等重校之。⑥

可推知,王寂在金章宗明昌三年(1192)七月尚被命重新校勘《详定所校名例》篇。依此可知,王寂去世时间在金章宗明昌三年(1192)七月至四年(1193)之间,故推定大约应卒于是金章宗明昌四年(1193)。

依上述王寂生平可知,王寂海陵天德三年(1151)进士及第后,一直到世宗大定十八年(1178),起复为真定少尹兼河北西路兵马副都总管,其间一直担任地方基层官吏。而张希召所担任的赣榆令亦如此,故可推知,张希召为赣榆令时间应在海陵天德三年(1151)至世宗大定十八年(1178)之间,因后来还担任过通判,时间还可向前半段时间压缩。而更有可能的是初任赣榆令时间即在海陵天德三年(1151),当然这需要新的史料来佐证。

---

① 薛瑞兆、郭明志编:《全金诗》第1册,第407页。
② 《金史》卷27《河渠志八》,第672页。
③ [金]王寂:《拙轩集》提要,文渊阁《四库全书》第1190册,第1-2页。
④ 孙克强、岳淑珍编著:《金元明人词话》,天津:南开大学出版社,2012年,第25页;上海辞书出版社文学鉴赏辞典编纂中心编:《元明清诗鉴赏辞典》(辽、金、元、明),上海:上海辞书出版社,2018年,第30页。
⑤ 《金史》卷10《章宗本纪二》,第231页。
⑥ 《金史》卷45《刑志第二六》,第1022页。

南宋高宗绍兴三十一年/金海陵王正隆六年/金世宗大定元年辛巳(1161)

金海州刺史	高文富	海州儒学教授、权朐山县主簿	高夔
金海州同知	蒙恬	金朐山县令、南宋朐山县令	高敞
海州知州	魏胜	金东海县令	支邦荣

【金海州刺史：高文富】

高文富(？—1161)，又作高文多，渤海国(今黑龙江省、吉林省一带)人，生平史载简略。高文富任海州刺史，事载《宋史·魏胜传》：

> (魏胜)遂取海州。郡守渤海高文富闻胜起，遣兵来捕胜。距海州南八十里大伊，与金兵遇，胜迎击走之，追至城下。众惊传水陆悉有兵，城中大恐，文富闭门守，驱民上城御之。胜令城外多张旗帜，举烟火为疑兵；又遣人向诸城门，谕以金人弃信背盟，无名兴师，本朝宽大爱民之意。城上民闻之，即开门，胜遣勇锐者登城楼，余自门入，莫有御者。独文富与其子安仁率牙兵拒守，胜整军与安仁父子战谯门内，杀安仁及州兵千余，擒文富，民皆按堵。①

高文富在海州刺史任上被魏胜捕获，时间在金世宗大定元年(南宋高宗绍兴三十一年，1161)，事载《宋史·高宗本纪九》："(绍兴三十一年)八月辛丑朔，忠义人魏胜复海州，李宝承制以胜知州事。"②因其子高安仁在魏胜攻城时被杀，且后期史料再也未见记载，估计高文富被俘后也幸免不了。高文富初任海州刺史时间当在前三年之内，即在金海陵王正隆四年己卯(南宋高宗绍兴二十九年，1159)之后。嘉庆《海州志·职官表一》载："海州刺史。高文富，海陵王正隆六年为魏胜所执。见《胜传》。"

而宋人李幼武纂集《宋名臣言行录》别集上卷一三载：

> 海州守高文多，渤海国人也。闻公(魏胜)至，遣兵来捕公。公追逐之。迫夜，直抵城下，文多闭城拒守。公令张旗城外山林间，多举火，为疑兵。遣人于诸城门说谕城中人。城上人开门，公即勇锐登城门守御，余皆自城门入，莫有拒者。独文多与其子安仁率牙兵拒公。公整军入城，市不易肆。入与安仁父子战于谯门内，杀安仁，擒文多，民皆安业如故。即日，告谕诸县，揭示招募忠义士，以图恢复。远近闻之响应。旬日得胜兵数千人。③

《宋名臣言行录》与《宋史》本传有二处不同，一是海州守名为"高文多"，而不是本传的"高文富"；二是攻城时魏胜身先士卒，与勇士们一起登城门守御，其他将士自城门入城，而不是本传所称魏胜派勇士登城楼，自己和其他将士从城门入城。

---

① 《宋史》卷368《魏胜传》，第11455-11462页。
② 《宋史》卷32《高宗本纪九》，第602页。
③ [宋]李幼武纂集：《宋名臣言行录》别集上卷13，文渊阁《四库全书》第449册，第487-488页。按：原文为"民皆安业加故"，根据国家图书馆出版社版改。参见国家图书馆出版社影印室辑：《宋代传记资料丛刊》第26册，北京：国家图书馆出版社，2006年，第352-353页。

明人陈邦瞻在《宋史纪事本末》卷七四《金亮南侵》中记为："金知海州事高文富遣兵捕（魏）胜。"①直接将高文富的"郡守""州守"记为"知海州事"。一般来说这是正确的，但金代海州属于刺史州，《金史·地理志中》载："海州，中，刺史。"②最高长官为"刺史"，相当于宋代知州，统管一州军政事务，由于习惯于沿袭前朝的称呼，所以也会称"刺史"为"郡守""州守"；佐官为"同知"，相当于宋代的通判，辅助刺史处理军政事务，也常常称为"郡佐"。事载《金史·百官志三》："诸刺史州。刺史一员，正五品，掌同府尹兼治州事。同知一员，正七品，通判州事。"③

【金海州同知：蒙恬】

蒙恬（？—1161），生平史载阙，任职海州同知仅见《宋史·魏胜传》：

> 金人遣同知海州事蒙恬镇国以兵万余取海州，抵州北二十里新桥。胜帅兵出迎之，设伏于隘，阵以待。众殊死战，伏发，贼大败，杀镇国，馘千人，降三百人，军声益振。山东之民咸欲来附，胜传檄招谕，结集以待王师之至。④

该战役发生时间在金世宗大定元年辛巳（南宋高宗绍兴三十一年，1161）。是年，魏胜起兵后，攻陷海州，杀郡守高文富之子高安仁，俘获高文富，出榜安抚朐山、东海、怀仁、沭阳等海州属县，并扩充兵马。此时金海州同知蒙恬镇国率兵前来攻取海州，被魏胜伏击而亡。蒙恬初任海州同知时间当在前三年之内，即在金海陵王正隆四年己卯（南宋高宗绍兴二十九年，1159）之后。

【海州知州：魏胜】

魏胜（1120—1164），字彦威，淮阳军宿迁县（今江苏省宿迁市）人，后徙居山阳（今江苏省淮安市）。绍兴三十一年（1161）八月率义军取海州，因功授阁门祗候、武功大夫、知海州兼山东路忠义军都统制，阁门宣赞舍人、镇江府驻札御前前军统制。因同僚构陷而被罢职，改京东路马步军副总管、都督府统制，建康府驻札。不久官复原职，仍遣镇江御前后军、屯海州。迁忠州刺史，知楚州。隆兴二年（1164），在楚州北清河口与金兵相遇，力战死之，年四十五。赠保宁军节度使，谥忠壮，并在镇江立祠，号"褒忠"。后人将魏胜与岳飞、刘锜和李显忠并称南宋初期"宋四将"。《宋史》卷三六八有本传：

> 魏胜字彦威，淮阳军宿迁县人。多智勇，善骑射，应募为弓箭手，徙居山阳。绍兴三十一年，金人将南侵，聚刍粮，造器械，籍诸路民为兵。胜跃曰："此其时也。"聚义士三百，北渡淮，取涟水军，宣布朝廷德意，不杀一人，涟水民翕然以听。
>
> 遂取海州。郡守渤海高文富闻胜起，遣兵来捕胜。距海州南八十里大伊，与金兵遇，胜迎击走之，追至城下。众惊传水陆悉有兵，城中大恐，文富闭门守，驱民上城御之。胜令城外多张旗帜，举烟火为疑兵；又遣人向诸城门，谕以金人弃信背盟，无名兴师，本朝宽大爱民之意。城上民闻之，即开门，胜遣勇锐者登城楼，余自门入，莫

---

① ［明］陈邦瞻：《宋史纪事本末》卷74《金亮南侵》，北京：中华书局，1977年，第777页。
② 《金史》卷25《地理志中》，第610-611页。
③ 《金史》卷57《百官志三》，第1313页。
④ 《宋史》卷368《魏胜传》，第11455页。

有御者。独文富与其子安仁率牙兵拒守，胜整军与安仁父子战谯门内，杀安仁及州兵千余，擒文富，民皆按堵。

胜权知州事，遣人谕朐山、怀仁、沭阳、东海诸县，皆定。乃蠲租税，释罪囚，发仓库，犒战士；分忠义士为五军，纪律明肃，部分如宿将。胜自兼都统制，益募忠义以图收复，远近闻之响应，旬日，得兵数千。即具其事报境上帅守，冀给军装器甲。时帅守虽知金人将渝盟，未有发其端者，莫敢以闻。

左军统制董成谋出西北取沂州，胜先遣间还，知金兵数万至沂，以我军器甲未备，戒成勿动。成不从胜，率所部千余人直入沂州巷战，杀其守及军士三千余，众悉降，得器甲数万。金人生兵复集，竞登屋掷瓦击之，成军几败。胜欲斩成，以其骁勇，释之。

金人遣同知海州事蒙恬镇国以兵万余取海州，抵州北二十里新桥。胜帅兵出迎之，设伏于隘，阵以待。众殊死战，伏发，贼大败，杀镇国，馘千人，降三百人，军声益振。山东之民咸欲来附，胜传檄招谕，结集以待王师之至。

沂民壁苍山者数十万，金人围之，久不下，砦首滕戣告急于胜。胜提兵往救之，阵于山下。金人多伏兵，胜兵遇伏，皆赴砦。金人袭之，胜单骑而殿，以大刀奋击。金人望见胜，知其为将也，以五百骑围之数重。胜驰突四击，金阵开复阖。战移时，身被数十枪，冒刃出围。金兵追之，马中矢踣，步而入砦，无敢当者。金人又急攻，绝其水，砦中食干糒，杀牛马饮血，胜默祷而雨骤作。

金人攻益急，周山为营，胜度其必复攻海州，因间出砦趋城中。金人果解苍山围，自新桥抵城下，胜出战皆捷。金分兵四面攻之，胜募士登城以御，矢石如雨者七日，金兵死伤多，遁去。胜尝出战，矢中鼻贯齿，不能食，犹亲御战。

胜起义久，朝廷尚未知。沿海制置使李宝遣其子公佐由海道觇敌，至州，始遣忠义将朱震、褚道诣行在，白胜姓名于执政，始知胜之功焉。

金主亮举兵渡淮，虑胜睨其后，分军数万来攻。会李宝帅舟师往胶西，破金人舟舰，胜遣人邀之，同击金人于新桥，大败之。金兵未退，宝知金舟将遁，复以兵登舟备海道。金主初命造海舰，欲分军入苏、杭，悉以中原民操舟楫。民家送衣裘者相告语，俟王师至即背之。及宝舟入岛中，适北风劲，舟不进。有顷反风，金人舣舟于岸，操舟者望见宝舟，谬云此金国兵也，俾皆入舟中。舟忽至，金人不知，宝纵火焚其舟。舟以赤油绢为帆，风顺火炽，操舟者皆登岸走。金兵在舟中者，坐以待缚，载之槛车，悉获其舟。

宝既捷，胜亦还州为捍御计。金兵至，营于城北砂巷，列阵将攻关门，先遣人说胜使降。胜开门出谕之曰："汝主叛盟失信，无故兴兵，我朝以仁义之师，来复旧疆，汝主渡淮必败。尔等宜早来归，必获爵赏。"时金兵已逼关，胜登关门张乐饮酒，犒军士，令固守勿出战。金兵攻之逾时，乃少遣士出，凭险临击之。金人知不可攻，率军转而渡河，袭关后。胜敛兵入城，金兵追将及，胜独乘马逐之，叱曰："魏胜在此！"闻之皆辟易，士卒后入者不复敢追。

胜军已入城，金兵径趋城东，欲过砂堰围城为营。胜先已据堰备之，金军不得过，拒战竟日，终不能近。有新募士守河者，不知兵，金兵遽过河，胜恐绝河路，亟收军入城。金兵追至东门外黄土坂，胜单骑逐之，大叱之，金兵五百皆望风退。胜又追十数里，士得入城；有不得入者，由城南入西门。金兵复自西南来袭，胜从后叱之，金兵骇散，手杀数人。奏功授阁门祗候，差知海州兼山东路忠义军都统。遣其子昌同峒崤山首领张荣，持旗榜往结山东忠义。

金兵自新桥、关子门、砂堰之败，杀伤者众。一日黎明，乘昏雾，四面薄城急攻。胜激厉士卒，竭力捍御，矢石交下。城上镕金液，投火牛。金兵不能前，多死伤，乃拔砦走。距海州为长垣，包州城于中，使不能出。及亮死，乃解去。

胜善用大刀，能左右射，旗揭曰"山东魏胜"，金人望见即退走。胜为旗十数，书其姓名，密付诸将，遇鏖战即揭之，金兵悉避走。初，胜起义时，无州郡粮饷之给，无府库仓廪之储。胜经画市易，课酒榷盐，劝粜豪右。环海州度视敌兵攻取处，筑城浚隍，塞关隘，在军，未尝一日懈弛，恒如寇至。方纠集远迩，犒劳士卒，期约有日，会金主亮被弑，金兵北归，王师亦南还矣。

初，亮闻胜在海州，知不可取，曰："少须，他时取之易耳。"亮既殒，胜益得自治军旅，人皆精锐。获金谍者，犒以酒食，厚赂遣还。有自北方来归者，与之同卧起，共饮食，示以不疑；周其窭贫，使之感激。自是山东、河北归附者众，得金人虚实，悉以上闻。又第其忠义士功能，假授官资，因李宝转达于朝，悉如所请。

金人遣山东路都统、总管以兵十万攻海州。时宝帅海舟水陆并进，抵城北砂巷，胜率众合宝军大破之，斩首不可计，堰水为之不流，余悉奔溃。胜独率兵追北二十里，至新桥，又破之，尽获其鞍马器甲。宝亦驻海州，为进取计。

金人复遣五斤太师发诸路兵二十余万来攻海州，先遣一军自州西南断胜军饷道。胜择勇悍士三千余骑，拒于石闼堰，金军不能进。逮夜始还，留千人备险隘。金兵十万来夺，胜率众鏖战，杀数千人，余皆遁去，下令守险勿追。报宝，宝以防海道，登舟，不复发兵。金兵盛集，胜力拒之，自旦至暮，金兵不能夺。胜令步卒整队前行，自为殿。

时百姓以宝既登舟，惧金兵大至，皆欲入城，统制郭蔚闭城门不纳。人民牛马蔽野，呼号动地，城中亦惧。胜入城，谕以贼势退怯之状，固守可保无虞，乃开门尽纳之。居无何，金兵环城围数重，胜与郭蔚分兵备御，偃旗仆鼓，寂若无人。金军惊疑，数日不敢攻，已乃植云梯，置炮石，四面合围，负土填壕。胜俟其近城，鸣鼓张旗，矢石俱发，继以火牛、金液，凡三昼夜，金兵竟不能近。于是罢攻，修营垒，绝河道，谋为固守。胜俟其不备掩击，或独出扰之，使不得休息。又间夜发兵劫其营，或焚其攻具。

既而金人并力急攻，胜告急于李宝。宝以闻，还报城中，已命张子盖率兵来解围。金人亦知子盖军且至，已有退意。顷之，子盖先帅骑兵至，胜出与子盖议战事，且促其步卒。胜出军城北砂巷，与金军大战，斩首不可计，追数十里，余兵皆遁。胜与子盖议进讨，子盖曰："受诏解围，不知其他。"遂率军还。城中疑惧，欲随王师出，胜亲邀于道而谕之，至涟水军，与偕还。

时都督张浚在建康，招胜，询以军务。转阁门宣赞舍人，差充山东路忠义军都统制兼镇江府驻札御前前军统制,仍知海州。胜还。

隆兴元年(1163),诏以镇江御前同统制魏全来守海州,督府亦遣贾和仲充山东、河北路招抚使,节制本路军马,海州驻札。和仲忌胜,阴诱忠义军使不安。胜与辨是非,和仲又谮胜于都督,惑之。呼胜至镇江计事,罢其职,改京东路马步军副总管、都督府统制,建康府驻札。既而督府知和仲所诬,罢之,复胜旧职,仍遣镇江御前后军屯海州,代前军还镇江。

胜既还海州,镇抚一方,民安其政。改忠州刺史。海州城西南枕孤山,敌至,登山瞰城中,虚实立见,故西南受敌最剧。胜筑重城,围山在内,寇至则先据之,不能害。

胜尝自创如意战车数百两,炮车数十两,车上为兽面木牌,大枪数十,垂毡幕软牌,每车用二人推毂,可蔽五十人。行则载辎重器甲,止则为营,挂搭如城垒,人马不能近;遇敌又可以御箭簇。列阵则如意车在外,以旗蔽障,弩车当阵门,其上置床子弩,矢大如凿,一矢能射数人,发三矢可数百步。炮车在阵中,施火石炮,亦二百步。两阵相近,则阵间发弓弩箭炮,近阵门则刀斧枪手突出,交阵则出骑兵,两向掩击,得捷拔阵追袭,少却则入阵间稍憩。士卒不疲,进退俱利。伺便出击,虑有拒遏,预为解脱计,夜习不使人见。以其制上于朝,诏诸军遵其式造焉。

二年,以议和撤海州戍,命胜知楚州,以本州岛官吏及部兵赴新治。诏胜同淮东路安抚使刘宝、知高邮军刘敏措置盱眙军、楚州一带,胜专一措置清河口。时和议尚未决,金兵乘其懈,以舟载器甲糗粮自清河出,欲侵边。胜觇知之,身帅忠义士拒于清河口。金兵诈称欲运粮往泗州,由清河口入淮。胜知其谋,欲御之,都统制刘宝以方议和,不许。金骑轶境,胜率诸军拒于淮阳,自卯至申,胜负未决。金军增生兵来,胜与之力战,又遣人告急于宝。宝在楚州,相距四十里,坚谓方讲和,决无战事,迄不发一兵。胜矢尽,救不至,犹依土阜为阵,谓士卒曰:"我当死此,得脱者归报天子。"乃令步卒居前,骑为殿,至淮阴东十八里,中矢,坠马死,年四十五。

事闻,赠保宁军节度使,谥忠壮。时淮南未平,诏于镇江府江口镇立庙,赐号褒忠,仍俟事定更祠于战没处。且令有司刻木以敛,葬于镇江。官其二子,郊,武功大夫、忠州刺史;昌,承信郎。赐银千两,绢千匹,宅一区,田百顷。其后使者过淮东,始得其详,还言于朝。以刘宝不出救兵,削两镇节钺,没入家资,贬琼州死。胜所纠集忠义,有为贾和仲诱隶别屯及撤戍隔绝者,尚五千余人,入京口屯驻前军。

郊,添差扬州兵马钤辖。淳熙十五年,孝宗语枢臣曰:"魏胜之子,当与优异。"又曰:"人材须用而后见,使魏胜不因边衅,何以见其才?"诏郊添差两浙西路马步军副总管。

卷末论曰:

魏胜崛起,无甲兵粮饷之资,提数千乌合之众,抗金人数十万之师,卒完一州,名震当时,壮哉!然见忌于诸将,无援而战死,亦可惜矣。①

---

① 《宋史》卷368《魏胜传》,第11455-11462、11467页。

然《系年要录》提供了魏胜出身、收复海州、攻打沂州的另一个的版本。《系年要录》卷一九二载：

> 绍兴三十有一年八月辛丑朔，忠义人魏胜复海州。胜素无赖，私渡淮为商。至是，率其徒数百人至海州，自称制置司前军，大兵且继至。海州遂降。①

《系年要录》卷一九三又载：

> （绍兴三十一年十月庚子）江淮制置使刘锜至盱眙军，会将议事。是日，浙西副总管李宝以舟师至东海县。先是，魏胜既得海州，久之，官军不至，城中之人始知为其所绐，然业已背虏，不敢有贰心。胜惧，乃推宝之子承节郎公佐领州事，自出募兵，得数千人，往攻沂州。有女真万户之妻王夫人者，阳引兵避之。胜入城，遇伏，与战大败，仅以身免。胜复还海州，虏兵围之，宝闻，麾兵登岸，以剑画地曰："此虏界，非复吾境，当力战。"因握槊前行，接虏奋击，士无不一当十。虏惊出意外，亟引去。于是，胜出城迎宝。宝维舟墙士，遣辩者四出，招纳降附。
>
> （癸卯）武翼郎、统制忠义军马魏胜知海州。朝廷闻敌围海州，胜与权州事李公佐共击却之。翌日，以胜为阁门通赞舍人，而公佐为阁门祇候。②

魏胜知海州，亦载《三朝北盟会编》卷二三一："（绍兴三十一年八月）二十八日戊辰，魏胜特授武经郎兼阁门宣赞舍人、知海州。"③

魏胜知楚州，事载《宋史·孝宗本纪一》："（隆兴二年）十一月乙酉，知楚州魏胜与金人战，死之，州遂陷，濠州亦陷。"④

依此可知，魏胜知海州时间在南宋高宗绍兴三十一年（金世宗大定元年，1161）八月至孝宗隆兴二年（金世宗大定四年，1164），期间，于隆兴元年（1163）因同僚诬告而短暂罢职，由魏全知海州。隆庆《海州志·治典》："魏胜，知海州事，有传。"卷六《名宦》节引《宋史》本传。康熙《海州志》卷四《治典》、卷六《名宦》与隆庆《海州志》同。嘉庆《海州志·职官表一》载："魏胜，建炎三十一年任，有传。"其中"建炎"应为"绍兴"。《良吏传》亦节引《宋史》本传。李之亮在《宋两淮大郡守臣易替考》中亦然。

魏胜知楚州制词《魏胜转右武大夫、忠州团练使、知楚州，陈敏转成州防御使、知高邮军制》由洪适撰，收录于《盘洲文集》卷一九：

> 朕差择猛士，扞城四方。边最有闻，岂缓褒典。具官某：忠义自奋，鸷勇可推。典治新邦，阅日滋久。控制外侮，军声甚张。招携流逋，绩效亦著。易守淮垒，谨吾藩篱。用陴戎团，仍超横列（陈敏作"用陴兵防，书之盟府"）。当思民社之寄，不专军旅之容。内抚疲氓，远固疆圉。恩威相济，时乃之休。⑤

魏胜卒后赠保宁军节度使，制词《魏胜赠节度使制》亦由洪适撰，收录于《盘洲文集》卷二〇：

---

① 《系年要录》卷192，第3719页。
② 《系年要录》卷193，第3749、3751页。
③ 《三朝北盟会编》卷231，文渊阁《四库全书》第352册，第342页。
④ 《宋史》卷33《孝宗本纪一》，第628页。
⑤ ［宋］洪适：《盘洲文集》卷19，文渊阁《四库全书》第1158册，第369页；曾枣庄、刘琳主编：《全宋文》第212册，第280页。

执干戈而卫社,有光舍□之勋;援枹鼓则忘身,果徇死绥之志。特峻斋坛之锡,式高盟府之书。尉厥营魂,涣兹愍册。具官某:心思英迈,胆略骁雄。慕中兴锐将之名,有横挑强胡之计。□□城而归义,立汉帜以成功。易子析骸,能坚东海□□;锻甲砥剑,遂换山阳之符。会敌国之穷兵,出清河而犯境。中流断缆,大振蒙冲之威;广野交锋,独贯螯弧之勇。期戎虏之电扫,惊武帐之星沉。嘉尔尽忠,为之屡叹。神旗豹尾,更增庙食之荣;羽林孤儿,庸侈门资之泽。谅其精爽,歆此恩休。①

魏胜妻于氏亦特封"安人",事载《系年要录》卷一九八:

(绍兴三十二年闰二月癸卯)诏阁门宣赞舍人、知海州魏胜妻于氏特封安人。金之围海州也,胜为流矢所中,病甚。于氏割股肉进之,胜寻愈,故有是命。②

制词《知海州魏胜中箭病笃,其妻于氏割股与食,遂得安愈,特封安人制》由周必大撰,收入《文忠集》卷九五:

敕某氏:昔辟司徒之妻,以有礼封于石窌。今胜守吾边垒,正辟司徒之职也。尔能不爱尺寸之肤,愈胜痍伤之疾,非特有礼而已。表而出之,进联命妇,视古列女,其庶几乎!可。③

【海州儒学教授、权朐山县主簿:高夔】

高夔(1138—1198),字仲一,海州朐山人。高宗绍兴三十一年(1161)八月,魏胜收复海州后知海州,张忠献为江淮都督,荐高夔为海州儒学教授、权朐山县主簿。因守城有功,授迪功郎。孝宗隆兴二年(1164),为太平州芜湖县主簿。乾道五年(1169)改赐将仕郎出身,调荆门军长林尉。次年改承务郎、添差安丰军签判。淳熙元年(1174)二月,除直秘阁;五年,除尚书度支员外郎;六年,擢司农少卿;七年,除直龙图阁、知江陵府;十一年,知扬州兼淮东安抚使;十二年,加秘阁修撰,移帅京西,知襄阳;十四年,进右文殿修撰,著《襄阳志》四十卷;十五年,改帅淮西。光宗绍熙元年(1190),徙知赣州;二年,知庐州,俄改明州兼沿海制置司事;四年,再知庐州。官至中奉大夫卒。高夔生平详载时任宰相的周必大所撰的《淮西帅高君夔神道碑》,文载《文忠集》卷六五:

庐州高府君屡帅边,天子闵其劳,有诏赴阙,会君移病请祠,主管亳州明道宫者再,升提举者一。素爱庐阜之胜,因葬母司徒氏于山南,遂卜居九江。至是筑"识山堂",日与宾客对诸峰饮酒赋诗,间舆疾从山僧游,或累旬忘返,意深乐焉。庆元四年(1198)八月十四日卒于家,明年三月十日葬母茔之右。讫事,其孤叔献衰绖不远数百里,踵门泣且拜曰:"先君病甚,命叔献云:'我昔遣汝乞尔祖母之铭于周益公,其载吾家仗义来归及当时北房叛盟始末详实。我死,汝必往求文刻之墓隧,以成吾志。'叔献为是暂舍几筵以来,惟公哀许。"某昔侍帷幄,窃见孝宗皇帝内修政事,欲扫穹庐而空之,黄金招乐毅,白璧赐虞卿,未尝一日忘北向。以君数画安边辟国之策,由是倚为长城。鼎湖龙去,君亦休矣,于此深有感焉,乃撷朝请大夫、新成都府路提点刑

---

① [宋]洪适:《盘洲文集》卷20,文渊阁《四库全书》第1158册,第379页。按:原文为"有光□□之勋""特峻斋坛之□""有横挑强胡之□",皆从《全宋文》改。参见曾枣庄、刘琳主编:《全宋文》第212册,第302页。

② 《系年要录》卷198,第3897页。

③ 曾枣庄、刘琳主编:《全宋文》第226册,第148页。

狱王源状而次序之。

君讳夔,字仲一,其先登州人。曾祖鹏,宣德郎、知江陵府松滋县,因任海州,遂家朐山县,妣周氏;祖昇,隐居不仕,妣许氏;父溥,赠中奉大夫,妣令人赵氏、司徒氏。金虏据中原,绍兴十一年(1141),中奉举族归朝。既讲和,例遣还,忧愤以没。君自幼读书过人,文笔翩翩,尝举于乡,耻事虏廷。二十一年,完颜亮入寇,君奉母航海来归,特免文解。魏胜起义克海州,张忠献公都督江淮,奏君本州文学、权朐山县主簿,母子得还里。虏屡遣重兵攻城,君为胜分守东壁,躬冒矢石。围解第功,版授迪功郎。隆兴二年(1164)割弃海州,易太平州芜湖县主簿,员外置。郡守吴芾连委摄邑,奏其治状,乾道五年(1169)改赐将仕郎出身,调荆门军长林尉。六年,上遣聘使议陵寝,君以封事列进取三十条,陈虏中山川险易、将帅甲兵、州县刍粮及阿骨打以来用人得失。赐对,口陈方略。上大喜,明日改承务郎,添差安丰军签判,仍厘务。八年,诸司交荐,召奏事,至则分水寨为五军,各置首领,月给廪食,责以教阅。沿淮多盗北马,上亲札禁止。君请勿市驹对境以绝其弊,风马牛皆纵使归,大辟学舍,边人始知俎豆。淳熙元年(1174)二月,除直秘阁再任。上密谕君:"边臣多言虏欲败盟,适谍者武功大夫陈琛告知亳州大盘第千户者为虏所治,欲委质本朝。"君力言生事误国不可听,愿择将练兵以需机会。上嘉纳之。会幕官章驹诉本路漕张士元夺其爱妾,下君究实。当路右士元,君直之,坐易施州,地邻黔播,君欣然奉母以行。值岁歉,馁死相望,聚为义冢,双花发其上,大姓谭汝翼一方巨蠹,诬侄杀人,将论如法,君平反之。其人后生二子,泣谢曰:"活我父子者,公也。"汝翼寻以恶抵罪。秩满,移知文州,君先已单舸下峡。五年入对,除尚书度支员外郎,岁中遍摄五司。宰士阙,上欲用君,宰相难之。六年五月,上亲擢司农少卿。仓庾地卑,君始梁空敷板,米以不腐。七年,湖北谋帅缺,上曰:"高某有帅才。"除直龙图阁、知江陵府。岁旱,宴集馈遗皆罢,力修荒政,劾守令奉行不虔者。闻邻路忠、万二州易子而食,即移粟万计溯江助之。九年,特转一官再任。西南蕃罗鬼国在真宗朝尝来鬻马,后为罗殿国所限,有导其假道沅州蛮界互市如旧者,君谓不可,罢之。猺人梁牟入省地劫民财,君遣将擒捕而释其胁从。江湖多剧贼,君造飞江轻舫付神劲军,盗发立得。大姓吴氏囊橐亡命,君破其家,易置巡检寨。距府十里有沙市镇,大商辐辏,民居比栉,每患延烧,君下令按大巷通水道。凡可便人,皆勇为之。丁母忧。十一年服除,知扬州兼淮东安抚。上念襄阳边防尤重,十二年正月加秘阁修撰,移帅京西。襄恃三山为险,而中岘居二山之间,下视府城,君置栅种木,积粮贮甲,预为外御内守之计。又疏水渠古迹,灌溉民田,日以强弩教神劲军。适有旨射铁帘,士已素习,诏许附驻札军试其艺,多被赏者。积本道迎劳及他郡互送钱八千缗,增市战马,置大安监,游牝其中,孳生蕃息,用补骑军之阙。一新学宫,创阁奉御书,治声转闻。十四年二月,进右文殿修撰再任,幕府益整暇。与其属刘宗仕洧纂《襄阳志》四十卷,该贯古今,自为之序。十五年八月,改帅淮西。君上书言:"虏常自庐入寇,如蹈无人之地,非独地势坦夷,正坐城郭不修。乾道中,虽筑十五里,今浸圮,谨图上新城制度,惟陛下亟图之。"上遣漕臣王厚之、总领张柳、都统制阎仲偕来相视,请如君言,诏三司共成之。居无何,病足求去。绍熙元年(1190)春,徙知赣州。岁俭,州县捕治丐谷者数百人,诬以聚众。君皆释之,薄征缓刑,就廪饥民以新城壁。暇日率教授入学讲经义,增置弟子员。监司欲废并龙南县以避瘴疠,君执奏而止。二年再帅庐州,道令奏事。俄改明州,兼沿海制置司事,首置兵籍,次举将吏,军政肃然。库务以酒贯民,追督高价,君或蠲或代偿,积弊以除。大姓迫人至死,君疏族适有居境内者,请求不遂,则以语动君。君下之狱,取旨裁决,人服其公,犹坐削一官与边郡。四年春,复帅庐,君每念城役未竟,于是裁节经费,昼夜督视,阅数月告成。五年秋被召,而君不能造朝,三历亳祠,遂致其仕。积阶至中奉大夫,享年六十有一,葬地在南康军星子县丹桂乡黄龙山。

先娶同里杜氏、宣教郎磐之女,继室以其妹,并封令人。五男:叔旸、叔豹、叔夜,皆早世;叔献,从事郎、房州司理参军;叔夏,将仕郎。二女:长适文林郎、德安府观察支使王颐,次未行。孙将仕郎庭瑞。

君事亲孝谨,睦族有恩,既分俸周从叔,又官其子桐。天资明敏,遇事迎解,长于论兵,援古证今,动数百言,屡更方面,所至内欲固围,外图恢复。孝宗尝曰:"卿功名中人也。"荐举属吏将佐近二百人,后多知名。有《文集》十卷、《奏议》三十卷。铭曰:

于皇孝宗,德侔周殷。欲信威于北夷,遂摅愤于西京。若时高侯,谋绍营平。尝将屯于上谷,亦驰至于金城。何镃基之既立,而机会之难乘。未受呼韩之朝,莫写麒麟之形。悼夫君而太息,宣遗恨于斯铭。惟宅兆之允臧,偕康庐其永宁。①

"绍兴十一年(1141),中奉举族归朝。既讲和,例遣还,忧愤以没"的大背景是"绍兴和议"。宋廷南渡后,金人南侵占据江淮一带,宋金互有攻伐,伤亡惨重,民不聊生,双方讲和者占据上风,遂签署和议。迫于金人残暴统治和民族情结,高夔父亲、赠中奉大夫高溥带领全族人南迁归宋。但因"绍兴和议"中有条款"今后上国逋亡之人,无敢容隐。寸土匹夫,无敢侵掠。其或叛亡之人,入上国之境者,不得进兵袭逐,但移文收捕。"②禁止双方互收"叛亡之人",所有南归之人必须遣还。据此,高溥一族皆被南宋朝廷遣返,还归原籍,高溥忧愤而亡。

光宗绍熙四年(1193),高夔再知庐州,制词《高夔知庐州》由楼钥撰,文载《攻瑰集》卷三四:

敕具官某:尔顷守合肥,尝移之内郡。旋守四明,又易以边方。乃自制司,复分帅阃。盖以尔习熟淮甸,有志事功,故因以迁焉。内有以固吾围,外有以宣王灵,尔尚勉之哉。③

高夔勤于吏治,除神道碑记载外,其他史料亦有记载。

(孝宗乾道八年)八月二日,知安丰军高夔言:"近有归正人陈乞标拨田土,及称已请到田土,而无牛具耕垦,乞借支官钱。今欲将未有营生之人,每户给田五十亩,

---

① 按:《全宋文》为"近守四明"。参见[宋]周必大:《文忠集》卷65《淮西帅高君神道碑》,文渊阁《四库全书》第1152册,第662页;曾枣庄、刘琳主编:《全宋文》第232册,第381-384页。

② 《系年要录》卷142,第2686页。

③ 按:《全宋文》与《文忠集》个别文字稍有不同。参见[宋]楼钥:《攻瑰集》卷34《外制·高夔知庐州》,文渊阁《四库全书》第1152册,第621-622页;曾枣庄、刘琳主编:《全宋文》第262册,第186页。

牛一头、犁杷牛具之属,其已请田之人无牛具者,一例给之,乞降钱会二万贯措置。"从之。①

另有一高夔(生卒年不详),为吉州庐陵(今江西吉安)人,钦宗靖康元年(1126)举解试,绍兴十二年(1142)登陈诚之榜进士。②庐陵高夔之"夔"中间为"白",海州高夒之"夒"中间为"自",二字字形相近,互为异体字,若不稍加注意并参照海州高夒神道碑这条材料,二人极易混淆。前者较后者年龄要长一些,且进士及第;而海州高夒年轻时住地为金人所占,虽中乡试,但"耻仕虏廷",显然没有机会参加省试。

【金朐山县令、南宋朐山县令:高敞】

高敞(生卒年不详),济南(今山东省济南市)人,金朝进士。历知金朐山县、南宋朐山县,添差建康签判、两浙东路安抚司参议官等。

高敞为金朝朐山县令时间在高宗绍兴三十一年(金世宗大定元年,1161)八月之前,魏胜夺海州后,遂归宋,事载《系年要录》卷一九二:

> (绍兴三十一年八月壬戌)济南府布衣高禹特补右迪功郎、扬州司户参军。禹父敞知朐山县,魏胜之得海州也,敞与奉直大夫、知东海县支邦荣皆欲迎拜。邦荣,京东人,在金中进士及第,或劝之使去。邦荣曰:"我本大宋之民,今将安归?"遂以县降。禹将其家之淮甸,颇能言金国利害。制置使刘锜遣赴行在,遂有是命。(徐梦莘《北盟会编》称:"李宝至东海县,伪知县高敞降拜,宝载敞下海,令其子禹挈家往淮甸。"按:冯忠嘉《海道记》:"宝以此月壬辰发明州关澳。十月庚子,乃抵东海县。"梦莘所记恐误。)③

文后的校注对徐梦莘《三朝北盟会编》所记提出疑问。据徐梦莘《三朝北盟会编》炎兴下帙卷二三一载:

> (绍兴三十一年八月)十四日甲寅,李宝以舟船下海,至东海县。伪知县高敞及前知县支邦荣降。……伪知县高敞及前知县支邦荣,京东人也,在北界以进士及第,或劝之使去。敞曰:"我本大宋之民,今大宋军马已到,将安归?"遂以县降。宝载敞于海船同下海,令敞之子禹挈家住淮甸。④

仅从文意看,《系年要录》以"是命"高敞之子高禹以济南府布衣身份"特补右迪功郎、扬州司户参军"为主题,兼及同时归南宋的金朝知东海县支邦荣的籍贯(京东)、金朝进士以及降宋时的决心等情况。是命原因有二,一是高禹知朐山县的父亲高敞归南宋,一是高禹将支邦荣全家送去南宋控制的淮甸(即楚州)安置,由制置使刘锜赴行在请命。而《三朝北盟会编》将降宋时的决心及安家淮甸之事落在高敞的身上,显然上下文意不通。但将"京东人也,在北界以进士及第"列在"伪知县高敞及前知县支邦荣"之后,而不是如《系年要录》卷一九二列在"邦荣"之后,或许说明高敞与支邦荣二人皆具有上述身份。济南府,

---

① 《宋会要辑稿》食货1之47,第5978-5979页。
② 夏汉宁、黎清、刘双琴著:《南宋江西籍进士考录》上,南昌:江西教育出版社,2017年,第53页;[清]谢旻:《江西通志》卷49《选举一》,文渊阁《四库全书》第514册,第605页;卷50《选举二》第612页。
③ 《系年要录》卷192,第3727-3728页。
④ [宋]徐梦莘:《三朝北盟会编》卷231,上海:上海古籍出版社,1987年,第1660页。

南宋属京东东路,金属山东东路。

又及,《系年要录》卷一九三载:

> (高宗绍兴三十一年十月,金主完颜亮派工部尚书苏保衡统领战船数百艘,入钱塘江,)泊唐家岛,(李)宝舟泊石白山,相距三十余里。而北风日起,宝忧之。有大汉军水手数百来降。大汉军,签起上等户也,皆富豪子弟。宝问之,颇得北军事实。裨将曹洋请逆战,知朐山县高敞曰:"不可。彼众我寡,宜避之。"①

依此可知,高敞归宋后,应继续留任南宋朐山县令。《三朝北盟会编》所言"令敞之子禹挈家住淮甸"指的不是将高敞的家安置在淮甸,而是如《系年要录》卷一九二所言"禹将其家之淮甸,颇能言金国利害。"即高敞之子高禹将支邦荣的家安置在淮甸。可见,《系年要录》卷一九二所校注"梦莘所记恐误"是正确的。

嘉庆《海州志·职官表一》载:"高敞,见《续通鉴》,高宗绍兴三十一年任。"《续资治通鉴》卷一三五所载也是《系年要录》卷一九三所记载的内容。②

高敞离任南宋朐山县令的时间不详,或许《系年要录》卷一九三所记高敞随李宝水军赴钱塘江的时间,就是高敞离任之时,即高宗绍兴三十一年十月之前。之后高敞添差建康签判,事载宋人王之望《汉滨集》卷七《论差拨萧琦人马及韩玉不赴新任札子》:

> 臣向准四月十四日圣旨,……归正人韩玉,臣不识之,闻颇涉猎书传,议论捭阖,志大意广,有轻朝廷心。张浚听信,以为国士。浚之所为,多出于玉,朝廷更张庶事。为玉者,自当退听。今添差宣州通判,系见阙,不即赴任,却来建康。不谒本路监司,只时走萧琦之门。尝对归正人、添差建康签判高敞语,言无伦。疑朝廷讲和之后,复归北人,意有含蓄。敞复语总司干官吕拗言之,吕拗以告臣。呼敞问之,却不肯尽言,而意若有之,臣亦不欲深诘。凡隐藏之语,臣更不敢具奏。又闻,玉每冤张浚之罢,以为事已垂成,不合中变。又谓敞云:萧琦,奴才,而其第二子乃豪杰。尝问我萧是北人是南人,其意大率类此。敞,济南人,与吕拗是乡里,故肯吐露……③

高敞为两浙东路安抚司参议官的时间在孝宗乾道七年(1171)前后,事载《宋会要辑稿》刑法二之一五八:

> (孝宗乾道七年)六月十八日,知绍兴府、两浙东路安抚使蒋芾言:"据本司参议官高敞札子,顷在北方,备知中原利害。……"从之。④

【金东海县令:支邦荣】

支邦荣(生卒年不详),辽阳(今辽宁省辽阳市)人,金朝进士。历金朝奉直大夫、知金朝海州东海县,南宋左奉议郎、知全州,直秘阁、知连州,邕州刺史等职。

支邦荣知金朝海州东海县时间在金世宗大定元年(南宋高宗绍兴三十一年,1161)之前,时魏胜得海州,支邦荣与金朝知海州朐山令高敞归降南宋。在起事前有人劝其

---

① 《系年要录》卷193,第3772页。
② 《续资治通鉴》卷135,第3584页。
③ [宋]王之望:《汉滨集》卷7《论差拨萧琦人马及韩玉不赴新任札子》,文渊阁《四库全书》第1139册,第748-750页。
④ 《宋会要辑稿》刑法2之158,第8387页。

退去,"邦荣曰:'我本大宋之民,今将安归?'遂以县降。禹将其家之淮甸,颇能言金国利害。"①

《系年要录》卷一九八载:"(绍兴三十二年闰二月)丁丑,金国奉直大夫支邦荣特换左奉议郎。"②

支邦荣知全州时间在乾道七年(1171)至淳熙元年(1174)。《宋会要辑稿》选举三四之二六载:"(乾道七年八月)十九日,诏知全州支邦荣除直秘阁。"③《宋会要辑稿》职官七二之一一载:"(淳熙元年)十月十六日,知全州支邦荣放罢。邦荣本归正人,未谙州军事,故有是命。"④

支邦荣知连州,事载乾隆《广东通志·职官志一》。⑤

支邦荣为邕州刺史,事载明人凌迪知《万姓统谱》卷四:"宋支邦荣以中奉大夫、直秘阁任邕州刺史。"⑥

南宋孝宗隆兴元年/金世宗大定三年癸未(1163)

海州知州	魏全、魏胜

【海州知州:魏全】

魏全(生卒年不详),生平史载阙。高宗绍兴三十一年(1161)八月,魏胜率义军收复海州后,诏授知海州。因同僚构陷,于孝宗隆兴元年(1163)被罢职。魏全以镇江御前同统制知海州。但不久魏胜即官复原职,仍知海州。事载《宋史·魏胜传》:

> 隆兴元年(1163),诏以镇江御前同统制魏全来守海州,督府亦遣贾和仲充山东、河北路招抚使,节制本路军马,海州驻札。和仲忌胜,阴诱忠义军使不安。胜与辨是非,和仲又谮胜于都督,惑之。呼胜至镇江计事,罢其职,改京东路马步军副总管、都督府统制,建康府驻札。既而督府知和仲所诬,罢之,复胜旧职,仍遣镇江御前后军屯海州,代前军还镇江。⑦

依此可知魏全知海州的时间在孝宗隆兴元年(金世宗大定三年,1163)内,时间短暂。

南宋孝宗乾道五年/金世宗大定九年己丑(1169)

【金海州刺史:完颜牙哥】

完颜牙哥(生卒年不详),生平史载,任海州刺史仅见南宋洪迈《夷坚三志己卷第四》:

---

① 《系年要录》卷192,第3727-3728页。
② 《系年要录》卷198,第3885页。
③ 《宋会要辑稿》选举34之26,第5923页。
④ 《宋会要辑稿》职官72之11,第4973页。
⑤ [清]乾隆《广东通志》卷26《职官志一·宋》,文渊阁《四库全书》第563册,第38页。
⑥ [明]凌迪知:《万姓统谱》卷4,文渊阁《四库全书》第956册,第138页。
⑦ 《宋史》卷368《魏胜传》,第11455-11462页。

虏(指金)大定八年(1168),盖中国乾道戊子(孝宗乾道四年)岁也。海州守曰牙哥,信用忠义人侍其旺,使出入门下。面前张马姐,亦胡人,面前者客将也。言旺必叛,不可留,牙不信。未几,旺果结楚州朱其谋南归。中夜斩关入城,欲杀牙,牙走登高楼,以避其锐。张在傍呼曰:"不听鄙言,致有今日。"比晓,旺以众少引去。其麾下张雄飞,坠楼伤足,为马姐所擒。至于牙前,雄飞心怨焉,妄云:"张马姐实招我。"牙已悔向者不采张言,畏或漏露,已必获罪,阴谋欲害之。闻此语,正投机会,遂并斩两人。事定,牙画坐于郡斋,闻有击窗户者,疑其鬼物,叱之曰:"是何鬼祟,而敢来此?"空中应曰:"我是故面前张马姐,昔日屡献忠言,不见纳。后来事应,当受重赏,而反以为戮。既诉诸阴府矣。"牙曰:"我命正旺,可若何?"自是张形见于屏后,二鬼随之,曰:"使君虽禄位尚旺,我亦不离左右,姑少待也。"牙颇惧,屡醮谢之不退,至于死乃隐,相去三年。①

依此可知,完颜牙哥在金世宗大定八年(孝宗乾道四年,1168)已经在海州刺史任上。三年后,即金世宗大定十一年(孝宗乾道七年,1171)卒。

南宋孝宗乾道九年/金世宗大定十三年癸巳(1173)

【金海州军事推官:孙铎】

孙铎(？—1215),字振之,其先滕州(今山东省滕州市)人,后徙恩州历亭县(今山东省德州市武城县武城镇)。金世宗大定十三年癸巳(1173)进士,初授金海州军事判官。历官卫县丞、尚书省令史、右都管、同知登闻检院事、左谏议大夫、河东南路转运使、中都路都转运使、户部尚书等职,官至参知政事、太子太师。《金史》卷九九本传载:

孙铎字振之,其先滕州人,徙恩州历亭县。铎性敏好学,辽阳王遵古一见器之,期以公辅。登大定十三年(1173)进士第,调海州军事判官,卫县丞,补尚书省令史。章宗为右丞相,语人曰:"治官事如孙铎,必无错失。"初即位,问铎安在?有司奏为右都管,使宋。及还,除同知登闻检院事。铎言:"凡上诉者皆因尚书省断不得直,若上诉者复送省,则必不行矣,乞自宸衷断之。"上以为然。诏登闻检院,凡上诉者,每朝日奏十事。诏刊定旧律,铎先奏名例一篇。

承安元年(1196),迁左谏议大夫,改河东南路转运使,召为中都路都转运使。初置讲议钱谷官十人,铎为选首。承安四年,迁户部尚书。铎因转对奏曰:"比年号令,或已行而中辍,或既改而复行,更张太烦,百姓不信。乞自今凡将下令,再三讲究,如有益于治则必行,无恤小民之言。"国子司业纥石烈善才亦言:"颁行法令,丝纶既出,尤当固守"。上然之。

泰和二年(1202)闰十二月,上召铎、户部侍郎张复亨议交钞。复亨曰:"三合同钞可行。"铎请废不用,诘难久之,复亨议诎。上顾谓侍臣曰:"孙铎刚正人也,虽古魏征何加焉!"

---

① [宋]洪迈著,李宏主编:《夷坚志》(文白对照全译本)下,北京:九州图书出版社,1998年,第1496页。

三年,御史中丞孙即康、刑部尚书贾铉皆除参知政事,铎再任户部尚书。铎心少之,对贺客诵古人诗曰:"唯有庭前老柏树,春风来似不曾来。"御史大夫卜劾铎怨望,降同知河南府事。改彰化军节度使,复为中都转运使。泰和七年,拜参知政事。

蒲阴县令大中与左司郎中刘昂、通州刺史史肃、前监察御史王宇、吏部主事曹元、户部员外郎李著、监察御史刘国枢、尚书省都事曹温、雄州都军马师周、吏部员外郎徒单永康、太仓使马良显、顺州刺史唐括直思白坐私议朝政,下狱,尚书省奏其罪。铎进曰:"昂等非敢议朝政,但如郑人游乡校耳。"上悟,乃薄其罪。

铎上言:"民间钞多,宜收敛。院务课程及诸窠名钱须要全收交钞。秋夏税本色外,尽令折钞,不拘贯例,农民知之,迤渐重钞。比来州县抑配行市买钞,无益,徒扰之耳。乞罢诸处钞局,惟省库仍旧,小钞无限路分,可令通行。"上览奏,即诏有司曰:"可速行之。"

大安初,议诛黄门李新喜。铎曰:"此先朝用之太过耳。"卫绍王不察,即曰:"卿今日始言之何耶?"既而复曰:"后当尽言,勿以此介意。"顷之,迁尚书左丞,兼修国史。议钞法忤旨,犹以论李新喜降浚州防御使。改安国军节度使,徙绛阳军。

宣宗即位,召赴阙,以兵道阻。宣宗迁汴,铎上谒于宜村,除太子太师。有疾,累遣使候问。贞祐三年(1215),致仕。是岁,薨。①

孙铎为金朝海州军事判官时是进士及第后初仕官,时间为金世宗大定十三年(南宋孝宗乾道九年,1173),离任时间不详。

南宋孝宗淳熙元年/金世宗大定十四年甲午(1174)

金朐山县令	宋蟠	沭阳县令	汪义荣
金东海县令	介侍		

【金朐山县令:宋蟠】

宋蟠(生卒年不详),字伯升,淇水(今河南省新乡市卫辉市)人。金世宗大定十四年(1174)前后任朐山县令,事载清嘉庆《海州志·职官表一》:"审蟠,字伯升,淇水人,世宗大定年任,见钓台石刻。"《金石录第二》亦收录《审蟠题名》石刻刻文:

文曰:县令淇水审蟠伯升父,苍梧房真子正,彭铸寿元,陈汝霖济卿,僧普照、德诚、行深同游。介侍父县令偕行。大定甲午夏四月十有五日。

右勒钓台侧。案:甲午为金世宗大定十四年、宋孝宗淳熙元年(1174)。是时,海州属金。考《金史·地理志》:海州有朐山、赣榆、东海、涟水、沭阳五县,审蟠题名在钓台,殆东海县令欤。②

清道光版的《云台新志》因获得《钓台石刻》旧拓片,将刻文中的"审蟠"校勘为"宋

---

① 《金史》卷99《孙铎传》,第2193-2195页。
② 按:该石刻于1976年开山筑港时被炸毁,拓片存于连云港市博物馆,经审读发现,"僧普照"应为"僧普昭"。[清]嘉庆《海州志》卷28《金石录第二》,第483页。

蟠",在卷一四《金石志》中除转录上述嘉庆《海州志·金石录》的内容外,还出校:"又按:宋蟠,唐《州志》作审蟠。近得旧拓本,辨为是宋非审,故改正。"①

刻文中"伯升父""介侍父"之父作为名字或表字的后缀,表示对长辈或有德行的人的尊敬。落款日期"大定甲午"即为金世宗大定十四年(南宋孝宗淳熙元年,1174)。"苍梧"是"苍梧山",即现在的云台山。陪同宋蟠游玩的是本地人房真(字子正)、彭铸(字寿元)、陈汝霖(字济卿),本地某寺院的僧人普昭、德诚、行深,以及"偕行"的县令"介侍父",皆史载不详。县令"介侍父",姓介,可能字侍,姓名无考。因嘉庆《海州志》"考《金史·地理志》:海州有朐山、赣榆、东海、涟水、沭阳五县,审蟠题名在钓台,殆东海县令欤",故此后海州地方诸志及学人著述皆认定宋蟠为东海县令。但未能注意到二点:一点是嘉庆《海州志》据《金史·地理志》考得海州有五县②,且其后"殆东海县令欤"用的并不是肯定的语气,而是推测的疑问句式,即"大概是东海县令吧?"上述推测或许是注意到宋金两朝云台山大多数时间隶属于东海县;另一点是文中还有第二个县令"介侍"。一般来说,所谓"同游""偕行"应该是当地的陪同外地的、同级或下级官员陪同上级或同级官员,因此本书推测,宋蟠是金朝海州朐山县令,任职时间在金世宗大定十四年(1174)前后,期间来钓台游玩,金朝东海县令介侍等陪同。

又及,2010年11月20日,《苍梧晚报》刊登了一则消息,称本地文物保护志愿者在墟沟北崮山发现了一通《宋蟠诗刻》。该诗刻位于墟沟北崮山南面山脊上一块高悬的巨大岩石上,因形如灯盏,故被本地人称作"灯盏岩"。刻文为五言古诗,题名为"淇水宋蟠"。③

【沭阳县令:汪义荣】

汪义荣(生卒年不详),字焕之,南宋徽州黟县(今安徽省黄山市黟县)人。④ 孝宗乾道五年己丑(1169)郑侨榜进士,弟汪义端为同榜探花。⑤ 初仕知崇仁县。历江东机幕干办漕司审计,知沭阳县。官终大理丞。

汪义荣知沭阳县的时间史载不详。明凌迪知《万姓统谱》卷四六载:

> 汪义荣,字焕之。登第,知崇仁县。有豪猾武断,持县短长,令不敢出气。乃籍其姓名,奸猾望风。知警遇旱,尽心荒政。丁内外艰,服除,差江东机幕干办漕司审计,知沭阳。值蛮寇之变,城堞圮毁,乃增筑城楼,经画捍御,贼遁去。除大理丞。卒。⑥

后世诸地方志所载皆大同小异,皆不载任职时间。清康熙《重修沭阳县志·职官表叙》载:"令(知县)。汪义荣,字焕之。登第初,知崇仁县。丁艰服除,改知沭阳。"⑦清嘉庆

---

① [清]道光《云台新志》卷14《金石志》,中国方志丛书,台北:成文出版社,1974年,第644-645页。按:唐《州志》,即唐仲冕主持纂修的清嘉庆《海州志》。
② 《金史》卷25《地理志六》,第610-611页。
③ 宋杰:《专家解惑"灯盏崖"金代石刻疑处》,《苍梧晚报》2010年11月20日。
④ 《江南通志》卷120《选举志》,文渊阁《四库全书》第510册,第549页。
⑤ [宋]罗愿:《新安志》卷8《叙进士题名》,文渊阁《四库全书》第485册,第470-471页。
⑥ [明]凌迪知:《万姓统谱》卷46,文渊阁《四库全书》第956册,第706页。
⑦ [清]康熙《重修沭阳县志》卷2《职官表叙》,清康熙十三年(1674)刻本,第114页。

《海州志·职官表一》载:"沭阳令。汪义荣,有传。"《良吏传》引《沭阳县志》本传载:"汪义荣,字焕之。登第初,知崇仁县,奸猾望风,知警遇旱,究心荒政。改知沭阳县。值蛮寇之变,城堞圮毁,乃增筑城楼,经画捍御,寇遁去。除大理寺丞。卒。"

据上述资料可知,汪义荣进士及第后,第三任职官为知沭阳县,故可推知汪义荣知沭阳县时间大致在孝宗淳熙元年至四年(1174—1177)

汪义荣仅有《子陵祠下作》诗一首存世,收录于明人程敏政《新安文献志》卷五六:

　　四皓逃秦终翼惠,伯夷避纣亦归文。先生岂是忘君者,最有维持汉鼎勋。①

汪义荣家族在南宋徽州黟县是世家大族、官宦世家,与朱熹为姨表兄弟,子弟多受学于朱熹。明凌迪知《万姓统谱》卷四六皆有记载。

祖父汪勃(1088—1171),字彦及,高宗绍兴二年壬子(1132)张九成榜进士,授严州建德主簿,历太常寺主簿,御史台检法官、殿中侍御史、右谏议大夫兼侍讲、御史中丞、签书枢密院兼权参知政事,封新安郡侯,以端明殿学士提举太平兴国宫。绍兴十八年,因与宰相秦桧闹翻,上章以亲老乞归养。致仕返乡后,专以教育子孙为务,兼以吟诗作文为乐,时常体恤贫者。绍兴二十六年,起复知湖州。乾道七年(1171),复为龙图阁学士,未受命已卒,享年八十四。汪勃前与秦桧交往甚厚,受秦桧提携,后与秦桧不合而辞官。汪勃也反对程颢、程颐理学。

父亲汪作砺,字必成,为汪勃长子,与朱熹父朱松互为连襟。"少有声场屋,预乡荐,入太学,补承务郎,授浙西仓属江右帅幕,主管临安府城北右厢。乾道初元(1165),岁歉,朝廷录救荒之功,主奉常簿。乾道五年,子义荣、义端同登第。作砺知桐川,陛辞面谢子侄辈,俱叨赐第玉音褒谕云:皆是卿子,足见义方之训。守延平,秩满入对,乞哀二十年间宽恤,诏令为一书冠,以戒敕之辞俟。监司守臣,陛辞日,各赐一本,终更,仍令以所行复于上而赏罚之。除提举湖南常平茶盐,就除提点湖北刑狱,丐祠,终于家,年七十三。居家必时制良药,以施病者;市纸衾,以施寒者;又施棺收无以为敛者。居官亦然。"②

长兄汪义和(1141—1200),字谦之。初以荫补"知隆兴新建县。时讲荒政策画,备具视旱,白府帅曰:旱势特甚,已批与八分矣。帅怒其专,义和执愈坚,帅为变色。久之,擢淳熙八年(1181)进士第。治县有声,倅绍兴,守武冈,每大比附试于郡,岁贡一名。义和谓郡统溪洞民尚武健,欲变其俗,莫若崇学校科举,乃请于朝,竟得辟贡闱,增贡员。秩满,太常博士兼礼部郎中、枢密检详馆伴正旦使。时慈福几筵未撤,使以乐请。义和折之曰:'国乐尚禁,使人奈何?'以此为请,使惭而止。除右司兼检讨玉牒,除起居舍人,继除侍御史兼侍讲。两月。卒。"③

三弟汪义端,字充之,与二哥汪义荣同登孝宗乾道五年己丑(1169)郑侨榜进士,为探花,"授奉国军节度推官,迁枢密院编修、太常丞,权吏部郎,改工部,知秀州。有形势户,田数千亩,不输官赋,责其输,而返其田。守池阳,召对,除侍左郎官。绍兴(应为绍熙)四

---

① [明]程敏政:《新安文献志》卷56,文渊阁《四库全书》第1375册,第752页。
② [明]凌迪知:《万姓统谱》卷46,文渊阁《四库全书》第956册,第706页。
③ [明]凌迪知:《万姓统谱》卷46,文渊阁《四库全书》第956册,第706页。

年(1193),除监察御史,知太平州,改宁国府,进华文阁待制,帅绍兴。义端念此邦和买之重,倍于他邦,奏疏极言下户科敷之扰,与代输和买并五等未纳之税。除徽猷阁待制。丁母忧,服阕,起知婺州,帅隆兴,皆丐祠。知鄂州,到官未举,以病卒,年五十八。有《盘隐集》《奏议》藏于家。"①

南宋孝宗淳熙十二年/金世宗大定二十五年乙巳(1185)

【金海州军事判官:胡景崧】

胡景崧(1155—1213),字彦高,其先威州(今河北省邯郸市东部)人,后迁居武安(河北省邯郸市武安市)。金世宗大定二十五年(1185)词赋甲科进士,初授海州军事判官。历官即墨令,河南府、大兴推官,上京等路提刑司判官,西京路转运副使,国子监丞兼户部员外郎,同知辽东路转运使事,刑部员外郎,上京、东京等路按察司签事,同知镇西军节度使事,坊州刺史,同知东平府路兵马都总管事等职。生平详载金人元好问为其所撰《朝散大夫同知东平府事胡公神道碑》,收录于《遗山集》卷一七:

公讳景崧,字彦高,姓胡氏,其先威州人。曾祖智,避靖康之乱,迁武安,遂占籍焉。祖益,家累巨万,其父课之读书,涉猎经史,工于书翰,轻财好施,不责报偿。秋冬之交,量以布絮散寒者,仍作糜粥以食之。岁以为常,赵魏间称积德者,莫不以胡氏为称首云。正隆(指海陵王)南征,以良家子从军,载国子监书以归。因之起"万卷堂",延致儒士,门不绝宾;儒素起宗,实兆于此。后以第四子浩官五品,赠宣武将军。考仲容,嗜读书,不以世务萦怀。大定初,两赴廷试不中,即以诗酒自娱,竟用是得疾,甫三十而殁。用公贵,赠朝列大夫、安定县子。

公幼有至性,十岁丧父,哀毁成疾,尝泣谓其母孔氏言:"吾父不幸早世,儿誓当学,以成吾父之志。"孔夫人有贤行,所以作成其子者为甚力,故公十五知属文,弱冠有声场屋间,年三十擢大定二十五年(1185)词赋甲科。释褐海州军事判官。用提刑司廉举,特旨升即墨令。县治濒海,土墝而俗恶,公清介自律,人莫敢犯,一新珥笔之旧。县界多世官,侵愁细民,累政以为苦。及是,有以牧马伤民田者,公深治而痛绳之,强暴为之帖然。初,县廨在古城之隅,为妖狐所据。狐昼伏夜出,变化狡狯。或为狱卒,纵遣囚系;或为官妓,盗驿传被袄。媚惑男女,有迷乱至死者。民无如之何,反以香火奉之,余五十年矣。公下车,问知所以然,顾谓同僚:"官舍所以居贤,今令不得居,而狐得据之耶?"时屋空已久,颓圮殊甚,即命完葺之。明日,即厅事理务。抵暮,张烛而坐。夜参半,狐鸣后囿中,一唱百和。少顷,群集周匝廷,内中一大狐,据地而吼,如欲搏噬然。卒伍散走,投死无所。公安坐不为动,而狐亦不敢前。良久,稍稍引退。如是者三日,遂不复来。后十余日,传一女奴,歌啸跳跃,狂若寐语,公以朱书迫逐之。置奴钗间,奴即知人。明日,尉自巡逻还,遭群狐数百,由县东南而去,狐祸遂绝。县民以公为神,刻石颂德,李右司之纯之文也。秩未满,用提刑司荐,迁河南府推官。偃师送强寇十数辈,尹以下谓此寇为民害久,亟欲除之。公疑县

---

① [明]凌迪知:《万姓统谱》卷46,文渊阁《四库全书》第956册,第706页。

所送者皆平民,为缓其狱。尹怒,强出囚于市,且以稍缓让公。公执议之次,忽有驰报偃师获正贼者,尹惭谢。即日,上书荐之,就除太原推官;未赴,召为大兴推官。时道陵新即大位,留意庶狱,敕尚书省:"吾往判大兴,狱犴填满,推官虽小职,尤难其人。可选文臣公平审慎者充。"宰相以公为能,故有此授。公莅职不三月,以狱空闻。诏锡宴以宠之。俄改上京等路提刑司判官。秩满,以称职超授西京路转运副使。丁内艰,服除,为国子监丞兼户部员外郎。未几,改同知辽东路转运使事。本路税额以牛头征者,积数百万石,多有名无实,无所从出,而重为主典者之累。公躬自阅实,无有欺抑者,凡椿配之数,悉从蠲贷。在所仓官,坐伤耗而碍铨调者,率以新官代之。旬月,入为刑部员外郎。东平、大名同时有告人谋反者,朝廷以户部员外郎苏某鞫狱大名,而东平则以公决之。苏法吏,专事榜掠,囚不胜惨毒,皆自诬服,株连者以千数。公至东平,有司供狱具至,有蝎笼、大匮之属。公叹曰:"断狱以情,奚以此为哉?"引告者谛审之,十日而后,其情得。告者拚颡,自恨言所以诬罔者。狱既具,止反坐此人而已。东平尹率其属劳公曰:"非使者忠爱,三千人之命,谁当续之?"百姓焚香拜送,连延百余里,马为不得前。及奏上,道陵喜曰:"胡景崧处置,称朕意矣。大名之狱,独无冤乎?"随以它使者覆之,苏竟以罪去。而公之朝誉,由是益隆。泰和六年(1206),以选为上京、东京等路按察司签事。陛辞,以例言三事,然皆天下之大计,非例所当言者。其一,天子之职,在择相,相得人,则垂拱而治可也。其二,今皇嗣未立,宜肃正六宫,以广继嗣之路。时元妃李氏专宠,其宗有威福之渐,外臣有夤缘至宰相者,故公为上言如此,不报。改同知镇西军节度使事。属岁旱,公祷而雨。明年,郡国蝗,中使四出掩捕,独公所治近城三十里无有也。楼烦报蝗入县境,公驰至,祷于后土祠,言:"罪在守令,幸无毒平民。"顾盼之际,蝗去无留者。卫绍王大安初,擢坊州刺史。公老于吏事,布宣教条,恩威并著。旬月之后,但卧治而已。俄改解州刺史。坊人攀送,垂泣而去。逾年,迁同知东平府路兵马都总管事。以崇庆二年(1213)五月日遘疾,春秋五十有九,卒于雒阳之传舍。积官朝散大夫、上护军、安定郡开国伯,食邑七百户。后几日,葬于某所之先茔。

娶马氏,封安定郡君,妇德母仪,中表以为法,后公几年卒。子男三人:长曰德珪,正大四年(1227)进士,儒林郎、富平县主簿;次德琚,早卒;次德琳,以公荫为礼曹掾。女二人,长适邢台焦日新,封中山县君;次适洧川杨振文,封弘农县君。孙男三人,祗遹、祗承、祗畏。

公美丰仪,善谈论,临事刚严,人莫敢犯。至于推诚接物,则慈祥恺悌,唯恐不及。族属余百口同居,迨公四世,公愐睦之,小大无间。言从弟,义幼孤,赖公教督,继擢高第。

旧制,文资官例提举学校,故公所在必课诸生学,委曲周至,终始如一。前后三知贡举,凡置在优等者,皆奇俊宏杰之士,士论以得人许之。

岁丙午(1246),某过彰德,德珪方为府从事,谓某言:"先人弃养,将三十年。贞祐之乱,仓皇南渡,顾瞻先垄,有莸纪寂寞之感。迨今北归,先夫人之柩从祔有日。诚得吾子铭而志之,以俟百世之下,不肖孤死不恨矣! 敢百拜以请。"某不敏,尝问公于曹征君子玉。子玉,公乡里,知公为详,以为公无他过人,但能充孝弟之性而已。

古有之,事亲孝,故忠可移于君;居家理,故治可移于官。又曰:"孝弟之至,通于神明。"信斯言也,公可以无愧矣。铭其可辞? 其铭曰:

地天而人,泰山微尘,不以元气纲维之,奚取于藐焉之身? 元气维何? 由孝而仁,智效一官,大或秉钧。民吾同胞,忍弗爱其亲? 惟悉聪明,而致忠爱,故所过者化,而存者神。上下同流,何有乎兽伏而鸟驯? 问牛及马,不足以谓之能;柱后惠文,不足以谓之循。我思胡公,暖然而春。郁彼佳城,志以贞珉。千年而见白日,尚知为泰和之名臣。①

胡景崧为金朝海州军事判官,是进士及第后初仕官,时间在金世宗大定二十五年(南宋孝宗淳熙十二年,1185),离任时间不详。

南宋光宗绍熙五年/金章宗明昌五年甲寅(1194)

【金赣榆县令:女奚烈守愚】

女奚烈守愚(? —1215),字仲晦,本名胡里改门,《大清一统志》译作"女稀烈守愚""钮瑚鲁舍音",清《山西通志》又译作"钮祜禄守愚"。② 金朝真定府路(治今河北正定县)吾直克猛安人。金章宗明昌二年(1191)进士,初授深泽主簿。历怀仁令、临沂令,同知登闻检,永定军节度副使,大兴都总管判官,修起居注,刑部员外郎、户部郎中、太子左谕德,户部侍郎,谏议大夫、提点近侍局,翰林学士、参议陕西路安抚司事等。金宣宗贞祐三年(1215)卒。《金史》卷一二八本传载:

女奚烈守愚,字仲晦,本名胡里改门,真定府路吾直克猛安人也。六岁知读书。既龀,或谓食肉昏神识,乃戒而不食。性至孝,父没时年十五,营葬如礼,治家有法,乡人称之。中明昌二年进士。调深泽主簿,治有声。迁怀仁令,改弘文校理,秩满为临沂令。有不逞辈五百人,结为党社,大扰境内,守愚下车,其党散去。蝗起莒、密间,独不入临沂境。

先是,朝廷括河朔、山东地,隐匿者没入官,告者给赏。莒州刺史教其奴告临沂人冒地,积赏钱三百万,先给官锾乃征于民,民甚苦之。守愚列其冤状白州,州不为理,即闻于户部而征还之,流民归业,县人勒其事于石。

改秘书郎。母丧,勺饮不入口三日,终丧未尝至内寝。太常寺、劝农司交辟守愚,皆不听,服除,除同知登闻检院,改著作郎、永定军节度副使。泰和伐宋,守愚为山东行六部员外郎,改大兴都总管判官。大安元年,除修起居注,转刑部员外郎、户部郎中、太子左谕德。贞祐初,除户部侍郎,数月拜谏议大夫、提点近侍局。二年,除保大军节度使,改翰林学士、参议陕西路安抚司事。安抚完颜弼重其为人,每事咨而后行。未几,有疾,诏赐御药。三年,卒。

---

① [金]元好问:《遗山集》卷17,文渊阁《四库全书》第1191册,第190-193页。按:调整个别句读,参见[金]元好问著:《元好问全集》上,太原:山西人民出版社,1990年,第482-486页。

② [清]觉罗石麟:《山西通志》卷77《职官五》,文渊阁《四库全书》第544册,第630页。

守愚为人忠实无华,孜孜于公,盖天性然也。①

女奚烈守愚为怀仁令的时间史载不详,本传载为中明昌二年(1191)进士后的第二个任职,可推知大约在金章宗明昌五年(南宋光宗绍熙五年,1194)至金章宗承安二年(南宋宁宗庆元三年,1197)之间。

南宋宁宗庆元六年/金章宗承安五年庚申(1200)

【金海州同知：温特赫安住】

温特赫安住(生卒年不详),又作温迪罕安住,生平史载阙,金章宗承安五年(1200)任同知海州事,唯见海州白虎山《赵枢题名》石刻。② 该石刻记载,是年三月初一,金海州通判(郡佐)温迪罕安住携幕僚完颜玄陪同户部员外郎赵枢同登白虎山游玩。

嘉庆《海州志·职官表一》载："海州同知。温特赫安住,承安五年,郡佐。'温特赫'旧作'温迪罕',今改正。见'白虎山石刻'。"卷二八《金石录》记载为：

> 《赵福题名》。文曰："户部员外郎赵福,郡佐温迪罕安住、郡幕完颜元。承安五年三月初一日仝登。"
>
> 右刻广三尺二寸,长一尺八寸,文八行,行四字,字径三寸,真书,勒白虎山石壁。
>
> 谨案："温迪罕"当作"温特赫"。

刻文中"郡佐"即州郡副官,在金代全称为"同知军州事"。依此推知,温特赫安住任同知海州事时间在金章宗承安五年(1200)前后,即大致在金章宗承安四年己未(南宋宁宗庆元五年,1199)至金章宗泰和元年辛酉(南宋宁宗嘉泰元年,1201)之间。

刻文中"赵福"实为"赵枢",系误读；"郡幕"即州郡参幕。完颜玄史载不详。嘉庆《海州志·职官表一》载："完颜元,承安五年,郡幕。见'白虎山石刻'。"应是误读刻文,实为"完颜玄"。

南宋宁宗嘉泰四年/金章宗泰和四年甲子(1204)

【金海州刺史：完颜阿喜】

完颜阿喜(生卒年不详),又作完颜爱实。生平载《金史》卷六六本传：

> 阿喜,宗室子,好学问。袭父北京路笞柏山猛安,听讼明决,人信而爱之。察廉

---

① 《金史》卷128《女奚烈守愚传》,第2768-2769页。
② [清]嘉庆《海州志》卷28《金石录》,第472页。按：嘉庆《海州志》将"赵枢"误释读为"赵福","完颜玄"误释读为"完颜元"；今多数学者亦将"赵枢"误释读为"赵福",唯李彬先生重读辨识后纠正之。参见连云港市重点文物保护研究所编著：《石上墨韵——连云港石刻拓片精选》,上海：上海古籍出版社,2013年,第54页；连云港市重点文物保护研究所编著：《连云港石刻调查与研究》,上海：上海古籍出版社,2015年,第45页；封其灿：《连云港金石图鉴》,北京：中国文史出版社,2018年,第288页；张家超：《印象海州——以二十世纪初海州影像为背景的考察》,南京：东南大学出版社,2020年,第277-278页；李彬：《孔望山、白虎山两处石刻新解》,《连云港文旅》(内部资料)2020年第4期,第52-54页。

能,除彰国军节度副使,改上京留守判官。提刑司奏彰国军治状,迁同知速频路节度事,改归德军,历海、邳二州刺史,皆兼总押军马。

宋统领刘文谦以兵犯宿迁,阿喜逆击,破之。复破戚春、夏兴国舟兵万余人,斩夏兴国于阵。迁镇国上将军,再赐银币,为元帅左监军纥石列执中前锋。渡淮,破宝应、天长二县。师还,迁同知归德府事,改泗州防御使。丁母忧,起复。大安二年(1210),改华州防御使,迁镇南军节度使。贞祐二年(1214),改知大名府,充马军都提控,历横海、安化军节度使,充宣差山东路左翼都提控。寻知济南府事,徙沁南军节度使,迁河南统军使,兼昌武军节度使,卒。①

完颜阿喜为海州刺史的时间史载不详,嘉庆《海州志·职官表一》载:"海州刺史。爱实,宗室子。见《金史》本传。旧作'阿喜',今改正。"亦不载任职时间。

据宿迁文史资料记载,"宋统领刘文谦以兵犯宿迁,阿喜逆击,破之"的发生时间在南宋宁宗开禧二年(金章宗泰和六年,1206年)。② 在金朝,宿迁为邳州三属县之一,是年,阿喜当在邳州刺史任上。此后,因功迁镇国上将军。依此时间上推,阿喜为海州刺史时间大致在金章宗泰和二年壬戌(南宋宁宗嘉泰二年,1202)至金章宗泰和四年甲子(南宋宁宗嘉泰四年,1204)之间。

南宋宁宗开禧二年/金章宗泰和六年丙寅(1206)

【金东海县令:完颜绷森】

完颜绷森(?—1206),原名完颜卞僧,生平史载简略。《金史·章宗本纪四》仅载:"(章宗泰和六年)秋七月癸未,宋商荣复攻东海,县令完颜卞僧复败之。(完颜卞僧)还,中伏矢死,赠海州刺史,以银五百两,绢百匹给其家,仍官其一子。"③

《续资治通鉴》卷一五七载:"(宁宗开禧二年七月癸未)商荣攻东海县,金命完颜卞僧败之。(完颜卞僧)还,中流矢死。"④

依此可知完颜绷森在金朝东海县令任上战死,时间在金章宗泰和六年(南宋宁宗开禧二年,1206)七月,其初任时间当在前三年之内,即在金章宗泰和三年癸亥(南宋宁宗嘉泰三年,1203)之后。

嘉庆《海州志·职官表一》载:"东海令,完颜绷森,章宗泰和中任,有传。绷森旧作卞僧,今改正。"《良吏传》载:"完颜绷森旧作完颜卞僧,今改正。章宗泰和六年为东海令。宋商荣复攻海州,绷森复败之。(完颜卞僧)还,中伏矢卒。赠海州刺史。以银五百两,绢百匹给其家,仍官其一子。《金史》本传。"有误,《金史》无完颜绷森本传,疑为《金史·章宗本纪四》。

---

① 《金史》卷66《阿喜传》,第1569-1570页。
② 宿迁市地方志编纂委员会:《宿迁市志》中册,北京:方志出版社,2019年,第1369页;程芳银主编:《宿迁特色文化》,苏州:苏州大学出版社,2006年,第19页。
③ 《金史》卷12《章宗四》,第277页。
④ 《续资治通鉴》卷157,第4245页。

南宋宁宗嘉定元年/金章宗泰和八年戊辰（1208）

| 海州教授 | 章樵 | 金朐山县莞渎村巡路巡检 | 失名 |

【海州教授：章樵】

章樵（？—1235），字升道，号峒麓，南宋昌化（今浙江省杭州市临安区昌化镇）人，宁宗嘉定元年戊辰（1208）郑自诚榜进士。历海州、高邮、山阳教授，知涟水军、吴县，通判常州，监登闻鼓院，官至朝散郎、知处州。明人凌迪知《万姓统谱》卷四九载：

> 章樵，号峒麓，昌化人，相得象之胤也。父翮，迪功郎、主徽州婺源簿。兄櫶，登开熙初进士第，主信州玉山簿。樵，嘉定改元登进士第，历海州、高邮、山阳教官，寻知涟水军。一再上时相书，力陈李全必叛，刘琸不可任重。后全作乱，郡官多被其祸，独樵率诸生盛服坐堂上讲诵，贼至，敛刃而退后。宰吴县，通判常州，皆以廉公著称。侍御史洪咨夔举其有守，召监登闻鼓院，寻以疾丐归。授朝散郎、知处州事，卒。樵学宗伊洛，议论通畅，识达时务。所著书有《集曾子》十八篇、《章氏家训》七卷、《补注汉胶西相春秋繁露》十八卷、《注补古文苑》二十一卷，行于世。①

清人陆心源《宋史翼》卷二九、清乾隆《浙江通志》卷一七五皆有本传，较《万姓统谱》内容要少一些，但也有两处有所补遗。一处是在"山阳教官"后，多出"习知海徼事"；另一处是将"《补注汉胶西相春秋繁露》"改为"《补注董仲舒春秋繁露》"，即直接指出"汉胶西相"为"董仲舒"。② 董仲舒（前179—前104），西汉广川（今河北省衡水市景县广川镇）人，哲学家，汉元朔四年（前125），任胶西王刘端国相。

章樵任职海州教授的时间史载不详，从宋代进士初授官制看，章樵任职海州教授极有可能是进士及第后初授官，即时间在宋宁宗嘉定元年（1208），离任时间不详。嘉定八年十月为朝散郎。宋理宗宝庆三年（1227）前后知涟水军，三年八月以后知吴县，五年左右通判常州；端平元年（1234）十一月，侍御史洪咨夔举荐为监登闻鼓院，寻以疾丐归，复知处州。端平二年六月卒于昌化。③

章樵一脉来自六世祖章得象。章得象（978—1047），字希言，世居泉州（今福建省泉州市）。真宗咸平五年壬寅（1002）王曾榜进士，初为大理评事、知玉山县。仁宗宝元元年（1038）至庆历五年（1045）拜相，官至司空致仕，卒后赠太尉兼侍中，谥文宪。皇祐中，改

---

① ［明］凌迪知撰：《万姓统谱》卷49，文渊阁《四库全书》第956册，第762页。按：原文为"寻知涟海军"，宋代无"涟海军"建制，有"涟水军"，从《宋史》改。《宋史·地理志四》载：北宋时，涟水军隶淮南东路，"安东州，本涟水军。太平兴国三年，以泗州涟水县置军。熙宁五年，废为县，隶楚州。元祐二年，复为军。绍兴五年，废为县；三十二年，复为军。绍定元年，属宝应州。端平元年，复为军。景定初，升安东州。"参见《宋史》卷88《地理志四》，第2181页。原文为"《注补古文苑》二十卷"，从四库文渊阁本《古文苑》序改。参见［宋］章樵注：《古文苑·序》，文渊阁《四库全书》第1332册，第575页。

② ［清］陆心源：《宋史翼》卷29《章樵传》，吴伯雄点校，杭州：浙江古籍出版社，2016年，第698-699页；乾隆《浙江通志》卷175《人物志五》，文渊阁《四库全书》第523册，第578-579页。

③ ［宋］史能之纂修：《咸淳毗陵志》，中国方志丛书，江苏省第422册，台北：台湾成文出版社，1983年，第3528页；王晓鹃：《章樵生平著述考》，《励耘学刊（文学卷）》2011年第2期，第220-229页。

谥文简。① 南渡后,章得象后人因官移居临安(今杭州)属县昌化县,子孙繁衍,至章樵父辈时发生了《章嫂让儿》的故事,收录进典籍《五种遗规》中:

  宋昌化章氏,兄弟二人,皆未有子。兄先抱族人子育之。未几,其妻生子诩,弟曰:"兄既有子,安用所抱之儿为? 幸以与我。"兄告其妻,妻曰:"无子而抱之,有子而弃之,人谓我何?"弟固请,嫂曰:"无已,宁与吾所生者。"弟不敢当,嫂竟与之。后二子皆成立,长曰棩,季曰诩。棩之子樵、橞,诩之子铸、鉴,皆相继登第,遂为名族。②

章樵著书四种,前三种今已不存,现仅存《注补古文苑》二十一卷。章樵存诗仅发现两首,分别收入《杭州府志》和道光《昌化县志》。③ 从诗题以及诗意可以看出,两首诗皆作于章樵致仕退居故乡昌化时。一首是《伽溪·在昌化县》:

  试将生计问农家,儿大扶犁女沤麻。烧笋䕡葵供午饷,山中乐处自无涯。(自注:山中乐事)

一首是《白獭湖·在昌化县》:

  屈曲莲汀隐复明,西湖奇观到南屏(自注:此昌化之南屏)。萍花巧缀玉钿碧,山色净涵螺髻青。隋女啼妆羞缺月,秦娥望幸对明星。主人约束当尊俎,未放骚翁眼独醒。

【金朐山县莞渎村巡路巡检:失名】

  失名,生平史载阙,金章宗泰和八年(1208),为海州朐山县莞渎村巡路巡检,仅见《金史·地理志中》:"泰和八年设沿淮巡检使,及朐山县完渎村创立巡路,置巡检。"④"完渎村"即"莞渎村",今属灌南县。

南宋宁宗嘉定三年/卫绍王大安二年庚午(1210)

【金朐山县令:王义】

  王义(生卒年不详),砀山县(今安徽省宿州市砀山县)人。为金海州朐山令,仅存元人王旭为其所撰的《故宣武将军朐山令王公墓碣铭》,收录于《兰轩集》卷一六:

  公讳义,字某,姓王氏。其先出周灵王太子晋之后,故太原琅邪之族,于世为最著。公自高祖而下,累居砀山县之胡父镇。祖讳某,配杨氏,善星,历风水之学,尝试司天台,授阴阳管句。考讳晋,娶胡氏,传家学,知名远近。生二子:长曰善,幼舍俗为僧;次即公也,豪俊慷慨,才识过人。

  时值金末将乱,辄自奋应募从军,隶临淄郡王、左副元帅兼郑州防御使张忠帐下,战累有功。于元光元年(1222)充正班序使。又于大安二年(1210)以功迁宣武将军、朐山令,有善政。年八十有一,终于家。妻赵氏,生一子,讳仲贤,姿状魁梧,性行勤谨,充

---

① 《宋史》卷311《章得象传》,第10204-10205页;《宋史》卷211《宰辅表二》,第5462-5469页。
② [清]陈宏谋辑:《五种遗规》,北京:线装书局,2015年,第130页。
③ 傅璇琮等编:《全宋诗》,北京:北京大学出版社,1999年,第35095页。
④ 《金史》卷25《地理志中》,第599页。

县巷长,人敬服焉。凡有营干,众必倚。藉其于宣圣三皇二庙,始终皆其监治之力也。仲贤娶杨氏,生一男、五女。男名用,早卒。次室刘氏,生男一人,名某,娶刘氏。

一日,仲贤诣余言曰:"先世茔域本在胡父镇南门外出贤村龙鳞沟之西,经值河淤,今不复存,尝别卜新茔于本县南关之南,种木已成列矣。惟是先人宣武公之事迹,祖宗之世次,既不能谱其详,而所略能记忆者,傥又无以纪之。则大惧泯灭于后,而无以逃不孝之罪。今将叙而铭之石,惟子是请。"余不获辞,因撮其略而书之如此。

铭曰:

> 王姓蕃昌,源流甚长。胡父钟祥,宣武堂堂。寿衍名彰,旧茔既亡。新茔是藏,珍木成行。中存栋梁,本根无伤。枝叶弥芳,乃孙烝尝。不离其乡,孝思勿忘。①

按王义墓志铭中所记,王义初从军时,"隶临淄郡王、左副元帅兼郑州防御使张忠帐下",该句有二点值得探讨。第一点是"张忠"其人。金末,被封为临淄郡王的只有二人,一是张惠,一是王义深。他们二人原为南宋楚州守将、忠义军夏全的部将,金哀宗正大三年(宋理宗宝庆二年,1226)十一月,"己巳,宋忠义军夏全自楚州来归,楚州王义深、张惠、范成进以城降,封四人为郡王。辛未,改楚州为平淮府,以夏全等来降,赦诸路从宋及淮、楚官吏军民,并其家属。"②其中"以(夏)全为金源郡王、平淮府都总管,张惠临淄郡王,(王)义深东平郡王,(范)成进胶西郡王。"③正大六年十二月,金军在均州附近与元军作战,金军战败,提控步军、临淄郡王张惠"步持大枪奋战而殁"。④ 王义深在天兴元年(1232)九月以临淄郡王为元帅,事载《金史·哀宗本纪下》:"(天兴元年九月)壬辰,起上党公张开及临淄郡王王义深、广平郡王范成进为元帅。"⑤王义深其先被封为东平郡王,故推测王义深被封临淄郡王的时间可能在张惠战殁之后,即正大七年。天兴二年六月癸巳,王义深归宋,"临淄郡王王义深据灵璧望口寨以叛,遣近侍直长女奚烈完出将徐、宿兵讨之,义深败走涟水,入宋。"⑥依此可推知,王义墓志铭中所称张忠应为张惠。他作为南宋将领时,在金宣宗元光元年前后与金军作战,如"(十月)壬午,宋张惠攻零子镇,为斡鲁朵所败,虏其裨将二人。"⑦与王义"战累有功,于元光元年充正班序使"在时间上相合。张惠为郑州防御使事不详。

第二点是"左副元帅"。《金史·百官志一》载:

> 都元帅府(掌征讨之事,兵罢则省。天会二年,伐宋始置。泰和八年,复改为枢密院。)都元帅一员,从一品。左副元帅一员,正二品。右副元帅一员,正二品。⑧

即金朝设左副元帅一员,隶属都元帅府,是军事首脑机关。自太宗天会二年(宋徽宗宣和六年,1124)为伐宋设置以来,都元帅、左副元帅和右副元帅皆由金人担任,不可能由汉

---

① [元]王旭:《兰轩集》卷16《故宣武将军朐山令王公墓碣铭》,文渊阁《四库全书》第1202册,第883页。
② 《金史》卷17《哀宗本纪上》,第378页。
③ 《金史》卷114《白华传》,第2503-2513页。
④ 《金史》卷112《移剌蒲阿传》,第2471-2475页。
⑤ 《金史》卷18《哀宗本纪下》,第393页。
⑥ 《金史》卷18《哀宗本纪下》,第399页。
⑦ 《金史》卷16《宣宗本纪下》,第363页。
⑧ 《金史》卷55《百官志一》,第1238页。

人担任。如首任左副元帅为完颜宗翰,事载《金史·太宗本纪三》:"(天会四年)八月庚子,诏左副元帅宗翰、右副元帅宗望伐宋。"①末任左副元帅为完颜官奴,事载《金史·哀宗本纪下》:"(天兴二年三月)辛卯,官奴真授参知政事,兼左副元帅。"②而汉人所任职的元帅或副元帅只能是部曲或某军的首领,如只有到金朝在宋元夹攻下几近灭亡的天兴元年时,才任命临淄郡王王义深为元帅,故张惠为左副元帅可能是记述有误。

王义为朐山令时间为金卫绍王大安二年庚午(宋宁宗嘉定三年,1210),离任时间不详。

南宋宁宗嘉定四年/卫绍王大安三年辛未(1211)

【海州司法参军:陈子遇】

陈子遇(生卒年不详),字逢时,南宋清流县(今福建省三明市清流县)人,宁宗嘉定四年辛未(1211)赵建大榜特奏名进士。陈子遇生平史载阙,任海州司法参军,事载清乾隆《汀州府志·选举志》:"嘉定四年(辛未)特奏名,清流,陈子遇,海州司法。"③清乾隆《福建通志·选举三》、民国《清流县志·选举志》记载亦然。④

南宋理宗宝祐年间知汀州的胡太初曾撰《临汀志》,早已不存,在明《永乐大典》中存有大部分内容。张国淦所辑《永乐大典方志辑本》中出校《临汀志》,其中记载有:"嘉定四年辛未:陈子遇,字逢时,清流县人。梅州司法。"⑤宋代方志亦记载陈子遇为梅州司法参军。但"梅""海"字形相近,有误读误刻的可能性。今采信陈子遇为海州司法参军,待有新的史料出现再出校。

陈子遇为海州司法参军时间不详。因州府司法参军为七、八品的低级官员,故极有可能是陈子遇进士及第后初授官,即陈子遇初授海州司法参军的时间当在南宋宁宗嘉定四年辛未(1211),离任时间不详。

南宋宁宗嘉定七年/金宣宗贞祐二年甲戌(1214)

【金海州同知:术甲臣嘉】

术甲臣嘉(?—1222),又译名珠嘉臣嘉,北京路猛安人,袭父谋克。历通州、海州同知军州事,武器署丞,河南统军判官、拱卫直副都指挥使、河南治中,同知延安府、河间府事,元帅右都监,陕西行省参议官,金安军节度,知延安府事,元帅左都监等职。《金史》卷一〇三本传载:

---

① 《金史》卷3《太宗本纪三》,第55页。
② 《金史》卷18《哀宗本纪下》,第398页。
③ [清]乾隆《汀州府志》卷21《选举志》,上海:上海书店出版社,2012年,第273页。
④ [清]乾隆《福建通志》卷35《选举三》,文渊阁《四库全书》第529册,第90页;[民国]《清流县志》卷9《选举志》,上海:上海书店出版社,2012年,第312页。
⑤ 张国淦著:《张国淦文集(上)》,北京:北京燕山出版社,2006年,第418页。

术甲臣嘉,北京路猛安人,袭父谋克。泰和伐宋,隶陕西完颜纲麾下。历通州、海州同知军州事。贞祐二年(1214),除武器署丞。救集宁有功,迁河南统军判官、拱卫直副都指挥使、河南治中,遥领绥州刺史兼延安治中,就迁同知府事,改同知河间府事。

兴定元年(1217),行枢密院于寿州,由寿、泗渡淮伐宋。二年二月,破宋兵三千于渐湖滩,斩三百级。有诏蹂践宋境上,毋深入。臣嘉驻霍丘楂冈村,纵轻骑钞掠,焚毁积聚。获宋谍者张聪,知宋兵二千屯高柳桥,老幼甚众,其寨两城,环之以水。臣嘉遣张聪持牒招之,不从。先令水军径渡攻之。军士牛青操戈刺门卒,皆披靡散去,遂登陴,大军继之,夷其寨而还。遇宋兵数千于梅景村。臣嘉伏兵林间,以步卒诱致之,伏发,宋兵溃,追奔十余里,生擒其将阮世安等五人,获器仗甚众。七月,赏征南功,升职一等,迁元帅右都监,充陕西行省参议官。四年,兼金安军节度使。五年,改知延安府事,转左都监,驻兵京兆。元光元年(1222),卒。①

依此推知,术甲臣嘉同知海州军州事时间大致在金卫绍王崇庆元年壬申(南宋宁宗嘉定五年,1212)至金宣宗贞祐二年甲戌(南宋宁宗嘉定七年,1214)。嘉庆《海州志·职官表一》载:"海州同知。珠嘉臣嘉,北京路猛安人,宣宗贞祐初任,见《金史》本传。'珠嘉'旧作'术甲',今改正。"

南宋宁宗嘉定九年/金宣宗贞祐四年丙子(1216)

【金海州经略使:完颜从坦】

完颜从坦(？—1218),金皇室子弟。卫绍王大安年间(1209—1211),充尚书省祗候郎君。金宣宗贞祐二年(1214),充宣差都提控坦,诏从提举奉先、范阳、三都统兵。后同知涿州,涿州刺史,海州经略使。顷之,充宣差都提控,安抚山西军民,应援中都。四年(1216),行枢密院于河南府。兴定元年(1217),改辉州刺史、权河平军节度使、孟州经略使。遥授同知东平府事,权元帅左监军、行元帅府事,与参知政事李革俱守平阳。次年,元军围攻平阳,城破自刭。赠昌武军节度使。《金史》卷一二二本传载:

从坦,宗室子。大安中,充尚书省祗候郎君。贞祐二年(1214),自募义兵数千,充宣差都提控,诏从提举奉先、范阳三都统兵。除同知涿州事,迁刺史,佩金牌,经略海州。

顷之,充宣差都提控,安抚山西军民,应援中都。上书曰:"绛、解二州仅能城守,而村落之民皆尝被兵,重以连岁不登,人多艰食,皆恃盐布易米。今大阳等渡乃不许粟麦过河,愿罢其禁,官税十三,则公私皆济矣。"又曰:"绛、解、河中必争之地,惟令宝昌军节度使从宜规画盐池之利,以实二州,则民受其利,兵可以强矣。"又曰:"中条之南,垣曲、平陆、芮城、虞乡,河东之形势,陕、洛之襟喉也。可分陕州步骑万二千人为一提控、四都统,分成四县,此万全之策也。"又曰:"平陆产银铁,若以盐易米,募工

---

① 《金史》卷103《术甲臣嘉传》,第2277-2278页。

炼冶，可以广财用、备戎器，小民佣力为食，可以息盗。"又曰："河北贫民渡河逐食，已而复还济其饥者，艰苦殊甚。苛暴之吏抑止诛求，弊莫大焉。"又曰："河南、陕西调度未急，择骑军牝马群牧，不二三年可增数万骑，军势自振矣。"又曰："诸路印造宝券，久而益多，必将积滞。止于南京印造给降，庶可久行。"又曰："河北职任虽除授不次，而人皆不愿者，盖以物价十倍河南，禄廪不给，饥寒且至。若实给俸粟之半，少足养廉，则可责其效力。"又曰："河北之官，朝廷减资迁秩躐等以答其劳。闻河南官吏以贬逐目之，彼若以为信然，谁不解体？"书奏，下尚书省议，惟许放大阳等渡、宣抚司量民力给河北官俸、目河北为贬所者有禁而已。

四年，行枢密院于河南府，上书曰："用兵累年，出辄无功者，兵不素励也。士庶且充行伍，况于皇族与国同休戚哉。皆当从军，亲冒矢石，为士卒先，少宽圣主之忧。族人道哥实同此心，愿隶臣麾下。"宣宗嘉其忠，许之。

兴定元年（1217），改辉州刺史，权河平军节度使、孟州经略使。初，御史大夫权尚书右丞永锡被诏经略陕西，宣宗曰："敌兵强则谨守潼关，毋使得东。"永锡既行，留渑池数日，至京兆驻兵不动。顷之，潼关破，大元兵次近郊。由是永锡下狱，久不决。从坦乃上疏救之，略曰："窃闻周祚八百，汉享国四百余载，皆以封建亲戚，犬牙相制故也。孤秦、曹魏亡国不永，晋八王相鱼肉，犹历过秦、魏，自古同姓之亲，未有不与国存亡者。本朝胡沙虎之难，百僚将士无敢谁何，鄜阳、石古乃奋身拒战，尽节而死。御史大夫永锡才不胜任，而必用之，是朝廷之过也。国之枝叶已无几矣，伏惟陛下审图之。"于是，宗室四百余人上书论永锡，皆不报。久之，永锡杖一百，除名。

当是时，诸路兵皆入城自守，百姓耕稼失所，从坦上书曰："养兵所以卫民。方今河朔惟真定、河间之众可留捍城，其余府州皆当散屯于外，以为民防，俟稼穑毕功然后移于屯守之地，是为长策。"从之。加遥授同知东平府事，权元帅左监军、行元帅府事，与参知政事李革俱守平阳。

兴定二年十月，从坦上奏："太原已破，行及平阳。河东郡县皆不守，大抵屯兵少、援兵不至故耳。行省兵不满六千。平阳，河东之根本，河南之藩篱也。乞并怀、孟、卫州之兵以实潞州，调泽州、沁水、端氏、高平诸兵并山为营，为平阳声援。惟祈圣断，以救倒悬之急。"是月壬子，大元兵至平阳，提控郭用战于城北濠垣，被执不屈而死。癸丑，城破，从坦自杀。赠昌武军节度使。①

完颜从坦为海州经略使的时间史载不详。本传载金宣宗贞祐二年（1214），完颜从坦充宣差都提控，提举奉先、范阳三都统兵，之后同知涿州事，迁涿州刺史，海州经略使。《金史·宣宗本纪上》载："（贞祐三年十二月）壬寅，诏林州刺史惟宏与都提控从坦同经理边事，诸将功赏次第便宜行之。"②林州为今河南省安阳市林州市，位于河南省最北部、太行山东麓，林州刺史所辖兵马应不属于"山西兵马"，完颜从坦此时所担任都提控是在迁涿州刺史、经略海州之前，是贞祐二年（1214）所任命的。又本传及《金史·宣宗本纪上》

---

① 《金史》卷122《完颜从坦传》，第2661-2663页。
② 《金史》卷14《宣宗本纪上》，第315页。

皆载,贞祐四年(1216),完颜从坦行枢密院于河南府。① 故推测,完颜从坦初为海州经略使时间在金宣宗贞祐三年(1215),离任时间为贞祐四年十一月。

本传载"兴定元年(1217),改辉州刺史,权河平军节度使、孟州经略使。"《金史·宣宗本纪中》又载:"(兴定元年四月)戊申,孟州经略司万户宋子玉率所部叛,斩关而出,经略使从坦等追败之。……辛未,权孟州经略使从坦追贼宋子玉至辉州境上,其党邢福杀子玉,以众来归。"②依此可知,完颜从坦离任海州经略使时间为金宣宗兴定元年(1217)四月之前。

嘉庆《海州志·职官表一》载:"海州经略使。从坦。宗室子,宣宗贞祐二年(1214)以刺史佩金牌,经略海州。见《金史》本传。"

经略使为某区域(行省或州郡)的军事长官,特别地,在战时状态下,统领某区域武装力量,在金代应是实职。完颜从坦任孟州经略使时,在孟州有参与战事。事载《金史·宣宗本纪中》:"戊申,孟州经略司万户宋子玉率所部叛,斩关而出,经略使从坦等追败之。"③担任海州经略使时,尚未发现完颜从坦参与战事的史料。虽然在金代,海州与涿州同属河北行省,但海州离涿州距离较远,任职涿州刺史的同时经略海州,似乎不太现实。由此推知,此处的"海州"实为"涿州"之误刻。

完颜从坦极具经国利民之才,经常上书言治国之道及利民之法,《宋史》本传有详尽的客观记述。但也多次受到无端弹劾和诬陷。贞祐初,完颜从坦"自募义兵数千",金廷担心其做大不受控制,因而命监察御史本温前去解散,结果军士哗变,本温不知所措。后复派监察御史冯璧前去,针对叛军责以大义,最后妥善解决。事载《金史·冯璧传》:

> 贞祐三年,(冯璧)迁翰林修撰。……初,监察御史本温被命汰宗室从坦军于孟州,军士欲谋变,本温惧不知所为,寻有旨,北军沈思忠以下四将屯卫州,余众果叛入太行。于是,密院奏以璧代本温竟其事。璧驰至卫,召四将喻以上意,思忠等挟叛者请还奏之,璧责以大义,将士惭服,不日就汰者三千人。④

亦有人诬陷完颜从坦无故杀人,欲置之死地,只有马肩龙上书为其辩解,并以死担保完颜从坦冤枉。事载《金史·马肩龙传》:

> 宣宗初,有诬宗室从坦杀人,将置之死。人不敢言其冤,(马)肩龙上书,大略谓:"从坦有将帅材,少出其右者,臣一介书生,无用于世,愿代从坦死,留为天子将兵。"书奏,诏问:"汝与从坦交分厚欤?"肩龙对曰:"臣知有从坦,从坦未尝识臣。从坦冤人,不敢言,臣以死保之。"宣宗感悟,赦从坦,授肩龙东平录事,委行省试验。⑤

---

① 《金史》卷14《宣宗本纪上》,第322页。
② 《金史》卷15《宣宗本纪中》,第328-329页。
③ 《金史》卷15《宣宗本纪中》,第328页。
④ 《金史》卷110《冯璧传》,第2430-2433页。
⑤ 《金史》卷123《马肩龙传》,第2692页。

南宋宁宗嘉定十年/金宣宗贞祐五年/兴定元年丁丑（1217）

金海州经略使	阿布哈努色尔	金权海州经略副使	完颜霆
金赣榆县令	夹谷秀	金赣榆县尉	徒单立
金赣榆县主簿、权税务都监	马禧	金赣榆县徐浦酒税都监	蒲察雄

【金海州经略使：阿布哈努色尔】

阿布哈努色尔（？—1232），又译名阿不罕奴失剌、阿不罕奴十剌，①生平史载简略。历海州经略使、权西安军节度使、行元帅事、金安军节度使、关陕总帅、权参知政事，行尚书省事等职。

由于未收到南宋的岁币，加之南宋意欲联合元军南北夹击金军，给金廷造成极大的压力，金廷于金宣宗贞祐五年（1217）四月开始谋划伐宋。在淮东，南宋军队发起战事，五月夺取涟水县，六月与红袄军一起围攻东海县。双方在犬牙交错的海州一带进行了多次攻防，互有胜负，最终在次年以海州经略使阿布哈努色尔获胜而短暂休战。期间金廷因为北边遭遇元军南下攻击，战事吃紧，一度有迁都海州的提议，事载《金史·宣宗本纪中》：

> （金宣宗兴定元年）夏四月丁未朔，以宋岁币不至，命乌古论庆寿、完颜赛不等经略南边。……（五月戊戌）宋人取涟水县。……（六月丙辰）宋人合土寇攻东海境。戊午，以宋遣兵数犯境，及岁币不至，诏谕沿边罪宋。……（秋七月）乙酉，宋人袭破东海县。……（乙巳）宋人及土寇攻海州，经略使击破其众。……（八月）己酉，海州经略司表官军与宋人战石湫南，战涟水县，战中土桥，宋兵败绩。……壬戌，海州经略使阿不罕奴失剌败宋人于其境。提控李元与宋人战，屡捷，多所俘获。……（十二月）甲寅，海州经略使报提控韩璧败宋人于盐仓。……（二年）二月癸卯，宋人侵青口，行枢密院遣兵败之。……庚戌，海州经略败宋兵于朐山，表请继其军储，督东平帅府发兵护送资粮以应之。……（九月戊子）议迁海州，侯挚言不便，止。……（十一月戊子）河北行省报海州之捷。②

嘉庆《海州志·职官表一》载："海州经略使。阿布哈努色尔，宣宗兴定元年（1217）任。见《金史》本纪。旧作阿不罕奴失剌，今改正。"依此推知，阿布哈努色尔为海州经略使时间大致在金宣宗兴定元年（南宋宁宗嘉定十年，1217）至三年（南宋宁宗嘉定十二年，1219）。

金宣宗兴定元年底二年初，在南宋军围攻海州城的战役中，"经略使阿不罕奴失剌率兵扼战，都统温迪罕五儿、副统蒲察永成、蒲察只鲁身先士卒，杀二百余人，城赖以完。"③《宋史·李全传上》亦载，嘉定十一年（1218）五月，李全军至涟水，议再攻海州。"六月，全

---

① 按：文渊阁《四库全书》本；《通鉴续编》卷21，清钦定《续通志》卷54、卷56、卷439、卷444，皆名为"阿布哈努色尔"；中华书局1975年本；《金史》卷15、卷103，皆名为"阿不罕奴失剌"；中华书局1975年本；《金史》卷18、卷116，皆名为"阿不罕奴十剌"。

② 《金史》卷15《宣宗本纪中》，第328-340页。

③ 《金史》卷103《完颜霆传》，第2270-2271页。

围海城,金经略阿不罕、纳不刺等固守不下。"①

金哀宗天兴元年(1232)七月,阿布哈努色尔以权西安军节度使、行元帅事为金安军节度使、关陕总帅;九月权参知政事、行尚书省事;②十一月,被河、解元帅,权兴宝军节度使赵伟污蔑谋反,惨遭杀害。事载《金史·哀宗本纪下》：

> (天兴元年十一月)丙寅,河、解元帅,权兴宝军节度使赵伟袭据陕州以叛,杀行省阿不罕奴十刺以下凡二十一人,诬阿不罕奴十刺等反状以闻。上知其冤,不能直其事,就授伟元帅左监军,兼西安军节度使,行总帅府事。伟寻亦归北。③

【金权海州经略副使：完颜霆】

完颜霆(？—1223),本名李二措,因功赐姓完颜,号"赛张飞",中都宝坻(今天津市宝坻区)人。历宝坻令,河北东路行军提控,大名路提控,宣差都提控,棣州防御使,权单州经略司事,宣差总领都提控,权海州经略副使,安化军节度使,集庆军节度使兼同知归德府事,定国军节度使兼同知京兆府事,官至陕西安抚使。《金史》卷一○三本传载：

> 完颜霆,本姓李氏,中都宝坻人。粗知书,善骑射,轻财好施,得乡曲之誉。贞祐初,县人共推霆为四乡部头。霆招集离散,纠合义兵,众赖以安。招抚司奏其事,迁两官。霆与弟云率众数千巡逻固安、永清间,遥授宝坻县丞,充义军都统。刘璋说霆使出降,霆缚送经略司。迁三阶,摄宝坻令,升都提控,遥授同知通州军州事。
>
> 中都食尽,霆遣军分护清、沧河路,召募贾船通饷道。遥授同知清州防御事,从河北路宣抚使完颜仲元保清、沧。遥授通州刺史、河北东路行军提控,佩金牌。旧制,宣抚副使乃佩金牌,仲元奏："臣军三万,管军官三人,皆至五品,乞各赐金牌。"廷议霆辈忠勇绝人,遂与之。改大名路提控,复取玉田、三河、香河三县。徙屯滨、棣、淄,留副将孙江守沧州。江以沧州降于王榑,而江将兵围观州。霆乃诈作书与孙江,约同取沧州者。王榑得其书,果疑孙江与霆有谋,召江还,杀之。霆乃定观州而还。进官三阶,充滨、棣行军都提控。未几,遥授同知益都府事,加宣差都提控,迁棣州防御使,赐姓完颜氏,屯海州。俄权单州经略司事,充宣差总领都提控。
>
> 兴定元年(1217),泰安、滕、兖土寇蜂起,东平行省侯挚遣霆率兵讨之,降石花五、夏全余党二万人,老幼五万口,充权海州经略副使。红袄贼于忙儿寇海州,霆击走之。二年,宋高太尉兵三万驻朐山。霆军乏粮,采野菜麦苗杂食之。宋兵栅朐山,下隔湖港,霆作港中暗桥,遣万户胡仲珪、副统刘斌率死士由暗桥登山,霆率兵四千人趋山下,约以昏时举火为期,上下夹击,宋兵大败,坠涧溺水死者不可胜计,斩高太尉、彭元帅于阵,余众溃去。迁安化军节度使,经略副使如故。以其子为符宝典书。逾月,宋兵复至,霆逆战,驻兵城外。夜半,宋人乘虚逾城而入。经略使阿不罕奴失刺率兵扼战,都统温迪罕五儿、副统蒲察永成、蒲察只鲁身先士卒,杀二百余人,城赖

---

① 按：此处的"海城"即海州城,"阿不罕、纳不刺"应为"阿不罕纳不刺",即阿布哈努色尔,《宋史》校点本读句误。《宋史》卷476《李全传上》,第13819页。
② 《金史》116《徒单兀典传》,第2537—2541页。
③ 《金史》卷18《哀宗本纪下》,第394页。

以完。诏五儿等各迁两阶。

　　四年,改集庆军节度使,兼同知归德府事。五年,改定国军节度使,兼同知京兆府事,擢其子为护卫。元光元年(1222),陕西行省白撒奏:"京兆南山密迩宋境,官民迁避其间者,无虑百万人。可遣官镇抚,庶几不生他变。"宣宗以为然。十月,霆以本官为安抚使,守同知归德府惟宏、大司农丞郭皓为副使,分护百姓之迁南山者。元光二年,卒。①

依此可知,完颜霆为海州经略副使时间在金宣宗兴定元年(南宋宁宗嘉定十年,1217)至兴定四年(南宋宁宗嘉定十三年,1220)之间。嘉庆《海州志·职官表一》载:"海州经略副使。完颜霆,兴定时任。有传。"

兴定元年(1217),元军攻入山东,李全等聚众数千抗击。元军撤出山东后,金廷派完颜霆前去剿灭,战役过程《宋史·李全传上》中记述的较《金史》本传详细:

　　大元兵退,金乃遣完颜霆为山东行省,黄掴为经历官,将花帽军三千讨之,败(杨)安儿于阛头滴水,断其南路。安儿轻舸走即墨,金人募其头千金,舟人斩以献。安儿无子,从子友伪称"九大王",不闲军务。安儿妹四娘子狡悍善骑射,刘全收溃卒奉而统之,称曰"姑姑",众尚万余,掠食至磨旗山,(李)全以其众附,杨氏通焉,遂嫁之。全合军与霆战,又败。霆骁将张惠望见全,跃马赴之,枪及全,若有絷其马足而止者。全得收余众保东海,刘全分军驻岬上。霍仪攻沂州不下,霆自清河出徐州,斩仪,溃其众。彭义斌归李全。黄掴者,即阿鲁达。霆即李二措,赐姓完颜。惠号"赛张飞",燕侠士也。②

【金赣榆县令:夹谷秀】

夹谷秀(生卒年不详),生平史载阙,为金怀远大将军、赣榆县令事仅载《宋会要辑稿》兵一六之一四、一五:

　　(宁宗嘉定)十年(金宣宗贞祐五年,1217)七月七日,诏:"伪怀远大将军、海州赣榆县令夹谷秀特补忠训郎,伪宣武将军、海州赣榆县主簿、权税务都监马禧特补承节郎,伪信武将军、海州赣榆县尉、权忠孝义军都统徒单立特补保义郎,昭信校尉、海州赣榆县徐浦酒税都监蒲察雄特补进义校尉,分注福建州军合入添差不厘务差遣,理任、请给等并依前后添差归正人则例,按月帮之。伪地告札,令吏部毁抹。"以江淮制置司言:"楚州忠义统辖高忠皎申,提兵至赣榆县城,有夹谷秀等开门赍铜印并官告迎降。本司照得逐人并系投降归顺之人,即与捉获人不同。乞将伪地官资换授正官。"故有是命。③

孝宗乾道三年(金世宗大定七年,1167),金朝将所占据的宋怀仁县改为赣榆县,故夹谷秀初任金赣榆县令时间当在这期间,归宋后特补忠训郎。又有马禧为金宣武将军、赣榆县主簿、权税务都监,归宋后特补承节郎,徒单立为金信武将军、赣榆县尉、权忠孝义军

---

① 《金史》卷103《完颜霆传》,第2270—2271页。
② 《宋史》卷476《李全传上》,第13817—13832页。
③ 《宋会要辑稿》兵16之14、15,第8947—8948页。

都统,归宋后特补保义郎,蒲察雄为金昭信校尉、赣榆县徐浦酒税都监,归宋后特补进义校尉,生平史载皆不详。

南宋宁宗嘉定十一年/金宣宗兴定二年戊寅(1218)

【海州知州:贾涉】

贾涉(1178—1223),字济川,南宋天台(今浙江省台州市天台县)人。以父荫为高邮尉,历万安丞,宝应县令,通判真州,知盐城县,大理司直、知盱眙军,淮东提点刑狱兼知楚州、节制本路京东忠义人兵,主管淮东制置司公事兼节制京东、河北路军马,淮东制置使兼京东、河北路节制使。因病卒,超赠龙图阁学士、光禄大夫,封魏王,谥忠肃。《宋史》卷四〇三本传载:

贾涉字济川,天台人。幼好读古书,慷慨有大志。以父任高邮尉,改万安丞。宝应择令,堂差涉至邑,请城之。役兴,以忧去。金人犯光州,起涉竟前役。通判真州,改大理司直、知盱眙军。

淮人季先、沈铎说楚州守应纯之以招山东人,纯之令铎遣周用和说杨友、刘全、李全等以其众至,先招石珪、葛平、杨德广,通号"忠义军"。珪等反,毙铎于涟水,纯之罢,通判梁丙行守事,欲省其粮使自溃。珪、德广等以涟水诸军度淮屯南渡门,焚掠几尽。谓:"朝廷欲和残金,置我军何地?"丙遣李全、季先拒之,不止,事甚危。涉时在宝应,上书曰:"降附踵至,而金乃请和,此正用高澄间侯景遗策,恐山东之祸必移于两淮。况金人所乏惟财与粮,若举数年岁币还之,是以肉啖馁虎,啖尽将反噬。至若忠义之人源源而来,不立定额,自为一军,处之北岸,则安能以有限之财应无穷之须?饥则噬人,饱则用命,其势然也。"授淮东提点刑狱兼楚州节制本路京东忠义人兵。涉亟遣傅翼谕珪等逆顺祸福,自以轻车抵山阳,德广等郊迎,伏地请死,誓以自新。

金太子及仆散万忠、卢国瑞等数十万大入,且以计诱珪等。涉虑珪等为金用,亟遣陈孝忠向滁州,珪与夏全、时青向濠州,先、平、德广趋滁、濠,李全、李福要其归路,以傅翼监军。数日,孝忠捷至,珪屡破金人,遂与先及李全趋安丰。时金人环百余砦,攻具甫毕,珪等解其围,李全挟仆散万忠以归,见李全传。金人不敢窥淮东者六七年。

南渡门之变,平、德广等实预,涉既受降,置弗问。平等尚怀异志,涉密使先以计杀之,而先之势亦孤。忠义诸军在涟水、山阳者既众,涉虑其思乱,因滁、濠之役,分珪、孝忠、夏全为两屯,李全军为五砦,又用陕西义勇法涅其手,合诸军汰者三万有奇,涅者不满六万人,正军常屯七万余,使主胜客,朝廷岁省费十三四。

涉又遣李全以万人取海州,复取密、潍。王琳以宁海州归,遂收登、莱二州。青州守张林以滨、棣、淄州降,又取济、沂等州。自是恩、博、景、德至邢、洺十余州相继请降。涉传檄中原:"以地来归及反戈自效者,朝廷裂地封爵无所吝。"仍厉诸将,图未下州郡。擢太府少卿、制置副使兼京东、河北节制。

金十余万众犯黄州,淮西帅赵善湘请援于朝,涉遣李全等赴之,翟朝宗等为后继。丞相史弥远拟升全留后,涉曰:"始全贫窭无聊,能轻财与众同甘苦,故下乐为之用。逮为主帅,所为反是,积怨既多,众皆不平。近弃西城,免死为幸;若无故升迁以骄其志,非全之福,亦岂国家之福。曷若待事定,与诸将同升可也。"金人破黄陷蕲,安庆甚危,全驰至,遂定。全至久长镇,与京湖制置使赵方二子范、葵遇,掎角连战俱胜,遣彭义斌等进至下湾渡,尽掩金人于淮。迁权吏部侍郎。金人再犯淮西。先是,蕲州受围,徐晖往援,乃鼓众宵遁,金乘间登城,一郡为血,前帅不敢问。涉斩晖以徇,诸将畏惧,无不用命,淮西之势大振。

初,翟朝宗得玉玺献诸朝,至是赵拱还,又得玉印,文与玺同而加大。朝廷喜璧之归,行庆赏。涉遗书弥远谓:"天意隐而难明,人事切而易见,当思今日人事尚未有可答天意者。昔之患不过亡金,今之患又有山东忠义与北边,宜亟图之。"弥远不怿,李全卒以玺赏为节度使。涉又言:"盗贼血气正盛,官职过分,将有后忧。"弥远不以为然。涉曰:"朝廷但知官爵可以得其心,宁知骄则将至于不可劝邪?"

涉时已疾,力辞事任。值金人大入,强起视事。金将时全、合连、孛术鲁答哥率细军及众军三道渡淮,涉以合连善战,乃命张惠当之。惠,金骁将,所谓"赛张飞"者,既归宋,金人杀其妻,所部花帽军,有纪律,它军不及也。惠率诸军出战,自辰至酉,金人大败,答哥溺死,陷失太半,细军丧者几二千。涉既病,及以所获京、河版籍及金银牌铜印之属上于朝。卒,超赠龙图阁学士、光禄大夫。

涉父伟尝守开江,贻书丞相赵雄,极论武兴守吴挺之横,它日陛对,又乞裁抑郭棣、郭杲兵权,孝宗嘉纳。后反为所挤以没。涉弱冠直父冤,不避寒暑,泣愬十年,至伏书阙下。子似道有传。①

贾涉知海州,在《宋史》贾涉本传及有关史料中皆不见,唯见清乾隆《江南通志·职官志·文职四》载:"(宋南渡分辖)魏胜、贾涉,以上知海州。"②魏胜前知海州后知楚州,但《江南通志》职官志中不载魏胜知楚州,亦不载贾涉知楚州。极有可能《江南通志》职官志误载。嘉庆《海州志·职官表一》载:"知海州。贾涉,宁宗嘉定十二年任。见《江南通志》、明《淮安府志》。"

下面从贾涉在淮东的任职及时间来观察一下是否有知海州的可能性及任职时间。

宁宗嘉定十二年(1219)闰三月,贾涉已在知楚州任上了,事载《续资治通鉴》卷一六一:"(宁宗嘉定十二年闰三月)时贾涉以淮东提刑知楚州,节制京东忠义。"③九月,贾涉升迁为主管淮东制置司公事兼节制京东、河北路军马,事载《宋史·宁宗本纪四》:

(嘉定十二年)九月丙午,罢江、淮制置司,置沿江、淮东西制置司。以宝文阁待制李大东为沿江制置使,淮南转运判官赵善湘为主管淮西制置司公事,淮东提刑贾涉为主管淮东制置司公事兼节制京东、河北路军马。④

十三年十月,贾涉已在淮东制置副使任上了,事载《宋会要辑稿》舆服四之三二:"嘉定十

---

① 《宋史》卷403《贾涉传》,第12207-12210页。
② 《江南通志》卷102《职官志·文职四》,文渊阁《四库全书》第510册,第72页。
③ 《续资治通鉴》卷161,第4377页。
④ 《宋史》卷40《宁宗本纪四》,第773页。

三年十月五日,诏:'淮东制置副使贾涉可特赐紫章服,仍赐金腰带一条,许令服系。'"①而《宋会要辑稿》职官四〇之一九载:"十二年六月二十日,诏:'中奉大夫、宝文阁待制、兼知建康府、江东安抚使、行宫留守司公事李大东充沿江制置使,建康府置司。朝奉大夫、右文殿修撰贾涉充淮东制置副使,楚州置司。'"②与九月任主管淮东制置司公事相左,故推测《宋会要辑稿》职官四〇所记时间误。

嘉定十四年(1221)七月,贾涉升迁为淮东制置使兼京东、河北路节制使。事载《宋史·宁宗本纪四》:

> (嘉定十四年)秋七月辛丑,以赵方为京湖制置大使,贾涉为淮东制置使兼京东、河北路节制使。③

综上,贾涉自宁宗嘉定十二年(1219)直到因病去世,一直在升迁,并没有贬谪降官的经历,如果知海州,必定在此之前。

宋人周密《齐东野语》卷九载,宁宗嘉定十一年(1218)间,贾涉知盐城县,后因与淮漕生隙,入为大理司直,未几,知楚州。文曰:

> (嘉定十一年间)时山东已为元所破,金不能有。(李)全遂下益都,张林出降,遂并献济、莒、沧、滨、淄、密等凡二府九州四十县,降头目千人,战马千五百匹,中勇军十五万人。闻于朝,遂以全为左武卫大将军、广州观察使、京东忠义军都统制、马步军副总管,特赐银、绢、缗钱等。先是,贾涉知盐城县,以事忤淮漕,方信孺劾之,未报。涉廉知信孺阴遣梁昭祖航海致馈,以结李全,遂遣人捕得之,亟申于朝,方由是罢。涉召入为大理司直。未几,知楚州。时忠义军头目李先拳勇有胆气,且并领石珪、沈铎之军,李全深忌之。至是,极力挤先,涉遂以李先反侧闻于朝。④

又,清乾隆《江南通志·职官志》载:"贾涉,字济川,天台人。嘉定中,宝应择令堂,差涉至邑。"⑤可知贾涉知宝应县的时间在嘉定中,当在知盐城县之前。嘉定为宁宗最后一个年号,周期为嘉定元年至十七年(1208—1224),嘉定中,在嘉定八年(1215)前后。结合《宋史》本传,贾涉先知宝应县,再通判真州,后知盐城县,再后入为大理司直,未几,知楚州。清嘉庆《重修扬州府志·秩官二》载:"通判真州。贾涉,宣和(年间任)。"⑥宣和为徽宗最后一个年号,周期为宣和元年至七年(1119—1125),时间上显然有误。海州知州的官秩要高于盐城县而低于楚州,因而推知,贾涉没有知海州,或知海州时间短暂,时间在宁宗嘉定十一年末至十二年初(1218—1219)。

贾涉次子贾似道(1213—1275),字师宪,以父淮东制置使贾涉荫补嘉兴司仓。历太常丞、军器监、知澧州,湖广总领,户部侍郎、沿江制置副使、知江州兼江西路安抚使,京湖

---

① 《宋会要辑稿》舆服 4 之 32,第 2260 页。
② 《宋会要辑稿》职官 40 之 19,第 3996 页。
③ 《宋史》卷 40《宁宗本纪四》,第 777 页。
④ [宋]周密:《齐东野语》卷 9,文渊阁《四库全书》第 865 册,第 725 页;[宋]周密撰:《历代笔记小说大观·齐东野语》,上海:上海古籍出版社,2012 年,第 87-88 页。
⑤ 《江南通志》卷 115《职官志·名宦四》,文渊阁《四库全书》第 510 册,第 388-389 页。
⑥ [清]嘉庆《重修扬州府志》卷 36《秩官二》,南京:江苏古籍出版社,1991 年,第 616 页。

制置使兼知江陵府,京湖安抚制置大使等,最终官至枢密使、宰相。《宋史》卷四七四有本传。① 贾似道在南宋末拜相,把持朝政时间长达十七年,自理宗开庆元年(1259)十月至恭帝德祐元年(1275)八月被诛杀为止,期间多次加官晋爵。贾似道本人具有超强社交能力。《宋史》贾似道本传载:"少落魄,为游博,不事操行""日纵游诸伎家,至夜即燕游湖上不返"。② 贾似道官运亨通离不开个人的善于经营,另外还受到以下因素的影响。

一是父辈的功业。贾涉父、贾似道祖贾伟的奏言曾受到孝宗的称许并采纳,《宋史》贾涉本传载:"(贾伟)尝守开江,贻书丞相赵雄,极论武兴守吴挺之横。它日陛对,又乞裁抑郭棣、郭杲兵权,孝宗嘉纳。"宁宗嘉定十四年(1221)七月,贾涉的部下曾献"皇帝恭膺天命之宝"玉玺一座,并元符三年宝样一册,受到朝廷的极力推恩,并举办受宝典礼,大赦天下,文武百官各进一官,大犒诸军。宋人周密在《齐东野语》卷一九《嘉定宝玺》中载:

> 贾涉为淮东制阃日,尝遣都统司计议官赵珙往河北蒙古军前议事。久之,珙归,得其大将扑鹿花所献"皇帝恭膺天命之宝"玉玺一座,并元符三年宝样一册,及镇江府诸军副都统制翟朝宗所献宝检一座,并缴进于朝。诏下礼部太常寺,讨论受典礼,此嘉定十四年七月也。是岁十一月,诏曰:"乃者,山东、河北、连城慕义,殊方效顺,肃奉玉宝来献于京。质理温纯,篆刻精古。文曰:'皇帝恭膺天命之宝',暨厥图册,登载灿然,实惟我祖宗之旧。继获玉检,其文亦同,云云。天其申命用休,朕曷敢不承!其以来年元日,受宝于大庆。"遂命奉安玉宝于天章阁,且奏告天地、宗庙、社稷。明年正月庚戌朔,御大庆殿受宝,大赦天下。应监司帅守,并许上表进贡称贺。推恩文武官,各进一秩,大犒诸军,三学士人并推恩有差。具命礼官裒集受宝本末,藏之秘阁。能文之士如朱中美、钱栖、谢耘等数十人,作为颂诗,以铺张盛美。四方士子,骈肩累足而至,学舍至无所容。③

贾涉卒后,贾似道以父荫补嘉兴司仓,自此开启了他仕宦生涯的序幕。

二是其姐在宫中的影响力。贾涉女、贾似道姐贾氏入宫后因"有殊色""理宗意欲立",但因同时入选的谢氏受到太后的中意,而落选。《宋史·后妃传下》载:

> 理宗谢皇后,讳道清,天台人。父渠伯,祖深甫。……初,深甫为相,有援立杨太后功,太后德之。理宗即位,议择中宫,太后命选谢氏诸女。……时贾涉女有殊色,同在选中。及入宫,理宗意欲立贾。太后曰:"谢女端重有福,宜正中宫。"左右亦皆窃语曰:"不立真皇后,乃立假皇后邪!"帝不能夺,遂定立后。初封通议郡夫人,宝庆三年(1227)九月,进贵妃,十二月,册为皇后。后既立,贾贵妃专宠"。④

理宗绍定四年(1231)七月,贾氏封文安郡夫人;三年后,即理宗端平元年(1234),贾似道即升迁为籍田令。事皆载《宋史·理宗本纪一》:"(绍定四年七月)丁酉,贾涉女侍后

---

① 《宋史》卷474《贾似道传》,第13779-13787页。
② 《宋史》卷474《贾似道传》,第13779-13787页。
③ [宋]周密:《齐东野语》卷19《嘉定宝玺》,文渊阁《四库全书》第865册,第831-833页;[宋]周密撰:《历代笔记小说大观·齐东野语》,上海:上海古籍出版社,2012年,第198-200页。
④ 《宋史》卷243《后妃传下》,第8658-8660页。

宫,诏封文安郡夫人。""(端平元年)三月己酉,以贾涉子似道为籍田令。"①自此,贾似道便直线升迁。

三是其生母胡氏的贡献。胡氏与度宗母黄氏同为湖州德清龟溪人,两家相距数里。胡氏被贾涉纳为妾,生贾似道,但不被贾妻所容,再嫁为民妇。贾似道成人后与胡氏相认。胡氏在理宗末度宗初出入宫中,与黄氏同寝,颇受恩宠,这对贾似道当朝宰相的地位起到了一定的巩固作用。事载宋人周密《齐东野语》卷一五《龟溪二女贵》:

> 隆国黄夫人,湖州德清县人。初,入魏峻叔高家,既出,复归李仁本,媵其女以入荣邸。时嗣王与芮苦无子,一幸而得男,是为度宗。然自处极谦抑,虽骤贵盛,每遇邸第亲戚至,不敢坐,常以"奶子"自称,人亦以此名之。或者有"魏奶子"之谤,其实不然也。
>
> 秦齐国夫人胡氏,亦同邑人,相去才数里。贾涉济川制置使,少日,舟过龟溪,见妇人浣衣者,偶盼之,因至其家。问:"夫何在?"曰:"未归。"语稍洽,调之曰:"肯相从乎?"欣然惟命。及夫还,扣之,亦无难色,遂携以归。既而生似道。未几去,嫁为民妻。似道少长,始奉以归。性极严毅,似道畏之。当景定咸淳间,屡入禁中,隆国至同寝处,恩宠甚渥,年至八十有三。上方赐秘器及冰脑各五百两,赙银绢四千两匹,命中使护葬,师漕供费,凡两辍朝,赐谥柔正,又赐功德寺及田六千亩,可谓盛极矣。
>
> 故一邑产二女贵人,前此所未有也。②

明人田汝成则对贾似道的出身提供了更为详细的材料,载《西湖游览志·佞幸盘荒》:

> (贾)似道母,两国夫人胡氏者,钱唐凤口里人。贾涉至凤口,见而悦之,戏曰:"汝能从我乎?"妇曰:"有夫,安得自由?待其归,君自为言。"夫归,欣然卖与。嘉定癸巳,涉为万安丞,似道在孕,不容于嫡。县宰陈与常者,涉与之通家往来,以情告之,遂相与谋。陈宰令其妻过丞听,诸妾环侍。谈话间,因与丞妻以乏使令,欲借一妾。涉妻云:"惟所择用。"陈妻遂指似道之母,涉妻幸其去,忻然许之。即随轩以归县衙。及八月八日,似道生于县治。贾丞校事他郡,归诣于宰,方始知之。终不以入涉家。后去任,虽携似道归乡,而其母竟流落,嫁为石匠妻。及似道镇维扬,访得其母,偕石匠来见,似道使石匠往江上兴贩,计沉之江,子母方得聚会。享富贵四十年。咸淳十年,以寿终。③

然有关贾似道的出身自南宋末至明初有多种版本,正如明人郎瑛在《七修类稿》卷二五《辩证类》所载:

> 贾似道之母,诸家小说言之不一。或云逃婢,夜宿贾门,收而奸,生似道;或云贾涉在凤口遇洗衣妇人,挑而从之,因别买于其夫;或云涉为万安丞时,与嬖婢通,生似

---

① 《宋史》卷41《理宗本纪一》,第794、801页。
② [宋]周密:《齐东野语》卷15《龟溪二女贵》,文渊阁《四库全书》第865册,第791页;[宋]周密撰:《历代笔记小说大观·齐东野语》,上海:上海古籍出版社,2012年,第156页。
③ [明]田汝成:《西湖游览志》卷5《佞幸盘荒》,文渊阁《四库全书》第585册,第353页;[明]田汝成撰:《西湖游览志余》,杭州:浙江人民出版社,1980年,第84-85页。

道。至言嫡不容其母,卖为石匠之妻,诸书所同也。然其形容恶赖,甚为惭惺。予意其母为人家之婢,必然。恶赖之事,因似道而故加之也。是以君子恶居下流,不然,何其纷纷耶!①

贾似道在进位后,亦为上辈请封。元人刘埙在《隐居通义》卷二三中引用冯梦得文《冯景说梦》曰:

贾似道曾祖母赠魏国夫人,谆有曰:"肇称殷礼,咸秩无文。时维曾孙之助,为歌魏风;曰大而婉世比,小君之封"。贾涉封魏王,有曰:"朕肇称殷,荐穆卜夏。正天子相,维辟公假哉。皇考乃父厥有,成绩纪于太常。"贾似道生母胡氏加封(秦齐国夫人),有曰:"母以子贵,书特书而屡书;君为臣纲,老吾老而及老。"②

贾似道虽权倾朝野,贵极一时,但终究被恭帝于德祐元年(1275)二月诛杀于街市。

南宋宁宗嘉定十二年/金宣宗兴定三年己卯(1219)

金海州同知	通吉世显	权海州知州	王琳
		权海州通判	姜琛

【金海州同知:通吉世显】

通吉世显(生卒年不详),又名独吉世显③,生平史载阙,金宣宗兴定三年(1219)遥授同知海州事仅见《金史·田琢传》:

(金宣宗兴定)三年,沂州注子堌王公喜构宋兵据沂州,防御使徒单福定徒跣脱走,百姓溃散。(田)琢奏:"去岁顾王二尝据沂州,邳州总领提控纳合六哥前为同知沂州防御事,招集余众攻取之,百姓归心。可用六哥取沂州,今方在行省侯挚麾下,乞发还,取便道进讨。"制可。既而莒州提控燕宁复沂州,王公喜复保注子堌。琢奏:"沂州须知兵者守之。徒单福定已衰老,纳合六哥善治兵,识沂形势。"诏福定专治州事,以六哥为沂州总领。琢奏:"潍州刺史致仕独吉世显能招集猛安余众及义军,却李全,保潍州。六哥破灰山堌,沂境以安。守兖州观察判官梁昱尝摄淄州刺史,率军民力田,征科有度,馈饷不乏,保全淄州,土贼不敢发。前猗氏主簿张亚夫尝权行部官,主饷密州,委曲购得粮二万斛,兵储乃足,行至高密,征他州兵拒李全。"诏世显升职从四品,遥授同知海州事。六哥迁一官,升一等,充沂州宣差都提控。梁昱迁一官,同知淄州事。张亚夫迁两官,密州观察判官。④

金宣宗兴定三年(1219),因沂州刚被南宋军占领过,时山东东路转运使、掌管知益都府事务兼六部尚书宣差便宜招抚使的田琢上书认为守沂州之人需要知兵法,故推荐前同知沂州防御、现邳州总领提控纳合六哥充任;又推荐已经致仕的前潍州刺史通吉世显出

---

① [明]郎瑛撰:《七修类稿》,上海:上海书店出版社,2001年,第265页。
② [元]刘埙:《隐居通义》卷23,文渊阁《四库全书》第866册,第203页。
③ 按:文渊阁《四库全书》本《金史》作"通吉世显",中华书局1975年本《金史》作"独吉世显"。
④ 《金史》卷102《田琢传》,第2248-2252页。

山,并升职从四品,遥授同知海州事,以便与沂州成掎角之势。

嘉庆《海州志·职官表一》载:"海州同知。通吉世显,宣宗兴定三年任,见《金史·田琢传》。'通吉'旧作'独吉',今改正。"通吉世显离任同知海州事的时间史载不详,大致应为金宣宗兴定四年(南宋宁宗嘉定十三年,1220)。

【权海州知州:王琳】【权海州通判:姜琛】

王琳(生卒年不详),生平史载阙,为金训武郎、京东路钤辖、权知海州事仅载《宋会要辑稿》兵二〇之二五:

> (宁宗嘉定十二年)五月二十日,诏借训武郎、京东路钤辖、权知海州王琳特补修武郎,借从义郎、忠勇军计议官、权通判姜琛特补保义郎(以琳等忠义来归,收复州县,屡战立功,从京东节制司之请也)。①

《宋史·贾涉传》载:"(贾)涉又遣李全以万人取海州,复取密、潍。王琳以宁海州归,遂收登、莱二州。青州守张林以滨、棣、淄州降,又取济、沂等州。"②不载具体时间。《宋史·李全传》载:

> (嘉定十二年)六月,金元帅张林以青、莒、密、登、莱、潍、淄、滨、棣、宁海、济南十二州来归。始,林心存宋,及捆败,意决而未能达。会全还潍州上冢,揣知林意,乃薄兵青州城下,陈说国家威德,劝林早附。林恐全诱己,犹豫未纳。全约挺身入城,惟数人从,林乃开门纳之,相见甚欢,谓得所托,置酒结为兄弟。全既得林要领,附表奉十二州版籍以归。表辞有云:"举诸七十城之全齐,归我三百年之旧主。"③

"青州守"张林为金元帅,张林归宋的联系人就是李全,接洽地点就在青州,"遂收登、莱二州"为遂收"青、莒、密、登、莱、潍、淄、滨、棣、宁海、济南十二州"的概括。因此推知,此时王琳为训武郎、京东路钤辖、宁海州同知,随金元帅张林一起归宋,时间在宁宗嘉定十二年(1219)六月,此后权知海州。因"收复州县,屡战立功",特补修武郎。至于诏令为"五月"反而比归宋为"六月"要早,极有可能是某个史载记录有误,但史实当不误。

姜琛为金从义郎、忠勇军计议官,归宋后权海州通判,因"收复州县,屡战立功",特补保义郎。姜琛生平史载不详。

南宋宁宗嘉定十三年／金宣宗兴定四年庚辰(1220)

金海州经略使	完颜辰尔	海州知州	徐晞稷
		海州通判	王邁

【金海州经略使:完颜辰尔】

完颜辰尔(生卒年不详),又作完颜陈儿,生平史载阙,历海州经略使、权潼关虎贲都尉,班在随朝四品之列。完颜辰尔为海州经略使见《金史·宣宗本纪下》载:"(金宣宗兴定四年

---

① 《宋会要辑稿》兵20之25,第9037页。
② 《宋史》卷403《贾涉传》,第12207-12210页。
③ 《宋史》卷476《李全传上》,第13817-13832页。

三月)壬子,红袄贼于忙儿袭据海州,经略使完颜陈儿以兵击败忙儿,复取之。"①南宋宁宗嘉定十三年八月,南宋又收复海州,事载《宋史·宁宗纪四》:"甲申,复海州,以将作监丞徐晞稷知州事。"②

依此推知,完颜辰尔为海州经略使时间大致在金宣宗兴定三年(南宋宁宗嘉定十二年,1219)至四年(南宋宁宗嘉定十三年,1220)之间。嘉庆《海州志·职官表一》载:"海州经略使。完颜辰尔,兴定四年(1220)任。见《金史》本纪。旧作完颜陈儿,今改正。"

金哀宗天兴元年(1232),完颜辰尔升授权潼关虎贲都尉,班在随朝四品之列。事载《金史·兵志》:

> 哀宗正大二年(1225),议选诸路精兵,直隶密院。先设总领六员,分路拣阅,因相合并。每总领司率数万人,军势既张,乃易总领之名为都尉,班在随朝四品之列,曰建威、曰虎威、曰破房、振威、鹰扬、虎贲、振武、折冲、荡寇、殄寇……
>
> 天兴初元(1232),有十五都尉。先六人升授,在京建威奥屯斡里卜,许州折冲夹谷泽(本姓樊),陈州振武温撒辛(本姓李),蔡州荡寇蒲察打吉卜,申裕安平完颜斜列,嵩汝振武唐括韩僧。续封金昌府虎威纥石烈乞儿,宣权归德果毅完颜猪儿,南京殄寇完颜阿拍。宣权潼关都尉三:虎贲完颜陈儿、鹰扬内族大娄室、全节。③

【海州知州:徐晞稷】

徐晞稷(生卒年不详),又名徐希稷,生平史载简略,零散分布于诸史料中。历将作监丞、通判楚州、知海州、知德安府、提举某宫观、淮东制置司参幕、大理卿、知楚州兼淮东制置使等职。

宁宗嘉定十三年(1220)八月,海州归南宋,徐希稷以将作监丞知海州,事载《宋史·宁宗本纪四》:"甲申,复海州,以将作监丞徐晞稷知州事。"④嘉庆《海州志·职官表一》载:"知海州。徐晞稷,嘉定十三年任。见《宋史》。"李之亮在《宋两淮大郡守臣易替考》中引用《宋史·宁宗本纪四》,认为徐晞稷知海州时间为嘉定十三年八月甲申,并引用《鹤山先生大全文集》卷四三《海州太守题名壁记》"徐君晞稷由山阳通守来莅州事",来佐证徐晞稷由通判楚州迁知海州事。

徐晞稷知海州之前通判楚州,事载宋人魏了翁《鹤山集》卷四三《海州太守题名壁记》:

> 海之为州,东略巨浸,南限长淮,西北邻徐、兖、沂、密。嘉定十有一年(1218),始建城市,再营宫室。徐君晞稷,由山阳通守往莅州事,秩满,代去。今守侯君忠信复还定,而振业之,百废具举,遗黎属心,诏增秩加职,以宠绥之。守乐民之和,侈上之赐也,伐石泗滨,以识郡之兴,复与嗣守者姓名,将置之壁带,而求文于了翁。因为稽诸图牒,盖自梁武末年,长江以北悉入后魏。武定七年(549),改青冀二州为海州。高齐文宣帝移海州,治琅邪郡,改琅邪为朐山。隋末丧乱,臧君相窃据之。武德四年

---

① 《金史》卷16《宣宗本纪下》,第352页。
② 《宋史》卷40《宁宗本纪四》,第775页。
③ 《金史》卷44《兵志》,第999-1000页。
④ 《宋史》卷40《宁宗本纪四》,第775页。

(621),君相以郡归顺,又改海州。自入国朝,毋改也。而中兴百年间,离合去来之靡常,则使人重有感焉。《易》曰:"天险,不可升也;地险,山川丘陵也。王公设险以守其国。"夫所谓地险,则《易》既指言其为山川丘陵矣,而独不名天险为何物,王公所设者何事。愚谓盈宇宙间,截然有等级之辨,不城而不可逾,不兵而不可犯,此天险也。昔之人以大师为垣,以得道为助,以在德为险,以礼义廉耻为城,皆是物也。盛服以御盗,愦垒以受使,长啸以却胡,单骑以见虏,则是物之效也。夫苟不明乎是,而专以城郭兵粟为山川丘陵之守,则宁怪夫离合去来之无常也!敢并以复于侯,其勒诸石,与来者共守焉。①

嘉定十五年,徐晞稷离知海州后知德安府,但很快于二月三日被免,改提举某宫观,事载《宋会要辑稿》职官七五之三〇:"十五年二月三日,新知德安府徐晞稷、新知建昌军范择能并与祠禄。以臣僚言:'晞稷专事夸诞,殊无诚实;择能天资阘茸,人品凡庸。'"②

不久,徐晞稷即任淮东制置司参幕,因淮东两司(制置司和安抚司)驻地为山阳,故又称山阳参幕。清光绪《淮安府志·职官志》载:"徐希稷,淮东制置使。自建炎以来,镇抚都统及制置安抚诸司并开府山阳。"③所任职官无误,但时间有误。建炎为高宗初期年号,建炎元年至四年为1127—1130年,距其宝庆元年(1225)任职淮东制置使时间差百年有余,显然是不可能的。依上述史料看,若为"自宁宗嘉定以来",大致符合史实。《宋史·李全传上》载:"(嘉定十六年)十一月,许国自武阶换朝议大夫、淮东安抚制置使,……山阳参幕徐晞稷雅意开阃,及闻国用,晞稷阙望,乃誊国奏注释以寄全,全得报,不乐。"④

理宗宝庆元年(1225),徐晞稷以大理卿知楚州兼淮东制置使,事载《宋史·李全传上》。宁宗嘉定十六年(1223)奉祠在家的许国欲填补贾涉去世后留下的淮东制置使的空缺,尝上书言归宋忠义军首领李全必反,非豪杰不能制止,并自认为是豪杰。虽多位朝臣上言许国不宜为帅,但许国仍于年底自武阶换朝议大夫、淮东安抚制置使,命下,闻者惊异。时为淮东制置司参幕的徐晞稷也在觊觎制置使这个职位,听到许国的任命后,非常失望,就把许国的奏疏抄送给李全。李全看后非常不乐。十七年(1224)正月,许国来到楚州郊外,时李全在山东青州,妻杨妙真代为出城迎接,而许国拒不接见,杨妙真羞愧回城。此后,许国针对忠义军开始了多重歧视之举。一是忠义军出点什么事,就严加痛斥;二是若与南宋军有争议,则偏向南宋军;三是犒赏截留十之七八;四是李全多次自山东来信求和,但许国仍夸于众:"(李)全仰我养育,我略示威,即奔走不暇矣";五是李全回楚州后,许国待之甚薄,处处掣肘。理宗宝庆元年(1225),李全部将刘庆福纵火烧毁州衙,抢劫两司库房,尽杀许国全家。许国脸部中箭,血流不止,在数十余名亲兵护卫下,自城楼攀援而下,后于逃亡途中自杀。时任宰相的史弥远担心引起忠义军激变,意欲先行安抚以图后变,因徐晞稷曾通判楚州、知海州,且与李全交好,徐晞稷亦勇往,即授徐晞稷为淮

---

① 按:原文为"西北邻徐、兖、泲、密",其中"泲"改为"沂",即"沂州";"随末丧乱"之"随"改为"隋"。转引自曾枣庄、刘琳主编:《全宋文》第310册,第332页。
② 《宋会要辑稿》职官75之30,第5088页。
③ [清]光绪《淮安府志》卷9《职官志》,南京:江苏古籍出版社,1991年,第127页。
④ 《宋史》卷476《李全传上》,第13817-13833页。

东制置使,前往楚州安抚李全等忠义军。①

宋人周密《齐东野语》卷九《李全》补充道:

> (兵变)次日,北军得(许)国于三茅道堂,以小竹舆舁至李(全)军。国不能发一语,复送还楚台,以兵环守,国遂死焉。文武官遇害者凡数十人。未几,全乃入吊,行慰奠礼,且上章自劾。朝廷不敢问也。遂进全为少保,而以大理卿徐晞稷知楚州。②

理宗宝庆二年八月,徐晞稷罢淮东制置使,事载《续资治通鉴》卷一六三:

> 徐晞稷罢,以刘琸为淮东制置使。朝廷闻李全为蒙古所围,稍欲图之;以晞稷畏懦,谋易帅。琸雅意建闲,使镇江都统彭忔延誉,忔亦心觊代琸,怂恿尤力。故以琸代晞稷,忔代琸知盱眙。③

《宋史·李全传上》载,徐晞稷罢淮东制置使后,"(九月)己亥,晞稷以户部侍郎召,未几,出知袁州。"④

徐晞稷与李全尚善交好,李全无子,在贾涉的撮合下,徐晞稷将儿子过继给李全,改名李璮,字松寿。事载宋人周密《齐东野语》卷九《李全》:

> (李全叛宋后围扬州,与南宋军在城外决战,被宋军)持兵塞其瓮门。至是,全欲还而门已塞,进退失据,且战且退,遂陷于新塘。由是,各散去。次日,于沮洳乱尸中得一红袍,而无一手指者,乃全也(原注:先是,全投北,尝自断一指,以示不复南归)。时绍定四年(1231)正月。后三日,北军悉遁,制府露布闻于朝,遂乘胜复泰之盐城。后三月,淮南诸州北军皆空城而去矣。其雏松寿者,乃徐希稷之子。贾涉开闽维扬日,尝使与诸子同学。其后,全无子,屡托涉祝之。涉以希稷向与之念,遂命与之。后更名璮云(原注:刘子澄尝著《淮东补史纪》,载甚详。然余所闻于当时诸公,或削书所未有者,因撮其概于此,以补刘氏之阙文云)。⑤

【海州通判:王邋】

王邋(生卒年不详),生平史载阙,仅《宋会要辑稿》职官七五之二七载:"(宁宗嘉定十三年十二月)二十九日,通判海州王邋罢黜,仍送道州居住。以淮东制置贾涉按劾其无尺寸之功,攫非常之赏,脂韦避事,不畏简书。"⑥

可知其离任通判海州时间在宁宗嘉定十三年(金宣宗兴定四年,1220)十二月,初任时间至早在宁宗嘉定十二年(金宣宗兴定三年,1219)。

南宋宁宗嘉定十四年/金宣宗兴定五年辛巳(1221)

【海州通判:徐普】

徐普(1171—1253),字叔平,萧山临浦(今浙江省杭州市萧山区)人,以父荫补迪功

---

① 《宋史》卷476《李全传上》,第13817-13833页。
② [宋]周密撰:《历代笔记小说大观·齐东野语》,上海:上海古籍出版社,2012年,第89页。
③ 《续资治通鉴》卷163,第4453页。
④ 《宋史》卷476《李全传上》,第13817-13833页。
⑤ 按:原文为"后更名壇"。[宋]周密撰:《历代笔记小说大观·齐东野语》,上海:上海古籍出版社,2012年,第90-91页。
⑥ 《宋会要辑稿》职官75之27,第5087页。

郎。宁宗庆元初,以从事郎监惠民、和剂局。嘉定初,知严州桐庐县。后又知扬州泰兴县,签书高邮军判官,淮东制置使贾涉辟为权通判海州,由通直郎转奉议郎,磨勘承议郎。理宗绍定初,差福州帅司机宜文字。端平元年(1234),通判招信军,改通判扬州。官终朝奉郎。徐普生平仅载宋人孙德之《太白山斋遗稿·临浦徐通判墓铭》:

初,偃王诞治国以仁,天启厥后,徐氏十望,其九出焉,尤着于姑蔑。有名某者,绍兴初,始徙山阴之汀,生子璋,以三舍贡。子璋生恂,进义校尉,上皋酒人。恂子端臣,魁磊多奇节,爱潇山临浦之胜,徙居浙之左,大家推甲乙焉。子贵,累阶宣义郎致仕,赠光禄大夫。

公讳普,字叔平,光禄之子也。少刻意举业,及著文端戴公录牒,学始超迈,其舍不敢雁行比。光禄乐施,乡里怙赖。淳熙七年东中荒剧,发粟佐常平调度,赈恤尤厚。朱文公为庾使,行部得之目击,亟约越帅请推赏,辞焉。绍熙癸丑,越复大侵,光禄下价周亟,台府义之,荐之丞相赵忠定公汝愚,堂召公,与检正徐公谋议,公益出槖中金成父志,补迪功郎,非愿也。庆元初,铨中主义乌簿吏玺,循从事郎,监惠民、和剂局。开禧边事起,虏突两淮,公义激气勇,募衢(原注:下阙八字)。用助军需甚伙,特改合入官。嘉定初,知严州桐庐县。咸宁郡夫人服阕,知扬州泰兴县。光禄服阕,签书高邮军判官。制使贾公涉材之,为辟权通判海州。俸入一钱不受,创官府,造军器,筑城壕,修石湫河,费皆自备。由通直郎转奉议郎,磨勘承议郎。绍定初,差福州帅司机宜文字。汀郡寇作,势张,公久在边头,老谋祖识,一道倚重。招捕内翰程公珌委入廖洞抚谕,帅李公某、王公某继委筑漳、泉关隘,平巨寇严用。最后宪使招捕陈公鞾请于李公,特荐之朝,又列荐,乞用军功超转。史丞相当国,少好牢笼士,谩以甘言留连,实靳不与。端平改元,始得通判招信军,改添差扬州,至是再入淮东。拳拳之抚国,白首不逾。耕屯淮北,自出牛具粮种,当路累以为言,庙堂深知其忠勤,竟不能用也。公亦久厌兵事,秩满赋归,读书手不释卷,细字蝇头,后生不逮。时往东湖山,与宾客赋诗饮酒为乐,尽忘世故。

救荒一事,乃其家法,不容不为之恒心恻意。庚子旱,萧山、诸暨尤甚。朝命一下,公收籴归官所给直,尽发廪廥,不足则卖白金、鬻田业,取之浙右,军民幸济,而公之家罄矣。或者颇疑其干誉,岂知施仁一脉,实源流于偃王,受教于严父,如痛在身,救之不及瞬,夫岂有所为而为哉!会帅赵公性夫入居法从,诵言于朝,特转为朝奉郎,淳祐壬子。明年改元宝祐,八月十八日也,以微恙终。母宜郡夫人洪氏、咸宁郡夫人丁氏。娶丁侄女也,封安人,先卒。继室王氏。子男四俱卒,免解进士某,礼部正奏名。女一人,适朝散大夫、知兴国军事叶德新,已卒。孙男四,女三。以宝祐四年(1256)某月日葬公于山阴县新安乡东湖之源,与安人合祔。

于乎!公从大儒先生游,其品目岂不素定哉。一从宦辙,世遂得以务法限之。且公三膺荐选,皆在高处,使策名进士,何患不取显官美职。而他人之夷俟而裁量者,我且以是而裁量人矣。今毁家纾国,举世所难,而员外之郎乃刓忍而不予者,余二十载,岂天下员郎以公而冗哉!昔汉司马相如以赀进,而文明一世。至卜式输家财之半,遂为三公官。家财之半,视百役之无不兴者何如也;三公之官,与一员外郎之秩,等级又何如也! 汉世不靳于式,而朝廷乃靳于公。虽本朝用人涂辙与前世异,然有人如公,乃不能略破拘挛,俾之展布四体,建侯立功,此则为当世君子有职位而宜为国家惜人才者愧也。

公有至性,事亲先意承志,愉婉天至。光禄得疾危,愬进汤药也,肤体无所爱。疾愈,更绵愫,永慕尤笃,一饭必先荐而后食。岁时祭祀,辄泣下。移孝为忠,其尽瘁于国也宜哉。若勤俭谦敬,可记者甚多,兹特著其忠孝之大节,而故略书。初,光禄寿八十三,公寿亦八十三,天之报应不爽如此。天固报之,人之报之独有慊者焉,于公乎何损。某识公四十年,又与德元同为南省进士,德元来请铭,不得辞。铭曰:

繄昔偃王,仁义其德。世胙于衢,徒越无籍。猗欤外郎,严父是则。委身诗书,靡自封殖。如楚令尹,毁家纾国。输财助边,奂翅卜式。其忠其勤,其报犹啬。人故啬之,天则靡忒。公与严父,俱寿九帙。子弟进士,倩二千石。庆事方来,有隆无斁。支水浞浞,西山奕奕。石坚有泐,铭坚无惑。①

依墓志铭可知,徐普受淮东制置使贾涉的推荐通判海州。《宋史·宁宗本纪四》载,嘉定十二年(1219)九月,贾涉由淮东提刑知楚州、节制京东忠义升迁为主管淮东制置司公事兼节制京东、河北路军马;十四年七月,贾涉由淮东制置副使升迁为淮东制置使兼京东、河北路节制使,直到十六年病逝。② 因此徐普被推荐为通判海州时间在宁宗嘉定十五年前后。离任时间当在理宗绍定元年(1228)之前。

墓志铭亦载,徐普在通判海州任上,修造官府,制造军器,修筑城壕、疏浚石湫河等,不仅不拿一分钱俸禄,所有工程及日常费用都自备。这也是徐氏家族捐资纾国的一贯作风。

南宋宁宗嘉定十五年/金宣宗兴定六年壬午(1222)

| 海州知州 | 侯忠信 | 海州儒学教授 | 黄更 |

【海州知州:侯忠信】

侯忠信(生卒年不详),生平史载阙。历利州观察使、淮东安抚司统制、知海州、提举某宫观、左武大夫等职。

宁宗嘉定八年(1215)三月,侯忠信以利州观察使出使金朝,贺长春节,事载《金史·交聘表下》:

(金宣宗贞祐三年)三月壬申,宋宝谟阁学士丁焴、利州观察使侯忠信贺长春节。是月丙子,宋使朝辞,因言宋主请减岁币如大定例。上以本自称贺,不宜别有祈请,谕遣之。③

南宋朝廷本来想借出使贺岁的时机向金朝提出减岁币的请求,但被回绝了。尽管如

---

① 曾枣庄、刘琳主编:《全宋文》第334册,第207—209页。
② 《宋史》卷40《宁宗本纪四》,第773、777页。
③ 《金史》卷62《交聘表下》,第1482—1483页。

此,南宋政权还是借口漕渠干涸,运输不便,停止了岁币。

嘉定十年,侯忠信已为淮东安抚司统制。彼时淮东安抚司提出要加强殿前司辖区天长县的防备时,认为天长县为冲要之地,但兵力不足,请求殿前司增兵。又因天长县与盱眙县交界,又派统制侯忠信带官兵一千三百余人、马二百匹前去协防。①

嘉定十五年,侯忠信接替徐晞稷知海州,事载宋人魏了翁《鹤山集》卷四三《海州太守题名壁记》:

> 徐君晞稷,由山阳通守往莅州事,秩满,代去。今守侯君忠信复还定,而振业之,百废具举,遗黎属心,诏增秩加职,以宠绥之。守乐民之和,侈上之赐也,伐石泗滨,以识郡之兴,复与嗣守者姓名,将置之壁带,而求文于了翁。②

侯忠信在海州期间极力振兴百业、安抚百姓、修浚城池,因之前数年,海州一直处于南宋、金、北方忠义军之间,战乱频繁,百废待兴。侯忠信还将前任知州姓名刻碑立传,以遗后世,还请魏了翁撰写《海州太守题名壁记》。侯忠信离知海州的时间不详。

侯忠信后来被提举某宫观,并授左武大夫,制词《侯忠信授左武大夫依旧宫观制》由吴泳撰,收录于吴泳《鹤林集》卷八:

> 敕:朕闻先王以立武为善,经中国以除戎为大事。傥能称职,何爱赏官!具官某:沈鸷而有谋,朴忠而能勇。秉麾海道,驰驱戎马之间,唤伏阁门,服习礼文之内。虽在祠庭之均佚,每遇武库之前劳。比缘控陈,兹用褒擢。因之以戎阃之任,华之以左武之阶。往其钦承,服此嘉命。可。③

【海州儒学教授:黄更】

黄更(生卒年不详),生平史载阙,仅见《宋会要辑稿》职官七五之三二载宁宗嘉定十五年(金宣宗元光元年,1222)黄更罢海州教授事:

> 七月七日,……海州教授黄更放罢。以臣僚论列:"……更娶海盐蔡家寡妇常氏,席卷其家财,陵轹其妻子。"④

依此可推知,刚刚上任海州教授的黄更,即因为娶寡妇,卷其家财,霸凌继子而被罢免。

南宋理宗嘉熙四年/元太宗十二年庚子(1240)

【海州通判:林兴宗】

林兴宗(?—1256),字景复,号全璧,莆田(今福建省莆田市)人。祖父林丛,号野庵先生,进士及第,曾知横州。林兴宗以祖父恩荫补为庐陵尉。历官泉州节度推官,淮安州司法参军,淮安县令,宣义郎、海州通判,淮安州通判,庐州通判,淮西安抚司参议官兼判官,湖南安抚司参议官,知南恩州、韶州。卒于官。著有《全璧集》若干卷。《宋史》无传,

---

① 《宋会要辑稿》兵6之10,第8711页。
② 曾枣庄、刘琳主编:《全宋文》第310册,第332页。
③ [宋]吴泳:《鹤林集》卷8,文渊阁《四库全书》第1176册,第74页;曾枣庄、刘琳主编:《全宋文》第315册,第233页。
④ 《宋会要辑稿》职官75之32,第5089页。

行状主要载挚友故交刘克庄《后村集·林韶州墓志铭》中：

绍定辛卯（1231），叛将李全犯扬州，恃锐轻出，为王师掩击，殪城下。其妻杨姑，山东剧盗杨安儿之女。安儿，首乱山东者，兵败逃海死。姑勇而黠，其党奉以为帅，自于行伍中择全嫁之。全素健斗，及归朝廷，全连节旄，姑封小君，名为忠义，阴贰于鞑。驻军山阳，虽隶制置使麾下。然戕许国，偾刘琸，逐姚翀，杀命士苟梦玉、杜耒，当国者不能讨，益骄全甚，至饰珠翠以求媚于姑，士大夫视山阳如蛇乡虎落矣。

莆人林君景复，既历庐陵尉，调泉州节度推官矣。改授淮安州法曹以往，时论壮之。安晚郑公，时在琐闼，饯诗有"淮海辕门立奇士，要看左袒为刘时"之句。至则改淮安令。未几，全叛，既舆尸归，杨姑者惧朝廷必讨，遂扫众，尽俘执南官北去，君亦在其中。留落海州三年，胶西半年，青社七年，贼防守苛峻，君挺节无所污。饥饿，并日采枹拾橡而食，或卖卜、教小童以自给。南北隔绝，家人不知君存殁，母妻以忧卒。赖信庵丞相赵公在淮间，念君陷贼，遣间物色。君素不忘本朝，艰难中，肘县印卧起。屡以帛书报房机事，人始知君不死。赵公复捐金资召，卒籍其力，自拔而归。庚子（1240）四月也。

赵公奏曰："林某十年北地，万里来归，县印犹存，告身如故，乞旌擢以劝尽节者。"君强仕游边，比反国须皤然矣。平章乔公、杭相李公，议擢君于朝，不果。诏改宣义郎、通判海州事，改淮安州。始闻母妻丧，哀动行路，乞解官追服。起复，通判庐州。吕帅文德，虽武人，知敬君，奏除参议官兼倅，盖周旋两淮者，复六年。改湖南安抚司参议官，知南恩州。久旱，郡有疑狱，亲鞫得情，谳上之日，大雨。重赏捕劫海者，盗发辄获，舟行鲸波如枕席然。在郡三载，境内称治，擢知韶州。陛辞，上问在山东几年及房中事，公历历以实对。上嘉奖，慰劝之曰："曲江佳耶！"君顿首言："地接江西、湖南溪峒，臣愿布宣德意拊循之。"韶亦至，君至，而两郡逋纲餫如山，急符交至。未数月，韶亦治。人徒见君久仕边地，意其为疏宕跅弛者。然君两牧南州，乃密察细谨如常人，待僚佐均兄弟，视民如子，积劳致病，犹日坐铃斋治文书。疾棘，怡然曰："吾不死青齐而终于韶，幸矣，复何憾！"以宝祐四年（1256）六月某日卒于州治，积阶朝散郎。明年，丧归，以四月某日葬于某山之原。

君寤寐功名而不汲汲谋身，有庆寿及平解任转秩赏，皆耻自言。同时陷贼有周子容尝主簿者，后君来归，由右选得朝奉郎。或谓君尝薄，君曰："命也！"卧病始叙述平生，若乞怜于君父者。经略使马公天骥言君："志节与周子容朝奉，事同赏异，其守曲江，清约岂第，乞于遗泽外特加异恩。"未报。

林氏尤盛于莆，君世居米食。曾祖需，赠奉议郎。祖丛，擢进士，知横州，号野庵先生。父应辰，赠朝奉郎。君实野庵之□子，朝奉郎早世无嗣，野庵治命以君继而受祖泽。后君陞朝，赠生母郑氏安人。前配方氏，今配吴氏，俱封安人。三子：长坚友，前卒；次端友，次益友。三女：进士陈德新、方铣孙，登仕郎郑孟远，其婿也。

君豪爽磊落，重气义，轻财如粪土，家无宿舂。而西北老校退卒依君者不下数十人。遇空乏时，人不堪忧，君高吟长啸，□若厚禄，故人或致买山钱取酒金，辄散与贫交寒友,明日复尽,身后田庐萧然。喜为诗,虽间关兵火、万死一生中,篇什不废,晚笔尤老。自号全璧,有集若干卷。

余尝谓爱君之深者,信庵也;期君之远者,安晚也。然安晚徒能识之于陷贼之先,信庵不能扳之于既返国之后,何欤!曩余尝叩信庵:"今习边事者少如林某,岂不值一淮郡?"公怅然曰:"守边须奇庞福艾者,此君骨法稍薄,吾使人推其命亦然。置之中州,乃所以爱之也。"及安晚再相,余曰:"景复其来乎!"然竟淹留恩平不召。盖爱之深、期之远者于君仅如此,况斳斳不相知者哉!昔大将军以李广数奇,不使当匈奴;相者见班超曰:"君燕颔虎头,万里侯相也。"窃意君命类广,而相不及超欤,呜呼悲夫!君讳兴宗,景复其字也。铭曰:

昔邶邦光,狨鞯荷囊,充也绣裳。一旦仓卒,贪生屈膝,北面臣贼。君秩甚卑,俘执十期,挺身而归。南人押玩,北人惊叹,曰此铁汉。岁晚凭熊,褥雾墨浓,面有□容。或绘麟阁,或死浪泊,高下厚薄。孰主尸之,彼成此亏,彼合此畸。惟其志节,不可诎折,刻可磨灭。①

依此可推知,林兴宗通判海州时间在理宗嘉熙四年庚子(1240),寻改通判淮安州。

林兴宗的故事发生的年代背景主要涉及宁宗嘉定、理宗宝庆至嘉熙年间。② 李全自宁宗嘉定十年(1217)反叛至理宗绍定四年(1231)在扬州被杀,盘踞淮楚近15年,后期在南宋、金、元三方政权之间左右摇摆。其间,理宗宝庆元年(1225),李全杀计议官苟梦玉,逼死淮东安抚制置使许国;二年九月,都统刘琸知楚州兼淮东制置使,三年,被李全部将夏全陷害;三月,姚翀为军器少监、知楚州兼淮东制置使,不久亦被李全兄李福逼走明州,寻卒,之前其幕客杜末亦被腰斩。③ 就是在这样复杂危险的情势下,南宋官员视淮楚如虎狼之窝,无人敢前去任职。此时,林兴宗勇敢地站了出来,前去任淮安州司法参军。淮安州即原山阳县,《宋史·地理志四》载,理宗绍定元年(1228),升山阳县为淮安军,改县为淮安;端平元年(1234),改军为淮安州。④

临行前,即理宗绍定四年,时为参知政事兼同知枢密院事的郑清之为林兴宗饯行,并赠诗勉励林兴宗保持自己的节操,为国尽忠。郑清之(1176—1251),字德源,庆元府鄞县(今浙江省宁波市鄞州区)人。宁宗嘉定十年丁丑(1217)吴潜榜进士,初为峡州教授。在理宗朝,分别于绍定元年(1228)至端平三年(1236)、淳祐七年(1247)至十一年两次拜相。著有《安晚集》六十卷。⑤ 故墓志铭中称郑清之为"安晚郑公",与刘克庄、林兴宗皆为

---

① 按:《全宋文》改"益骄全甚,至饰珠翠以求媚于姑"为"益骄甚,全至饰珠翠以求媚于姑",不妥,本意为当国者不能讨伐,使得李全更加骄横,还为李全提供珠宝首饰以讨好李全妻杨姑,改后前后主语变化,文意不通;改"曲江佳耶"为"曲江佳郡",实不必,文意亦通。参见[宋]刘克庄:《后村集》卷157《林韶州墓志铭》,转引自曾枣庄、刘琳主编:《全宋文》第331册,第372-375页。

② 按:《梅涧诗话》载:"宋嘉平、宝、绍间",误刻"嘉定"为"嘉平";《全闽诗话》载:"宋嘉定、宝祐间",误刻"宝、绍"为"宝祐"。参见[宋]韦居安:《梅磵诗话》卷下,转引自方岳撰、王云五主编:《深雪偶谈·诗评·吴氏谈话·梅磵诗话》,上海:商务印书馆,1936年,第70页;[清]郑方坤:《全闽诗话》卷5,文渊阁《四库全书》第1486册,第195页;[清]郑方坤编辑:《全闽诗话》,陈节、刘大治点校,福州:福建人民出版社,2006年,第243-244页。

③ 《宋史》卷476《李全传上》,第13818页;卷477《李全传下》,第13840页。

④ 《宋史》卷88《地理志四》,第2179页。

⑤ 《宋史》卷414《郑清之》,第12419-12423页。

好友。

"信庵丞相赵公"即赵葵(1186—1266),字南仲,号信庵,少年时曾从郑清之学。官至右丞相兼枢密使。宁宗嘉定十五年(1222),为淮西安抚司参议官,驻庐州;十七年(1224),李全往青州,赵葵向淮东制置使许国建议,李全有可能会叛宋,望加强戒备,许国不听,后李全果叛,许国被逼自杀。后赵葵加直宝章阁、淮东提点刑狱兼知滁州,率兵来守扬州,理宗绍定四年(1231),斩李全于城下;六年十一月,授淮东制置使兼知扬州,这一职务一直到嘉熙二年(1238)拜刑部尚书后才卸任。① 期间,赵葵得知林兴宗在北地尚存,遂派出斥堠寻找,设法营救。②

林兴宗在北地十年,经受了天寒地冻、饥饿困苦,但始终守节爱国,保护了"县印、告身"。林兴宗南归后,虽然有多位朝臣力荐,但始终不能得到重用,作为挚友的刘克庄心中多有不平,因为即使与同期南归的官员相比较,林兴宗的职位也是非常之低。除了墓志铭中提到的周子容外,刘克庄还在《跋林景复北地诗》中提到另外两名官员:

> 士大夫负才业志节,惟恐不为当时有力者所知。此二巨公有大力量,出将入相,譬如种、蠡分国而治,以功名富贵与人如反手,其于景复知之如此,爱之如此,而南归十载仅得烟瘴中一垒。国家忧顾在西北,机会在西北,景复国士,如之何其不北斾而南辕也!
>
> 昔洪忠宣公留穹庐十六年而归,不免南迁;宗正少卿方公美朝八陵,行万里,反命不容于朝,出使闽、广,曰:桧恶之也。景复之遇二相,与二公所遇之时不同矣,而仕途遭回无以大异于二公,则又不可晓者。③

林兴宗好诗,特别是在北地的十年,写诗不断,好友刘克庄还为林兴宗的诗集题跋,惜不存,仅在宋人韦居安《梅涧诗话》中保存了两首诗各两联,分别是:

> 最是北来诗料少,地寒难得见梅花。
>
> 形容变尽头如雪,不改当时一寸心。④

在林兴宗卒后,刘克庄作《挽林韶州》两首,对林兴宗的人生作了极高的评价:

> 堕落红巾子,崎岖白刃间。死难令北面,囚尚著南冠。汉使无金赎,相如与璧还。都将双鬓雪,换得两轮丹。
>
> 东起平戎策,铃斋昼掩扉。身留峤南老,饷至洛中稀。瘴自茅花起,丧同蕙茝归。不知汤介子,朝论是耶非。⑤

---

① 《宋史》卷417《赵葵》,第12498-12504页。
② 按:"庚子(即理宗嘉熙四年,1240)",林兴宗从北地归宋,是赵葵努力营救的结果,而《闽书》《重刊兴化府志》皆记"淳祐中(1241—1252),赵葵在淮阃,遗间物色,得之(即林兴宗)",将赵葵在淮阃的时间"嘉熙"误为"淳祐"。参见[明]何乔远编撰:《闽书》第4册,厦门大学古籍整理研究所、历史系古籍整理研究室《闽书》校点组校点,福州:福建人民出版社,1995年,第3240页;[明]周瑛、黄仲昭著:《重刊兴化府志》,福州:福建人民出版社,2007年,第1213页。
③ [宋]刘克庄:《后村集》卷106,转引自曾枣庄、刘琳主编:《全宋文》第329册,第370-371页。
④ 按:原文为"少诗料",从《宋诗纪事》《全闽诗话》改。参见[宋]韦居安:《梅磵诗话》卷下,转引自方岳撰,王云五主编:《深雪偶谈·诗评·吴氏谈话·梅磵诗话》,上海:商务印书馆,1936年,第70页;[清]厉鹗:《宋诗纪事》卷65,文渊阁《四库全书》第1485册,第356页。[清]郑方坤:《全闽诗话》卷5,文渊阁《四库全书》第1486册,第195页;[清]郑方坤编辑:《全闽诗话》,陈节、刘大治点校,福州:福建人民出版社,2006年,第243-244页。
⑤ [宋]刘克庄:《后村集》卷25,四部丛刊本。

又及，清代《晋江县志》载："林兴宗。莆田人，（孝宗）淳熙三年（1176）任（泉州节度推官）。"①时间可能有误。林兴宗理宗宝祐四年（1256）六月卒于韶州官任上，若于孝宗淳熙三年任泉州节度推官，则两者相差81年，虽然林兴宗准确年龄不详，但百岁尚在官的情况实属罕见。

南宋理宗淳祐四年/元乃马真后三年甲辰（1244）

【海州知州：周岊（周岱）】

周岊（生卒年不详），又作周岱，生平史载阙。知海州时间在理宗淳祐四年（1244）前后，见《续资治通鉴》卷一七一："（理宗淳祐四年）五月，乙巳，以淮东制臣言副总官兼知海州周岱、左武卫大将军汤孝信直捣山东胶、密之功，并于遥郡上进一秩。"②这次攻打胶密战斗，也由宋人李曾伯在回宣谕奏折中记录下来，载《可斋杂稿》卷五中："癸卯（理宗淳祐三年，1243），在淮，尝遣文德出河南，周岊捣胶西，各不过三千人。"③

宁宗嘉定十六年（1223）前后，周岊为李全部下。据《宋史·李全传上》载：

是冬，金将李二措及邳州守致书海州，欲附宋，全戏下周岊得之，即以报全。全喜，遣王喜儿以兵二千应接，而己继之。二措纳喜儿而囚之。全兵欲攻邳，四面阻水，二措积劲弩备之，全不得进，合兵索战。全败，欲还楚州，会滨、棣有乱，乃引兵趋山东。④

理宗端平元年（1234），周岊驻守北张店（今灌南县张店镇），赵葵制置淮东，刘虎以镇江副都统制、总辖淮阴水陆军马围困北张店，周岊归宋。事载宋人冯去非所作《刘虎神道碑》：

端平元年，赵丞相葵制置淮东，遣公（即刘虎）与赵司令楷将舟师徇地涟水军，国安纳款，率汜君立、张山、王义深等郊迎，便宜知军事，以汜君立摄总管，部战舰三百，徇东海县降之，进徇海州。君立，降将也，易之。公亟以师次于北张店，夜檄周岊。岊惊曰："公至矣，顿兵城下。"岊乃降。⑤

之后，周岊被任命为武功郎、遥郡刺史、淮东兵马钤辖。制词《归顺周岊补武功郎、遥郡刺史、淮东兵马钤辖制》由洪咨夔撰，载《平斋集》卷第二一：

敕具官某：胸山东峙，密迩淮浦，挈城归谊，尔实倡之，莫非王臣。超昇武级，仍跻荣于遥刺，俾参领于戎钤。祗服异恩，勉殚忠力。可。⑥

嘉庆《海州志·职官表一》载："知海州。周岱，理宗淳祐四年（1244），以副总管兼任。见《续通鉴》。"李之亮在《宋两淮大郡守臣易替考》中引《续通鉴》卷一七一，认为周岱知海州时间为理宗淳祐三年至八年。

---

① ［清］周学曾等纂修：《晋江县志》卷28，晋江县地方志编纂委员会整理，福州：福建人民出版社，1990年，第556页。
② 《续资治通鉴》卷171，第4654页。
③ ［宋］李曾伯：《可斋杂稿》卷5，文渊阁《四库全书》第1179册，第654-655页。
④ 《宋史》卷476《李全传上》，第13825页。
⑤ ［元］张铉：《至大金陵新志》卷14《刘虎传》，载《南京文献》第十至二十号，南京市通志馆文献委员会，1948年，第975-976页。
⑥ ［宋］洪咨夔著，侯体健点校：《洪咨夔集》上，杭州：浙江古籍出版社，2015年，第523页。

南宋理宗淳祐五年/元乃马真后四年乙巳(1245)

【沭阳县令：陈诗川】

陈诗川(1220？—1267)，南宋饶州安仁(今江西省鹰潭市余江区)人，以武功补海州沭阳令。度宗咸淳元年乙丑(1265)阮登炳榜进士，官至枢密院丞。① 《宋史》卷四五四其子陈牵本传载："陈牵，字肇芳，一字伟节，饶州安仁人。父诗川，以武功补沭阳令。咸淳元年(1265)，父子同举进士。"②

陈诗川任海州沭阳令时间史载不详。嘉庆《海州志·职官表一》载："沭阳令。陈诗川，饶州安仁人，以武功补。见《宋史》。"

陈诗川子陈牵的出生时间大约为理宗嘉熙四年(1240)前后(参见"南宋度宗七年辛未朐山县主簿陈牵"条)，则陈诗川大约出生于宁宗嘉定十三年(1220)前后。陈牵本传载，陈牵进士及第后初仕官为滁州司户参军，下一任荆阃粮料院是为守完父丧后的改官，故可推知陈诗川去世时间在陈诗川进士及第后二三年内，即在度宗咸淳二年至三年之间。"以武功补海州沭阳令"时间大约在其成年后，即二十五岁时的理宗淳祐五年乙巳(1245)。

陈诗川进士及第后，也就是咸淳元年(1265)夏，作为门客陪同宰相贾似道拜谒演福寺，并在路过龙井延恩衍庆院时，留名于"太傅平章贾魏公题名"石刻：

　　静庵邱敛、贾似道，乙未腊月二日来游。复亨泰侍。后三十一年夏闰，大丞相魏国公再登揆席，少驻湖曲赐第，因谒演福来此。客廖莹中、陈诗川，从子德生侍。③

刻文中"乙未"年，即南宋理宗端平二年(1235)。"后三十一年"，即南宋度宗咸淳元年(1265)。刻文中称贾似道(参见"南宋宁宗嘉定十一年/金宣宗兴定二年戊寅知海州贾涉"条)为"大丞相、魏国公"，事载《宋史·宰辅表五》；理宗景定二年(1261)"正月己卯，贾似道自太保、右丞相以进书加太傅。"度宗咸淳元年(1265)"四月甲寅，贾似道除太师，依旧右丞相兼枢密使、魏国公。"三年"二月乙丑，除太师，特授平章军国重事。"④后世据对该石刻有"太傅""平章""贾魏公"题名等。该石刻前半部分刻于理宗端平二年乙未(1235)腊月二日，时贾似道为籍田令，事载《宋史·理宗本纪一》："(理宗端平元年)三月己酉，以贾涉子似道为籍田令。"⑤

南宋理宗淳祐十二年/元宪宗二年壬子(1252)

| 海州知州 | 赵东 | 海州通判 | 王瑁 |

---

① 夏汉宁、黎清、刘双琴著：《南宋江西籍进士考录》下，南昌：江西教育出版社，2017年，第571页。
② 《宋史》卷454《陈牵传》，第13348页。
③ [宋]潜说友：《咸淳临安志》卷78《寺观四》，文渊阁《四库全书》第490册，第810-811页；[宋]潜说友：《咸淳临安志》卷78《寺观四》，杭州：浙江古籍出版社，2017年，第723页。
④ 《宋史》卷214《宰辅表五》，第5638-5654页。
⑤ 《宋史》卷41《理宗本纪一》，第801页。

【海州知州：赵东】

赵东(生卒年不详),字明叔,汉中(今陕西省汉中市)人,生平史载简略。历知招信军,平江府许浦水军副都统制,知海州。

理宗嘉熙二年(1238)前后,赵东已为淮东一部将领,属招信军。时安丰(今安徽省淮南市寿县)被蒙古军围困,知县杜杲竭力迎战,并派员突围以求援军。赵东等前去营救,与杜杲里应外合,前后夹攻,大败蒙古军。次年十二月十三日,受到朝廷嘉奖,杜杲擢军器监,进三秩,赐银器等,赵东等援兵各赐金碗一只等。其《奖谕安丰守杜杲御札》曰:

> 朕闻安丰被兵,不遑寝食,知卿守御劳苦,措置有方,朕为之少宽。今赵东、夏皋之兵已集招信,余玠之援亦来,军声不为不壮。卿其鼓帅诸将,同力一心,扫荡寇攘,以安淮右,隽功来上,厚有褒宠。今赐卿银器等,诸将各赐金碗一只。其在城一行战守将士及淮东所遣援兵,当此天寒,深为不易,遣去官会三十万贯,可等第支犒一次。卿宜谕朕旨意,俾各知悉。①

淳祐三年(1243)三月,赵东罢知招信军,事载《续资治通鉴》卷一七○:

> 辛丑,诏知招信军赵东,夺三秩,罢。以淮东制司言其抚驭失宜也。②

招信军原为淮南东路泗州盱眙县,南渡后,为战备需要改为军。《宋史·地理志四》载:

> 招信军,本泗州盱眙县,建炎三年(1129),升军,四年为县,隶濠州。绍兴二年(1132),复隶泗州。七年,仍旧隶京东。十一年,隶天长军。十二年,复升军,以天长来属。宝庆三年(1227),入于金。绍定四年(1231)复,仍为招信军。县二:天长、招信。③

赵东淳祐十二年(元宪宗二年,1252)前后知海州,事载清嘉庆《海州志·职官表一》:"知海州。赵东,字明叔,汉中人,淳祐年任。见钓台石刻。"卷二八《金石录第二》收录《赵东题名》石刻刻文,其中有:"淳祐壬子仲秋上弦,郡守汉中赵东明叔、郡丞北海王瑭君玉,遵海而东,巡历至此。访台浦之遗迹,玩扶桑之朝暾。剥苔读诗,慷慨吊古,临风秉笔,聊以纪岁月云。"④清道光年间版的《云台新志·金石志》中转录了嘉庆《海州志·金石录》的内容,唯一不同的是在刻文最后补一"侍"字,为"长子旦,次兴,孙侍。"⑤可知其为海州知州赵东与通判王瑭于理宗淳祐十二年(元宪宗二年,1252)携访客萧望之钓台游玩访古时所作,其中"剥苔读诗"之诗当为隋文帝开皇三年(583)《王谟题名》诗刻。⑥

李之亮在《宋两淮大郡守臣易替考》中引《平斋集》卷一六《赐知枣阳军樊文彬知海州赵东银合腊药敕书》认为赵东知海州时间为理宗绍定四年(1231)至嘉熙元年(1237),主要理由是断定该制书时间为端平元年(1234)。

嘉庆《海州志》主纂唐仲冕在《赵东题名》石刻后发了一通议论,对赵东颇有微词。因

---

① 曾枣庄、刘琳主编:《全宋文》第345册,第169页。
② 《续资治通鉴》卷170,第4645页。
③ 《宋史》卷88《地理志四》,第2182页。
④ 按:该石刻于1976年开山筑港时被炸毁,拓片存连云港市博物馆。[清]嘉庆《海州直隶州志》卷28《金石录第二》,第470-471页。
⑤ [清]道光《云台新志》卷14《金石志》,中国方志丛书,台北:成文出版社,1974年,第707页。
⑥ 封其灿:《连云港金石图鉴》,北京:中国文史出版社,2018年,第6页。

理宗淳祐十二年前后,海州地区正是宋元交战的战场,时海州被北方忠义军李璮所据,州治在朐山(今海州古城),又称西海州;赵东担任知州的海州,州治在东海县(今南城),又称东海州,位于大海中的苍梧山(今云台山)。在这种局势下,作为海州知州的赵东还有闲情逸致带领访客游玩访古,这种行为致使唐仲冕发出"因叹士大夫受命岩疆,或雅歌服人,或清谈误国,固未可同年语矣"的感叹。

赵东知海州时尚兼平江府许浦军副都统,因战功与其他将领一起被朝廷赐"银合腊药",制词《赐带御器械兼权主管侍卫步军司公事兼建康都统制王鉴,带御器械兼权主管侍卫马军行司公事兼知黄州孟珙,带御器械镇江都统制李虎,池州都统制赵邦彦,鄂州江陵都统制兼权发遣德安府王旻,兴元都统制李显忠,平江府许浦水军都统制刘虎,权光州武定都统制司职事于俊,权利州都统制司职事曹友闻,利州后军统制权行管斡金州都统制司职事吴桂,权江州副都统制杨福兴,襄阳府忠卫副都统制江海,鄂州江陵副都统制兼知枣阳军樊文彬,平江府许浦水军副都统制兼知海州赵东,淮西路钤兼权庐州强勇诸军副都统制司职事王福,权管沔州都统制司职事和彦威,银合腊药敕书》由洪咨夔撰,收录于《平斋集》卷一六:

> 卿等系出山西,咸行塞北。慨朔风之未,静忘霏雪之为劳。赍以宝奁,实之珍剂。用壮前予之气,进图破竹之功。①

据此可知赵东为出身山西(或陕西)的将领。

随知州赵东巡历的"郡丞北海王瑁君玉",名王瑁,字君玉,北海(今山东省潍坊市)人,为海州通判。"郡丞"为州之佐官,即通判。王瑁生平史载不详。

南宋理宗宝祐元年/元宪宗三年癸丑(1253)

【海州知州:王国昌】

王国昌(生卒年不详),生平史载简略,知海州时间在理宗宝祐元年(元宪宗三年,1253)前后,事载《续资治通鉴》卷一七四:"(理宗宝祐元年三月壬寅)蒙古攻海州,守臣王国昌逆战于城下,败绩。"②《元史·宪宗本纪三》的记载"(元宪宗三年)三月,大兵攻海州,戍将王国昌逆战于城下,败之,获都统一人"③也佐证了这一点。《新元史》则提供了围攻海州的元军将领的姓名为"耶律察罕",收录于民国柯劭忞《新元史·宪宗本纪六》:"(元宪宗三年)三月,察罕攻宋海州,败宋将王国昌于城下,获都统一人。"④

嘉庆《海州志》中相关资料缺。李之亮在《宋两淮大郡守臣易替考》中引《续资治通鉴》卷一七四,认为王国昌知海州时间为理宗淳祐九年(1249)至宝祐元年(1253)。

---

① [宋]洪咨夔:《平斋集》卷16,文渊阁《四库全书》第1175册,第217-218页;[宋]洪咨夔著,侯体健点校:《洪咨夔集》中,浙江文丛,杭州:浙江古籍出版社,2015年,第384页。
② 《续资治通鉴》卷174,第4736页。
③ 《元史》卷3《宪宗本纪三》,第46页。
④ [民国]柯劭忞:《新元史》卷6《宪宗本纪六》,长春:吉林人民出版社,2005年,第47页。

南宋理宗宝祐三年/元宪宗五年乙卯(1255)

【元海州守：孟德】

孟德(生卒年不详),济南(今山东省济南市)人,生平主要载《元史》卷一六六本传:

> 孟德,济南人。国初由邹平县令、淄州节度使累官至同知济南路事。太宗即位之八年(1236),诸王阔端命德为元帅,佩金符,领济南军攻宋徐州、光州,降其众而有其地。岁甲辰(1244),定宗母六皇后称制,大王按只台以德为万户,攻濠、蕲、黄等州,积有战功。宪宗即位之三年(1253),命德守睢州。五年,移守海州。宋安抚吕文德以兵扰边,德败之,俘其太尉刘海。丁巳(1257),从伯颜攻襄樊。己未(1259),与子义从世祖攻鄂州,先登。中统三年(1262),从征李璮。璮平,德以老告归。①

孟德守海州时间在元宪宗五年至七年(1255—1257)。

清乔绍傅纂《古朐考略·职官考》节《元史》本传载:"孟德,济南人。宪宗五年,移守海州。宋安抚使吕文德以兵扰边,德屡败之,俘其太尉刘海。"②清嘉庆《海州志·职官表一》载:"海州守。孟德,宪宗时任,有传。"《良吏传一·牧令》节引《元史》本传载:"孟德,济南人。宪宗五年,移守海州。宋安抚使吕文德以兵扰边,屡败之,俘其太尉刘海。"

南宋理宗宝祐四年/元宪宗六年丙辰(1256)

【海州通判：林松】

林松(生卒年不详),北宋光州(今河南省信阳市潢川县)人,后徙海州。生平史载阙,为奉议郎、通判海州,事载元人陈旅为林松孙林起龙(1236—1298)所撰的墓志铭《故嵊县尹林君墓志铭》:

> 君林氏,讳起龙,字竹友。其先光州人,后居海州,今淮安之海宁州也。宋同知枢密院事、赠开府仪同三司,讳闻翁于君为五世祖;曾大父,讳行中,太中大夫、知澧州兼荆湖路提点刑狱公事;大父,讳松,奉议郎、通判海州;父讳珪,通奉大夫、湖南安抚使、知潭州。母赵氏。君生有奇才,雅志事功,年廿,应武举,廷试第三,授成忠郎、寿州下蔡县令,以亲老归养海州。安抚司因表为计议官时,事已不可为矣,退而教授于其里。
>
> 至元,内附大臣有知君者,辟为淮安路海陵县尹,寻奏授承事郎、以海陵尹行绍兴路山阴县丞,历山阳县尹,转承务郎、温州路瑞安县尹。属升县为州,去为婺州路浦江县尹。终,更为抚州路临川县尹,未行,卒于临川官舍,大德二年(1298)五月廿六日也,年六十三。妻会稽张氏,封恭人。子男一人,炳。女一人,适刘字之。孙男

---

① 《元史》卷166《孟德传》,第3902-3903页。
② [清]乔绍傅纂:《古朐考略》卷2《职官考》,张卫怀等点校,连云港市地方志编纂委员会办公室编:《连云港历史文献集成》(第3辑),扬州:广陵书社,2021年,第21-30页。

六：宗仁、宗义、宗礼、宗智、宗信、宗常；女一人。曾孙男一人。

君殁时，炳才十三。君与恭人言曰："吾死于此，去海州远矣。海州又无恒产，吾尝官山阴，有遗爱在民。其山川美，风俗厚，又而族所在，其葬我于此乎。"明年（1299）十一月三日，葬君山阴清风乡鸣凤山之原。

君天性忠厚，而宅心夷旷。居官以廉慎自持，所至必先治学校、兴教事。凡旧时苛急之政，悉为民申除之。讼必立决，以谓一囚在狱，其家皆无安者。令，民之父母也，独能安于家乎！决囚之时，每痛其得罪，必教戒而后罪之。故民皆感服，相告语曰："毋以事挠吾令也。"部使者过其境，则曰："林令无冤，民多不视其牍而去。"每受代，父老流涕，遮不得行，往往立石以纪其善绩。自海陵之山阴丞，将渡江，见二人匍匐啼沙中，潮且至，亟呼问之，则曰："我台州人，虏于兵，以病不能行，弃我于此。令就死耳。"君即挈入舟，既渡江，又为之具医药、饮食、衣服。已又资之，使还其乡。其一人愿留，则为之娶妻，保之，终其身。山阴前丞夫妇皆死，而二女幼，养乞鬻之于县卒，以丧去。君至，闻而悲之，曰："吾代其父为丞，丞女非吾女乎！"还卒钱，收二女与张恭人鞠之。既长，皆为具装，配佳士人，不知为前丞女也。仕宦廿余年，俸禄之入，辄分与朋友邻里之贫者，家无宿储，而言不及利。或劝之置田宅，则曰："吾子成人，当自有之。"平居必正衣冠端坐，与贤士大夫讲道论艺，亹亹不倦。颇爱竹，时为刻写之，以致其幽趣云。恭人有淑德，以恭俭相其夫，尤笃于教子。大德五年五月三日卒，年五十四。其年十月廿日合葬凤鸣之兆。

炳，沈悫而敏练，以荫入官，有能声。今为承事建德路分水县尹，始得请封其母为恭人。于是，使人以状来，言曰："吾父母之葬，已四十年矣，墓碣未勒盖，有待于今日。子其为我铭之。"呜呼！承务君殁未久，而恭人又殁。炳孑然畸孤，无所庇藉。乃今卓然有成，亦若其父有民社之寄，而田园屋室又足以祀祖宗、遗子孙矣。种之于前，则获之于后。观林氏之世为善者，其亦有所恃哉！乃为之铭曰：

政足以及物，则位不必崇；德足以裕后，则禄不必丰。岂无令图，惟邑之为。曰近民易施，遑恤我私。稽山之阴，皆君所治。魂兮归来，邑人之思。凤鸣高冈，其原允臧。君子攸藏世，世其蕃昌。①

林松通判海州的时间史载不详。林起龙的墓志铭表明，其家居海州，起因是祖父林松通判海州，极有可能是林松以通判海州致仕，或卒于官舍，即通判海州是林松的最后一任官职。宋季家随官行，这两种情况都有可能。林起龙武举第三时，年仅二十，时间在南宋理宗宝祐四年（1256）。初授成忠郎、寿州下蔡县令。后以亲老归养海州，其所要养的"亲老"，极有可能是致仕归海州的父亲林珪，而不是祖父林松。从后续的仕宦经历看，没有出现"丁忧"的情况，在其去世前对夫人言"海州又无恒产"，可见在"至元"复出前，其至亲已然不在人世。"至元"应是元朝占据海州之时，即恭帝德祐元年（元世祖至元十二年，1275）。

依此推测林松通判海州时间在南宋理宗宝祐四年（元宪宗六年，1256）之前的某个时

---

① ［元］陈旅撰：《安雅堂集》卷11《故嵊县尹林君墓志铭》，文渊阁《四库全书》第1213册，第142-143页。

间,具体任职时间需要有更新的史料来佐证。

南宋理宗宝祐五年/元宪宗七年丁巳(1257)

【东海州通判:侯畐】

侯畐(1205—1258),字道子,南宋温州乐清(今浙江省温州市乐清市)人。理宗淳祐七年丁未(1247)武状元,初授合浦县(今广西北海市合浦县)尉。历官柳城县(今广西柳州市柳城县)令,侍卫步军司干办公事,侍卫马军行司计议官,终通判海州兼河南府计议官,年五十四岁。《宋史》卷四五四将侯畐列入《忠义传》:

> 侯畐,字道子,温州乐清人。三贡于乡,两试转运司,皆第一。以武举授合浦尉,柳城令,侍卫步军司干办公事,侍卫马军行司计议官。宝祐五年(1257),制置使贾似道辟通判海州兼河南府计议官。李松寿据山东,突出涟、泗,畐鏖城下,死之,阖室遇害。太学生三十一人言于朝,即海州赐庙"旌忠",谥曰"节毅",仍立庙其乡。畐所著有《霜崖集》。①

侯畐通判海州时间在理宗宝祐五年(1257)。此海州当为东海州,即东海军,原为东海县。在这之前,理宗宝祐元年(元宪宗三年,1253),海州已被蒙古军占领。《元史·宪宗本纪》载:"三月,(元)大兵攻海州,(海州)戍将王国昌逆战于城下,败之,获都统一人。"②后为降元义军李璮占据。元世祖中统元年(1260),李璮上书:"自立海州,今八载,将士未尝释甲,转挽未尝息肩,民力凋耗,莫甚斯时。"③宝祐六年(1258)十一月,侯畐战死,事载《续资治通鉴》第一七五:"(丁卯)蒙古将李璮破海州、涟水军,通判侯畐鏖战,死之,举室遇害,余将士杀伤殆尽。贾似道上章引咎,诏以功自赎。"④海州诸地方志有关侯畐的记载皆节引自《宋史》;"旌忠"庙早已不存。

据《蒲岐镇志》卷八介绍,侯畐是乐清蒲岐镇侯宅村人,五岁就学,成绩优异。多次应试不中后,弃文从武,宋淳祐七年(1247)中武举。战死时年五十四岁。城破之日,侯畐原配刘氏、妾赵氏和五个儿子均遭杀害。传说"侯畐的头颈被砍了一刀,精灵不灭,骑在马上,断了的头竟掉不下来,他策马奔驰上京禀报皇上之后,才仆地而亡。皇帝追封他为节毅侯王,降旨在他家乡蒲岐北门外的殿山上建造旌忠庙。同时,打了一个金质灵牌立在金銮殿,年年亲祭。过了十多年,袭位的皇帝冷淡了,把金质灵牌丢入御河:你是温州人,顺着流水回温州故乡享受祭祀吧!侯畐的金质灵牌竟然流出御河,在几千里弯弯曲曲的江河中漫游了几百年,到了清代,终于回到了故乡海域——东海。一日,蒲岐北门外有个姓孙名得南的渔人在北洋捕鱼,一网打下去,打上这个灵牌,他不知是金做的,把它抛回海中。第二网,又打上这个灵牌,孙得南奇怪了:'你如是招财爷,下一网多打黄鱼,我带

---

① 《宋史》卷454《侯畐传》,第13346页。
② 《元史》卷3《宪宗本纪》,第46页。
③ 《元史》卷206《李璮传》,第4591-4594页。
④ 《续资治通鉴》第175,第4780页。按:《宋代人物词典》认为侯畐战死为"景定二年(1261)",误。参见杨倩描主编:《宋代人物辞典》上,保定:河北大学出版社,2015年,第250页。

你回家祭拜起来。'第三网下去，满网黄鱼。孙得南便将灵牌带回立在自家为招财爷。"①

侯畐著诗集《霜崖集》，现觅得七首，存明人赵谏所辑《东瓯诗集》，兹录如下：

《寒食》
满地落花收不得，子规声里抱愁眠。贫家无日非寒食，未必今朝始禁烟。

《柳花》
嫩水浴凫芳草短，淡烟飞燕落花天。绿杨也识春来暖，一夜东风脱却绵。

《暮雨》
暮雨生寒衣袂薄，楚乡客子正伤情。扁舟莫向芦边宿，夜半西风有雁声。

《湖心寺呈箫峰陈明府》
水边曾看题碑石，知是诗人扁寺名。僧趁钓舟来赴供，鱼听堂鼓候抛生。无多空地锄松影，尽有寒湖载月明。只合闲身吟向此，细将心事共鸥评。

《寄友伯杲》
一自城南别，无书直到今。凄凉春夜雨，点滴故人心。笋长林添竹，蚕成柘减阴。清溪吟历处，曾有梦相寻。

《长安》
又是故山好，谁孝轻别家。带来衣典尽，所拟事全差。诗债随时解，房金累月赊。客怀元自苦，不涉听吹笳。

《芷溪园》
行吟溪上园，幽思与诗便。藤附多年树，苔生废井泉。瘦梅锄月种，蔓菊就篱编。更有三间屋，重茅盖竹椽。

另有一首五律《闻雁》，署名侯氏，风格与《长安》《寄友伯杲》似，疑为侯畐所作：

何处惊飞起，雍雍过草堂。早是愁无寐，忽闻意转伤。良人沙塞外，羁妾守空房。欲寄回文信，谁能付汝将。②

南宋理宗开庆元年/元宪宗九年己未（1259）

【朐山县主簿：余时举】

余时举（生卒年不详），字庸之，南宋徽州歙县（今安徽省黄山市歙县）人。理宗开庆元年己未（1259）周震炎榜特奏名进士，授迪功郎、朐山县主簿。生平史载阙，主要载方志中。

隆庆《临江府志》："余时举（庸之）"。③《天一阁藏明代方志选刊·人物资料人名索引》载："余时举，宋，歙县"。④龚延明《宋代登科总录》载：

---

① 许宗斌主编，乐清市文学艺术界联合会编：《箫台清音——乐清人文集羽》，北京：线装书局，2001年，第305-306页。
② ［清］曾唯辑，张如元、吴佐仁校补：《东瓯诗存》上，上海：上海社会科学院出版社，2006年，第380-381页。
③ 沈治宏、王蓉贵编撰：《中国地方志宋代人物资料索引》第4册，成都：四川辞书出版社，1997年，第2533页。
④ 华东师范大学图书馆古籍部编：《天一阁藏明代方志选刊·人物资料人名索引》下，上海：上海书店出版社，1997年，第2404页。

【余时举】字庸之。徽州歙县人。开庆元年(1259)特奏名登进士第。仕至迪功郎、朐山县主簿。

弘治《徽州府志》卷六《选举·科第·宋》:"开庆元年周震炎榜 余时举,字庸之,歙人,书特科迪功郎、海州朐山县主簿。"

乾隆《江南通志》卷一二一《选举志·进士·宋》:"开庆 余时举,歙县人。"

光绪《安徽通志》卷一五五《选举志·进士·宋》:"开庆己未周震炎榜 余时举,歙县人。特奏名,主簿。"①

主簿为宋季低阶官职,极有可能是进士后初仕官,因而推知余时举任职海州朐山县主簿时间在理宗开庆元年(元宪宗九年,1259)至理宗景定二年(元世祖中统二年,1261)。

南宋理宗景定三年/元世祖中统三年壬戌(1262)

【海州知州:张汉英】

张汉英(?—1273),生平史载简略,历官京湖安抚制置司将领,知海州、带行遥郡刺史、淮南东路安抚制置司马步军副总管、带行环卫官,京湖安抚制置司都统制等职。度宗咸淳九年(1273)正月,在坚守被元军围攻五年的樊城陷落后战死。

理宗嘉熙(1237—1240)至淳祐五年(1245)间,张汉英守随州(今湖北省随州市),为京湖安抚制置使兼知鄂州孟珙(?—1246)的部将。淳祐五年,淮东战事吃紧,张汉英领兵五千前往救援,事载《宋史·孟珙传》:

(嘉熙四年)会谍知大元兵于襄、樊、随、信阳招集军民布种,积船材于邓之顺阳,乃遣张汉英出随,任义出信阳,焦进出襄,分路挠其势。

(淳祐五年)珙以身镇江陵,而兄璟帅武昌。故事,无兄弟同处一路者,乞归田,不允。诏以兵五千援淮,珙使张汉英帅之。②

理宗景定三年(1262)前后,张汉英知海州,八月,因海州石湫堰修筑完工而升迁为知海州、带行遥郡刺史、马步军副总管、带行环卫官,事载《宋史·理宗本纪五》:"八月甲午,海州石湫堰成,诏知州张汉英带行遥郡刺史、马步军副总管、带行环卫官。"③

嘉庆《海州志·职官表一》载:"知海州。张汉英,理宗景定三年任。见《宋史》。"李之亮在《宋两淮大郡守臣易替考》中引《宋史·理宗本纪五》,认为张汉英知海州时间为理宗景定二年(1261)至度宗咸淳四年(1268)。

张汉英知海州时,为民做了不少善事,据史料统计,至少有3件。其一是修石湫堰。张汉英修石湫堰时间在南宋理宗景定三年(1262)前后,是年八月修成。但在此之前的高宗绍兴三十二年(1162),已出现"石湫堰"的记录,或许张汉英是在原址上重修,亦或许是择址新建。绍兴三十二年金人围攻海州,知海州魏胜向沿海制置使李宝求救,南宋朝廷

---

① 龚延明、祖慧编:《宋代登科总录》第12册,桂林:广西师范大学出版社,2014年,第6272页。
② 《宋史》卷412《孟珙传》,第12369-12380页。
③ 《宋史》卷45《理宗本纪五》,第882页。

委派镇江府都统张子盖前往救援,大获全胜。事载《宋史·张子盖传》:

> (高宗绍兴)三十二年春,金人攻海州急,以子盖为镇江府都统往援之,即日渡江,驰至楚州。淮东漕臣龚涛谓之曰:"敌众十倍,兵力不支,宜张虚声攻淮阳,使之必救,则海州可解。"子盖曰:"彼若不救,将如之何?"乃亟趋涟水,取便道以进。次石湫堰,金人陈万骑于河东,子盖率精锐数千骑击之,谓麾下曰:"彼众我寡,利在速战。"遣统制张玘略阵,玘中流矢,子盖曰:"事急矣!"奋臂大呼,驰入阵,诸将继之殊死战。贼大败,拥溺石湫河死者半,围遂解。金人复整军来战,子盖再率精锐击之,获其车马、铠仗万计,退屯泗州。①

宋金时期,海州一直是双方交战的主战场,时而被金吞并,隶属金山东路;时而复归南宋,属淮南东路,双方的拉锯战对当地的社会生态、地理环境的破坏是极其严重的。作为重要的水利工程也兼防御功能的石湫堰时毁时修也在所难免。从该条史料也可以看出,石湫堰是建筑在石湫河之上的,应该属于拦河大坝性质的,附近有石湫镇。其后,宋金双方多次在石湫(镇)附近展开决战,互有胜负。如金宣宗兴定元年(南宋宁宗嘉定十年,1217),金军获胜,事载《金史·宣宗本纪中》:"(八月)己酉,海州经略司表官军与宋人战石湫南,战涟水县,战中土桥,宋兵败绩。"②次年,也就是南宋宁宗嘉定十一年(金宣宗兴定二年)五至七月间,忠义军李全先后多次攻打海州,皆败,事载《宋史·李全传上》:

> 嘉定十一年五月己丑,(李)全军至涟水,邀先白事楚城,取器甲金谷,议再攻海州,(应)纯之厚劳全金玉器用及其下有差。六月,全围海城,金经略阿不罕、纳不剌等固守不下。七月,合郓、单、邳、徐兵来援,全与战于高桥,不胜,退守石湫。③

南宋与蒙元联合灭金后,面临蒙元南下的危险局面,海州又成为宋元争夺的必争之地。如南宋度宗咸淳五年(元世祖至元六年,1269),宋元双方在石湫附近作战,以南宋军获胜告一段落,事载《宋史·度宗本纪》:

> (五月)壬戌,诏:信阳诸将娄安邦、朱兴战千石畈,吕文焕、呼延德战福山,杨青、李忠战石湫,俱有劳效,推赏有差。④

元世祖至元十一年(南宋度宗咸淳十年,1274),元军大举伐宋,淮东都元帅博罗欢率左军南下,攻海州、东海、石湫三城,因三城皆防备不足,很快陷落。事载《元史·博罗欢传》:

> 会伐宋,授金吾卫上将军、中书右丞。诏分大军为二,右军受伯颜、阿术节度,左军受博罗欢节度。俄兼淮东都元帅,罢山东经略司,而以其军悉隶焉。遂军于下邳,召将佐谋曰:"清河城小而固,与昭信、淮安、泗州为掎角,猝未易拔。海州、东海、石湫,远在数百里之外,必不严备。吾顿大兵为疑兵,以轻骑倍道袭之,其守将可擒也。"师至,三城果皆下,清河亦降。宋主以国内附,而淮东诸城犹为之守。诏博罗欢进军,拔淮安南堡,战白马湖及宝应,掠高邮,自西小河入漕河,据湾头,断通、泰援

---

① 《宋史》卷369《张子盖传》,第11476-11477页。
② 《金史》卷15《宣宗本纪中》,第331页。
③ 按:原文为"石秋",据文意改。《宋史》卷476《李全传上》,第13819页。
④ 《宋史》卷46《度宗本纪》,第903页。

兵,遂下扬州,淮东平。①

元代宋后,元世祖至元二十六年(1289),尚有隶属"江淮屯田打捕提举司"的"石湫所"存在,与"海州所"并列,事载《元史·世祖本纪一二》:

> (四月戊午)省江淮屯田打捕提举司七所,存者徐邳、海州、扬州、两淮、淮安、高邮、昭信、安丰、镇巢、蕲黄、鱼网、石湫,犹十二所。②

明隆庆六年(1572)修毕刊行的隆庆《海州志·舆图》中载:"石湫镇:在州东十里。"③但已经没有"石湫河""石湫堰"的记录了,只有"石湫故垒"尚存,事载隆庆《海州志·杂志·古迹》:"石湫故垒,相传东南防胡,开决石湫海堰守城于此。"④隆庆《海州志》所记"石湫镇"的地理位置与后来成书于清康熙三十年(1691)前后的《读史方舆纪要》所记相左,《读史方舆纪要》卷二二《江南四》载:

> 石湫镇,州南二十里,旧有石湫堰。宋绍兴三十一年,金人围海州,张子盖自镇江赴援,至楚州,先趋涟水,择便道以进,至石湫堰,击败敌兵,是也。今镇东北有九洪桥,即旧时堰水处。⑤

嘉庆《海州志·山川考三·古迹》引《读史方舆纪要》记载后,又摘记《元史》博罗欢本传,并加按语曰:"元世祖至元十一年,伐宋,博罗欢统左军攻海州、东海、石湫三城,皆下之。是石湫,为当日要地也。"⑥诚以为然也。

《读史方舆纪要》修撰时已是"旧有石湫堰",可见石湫堰早已湮没。由"石湫镇"及东北"九洪桥",推测"即旧时堰水处",也就是"石湫河"位置所在。《读史方舆纪要》卷二二《江南四》又载海州周边河流多在海州城南二十里处接入石湫河,如蔷薇河,在海州城西一里,北面通海,南抵淮阴,在海州城南二十里处接入石湫河;临洪河,在海州城北十里,在城南二十里银山坝处接入石湫河;涟河,在海州城西南,向北流入大海之前流经石湫镇。另外在石湫河上游,海州城西南部还有"石闼堰":

> 石闼堰,在州西南,或曰即石湫河上游也。宋天禧四年(1020),淮南劝农使王贯之导海州石闼堰水入涟水军以溉田。绍兴中,金人攻海州,先遣一军自州西南断城中饷道,魏胜拒之于石闼堰,金人败退。……今……堙废。⑦

"石闼堰"在宋代史料中出现过多次。真宗天禧四年(1020)五月,时任两浙、淮南劝农使王贯之等在海州界内石闼堰处导石湫河水入涟河以灌溉民田。《长编》卷九和《宋史·河渠志六》都有记载。⑧

仁宗景祐二年(1035)年二月,石曼卿通判海州。上任后,好友刘潜如约而至,石曼卿迎之于石闼堰,相聚后二人开怀畅饮,通宵达旦,事载沈括《梦溪笔谈·人事一》:"石曼卿

---

① 按:原文为"石秋",据文意改。《元史》卷121《博罗欢传》,第2988-2992页。
② 《元史》卷15《世祖本纪一二》,第321页。
③ [明]隆庆《海州志》卷1《舆图》,第12页。
④ [明]隆庆《海州志》卷8《杂志·古迹》,第304页。
⑤ [清]顾祖禹:《读史方舆纪要》卷22《江南四》,第1097页。
⑥ [清]嘉庆《海州志》卷12《山川考三·古迹》,第246页。
⑦ [清]顾祖禹:《读史方舆纪要》卷22《江南四》,第1096-1097页。
⑧ 《长编》卷95,真宗天禧四年五月丁卯,第2194页;《宋史》卷96《河渠志六》,第2380页。

喜豪饮，与布衣刘潜为友。尝通判海州，刘潜来访之，曼卿迎之于石闼堰，与潜剧饮。"①

哲宗元祐八年（1093）底九年（1094）初，苏颂在勘会扬州时，发现江淮发运司利用冬季农闲时节，征调民夫疏浚自楚州涟水县至海州石闼堰的一段运盐河，并开挖支家河。但经过调研发现，淮南旱灾严重，自当年十一月上旬开始，未有雨雪，官员多次祷雨皆无效，百姓无法下种冬麦。如果此时征调民夫疏浚河道，恐怕引起民愤，故上书请求暂缓执行，待明年好转后再落实。②

南宋高宗绍兴三十一年（金世宗大定元年，1161），魏胜取海州后，金人反复派兵争夺，其中一次双方就决战于石闼堰，事载《宋史·魏胜传》："金人复遣五斤太师发诸路兵二十余万来攻海州，先遣一军自州西南断胜军饷道。胜择勇悍士三千余骑，拒于石闼堰，金军不能进。"③

此后嘉庆《海州志·山川考二·水利》和《山川考三·古迹》中分别引用《读史方舆纪要》《宋史》及《梦溪笔谈》记录了"石闼堰"的地理位置，即"在州西南，或曰即石湫河上游。"④

而"石闼堰"在宋代以前及以后的史乘中皆无记载，可见"石闼堰"出现时间虽早于"石湫堰"，但只在宋季出现，且多与战事有关，故而修筑它们不仅是一项水利工程，也是一项军事防备工事。在宋金、宋元激烈的战争对抗中，正如《读史方舆纪要》中所记，早已"湮没"。

上述史料皆可以证实，石湫河就是运盐河在海州南二十里至楚州涟水河之间的一段，石闼堰在石湫河上游，石湫堰在下游，相距并不遥远，甚至有可能是在同一个位置重修而成。"石闼堰""石湫堰"已毁，"石湫河""石湫镇"亦不见后世文存，推测或改他名，或河流改道、市镇湮没后择址新建。《宋史·张子盖传》和《读史方舆纪要》皆记载，张子盖从镇江赴援海州，需先至楚州，再达涟水，后抵石湫堰，而"旧时堰水处"在"石湫镇东北"，故《读史方舆纪要》所载石湫镇在海州城南二十里，是有依据的。即使古代测距并不是那么精确，但大致范围应是正确的。而今这一距离范围内的村镇只有连云港市海州区锦屏镇，因而，是否可以大胆地推测一下，锦屏镇就是宋代石湫镇改名而来。锦屏镇的名称应该源于海州城南的锦屏山。锦屏山则由清康熙十三年（1674）知州孙明忠改青龙山而来，青龙山由明天启五年（1625）知州翁承选改朐山而来。⑤

其二是修桥铺路。明隆庆《海州志·山川》载："九洪桥：在石湫镇。宋建，石刻俱存。"⑥可见，至晚在明隆庆六年（1572），九洪桥及九洪桥碑都完好。到了清嘉庆年间，"九洪桥碑"早已不存，事载清嘉庆《海州志·金石录》：

九洪桥碑。景定四年（1263）十二月十六日，安抚使张汉英撰。

右碑在海州石湫镇。前明嘉靖中，张峰撰《州志》谓："石刻俱存。"今不可考矣，

---

① [宋]沈括著，胡道静校证：《梦溪笔谈校证》，第392页。
② [宋]苏颂：《苏魏公文集》卷20《奏乞罢起夫修支家河》，文渊阁《四库全书》第1092册，第275页；曾枣庄、刘琳主编：《全宋文》第61册，第60页。
③ 《宋史》卷368《魏胜传》，第11455-11462页。
④ [清]嘉庆《海州直隶州志》卷12《山川考二·水利》，第220页；《山川考三·古迹》，第244-245页。
⑤ [清]嘉庆《海州直隶州志》卷12《山川考一·山》，第183页。
⑥ [明]隆庆《海州志》卷2《山川》，第35页。

姑著其目于此。①

九洪桥亦不存,嘉庆《海州志·山川考二·水利》载:

> 九洪桥。《张志》:"宋建,石刻俱存。"《陈志》:"在石湫镇,去州南二十里。宋景定四年十二月十六日,安抚使张汉英修,以泄沂、沭之水入海。今久废。"②

其三是修官舍。清嘉庆年间曾在州衙后的瓦砾中获"景定残砖"一块,事载嘉庆《海州志·金石录》:

> 景定残砖。文曰:"□定□年,张安抚(下缺)"
> 右砖于海州官廨后瓦砾中得之。案:《宋史·理宗纪》:"景定三年,诏知海州张汉英带行遥郡刺史、马步军副总管、带行环卫官。"所称张安抚当即汉英,疑景定中砖也。③

张汉英于理宗景定三年(1262)八月前后知海州,"景定残砖"铭文中的"□定"应为"景定"。砖上铭文有阴文、阳文之分,制作形式有模印、戳印或刻画等方法,④这些信息决定了砖上的铭文是制砖时就刻画好的,还是后期刻画上去的。嘉庆《海州志》记载的铭文残砖可能只有一块,若有大量发现,必定大书特书。故最有可能是该铭文残砖所属建筑物竣工之时,为了纪念而后来刻画上去的。所以,"景定残砖"铭文中的"□年",只可能是张汉英知海州期间的二、三或四年。

张汉英所迁"马步军副总管"之职,隶属"淮南东路安抚制置司",全称为"淮南东路安抚制置司马步军副总管",故残砖上称张汉英为"张安抚"。

从度宗咸淳三年(1267)至九年正月战死,张汉英以京湖安抚制置司都统制守樊城,隶知襄阳府兼京西安抚副使吕文焕部。在被元军围困期间,张汉英采取了很多办法以求解围,如募得善潜水者,携带密信,设法从水路潜出求援,但失败了;募得死士三千人,在京湖使统制张顺、张贵兄弟俩的带领下,造战船百艘,设法冲出水路重围,但因元军水军布舟蔽江,兄弟俩皆战死。在坚守了四五年后,于咸淳九年(1273)正月十三日,樊城被元军攻陷。张汉英与都统制范大顺、牛富等将领皆战死。⑤

南宋度宗咸淳五年/元世祖至元六年己巳(1269)

【元海州万户:王昔剌】

王昔剌(?—1279),赐名昔剌拔都,保定(今河北省保定市)人。累功至武卫亲军千户。历官海州万户,东川行枢密院同签,兵镇万州。卒于军。《元史》卷一六六本传载:

> 王昔剌,保定人。初事世祖,以其有勇略,遂赐名昔剌拔都。从攻钓鱼山及阿里

---

① [清]嘉庆《海州直隶州志》卷28《金石录》,第471页。
② [清]嘉庆《海州直隶州志》卷12《山川考二·水利》,第224页。
③ [清]嘉庆《海州直隶州志》卷28《金石录》,第471页。
④ 张家超:《明代"淮安府海州"铭文城砖探析》,《江苏地方志》2019第2期,第82-86页。
⑤ [宋]周密:《齐东野语》卷18《二张援襄》,文渊阁《四库全书》第865册,第828-830页;[宋]周密撰,黄益元校点:《历代笔记小说大观·齐东野语》,上海:上海古籍出版社,2012年,第196-197页。

不哥,累功赐金符,授武卫亲军千户。中统三年(1262),从征李璮于济南,屡捷。四年春,元帅阿术驻兵河南,遣昔剌将蒙古、汉军复立宿州。至元六年(1269),赐虎符,升海州万户。引兵攻盐林山寨,多所俘获。十年,授东川行枢密院同金。十五年,征夔府有功。十六年,徙镇万州,卒于军。

子二:曰宏,曰宁。宏先佩金符,为左卫千户。及枢密院拟宁袭武职,宁让其兄宏,于是授宏中卫都指挥使,佩父虎符,而以宁代宏为千户,佩金符。宁从阿剌台、憨合孙北征,追击脱脱木儿之军于阿纳秃阿之地。师还,又从别急里迷失等击贼外剌,斩首百余级。复从忽鲁忽孙北征有功。升右卫亲军总管,后改前卫都指挥使司金事。子处恭袭宏职,仕至侍御史。①

王昔剌为海州万户时间在元世祖至元六年至十年(1269—1273)。清嘉庆《海州志·职官表三·武秩》载:"(元海宁州安东州分镇万户)王昔剌。见《元史》。"与《元史》"升海州万户"不符,此时,海州尚未改海宁州。

南宋度宗咸淳七年/元世祖至元八年辛未(1271)

【朐山县主簿:陈蹇】

陈蹇(1240? —1278),字肇芳,一字伟节,南宋饶州安仁(今江西省鹰潭市余江区)人。度宗咸淳元年乙丑(1265)阮登炳榜进士,与其父陈诗川同榜,初调滁州司户参军。历荆阃粮料院,朐山主簿,宗正寺簿,太府寺丞,江东安抚使等职。因兵败自刭。著有《鹤心集》。《宋史》卷四五四本传载:

陈蹇,字肇芳,一字伟节,饶州安仁人。父诗川,以武功补沭阳令。咸淳元年(1265),父子同举进士。调滁州司户参军。父丧免,改荆阃粮料院,又以母忧去。调朐山主簿。制置使印应雷辟入幕。德祐元年(1275)秋,胶澼海道归杭,授南安军教授,不就,还家。

蹇少与谢枋得游,会枋得起兵安仁,首拔入幕。执安仁令李景。景,蹇里人也。景请得以家资二万赎罪,蹇曰:"普天之下,莫非王土。家财独非朝廷钱耶?"声其罪斩之。景子率乡民五千报怨,胶度势不敌,引兵趋信州。会守吏遁去,蹇闻于朝,就摄郡事。

益王即位(1276),蹇入觐,迁宗正寺簿、太府寺丞、领江东安抚使。出上饶,接应郡县,所部才千余人,屯火烧山。越数月,战溃,被执至豫章,元帅怜其才,羁縻馆留之,遁去。后三年复起兵,寻败入积烟山中,自刭死。所著有《鹤心集》,其诗多讥刺当时之士大夫。弟年同时被执,死焉。②

陈蹇调朐山主簿是在父母先后去世服丧完毕后(按传统礼制,最多要服丧六年);又期间在荆阃粮料院任上一段时间,因此陈蹇调朐山主簿时间至早在度宗咸淳七年(元世

---

① 《元史》卷166《王昔剌传》,第3911-3912页。
② 《宋史》卷454《陈蹇传》,第13348页。

祖至元八年,1271)。又德祐元年(1275)秋归家,故离任朐山主簿至晚在恭帝德祐元年(元世祖至元十二年,1275)秋。嘉庆《海州志·职官表一》载:"朐山主簿。陈牽,度宗咸淳元年与父诗川同举进士,调是官。见《宋史》。"

陈牽生卒年不详。正常情况下,进士及第在二十五岁左右,可知陈牽大约出生于理宗嘉熙四年(1240)前后;去世时间在"益王即位""后三年",益王即端宗赵昰(1269—1278),即位时间为德祐二年(1276)五月,"后三年"即端宗景炎三年(1278)。

陈牽所著《鹤心集》今已不存,仅于度宗咸淳六年所撰《重建石建寺碑记》存世,现收录于《全宋文》:

> 咸淳庚午秋,石建寺僧大靖扬其祖师如镐中兴之绩,介石张公程命请记于余。靖之言曰:"寺肇自唐光化中,熙宁时李日新重建之。历年多,屋老且压,赖同里长者之力,寺得不废。我祖主持发宏愿,嘉熙庚子构法堂,壬寅构钟楼饭堂,癸卯构中门,丙午构大雄殿,甲寅构明阁等楼及圣僧两庑。凡十有五载乃成,以俟来哲请记焉。"靖之来也,予嘉其意之诚,则告之曰:"中兴美名也,而中者末之渐,兴者衰之复,日中则昃,阳极而阴,理固然也。矧释氏处四民之外,不自食其力,得之易,守之难,宁知其难欤? 老石蹲虎泉如建瓴,青山白云,截断世谛。请诸佛子入是关,视予记而熟读,宁尔猷,毋缚尔律;出是关,顾予记而深思,谨尔行,毋破尔戒。毋为如镐羞,使中兴之美常保,则斯记其有助乎。"①

南宋度宗咸淳九年/元世祖至元十年癸酉(1273)

【朐山县令:陈炤】

陈炤(1220—1275),字光伯,南宋常州(今江苏省常州市)人。度宗咸淳元年乙丑(1265)阮登炳榜进士,初授丹徒县尉。历两淮制置司参议官,大军仓曹,寿春府教授,知邵武军建宁县。复入帅幕,改知朐山县,仍兼主管机宜文字。蒙元大军攻常州,以通判常州战死,追赠朝奉大夫、直宝章阁。《宋史》卷四五〇本传载:

> 陈炤,字光伯,常州人。少工词赋,登第,为丹徒县尉,历两淮制置司参议官、大军仓曹、寿春府教授。复入帅幕,改知朐山县,仍兼主管机宜文字。寻丁母忧归。
>
> 北兵至常,常守赵与鉴走匿,郡人钱訔以城降。淮民王通居常州,阴以书约刘师勇,许为内应。朝议乃以姚希得子訔知常州。师勇复常州,走钱訔,执安抚戴之泰等,遂迎訔以入。訔以炤久任边知兵,辟为通判。或谓炤曰:"今辟难有辞矣。"炤曰:"乡邦沦没,何可坐视,与其偷生而苟全,不若死之愈也。"遂墨衰而出。凡可以备御者,无不为之。
>
> 訔入常甫十余日,大军攻常,炤等率义兵战御,自夏徂冬不能下。以功加带行提辖文思院。常将张彦攻吕城,兵败而降,因尽言常城中虚实,遂急攻之。炤等昼夜城守,招之不下。丞相伯颜自将围其城,炤与訔持以忠义,协力固守。再加訔太府寺

---

① 曾枣庄、刘琳主编:《全宋文》第358册,第24-25页。

丞,炤干办诸军粮料院,常将士皆转五官。城益急,常兵阻壕水为陈,矢尽亦不降。城破,訔死之,炤犹敛兵巷战,家人请曰:"城东北门围未合,可走常熟入临安也。"炤曰:"去此一步,非死所矣。"日中兵至,死焉。事上,追赠訔龙图阁待制,希得赠太师,炤直宝章阁,并官其子。①

另外,元人虞集《道园学古录》卷四四载有《陈炤小传》,更为详尽地记述了陈炤的生平:

  陈炤,字光伯,毗陵人。少游郡庠,有声,三领乡荐,登咸淳乙丑(1265)进士第,年已四十六,调丹阳尉。淮东帅印应雷素知其才,辟为寿春教,而留之幕府,掌笺翰,有《进琼花表》文,甚清丽,人甚称之。炤以功业自许,乐仕边郡,举者满数,改官知朐山县,应雷犹留之幕府。丁母忧,归毗陵。岁甲戌(1274),大元大兵渡江,江东、西守者皆已降。大兵至沙武口,冒雪繇渡至马洲,将攻常州。明年乙亥(1275),宋命故参知政事、蜀人姚希德之子訔居常,起知其州,以炤知兵起复,添差通判常州以佐之。訔、炤心知常无险,去临安近,不可守,而不敢以苟免求生。同起治郡事,率羸惫就尽之卒,以抗全盛日进之师。厉士气以守,缮城郭、备粮糗、治甲兵。炤输私财以给用,不敢以私丧失国事,身当矢石者四十余日,心力罄焉。及兵至城下,拥壕而阵,城上矢尽,不降。城且破,訔死之。炤犹调兵巷战,家人进粥,不复食,从者进马于庭,曰:"城东北门围缺,可从常熟塘驰赴行在。"炤曰:"孤城,力尽援绝而死,职分也。去此一步,无死所矣。"遣子出城求生,曰:"存吾宗之血,食勿回顾。"驱之,号泣以去。兵至,炤遂死之。宋人闻之,犹诏赠朝奉大夫、直宝章阁,与一子恩泽,下有司立庙。炤死时,有仆杨立者守之不去,北兵见而义之,缚之以归。它日,将以畀人。立曰:"吾从子得生,愿终身焉。若以畀人,则死耳。"从之至燕,得不死。往来求常州人,得僧璘者,具以炤死时事告其子孙乃已。既罢兵,丞相军士管为炤孙曰:"城破时,兵至天庆观,观主不肯降,曰:'吾为吾主死耳,不知其他。'遂屠其观。云一时节义所激如此。"炤平生多文章,兵乱后,略无存者,今惟有《进琼花表》《印应雷圹志》《应进士》等文百余篇存焉。徒观其文华者,不知其能节义如此也。子四人:应凤,早卒;应鼋、应麟,皆乡贡进士;某。曾孙显曾,今为儒。陵阳年献之曰:"舍门户而守堂奥,势已甚蹙,而訔、炤死,殆无愧于巡远。"炤之友邵焕有曰:"宋之亡,守藩方、擐甲胄而死国难者,百不一二;儒者知兵、小臣仓卒任郡寄而死,千百人中一二耳。若炤者,不亦悲夫?"史官曰:"巴延丞相之取江南,行军功簿,大小具在官府,可以计日而考之也,国朝经世大典尝次第而书之。若炤之死事,可以参考其岁月矣。"②

陈炤登进士第时间另有一说,宋人梁克家《淳熙三山志》中记为淳祐十年庚戌(1250)方逢辰榜。③

陈炤知邵武军建宁县时间在度宗咸淳九年(1273)前后,事载宋人黄震《黄氏日抄》卷三二:

  嘉定十四年(1221),知潼川府魏了翁又为横渠先生张载请谥、博士陈公益请谥、

---

① 《宋史》卷450《陈炤传》,第13251—13252页。
② [元]虞集:《虞集全集》下,天津:天津古籍出版社,2007年,第849—850页。
③ [宋]梁克家:《淳熙三山志》卷32,文渊阁《四库全书》第484册,第474页。

达礼部侍郎请谥,或明或诚,了翁入为太常少卿,定谥曰明。

右先圣谥号,及从祀,及本朝先儒封爵,皆邵武军建宁知县、三山陈炤裒类,咸淳九年癸酉(1273)九月九日刊于建宁县学。①

陈炤知朐山县时间史载不详。嘉庆《海州志·职官表一》载:"陈炤,常州人,以忧去,后殉节,赠直宝章阁。见《宋史》。"亦不详。《陈炤小传》载:"改官知朐山县,应雷犹留之幕府。丁母忧,归毗陵。岁甲戌(1274),大元大兵渡江,……将攻常州。明年乙亥(1275),……以炤知兵起复,添差通判常州以佐之。"

《江南通志》卷一五三亦载:

> 陈炤,字光伯,无锡人。元攻常州,炤以朐山令守母丧,姚訔辟为通判,墨衰协守,矢尽城陷。訔死之,炤犹敛兵巷战,败死。追赠朝奉大夫、直宝章阁。子应鼋,杜门终身,衣冠不改。②

可知陈炤在朐山令任上丁母忧,期间蒙元攻常州,因懂兵法而被州守姚訔任命为常州通判,是年为恭帝德祐元年(1275)。故可推知陈炤任职朐山令在度宗咸淳九年(元世祖至元十年,1273)至十年(元世祖至元十一年,1274)之间。

南宋恭帝德祐元年/元世祖至元十二年乙亥(1275)

| 东海州知州 | 施居文 | 西海州知州 | 丁顺 |

【东海州知州:施居文】

施居文(生卒年不详),生平史载阙,南宋恭帝德祐元年(元世祖至元十二年,1275)为东海州知州,事载《宋史·瀛国公本纪》:"(三月)甲申,大元兵至西海州,安抚丁顺降。乙酉,知东海州施居文乞降于西海州。"③

嘉庆《海州志·职官表一》载:"东海州知州。施居文,帝㬎德祐元年降元。详《纪事表》。"

【西海州知州:丁顺】

丁顺(生卒年不详),生平史载阙,南宋恭帝德祐元年(元世祖至元十二年,1275)为西海州知州,事载《宋史·瀛国公本纪》:"(三月)甲申,大元兵至西海州,安抚丁顺降。乙酉,知东海州施居文乞降于西海州。"④

嘉庆《海州志·职官表一》载:"西海州知州。丁顺,德祐元年降元。详《纪事表》。"李之亮在《宋两淮大郡守臣易替考》中引《续通鉴》卷一八一认为,丁顺知海州的时间为度宗咸淳四年(元世祖至元五年,1268)至恭帝德祐元年(元世祖至元十二年,1275)。

丁顺降元是因前一年,元廷命伯颜伐宋,右卫指挥使秃满歹率轻锐二万攻淮安。是

---

① [宋]黄震:《黄氏日抄》卷32,文渊阁《四库全书》第707册,第892页。
② 《四库提要著录丛书》编纂委员会编:《四库提要著录丛书·史部》卷230,北京:北京出版社,2010年,第309页。
③ 《宋史》卷47《瀛国公本纪》,第928页。
④ 《宋史》卷47《瀛国公本纪》,第928页。

年,从元帅孛鲁罕攻陷清河,元军大兵全线压境,海州城内无粮草,外无援兵,安抚丁顺不得不约降,时间在次年二月甲子。这点《元史》中的记载与《宋史》略有不同,《元史·世祖本纪五》载:"(元世祖至元十二年二月甲子)都元帅博鲁欢次海州,知州丁顺以城降。"可能二月是丁顺约降的时间,三月是丁顺正式投降的时间。丁顺降元后,元廷于"(四月丙寅)赐降臣丁顺等衣服。""(六月)乙丑,以涟、海新附丁顺等括船千艘,送淮东都元帅府。"①稍加奖赏后,即命令丁顺造船千艘,以备由海路南下攻宋。

南宋端宗景炎二年/元世祖至元十四年丁丑(1277)

【海州知州(未知海州,知梅州):缪朝宗】

缪朝宗(? —1277),生平史载简略,主要见文天祥作《集杜诗·缪朝宗(第一百一十六)》序,该诗是文天祥为纪念缪朝宗战死而作,收录于《文山集》卷一六《别集》:

> 环卫官、知梅州缪朝宗,淮人。有意气。尝为常熟邵氏客,从余于平江。予归福安,自婺间道来相从,精练干实,孜孜奉公。军府器械,悉出其手。空坑之败,自经于山间,哀哉。
>
> 空荒咆熊黑(课伐木),摧残没藜莠(枯栖)。平生江海心(破船),其人骨已朽(喜雨)。②

乾隆《淮安府志·人物》点校时按语道:"文山诗序本作知梅州,《文献志》及正德、隆庆二志皆同。自《天启志》作知海州,③于是《康熙志》及《江南通志》④皆沿其误。字形相近,传写之过,宜从旧本。"⑤此时海州已在蒙古军的控制之下,故可知缪朝宗知梅州,而非知海州。

第三节 元朝时期海宁州职官题名考述

元世祖至元二十一年甲申(1284)

【沭阳县令:李公懋】

李公懋(生卒年不详),生平史载阙,任职海州沭阳县令仅见其父李伯祐《侍卫亲军都

---

① 《元史》卷8《世祖本纪五》,第163、166、168页。
② 按:原文为"常熟邻氏""喜晴",从校注改。参见张福清校注:《宋代集句诗校注》,上海:上海古籍出版社,2013年,第627页。
③ [明]宋祖舜修,方尚祖纂;荀德麟、刘功昭、刘怀玉点校:《天启淮安府志》下,北京:方志出版社,2009年,第754页。
④ 《江南通志》卷150《人物志》,文渊阁《四库全书》第511册,第458页。
⑤ 淮安市地方志办公室编;[清]卫哲治修,叶长扬纂;荀德麟点校:乾隆《淮安府志》卷22《人物》,北京:方志出版社,2008年,第1048-1049页。

指挥使李公神道碑》,收录于元人姚燧《牧庵集》卷一九,其中有"男十五人:珣、瑜、珍、琮、瑄、瑾、公懋、珏、璇、瑜、璨、珪、琳、瑀、琦。……公懋,沭阳令。"①可知李伯祐神道碑撰写之时,李公懋尚在任。而神道碑仅载李伯祐"以至元某年月卒,年八十三,葬某地",并未明确指明李伯祐去世时间。又元世祖中统三年(1262),李伯祐协助平叛李璮,李璮兵败投水而死后,"公既讫赏,遂致事。"若按常规致仕年龄六十岁算,李伯祐享年八十三,则去世时为至元二十一年(1284)。可推知李公懋任职海州沭阳令时间在元世祖至元二十一年(1284)前后。

元世祖至元二十二年乙酉(1285)

【海宁州知州:臧梦解】

臧梦解(?—1335),字鲁山,庆元(今浙江省丽水市庆元县)人,一说鄞县(今浙江省宁波市鄞州区)人。② 南宋末年进士,未官而南宋亡。历奉训大夫、婺州路军民人匠提举,知海宁州,同知桂阳路总管府事,奉议大夫,广西、江西、浙东肃政廉访副使,广东肃政廉访使等职。以亚中大夫、湖南宣慰副使致仕。《元史》卷一七七本传载:

> 臧梦解,庆元人,宋末中进士第,未官而国亡。至元十三年(1276),从其乡郡守将内附,授奉训大夫、婺州路军民人匠提举。未几,例革其所司,而浙东宣慰司举梦解才兼儒吏,可试州郡,朝廷是之,授息州知州;未行,改知海宁州。
>
> 时淮东按察副使王庆之,按行至其州,见梦解刚直廉慎,而学有渊奥,自任职以来,门无私谒,官署萧然,凡有差役,皆当其贫富,而吏无所预。于是民以户计者,新增七百六十有四;田以顷计者,新辟四百四十有三;桑柘榆柳,交荫境内,而政平讼简,为诸州县最。乃举梦解才德兼备,宜擢清要,以展所蕴。而御史台亦以其廉能,抗章荐之。
>
> 二十七年(1290),梦解满去者至是已五年矣。属江阴饥,江浙行省委梦解赈之。梦解不为文具,皆躬至其地,而人给以米,所活四万五千余人。江南行台治书侍御史苟宗道,闻而题之,举其名上闻,除同知桂阳路总管府事。三十年,擢奉议大夫、广西肃政廉访副使。故事,烟瘴之地,行部者多不躬至,而梦解咸遍历焉。遂按问宾州、藤州两路达鲁花赤,与凡贪官奸吏,置于法者无虑八十余人。又平反邕州黄霆被诬赃罪,及藤州唐氏妇被诬杀夫罪,凡两冤狱。
>
> 大德元年(1297),迁江西肃政廉访副使。有临江路总管李偊,素狡狯,而又附大臣势,以控持省宪,梦解按其赃罪,而一道澄清。六年,迁浙东肃政廉访副使。九年(1305),除广东肃政廉访使。梦解至是,既老且病,乃纳禄退居杭州,以亚中大夫、湖南宣慰副使致仕。后至元元年(1335)卒。

---

① [元]姚燧:《牧庵集》卷19《侍卫亲军都指挥使李公神道碑》,文渊阁《四库全书》第1201册,第607-610页;[元]姚燧:《牧庵集》卷19《侍卫亲军都指挥使李公神道碑》,王云五主编:《丛书集成初编》,上海:商务印书馆,1936年(民国25年),第247-250页。

② [明]凌迪知:《万姓统谱》卷51,文渊阁《四库全书》第956册,第783页。

梦解博学洽闻，为时名儒，然不少迂腐，而敏于政事，其操守尤为介特。所著书，有《周官考》三卷、《春秋微》一卷。梦解尝自号鲁山大夫，士之称之者，不以官，皆曰"鲁山先生"云。①

据"二十七年(1290)，梦解满去者至是已五年矣"可知臧梦解离任海宁州知州已经五年了，依此推知，臧梦解离任海宁州知州时间在元世祖至元二十二年乙酉(1285)。因是"满去者"，即任满三年后历任，则其初任时间在元世祖至元二十年癸未(1283)。清乔绍傅纂《古朐考略》卷二《职官考》节《元史》本传。②清嘉庆《海州志·职官表一》载："海宁州，达噜噶齐，知州。臧梦解，世祖至元十三年任，有传。"有误，可能依据为至元十三年(1276)，臧梦解始仕元，"未几"，知海宁州。卷二一《良吏传一·牧令》亦节《元史》本传。

臧梦解为人刚直廉慎、学有渊奥，知海宁州期间，为民做了不少实事，政绩突出，淮东按察副使王庆之及御史台都因其德才兼备而加以举荐。此后，任职多地，皆有政声，被誉为"循吏""名宦"。③

臧梦解亦能够察举人才，知人善任。大德二年(1298)，在江西肃政廉访副使任上，上书推荐吉安人王天与担任临江路儒学教授。《尚书纂传》提要载："《尚书纂传》四十六卷，元王天与撰。天与，字立大，梅浦人。大德二年，以荐授临江路儒学教授。盖天与为赣州路先贤书院山长，时宪使臧梦解以是书申台省，得闻于朝，故有是命也"；④大德六年至八年，在任浙东肃政廉访副使期间，曾举荐德祐中进士宜兴人蒋捷。《江南通志·人物志》载："蒋捷，字胜欲，宜兴人。德祐中进士。元初，晦迹不仕。大德中，宪使臧梦解、陆垕俱荐其才，不就。博学工词，学者称竹山先生。"⑤

臧梦解还非常重视学校教育，在多地任职期间，不仅为增修校舍亲力亲为，还为新建书院书丹碑文。

元世祖至元二十九年(1292)秋至元成宗元贞二年(1296)春，广西灵川县学宫重修，落成后，时任同知桂阳路总管府事的臧梦解为之作《重修灵川学记》。⑥

臧梦解在广西肃政廉访副使任上，为桂林府学"释奠图"墨本重刻于石作记文《重镌桂林府学释奠图记》⑦；重修府学时，又为之作记，载《广西通志·学校·桂林府》："大德

---

① 《元史》卷177《臧梦解传》，第4128-4130页。
② [清]乔绍傅纂：《古朐考略》卷2《职官考》，张卫怀等点校，连云港市地方志编纂委员会办公室编：《连云港历史文献集成》(第3辑)，扬州：广陵书社，2021年，第21-30页。
③ [清]嵇曾筠：《浙江通志》卷168《人物三·循吏二·宁波府》，文渊阁《四库全书》第523册，第450页；[明]李贤：《明一统志》卷38《浙江布政司·杭州府·名宦》，文渊阁《四库全书》第472册，第962页；卷83《广西布政司·桂林府·名宦》，文渊阁《四库全书》第473册，第749页；卷85《南宁府·名宦》，文渊阁《四库全书》第472册，第962页；《江南通志》卷147《名宦二·总辖》，文渊阁《四库全书》第523册，第22页；[清]金鉷：《广西通志》卷65《名宦》，文渊阁《四库全书》第567册，第77页。
④ [元]王天与：《尚书纂传》提要，文渊阁《四库全书》第62册，第588页。
⑤ 《江南通志》卷168《人物志·隐逸·常州府》，文渊阁《四库全书》第511册，第840页。
⑥ [清]汪森：《粤西诗载》卷26，文渊阁《四库全书》第1466册，第88-89页；[清]汪森编辑，黄盛陆等校点：《粤西文载校点》第2册，桂林：广西人民出版社，1990年，第261-262页；曾桥旺编著：《灵川历代碑文集》，北京：中央文献出版社，2010年，第26-28页。
⑦ [清]汪森：《粤西文载》卷26，文渊阁《四库全书》第1466册，第89页。按：原文为"曩为金陵学官时"，无落款，皆从寄小文改。参见寄小文：《"桂学"出处钩辑心得》，《广西教育学院学报》2018年第5期，第16-18页。

初,鲁师道复以释奠图墨本锓石,树于明伦堂,臧梦解记。……大德三年(1299),副使臧梦解重修,增祀晦庵、横渠、南轩、东莱,因易其额,并列乡贤于左右,史格祠建在肃容堂之东,至是,亦敝于风雨。"①

浙江鄞县"鄮山书院"初修于大德二年,后重修于大德七年。大德十一年(1307),袁桷撰文,邀请之前担任过浙东肃政廉访副使的臧梦解书丹,刻碑立石,碑文收录于袁桷《延祐四明志·学校考》。②

臧梦解博学洽闻,为时名儒,除著书立说、撰写碑刻记文之外,尚善诗赋,惜今多已不存,仅发现诗一首、歌谣一首、座右铭四则,散落于元明清文人文集中,兹录如下:

《送则平使安南》

玉节金函志气雄,紫泥犹带朵云红。中郎笑揽皇华辔,南越欢迎御史骢。为说葵倾知向日,谁云草偃不从风。折冲尊俎吾儒事,伫看梯航万国同。③

《直沽谣》

杂沓东入海,归来几人在!纷纷道路觅亨衢,笑我蓬门绝冠盖。虎不食堂上肉,狼不惊里中妇。风尘出门即险阻,何况茫茫海如许!去年吴人赴燕蓟,北风吹人浪如砥。一时输粟得官归,杀马椎牛宴闾里。今年吴儿求高迁,复祷天妃海上船。北风吹儿坠黑水,始知溟渤皆墓田。劝君陆行莫忘莱州道,水行莫忘沙门岛。豺狼当路蛟龙争,宁论他人致身早!君不见,贾人剖腹藏明珠,后来无人鉴覆车!明年五月南风起,犹有行人问直沽。④

臧梦解有座右铭四则,收录于元人周南瑞《天下同文集》卷三二《铭》:

"硬著脊梁":这脊梁,铁铸成。广平骨,汲黯身。曾强项,批颔鳞。肯折腰,揖贵人。台中评,谓我倾。我自我,卿自卿。

"净洗眼睛":这眼睛,照胆镜。见谁家,穷百姓。取嗔谁,奸贪佞。看不差,定定定。江月明,秋水莹。本无垢,洗更净。

"牢踏脚跟":这脚跟,如山立。立得牢,踏得实。直道中,拔不出。幸门里,拽不入。持一正,御万术。不退转,坚固力。

"紧缚肚皮":这肚皮,忍得饥。众肥甘,我糠糜。将军腹,宽十围。贪取败,脂燃脐。平生事,百瓮齑。咬菜根,事可为。⑤

另有刘濩(字声之)赠臧梦解五言古诗一首《赠臧鲁山廉访》:

---

① [清]金鉷:《广西通志》卷37《学校·桂林府》,文渊阁《四库全书》第566册,第93-95页。
② [元]袁桷:《延祐四明志》卷14《学校考》,文渊阁《四库全书》第491册,第558-560页;[元]袁桷著:《清容居士集》卷18,杭州:浙江古籍出版社,2015年,第501-502页;袁桷撰:《清容居士集》第6册,王云五主编:《丛书集成初编》,上海:商务印书馆,1936年(民国25),第318-319页。
③ [明]孙原理:《元音》卷10,文渊阁《四库全书》第1370册,第545页。
④ [清]陈焯:《宋元诗会》卷70,文渊阁《四库全书》第1464册,第313-314页。按:《宋元诗会》记文与天津史乘略有不同,个别字从文意改。原文为"南风吹人浪如底""北风吹魂坠黑水"。参见天津市地方志编修委员会编著:《天津通志》旧志点校卷中《天津县志》卷22《艺文志》,天津:天津社会科学院出版社,2001年,第236页。韩嘉谷著:《天津古史寻绎》,天津:天津古籍出版社,2006年,第267-268页。
⑤ [元]周南瑞:《天下同文集》卷32,文渊阁《四库全书》第1366册,第664-665页。按:杭州出版社版记文大有不同,参见王国平主编:《杭州文献集成》第9册《武林掌故丛编》第9集,杭州:杭州出版社,2014年,第233页。

肃政光华远,清台启拟公。节移梅岭北,轺发桂江东。楮帐筛寒月,椰杯鼓朔风。庾童空挟杖,贫病不装猴。徼俗三年问,威名百郡雄。星芒垂洴洛,雪色照宾铜。敷教有虞庙,讲经夫子宫。端严钽犷庚,易直牖倥侗。吏滑加笞竹,官贪解印红。冤销千禍父,恩洽万黄童。花缦戏冬暖,瓠笙吹岁丰。仁频苞嫩绿,古辣酿轻蓬。象迹烟中蝶,鲸波雨外蓬。夷珠人有斛,粤布我无筒。剖决心如水,驱驰鬓已骢。六条方奏最,四牡欲歌功。为有澄清志,迟输献纳忠。织云添衣绣,鞭霆亦乘戎。楚尾吴头会,三湘七泽通。天文恢翼轸,地盖接潭洪。牙纛联分政,旄旗列总匆。鸷争肥似雁,黑搏猛于熊。怀璧枉无罪,见金忘有功。化源安溷溷,狱市积匆匆。大器能绳物,先声已击蒙。道傍豺果避,窟底兔几空。勿珥终凶笔,毋关报怨弓。左馔并右粥,后稷更先种。采菊赋归老,爱莲无极翁。理明轻势利,语妙入盲聋。文祖欧阳古,诗宗鲁直工。挽回铅椠习,超出簿书丛。顾盼山须动,揄扬石可砻。羽仪倾振鹭,啄䂔遍哀鸿。念昔初腾踏,时方息战攻。考工崖黯黯,试累海昽昽。赤带彼三百,素丝兹五总。稳行阜剑阁,善纳小云梦。甲子从头数,冠绅进秩穹。阶兰香浣露,田玉气嘘虹。世或探斯彀,吾宁特尔犝。察鱼应小慧,听蚁岂真聪。静躁聆徽外,刚柔省毂中。江湖归独步,宇宙涉丹衷。德骥曾思附,仙舟偶未同。耐寒衣故白,好古佩仍葱。梦枕频鲜荔,羁帆几落枫。泥涂龟各曳,霄汉凤稀冲。励操期霜柏,吞声等蘙桐。渐忘身显晦,得究学初终。韩子哦双鸟,庄生感二虫。乐莘晞衍,怃杞笑怔怔。选举翳唐盛,方闻及汉崇。贡琛凌渤澥,怀组际穹窿。谷欠防饥敛,盐因析利笼。骇民牛觳觫,虚士鹤氄毧。醹醆需耆俊,饔飧给老癃。会看杨绾贵,不计孟郊穷。温井觇阳长,明奎卜道隆。斫辞规爱助,华发尚狂佣。①

元成宗元贞二年丙申(1296)

【海宁州知州:赵霁】

赵霁(生卒年不详),生平史载阙。历知邳州、海宁州等职。

赵霁知邳州时间在元成宗至元三十一年(1294)前后,事载《元典章》五三《刑部十五》:

> 大德三年(1299)八月,御史台据河南道廉访司申:"车秀于至元三十一年(1294)十二月二十七日告邳州官吏不公。十二月二十八日,本州官吏以贴书曹国政等告车秀毁骂州官,凭彭诚等指证,取招,枷项号令,加重杖断五十七下身死,前后情节。中

---

① [清]顾嗣立:《元诗选》三集卷4《刘濩声之集》,文渊阁《四库全书》第1471册,第324-325页。按:清人汪森《粤西诗载》及今人校注本皆认为该诗为元人王士熙所作,误;个别字词略有不同。参见[清]汪森:《粤西诗载》卷20,文渊阁《四库全书》第1465册,第328-329页;金石声编注:《粤西诗载篇目及作者简介》,桂林:广西壮族自治区图书馆印,1981年(内部资料),第365-366页;[清]汪森编辑,桂苑书林编辑委员会校注:《粤西诗载校注》第6册,桂林:广西人民出版社,1988年,第174-175页。《宋元诗会》在臧梦解条下题名为《刘濩赠臧鲁山廉访诗附见》,文字多有不同且有漏句。参见[清]陈焯:《宋元诗会》卷70,文渊阁《四库全书》第1464册,第314页。

间罗织,因而致伤人命。今后,凡言告官吏不公之人,所犯被告官吏并合回避。呈奉中书省札付,送刑部议得:邳州达鲁花赤秃鲁述失、知州赵霁既无取到招伏,钦遇诏恩,别无定夺,都省准拟。议得:凡言告官吏不公之人,所犯被告官吏理宜回避。仰照验施行。"①

赵霁知海宁州时间在元成宗元贞二年(1296),事载嘉庆《海州志·职官表一》:"海宁州知州。赵霁,成宗元贞二年任。见明《淮安府志》。"离任时间当在元成宗大德三年(1299)。

元成宗大德三年己亥(1299)

【海宁州知州:可温】

可温(生卒年不详),生平史载阙,元成宗大德三年(1299),任海宁州知州,事载清嘉庆《海州志·职官表一》:"(元海宁州知州)可温,成宗大德三年任。见明《淮安府志》。"

另,也里可温在元代初期出现为蒙古人对天主教徒的称呼,常常与"僧、道、答失蛮、木速蛮、畏吾儿"等连用。如元世祖中统三年(1262)三月,向也里可温、维吾尔等征兵;至元元年(1264)正月,撤销过去的免租税政策,开始重新征税。二事载《元史·世祖本纪二》:

> (元世祖中统三年三月)己未,括木速蛮、畏吾儿、也里可温、答失蛮等户丁为兵。
>
> (元世祖至元元年正月)癸卯,命诸王位下工匠已籍为民者,并征差赋;儒、释、道、也里可温、达失蛮等户,旧免租税,今并征之;其蒙古、汉军站户所输租减半。②

单独为也里可温制定政策时常简称可温,如元成宗大德元年(1297)正月,因饥荒而给也里可温种田户耕牛,此时用的是"可温",事载《元史·成宗本纪二》:

> (元成宗大德元年正月辛卯)诸王阿只吉驻太原,河东之民困于供亿,诏诘问之,仍岁给钞三万锭、粮万石。给晋王所部屯田农器千具。建五福太乙神坛时。汴梁、归德水,木邻等九站饥,以米六百余石赈之。给可温种田户耕牛。③

因而,推测清嘉庆《海州志》引明《淮安府志》的内容有误,即该年为海宁州知州的职官姓名不是"可温","可温"极有可能表明该官员为也里可温人。若如此,则为元代职官制度中任命也里可温人担任州郡主管提供了新的史料,但仍需其他新的史料来佐证。

元仁宗至大四年辛亥(1311)

海宁州知州	魏荣	朐山县达鲁花赤	沙的(又译名实迪)
徐渎盐场司令	蔡氏		

---

① 转引自彭勃、徐颂陶主编:《中华人事行政法律大典》,北京:中国人事出版社,1995年,第702-703页。
② 《元史》卷5《世祖本纪二》,第83、95-96页。
③ 《元史》卷19《成宗本纪二》,第408页。

元仁宗皇庆元年壬子(1312)

海宁州知州	魏荣	徐渎盐场司丞	杨氏(进义校尉)
海宁州同知	冯氏(承务郎)	徐渎盐场管勾	王氏
海宁州判官	孙良佐(忠翊校尉)	朐山县达鲁花赤	沙的、教化的(又译名嘉珲达)
海宁州儒学学正	李师道	朐山县主簿	程氏(将仕郎)
海宁州吏目	王国安、葛良	朐山县尉	刘氏
海宁州司吏	蔡滋、张瑛、彭克温、王基、叶廷琇、陈铨、王荣	朐山县典史	潘遐、张景
海宁州学吏	尹大民	朐山县儒学教谕	游浚
海宁州税务官	赵氏(提领)、高氏(大使)、张氏(副使)	朐山县司吏	徐秀、李良、孙诚、郁文达、徐礼、薛应祥
海宁州打捕提领	王钦、颜克仁、黄庆归	朐山县巡尉司	郑恭
海宁州中官医提领所	郭氏(管勾)、许显祖	赣榆县达鲁花赤	小云失不花
海宁州安东州分镇达鲁花赤	帖木儿不花	赣榆县主簿	冯氏(将仕郎)
海宁州安东州分镇万户	魏氏(昭信校尉)	赣榆县尉	王氏
海宁州安东州分镇千户	刘氏(忠翊校尉)	赣榆县儒学教谕	徐仁溥
板浦盐场司令	孟氏(敦武校尉)	赣榆县巡尉司	王开、马麟
临洪盐场司令	苑氏(承事郎)	赣榆县椿积仓官	范渊、孙荣、卢文炳、戴奎
临洪盐场司丞	宋氏(将仕郎)	赣榆县司吏	王廷瑞、杨得、颜润、李元
临洪盐场管勾	王氏	沭阳县达鲁花赤	某(进义校尉)
临洪盐场盐运	宁渊	沭阳县尹	孙氏(忠翊校尉)
莞渎盐场司令	潘氏(承事郎)	沭阳县尉	塔海
莞渎盐场司丞	万氏(进义校尉)	沭阳县典史	陶荣
莞渎盐场管勾	文氏	沭阳县司吏	王岳、周士贵、王锓、刘泓
徐渎盐场司令	田氏(忠诩校尉)	沭阳县巡尉司	卢峨

元仁宗皇庆二年癸丑(1313)

海宁州知州	魏荣	徐渎盐场司丞	杨氏(进义校尉)
海宁州同知	冯氏(承务郎)	徐渎盐场管勾	王氏
海宁州判官	孙良佐	朐山县达鲁花赤	教化的(又译名嘉珲达)
海宁州儒学学正	李师道	朐山县主簿	程氏(将仕郎)
海宁州吏目	葛良、王国安	朐山县尉	刘氏
海宁州司吏	蔡滋、张瑛、彭克温、王基、叶廷琇、陈铨、王荣	朐山县司吏	徐秀、李良、孙诚、郁文达、徐礼
海宁州学吏	尹大民	朐山县典史	潘遐、张景
海宁州税务官	赵氏(提领)、高氏(大使)、张氏(副使)	朐山县儒学教谕	游浚

（续表）

海宁州打捕提领	王钦、颜克仁、黄庆归	朐山县巡尉司吏	郑恭
海宁州中官医提领所	郭氏（管勾）、许显祖	赣榆县达鲁花赤	小云失不花
海宁州安东州分镇达鲁花赤	帖木儿不花	赣榆县主簿	冯氏（将仕郎）
海宁州安东州分镇万户	魏氏（昭信校尉）	赣榆县尉	王氏
海宁州安东州分镇千户	刘氏（忠翊校尉）	赣榆县儒学教谕	徐仁溥
板浦盐场司令	孟氏（敦武校尉）	赣榆县巡尉司吏	王开、马麟
临洪盐场司令	苑氏（承事郎）	赣榆县椿积仓官	范渊、孙荣、卢文炳、戴奎
临洪盐场司丞	宋氏（将仕郎）	赣榆县司吏	王廷瑞、杨得、颜润、李元
临洪盐场管勾	王氏	沭阳县达鲁花赤	某（进义校尉）
临洪盐场盐运	宁渊	沭阳县尹	孙氏（忠翊校尉）
莞渎盐场司令	潘氏（承事郎）	沭阳县尉	塔海
莞渎盐场司丞	万氏（进义校尉）	沭阳县典史	陶荣
莞渎盐场管勾	文氏	沭阳县司吏	王岳、周士贵、王锁、刘泓
徐渎盐场司令	田氏（忠翊校尉）	沭阳县巡尉司吏	卢峨

【海宁州知州：魏荣】

魏荣（生卒年不详），字显卿，金台（今陕西省宝鸡市）人，生平史载阙。魏荣初任海宁州知州时间在元仁宗至大四年辛亥（1311）四月，事载元海宁州儒学学正李师道撰《海宁州重建庙学记碑》。该碑在清嘉庆年间尚存于海州学宫内，今已不存，碑文及碑阴功德簿记文皆收录于清嘉庆《海州志·金石录》：

> 海宁州重建庙学记碑。文曰：海宁州重建庙学记。
>
> 承务郎、两淮都转运盐使司经历分办官李居仁书丹。
>
> 奉议大夫、签江北淮东道肃政廉访司事珊竹拔辰篆额。
>
> 学校之设，自三代始，曰校、曰序、曰庠。其名虽殊，所以为教，一也。吾夫子天纵生知，大明斯道，从游三千，逮肖七十，著书立言，为万世法。帝王师之，天下祀之，以至国都、郡邑，皆置学焉。海宁近连邹鲁，昔在边陲。圣元混一区宇，偃武修文，悉为乐土。至元三十一年，钦奉诏书，孔子之道，垂宪万世。有国家者，所当宗奉。大德十一年，涣颁诏旨，追封"大成"之号。先孔子而圣者，非孔子无以明；后孔子而圣者，非孔子无以法。所谓祖述尧舜，宪章文武，仪范百王，师表万世者也。
>
> 至大辛亥四月，金台魏公奉天子命来牧是州。至谒先圣庙，肃拜庭下，仰瞻殿宇，凛焉将压，慨然自任，曰："自古盛时，化民成俗，必由乎学，容可一日阙，诸此而可阙。为政之道，果有大于此乎？"还而谋之。公帑素虚，学廪赤立。由是，第级捐俸，期于有成。儒户市民，欢然率赀相助。公乃召匠择材，指授心画，撤旧更新，物物为耐久计。每日工役，郡政公暇，必亲临而点视之。诸匠食用，官吏乐闻各出俸以供给之。旧基址狭隘，今则充拓而有尺度焉；大成殿倾圮，今则增崇而新轮奂焉。经始于壬子之冬，落成于癸丑之夏。□既而妆塑先圣颜孟十哲像。先是，戟门在泮池之南，今迁于泮池北，与两庑接。又况两庑、讲堂俱各损漏，公重加修理而并新之。凡

总费中统计钞二百锭有奇,米斗计者余五百,而增修瓦木之值不与,皆公不扰而办者也。讲堂之前,尽有余地,亦尝预为规度,起盖斋舍,不无望于嗣而葺之者。郡之士庶诣于师道,曰:"公所至之处,具有政绩。尤能以学校为重,而起废兴新;以圣道为尊,而敦教励俗。可谓知治之本矣。为士者,盖亦因是而思之,海宁孔殿,昔之废也如彼,今之兴也如此,信有关于气数,岂偶然哉!金曰:魏侯,伯仲傅公,行无忝也。托之空言,不若勒之金石。俾来游来歌者,'洋洋焉动其心,峨峨焉缨其冠'。升降揖逊者有其仪,讲明肄习者有其地。采芹藻之香,乐菁莪之秀,庶不负公之盛意,岂不韪欤?"师道曰:"然。"谨书。公名荣,字显卿。

皇庆二年七月望日记。海宁州儒学学正李师道撰。海宁州吏目王国安,忠翊校尉、淮安路海宁州判官孙良佐,奉议大夫、淮安路海宁州知州兼劝农事、提调学校官魏荣。

右碑连额高五尺三寸,广二尺六寸。篆额四行,行二字,字径四寸。文十八行,行四十七字,字径九分,真书。在今海州学宫。

海宁州重建庙学记碑阴。文曰:碑阴之记。

海宁昔号边境,实为用武之地。皇元一统,文治方新,而承流宣化,最难其人。今郡侯魏奉议,下车首诣庙学,观其殿宇损弊,将有不堪奠谒之忧。愿割己俸为倡,重新建造,以久其规。由是,各官府暨儤使,以至儒户市民交孚,群然赞助。甫一载,庙貌鼎新,孰不铭心感德而相谓曰:会百川而成海之大,积拳石以致山之高。于以知太守中流砥柱之功,于以见诸公推波助澜之力。师道滥膺省命,师正州庠,深愧不才,忻逢盛事,前已记夫岁月,兹复列其姓名,刻之碑阴,用传不朽。高邮李师道敬书。

元注疏金:海宁州知州魏奉议、同知冯承务、判官孙忠翊、吏目葛良;前朐山县达鲁花赤沙的、主簿程将仕、典史潘遐;沭阳县达鲁花赤进义、县尹孙忠翊、县尉塔海、典史陶荣、文管勾(此三字疑为衍字,将下一行莞渎浦场文管勾重录此处);赣榆县达鲁花赤小云失不花承事、主簿冯将仕、王县尉。板浦场司令孟敦武、临洪场司令宛承事、司丞宋将仕、王管勾、盐运宁渊;莞渎浦场司令潘承事、司丞万进义、文管勾;徐渎浦场司令田忠翊、司丞杨进义、王管勾、前任蔡司令。淮安路朐山县儒学教谕游浚,州司吏蔡滋、张瑛、彭克温、王基、叶廷琇、陈铨、王荣,县司吏徐秀、郁文达、李良、孙诚、徐礼、薛应祥。淮安路赣榆县儒学教谕徐仁溥,州学吏尹大民,斋长吴国宝、唐文秀、刘继善、杨煜、吴珪、刘通、阙逢春、唐文政;儒户陈君谟、刘文彬、尹耕莘、孙绅、王汝弼、吴国器、王国宁、徐仁美、夏毅、文举、朱大民、冯廷训、朱克明、郝子震、许天祐、王元节、钱镇、夏恭、赵桂、吴聚、李大用、杨昂、□子春、王英才、丁应炳、沈友实、刘器、徐国祥、时继良、刘澄、徐让、王彤、刘宗绅、刘峻、滕国瑞、王文简、赵荣、陆得新、张应纲、颜复礼、尹士衡、卞岩、刘起宗、康宁、林森、吉庆、王君、许文英、冯进源、王论、卜元吉、周子才、季应祥、牛楷、陈烈、彭裕、史胜、唐春、邱成、孙起宗、王从政、倪与雄;市民周忠信、王信、周士杰、徐安、钱昇、许璋、朱缙、魏福、朱荣、徐文。

上梁助金:海宁州知州魏奉议,海宁安东州分镇万户魏昭信、千户刘忠翊、达鲁花赤帖木儿不花昭信,朐山县达鲁花赤教化的忠显、刘县尉、典史张景。三县吏书助俸米四个月。临洪场司令苑承事、司丞赵将仕、王管勾;朐山徐秀、李良、孙诚、郁文达,巡尉司郑恭;税务官赵提领、高大使、张副使、徐礼(此二字疑为衍字,将上一行朐山县司吏徐礼误录此处);赣榆县椿积仓官范渊、孙荣、卢文炳、戴奎;沭阳王岳、周士贵、王锐、刘泓,巡尉司卢峨;打捕提领王钦、颜克仁、黄庆归,中官医提领所郭管勾、许显祖;耆老孟志才、杨文质、马成;赣榆王廷瑞、杨得、颜润、李元,巡尉司王开、马麟。诸匠王赟、唐世泉、王斌,木匠都作头赵斌、朱兴、沭阳张峪、赣榆马英,坉匠作头姜兴、沭阳施整、赣榆石坚,石匠作头刘泽、李仙、王永。

右碑阴额四字二行,八分书,字径三寸。文三十二行,真书。记中所称魏奉议,盖魏荣本奉议大夫阶也。所称承务、忠翊、将仕、管勾、司令、司丞、州司吏、县司吏、学吏、儒户、巡尉官、税务官、提领、大使、副使、打捕提领、官医提领所诸名,亦可考证当时官阶及在官人称谓之异,至载及木匠都作头、瓦匠作头,金元碑版多如此。案:《说文》无坉字。《博雅》坉,甓也。《广韵》坉,徒古切,瓶也。又口含切,瓦器。《集韵》徒故切,土瓶。今借作瓦字,亦当时俗字。谨案:钦定《元史国语解》达鲁花赤当作达噜噶齐,沙的当作实迪,小云石不花当作苏尔约苏布哈,帖木儿不花当作特穆尔布哈,教化的当作嘉珲达。①

依此可知魏荣初任元海宁州知州时为奉议大夫、淮安路海宁州知州兼劝农事、提调学校官,时间在元仁宗至大四年辛亥(1311)四月,离任时间当在立碑时间"皇庆二年七月"之后,即元仁宗皇庆二年癸丑(1313)七月之后。明隆庆《海州志·治典》:"郡守佐。元。魏荣,金台人,皇庆年间任。建庙学,名存碑记。旧志失之。"②清乔绍傅《古朐考略·职官考》载:"魏荣,金台人。皇庆中知海州,建庙学(见碑记)。"③清嘉庆《海州志·职官表一》载:"海宁州知州。魏荣,金台人,仁宗皇庆年任,见修学碑。"知海宁州时间误。

《海宁州重建庙学记碑》碑文落款及碑阴功德簿记文中所提及人名,有的只录姓和职务,不具名,除"朐山县达鲁花赤教化的(又译名嘉珲达)忠显""前朐山县达鲁花赤沙的(又译名实迪)""(海宁安东州分镇)达鲁花赤帖木儿不花(又译名特穆尔布哈)昭信"(参见各自条目)外,其余海宁州职官"同知冯承务""忠翊校尉、淮安路海宁州判官孙良佐""儒学学正李师道""吏目王国安""吏目葛良""税务官赵提领、高大使、张副使""打捕提领王钦、颜克仁、黄庆归""中官医提领所郭管勾、许显祖""海宁安东州分镇万户魏昭信、千

---

① [元]李师道:《海宁州重建庙学记碑》,[清]嘉庆《海州志》卷28《金石录》,第472—474页;[明]隆庆《海州志》卷10《词翰》,第328—332页。按:原文"(缺五字)先圣颜孟十哲像""凡(缺二字)中统计钞""谨书。",从明隆庆《海州志》改补。原文"我我焉(缺五字)揖逊",据文意及对称句式改,上句后缺三字,为"缨其冠",下句前缺二字,为"升降",其中"洋洋焉动其心,峨峨焉缨其冠"句取自唐韩愈《上宰相书》;"升降揖逊"为待人处事之礼仪,取自唐罗隐《陆生东游序》"且为余整衣冠,拜朝堂下,酌其车服礼乐之数,升降揖逊之仪,思量侯伯卿士中复有夫子罪人否。"参见[唐]韩愈著,马其旭校注,马茂元整理:《韩昌黎文集校注》上,上海:上海古籍出版社,2018年,第183—187页;[唐]罗隐:《陆生东游序》,[唐]褚遂良、倪文杰主编:《全唐文精华》,大连:大连出版社,1999年,第4181页。

② [明]隆庆《海州志》卷4《治典》,第147页。

③ [清]乔绍傅纂,张卫怀等点校:《古朐考略》卷2《职官考》,连云港市地方志编纂委员会办公室编:《连云港历史文献集成》(第3辑),扬州:广陵书社,2021年,第21—30页。

户刘忠翊",诸县职官朐山县"主簿程将仕""刘县尉""典史潘遐""典史张景""儒学教谕游浚""巡尉司郑恭""沭阳县达鲁花赤进义""县尹孙忠翊""县尉塔海""典史陶荣""文管勾""巡尉司卢峨""赣榆县达鲁花赤小云失不花(又译名苏尔约苏布哈)承事""主簿冯将仕""王县尉""儒学教谕徐仁溥""巡尉司王开、马麟""椿积仓官范渊、孙荣、卢文炳、戴奎",以及海宁州下辖诸盐场职官"板浦场司令孟敦武""临洪场司令宛承事""司丞宋将仕""司丞赵将仕"(因盐场只设司丞一员,故"赵将仕"为"宋将仕"的继任)"王管勾""盐运宁渊""莞渎浦场司令潘承事""司丞万进义""文管勾""徐渎浦场司令田忠诩""前任蔡司令""司丞杨进义""王管勾"以及海宁州及三个属县的众多司吏等皆无考。清嘉庆《海州志·职官表》皆载:"(上述职官皆)见《皇庆修学碑》。"

明隆庆《海州志·词翰》中亦载有《海宁州重建庙学记》。① 因嘉庆《海州志》载有石碑形制的具体描述,且云石碑"在今海州学宫"内,当认为碑文是根据石碑上的刻文认读的,虽然其中可能有舛误,但大致应该是准确的。而明隆庆《海州志》的记文则有多处漏记,且在几个关键时间节点上有误记。如"海宁近连邹鲁"误为"海州近连邹鲁";"至元三十一年,钦奉诏书"误为"至元三十年,钦奉诏书";在"大明斯道,著书立言"之间漏记"从游三千,速肖七十";魏荣除海宁州知州时间误记为"皇庆辛亥","皇庆"为元仁宗年号,只存在两年时间,即元仁宗皇庆元年壬子(1312)和二年癸丑(1313),无"辛亥"年,"辛亥"年为元仁宗至大四年(1311);海宁州庙学重建时间"经始于壬子之冬,落成于癸丑之夏"误记为"经始于壬申之冬,落成于癸酉之夏","壬申"为元宁宗至顺三年(1332),"癸酉"为至顺四年(1333);碑刻落款时间误将"皇庆二年七月"误记为"皇庆三十七年",等等。当然,由于立碑时间较州志纂修时间距离较远,石碑刻文残泐或漫漶不可认读现象在所难免,嘉庆志也有"缺二字""缺五字"的记载,而明隆庆志较清嘉庆志成书要早二百多年,其记文虽不能完全采信,但亦有可取之处,如清嘉庆志"(缺五字)先圣颜孟十哲像"中,明隆庆志不仅提供了四字"既而妆塑",而且后面的文字为"先圣四,配十哲像",似乎也讲得通;清嘉庆志"凡(缺二字)中统计钞"中,明隆庆志提供了这二字"总费"。

明隆庆《海州志·教典·学校》载:"儒学。在州治西,唐贞观四年(630)创建。元皇庆二年(1313),知州魏荣重修,学正李师道记。元末毁于兵。"②明太祖洪武三年庚戌(1370),知州陈德辅原址重修。六十年后又颓圮,监察御史澎勖督促知州谭广组织重建,二年后谭丁忧去;英宗正统六年辛酉(1441)秋,知州秦(失名)上任,继续修建;建成后,明英宗天顺元年(1457),学正吴俨撰《海州重修庙学记》,其中亦载有知州魏荣重修庙学事,收录于明隆庆《海州志·词翰》:"海州有学,旧矣。汉唐历宋,沿革莫究。元皇庆二年(1313),知州魏荣重修,末年兵废,过者不知其为夫子宫也。"③

【朐山县达鲁花赤:沙的】

沙的(生卒年不详),又译名实迪,生平史载阙。沙的任淮安路海宁州朐山县达鲁花

---

① [元]李师道:《海宁州重建庙学记》,[明]隆庆《海州志》卷10《词翰》,第328-332页。
② [明]隆庆《海州志》卷5《教典·学校》,第162-163页。
③ [明]吴俨:《海州重修庙学记》,[明]隆庆《海州志》卷10《词翰》,第332-336页;[清]嘉庆《海州志》卷18《学校考一·学宫》,第316-317页。

赤时间在元武宗至大四年辛亥(1311)之前,事载元海宁州儒学学正李师道撰《海宁州重建庙学记碑》碑阴功德簿记文。海宁州庙学由时任知州的魏荣重建于元仁宗皇庆二年癸丑(1313),作为前海宁州朐山县达鲁花赤的沙的提供了赞助。嘉庆《海州志·职官表一》载:"元朐山县。实迪,达噜噶齐,旧作沙的,今改正。"

【朐山县达鲁花赤:教化的】

教化的(?—1331),又译名嘉珲达,康里(元代属钦察汗国,今哈萨克斯坦共和国境内)人。历忠显校尉、淮安路海宁州朐山县达鲁花赤,同知涿州,东川路府判等职,为也速䚟儿长子。据《元史》卷一三三也速䚟儿本传载,也速䚟儿从丞相伯颜经略襄樊,战功卓著,升千户,督五路招讨。元世祖至元十六年(1279),赐金虎符,管军总管。江南平定后,以功进怀远大将军、管军万户。领江淮战舰数百艘,东征日本,全军而还。二十二年(1285),移镇泰州。大德三年(1299),以疾卒。有子七人,长子为教化的。①

教化的任朐山县达鲁花赤时间在元仁宗皇庆二年癸丑(1313)前后,事载元海宁州儒学学正李师道撰《海宁州重建庙学记碑》碑阴功德簿记文。

教化的任涿州同知时间在元泰定帝致和元年(1328)前后,事载《元史·文宗本纪一》:"(文宗天历元年十月辛卯)紫荆关兵进逼涿州,同知州事教化的调丁壮御之。"②

教化的卒于东川路府判任上,时间在元文宗至顺二年(1331)年九月,事载《元史·文宗本纪四》:"(元文宗至顺二年九月丙子)枢密院臣言:'云南东川路总管普折兄那具,会禄余兵,杀乌撒宣慰使月鲁、东川路府判教化的二十余人。'"③

【海宁州安东州分镇达鲁花赤:帖木儿不花】

帖木儿不花(1286—1368),又译名特穆尔布哈,为元世祖孙,世祖第九子镇南王脱欢第四子,武秩。累官至昭信校尉、海宁州安东州分镇达鲁花赤。元泰定帝泰定元年(1324)十月,袭封镇南王。④ 元文宗天历二年(1329)十二月,改封宣让王。⑤ 后兵镇庐州、怀庆路,进封淮王。元顺帝至正二十八年(1368),大明兵逼京师,顺帝北奔,为监国。俄京师兵败,死之。《元史》卷一一七本传载:

> 帖木儿不花,世祖孙,镇南王脱欢第四子也。初,世祖第九子脱欢以讨安南无成功,终身不许见,遂封镇南王,出镇扬州。脱欢薨,子老章袭封镇南王。老章薨,弟脱不花袭封镇南王。脱不花薨,子孛罗不花幼,帖木儿不花乃嗣为镇南王。文宗天历初,赐帖木儿不花黄金五十两、白金五十两、币三十四。二年(1329),孛罗不花已长,帖木儿不花请以其位复还孛罗不花。朝廷以其让而不居也,改封宣让王,赐金印,移镇于庐州。顺帝至元元年(1335),拨庐州、饶州牧地一百顷赐之。二年,赐市宅钱四千锭,命其王府官凡班次列于有司之右。五年,伯彦擅权,矫制贬帖木儿不花及威顺王宽彻普化。至脱脱为相,始言于帝,明此两王者皆无辜,诏令复还镇。至正十二

---

① 《元史》卷133《也速䚟儿传》,第3238页。
② 《元史》卷32《文宗本纪一》,第713—714页。
③ 《元史》卷35《文宗本纪四》,第790页。
④ 《元史》卷29《泰定帝本纪一》,第651页。
⑤ 《元史》卷33《文宗本纪二》,第745页。

年,庐州境内贼起,淮西廉访使陈思谦言于帖木儿不花曰:"王以帝室之胄,镇抚淮甸,岂宜坐视。且府中官属及怯薛丹人等数甚多,必有可使摧锋陷阵者,惟王图之。"帖木儿不花大悟其言,曰:"此吾责也。"即命以所部兵及诸王乞塔歹等,分道击贼,擒其渠帅,庐州境内皆平。帝闻之,赐金带、银钞,以赏其功。十六年,命帖木儿不花与宽彻普化以兵镇遏怀庆路,赐金银各一锭、币帛九匹、钞二十锭。既而汝、颍之寇南渡淮,帖木儿不花复以便宜,调芍陂屯军拒之。及庐州不守,乃挈身北归,留京师。二十七年,进封淮王,赐金印,设王傅等官。二十八年,大明兵逼京师,顺帝北奔,诏以帖木儿不花监国,而拜庆童中书左丞相辅之。俄而城破,帖木儿不花死之,年八十三。①

帖木儿不花为昭信校尉、海宁州安东州分镇达鲁花赤时间在元仁宗皇庆二年癸丑(1313)前后,事载元海宁州儒学学正李师道撰《海宁州重建庙学记碑》碑阴功德簿记文。嘉庆《海州志·职官表三·武秩》载:"(元海宁州)达噜噶齐。特穆尔布哈。见《皇庆修学碑》。作帖木儿不花,今改正。"但据《海宁州重建庙学记碑》碑阴功德簿记文,帖木儿不花为昭信校尉、海宁州安东州分镇达鲁花赤,而非海宁州达鲁花赤。

"帖木儿不花"应为元朝常见姓名,尤其是元廷上层贵族诸王之子常之。《元史》中还记载有多个名为帖木儿不花的人,担任要职的有三四个。

第一个为元世祖时的广东宣慰使帖木儿不花。《元史·世祖本纪八》载:"(元世祖至元十七年)七月辛丑,广东宣慰使帖木儿不花言"事。②

第二个为云南王王禅之子帖木儿不花。王禅被封为梁王后,帖木儿不花袭封云南王。元泰定帝泰定元年(1324)十月,"丁丑,缅国王子吾者那等争立,岁贡不入,命云南行省谕之。徙封云南王王禅为梁王,食邑益阳州六万五千户,仍以其子帖木儿不花袭封云南王。"③致和元年(1328)七月庚午,元泰定帝崩于上都,上都梁王王禅叛乱,《元史》卷一三八燕铁木儿本传载:"丁酉,再遣撒里不花、锁南班往中兴趣大驾早发,令塔失帖木儿设为南使云:'诸王帖木儿不花、宽彻普化,湖广、河南省臣及河南都万户合军扈驾,旦夕且至,民勿疑惧。'"④《元史·文宗本纪一》载,"(十月)庚子,以梁王王禅第赐诸王帖木儿不花。"⑤

第三个为文秩帖木儿不花,曾担任宣徽院使,翰林侍讲学士、京畿道宣抚使⑥,知枢密院事⑦,御史大夫,银青荣禄大夫⑧等职。

第四个为广宁王浑都帖木儿之子帖木儿不花。元顺帝至正十三年(1353)九月己丑,

---

① 《元史》卷117《帖木儿不花传》,第2912—2913页。
② 《元史》卷11《世祖本纪八》,第224页。
③ 《元史》卷29《泰定帝本纪一》,第651页。
④ 《元史》卷138《燕铁木儿传》,第3327页。
⑤ 《元史》卷32《文宗一本纪》,第715页。
⑥ 《元史》卷29《泰定帝本纪一》,第646、660页。
⑦ 《元史》卷31《明宗本纪》,第695页。
⑧ 《元史》卷38《顺帝本纪一》,第828、829页。

浑都帖木儿卒,次年正月壬申,袭封广宁王。①

元仁宗延祐四年丁巳(1317)

海宁州达鲁花赤	撒昔	海宁州判官	王惟范
海宁州知州	张衡	海宁州儒学学正	陈一凤　胡璋
海宁州同知	安迩		

【海宁州知州:张衡】

张衡(生卒年不详),字可道,涂阳(今安徽省马鞍山市当涂县)人,生平史载阙。张衡以奉议大夫知海宁州时间在元仁宗延祐二年(1315),事载元海宁州儒学学正陈一凤撰《海宁州创建小学记》文,收录于明隆庆《海州志·词翰》:

小学者,童子肄业之学也。三代之上,与大学比隆于天下。周纲解组,经残于秦,汉魏唐宋以来,曰四门、曰外省,诸宫院尝置而渐辍。

国朝混一,文治浸昌。自京都而郡邑,莫不有学。大小之序,寻复古制。惟兹海邦,仍陋未兴。奉议大夫张侯,膺守职之二年,德孚于民,教洽于士。既葺大学,完其废规。议建小学,以为弟子进修之地。乃经厥材,乃鸠厥工,乃畀地于大学讲堂之东。载筑载崇,刈荆剪蓬。为度正尺,立基向阳。中讲堂三间,扁额"养正"。东西两斋,倍于堂数,西名"时习",东名"日新"。架门为楼,以严启闭;缭垣为卫,以隔喧嚣。疏棂而壁,迥曦明也;级石而阶,戒陵躐也。榻丽而充,几硕而丰。资捐力募,费逾千计,侯悉仕给,不以累学。始事于丁巳(1317)秋孟,再阅月而落成。命学正胡璋兼此至善,集官子弟四十余生而授教。侯协同寅之官,监郡、奉训大夫撒昔,贰守、承务郎安迩,通倅、忠翊校尉王惟范,率诸僚佐,明文会诗,日至于是。其敦勉激励之教为何如耶! 若夫师筵宏辟,摄齐来升。诏诸童环坐,开小学之书,明小学之训。教以晦庵题辞之旨,申以鲁斋大学之言,示以立教明伦之目,证以嘉言善行之条。使其游居有常,诵习有程,舞蹈有容,揖逊有礼,坐立有序,步趋有则。事亲奉长,各有其度;隆师尚友,各有其敬。礼以制其中,乐以导其和,射以观其德,御以调其节,书以考其文,数以通其变。如是为教,岂直施于童子而已哉! 将见由童子而成人,由小学而大学,由洒扫、应对、进退,至于致知格物、诚意正心、修身齐家、治国平天下,固不难矣! 然则张侯建学之教,所以惠于海邦之人,使其子若弟均有以跻礼门、窥圣域,成美材,资世用。譬之千云之木培于萌蘖,朝宗之水浚于发源,其功顾不懋与! 既而,胡璋德侯之赐,请余文于石,以永其传。余尝备员海庠,作宾于侯,辞让不获,因叙小学废置之概,与夫张侯兴建之始末,就俾镵之。侯名衡,字可道,涂阳人也。历在名郡,文敏聪察,蔼有能誉。兹莅海邦,庶绩纲举,兴建小学,特其善政之一端云。

元延祐,学正陈一凤撰。②

---

① 《元史》卷43《顺帝本纪六》,第911、913页。
② [元]陈一凤:《海宁州创建小学记》,[明]隆庆《海州志》卷10《词翰》,第324-328页。

记文载张衡上任二年来,吏能显著,百姓爱戴。元廷早在元世祖至元二十八年(1291)就已经下达各地建校兴学的诏令,《元史·选举志一·学校》载:"(至元)二十八年,令江南诸路学及各县学内,设立小学,选老成之士教之,或自愿招师,或自受家学于父兄者,亦从其便。"①而海宁州"仍陋未兴",故张衡上任后的第二年,先是重修了庙学,然后计划在庙学内讲堂的东面修建小学,作为子弟启蒙之地。待规划设计、材料装备一应俱全后,于元仁宗延祐四年丁巳(1317)孟秋开始建造,二个月即建成。故推知,张衡上任海宁州知州时间在元仁宗延祐二年(1315)。而地方诸志皆记为延祐五年(1318)任,皆误。明隆庆《海州志·治典》:"郡守佐。元。张衡,延祐五年(1318)任。当涂人,兴建小学,有记。"②清乔绍傅《古朐考略》卷二《职官考》载:"张衡,当涂人。延祐五年知海州,兴建小学。"③嘉庆《海州志·职官表一》载:"张衡,当涂人,延祐五年任。见吴俨小学碑。"吴俨应为陈一凤。

张衡离知海宁州时间不详。

《海宁州创建小学记》碑在清嘉庆年间尚存于海州学宫内,但估计已经残泐漫漶不可读,因清嘉庆《海州志·金石录》中不载该碑具体规格,仅记"海宁州创建小学碑。延祐□年,学正陈一凤撰文,载《学校考》。"④清嘉庆《海州志·学校考一·学宫》亦据张峰州志收录《海宁州创建小学记》,但有五处字词略有不同,如清嘉庆志为"三代以上""资蠲力募""侯悉任给""揖齐来升""其功顾不懋欤"等。⑤

《海宁州创建小学记》中除撰写人"(前)学正陈一凤"外,尚提及海宁州其他官吏,如"学正胡璋""监郡、奉训大夫撒昔""贰守、承务郎安迩""通倅、忠翊校尉王惟范"等,以上诸官皆无考。监郡,即达鲁花赤,掌一州军政事务最终裁定权;贰守,即同知,为知州的佐官,协助知州处理一般性事务;通倅,即通判,元代称判官,签判州事,兼捕盗之事。清嘉庆《海州志·职官表一·海州属官》亦载:"(以上诸官皆)见《延祐小学碑》。"⑥

元仁宗延祐六年己未(1319)

海宁州阴阳学正	徐世杰	赣榆县尉	卜克文
海宁州僧正	雨吉祥	赣榆县临洪镇巡检	王忠
赣榆县达鲁花赤	小云失帖木儿	司吏	□滋、李毅、朱英、朱国华
赣榆县尹	潘伯不花	尉吏	王德贤
赣榆县主簿	成奎		

【赣榆县达鲁花赤:小云失帖木儿】

小云失帖木儿(生卒年不详),生平史载阙,元仁宗延祐六年己未(1319)前后,以承事

---

① 《元史》卷81《选举志一·学校》,第2032页。
② [明]隆庆《海州志》卷4《治典》,第147页。
③ [清]乔绍傅纂:《古朐考略》卷2《职官考》,张卫怀等点校,连云港市地方志编纂委员会办公室编:《连云港历史文献集成》(第3辑),扬州:广陵书社,2021年,第21-30页。
④ [清]嘉庆《海州志》卷28《金石录》,第474页。
⑤ [元]陈一凤:《海宁州创建小学记》,[清]嘉庆《海州志》卷18《学校考一·学宫》,第314-315页。
⑥ [清]嘉庆《海州志》卷4《职官一·州县官属》,第71-75页。

郎为淮安路海宁州赣榆县达鲁花赤兼劝农事,载赣榆区洪福寺遗址内《创建洪福院记》碑。① 该石碑今位于赣榆区班庄镇中心小学对面洪福寺遗址南墙外,方额碑头饰双龙戏珠纹,中间篆额"创建洪福院记",撰文、书丹及篆额皆为和尚释永泉,立石人为洪福院主持和尚雪济大师等,捐助者中除了普照大师等和尚外,还有海宁州及属县赣榆县一众官员,如"海宁州僧正、讲《唯识论》主雨吉祥,海宁州阴阳学正徐世杰,敦武校尉、安庆路管军千户王宁,司吏□滋、李毅、朱英、朱国华,尉吏王德贤,淮安路赣榆县临洪镇巡检王忠,淮安路海宁州赣榆县尉卜克文,进义校尉、淮安路海宁州赣榆县主簿成奎,承事郎、淮安路海宁州赣榆县尹兼劝农事潘伯不花,承事郎、淮安路赣榆县达鲁花赤兼劝农事小云失帖木儿"等,刻石时间为元延祐六年己未(1319)孟冬。

碑文所记一众职官皆无考。清嘉庆《海州志·职官表一》载:"(以上职官皆)见延祐六年《洪福寺碑》。"

元英宗至治二年壬戌(1322)

【海宁州沭阳县儒学教谕:叶万,夏毅】

叶万(生卒年不详),生平史载阙,元英宗至治二年(1322)前后为海宁州沭阳县儒学教谕;夏毅(生卒年不详),生平史载阙,元英宗至治二年(1322)之前为海宁州沭阳县儒学教谕,事载《重修沭阳县志·东岳庙碑记》碑文中:

> 元至治二年重修,教谕叶万撰文,前海宁州文学教谕夏毅书丹(在治西北九十里丹子庄,文不录)。②

《元史》卷八一《选举志一》载:元世祖中统二年(1261),开始重视学校教育,设置学校职官。"路设教授、学正、学录各一员,散府上中州设教授一员,下州设学正一员,县设教谕一员,书院设山长一员。"③因此《东岳庙碑记》中"海宁州文学教谕"只能是"海宁州沭阳县文学教谕"的简称。

元泰定帝泰定二年乙丑(1325)

沭阳县达鲁花赤	斡赤	沭阳县尹	宋文瑞
沭阳县主簿	罗罡		

---

① 连云港市重点文物保护研究所编著:《连云港石刻调查与研究》,上海:上海古籍出版社,2015年,第129-130页。亦可参见封其灿:《连云港金石图鉴》,北京:中国文史出版社,2018年,第288页。按:《金石录》有多处文字缺失或误读,如"释永全""石匠泰新""□赵州之古□""安身向小富村中""东鏊修竹""学达摩之公案""□先圣之家""采研成材""牛车般载""圣象八躯""孙和老之裔""上祝"前漏1字后漏18字、"沙门□济大师""行连等立""淮安路达鲁花赤"。参见[清]嘉庆《海州志》卷28《金石录》,第474-475页。

② [民国]《重修沭阳县志》卷11《金石录》,南京:江苏古籍出版社,1991年,第272页。

③ 《元史》卷80《选举志一》,第2032-2033页。

【沭阳县达鲁花赤兼劝农事：斡赤】

斡赤(生卒年不详)，又译名鄂齐，生平史载阙，元泰定帝泰定二年乙丑(1325)前后，为沭阳县达鲁花赤兼劝农事，事载清嘉庆《海州志·职官表一》："(元沭阳县)斡赤，达噜噶齐。见泰定二年《方广院碑》。"清康熙《重修沭阳县志·寺院附》载："方广院。在张仓山头。元时所建，元碑仍存。"①可见清康熙时沭阳方广院及《沭阳方广院碑》仍在，而今不存，仅碑文收录于清嘉庆《海州志·金石录》：

> 沭阳方广院碑。文曰：沭阳方广院先师行迹记。
>
> 前翰林国史院编修官泰山撰，奉高崔文亨书，本院明教大师春题额，青亭石匠高世荣等刊。
>
> 瞿昙氏之挺世也。以清净慈悲为教，东及华夏，崇尚者众。迩来元风大振，或山林城市，或京国郡邑，罔不建大刹、隆宝像，阐法宗，以为徼福之地，岂不盛哉！沭阳方广院，其来旧矣。地位清高，山川秀丽。东瞰桑墟湖，南及思吾山，沭水经其右，马岭横其北，中有尼父望海之楼，龙池祷雨之所。劫火之余，仅存一堂，乃前沙门之道场也。其颠末无可考。皇统间，五台山真容院时公论主，停锡于斯。时人见其容仪肃整，德业高深，特以书疏重留住持，遂居焉，为继统之初祖也。度门人普恩，恩度文庆，庆度正瑀，凡三世。值兵变，瑀移锡连州罗僧院，化度了净。后遇大旱，挈了净来游泰山。至石来放城里西北，得石城净林，上刹圮废已久，且无僧居。乡者崔青、刘旺等闻师道业，躬留主其寺，愿心舍施，以赞修葺。了湛、了净、了清，咸祝发以师之。至元十二年(1275)，江南平定，与了净复归方广而加功德焉。辄夷荆榛，除瓦砾，建法堂数楹，闳敞雄伟，壮冠法界。庄严三世佛像，金碧光辉，炫耀众目。寿登期颐，倦于尘务，院门事一付了净，捐锡西归。净公承衲，兴崇尤笃。于是三年，厨房、云舍、方丈、主廊、夹室、茶寮，焕然一新。又田园桑麻，山林孳畜，靡不增盛，诚净公之功也。公姓朱氏，字子廉，道号蒙岩，海州下坊人也。幼尝有疾，父母舍于方广院，礼瑀公禅师为弟子。及弱冠，问难于丈席，以至师孝终丧，礼无少替。收残果于灵函，立窣堵于祖兆，可谓能尽弟子之职者矣。公有法嗣七人，义明、义昭、义润、义智、义全、义春、义月，云孙修慜、修昶、修禄、修成、修祚、修悆、修裕、修昉、修贵、修宽。享年八秩，安坐而逝，丧葬一遵释仪。义润公之嗣子也，受业空门，传其父师之教，主讲白马，力复旧业。思父师之行，功德无闻于世，托宗师訔公，述其行实，请余识诸石，以示梵宗，抑如来之徒，以空寂为主，师弟相承。生则传衣钵，事之如严父；殁则析骸骨，建佛图有焉。岂若净公阐金仙之教于十方，著尘芳之迹于三院，而有嗣于徒众，景慕不已，俾宗祀之有续，不其题与！余道过放城，以里人同舍崔君彦通介，润征之勤，暨訔公述之备，为之详定焉。
>
> 泰定二年乙丑(1325)冬十月丁亥望日记。
>
> 泰定二年乙丑十月日，特赐元悟妙辩大师讲经沙门义润、明教大师住持方广院义春、修慜、修安等立石。

---

① [清]张奇抱：《重修沭阳县志》卷2《寺院附》，清康熙十三年(1674)刻本，第171页。

淮安路巡检黑驴，进义副尉、沭阳县主簿罗罡，承事（郎）、淮安路沭阳县尹兼劝农事宋□（□），从仕郎、淮安路沭阳县达鲁花赤兼劝农事斡赤。

右碑在建陵山方广院，字尚完好。谨案：黑驴当作赫嚕，斡赤当作鄂齐。①

碑文中所记"进义副尉、沭阳县主簿罗罡"，元泰定帝泰定二年（1325）前后任，生平无考。"承事（郎）、淮安路沭阳县尹兼劝农事宋□（□）"应该就是宋文瑞。

【沭阳县尹：宋文瑞】

宋文瑞（？—1328），申州（今河南省信阳市），生平史载阙，任海州沭阳县尹仅见其父宋敬之墓志铭《元赠中议大夫同签枢密院事骑都尉追封南阳郡伯宋公墓碑铭并序》，收录于元人柳贯《待制集》卷一〇："（元世祖）至元廿四年（1287）冬十月，南阳宋公敬之以湖广行中书掾徇直节不阿，积愤懑，客死于静江驿舍，时年四十有六。……公讳钦其，字敬之，……生子男四：曰文祐、曰文瑞、曰文瓒、曰文琪。……（元文宗）天历元年（1328），文瓒为礼部侍郎，升秩四品，……时文祐以广德路筦库官先卒；文瑞以承事郎、淮安路沭阳县尹去官，继卒；文琪以福建驿马提领最先卒；而文瓒之妻南阳郡君王氏亦卒京师，皆寄菆淮浙间。明年，天历二年（1329），文瓒乞告于朝，将捧命书奠墓下，并启兄弟与内子之殡，并祔公兆次，同域异窆。"②

墓志铭文说明，宋文瑞的父亲宋钦其（1242—1287），字敬之，世为相州（今河南省安阳市）人，后迁至申州（今河南省信阳市）。宋钦其元初为湖广行省府掾，后为武安王阿里海牙择为河南营田府提控案牍。因宰相阿合马与阿里海牙部将有隙，宋钦其受累被拘。后随阿里海牙首次征交趾（即越南）。其后因湖广左丞要束木早年与阿里海牙有隙，宋钦其受累被中伤。任湖广行中书掾，随乌马儿再次征交趾。不久卒于静江。三子文瓒因父荫入为右司都事，累官至礼部侍郎，宋钦其亦因子文瓒逐步高升而被追赠至中议大夫、同签枢密院事、骑都尉、南阳郡伯。

墓志铭文还说明，宋文瑞与大哥宋文祐在天历元年（1328）相继去世，而宋文瑞去世前，已离任淮安路沭阳县尹。

另，元泰定帝泰定二年乙丑（1325）十月所立《沭阳方广院碑》的碑文落款中有"承事、淮安路沭阳县尹兼劝农事宋□"，其中"承事"缺"郎"字，应为"承事郎"。清嘉庆《海州志·职官表一》载："（元沭阳县尹）宋失名。见泰定二年（1325）《方广院碑》。"

---

① ［清］嘉庆《海州直隶州志》卷28《金石录》，第475-476页。按："五台山真容院"原为"五台山员容院"，从《重修五台山真容院记》改。五台山无"员容院"。《重修五台山真容院记》碑今存真容院内，碑文记载，"真容院"位于五台山灵鹫峰，原为唐代"大文殊寺"，又称"菩萨顶"。汉明帝永平中，摩腾、竺法兰西来五台山此峰，以山形似"耆阇崛"（汉译名为"灵鹫"），如鹫鸟展双翅，遂命该山峰为"灵鹫峰"，敕建灵鹫寺。唐代法云大士创建寺院，拟塑圣像，忽于祥光中见大士真容，遂据此模范塑像，并命寺院名为"真容院"。"员"的繁体字"員"与"真"字形相似，或误刻。参见张正明，［英］科大卫、王勇红主编：《明清山西碑刻资料选》续1《重修五台山真容院记》，太原：山西古籍出版社，2007年，第418-419页。

② ［元］柳贯：《待制集》卷10《元赠中议大夫同签枢密院事骑都尉追封南阳郡伯宋公墓碑铭并序》，文渊阁《四库全书》第1210册，第354-356页。按：元人姓名在《元史》中皆改为现名；原文为"阿尔哈雅""雅克特穆尔""阿哈玛特""疑其府尝有了""僧格""约苏尔""武安自戕死""刘二巴图尔""乌玛喇"又徙南阳府旧县口申州"谁棱为毁""乐哉斯邱"，皆从点校本改；墓主宋敬之，名为"钦其"，校点本为"钦"，句读误。参见［元］柳贯著，魏崇武、钟彦飞点校：《柳贯集》上，杭州：浙江古籍出版社，2014年，第285-287页。

综上可推知，该失名的沭阳县尹宋氏即为宋文瑞。宋文瑞为淮安路沭阳县尹时间在元泰定帝泰定二年乙丑（1325）至元文宗天历元年戊辰（1328）。

元泰定帝泰定五年/致和元年/天顺帝天顺元年/文宗天历元年戊辰（1328）

海宁州达鲁花赤	廉青山	海宁州儒学学正	乔尚志
海宁州知州	萧谧	海宁州吏目	上官思恭
海宁州同知	天下奴	朐山县达鲁花赤	曾寿
海宁州判官	赵箕翁	朐山县尉	某（失名）

【海宁州达鲁花赤：廉青山】

廉青山（生卒年不详），生平史载阙，元泰定帝致和元年（1328）前后，以奉训大夫为淮安路海宁州达鲁花赤兼劝农事，载海州白虎山《廉青山题名》石刻。① 是年四月某日，奉训大夫、淮安路海宁州达鲁花赤兼劝农事廉青山携奉议大夫、淮安路海宁州知州兼劝农事萧谧，承务郎、淮安路同知海宁州事天下奴，承事郎、淮安路海宁州判官赵箕翁，吏目上官思恭一起同登白虎山游玩，刻文由前儒学学正乔尚志撰。

清嘉庆《海州志·职官表一》载："海宁州达鲁噶齐，知州。廉青山，泰定帝致和元年（1328），达噜噶齐。见白虎山石刻。"卷二八《金石录》亦收录石刻全文，并作了考据：

> 右刻广五尺二寸，长二尺三寸，文十三行，行七字，字径三寸，真书。勒白虎山石壁。案：赵箕翁，宋祖舜《淮安府志》作泗州判官，陈宣《海州志》作赵箕。今从此刻改正。谨案：达鲁花赤当作达噜噶齐，天下奴当作恬霞努。②

刻文中除"承事郎、淮安路海宁州判官赵箕翁"（参见赵箕翁条目）外，其余官员"奉议大夫、淮安路海宁州知州兼劝农事萧谧""承务郎、淮安路同知海宁州事天下奴""吏目上官思恭""前儒学直学乔尚志"等皆不可考。清嘉庆《海州志·职官表一》载："（以上官员）见白虎山石刻。"

元《至大金陵新志》序载："修志职名二，台府官掾。集庆路总管府"中有"治中廉青山"。《至大金陵新志》卷六上《官守志一》载："（集庆路总管府设）治中一员""治中，（廉）青山，至正三年上"。③《至大金陵新志》刊行于元顺帝至正四年（1344），依此可推知，廉青山初任集庆路总管府治中时间在至正三年（1343）。"治中"，为佐官。《周礼》："凡官府都鄙之治中，受而藏之，中要也。谓其治职簿书之要也。"④元代以前皆有设置，元代实施路、府、州、县四级行政管理机构，路设总管府，兼管军事与民政，在总管府或某些散府内设

---

① 按：下列文献皆将"乔尚志"误读为"高尚志"，"乔""高"形似所致。参见封其灿：《连云港金石图鉴》，北京：中国文史出版社，2018年，第288页。亦可参见连云港市重点文物保护研究所编著：《连云港石刻调查与研究》，上海：上海古籍出版社，2015年，第46页；连云港市重点文物保护研究所编著：《石上墨韵——连云港石刻拓片精选》，上海：上海古籍出版社，2013年，第46页；[清]嘉庆《海州直隶州志》卷28《金石录》，第477页。
② [清]嘉庆《海州直隶州志》卷28《金石录》，第476-477页。
③ [元]张铉撰：《至大金陵新志》序、卷6上《官守志一》，文渊阁《四库全书》第492册，第7、312、334页。
④ [明]解缙著，刘凯主编：《永乐大典精华》第3册，北京：线装书局，2016年，第1284页。

"治中"一职。《元史·地理志二》载:"(河南江北等处行中书省,河南府路,归德府)府为散郡,设知府、治中、府判各一员,直隶行省。"①《元史·百官志》载:诸路总管府根据总管府下辖户口的多少确定是否置治中,人口在十万户以上或十万以下但当冲要的上路设治中一员,十万户以下的下路不置治中,而以同知兼治中之职。②

集庆路总管府原为元世祖至元十二年(1275)大兵下江南所开建康府宣抚司寻改的建康路总管府,元文宗天历二年(1329)改名,为上路。元至大《金陵新志·官守志一》载:

> 建康路达噜噶齐总管府。至元十四年罢宣抚司,立总管府。宣慰使廉希愿兼本路达噜噶齐,徐王荣充本路总管,系正三品。上路。统治上元、江宁、句容、溧水、溧阳五县,并在城录事司,溧水、溧阳继升为州。天历二年,路以潜邸改名集庆,设达噜噶齐一员、总管一员,各兼管内劝农事,同知总管府事一员、治中一员、府判一员、推官二员,经历司有印经历一员、知事一员,提控案牍兼管勾照磨承发架阁一员,有印司狱司有印设司狱一员,路司吏三十名。③

廉青山所任集庆路总管府治中的品秩为从三品。海宁州为下州,海宁州达鲁花赤的品秩为从五品。廉青山从海宁州达鲁花赤到集庆路总管府治中,是为升迁。

元朝时期,达鲁花赤由蒙古人担任的约有103人,由汉及其他民族担任的约有80人,那么,廉青山是不是汉人呢?④

据连云港地方文史学者李彬考证后认为,廉青山为畏兀儿(即维吾尔族)人布鲁海牙的孙辈,并非汉人。⑤《元史》卷一二五布鲁海牙本传载:

> 布鲁海牙,畏吾人也。祖牙儿八海牙,父吉台海牙,俱以功为其国世臣。布鲁海牙幼孤,依舅氏家就学,未几,即善其国书,尤精骑射。年十八,随其主内附,充宿卫。太祖西征,布鲁海牙扈从,不避劳苦,帝嘉其勤,赐以羊马毡帐,又以居里可汗女石抹氏配之。……辛卯,拜燕南诸路廉访使,佩金虎符,赐民户十。……初布鲁海牙拜廉使,命下之日,子希宪适生,喜曰:"吾闻古以官为姓,天其以廉为吾宗之姓乎!"故子孙皆姓廉氏。……大德初,赠仪同三司、大司徒,追封魏国公,谥孝懿。子希闵、希宪、希恕、希尹、希颜、希愿、希鲁、希贡、希中、希括,孙五十三人,登显仁者代有之。⑥

布鲁海牙(1197—1265)为西域高昌维吾尔世家大族中人,又随元太祖征战有功,还与蒙古居里可汗联姻,是为蒙古重臣。布鲁海牙起家为元太祖宿卫、扈从,历镇定路达鲁花赤、燕南诸路廉访使等职,官至顺德等路宣慰使,佩金虎符。元太宗三年辛卯(1231),

---

① 《元史》卷59《地理志二》,第1407页。
② 《元史》卷91《百官志七》,第2316页。
③ [元]张铉撰:《至大金陵新志》卷6上《官守志一》,文渊阁《四库全书》第492册,第312页。
④ 按:有学者研究认为,廉青山是汉人。参见江苏省文化厅编:《文化遗产与社会发展》,南京:南京出版社,2007年,第262页。
⑤ 连云港市重点文物保护研究所编著:《石上墨韵——连云港石刻拓片精选》,上海:上海古籍出版社,2013年,第46页;李彬:《廉青山族源再探》,《连云港史志》2012年第1期(内部资料),第32-34页。
⑥ 《元史》卷125《布鲁海牙传》,第3070-3072页。

官拜燕南诸路肃政廉访使,命下,恰逢其次子希宪出生,遂效仿古人以官名"廉访使"首字"廉"为姓。自此,开始由军功政事向儒学文艺的转变。① 布鲁海牙育有子十人,孙五十三人,其后代终元一朝,自宰相以下,多有任职。后辈子女亦多与当朝权贵联姻,②加深并巩固了在元廷的政治势力。

长子廉希闵,官至蕲黄等路宣慰使,为元代维吾尔族大儒。其女嫁湖广行省左丞相阿里海牙之子、江西平章政事、楚国忠惠公贯只哥。外孙贯云石(1286—1324),原名小云石海涯,号酸斋,为元代维吾尔族文学家。初,袭父官为两淮万户府达鲁花赤,官至翰林侍读学士、中奉大夫、知制诰同修国史。卒后赠集贤学士、中奉大夫、护军,追封京兆郡公,谥文靖。③

次子廉希宪(1231—1280),字善用。《元史》卷一二六本传载,廉希宪笃好经史,手不释卷,尤喜读《孟子》,世祖嘉之曰"廉孟子"。历京兆宣抚使、中书右丞等职,三十岁时即拜中书平章政事。元世祖至元十七年(1280),廉希宪在上都久病卒。大德八年(1304),赠忠清粹德功臣、太傅、开府仪同三司,追封魏国公,谥文正。加赠推忠佐理翊运功臣、太师、开府仪同三司、上柱国、恒阳王。子六人:孚,金辽阳等处行中书事;恪,台州路总管;恂,中书平章政事;忱,邵武路总管;恒,御史中丞;惇,江西等处行中书省参知政事。④

三子廉希恕,元世祖至元二十一年(1284)十一月,官拜参知政事。⑤ 其女嫁福建宣慰使、都元帅达里麻吉而的。

六子廉希愿,在至元十四年(1277)任宣抚司宣慰使兼建康路达鲁花赤之前,曾以万户行江东宣抚司宣抚使事,载元《至大金陵新志》卷二:"(至元十二年乙亥春二月)二十七日,巴延丞相、阿珠平章等官领兵入城,于建康府治玉麟堂开省调兵立。建康宣抚司以万户廉希愿招讨索多、孟之缙,行江东宣抚司事,招纳降附。"⑥后于至元十六年(1279)迁为行中书省左丞。

八子廉希贡(?—1290),字端甫,号芎林居士,喜读《易》,善书中楷。元成宗大德三年(1299),以朝列大夫为建康路总管府治书侍御史。⑦ 累官至正议大夫、两浙都转运使。⑧

四子廉希尹、五子廉希颜、七子廉希鲁、九子廉希中、十子廉希括,史载不详。

---

① 详见张建伟:《元代北方文学家族研究》,北京:商务印书馆,2019年,第210-218页。
② 郭胜利:《从家族记忆到文化认同》,北京:知识产权出版社,2020年,第105页。
③ [元]《元史》卷143《小云石海涯传》,第3421-3423页。
④ 《元史》卷126《廉希宪传》,第3085-3097页。
⑤ [明]商辂:《御批续资治通鉴纲目》卷23,文渊阁《四库全书》第694册,第268页。
⑥ [元]张铉撰:《至大金陵新志》卷2,文渊阁《四库全书》第492册,第45页。
⑦ [元]张铉撰:《至大金陵新志》卷6下《官守志二》,文渊阁《四库全书》第492册,第320页。
⑧ 按:廉希贡好友鲜于枢在《困学斋杂录》记,廉希贡于元世祖至元二十七年(1290)八月卒,当不误,则《至大金陵新志》所记以朝列大夫为建康路总管府治书侍御史时间为大德三年(1299),时间有误;另廉希贡病时,时为参知政事的三兄廉希恕因事来杭,遂前去探望,并言"吾父母去矣,大兄去矣,五弟、六弟又去矣",而此时二兄廉希宪亦早于十年前的元世祖至元十七年(1280)去世,但却未提,张建伟及杨镰亦皆提出疑惑,推测廉希宪即为长子。详见[元]鲜于枢:《困学斋杂录》,文渊阁《四库全书》第866册,第5-6页;张建伟:《元代北方文学家族研究》,北京:商务印书馆,2019年,第212页;杨镰:《贯云石评传》,乌鲁木齐:新疆人民出版社,1983年,第73页。

元《至大金陵新志》除记载廉希愿、廉希贡、廉青山外，还记载了另外二位廉姓人物，一位是廉希哲，元成宗元贞二年(1296)以中议大夫任集庆路总管府总管，元武宗至大四年(1311)十月，以中奉大夫为浙东道宣慰使、都元帅府元帅①；另一位是廉鼎珠，任元贞二年由县改州后的溧阳州右同知。②从字辈看，廉希哲极有可能是廉希宪的堂兄弟，布鲁海牙的侄子，廉鼎珠不详。

布鲁海牙之侄、廉希宪从弟廉希贤(1247—1275)，字达甫，《元史》亦有本传，附《廉希宪传》之后。二十余岁时，即与从兄廉希宪同侍元世祖，出入禁中，小心缜密，官至礼部尚书，佩金虎符。持国书出使南宋时被南宋广德军独松关守将张濡杀害。布鲁海牙非常赏识廉希贤，曾说："是儿刚果，当大吾家。"⑤廉希贤原名中都海牙，可见其仍保留维吾尔族姓名传统。

检《统宗世表》(图8-14)，布鲁海牙为一世，廉希闵为长子二世，都鲁迷失海牙为次孙三世(曾以资善大夫为浙江道宣慰使)，廉青山为长曾孙四世(以奉训大夫为海宁州达鲁花赤)，与贯云石是表兄弟。

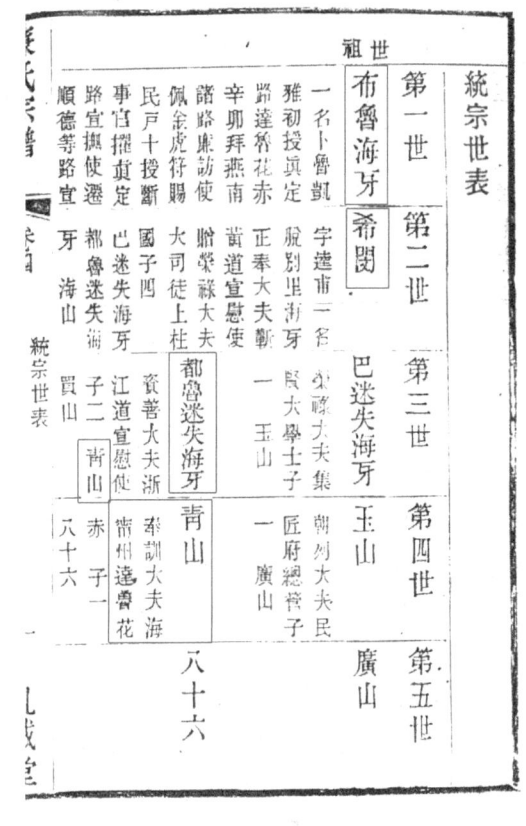

图8-14　廉青山族谱《统宗世表》
（来源：李彬）

【海宁州判官：赵筼翁】

赵筼翁(生卒年不详)，字继清，号得全子，元晋宁路解州闻喜县(今山西省运城市闻喜县)人，后因在泗州为官而寓居淮安路山阳县(今江苏省淮安市淮安区)。元仁宗延祐元年甲寅(1314)始开科取士，赵筼翁首膺乡贡第二；二年乙卯首次廷试，赵筼翁中左榜进士。历官淮安路泗州(今江苏省宿迁市盱眙县)、海宁州判官，湖广行省照磨，参议中书，国子助教，国子博士、亚中大夫、潮州路推官，安陆县尹，淮安路泗州总管。官至中大夫、蕲州路总管兼内劝农事，卒于杭州。著有《覆瓿集》，已佚。

赵筼翁以承事郎为淮安路海宁州判官时间在元泰定帝致和元年戊辰(1328)前后，事载海州白虎山《廉青山题名》石刻，除该石刻及海州地方志记载外，不见其他传世文献收录。清嘉庆《海州志·职官表一》载："(元海宁州判官)赵筼翁。致和年任，有传。"卷二二《良吏传二·佐僚》载：

---

① [元]袁桷：《延祐四明志》卷8，文渊阁《四库全书》第491册，第478-479页。
② [元]张铉撰：《至大金陵新志》卷6上《官守志一》，文渊阁《四库全书》第492册，第334、338页。
⑤ 《元史》卷126《廉希贤传》，第3096-3097页。

赵筼翁,字维清,宋丞相忠简公鼎六世孙也。宋末迁淮,为山阳人。延祐甲寅(1314),始设科,登进士,判海宁州(明《淮安府志》作泗州判官。陈宣《州志》作海州判官,名筼。今据白虎山石刻改正)。性敦笃,以文雅饰吏治。忠简公谪于潮,为秦桧所害,潮人立祠祀之。乃求入潮,访遗祠。后为总管、中大夫补制雅乐,卒于杭。有《覆瓿集》(本白虎山石刻,参明《淮安府志》)。①

字"维清"应为字"继清","维""继"的繁体字"維""繼"形似,当为误刻。《江南通志·人物志》亦误为"字维清"。② 又《广东通志·职官一》载:"(潮州路推官)赵贤翁,闻喜人,进士。""赵贤翁"应为"赵筼翁","贤""筼"的繁体字"賢""篔"形似,亦当为误刻。③

依此亦可推知,赵筼翁为泗州判官极有可能是进士及第后初仕官。

与赵筼翁同榜的元代首批科举进士共计56人,与赵筼翁交往密切的有欧阳玄、许有壬、马祖常、王沂、黄溍等。该科分左右榜,右榜为蒙古人和色目人,计16人;左榜为汉人和南人,计40人;书画家赵孟頫与元明善、赵世延同为廷对读卷官。④

虽然元廷人分四等,对汉人和南人提防有加,但首批进士还是得到了重用,他们历官品阶并不低,有些人职位还相当高。欧阳玄在为同年罗曾所撰写的墓志铭《元故将仕郎临安路录事罗君墓志铭》中曰:"延祐二年,仁庙初以科目取天下士,左右榜得五十六人。……十五、六年间,司风纪,掌纶綍,内综机务,外使绝域,才不乏使。"⑤又如欧阳玄、许有壬官至翰林学士承旨,从一品;马祖常官至枢密副使,从二品;王沂官至礼部尚书,正三品;赵筼翁的品阶亦达从三品。⑥

赵筼翁为南宋末年宰相赵鼎六世孙。赵鼎(1085—1147),字元镇,号得全居士,解州闻喜人。宋徽宗崇宁五年丙戌(1106)蔡薿榜进士,官至尚书左仆射、同中书门下平章事兼知枢密院事。在处理与金朝的关系方面,赵鼎与秦桧皆为主和派,但意见相左。赵鼎认为南宋朝廷实力羸弱,必须先固本守成,发展自己,待实力全面恢复后,才能与金朝对抗,直至收复失地。而秦桧完全是主和派、投降派。赵鼎不敷朝廷意,遂被罢相。接连被贬,最后责清远军节度副使,潮州安置,后又移吉阳军。卒后谥忠简,赠太傅,追封丰国公。著有《忠正德文集》十卷存世,《宋史》卷三六十有本传。⑦ 南宋高宗绍兴三年(1133)六月,时为司门员外郎的赵鼎还做了一件事。因久雨,诏求阙政时,听从了赵鼎的进言,认定王安石为相变法是当时一切灾祸的魁首,遂罢安石配享,此后便排斥所谓的"王学"为邪说,而尊崇程朱理学为正学,元朝继承了这一"正统"思想。

元文宗至顺二年(1331)春,时为国子博士的赵筼翁奏请元廷在赵鼎故里闻喜县建"赵忠简公祠堂",并委托同年欧阳玄作记文《赵忠简公祠堂记》,落款为"筼翁,延祐二年

---

① [清]嘉庆《海州直隶州志》卷22《良吏传二·佐僚》,第382页。
② 《江南通志》卷166《人物志》,文渊阁《四库全书》第511册,第778页。
③ [清]郝玉麟:《广东通志》卷26《职官一》,文渊阁《四库全书》第563册,第77页;倪学用:《许有壬咏诗送赵继清赴任潮州推官》,《潮州日报》2020年10月18日,第6版。
④ 余来明:《元代科举与文学》,武汉:武汉大学出版社,2013年,第319-335页。
⑤ [元]欧阳玄:《圭斋文集》卷10,文渊阁《四库全书》第1210册,第130-131页。
⑥ 王伟丽:《延祐首科进士仕宦研究》,《开封教育学院学报》2018年,第12期,第4-5页。
⑦ 《宋史》卷360《赵鼎传》,第11285-11295页。

进士。"①

欧阳玄(1283—1357),字原功,号圭斋,祖居庐陵(今江西省吉安市),为欧阳修族裔,后迁居浏阳(今湖南省长沙市浏阳市)。初授岳州路平江州同知,历官太平路芜湖县尹、国子博士,国子监丞,翰林待制兼国史院编修官。此后,两为国子祭酒,六入翰林,三拜翰林学士承旨,凡朝廷雄文大册多出于其手。② 官至湖广行中书省右丞致仕。为宋辽金三朝史总裁官。卒后赠崇仁昭德推忠守正功臣、大司徒、柱国,追封楚国公,谥曰文。著有《圭斋文集》十五卷存世,《元史》卷一八二有本传。③

欧阳玄还受赵篔翁之请撰写了《宋赵忠简公碑记》碑文,该碑现存闻喜县博物馆。④

赵鼎安置在潮州五年,自南宋高宗绍兴十年至十四年(1140—1144),期间为免遭秦桧一党迫害,以"得全居士"自号,且"杜门谢事,时事不挂口,有问者,但引咎而已。"但仍在谢表中表示"白首何归,怅余生之无几;丹心未泯,誓九死而不移"⑤。赵鼎卒后,潮人感念赵鼎之爱国衷心,将其故居改为祠堂祀之。其孙赵谥(字安卿)于南宋宁宗嘉泰元年(1201)出知潮州时,亦对祠堂有所增修,元季兵废。赵篔翁在奏请元廷在赵鼎故里闻喜县建"赵忠简公祠堂"之后,又主动提出入潮为官。在任职潮州推官期间,赵篔翁为恢宏赵鼎的功业,在赵鼎祠堂的旧址建"得全书院",与韩山书院和元公书院并称元代潮州地区三大官办书院,并邀请同年欧阳玄作《赵忠简公得全书院记》:

故宋丞相赵忠简公有祠于解之闻喜,玄尝记之,时以国子博士赵君继清之请也。继清,忠简之六世孙,而玄之同年进士也。作闻喜祠事甫毕,寻迁亚中大夫,出为潮州路推官。潮盖忠简为秦桧所斥居之地也。

忠简为相,欲使其君正名定义,以讨金人之罪;桧为相,欲使其君匿怨事仇,以修金人之好。于是桧必杀忠简然后已计行。忠简已斥,桧怒,未已,事未可测也。忠简因扁所寓之堂曰"得全",自以为庶几获免于权奸之手。呜呼!忠简为国元臣,而以免于横逆为其身之幸,宋事岂不大可伤也。忠简再斥,而潮人慕之不忘,堂存如新,尔后祠之于堂。有司因民所欲,视书院仪,岁时遣官献享。迨嘉泰初,忠简之孙谥为潮守,淳祐中,陈圭典郡,咸增葺焉。宋祚讫而书院废。

继清之求外补于潮也,志固在"得全"。及至潮,刑清讼理,大振厥职,因以所得职廪之资,复所谓得全书院于潮城名贤坊西街之右,燕居祠庭,讲肄之室,门墙堂庑,灿然毕备。俾潮民之秀,受业于其中。请设录事司校官,以主领之。报政京师,即玄曰:"解之祠君记之矣,潮之书院君又当记之。"

玄窃有感焉。古之君子敬其亲,故爱其身,而以全而生之、全而归之者为孝,若

---

① [元]欧阳玄:《圭斋文集》卷5,文渊阁《四库全书》第1210册,第37页。亦参见苏天爵编:《元文类》中,北京:商务印书馆,1936年(民国25年),第412页。
② [元]欧阳玄:《圭斋文集》提要,文渊阁《四库全书》第1210册,第1-2页。
③ 《元史》卷182《欧阳玄传》,第4196-4199页。
④ 《闻喜发现元欧阳玄刻〈宋赵忠简公碑记〉》,2022年7月25日,人民网 http://culture.people.com.cn/n/2013/0812/c172318-22532639.html,2013年08月12日。
⑤ 周伟民、唐玲玲编:《海南史传与碑传汇纂》上《宋赵忠简公传碑》,北京:知识产权出版社,2013年,第219页。

曾子之以孝称,孜孜然保是以为训也。然语有曰:"事君能致其身。"致之云者,委而不有之名也。其全其毁,岂复计哉?龙逢比干,未尝以是有负于孝,公有致身之义于宋,何独以"得全"为孝乎?已而思之,在其当时,使忠简死于桧而其事有益于宋,则身非所当,惜也。方桧挟上令行己私,与其徒死而无益于事,则不如姑全吾父母之所生,事君事亲之道犹庶几者也。忠简之为是,言岂得已也哉!况万一桧毙,身得独全,犹冀收再用之功也,又焉得不以是身之存为一时之幸乎!至于使公获奉其得全之躯以归其父母,而使宋之时君不获有其全付之业以见其祖宗,殆天之所为也。

虽然忠简不幸遇夫幅员分裂之世,遂赍志以殁。继清乃幸,生乎车书混一之时,北作解祠,南为潮之书院,相距万里,所欲无不克遂其志,岂不大幸于乃祖之所遇欤!宜其有光于前人也。学子来游,思忠简之以道事君,而于"得全"为非得已,又思继清显亲为孝,而淑人以锡类,则藏修进退动审其是,海邦黎献褒然为特出焉,此作书院之本意也。忠简名鼎,字元镇,详见宋人所记载,兹不悉书。继清,名箎翁,延祐初科进士,易历中外,今位通显,寓居淮泗间。

至正二年五月一日,翰林学士、资善大夫、知制诰同修国史欧阳玄记。①

赵箎翁所著《覆瓿集》已佚,仅见《辟雍赋》,收录于清人陈元龙所撰《御定历代赋汇》补遗卷九:

繄昔太上,元气浑沦。巢居穴处,抔饮污尊眷民风之太简,尚修道之无闻。迨夫圣人作,天秩分,阐王化,宣人文。于是,天子有教学之宫,辟雍取仁和之义。乃若米廪申规,瞽宗庀制,庠开上下之别,胶立东西之异。伟四代之从宜,逮宗周之大备。虽袭礼之靡同,莫不以化民而致治。乃辟旋丘,乃疏辟流。宫翼翼以焕焕,水泪泪而潋潋。带以苍藻之维,梁以文鹢之舟。天子乃辍万几之清燕,乘六龙而下游。建翠华之旌,骖赤玉之虬。宗伯导仪,冢宰告猷。荡埃尘于祥飙,扶灵雨于华辀。拥桥门之观听,驰荤艾于道周。隆国老之锡养,陈酱酳与遐修。执经访道,载惟载谋。饬胄子以育才,警昕夕之藏修。虎闱齿序,崇卑是俦。故将示天下以长长,亦以戒挟贵于诸侯。于斯时也,咸英振,缀兆具。四术崇,六艺举。人稷离,家伊吕。寨秀连茹,扬翘接武。岂惟移风俗而厚人伦,盖蔼蔼乎庇民而尊主者矣。嗟王泽其香眇,倏苍箓之不辰。方群雄之角逐,宜泯道之赢秦。炎祚龙兴,斯文蠖伸。葳祠鲁之令仪,垂远谟于后人。既而,咨贾董,礼晁伏。东观延英,石渠启椟。骎骎乎永平之风,亦庶几乎雍穆。或乃擿臧绾之微,疵证韦匡之靡淑。曾不思,开四百祀之丕基,不犹愈于一瞬,而失鹿者乎!当涂靡,典午微。世变降而孰征,郁余心之怛恫。幸辟馆于天策,揽英髦而济时。固末造之词华,宁解纽于四维。叱诸生而正色,犹足以扶六代之衰慨。元龟之如彼,抚既往而太息。尝管窥于玄造,钦世皇之御极。厝同文之休运,聘授道之闳德。伊洛溯源,泗沂涵泽。体成始以成终,图象魏之东北。位素王于清广,敞六馆之严翼。既嗣世以告成,塞诒谋之典则。我圣皇之有天下也,跨周步商,超虞轶唐。以扬耿光,以风四方。材有造

---

① 黄挺、马明达著:《潮汕金石文征》(宋元卷),广州:广东人民出版社,1999年,第296-297页。

而必抡,德无远而弗彰。方将简廉,能登隽良。润皇猷,明宪章。弘祖烈于万古,冠文治于百王。顾辟雍之涵育,宜愈久而弥芳。小臣拜手稽首,而献歌曰:

> 辟宫栽栽兮,辟水泛泛;圣功之崇兮,圣德之醇。食我教我兮,惟师惟君;万世无斁兮,以寿斯文。①

赵箥翁致仕归杭州后,常与好友四处游玩、雅集唱和。在杭州西湖三天竺之一的尼众寺院法镜寺(下天竺寺)后之左侧莲花峰东麓半山腰"三生石"上,就有元顺帝至元六年(1340)九月,赵箥翁与好友寻三生石(所谓三生,即佛教所宣扬的"前世、今世、后世"三生)后所留存的摩崖石刻(图8-15)。

该石刻竖刻右行7行,行5字(末行2字),字径7厘米,楷书。古代多为竖刻左行,竖刻右行是一种极为罕见的书写方式。刻文为:

图8-15 杭州西湖法镜寺三生石《赵箥翁题名》石刻
(来源:《元代杭州历史遗存》)

> 至正六年丙戌九月庚寅,闻喜赵箥翁、夏县樊益吉、安邑介好仁,因寻三生石同登。②

赵箥翁所著《覆瓿集》虽佚,但同年黄溍、许有壬及同期著名文学家虞集为《覆瓿集》题诗、题跋的诗文却皆留存在各自的文集中。

黄溍(1277—1357),字晋卿,婺州义乌(今浙江省金华市义乌市)人。初授台州宁海丞,历官两浙都转运盐使司石堰西场监运,诸暨州判官,翰林文字,同知制诰兼国史院编修官,国子博士、翰林直学士、知制诰同修国史兼经筵官,官至侍讲学士、知制诰同修国史、同知经筵事。卒后赠中奉大夫、江西等处行中书省参知政事、护军,追封江夏郡公,谥曰文献。著有《文献集》十卷存世,《元史》卷一八一有本传。③ 黄溍跋文为《书赵继清诗集后》:

> 延祐初,予以非才,叨缀末第,浮沉州县,十有六年。晚通朝籍,乃与继清相见京师。追数慈恩旧题,升沉存殁殆相半,不能不为之永概。于是,吾同年之在朝,行至大官者,凡若干人。入则奉宴,闲退又各有事乎其职业。独继清方侍班,而予以卑官备员冗从,得以暇日数过继清。继清亦大出平生所为诗文,相与诵咏之,以为乐。余每爱其诗极清婉,而骨气森然。评者但美其不事雕饰,殊不知吾继清非复异时东涂

---

① [清]陈元龙:《御定历代赋汇》补遗卷9,文渊阁《四库全书》第1422册,第577-579页。按:校注本个别文字略有不同,为"杯饮污尊眷民风之大简""謦欬定制""宫翼翼以耽耽""荡埃墌于祥飙""勤昕夕之藏修""位素王于庙"。参见韩格平主编,方稻副主编,方稻校注:《全元赋校注》第9卷,长春:吉林文史出版社,2016年,第196-197页。
② [清]倪涛:《六艺之一录》卷110,文渊阁《四库全书》第832册,第292页;宋涛主编:《元代杭州历史遗存》,杭州:杭州出版社,2014年,第88页。
③ 《元史》卷181《黄溍传》,第4187-4189页。

西抹久矣。居亡何,而继清随牒调补一县去。临分握手,于继清之诗未及改评,姑故识岁月,以道其离合之思云耳。①

许有壬(1287—1364),字可用,祖居颍(今河南省许昌市禹州市),后迁居汤阴(今河南省安阳市汤阴县)。先授开宁路学正,山北廉访司书吏。进士及第后,初授同知辽州事,历官山北廉访司经历,吏部主事,江南行台监察御史,监察御史,两淮都转运盐司使,奎章阁学士院侍书学士,集贤大学士,枢密副使,官至中书左丞兼太子左谕德。卒后谥文忠。著有《至正集》八十一卷存世,《元史》卷一八二有本传。② 许有壬题跋为《题赵继清〈覆瓿集〉后》:

> 同年赵君继清,昔与计偕,人已翕然称之,盖学之固有者也。有壬佐天官幕,继清调湖广省照磨,参议中书,调国子助教,皆与议末。廿年中,凡三见之。不久辄去。故于文墨言未尝及。丙寅岁,在右司见其《覆瓿集》,读未竟,取以南去。甲戌岁,又见之,始得尽读。文若诗凡六十余首,然后见其春容寂寥之,各适其当,而益知其学之,固有而有能进也。予拙且懒,仕复多剧,非迫诸人,触诸心,不获已不执笔,积以岁,年存尚满箧,况博赡敏给十倍者乎?则此集也,其示人之一斑乎?然而文贵传不贵多,余之贪于继清者,盖欲见大方之家,而极其学之所肆尔。它日请之,其尚勿吾拒也夫。③

元代著名文学家虞集(1272—1348),字伯生,号道园,世称邵庵先生。祖居仁寿(今四川省仁寿县),后迁居崇仁(今江西省崇仁县)。初授大都路儒学教授,历官国子博士,太常博士,集贤修撰,翰林待制兼国史院编修官,国子司业,秘书少监,翰林直学士兼国子祭酒。官至奎章阁侍书学士。卒后自将仕郎十二转为通奉大夫,赠江西行中书省参知政事、护军,封仁寿郡公。著有《道园遗稿》六卷存世,《元史》卷一八一有本传。④ 虞集亦有《题赵继清诗稿》存世:

> 礼乐三千字,才名二十春。绿樽清坐客,朱绂苦吟身。海日香浮树,淮云暖向人。同年多要地,早晚接朝绅。⑤

赵筼翁所作诗文不存,但同年黄溍、许有壬、王沂、马祖常及虞集与之唱和赠寄的诗文也留存在各自的文集中。

在赵筼翁赴任潮州路推官时,同年分别赋诗相赠。同年黄溍送行诗《送赵继清潮州推官》:

> 相国南迁有故居,理官高选出新除。承恩特与金鱼袋,访旧争迎驷马车。春入圜扉庭草暗,天低驿路岭梅疏。凤池不隔同年面,归及梅花雁影初。⑥

同年许有壬送行诗《送同年赵继清赴潮州推官》:

---

① [元]黄溍:《文献集》卷4,文渊阁《四库全书》第1209册,第339页。按:原文为"为之永嘅""间退",从点校本改。参见[元]黄溍著,王颋点校:《浙江文丛·黄溍集》第2集,杭州:浙江古籍出版社,2013年,第369页。
② 《元史》卷182《许有壬传》,第4199-4203页。
③ [元]许有壬:《至正集》71,文渊阁《四库全书》第1211册,第502页。
④ 《元史》卷181《虞集传》,第4174-4182页。
⑤ [元]虞集:《道园遗稿》卷2,文渊阁《四库全书》第1207册,第738页。
⑥ [元]黄溍:《文献集》卷2,文渊阁《四库全书》第1209册,第269页。

五十六人同擢第,年来南北几升沉。潮阳合有文章士,吾子初无富贵心。驱鳄又当劳笔阵,化鹏谁信困蹄涔。君家自昔传清节,更要诒谋后视今。①

同年王沂(生卒年不详),字思鲁,祖居云中(今内蒙古自治区托克托县),后迁居真定(今河北省石家庄市正定县)。为元代首科进士左榜第三名。初授临淮县尹,历官嵩州同知、国史院编修官、国子博士、翰林待制,官至中大夫、礼部尚书。为宋、辽、金三朝史总裁官。著有《伊滨集》二十四卷存世。② 王沂送行诗《送赵继清推官潮州》:

昔宋南迁日,更生望独尊。汉庭多侧目,湘水竟招魂。遗庙榕阴古,孤城海气昏。百年悲故老,昭代见闻孙。董泽新封殖,潮阳又拜恩。公侯终必复,风义凛犹存。北阙声名久,南图羽翮骞。理官应暂屈,经术要重论。梅发连溪白,泷流触石喧。欲歌神燕喜,先要狱平反。碧漾椰浆美,丹明荔子繁。悬知闲木索,时为荐蘋蘩。③

在赵贲翁赴任安陆县尹时,同年亦分别赋诗相赠。同年马祖常(1297—1338),字伯庸,色目人,世为雍古部,居靖州之天山(今新疆),因高祖于金末任凤翔兵马判官,遂以官为氏。首科会试右榜第一名,廷试第二名。授应奉翰林文字,擢监察御史。官至枢密副使。卒后赠摅忠宣宪协正功臣、河南行省右丞、上护军、魏郡公,谥文贞。著有《石田文集》十五卷存世,《元史》卷一四三有本传。④ 马祖常送行诗为《送同年赵继清尹安陆》:

席帽文场里,于今十七年。白须俱满镜,墨绶独行田。鹈翼知吾刺,鸾栖觉汝贤。高才多晚达,未可叹迍邅。⑤

同年黄溍赠诗《闻赵继清调安陆县尹》:

慈恩塔上墨犹鲜,一别重来十七年。相见都门惊判袂,又闻泽国去鸣弦。素衣久出风尘外,青琐行依雨露边。跋马望君先数日,县花虽好莫留连。⑥

虞集亦赋诗《送赵继清令尹之官安陆》相赠:

云梦开七泽,陪尾贯连山。为政烟尘表,吟诗松竹间。故人总华要,令尹独清闲。文学偏宜老,毋愁鬓发斑。⑦

【朐山县达鲁花赤:曾寿】【朐山县尉:失名】【海宁州儒学学正:乔尚志】

曾寿(生卒年不详),生平史载阙,元泰定帝致和元年(1328)前后,以忠显校尉为淮安路海宁州朐山县达鲁花赤兼劝农事,载海州白虎山《曾寿题名》石刻。⑧ 是年四月某日曾寿携朐山县尉、前海宁州儒学学正乔尚志等同登白虎山,乔尚志撰。

---

① [元]许有壬:《至正集》卷16,文渊阁《四库全书》第1211册,第122页。
② [元]王沂:《伊滨集》提要,文渊阁《四库全书》第1208册,第391-392页。
③ [元]王沂:《伊滨集》卷10,文渊阁《四库全书》第1208册,第472页。
④ 《元史》卷143《马祖常传》,第3411-3413页。
⑤ [元]马祖常:《石田文集》卷2,文渊阁《四库全书》第1206册,第494页。亦可参见师毅编著:《辽金元朝状元诗榜眼诗探花诗》,北京:昆仑出版社,2009年,第119页。
⑥ [元]黄溍:《文献集》卷2,文渊阁《四库全书》第1209册,第268页。
⑦ [元]虞集:《道园学古录》卷2,文渊阁《四库全书》第1207册,第20页。
⑧ 按:下列文献皆将"乔尚志"误读为"高尚志",可能因繁体字"乔""高"形似所致。参见封其灿:《连云港金石图鉴》,北京:中国文史出版社,2018年,第288页。亦可参见连云港市重点文物保护研究所编著:《连云港石刻调查与研究》,上海:上海古籍出版社,2015年,第46页;[清]嘉庆《海州志》卷28《金石录》,第477页。

清嘉庆《海州志·职官表一》载:"(元朐山县达噜噶齐)曾寿,泰定帝致和年任,见白虎山石刻。"卷二八《金石录》亦收录石刻全文,并作考据:

> 右刻广五尺三寸,长二尺三寸,文六行,行十字,字径二寸许,真书。在廉青山题名后。案:达鲁花赤当作达噜噶齐。①

刻文中"淮安路朐山县尉□□""前海宁州儒学直学乔尚志"等皆不可考,清嘉庆《海州志·职官表一》载:"(以上官员)见白虎山石刻。"

元顺帝至元二年丙子(1336)

【沭阳县尹:沂川】

沂川(生卒年不详),生平史载阙。为沭阳县尹在元至元二年(1336),事载明正德《淮安府志·官守》:"(元)沂川。至元二年,知沭阳县事。规创县治,增修学宫,招徕流亡,教之树、畜。民到于今称之。"②

《重修沭阳县志·职官表叙》载:"(元沭阳县尹)沂川,至元二年任,详本传。"《名宦》载本传为:"沂川,至元元年,尹沭。创县治,修学宫,招徕流亡,教民以树艺、播谷之事,至今犹称之。"③

清康熙《江南通志·职官志》引《南畿志》载:"元沂川,至元二年,知沭阳县,创建县治,修学宫,招徕流亡,教之树、畜。"④清人张玉书《御定康熙字典》卷一六《沂》引《一统志》载:"有沭阳令沂州。"⑤"沂州"为"沂川"之误。

清嘉庆《海州志·职官表一》载:"(元沭阳县尹)沂川,见明《淮安府志》,有传。"《良吏传一·牧令》亦引明正德《淮安府志》。

至元年号在元代有世祖和顺帝两朝使用,上述史料年代不明,而在清康熙《重修沭阳县志·公署叙》中记述公署沿革时载:"元至元丙子,县尹沂川因僮阳郡基创建,至正十五年(1355),兵废。"⑥元至元丙子,正是元顺帝至元二年(1336),故沂川为沭阳县尹的时间不会晚于元顺帝至元二年丙子(1336)。

沂川离知沭阳县时间不详。1997年版《沭阳县志》大事载:"(元)至正二年(1342),知县沂川创建县治,增修学宫。"⑦依此可推知,沂川离知沭阳县时间不会早于元顺帝至正二年。如此,沂川在沭阳县尹任上就长达7年之久,大大超过一般3年一任的期限。虽然在元代这种超期任职的情况时有发生,但亦有可能是1997年版《沭阳县志》记载失察。

---

① [清]嘉庆《海州志》卷28《金石录》,第477页。
② [明]薛赟修、陈艮山纂:《正德淮安府志》卷12《官守》,荀德麟、陈凤雏、王朝堂点校,北京:方志出版社,2009年,第273页。
③ [清]张奇抱:《重修沭阳县志》卷2《职官表叙》,清康熙十三年(1674)刻本,第115、175页。
④ 《江南通志》卷115《职官志》,文渊阁《四库全书》第510册,第407页。
⑤ [清]张玉书:《御定康熙字典》卷16《沂》,文渊阁《四库全书》第230册,第138页。
⑥ [清]张奇抱:《重修沭阳县志》卷2《公署叙》,清康熙十三年(1674)刻本,第135页。
⑦ 沭阳县地方志编纂委员会:《沭阳县志》,南京:江苏科学技术出版社,1997年,第9-10页。

另,1997年版《沭阳县志》大事载:"元顺帝至元元年(1335),知县尹洙因僮阳郡旧基创建官廨,修学官,招流民学艺。"①知县尹洙的政绩与沂川如此相似,史载亦不见"尹洙",则该条不可信,极有可能是将"沂川"误写为"尹洙"。

元顺帝至元六年庚辰(1340)

【海宁州安东州分镇万户:张汉英】

张汉英(生卒年不详),生平史载阙,为昭毅将军、海宁州安东州分镇万户,事载明正德《淮安府志·官守》:"(元)张汉英,至元间授昭毅将军,镇守安东、海宁万户府万户。治军旅,修学宫,甚有政声。后卒于官。"②

清乾隆《江南通志·职官志》载:"张汉英,镇守淮安万户府。"③《学校志》载:"安东县儒学,在县治东南。元至正间,安东万户张汉英始建,后毁于兵。"④

清嘉庆《海州志·职官表三·武秩》载:"(元达噜噶齐)张汉英。有传。"《良吏传四·将弁》载:"张汉英,至元间,为海宁安东州万户,分镇海宁州。治军旅,修学校,甚有贤声(旧州志)。"⑤

综上,张汉英至元年间任职万户,至正年间修学校,故推知张汉英在海宁州安东州分镇万户任上的大致时间在元顺帝至元末至至正初,即在元顺帝至元六年(1340)前后。

另外,有元一代,尚有二位名为张汉英的官员。

一为元世祖至元十二年(1275)前后为济南府同知的张汉英。《元史·世祖本纪五》载:"(世祖至元十二年二月)辛亥,遣同知济南府事张汉英持诏谕淮东制置使李庭芝。"⑥

另一位为文士张汉英,庐陵(江西省吉安市)人,善书,能文,曾担任过广西宪幕、广东宪史、南台掾等职。与同时期的文人揭傒斯、王士熙及同乡刘诜等交好,有诗文唱和。

元顺帝至正十年庚寅(1350)

【海宁州知州:赵雍】

赵雍(1291—1362),字仲穆,号山斋,吴兴(今浙江省湖州市)人,一说归安(今浙江省湖州市)人。元代著名书画家赵孟頫(1254—1322)次子,以父荫入仕。历知昌国、海宁二

---

① 沭阳县地方志编纂委员会:《沭阳县志》,南京:江苏科学技术出版社,1997年,第9页。
② [明]薛𨬸修、陈艮山纂:《正德淮安府志》卷12《官守》,荀德麟、陈凤雏、王朝堂点校,北京:方志出版社,2009年,第274页。
③ 《江南通志》卷102《职官志》,文渊阁《四库全书》第510册,第83页。
④ 《江南通志》卷88《学校志》,文渊阁《四库全书》第509册,第477页。
⑤ [清]嘉庆《海州志》卷22《良吏传四·将弁》,第387页。
⑥ 《元史》卷8《世祖本纪五》,第161页。

州,集贤待制,翰林待制等职。以同知湖州路总管府事致仕。

赵雍知海宁州事载元人欧阳玄为其父赵孟頫所撰神道碑《赵文敏公神道碑》,收录于《圭斋文集》卷九:"(赵孟頫)子男三人:亮,早夭;雍,凤慧有父风,以荫历守昌国、海宁二州;奕,举茂才。"①任职时间不详,地方诸志亦不载。明隆庆《海州志·治典》:"郡守佐。元。赵雍,吴兴人,孟頫之子。善书画,有名当世。"②清《古朐考略》卷二《职官考》载:"赵雍,湖州人,翰林学士承旨、魏国公孟頫长子也,知海州(以上《元史》,按:《赵文敏传》只云子雍'以书画知名',未尝言知海州,今从海州志。又《元史类编》云'孟頫弟孟吁,字子俊,官知州,工人物花鸟,亦善书。'然不言海州知州)。"③清嘉庆《海州志·职官表一》载:"海宁州达噜噶齐,知州。赵雍,吴兴人,孟頫长子,皇庆年任。见明《淮安府志》及《州志》。按:《元史·赵孟頫传》但言其子雍'以书画知名',并未言其为海宁州。《元史类编》:'孟頫弟孟籲,字子俊,官知州。'亦未言其知海宁州,今姑存之。"

明人董斯张在《吴兴备志·人物征第五之五》中载:

> 赵雍,字仲穆,孟俯之子,善书画,名重当世,荫授海州知州,在官期年,后除集贤待制、湖州路总管(《淮安志》)。雍有二子:凤、麟。凤,字允文;麟,字彦徽。

> 赵仲穆善书画,尝任淮南知州,有一玉带,时廉访某卒欲得之,不从,竟以是蔑之而罢其职。至正中,被召入朝,旨下淮安,取往来案牍焚之。仕至翰林待制,晚年典郡(《农田余话》)。④

文中"被召入朝,旨下淮安",是指赵雍此时在淮安所辖地界任职。元代海宁州属淮安路,故文中"淮南知州"当为"海宁州知州"。"至正"为元顺帝年号,时间跨度为元顺帝至正元年至二十八年(1341—1368),"至正中"大约是至正十四年(1354)前后。其《思归》诗中有"万里驱驰离乡国,十年奔走在尘埃"句⑤,可见作诗时抑或是归乡时,在外地为官已有十年之久,故赵雍入京时间至晚应在元顺帝至正十二年(1352)。这也极有可能是赵雍被罢免海宁州知州的时间。

依此推知,赵雍知海宁州时间在元顺帝至正十年至十二年之间。

赵雍同其父赵孟頫一样,善书画、精鉴赏、能诗文。书画继承家学,尤善山水、人物、鞍马,画竹则腴润洒脱,曾被元廷召进宫中"彩绘新作遍殿台阁"。传世作品有《溪山渔隐图》《松溪钓艇图》《竹石鹁鹑图》《澄江寒月图》《观音菩萨像》《高峰原妙禅师像》(藏美国马萨诸塞州波士顿美术馆)《骏马图》(藏台湾台北故宫博物院)《挟弹游骑图》(藏北京故宫博物院)《兰竹图》等,另有与父赵孟頫和次子赵麟的祖孙三代同题材的作品《人马图》,今藏美国大都会艺术博物馆,被称作《赵氏三世人马图》或《一门三世人马图》(图8-16)。⑥

---

① [元]欧阳玄:《圭斋文集》卷9《赵文敏公神道碑》,文渊阁《四库全书》第1210册,第47-48页。
② [明]隆庆《海州志》卷4《治典》,第76页。
③ [清]乔绍傅纂,张卫怀等点校《古朐考略》卷2《职官考》,连云港市地方志编纂委员会办公室编:《连云港历史文献集成》(第3辑),扬州:广陵书社,2021年,第21-30页。
④ [明]董斯张:《吴兴备志》卷12《人物征第五之五》,文渊阁《四库全书》第494册,第414页。
⑤ [元]赵雍:《赵待制遗稿》,四库全书存目丛书编纂委员会编:《四库全书存目丛书·集部》第21册,济南:齐鲁书社,1997年,第631页。
⑥ 张大鸣、高峰主编:《珍本中国美术全集》上,北京:中国对外翻译出版公司,1999年,第205-207页。

图 8-16 《赵氏三世人马图》(作者自右至左赵孟頫、赵雍、赵麟)
(来源:张大鸣)

赵雍对书法楷、行、草、篆无一不通。其父赵孟頫中晚年时期与中峰和尚交往甚密,致中峰和尚的信札多达二十余封。① 受父亲影响,赵雍与中峰和尚亦联系紧密。母亲去世后,赵雍去信中峰和尚,除了祝愿中峰和尚保重身体之外,还表达了对中峰和尚遥祭母亲的感激之情,以及希冀中峰和尚此后能时常开导的期望之意,是为行书《与中峰和尚札》(图 8-17)②。

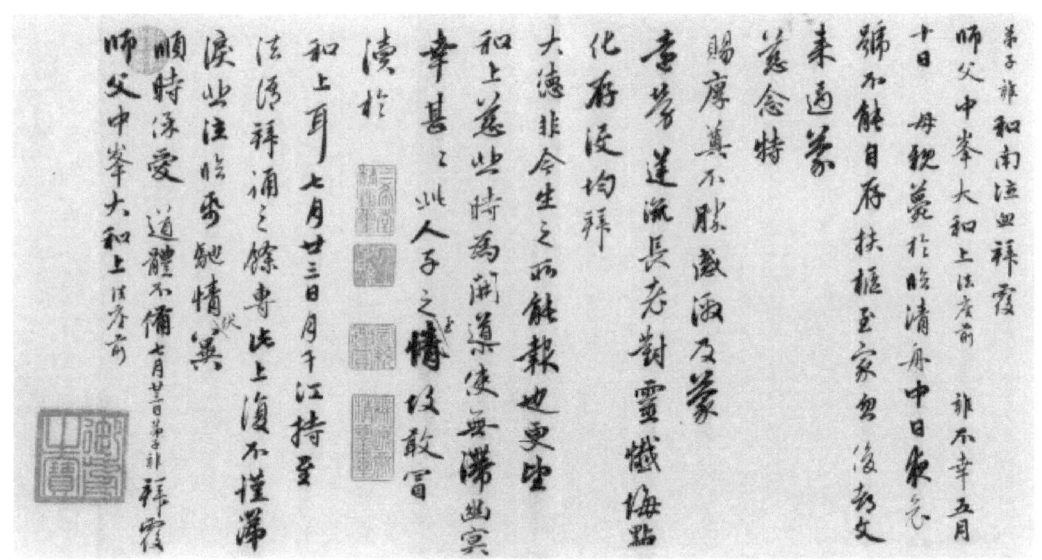

图 8-17 赵雍《与中峰和尚札》
(来源:《翰墨清远》)

据《书史会要》载,赵孟頫晚年为中峰明本的幻住庵写《金刚般若波罗蜜经》,未竟而卒,赵雍续之补全,字体如出一人之手,接续之处,观者竟无人能辨。

赵雍著有《赵待制遗稿》一卷存世,共收录诗、词各十七首,北京大学图书馆藏清乾隆道光间长塘鲍氏刻知不足斋丛书本卷末载:"延祐六年(1319)春正月寄呈德琏姊丈一观,冀改抹。幸甚。书于大都咸宜里之寓舍。赵雍。"德琏即赵孟頫婿王国器,赵雍姐夫。而附录两淮马裕家藏本《赵仲穆遗稿》一卷载:"卷末题延祐元年(1314)春正月寄呈德琏姊丈"句,时间相差六年。考"六""元"字体相近,两淮马裕家藏本为清乾隆《四库全书》底

---

① 单国强:《元赵孟頫信札系年初编》//《古书画史论集》,北京:紫禁城出版社,2004 年,第 30-49 页。
② 湖州市文学艺术界联合会:《翰墨清远——湖州历代名家书画》,杭州:浙江人民美术出版社,2018 年,第 107 页。

本,故极有可能是前者误刻所致,即原本时间应是"延祐元年"。故从时间上看,该卷当作于赵雍入仕之前,随父入住京城之时。①

卷中收录完整的七律《思归》诗云:

> 袅袅秋风动客怀,啾啾猿鹤苦相催。鲁侯不遇关天意,臧氏焉能沮我才。万里驱驰离乡国,十年奔走在尘埃。吴兴山水何清远,一棹扁舟归去来!

诗意中有离乡十年、思乡急切的迫切心情,其愁绪有老气横秋之感,不似一个年轻人所作。实际上也如是。若该诗为元仁宗延祐元年所作,离乡十年之前当为元成宗大德八年(1304)前后,此时的赵雍才五六岁光景,尚处于幼年阶段,应该谈不上对家乡"吴兴山水"的深刻记忆和留恋。故推测该诗不为少年时作,而为中老年作品;抑或不为赵雍原作,正如两淮马裕家藏本《赵仲穆遗稿》所载,明文征明在卷后题跋所云:"诗词皆浅弱""疑好事者依托雍作,并假借国器也。"

---

① [元]赵雍:《赵待制遗稿》,四库全书存目丛书编队编纂委员会:《四库全书存目丛书·集部》第21册,济南:齐鲁书社,1997年,第627—634页。

余 论

宋金元时期，海州实为远离政治中心的滨海偏远州郡，除北宋中期一段时间政局相对稳定外，其他时间皆处于社会动荡状态，尤其是宋金元朝代更迭时期，海州是南宋、金、元三方政权及地方武装割据势力在淮北交战的主要战场，致使海州在政治、经济、文化等方面长期处于相对落后状态。在考察宋金元时期海州职官群体的过程中，发现海州只有在宋金元交战之际才受到朝廷的重视，所派出的职官大部分是武臣，而在北宋、元朝时期，由于社会基本处于稳定状态，职官主要以文臣为主。

北宋时期，由于传世文献较多，留存的海州职官资料较多，本书经研究梳理后补正的海州职官也较多。因政出多门，在任命海州职官时常常出现前任职官尚未到任、新任职官又被除命的交叉、错位等现象。这一时期，海州职官以进士出身为主，只有少量的以荫补为官。由于北宋前期实施的籍贯回避制度中后期有所放宽，故海州职官大部分来自所隶属的淮南路和临近的两浙路。部分职官为进士后的初仕官，大部分为迁转官，年龄偏大，还有部分为贬谪官。海州职官中出现了一批有影响力的文学家和政治家，流传下来许多脍炙人口的惠民故事和灿烂的石刻书法艺术；离任海州后，大部分仕宦经历较为平淡，但也有少量官至宰相、参知政事等。

在宋金元对峙时期，海州的军事防御地位明显得到提高，但南宋的重点放在海州南部的楚州一带。这一时期的前期和后期，由于有来自北方金军和蒙古军的强大军事压力，南宋对海州的控制时断时续，难以派出合适的职官，常常以武臣兼任；中期宋金有绍兴、隆兴两次议和，加之地方武装割据势力的强大，南宋虽然常常派兵袭击，但基本上将海州作为羁縻州对待，所派职官也以遥授为主。金朝时，海州职官初期和后期皆以武臣为主，中期以文臣为主。蒙古军海州职官基本上皆以蒙古族武臣为主，中下层职官以汉人文臣为主。

元朝时期，由于采用严酷的民族等级控制制度，中下层海州职官才由汉人担任，而有决策权的职官皆由蒙古人和色目人担任。

限于文献的搜集空间及作者的学术能力，本书研究暂告一段落，但学术研究的深度和广度还有待进一步拓展。关于海州地区宋金元时期的职官群体，仍有大量的职官，特别是南宋、金朝和元朝时期的大量职官没有得到挖掘。另有诸如宋金元时期海州职官与海州文脉发展的关系、宋金交战之际海州职官所发挥的作用等很多问题尚值得进一步发现和研究。在未来的岁月里，笔者将潜心深入研究，出更多更新的成果。

附录　职官索引

（职官大小降序和姓名拼音升序）

职官	姓名	页码	职官	姓名	页码
北宋海州团练使	刘仕稚	197	北宋海州知州	蔡渊	378
北宋海州团练使	潘璘	153	北宋海州知州	曾肇	361
北宋海州团练使	史吉	233	北宋海州知州（未知海州）	陈禾	398
北宋海州团练使	苏利涉	310			
北宋海州团练使	王振	275	北宋海州知州	陈汝奭	304
北宋海州团练使	温元裕	307	北宋海州知州	陈文颙	165
北宋海州团练使	赵叔牙	356	北宋海州知州	崔公度	311
北宋海州团练使	赵仲瑳	389	北宋海州知州	段从革	138
北宋海州团练副使	陈过庭	434	北宋海州知州	郭知章	322
北宋海州团练副使	董俨	142	北宋海州知州	洪拟	438
北宋海州团练副使	丰稷	378	北宋海州知州	胡旦	139
北宋海州团练副使	韩招	438	北宋海州知州	胡揆	300
北宋海州团练副使	孟揆	427	北宋海州知州（羁置海州）	黄策	389
北宋海州团练副使	孟扬	448			
北宋海州团练副使	田锡	145	北宋海州知州（知梅州）	黄磧	291
北宋海州团练副使	王蕃	448			
北宋海州团练副使	王振	275	北宋海州知州	霍唐臣	316
北宋海州团练副使	詹度	448	北宋海州知州	蒋绩	275
北宋海州团练副使	折彦质	448	北宋海州知州	蒋长生	351
北宋海州团练副使	朱师服（朱服）	366	北宋海州知州	李况	332
			北宋海州知州	李溥	203
北宋海州刺史	梁彦超	136	北宋海州知州	刘㧑	340
北宋海州刺史	乔维岳	149	北宋海州知州	刘湜	229
北宋海州刺史	孙方进	136	北宋海州知州	卢航	398
北宋海州刺史	王振	275	北宋海州知州	陆佃	358
北宋海州知州	鲍粹	356	北宋海州知州	罗恺	307
北宋海州知州	鲍由	404	北宋海州知州	吕蒙巽	207
北宋海州知州	毕氏	244	北宋海州知州	吕嘉问	322
北宋海州知州	毕仲游	378	北宋海州知州	吕仲甫	389

职官	姓名	页码	职官	姓名	页码
北宋海州知州（羁置海州）	马瑊	389	北宋海州知州	郑济	417
			北宋海州知州	周嘉正	184
北宋海州知州	梅挚	225	北宋海州知州	祖无择	226
北宋海州知州	孟忠厚	448	北宋海州通判	常溥	270
北宋海州知州	钱伯言	438	北宋海州通判	陈彭年	149
北宋海州知州	钱功	418	北宋海州通判	陈昇	356
北宋海州知州	沈叔通	316	北宋海州通判	陈俨	161
北宋海州知州	沈锡	414	北宋海州通判	刁约	214
北宋海州知州	慎曷	254	北宋海州通判	符授	420
北宋海州知州	盛京	212	北宋海州通判	傅显道	411
北宋海州知州	盛仲孙	327	北宋海州通判	郭时亮	322
北宋海州知州	施大伦	448	北宋海州通判	解世京	438
北宋海州知州	石麟之	316	北宋海州通判	郎简	177
北宋海州知州	孙冕	158	北宋海州通判	李氏（郎中）	236
北宋海州知州	孙载	347	北宋海州通判	李清臣	291
北宋海州知州	孙洙	291	北宋海州通判	刘居实	427
北宋海州知州	田升之	411	北宋海州通判	吕升卿	316
北宋海州知州	王博文	172	北宋海州通判	牛冕	162
北宋海州知州	王觌	366	北宋海州通判	潘祥	398
北宋海州知州	王巩	332	北宋海州通判	盛侨	236
北宋海州知州	王曙	175	北宋海州通判	盛遵甫	250
北宋海州知州	王襄（原名王宁）	396	北宋海州通判	石延年	207
北宋海州知州	王信臣	223	北宋海州通判	王尧臣	197
北宋海州知州	王照	314	北宋海州通判	谢景初	255
北宋海州知州	王祖道	364	北宋海州通判	胥元衡	268
北宋海州知州	王遵度	185	北宋海州通判	燕若霖	378
北宋海州知州	魏稣	460	北宋海州通判	张宗海	154
北宋海州知州	吴直夫	448	北宋海州通判	赵概（赵槩）	185
北宋海州知州	谢微	231	北宋海州通判	朱行中	311
北宋海州知州	叶祖洽	344	北宋海州判官	向持正	411
北宋海州知州	余授	366	北宋海州幕职官（从事）	许光	366
北宋海州知州	张景宪	236	北宋海州幕职官	郭三益	351
北宋海州知州	张叔夜	398	北宋海州推官	王务本	174
北宋海州知州	章诚	250	北宋海州推官	张茂直	137
北宋海州知州	章岷	275	北宋海州观察推官	韩炳	226
北宋海州知州	章授	361	北宋海州推官	吕永甫	411
北宋海州知州（未知海州）	章绶	438	北宋海州儒学教授	李去泰	411
			北宋海州儒学教授	刘公彦	438
			北宋海州儒学教授	陆韶之	420
北宋海州知州（未知海州）	赵衮	322	北宋海州儒学教授	孙宗鉴	411

职官	姓名	页码	职官	姓名	页码
北宋海州儒学教授	赵资道	347	北宋朐山县令	王知载	270
北宋海州录事参军	周兴龄	378	北宋朐山县令	谢季康	270
北宋海州司法参军	段昭裔	136	北宋朐山县令	阎质	433
北宋海州司法参军	强渊明	314	北宋朐山县令	于宰	366
北宋海州司法参军	王冶	433	北宋朐山县令	周何	356
北宋海州司法参军	谢季康	270	北宋朐山县主簿	赵泽	433
北宋海州司户参军	邓绍密	411	北宋朐山县尉	沈钧	356
北宋海州司理参军	晁仲景	291	北宋朐山县尉权	王大猷	433
北宋海州司理参军	郭恺	193	北宋东海县令	刘逢	434
北宋海州司理参军	蒋圆	340	北宋东海县令	沈括	245
北宋海州司理参军	李熙靖	389	北宋东海县令	苏可久	192
北宋海州司理参军	穆修	168	北宋东海县令	张德北	197
北宋海州司理参军	许怡	214	北宋东海县令	张师尹	289
北宋海州榷货务	贾昌龄	177	北宋东海县令	张震	222
北宋海州榷货务	李载之	244	北宋东海县尉	郭僎	396
北宋海州榷货务	萧映	223	北宋东海县尉	周化元	172
北宋海州榷货务	张绹	213	北宋东海县尉兼主簿	韩伯庄	264
北宋海州榷货务	张子谅	223	北宋东海县尉兼主簿	刘太素	197
北宋海州监税	陈修古	275	北宋东海县尉兼主簿	王淳	192
北宋海州监税	杜开	366	北宋怀仁县令	曾布	286
北宋海州监税	杜起	193	北宋怀仁县令	陈德任	314
北宋海州监税	贾易	358	北宋怀仁县令	刘公彦	448
北宋海州监税	蒋之仪	264	北宋怀仁县令	文勋	275
北宋海州监税	李迪	165	北宋怀仁县令	谢忱	313
北宋海州监税	王海	204	北宋怀仁县主簿	陈恺	270
北宋海州监税	王嘉言	170	北宋怀仁县主簿	傅卞	197
北宋海州监税	王子京	322	北宋怀仁县主簿	蒋全	433
北宋海州举监洛要场	陈肃	193	北宋怀仁县主簿	王渊	154
北宋海州兵马钤辖	赵令懋	433	北宋怀仁县主簿	张汝贤	300
北宋海州兵马钤辖	赵彦明	411	北宋怀仁县尉	潘及甫	223
北宋海州兵马钤辖	赵子庄	427	北宋沭阳县令	王炳	398
北宋海州驻泊钤辖	訾文明	223	北宋沭阳县主簿代县令	沈括	244
北宋海州兵马都监	武继隆	250	北宋沭阳县主簿	李端方	404
北宋海州都巡检	李禹锡	356	北宋沭阳县尉	王师心	420
北宋海州巡检	曹元礼	223	南宋海州团练使	边顺	481
北宋朐山县令	陈正	211	南宋海州团练副使	刘锡	470
北宋朐山县令	李良辅	226	南宋海州团练副使	钱伯言	467
北宋朐山县令	刘彝	233	南宋海州团练副使	曲端	470
北宋朐山县令	闾丘君泽	411	南宋海州团练副使	孙觌	461
北宋朐山县令	沈仁谅	162	南宋海州团练副使	王元	467

职官	姓名	页码	职官	姓名	页码
南宋海州团练副使	郑望之	461	南宋怀仁县令	刘公彦	467
南宋海州知州（西海州）	丁顺	553	南宋沭阳县令	陈诗川	538
南宋海州知州	侯忠信	532	南宋沭阳县令	汪义荣	503
南宋海州知州	贾涉	521	金海州经略使	阿布哈努色尔	518
南宋海州知州	李彦先	470	金海州经略使	完颜辰尔	527
南宋海州知州	李子浩	485	金海州经略使	完颜从坦	515
南宋海州知州（知梅州）	缪朝宗	554	金海州权经略副使	完颜霆	518
南宋海州知州（东海州）	施居文	553	金海州刺史	高文富	490
南宋海州知州	王国昌	540	金海州刺史	完颜阿喜	509
南宋海州知州	王琳	526	金海州刺史	完颜牙哥	501
南宋海州知州	魏全	501	金海州刺史	完颜子忠	487
南宋海州知州	魏胜	490	金海州守	王山	486
南宋海州知州（改连州）	吴顺之	483	金海州同知	蒙恬	490
南宋海州知州	徐晞稷	527	金海州同知	术甲臣嘉	514
南宋海州知州	张汉英	545	金海州同知（遥授）	通吉世显	526
南宋海州知州	赵东	538	金海州同知	温特赫安住	509
南宋海州知州	周臼（周岱）	537	金海州同知	薛安靖	470
南宋海州通判	侯畐	543	金海州同知	张尧咨	483
南宋海州通判	姜琛	526	金海州通判	李汇	470
南宋海州通判	林松	540	金海州军事判官	胡景崧	506
南宋海州通判	林兴宗	533	金海州军事判官	孙铎	502
南宋海州通判	王遽	527	金朐山县令	高敞	490
南宋海州通判	王瑁	538	金朐山县令	宋蟠	503
南宋海州通判	吴文治	486	金朐山县令	王义	512
南宋海州通判	徐普	530	金朐山县莞渎村巡路巡检	某（失名）	511
南宋海州儒学教授	高夒	490	金东海县令	介侍	503
南宋海州儒学教授	黄更	532	金东海县令	完颜绷森	510
南宋海州儒学教授	刘公彦	461	金东海县令	支邦荣	490
南宋海州儒学教授	章樵	511	金赣榆县令	夹谷秀	518
南宋海州司法参军	陈子遇	514	金赣榆县令	女奚烈守愚	508
南宋海州镇抚使	李进彦	467	金赣榆县令	张希召	488
南宋海州镇抚使	李彦先	477	金赣榆县主簿、权税务都监	马禧	518
南宋海州兵马钤辖	李进彦	470			
南宋朐山县令	陈炤	551	金赣榆县尉	徒单立	518
南宋朐山县令	高敞	490	金赣榆县徐浦酒税都监	蒲察雄	518
南宋权朐山县主簿	高夒	490	海州地方武装割据首领	国用安（国安用、完颜用安）	111
南宋朐山县主簿	陈奎	550			
南宋朐山县主簿	余时举	544			
南宋东海县令	刘公彦	438	海州地方武装割据首领	李全	108
南宋权东海县令	莫正	486	海州地方武装割据首领	李瓛	114

职官	姓名	页码	职官	姓名	页码
海州地方武装割据首领	刘忠	107	元海宁州打捕提领	王钦	560
海州地方武装割据首领	徐元、张旺、史整	107	元海宁州打捕提领	颜克仁	560
元海州守	孟德	540	元海宁州中官医提领所管勾	郭氏	560
元海州万户	王昔剌	549			
元海宁州达鲁花赤	廉青山	572	元海宁州中官医提领所管勾	许显祖	560
元海宁州达鲁花赤	撒昔	567			
元海宁州知州	可温	559	元海宁州板浦盐场司令	孟氏（敦武校尉）	560
元海宁州知州	魏荣	559	元海宁州临洪盐场司令	苑氏（承事郎）	560
元海宁州知州	萧谧	572	元海宁州临洪盐场司丞	宋氏（将仕郎）	560
元海宁州知州	臧梦解	555	元海宁州临洪盐场司丞	赵氏（将仕郎）	560
元海宁州知州	张衡	567	元海宁州临洪盐场管勾	王氏	560
元海宁州知州	赵霁	558	元海宁州临洪盐场盐运判官	宁渊	560
元海宁州知州	赵雍	583			
元海宁州同知	安迓	567	元海宁州莞渎盐场司令	潘氏（承事郎）	560
元海宁州同知	冯氏（承务郎）	560	元海宁州莞渎盐场司丞	万氏（进义校尉）	560
元海宁州同知	天下奴	572	元海宁州莞渎盐场管勾	文氏	560
元海宁州判官	孙良佐	560	元海宁州徐渎盐场司令	蔡氏	559
元海宁州判官	王惟范	567	元海宁州徐渎盐场司令	田氏（忠诩校尉）	560
元海宁州判官	赵筼翁	572	元海宁州徐渎盐场司丞	杨氏（进义校尉）	560
元海宁州儒学僧正	雨吉祥	568	元海宁州徐渎盐场管勾	王氏	560
元海宁州儒学学正	陈一凤	567	元海宁州安东州分镇达鲁花赤	帖木儿不花	560
元海宁州儒学学正	胡璋	567			
元海宁州儒学学正	李师道	560	元海宁州安东州分镇万户	魏氏（昭信校尉）	560
元海宁州儒学学正	乔尚志	572			
元海宁州阴阳学正	徐世杰	568	元海宁州安东州分镇万户	张汉英	583
元海宁州学吏	尹大民	560			
元海宁州学司吏	蔡滋	560	元海宁州安东州分镇千户	刘氏（忠翊校尉）	560
元海宁州司吏	陈铨	560			
元海宁州司吏	彭克温	560	元朐山县达鲁花赤	曾寿	572
元海宁州司吏	王基	560	元朐山县达鲁花赤	教化的	560
元海宁州司吏	王荣	560	元朐山县达鲁花赤	沙的	559
元海宁州司吏	叶廷琇	560	元朐山县主簿	程氏（将仕郎）	560
元海宁州司吏	张瑛	560	元朐山县尉	刘氏	560
元海宁州吏目	葛良	560	元朐山县尉	某（失名）	572
元海宁州吏目	上官思恭	572	元朐山县典史	潘遐	560
元海宁州吏目	王国安	560	元朐山县典史	张景	560
元海宁州税务官提领	赵氏	560	元朐山县儒学教谕	游浚	560
元海宁州税务官大使	高氏	560	元朐山县司吏	李良	560
元海宁州税务官副使	张氏	560	元朐山县司吏	孙诚	560
元海宁州打捕提领	黄庆归	560	元朐山县司吏	徐礼	560

职官	姓名	页码	职官	姓名	页码
元朐山县司吏	徐秀	560	元赣榆县巡尉司吏	马麟	560
元朐山县司吏	薛应祥	560	元赣榆县巡尉司吏	王开	560
元朐山县司吏	郁文达	560	元赣榆县椿积仓官	戴奎	560
元朐山县巡尉司吏	郑恭	560	元赣榆县椿积仓官	范渊	560
元赣榆县达鲁花赤	小云失不花	560	元赣榆县椿积仓官	卢文炳	560
元赣榆县达鲁花赤	小云失帖木儿	568	元赣榆县椿积仓官	孙荣	560
元赣榆县尹	潘伯不花	568	元沭阳县达鲁花赤	某(进义校尉)	560
元赣榆县主簿	成奎	568	元沭阳县达鲁花赤	斡赤	569
元赣榆县主簿	冯氏(将仕郎)	560	元沭阳县尹	李公懋	554
元赣榆县尉	卜克文	568	元沭阳县尹	宋文瑞	569
元赣榆县尉	王氏	560	元沭阳县尹	孙氏(忠翊校尉)	560
元赣榆县临洪镇巡检	王忠	568	元沭阳县尹	沂川	582
元赣榆县儒学教谕	徐仁溥	560	元沭阳县主簿	罗罡	569
元赣榆县司吏	李毅	568	元沭阳县尉	塔海	560
元赣榆县司吏	李元	560	元沭阳县儒学教谕	夏毅	569
元赣榆县司吏	某滋(失姓)	568	元沭阳县儒学教谕	叶万	569
元赣榆县司吏	王廷瑞	560	元沭阳县典史	陶荣	560
元赣榆县司吏	颜润	560	元沭阳县司吏	刘泓	560
元赣榆县司吏	杨得	560	元沭阳县司吏	王锁	560
元赣榆县司吏	朱国华	568	元沭阳县司吏	王岳	560
元赣榆县司吏	朱英	568	元沭阳县司吏	周士贵	560
元赣榆县尉吏	王德贤	568	元沭阳巡尉司吏	卢峨	560

参 考 文 献

一、古代典籍(含今人整理校注)

(一) 历史地理类

[1] [清]毕沅:《续资治通鉴》,"标点续资治通鉴小组"校点,北京:中华书局,1957年。
[2] [明]陈邦瞻:《宋史纪事本末》,北京:中华书局,1977年。
[3] [清]顾祖禹:《读史方舆纪要》,贺次君、施和金点校,北京:中华书局,2005年。
[4] [宋]李焘:《续资治通鉴长编》,上海师范大学古籍整理研究所、华东师范大学古籍研究所点校,北京:中华书局,1995年。
[5] [宋]李心传:《建炎以来系年要录》,胡坤点校,北京:中华书局,2013年。
[6] [清]陆心源:《宋史翼》,吴伯雄点校,杭州:浙江古籍出版社,2016年。
[7] [宋]司马光:《资治通鉴》,[元]胡三省音注,"标点资治通鉴小组"校点,北京:中华书局,1956年。
[8] [宋]王象之:《舆地纪胜》,赵一生点校,杭州:浙江古籍出版社,2012年。
[9] [清]吴廷燮:《北宋经抚年表 南宋制抚年表》,张忱石点校,北京:中华书局,1984年。
[10] [明]解缙著,刘凯主编:《永乐大典精华》,北京:线装书局,2016年。
[11] [宋]熊克:《中兴小纪》,顾吉辰、郭群一点校,福州:福建人民出版社,1985年。
[12] [宋]徐梦莘:《三朝北盟会编》,上海:上海古籍出版社,1987年。
[13] [清]徐松辑:《宋会要辑稿》,刘琳、刁忠民,等校点,上海:上海古籍出版社,2014年。
[14] [宋]杨仲良:《皇宋通鉴长编纪事本末》,李之亮校点,哈尔滨:黑龙江人民出版社,2006年。
[15] 影印文渊阁《四库全书》史部,台北:台湾商务印书馆,1982-1986年。
[16] 中华书局版"二十五史",北京:中华书局,1957-1977年。

(二) 文集类

[1] [宋]蔡襄:《蔡襄集》,吴以宁点校,上海:上海古籍出版社,1996年。
[2] [清]陈梦雷:《古今图书集成》,北京:中华书局,1934年。
[3] [宋]郭祥正:《郭祥正集》,孔凡礼点校,合肥:黄山书社,2014年。
[4] [宋]韩琦著,李之亮、徐正英笺注:《安阳集编年笺注》,成都:巴蜀书社,2000年。
[5] [唐]韩愈著,马其昶校注,马茂元整理:《韩昌黎文集校注》,上海:上海古籍出版社,2018年。
[6] [宋]洪迈:《容斋四笔》,北京:光明日报出版社,2014年。
[7] [宋]洪咨夔:《洪咨夔集》,侯体健点校,杭州:浙江古籍出版社,2015年。
[8] 黄益元校点:《历代笔记小说大观》,上海:上海古籍出版社,2012年。
[9] [明]黄宗羲:《黄宗羲全集》,杭州:浙江古籍出版社,2012年。

[10] [宋]江少虞:《宋朝事实类苑》,上海:上海古籍出版社,1981年。
[11] [明]焦竑:《国朝献征录》,上海:上海书店出版社,1987年。
[12] [清]厉鹗辑撰:《宋诗纪事》,上海:上海古籍出版社,2013年。
[13] [宋]李觏:《李觏集》,王国轩点校,北京:中华书局,1981年。
[14] [元]柳贯:《柳贯集》,魏崇武、钟彦飞点校,杭州:浙江古籍出版社,2014年。
[15] [清]陆心源:《宋诗纪事补遗》,太原:山西古籍出版社,1997年。
[16] [宋]陆游:《渭南文集》,上海:上海古籍出版社,1987年。
[17] [唐]陆羽,[清]陆廷灿:《茶经》,北京:中国工人出版社,2004年。
[18] [宋]吕祖谦:《吕祖谦全集》,杭州:浙江古籍出版社,2008年。
[19] [宋]梅尧臣著,朱东润编年校注:《梅尧臣集编年校注》,上海:上海古籍出版社,1980年。
[20] [宋]司马光著,李之亮笺注:《司马温公集编年笺注》,成都:巴蜀书社,2009年。
[21] [宋]沈括著,胡道静校证:《梦溪笔谈校证》,上海:上海人民出版社,2016年。
[22] [宋]苏轼:《苏东坡全集》,北京:燕山出版社,2009年12月。
[23] [宋]苏舜钦著,傅平骧、胡问涛校注:《苏舜钦集编年校注》,成都:巴蜀书社,1990年。
[24] [宋]王安石:《临川先生文集》,上海:复旦大学出版社,2016年。
[25] [宋]王辟之:《渑水燕谈录》,吕友仁点校,北京:中华书局,2006年。
[26] [宋]王明清:《挥麈录》,田松青校点,上海:上海古籍出版社,2012年。
[27] [民国]王云五主编:《丛书集成初编》,上海:商务印书馆,1935年。
[28] [宋]文彦博:《文潞公集》,郝继文标点,太原:山西人民出版社,2008年。
[29] [清]吴式芬:《攈古录》,北京:中国书店出版社,2011年。
[30] [宋]杨杰著,曹小云校笺:《无为集校笺》,合肥:黄山书社,2014年。
[31] 影印文渊阁《四库全书》集部,台北:台湾商务印书馆,1982-1986年。
[32] [元]虞集:《虞集全集》,天津:天津古籍出版社,2007年。
[33] [金]元好问:《元好问全集》,太原:山西人民出版社,1990年。
[34] [宋]曾巩:《曾巩集》,北京:中华书局,1984年。
[35] [宋]赵汝愚编:《宋朝诸臣奏议》,上海:上海古籍出版社,1999年。
[36] [元]赵雍:《赵待制遗稿》,济南:齐鲁书社,1997年。
[37] [宋]周密:《齐东野语》,杨瑞点校,杭州:浙江古籍出版社,2015年。
[38] [宋]朱熹:《朱熹集》,郭齐、尹波点校,成都:四川教育出版社,1996年。
[39] [宋]庄绰:《鸡肋编》,萧鲁阳点校,北京:中华书局,1983年。

二、方志地情资料

[1] [清]崔应阶:《云台山志》,台北:文海出版社,1975年。
[2] [清]道光《云台新志》,中国方志丛书,台北:成文出版社,1974年。
[3] [民国]《福建通志》,福州:福建通志局,1922年。
[4] [清]光绪《赣榆县志》,中国方志丛书,华中地方,第36号,台北:成文出版社有限公司,1970年。
[5] [清]光绪《淮安府志》,中国地方志集成,江苏府县志辑54,南京:江苏古籍出版社,1991年。
[6] [清]光绪《通州志》,中国地方志集成,江苏府县志辑52,南京:江苏古籍出版社,1991年。
[7] [明]黄仲昭:《八闽通志》,福州:福建人民出版社,2006年。

[8] [明]黄宗羲:《四明山志》,杭州:浙江古籍出版社,2012年。
[9] [清]嘉庆《重修扬州府志》,中国地方志集成,江苏府县志辑41－42,南京:江苏古籍出版社,1991年。
[10] [清]嘉庆《海州直隶州志》,中国地方志集成,江苏府县志辑64,南京:江苏古籍出版社,1991年。
[11] 金兆法总纂,缙云县志编纂委员会编:《缙云县志》,杭州:浙江人民出版社,1996年。
[12] [清]康熙《重修赣榆县志》,《连云港历史文献集成》(第2辑),扬州:广陵书社,2020年。
[13] [清]康熙《重修沭阳县志》,清康熙十三年(1674)刻本。
[14] [清]刘兆龙纂修,[清]毕秀重修:《康熙海州志》,张卫怀、汤兆成、高金吉标点,北京:中国科学技术出版社,1994年。
[15] 连云港市花果山风景区管理处编:《花果山志》,北京:中华书局,2005年。
[16] [明]隆庆《海州志》,天一阁藏明代方志选刊,上海:上海古籍书店,1962年。
[17] 缪荃孙,等:《江苏省通志稿大事志》,南京:江苏古籍出版社,1991年。
[18] [清]乾隆《福州府志》,中国地方志集成,福建府县志辑1,上海:上海书店出版社,2000年。
[19] [清]卫哲治,[清]叶长扬纂:《乾隆淮安府志》,淮安市地方志办公室编,荀德麟点校,北京:方志出版社,2008年。
[20] [清]乾隆《泉州府志》,中国地方志集成,福建府县志辑23,上海:上海书店出版社,2012年。
[21] [宋]潜说友:《咸淳临安志》,杭州:浙江古籍出版社,2017年。
[22] [清]乔绍傅纂:《古朐考略》,张卫怀,等点校,连云港市地方志编纂委员会办公室编:《连云港历史文献集成》(第3辑),扬州:广陵书社,2021年。
[23] [清]阮元主修:《广东通志》,梁中民校点,广州:广东人民出版社,2011年。
[24] [宋]史能之纂修:《咸淳毗陵志》,中国方志丛书,江苏省第422册,台北:台湾成文出版社,1983年。
[25] [明]宋祖舜修,[明]方尚祖纂:《天启淮安府志》,荀德麟、刘功昭、刘怀玉点校,北京:方志出版社,2009年。
[26] [明]万历《赣榆县志》,《连云港历史文献集成》(第2辑),扬州:广陵书社,2020年。
[27] [明]万历《扬州府志》,北京图书馆古籍珍本丛刊25,北京:书目文献出版社,1991年。
[28] 沭阳县地方志编纂委员会:《沭阳县志》,南京:江苏科学技术出版社,1997年。
[29] [明]薛𧶽修,[清]陈艮山纂:《正德淮安府志》,荀德麟、陈凤雏、王朝堂点校,北京:方志出版社,2009年。
[30] [元]俞希鲁:《至顺镇江志》,杨积庆,等点校,南京:江苏古籍出版社,1999年。
[31] [清]张奇抱:《重修沭阳县志》,清康熙十三年(1674)刻本。
[32] [元]张铉:《至大金陵新志》,载《南京文献》第十至二十号,南京市通志馆文献委员会,1948年。
[33] 浙江省地方志编纂委员会:《宋元浙江方志集成》,杭州:杭州出版社,2009年。
[34] [宋]周应合:《景定建康志》,南京稀见文献丛刊,南京:南京出版社,2009年。

三、今人论著

(一) 学术著作

[1] 白寿彝总主编,陈振主编:《中国通史》(2版),上海:上海人民出版社,2013年。
[2] 北京大学古文献研究所:《全宋诗》,北京:北京大学出版社,1998年。

[3] 国家图书馆出版社影印室辑：《宋代传记资料丛刊》，北京：国家图书馆出版社，2006年。
[4] 本书编委会：《丛书集成续编》，上海：上海书店出版社，1994年。
[5] [日]东英寿：《复古与创新——欧阳修散文与古文复兴》，王振宇、李莉，等译，上海：上海古籍出版社，2005年。
[6] 封其灿：《连云港金石图鉴》，北京：中国文史出版社，2018年。
[7] 郭英德：《唐宋八大家散文总集》，石家庄：河北人民出版社，2013年。
[8] 龚延明、祖慧编：《宋代登科总录》，桂林：广西师范大学出版社，2014年。
[9] 顾宏义编：《宋代日记丛编》，上海：上海书店出版社，2013年。
[10] 蒋维锬：《蔡襄年谱》，厦门大学出版社，2000年。
[11] 姜锡东、李华瑞主编：《宋史研究论丛》，保定：河北大学出版社，2008年。
[12] 孔凡礼：《三苏年谱》，北京：北京古籍出版社，2004年。
[13] 李洪甫：《连云港地方史稿》，上海：上海社会科学院出版社，1990年。
[14] 李天石、潘清主编：《江苏通史》(宋元卷)，南京：凤凰出版社，2012年。
[15] 李之亮：《宋两淮大郡守臣易替考》，成都：巴蜀书社，2001年。
[16] 连云港港务局史志编审委员会：《连云港港史(现代部分)》，北京：人民交通出版社，1989年。
[17] 连云港市博物馆编：《连云港馆藏文物精萃》，北京：荣宝斋出版社，2006年。
[18] 连云港市博物馆编：《连云港历史建制沿革》，南京：江苏凤凰文艺出版社，2020年。
[19] 连云港市重点文物保护研究所：《连云港石刻调查与研究》，上海：上海古籍出版社，2015年。
[20] 连云港市重点文物保护研究所：《石上墨韵——连云港石刻拓片精选》，上海：上海古籍出版社，2013年。
[21] 连云港市重点文物保护研究所：《连云港文物研究》第3辑《连云港碑铭大观》，北京：中国文史出版社，2015年。
[22] 刘云军：《宋史·宰辅列传补正》，保定：河北大学出版社，2016年。
[23] 南京博物院、连云港市博物馆：《藤花落——连云港市新石器时代遗址考古发掘报告》，北京：科学出版社，2014年。
[24] 南京市明城垣史博物馆：《南京城墙砖文》，南京：南京师范大学出版社，2008年。
[25] 倪进选注：《唐宋笔记选注》，上海：上海教育出版社，2016年。
[26] 任林豪、马曙明：《台州编年史》，杭州：浙江古籍出版社，2018年。
[27] 钱钟书：《宋诗纪事补正》，沈阳：辽宁人民出版社、辽海出版社，2003年。
[28] 四川大学古籍整理研究所、四川大学宋代文化研究资料中心编：《宋代文化研究》，成都：四川大学出版社，1993年。
[29] 师毅：《辽金元朝状元诗榜眼诗探花诗》，北京：昆仑出版社，2009年。
[30] 申利编：《文彦博年谱》，成都：巴蜀书社，2011年。
[31] 沈治宏、王蓉贵：《中国地方志宋代人物资料索引》，成都：四川辞书出版社，1997年。
[32] 苏天爵编：《元文类》，北京：商务印书馆，1936年。
[33] 孙克强、岳淑珍：《金元明人词话》，天津：南开大学出版社，2012年。
[34] 王鸿鹏，等：《中国历代榜眼·榜眼名录》，北京：解放军出版社，2004年。
[35] 王瑞来：《天地间气——范仲淹研究》，太原：山西教育出版社，2015年。
[36] 王水照、崔铭：《欧阳修传》，天津：天津人民出版社，2013年。
[37] 王新龙：《辛弃疾文集》，北京：中国戏剧出版社，2009年。
[38] 王兆鹏、王可喜、方星移：《两宋词人丛考》，南京：凤凰出版社，2007年。

[39] 王智勇、王蓉贵主编：《宋代诏令全集》，成都：四川大学出版社，2013年。
[40] 吴松弟：《中国人口史》第3卷《辽宋金元时期》，上海：复旦大学出版社，2000年。
[41] 吴雪涛、吴剑琴辑录：《苏轼交游传》，石家庄：河北教育出版社，2001年。
[42] 吴以宁：《〈梦溪笔谈〉辨疑》，上海：上海科学技术文献出版社，1995年。
[43] 夏汉宁、黎清、刘双琴：《南宋江西籍进士考录》，南昌：江西教育出版社，2017年。
[44] 谢青、汤德用主编：《中国考试制度史》，合肥：黄山书社，1995年。
[45] 薛瑞兆、郭明志编：《全金诗》，天津：南开大学出版社，1995年。
[46] 杨镰：《贯云石评传》，乌鲁木齐：新疆人民出版社，1983年。
[47] 杨倩描主编：《宋代人物辞典》，保定：河北大学出版社，2015年。
[48] 杨守敬：《日本访书志》，张雷校点，沈阳：辽宁教育出版社，2003年。
[49] 逸凡点校：《唐宋八大家全集》，北京：新世纪出版社，1997年。
[50] 余来明主编：《元代科举与文学》，武汉：武汉大学出版社，2013年。
[51] 曾燕主编：《嘉禾宋文钞》，上海：上海古籍出版社，2014年。
[52] 曾枣庄、刘琳主编：《全宋文》，上海：上海辞书出版社，合肥：安徽教育出版社，2006年。
[53] 曾枣庄主编：《宋代序跋全编》，济南：齐鲁书社，2015年。
[54] 曾枣庄：《苏辙年谱》，成都：巴蜀书社，2017年。
[55] 曾枣庄、舒大刚主编：《三苏全书》，北京：语文出版社，2001年。
[56] 张春林编：《欧阳修全集》，北京：中国文史出版社，1999年。
[57] 张福清校注：《宋代集句诗校注》，上海：上海古籍出版社，2013年。
[58] 张继禹主编：《中华道藏》，北京：华夏出版社，2004年。
[59] 张家超：《印象海州——以二十世纪初海州影像为背景的考察》，南京：东南大学出版社，2020年。
[60] 张建伟：《元代北方文学家族研究》，北京：商务印书馆，2019年。
[61] 张廷杰、宋代文学学会编：《第三届宋代文学国际研讨会论文集》，西宁：宁夏人民出版社，2005年。
[62] 张显成、周羣丽：《尹湾汉墓简牍校理》，天津：天津古籍出版社，2011年。
[63] 周续赓选注：《历代笔记选注》，北京：北京出版社，1983年。
[64] 周振甫主编：《唐诗宋词元曲全集——唐宋全词》，合肥：黄山书社，1999年。
[65] 朱易安，等主编：《全宋笔记》，郑州：大象出版社，2014年。
[66] 诸葛忆兵：《宋代科举资料长编》，南京：凤凰出版社，2017年。

（二）博士、硕士学位论文

[1] 陈畅：《王珪年谱》，华中师范大学硕士学位论文，2019年。
[2] 龚琴：《南宋明州（庆元府）知州（府）研究》，四川师范大学硕士学位论文，2022年。
[3] 蒋荣飚：《北宋仁宗、英宗、神宗三朝扬州知州研究三题》，扬州大学硕士学位论文，2020年。
[4] 卢萍：《宋代广州知州群体研究》，暨南大学博士学位论文，2010年。
[5] 卢青青：《潮州西湖造园历史与特色研究》，华南理工大学硕士学位论文，2015年。
[6] 毛建军：《郭祥正交游考述》，郑州大学硕士学位论文，2003年。
[7] 田虎：《宋代定州知州群体研究》，广西师范大学硕士学位论文，2012年。
[8] 王雅琦：《北宋党争背景下的士人生活——以王巩为中心》，辽宁大学硕士学位论文，2019年。
[9] 吴丽萍：《北宋渭州知州研究》，西北师范大学硕士学位论文，2020年。
[10] 郗丙亮：《郑獬诗歌研究》，河北师范大学硕士学位论文，2008年。

[11] 张铭：《麦积山石窟第4窟研究》，兰州大学博士学位论文，2017年。
[12] 张鹏来：《连云港古代摩崖石刻书法研究》，东南大学硕士学位论文，2015年。
[13] 张悦：《南宋赣南知州（军）研究》，四川师范大学硕士学位论文，2021年。

（三）期刊论文

[1] 曹锦炎：《〈赣榆发现朐臣铜锅〉读后》，《东南文化》1990年第5期。
[2] 陈从周：《海州古建筑海清寺塔园林寺正殿勘查记》，《同济大学学报》1956年第1期。
[3] 房迎三、惠强，等：《江苏连云港将军崖旧石器晚期遗址的考古发掘与收获》，《东南文化》2008年第1期。
[4] 葛治功、林一璞：《大贤庄的中石器时代细石器——兼论我国细石器的分期与分布》，《东南文化》1985年第6期。
[5] 胡顺利：《关于〈江苏连云港市宋代墓葬的清理〉的意见》，《考古》1987年第11期。
[6] 扈晓霞、郑卫、赵振华：《北宋官员文士祖无择生平仕履疏证（上）——以〈祖无择墓志〉和妻〈黄氏墓志〉为中心》，《洛阳考古》2016年第4期。
[7] 纪达凯：《江苏灌云大伊山新石器时代遗址第一次发掘报告》，《东南文化》1988年第2期。
[8] 冯先铭：《中国古代外销瓷的问题》，《海交史研究》1980年第2期。
[9] 李洪甫：《江苏连云港市花果山出土的汉代简牍》，《考古》1982年第5期。
[10] 李洪甫：《连云港市桃花涧旧石器时代晚期遗址试掘报告》，《东南文化》1989年第3期。
[11] 李克文：《赣榆发现朐臣铜锅》，《东南文化》1990年第4期。
[12] 李克文：《江苏赣榆县出土宋代银铤》，《考古》1997年第9期。
[13] 李克文：《江苏赣榆发现宋代大宗货币银铤》，《西安金融》1995年第2期。
[14] 李炎贤、林一璞，等：《江苏省东海县发现的打制石器》，《古脊椎动物与古人类》1980年第3期。
[15] 连云港市文管会：《海州白鸽涧土船顶发现商周时代遗址》，《东南文化》1986年第2期。
[16] 刘凤桂、丁义珍：《连云港市西汉界域刻石的发现》，《东南文化》1991年第1期。
[17] 刘洪石：《东海悬崖王谟诗》，《东南文化》1986年第2期。
[18] 刘洪石：《连云港海清寺阿育王塔文物出土记》，《文物》1981年第7期。
[19] 刘洪石：《唐宋时期的海州与海上"陶瓷之路"》，《东南文化》1990年第5期。
[20] 陆俊青：《北宋祖无择事迹考述（一）》，《上海师范大学学报（哲学社会科学版）》1987年第3期。
[21] 南京博物院：《江苏沭阳万北遗址新石器时代遗存发掘简报》，《东南文化》1992年第1期。
[22] 南京博物院、连云港市博物馆：《江苏连云港市朝阳遗址发掘简报》，《东南文化》2004年第2期。
[23] 钱锋：《江苏连云港市宋代墓葬的清理》，《考古》1987年第3期。
[24] 孙亮、周屹，等：《连云港市东连岛东海琅邪郡界域刻石调查报告》，《文物》2001年第8期。
[25] 汤惠生、梅亚文：《将军崖史前岩画遗址的断代及相关问题的讨论》，《东南文化》2008年第2期。
[26] 王英：《江苏新海连市锦屏山地区考古调查和试掘简报》，《考古》1960年第3期。
[27] 王英、尤振尧：《江苏连云港市二涧村遗址第二次发掘》，《考古》1962年第3期。
[28] 吴怀东、徐昕：《宋代文学家鲍慎由生平著述考》，《中国文学研究》2013年第3期。
[29] 吴荣清：《江苏灌云大伊山遗址1986年的发掘》，《文物》1991年第7期。
[30] 冼冬宁：《〈孙沔朱寿隆等四人龙隐岩题记〉石刻史实释证》，《岭南文史》2019年第2期。
[31] 向明：《江苏连云港市朝阳公社出土大批古钱币》，《考古》1972年第5期。
[32] 徐畅：《文勋为包拯篆墓志盖》，《书法世界》2004年第5期。
[33] 徐军：《连云港新石器时代人类聚居遗址分布与海岸线变迁关系的剖析》，《第四纪研究》2006年第

3期。
[34] 薛瑞兆：《石刻中的金诗拾遗》，《学术交流》2017年第7期。
[35] 尹焕章、张正祥、纪仲庆：《江苏邳海地区考古调查》，《考古》1964年第1期。
[36] 尤振尧：《江苏灌云县板浦出土"提控之印"》，《考古》1988年第2期。
[37] 尤振尧：《江苏连云港市九龙口商和战国遗址》，《考古》1962年第3期。
[38] 尤振尧：《江苏新海连市大村新石器时代遗址勘察记》，《考古》1961年第6期。
[39] 尤振尧：《江苏新海连市和东海县新石器时代、商、汉遗址》，《考古》1961年第6期。
[40] 尤振尧、周晓陆：《江苏东海庙墩遗址和墓葬》，《考古》1986年第12期。
[41] 于联凯、马庆民：《〈宋赠尚书驾部员外郎傅府君墓志铭并序〉考释》，《临沂师专学报》1997年第2期。
[42] 袁颖：《江苏赣榆新石器时代至汉代遗址和墓葬》，《考古》1962年第3期。
[43] 曾枣庄：《文星璀璨的嘉祐二年贡举》，《北京大学学报(哲学社会科学版)》2010年第1期。
[44] 张传藻、葛殿铭：《海州湾岸线变化特征》，《海洋科学》1982年第3期。
[45] 张家超：《明代"淮安府海州"铭文城砖探析》，《江苏地方志》2019年第2期。
[46] 张家超：《北宋名臣赵概通判海州及晚年杭州四老会考述》，《连云港职业技术学院学报》2022年第3期。
[47] 张祖方：《爪墩文化——苏北马陵山爪墩遗址调查报告》，《东南文化》1987年第2期。
[48] 朱良赛、惠强，等：《江苏连云港海州区张庄五代至宋墓葬发掘简报》，《东南文化》2021年第2期。

后　　记

　　2012年底，我接触到了20世纪初美南长老会医学传教士慕赓扬博士（Dr. L. S. Morgan）在海州地区（今连云港市）传教行医过程中所拍摄的大量照片，其中涉及海州古城、摩崖石刻等。在田野考察及搜集资料考证的过程中，我的学术旨趣逐渐转移到对地方历史文化的研究方面。搜集的大量资料中包括海州地区的几套古代方志，如明万历、清光绪二部《淮安府志》，明隆庆、清康熙、清嘉庆三部《海州志》，明万历、清康熙、清嘉庆、清光绪、民国等五部《赣榆县志》，清康熙、民国两部《沭阳县志》，以及几部地方历史文献，如清崔应阶《云台山志》、清乔绍傅《古朐考略》等，其中有涉及海州及属县的职官资料。进一步的研究发现，这些方志和地方文献所记载的职官资料不仅缺漏很多，而且错讹也不少。因而觉得有必要做一个完整的详尽的研究，以弥补志乘之不足，因此始有本课题的研究和本书的出版。

　　在本书写作过程中，我得到了众多亲朋好友、专家学者的大力支持和鼓励鞭策，没有他们的帮助，完成本书是难以想象的，付梓之际，衷心感谢他们中的每一位。

　　特别要感谢我挚爱美丽的妻子盖莉。2019年底到2022年新冠疫情期间，个人活动范围大受影响，我的多次田野调查活动一再推迟，时常烦闷抑郁。盖莉不仅在生活上无微不至地关心，还在心理疏导方面给予我极大的帮助。本书引用参考了大量的古籍资料，需要严谨校对，她承担了大部分工作，付出了大量心血。

　　还要感谢连云港市人大常委会副主任黄咏梅女士。黄主任在担任市政协副主席期间，听说我在做地方历史文化研究时，将自己收集珍藏多年的有关地方文化史、地方社情、城市规划（黄主任曾就职市规划局）等资料转赠于我，有些还是难得一见的内部资料，为本研究提供了重要的文献补充。

　　还要感谢连云港市社科联原党组书记、主席杨东升研究员。为打造"连云港学派"，杨主席推动成立了连云港市宗教学会，我被推选为首任会长。在学会活动、项目申报等方面，杨主席都给予我极大的鼓励和支持，在学术探讨、观点交流中，给予我很多的启发和感悟。

　　当然，要衷心感谢的还有连云港市宗教学会、连云港市朐海书院的同仁们，他们对研究中有关地方历史文化的考证以及历史文献的疏证等都提出了中肯和宝贵的意见和建议。

感谢连云港职业技术学院的领导和同事们,他们在项目申报、管理、鉴定、财务审计等诸环节都给予了亲切指导、大力支持和热情帮助。

本书虽博采众长,引用文献众多,但因学识和项目研究时间受限,书中讹误之处在所难免,望广大读者海涵并不吝批评指正,以便更好地补足书中的佐证、充实书中的观点,不胜感激。

张家超

癸卯仲春于海州晨光苑